Veröffentlichungen
der Vereinigung der Deutschen Staatsrechtslehrer
Band 73

Zukunftsgestaltung durch Öffentliches Recht

Bernhard Ehrenzeller, Astrid Wallrabenstein

Der Bildungsföderalismus auf dem Prüfstand

Ulrich Haltern, Ekkehart Reimer

Die künftige Ausgestaltung der bundesstaatlichen Finanzordnung

Monika Böhm, Michael Germann

Dynamische Grundrechtsdogmatik von Ehe und Familie?

Oliver Dörr, Hinnerk Wißmann

Die Anforderungen an ein zukunftsfähiges Infrastrukturrecht

Referate und Diskussionen
auf der Tagung der Vereinigung der Deutschen Staatsrechtslehrer
in Greifswald vom 2. bis 5. Oktober 2013

De Gruyter

Redaktion: Prof. Dr. Giovanni Biaggini (Zürich)

ISBN 978-3-11-034133-1
e-ISBN 978-3-11-034138-6

Bibliografische Information der Deutschen Nationalbibliothek

Die Deutsche Nationalbibliothek verzeichnet diese Publikation in der Deutschen Nationalbibliografie; detaillierte bibliografische Daten sind im Internet über http://dnb.d-nb.de abrufbar.

Satz: Werksatz Schmidt & Schulz GmbH, Gräfenhainichen
Druck: Hubert & Co. GmbH & Co. KG, Göttingen
∞ Gedruckt auf säurefreiem Papier
Printed in Germany

www.degruyter.com

Inhalt

Vierter Beratungsgegenstand

Die Anforderungen an ein zukunftsfähiges Infrastrukturrecht

Jahrestagung 2013

Die 73. Jahrestagung der Vereinigung der Deutschen Staatsrechtslehrer e.V. fand vom 2. bis 5. Oktober 2013 an der Ernst-Moritz-Arndt-Universität in Greifswald statt. An ihr nahmen 254 Mitglieder, 22 Gäste und 36 Begleitpersonen teil. Der herzliche Dank der gesamten Vereinigung gilt dem kooptierten Vorstandsmitglied *Claus Dieter Classen*, der mit seinen Kollegen *Uwe Kischel*, *Heinrich Lang*, *Joachim Lege* und *Michael Rodi* sowie einem großen Team überaus engagierter Mitarbeiterinnen und Mitarbeiter die Tagung ganz ausgezeichnet organisiert hatte.

Die Mitglieder gedachten in der Versammlung am 2. Oktober 2013 der seit der letzten Jahrestagung verstorbenen Mitglieder *Wolfgang Loschelder*, *Yvo Hangartner*, *Joseph Listl* und *Franz Knöpfle*. Die Vereinigung wird ihnen ein ehrendes Angedenken bewahren.

Martin Burgi wurde zum neuen Vorsitzenden, *Anne Peters* und *Uwe Volkmann* wurden zu Stellvertretern gewählt.

Die Gesprächskreise „Grundlagen des Öffentlichen Rechts", „Europäisches Verfassungsrecht" und „Verwaltung" tagten am Vormittag des 2. Oktober 2013. Im Gesprächskreis Grundlagen des Öffentlichen Rechts referierte *Martin Morlok* über die „Soziologie der Verfassung", *Indra Spiecker genannt Döhmann* und *Wolfgang Hoffmann-Riem* gaben Kommentare ab. *Martin Nettesheim* und *Franz Mayer* behandelten im Gesprächskreis Europäisches Verfassungsrecht das Thema „Europäischer New Deal? Kompetenzabgrenzung im europäischen Unionsrecht und im US-amerikanischen Verfassungsrecht". *Manfred Baldus* und *Dieter Kugelmann* referierten im Gesprächskreis Verwaltung über „Die deutsche Sicherheitsarchitektur".

Thema der Jahrestagung war die „Zukunftsgestaltung durch Öffentliches Recht". *Giovanni Biaggini* und *Matthias Ruffert* leiteten die Aussprachen über den Bildungsföderalismus auf dem Prüfstand, die künftige Ausgestaltung der bundesstaatlichen Finanzordnung, die Frage nach der dynamischen Grundrechtsdogmatik von Ehe und Familie und die Anforderungen an ein zukunftsfähiges Infrastrukturrecht.

Am Vorabend der Tagung traf sich der Vorstand der Vereinigung mit 20 neu aufgenommenen Mitgliedern sowie ihren Mentorinnen und Mentoren. Die Rektorin der Ernst-Moritz-Arndt-Universität, Prof. Dr. *Johanna Eleonore Weber*, und der Oberbürgermeister der Stadt Greifswald, Dr. *Arthur König*, empfingen die Mitglieder der Vereinigung und ihre Begleitung am Mittwochabend im Pommerschen Landesmuseum. Am Donnerstagabend schloss sich der Empfang des Ministerpräsidenten des Landes Mecklenburg-Vorpommern an. Die Teilnehmer wurden durch die Justizministerin *Uta-Maria Kuder* und die Direktorin des Alfried Krupp

Wissenschaftskollegs Greifswald Prof. Dr. *Bärbel Friedrich* in den Räumen des Kollegs willkommen geheißen. *Heinrich Lang* begrüßte die Mitglieder am Donnerstagmorgen als Dekan der Rechts- und Staatswissenschaftlichen Fakultät. Der Höhepunkt der Abschlussfeier im Theatercafé am Freitagabend war der Auftritt des Duos *Lege&Lena*. Die Tagung endete am Samstag mit einem Ausflug auf die Insel Rügen.

Joachim Wieland

Erster Beratungsgegenstand:

Der Bildungsföderalismus auf dem Prüfstand

1. Referat von Professor Dr. *Bernhard Ehrenzeller*, St. Gallen*

Inhalt

I. (In-)Fragestellung

Der „Bildungsföderalismus" hat für manche Zeitgenossen einen negativen Beigeschmack. Sie betrachten ihn als föderalistischen Holzweg oder gar als „staatsrechtliche Form des Sadismus"[1]. Mildere Kritiker sehen im „Bildungsföderalismus" das Paradebeispiel für Verwicklung in „Kleinstaaterei", „Kantönligeist" und provinzielles Denken.[2]

---

* Meinem Assistenten, *Kaspar Ehrenzeller*, BLaw & Economics HSG, danke ich bestens für die wertvolle Unterstützung bei der Vorbereitung und Ausfertigung dieses Beitrages. Ein herzlicher Dank gilt auch meiner Frau, PD Dr. iur. *Sabine Kofmel Ehrenzeller*, für die kritische Durchsicht und Beurteilung des Vortrages.

[1] *H. Prantl* Ein deutscher Sadismus, in: Süddeutsche Zeitung vom 18. Mai 2013.

[2] Siehe beispielweise die Streitschrift: *T. Schultz*/*K. Hurrelmann* (Hrsg.) Bildung und Kleinstaaterei: Brauchen wir mehr Zentralismus?, 2012; oder bei *H. Lübbe* Raumordnung in der zivilisatorischen Evolution. Über die Reichweite des Föderalismusbegriffs,

In der Tat ist der Begriff des „Bildungsföderalismus" verfassungsrechtlich schwer fassbar und zwar als Ganzes wie in seinen beiden Komponenten: Bildung entzieht sich rechtlicher Determination. Auch den Ausdruck „Föderalismus" finden wir eher in der Staatslehre oder in den Politikwissenschaften als im verfassungsrechtlichen Vokabular.[3] „Bildungsföderalismus" ist somit kein Rechtsbegriff.[4] Verfassungsrechtlich fassbarer ist dagegen die Zuständigkeit der bundesstaatlichen Organe zur Gestaltung der Bildungspolitik. In diesem engeren, bundesstaatsrechtlichen Sinne soll der Begriff nachfolgend verstanden werden. Dennoch verbleibt der Themenstellung eine erhebliche staats- und verfassungspolitische Dimension.

Ziel und Aufgabe meines Vortrages ist es, den so verstandenen Bildungsföderalismus Deutschlands und der Schweiz auf den Prüfstand zu stellen. Die (In-)Fragestellung kann in zwei Richtungen gehen:

Entweder man fragt: Ist die Bildungshoheit noch eine Kernkompetenz, ein „‚Hausgut' eigener Aufgaben" der Länder[5] und der Kantone? Und falls dies nicht mehr der Fall ist: wie könnten diese gliedstaatlichen Kompetenzen im Bildungsbereich revitalisiert werden?

Oder es wird gerade umgekehrt gefragt: Ist die föderalistische Aufgabenerfüllung noch eine adäquate Antwort auf die grossen Herausforderungen in der Bildungspolitik, sind die bestehenden bundesstaatlichen Strukturen zu deren Bewältigung überhaupt noch geeignet? Und falls nicht: in welche neue Richtung müsste die Reform gehen?

Ausgehen möchte ich nachfolgend von der Feststellung, dass sich im Bereich der Bildung wie auch im Bereich des Föderalismus grundlegende Veränderungsprozesse abgespielt haben und weiter abspielen. Erst das Bewusstsein für diesen tiefgreifenden Wandel ermöglicht eine staatsrecht-

---

in: I. Härtel (Hrsg.) Handbuch Föderalismus: Föderalismus als demokratische Rechtsordnung und Rechtskultur in Deutschland, Europa und der Welt, Bd. 1, 2012, 23 ff. Dazu auch *U. Volkmann* in: v. Mangoldt/Klein/Starck (Hrsg.) GG Bonner Grundgesetz: Kommentar, 6. Aufl., 2010, Bd. 3, Art. 91a Rn. 4, wonach der kooperative Föderalismus eher als „Auslauf- denn als Zukunftsmodell" erscheine. Dieser befinde sich in einer „umfassenden Sinn- und Legitimationskrise".

[3] *I. Härtel* Alte und neue Föderalismuswelten, in: Härtel (Fn. 2), Bd. 1, Rn. 32 ff. Kommt dazu, dass in den verschiedenen Fachdisziplinen ganz unterschiedliche Föderalismusverständnisse existieren. Ein idealtypisches Leitbild des Föderalismus gibt es nicht. Vgl. *A. Koller* Der schweizerische Föderalismus aus internationaler Sicht, Festgabe Walter Straumann, 2013, 25 und *G. Anderson* Föderalismus, 2008.

[4] So auch *M. Winkler* Der Bildungsföderalismus auf dem Prüfstand, DVBl. 2013, 1069 ff.

[5] So in BVerfGE 6, 309 (310, 312, 315, 346 f.), 34, 169 f. Nach BVerfGE 123, 267 (363) bilden die Länder einen „eigenen Kulturraum", der das Schul- und Bildungswesen erfasst und von Verfassungswegen als besonders sensibel für die demokratische Selbstgestaltungsfähigkeit eines Verfassungsstaates betrachtet wird.

liche Lagebeurteilung des Bildungsföderalismus. Ich gehe deshalb in einem ersten Schritt (II.) auf den Veränderungsprozess im Bereich der Bildung sowie auf den Wandel im Föderalismus ein. Anschliessend (III.) vergleiche ich die unterschiedlichen Wege, die der schweizerische und der deutsche Bundesstaat im Bildungsbereich gegangen sind. Und schliesslich soll in einem letzten Teil (IV.) im Sinne einer Gesamtwürdigung geprüft werden, wie zukunftstauglich der Bildungsföderalismus aus der Sicht des öffentlichen Rechts ist.

II. Veränderungsprozesse im Bereich von Bildung und Föderalismus

1. Veränderungsdynamik im Bildungsraum

Im Mittelpunkt des Bildungsföderalismus steht die Bildungshoheit. Herkömmlicherweise verbinden wir damit das Recht staatlicher Organe von Bund und Kantonen oder Ländern, im Rahmen ihrer Zuständigkeit die wesentlichen bildungspolitischen Entscheidungen zu treffen. Angesichts der enorm gestiegenen Bedeutung der Bildung für das Wohl und das Fortkommen des Einzelnen wie der Gesellschaft als Ganzes müsste man eigentlich annehmen, dass es zu einer Verstärkung der Rolle des Staates im öffentlichen Bildungswesen gekommen ist. Doch diese Annahme entspricht nicht der Wirklichkeit. Die Sozial- und vor allem die Bildungswissenschaften weisen uns darauf hin, dass – bei formal fortbestehender nationaler Bildungssouveränität – eine Entgrenzung der Bildungspolitik[6] stattgefunden hat und dies sowohl in vertikaler wie in horizontaler Richtung: vertikal im Sinne der Europäisierung und Globalisierung[7] bei gleichzeitiger Verstärkung der Autonomie der Schulen, von der Volksschule bis zur Hochschule,[8] horizontal im Sinne der Verschmelzung der Bildungspolitik mit andern Gesellschaftspolitiken, insbesondere

[6] Dazu:. *K. Amos* Herausforderungen der Bildungspolitik im 21. Jahrhundert, in: R. Hrbek/M. Hüttman/J. Schmid (Hrsg.) Bildungspolitik in Föderalstaaten und der Europäischen Union: Does Federalism Matter?, Bd. 38, 2012, 22 ff.

[7] Zu den Begriffen: Globalisierung, Internationalisierung und Europäisierung im Bildungskontext siehe: *B. Müller* Die Anfänge der Bologna-Reform in der Schweiz: Rekonstruktion, Kontextualisierung und Rezeption des hochschulpolitischen Prozesses aus akteurtheoretischer Perspektive, 2012.

[8] *L. Criblez* Die neue Bildungsverfassung und die Harmonisierung des Bildungswesens, in: L. Criblez (Hrsg.) Bildungsraum Schweiz: Historische Entwicklungen und aktuelle Herausforderungen, 2008, 278 (296); *R. Dubs* Die Führung der Schule, 2. Aufl., 2005. Zur Hochschulautonomie siehe *B. Ehrenzeller* Hochschulautonomie, Steuerungsbedarf im Autonomiebereich, Schweizer Hochschulverfassung, in: S. Breitenmoser/B. Ehrenzeller et al. (Hrsg.) librum amoricum für Luzius Wildhaber, 2007, 203 ff.

der Sozialpolitik: das Ganze eingebettet in einen Prozess der Expertisierung und Ökonomisierung des ganzen Bildungsbereichs. Dadurch ist ein neues Verhältnis von Staat, Schule und Lebenswelt entstanden.[9] Im Ergebnis hat dies zu neuen bildungspolitischen Strukturbildungen geführt, die in Begriffen wie „Educational Governance“ und gar „Edukativen“ zusammengefasst werden. Eine entscheidende Rolle spielen dabei die Internationalen Organisationen wie die OECD, die WTO und die UNESCO wie auch die EU, aber auch NGOs und verschiedenste internationale Fachexpertengruppen. Ohne ausdrückliche Zuständigkeit und auch ohne klares bildungspolitisches Mandat dienen sie als wichtige „Transmissionsriemen“ bei der Verbreitung kognitiver Orientierungsmuster und dem Agendasetting.[10] Unabhängig von und neben den verfassungsrechtlichen Zuständigkeitsordnungen sind lokale, regionale, nationale und internationale Bildungsräume entstanden, die – als Metapher – zu verstehen sind als „politische Räume, in denen verschiedene Akteure, institutionelle Strukturen, normative Vorgaben und Funktionen in ihren jeweiligen Eigenlogiken aufeinandertreffen“.[11] Vorab im europäischen Bildungsraum wird durch Kooperation und Vernetzung, wie es *Fritz Scharpf* ausgedrückt hat, „das Feld aufbereitet, kognitiv verändert und der Diskurs bestimmt, was faktisch einer Kompetenzerweiterung gleichkommt“.[12] Es ist die Rede von der sogenannten „empirischen Wende“:[13] durch bekannte large scale assessments wie die TIMS oder PISA-Studien sind enorme Datenvergleichsmengen entstanden, die nicht nur Transparenz erzeugen, sondern anhand von Indikatoren-, Bildungsstandards und Benchmark-

---

9 Diese Entwicklung gut nachzeichnend: *P. Becker* Die Europäische Bildungspolitik – Europäisierung und Ökonomisierung eines jungen Politikbereichs, in: Hrbek/Hüttman/Schmid (Fn. 6), 183 ff. und ebenfalls *R. Hrbeck* Die Rolle Europäischer Agenturen in der EU-Bildungspolitik, in: Hrbek/Hüttman/Schmid (Fn. 6), 212 ff.

10 *M. Große Hüttmann* Bildungspolitik in Föderal- und Mehrebenensystemen – die Beiträge des Bandes im Überblick, in: Hrbek/Hüttman/Schmid (Fn. 6), 9 ff., wie auch: *Derselbe* Das Thema Bildungspolitik und die Perspektiven der Föderalismusforschung, in: Hrbek/Hüttman/Schmid (Fn. 6), 229 ff., wo der Autor darauf hinweist, dass die Internationalisierung nicht allein zu Veränderungen führt, sondern oft auf subtile, indirekte Weise wirkt. Siehe auch: *Müller* (Fn. 7), Abschnitt 4.1.

11 So *H. Tenorth* Perspektiven einer Steuerung von Bildungssystemen im föderalen Staat – verfassungsrechtliche Tagungsprotokolle und bildungswissenschaftliche Würdigung der unterschiedlichen Konzepte, in: Deutsch-schweizerischer Expertenworkshop am 2./3. März 2010, Max-Planck-Institut für Bildungsforschung zum Thema: Ein nationaler Bildungsraum: ein tragfähiges Verfassungsmodell und zugleich ein angemessenes Steuerungskonzept?, 47.

12 So *F. Scharpf* Tagungsprotokolle (Fn. 11), 25.

13 *W. Meyer-Hesemann* in: Friedrich-Ebert-Stiftung (Hrsg.) Stabsabteilung Bildungsföderalismus auf dem Prüfstand: Status quo und Perspektiven, 2009, 12.

modellen zu einer höheren Rationalität des Bildungssystems führen. Diese Leistungsvergleiche bewirken zwischen und in den Staaten eine eigene Dynamik und Handlungszwänge.[14] Die durch diese Vergleiche sichtbar gewordenen Leistungsunterschiede in den öffentlichen Schulen erzeugen bei den Schul- und politischen Behörden aller Stufen einen Rechtfertigungsdruck und einen faktischen Zwang, sich an demokratisch teilweise schwach legitimierte und rechtlich wenig verbindliche internationale Orientierungsvorgaben anzupassen. Die Rolle staatlicher Organe bei der Bestimmung der Bildungspolitik – die Bildungshoheit – unterscheidet sich damit stark von der Bestimmung anderer Politikbereiche wie etwa der öffentlichen Sicherheit oder der Raumplanung. Beschlussfassung, Umsetzung und Weiterentwicklung der Bolognareform ist das wohl sprechendste Beispiel für die durch diese Dynamik bewirkte grundlegende Umgestaltung des nationalen Entscheidungsprozesses in der Bildungspolitik.[15]

---

[14] Zur Wirkungskette: Leistungsmessung und -vergleich, Standards, Bildungsberichte und Kompetenzorientierung: *U. Münch* Variantenreiche Bildungspolitik in der Bundesrepublik Deutschland, in: Hrbek/Hüttman/Schmid (Fn. 6), 59 ff.; Den „Niedergang der traditionellen staatsrechtlichen Regelungsmodi in der Bildungspolitik" beschreibt eindrücklich *G. Folke Schuppert* Föderalismus und Governance, in: Härtel (Fn. 2), Bd. 1, 223 ff., v.a. Rn. 39. Bereits an der Staatsrechtslehrertagung von 1972 hat *I. von Münch* Gemeinschaftsaufgaben im Bundesstaat, VVDStRL 31 (1972), 51 (60 f.) als 2. Berichterstatter darauf hingewiesen, dass der Verfassungsgeber mit dem rasanten Tempo der Bildungswissenschaften und der Bildungspolitik nicht mehr Schritt halten könne.

[15] Beschlossen und unterzeichnet worden ist die Bologna-Deklaration am 19. Juni 1999 in einem informellen Kreis von 29 europäischen Bildungsministern – wobei seitens der Schweiz und Deutschlands nicht einmal das zuständige Regierungsmitglied, sondern die jeweiligen Staatssekretäre vertreten waren. Bei dieser Erklärung handelt es sich um eine reine Absichtserklärung ohne völkervertragsrechtlichen Charakter, also um soft law, siehe *B. Ehrenzeller/A. Reisner* Die Konstitutionalisierung von „Bologna": Sonderfall oder Modell der Weiterentwicklung des kooperativen Föderalismus?, ZSR 2008 (I Heft 2), 229 ff. Die – trotz teilweise heftiger Kritik – eingeführte Bologna-Reform und deren Weiterentwicklung im Prozess der „open method of coordination" hat offensichtlich eine tiefgreifende Neugestaltung des Hochschulwesens ausgelöst. Blickt man auf die vergangenen vierzehn Jahre seit der Ingangsetzung des Bolognaprozesses zurück, so ist die beschriebene Entgrenzung der nationalen Bildungspolitik überdeutlich erkennbar. Die demokratisch legitimierten Organe in den Staaten bestimmten diesen dynamischen Prozess nur sehr beschränkt mit. Dennoch haben sich Bund und Gliedstaaten in der Schweiz und in Deutschland nicht nur auf das Ziel und den Prozess der Schaffung eines wettbewerbsfähigen europäischen Hochschul- und Forschungsraumes eingelassen, sondern haben auch die notwendigen gesetzgeberischen und vollziehenden Umsetzungsbeschlüsse gefasst (Schweizerische Universitätskonferenz (SUK), Richtlinie und Kommentar zu den Bologna-Richtlinien zuhanden der Universitätskantone von der Schweizerischen Universitätskonferenz am 4. Dezember 2003 verabschiedet, online: <http://www.crus.ch/wDeutsch/publikationen/richtlinien/Kommentar_deutsch.pdf> abgerufen

2. *Gewandelter Föderalismus*

Grundlegende Veränderungen fanden allerdings auch im föderalistischen Gefüge der beiden Bundesstaaten statt.[16] Allen Verfassungsbarrieren zum Trotz ist es in praktisch allen gesellschaftlich und politisch relevanten Fragen zu einer weitgehenden Kompetenzverlagerung auf die Bundesebene resp. auf die europäische Ebene gekommen. Der offenbar unaufhaltsame Substanzverlust der Gliedstaaten an politischer Gestaltungskraft und die damit verbundene Entwicklung zum gubernativen Mitwirkungsföderalismus[17] haben zu einer diffusen Verantwortungsverteilung zwischen Bund, Ländern und Kantonen geführt.[18] Diesem sogenannten kooperativen Föderalismus inhärent ist eine starke Politikverflechtung.[19] Das seit längerem bestehende Unbehagen im föderalistischen

---

am 20. September 2013). Zur Ingangsetzung und Umsetzung des Bolognaprozesses im Einzelnen siehe: *Müller* (Fn. 7), mit den einschlägigen Dokumenten und wertvollen Zusatzinformationen im Anhang (267–277).

[16] Zum Grundverständnis des Föderalismus: *Koller/Thürer et al.* (Hrsg.) Principles of Federalism: Guidelines for Good Federal Practices – a Swiss contribution, 2012, 25 ff. Vgl. auch: *B. Waldmann* Föderalismus unter Druck – Eine Skizze von Problemfeldern und Herausforderungen für den Föderalismus in der Schweiz, in: M. Gredig/R. Mahaim et al. (Hrsg.) Peters Dreiblatt: Föderalismus, Grundrechte, Verwaltung: Festschrift für Peter Hänni, 2010, 1 ff. Aus rechtsvergleichender Sicht siehe: *R. L. Watts* Comparing Federal Systems, 2. Aufl., 1999 und: *J. Kingaid/G. A. Tarr* A Global Dialogue on Federalism: Constitutional Origins, Structure, and Change in Federal Countries, Bd. 1, 2005.

[17] Dazu: *K. Stern* Die bundesstaatliche Ordnung auf dem Prüfstand, in: D. Merten (Hrsg.) Die Zukunft des Föderalismus in Deutschland und Europa, 2007, 13 (17 ff.); *J. A. Frowein* Gemeinschaftsaufgaben im Bundesstaat, VVDStRL 31 (1972), 13 (25 f.).

[18] Gestärkt worden durch diese Entwicklung sind die Bundesregierung, der Bundesgesetzgeber und die Landes- und Kantonsregierungen mit ihren Verwaltungen wie auch die Regierungskonferenzen von Kantonen und Ländern. Siehe dazu *S. Oeter* Gesetzgebung und Exekutive im föderalen Staat, in: R. T. Baus/R. Blindenbacher/U. Karpen (Hrsg.) Competition versus cooperation: german Federalism in need of reform – a comparative perspective = Wettbewerb versus Kooperation: der Reformbedarf des deutschen Föderalismus – eine vergleichende Perspektive, 2007, 104 ff. Der Autor sieht in der „diffusen Verantwortungsverteilung" das zentrale Föderalismusproblem (122). Siehe auch *A. Kaiser* Politiktheoretische Zugänge zum Föderalismus, in: Härtel (Fn. 2), Bd. 1, 165 ff. In der Schweiz ist, neben den Fachdirektorenkonferenzen, ein neues Organ, die Konferenz der Kantonsregierungen (KdK) entstanden. Siehe Vereinbarung über die Konferenz der Kantonsregierungen vom 8. Oktober 1993. *R. Rhinow/M. Schefer* Schweizerisches Verfassungsrecht, 2009, 171 ff., insb. Rn. 887; *B. Waldmann* Die Rechtsform der Konferenz der Kantonsregierungen (KdK) de lege lata und de lege ferenda. Rechtsabklärung, 2005, online: <http://www.zrk.ch/dms/gutachten/liste_id_451_filename1_rnd5822.pdf> abgerufen am 20. September 2013.

[19] Der Politikverflechtung inhärent ist – jedenfalls in einem gewissen Ausmass – die berühmte, schon fast zum Allgemeingut gewordene „Politikverflechtungsfalle"

Gefüge hat gerade in jüngerer Zeit die Föderalismusreformdebatte in Wissenschaft und Politik wieder aufleben lassen mit dem Ziel einer Stärkung der Eigenverantwortung der Gliedstaaten.[20] Stärker gewachsen ist aber auch das Bewusstsein, dass der Föderalismus nicht einfach mit einer Zuständigkeitsordnung gleichgesetzt werden kann, sondern in hohem Masse politischen Prozesscharakter hat.[21] Darauf hat interessanterweise der damalige Privatdozent *Herrfahrdt* aus Greifswald an der Staatsrechtslehrertagung 1929 bereits hingewiesen.[22]

Allerdings: jeder Bundesstaat ist ein Unikat. Trotz hoher Vergleichbarkeit dieser generellen Entwicklung in Deutschland und der Schweiz dürfen grundlegende Unterschiede, nicht nur in Bezug auf die Grösse der Gliedstaaten, sondern auch in Bezug auf die konzeptionelle und institu-

(*Fritz Scharpf*), die zu einem Zwangsverhandlungssystem geführt habe, bei dem der kleinstmögliche Kompromiss erreicht, das Ausweichen von Konflikten und der status quo begünstigt und somit der politische Erneuerungsprozess blockiert werde. Dazu, anstelle vieler und mit Hinweis auf den Schöpfer der Theorie: *Schuppert* (Fn. 14), Rn. 16 ff. Vgl. auch *D. Braun* Reform- und Entscheidungsblockaden des Schweizer Föderalismus im Vergleich zu Deutschland, in: U. Wagschal/H. Rentsch (Hrsg.) Der Preis des Föderalismus: Avenir Suisse, 2006, 327 f. Der kooperative Föderalismus bezieht sich allerdings in Deutschland primär auf die Mitwirkung der Länder beim bundespolitischen Entscheidungsprozess, wogegen in der Schweiz darunter zumindest ebenbürtig die institutionelle Zusammenarbeit zwischen den Kantonen verstanden wird. Zum „Leitbild des ‚kooperativen Föderalismus'" siehe: *S. Oeter* Integration und Subsidiarität im deutschen Bundesstaatsrecht, 1998, 266.

20 Im Ergebnis sollte, bei gelingender Föderalismusreform, den Gliedstaaten substanzielle Eigenstaatlichkeit und Eigenverantwortung zurückgegeben und so der föderalistische Wettbewerb gefördert werden. Die „Föderalismusreformen" in Deutschland und der Schweiz dienen dementsprechend dem Ziel, die Handlungs- und Entscheidungsfähigkeit von Bund, Länder und Kantone zu stärken, die Zuständigkeiten und damit auch die Verantwortlichkeiten klarer zuzuweisen, Sachzuständigkeit und Finanzierungsverantwortung näher aufeinander abzustimmen sowie die Zweckmässigkeit und Effizienz der Aufgabenerfüllung zu erhöhen. Dazu: *Rhinow/Schefer* (Fn. 18), 171 ff. sowie *H. Risse* Föderalismusreform in der Sackgasse? Bericht über die Kommission von Bundestag und Bundesrat zur Modernisierung der bundesstaatlichen Ordnung, in: Merten (Fn. 17), 43 ff. und *Stern* (Fn. 17), 13 ff. und die Beiträge von *W. Schäuble* Der deutsche Föderalismus im Reformprozess, in: Baus/Blindenbacher/Karpen (Fn. 18), 29 ff.; *R. Scholz* Wettbewerbsföderalismus versus unitarischer oder kooperativer Föderalismus, in: Baus/Blindenbacher/Karpen (Fn. 18), 92 ff.; *A. Koller* Renaissance des Föderalismus?, in: Baus/Blindenbacher/Karpen (Fn. 18), 37 ff.; *U. Karpen* Der deutsche Föderalismus bedarf der Reform!, in: Baus/Blindenbacher/Karpen (Fn. 18), 47 ff.; *H. J. Boehl* Die deutsche Föderalismusreform von 2006, in: Baus/Blindenbacher/Karpen (Fn. 18), 29 ff.

21 Vgl. *Härtel* in: Härtel (Fn. 2), Rn. 4.

22 Aussprache über die Berichte am ersten Tag von *F. Fleiner* und *J. Lukas* VVDStRL 6 (1929), 57 (64 f.).

tionelle Ausgestaltung des Föderalismus, nicht übersehen werden.[23] Die – bis heute nachwirkende – Entstehungsgeschichte des schweizerischen und des deutschen Föderalismus ist eine andere: die Schweiz ist als dezentraler und direktdemokratischer, Deutschland als unitarischer und repräsentativer Bundesstaat konzipiert.[24] Als multikulturelle Willensnation ist für die Schweiz die Schaffung von Rechtseinheit, also die Zentralisierung von Zuständigkeiten, politisch begründungspflichtig.[25] Demgegenüber wohnt dem deutschen Föderalismus, wie *Konrad Hesse* so eindrücklich aufgezeigt hat, eine rechtsvereinheitlichende Dynamik inne.[26] Die unterschiedliche föderalistische Kultur zeigt sich beispielhaft auch daran, dass in Deutschland der Bund die ihm zustehenden konkurrierenden Gesetzgebungszuständigkeiten in der Regel voll ausnutzt und die Vollzugsvariationen für die Länder gesetzgeberisch eingrenzt.[27] Die Bund-Länder-Ko-

---

23 *Braun* Reform- und Entscheidungsblockaden (Fn. 19), 325 ff.

24 *D. Braun* Dezentraler und unitarischer Föderalismus. Die Schweiz und Deutschland im Vergleich, Swiss Political Science Review, 2003 9 (1), 57 ff.

25 Die Nicht-Zentralisierung als grundsätzliches Ordnungsprinzip des schweizerischen Föderalismus zeigt sich nach wie vor, auch bei stark geschwundenen kantonalen Sachbereichszuständigkeiten, in der Steuerautonomie der Kantone, was auch einen bestimmten Steuerwettbewerb zwischen den Kantonen erlaubt. Vgl. *Koller* FS Straumann (Fn. 3), 28. Auch der, nebst relativ hoher kantonaler Steuerautonomie, vertikale Finanzausgleich bezweckt die Erhöhung der Eigenständigkeit der Kantone bei der Aufgabenerfüllung und nicht die Herstellung einheitlicher Lebensverhältnisse. *W. Linder* Kompetenzzuordnung und Wettbewerb im Föderalismus, in: Walter Eucken Institut (Hrsg.) Tagungsband Föderalismus und Subsidiarität – Kompetenzzuordnung und Wettbewerb in politischen Mehrebenensystemen, noch nicht publiziert: Publikation vorgesehen 2014, 8 betont, dass der Schweizer Finanzausgleich dem Ausgleich der Lasten zwischen Gebietskörperschaften, nicht aber dem interpersonalen Ausgleich dient.

26 *K. Hesse* Der unitarische Bundesstaat, 1962; Dazu auch: *G. Lehmbruch* Der unitarische Bundesstaat in Deutschland: Pfadabhängigkeit und Wandel, in: A. Benz/G. Lehmbruch (Hrsg.) Föderalismus. Analysen in entwicklungsgeschichtlicher und vergleichender Perspektive, Sonderheft der Politischen Vierteljahrsschrift, Band 32, 2001, (53 ff.), *Linder* (Fn. 25), 12 spricht vom „verkappten Einheitsstaat". Die Schaffung von Rechtseinheit hat einen eigenen, einen symbolischen Stellenwert für die „Kulturnation" Deutschland, so *Braun* Dezentraler und unitarischer Föderalismus (Fn. 24), 59, 67. Die Länder spielen, im Unterschied zu den Kantonen, nicht die gleiche zentrale Rolle für die Integration und Identitätsstiftung im Bundesstaat. Nach *Oeter* Integration und Subsidiarität (Fn. 19), 300 f. mit Bezug auf *Hesse* (ebd.) sollte besser von einem zentral gelenkten Föderalismus gesprochen werden. Was vorliegt, sei ein „föderalistisch garnierter Einheitsstaat." Auch in Bezug auf die föderalistische Kultur zeigen sich Unterschiede: vgl. *R. Sturm* Zweite Kammer in Deutschland und Europa: Repräsentation, Funktion, Bedeutung, in: Härtel (Fn. 2), Bd. 1, Rn. 37 f. und *R. Watts* (siehe bei *A. Koller* FS Straumann (Fn. 3), 34).

27 Siehe *Karpen* in: Baus/Blindenbacher/Karpen (Fn. 18), 47 ff.: Die Entwicklung zum unitarischen Bundesstaat sei im Grundgesetz selbst angelegt. Zur föderalistischen Kultur Deutschlands: *Sturm* (Fn. 26), Rn. 37 f.

operation ist in Deutschland eine allgegenwärtige Handlungsmaxime, wogegen der föderale Wettbewerb eine geringere Bedeutung hat.[28] Deutschland weist denn auch eine weit höhere Politikverflechtung der Bundes- und der gliedstaatlichen Ebene auf als die Schweiz.[29] Gleicht sich somit die Grundtendenz in der föderalistischen Entwicklung der beiden Staaten, so ist ebenso sichtbar, dass mit gleichen Strukturen nicht unbedingt auch gleiche Funktionen und Wirkungen verbunden sind.[30]

III. Der Bildungsföderalismus in Deutschland und in der Schweiz

1. Allgemeine Entwicklung

Interessant ist nun zu beobachten, dass sich – gleichverlaufend in beiden Staaten – die Aufgabenerfüllung im Bildungsbereich im Vergleich zur allgemeinen Entwicklung des Föderalismus nicht synchron, sondern atypisch, fast gegenläufig entwickelt hat. Die gesellschaftlichen Veränderungen und die Europäisierung des Bildungsdiskurses haben nicht zur

---

[28] *Braun* Dezentraler und unitarischer Föderalismus (Fn. 24), 63. Wie *Linder* (Fn. 25) darlegt, kann auch in der Schweiz nicht von einem wirklichen Wettbewerbsföderalismus gesprochen werden. Der Wettbewerb sei nicht in einem marktwirtschaftlichen Sinn zu verstehen, sondern als Wettbewerb in Bezug auf die Effektivität des politischen Prozesses und der Institutionen und die Qualität der öffentlichen Güter. Zum Wettbewerbsföderalismus: *Schuppert* (Fn. 14), Rn. 33 ff. und *Braun* Reform- und Entscheidungsblockaden (Fn. 19), 323 (mwN). Siehe auch *Scholz* in: Baus/Blindenbacher/Karpen (Fn. 18), 92 ff., wonach Föderalistischer Wettbewerb weniger rechtlich als politisch zu verstehen ist.

[29] Dazu: *R. L. Watts* Basic Issues of the Federal State: Competitive Federalism versus Co-operative Federalism, in: Baus/Blindenbacher/Karpen (Fn. 18), 85 ff. *Oeter* Gesetzgebung, in: Baus/Blindenbacher /Karpen (Fn. 18), 116, spricht von einer „extremen Politikverflechtung". Der föderalistische Ausgleich liegt beim kooperativen Föderalismus in einer engen Einbindung in den bundespolitischen, stark vom Parteienwettbewerb geprägten Entscheidungsprozess und in einer eigentlichen Veto-Macht der Länder im Bundesrat. Wie *Braun* Dezentraler und unitarischer Föderalismus (Fn. 24), 67 f. betont, liegt in der Schweiz die Veto-Macht der Kantone nicht im Ständerat, sondern im Vollzug des Bundesrechts durch die Kantone. Auch der Einbindung der föderalistischen Mitwirkung in den direktdemokratischen Entscheidungsprozess kommt eine erhebliche Ausgleichsfunktion zu: vgl. *B. Ehrenzeller* Kooperativer Föderalismus und Demokratie, in: Waldmann (Hrsg.) 1. Nationale Föderalismuskonferenz. Der kooperative Föderalismus vor neuen Herausforderungen, 2005, 67 ff.

[30] *Braun* Dezentraler und unitarischer Föderalismus (Fn. 24), 84; *Koller* FS Straumann (Fn. 3), 25, zeigen die ebenso sichtbaren Unterschiede doch auf, dass – wie sich die Politikwissenschaftler ausdrücken – äqui-funktionale Strukturen wie der Exekutiv- oder der Vollzugsföderalismus in beiden Bundesstaaten nicht gleichbedeutend sind mit gleicher Funktions- und Wirkungsweise.

Zentralisierung und nicht zum Vollzugsföderalismus im Bildungswesen geführt. Die Schulhoheit, die grundsätzlich alle Schulstufen umfasst, liegt nach wie vor bei den Kantonen beziehungsweise den Ländern (ausdrücklich: Art. 62 BV).[31] Man könnte hier also eher von einem umgekehrten Mitwirkungsföderalismus sprechen.

Grundgesetz und Bundesverfassung beschränken sich auf wenige, wenn auch wichtige bundesstaatliche Leitplanken für das Schulwesen: Nach Art. 7 Grundgesetz steht das gesamte Schulwesen unter Aufsicht des Staates. Art. 19 der Bundesverfassung gewährleistet dagegen einen Grundrechtsanspruch auf ausreichenden und unentgeltlichen Grundschulunterricht, der obligatorisch ist, allen Kindern offen stehen muss und unter staatlicher Leitung oder Aufsicht steht (Art. 62 Abs. 2 BV). Bedeutungsvoll und bezeichnend zugleich ist, dass der Bundesgesetzgeber sich nicht als zuständig erachtet hat, diese bundesverfassungsrechtlichen Rahmenvorgaben auf Gesetzesstufe zu konkretisieren, also beispielsweise festzulegen, was unter „ausreichendem Grundschulunterricht" zu verstehen ist.[32] In beschränktem Mass hat allerdings die bundesgerichtliche Rechtsprechung für eine einheitliche Auslegung gesorgt.[33]

---

[31] Ebenso zählt die mit der Bildungshoheit eng verbundene Kulturhoheit zum verbliebenen und keineswegs verblichenen gliedstaatlichen „Krongut" der Länder und Kantone (dazu vorne Fn. 5) und Botschaft zur „eidgenössischen Kulturinitiative" vom 18. April 1984, BBl 1984 II 501 ff.; *H. Plotke* Schweizerisches Schulrecht, 2. Aufl., 2003, 109 ff.; *B. Ehrenzeller/M. Schott* St. Galler Kommentar zu Art. 62 BV, Rn. 7 ff.

[32] *F. Fleiner* Bundesstaatliche und gliedstaatliche Rechtsordnung in ihrem gegenseitigen Verhältnis im Rechte Deutschlands, Österreichs und der Schweiz, VVDStRL 6 (1929), 2 (12/15). In diesem Sinne auch: *B. Ehrenzeller* Bewegung in der Schule: Der obligatorische Schulsport im Lichte von Art. 68 BV, in: M. Caroni/S. Heselhaus et al. (Hrsg.) Auf der Scholle und in lichten Höhen, FS Richli zum 65. Geburtstag, 2011, 679 (686) mwH und *G. Biaggini* Kommentar: Bundesverfassung der Schweizerischen Eidgenossenschaft, 2007, Art. 62 BV Rn. 2, 8. Der Bund hat damit die Konkretisierung der Schulpflicht weitgehend der kantonalen Regelung und den Rechtsanwendungsbehörden überlassen. Die Drohkulisse mit der – verloren gegangenen – eidgenössischen „Schulvogtabstimmung" des Jahres 1882 scheint auch heute nicht ohne Wirkung. Der „Bundesschulvogt" „töte das republikanische Selbstgefühl". Dazu: *F. Osterwalder* Ein Bildungsraum Schweiz – ein tragfähiges Verfassungsmodell (Fn. 11) und Parlamentarische Initiative. Bildungsrahmenartikel in der Bundesverfassung: Bericht der Kommission für Wissenschaft, Bildung und Kultur des Nationalrats vom 23. Juni 2005 (Bericht WBK-N, Bildungsverfassung, BBl 2005 5479–5494, 5486 f.).

[33] *R. Kägi-Diener* St. Galler Kommentar zu Art. 19 BV, Rn. 26 ff. Ob das Bundesgericht allerdings, wie *G. Biaggini* Zur Tragweite der Schulsportklausel, in: FS Richli zum 65. Geburtstag (Fn. 32), 700 ff., vertritt, an Stelle des Bundesgesetzgebers die Mindestanforderungen an das Schulobligatorium, beispielsweise die zeitliche Dauer, festlegen könnte, ist fraglich.

Auch die Stellung der Schule als öffentliche Institution ist ungebrochen. Bildung ist in öffentlicher Hauptverantwortung geblieben. Die Kantone und Länder tragen damit nicht nur die Verantwortung für die Organisation und die Finanzierung des Schulwesens,[34] sondern sie bestimmen über die Lehrpläne auch weitgehend die inhaltlichen Fragen der Bildungsvermittlung und die Ausbildung der Lehrkräfte. Sie legen in ihren Verfassungen und Gesetzen die Bildungsziele fest. An den Kantonen und Ländern liegt es in erster Linie, den öffentlichen Bildungsauftrag zu erfüllen.[35] Ihnen ist aufgetragen, den staatspolitisch zentralen, gesamtheitlichen Anspruch auf „Bürgerschaft durch Bildung“[36] einzulösen, wie er schon vom Schweizer Pädagogen und Aufklärer *Johann Heinrich Pestalozzi* vorgebracht worden ist.[37]

Wie lässt sich erklären, dass aller Dynamik im Bildungswesen und aller gesellschaftlichen und politischen Veränderungen zum Trotz die Bildungshoheit bei den Kantonen und Ländern verblieben ist? Der Hauptgrund liegt wohl darin, dass sich die Stärke des öffentlichen Bildungswesens aus der Gleichwertigkeit der gliedstaatlichen Bildungssysteme ergibt. Das gilt insbesondere für die Maturitätsschulen: mit der Matura- resp. dem Abiturabschluss vermitteln sie den grundsätzlich freien Zugang zu den Hochschulen. Die bundesstaatsrechtliche Gleichstellung aller Gliedstaaten bedeutet somit im Bildungswesen, dass – trotz aller faktischen Unterschiedlichkeiten und Asymmetrien – Bildungsleistungen von gleichwertiger Qualität erbracht werden. Dies ist bisher so gewollt, auch wenn die

34 Im Jahr 2005 trugen die Länder in Deutschland 67 % des gesamten Bildungsbudgets (Fn. 13), 2 f.; In der Schweiz waren es, ohne Berücksichtigung der Forschungsförderung des Bundes, im Jahr 2010 82 %, die von den Kantonen getragen wurden (*SBFI* Beiträge des Bundes und der Kantone an den Bereich «Bildung, Forschung und Innovation» 2004–2016, 2012, 6, online: <http://www.sbfi.admin.ch/org/01645/index.html?lang=de> (abgerufen am 20. September 2013)).

35 Der öffentliche Bildungsauftrag ergibt sich aus verschiedenen internationalen Konventionen wie Art. 13 Abs. 2 Internationaler Pakt über wirtschaftliche, soziale und kulturelle Rechte (UNO-Pakt I), SR 0.103.1 oder Art. 28/29 Übereinkommen über die Rechte des Kindes (KRK), SR 0.107, aber auch konkretisierend aus dem nationalen Recht, so beispielsweise aus Art. 3 Interkantonale Vereinbarung über die Harmonisierung der obligatorischen Schule (HarmoS-Konkordat) vom 14. Juni 2007, veröffentlicht u.a. in der Erlasssammlung des Kantons St. Gallen: sSG 211.41.

36 So *P. Häberle* Bürgerschaft durch Bildung als europäische Aufgabe, in: F. Hufen (Hrsg.) Verfassung – Zwischen Recht und Politik. FS zum 70. Geburtstag für Hans-Peter Schneider, 2008, 460 ff., wie auch *R. Dahrendorf* Bildung ist Bürgerrecht: Plädoyer für eine aktive Bildungspolitik, 1968.

37 Vgl. z.B. *A. Heubaum* Pestalozzi. Der Erzieher, in: R. Lehmann (Hrsg.) Die großen Erzieher. Ihre Persönlichkeit und ihre Systeme, Bd. 3. 1929, 345 ff.

eingangs erwähnten Leistungsvergleiche diese Grundannahme teilweise in Frage stellen.

Schaut man genauer hin, so hat sich im scheinbar „festen Gehäuse" der gliedstaatlichen Bildungshoheit Vieles bewegt,[38] und zwar auf allen Ebenen. Wie in allen staatlichen Handlungsbereichen hat die Geltung der Grundrechte, insbesondere die Wahrung der Chancengleichheit und überhaupt der rechtsstaatlichen Grundsätze, auch im Bildungswesen rechtsvereinheitlichend gewirkt. Dasselbe gilt für die internationalen Konventionen wie den UNO-Sozialpakt (Art. 13), die oft unterschätzte Kinderrechtskonvention mit dem vorrangigen Ziel des Kindeswohls (Art. 11) oder die Lissabon-Konvention der UNESCO[39] und natürlich die EU-Personenfreizügigkeit. Die internationalrechtlichen Verpflichtungen prägen in hohem Masse ein länderübergreifendes gemeinsames Verständnis für den öffentlichen Bildungsauftrag. Weit mehr als in andern Bereichen hat der internationale Bildungsdiskurs auch die Selbstkoordination der Länder befördert.[40] Ohne die forcierte Selbstkoordination im Rahmen der Fachminister- resp. Fachdirektorenkonferenzen wäre die Zentralisierung des Bildungsbereichs nicht zu verhindern gewesen.[41] Der politische und

---

[38] Vgl. *P. Lerche* Föderalismus als nationales Ordnungsprinzip, VVDStRL 21 (1964), 66 (100).

[39] Übereinkommen über die Anerkennung von Qualifikationen im Hochschulbereich in der europäischen Region (Lissabon-Konvention) vom 11. April 1997 (SR 0.414.8). Besondere Erwähnung bedarf das – von der Schweiz allerdings nicht ratifizierte – 1. Zusatzprotokoll zur EMRK (Art. 2) wie auch neuerdings das – von der Bundesversammlung genehmigte aber noch nicht ratifizierte – Übereinkommen des Europarates zum Schutz von Kindern vor sexueller Ausbeutung und sexuellem Missbrauch (Lanzarote-Konvention), online: <http://conventions.coe.int/Treaty/Commun/QueVoulezVous.asp?CL=GER&NT=201> (abgerufen am 20. September 2013). Bei diesen internationalrechtlichen Verpflichtungen handelt es sich zwar teilweise um direktanwendbare Ansprüche von Kindern und Eltern, die allerdings eng verbunden sind mit Bildungszielen und Bildungsmassnahmen und deshalb eher den Charakter von Sozialgestaltungsaufträgen haben. Einen Überblick über die im Hochschulbereich relevanten internationalen Abkommen vermittelt *Müller* (Fn. 7), 71–103.

[40] Vgl. *U. Volkmann* in: v. Mangoldt/Klein/Starck (Fn. 2), Art. 91a Rn. 2; *Criblez* (Fn. 8), 279 ff. mit den wichtigsten interkantonalen Vereinbarungen (282 ff.); *S. Immerfall* Der deutsche Bildungsföderalismus zwischen Aufbruch und Verflechtungsfalle – macht sich die „Griechische Landschildkröte" auf den Weg?, in: Blumenthal/Bröchler (Hrsg.) Föderalismusreform in Deutschland: Bilanz und Perspektiven im internationalen Vergleich, 2010, 197 ff.; Zur – wenig diskutierten – Problematik der Selbstkoordination der Länder: *Oeter* Integration und Subsidiarität (Fn. 19), 169 ff., 476. Zu den negativen und positiven Zügen der Selbstkoordination siehe auch die wegweisenden Überlegungen von *Hesse* (Fn. 26), 20 f. Vermöge der bundesstaatlichen Struktur ist erreicht worden, dass Unitarisierung nicht zugleich Zentralisierung bedeutet.

[41] Zweifellos dürfte auch die Finanzierungsverantwortung im Bildungswesen (vgl. Fn. 34) eine wichtige Rolle für die Erhaltung der Länderkompetenz gespielt haben, liegt

ideologische Druck – Stichwort: deutsche Bildungskatastrophe[42] – wäre zu gross gewesen.

Allerdings: die Kantone und Länder wären – angesichts des demographischen Wandels und der Mobilität, der deutlichen Erhöhung der Maturitätsquoten und Zunahme der Studierendenzahlen – ohne kräftige Unterstützung des Bundes nicht in der Lage gewesen, den Ausbau ihrer Hochschulen zu finanzieren.[43] Über das Mittel der sogenannten „goldenen Zügel" hat der Bund massgeblich Einfluss genommen auf Bildung und Wissenschaft. So reibt sich denn auch – in Deutschland und, mit etwas weniger politischer Verve, in der Schweiz – die Bildungsföderalismusdebatte seit Ende der 60er Jahre des letzten Jahrhunderts bis heute hauptsächlich an der Rolle des Bundes als Mitfinanzierer und Mitgestalter des Hochschulbereichs. In der Spannungslage zwischen Verhinderung der Zentralisierung und notwendiger Mitwirkung des Bundes haben Deutschland und die Schweiz allerdings unterschiedliche bundesstaatsrechtliche Wege beschritten.

2. *Der deutsche Bildungsföderalismus*

In Deutschland sind im Jahre 1969, nachdem die Einführung einer umfassenden konkurrierenden Bundeskompetenz im Hochschulwesen gescheitert ist, die sogenannten „Gemeinschaftsaufgaben" (Art. 91a./91b.) wie auch die Bundeskompetenz zum Erlass allgemeiner Grundsätze des Hochschulwesens (Art. 75 Abs. 1 Bst. 1a.) in das Grundgesetz aufgenommen worden.[44] Viele Kritiker sahen gerade darin den institutionalisierten Sündenfall für Mischverwaltung, Verwischung der Verantwortung und Politikverflechtung.[45] Warum sich die Gemeinschaftsaufgaben, trotz er-

---

doch die Finanzierung des Vorschul-, Grundschulbereichs und der Maturitätsschulen ausschliesslich oder weitgehend bei den Kantonen und Ländern, und auch im Hochschulbereich müssen diese primär für die Grundkosten von Lehre und Forschung ihrer Hochschulen aufkommen.

[42] *G. Picht* Die deutsche Bildungskatastrophe, Christ und Welt, 1964 (5).

[43] Zu den nationalen hochschulpolitischen Entwicklungen und Herausforderungen siehe: *Müller* (Fn. 7), 104–116. Nach *A. Guckelberger* Bildung und Föderalismus, in: Härtel (Fn. 2), Bd. 3, 224, erzwangen der erhebliche Finanzbedarf und die öffentliche Meinung den kooperativen Föderalismus im Bildungsbereich.

[44] Dazu: *U. Volkmann* in: v. Mangoldt/Klein/Starck (Fn. 2), Art. 91a Rn. 1. Durch die Gemeinschaftsaufgaben sind Bund und Länder zu einer Handlungs-, Finanzierungs- und Verantwortungseinheit im Hochschulwesen verbunden worden.

[45] Seitens der Vertreter der Politikwissenschaften kam von Anfang an härtere Kritik am Institut der Gemeinschaftsaufgaben als aus dem Kreise der Staatsrechtler. Vgl. dazu Berichterstatter *J. Frowein* Gemeinschaftsaufgaben (Fn. 17) und die anschliessende Diskussion, 17 ff. mwH. Siehe auch *Oeter* Integration und Subsidiarität (Fn. 19), 292 ff.

kannter Fehlentwicklung, solange, bis ins Jahr 2006, als Verfassungsinstitut haben halten können, dürfte vor allem damit zu erklären sein, dass lange Zeit keine echte Alternative zu dieser Zusammenarbeit von Bund und Ländern in Sicht schien. In der Praxis sind denn auch die verfassungsrechtlichen Möglichkeiten der Bund-Länderkooperation bei weitem nicht genutzt worden.[46] Gleichzeitig wusste die viel geschmähte Kultusministerkonferenz (KMK) weitergehende Vereinheitlichungsbestrebungen auszubremsen.[47]

Führten die Gemeinschaftsaufgaben eher zur faktischen Verzahnung und Abhängigkeit von Bund und Ländern, so nutzte der Bundesgesetzgeber seine Grundsatzkompetenz zur Hochschulrahmenordnung weitgehend im Sinne einer Vollgesetzgebung.[48] Nachdem diese Kompetenzen im Zug der Föderalismusreform I abgeschafft worden sind,[49] verbleiben nun dem Bund im Bereich der Förderung von Wissenschaft und Forschung nur noch beschränkte, sogenannte „unechte" Gemeinschaftskompetenzen

[46] Die gemeinsamen Organe wie die Bund-Länder-Kommission (BLK) wirkten im Übrigen wenig erfolgreich. Siehe: *U. Volkmann* in: v. Mangoldt/Klein/Starck (Fn. 2), Art. 91a. Rn. 3 und *U. Volkmann* in: v. Mangoldt/Klein/Starck (Fn. 2), Art. 91b Rn. 9 ff. Auch die an der Staatsrechtslehrertagung von 1972 (Fn. 17), (87 ff.) diskutierten Alternativen wie etwa eine gemeinsame Verbund- und Gesamtplanung erschien nicht überzeugend.

[47] *Immerfall* (Fn. 40) setzt sich eingehend mit der Entwicklung und der Rechtfertigung der KMK auseinander. *J. Kraus* Elf Zwischenrufe eines überzeugten Föderalisten, in: Schultz/Hurrelmann (Fn. 2), 136 ff., 151 f. sieht in der KMK geradezu die „Inkarnation des Bildungsföderalismus": Böse Zungen bezeichneten sie auch schon als „Griechische Landschildkröte". vgl. *Immerfall* (Fn. 40).

[48] Nach *Oeter* Integration und Subsidiarität (Fn. 19), 335 wirkte auch die Rechtsprechung des Bundesverfassungsgerichtes insgesamt „unitarisch". (Erst) mit den Entscheidungen zu den Juniorprofessuren (BVerfGE 111, 226) und den Studiengebühren (BVerfGE 112, 226) – wie vorgängig schon im Altenpflegeurteil (BVerfGE 106, 62) – zeigte das Bundesverfassungsgericht dem Bund die Grenzen seiner Rahmengesetzgebungszuständigkeit auf. Nach *E. Hansalek* Die neue Kompetenz des Bundes im Hochschulrecht, NVwZ, 2006, 668, (668), waren nach diesen Urteilen keine wesentlichen bildungspolitischen Entscheide des Bundesgesetzgebers mehr möglich.

[49] Ein illustrativer Überblick über die Entwicklung der Bildungskompetenzen in Deutschland findet sich bei: *Guckelberger* (Fn. 43), 223 ff. Siehe auch: *J. Hellermann* Kooperativer Föderalismus in Gestalt der Gemeinschaftsaufgabe nach Art. 91a ff. des Grundgesetzes, in: Härtel (Hrsg.) (Fn. 2), Bd. 2, 2012, 339 ff. Zusammenfassende Bewertung der Neuregelung zu Gemeinschaftsaufgaben und Lastenverteilung, in: *J. Hellermann* Kommentar der Gemeinschaftsaufgaben (Art. 91a, 91b), in: Ch. Starck (Hrsg.) Föderalismusreform, 2007, 133 ff., 165 ff. sowie: *U. Münch* in: Hrbek/Hüttman/Schmid (Fn. 6), 47 ff. Als offizieller Grund für die Abschaffung der Gemeinschaftskompetenzen im Bildungsbereich wurde angeführt, dass sich die Rahmengesetzgebung „als ineffektiv erwiesen" und „auch im Übrigen nicht bewährt" habe (BT-Drs. 16/813, 8).

(Art. 91b. GG): zur gemeinsamen Aufgabenerfüllung bedarf es der Vereinbarung von Bund und Ländern.[50] Für die weitgehende Rückübertragung der Gesetzgebungshoheit im Hochschulwesen mussten die Länder aber einen Preis bezahlen, nämlich die neu eingefügte konkurrierende Bundeskompetenz zum Erlass von Vorschriften über die Hochschulzulassung und die Hochschulabschlüsse (Art. 74 Abs. 1 Ziffer 33 GG).[51] Als grosse föderalistische Innovation wird das neu eingeführte Recht jedes einzelnen Landes gesehen, von der entsprechenden Bundesgesetzgebung mit einer eigenen Regelung abzuweichen (Art. 73 Abs. 3 Ziffer 6 GG).[52] Dieses Abweichungsrecht der Länder stellt ein staatsrechtliches Novum dar, das nicht ohne potentielle Tücken ist: Macht der Bund extensiven Gebrauch von seiner an sich schmalen Kompetenz und weichen mehrere Länder von dieser Regelung ab, besteht die Gefahr der Rechtszersplitterung oder es kommt, um ein Abweichen gerade zu vermeiden, zu einer ausgehandelten Bundeslösung. Beides ist eigentlich nicht im Sinne der Verfassungsschöpfer.

3. Der schweizerische Bildungsföderalismus

In der Schweiz verlief der Bildungsföderalismus, wenn auch zeitlich parallel, in eine andere Richtung. Wohl drängte auch in der Schweiz der bildungspolitische Aufbruch der Sechzigerjahre in Richtung Zentralisierung, vor allem des Hochschulwesens. Und auch in der Schweiz endeten die Bestrebungen für eine verfassungsrechtliche Verstärkung der Rolle des Bundes in der Bildungspolitik in einer tiefgehenden Ernüchterung: der sogenannte Bildungsartikel scheiterte im Jahre 1973 in der Volksabstimmung am notwendigen Mehr der Stände.[53] Dagegen haben die Kantone

---

[50] Vgl. *B. Edelstein*/*J. Allmendinger* Bildungsföderalismus – Déjà-vu mit Happy End?, in: Schultz/Hurrelmann (Fn. 2), 20 f., 45.

[51] Dazu: *S. Oeter* Neustrukturierung der konkurrierenden Gesetzgebungskompetenzen, Veränderung der Gesetzgebungskompetenz des Bundes, in: Föderalismusreform (Fn. 49), 30–33 und *Guckelberger* (Fn. 43), 243. Kritisch zu dieser neuen Bundeskompetenz: *Hellermann* (Fn. 49), Rn. 15, 17, 23, 28 ff., und v.a. 57.

[52] Dazu: *Hansalek* (Fn. 48), 668; *Oeter* Neustrukturierung (Fn. 51), 39 f., begrüsst diese Neuerung – trotz erheblicher Kritik – im Sinne eines erhöhten „Experimentierspielraumes“, der dem deutschen Bundesstaat nur gut tun könne.

[53] Volksabstimmung vom 4. März 1973 mit entsprechendem Volks- und Ständemehr (siehe dazu *B. Ehrenzeller*/*K. Sahlfeld* St. Galler Kommentar, Vorbemerkung zur Bildungsverfassung, Rn. 8). Auf einen zweiten Anlauf für eine erweiterte Bildungskompetenz hat der Bund verzichtet. Einzige Ausnahme bildete die auf einer Volksinitiative beruhende Verfassungsänderung betr. die Koordination des Schulanfanges (Art. 27 Abs. 3bis aBV), nachdem die Bemühungen zu einer Konkordatslösung unter den Kanto-

unter sich schon im Jahre 1970 einen rechtsetzenden interkantonalen Vertrag geschlossen über die Harmonisierung der Schulstrukturen und die Zusammenarbeit im Bereich der obligatorischen Schule, das sogenannte Schulkonkordat.[54] Durch dieses Konkordat erhielt auch die seit 1897 bestehende Konferenz der kantonalen Erziehungsdirektoren (EDK) eine formell-rechtliche Grundlage und einen permanenten Vollzugs- und Harmonisierungsauftrag mit dem Recht von Empfehlungen.[55] Die EDK hat sich denn auch zur weitaus bedeutendsten interkantonalen Fachdirektorenkonferenz entwickelt.[56] Doch die Grenzen der interkantonalen Zusammenarbeit zeigten sich dann vor allem in den Neunzigerjahren, als wichtige Reformanliegen im Hochschulbereich zur Debatte standen.[57] Dies drängte den Bund nicht nur zu stärkerer finanzieller Unterstützung der Hochschulen, sondern auch, wenn auch auf schwacher Kompetenzbasis, zu gesetzgeberischem Handeln[58].

---

nen gescheitert waren (*Ehrenzeller/Schott* St. Galler Kommentar zu Art. 62 BV, Rn. 68); Bericht WBK-N, Bildungsverfassung, BBl 2005 5479, 5488.

[54] Zum Konkordat siehe: *M. Arnet* Das Schulkonkordat vom 29. Oktober 1970, 2000. Zur Entwicklung des Schulwesens in der Schweiz siehe: *G. Biaggini* Kooperativer Föderalismus zwischen Freiwilligkeit und Zwang: Die neue schweizerische „Bildungsverfassung“ als Experimentierfeld, in: Europäisches Zentrum für Föderalismus-Forschung Tübingen (Hrsg.) Jahrbuch des Föderalismus: Föderalismus, Subsidiarität und Regionen in Europa, 2007, 449 ff. und *Derselbe* Schulkoordination in der Schweiz: Der steinige Weg des „Konkordats-Föderalismus“, in: Europäisches Zentrum für Föderalismus-Forschung Tübingen (Hrsg.) Jahrbuch des Föderalismus: Föderalismus, Subsidiarität und Regionen in Europa, 2009, 380 ff. sowie Bericht WBK-N, Bildungsverfassung, BBl 2005 5479, 5485 ff. Dem Schulkonkordat sind, ausser dem Kanton Tessin, alle Kantone beigetreten.

[55] Dazu: *Ehrenzeller/Sahlfeld* (Fn. 53), Rn. 10 und Bericht WBK-N, Bildungsverfassung, BBl 2005 5494 f.

[56] Vgl. *Criblez* (Fn. 8), 286.

[57] Zu den Herausforderungen des schweizerischen Hochschulwesens siehe Botschaft des Bundesrates zum Bundesgesetz über die Förderung der Hochschulen und die Koordination im schweizerischen Hochschulbereich (HFKG), Referendumsvorlage, BBl 2011 7455 ff.

[58] Dazu: *Müller* (Fn. 7), 124 ff. So musste das Bundesgesetz über die Fachhochschulen (Fachhochschulgesetz, FHSG, vom 6. Oktober 1995, SR 414.71) als Grundlage der neu zu errichtenden Fachhochschulen auf die Berufsbildungskompetenz des Bundes gestützt werden (gestützt auf Art. 27 Abs. 1, 27^{quater} Abs. 2, 27^{sexies} und 34ter Abs. 1 lit. g aBV). Siehe auch Botschaft zu einem Bundesgesetz über die Fachhochschulen (FHSG) vom 30. Mai 1994, BBl 1994 III 789 ff. sowie *Plotke* (Fn. 31), 107 f. Als verfassungsrechtliche Grundlage des neuen Universitätsförderungsgesetzes (Bundesgesetz über die Förderung der Universitäten und über die Zusammenarbeit im Hochschulbereich (Universitätsförderungsgesetz, UFG) vom 8. Oktober 1999, SR 414.20) diente die Bundeskompetenz zur Hochschulunterstützung und zur Forschungsförderung, die gemäss neuer Bundesverfassung davon abhängig gemacht werden konnte, dass die Koordina-

Dass die Verfassungslage im Bildungsbereich, auch nach der Totalrevision der Bundesverfassung im Jahre 1999, nicht befriedigen konnte, zeigte sich an politischen Vorstössen aus verschiedenen Kreisen.[59] Vorerst scheiterten allerdings, vorab am Widerstand der Kantone, parlamentarische Bestrebungen in den Eidgenössischen Räten zur Schaffung eines Bildungsrahmenartikels mit dem Recht des Bundes, die Grundsätze der Bildung von gesamtschweizerischer Bedeutung festzulegen.[60] Auch das Vorhaben des Bundesrates für einen neuen Hochschulverfassungsartikel war nicht erfolgsgekrönt.[61] Aus bildungsföderalistischer Sicht sehr bedeutungsvoll war nun, dass die EDK selbst den parlamentarischen Kommissionen Vorschläge zur verfassungsrechtlichen Neugestaltung des gesamten Bildungsbereichs unterbreitete. Damit war der Durchbruch geschafft: Das Volk – und alle Stände – hiessen am 21. April 2006 die sogenannte neue Bildungsverfassung mit überwältigendem Mehr gut.[62] Diese verpflichtet Bund und Kantone in der einleitenden, nicht kompetenzbegründenden Ziel- und Programmnorm dazu, im Rahmen ihrer Zuständigkeiten gemeinsam für eine hohe Qualität und Durchlässigkeit des Bildungsraumes Schweiz zu sorgen. Sie sind dabei zu umfassender Koordination und Zusammenarbeit verpflichtet (Art. 61a BV).

Zuständigkeitsrelevant hingegen sind zwei wesentliche Neuerungen, die den Kern der Bildungsverfassung bilden, nämlich einerseits das Konzept der koordinierten, nach Bildungsstufen differenzierten Steuerung des gesamtschweizerischen Bildungswesens über bestimmte Schlüsselstellen oder Eckwerte[63] und andererseits das Grundkonzept der subsidiären Bun-

---

tion unter den Hochschulen sichergestellt ist (Art. 63/64 BV). Fragwürdig war diese verfassungsrechtliche Abstützung vor allem deswegen, weil im neuen Universitätsförderungsgesetz gemeinsame Entscheidungsorgane von Bund und Kantonen mit rechtsetzenden Kompetenzen vorgesehen worden waren. Die gesamtschweizerische Einführung des Bolognasystems (Bologna-Richtlinie, siehe Fn. 15) beruhte denn auch auf einem Beschluss des zentralen gemeinsamen Organs, der Schweizerischen Universitätskonferenz. Zur Verfassungsmässigkeit des UFG siehe Bericht WBK-N, Bildungsverfassung, BBl 2005 5524 f.

[59] So wurden von mehreren Kantonen sogenannte Standesinitiativen an die Bundesversammlung eingereicht mit dem Ziel der Harmonisierung der Grundschule. Siehe: WBK-N, Bildungsverfassung, BBl 2005 5491 f.

[60] Im Vordergrund stand die parlamentarische Initiative von Nationalrat *Hans Zbinden*. Vgl. Bericht der WBK-N, Bildungsverfassung, BBl 2005 5499 f.

[61] Vgl. WBK-N, Bildungsverfassung, BBl 2005 5489 f. sowie die Zusammenstellung der parlamentarischen Vorstösse zum Hochschulbereich bei *Müller* (Fn. 7), Anhang 5.

[62] Abstimmungsresultat siehe: *Ehrenzeller/Sahlfeld* (Fn. 53), Rn. 19. Zum Begriff der Bildungsverfassung *Ehrenzeller/Sahlfeld* (Fn. 53), Rn. 5.

[63] Die Steuerung des Bildungswesens über „Schlüsselbereiche“ anstelle der materiellrechtlichen Regelung eines Sachbereichs erscheint auch in Deutschland als zukunfts-

deskompetenzen.[64] Für die Grund- und Sekundarschulstufe verankert Art. 62 Abs. 4 BV eine Harmonisierungspflicht der Kantone. Kommt diese Harmonisierung des Schulwesens im Bereich des Schuleintrittsalters und der Schulpflicht, der Dauer und Ziele der Bildungsstufen und von deren Übergängen sowie der Anerkennung von Abschlüssen nicht zustande, so erlässt der Bund in diesen Bereichen die notwendigen Vorschriften.[65] Zur Wahrnehmung dieser subsidiären Bundeskompetenz durch den Bundesgesetzgeber ist es bisher nicht gekommen. Vielmehr ist im Rahmen der EDK die Interkantonale Vereinbarung über die Harmonisierung der obligatorischen Schule, das sogenannte HarmoS-Konkordat[66], ausgearbeitet und inzwischen, nach teilweise heftigen politischen Diskussionen und Volksabstimmungen, von 15 der 26 Kantone ratifiziert worden.[67] HarmoS , seit dem 1. August 2009 in Kraft stehend, bildet nun die eigentliche Rechtsgrundlage für die konkreten Harmonisierungsaufträge: für die Bildungsziele und strukturellen Eckwerte der obligatorischen Schule, für den Fremdsprachenunterricht, und – was derzeit im Mittelpunkt der politischen Diskussion steht – für den Erlass sprach-

---

trächtig beurteilt zu werden: vgl. *Oeter* Gesetzgebung in: Baus/Blindenbacher/Karpen (Fn. 18), 55 f.

[64] Zum Konzept der „subsidiären Bundeskompetenzen" siehe *Ehrenzeller/Schott* (Fn. 53), Rn. 57 ff. *Biaggini* Kommentar (Fn. 32), Art. 62 Rn. 11 ff. spricht von einer „bedingten Bundeskompetenz". *Derselbe* kritisch-zurückhaltend gegenüber dem Konzept in: *G. Biaggini* Föderalismus quo vadis?, in: A. Auer (Hrsg.) Herausforderung HarmoS: Bildungspolitik, Föderalismus und Demokratie auf dem Prüfstein, 2010, 107 ff. (Dazu auch: *Derselbe* Schulkoordination (Fn. 54), 380 ff.).

[65] Beachtenswert ist, dass auch der am 23. September 2012 von Volk und Ständen als Gegenentwurf zur Volksinitiative „jugend + musik" angenommene neue Verfassungsartikel (Art. 67a BV) zur musikalischen Bildung diesen Harmonisierungsauftrag fortführt, indem er festhält, dass sich Bund und Kantone im Rahmen ihrer Zuständigkeiten für einen hochwertigen Musikunterricht an den Schulen einsetzen. Sollte ihnen die Harmonisierung der Ziele des Musikunterrichts an den Schulen nicht gelingen, so erlässt der Bund die notwendigen Vorschriften. Vgl. dazu die Botschaft des Bundesrates zur Volksinitiative „jugend+musik" (BBl 2010 1 ff.).

[66] Vgl. dazu: *B. Ehrenzeller* HarmoS im Lichte der Bildungsverfassung, in: Auer (Fn. 64), 23 ff.; *H. Ambühl* Konkordatsprozess. Entstehungsgeschichte, Zwischenbilanz zwei Jahre nach Inkrafttreten des Konkordates und Ausblick, in: Schweizerische Konferenz der Erziehungsdirektoren (Hrsg.) Die Interkantonale Vereinbarung über die Harmonisierung der obligatorischen Schule (Harmos-Konkordat) vom 14. Juni 2007, 2011, 32 ff.

[67] Hinweis auf den Stand der Ratifikationen, Ablehnungen und Sistierungen des Konkordates auf Homepage EDK (http://www.edk.ch/dyn/14901.php); festzustellen ist, dass alle Kantone der Romandie dem Konkordat beigetreten sind. Es gibt in der Westschweiz offenbar geringere Vorbehalte gegenüber der Schulharmonisierung als in der Deutschschweiz.

regionaler, an nationalen Bildungsstandards orientierter Lehrpläne und Lehrmittel (Art. 8 HarmoS-Konkordat).[68] Auch die 11 (der 26) Kantone, die HarmoS nicht beigetreten sind, richten ihre kantonale Bildungsgesetzgebung weitgehend am gesamtschweizerischen Harmonisierungsstandard aus.[69] Noch nicht harmonisiert ist bisher der Sekundarschulbereich II, also die Maturitätsstufe.[70] Es erweist sich offenbar als schwierig, gemeinsame Standards für die Hochschulreife zu entwickeln.

Anders sieht es die Verfassung im Hochschulbereich vor. Hier sind Bund und Kantone viel enger in die gemeinsame Verantwortung für die Koordination und für die Gewährleistung der Qualitätssicherung eingebunden (Art. 63a Abs. 3 BV). Zur Erfüllung dieser Aufgaben haben sie Verträge abzuschliessen und die Befugnisse, die für die Koordination notwendig sind, sind an gemeinsame Organe zu übertragen. Das Bundesgesetz, nicht die Verträge, regelt die Zuständigkeiten, die den gemeinsamen Organen übertragen werden können, und das Gesetz legt die Grundsätze von Organisation und Verfahren der Koordination fest (Abs. 4). Da jedoch der Bundesgesetzgeber allein ja keine gemeinsamen Organe von Bund und Kantonen schaffen kann, bedarf es eines parallelen Konkordates (Hochschulkonkordat) zum Bundesgesetz unter den Hochschulkantonen, welche ihrerseits der Schaffung dieser gemeinsamen Organe zustimmen müssen. Das Dach über die beiden stützenden Pfeiler des Bundesgesetzes und des Konkordates bildet eine Zusammenarbeitsvereinbarung. Erst durch diese Vereinbarung werden die gemeinsamen Organe konstituiert, mit rechtsetzenden und rechtsanwendenden Zuständigkeiten ausgestattet und auf gemeinsame Ziele festgelegt. Gelingt es nun Bund und Kantonen nicht, diese Koordination im Hochschulbereich zustande zu bringen, so erlässt der Bundesgesetzgeber Vorschriften über die Studienstufen und deren Übergänge, über die Weiterbildung und über die Anerkennung von Institutionen und Abschlüssen. Zudem kann der Bund die Unterstützung der Hochschulen an einheitliche Finanzierungs-

---

[68] Derzeit in Vernehmlassung (iSv Art. 147 BV) befindet sich der Lehrplan für die Deutschschweiz, der Lehrplan 21. (siehe dazu: www.lehrplan.ch). Interessant ist festzustellen, dass auch jene Kantone, die dem HarmoS-Konkordat (Fn. 35) nicht beigetreten sind, sich dennoch auf der Grundlage ihrer kantonalen Gesetzgebung an der gemeinsamen Erarbeitung des Lehrplanes 21 beteiligen.

[69] Gelingt somit die Umsetzung des HarmoS-Konkordates auf diesem „pragmatischen Weg“, so kann von einer gesamtschweizerischen Harmonisierung im Sinne von Art. 62 Absatz 4 BV gesprochen werden. Die Verfassungsbestimmung gibt ja nicht zwingend den Konkordatsweg vor, um das Ziel der Schulharmonisierung zu erreichen.

[70] Zur heutigen Regelung im Bereich der Maturitätsschulen siehe: *Ehrenzeller/Sahlfeld* (Fn. 53), Rn. 11; *Biaggini* Kooperativer Föderalismus (Fn. 54), 449 ff.; *Plotke* (Fn. 31), 103 f.

grundsätze binden und von der Aufgabenteilung zwischen den Hochschulen in besonders kostenintensiven Bereichen abhängig machen (Abs. 5).

In Umsetzung dieses Verfassungsauftrages (Art. 63a Abs. 3–5 BV) verabschiedete die Bundesversammlung am 30. September 2011 das Bundesgesetz über die Förderung der Hochschulen und die Koordination im schweizerischen Hochschulbereich (HFKG) mit klarer Mehrheit.[71] Liest man das Gesetz, so wird klar, dass der Bundesgesetzgeber tiefe Spuren im schweizerischen Hochschulraum gelegt hat. Dies, wie der Gesetzestitel sagt, in zweifacher Hinsicht: einerseits in Bezug auf die Ziele, die Organisation, die Zuständigkeiten und das Verfahren der gemeinsamen Koordinationsorgane sowie in Bezug auf die gesamtschweizerische hochschulpolitische Koordination und Aufgabenteilung, andererseits in Bezug auf die Finanzierung der schweizerischen Hochschulen.[72] Aus föderalistischer Sicht von besonderer Bedeutung ist das oberste gemeinsame hochschulpolitische Organ, die Schweizerische Hochschulkonferenz.[73] Sie tagt als Plenarkonferenz des Bundes und aller Hochschulkonkordatskantone sowie als Hochschulrat, dem neben dem Bildungsminister des Bundes (nur) vierzehn kantonale Bildungsdirektoren angehören (Art. 11/12 HFKG).[74]

---

[71] Die Interkantonale Vereinbarung über den schweizerischen Hochschulbereich (Hochschulkonkordat) ist von der EDK am 20. Juni 2013 verabschiedet worden. Sie befindet sich derzeit im kantonalen Ratifikationsprozess. Die Zusammenarbeitsvereinbarung Bund-Kantone (ZSAV) kann erst geschlossen werden, wenn das Hochschulkonkordat in Kraft getreten ist. Der zwischen beiden Seiten abgestimmte Vereinbarungsentwurf und das Hochschulkonkordat sind einsehbar unter: <www.edk.ch/dyn/11662.php> (abgerufen am 20. September 2013).

[72] Nach dem Zweckartikel des HFKG (Art. 1) sorgt der Bund zusammen mit den Kantonen für die Koordination, die Qualität und die Wettbewerbsfähigkeit des gesamtschweizerischen Hochschulbereichs. Es geht demnach nicht um die Koordination der einzelnen Hochschulen, sondern um die gesamtschweizerische Steuerung des Hochschulbereichs.

[73] Kritisch zu dieser Bezeichnung: *G. Biaggini* Entwicklungen und Spannungen im Verfassungsrecht/Versuch einer Standortbestimmung zehn Jahre nach Inkrafttreten der Bundesverfassung vom 18. April 1999, in: Schweizerisches Zentralblatt für Staats- und Verwaltungsrecht (ZBl) 2010 (111), 1 (36). Weitere gemeinsame Organe von Bund und Kantonen sind die Rektorenkonferenz der schweizerischen Hochschulen und der Schweizerische Akkreditierungsrat (Art. 7 lit. b und c HFKG).

[74] Während die Plenarversammlung (Art. 11 HFKG) über Fragen zu entscheiden hat, die alle Konkordatskantone betreffen, wie die Festlegung der finanziellen Rahmenbedingungen, so stehen dem kleineren, aber entscheidungsträchtigeren Organ, dem Hochschulrat (Art. 12 HFKG), jene Zuständigkeiten zu, die in erster Linie die Hauptträger der schweizerischen Hochschulen, darunter alle zehn Universitätskantone, betreffen, wie beispielsweise die Vorschriften über die Studienstufen, die institutionelle Akkreditierung der Hochschulen oder die Anerkennung von Abschlüssen. Keine Entscheidungskompetenz hat die Hochschulkonferenz aber in Bezug auf die Hochschulzulassung oder die Studiengebühren.

Präsidiert werden beide Räte vom Bildungsminister des Bundes (Art. 14 HFKG). Damit kommt dem Bund bei der Steuerung im gesamtschweizerischen Hochschulbereich eine klare Führungsrolle zu. Das Entscheidungsverfahren ist aber so ausgestaltet, dass Beschlüsse der Organe nur zustande kommen, wenn der Bund und die qualifizierte Mehrheit der Kantonsvertreter zustimmen (Art. 16/17 HFKG).[75] Der Schweizerischen Hochschulkonferenz sind bestimmte rechtsetzende Kompetenzen zur Steuerung des gesamtschweizerischen Hochschulwesens übertragen worden.[76] Das HFKG als Koordinationsgesetz ist aber nicht ein dem deutschen Hochschulrahmengesetz (HRG) vergleichbares Rahmengesetz zur Regelung der allgemeinen Grundsätze des Hochschulwesens. Vielmehr bleibt es weiterhin den kantonalen Hochschulträgergesetzen[77] überlassen, die Organisation der Hochschulen festzulegen und die vom Bundesrecht grundsätzlich gewährleistete Autonomie näher auszugestalten.[78]

Nun: Die schweizerische Regelung erscheint sehr komplex.[79] Die neue Bildungsverfassung setzt in hohem Masse auf das Gelingen von Konkordatslösungen, um eine Bundesregelung zu vermeiden. An diesem soge-

---

[75] Im Hochschulrat bedarf es zusätzlich des Mehrs an Punkten, die den einzelnen Kantonsvertretern gemäss ihren Studierendenzahlen zugeteilt sind (Art. 17 Abs. 1 lit. c HFKG; Art. 7 Hochschulkonkordat).

[76] Deren allgemeinverbindliche Beschlüsse gehen – als unter Mitwirkung der Kantone entstandenes Bundesrecht – den Trägergesetzen der Hochschulkantone vor (so: *Ehrenzeller/Sahlfeld* (Fn. 53), Rn. 41).

[77] Nebst der Koordination in Bezug auf die Eckwerte von Art. 63a Abs. 5 BV war es auch ein wichtiges Ziel der neuen schweizerischen Bildungsverfassung und -gesetzgebung, besser d.h. verlässlicher und berechenbarer als bisher zu gewährleisten, dass Bund und Kantone für den Hochschulbereich ausreichende finanzielle Mittel für Lehre und Forschung von hoher Qualität bereitstellen (Art. 41 HFKG). Dazu zählt neben der Bindung der Grundbeiträge des Bundes an die gemeinsam festgelegten Referenzkosten (Art. 44/49–52 HFKG) auch die Weiterführung der an den realen Studienkosten orientierten interkantonalen Beiträge für Studierende, die nicht an einer kantonseigenen Hochschule studieren (Interkantonale Universitätsvereinbarung (IUV) vom 20. Februar 1997, veröffentlicht u.a. in: ZHlex 415.17).

[78] Zur Hochschulautonomie gemäss Art. 63a Abs. 3 BV/Art. 5 HFKG siehe: *B. Ehrenzeller* Hochschulautonomie, in: Breitenmoser/Ehrenzeller et al. (Fn. 8), 203 ff.

[79] Der Ausgleich zwischen grossen und kleinen Kantonen, zwischen Universitäts- und Nichtuniversitätskantonen scheint erst nach intensivem Ringen gefunden worden zu sein. Aus föderalistischer Sicht bemerkenswert ist die Lösung, die schliesslich getroffen worden ist zur Bestimmung der vier Kantonsvertreter im Hochschulrat, welche die sechzehn Nichtuniversitätskantone, die also nur Fachhochschulträger sind, repräsentieren. Entgegen den naheliegenden Bestrebungen einzelner Kantone, ein festes Rotationsprinzip einzuführen, ist es nun die Konferenz aller Vereinbarungskantone, welche diese Vertreter frei bestimmt (Art. 6 Abs. 3 Hochschul-Konkordat).

nannten „Konkordatsföderalismus"[80] wird teilweise heftig kritisiert, dass er eine Art Zwangsjacke darstelle für nicht willige Kantone, dass er demokratisch wenig legitimiert und schwer veränderbar sei, dass er mit den Koordinationsorganen eine neue staatsrechtliche Ebene einbaue und letztlich auch nicht geeignet sei für die Lösung gesamtstaatlicher Probleme. Darauf wird am Schluss zurückzukommen sein.[81]

4. *Zusammenfassender Vergleich*

Fassen wir den deutsch-schweizerischen Vergleich der beiden föderalistischen Bildungsverfassungen zusammen, so erkennen wir Gemeinsamkeiten, aber auch erhebliche Unterschiede. Gemeinsam ist die verfassungsrechtliche Ausgangslage: Die Bildungshoheit liegt bei den Kantonen resp. Ländern. Geblieben, ja in der Bedeutung verstärkt worden, ist die gliedstaatliche Selbstkoordination und damit der horizontale kooperative Föderalismus.[82] Den beiden Institutionen der Selbstkoordination der Länder und Kantone im Bildungsbereich, der KMK respektive der EDK, kommt eine zentrale Bedeutung zu, wobei die EDK als solche vertraglich stärker abgestützt ist.[83] Unterschiedlich ausgestaltet sind dagegen die

---

[80] *Biaggini* Standortbestimmung (Fn. 73), 1 ff. und *Biaggini* Schulkoordination (Fn. 54), 380 ff.

[81] Die kritischen Stimmen gegenüber dem „Konkordatsföderalismus" beziehen sich nicht nur auf den Bildungsbereich. Eine ähnliche Entwicklung spielt sich auch im Sicherheits- und im Gesundheitsbereich ab, beispielhaft hierfür etwa das Hooligan-Konkordat (Konkordat über Massnahmen gegen Gewalt anlässlich von Sportveranstaltungen vom 15. November 2007 mit Änderungen vom 2. Februar 2012, veröffentlicht u.a. in: sSG 451.51), siehe dazu auch „Bericht des Bundesrates in Erfüllung des Postulats Malama 10.3045 vom 3. März 2010 Innere Sicherheit. Klärung der Kompetenzen", vom 2. März 2012, in: BBl 2012 4459, 4482, 4573, 4588, oder im Bereich der Spitzenmedizin das Konkordat über die Koordination der Konzentration der Hochspezialisierten Medizin (HSMKO, online: <http://www.gdk.cds.ch/fileadmin/docs/public/gdk/Themen/HSM/01_IVHSM_CIMHS_14032008_d.pdf> abgerufen am 20. September 2013). Zudem sieht das schweizerische Bundesgesetz über die Krankenversicherung (KVG) vom 18. März 1994 (SR 832.10) in Art. 39 Abs. 2bis KVG ebenfalls eine subsidiäre Bundeskompetenz vor, wonach im Bereich der hochspezialisierten Medizin, wenn die Kantone sich nicht hinsichtlich einer gesamtschweizerischen Planung einigen, der Bundesrat festlegt, welche Spitäler für welche Leistungen auf den kantonalen Spitallisten aufzuführen sind.

[82] Der Bundesverfassungsgeber hat sogar für die interkantonale Zusammenarbeit einen eigenen Verfassungsrahmen geschaffen (Art. 48/48a BV).

[83] Vgl. vor allem Art. 1 des HarmoS-Konkordates (Fn. 35). In zahlreichen interkantonalen Vereinbarungen kommt der EDK eine institutionelle Koordinationsrolle zu, beispielsweise in Art. 13 ff. des HarmoS-Konkordates (Fn. 35) und im Hochschulkonkordat (Fn. 71). Demgegenüber verfügt die KMK nur über eine Vereinbarung (Abkom-

Rolle des Bundes und die vertikale Mitwirkung der Gliedstaaten im Bildungsbereich.[84]

Der grundsätzliche Unterschied in der föderalistischen Ausgestaltung der beiden Bildungsverfassungen ist aber vor allem konzeptioneller Natur. Die Bundesverfassung verortet die Verantwortung von Bund und Kantonen für die Bildung in einen gemeinsamen und umfassend koordinierten Bildungsraum Schweiz. Dieser ist differenziert ausgestaltet nach Bildungsstufen und Koordinationszielen.[85] Die Schweiz hat also nicht einfach eine neue Zuständigkeitsverteilung vorgenommen, sondern vor allem im Hochschulbereich einen eigenen Governanceansatz gewählt und das Regieren im Mehrebenensystem verfassungsrechtlich verankert.[86] Angestrebt wird nicht ein Gesamtplan, wohl aber eine Gesamtsicht des Bildungswesens. Gleichzeitig hat der Bundesgesetzgeber Grundsätze der Finanzierung des Hochschulbereichs durch Bund und Kantone aufgestellt.[87] Durch diese Verbindung von Sach- und Finanzkompetenzen soll

---

men über das Sekretariat der Ständigen Konferenz der Kulturminister der Länder in der Bundesrepublik Deutschland vom 20. Juni 1959 sowie Abkommen über den Beitritt der neuen Staaten vom 25. Oktober 1991 online: <http://www.kmk.org/fileadmin/veroeffentlichungen_beschluesse/1959/1959_06_20_Abkommen-KMK.pdf> abgerufen am 20. September 2013). Zum Vergleich von KMK und EDK siehe: D. Braun Hochschulföderalismus zwischen Kooperationszwang und Blockadegefahr – Deutschland und die Schweiz im Vergleich, Swiss Political Science Review Sonderheft 2010 (Hochschulpolitik/Berufsbildungspolitik), 715 (723 ff.).

[84] Der schweizerische Bundesgesetzgeber verfügt, von der Berufsbildung und der Weiterbildung abgesehen, über keine konkurrierenden Bildungskompetenzen. Ein Abweichungsrecht, analog Art. 72 Abs. 3 GG, ist der Bundesverfassung fremd. Auch sieht die Bundesverfassung nicht vor, dass bestimmte Bereiche vertraglich zwischen Bund und Kantonen geregelt werden (analog zu Art. 91b GG). Dagegen verfügt der Bund über eine parallele Forschungsförderungskompetenz im Hochschulwesen (Art. 64 BV). Von zentraler Bedeutung ist auch der SNF (Statuten, online: <http://www.snf.ch/SiteCollectionDocuments/statuten_08_d.pdf> abgerufen am 20. September 2013), der zur Hauptsache mit Bundesgeldern finanziert wird.

[85] Der Bildungsraum umfasst alle Bildungsstufen von der Grundschule bis zur Hochschule. Die in Deutschland bestehende Harmonisierungslücke wird auch als „Bildungsschisma" bezeichnet: vgl. *Amos* (Fn. 6), 29.

[86] *Braun* Hochschulföderalismus (Fn. 83).

[87] Als Ziel des koordinierten Hochschulraumes Schweiz nennt Art. 3 lit. g HFKG die „Finanzierung der Hochschulen nach einheitlichen und leistungsorientierten Grundsätzen". Abschnitt 7 des Gesetzes ist dementsprechend der „Finanzierung" gewidmet. Wichtige Pfeiler der Hochschulfinanzierung bilden auch künftig die interkantonalen Hochschulbeiträge gemäss Interkantonaler Universitätsvereinbarung (Fn. 77) und Interkantonaler Fachhochschulvereinbarung (FHV) ab 2005 vom 12. Juni 2003 (veröffentlicht ua. in: ZHlex 414.12), worauf Art. 11 des Hochschulkonkordates (Fn. 71) verweist.

gerade vermieden werden, dass der Bund im Mehrebenensystem zwar keine Sachkompetenzen hat, aber über die „goldenen Zügel“ (Anreizstrukturen)[88] das Hochschulwesen dennoch weitgehend steuert.[89]

Deutschland dagegen hat gerade einen andern Schluss aus der vergangenen Entwicklung des Bildungsföderalismus gezogen: Geprägt von der Erfahrung, dass Bundesregelungen zu Einheitlichkeitsformeln führen, hat Deutschland im Zeichen der Reföderalisierung der Bildung bei der Föderalismusreform I, jedenfalls formal, eine Kompetenz- und Politikentflechtung vorgenommen und Bundeskompetenzen zu Gunsten der Länder abgebaut.[90] Jedenfalls vom Grundgesetz her scheint der Bund aus der Bildungsverantwortung weitgehend entlassen zu sein.

IV. Gesamtwürdigung: Die Zukunftsfähigkeit des Bildungsföderalismus

Der Bildungsföderalismus auf dem Prüfstand!

Einer bildungspolitischen Notwendigkeit entspringt der Bildungsföderalismus ja nicht, wohl aber dem staatspolitischen Interesse an der Erhaltung der Bildungshoheit der Länder und Kantone als eines Kernbereichs föderaler Gestaltungsmacht. Eine umfassende Zentralisierung der Gesetzgebung im gesamten Bildungsbereich würde zweifellos in beiden Staaten, in der Schweiz als multikultureller Nation in besonderem Masse, ein Herzstück aus dem föderalistischen Gefüge herausbrechen.[91] Auch eine Bildungsrahmenordnung des Bundes, wie sie von bildungsföderalismuskritischen Stimmen, so schon von *Peter Saladin* an der Staatsrechtslehrertagung 1972, gefordert worden ist, würde die gliedstaatliche Eigen-

---

[88] *Schuppert* (Fn. 14), Rn. 54. Zum Steuerungsbegriff: *A. Benz* Steuerung im Bildungswesen – begrenzte Notwendigkeit und notwendige Begrenzung (Fn. 11), 15.

[89] Zur unterschiedlichen Regelung der Bildungsfinanzierung in Deutschland und der Schweiz sowie zum Zusammenhang von Steuerautonomie und Bildungsausgaben: siehe *J. Wieland* Ist Bildung eine Gemeinschaftsaufgabe? Verfassungsrechtliche Aspekte, in: Schultz/Hurrelmann (Fn. 2), 54 ff. Auf den wichtigen Zusammenhang von Föderalismus und Finanzverfassung „als aufeinander bezogene dynamische Systeme“ weist *Schuppert* (Fn. 14), Rn. 44 ff.

[90] Zweifel an echter Entflechtung und substanzieller Kompetenzverlagerung: *T. Hoymann/U. Münch* Föderalismusreform 1969: Warum die Länder ihre Hochschulgesetzgebungskompetenz dem Bund überliessen und in der Föderalismusreform 2006 (teilweise) wieder zurückholten, in: Jahrbuch des Föderalismus: Föderalismus, Subsidiarität und Regionen in Europa, 2011, 205 ff.; *M. Heintzen in: Starck* (Fn. 49), 49 f.; auch *F. Scharpf* Tagungsprotokolle (Fn. 11), 25.

[91] Nach der Rechtsprechung des Bundesverfassungsgerichts muss den Ländern im Bereich von Bildung und Kultur ein substanzielles Mass an Hausgut verbleiben (*Oeter* Integration und Subsidiarität (Fn. 19), 582).

verantwortung deutlich erlahmen lassen.[92] Wenig überzeugend sind aber auch jüngst wieder lauter gewordene deutsche Stimmen, welche die Bildungskompetenzen, auch im Hochschulbereich, den Ländern vollständig zurückgeben und den Wettbewerbsföderalismus etablieren möchten.[93] Die Idee einer durchgehenden Föderalisierung des Bildungsbereichs verkennt die Entwicklung, die Dynamik wie auch die Besonderheiten der Bildungspolitik. Die Länder – die Kantone sowieso – wären weder sachlich noch finanziell in der Lage, die gesamte Bildungsverantwortung allein zu tragen.[94] Es ist nicht zu übersehen: Deutschland und die Schweiz sind heute nationale Bildungsräume, die ihrerseits Teil sind des europäischen Bildungs-, Hochschul- und Forschungsraumes. Das bedeutet aber auch, dass es in wichtigen Fragen einer national koordinierten Bildungspolitik bedarf. Dazu ist eine, wie auch immer ausgestaltete, Regelungsstruktur im Mehrebenensystem nötig. Die Kernfrage ist also: Sind die bildungsföderalistischen Institutionen dafür geeignet, die beschränkten Steuerungsmöglichkeiten in der Bildungspolitik wirksam wahrzunehmen?

Grundlage jeder föderalistischen Ordnung ist die Zuständigkeitsregelung. Deutschland hat sich für eine weitgehende Verantwortungszuweisung zu Gunsten der Länder entschieden, wogegen die Schweiz die horizontale und vertikale Politikverflechtung verfassungsrechtlich geradezu verankert hat. Politikverflechtung an sich ist aber weder gut noch schlecht und jedenfalls im Bildungsbereich unvermeidbar.[95] Entscheidend dürfte letztlich nicht sein, was und wie viel die Gliedstaaten allein entscheiden können. Ausschlaggebend ist vielmehr, ob die Handlungs-und Entscheidungsfähigkeit von Bund und Gliedstaaten bei ihrer Aufgabenerfüllung, trotz Politikverflechtung, gewahrt ist.[96] Es ist wenig wahrscheinlich, dass Deutschland mit der neuen Ordnung den Ausbruch aus der „extremen Politikverflechtung" in der Bildungspolitik wirklich geschafft hat. Jeden-

---

[92] *P. Saladin* Aussprache zu Gemeinschaftsaufgaben im Bundesstaat, VVDStRL 31 (1972), 85 (93 ff.), sowie Holzwege des kooperativen Föderalismus, in: Festschrift Bundesrat H. P. Tschudi: zum 60. Geburtstag, 1973, 237 ff. (251). Vgl. auch bei *Criblez* (Fn. 8), 294.

[93] *Stern* (Fn. 17), 20 f.

[94] Eine solche Entflechtung wäre daher auch wenig realistisch. Vgl. *Braun* Reform und Entscheidungsblockaden (Fn. 19), 329 ff.

[95] *Oeter* Gesetzgebung (Fn. 18), 562 f. weist auf die „hohe systemische Rationalität" hin. Die „Mehrebenenverflechtung" sichere ein „multistabiles" Gleichgewicht der Entscheidungsstrukturen.

[96] *Oeter* Gesetzgebung (Fn. 18), 398, spricht in diesem Zusammenhang von einem Paradigmenwechsel: Das neue Paradigma sei eine gesamtstaatliche – auf Bund und Länder aufgeteilte – Aufgabenerfüllung. Siehe auch *Derselbe* Integration und Subsidiarität (Fn. 19), 398 sowie *Meyer-Hesemann* (Fn. 13), 16 ff.

falls werden Zweifel an der angestrebten Wirkung der Föderalismusreform I geäussert.[97] Die Zusammenarbeit dürfte auf eine andere Ebene, auf intergouvernementale Verhandlungsformen, verlagert worden sein, was eine neue Politikverflechtung zur Folge hat.

Der von der Schweiz gewählte formelle Weg der interkantonalen Harmonisierungspflicht des Schulwesens setzt auf die Kraft und die Eigenverantwortung der Kantone, setzt sie aber auch unter den faktischen Zwang des Mitmachens. Ein Abseitsstehen kann für einen Kanton negative Folgen haben.[98] Gelingt den Kantonen die Harmonisierung nicht oder nicht glaubwürdig genug, was letztlich in der Beurteilungskompetenz der Bundesversammlung liegt, so fallen die Schranken für den Bundesgesetzgeber.[99] Dieser latente Druck – gewissermassen „im Schatten der Hierarchie"[100] – mag auf den ersten Blick föderalismusfeindlich erscheinen, ist aber von den Kantonen gerade deshalb akzeptiert worden, weil er konsensfördernd wirkt und die widerstrebenden institutionellen Eigeninteressen besser in einen nationalen Entscheidungsprozess einbindet.[101]

Deutlich schwieriger gestaltet sich die Herausforderung im Hochschulbereich. Zweifellos hängt das neu vorgesehene Entscheidungsverfahren

---

97 *Braun* Hochschulföderalismus (Fn. 83) bezeichnet die Föderalismusreform als „Entflechtung und Beibehaltung der Verflechtung". *Immerfall* (Fn. 40), 210 spricht von einer fortbestehenden dilemmatischen Verschränkung von Ausgleich verschiedener Schulpolitiken der Länder einerseits und Bedürfnis nach gemeinsamer Wahrnehmung der gesamtstaatlichen Verantwortung andererseits (200). In diesem Sinne auch *Guckelberger* (Fn. 43), Rn. 67; *Scholz* in: Baus/Blindenbacher/Karpen (Fn. 18), 93 f. und *Hellermann* (Fn. 49), Rn. 57, 67.

98 *Criblez* (Fn. 8), 286 ff.

99 Kommt die erforderliche Koordination im Schulwesen nicht zustande, so verpflichtet die BV den Bundesgesetzgeber zum Handeln (Art. 62 Abs. 4/63a Abs. 5 BV). Die Feststellung, ob und wieweit diese Voraussetzung erfüllt ist, liegt allerdings im Ermessen der Bundesversammlung, die eine Gesamtbeurteilung vornehmen wird. Vgl. WBK-N, Bildungsverfassung, BBl 2005 5505 f., 5522, 5529 f. Es erscheint deshalb auch nicht zwingend, dass alle Kantone dem Konkordat beitreten. Es genügt auch ein faktisches Mitmachen bei der Harmonisierung.

100 *R. Mayntz/F. W. Scharpf* Gesellschaftliche Selbstregelung und politische Steuerung, 1995, 28. *Braun* Hochschulföderalismus (Fn. 83), 726 spricht paraphrasierend von Schatten der Bundeslösung.

101 Darin liegt ja auch, im Sinne von *Hesse* (Fn. 26) der gewaltenteilende Aspekt der gliedstaatlichen Zusammenarbeit. So auch *M. Große Hüttmann/J. Schmid* Das Thema Bildungspolitik und die Perspektiven der Föderalismus-Forschung, in: Hrbek/Hüttman/Schmid (Fn. 6), 229 ff. Den Kantonen scheint es mit dem HarmoS-Konkordat (Fn. 35) auch tatsächlich gelungen zu sein, verschiedene politische Bestrebungen zur punktuellen Bundesregelung im Volksschulbereich, beispielsweise beim Fremdsprachenunterricht, neuerdings auch beim Musikunterricht (siehe Fn. 65) abzuwenden, vgl. *Ehrenzeller* HarmoS (Fn. 65), 28 f.

der gemeinsamen Organe in hohem Masse davon ab, wie überzeugend der Bund seine Führungsrolle wahrnimmt und wie sich die Kantone einzubringen vermögen. Entscheidungsblockaden in den gemeinsamen Organen sind zwar nicht unmöglich, aber aufgrund des qualifizierten Mehrs an Kantonsstimmen doch wenig wahrscheinlich. Dennoch bleibt letztlich der Notausgang aus der Politikverflechtungsfalle über eine mögliche Bundesregelung offen.

Im Vergleich zur formal klaren Verantwortungszuweisung in Deutschland ist der schweizerischen Bildungsordnung mangelnde demokratische Legitimation vorgeworfen worden.[102] Die Kritik erstaunt insofern, als ja mit der Bildungsverfassung dafür gerade eine verfassungsrechtliche Basis gelegt worden ist. Sowohl das HarmoS-Konkordat wie das Hochschulkonkordat haben den ordentlichen Genehmigungsprozess durch die kantonalen Parlamente, unter Einschluss der Referendumsmöglichkeit, durchlaufen oder er steht noch bevor.[103] Sind Bund und Kantone in der Gestaltung der Bildungspolitik unausweichlich aufeinander angewiesen, so ist dem Gebot von Demokratie und Rechtsstaatlichkeit mehr Genüge getan, wenn dafür politisch verantwortliche Institutionen und formelle Entscheidungsverfahren geschaffen werden, als wenn dieser Prozess weitgehend der informellen Mitwirkung überlassen wird.

Die kritischen Stimmen bemängeln auch den starken Exekutivföderalismus und die fehlende Entscheidungsfreiheit der parlamentarischen Genehmigungsverfahren bei Konkordaten. Der Bildungsbereich wird allerdings seit jeher weniger über materielle Rechtsnormen als über Organisationserlasse, damit exekutiv, bestimmt. Das wäre im Falle einer bun-

---

102 Kritisch *A. Auer* Ein wachsendes Unbehagen, Vorwort, in: Auer (Fn. 64), der von einem „chronischen demokratischen Defizit" spricht. Vgl. auch in demselben Band: *Biaggini* Föderalismus Quo vadis (Fn. 64) sowie *Derselbe* Kooperativer Föderalismus (Fn. 54).

103 Vgl. *Ehrenzeller* HarmoS (Fn. 66), 33 f. und *Ehrenzeller/Reisner* (Fn. 15), 229 ff. Der unter demokratischem Gesichtspunkt wohl heikelste Punkt ist die Frage der Veränderbarkeit des einmal Beschlossenen. Bundesgesetze wären leichter abänderbar als Verträge unter vielen Kantonen. Angesichts ihrer Dynamik muss auf der einen Seite vermieden werden, dass Bildungspolitik zum föderalistischen Experimentierfeld wird. Auf der andern Seite ist die neue bildungsföderalistische Ordnung längerfristig nur tragfähig, wenn es in ihrem Rahmen gelingt, Schwächen oder Fehlentwicklungen des Systems oder einzelner Steuerungselemente, beispielsweise der Bildungsstandards oder der Lernpläne, rechtzeitig zu erkennen und die notwendigen Verbesserungen tatsächlich an die Hand zu nehmen. Vgl. auch *V. Martenet* HarmoS dans le paysage fédéraliste et démocratique suisse, in: Auer (Fn. 64), 102 f. Für die Frage der Revidierbarkeit von beschlossenen Koordinationslösungen sind deshalb nicht nur die Vertragsgrundlagen relevant, sondern ebenso, wenn nicht noch stärker die Umsetzungsbeschlüsse und -massnahmen.

desgesetzlichen Regelung nicht anders. Auch ist die Bildungspolitik schon immer durch differenzierte demokratische Legitimationsverfahren und unterschiedliche kritische Öffentlichkeiten gekennzeichnet.[104] So gesehen, sind mit der Bildungsverfassung und den referendumsfähigen Koordinations- und Steuerungserlassen eher mehr öffentlicher Diskurs und mehr demokratische Mitsprache als bisher ermöglicht worden.

Wie zukunftsfähig, ja wie zukunftsweisend ist nun also der Bildungsföderalismus? Vielleicht ist es gar nicht schlecht, dass wir heute nicht mit einem definitiven „Ja“ oder „Nein“ antworten können. Der Bildungsföderalismus ist offensichtlich im Wandel begriffen, was mit Chancen für innovative Lösungen, aber auch mit Unsicherheiten und Risiken verbunden ist. Nicht alles ist rechtlich fassbar in den herkömmlichen bundesstaatsrechtlichen Kategorien. Die föderalistische Kultur wird zum Tragen kommen müssen, wozu, in den treffenden Worten von *Denis de Rougement*, „l'amour de la compléxité“ mit dazu gehört.[105] Die jeder föderalistischen Ordnung inhärente Spannung zwischen Vielfalt und Einheit, Subsidiarität und Integration müssen Bund und Kantone ertragen und wollen. Wenn Subsidiarität bedeutet, im Bildungsbereich mehr Freiheit, mehr politischen und pädagogischen Gestaltungsfreiraum, mehr und differenzierte demokratische Mitwirkung, soziale Einbindung und Nähe zum realen Bildungsgeschehen zu ermöglichen, wenn föderale Vielfalt eher dazu führt, aus unterschiedlichen Lösungen und aus Fehlentwicklungen gegenseitig zu lernen und Neues zu entwickeln, dann hat gerade der Bildungsföderalismus mehr innere Rechtfertigung als die zentralistische einheitliche Regelung. Gleichzeitig ist im Bundesstaat die Wahrung der gesamtstaatlichen Interessen nicht allein Sache des Bundes. Die Berechtigung gesamtstaatlicher Koordination und Vereinbarungen zwischen den Gliedstaaten untereinander oder mit dem Bund beurteilt sich daher letztlich auch daran, wie sehr es den Ländern und den Kantonen gelingen wird, in gemeinsamem Ringen untereinander und mit dem Bund den bildungspolitischen Gesamtinteressen Geltung zu verschaffen. Eine grosse Herausforderung mit Unwägbarkeiten zweifellos. Doch föderaler Wille und Erfahrungsschatz zu deren Bewältigung sollten nicht unterschätzt werden.

---

[104] So sind der öffentliche Diskurs, die Betroffenenbeteiligung und Autonomiegewährung, aber auch die soziale Einbindung wichtige Ausprägungen demokratischer Legitimation im Bildungswesen. In diesem Sinne beispielsweise *Oeter* Gesetzgebung (Fn. 18), 397.

[105] *Denis de Rougemont* Les maladies de l'Europe (Vortrag vom 8.9.1946), abgedruckt in: L'Europe en jeu (1948), 29 ff.

Leitsätze des 1. Referenten über:

Der Bildungsföderalismus auf dem Prüfstand

I. (In-)Fragestellung

(1) Bildungsföderalismus ist kein Begriff des Verfassungsrechts. Bildungsföderalismus soll nachfolgend verstanden werden als verfassungsrechtliche Zuständigkeit der bundesstaatlichen Organe zur Gestaltung der Bildungspolitik.

II. Veränderungsprozess im Bereich von Bildung und Föderalismus

1. Veränderungsdynamik im Bildungsraum

(2) Es ist zu einer Entgrenzung der Bildungspolitik in vertikaler und horizontaler Richtung gekommen: vertikal im Sinne der Europäisierung und Globalisierung bei gleichzeitiger Autonomisierung der Schulen, horizontal im Sinne der Verschmelzung der Bildungspolitik mit andern Gesellschaftspolitiken. Gleichzeitig stehen wir mitten in einem Prozess der Expertisierung und Ökonomisierung des Bildungsbereichs.

(3) Diese Entwicklung hat zu neuen bildungspolitischen Strukturbildungen – zu einer eigenen «Educational Governance» – geführt. Unabhängig von verfassungsrechtlichen Zuständigkeitsordnungen sind lokale, regionale, nationale und internationale Bildungsräume entstanden, in denen unterschiedliche Akteure, Institutionen und Funktionen in ihrer jeweiligen Eigenlogik aufeinandertreffen.

(4) Durch grossangelegte Leistungsevaluationen wie die PISA-Studien entstehen enorme Datenvergleichsmengen, die zu mehr Transparenz und höherer Rationalität des Bildungssystems führen (Stichwort: Empirische Wende). Diese Leistungsvergleiche bewirken zwischen und innerhalb der Staaten eine eigene Dynamik und stellen die bildungspolitischen Behörden unter Rechtsfertigungs- und Anpassungsdruck.

2. Gewandelter Föderalismus

(5) Die offenbar unaufhaltsame Entwicklung zum gubernativen Mitwirkungsföderalismus geht einher mit einer diffusen Verantwortungsverteilung und mit starker Politikverflechtung zwischen Bund und Gliedstaaten. Ziel der jüngeren Föderalismusreformen in Deutschland und der Schweiz war deshalb die Stärkung der Eigenstaatlichkeit und Eigenverantwortlichkeit der Länder und Kantone.

(6) Trotz hoher Vergleichbarkeit der Föderalismusentwicklung der beiden Staaten dürfen die Unterschiede nicht übersehen werden: die Schweiz ist als dezentraler und direktdemokratischer, Deutschland als unitarischer und repräsentativer Bundesstaat konzipiert: in der Schweiz ist die Schaffung von Rechtseinheit durch Bundeslösung politisch begründungspflichtig, wogegen dem deutschen Föderalismus eine rechtsvereinheitlichende Dynamik innewohnt.

III. Der Bildungsföderalismus in Deutschland und in der Schweiz

1. Allgemeine Entwicklung

(7) Im Unterschied zur allgemeinen Föderalismusentwicklung ist es im Bildungsbereich gewissermassen zu einem umgekehrten Mitwirkungsföderalismus gekommen. Die bundesstaatsrechtliche Gleichstellung der Gliedstaaten bedeutet im Bildungswesen, dass – trotz aller faktischen Unterschiedlichkeiten – Bildungsleistungen von gleichwertiger Qualität erbracht werden.

(8) Angesichts der Dynamik der Bildungspolitik konnte eine Zentralisierung der Bildungskompetenzen nur durch eine forcierte Selbstkoordination der Gliedstaaten verhindert werden. Die Bildungsföderalismusdebatte reibt sich seit den vergangenen 60er Jahren vor allem an der unausweichlichen Rolle des Bundes als Mitfinanzierer und Mitgestalter des Hochschulbereichs. Dabei haben die Schweiz und Deutschland unterschiedliche Wege beschritten.

2. Der deutsche Bildungsföderalismus

(9) Durch die Föderalismusreform I sind die Bundeskompetenzen im Hochschulbereich (Gemeinschaftsaufgaben und Erlass allgemeiner Grundsätze des Hochschulwesens) formal weitgehend den Ländern zurückübertragen worden, ausser im Bereich der Hochschulzulassung und der Hochschulabschlüsse (Art. 74 Abs. 1 Ziffer 33 GG). Das Abweichungsrecht, das den Ländern neu gegenüber Bundesregelungen in diesen beiden Bereichen zusteht (Art. 73 Abs. 3 Ziffer 6 GG), ist eine tückenreiche föderalistische

Innovation: es besteht die Gefahr der Rechtszersplitterung oder der paktierten Bundesgesetzgebung.

3. Der schweizerische Bildungsföderalismus

(10) Mit der neuen Bildungsverfassung der Schweiz vom 21. April 2006 werden Bund und Kantone zu einem koordinierten Bildungsraum Schweiz verbunden. Sie sorgen gemeinsam für eine hohe Qualität und Durchlässigkeit des Bildungsraumes und sie sind zur Koordination und Zusammenarbeit verpflichtet (Art. 61a BV). Zwei grundlegende, zuständigkeitsrelevante Neuerungen kennzeichnen die schweizerische Bildungsverfassung: das Konzept der koordinierten, nach Bildungsstufen differenzierten und auf bestimmte Eckwerte bezogenen Steuerung des gesamtschweizerischen Bildungswesens sowie das Konzept der subsidiären, beschränkten Bundeskompetenzen.

(11) Auf der Grundschul- und Sekundarschulstufe trifft die Kantone eine auf die verfassungsrechtlichen Eckwerte bezogene Harmonisierungspflicht (Art. 62 Abs. 4 BV). Gelingt ihnen diese Koordination nicht, so kann der Bund die notwendigen Vorschriften erlassen. Mit dem HarmoS-Konkordat ist den Kantonen die erforderliche Harmonisierung im Grundschulbereich weitgehend gelungen: auch die 11 (der 26) Kantone, die dem Konkordat nicht beigetreten sind, richten ihre kantonale Bildungsgesetzgebung am gemeinsamen Harmonisierungsstandard aus und arbeiten im Vollzug mit den andern Kantonen zusammen. Schwieriger erweist sich die Harmonisierung der Maturitätsstufe.

(12) Im Hochschulbereich haben Bund und Kantone qua Verfassung die Koordination des gesamtschweizerischen Hochschulbereichs durch gemeinsame Organe zu gewährleisten. Die zwei Säulen – das Bundesgesetz über die Förderung der Hochschulen und die Koordination im Hochschulbereich (HFKG) sowie die Interkantonale Vereinbarung über den schweizerischen Hochschulbereich (Hochschulkonkordat) – stehen fest resp. befinden sich im kantonalen Ratifikationsprozess. Das übergreifende Dach bildet die Vereinbarung zwischen dem Bund und den Konkordatskantonen über die Zusammenarbeit im Hochschulbereich (Zusammenarbeitsvereinbarung). Bringen die gemeinsamen Organe die gesamtschweizerische Koordination nicht zustande, so verfügt der Bund im Hochschulbereich über das Recht, die auf die verfassungsrechtlichen Eckwerte bezogenen bundesgesetzlichen Vorschriften zu erlassen.

(13) Das zentrale politische Koordinationsorgan ist die Schweizerische Hochschulkonferenz. Sie steht unter Leitung des Bundes. Beschlüsse kommen jedoch nur zustande, wenn der zuständige Bundesrat und die qualifizierte Mehrheit der Kantonsvertreter zustimmen.

(14) Die schweizerische Bildungsverfassung baut in hohem Masse auf das Gelingen von Konkordatslösungen. An diesem sogenannten «Konkordatsföderalismus» wird kritisiert, dass er für die Kantone eine «Zwangsjacke» darstelle, demokratisch wenig legitimiert sei und mit den Koordinationsorganen eine neue staatsrechtliche Ebene einbaue. Letztlich seien gesamtschweizerische Konkordate nicht geeignet für die Lösung gesamtschweizerischer Probleme.

4. *Zusammenfassender Vergleich*

(15) Deutschland und die Schweiz haben unterschiedliche Schlüsse aus der Entwicklung des Bildungsföderalismus der letzten Jahrzehnte gezogen. Der Hauptunterschied der beiden Bildungsverfassungen ist konzeptioneller Natur: die Bundesverfassung stellt die gemeinsame Sorge von Bund und Kantonen für einen koordinierten Bildungsraum Schweiz in den Vordergrund und sieht dafür einen nach Bildungsstufen differenzierten Governanceansatz vor. In Deutschland dagegen ist mit der Föderalismusreform I die formale Kompetenzverschränkung gerade entflochten und damit die Länderverantwortung für das Bildungswesen stark aufgewertet worden. Der Bund scheint aus der Bildungsverantwortung weitgehend entlassen zu sein.

IV. *Gesamtwürdigung: die Zukunftsfähigkeit des Bildungsföderalismus*

(16) Eine Zentralisierung der Bildungskompetenzen würde in beiden Bundesstaaten ein Herzstück aus dem föderalistischen Gefüge herausbrechen. Eine stark vereinheitlichende und die gliedstaatliche Eigenverantwortung schwächende Wirkung hätte auch eine Bildungsrahmenordnung des Bundes.

(17) Eine vollständige Rückverlagerung der Bildungsverantwortung in die Kantone und Länder wird der Dynamik der Bildungspolitik nicht gerecht. Diese wären weder sachlich noch finanziell in der Lage, diese Verantwortung im gesamten Bildungsbereich allein, ohne Bund, wahrzunehmen.

(18) Kernfrage ist, ob die bildungsföderalistischen Institutionen geeignet sind, die beschränkten Steuerungsmöglichkeiten in der Bildungspolitik wirksam wahrzunehmen. Die Zukunftsfähigkeit des Bildungsföderalismus beurteilt sich nicht danach, was und wie viel die Gliedstaaten allein entscheiden können, sondern ob – trotz unvermeidbarer Politikverflechtung – die Handlungs- und Entscheidungsfähigkeit von Bund und Gliedstaaten bei ihrer Aufgabenerfüllung gewahrt ist.

(19) Der tatsächliche Ausbruch aus der Politikverflechtung im Bildungsbereich dürfte mit der Föderalismusreform I kaum gelungen sein: dem Ab-

bau an formaler Kompetenzverschränkung steht das erhöhte Gewicht neuer Formen der intergouvernementalen Politikverflechtung gegenüber.

(20) Die in der schweizerischen Bildungsverfassung verankerte Koordinations- und Zusammenarbeitspflicht, ergänzt durch die subsidiären Bundeskompetenzen, baut auf die Kraft und Eigenverantwortung der Kantone, setzt sie aber unter Konsensdruck und bindet deren institutionelle Eigeninteressen in einen nationalen Entscheidungsprozess ein.

(21) Mit der Schaffung politisch verantwortlicher Institutionen und der Verankerung formeller Entscheidungsprozesse wird der Forderung nach stärkerer demokratischer Legitimierung der Bildungspolitik mehr Genüge getan als mit der Erhöhung der informellen Mitwirkungsmöglichkeiten von Bund und Gliedstaaten.

(22) Wie zukunftsfähig die neuen bundesstaatsrechtlichen Wege sind, die Deutschland und die Schweiz im Bildungsföderalismus beschritten haben, lässt sich heute nicht definitiv beantworten. Doch besteht Grund zur Annahme, dass der Weg des Bildungsföderalismus besser als die zentralistische Lösung geeignet ist, politische und pädagogische Gestaltungsfreiräume zu sichern sowie mehr demokratische Mitwirkung und soziale Einbindung zu ermöglichen, und auch eher dazu führt, aus unterschiedlichen Lösungen und aus Fehlentwicklungen zu lernen. Letztlich wird die Zukunft des Bildungsföderalismus stark davon abhängen, ob es den bildungsföderalistischen Institutionen gelingen wird, den bildungspolitischen Gesamtinteressen Geltung zu verschaffen.

Erster Beratungsgegenstand:

Der Bildungsföderalismus auf dem Prüfstand

2. Referat von Professorin Dr. *Astrid Wallrabenstein*, Frankfurt/Main*

Inhalt

---

* Einer frühen Diskussion des Konzepts in einem Kreis von Kolleginnen und Kollegen verdanke ich viel. Für die Unterstützung bei der Ausarbeitung danke ich meinen Mitarbeiterinnen *Anuscheh Farahat* und *Jana Schäfer-Kuczynski*.

I. Föderalismusreform und Bildungsföderalismus

1. Reföderalisierung der Bildungspolitik?

a. Föderalismus und „Unitarismus"

„Schluss mit den Extrawürsten!" lautete der Titel eines Gastbeitrags in der Süddeutschen Zeitung zum Bildungsföderalismus. Sein Autor war *Edmund Stoiber*, „einer der Väter der Föderalismusreform".[1]

Als bayerischer Ministerpräsident hatte er mit dem SPD-Fraktionsvorsitzenden *Franz Müntefering* die Gemeinsame Föderalismuskommission von 2003 bis 2004[2] geleitet. Bei ihren Beratungen forderte Bayern zusammen mit Baden-Württemberg und Hessen energisch eine Stärkung der Unabhängigkeit der Länder vom Bund in Bildungsfragen. Hieran scheiterte sogar die Kommission.[3] Ihre Vorarbeiten wurden jedoch gleich zu Beginn der Großen Koalition aufgegriffen und 2006 als Föderalismus-

[1] http://www.sueddeutsche.de/karriere/bildungspolitik-in-deutschland-schluss-mit-den-extrawuersten-1.980470, Abruf 17.10.2013.

[2] Kommission von Bundestag und Bundesrat zur Modernisierung der bundesstaatlichen Ordnung, zu ihrer Arbeit s. Dt. Bundestag und Bundesrat (Hrsg.) Dokumentation der Kommission von Bundestag und Bundesrat zur Modernisierung der bundesstaatlichen Ordnung, 2005 und http://www.bundesrat.de/cln_320/nn_8344/DE/foederalismus/foederalismus-node.html?_nnn=true#doc23034bodyText4, Abruf 17.10.2013.

[3] S. etwa *H.-J. Papier* NJW 2007, 2145 (2146); *U. Häde* JZ 2006, 930 (931); *I. Richter* RdJB 2005, 3 (4); *F. Wollenschläger* RdJB 2007, 8 (9); *U. Mager* RdJB 2005, 312; *H. Meyer* Die Föderalismusreform 2006, 2008, 34.

reform I verabschiedet.[4] Den Bedingungen der genannten Länder entsprechend enthielt sie auch Änderungen bei den Bildungskompetenzen.[5]

Die Stoßrichtung des zitierten Gastbeitrag aus dem Jahr 2010 erweckt den Eindruck, die Reform sei über das Ziel hinausgeschossen, erlaube mehr „Extrawürste", als gut tue. Erwartbar wäre solch eine Kritik eher von anderer Seite.[6] So hielt etwa *Edelgard Bulmahn*, frühere SPD-Bundesbildungsministerin, die Änderungen der Bildungskompetenzen für dramatische Fehlentscheidungen.[7] Hat sich nun *Edmund Stoiber* vom Föderalisten zum Unitarier[8] gewandelt?

Seine Position wird nachvollziehbar,[9] wenn man zwei Ebenen klar auseinander hält.[10] *Formal* stehen sich Föderalismus und Zentralismus gegen-

---

[4] BGBl. 2006 I 2034 und 2098; zur Föderalismusreform I insg.: *H.-J. Papier* NJW 2007, 2145; *U. Häde* JZ 2006, 930; *P. Selmer* JuS 2006, 1052; *J. Ipsen* NJW 2006, 2801; *H.-W. Rengeling* DVBl. 2006, 1537.

[5] Art. 91b Abs. 2 GG n.F. sieht als Gemeinschaftsaufgabe nicht mehr die Bildungsplanung (Art. 91b GG a.F.), sondern die Feststellung der Leistungsfähigkeit des Bildungswesens im internationalen Vergleich vor. Finanzhilfen des Bundes sind nach Art. 104b GG nur noch bei Gegenständen der Bundesgesetzgebungskompetenz zulässig. Im Hochschulbereich wurde die Rahmenkompetenz des Art. 75 GG a.F. gestrichen und stattdessen die konkurrierende Gesetzgebungskompetenz für Hochschulzulassung und Hochschulabschlüsse in Art. 74 Abs. 1 Nr. 33 GG vorgesehen. Von der Gemeinschaftsaufgabe Hochschulbau in Art. 91a Abs. 1 Nr. 1 GG a.F. blieb nur die Förderung von Forschungsbauten an Hochschulen gemäß Art. 91b Abs. 1 S. 1 Nr. 3 GG erhalten. Vgl. insg. zu den Verfassungsänderungen: *J. Ennuschat/C. Ulrich* VBlBW 2007, 121; *F. Wollenschläger* RdJB 2007, 8 (17 ff.).

[6] Siehe nur: *J. Wieland* in: ders./D. Dohmen (Hrsg.) Bildungsföderalismus und Bildungsfinanzierung, 2011, 6 (35 f.); *J. Wieland* ZG 2012, 266 (267).

[7] http://www.spiegel.de/unispiegel/studium/foederalismusreform-gute-nacht-bildung-a-383915.html, Abruf 17.10.2013.

[8] So die etablierte Gegenüberstellung in der deutschen staatsrechtlichen Debatte, s. etwa für die frühe Bundesrepublik *S. Oeter* Integration und Subsidiarität im deutschen Bundesstaat, 1998, 143 ff.; in den 1950er und 60er Jahren: 234 ff.

[9] Dessen ungeachtet ist sie für einen bayerischen Politiker überraschend. In der Geschichte der Bundesrepublik haben sich gerade bayerische Politiker und Wissenschaftler als Föderalisten in Abgrenzung zu Unitariern verstanden und damit nicht nur die Organisationsform des Bundesstaates hochgehalten, sondern sich auch gegen die materiellen Vereinheitlichungstendenzen des Bundes gewandt, vgl. insb. aus der Frühphase der Bundesrepublik *H. Nawiasky* Die Grundgedanken des Grundgesetzes für die Bundesrepublik Deutschland, 1950; s. auch die Zusammenfassung bei *Oeter* Bundesstaat (Fn. 8), 153 ff.

[10] Ebenso *K. Hesse* FS Müller, 1970, 141 (143 Fn. 3); *H. Klatt* Aus Politik und Zeitgeschichte B 28/86, 3 (5). Im Unterschied zur älteren Begriffsverwendung, s. etwa bei *G. Anschütz* Der deutsche Föderalismus in Vergangenheit, Gegenwart und Zukunft, VVDStRL 1 (1924), 11, der auf *H. Triepel* Unitarismus und Föderalismus, 1907, zurückgreift: Der Bundesstaat stehe zwischen Staatenbund und Einheitsstaat, Föderalismus beschreibe die Annäherung des Bundesstaates an den Staatenbund und auf der anderen Seite Unitarismus die Annäherung an den Einheitsstaat. Zu dieser noch in der

über. *Inhaltlich* kann man Vielfalt und Differenz *oder* Einheit und Gleichheit wollen. Formale und inhaltliche Position hängen nicht zwingend zusammen. Vielfalt und Differenz sind auch in einem Zentralstaat denk- und organisierbar.[11] Umgekehrt sind materielle Einheit[12] und Gleichheit[13] in einem Föderalstaat möglich. Der unitarische Bundesstaat hat sich so zum Leitbild des deutschen Föderalismus entwickelt.[14] Für den Bildungssektor formulierte *Stoiber* dies so:[15] „Mit der Souveränität der Länder

---

Weimarer Republik geführten Debatte um die staatsrechtliche Einordnung des deutschen Bundesstaates s. auch *J. Lukas* Bundesstaatliche und gliedstaatliche Rechtsordnung in ihrem gegenseitigen Verhältnis im Rechte Deutschlands, Österreichs und der Schweiz, VVDStRL 6 (1929), 25 mwN; vgl. auch die Kontroverse zwischen *R. Smend* Verfassung und Verfassungsrecht, 1928, insb. 116 ff., 125 ff., und *H. Kelsen* Der Staat als Integration, 1930, insb. 76 f., 90 f. Eingehend zu dieser Debatte: *S. Korioth* Integration und Bundesstaat, 1990, 99 ff.

[11] Vgl. *M. M. Feeley/E. Rubin* Federalism, 2008, 17 ff., die Föderalismus von anderen Formen der Binnendifferenzierung von Staatlichkeit unterscheiden und hierbei besonderen Schwerpunkt auf Dezentralisierung legen.

[12] Von zentraler Bedeutung war seit Verabschiedung des Grundgesetzes daher die Bedeutung der „Einheitlichkeit der Lebensverhältnisse" als Legitimation von Bundeshandeln, insb. in der Bedürfnisklausel des Art. 72 Abs. 2 GG a.F.; vgl. hierzu die prägnante Darstellung bei *Oeter* Bundesstaat (Fn. 8), 147 f., zum Aushandeln der Klausel zwischen Alliierten und Parlamentarischem Rat, 201 ff., zur frühen Rechtsprechung des Bundesverfassungsgerichts, 533 ff., zur Bedeutung in der finanzverfassungsrechtlichen Auseinandersetzung; s. auch die knappe an parteipolitischer Zuordnung orientierte Darstellung bei *S. Boysen* Gleichheit im Bundesstaat, 2005, 53; *P. Selmer* Grundsätze der Finanzverfassung des vereinten Deutschlands, VVDStRL 52 (1993), 10 (19 f.). Die Formel „Einheit durch Vielfalt" wird insbesondere mit Bezug auf Kulturföderalismus ausgegeben etwa bei *J. Isensee* HStR VI, 3. Aufl. 2008, § 123 Rn. 15, 217 ff. Die Verknüpfung von unitarischer Orientierung und dem Festhalten an der Idee eines (einheitlichen) deutschen Gesamtstaates beherrschte nicht nur die kritische, teils sogar ablehnende Haltung gegenüber der föderalen Bundesrepublik (vgl. insb. *W. Weber* Weimarer Verfassung und Bonner Grundgesetz, 1949; *ders.* in: ders. (Hrsg.) Spannungen und Kräfte im westdeutschen Verfassungssystem, 1951, 65 ff.). Sie blieben als Vorstellung von nationaler Einheit auch allgemein in der Staatslehre präsent als Teil des bis 1989 unerfüllten Verfassungsauftrags zur Wiedervereinigung, dabei äußerte sich die Einheitsvorstellung insbesondere im Demokratieverständnis, hierzu s. *A. Wallrabenstein* Das Verfassungsrecht der Staatsangehörigkeit, 1999, insb. 122 ff., 150 ff., zur Verknüpfung mit dem Wiedervereinigungsgebot; den Bezug zur Bundesstaatslehre stellt *A. Hanebeck* Der demokratische Bundesstaat des Grundgesetzes, 2004, insb. 78 ff., 116 ff., her, jeweils mwN.

[13] *Boysen* Gleichheit (Fn. 12), konkret zur Reichweite der Gleichheitsgrundrechte und ihrer Wirkung im Bundesstaat: 100 ff., 123 ff., 171 ff.

[14] Prägend *K. Hesse* Der unitarische Bundesstaat, 1962, 14 ff.; aufgegriffen wurde der Begriff prominent bei *Selmer* Finanzverfassung (Fn. 12), 20; auch *P. M. Huber* Klarere Verantwortungsteilung von Bund, Ländern und Kommunen?, DJT-Gutachten 2004, D45 ff.

[15] http://www.sueddeutsche.de/karriere/bildungspolitik-in-deutschland-schluss-mit-den-extrawuersten-1.980470, Abruf 17.10.2013.

muss auch eine Selbstbeschränkung im gesamtstaatlichen Interesse verbunden sein. Hier ist vor allem auch die Kultusministerkonferenz künftig noch stärker gefragt: Bildungspolitik muss einen gemeinsamen Nenner haben, der auch Deutschland heißt."[16]

Auch Bildungswissenschaftler[17] beschreiben immer wieder das Auseinanderfallen von staatsrechtlicher föderaler Struktur und öffentlicher Erwartung[18] einer materiell bundesweit einheitlichen Bildungslandschaft.[19] Dies betrifft genau genommen nur die Bildung in Schule und Hochschule, auf die ich mich in diesem Vortrag beschränke.[20] Sie verlangt von der

---

[16] Letztlich klingt hier die unitarische Zielrichtung der Figur der Bundestreue an, wie sie in der frühen Bundesrepublik entwickelt wurde, vgl. bei *Oeter* Bundesstaat (Fn. 8), 239 ff.; umfassend und mit einem vielseitigeren, Einheit und Pluralismus sichernden Verständnis *H. Bauer* Die Bundestreue, 1992, 306; ebenso z.B. *B.-O. Bryde* Die Einheit der Verwaltung als Rechtsproblem, VVDStRL 46 (1988), 181 (190).

[17] *M. Rürup* Der Föderalismus als institutionelle Rahmenbedingung im deutschen Bildungswesen, Onlinejournal Trends in Bildung international 2005, 2 f.; *U. Münch* in: I. Härtel (Hrsg.) Hb Föderalismus I, 2012, § 7 Rn. 36; mit Kritik gegen den Trend, Bildungsföderalismus als „Gespenst" anzusehen, *H.-E. Tenorth* RdJB 2008, 249 (250).

[18] Zu dieser öffentlichen Erwartung: http://www.faz.net/aktuell/politik/inland/allensbach-umfrage-deutsche-wollen-einheitlichere-bildungspolitik-1580435.html, Abruf 17.10.2013. Vgl. aus dem rechtswissenschaftlichen Schrifttum die Kontroverse auf der Tagung 1965, etwa im Redebeitrag von *G. Dürig* Aussprache zu: Verwaltung und Schule, VVDStRL 23 (1966), 261 (262 f.); oder *Klatt* Aus Politik und Zeitgeschichte (Fn. 10), 5.

[19] Im rechtswissenschaftlichen Schrifttum zum Bildungsrecht wird diese materielle Unitarisierung wesentlich den Grundrechten – und der Rechtsprechung des Bundesverfassungsgerichts – zugeschrieben, vgl. *I. Richter* DÖV 1979, 185 (186); *M. Jestaedt* HStR VII, 2009, § 156 Rn. 20, 43 ff.; *H. Wißmann* Die Verwaltung 45 (2012), 307 (313 f.). Dies ist als Beschreibung der Entwicklung zutreffend, allerdings nicht zwingend. Dass sich Unterschiede zwischen den Ländern immer im Rahmen der Grundrechte halten müssen, ist bei einem auch menschenrechtlich rückgebundenen Grundrechtsverständnis selbstverständlich. Dass es aber nur immer eine grundrechtskonforme Ausgestaltung des Bildungswesens geben kann, ist damit nicht präjudiziert. Zu Gleichheit im Bundesstaat vgl. *Boysen* Gleichheit (Fn. 12), 86 ff., zur unitarisierenden Wirkung der Grundrechte und ihrer Grenzen; im Bildungskontext für föderale Vielfalt werbend bereits *I. Richter*, DÖV 1979, 185; s. zur Unitarisierung durch Grundrechte unten unter III.

[20] Für die berufliche Bildung hat der Bund die Gesetzgebungskompetenz, soweit die betriebliche Ausbildung und die beruflichen Anforderungen betroffen sind, *S. Müller-Franken* HStR VIII, 2010, § 172 Rn. 31 f.; vgl. auch die pointierte Rede gegen eine ausschließliche Schulhoheit der Länder von *K. A. Bettermann* Aussprache zu: Verwaltung und Schule, VVDStRL 23 (1966), 269 (272 f.). Die Verflechtung mit den Ländern entsteht hier erst dadurch, dass für die berufsschulische Ausbildung die Länder zuständig sind und Bund und Länder an diesem Konzept festhalten, aber – unter dem Dach der Kultusministerkonferenz – die Kooperation suchen. Konkret will die KMK durch „eine Rahmenvereinbarung zu einer Übereinstimmung der Gestaltung beruflicher Bildung in den Ländern" beitragen und hat zu diesem Zweck zahlreiche Vereinbarungen getroffen.

Landesbildungspolitik Kooperation und Koordination zur Erfüllung dieser Politikerwartung. Daher ist es politikwissenschaftlich nicht überraschend, dass die Länder bisher keinen erkennbaren Nutzen aus der Stärkung ihrer Bildungshoheit gezogen haben.[21]

b. *Gemeinsam gegen den Bund*

Eine Aktivierung der Länder und dadurch eine stärkere Pluralisierung der Bildungspolitik war auch nicht die politische Stoßrichtung der Verfassungsänderungen. Vielmehr ging es um die Beschränkung der bildungspolitischen Gestaltungsmöglichkeiten des Bundes.[22] Er sollte keine Bildungsrepublik ausrufen dürfen.

Dennoch ist es so gekommen.[23] Auf der Internetseite der Bundesregierung steht Bildung an zweiter Stelle. Speziell für die Schulbildung heißt es dort: „Seit der Föderalismusreform sind die Zuständigkeiten im Bildungswesen klar verteilt. Die in der Pisa-Studie deutlich gewordenen Mängel und der wachsende Fachkräftebedarf können nur von Bund und Ländern gemeinsam behoben werden."[24]

Dazu zählen unter anderem die Vereinbarung von Rahmenlehrplänen und Vereinbarungen über die Lehrerausbildung. Siehe im Einzelnen: http://www.kmk.org/bildung-schule/berufliche-bildung.html, Abruf 17.10.2013. Unter dem Gesichtspunkt der Politikverflechtung lässt sich fragen, warum hierüber politisch gar nicht diskutiert wurde.

[21] Kritisch insg. für die Föderalismusreform *F. W. Scharpf* Föderalismusreform, 2009, 117; für das Bildungsrecht *H.-P. Füssel* in: H. Avenarius/H.-P. Füssel (Hrsg.) Schulrecht, 8. Aufl. 2010, 26; anders *V. Haug* Jahrbuch des Föderalismus 2010, 176 (177 ff., 182 f.), allerdings wäre jede der drei Reformen, die *Haug* als Beleg anführt, auch ohne Verfassungsänderung möglich gewesen.

[22] Da Kultur und Bildung gemeinhin als „Hausgut" der Länder bezeichnet werden, bedeutet die Behauptung gegen Bundeseinfluss vielleicht so etwas wie eine Selbstbestätigung der eigenen Existenzberechtigung, in diese Richtung *U. Münch* in: A.-G. Gagnon/R. Sturm (Hrsg.) Föderalismus als Verfassungsrealität, 2011, 173 (177 ff.); vgl. mit nüchterner Skepsis *P. M. Huber* RdJB 2007, 4 (5).

[23] http://www.faz.net/aktuell/politik/inland/nationaler-bildungsbericht-merkel-ruft-bildungsrepublik-aus-1545858.html, Abruf 17.10.2013; dem schloss die Bundeskanzlerin eine Bildungsreise an. Im Herbst folgte ein Bildungsgipfel, den Bund und Länder gemeinsam veranstalteten, zur kritischen Bilanz s. etwa: http://www.welt.de/politik/article2611577/Bildungsgipfel-endet-mit-Bund-Laender-Blockade.html, Abruf 17.10.2013; http://www.zeit.de/online/2008/43/bildungsgipfel-vorbericht, Abruf 17.10.2013. http://www.spiegel.de/unispiegel/studium/gipfel-in-dresden-bund-und-laender-uneins-ueber-bessere-bildungs-finanzierung-a-585873.html, Abruf 17.10.2013; zum schulpolitischen Engagement der Bundesregierung bietet *Münch* in: Gagnon/Sturm (Fn. 22), 179, einen Überblick.

[24] http://www.bundesregierung.de/Webs/Breg/DE/Themen/Bildungsrepublik/Schulbildung/_node.html, Abruf 17.10.2013. Die Fortführung des Ganztagsschul-Förderprogramms des Bundes zeigt, dass die Bundesregierung offenbar keinen Bedarf an

So viel „Klarheit“ war kaum das Ziel, das die Änderung der Gemeinschaftsaufgaben (Art. 91b GG) von der Bildungsplanung zur Bildungsberichterstattung erreichen sollte. Vielmehr sollten eine Auflösung der Politikverflechtung, eine Trennung der Kompetenzen und Transparenz erreicht werden.[25] Gemessen daran ist nicht nur die Änderung der Gemeinschaftskompetenzen missglückt.[26]

Auch die verfassungsrechtliche Regelung des finanziellen Engagements des Bundes im Bildungs- und Hochschulwesen ist weder transparenter noch weniger verflochten als zuvor. Hier liegen die eigentlichen politischen Konflikte.[27] Sie beruhen auf grundsätzlich unterschiedlichen Herangehensweisen: Die eine Seite[28] – insbesondere die SPD – denkt vom Finanzbedarf für eine bessere Bildungspolitik her. In der bestehenden Finanzverfassung[29] haben die Länder hierfür keine ausreichenden finanziellen Ressourcen.[30] Bildungsausgaben sind in allen Ländern der mit Abstand größte Haushaltsposten.[31] Anders als die meisten anderen Ressorts können die Kultusministerien bei allfälligen Sparrunden nicht auf

---

einer inhaltlichen Neuausrichtung ihrer Bildungspolitikfelder sieht, vgl. hierzu http://www.handelsblatt.com/politik/deutschland/bund-setzt-foerderung-fort-die-ganztagsschule-soll-2020-der-normalfall-sein/3020674.html, Abruf 17.10.2013.

[25] Mit besonderem Bezug zum Bildungsbereich: *Münch* in: Härtel (Fn. 17), § 7 Rn. 19; *dies.* Jahrbuch des Föderalismus 2009, 225; *dies.* Jahrbuch des Föderalismus 2007, 224; allg. *S. Korioth* FS Papier, 2013, 133 (135).

[26] Kritisch wie hier zu den verschiedenen Grundgesetzänderungen im Bildungsbereich *P. M. Huber* RdJB 2007, 4. Für den Hochschulbereich gilt nichts anderes als für die Bildung: Das politische Ziel war ursprünglich, die Forschungsförderung des Bundes aufrecht zu erhalten, aber die Beteiligung des Bundes bei der Ausbildung an den Hochschulen – also der Lehre – zu beenden. Zugleich sollte aber universitäre Forschung nicht schlechter gestellt werden als außeruniversitäre Forschung. Dadurch war eine theoretische Unterscheidung zwischen Forschungs- und Lehrangelegenheiten an der Hochschule notwendig – etwas, was sich angesichts des humboldtschen Bildungsideals und den daran orientierten Strukturen der Universität nicht sinnvoll darstellen lässt, besonders unsinnig zudem bei der Zuordnung von Hochschulbauten, deren Errichtung ja gerade Gemeinschaftsaufgabe war. Im Gesetzgebungsprozess wurde schließlich doch noch eine Bundesförderung auch der Lehre ermöglicht, freilich um den Preis einer alles andere als klaren Regelung, vgl. *U. Münch* Jahrbuch des Föderalismus 2009, 225 (227, 232).

[27] Vgl. insg. zur Bildungsfinanzierung im Bundessstaat *W. Renzsch* Jahrbuch des Föderalismus 2012, 234.

[28] Vgl. insb. *J. Wieland* ZG 2012, 266 (267 ff.); *Wieland* in: ders./Dohmen (Fn. 6), 35 ff.; *D. Dohmen* in: Wieland/ders. (Fn. 6), 49.

[29] Ihre Reform wurde sowohl bei der Föderalismusreform I als auch II zurückgestellt und soll nun in einer Föderalismusreform III in Angriff genommen werden.

[30] Auch *S. Immerfall* in: J. v. Blumenthal/S. Bröchler (Hrsg.) Föderalismusreform in Deutschland, 2010, 197 (208); Knappe Zeiten prognostiziert auch *M. Winkler* DVBl. 2013, 1069 (1078).

[31] Vgl. differenziert *W. Renzsch* Jahrbuch des Föderalismus 2012, 234.

die „Pflichtigkeit“ ihrer Aufgaben[32] – die Ausführung von Bundesgesetzen – verweisen.[33] Relevante Steuergesetzgebungskompetenzen stehen den Ländern nicht zu.[34] Schließlich schließt die neue Schuldenbremse (Art. 109 Abs. 3, 115 Abs. 2, 143d Abs. 1 GG)[35] eine Kreditaufnahme für Bildungsausgaben aus.[36] Unter diesen Bedingungen erscheint das Ende des Zuflusses von Bundesmitteln in die Landesbildungsetats wie die Extubation eines nicht spontan atmenden Patienten. Für die andere Seite – insbesondere die Länder Hessen, Bayern und Baden-Württemberg – dürfte dieses Risiko eines Kollapses finanzschwacher Länder als Beleg dafür dienen, dass Länderfusionen zur immer wieder geforderten Neugliederung des Bundes alternativlos sind.[37] Argumentiert wurde allerdings damit, dass die Finanzhilfen des Bundes das Einfallstor für inhaltliche Einflussnahme auf die Bildungspolitik darstellen. Sie zu verhindern sei das Kernanliegen der Reform.[38]

---

[32] Die Kritik, dass die Bundesländer eher den Charakter herausgehobener Selbstverwaltungskörperschaften haben, ist nicht neu: bereits in der Frühphase des Grundgesetzes *Weber* Weimarer Verfassung und Bonner Grundgesetz (Fn. 12), 13; neuerdings z.B. *S. Korioth* FS Papier, 2013, 133 (136 ff.).

[33] Daher sind KMK-Vereinbarungen im Akteursinteresse der Kultusministerien, um im Kabinett die Ressourcen zu verteidigen: vgl. zu diesem „Instrument“, das es bei Mehrebenenstrukturen den einzelnen Akteuren ermöglicht, Ressourcen gegen andere Ressorts zu verteidigen: *A. Benz* in: G. F. Schuppert (Hrsg.) Governance-Forschung, 2. Aufl. 2006, 95 (97 f.); ebenso bereits *F. Wagener* in: J. J. Hesse (Hrsg.) Politikverflechtung im föderativen Staat, 1978, 149, speziell für die „Ressort-Kumpanei“ aufgrund der ebenenübergreifenden Planung.

[34] Zu den Beschränkungen des Art. 105 Abs. 2a GG (örtlich und nur, soweit nicht vergleichbare Bundessteuer): *M. Jachmann* in: H. v. Mangoldt/F. Klein/C. Starck (Hrsg.) Grundgesetz Kommentar, 6. Aufl. 2010, Art. 105 Rn. 54; *M. Heintzen* in: I. v. Münch/P. Kunig (Hrsg.) GG II, 6. Aufl. 2012, Art. 105 Rn. 58; zur realen Bedeutung dieser Kompetenzen: *Jachmann* ebd., Art. 105 Rn. 54, 66 f.; *Heintzen* ebd., Art. 105 Rn. 61.

[35] Eingeführt mit der Föderalismusreform II 2009, BGBl. 2009 I 2284; dazu: *S. Korioth* JZ 2009, 729; *B. Fassbender* NVwZ 2009, 737; *I. Kemmler* DÖV 2009, 549 (554 f.); *C. Lenz/E. Burgbacher* NJW 2009, 2561 (2564 f.).

[36] Zu den letztgenannten Argumenten auch *Immerfall* in: v. Blumenthal/Bröchler (Fn. 30), 208 f.

[37] Die Forderung nach einer Neugliederung der Länder wird insbesondere mit dem Konzept eines Wettbewerbsföderalismus (dazu unten) in Verbindung gebracht, vgl. *G. F. Schuppert* in: Härtel (Fn. 17), § 9 Rn. 34, 54 ff.; auch bereits im Kontext zum Finanzausgleich *ders.* Staatswissenschaften und Staatspraxis 6 (1995), 675 (692); *B. Stamm/G. Merkl* ZRP 1998, 467; *E. Schmidt-Jortzig* DÖV 1998, 746 (750); der eingangs zitierte Gastbeitrag *Stoibers* erhält so auch eine konsistente Tiefenschicht: Neben der Einheitlichkeit der Bildungspolitik wird als zweites eine Neugliederung der Bundesländer gefordert. Kritisch gegen von Finanzausgleichsfragen getriebene Neugliederungsüberlegungen *P. Häberle* Die Verwaltung 24 (1991), 169 (202).

[38] Die 2006 dann gefundenen Regelungen werden daher auch als „lex Edelgard“

Dieses Ziel wurde indessen nicht erreicht. Zwar wurden mit dem neuen Art. 104b GG Finanzhilfen des Bundes auf die Bereiche eigener Gesetzgebungsbefugnisse begrenzt. Aber diese wurden eben nicht beseitigt. Anstelle der Rahmengesetzgebung für die allgemeinen Grundsätze des Hochschulwesens (Art. 75 GG a.F.) erhielt der Bund nun die konkurrierende Gesetzgebung für die Hochschulzulassung und die Hochschulabschlüsse. Zweifelnde Abgeordnete wurden mit dem Hinweis für die Reform gewonnen, dass bei geschickter Handhabung diese Verfassungsänderungen dem Bund weiterhin ausreichend Spielraum bieten.[39] Die Verlängerung des Hochschulpaktes bis 2020 bestätigt dies.[40] Es rundet das Bild ab, dass bereits die Schaffung der Rahmengesetzgebung im Jahr 1969 den unitarisch gesinnten Abgeordneten mit den gleichen Argumenten schmackhaft gemacht wurde[41]:

Es ist nicht relevant wo und wie, nur *dass* Bund und Bildung bzw. Bund und Hochschule zusammen in einem Verfassungssatz vorkommen. Im Bereich der Bildungspolitik hat also die Föderalismusreform ihr Ziel der Politikentflechtung durch klare Kompetenzverteilung und Transparenz nicht erreicht.[42]

(*M. Spiewack* Lex Edelgard, Die Zeit vom 26.5.2006) bzw. „Lex Bulmahn" (*M. Rürup* Jahrbuch des Föderalismus 2008, 172 [176]) bezeichnet.

39 Vgl. *T. Hoymann/U. Münch* Jahrbuch des Föderalismus 2011, 205 (210); *U. Münch* Jahrbuch des Föderalismus 2009, 225 (229 f.); *dies.* in: Gagnon/Sturm (Fn. 22), 180, unter Berufung auf *K. Sager* in: R. Holtschneider/W. Schön (Hrsg.) Die Reform des Bundesstaates. Beiträge zur Arbeit der Kommission zur Modernisierung der bundesstaatlichen Ordnung 2003/2004 bis zum Abschluss des Gesetzgebungsverfahrens 2006, 2007, 117 (132).

40 Zum Hochschulpakt und zur Schulpolitik des Bundes: *Münch* in: Gagnon/Sturm (Fn. 22), 177 ff., 179 ff.; schon unter der alten Verfassungslage war das Ganztagsschulprogramm strittig (s. *M. Winkler* DVBl. 2013, 1069 [1076 f.]), was die politischen Akteure jedoch nicht hinderte, es auch nach der Föderalismusreform I weiter laufen zu lassen. Seitdem fördert der Bund das Begleitprogramm „Ideen für mehr! Ganztätig lernen" und die Begleitforschung „Studie zur Entwicklung von Ganztagsschulen", siehe: http://www.bmbf.de/de/1125.php?hilite=Investitionsprogramm+Zukunft+Bildung+und+Betreuung, Abruf 17.10.2013.

41 *T. Hoymann/U. Münch* Jahrbuch des Föderalismus 2011, 205 (215).

42 Kritisch ebenfalls: *H. Scheller* in: K. Detterbeck/W. Renzsch/S. Schieren (Hrsg.) Föderalismus in Deutschland, 2010, 225 (242 ff.); *U. Münch* in: R. Hrbek/M. Große Hüttmann/J. Schmid (Hrsg.) Bildungspolitik in Föderalstaaten und der Europäischen Union: Does Federalism Matter?, 2012, 47 (49 f.); zu den „flexiblen" Finanzfragen: 50 ff.; *dies* in: Gagnon/Sturm (Fn. 22), 177 f.; auch *M. Rürup* Jahrbuch des Föderalismus 2008, 172 (174), erkennt keine nennenswerte Reduktion des Bundeseinflusses, allerdings auch deshalb, weil er ihn bereits zuvor als weniger groß einschätzt als häufig behauptet.

2. *Erklärungsangebote*

Dieser Befund sucht nach Erklärung.

a. *Föderale Unitarisierungsinstitutionen*

Auf einer ersten Deutungsebene lässt sich auf die Selbstbehauptungskräfte der bestehenden Institutionen, konkret der Kultusministerkonferenz (KMK), verweisen.

Kritikern des deutschen Föderalismus galt gerade sie als Paradebeispiel für Politikblockade durch ineffiziente und schwerfällige Entscheidungsstrukturen.[43] Daher wurde zu Beginn der Reformdiskussion auch ihre Abschaffung zugunsten neuer Institutionen erörtert.[44]

Die gemeinsame Föderalismuskommission 2004 war mit „Generalisten" besetzt, auch um das Reformziel der Politikentflechtung nicht den Beharrungskräften der unterschiedlichen Fachexperten auszuliefern.[45] Das Scheitern der Kommission hat den bildungspolitischen Fachinteressen nicht geschadet.[46] Denn 2006 folgte die Reform der politischen Dyna-

---

[43] Der Hintergrund für die „Blockade-Performanz" des KMK ist bildungspolitisch: Bis in die 1960er Jahre herrschte in der Bildungspolitik weitgehend ein deutschlandweiter Konsens ohne nennenswerte parteipolitische Konfrontationen. Zu ihm gehörte auch die Orientierung auf eine Gesamtschule hin (s. Empfehlung des Bildungsrates für Modellversuche Ende der 1960er). Dies kritisierte etwa *W. G. Vitzthum* Die Bedeutung gliedstaatlichen Verfassungsrechts in der Gegenwart, VVDStRL 46 (1988), 8 (41), als politischen Einigungsdruck. Verfassungsrechtlich handelt es sich um die auch hier aufgezeigte Kritik: landesverfassungsrechtliche Autonomie ist politisch gar nicht durchsetzbar. In den 1970er Jahren preschte zuerst der hessische Kultusminister *L. v. Friedeburg* voran. Auch in anderen Bundesländern und im Bund, in dem die SPD seit 1969 den Bundeskanzler stellte, profilierte sich die SPD mit der Gesamtschule in der Bildungspolitik. Die CDU positionierte sich nun mit bemerkenswerter Massenmobilisierung dagegen – was für die SPD die Studentenproteste waren, war für die CDU der Protest gegen die Gesamtschule. In diesem „Schulkampf" benutzten die CDU-geführten Bundesländer die nach dem Einstimmigkeitsprinzip arbeitende KMK zur Blockade der bundesweiten Schulentwicklung. Maßgebliches Vehikel war die gegenseitige Anerkennung des Abiturs als allgemeine Hochschulzugangsberechtigung.

[44] *P. Häberle* AöR 124 (1999), 549 (577 ff., 579 f. mwN). Vgl. insgesamt zur KMK, der Kritik an ihr und dem Reformprozess seit Ende der 1990er Jahre: *Immerfall* in: v. Blumenthal/Bröchler (Fn. 30), 197.

[45] Auf der anderen Seite handelte es sich um die politisch entscheidenden Akteure, so dass Vetopositionen aufgebaut werden konnten, die letztlich auch zum Scheitern der Kommission geführt haben. Aus der Perspektive eines deliberativen Politikverständnisses daher kritisch *A. Sattler* Deliberativer Föderalismus, 2012, 123 ff., insb. 230 ff.

[46] Ebenso *P. M. Huber* RdJB 2007, 4, (5 f.). Zur Gleichzeitigkeit von staatsrechtlichen Trennungs-Überlegungen und fachpolitischen Kooperationen während der Föderalismusreform s. auch *Münch* in: Gagnon/Sturm (Fn. 22), 177 f.

mik der Koalitionsverhandlungen. Für den Bildungsbereich, über den die Föderalismuskommission ja keine Einigkeit hatte erzielen können, kamen so letztlich doch die Fachpolitiker zum Zuge.[47] Der überkommenen kooperativen Herangehensweise entsprechend bereitete die KMK schon parallel zum parlamentarischen Verfahren die Grundlagen für die weitere Zusammenarbeit des Bundes und der Länder vor.[48] Da sie auch die Blockade-Kritik durch organisatorische Reformen aufgriff, stärkte sie ihre Position.[49]

Mit der KMK besteht freilich auch ihr Föderalismusverständnis fort, das eine unitarische Bildungspolitik durch Abkommen, Programme und Beschlüsse verschiedener Gremien mit Bund- und Ländervertretern unter ihrer Regie verfolgt.[50]

b. *Gemeinsame Diagnose – unterschiedliche Therapieansätze*

Eine Deutungsschicht tiefer lässt sich fragen, ob sich die Durchsetzung der Fachinteressen gegenüber der Forderung nach Politikentflechtung auch mit Schwachstellen des Reformkonzepts erklären lässt.

Eine solche Schwachstelle wurde bereits angesprochen. Indem die Föderalismuskommission Finanzfragen ausgeklammert hatte,[51] konnten

---

[47] Konkret wurden die Vorschläge in der Koalitions-Arbeitsgruppe Bildung und Forschung erarbeitet, s. Bericht der *KMK* zur Föderalismusreform „Entflechten – Überleiten – Neu Gestalten" (http://www.kmk.org/fileadmin/pdf/foederalismus/Entflechten_Ueberleiten_Neu_Gestalten_Aktualisiert.pdf), 9; Kritisch, da auch hier die fachpolitischen Notwendigkeiten vernachlässigt worden seien: *Scheller* in: Detterbeck/Renzsch/Schieren (Fn. 42), 244.

[48] *KMK* „Entflechten – Überleiten – Neu Gestalten" (http://www.kmk.org/fileadmin/pdf/foederalismus/Entflechten_Ueberleiten_Neu_Gestalten_Aktualisiert.pdf), 16 f.

[49] *Immerfall* in: v. Blumenthal/Bröchler (Fn. 30), 201 ff.; speziell zum Innovationspotential der KMK: *U. Münch* Jahrbuch des Föderalismus 2010, 189 (192 ff.); für die Föderalismusreform: *V. Haug* Jahrbuch des Föderalismus 2010, 176 (179 ff., 186 f.)

[50] Vgl. Bericht der *KMK* zur Föderalismusreform „Entflechten – Überleiten – Neu Gestalten" (http://www.kmk.org/fileadmin/pdf/foederalismus/Entflechten_Ueberleiten_Neu_Gestalten_Aktualisiert.pdf), 46: „Ausblick: […] Die KMK hat von Beginn an den sich aus der Föderalismusreform ergebenden Gewinn an Handlungs- und Innovationsfähigkeit der Länder begrüßt. Gleichzeitig hat sie jedoch auch die sich aus dem ‚Mehr an Freiheit' ergebende größere gesamtstaatliche Verantwortung hervorgehoben. Institutionell wird sie dieser Verantwortung durch die mit dem Bund vereinbarten Gremien im Bereich der Gemeinschaftsaufgabe ‚Feststellung der Leistungsfähigkeit des Bildungswesens im internationalen Vergleich' einerseits und der innerhalb der Konferenz beschlossenen neuen Gremienstrukturen gerecht. […]".

[51] Kritisch etwa *H.-J. Papier* NJW 2007, 2145 (2148); *C. Waldhoff* Die Verwaltung 39 (2006), 155 (165 ff.); *U. Häde* JZ 2006, 930 (935, 939); und jüngst: *S. Korioth* FS Papier, 2013, 133 (138 ff.); etwas optimistischer: *P. Selmer* JuS 2006, 1052 (1059).

die Länder bei kostenträchtigen Kompetenzzuwächsen gar nicht erst die Billigung durch die Fachexperten erwarten. Daher erstaunt es nicht, dass als Gewinner der Föderalismusreform der Bund ausgemacht wird.[52]

Vielleicht liegt eine weitere Schwäche der Föderalismusreform aber auch in ihrem Anliegen selbst begründet.

Der Impuls für die Reform ging von einer schon seit Jahrzehnten formulierten und immer stärker verbreiteten Kritik an der aktuellen Struktur und Realität des deutschen föderalen Systems aus.[53] Sie entzündete sich am Leitbild des kooperativen Bundesstaates,[54] das spätestens mit der Finanzreform 1969 auch im Grundgesetz verankert war.[55] Es war weniger

---

[52] So jedenfalls für die Bildungspolitik *P. M. Huber* RdJB 2007, 4 (7); allgemein: *S. Korioth* FS Papier, 133 (136, 138 ff.); jedenfalls skeptisch bezüglich des Erfolgs der Entflechtung: *H.-J. Papier* NJW 2007, 2145 (2149); *P. Selmer* JuS 2006, 1052 (1058); aA *J. Ipsen* NJW 2006, 2801 (2804); *H.-W. Rengeling* DVBl. 2006, 1537 (1549).

[53] In der Sozial- und Politikwissenschaft: *F. W. Scharpf/B. Reissert/F. Schnabel* Politikverflechtung, 1976; *F. W. Scharpf* Politische Vierteljahresschrift 26 (1985), 323; *ders.* Optionen des Föderalismus in Deutschland und Europa, 1994, 133; *ders.* in: Hesse (Fn. 33), 21 (30), *ders.* Föderalismusreform, 2009, 30 ff., 49 ff.; *Klatt* Aus Politik und Zeitgeschichte (Fn. 10), 3; *ders.* Verwaltungsarchiv 78 (1987), 186 (194, 197, 201); für den politischen Prozess in den 1980er Jahren: *H. Klatt* in: A.B. Gunlicks/R. Voigt (Hrsg.) Föderalismus in der Bewährungsprobe, 1991, 228 ff.; in der Rechtswissenschaft: zunächst insb. *G. Kisker* Kooperation im Bundesstaat, 1971; aus dem umfangreichen späteren Schrifttum etwa *Oeter* Bundesstaat (Fn. 8), 461 ff.; *Schuppert* in: Härtel (Fn. 17), § 9 Rn. 20; *Huber* Klarere Verantwortungsteilung (Fn. 14), D29 f.

[54] Den Durchbruch für dieses Leitbild stellte das sog. Troeger-Gutachten aus dem Jahr 1966 dar, das angesichts der diagnostizierten Defizite resümierte, dass „Der Föderalismus unserer Zeit […] nur ein kooperativer Föderalismus sein [kann].“: Kommission für die Finanzreform, Gutachten über die Finanzreform in der Bundesrepublik Deutschland, 1966, 20, Rn. 76. Der Begriff des „kooperativen Föderalismus“ wurde auch rasch in der Literatur aufgegriffen: *U. Scheuner* DÖV 1966, 513 (518 ff.); *W. Patzig* DVBl. 1966, 389; *A. Hüttl* DVBl. 1967, 433 (435 ff.); *R. Kunze* Kooperativer Föderalismus in der Bundesrepublik, 1968, 1 ff.; *K. Hesse* FS Müller, 1970, 141 (142 ff.); *Kisker* Kooperation im Bundesstaat (Fn. 53); zur „Karriere“ dieses Begriffes in Deutschland ausführlich: *Oeter* Bundesstaat (Fn. 8), 266 ff.

[55] Hierzu *Kisker* Kooperation im Bundesstaat (Fn. 53), 282 ff.; *Oeter* Bundesstaat (Fn. 8), 272 ff.; *W. Renzsch* Finanzverfassung und Finanzausgleich, 1991, 209 ff., insb. 259; ausführlich zum Troeger-Gutachten: *R. Grawert* Der Staat 7 (1968), 63 ff.; *W. Henle* DÖV 1966, 608 ff. Aus heutiger Sicht ist interessant, dass dem Troeger-Gutachten die Vorstellung einer keynesianischen Konjunkturpolitik zugrunde lag, die eine einheitliche Steuerung der Fiskal- und Kreditpolitik aller Haushalte – von Bund, Ländern und Kommunen – verlangt. Heute werden auch unter anderen ökonomischen Theorieannahmen mit einer Schuldenbremse der Länder in der Bundesrepublik, aber auch mit den Überlegungen zu einer Fiskalunion auf europäischer Ebene Überlegungen angestellt, die für die föderale Kompetenzordnung ganz ähnliche Konsequenzen haben.

auf die Abgrenzung der Aufgaben und Aktivitäten von Bund und Ländern gerichtet als vielmehr auf die Überwindung der differenzierten Kompetenzzuordnung durch gemeinsame Politikgestaltung.[56] Das zentrale Problem des kooperativen Föderalismus war nach dieser Kritik die durch das gemeinsame Agieren entstehende Politikverflechtung.[57] Ihre wichtigsten Folgeerscheinungen seien Blockaden, Ineffizienz und Langsamkeit wegen zu hohen Konsensbedarfs.[58] Verantwortung sei nicht mehr zurechenbar, weil zu viele Akteure in komplexen Prozessen beteiligt seien.[59] Die mangelnde Transparenz führe zu mangelnder Kontrolle.[60]

Intensität und Durchschlagskraft verdankt diese Kritik dem Umstand, dass sich unter ihr ganz unterschiedliche staatstheoretische Vorstellungen sammeln konnten.[61] Wer etwa einen schlankeren Staat, effektivere Steuerung und neue Governance fordert, kann die bestehenden Strukturen des kooperativen Föderalismus als Quell mangelnder Effizienz[62] ausmachen.[63]

---

[56] *Oeter* Bundesstaat (Fn. 8), 293 f., stellt diese Entwicklung in die Planungsgläubigkeit dieser Zeit; dazu auch etwa *N. Luhmann* Politische Planung, 1971, 66 ff.; *F. W. Scharpf* Die Verwaltung 4 (1971), 1; *E.-W. Böckenförde* Der Staat 11 (1972), 249 ff. Besonderes Augenmerk galt der verfassungsrechtlichen Institutionalisierung der Gemeinschaftsaufgaben, vgl. *B. Tiemann* Gemeinschaftsaufgaben von Bund und Ländern in verfassungsrechtlicher Sicht, 1970; *J. A. Frowein* Gemeinschaftsaufgaben im Bundesstaat, VVDStRL 31 (1973), 13; *I. v. Münch* Gemeinschaftsaufgaben im Bundesstaat, VVDStRL 31 (1973), 51; *A. Dittmann* Bildungsplanung als Gemeinschaftsaufgabe, 1975, 33 ff., insb. 36 f.

[57] Begriffsprägend *F. W. Scharpf*, vgl. *Scharpf/Reissert/Schnabel* Politikverflechtung (Fn. 53), 9; schon zuvor kritisch gegenüber den Gemeinschaftsaufgaben *K. Hesse* FS Müller, 1970, 153; *Kisker* Kooperation im Bundesstaat (Fn. 53), 285 ff.; *F. Klein* Der Staat 11 (1972), 289 (308 ff.); *O. Barbarino* DÖV 1973, 19 (20 f.); s. aber auch die gerade nicht negative Begriffsverwendung bei *J. Kersten* FS Papier, 2013, 103, für eine Weiterentwicklung von Demokratiekonzeptionen im europäischen Mehrebenensystem.

[58] *Scharpf/Reissert/Schnabel* Politikverflechtung (Fn. 53), insb. 230 ff.; *Scharpf* Optionen des Föderalismus (Fn. 53), 133; *ders.* Föderalismusreform (Fn. 53), 30 ff., 49 ff.; *Schuppert* in: Härtel (Fn. 17), § 9 Rn. 20.

[59] *Oeter* Bundesstaat (Fn. 8), 456; *H.-H. Trute* FS Schneider, 2008, 302 (306); *D. Grimm* FS Papier, 2013, 49 (54).

[60] *H. Klatt* Verwaltungsarchiv 78 (1987), 186 (194, 197, 201); *ders.* Aus Politik und Zeitgeschichte B 31/82, 3 (8 ff.).

[61] Die sich freilich nicht ausschließen, s. etwa die Unterscheidung zwischen Effizienzkosten und Demokratiekosten bei *D. Grimm* FS Papier, 2013, 49 (53).

[62] Zur Effizienz: *H. Eidenmüller* Effizienz als Rechtsprinzip, 3. Aufl. 2005; *K. Mathis* Effizienz statt Gerechtigkeit?, 3. Aufl. 2009; zur begrenzten rechtlichen Qualität des Effizienzprinzips: *M. Martini* Der Markt als Instrument hoheitlicher Verteilungslenkung, 2008, 197 ff., 232.

[63] *H. Klatt* in: R. Meier-Walser/G. Hirscher (Hrsg.) Krise und Reform des Föderalismus, 1999, 64 (71); *ders.* Verwaltungsarchiv 78 (1987), 186 (194); *ders.* Aus Politik und

Eine demokratietheoretische Kritik kann die komplexen Kooperationen wegen der Unmöglichkeit politischer Verantwortungszurechnung geißeln.[64] Transparenz und Zurechnung sind dabei gleichzeitig zentrale Voraussetzungen eines deliberativen Demokratieverständnisses[65] und ebenso eines Modells, das Legitimation über Verantwortungsketten konstruiert.[66] Schließlich genügt es auch, rein staatsrechtlich auf die „Selbstverantwortung" des Bundes bzw. der Länder abzustellen.[67]

Aus dem gemeinsamen Befund werden aber keineswegs gleiche Therapiefolgerungen abgeleitet. Wer effektive, nur wenige Stationen umfassende Entscheidungsprozesse für sinnvoll hält, wird fordern, dass die fachlich Kompetenten auch die rechtlichen Kompetenzen erhalten. Parlamente werden nur funktional für die Schaffung von Akzeptanz eingebunden, um die „Compliance" der Rechtsunterworfenen zu stärken. Aus demokratietheoretischer Perspektive ist hingegen umgekehrt die Exekutivlastigkeit des kooperativen Föderalismus von Übel.[68] Ziel ist deshalb eine Verlage-

---

Zeitgeschichte (Fn. 60), 8, 22; *F. W. Scharpf* Politische Vierteljahresschrift 26 (1985), 323; *Schuppert* in: Härtel (Fn. 17), § 9 Rn. 28; *H.-H. Trute* in: Härtel (Fn. 17), § 28 Rn. 22.

[64] *Huber* Klarere Verantwortungsteilung (Fn. 14), D33; s. auch die Analyse der Föderalismusreform bei *S. Kadelbach* Autonomie und Bindung der Rechtsetzung in gestuften Rechtsordnungen, VVDStRL 66 (2007), 9 (19 f.); *Oeter* Bundesstaat (Fn. 8), 456, 569 f.; *B.-O. Bryde* in: Redaktion Kritische Justiz (Hrsg.) Demokratie und Grundgesetz, 2000, 59 (64 ff.); *Hanebeck* Demokratischer Bundesstaat (Fn. 12), 278 ff., 312 ff.

[65] Grundlegend *J. Habermas* Faktizität und Geltung, 1992, insb. 221 ff., 435 ff.; aus der Rechtswissenschaft *B.-O. Bryde* Staatswissenschaften und Staatspraxis 5 (1994), 305 (321 ff.), *G. Frankenberg* Die Verfassung der Republik, 1996, 35 ff., 92 ff.; auf die Bedeutung von Öffentlichkeit und Transparenz weist auch *T. Groß* Rechtswissenschaft 2011, 125 (144, 147), hin, der aber auch das begrenzte Legitimationspotential von Transparenz betont. Als Kritik am Legitimationskettenmodell: *J. Kersten* FS Papier, 2013, 103 (108 ff.).

[66] Dieses Demokratieverständnis liegt der Kritik von *E.-W. Böckenförde* FS Schäfer, 1980, 182 (186), zugrunde: *Böckenförde* konstatiert für den unitarischen Bundesstaat zugleich eine Tendenz zur Allparteienregierung (191), diese Entwicklung ist für ihn jedoch alternativlos, da sie zwangsläufig aus der Idee der „Einheitlichkeit der Lebensverhältnisse" folge (194); grundlegend zum Modell der Legitimationsketten: *E.-W. Böckenförde* HStR II, 3. Aufl. 2004, § 24 Rn. 16 ff. Ähnlich bezüglich der Kritik kooperativer Strukturen: *G. Kisker* DÖV 1977, 689 (692), *ders.* in: E. Benda (Hrsg.) Probleme des Föderalismus, 1985, 23 (32 f.); *A. Musil* Wettbewerb in der staatlichen Verwaltung, 2005, 107 ff., 117 ff., 181 f.

[67] *J. Isensee* HStR VI (Fn. 12), § 126 Rn. 124.

[68] Die bei weiterreichender Unabhängigkeit der Experten noch gesteigert würde. Kritik an der Exekutivlastigkeit formulieren etwa *G. Kisker* DÖV 1977, 689 (694 f.); *E.-W. Böckenförde* FS Schäfer, 1980, 182 (186); *W. Leisner* DÖV 1968, 389 (390). Zur Relevanz parlamentarischer Verantwortlichkeit: *Musil* Wettbewerb in der staatlichen Verwaltung (Fn. 66), 120, 158.

rung von Entscheidungen gerade in die Parlamente.[69] Dabei ist es eine Frage der Optimierung von Demokratie, ob Landes- oder Bundesparlament die richtige Entscheidungsebene ist.[70] Die Antwort hierauf ist ihrerseits dem politischen Prozess zu überantworten.

Deshalb ist es nicht überraschend, dass auch in der Staatsrechtslehre trotz einhelliger Kritik am bestehenden System keine Einigkeit über ein besseres besteht. Ebenso wenig verwundert es dann, dass die politischen Akteure die staatsrechtlichen Impulse zwar aufnahmen, aber in der Gesetz gewordenen Reform letztlich so unterschiedliche Ziele vereinten, dass vom Ursprungsanliegen, der Beseitigung der Politikverflechtung, nur wenig übrig blieb.[71]

II. Gemeinsamer Nenner: Wettbewerb

1. Bildungswettbewerbsföderalismus

Dies bedeutet aber nicht, dass die Föderalismusreform in der Bildungspolitik ohne Effekt verhallt wäre.

Denn sie fällt in den gleichen Zeitraum, für den die Bildungswissenschaften eine neue Dynamik und sogar einen Paradigmenwechsel in der Schul- wie auch in der Hochschulpolitik ausmachen.[72] Daher ist es nachvollziehbar, dass die bildungspolitischen Akteure die Föderalismusreform in ihren eigenen Kontext stellen.[73]

---

69 *C. Möllers* in: J. Aulehner et al. (Hrsg.) Föderalismus – Auflösung oder Zukunft der Staatlichkeit?, AssÖR 1997, 81 (108 f.); eine zentrale Rolle der Parlamente kann aus beiden demokratietheoretischen Kritikperspektiven eingefordert werden: *Bryde* in: Redaktion Kritische Justiz (Fn. 64), 70; *E.-W. Böckenförde* FS Schäfer, 1980, 182 (186).

70 *B.-O. Bryde* in: B. Sitter-Liver (Hrsg.) Herausgeforderte Verfassung. Die Schweiz im globalen Kontext, 1999, 223; *ders.* in: Redaktion Kritische Justiz (Fn. 64), 59.

71 Die deshalb teils harsche Kritik (*S. Korioth* FS Papier, 2013, 133 [138]; *P. Selmer* JuS 2006, 1052 [1058]; *H.-J. Papier* NJW 2007, 2145 [2148]) betrifft die Föderalismusreform insgesamt. Für die Bildungskompetenzen gilt keine Ausnahme. Im Gegenteil findet sich auch hier prononcierte Kritik: *U. Münch* Jahrbuch des Föderalismus 2009, 225 (227, 229 f.); *dies.* in: Gagnon/Sturm (Fn. 22), 179 f. Strukturell ähnlich auch das Resümee von *Oeter* Bundesstaat (Fn. 8), 290, zur Finanzreform 1969: Konsistentes Reformprogramm in Form des Troeger-Gutachtens, traditionelle Denkweisen und aktuelle, nicht zuletzt vom internationalen Vergleich beeinflusste Ideen verbanden sich zu einem unitarischen Ziel, das in der konkreten Reform aus Notwendigkeit des politischen Kompromisses jedoch deutlich verwässert wurde.

72 *J. Baumert* Vortrag auf der Tagung „Wege in einen leistungsfähigen Bildungsföderalismus“ bei der Robert-Bosch-Stiftung in Berlin am 14./15.2.2013 (www.bosch-stiftung.de/content/language1/html/42639.asp, Abruf 17.10.2013).

73 S. etwa bei *H.-E. Tenorth* Vortrag auf der Tagung „Wege in einen leistungsfähigen Bildungsföderalismus“ (Fn. 72); *ders.* ZfPäd 2003, 69 (75 ff.).

Dies bietet sich umso mehr an, als bildungspolitischer Wandel und Föderalismusreform einen gemeinsamen Nenner haben, nämlich die Bezugnahme auf Wettbewerb als neues Leitbild. Wettbewerb ist das Leitbild der neuen Governance im Bildungssektor (unter a.). Zugleich ist Wettbewerb auch das Leitbild eines „neuen" Föderalismusverständnisses, das das weithin kritisierte Modell des kooperativen Föderalismus ablösen soll (unter b.).

a. Wettbewerb im Bildungswesen

Mehrere Länder haben – meist unter dem Stichwort Schulautonomie[74] – die Gestaltungsmöglichkeiten der Schulen erweitert. Schulen sollen eigene Profile entwickeln, verabschieden hierfür Programme und erhalten Einfluss auf die Personalentwicklung.[75] Teilweise wurde die sogenannte Sprengelpflicht für die Grundschulen aufgehoben, so dass Eltern bereits in der Primarstufe die Wahl zwischen verschiedenen Schulen haben.[76] Manche Länder überlassen auch die Verkürzung der Gymnasialzeit von neun auf acht Jahre als Option den einzelnen Schulen.[77]

Noch deutlicher war der Wandel im Hochschulbereich,[78] der schon 2005 und 2009 intensiv in diesem Kreis behandelt wurde.[79] Seine wichtigsten Stichworte sind Veränderungen der Hochschulverfassungen mit Stärkung der Zentralverwaltungen und Dekanate, die Pluralisierung der universitären Binnenstrukturen und eine Neuordnung der Studiengänge und Abschlüsse als Bachelor und Master.

Beide Entwicklungsprozesse erhielten wesentliche Anstöße auf internationaler Ebene.[80] In der Hochschulpolitik war dies vor allem der Bologna-

---

[74] Hierzu s. etwa *M. Rürup* Innovationswege im deutschen Bildungssystem, 2007, 27, 107 ff., 265 ff.; *H. Avenarius* in: Avenarius/Füssel (Fn. 21), 260 f.; einen Überblick bietet auch *H. Wißmann* JöR n.F. 60 (2012), 225 (233 ff.).

[75] Vgl. bei *H. Wißmann* Die Verwaltung 45 (2012), 307 (324 ff.).

[76] S. auch bei *H. Wißmann* Die Verwaltung 45 (2012), 307 (318).

[77] S. für Hessen: http://verwaltung.hessen.de/irj/HKM_Internet?cid= 1763142a038afa2d4fe719af8584f525, Abruf 17.10.2013; die Umstellung der Gymnasialschulzeit von neun auf acht Jahre in den alten Bundesländern geht auf den Beschluss der Kultusministerkonferenz vom 6.3.2008 zurück, dazu und zum Umsetzungsstand vgl. http://www.kmk.org/bildung-schule/allgemeine-bildung/sekundarstufe-ii-gymnasiale-oberstufe.html, Abruf 17.10.2013.

[78] S. insb. *Monopolkommission*, Wettbewerb als Leitbild der Hochschulpolitik, 2000 (Sondergutachten 30); vgl. den Überblick der rechtsberatenden Empfehlungen bei *M.-E. Geis* Universitäten im Wettbewerb, VVDStRL 69 (2010), 364 (366 f.).

[79] *R. Hendler* und *U. Mager* Die Universität im Zeichen von Ökonomisierung und Internationalisierung, VVDStRL 65 (2006), 238 und 274; *M.-E. Geis* und *C. Bumke* Universitäten im Wettbewerb, VVDStRL 69 (2010), 364 und 407.

[80] Zur nicht nur geografischen „Entgrenzung" der Bildungspolitik vgl. *K. S. Amos* in: Hrbek/Große Hüttmann/Schmid (Fn. 42), 21.

Prozess,[81] aber auch die Resonanz auf internationale Hochschulrankings.[82] In der Bildungspolitik wird mit dem Schlagwort „PISA-Schock"[83] die neue Wahrnehmung[84] internationaler Vergleiche beschrieben.[85] Die KMK spricht als Folge dieser Entwicklung von einem Paradigmenwechsel.[86] Man verfolge eine neue Governance-Philosophie,[87] mit outcome-Steuerung und Qualitätssicherung durch die Entwicklung von Bildungsstandards, Teilnahme an Vergleichsstudien und mit einer regelmäßigen Bildungsberichtserstattung. Für die Hochschulen hätten sich Wettbewerb und Leistungsorientierung zu den wesentlichen Steuerungsfaktoren entwickelt, deren Instrumente insbesondere finanzierungsrelevante Zielvereinbarungen, Evaluationen und Exzellenzwettbewerbe seien.[88]

b. *Wettbewerbsföderalismus*

Auch in der staatsrechtlichen Föderalismusdiskussion hat der Begriff des Wettbewerbs Konjunktur.[89]

---

[81] Hierzu etwa *P. Ziedeck* Bologna-Prozess in Deutschland, 2013; gegen entsprechende Studienreformen für die Rechtswissenschaft etwa *H.-J. Papier/M. Schröder* NJW 2012, 2860; kritisch zur Akkreditierung *U. Quapp* DÖV 2011, 68; *M. Siever* Qualitätssicherung durch Programm- und Systemakkreditierung im deutschen Hochschulsystem, 2011.

[82] Ausgangsidee der Exzellenzinitative des Bundes war die Vorstellung, ein deutsches Harvard erreichen zu wollen, s. etwa FAZ vom 6.1.2004 „Ein ‚deutsches Harvard' sorgt für Diskussionsstoff", http://www.faz.net/aktuell/politik/inland/eliteuniversitaet-ein-deutsches-harvard-sorgt-fuer-diskussionsstoff-1145017.html, Abruf 17.10.2013; zu Hochschulrankings vgl. *E. Braum* Nationale und internationale Hochschulrankings im Vergleich und ihr Einfluss auf strategische Entscheidungen der deutschen Hochschulen, Diplomarbeit Goethe-Universität Frankfurt 2009, 40 f.; zur Entwicklung der Exzellenzinitiativen seit 2006/07 *I. Roessler* Was war? Was bleibt? Was kommt? 15 Jahre Erfahrung mit Rankings und Indikatoren im Hochschulbereich, September 2013 (http://www.che.de/downloads/CHE_AP_167_Erfahrungen_mit_Rankings_und_Indikatoren.pdf).

[83] Zur Reaktion vgl. *P. Knodel et al.* (Hrsg.) Das „PISA-Echo", 2010.

[84] Dabei handelt es sich eher um eine veränderte Wahrnehmung, denn auch in der Vergangenheit hatte die Bundesrepublik an Vergleichsstudien teilgenommen und ähnlich abgeschnitten, ohne dass dies eine größere Resonanz in der deutschen Bildungspolitik und -wissenschaft fand.

[85] S. etwa *B. Fahrholz* Nach dem Pisa-Schock – Plädoyer für eine Bildungsreform, 2002.

[86] Etwa: Bildungsstandards der Kultusministerkonferenz, 2004, 6.

[87] Zum Governance-Ansatz im Bildungswesen: *M. Rürup* in: R. Langer (Hrsg.) „Warum tun die das?", 2008, 175 (177 f.); allgemein: *Schuppert* (Hrsg.) (Fn. 33); *Benz* in: Schuppert (Fn. 33), 99 f.

[88] S. http://www.kmk.org/wissenschaft-hochschule.html, Abruf 17.10.2013.

[89] Zum Leitbildcharakter für die Föderalismusreform mit entsprechender Kritik etwa *H. Bauer* DÖV 2002, 837; *U. Volkmann* in: v. Mangoldt/Klein/Starck (Fn. 34), Art. 91a Rn. 4.

Schon die frühe politikwissenschaftliche Kritik am kooperativen Föderalismus der Bundesrepublik wurde nicht nur unter dem Schlagwort der Politikverflechtung[90] geführt. Der Idee eines Konsensföderalismus wurde in den 1980er Jahren die des Konkurrenzföderalismus gegenübergestellt.[91] Ausgangspunkt war die Konzeption von Demokratie als einem Parteienwettbewerb, der durch die Verflechtung im föderalen System behindert werde.[92] Damit die Parteien zueinander in Konkurrenz um politische Ideen treten, sollten die Länder ihre Gestaltungsmöglichkeiten als Chance für einen Ideenwettbewerb begreifen.[93]

In den 1990er Jahren gewann der Begriff des Wettbewerbsföderalismus eine ganz andere, praktischere Bedeutung.[94] Die Geberländer im Finanzausgleich, Hessen, Baden-Württemberg und Bayern, hingen der Vorstellung an, Länder stünden im Bund zueinander im Wettbewerb ähnlich wie Unternehmen am Markt.[95] So begründeten sie, dass „die Früchte des Handelns“ eines Landes dort bleiben müssten, „wo die Leistung erbracht wurde“.[96]

Auch in der Rechtswissenschaft wurden Begriff und Idee eines Wettbewerbsverhältnisses der Länder aufgegriffen.[97] Die finanzpolitische Kon-

---

90 S. dazu oben Fn. 53, 57.

91 *Klatt* Aus Politik und Zeitgeschichte (Fn. 60), 3.

92 Maßgeblich *G. Lehmbruch* Parteienwettbewerb im Bundesstaat, 1976, 158 ff.; 170 ff., s. auch *D. Grimm* in: E. Benda/W. Maihofer/H.-J. Vogel (Hrsg.) HdBVerfR, 2. Aufl. 1995, § 14 Rn. 70 f. Fn. 139.

93 *Klatt* Aus Politik und Zeitgeschichte (Fn. 60), 22 – übrigens innerhalb der bestehenden verfassungsrechtlichen Rahmenbedingungen.

94 Als Beispiel für die ökonomische Konzeption von Föderalismus etwa *L. P. Feld* in: H.-J. Blanke/W. Schwanengel (Hrsg.) Zustand und Perspektiven des deutschen Bundesstaates, 2005, 171; ihr folgte dann auch: *Klatt* in: Meier-Walser/Hirscher (Fn. 63), 64 ff.: Aus Konkurrenzföderalismus als Ideenwettbewerb der Länder wird nun ein Wettbewerbsföderalismus iSd finanzökonomischen Stärke eines Landes. Daher fordert *Klatt* Anforderungen an die Finanzverfassung zur Herstellung von „Chancengleichheit“.

95 Ähnlich auch die Referate von *C. Waldhoff* Finanzautonomie und Finanzverflechtung in gestuften Rechtsordnungen, VVDStRL 66 (2007), 216 (252 ff.) und *J. Hey* Finanzautonomie und Finanzverflechtung in gestuften Rechtsordnungen, VVDStRL 66 (2007), 277 (283 ff.): Allerdings dürfe man den (Abgaben-)Wettbewerb der Länder bzw. Staaten nicht mit einem Marktwettbewerb von Individuen oder Unternehmen gleichsetzen; erst bei entsprechender Rahmensetzung sei er möglich und sinnvoll.

96 Vgl. etwa für bundesweite Umverteilungseffekte in der Sozialversicherung: *B. Stamm/G. Merkl* ZRP 1998, 467 (471); für den Finanzausgleich vgl. die Darstellung der Position der Länder Bayern, Baden-Württemberg und Hessen bei *Schuppert* in: Härtel (Fn. 17), § 9 Rn. 33 ff.

97 *E. Schmidt-Jortzig* DÖV 1998, 746; *C. Calliess* in: Aulehner et al. (Fn. 69), 293 (297 ff.); *ders.* DÖV 1997, 889 (892); *H. P. Bull* DÖV 1999, 269; eher deskriptiv *H.-P. Schneider* NJW 1991, 2448 (2450); *H. Bauer* DÖV 2002, 837; Kritisch: *Huber* Klarere Verantwortungsteilung (Fn. 14), D44 f.; analytisch zur Vorstellung von einem Wettbe-

notation wurde dabei durch Anleihen am politologischen Konzept eines Ideenwettbewerbs[98] ergänzt. Länder sollten miteinander in Wettbewerb um die beste Form der Aufgabenverwirklichung treten. Die föderale Struktur biete gewissermaßen Laboratorien für die Erprobung von Innovationen.[99]

2. *Funktionsbedingungen*

Daher liegt es nahe, Bildungswettbewerb und Wettbewerbsföderalismus begrifflich als Bildungswettbewerbsföderalismus zu fassen. Stellt man ihn auf den Prüfstand, sind seine Funktionsbedingungen zu hinterfragen. Dabei spricht alles dagegen, dass Bildungsföderalismus als Wettbewerb der Länder um die beste Bildungspolitik gelingen kann.[100]

a. *Praktische Voraussetzungen eines Nachfragewettbewerbs*

Erstens gibt es in Bezug auf Bildung keinen Nachfragewettbewerb[101] zwischen den Ländern. Der Umzug einer Familie in ein anderes Bundesland wird nur in besonderen Einzelfällen wegen eines besseren Schulangebotes erfolgen.[102] „Marktrelevant" ist dies nicht.

Im Hochschulbereich wählen zwar die Studierenden ihre Universität aus, so dass im Grundsatz ein Nachfragewettbewerb möglich ist. Das

werb von Rechtsordnungen: *A. Peters* und *T. Giegerich* Wettbewerb von Rechtsordnungen, VVDStRL 69 (2010), 7 und 57.

98 Zum Konzept des Ideenwettbewerbs, der in der Demokratie als Parteienwettbewerb erfolgt, vgl. nur *M. Morlock* in: H. Dreier (Hrsg.) GG-Kommentar, Bd. II, 2. Aufl. 2006, Art. 21 Rn. 26; s. auch *A. Hatje* Demokratie als Wettbewerbsordnung, VVDStRL 69 (2010), 135 mwN.

99 Diese Funktion betonen etwa: *Lehmbruch* Parteienwettbewerb (Fn. 92), 160 f.; *L. P. Feld* in: Blanke/Schwanengel (Fn. 94), 179 f.; skeptischer: *H. Bauer* DÖV 2002, 837 (842 ff.). Eine grundlegende empirische Studie zum Innovationspotential der Gliedstaaten im US-amerikanischen Kontext, wo der Laborcharakter eine zentrale Rechtfertigung föderaler Gestaltung darstellt, bietet: *J. L. Walker* The diffusion of innovations among american states, American Political Science Review, 63 (1969), 880. Vgl. zum Laborcharakter in der US-amerikanischen Diskussion grundlegend die dissenting opinion von Justice *Brandeis*, in U.S.S.C., New State Ice Co. v. Liebmann, 285 U.S. 262 (311).

100 Skeptisch auch *Immerfall* in: v. Blumenthal/Bröchler (Fn. 30), 208 ff., mit etwas anderen Argumenten.

101 Zur Nachfrager-Perspektive beim Wettbewerb von Rechtsordnungen: *Peters* Wettbewerb (Fn. 97), 17 ff.

102 *Rürup* in: Langer (Fn. 87), 181; *Immerfall* in: v. Blumenthal/Bröchler (Fn. 30), 209.

Land, in dem die Universität belegen ist, dürfte aber regelmäßig nicht relevant sein.

Einziger landesrechtlicher Faktor bei der Auswahl des Studienortes dürften die Studiengebühren sein.[103] Sie sind die sprichwörtliche Ausnahme, die die Regel bestätigt: Vielleicht wurde ihre Einführung noch von dem Ziel getragen, mit den Einnahmen die universitäre Ausbildung zu verbessern.[104] Aber ihre Abschaffung erfolgte in keinem Land nach den Steuerungsmustern eines Nachfragewettbewerbs. Sie hatte keinen Bezug zu realen oder auch nur denkbaren Effekten auf einem „Studienplatzmarkt". Vielmehr erfolgte sie in Erfüllung politischer Wahlversprechen[105] oder in Bayern auf direktdemokratische Initiative hin.[106]

b. *Inkompatibilität mit demokratischer Entscheidungsfindung*

Studiengebühren sind damit eines der raren Beispiele für funktionierende Demokratie auf Landesebene, nämlich für politische Entscheidungen entsprechend der – im Wahlergebnis gespiegelten – Mehrheitsmeinung der Bevölkerung.[107] Der Entscheidungsprozess folgt also nicht ökonomischen Rationalitätskriterien. Für das Funktionieren eines Länder-

---

[103] Allgemein *J. Kugler* Allgemeine Studiengebühren und die Grundrechte der Studierenden, 2009, 3 ff., 123 ff.; aus ökonomischer Sicht für Studiengebühren *W. Richter/B. Wigger* Forschung und Lehre 11/2010, 804. Dass Studiengebühren alleinige Länderkompetenz sind und nicht durch Bundesrecht vorgegeben werden dürfen: BVerfGE 112, 226; dazu: *V. Sporleder-Geb/M. Stüber* RdJB 2005, 395; *R. Stettner* JZ 2005, 619. Bereits auf der Jahrestagung 2009 hat *Geis* dargelegt, warum Studiengebühren als Wettbewerbsinstrument um Studierende verfehlt sind und allenfalls der Verzicht eines Bundeslandes auf Studienbeiträge eine gewisse Rolle spielen könne: *Geis* Universitäten im Wettbewerb (Fn. 78), 377 ff.

[104] In Bayern, LT-Drs. 15/4396, und Baden-Württemberg, LT-Drs. 13/4858, stellte der Gesetzgeber insb. auch auf den internationalen Wettbewerb ab, der eine finanzielle Stärkung zur Verbesserung der Studienbedingungen verlange; in Nordrhein-Westfalen, NRW LT-Drs. 14/725, wird besonders die Aktivierung der Studierenden betont; in Hessen, LT-Drs. 16/5747, weist der Gesetzgeber auf den Konkurrenzdruck anderer Bundesländer mit Studiengebühren hin.

[105] Ausdrücklich in Baden-Württemberg LT-Drs. 15/902; in NRW, LT-Drs. 15/97, und Hessen, LT-Drs. 15/17, verweist die Gesetzesbegründung auf den fehlenden Rückhalt in der Bevölkerung, der sich durch Massenproteste und Massenklageverfahren zeige. In allen Bundesländern wurden (wenn auch nicht dynamisierte) Kompensationsleistungen des Landes an die Universitäten eingeführt.

[106] Bay. LT-Drs. 16/15926, 3; in Hamburg hingegen war ein Volksbegehren zu Studiengebühren nicht zulässig, vgl. *R. Kleindiek* FS Bryde, 2013, 175 (183).

[107] Allg. zu direktdemokratischen Instrumenten: *M. Möstl* und *M. Schuler-Harms* Elemente direkter Demokratie als Entwicklungsperspektive, VVDStRL 72 (2013), 355 und 417; insb. zum bayerischen Volksbegehren gegen Studiengebühren *Möstl* ebd., 385.

wettbewerbs ist dies misslich. Aus demokratischer Sicht ist gerade dies gut so.[108]

Hier zeigt sich, dass die Idee des Wettbewerbsföderalismus nicht demokratische, sondern fachadministrative Entscheidungsträger voraussetzt. Nur ihnen lässt sich Entscheidungsrationalität in welcher Spielart auch immer unterstellen. Wettbewerbsföderalismus ist also ein Konzept, das Exekutivföderalismus voraussetzt.[109]

Die exekutivische Ausrichtung speziell eines Bildungswettbewerbsföderalismus besteht zudem noch bei der Wettbewerbsrahmengestaltung. In anderen Politikbereichen, in denen dem Bund Gesetzgebungskompetenzen zustehen, lässt sich das Konzept eines Wettbewerbsföderalismus noch als Form der Gewaltenteilung verstehen: Die Länder konkurrieren bei der Gesetzesausführung. Der Wettbewerbsrahmen hierfür wird aber durch Bundesgesetz, und damit von der Legislative vorgegeben. Der Rahmen des Bildungswettbewerbsföderalismus wird hingegen kooperativ von den Ländern, und hier von ihren Exekutiven gesetzt – es handelt sich also um den Governancemodus der Selbstregulierung.[110]

c. *Finanzökonomische Rationalitäten*

Ein dritter Einwand ergibt sich aus den finanzökonomischen Rahmenbedingungen eines Länderwettbewerbs. Unterstellt, die Länder hätten ausreichende Finanzmittel,[111] um Bildungsinvestitionen zu tätigen, so sprächen doch die Gründe ökonomischer Rationalität dagegen. Wegen der hohen Mobilität der Bevölkerung realisieren sich Bildungsinvestitionen nur teilweise im dem Land, das die Investitionen getätigt hat. Wettbewerbsmodelle, die den Investitionsanreiz erhalten wollen, verlangen deshalb einen Ausgleich zwischen den Ländern oder andere Strategien, um die Externalisierung der Gewinne aufzufangen.[112]

---

108 Wie artifiziell und wenig ertragreich eine wettbewerbliche Reformulierung demokratischer Entscheidungsfindung ist, zeigt *M. Kotzur* Demokratie als Wettbewerbsordnung, VVDStRL 69 (2010), 171 (201 ff.).

109 Darin unterscheidet er sich nicht vom kooperativen Föderalismus, Kritik daran etwa bei *H. Bauer* DÖV 2002, 837 (840); zum Wettbewerbsföderalismus als Exekutivföderalismus vgl. indirekt *H. P. Bull* DÖV 1999, 269 (271); *K.-P. Sommermann* in: v. Mangoldt/Klein/Starck (Fn. 34), Art. 20 Rn. 55; *Huber* Klarere Verantwortungsteilung (Fn. 14), D44.

110 Dazu *G. F. Schuppert* Die Verwaltung Beiheft 4/2001, 201.

111 Kritisch *Immerfall* in: v. Blumenthal/Bröchler (Fn. 30), 208; s. auch *Dohmen* Bildungsföderalismus (Fn. 6), 75 f.

112 Vgl. *Immerfall* in: v. Blumenthal/Bröchler (Fn. 30), 209; anders setzt *R. Sturm* in: Hrbek/Große Hüttmann/Schmid (Fn. 42), 35 (39 ff.), an: da die Bildungskompetenzen normativ den Ländern zugewiesen seien, müssten sie auch die Fiskalhoheit inkl. Einnahmenkompetenzen nach sich ziehen.

Zudem stünden Bildungsinvestitionen stets in Konkurrenz mit sämtlichen anderen Landesausgaben. Ihnen gegenüber wären sie strukturell schwächer, da Bildungsgewinne nur mit großer zeitlicher Verzögerung realisiert werden könnten und auch dann nur schwer messbar bestimmten Investitionsentscheidungen zuzuordnen wären.[113] Ökonomisch rationale Argumente sprechen daher nicht für gesteigerte Bildungsinvestitionen einzelner Länder.[114]

d. *Wettbewerb und Parteiendemokratie*

Lässt man die finanziellen Aspekte außer Betracht und konzentriert sich nochmals auf das Modell eines Ideenwettbewerbs, so wird schließlich aus politikwissenschaftlicher Sicht der grundlegende Webfehler des Wettbewerbsföderalismus als Vorschlag für den deutschen Bundesstaat deutlich.

Träger der Ideen zur Gestaltung eines Politikbereichs sind in der Bundesrepublik Deutschland die Parteien. Die Kritik am kooperativen Föderalismus der Bundesrepublik beruht, wie dargestellt,[115] auf der These, dass durch die föderale Politikverflechtung der Parteienwettbewerb gelähmt werde.

Das gilt aber auch umgekehrt: Nicht nur die föderale Kompetenzverflechtung behindert Parteienwettbewerb, sondern die Parteiendemokratie behindert einen föderalen Ideenwettbewerb.[116] Parteien stehen beim Ringen um die politische Macht in einem klassischen Verdrängungswettbewerb zueinander.[117] Die Entwicklung neuer Ideen und Konzepte ist dabei zwar angelegt, aber zugleich auch begrenzt. Neben und womöglich auch unabhängig von sachlichen Kriterien, die für ein neues Politikkonzept sprechen, kommt es für eine Partei darauf an, wie sich das neue Konzept in der parteipolitischen Auseinandersetzung auszahlt. Das Scheitern der Schulreform der schwarz-grünen Hamburger Koalition[118] ist eindrückli-

---

113 Vgl. *Immerfall* in: v. Blumenthal/Bröchler (Fn. 30), 208 ff.; *Rürup* in: Langer (Fn. 87), 180 f.; *O. Busch* Wie groß ist der Brain-Drain innerhalb von Deutschland, ifo Dresden Berichte 2007, 50 f.

114 So auch i.E. *Dohmen* Bildungsföderalismus (Fn. 6), 75 f.; daher werden Bundesmittel als ökonomisch sinnvolle Quelle für Investitionen gefordert; zur verfassungsrechtlichen Umsetzung dieser Forderung: *J. Wieland* ZG 2012, 266 (273).

115 S.o. unter I.2.b. und II.1.b.

116 Hierzu und zum folgenden: *Rürup* in: Langer (Fn. 87), 182 ff., insb. der Vergleich mit Patenten.

117 Zum Parteienwettbewerb grundlegend *J. Schumpeter* Kapitalismus, Sozialismus und Demokratie, 7. Aufl. 1993, 427 ff.; *Lehmbruch* Parteienwettbewerb (Fn. 92); vgl. auch *Morlock* in: Dreier (Fn. 98), Art. 21 Rn. 26; *Hatje* Demokratie (Fn. 98), 135.

118 Vgl. hierzu *Münch* in: Gagnon/Sturm (Fn. 22).

ches Beispiel dafür, zu welchen Konsequenzen die Vernachlässigung dieser Dimension für die Parteien führen kann.

Aber auch erfolgreiche neue Ideen können in einem föderalen System, dessen politische Architektur von Parteien geprägt wird, nicht einfach von anderen Bundesländern übernommen werden. Denn sie werden ähnlich wie Patente der Parteien behandelt: Mit ihnen identifizieren sich die Parteien und festigen ihre Marktposition. Wenn der politische Gegner sie – ausnahmsweise – übernehmen will, dann nur unter Änderung etwa der zentralen Begriffe und unter Betonung der Unterschiede.

Bisherige Veränderungen im Bildungsbereich lassen sich nach diesem Muster deuten. So wird etwa verständlich, warum die Zusammenlegung von Haupt- und Realschule in fast jedem Land unter einer eigenen Bezeichnung und mit deutlichen Unterschieden erfolgt,[119] ohne dass etwa die bestehenden zweigliedrigen Systeme nach dem best practice-Ansatz verglichen worden wären.[120]

Im Ergebnis ist festzuhalten: Auch dort, wo das Grundgesetz keine Politikverflechtung erzwingt, funktioniert ein Ideenwettbewerb der Bundesländer nicht so, wie es das Modell eines Bildungswettbewerbsföderalismus verlangen würde.

III. Bildungswettbewerb und Unitarisierung

Dennoch ist die Idee eines Bildungswettbewerbsföderalismus nicht ohne Belang. Das neue Governance-Konzept im Bildungswesen,[121] das auf Wettbewerb der Schulen setzt, wird durch die Vorstellung gestärkt, das Bildungswesen sei auch auf verfassungsrechtlicher Ebene als Wettbewerb, nämlich als Wettbewerbsföderalismus konzipiert.

Ein solcher Wettbewerb der Schulträger bringt allerdings keine Vielfalt im Sinne föderaler Unterschiede hervor. Vielmehr führt die Gestaltung seiner rechtlichen Rahmenbedingungen zur Unitarisierung des Bildungsrechts.

---

119 Zur Vielfalt der unterschiedlichen Varianten eines zweigliedrigen Schulsystems s. den Überblick bei *H. Wißmann* JöR n.F. 60 (2012), 225 (235 Fn. 32).

120 *Münch* in: Hrbek/Große Hüttmann/Schmid (Fn. 42), 54 ff., führt die starke Ausdifferenzierung der Länder in dieser Frage eher auf ein Nachlassen des bildungspolitischen Engagements in CDU und CSU zurück.

121 Zum Begriff der Governance im Bildungswesen s.o. Fn. 87.

1. Grundrechte als „Bundeslehrplangrundsätze"

a. Der Krabat-Fall

Dies lässt sich anhand einer aktuellen Entscheidung des Bundesverwaltungsgerichts[122] zeigen:[123]

In einer siebten Gymnasialklasse wurde das Jugendbuch Krabat von *Otfried Preußler* besprochen und dabei auch die Verfilmung von *Marco Kreuzpaintner* besucht. Die Eltern eines Schülers wollten ihn von dieser Filmvorführung befreien lassen, damit er nicht der Darstellung schwarzer Magie ausgesetzt wird. Das Bundesverwaltungsgericht hat dies abgelehnt.[124]

b. Grundrechtsbindung bei der Unterrichtsgestaltung

Zentrale Frage ist, ob der Film Unterrichtsgegenstand sein darf.[125] Bejaht man sie, bleiben nur zwei Konfliktlösungsmöglichkeiten: Entweder

---

[122] BVerwG vom 11.9.2013 – 6 C 12/12 – juris; Vorinstanz OVG Münster, NWVBl 2012, 235 ff., Rn. 36 ff.

[123] Ein anderer Gegenstandsbereich, an dem sich das hier aufgezeigte Problem illustrieren ließe, sind Entscheidungen über Kopftücher oder Kreuze in Schulen: Das Bundesverfassungsgericht hat wiederholt herausgestellt, dass es den Landesgesetzgebern obliegt, die verfassungsimmanenten Schranken der grundgesetzlichen Religionsfreiheit bei der Ausgestaltung der weltanschaulich-religiös neutralen öffentlichen Schule zu bestimmen (s. BVerfGE 41, 29 und 89; BVerfGE 108, 282 ff., gerade hiergegen wendet sich das Sondervotum, 336 ff.). Solche Landesgesetze bleiben an den Grundrechten des GG überprüfbar, aber unterschiedliche Lösungen in den Ländern sind vorgesehen: BVerwG, NJW 2009, 1289; zur föderalen Vielfalt, die hierdurch konkret zur Kopftuchfrage entstanden ist vgl. *J. v. Blumenthal* Das Kopftuch in der Landesgesetzgebung, 2009. Überlässt ein Landesgesetz die Entscheidung der einzelnen Schule oder Klasse, so ist eine solche Einzelentscheidung ihrerseits auf ihre Grundrechtskonformität hin überprüfbar: BVerwGE 109, 40.

[124] Kritisch dagegen *T. Langer:* http://www.lto.de/recht/hintergruende/h/bverwg-urteil-6c1212-krabat-zeugen-jehovas/?googlenews=1&cHash=eeda2e0593868e0dac60f6fcb185a47f, Abruf 17.10.2013.

[125] Hierzu mit ausführlichen grundsätzlichen Erwägungen BVerwG (Fn. 122), Rn. 21 ff. Entscheidend für den hier erörterten Zusammenhang ist, dass das BVerwG die Würdigung der Vorinstanz zur Frage, ob die Schule mit der Filmvorführung gegen das Neutralitäts- und Toleranzgebot verstoße, nicht mit durchgreifenden Verfahrensrügen angegriffen sieht (Rn. 22). Es sieht diese Wertung daher als im Revisionsverfahren bindend an. Das OVG Münster hat allerdings die Zulässigkeit der Unterrichtsgestaltung nur an den Vorgaben des Kultusministeriums – dem Lehrplan sowie Empfehlungen speziell zu diesem Film – gemessen. Wären diese Vorgaben bindend für die konkrete Unterrichtsgestaltung gewesen – etwa wie die Vorgabe eines koedukativen Sportunterrichts – so wäre dieser Prüfungsmaßstab ausreichend. Da jedoch der Lehrplan diese Themen- und Filmauswahl zwar ermöglicht, aber nicht bindend vorgibt,

der Schüler muss die Grundrechtsbeeinträchtigung hinnehmen, die im verpflichtenden Filmbesuch liegt, oder die allgemeine Schulpflicht muss im Zuge einer Unterrichtsbefreiung zurückstehen. Der Konflikt würde aber gar nicht erst entstehen, wenn die Lehrkraft durch eine andere Gestaltung des Unterrichts zwischen den grundrechtlichen Bedürfnissen und schulischen Belangen[126] hätte praktische Konkordanz herstellen können.

Ob sie hierfür die Möglichkeit hat, hängt vom Konkretisierungsgrad des Lehrplans ab.[127] Wäre er so detailliert, dass er den Besuch des Filmes zwingend vorsähe, hätte die Lehrkraft keinen Gestaltungsspielraum. Ist der Lehrplan aber offen, trifft die Lehrkraft[128] bei der Unterrichtsgestaltung die grundrechtliche Verantwortung.

c. *Revisibilität der Unterrichtsgestaltung*

Je nach Konkretisierungsgrad des Lehrplans[129] ändert sich auch die gerichtliche Kontrolle.

---

hätte das OVG auch noch die Vereinbarkeit mit Grundrechten prüfen müssen. Es hätte fragen müssen, ob für den Lehrer bei der Unterrichtsplanung der drohende Konflikt vorhersehbar war und ob er die konfligierenden Grundrechte und Bildungsziele auf andere Weise hätte in praktische Konkordanz bringen können. Erst diese Wertung ist dann für das BVerwG bindend.

[126] Wie weit der staatliche Bildungs- und Erziehungsauftrag reicht, aus dem sich die konkreten schulischen Belange ergeben, ist Gegenstand einer umfangreichen Debatte. Für den Bereich religiöser Neutralität vgl. BVerwG (Fn. 122), Rn. 21 ff. mwN, allg. etwa *M. Bothe* und *A. Dittmann* Erziehungsauftrag und Erziehungsmaßstab der Schule im freiheitlichen Verfassungsstaat, VVDStRL 54 (1995), 8 und 48; *M. Thiel* Der Erziehungsauftrag des Staates in der Schule, 2000; aus der Kommentarliteratur etwa: *F. Brosius-Gersdorf* in: H. Dreier (Hrsg.) GG-Kommentar, Bd. I, 2. Aufl. 2004, Art. 7 Rn. 23 ff.; *M. Jestaedt* HStR VII (Fn. 19), § 156 Rn. 43 ff., 68 ff.

[127] Der in der staatlichen Schulaufsicht iSd Art. 7 Abs. 1 GG wurzelnde Gestaltungsspielraum des Staates bei der Entscheidung über das schulische Bildungsangebot (vgl. nur *Brosius-Gersdorf* in: Dreier [Fn. 126], Art. 7 Rn. 36) kann nämlich auf unterschiedlichen Ebenen der Verwaltungsorganisation konkretisiert werden.

[128] Entsprechendes gilt bei einem Konkretisierungsrahmen der Schule etwa im Rahmen ihres Schulprogramms, s. hierzu *H. Wißmann* JöR n.F. 60 (2012), 225 (239 f.).

[129] Seine Rechtsnatur ist in den Bundesländern unterschiedlich: teils in Form der Rechtsverordnung (vgl. etwa § 4 Abs. 5 S. 2 HessSchulG), teils in Form von Verwaltungsvorschriften (vgl. etwa Art. 45 Abs. 2 BayEUG). Für die Steuerungsintensität der Schulverwaltung ist diese Unterscheidung bedeutsam, da die Forderung, Lehrpläne als Rechtsverordnungen auszugestalten, mit einer Rücknahme der Schulverwaltung als Rechtsaufsicht verbunden war, die zu einer Stärkung der pädagogischen Freiheit der Lehrkräfte führen sollte, vgl. § 7 DJT-SchulGE der Kommission Schulrecht des Deutschen Juristentages (Hrsg.) Schule im Rechtsstaat, Bd. I, 1981, Entwurf für ein Landesschulgesetz, 318; zu dieser Debatte der 1970er Jahre s. etwa *B.-O. Bryde* DÖV 1982, 661 (671); nachzeichnend *H. Wißmann* Pädagogische Freiheit als Rechtsbegriff, 2002, 53 ff.; vgl. auch *J. Rux* Die Pädagogische Freiheit des Lehrers, 2002, 43 f. und 77 f.

Bei konkreten Lehrplänen bleibt der Lehrkraft bzw. der Schulleitung nur die Entscheidung, ob im Einzelfall eine Befreiung gewährt werden muss. Das Bundesverwaltungsgericht als Revisionsinstanz prüft dementsprechend nur die bundesrechtliche und damit vor allem grundrechtliche Rechtmäßigkeit dieser Abwägungsentscheidung.[130]

Besteht hingegen ein Gestaltungsspielraum der Lehrkraft, so muss sie schon bei der Auswahl des Unterrichtsstoffes den Grundrechten Rechnung tragen.[131] Etwaige Grundrechtsverstöße dieses Verwaltungshandelns sind dann gerichtlich bis in die Revisionsinstanz überprüfbar.[132] Das Bundesverwaltungsgericht entscheidet dadurch auch über die Unterrichtsgestaltung.[133]

---

130 Für die Zulässigkeit der Revision ist die Rechtsnatur des Lehrplans nicht entscheidend, denn es kommt nur darauf an, dass er die Verwaltung bindendes Landesrecht ist. Es ist daher nicht revisibel, vgl. *F. O. Kopp*/*W.-R. Schenke* (Hrsg.) VwGO-Kommentar, 18. Aufl. 2012, § 137 Rn. 9, 10, für Verwaltungsvorschriften allgemein Rn. 18; *F. Schoch*/*J.-P. Schneider*/*W. Bier* (Hrsg.) VwGO-Kommentar, 24. EL 2012, § 137 Rn. 80 ff.

131 Dies wird bei der Betonung des staatlichen Gestaltungsspielraums unterschätzt oder jedenfalls nicht herausgearbeitet; ähnlich die rechtliche Steuerung ausblendend *Dittmann* Erziehungsauftrag (Fn. 126), 66. Hintergrund hierfür ist die dogmatische Unschärfe der Verwaltungsrechtswissenschaft, die durch die Fokussierung auf das Eingriffshandeln entsteht. Gestaltendes Verwaltungsrealhandeln wie der Unterricht entbehrt daher eines rechtsdogmatischen Zugriffs. Vgl. etwa bereits auf der Jahrestagung 1965 die Bemerkung von *H. Ehmke* Aussprache zu: Verwaltung und Schule, VVDStRL 23 (1965), 257 (258 f.): Der Referent sei „Opfer" der Meinung geworden, „daß Verwaltung Gesetzesvollzug sei [...]. Das Problem ist aber doch, daß die Schulverwaltung, obgleich sie vielleicht am tiefsten von aller Verwaltung auf den Menschen einwirkt, mit den Vorstellungen der Eingriffsverwaltung nur sehr am Rande zu fassen ist, während die rechtsstaatlichen Sicherungen gerade gegenüber der Eingriffsverwaltung entwickelt worden sind." An diese dogmatische Lücke knüpft *Wißmann* Pädagogische Freiheit (Fn. 129), insb. 149 ff., 206 ff., an und folgert für das Gestaltungshandeln der Lehrkraft die gleiche Kontrolldichte wie beim Beurteilungsspielraum.

132 Die These von *Boysen* Gleichheit (Fn. 12), 155 ff., dass ein verfassungsrechtliches Gebot der bundeseinheitlichen Anwendung von Bundesrecht – und damit Grundrechten – der föderalen Vielfalt auch bei richterlicher Anwendung und Auslegung des Bundesrechts nicht entgegenstehe, hat nicht die instanzgerichtlichen Entscheidungen im Blick, sondern die der Landesverfassungsgerichte. Bei diesen setzt das Prozessrecht föderalen Divergenzen nichts entgegen; Beispiel hierfür sächs. VerfGH vom 15.11.2013 – Vf. 25 II 12 –, der sich provokant vom Bundesrecht (insb. zu gerichtlich überprüfbaren „prozeduralen" Anforderungen an den Gesetzgeber entgegen BVerfGE 75, 40 [67], BVerfGE 90, 107 [117], BVerfGE 132, 134 [Rn. 70], BVerwG vom 21.12.2011 – 6 C 18/10 – juris, Rn. 14, 25) absetzt, sich allerdings zugleich auch von den rationalitäts- und akzeptanzstiftenden Methoden und Argumentationsmustern deutscher Jurisprudenz weitgehend frei macht.

133 Die Konsequenz der Revisibilität der Unterrichtsgestaltung – im Unterschied zum individuellen Befreiungsanspruch – wird deutlicher, wenn man den konkreten Fall

Zugespitzt könnte man sagen, dass mit den Grundrechten als Vorgaben zur Unterrichtsgestaltung bundeseinheitliche Lehrplangrundsätze bestehen. Je weniger die Lehrpläne der Landesschulverwaltung bestimmen, desto relevanter werden diese „Bundeslehrplangrundsätze".

2. *Einbettung in steuerungswissenschaftliche Überlegungen*

Die geschilderte Beobachtung lässt sich auch mit steuerungswissenschaftlichen Überlegungen deuten.[134]

Neue Steuerungsformen, die Verwaltungseinheiten in ein Wettbewerbsverhältnis setzen und über Anreize zur effizienten Zielerreichung führen wollen, drängen die inhaltliche Steuerung der hierarchischen und parlamentarisch verantwortlichen Verwaltung zurück. Werden zudem die Inhalte als Expertenstandards definiert und für ihre Ermittlung externe Institutionen herangezogen, so nimmt auch bei der Normsetzung die demokratische Gestaltungsmöglichkeit ab. Es bleibt nur die gerichtliche Kontrolle am Maßstab der Grundrechte.

Dies findet im Bildungswesen statt, indem die KMK bundeseinheitliche Bildungsstandards durch externe Experten erarbeiten lässt. Die Landeskultusministerien übernehmen sie und greifen den Steuerungsmodus auf: Die Lehrpläne beschränken sich auf zunehmend abstraktere, kompetenzorientierte Zielvorgaben. Die weitere Ausgestaltung wird den Schulen und Lehrkräften überlassen. Die gerichtliche Kontrolle erfolgt nur an den Grundrechten und deshalb letztlich durch das Bundesverwaltungsgericht.[135]

Aus der Perspektive des Bildungsföderalismus lässt sich festhalten: Wettbewerbssteuerung im Bildungswesen erfolgt auf Kosten der Länderhoheit.

---

hypothetisch zu Ende denkt: Hätte das Bundesverwaltungsgericht nicht den Befreiungsanspruch, sondern die Unterrichtsgestaltung überprüft, und hätte es dabei entschieden, dass der Film Krabat nicht Unterrichtsgegenstand sein dürfe, dann würde in der ganzen Bundesrepublik dieser Film nicht mehr im Unterricht verwendet. Würden stattdessen Landeslehrpläne verbindlich die Filme vorgeben, die im Unterricht behandelt werden können, so könnte der Film Krabat etwa in Sachsen zum Unterrichtsgegenstand gehören, in Hessen hingegen nicht.

[134] S. etwa *A. Voßkuhle* in: W. Hoffmann-Riem/E. Schmidt-Aßmann/A. Voßkuhle (Hrsg.) Grundlagen des Verwaltungsrechts, 2012, § 1 Rn. 18 ff.; generell *V. Mehde* Neues Steuerungsmodell und Demokratieprinzip, 2000.

[135] Die Unitarisierung des Bildungsrechts durch die Grundrechte wurde häufig dargestellt, vgl. nur *M. Jestaedt* HStR VII (Fn. 19), § 156 Rn. 21; *Wißmann* Pädagogische Freiheit (Fn. 129), 31 ff., 40 ff.; *Rux* Pädagogische Freiheit (Fn. 129), 29, 32 f.

IV. Bildungsföderalismus als Verfassungsvergleichung

Bisher wurde festgestellt, dass Bildungsföderalismus weder als Wettbewerbsföderalismus funktioniert (oben unter II.) noch durch Bildungswettbewerb gefördert wird (oben unter III.). Interessanterweise lenkt aber die Wettbewerbsorientierung im Schulwesen den Blick auch auf eine verfassungsrechtliche Dimension, die deutlich macht, dass Bildungsföderalismus nur als Verfassungsvergleichung[136] praktisch werden kann.

1. Kernfrage: Schule und Staat

Wird der Staat als Bildungsträger bzw. als „Dachorganisation" kommunaler Bildungsträger in ein wettbewerbliches Steuerungssystem gestellt, wirft das die Frage auf, warum überhaupt der Staat und nicht andere Institutionen Träger des Bildungssystems ist.[137] Für die Bildungswissenschaften ist diese Frage viel interessanter als die, *welcher* Staat – Bund oder Land – diese Rolle einnimmt.[138]

2. Verhältnis von öffentlicher und privater Schule

a. Grundgesetz: zwei Systeme

Damit ist die Stellung der Privatschulen angesprochen. Sie ist Gegenstand des Verfassungsrechts, das eine klare Dichotomie vorgibt:[139] Auf der einen Seite weist das Grundgesetz in Art. 7 Abs. 1 die Schulaufsicht

---

[136] In der Aussprache zum Beratungsgegenstand Wettbewerb von Rechtsordnungen, VVDStRL 69 (2010), 106 ff., wurde in zahlreichen Beiträgen deutlich, dass die Verfassungsvergleichung und daraus folgende Verfassungsberatung als „Wettbewerb" um die Rechtsordnung oder bestimmte Rechtsinstitute durch die reformwilligen Staaten reformuliert werden kann.

[137] Vgl. etwa den Argumentationsgang bei *G.-B. Oschatz* in: D. Merten (Hrsg.) Die Zukunft des Föderalismus in Deutschland und Europa, 2007, 69, der zunächst das Dilemma zwischen föderaler Struktur und unitarischer Politikerwartung (dazu oben bei Fn. 16) beschreibt, deshalb die Schwerfälligkeit der bestehenden Strukturen kritisiert und daraus dann einen Rückzug des Staates überhaupt aus dem Bildungssektor fordert.

[138] Vgl. *H.-P. Füssel/P. M. Roeder* ZfPäd Beiheft 47 (2003), 8 (9); vgl. *H.-E. Tenorth* VBE aktuell 2009, 11 (12).

[139] Da grundgesetzlich eine Dichotomie von staatlicher und privater Schule vorgegeben ist, zählen im Folgenden auch die kirchlichen Schulen zu den Privatschulen, vgl. *G. Robbers* in: v. Mangoldt/Klein/Starck (Fn. 34), Art. 7 Rn. 179; dessen ungeachtet wurde zumindest bis in die 1960er Jahre ein kirchlicher Bildungs- und Erziehungsauftrag auch in Art. 4 GG verankert, mit der Konsequenz der Forderung nach öffentlichen Bekenntnisschulen, vgl. *A. Hollerbach* Kirchen unter dem Grundgesetz, VVDStRL 26 (1968), 57 (90).

im umfassenden Sinne[140] dem Staat zu.[141] Auf der anderen Seite garantiert Art. 7 Abs. 4 GG ein Grundrecht auf Gründung und Betrieb von Privatschulen. In verwaltungswissenschaftlicher Perspektive entstanden dadurch zwei getrennte Steuerungsregime: die öffentliche Schule als Teil unmittelbarer Staatsverwaltung und die „freien“ Schulen als private Veranstaltungen, die zwar Genehmigungs- bzw. Anerkennungsvoraussetzungen unterliegen, aber grundsätzlich nicht in staatliche Steuerung eingebunden sind.[142] Ihr Verhältnis zueinander wird in jüngerer Zeit in Frage gestellt.

b. Aktuelle Debatte: Wettbewerb zwischen öffentlichen und privaten Schulen?

In den letzten Jahren haben einige Bundesländer die Finanzierung privater Schulen beschränkt. Der auch gerichtlich ausgetragene Protest der freien Schulträger[143] lenkt den Blick auf das Arrangement öffentlicher und privater Schulen.[144]

Die demografische Entwicklung, konkret die Überalterung des ländlichen Raumes, führt vor allem in Kombination mit den bereits angesprochenen Sparzwängen im Bildungswesen dazu, dass das öffentliche Schulsystem in manchen Regionen empfindlich ausgedünnt wird.[145] Immer

---

[140] Vgl. nur *M. Jestaedt* HStR VII (Fn. 19), § 156 Rn. 38 ff. oder *Füssel* in: Avenarius/Füssel (Fn. 21), 180 f. mwN.

[141] Alle Landesverfassungen, soweit sie überhaupt das Schulwesen regeln, greifen dies auf: Art. 11 LVerf. BaWü; Art. 130 Abs. 1 und Art. 133 Abs. 1 Bay. Verf.; Art. 30 Abs. 2 Verf. Brandenburg; Art. 27 Abs. 2 und Art. 28 Brem. Verf.; Art. 56 Abs. 1 S. 2 Hess. Verf.; Art. 15 Abs. 1 und 2 Verf. Meck-Vorpomm.; Art. 4 Abs. 2 Verf. Nieders.; Art. 8 Abs. 1 S. 2 und Abs. 3 Verf. NRW; Art. 27 Abs. 2 und Abs. 3 Verf. Rheinl.-Pfalz; Art. 27 Abs. 2 Verf. Saarl.; Art. 102 Abs. 1 Sächs. Verf.; Art. 26 Abs. 1 Verf. Sachs.-Anh; Art. 8 Abs. 3 Verf. Schlesw.-Holst.; Art. 21 Abs. 2 und Art. 24 Abs. 1 Thür. Verf.

[142] Zu den rechtlichen Rahmenbedingungen s. den Überblick bei *Avenarius* in: Avenarius/Füssel (Fn. 21), 295 ff. mwN; *F. Brosius-Gersdorf* Die Verwaltung 45 (2012), 389.

[143] Vgl. Sächs. VerfGH vom 15.11.2013, Vf. 25-II-12; weitere Verfahren in anderen Bundesländern sind anhängig.

[144] Auch im Schrifttum wird dies kontrovers diskutiert, s. insb. *H. Avenarius/ B. Pieroth/T. Barczak* Die Herausforderung des öffentlichen Schulwesens durch private Schulen – eine Kontroverse, 2012.

[145] Besonders stellt sich dieses Problem aktuell in den ostdeutschen Bundesländern, aber nicht nur dort, vgl. *Autorengruppe Bildungsberichterstattung* (Hrsg.) Bildung in Deutschland 2010, 17 ff. Ebenso wird ein Schulsterben in NRW und Hessen beschrieben: *K. Frigelj* Das große Sterben der Grundschulen im Westen, die Welt vom 16.10.2011 (http://www.welt.de/dieweltbewegen/article13663781/Das-grosse-Sterben-der-Grundschulen-im-Westen.html, Abruf 17.10.2013); dazu das neue Grundschulkonzept NRW unter http://www.nrw.de/landesregierung/neues-grundschul-konzept/, Abruf 17.10. 2013; für Hessen *P. Wettlaufer-Pohl* Rechnungshof rät zu Zwergschulen-Schließung,

häufiger werden Schulen geschlossen. In solche Regionen stoßen Privatschulen vor – nicht selten in Übernahme der geschlossenen Schule.[146]

Immer wieder findet sich die Vorstellung, dass so öffentliche und private Schulen in ein Wettbewerbsverhältnis um die knappe Schülerschaft treten. Daraus wird sodann die Forderung nach gleichen Wettbewerbsbedingungen abgeleitet. Private Schulträger meinen damit gleiches Geld[147] – öffentliche Schulträger, oft die betroffenen Kommunen, gleiche Bedingungen.[148] Die Vorstellungen von dem gebotenen Wettbewerbsrahmen sind also sehr unterschiedlich. Wie problematisch ein Nachfragewettbewerb zwischen Anbietern ist, die zwei ganz unterschiedlichen Systemen angehören, zumal wenn der entsprechende „Markt" verfassungsrechtliche Gewährleistungsaufträge erfüllen und sozial gestaltet sein soll, kann hier mit einem Verweis auf das Nebeneinander gesetzlicher und privater Krankenversicherung nur angedeutet werden.[149]

c. *Vielfalt durch unterschiedliche Bildungsgewährleistungsverpflichtungen in den Landesverfassungen*

Für den Bildungsföderalismus ist von Bedeutung, dass die Ausgestaltung des Verhältnisses von privaten und öffentlichen Schulen entscheidende Weichenstellungen in den jeweiligen Landesverfassungen findet. Denn sie bestimmen, wer die Bildungsgewährleistung zu erfüllen hat.[150] Manche Landesverfassungen stellen Staat und freie Träger gemeinsam in diese

---

HNA vom 24.5.2012 (http://www.hna.de/nachrichten/hessen/sparvorschlaege-empoeren-2332031.html, Abruf 17.10.2013); zu den Vorschlägen der Parteien nach den Schließungsforderungen des Rechnungshofs siehe: http://leb-hessen.de/fuer-eltern/wahlpruefsteine/wps-2013/14/, Abruf 17.10.2013).

[146] Sog. „Anstattschulen": VerfGH Sachsen vom 15.11.2013 – Vf. 25-II-12 – juris, Rn. 170.

[147] Etwa der Verband Deutscher Privatschulenverbände e.V.: http://www.privatschulen.de/images/stories/PDF/Pressemitteilungen/2013/20131022__VDP_Forderungskatalog.pdf *B. Eisinger* in www.wiwo.de/finanzen/vorsorge/bernd-eisinger-im-interview-bis-an-die-schmerzgrenze/ 5373108.html.

[148] Vgl. in diese Richtung *K.-D. Hanßen* RdJB 2009, 334 (345 f.).

[149] Vgl. *A. Wallrabenstein* in: A. Schmehl/A. Wallrabenstein (Hrsg.) Steuerungsinstrumente im Recht des Gesundheitswesens, Bd. III, 2007, 67; *A. Wallrabenstein* Versicherung im Sozialstaat, 2009, 121 ff., 173 ff.

[150] Deshalb bleibt *F. Brosius-Gersdorf* Die Verwaltung 45 (2012), 389 (395), mit der Aussage, dass der Staat seine Pflicht aus Art. 7 Abs. 1 GG, für ein leistungsfähiges Schulwesen zu sorgen, sowohl durch Errichtung und Lenkung öffentlicher Schulen als auch durch Beaufsichtigung privater Schulen erfüllen könne, zu oberflächlich auf der Bundesebene.

Pflicht,[151] andere verpflichten ausdrücklich nur das öffentliche Schulsystem.[152]

Deshalb kann ein Land etwa Privatschulen in die Schulplanung einbeziehen und für diese Schulen besondere Regelungen aufstellen, so dass es zu einer Binnendifferenzierung zwischen „beplanten" und „freien" Privatschulen kommt.[153] Andere Länder können diesen Weg aufgrund ihrer verfassungsrechtlichen Gewährleistungsverpflichtung nicht wählen. Sie können gezwungen sein, beschränkende Maßnahmen zur Aufrechterhaltung des öffentlichen Schulsystems zu treffen.[154]

3. *Hausunterricht statt Schulpflicht?*

Der verfassungsrechtliche Spielraum der Länder ist noch weiter, als in der bisherigen Bildungspraxis wahrgenommen.

Wenn das skizzierte Problem eines ausgedünnten Schulnetzes weiter gedacht wird, stößt man auf die Frage, ob Unterricht überhaupt nur in einer Schule oder nicht auch ganz privat möglich sein sollte. Im sächsischen Seifhennersdorf existiert bereits heute ein Beispiel:[155] Da die Schü-

---

[151] Art. 28 Verf. Rheinl.-Pfalz; Art. 27 Abs. 1 Verf. Saarl. und Art. 102 Abs. 2 Sächs. Verf.

[152] Art. 133 Abs. 1 Bay. Verf.; Art. 27 Abs. 2 Brem. Verf.; Art. 56 Abs. 1 S. 2 Hess. Verf.; Art. 15 Abs. 2 Verf. Meck.-Vorpomm.; Art. 8 Abs. 3 Verf. NRW; Art. 26 Abs. 1 Verf. Sachs.-Anh.; Art. 24 Abs. 1 Thür. Verf.

[153] *M. Rothkopf* SächsVBl. 2011, 149 (155); anders hält offenbar der VerfGH Sachsen vom 15.11.2013 – Vf. 25-II-12 – juris, Rn. 163 ff., eine Differenzierung zwischen Privatschulen nicht für zulässig und verweist das Land darauf, den Bildungsauftrag im Zusammenwirken mit Ersatzschulen zu erfüllen, die freiwillig dazu bereit sind. Ein anderes Beispiel ist die Vorgabe von Einzugsgebieten für private Förderschulen in Bayern, die sich bei der Finanzierung auswirken (s. VG Bayreuth, Urteil v. 19.10.2009 – B 3 K 07.1131 – juris): Für den finanzierenden Staat ist hiermit eine Reduktion der Kosten verbunden, da er die Schülerfahrtkosten der Förderschüler übernimmt. Die Lenkungswirkung der privaten Förderschulen – sie können weiterhin alle Schüler aufnehmen, erhalten aber für Schüler außerhalb des Einzugsgebietes keine Fahrtkosten – beruht darauf, dass die bayerische Finanzierung der privaten Förderschulen an ein öffentliches Bedürfnis anknüpft.

[154] Welche Rahmenbedingungen in welchem Bundesland zulässig sind, beschäftigt bereits: *Avenarius/Pieroth/Barczak* Eine Kontroverse (Fn. 144).

[155] Dresden Fernsehen vom 22.8.2013, http://www.dresden-fernsehen.de/Aktuelles/Artikel/1322180/Keine-Kl, Abruf 17.10.2013; MDR vom 28.08.2013, http://www.mdr.de/sachsen/bautzen/seifhennersdorf140.html, Abruf 17.10.2013. Die Gemeinde hat eine Verfassungsbeschwerde gegen das sächsische Schulgesetz angestrengt, um eine stärkere Beteiligung bei der Schulnetzplanung zu erreichen: Sächsische Zeitung online vom 28.2.2013, http://www.sz-online.de/sachsen/seifhennersdorfer-schulstreit-geht-ans-bundesverfassungsgericht-2519744.html, Abruf 17.10.2013. Politisch führt nicht zuletzt

lerzahl für eine Fortführung der Mittelschule nicht ausreichte, wurde sie geschlossen. Trotzdem setzen (Groß-)Eltern und verrentete Lehrerinnen und Lehrer mit Unterstützung der Gemeinde den Unterricht für aktuell noch ein Dutzend Kinder ehrenamtlich fort. Schulrechtlich ist dies ein Verstoß gegen die allgemeine Schulpflicht.

Auch über dieses Beispiel hinaus wird in den letzten Jahren vermehrt diskutiert, ob nicht eine „rein" private Unterrichtung in der Familie oder durch Hauslehrer erlaubt werden sollte,[156] wie dies etwa in Österreich möglich ist.[157]

In der Bundesrepublik besteht in dieser Frage keinerlei Varianz. Das Bundesverfassungsgericht begründet die allgemeine und ausnahmslose Schulpflicht als Teil der im Grundgesetz vorgesehenen Staatsaufsicht über das Schulwesen.[158] Auch in Rechtswissenschaft und Bildungspolitik wird die Debatte bisher nur auf der Ebene des Grundgesetzes geführt.[159] Dabei ist sie Gegenstand *föderaler* Bildungskompetenz.[160]

V. Schluss

Föderale Vielfalt ist bei der Kernfrage nach der Staatlichkeit des Schulwesens in den Landesverfassungen angelegt. Ob sie gelebt wird, hängt

---

dieser Fall zu einer Debatte, um neue – und flexiblere – Instrumente der Schulgestaltung: MDR vom 20.9.2013, http://www.mdr.de/sachsen/konzept-fuer-landschulen-sachsen100.html, Abruf 17.10.2013.

156 Weitere Beispiele: Religiös motivierte Schulverweigerer in Südhessen: http://www.faz.net/aktuell/rhein-main/darmstadt-schulverweigerer-kinder-von-eltern-getrennt-12558035.html, Abruf 17.10.2013; den fließenden Übergang der Homeschooling-Frage zum Privatschulwesen verdeutlicht auch der schon seit Jahren schwelende Konflikt in Bayern, der jüngst zur Verbringung der Kinder aus der Gemeinschaft der Zwölf Stämme in Klosterzimmern bei Deiningen in Heime und Pflegefamilien geführt hat: http://www.tagesspiegel.de/weltspiegel/misshandlungsvorwuerfe-polizei-holt-40-kinder-aus-sekte-in-bayern/8748488.html, Abruf 17.10.2013. Zur rechtswissenschaftlichen Debatte s. insb. *F. Reimer* (Hrsg.) Homeschooling, 2012; *F. Hanschmann* FS Bryde, 2013, 381.

157 *K. Stöger* in: Reimer (Fn. 156), 109.

158 BVerfGK 1, 14; BVerfGK 8, 151; BVerfG, NJW 2009, 3151.

159 Etwa *Brosius-Gersdorf* in: Dreier (Fn. 126), Art. 7 Rn. 72, *dies.* Die Verwaltung 45 (2012), 389 (400 ff.): Da sie dem Staat primär nur einen Bildungsauftrag zuschreibt und der Erziehungsauftrag hierzu nur akzessorisch sei, folgert *Brosius-Gersdorf* einen grundrechtlichen Anspruch auf Homeschooling. Da sich ihrer Auffassung nach dieser beschränkt verstandene Bildungsauftrag aus Art. 7 Abs. 1 GG ergibt, bleibt offen, wie sich die landesverfassungsrechtlichen Erziehungsziele und in ihrer Folge die landesrechtliche Schulpflicht gegen das Bundesrecht behaupten können.

160 Vgl. *A. Wallrabenstein* in: Reimer (Fn. 156), 67, 78, 80 f.

nicht davon ab, ob sich die Länder in einem Wettbewerb miteinander sehen. Vielmehr werden sie als Bildungsakteure zurückgedrängt, wenn Bildung nach Wettbewerbsgesichtspunkten gesteuert werden soll. Wegen ihres Wettbewerbsleitbildes fördert die Föderalismusreform diesen Trend und schadet damit der föderalen Bildungsvielfalt eher, als dass sie ihr nützt.

Leitsätze der 2. Referentin über:

Der Bildungsföderalismus auf dem Prüfstand

I. Föderalismusreform und Bildungsföderalismus

1. Reföderalisierung der Bildungspolitik?

a. Föderalismus und „Unitarismus"

(1) Föderalismus und Vielfalt einerseits und Zentralismus und Einheit andererseits hängen nicht zwingend zusammen. Das Leitbild des deutschen Föderalismus ist der unitarische Bundesstaat. Auch für den Bildungssektor fällt die staatsrechtliche föderale Struktur und die allgemeine Erwartung einer bundesweit einheitlichen Bildungslandschaft auseinander.

b. Gemeinsam gegen den Bund

(2) Die Änderungen der Bildungskompetenzen bei der Föderalismusreform 2006 hatten nicht die Stärkung von Vielfalt unter den Ländern zum Ziel, sondern die Beschränkung der Gestaltungsmöglichkeiten des Bundes. Diese Politikentflechtung durch klare Kompetenzverteilung und Transparenz hat die Reform aber nicht erreicht. Denn den politischen Akteuren genügt für Finanzhilfen des Bundes bereits, dass die Worte Bund und Bildung irgendwie zusammen in einem Verfassungssatz vorkommen.

2. Erklärungsangebote

a. Föderale Unitarisierungsinstitutionen

(3) Bei der Föderalismusreform setzten sich letztlich die Fachinteressen gegenüber der Generallinie der Politikentflechtung durch. In der Bildungspolitik konnte sich dadurch auch die Kultusministerkonferenz gestärkt etablieren. Mit ihr setzte sich auch ihr Verständnis einer föderal organisierten, aber inhaltlich unitarischen Bildungspolitik fort.

b. Gemeinsame Diagnose – unterschiedliche Therapieansätze

(4) Auch wenn in den letzten Jahren das bestehende System des kooperativen Föderalismus praktisch einhellig kritisiert wurde, besteht alles andere

als Einigkeit über eine bessere Alternative. Es verwundert daher nicht, dass die Föderalismusreform 2006 letztlich so unterschiedliche Ziele vereint, dass vom Ursprungsanliegen – der Beseitigung der Politikverflechtung – nur wenig übrig blieb.

II. Gemeinsamer Nenner: Wettbewerb

1. Bildungswettbewerbsföderalismus

(5) Föderalismusreform und bildungspolitischer Wandel des letzten Jahrzehnts haben einen gemeinsamen Nenner, nämlich Wettbewerb als neues Leitbild.

a. Wettbewerb im Bildungswesen

(6) Im Bildungswesen wird ein Paradigmenwechsel konstatiert: Es etabliere sich eine neue Governance-Philosophie, die auf wettbewerbliche Steuerung der Bildungsakteure setze.

b. Wettbewerbsföderalismus

(7) In der staatsrechtlichen Diskussion etabliert sich die Vorstellung eines Wettbewerbsföderalismus. Ihr Ausgangspunkt ist die politikwissenschaftliche Kritik der Politikverflechtung, die Demokratie als Parteienwettbewerb versteht, der durch die Verflechtung im föderalen System behindert werde. In der politischen Arena haben Geberländer im Finanzausgleich die Vorstellung entwickelt, im Bundesstaat stünden die Länder ähnlich wie Unternehmen am Markt zueinander im Wettbewerb. Diese Ansätze wurden in der Rechtswissenschaft aufgegriffen und Wettbewerbsföderalismus so beschrieben, dass die Länder zueinander in Wettbewerb um die beste Form der Aufgabenverwirklichung treten.

2. Funktionsbedingungen

(8) Bildungsföderalismus kann aber als Wettbewerb der Länder um die beste Bildungspolitik nicht gelingen, denn:

a. Praktische Voraussetzungen eines Nachfragewettbewerbs

(9) In Bezug auf Bildung gibt es keinen praktischen Nachfragewettbewerb zwischen den Bundesländern.

b. Inkompatibilität mit demokratischer Entscheidungsfindung

(10) Der politische Entscheidungsprozess folgt nicht ökonomischen Rationalitätskriterien. Aus demokratischer Sicht ist dies gut so.

(11) Wettbewerbsföderalismus ist vielmehr ein Konzept, das Exekutivföderalismus voraussetzt. Im Bereich der Bildung konkurrieren nach diesem Modell nicht nur die Exekutiven um die effektivste Aufgabenerledigung, zudem regulieren die Länderexekutiven diesen Wettbewerb auch selbst, indem sie kooperativ seine Rahmenbedingungen setzen.

c. Finanzökonomische Rationalitäten

(12) Unterstellt, die Länder hätten ausreichende Finanzmittel, um Bildungsinvestitionen zu tätigen, so sprächen doch die Gründe ökonomischer Rationalität dagegen. Denn Bildungsgewinne werden erst mit großer zeitlicher Verzögerung und nicht nur im eigenen Land, sondern ebenso extern in anderen Ländern erzielt.

d. Wettbewerb und Parteiendemokratie

(13) Nicht nur die föderale Kompetenzverflechtung behindert Parteienwettbewerb, wie es die Kritik der Politikverflechtung herausgearbeitet hat. Auch umgekehrt behindert die Parteiendemokratie einen föderalen Ideenwettbewerb. Daher kann Bildungswettbewerbsföderalismus letztlich in Deutschland nicht gelingen.

III. Bildungswettbewerb und Unitarisierung

(14) Das neue Governance-Konzept im Bildungswesen, das auf Wettbewerb der Schulen setzt, wird durch die Vorstellung gestärkt, das Bildungswesen sei auch auf verfassungsrechtlicher Ebene als Wettbewerb, nämlich als Wettbewerbsföderalismus konzipiert.

(15) Ein solcher Wettbewerb der Schulträger bringt allerdings keine Vielfalt im Sinne föderaler Unterschiede hervor. Vielmehr führt die Gestaltung seiner rechtlichen Rahmenbedingungen zur Unitarisierung des Bildungsrechts.

1. Grundrechte als „Bundeslehrplangrundsätze"

(16) Für die Unterrichtsgestaltung entsteht durch die inhaltliche Rücknahme der Landeslehrpläne ein Gestaltungsraum der Schulen und Lehrkräfte. In ihm erzeugen nur noch Grundrechte gewissermaßen als „Bundeslehrplangrundsätze" rechtliche Bindung, die letztlich bundesgerichtliche Kontrolle nach sich zieht.

2. Einbettung in steuerungswissenschaftliche Überlegungen

(17) Wettbewerbssteuerung im Bildungswesen erfolgt also letztlich auf Kosten der Länderhoheit.

IV. Bildungsföderalismus als Verfassungsvergleichung

(18) Bildungsföderalismus kann daher nicht als Wettbewerb, sondern nur als Verfassungsvergleichung praktisch werden.

1. Kernfrage: Schule und Staat

(19) Wird der Staat als Bildungsträger bzw. als „Dachorganisation" kommunaler Bildungsträger in ein wettbewerbliches Steuerungssystem gestellt, wirft das die Frage auf, warum überhaupt der Staat Träger des Bildungssystems ist und nicht andere.

2. Verhältnis von öffentlicher und privater Schule

(20) Die Ausgestaltung des Verhältnisses von privaten und öffentlichen Schulen steht angesichts insbesondere demografischer Veränderungen vor neuen Herausforderungen. Zentrale Weichenstellung ist, ob das öffentliche Schulwesen allein oder gemeinsam mit privaten Schulträgern den Bildungsgewährleistungsauftrag erfüllen muss. Die Landesverfassungen treffen diese Entscheidung unterschiedlich.

3. Hausunterricht statt Schulpflicht?

(21) Demgegenüber besteht in Deutschland keine Varianz bei der Frage der allgemeinen Schulpflicht. Die Debatte um eine Zulassung von privatem Hausunterricht wird auch nur auf der Ebene des Grundgesetzes geführt. Dabei wäre sie ebenfalls Gegenstand föderaler Bildungskompetenz.

V. Schluss

(22) Föderale Vielfalt ist bei der Kernfrage nach der Staatlichkeit des Schulwesens in den Landesverfassungen angelegt.

(23) Ob sie gelebt wird, hängt nicht davon ab, ob sich die Länder in einem Wettbewerb miteinander sehen.

(24) Vielmehr werden sie als Bildungsakteure zurückgedrängt, wenn Bildung nach Wettbewerbsgesichtspunkten gesteuert werden soll.

(25) Wegen ihres Wettbewerbsleitbildes fördert die Föderalismusreform diesen Trend und schadet damit der föderalen Bildungsvielfalt eher, als dass sie ihr nützt.

Der Bildungsföderalismus auf dem Prüfstand

Biaggini: Liebe Kolleginnen, liebe Kollegen, ich möchte Sie zum zweiten Teil des heutigen Vormittags herzlich begrüßen. Dieser ist der Diskussion zum ersten Tagungsthema „Der Bildungsföderalismus auf dem Prüfstand" gewidmet. Es sind etwa zehn Wortmeldungen eingegangen. Es würde daher durchaus noch Raum bestehen für die eine oder andere spontane Meldung.

Engel: Es ist mir eine ehrliche Freude, dass ich mich in unser aller Namen für zwei sehr schöne Referate bedanken darf. Wenn unsere Tagungen gut funktionieren, dann erfüllen sie eine ganze Menge Funktionen gleichzeitig. Ich fand, dass das heute Morgen besonders gut gelungen ist. Die Referate waren ausgesprochen informativ; wir haben über verschiedene Rechtsordnungen und Rechtskulturen erfahren, dass das Tagungsthema sehr unterschiedlich behandelt werden kann. Und wir sind, wie wir es erwartet haben, zum Thema sehr nachdenklich gemacht worden.

Zu einem der Punkte, der mich persönlich ganz besonders nachdenklich gemacht hat, möchte ich nun auch in der Sache etwas sagen. Ich fühle mich ein bisschen hin- und hergerissen, weil ich die Grundthese eigentlich vollkommen richtig finde und auch immer wieder selber vertreten habe – nämlich dass der Wettbewerbsföderalismus eine ziemlich komplizierte Angelegenheit ist. Ich habe mich deshalb sehr über Ihre präzise Auseinandersetzung mit dem Wettbewerbsföderalismus gefreut, Frau Wallrabenstein. Nur, wie die Wissenschaftler mit ihrem Widerstandsgeist so sind, zu jedem Ihrer Argumente ist mir dann auch ein Gegenargument eingefallen. Die wollte ich Ihnen einmal nennen.

Sie meinen ja, dass Wettbewerbsföderalismus eigentlich schon aus theoretischen, aus konzeptionellen Gründen gar nicht funktionieren kann. Diese These ist vielleicht doch etwas zu steil. Ihr erstes Argument lautet: Es gibt keinen Nachfragedruck. Das haben Sie klug begründet, aber er könnte ja aus etwas anderem herrühren, zum Beispiel aus der Unternehmensansiedlung; dass ich in ein Land Unternehmen herein holen kann, weil ich glaubwürdig versprechen kann: bei uns lernen Ihre Kinder etwas. Ihr zweites Argument war: Wettbewerbsföderalismus zwingt zu Exekutivföderalismus; das ist etwas, was wir entweder nicht haben oder nicht wollen. Doch auch beim Wettbewerb von Firmen besteht die erste Näherung immer darin, die Firma als unitarischen Akteur zu deuten. Aber jeder Gesellschaftsrechtler weiß natürlich, dass das Unfug ist und sieht sich die Effekte von Wettbewerb auf Corporate Governance an. In gleicher Weise könnte man auch beim Wettbewerbsföderalismus sagen: das könnte Effekte auf die Corporate Governance der Länder haben, also auf die Verfassungspolitik, aber das muss ja nicht von vornherein schlecht sein. Dann hatten Sie das Externalitäten-Argument gebracht. Da fiel mir ein, dass ich sogar ein Experiment zu der Frage gemacht habe, wie gut Wettbewerb funktionieren kann, wenn die Verfügungsrechte am Wettbewerbsgegenstand nicht vollständig gesichert sind. In unseren Daten finden wir, dass der eigentlich ziemlich gut funktioniert, so lange nicht vollständige Aneignung möglich ist. Aber so weit wird es ja wohl kaum gehen. Das letzte Argument, das Sie hatten, war: Bei uns ist der Parteienwettbewerb so dominant, dass ein Länderwettbewerb allenfalls ein relativ irrelevanter Überbau wäre. Man könnte einwenden: Vielleicht sollten wir gerade über die umgekehrte Kausalität nachdenken. Könnte es nicht sein, dass Wettbewerbsföderalismus die ausschließliche Orientierung auf die Parteien als politische Akteure ein Stück aufbricht und wir konkurrierende, durch Landesinteressen bestimmte Akteure zurückbekommen?

Folgt daraus, dass wir mit fliegenden Fahnen zum Wettbewerbsföderalismus übergehen sollten? Das möchte ich nicht vorschlagen. Aber vielleicht geht es doch eher darum, dass in einer Gesamtschau der Effekte, die Sie aufgezählt haben, nicht genügend gewichtige Gründe für die Funktionsfähigkeit des Wettbewerbsföderalismus sprechen, und nicht so sehr, dass wir schon theoretisch sagen können: Wir wissen, dass er gar nicht funktionieren kann.

Leisner-Egensperger: Vielen Dank. Der Wettbewerbsföderalismus ist in ein zunehmend negatives Licht gerückt. Er breche die Solidargemeinschaft zwischen den Ländern auf, finanzschwache Länder würden finanziell immer stärker ausgetrocknet, im Hinblick auf ihre ja nachweisbare geringe Steuerkraft gehe ihre Wirtschaftskraft immer weiter zurück, sodass sie ihre Aufgaben nicht mehr effektiv erfüllen könnten. Besonders deutlich hat sich das herauskristallisiert im Antrag der Länder Bayern und Hessen vor dem Bundesverfassungsgericht, mit dem wir uns ja heute Nachmittag vertieft beschäftigen wollen, ich will insoweit auch gar nicht vorgreifen. Festzuhalten ist hier nur: Der Wettbewerbsföderalismus hat seine größten Zeiten gehabt, er muss jedenfalls deutliche Grenzen erfahren. Die Kompetition muss dort enden, wo die Akteure aus finanziellen Gründen nicht mehr in der Lage sind, ihre Aufgaben effektiv zu erfüllen, besonders was jetzt die Förderung der neuen Länder betrifft, die auch über 2020 hinausgehen muss. Gerade dieser Blick auf die notwendigen Grenzen des kompetitiven Föderalismus zeigt meines Erachtens aber auch die nach wie vor bestehenden Spielräume für Wettbewerb auf. Gerade im Bereich der Bildung, in dem eben nicht alles nur vom Geld abhängt und es vielleicht sogar ohne Geld teilweise besser geht, gibt es für Kompetition nach wie vor erheblichen Raum, und dieser sollte auch genutzt werden. Insoweit würde ich Ihnen, Frau Wallrabenstein, deutlich widersprechen wollen. Ich meine, dass es durchaus viele Eltern gibt, die gerade wegen der unterschiedlichen Schulsysteme die Bundesländer wechseln – das lässt sich auch empirisch nachweisen –, die täglich über Grenzen fahren, die vielleicht ihre Lebensplanung auch davon abhängig machen. Zweifellos führt es auch zu einer Effektivierung und Verbesserung des Schulsystems, wenn die kleinere Einheit zuständig ist, politische Verantwortlichkeiten entsprechend verteilt und ihre Wahrnehmung regelmäßig demokratisch kontrolliert wird. Vielen Dank.

Reimer, Franz: Ich möchte an die beiden Referenten die Frage richten, ob Sie Ihre Beurteilungskriterien noch explizieren oder konkretisierten könnten – verfassungspolitische, aber auch verfassungsrechtliche Kriterien. Ich will versuchen, deutlich zu machen, was ich damit meine. Frau Wallrabenstein hat für mich sehr überzeugend den Wettbewerbsföderalismus demontiert. Er hat eine homogenisierende Wirkung. Ich würde den Gedanken weiterführen und sagen, er setzt bereits Homogenität voraus, nämlich einheitliche Beurteilung von Kriterien: sei es Preis, seien es Qualitätskriterien. Meine Frage ist nun: Wenn wir solche Kriterien hinter uns lassen und sagen, es geht nicht nur um Effizienz (also einen Effizienzwettbewerb), sondern es geht auch um Vielfalt als Eigenwert: Was würde das dann bedeuten? Nicht zwingend eine Zuordnung der Bildungshoheit zu den Ländern. Sondern man könnte auch sagen: Gegenüber den globalen Playern, deren Bedeutung eben ja eindrucksvoll unter Beweis gestellt worden ist, könnte es auch für eine Hochzonung des Bildungssystem/der Bildungshoheit auf die Ebene des Bundes sprechen. Also, Vielfalt als Eigenwert, nicht nur als instrumentelle Kategorie im Rahmen eines Wettbewerbs. Zweites mögliches Kriterium: Demokratische Zurechenbarkeit. Auch sie ist angeklungen, aber hierzu die Rückfrage: Haben wir nicht in der Ausgestaltung der Bundesrepublik den besonderen Vorteil, dass Landtagswahlen tatsächlich zu Plebisziten über Bildungspolitik gemacht werden können? Und würde sich das nicht verlieren, wenn man Bildungshoheit hochzonen würde? Würde dann die Bildungspolitik nicht untergehen in der Zuständigkeitsfülle des Bundes? Das wäre ein verfassungspolitischer Aspekt. Der verfassungsrechtliche Aspekt wäre: Was bliebe von der Eigenstaatlichkeit der Länder, wenn man ihnen – ich spitze zu – auch noch die Bildungshoheit nähme? Und wäre das dann möglicherweise nicht auch problematisch sub specie Art. 79 Abs. 3 GG? Vielen Dank.

Wißmann: Ich möchte zu dem sehr thesenstarken Referat von Astrid Wallrabenstein eine Bemerkung machen und eine Frage stellen. Der Gang durch die Punkte 8 bis 17 war in meiner Beobachtung eine sehr anspruchsvolle Reise, die mit der Widerlegung des Wettbewerbsgedankens für die Bildungsbelange abgeschlossen wurde. Ich möchte die Pointe dieses Gedankengangs unterstreichen: Aus rechtsdogmatischer Sicht leuchtet mir vollkommen ein, dass die Rücknahme von staatlicher Binnensteuerung – also die Übertragung von Gestaltungsspielräumen auf die Ortsebene, auf die einzelne Schule – dazu führt, dass wir eine Verstärkung unitarischer Vorgaben qua Bundesverwaltungsgericht bekommen. Allerdings ist die Pointe natürlich ein bisschen zu stark, denn „Krabat" wäre auch bei bestehender Schulaufsicht unter dem alten Modell so zu entscheiden gewesen. Das Bundesverwaltungsgericht und das Bundesverfassungsgericht haben ja seit den 1970er Jahren das Schulwesen laufend umgestaltet durch grundrechtsbezogene Rechtsprechung. Und diese Rolle der Bundesgerichte und der Verfassung ist eine wesensnotwendige Funktionsbedingung des Schulwesens und gehörte deswegen, glaube ich, eine Kategorie höher in der Thesenanordnung. Darin liegt eine wesentliche Tiefendimension des Themas: Schule ist keine öffentliche Einrichtung wie andere und schon gar keine Firma. Sie ist ein Ort, wo Grundrechte in die öffentliche Verwaltung unmittelbar einwirken und allen nutzenbezogenen Steuerungsfantasien verfassungsrechtliche Grenzen setzen. Also, kurz gesagt, alle Reformen, die wir hier seit Jahren erdulden und erleiden müssen, sind ja nur Reformen zweiter Ordnung. Die Grundverabredungen eines verfassungsstaatlichen Schulwesens können davon nicht berührt werden, denn sonst verlieren wir in der Tat die Voraussetzungen, mit denen so etwas wie Schulpflicht durchgesetzt werden kann. Es steht eben nicht zur Disposition von Reformern, ob man die Entfaltung der Persönlichkeit als Leitwert des öffentlichen Schulwesens begreift.

Meine Frage, die sich damit verbindet: Wie wäre diese verfassungsstaatliche Grundorientierung denn nun bei Hausunterricht und freien Privatschulen zu gewährleisten – oder ist sie dort, im gesellschaftlichen Freiraum, verzichtbar? Da blieb das Referat nach meinem Eindruck am Ende etwas offen. Wollen und können wir diese Formen stärken, oder bleiben sie ein Notbehelf? Danke.

Meyer, Hans: Ich möchte zunächst zu Finanzverfassungsreform I und Wettbewerb sprechen. Es ist nicht zu verkennen, dass anfänglich die

Ministerpräsidenten der starken Länder von Wettbewerb gesprochen haben. Aber der Begriff des Wettbewerbs und die Sache haben in den Verhandlungen überhaupt keine Rolle gespielt. Wettbewerb im echten Sinne setzt einen freien Markt und Egoismus der beteiligten Marktteilnehmer voraus sowie die Hoffnung, dass, wenn alle nach ihren Egoismen handeln, etwas Gutes herauskommt. Die öffentliche Hand kann aber nicht egoistisch handeln, sondern sie ist rechtlich sehr vielfältig gebunden. Für den öffentlich-rechtlichen Bereich sollte man den Begriff Wettbewerb daher vergessen und vielleicht etwas anderes erfinden, ein Wettbewerb ist das jedenfalls nicht, was hier stattfindet. Der zweite Punkt ist: Die Föderalismusreform I stand natürlich unter dem Eindruck der Finanzen. Auch die nächste Reform wird unter diesem Eindruck der Finanzen stehen. Alles, was nicht unmittelbar finanzträchtig war, ließ sich einfacher reformieren, während die Finanzregeln fast überhaupt nicht zu reformieren waren. Die Reform ist ja erst gelungen, nachdem die Kommission erfolglos ihre Arbeit beendet hatte und dann durch Zufall die beiden Vorsitzenden der Kommission auch Mitglieder der Verhandlungskommission bei den Koalitionsvereinbarungen wurden und schlicht das Kommissionsergebnis übernommen haben. Auf diese Weise wurde die Debatte innerhalb der Koalition verhindert. Der dritte Punkt: Ich darf vielleicht daran erinnern, dass Hochschulgesetze eine ganz neue Erscheinung gewesen sind. Das Hochschulrahmengesetz von 1976 ist die Reaktion auf die 68er-Revolte. Weil die Bundesparteien – es gab damals eine unausgesprochene große Koalition zwischen der Union und der SPD – nicht wollten, dass einzelne Länder bei ihrer Hochschulgesetzgebung zu radikal vorgehen. Das wollte man einfangen. Damit hatte das Hochschulrahmengesetz seine Funktion erfüllt. Vorher gab es keine Landesgesetze, die Hochschulen haben vielmehr nach ihren Statuten gelebt, und das offensichtlich ganz ordentlich. Sie haben nur nicht verstanden, dass die 68er-Bewegung eine allgemeine Bewegung war, die in die Statuen aufzunehmen gewesen wäre, was aber damals die Ordinarien abgelehnt hatten. Deswegen kamen die Länder dazu, kam der politische Teil des Volkes dazu, nun das Hochschulrecht gesetzgeberisch zu lösen, und zwar zunächst durch ein Rahmengesetz, anschließend durch Landesgesetze. Wenn ich es richtig sehe, sind wir heute wieder zurück zu einer Art Selbstverwaltung der Hochschulen, indem man nämlich Stiftungsuniversitäten gründet, sie aus den Hochschulgesetzen der Länder herausnimmt und ihnen Stiftungsstatuten gibt. Wir hätten also nach 40 Jahren zurückgefunden in einen Zustand, der vorher immer bestanden hat.

Faber, Angela: Ich glaube, und das hat auch Herr Professor Ehrenzeller unter anderem erwähnt, dass in den letzten Jahren der größte Motor für

Bildungsentwicklung die Bildungsberichterstattung bzw. das Bildungsmonitoring (OECD) waren und die Transparenz, die damit über schulische Leistungsdaten und über soziale Selektivität im Bildungswesen hergestellt wurde Frau Professor Wallrabenstein, was mir bei Ihrem Vortrag etwas unklar geblieben ist, ist Ihre Position zur künftigen Rolle des Bundes und zwar bezogen auf den Schulbereich (ich möchte das jetzt nur auf den Bereich der schulischen Bildung und nicht auf die Hochschulbildung beziehen). Das wird ja zurzeit überall diskutiert, ist also durchaus sehr populär, aber gleichwohl könnte man darüber ja nachdenken. Wenn ich von der Zuständigkeit her ausgehe, ist es so, dass nach Art. 91b GG der Bund ja nur noch zur Feststellung der Leistungsfähigkeit im Bildungswesen eine Zuständigkeit hat. Bei den Finanzzuweisungen nach Art. 104b GG kann er gar keine Finanzzuweisung mehr an die Länder und Kommunen im Bildungsbereich leisten; es sei denn, er hätte eine Gesetzgebungszuständigkeit oder es handle sich um einen außergewöhnlichen Notfall, was im Bildungswesen wohl nicht zu bejahen ist. Das heißt, dass das große Ganztagsschulprogramm des Bundes zur Finanzierung von Ganztagsinvestitionen in Höhe von 4 Milliarden Euro heute nicht mehr möglich wäre. Meine Frage ist jetzt: Wie sollen jetzt angesichts der von Ihnen geschilderten finanzverfassungsrechtlichen Situation der Länder und der Schuldenbremse in Zukunft erforderliche Investitionen im Bildungsbereich denn überhaupt getätigt werden? Dies angesichts der großen Herausforderungen im schulischen Bereich, die wir ja haben: Die Ganztagsschulentwicklung ist nicht abgeschlossen, gerade nicht in qualitativer Hinsicht (Ganztag heißt ja nicht nur Unterbringung, sondern auch Förderung), und dann auch zum Beispiel die Umsetzung der Inklusion im Schulbereich. Das heißt, wir laufen Gefahr, dass wir nicht nur sehr vielfältige, sondern standortabhängige Bildungsverhältnisse bekommen werden. Eine Standortabhängigkeit von Bildungschancen als Lebenschancen ist aber schwer hinzunehmen. Zu den finanzökonomischen Erwägungen, These 12 bei Ihnen. Sie haben auf die großen zeitlichen Verzögerungen des Ankommens von Bildungsrenditen bei den Ländern hingewiesen. Ich möchte darauf hinweisen, dass es daneben natürlich auch so ist, dass die größten Bildungsrenditen (dazu hat sich auch der Vorsitzende dieser Vereinigung, Herr Prof. Wieland geäußert) bei den Sozialversicherungsträgern und beim Bund eintreten werden, und erst dann bei den Ländern. Würden diese finanzökonomischen Erwägungen nicht dafür sprechen, vielleicht dem Bund eine größere Möglichkeit von Finanzzuweisung, die es im Schulbereich gar nicht mehr gibt, einzuräumen? Dann noch an beide Referenten die Frage: Sie haben beide die Educational Governance-Philosophie bemüht und zitiert. Da war mir die Rolle von Schulen und kommunalen Schulträgern ein bisschen zu wenig getrennt. Im Land

Nordrhein-Westfalen zum Beispiel haben Schulen den Charakter von nichtrechtsfähigen Anstalten des öffentlichen Rechts. Die Schulleiter und -lehrer sind Landesbedienstete. Die kommunalen Schulträger sind verfassungsrechtlich abgesichert durch Art. 28 GG (kommunale Selbstverwaltung). Wie sieht nach Ihrer Auffassung die zukünftige Rolle der Kommunen, die ja im Bereich der frühkindlichen Bildung als wichtigste Bildungsstufe eine ganz große Rolle spielen, im Bereich der schulischen Bildung aus? Es gibt ja Bildungsexperten, die da für eine Stärkung plädieren. Und als letzte, eine an beide Berichterstatter gerichtete Frage: Wie sieht bei Educational Governance die Rolle der Zivilgesellschaft aus? Das ist ja auch nicht zu verachten. Die Zivilgesellschaft spielt eine große Rolle – ich nenne mal nur das Stichwort Bildungskonferenz in Nordrhein-Westfalen. Oder aber die Stiftungen, die aufgrund ihrer finanziellen Potenz eine immer wichtigere Rolle spielen. Danke schön.

Dörr, Oliver: Ich habe eine ganz banale Verständnisfrage, wie ich denke, an Herrn Ehrenzeller, und zwar zu Art. 62 Abs. 4 der Bundesverfassung. Die Frage beruht auf meiner Unkenntnis im schweizerischen Staatsrecht, für die ich um Nachsicht bitte. Sie haben uns sehr schön vorgeführt, dass hier die Bundeskompetenz gesperrt ist, wenn die Kantone eine Harmonisierung des Bildungswesens hinbekommen (in meinen Worten, natürlich). Wenn ich den Wortlaut der Norm aber richtig verstehe, ist eine Teilharmonisierung doch nicht ausreichend, sondern es muss eine, vielleicht nicht in der Tiefe vollständige, aber doch in der Breite umfassende Harmonisierung des Bildungswesens zustande gekommen sein. Dann ist der Bund weiterhin gesperrt. In Ihrer These 11 habe Sie uns aber sehr anschaulich gemacht, dass nur 15 der 26 Kantone sich an diesem Konkordat beteiligt haben. Wie kommt es, dass der Bund trotzdem gesperrt ist? Vielen Dank.

Kotzur: Beide Referate haben darauf hingewiesen, dass das Thema heute nicht mehr zu denken ist ohne die internationalrechtliche Einbettung und dass der Bildungsföderalismus nicht nur aus seinen Binnenstrukturen her zu begreifen ist, sondern das Völker- und das Europarecht auch eine Rolle spielen. Darauf zielt meine Frage ab. Sie haben angedeutet, welche rechtlichen Rahmungen es diesbezüglich gibt. Insbesondere das Europarecht finde ich hier sehr interessant und relevant. Es wird zwar in einem engeren Sinne kompetenzrechtlich nicht zum Thema, weil die Europäische Union auf dem Bildungssektor nur sehr zurückhaltend agieren kann. Es kann aber doch durch diese begrenzten Möglichkeiten und durch die relevanten Einbettungen unter Umständen die gesamte Grundtextur des Wettbewerbsföderalismus innerhalb eines Bundesstaates verändern. Diesbezüglich würden mich Ihre Beobachtungen und Ihre Analysen interessieren.

Haben Sie festgestellt, dass international vorgedacht das Thema eventuell noch einmal eine deutliche Komplexitätssteigerung erfährt? Nur zwei Fragestellungen: Wenn wir sowohl die völkerrechtliche als auch die europarechtliche Rahmung anschauen, so spielt dabei, so glaube ich, zum einen die Chancengleichheit eine große Rolle, dass Bildung Gleichheit in den Lebenschancen vermitteln soll, und zum zweiten die Mobilität, dass Bildung so ausgestaltet sein soll, dass Mobilität innerhalb eines Bundesstaates, zwischen den Mitgliedstaaten der Europäischen Union und auch in der „global community" möglich wird. Beide Aspekte könnten eine stark unitarisierende Wirkung haben und die unitarisierenden Momente, die Sie schon benannt haben, vielleicht noch verstärken. Darauf würde sich meine Frage beziehen, und ich wäre sehr dankbar, wenn Sie uns noch ein bisschen deutlicher machen könnten, ob diese internationale Einbettung die „wettbewerbsföderalistische Kampfzone" noch ein wenig erweitert oder nicht. Vielen Dank.

Bryde: Ich habe auch eine Frage an Herrn Ehrenzeller, allerdings eigentlich keine kritische Frage. Ich fand die neuen Kompetenzbestimmungen in der Schweizer Bundesverfassung immer recht gut im Vergleich zu anderen Kompetenzaufteilungen in Bundesstaaten, weil ziemlich konkret geregelt ist, wer was macht, und man nicht mit allgemeinen Subsidiaritätsklauseln arbeitet. Aber hier haben wir sie jetzt doch in Art. 62 Abs. 4 BV. Ich finde die Regelung im Prinzip überzeugend. Für einen deutschen Verfassungsrechtler weiß man allerdings nicht genau, wie man in Deutschland damit arbeiten würde und was dabei herauskäme. Meine Frage ist: Kann man solche Vorschriften schaffen, weil man sicher ist, dass sie nicht in ein Gericht gehen? Kann man solche Vorschriften machen, weil man sicher ist, es wird kein Rechtsstreit darüber stattfinden, sondern man wird das konsensual regeln müssen?

Gröschner: Art. 61a der schweizerischen Bundesverfassung verwendet die Metapher des Bildungsraumes als Verfassungsbegriff. Obwohl es den Referenten gewiss gelungen ist, diesen Raum bildungsverfassungsrechtlich zu vermessen und föderalismustheoretisch auszuleuchten, erscheint er mir in vielen Hinsichten doch ziemlich dunkel. Ich möchte den Raum daher in Zimmer unterteilen, in denen Bildung stattfinden könnte und nach meiner Überzeugung von Verfassung wegen auch stattfinden sollte. Was zeigt sich dem Blick eines ehemaligen Kommentators des Art. 7 des Grundgesetzes? Im Kinderzimmer sieht er sogenannte Kids vor Spielkonsolen sitzen und schweigen. Im Esszimmer sieht er mittags kein einziges Mitglied der Familie und abends Teenager, die per SMS oder WhatsApp kommunizieren. In den Klassenzimmern von Grund-, Haupt- und Realschulen sieht er die vergeblichen Bemühungen von tapferen Lehrerinnen und Lehrern, die Sprachlosigkeit ihrer Schüler zu kompensieren, die sich als zwingende Folge der verbreiteten Leseverweigerung ergeben hat. In den Klassenzimmern von Gymnasien sieht er viel zu wenige Abiturientinnen und Abiturienten, die sich für das Bildungsgut der alten Sprachen und für Geschichte interessieren, von Philosophie ganz zu schweigen. In den Hörsälen unserer Universitäten (ja, ich bin per Lehrauftrag immer noch in Jena tätig, und es hat sich nichts verbessert, sondern alles verschlechtert) sieht er in den ersten Reihen – niemanden. Unser Vorsitzender hat heute Morgen auf die chronisch leeren Sitze in den Vorderreihen angespielt. In den hinteren Reihen ahnt er nur Studierende, die berechtigte Angst davor haben, sich in präzisen Begriffen und prägnanten Bildern äußern zu müssen. Das düstere Bildungsgemälde mag Ausdruck des Kulturpessimismus eines soeben pensionierten Staatsrechtslehrers sein. Hätte er den Blick allerdings in die Beratungszimmer der KMK geworfen, wäre es noch dunkler geworden (Gelächter). Danke.

Winkler, Markus: Nach den düsteren Aussichten eines pensionierten Hochschullehrers nun der trockene Blick des Praktikers. Ich hatte mir eigentlich vorgenommen, mich nicht zu melden, nachdem ich schon einen Begleitaufsatz geschrieben habe und fast schon alles gesagt worden ist, insbesondere von Frau Faber, was ich auch hätte sagen können. Deswegen bleibt eigentlich nur eine kleine Detailfrage, die ich an Astrid Wallrabenstein richten möchte. Astrid, gegen Ende deines Referats hast du ja auch Beispiele, die mehr am Rande des Themas Bildungsföderalismus liegen, angesprochen, insbesondere die Problematik der Ausdünnung der öffentlichen Schullandschaft; dort, in ländlichen Regionen, wo die Gesellschaft überaltert, mit scheinbaren Lösungsansätzen wie Homeschooling durch pensionierte Lehrerinnen und Lehrern und Privatschulen. Das bringt mich spontan zu der Frage: Gibt es aus verfassungsrechtlicher Sicht nicht vielleicht auch Schranken für solche Entwicklungen? Schranken, die den Staat im weitesten Sinne zwingen könnten, ein öffentliches Schulwesen bis in den hintersten Winkel auch eines sehr dünn besiedelten Bundeslandes aufrechtzuerhalten? Spontan deswegen, weil mich dein Beispiel aus Seifhennersdorf an eine andere Entwicklung erinnert hat, die in Sachsen stattfindet, nämlich die Gründung von Privatschulen durch öffentliche Träger mit dem einzigen Zweck, die Kosten zu drücken, insbesondere die Lehrergehälter. Ist das zulässig? Danke.

Hufen: Ich hatte mich ursprünglich nicht gemeldet, weil ich glaubte, dass es in der Diskussion nicht nur um Wettbewerbsföderalismus, sondern um Bildungsföderalismus gehen würde und dieser seine Befürworter finden würde. Das scheint mir bis jetzt nicht der Fall zu sein, denn wir haben vorwiegend über Wettbewerbsföderalismus gesprochen. Da jetzt noch ein wenig Zeit bleibt, möchte ich versuchen, jetzt doch die eigentlichen Grundessenzen des Bildungsföderalismus noch einzubringen. Der Wettbewerbsföderalismus – rein ökonomisch verstanden –, ist zu Recht kritisiert worden. Aber wenn man Wettbewerb nicht rein ökonomisch, sondern kulturell oder auch sozial versteht und ihn schlicht und einfach mit Vielfalt übersetzt, dann ist die Kritik doch wahrscheinlich sehr viel geringer und dann wird das Bild insgesamt doch sehr viel positiver. Und in diesem Sinne möchte den Bildungsföderalismus und den Kulturföderalismus insgesamt als System, das Vielfalt ermöglicht, doch energisch verteidigen, wie ich dies mein ganzes wissenschaftliches Leben über getan habe. Ich glaube, Vielfalt ist das, was angesichts der Komplexität der Lebensverhältnisse, einschließlich der von Herrn Ehrenzeller ja sehr zu Recht angesprochenen horizontalen und vertikalen Verflechtungen, für Bildung und Kultur angemessen ist. Wir können doch gar nicht wissen, was richtige Bildung und richtige Kultur ist. Wir können es nur immer wieder mit möglichst vielen unterschiedlichen Ansätzen versuchen. Wir brauchen Föderalismus, um vielfältige Blumen blühen zu lassen, wie es mal so schön geheißen hat. Und die blühen nun mal besser, wenn sie dezentral, ortsnah, nah an den Menschen und nah an den unterschiedlichen Institution blühen. Zentralismus, das Beispiel Frankreich zeigt es ganz deutlich, taugt weder im kulturellen Bereich noch im Bildungsbereich, um die Probleme zu lösen. Es existieren natürlich Probleme, wenn wir Vielfalt in Verbindung bringen etwa mit Problemen der Mobilität. So werde ich auf bildungspolitischen Tagungen – und nicht nur dort – immer wieder angesprochen: Können wir nicht dafür sorgen, dass wir endlich ein einheitliches Abitur in ganz Deutschland haben? Bevor ich die Nachteile eines bundeseinheitlichen Zentralabiturs am Beispiel des auf nichts als das Abklopfen von Standardwissen und Drill ausgerichteten französischen Baccalauréats an die Wand male, versuche ich dann immer den Wert von Vielfalt, Kreativität und örtlicher Identität zu erklären. Auch versuche ich zu verdeutlichen: Vielfalt bedeutet nicht Mobilitätsverlust, jedenfalls dann nicht, wenn Bildungsföderalismus in der wechselseitigen Anerkennung von Vielfalt besteht. Da löst nicht der Zentralismus, sondern die wechselseitige Anerkennung die Probleme. Diese allerdings ist unabdingbar, und wenn jeder Bildungspolitiker meint, selbst das beste, wenn nicht das einzige Modell zu haben, dann gefährdet das in der Tat die Mobilität. Natürlich brauchen wir eine möglichst gleichwertige Bildung in allen Bundesländern. Aber es gilt eben im Bildungsföderalismus (wie auch im Verhältnis von öffentlichen Schulen zu den Privatschulen): Gleichwertigkeit bedeutet nicht Gleichartigkeit. Dies vorausgesetzt, sollten auch

Unterschiede im Bildungswesen und ein richtig verstandener föderaler Wettbewerb nicht schrecken. Vielen Dank.

Classen: Zunächst möchte ich, im Anschluss an Herrn Hufen, auf folgendes hinweisen: Der Europäische Gerichtshof hat aus den Grundfreiheiten und den Freizügigkeitsrechten eine Verpflichtung abgeleitet, die Gleichwertigkeit von in einem anderen EU-Mitgliedstaat erworbenen Abschlüsse zu prüfen. Das Gleiche kann man auch mit Blick auf Art. 33 Abs. 1 GG diskutieren. Hier sind aus meiner Sicht noch manche Schätze zu heben. Vielleicht wird die entsprechende Bundeskompetenz da gar nicht benötigt. Ich habe mich aber eigentlich gemeldet, weil ich eine konkrete Frage zur Schweiz habe, und zwar zu den subsidiären Kompetenzen nach Art. 62 BV. Solche Subsidiärkompetenzen nach dem Motto „Wenn es die untere Ebene ein Problem nicht vernünftig löst, darf es die obere Ebene Bund richten" gibt es ja vor allem auch im Bereich der Umsetzung völkerrechtlicher und europarechtlicher Verpflichtungen. In Österreich oder Spanien darf, wenn insoweit an sich die Länder oder die Provinzen zuständig wären, diese aber die Verpflichtungen nicht korrekt umsetzen, der Zentralstaat eingreifen. Dazu hat Herr Öhlinger einmal bei einer Diskussion gesagt, dass das theoretisch alles wunderbar wäre, aber praktisch daran scheitert, dass es für diesen Bereich keine Verwaltungskompetenz auf Bundesebene gibt. Gesetzgebung ohne begleitende Administration (Ministerium usw.) ist eben doch nur schwer realisierbar. Dann steht das zwar schön in der Verfassung, kann aber aus faktischen Gründen praktisch nicht genutzt werden. Dementsprechend ist meine Frage, ob es in der Schweiz auf Bundesebene im Bildungsbereich entsprechende Ministerialstrukturen gibt, die im gegebenen Fall zur praktischen Wahrnehmung der genannten Kompetenzen auch tatsächlich beitragen könnten, soweit ein entsprechender Bedarf vorhanden wäre? Vielen Dank.

Gallwas: Ich möchte an den vorletzten Beitrag anknüpfen. Mein erster Punkt: Föderalismus hat etwas mit Vielfalt zu tun. Wir müssen neben der Überlegung, dass es einen Wettbewerbsföderalismus gibt, aufdröseln, um welche Vielfältigkeit es heute und vielleicht auch in früherer Zeit, als man sich für den Föderalismus entschieden hat, geht bzw. gegangen ist. Vor einigen Jahren wurde in Bayern eine Umfrage gemacht, ob die Schüler sich mehr als Bayern oder mehr als Deutsche fühlen. Und da hat ein Schüler gesagt: „Ich bin Bayer und mehr braucht's nicht". Beim Föderalismus geht es so besehen auch um die Identität der Bevölkerung und um die Wahrung föderaler Institutionen. Das mag in Bayern etwas anders sein als etwa in Niedersachsen, aber ich glaube nicht, dass die Differenz in der Einstellung zum Föderalismus soweit reicht, dass man über die niedersächsische oder bayerische Identität, wie sie sich aus der bayerischen bzw. niedersächsischen Volkszugehörigkeit ergibt, völlig hinweggeht. Immer kommt selbstverständlich die andere Frage, nämlich die speziell bundesstaatliche hinzu. Da habe ich vermisst, dass eine Bestimmung des Grundgesetzes, im Zusammenhang des Themas so gar keine Rolle gespielt hat, nämlich dass jeder Deutsche in jedem Land dieselben Rechte und Pflichten hat. Art. 33 Abs. 1 GG hat insoweit so etwas wie eine dirigierende Wirkung. Sie verpflichtet die Länder auf bundesstaatliche Erfordernisse Rücksicht zu nehmen. Die Bildung der Kinder muss in jedem Land des Bundes so beschaffen sein, dass sie die Fähigkeit erwerben die ihnen zustehenden Rechte und Pflichten des anderen Land auch tatsächlich auszuüben. Eine zweite Überlegung: Da und soweit das Grundgesetz in Art. 7 Abs. 4 die Privatschulfreiheit regelt, kommt es nicht darauf an, wie die Länder in ihren Verfassungen die Privatschulfreiheit regeln. Ein Wettbewerb zwischen privaten Schulen und den öffentlichen Schulen ist daher bereits in Art. 7 Abs. 4 GG angelegt. Man darf ja nicht vergessen, dass die Garantie der Privatschulen nicht nur irgendeine verfassungsgeschichtliche Reminiszenz, sondern speziell grundrechtsbezogen ist, nämlich als Konkretisierung des Elternrechts, des Weltanschauungsrechts und überhaupt des Rechts aus Art. 2 Abs. 1 GG, einen anderen Weg zu gehen als jenen, den die Parteien uns jeweils vorschlagen.

Stettner: Vielen Dank. Ich habe mich spontan gemeldet, weil einige Dinge hier noch nicht im dem Sinne akzentuiert worden sind, wie ich es für richtig halte. Zunächst einmal zu Herrn Hufen. Ich bin auch sehr für Vielfalt, denn was man auch bedenken sollte: Wenn ein System schlecht ist und es wird bundesweit praktiziert, dann ist das sicherlich nicht so gut, wie wenn in Teilen des Bundes ein besseres System experimentell ausprobiert oder angewandt werden kann. Was mir aber eigentlich noch wichtiger ist, ist die Frage dieses Privatunterrichts. Es gibt in Bayern gerade den Fall – es wundert mich, dass das niemand gesagt hat – der „12 Stämme“. Das ist eine auf urchristlicher Basis operierende Sekte, der man offensichtlich den Privatunterricht in ihren Räumen (eine Art Kloster in der Nähe von Nördlingen) erlaubt hat, aus denen jetzt die Kinder (es waren über 40) herausgeholt wurden. Denn zu den Praktiken dieses Privatunterrichts gehörte auch massive Prügelei. Das darf natürlich nicht sein. Ich bin aber auch der Meinung, dass dieser Differenzierung des Schulwesens generell Grenzen gesetzt werden sollten. Ich bin nicht wie Herr Gallwas der Meinung, dass das überall so einfach stattfinden sollte. Früher herrschte das Prinzip, im Volksschulbereich prinzipiell keine Privatschulen zuzulassen. Das hatte einen egalisierenden Hintergrund; jedenfalls hier sollte der Sohn des Fabrikanten neben dem des Arbeiters auf der Schulbank sitzen.

Im höheren Schulwesen konnte man den Wünschen der Eltern eher Raum geben. Das erstgenannte Prinzip ist heute ziemlich verloren gegangen. Es gibt heute fast flächendeckend Privatschulen im Primärbereich. Dort treffen die Schulkinder sicherlich kaum jemals auf einen Ausländer oder auf irgendwelche ärmeren Bevölkerungsschichten. Das halte ich für nachteilig. Ich glaube nicht, dass man so fortfahren sollte und schon gar nicht im Bereich des Primärunterrichts. Vielen Dank.

Meyn: Ich habe mich deshalb gemeldet, weil – bevor Herr Gallwas sprach – bisher noch nicht darauf hingewiesen worden war, dass Schulen in jedem Staat auch eine ganz besondere Aufgabe im Hinblick auf die nationale Identität haben. Wenn wir daran denken, dass wir inzwischen jedenfalls faktisch auch ein Einwanderungsland sind (das verfassungsrechtlich einzufangen wäre eine ganz andere Frage), dann müssen wir bedenken, dass in den Schulen zum Teil über 50 Prozent der Kinder in einer bestimmten Klasse Ausländer sind oder aber einen Migrationshintergrund haben. Nationale kulturelle Identität wird vor allem in den Schulen hergestellt. Unter diesem Gesichtspunkt kann ich den Lobpreis der Föderalismusvielfalt nicht ganz nachvollziehen. Ich denke, dass es auch eine soziale, eine politische Bewegung in Deutschland gibt, die dem Bund doch ein kleines Stückchen mehr Einfluss auch auf die Inhalte der verschiedenen Länderschulverwaltungen geben will. Es wäre in der Tat zu überlegen, ob nicht der Bund eine Art Rahmenkompetenz erhalten sollte, wie es einmal im Hochschulrahmengesetz für die Hochschulen gewesen ist – Herr Meyer hat darauf hingewiesen. Ich denke, dass dann auch leichter versucht werden könnte, die erhöhte Mobilität von ihren Problemen zu befreien, die für viele Eltern und ihre Kinder aus der föderalen Vielfalt folgen. Also ein reiner Lobpreis des Föderalismus ist in einer sich ja auch globalisierenden Welt heutzutage auch verfassungsrechtlich nicht recht angebracht.

Oebbecke: Ich glaube, dass es für die Debatte doch außerordentlich hilfreich ist, wenn man zwei Formen des Wettbewerbs unterscheidet: den marktlichen Wettbewerb und den föderalen Wettbewerb. Was marktlichen Wettbewerb anlangt, so gibt es den – um etwa Herrn Meyer sehr konkret zu widersprechen – natürlich auch im öffentlichen Bereich. Die Länder, die Hochschulen konkurrieren um Hochschullehrer – marktlich. Es gibt marktliche Konkurrenz, wie ich vor einigen Jahren zu zeigen versucht habe, im Bereich der Justiz. Was föderalen Wettbewerb anlangt, möchte ich Herrn Hufen widersprechen. Föderalismus führt gerade wegen des föderalen Wettbewerbs nicht notwendig zu Vielfalt. Frau Wallrabenstein hat wunderbar beschrieben wie der parteipolitische Wettbewerb das ein bisschen verdeckt. Die Übernahmen, die da stattfinden, muss man anders nennen. Föderaler Wettbewerb funktioniert in aller Regel so, dass die Länder bei unseren sehr ähnlichen Lebensverhältnissen ganz ähnliche Probleme haben. Und es gibt für die meisten Probleme nicht zwei optimale Lösungen. Es dauert dann mehr oder weniger lang bis alle dieselbe Lösung haben. Also gerade keine Vielfalt. Vielfalt im Bildungsbereich kann das einzelne Land herstellen, indem es beispielsweise unterschiedliche Schulformen zulässt, es kann die privaten Schulen stark fördern und und und ... Aber im Ländervergleich führt Föderalismus auf die Dauer gerade in den Bereichen, die nicht parteipolitisch so extrem im Fokus stehen, eher zur Einheit als zur Vielfalt. Danke schön.

Dietz: Ich möchte nur einen Gedanken aufgreifen: die Frage des Wettbewerbs. Was setzt Wettbewerb voraus? Theoretisch das freie Spiel von Angebot und Nachfrage. Wie sieht es auf dem Bildungs„markt" denn aus? Wir haben auf der einen Seite den Staat, sprich die Länder, die in irgendeinem politischen Sinne Bildungskonzepte durchsetzen, die vielleicht von der jeweils regierenden Partei auch ideologisch überfrachtet sind. Auf der anderen Seite haben wir Familien mit Kindern, denen eines wesentlich fehlt, nämlich die entsprechende Mobilität. Wettbewerb setzt ja voraus, dass sowohl die Anbieter als auch die Nachfrager nach Bildung wechseln und reagieren können. Aber welches Elternpaar kann mit seinen Kindern einfach, wenn sie mit dem Schulsystem nicht einverstanden ist, das Bundesland wechseln? In grenznahen Bereichen ist dies vielleicht noch möglich, aber mitten in den Bundesländer wohl nicht mehr. Wozu führt das? Eventuell dazu, dass die Eltern dann auf Privatschulen ausweichen. Wenn sie beim öffentlichen Anbieter nicht mehr das Angebot erwarten können, das sie für ihre Kinder wünschen, dann gehen sie in Richtung Privatschulen. Es gibt einige Bundesländer, aus denen mir Eltern aus befreundeten Familien berichten: „Für uns kommt eine öffentliche weiterführende Schule gar nicht in Betracht, nur eine Privatschule. Denn wenn wir eines Tages beruflich, was absehbar ist, das Bundesland wechseln, verliert unser Kind den Anschluss, und das soll unser Kind nicht erleiden." Ich denke, genau dieser Punkt führt letztlich zur zentralen Frage: Ist der Bildungsföderalismus ein Eigenzweck, ein Selbstzweck, in dem sich Politiker, Parteien, Parteiprogramme und Länder verwirklichen dürfen? Oder ist es nicht eher ein Angebot des Staates an die Bürger, das er erfüllen muss? Kurz, ist der Staat hier für die Menschen da oder sind die Menschen für den Staat da? Vielen Dank.

Müller, Georg: Ich möchte mich zu diesem schon mehrfach angesprochenem Art. 62 Abs. 4 äußern, der im Rahmen der neuen Bildungsverfassung in die Verfassung aufgenommen worden ist. Ich tue das etwas überspitzt, damit Herr Ehrenzeller mich nachher in seinem Schlusswort korrigieren und allfällige Missverständnisse klären kann. Denn er ist, das wissen Sie sicher, unser Superexperte auf diesem Gebiet. Er hat wesentlich an der Redaktion der Bildungsverfassung und an deren Umsetzung mitgewirkt. Artikel 62 Abs. 4 BV, wage ich einmal zu behaupten, ist eigentlich eine Mogelpackung. Deswegen wurde er auch mit so großer Mehrheit angenommen von Volk und Ständen (Gelächter). Wir haben alle nicht so ganz genau gemerkt, was wir beschlossen haben. Die Fragen, die von anderen Votanten im Zusammenhang mit diesem Artikel gestellt worden sind, sind durchaus berechtigt. Es steht da zwar, dass der Bund nur und erst dann selber regeln kann, wenn die Kantone nicht auf dem Wege der interkantonalen Vereinbarung gewisse Dinge harmonisiert haben. Aber wenn Sie diesen Text lesen, dann sehen Sie, dass die Vereinheitlichung sehr weit gehen kann. Und jetzt geschieht Folgendes: Immer dann, wenn ein Kanton ausspuren will, etwas anderes machen will oder wenn sogar das Volk nicht ganz konkordatskonform abstimmen will, wird ihm mit einer Regelung des Bundes gedroht. Man braucht gar keine Bildungsbürokratie im Bund, man braucht auch den Bundesgesetzgeber nicht; die Drohung mit dem Bundesvogt genügt. Es ist interessant, den Mechanismus zu beobachten: In den Kantonen müssen auch die für die Bildung verantwortlichen Mitglieder der Regierungen, die durchaus nicht reformfreundlich oder zentralistisch sind, unter dem Druck der Vereinheitlichung und der Drohung mit einer Bundeslösung Dinge vertreten, die ihnen inhaltlich überhaupt nicht passen. Danke.

Meyer, Hans: Herr Meyn, ich möchte Ihnen nur sagen, dass Sie die Rahmengesetzgebung vergessen können. Seit dem Urteil zum Hochschulrahmengesetz ist das keine praktikable Lösung mehr. Was Sie machen könnten, wäre eine Gesetzgebung des Bundes mit Abweichungsrecht oder eben eine neue Grundsatzgesetzgebung. Ich glaube beides hätte politisch keine große Aussicht.

Fechner: Ich habe mich deswegen zu Wort gemeldet, weil mir ein Begriff in der Diskussion zu kurz gekommen ist, ein, denke ich, elementarer Begriff. Das ist der Begriff der Bildung. Was ist eigentlich Bildung? Was verstehen Sie unter Bildung? Ist das lediglich die Vermittlung von Fertigkeiten – so kommt es im Moment bei mir an – dass man also lesen, schreiben und rechnen kann? Die Vermittlung von Fertigkeiten ist sicher wichtig und elementar. Aber geht es nicht auch um die Vermittlung von Werten? Muss die Schule nicht auch Werte vermitteln? Und wenn das der Fall wäre, dann ist natürlich die nächste Frage: Welche Werte sind das, wo nehmen wir diese Werte her? Vielleicht können wir gewisse Werte noch aus dem Grundgesetz ableiten, vor allem Menschenwürde, Toleranz und Gewaltfreiheit. Genau diese Überlegungen führen vielleicht dazu, dass die Schule, die von allen besucht wird (wie Herr Stettner das ja auch gesagt hat), durchaus ihren Sinn hat, gerade auch im Hinblick auf Migranten, die integriert werden sollten. Was dann die weitere Ausgestaltung dieser Werte anbetrifft, ist die Frage, ob man sich da einigen kann. Früher hätten wir uns in diesem Kreis einigen können – und können es vielleicht auch heute noch –, aber gesamtgesellschaftlich ist es sicherlich schwierig, eine solche Einigung herbeizuführen. Insoweit muss der demokratisch legitimierte Gesetzgeber den Wertekanon festlegen. Das spricht doch eher wieder für den Föderalismus. Er ermöglicht, dass man in einem Bundesland einen bestimmten Weg ausprobiert, ohne dass dies gleich Auswirkungen auf das ganze Land hat. Im Gegenteil, können die anderen Bundesländer aus den Fehlern eines Landes lernen. Der föderale Wettbewerb wirkt gerade nicht in erster Linie – wie das hier anklang – indem Familien der besseren Bildungspolitik wegen, aus einem Bundesland in ein anderes ziehen. Sondern es zeigt sich ganz von selbst, ob eine Landesregierung eine gute Bildungspolitik macht oder nicht. Als Bürger kann ich vergleichen und sehe, ob mich die Bildungspolitik meiner Landesregierung stärker überzeugt als die eines anderen Bundeslandes und habe dann bei der nächsten Landtagswahl die Möglichkeit, meine Landesregierung zu unterstützen oder mich für deren Abwahl einzusetzen. Insofern ist der Bildungsföderalismus aus meiner Sicht eben doch sehr sinnvoll. Vielen Dank.

Waechter: Als ich die Referate gehört hatte, habe ich mich gefragt, ob wir im Bildungsbereich eigentlich reale Probleme haben oder eher nicht. Wenn ich das jetzt einmal auf die Unitarisierungsfrage zuspitzen darf: Der erste Punkt zur Unitarisierung – das ist jetzt mehrfach angesprochen worden – ist aus der Sicht der Bürger die Mobilitätschance. Deswegen die Frage: Sehen Sie eigentlich ein Verfassungsgut dahinter? Hinter dem Recht auf Mobilität, das verunmöglicht wird durch unterschiedliche Schulstrukturen? Soweit ich weiß, kursiert im Niedersächsischen Ministerium der Bildung zurzeit eine Metastudie zu Bildungsstudien, die sagt: Organisationsformen haben überhaupt keinen messbaren Einfluss auf den Bildungserfolg. Zweiter Punkt. Unitarisierung aus Finanzgründen. Das ist im Grunde kein bildungsspezifisches Problem und gehört zum Nachmittag. Dritter Punkt: Sie haben Wettbewerb und Pisa betont. Wo taucht eigentlich die entscheidende Wirkung von Pisa in den dogmatischen Konstruktionen bei Ihnen auf? Wenn ich den realen Wettbewerb sehe zwischen den Ländern, geht er auf die Erhöhung der Abiturquote. Ist das ein positiver Wettbewerb oder eine Spirale nach unten? Beinhaltet die Kompetenz des Bundes eine Verpflichtung oder ein Recht, Hochschulzulassung- und Schulabschlussbefähigung festzulegen? Was muss eigentlich die inhaltliche Kompetenz der Schulabgänger sein? Ich meine, die Situation ist doch so: Die Juristen können kein Deutsch, die Englischstudenten können kein Englisch und die Mathematiker können nicht rechnen (zum Teil); deswegen werden vielfach Vorkurse angeboten. Dann stellt sich doch die Frage: Ist der Bund möglicherweise nach der Wesentlichkeitstheorie verpflichtet, dafür Maßstäbe zu setzen oder inwieweit muss er das den Ländern überlassen? Danke.

Biaggini: Vielen Dank. Da sich niemand mehr gemeldet hat für ein spontanes Votum, schließe ich hiermit, wie „angedroht", die Rednerliste. Bevor ich Frau Wallrabenstein das Wort für ihr Schlussvotum gebe, möchte ich Ihnen danken, besonders auch jenen, die sich spontan gemeldet haben. Es waren jetzt mehr Spontanmeldungen als angemeldete Voten. Ich weiß nicht, ob das ein Novum ist, erfreulich ist es allemal.

Wallrabenstein: Vielen Dank. Auch durch die vielen spontanen Wortmeldungen habe ich den Eindruck, dass die Debatte so verflochten war, dass mein Versuch, sie zu entflechten, wahrscheinlich genauso scheitern wird wie jener der Föderalismuskommission bei den Gesetzgebungskompetenzen. Ich bitte, das im Voraus zu entschuldigen.

Ich will zunächst nicht einen wirklichen Vergleich anzustellen, aber doch meinen Eindruck schildern, dass man in der Schweiz und wahrscheinlich auch in Österreich – über das wir leider nichts gehört haben – ein wenig entspannter mit zentralen Kompetenzen, also Kompetenzen auf der Bundesebene, im Bildungsbereich umgeht. So hat die Schweizer Reform Bundeskompetenzen – wenn auch als Reservekompetenzen – eingeführt. Das fand ich überraschend. Wir in Deutschland reagieren sehr empfindlich, wenn wir von Kompetenzen des Bundes im Schulrecht sprechen. In Wirklichkeit haben wir aber gar nicht so andere Realitäten. Das wäre meine erste Beobachtung.

Sie führt zu einem zentralen Punkt, der, so glaube ich, einige Anmerkungen aufgreift. Wir haben sehr viel über Wettbewerb und dazugehörige Fragen – ob man Wettbewerb für Vielfalt braucht, ob man Föderalismus für Vielfalt braucht – gesprochen. Ich wollte deutlich machen und möchte das noch einmal betonen, dass nach meinem Verständnis die Vielfalt im Schulbereich – wenn wir es einmal auf diesen Bereich beschränken – den Föderalismus nicht braucht und sie von Wettbewerb nicht gefördert wird. Das ist insofern wertfrei, als dass ich nicht für oder gegen die Vielfalt sprechen möchte, sondern sagen möchte, dass Vielfalt auch ohne föderale Struktur möglich ist. Dies zeigt sich etwa daran, dass man wegen der kulturellen Differenzierung in Deutschland – auch infolge vieler Jahrzehnte Migration – über Dinge nachdenken müsste, die wir häufig in anderen Kontexten diskutieren, z.B. bei der Frage, was im Klassenzimmer hängt. Daran merken wir, dass diese Frage nichts mit föderalen Strukturen zu tun hat. Umgekehrt erfordert sie aber auch nicht Bundesrecht im Sinne von nationaler Identitätsbildung, sondern einen Umgang mit Differenz, d.h. die Antwort im konkreten Klassenzimmer auf die konkrete Vielfalt unter den Schülerinnen und Schülern.

Wettbewerb – das wurde mehrfach deutlich – wird hier sehr unterschiedlich gesehen und bewertet. Ich glaube (das wurde auch in vielen Anmerkungen von Ihnen angesprochen): Wenn man Wettbewerb organisiert – wir sind hier im öffentlichen Bereich; es ist daher eine Frage, ob wir diesen Bereich durch rechtliche Strukturen so organisieren *wollen* – wenn man also Wettbewerb organisiert, dann tut man das, weil man ein bestimmtes Ziel vor Augen hat und glaubt, dass dieses Ziel damit erreicht werden könnte. Herr Oebbecke sagte hierzu: „Wir haben ein Problem und suchen nach der optimalen Lösung und Wettbewerb ist das Entdeckungsverfahren. Mehrere Leute probieren aus, was die Lösung sein könnte. Schau'n wir, welche funktioniert!" Wenn es aber eine Lösung geben sollte bzw. eine Idee davon besteht, dann kommen wir nicht bei der Vielfalt an, die ich vorhin angesprochen habe. Das war die Vielfalt, von der wir sagten, in ihr selbst liegt die richtige Lösung. Der Wettbewerb als Entdeckungsverfahren hat Vielfalt als Durchgangsstadium, er ist eine Frage des Experimentierens. Dies kann man anders besser lösen als mit föderalen Strukturen: indem man beispielsweise Schulexperimente macht, indem man sagt, wir wollen unterschiedliche Wege ausprobieren, um bestimmte Probleme anzugehen.

An einem konkreten Punkt möchte ich noch einmal deutlich machen, wo Wettbewerb im Bildungssektor besteht und was das konkret heißt, nämlich beim Wettbewerb um Universitätsprofessoren. Zwar sind wir auf das Bildungswesens insgesamt bezogen, glaube ich, immer noch eine Minderheit, sodass wir nicht ganz so marktrelevant sind. Aber wenn wir dieses Beispiel nehmen, dann merken wir sehr deutlich, dass der Wettbewerb, den Universitäten um Professorinnen und Professoren anstellen, nichts mit dem Landesrecht, insbesondere nichts mit dem Landesbesoldungsrecht aber auch nicht mit dem Landesschulrecht, zu tun hat. Wenn ich von Nordrhein-Westfalen nach Hessen wechsle (oder umgekehrt), werden heute selbstverständlich in meinen Berufungsverhandlungen die besoldungsrechtlichen Differenzen durch Ziel- und Leistungsvereinbarungen und entsprechende Besoldungsvereinbarungen ausgeglichen. Dadurch findet der Wettbewerb eben nicht mehr auf der Landesebene statt. Die Frage, wo meine Familie lebt und in welche Schule meine Kinder gehen, ist nach meiner persönlichen Wahrnehmung – die falsch sein kann, ich habe nur meinen eigenen Horizont – nicht davon abhängig, welches Landesschulsystem ich bevorzuge. Viel relevanter ist, welchen Beruf der Partner in welcher Stadt ausüben kann.

Es wurde mehrfach ein Ausweg angesprochen, den mobile Familien häufig suchen: die Privatschule. Dies leitet über zum nächsten Punkt. Wie findet der Wettbewerb statt, wenn wir die Ansiedlung von Unternehmen, jedenfalls von internationalen, ansehen? Nicht selten durch die Gründung von Privatschulen. Leider kann ich die vielen, zum Teil detaillierten Fragen, die sich hier anschließen, nicht einzeln aufgreifen. Ein zentraler Punkt scheint mir die Frage zu sein, ob und wie Privatschulen oder privates Engagement in unser Bildungssystem einzubinden sind. Es handelt sich um eine Sache, zu der die Landesverfassungen etwas sagen. Beispielsweise ist die Verfassungslage in Sachsen anders als in Thüringen. In Sachsen gehören private Bildungsträger neben dem öffentlichen Schulsystem zu denen, die von Verfassung wegen verpflichtet sind, den staatlichen Gewährleistungsauftrag für ein den Bildungsbedarf deckendes Schulsystem bereitzustellen. Dies hat Konsequenzen für den Gesetzgeber, der Probleme bei der Erfüllung dieser Gewährleistungsverantwortung lösen will. Diese Konsequenzen gelten in anderen Ländern, in denen die Verfassung nur das öffentliche Schulwesen zur Erfüllung des Bildungsauftrags heranzieht, nicht. Ob die eine oder andere Variante optimal oder besser ist, ist dann wieder eine andere Frage.

Schließlich zu den ebenfalls mehrfach angesprochenen allgemeinen Problemen: Es wurde gefragt, was wir im Bildungswesen überhaupt für Probleme haben. Ich glaube, wir haben welche, aber nach meinem Eindruck solche, die doch relativ wenig damit zu tun haben, ob man ihre Lösung auf der Landes- oder auf der Bundesebene rechtlich strukturiert. Die Frage ist, wie man die rechtliche Vorstrukturierung so herunterbricht, dass vor Ort – ich komme zurück zum Anfang – die einzelne Schule bzw. die einzelne Lehrkraft die realen sowie konkreten Probleme sinnvoll lösen kann. Vielen Dank.

Ehrenzeller: Danke vielmals für die Einladung zum Vortrag und für die angeregte Diskussion. Es fällt auf, dass in der Bildungsdiskussion in der Schweiz und in Deutschland – das haben auch die Wortmeldungen gezeigt – die politischen Parteien fast nicht vorkommen. Sie sind kurz erwähnt worden in einem Votum, aber die Parteipolitik spielt eine beschränkte Rolle, und dort wo sie zu spielen begonnen hat, hat sie eher zu unglücklichen Ergebnissen geführt. Das ideologische *setting* ist gewissermaßen ein anderes. Wir können heute die Diskussion über den Bildungsföderalismus nicht mehr gleich führen, wie wenn solche Fragen vor 20 Jahren gestellt worden wären. Die Veränderung der äußeren Rahmenbedingungen – diese sichtbare Entgrenzung der Bildungspolitik sowie die Vorgaben im europäischen Raum insbesondere – führen im Wesentlichen zu gleichen Herausforderungen in beiden Staaten.

Ich glaube, wenn man genauer hinschaut, dann spürt man, welch grundlegenden Veränderungen bis in die Schulzimmer hinein zum Beispiel die PISA-Studien bewirkt haben. Das kann man gut oder schlecht finden. Es ist jedenfalls eine Tatsache, dass hier Grundlegendes verändert worden ist. Als Staats- bzw. Verfassungsrechtler müssten wir eher fragen: Wie können wir diesen Prozess überhaupt noch steuern und wer kann ihn einigermaßen gut steuern? Das ist, glaube ich, einmal die Ausgangsfrage, die wir stellen müssten. Vielleicht auch, was gesagt worden ist: Kann man Bildung überhaupt definieren? Natürlich nicht! Das ist wohl auch gut so. Aber wir können gewisse Ziele vorgeben. In den Sozialzielen unserer Bundesverfassung gibt es einige bildungspolitische Vorgaben: die Persönlichkeitsentwicklung, dieses Hinführen zum verantwortungsvollen Menschen und Bürger. Es gibt zahlreiche bildungsrelevante internationale Konvention, in denen Ziele oder Programme enthalten sind. Auf den europarechtlichen Rahmen ist hingewiesen worden. Die EU hat praktisch keine Kompetenzen und ist trotzdem ein zentraler Player im ganzen Gebiet. Nehmen wir das Beispiel des *Bologna-Prozesses*. Bologna ist bewusst außerhalb der EU entstanden, aber heute ist die EU maßgeblich mit der Weiterentwicklung von Bologna beschäftigt und ist mitverantwortlich. Auch die Schweiz ist voll dabei, wie wenn wir auch Mitglied der Union wären.

Ich finde es schön, dass auch die Werte angesprochen wurden. Welche Werte spielen eigentlich eine Rolle? Es ist interessant zu beobachten, dass heute die ganze Bildungsdebatte in hohem Masse von der Wertediskussion entkoppelt worden ist. Die Wertedebatte spielt dagegen bei der Diskussion von doch eher Randproblemerscheinungen eine Rolle. So diskutieren wir beispielsweise über das Kreuz im Schulzimmer, wir diskutieren über das Kopftuch in der Schule (in der Schweiz gerade aktuell geworden), wir diskutieren über den Sexualkundeunterricht. Über solche Fragen führen wir Wertedebatten. Aber Kernfragen der Bildungsvermittlung sind gewissermaßen eine technische Materie geworden. Das finde ich heikel. Hier müssten wir den richtigen Rahmen wieder finden – ich komme noch einmal darauf zurück.

Die Fragen des Bildungswettbewerbs sind von verschiedenen von Ihnen angeschnitten worden, eher bezogen auf den deutschen Rahmen. Aber natürlich spielt das auch in der Schweiz eine Rolle. Wir verwenden den Wettbewerbsbegriff vor allem im Fiskalbereich, mit unterschiedlicher Wertung. Die einen finden das sehr gut, die anderen weniger sinnvoll. So einfach auf den Bildungsbereich übertragbar ist der Wettbewerbsgrundsatz nicht. Jetzt könnte man sagen, und es wurde auch gesagt: Ja, verabschieden wir doch den Wettbewerbsgedanken ganz aus der Bildungsdebatte. Das kann man machen, man kann den Begriff anders umschreiben. Ich würde es schade finden, wenn wir den Bildungswettbewerb als Leitidee überhaupt nicht mehr hätten. Bildungsföderalismus heißt ja nicht, dass jeder Kanton machen kann, was er will. Das würde heute nicht mehr funktionieren. Sondern wir müssen uns damit abfinden, dass Transparenz gefordert ist und Konkurrenz eine Rolle spielt – auf allen Stufen. Von der Volksschule begonnen bis in die Hochschulen hinein. Es ist doch richtig, dass wir uns fragen: Was kostet ein Jurastudium in Zürich, in St. Gallen oder in Genf? Und wenn wir einmal annehmen, dass die Abschlüsse überall gleichwertig sind: Wie kann es sein, dass das juristische oder das ökonomische Studium an einer Universität ein Drittel teurer ist als an einem anderen Ort? Da muss niemand etwas regeln. Aber eine Institution, beispielsweise eine Universität, aber auch ein Gymnasium oder sogar eine geleitete Volksschule – die meisten Schulen sind ja heute geleitet – die werden sich Gedanken machen: Ja, warum gibt es bei uns diesen Unterschied und wollen wir diesen? Ist das so, weil wir etwas ganz Spezifisches anbieten, weil das zu unserer Profilbildung gehört? Oder hängt der Umstand, dass wir so viel teurer sind als andere, mit anderen Fragen zusammen? Die Frage kann natürlich auch umgekehrt lauten: Warum sind wir so viel billiger? Liefern wir schlechtere Qualität? Ich finde, im Schul- bzw. im Bildungsbereich ist dieser Selbstbewertungsprozess, diese Selbstkontrolle und Eigendynamik, von ganz hohem Wert. Insofern sollten wir durchaus zum Wettbewerb im Bildungsbereich stehen.

Das Argument der Mobilität ist verschiedentlich aufgegriffen worden. Georg Müller hat darauf hingewiesen, dass die schweizerische Bildungsverfassung im Jahre 2006 mit 86 Prozent Zustimmung des Schweizervolkes und aller Stände angenommen wurde. Dabei war natürlich eines der Argumente: Wir wollen vollständige Mobilität in der Schweiz. Deshalb Ja zur Harmonisierungspflicht bei der Volksschule. Man hat immer gewusst, dass die Mobilität an sich nicht wirklich ein zentrales Problem ist. Es wechseln relativ wenige Primarschülerinnen und -schüler die Kantone. Also von der Quantität her ist es nicht das Problem. Nur: wir haben heute doch eine andere Zeit, so dass die Leute in Altdorf im Kanton Uri nicht schlechtere Volksschulen haben wollen als jene in der Stadt Zürich und in der Stadt St. Gallen. Die Eltern wollen die gleiche Qualität der Schulbildung. Sie wollen ihren Kindern in dem Sinne eine spätere Mobilität tatsächlich ermöglichen. Aus diesem Gedanken heraus wächst das Bedürfnis nach einheitlichen Standards.

Die Frage ist: Was heißt einheitliche Standards? Da sind wir bei der Vielfalt angelangt. Man könnte vielleicht auch hier eher noch von Subsidiarität sprechen. Das heißt, vielleicht braucht es abgestufte Regelungen in diesem Bereich. Beim von mir erwähnten HarmoS-Konkordat – also bei der Koordination im Bereich der obligatorischen Schule – ist diese Abstufung bewusst so vorgenommen worden. Es gibt gewisse Standards, die national eingehalten werden sollen – Schulstrukturen beispielsweise. Aber nehmen wir einmal an, es braucht, wenn man das will, zwei Fremdsprachen. Dies ist jetzt auf der Stufe Grundschulunterricht so vorgesehen. Aber was genau, welche Ziele und Kompetenzen dabei erreicht werden sollen, das soll sprachregional herausgearbeitet werden. Auch diese sprachregionalen Lehrpläne lassen wiederum den einzelnen Kantonen Raum zur Ergänzung und Anpassung.

Es ist der wunderbare Begriff des Schulzimmers als pädagogischer Raum erwähnt worden – auch dort muss noch Freiheit herrschen. Ich nehme an, dass die meisten von uns davon überzeugt sind, dass am Schluss zumindest auf den ersten Stufen (also Primar- und Sekundarschulstufe), vielleicht sogar noch auf der Hochschulstufe) die Persönlichkeit des Dozierenden und Lehrenden, die eine gewisse Freiheit braucht, ganz entscheidend ist; vielleicht noch viel mehr als früher, weil heute das Wissen selber sehr viel einfacher abholbar ist. Umso mehr bekommt die Art der Vermittlung des Wissens und die pädagogische Freiheit eine große Rolle.

Zu Art. 62 Abs. 4 BV: Zuerst zum Begriff der „Harmonisierungspflicht“, die da verankert wurde. In der Tat ist es so, dass man im Moment, als dieser Artikel verabschiedet wurde (übrigens sind sämtliche Artikel der Bildungsverfassung dem Volk zusammen vorgelegt worden, weil dahinter ein einheitliches Konzept steht), natürlich gewusst hat, dass die Kantone bestrebt sind, tatsächlich zum Abschluss eines solchen HarmoS-Konkordates zu kommen. Anders wäre das schwer möglich gewesen. Im Anschluss an die Verabschiedung auf nationaler Ebene kam der Genehmigungsprozess in den Kantonen. Dort ist die Diskussion eigentlich erst losgegangen. Diese Frage ist möglicherweise eher noch für die Politologen von Interesse als für uns. Warum eigentlich ist die erste Phase, also die Bildungsverfassung inklusive Schaffung des HarmoS-Konkordats relativ leicht über die politische Bühne gegangen? (Übrigens verhielt es sich ebenso im Hochschulbereich mit dem Hochschulförderungsgesetz.) Warum finden erst in der späten Phase – in den einzelnen Kantonen – wirkliche politische Diskussionen statt, die dann effektiv bis in die Wertediskussion hineingehen? Das ist eine Frage, auf die ich Ihnen nicht unbedingt eine Antwort habe. Vielleicht hat es am Schluss dann doch etwas zu tun mit gewissen politischen Parteien, die ein Thema aufgreifen und die sich erst spät bewusst geworden sind, welche Folgen eine bestimmte Regelung hat. Aber – trotz aller Kontroversen – die Harmonisierungspflicht ist an sich unbestritten, und die Meinung war immer, dass das – in Bezug auf die in der Verfassung erwähnten Bereiche – eine Vollharmonisierung unter den Kantonen sein soll. Es kann aber sein, dass die Kantone nur eine Teilharmonisierung erreichen. Dann müsste in dem Teil, in dem die Harmonisierung nicht erreicht worden ist, der Bundesgesetzgeber eine Regelung erlassen, sofern er sich auf eine solche Regelung einigen kann.

Wir haben zum Beispiel eine Regelung im Bereich der ersten Fremdsprache. Man würde denken, dass es in der Schweiz klar ist, dass die erste Fremdsprache Französisch ist und umgekehrt. So ist es nicht. Die meisten deutschsprachigen Kantone haben gesagt, dass die erste Fremdsprache Englisch ist. Das hat logischerweise zu politischen Diskussionen im Bundesparlament und anderswo geführt. Ist das jetzt ein Argument für eine zentrale Lösung? Warum denn eigentlich? Warum sollte sich die Bundesversammlung besser als die Kantone darüber verständigen können, welche Sprache die erste Fremdsprache ist? Die Tatsache, dass nur eine Teilharmonisierung stattgefunden hat – die Kantone der Romandie nehmen zuerst Deutsch, dann Englisch – ist ja nicht ohne Grund geschehen. Dieselbe Diskussion würde sich im Bundesparlament abspielen, falls diese Frage in einem Bundesgesetz geregelt werden müsste. Ich denke nicht, dass das Konkordat hier eine Mogelpackung ist. Ich war vor etwa zwei Jahren an einer Tagung in Berlin, an der unter anderem auch Fritz Scharpf anwesend war. Man würde ja von ihm erwarten, dass er sagt: Das ist unmöglich, eine solche Bildungsordnung wie sie nun in der Schweiz eingeführt worden ist; das, was ihr hier praktiziert, ist ja die Politikverflechtung par excellence. Er hat aber gesagt: Nein, die Regelung überzeuge ihn eigentlich, und zwar vor allem deswegen, weil aus seiner Sicht das Hauptproblem des Bildungsföderalismus die Überwindung der institutionellen Eigeninteressen der Länder und Kantone ist. Dazu brauche es eine nationale Koordinationspflicht. Der Konsensdruck bewirke, dass sich die Vertreter – die Kantonsvertreter oder Erziehungsdirektoren – letztlich einigen müssen, weil sie wissen, dass dann, wenn sie überhaupt nichts oder nur ein Minimum zustande bringen, der Bundesdruck zu einer zentralistischen Lösung führt.

Ich komme zum zweitletzten Punkt: Demokratische Legitimation. Hier sind wir besonders sensibel, das ist verschiedentlich angesprochen worden. Ist eine solche Bildungsverfassung, wie wir sie haben, eigentlich undemokratisch oder verunmöglicht sie demokratische Mitwirkung? Da wir in der Schweiz nicht nur das Referendum, sondern auch das Initiativrecht in Sachfragen haben, blüht diese Mitwirkung. Zum Beispiel haben wir jetzt eine schweizerische Volksinitiative über das Verbot des Sexualkundeunterrichts in den Schulen hängig. Ich bin nicht so sicher, ob das die richtige Form und Stufe demokratischer Mitwirkung ist, wenn wir in einer schweizerischen Volksabstimmung darüber befinden müssen, was im Bereich der Sexualität als biologisches Fortpflanzungswissen – und damit als zulässig und zumutbar – zu verstehen ist, und was darüber hinaus als Sexualkunde verboten sein soll. Ist das Volk hier wirklich das geeignete Entscheidungsorgan und Verfassung und Gesetz die angemessene Rechtsgrundlage? Also ich denke, dass man auch in der direkten Demokratie unterscheiden muss, was auf welcher Stufe und wie demokratisch legitimiert werden soll.

Ich komme zum Schluss. In der neuen Bundesverfassung gibt es viele schöne Bestimmungen. Eine ist aber besonders schön – nämlich Art. 43a BV (Sie merken, der Artikel ist erst nach der Totalrevision hinein gekommen). Art. 43a Abs. 1 lautet: „Der Bund übernimmt nur die Aufgaben, welche die Kraft der Kantone übersteigen oder einer einheitlichen Regelung durch den Bund bedürfen." Das ist natürlich eine sehr auslegungsbedürftige Bestimmung. Aber der Grundgedanke, um den es beim Thema „Bildungsföderalismus auf dem Prüfstand" geht, ist, denke ich, an diesem Verfassungsgrundsatz zu messen. Übersteigen die Herausforderungen der Bildungspolitik die Kraft der Kantone? Wohl eben nicht nur finanziell verstanden – denn da müsste man zum Voraus eine negative Antwort geben. Nein, inhaltlich verstanden! Das wiederum hat sehr viel zu tun mit der Gewährleistung von Vielfalt und letztlich auch eines Bildungssystems, in dem alle Beteiligten laufend gegenseitig voneinander lernen können. Ich danke Ihnen.

Zweiter Beratungsgegenstand:

Die künftige Ausgestaltung der bundesstaatlichen Finanzordnung

1. Referat von Professor Dr. *Ulrich Haltern*, LL.M. (Yale), Freiburg i. Br.*

Inhalt

---

* Ich danke *Sarah Languth*, *Leslie Manthey* und *Katharina Stein* für Diskussionen und Hilfe.

I. Die bundesstaatliche Finanzordnung und ihre Probleme

Das Thema setzt die Kurzlebigkeit der aktuellen Ordnung voraus. Hierfür gibt es gute Gründe. Das Auslaufen des Solidarpakts II sowie des Länderfinanzausgleichs Ende 2019[1] und das ab 2020 gänzlich wirkende Verbot der strukturellen Neuverschuldung für die Länder[2] machen Reformüberlegungen zwingend notwendig.[3] Die geringe Zahl der Geberländer[4] und

---

[1] § 20 Finanzausgleichsgesetz (FAG) vom 20. Dezember 2001 (BGBl. I 3955, 3956), zuletzt geändert durch Artikel 2 des Gesetzes vom 15. Juli 2013 (BGBl. I 2401).

[2] Kritisch dazu *J. Wieland* Neuordnung der Finanzverfassung nach Auslaufen des Solidarpakts II und Wirksamwerden der Schuldenbremse, Speyerer Arbeitsheft Nr. 211, 2013, 12 ff., sowie *S. Korioth* Die neuen Schuldenbegrenzungsregeln für Bund und Länder – Symbolische Verfassungsänderung oder gelungene Schuldenbremse?, Perspektiven der Wirtschaftspolitik 11 (2010), 270; *ders.* Das neue Staatsschuldenrecht – Zur zweiten Stufe der Föderalismusreform, JZ 2009, 729; *ders.* Die neuen Schuldenregeln für Bund und Länder und das Jahr 2020, in: Junkernheinrich/Korioth/Lenk/Scheller/Woisin (Hrsg.) Jahrbuch für öffentliche Finanzen 2009, 389; zur Neuregelung der Staatsverschuldung etwa auch *P. Kirchhof* Staatsverschuldung im föderalen System der Bundesrepublik Deutschland, in: Härtel (Hrsg.) Handbuch Föderalismus – Föderalismus als demokratische Rechtsordnung und Rechtskultur in Deutschland, Europa und der Welt, Bd. II, 2012, § 38 Rn. 1 ff.; *E. Reimer* Nachhaltigkeit durch Begrenzung der Staatsverschuldung, in: Kahl (Hrsg.) Nachhaltige Finanzstrukturen im Bundesstaat, 2011, 147; *O. Fricke* Staatsbankrott: Rechtsproblem oder Problem jenseits des Rechts, in: v. Lewinski (Hrsg.) Staatsbankrott als Rechtsfrage, 2011, 19; *D. Buscher* Der Bundesstaat in Zeiten der Finanzkrise, 2010, 355; *U. Häde* Die Ergebnisse der zweiten Stufe der Föderalismusreform, AöR 135 (2010), 541 (547 ff.); *A. Thiele* Das Ende der Länder?, NdsVBl. 2010, 89; *M. Thye* Die neue „Schuldenbremse" im Grundgesetz: Zur neuen Gestalt der Finanzverfassung nach der Föderalismusreform II, 2010; *B. Fassbender* Eigenstaatlichkeit und Verschuldungsfähigkeit der Länder – Verfassungsrechtliche Grenzen der Einführung einer „Schuldenbremse" für die Länder, NVwZ 2009, 737; *C. Lenz/E. Burgbacher* Die neue Schuldenbremse im Grundgesetz, NJW 2009, 2561; *C. Seiler* Konsolidierung der Staatsfinanzen mithilfe der neuen Schuldenregel, JZ 2009, 721; *H. Tappe* Die neue „Schuldenbremse" im Grundgesetz, DÖV 2009, 881; *C. Waldhoff/P. Dieterich* Die Föderalismusreform II – Instrument zur Bewältigung der staatlichen Finanzkrise oder verfassungsrechtliches Placebo, ZG 2009, 97 (100 ff.). Rechtsvergleichend zur Schuldenbremse in der Schweiz: *G. Biaggini* Nachhaltigkeit und bundesstaatliche Finanzordnung in der Schweiz, in: Kahl (ebd.), 106 (110 ff.).

[3] Etwa *S. Korioth* Länderfinanzen unter Druck – Reformbedarf und Reformmöglichkeiten in den Bund-Länder-Finanzbeziehungen, ThürVBl. 2011, 73 (73).

[4] 2012 haben nur BY, HE und BW in den Finanzausgleich eingezahlt. Berücksichtigt man auch den Umsatzsteuervorausgleich haben 2012 insgesamt sechs Länder in den Finanzausgleich eingezahlt, *N. Walter-Borjans* Klage gegen den Länderfinanzausgleich: Ein richtiger Schritt gegen unfaire Verteilung?, ifo Schnelldienst 9/2013, 6 (7); allerdings geht das Bundesverfassungsgericht davon aus, dass die eigene Finanzausstattung der Länder erst nach Zuordnung der Ergänzungsteile feststehe, s. BVerfGE 72, 330 (385); 116, 327 (379).

die Normenkontrollanträge Bayerns und Hessens verstärken den Druck zusätzlich.[5] Kritik gab es freilich auch zuvor genug.[6]

Erstens fehlen echte Ländersteuern mit relevantem Steuerertrag,[7] was eine eigenständige Einnahmepolitik der Länder verhindert.[8] Die ertragreichsten Steueraufkommen werden stattdessen als Gemeinschaftssteuern zwischen Bund und Ländern verteilt, Art. 106 Abs. 3 und 4 GG.[9]

---

[5] *Korioth* Länderfinanzen (Fn. 3), 76, bezogen auf die zu diesem Zeitpunkt angekündigten Normenkontrollanträge.

[6] Etwa *U. Margedant* Länderfinanzausgleich 2020, in: Härtel (Fn. 2), § 46 Rn. 12 ff.; *H. Meyer* Der Finanzausgleich, KritV 91 (2008), 132; „befristeter Ausnahmezustand", *M. Woisin* Das eingerostete Scharnier: Umsatzsteuerverteilung zwischen Bund und Ländern, Wirtschaftsdienst 2008, 446 (449); *F. Kirchhof* Aufgabengerechte Finanzausstattung im Bundesstaat, in: Merten (Hrsg.) Die Zukunft des Föderalismus in Deutschland und Europa, 2007, 165 (177 f.); *ders.* Den zweiten Schritt wagen! – Die Novellierung der Finanzverfassung als notwendige zweite Stufe der Föderalismusreform, ZG 2006, 288 (296); „dringend erörterungsbedürftig", BVerfGE 116, 327 (393); positiver *Korioth* Länderfinanzen (Fn. 3), 73.

[7] Lediglich die Grunderwerbsteuer nach Art. 105 Abs. 2a GG ist autonom von den Ländern regelbar, beträgt jedoch nur 1,2 % des gesamtstaatlichen Steueraufkommens (*L. P. Feld/H. Kube/J. Schnellenbach* Optionen für eine Reform des bundesdeutschen Finanzausgleichs – Gutachten im Auftrag der FDP-Landtagsfraktionen der Länder BW, BY und HE, Fassung vom 13. Mai 2013, 12). Bei allen anderen, nach Art. 106 Abs. 2 GG den Ländern zugeordneten Steueraufkommen steht diesen zwar der Steuerertrag zu, sie haben jedoch keine Möglichkeit, die Steuersätze selbst anzupassen – sog. „unechte" Ländersteuern (ebd.).

[8] Dazu kritisch etwa *A. W. Heinemann* Horizontal oder vertikal? Zur Zukunft des Finanzausgleichs in Deutschland, Wirtschaftsdienst 2012, 471 (471); *C. Fuest/M. Thöne* Reform des Finanzföderalismus in Deutschland, 2009, 14 ff.; *W. Kitterer/R. C. Plachta* Reform des Bund-Länder-Finanzausgleichs als Kernelement einer Modernisierung des deutschen Föderalismus, 2008, 17; *C. Waldhoff* Grundzüge des Finanzrechts des Grundgesetzes, in: Isensee/Kirchhof (Hrsg.) HStR V, 3. Aufl. 2007, § 116 Rn. 80; *ders.* Finanzautonomie und Finanzverflechtung in gestuften Rechtsordnungen, VVDStRL 66 (2007), 216 (260 ff.); *ders.* Reformperspektiven der bundesstaatlichen Finanzverfassung im gestuften Verfahren, ZG 2000, 193 (204 ff.); *ders.* Verfassungsrechtliche Vorgaben für die Steuergesetzgebung im Vergleich Deutschland – Schweiz 1997, 99 f.; dazu auch *S. Korioth* Referat, in: Verhandlungen des 65. DJT, Bd. II/1, 2004, P 89 (P 108); *K.-D. Henke* Möglichkeiten zur Stärkung der Länderautonomie, StWStP 4 (1995), 643 (645); anders *H. P. Bull* Föderalismusreform auf falscher Fährte, RuP 43 (2007), 67 (69).

[9] Einkommen- und Körperschaftsteuer werden dabei – teils nach vorherigem Abzug eines Gemeindeanteils – durch das Grundgesetz vorgeben je zur Hälfte dem Bund bzw. den Ländern zugewiesen (Einkommensteuer: je 42,5 % für Bund und Länder, 15 % für Gemeinden; Körperschaftsteuer: je 50 % für Bund und Länder). Die Verteilung der Umsatzsteuer ist grds. einfachgesetzlich im FAG konkretisiert und gilt daher als „bewegliches Scharnier in der Finanzverfassung" (*Woisin* Umsatzsteuerverteilung (Fn. 6), 446); der Bundesanteil ist seit 1970 kontinuierlich gesunken (von 70 % auf heute etwa 53 %), der Länderanteil auf 45 % gestiegen; weitere 2 % erhalten die Gemeinden (*Feld/Kube/Schnellenbach* (Fn. 7), 11).

Zweitens mangelt es an Systematik und Transparenz.[10] Während etwa die Ländersteuern und der Länderanteil am Ertrag der Einkommen- und der Körperschaftsteuer nach dem Prinzip des örtlichen Aufkommens verteilt werden, wird dieses System schon im Rahmen der Umsatzsteuerverteilung wieder durchbrochen.[11] Der Umsatzsteuervorausgleich, Art. 107 Abs. 1 S. 4 GG iVm § 2 Abs. 1 FAG, gibt seiner Stellung nach vor, die primäre Verteilung der Erträge unter den Ländern zu regeln, hat faktisch aber bereits massive Ausgleichsfunktion[12] und lässt z.B. Hamburg und Nordrhein-Westfalen, die ein überdurchschnittliches Steueraufkommen aufweisen, zu Nehmerländern werden.[13]

Drittens zielt die Ausgleichsmesszahl[14] auf eine möglichst ähnliche Finanzausstattung in allen Ländern. Dadurch negiert sie Präferenzunter-

---

[10] Vgl. etwa *Feld/Kube/Schnellenbach* (Fn. 7), 16; *N. Behnke* Fahrplan für eine grüne Reform der bundesdeutschen Finanzverfassung. Gutachten im Auftrag der GRÜNEN-Landtagsfraktionen von BW, BY, HE, NW und SN, 2012, 26; *M. Schwarz* Neue Finanzverteilung 2020?, in: Baus/Scheller/Hrbek (Hrsg.) Der deutsche Föderalismus 2020, 2009, 204 (207); *Kitterer/Plachta* (Fn. 8), 17 f., 80; *T. Sarrazin* Einfach, transparent und nachvollziehbar: Zur Reform der Finanzverteilung zwischen Bund und Ländern, ifo Dresden berichtet 6/2007, 23 (23). Zum Konflikt zwischen Transparenz und haushaltstechnischer Vielfalt: *S. Korioth* Neuere Entwicklungen im Haushaltsrecht und ihre Rückwirkungen auf den bundesstaatlichen Finanzausgleich, in: Baus/Eppler/Wintermann (Hrsg.) Zur Reform der föderalen Finanzverfassung in Deutschland: Perspektiven für die Föderalismusreform II im Spiegel internationaler Erfahrungen, 2008, 164 (169).

[11] *S. Korioth* Der Finanzausgleich zwischen Bund und Ländern, 1997, 421 f.

[12] *Feld/Kube/Schnellenbach* (Fn. 7), 4, 13. 2011 und 2012 betrugen die Ergänzungsanteile 11 bzw. 11,2 Mrd. Euro – das Verteilungsvolumen des Länderfinanzausgleichs ieS lag in diesen Jahren demgegenüber nur bei 7,3 bzw. 7,9 Mrd. Euro (ebd., 13). Auch bei bloßer Berücksichtigung des eigentlichen Umsatzsteuervorausgleichs zeigt sich kein verändertes Bild. Selbst nach diesen Zahlen wird deutlich, dass das Verteilungsvolumen von Länderfinanzausgleich ieS und Umsatzsteuervorausgleich nahezu identisch ist: 2012 7,9 Mrd. Euro Länderfinanzausgleich ieS zu 7,3 Mrd. Euro Umsatzsteuervorausgleich (ebd., 13).

[13] Ein Beispiel aus 2012: NW und HH haben vor Umsatzsteuervorausgleich Steuereinnahmen je Einwohner in Höhe von 100,8 % (NW) bzw. 149,4 % (HH) des Durchschnitts. Aufgrund ihrer überdurchschnittlichen relativen Finanzkraft sind beide folglich nicht am Umsatzsteuervorausgleich beteiligt. Nach Umsatzsteuervorausgleich beträgt die relative Finanzkraft NWs 98,5 %, HHs 99,4 % des Länderdurchschnitts, so dass beide Länder zu Anspruchsberechtigten im Länderfinanzausgleich ieS werden (nach dem Länderfinanzausgleich ieS beträgt die relative Finanzkraft NWs 99,2 %, HHs 99,7 %. NW erhält zudem Fehlbetrags-BEZ, welche zu einer weiteren Erhöhung auf 99,4 % führen), s. *Bundesministerium der Finanzen* Monatsbericht des BMF, Februar 2013, 43.

[14] Die Ausgleichsmesszahl errechnet sich, indem die gesamten Steuereinnahmen der Länder und ihrer Gemeinden (deren Einnahmen lediglich mit Faktor 0,64 gewichtet

schiede, die ja kein unwichtiges Element föderaler Ordnungen sind.[15] Man kann sich fragen, ob eine angemessene Finanzausstattung tatsächlich erst vorliegt, wenn eine nahezu vollständige Angleichung der relativen Finanzkraft der Länder stattfindet.[16] Das Nivellierungsverbot des § 9 S. 3 und 4 MaßstG und des Bundesverfassungsgerichts[17] wird damit faktisch auf das Formale reduziert und beschränkt sich im Wesentlichen auf die Wahrung der Finanzkraftreihenfolge.[18] Ähnliches gilt auch für die vertikale sekundäre Steuerverteilung. 2012 wurde die relative Finanzkraft von elf Nehmerländern auf mindestens 98,5 % angehoben.[19] Die hinzukommenden

werden, § 8 Abs. 3 FAG) durch die gewichtete Einwohnerzahl aller Länder dividiert und anschließend wiederum mit der gewichteten Einwohnerzahl des betreffenden Landes multipliziert werden (§ 6 Abs. 2 FAG). Die Vereinfachung blendet freilich die Gewichtung der Gemeindeeinnahmen sowie die Einwohnerveredlung einiger Länder aus (Stadtstaaten dürfen im Rahmen der Gewichtung nach § 9 Abs. 2 FAG das 1,35-fache ihrer tatsächlichen Einwohnerzahl ansetzen; die Länder BB, MV und ST können nach § 9 Abs. 3 FAG geringfügige sog. Einwohnerveredlungen auf Gemeindeebene vornehmen, allerdings lediglich für den Ausgleich der Steuereinnahmen der Gemeinden). Ausgleichsberechtigt sind Länder, bei denen ein Vergleich zwischen der Ausgleichsmesszahl und der Finanzkraftmesszahl, die sich nach § 6 Abs. 1 FAG aus den tatsächlichen Steuereinnahmen und den mit Faktor 0,64 gewichteten Einnahmen seiner Gemeinden errechnet, eine negative Bilanz ergibt, § 5 Abs. 2 FAG. § 10 FAG sieht für den eigentlichen Ausgleich sodann Zuweisungstarife vor, die bei sinkender relativer Finanzkraft der Nehmerländer ansteigen; gleiches gilt für die Abschöpfungsquote der Geberländer. Dabei erlaubt § 7 Abs. 3 FAG den ausgleichspflichtigen Ländern einen geringfügigen Selbstbehalt.

[15] *Feld/Kube/Schnellenbach* (Fn. 7), 17 f.

[16] TH wies 2012 vor Umsatzsteuervorausgleich und Länderfinanzausgleich ieS mit 52 % die schwächste relative Finanzkraft unter den Ländern auf. Nach Abschluss der Verteilung lag die relative Finanzkraft bei 98,6 %. Das vor Umsatzsteuervorausgleich und Länderfinanzausgleich ieS finanzstärkste Bundesland in jenem Jahr war HH mit 149,4 % relativer Finanzkraft. Nach Umsatzsteuervorausgleich lag HH unter dem Länderdurchschnitt – womit es sogar zum Nehmerland wurde – und erreichte nach Länderfinanzausgleich ieS nur noch eine relative Finanzkraft von 99,7 %. Auch ein Vergleich der Zahlen vor und nach Länderfinanzausgleich ieS ergibt ein ähnliches Bild: Am einnahmeschwächsten ist zunächst BE mit 68,6 % relativer Finanzkraft; einnahmestärkstes Land ist BY mit 115,1 %. Nach dem Länderfinanzausgleich ieS ist der Unterschied zwischen beiden Ländern erheblich reduziert (105,4 % für BY, 90,6 % für BE). Nachdem BE zudem allgemeine BEZ erhalten hat, liegt er nur noch bei 7,9 % (105,4 % für BY, 97,5 % für BE), *Bundesministerium der Finanzen* Monatsbericht (Fn. 13), 43.

[17] BVerfGE 1, 117 (131); BVerfGE 72, 330 (398, 418 f.); BVerfGE 86, 148 (215, 250); BVerfGE 101, 158 (221 f.); BVerfGE 116, 327 (380).

[18] Welche ebenfalls durch das BVerfG sowie durch § 9 S. 4 Maßstäbegesetz (MaßstG) vom 9. September 2001 gefordert wird: BVerfGE 72, 330 (418 f.); BVerfGE 86, 148 (250, 254); BVerfGE 101, 158 (222); BVerfGE 116, 327 (380).

[19] *Feld/Kube/Schnellenbach* (Fn. 7), 15.

Sonderbedarfs-Bundesergänzungszuweisungen verringern den Finanzkraftunterschied weiter oder verkehren ihn gar ins Gegenteil.[20]

Viertens setzt das gegenwärtige System keine oder sogar negative Anreize. Die Finanzkraft der Länder, die ihre Steuereinnahmen steigern, droht sich aufgrund der Abschöpfungsquote zu verschlechtern; angesichts des annähernden Totalausgleichs fehlt die Motivation zur Steigerung der Wirtschaftskraft.[21] „Geradezu perverse Züge"[22] zeigt das System, wenn

---

[20] *H. Kube* Der bundesstaatliche Finanzausgleich, 2011, 25. Das Nivellierungsverbot sowie die Einhaltung der Finanzkraftreihenfolge sind bei Sonderbedarfs-Bundesergänzungszuweisungen nicht zwingend, BVerfGE 101, 158 (234). Kritisch dazu etwa *U. Margedant* Hemmnisse auf dem Weg zur Neugestaltung des Länderfinanzausgleichs 2020, in: Baus/Scheller/Hrbek (Fn. 10), 214 (216 ff.); „verheerende Anreizstruktur", *H. Siekmann* in: Sachs (Hrsg.) Grundgesetz Kommentar, 6. Aufl. 2011, Art. 107 Rn. 54. Seit 2005 sind im FAG zwar keine Sonderbedarfs-Bundesergänzungszuweisungen zur Sanierung des Haushalts mehr vorgesehen, die iRd Föderalismusreform II vorgesehenen Konsolidierungshilfen sollen jedoch die Länder BE, BB, HB, SL, ST und SH bei der Einhaltung der erlassenen Schuldenbremse zumindest unterstützen (*Feld/Kube/Schnellenbach* (Fn. 7), 15 f.).

[21] Zur fehlenden Anreizwirkung am Beispiel West-Berlins bereits *J. Isensee* Der Föderalismus und der Verfassungsstaat der Gegenwart, AöR 115 (1990), 248 (273); s. auch *S. Homburg* Anreizwirkungen des deutschen Finanzausgleichs, FA N.F. 51 (1994), 312; *B. Huber/K. Lichtblau* Konfiskatorischer Finanzausgleich verlangt eine Reform, Wirtschaftsdienst 1998, 142; differenzierend *J.-P. Schneider* Bundesstaatliche Finanzbeziehungen im Wandel, Der Staat 40 (2001), 272 (277 f., 289, 292); zum Fortbestand der Problematik *H. Fehr/M. Tröger* Die Anreizwirkungen des Länderfinanzausgleichs: Reformanspruch und Wirklichkeit, Vierteljahreshefte zur Wirtschaftsforschung 72 (2003), 391; *R. Scholz* Zur Reform des bundesstaatlichen Systems, FS Badura, 2004, 491 (509 f.); *P. Wendisch* Grundsätze einer Reform des föderalen Finanzsystems: Leistungsanreize, Transparenz und fairer Wettbewerb, in: Wendisch/Fonger (Hrsg.) Reform des föderalen Finanzsystems in Deutschland, 2006, 9 (9); *G. Kirchgässner* Die Verflechtungsfalle bleibt bestehen, Wirtschaftsdienst 2008, 569 (570); *P. Altmiks* Wettbewerbliche Reform des Länderfinanzausgleichs, in: Baus/Scheller/Hrbek (Fn. 10), 208 (209, 212); *Behnke* (Fn. 10), 23 ff.; *N. Berthold/A. Müller* Regionale Disparitäten in Deutschland – Auf dem Weg zu gleichwertigen Lebensverhältnissen?, Wirtschaftsdienst 2010, 591 (596); *U. Häde* Das Ende der Solidarität zwischen den Ländern? – Der Streit um den Länderfinanzausgleich, LKV 2011, 1 (4 f.); *Kube* Finanzausgleich (Fn. 20), 90 f.; *Margedant* Länderfinanzausgleich (Fn. 6), § 46 Rn. 12; *K.-A. Schwarz* Länderneugliederungen – ein Beitrag zur Reform der bundesstaatlichen Ordnung?, in: Härtel (Fn. 2), § 47 Rn. 25 f. Anders *Korioth* Länderfinanzen (Fn. 3), 77; *ders.* Nach der Föderalismusreform – Perspektiven einer Neuordnung der bundesstaatlichen Finanzbeziehungen, in: Konrad/Jochimsen (Hrsg.) Der Föderalstaat nach dem Berlin-Urteil, 2007, 49 (61); *ders.* Neuordnung der Bund-Länder-Finanzbeziehungen?, ZG 2007, 1 (15); in diese Richtung auch *W. Renzsch* Neuordnung der Bund-Länder-Finanzbeziehungen 2019: Fünf Thesen

die Steigerung des originären Steueraufkommens nach der Umverteilung den gegenteiligen Effekt hervorruft, weil die Abschöpfungsquoten im Solidarausgleich über 100 % der Steigerung liegen.[23]

Fünftens schließlich ist das bestehende System einnahmefixiert. Durch die Vernachlässigung der Ausgabenseite wird weder Sparverhalten honoriert noch verschwenderische Sorglosigkeit sanktioniert.[24]

---

und eine abschließende Anmerkung, in: Junkernheinrich/Korioth/Lenk/Scheller/Woisin (Hrsg.) Jahrbuch für öffentliche Finanzen 2013, 407 (425); *I. Deubel* Mehr Steuerautonomie der Länder? Sind die notwendigen Voraussetzungen erfüllbar?, ZSE 5 (2007), 218 (226 f.). Zur falschen Anreizwirkung durch die Eigenbehaltsregelung *W. Wiegard* Reform des föderalen Finanzsystems aus ökonomischer Sicht, in: Wendisch/Fonger (ebd.), 19 (20 ff.); kritisch dazu auch *A. W. Heinemann* Länderfinanzausgleich 2005: Kritische Bewertung des „Prämienmodells", Wirtschaftsdienst 2006, 10; zumindest in Bezug auf finanzstarke Länder abweichend *H. Schulte* „Absolut bescheuert" oder kann der bundesstaatliche Finanzausgleich ab 2020 an das geltende Ausgleichssystem anknüpfen?, in: Junkernheinrich/Korioth/Lenk/Scheller/Woisin (Hrsg.) Jahrbuch für öffentliche Finanzen 2012, 405 (414 ff.); kritisch zur Anreiztheorie: *ders.* Anreize im bundesstaatlichen Finanzsystem – Wirklich ein Schlüsselthema für die Neuordnung ab 2020, in: Junkernheinrich/Korioth/Lenk/Scheller/Woisin (Hrsg.) Jahrbuch für öffentliche Finanzen 2013, 387.

22 *Kitterer/Plachta* (Fn. 8), 177.

23 Am Beispiel einer Steigerung der Einkommensteuereinnahmen in MV *C. Fuest/M. Thöne* Der Finanzföderalismus in Deutschland und seine Reform, in: Härtel (Fn. 2), § 37 Rn. 83. Ein solcher Effekt treffe insbesondere finanzschwache Länder, die hierdurch noch weniger Anreize erfahren, ihre Finanzkraft zu stärken und praktisch in eine Armutsfalle getrieben werden (*Kitterer/Plachta* (Fn. 8), 177). Ebenso bestehen für die Länder keine Anreize, verstärkt teure Steuerprüfungen durchzuführen, wenn dadurch generierte Mehreinnahmen ohnehin abgeschöpft werden; hierdurch entstehen geschätzte Verluste iHv 3 Mrd. Euro, also knapp der Hälfte des Länderfinanzausgleichs ieS (*Behnke* (Fn. 10), 23 f.; in diese Richtung auch *Wiegard* Reform (Fn. 21), 23). Auch besteht aufgrund der Zerlegung von Lohn- und Umsatzsteueranteil der Länder nach Einwohnerzahl eher ein Anreiz zur Einwohnermaximierung als zur Maximierung der Wirtschaftskraft (*Feld/Kube/Schnellenbach* (Fn. 7), 17) – sicher auch ein Grund, warum viele Städte Studenten mit Geldprämien dafür belohnen, dass sie der Pflicht nachkommen, sich in ihrer Studienstadt offiziell zu melden (Übersicht bei *M. Stolz* Begrüßungsgeld für Studenten, ZEITmagazin v. 22.8.2013 (Nr. 35)).

24 *Behnke* (Fn. 10), 25 f. Unproblematisch stelle sich hingegen – entgegen der öffentlichen Wahrnehmung und dem damit verbunden Ausnutzungspotential (*Behnke* (ebd.), 25 meint allerdings, dass auch dies die Solidarbereitschaft untergraben kann) – die scheinbare Abwälzung der Ausgaben besonders großzügiger Länder auf die „sparsamen" dar, da lediglich ein Einnahmen-, aber kein Kostenausgleich stattfindet (*Korioth* Länderfinanzen (Fn. 3), 77).

An Vorschlägen, diesen Problemen Herr zu werden, mangelt es nicht, und wir werden von Herrn *Reimer* mehr dazu hören. Sie reichen von einer Vertikalisierung[25] über ein Steuertrennsystem[26], einen Steuerhebesatzwett-

---

[25] *Fuest/Thöne* (Reform (Fn. 8), 93 ff.) schlagen hierzu vor, die Erträge einiger gegenwärtiger Ländersteuern (andere sollen als autonome Ländersteuern fortbestehen) sowie aus den Körperschaftsteuer- und den Umsatzsteueranteilen der Länder künftig dem Bund zuzuordnen. Davon erhalten die Länder einen grundgesetzlich garantierten Betrag zur Bedarfsdeckung. Dieser soll zu jeweils 50 % nach Einwohnerzahl und nach regionalem BIP zugewiesen und zur Vermeidung negativer Anreize für mehrere Jahre im Voraus festgelegt werden; 80 % der Finanzzuweisungen an die Länder sollten auf diese Weise ohne Umverteilungsaspekte zugewiesen werden, die übrigen 20 % sollen durch vertikale Finanzzuweisungen den Länderfinanzausgleich ieS ersetzen. Alternativ wird vorgeschlagen, alle Steuerkompetenzen und -erträge (mit Ausnahme der Kommunalsteuern) dem Bund zuzuordnen und der Ländergemeinschaft Zuweisungen iHv 9 % des nominalen BIP zuzugestehen, *Sarrazin* (Fn. 10), 25; so auch – ohne sich jedoch auf einen Prozentsatz festzulegen – *Schwarz* Finanzverteilung (Fn. 10), 206, sowie *U. van Suntum/K. Hafemann* Für eine grundlegende Reform der Bund-Länder-Finanzbeziehungen, in: Junkernheinrich/Scheller/Woisin (Hrsg.) Zwischen Reformidee und Funktionsanspruch: Konzeptionen und Positionen zur deutschen Finanzverfassung, 2007, 209 (216 ff.). Eine weitere Reformvariante sieht vor, dass Bund und Länder bestimmte Steueraufkommen einem „Gemeinschaftsteuer-Pool" zuschlagen, aus welchem Finanzmittel vertikal an die Länder zu deren Grundausstattung verteilt werden, *Heinemann* Finanzausgleich (Fn. 8), 479; Vertikalisierung als Reformmöglichkeit gesehen auch von *Korioth* Länderfinanzen (Fn. 3), 78; *ders.* Zur Neuordnung des Finanzausgleichs zwischen Bund und Ländern – Vertikalisierung und Bedarfstatbestände als mögliche Auswege aus der verfahrenen Verhandlungskonstellation, in: Baus/Scheller/Hrbek (Fn. 10), 195; in diese Richtung bereits *K.-D. Henke/G.F. Schuppert* Rechtliche und finanzwissenschaftliche Probleme der Neuordnung der Finanzbeziehungen von Bund und Ländern im vereinten Deutschland, 1993, 113 ff.; auf die konfliktmindernde Wirkung vertikaler Finanzzuweisungen hinweisend etwa *W. Renzsch* Föderalismusreform II – Finanzen: Überlegungen aus der Sicht der finanzschwachen Länder, in: Baus/Fischer/Hrbek (Hrsg.) Föderalismusreform II: Weichenstellungen für eine Neuordnung der Finanzbeziehungen im deutschen Bundesstaat, 2007, 91 (100).

[26] *Kitterer/Plachta* (Fn. 8), 180 ff., schlagen vor, das bestehende Verbundsystem durch eine Zuordnung der Umsatzsteuer an den Bund und der Einkommensteuer sowie der Körperschaftsteuer an die Länder zu entflechten; eine einheitliche Steuerbemessungsgrundlage und ein bundesweiter Basistarif für die Einkommensteuer sowie ein limitierter Zuschlagswert von maximal 10 % – verbunden mit einer vorhergehenden Absenkung des Basistarifs – sollten einem unüberschaubaren Ausufern des Steuerwettbewerbs vorbeugen; in diese Richtung bereits *J. Sanden* Die Weiterentwicklung der föderalen Strukturen der Bundesrepublik Deutschland, 2005, 963 ff.; ablehnend *Korioth* Länderfinanzen (Fn. 3), 75; *ders.* Neuordnung (Fn. 21), 13; *ders.* Nach der Föderalismusreform (Fn. 21), 58 f., der auch darauf hinweist, dass der Sachverständigenrat zur Begutachtung der gesamtwirtschaftlichen Entwicklung in seinem Jahresgutachten 2003/2004 noch einen Übergang zum freien Trennsystem empfohlen hatte, im Jahresgutachten 2004/2005 von dieser Forderung jedoch wieder abrückte; *ders.* Finanzausgleich (Fn. 11), 435 ff.; vgl. auch *Wieland* Neuordnung (Fn. 2), 39; *T. Lenk/M. Kuntze* Neuord-

bewerb[27], Varianten einer auf allen vier Stufen der Finanzordnung anknüpfenden Neustrukturierung[28] bis hin zur Überprüfung von Aufgabenverlagerungen[29] und zu Länderneugliederungen.[30]

---

nung der föderalen Finanzverfassung nach 2019 unter besonderer Berücksichtigung der kommunalen Finanzausstattung, 2012, 29; *J. Hey* Finanzautonomie und Finanzverflechtung in gestuften Rechtsordnungen, VVDStRL 66 (2007), 277 (312 ff.). Kritisch zur Möglichkeit, dem Bund die Besteuerung des Einkommens und den Ländern die des Umsatzes zuzuweisen, auch *S. Korioth* Reform der bundesstaatlichen Finanzbeziehungen? Anmerkungen zur zweiten Stufe der Föderalismusreform, FS Scholz, 2007, 677 (694 f.).

[27] Für eine Übertragung der Gesetzgebungskompetenzen über die den Ländern nach dem Grundgesetz ohnehin ausschließlich zustehenden, bislang „unechten" Ländersteuern: *Waldhoff* Finanzautonomie (Fn. 8), 262; so auch *Scholz* Reform (Fn. 21), 507; gesehen von *Korioth* Referat (Fn. 8), P 111. Kombiniert mit Zuschlagsrechten auf Einkommen- und Körperschaftsteuer: *N. Berthold/H. Fricke* Die Bundesländer im Standortwettbewerb, in: Härtel (Fn. 2), § 30 Rn. 55. Für Hebe-/Zuschlagsrechte auf Einkommen- und Körperschaftsteuer bei einheitlich bundesgesetzlich geregelter Steuerbemessungsgrundlage bereits *I. Kesper* Bundesstaatliche Finanzordnung, 1998, 338 f.; aktuell: *Feld/Kube/Schnellenbach* (Fn. 7), 30 f.; *A. Heise* Für eine Reform der Finanzbeziehungen, Die Politische Meinung 2011, 69 (73), der hierin zugleich einen Mechanismus zur Sanktionierung von Verstößen gegen die Schuldenbremse erblickt; *Wiegard* Reform (Fn. 21), 29; in diese Richtung auch *Korioth* Vertikalisierung und Bedarfstatbestände, in: Baus/Scheller/Hrbek (Fn. 25), 202 (insb. zur Sichtbarmachung politischer Entscheidungen, s. *ders.* Nach der Föderalismusreform (Fn. 21), 60; so bereits *K. Rennert* Der deutsche Föderalismus in der gegenwärtigen Debatte um eine Verfassungsreform, Der Staat 32 (1993), 269 (278)), inzwischen kritischer *Korioth* Länderfinanzen (Fn. 3), 75. Für ein Zuschlagsrecht iHv max. 5 % auf Einkommen- und Lohnsteuer: *Buscher* (Fn. 2), 250; für Zu-/Abschlagsrecht der Länder von max. 10 % auf Einkommen- und Körperschaftssteuer: *C. Baretti/R. Fenge/B. Huber/W. Leibfritz/M. Steinherr* Chancen und Grenzen föderalen Wettbewerbs, 2000, 127 ff., 182 f. *Fuest/Thöne* Reform (Fn. 8), 87, setzen hierfür eine Senkung der Bundeseinkommensteuer iHv 3 % voraus und wollen auf Steuerober-/-untergrenzen oder Tarifvorgaben verzichten; *dies.* Finanzföderalismus, in: Härtel (Fn. 23), § 37 Rn. 94 ff. IRd Steuertrennsystems schlagen *Kitterer/Plachta* (Fn. 8), 182, vor, die Lohn- und Einkommensteuer um 5 % abzusenken, um den Ländern Zuschlagsrechte innerhalb dieses Spielraums zu ermöglichen; für begrenzten ländereigenen Einkommensteuerzuschlag, ohne die konkrete Höhe vorzugeben: *van Suntum/Hafemann* Grundlegende Reform (Fn. 25), 219; für Hebesatzrecht der Länder iHv von max. 2,5 % +/– auf die Einkommensteuerschuld bereits: *Henke* (Fn. 8), 647. Intensiven Steuerwettbewerb ablehnend bereits: *H. Höpker-Aschoff* Das Finanz- und Steuersystem des Bonner Grundgesetzes, AöR 75 (1949), 306 (319 f.); gegenwärtig: etwa *H. Tappe* Die künftige Ausgestaltung der bundesstaatlichen Finanzordnung, DVBl. 2013, 1079 (1085 f.); *Wieland* Neuordnung (Fn. 2), 43; *Lenk/Kuntze* (Fn. 26), 29; *L. Osterloh* Fünf Jahre Föderalismusreform – Fortschritte für Aufgaben- und Ausgabenverantwortung von Bund und Ländern?, NDV 2011, 388 (392).

[28] IRd primären vertikalen Finanzausgleichs wird vorgeschlagen, durch die Schuldenbremse hervorgerufene Einnahmeverluste durch eine Neuverteilung der Umsatzsteueranteile zwischen Bund und Ländern zu kompensieren, etwa durch einen erhöhten

Aufkommensanteil oder Festsetzung eines Festbetrags zugunsten der Länder, s. hierzu *Lenk/Kuntze* (Fn. 26), 33, zu den Erfolgsaussichten *Korioth* Länderfinanzen (Fn. 3), 78. Zudem wird empfohlen, die Festsetzung der Umsatzsteueranteile von Bund und Ländern einer verfassungsrechtlich vorgegebenen, neutralen Institution zu übertragen und auch das Verfahren zur Festsetzung in seinen wesentlichen Zügen verfassungsrechtlich zu konkretisieren, hierzu *Wieland* Neuordnung (Fn. 2), 37. Ein weiteres Modell sieht vor, die Finanzschwäche BEs künftig durch vertikale Finanzzuweisungen auszugleichen und BE nicht mehr in den Länderfinanzausgleich ieS einzubeziehen. Zur Kompensation solle der Bund iRd Umsatzsteuerverteilung einen Vorwegabzug vom Länderanteil erhalten, *M. Kuntze* Der Länderfinanzausgleich ohne Berlin – Gewinner und Verlierer, Wirtschaftsdienst 2013, 170. IRd primären horizontalen Finanzausgleichs wird eine stärkere Partizipation der Länder an ihrer Leistungsfähigkeit empfohlen. Für eine Zerlegung der Einkommen-/Lohnsteuer kombiniert nach Wohnsitz- und Betriebsstättenprinzip: *Feld/Kube/Schnellenbach* (Fn. 7), 21; *Wiegard* Reform (Fn. 21), 25; so bereits *Henke/Schuppert* Rechtliche und finanzwissenschaftliche Probleme (Fn. 25), 104; *Korioth* Finanzausgleich (Fn. 11), 521 f. Für eine Zerlegung der Lohnsteuer anhand des BIPs: *Kitterer/Plachta* (Fn. 8), 178; zustimmend *Buscher* (Fn. 2), 262; nur nach Betriebsstättenprinzip: *Wendisch* Grundsätze (Fn. 21), 10. Auch die Umsatzsteuerverteilung nach Betriebstättenprinzip oder BIP würde eine stärkere Verknüpfung zwischen Wirtschaftsleistung und Ertragsanteil bedeuten, dazu etwa *Feld/Kube/Schnellenbach* (Fn. 7), 22. Alternativ wird vorgeschlagen, die bestehenden Verteilungsmaßstäbe bei Einkommen- und Körperschaftsteuer durch einen aufgabenbezogenen Verteilungsmaßstab zu ersetzen, etwa die Verteilung nach Einwohnerzahl und Spezialbedarfen vorzunehmen, *Wieland* Neuordnung (Fn. 2), 41; kritisch zum Verteilungsmaßstab des örtlichen Aufkommens bereits *ders.* Die Reform der bundesstaatlichen Finanzverfassung: Historische Voraussetzungen und aktueller Handlungsbedarf, ZSE 6 (2008), 204 (222); dazu etwa auch *R. Wendt* Die „eigene" Finanzausstattung der Länder im System der Steuerverteilung und des Finanzausgleichs, GS Burmeister, 2005, 457 (459 ff.). Für eine Einbeziehung von Bedarfsindikatoren bei der horizontalen Umsatzsteuerverteilung: *Behnke* (Fn. 10), 11, 29 f., 32 ff. Vielfach wird der Wegfall des Umsatzsteuervorausgleichs befürwortet: *Feld/Kube/Schnellenbach* (Fn. 7), 22; *Wieland* Neuordnung (Fn. 2), 42; *Fuest/Thöne* (Fn. 8), 89; *Kitterer/Plachta* (Fn. 8), 177; *Wiegard* Reform (Fn. 21), 24, 31; differenzierend *Lenk/Kuntze* (Fn. 26), 34 sowie *Buscher* (Fn. 2), 264. Grundsätzlich für eine Beibehaltung, aber systematische Einordnung in den sekundären horizontalen Finanzausgleich: *Tappe* Bundesstaatliche Finanzordnung (Fn. 27), 1083. IRd Neuordnung des sekundären horizontalen Finanzausgleichs schlagen *Feld/Kube/Schnellenbach* (Fn. 7), 23 f., die Einführung eines ressourcenorientierten Finanzausgleichs (wie er in der Schweiz praktiziert wird) vor, bei welchem die Berechnung der Finanzkraft nicht anhand der Diskrepanz zwischen Finanzkraft- und Ausgleichsmesszahl, sondern anhand der zur Verfügung stehenden Steuerbemessungsgrundlagen erfolgt. Falls nicht der vollständige Wegfall horizontaler Ausgleichszahlungen befürwortet wird (so aber etwa *Wieland* Neuordnung (Fn. 2), 44; *Fuest/Thöne* (Fn. 8), 90; *Behnke* (Fn. 10), 31 f.; *Sarrazin* (Fn. 10), 29; *F. Kirchhof* Novellierung der Finanzverfassung (Fn. 6), 296), wird vorgeschlagen, zumindest das horizontale Ausgleichsvolumen unter Einführung eines linearen Ausgleichstarifs zu reduzieren: *Berthold/Fricke* Standortwettbewerb, in: Härtel (Fn. 27), § 30 Rn. 61; ähnlich *Kitterer/Plachta* (Fn. 8), 177 f.; *Wiegard* Reform (Fn. 21), 25, zugleich für Bemessung der Ausgleichtarifs nach dem BIP (30 f.) sowie *Buscher* (Fn. 2), 268; ablehnend *Renzsch* Neuordnung, in: Junkernheinrich/Korioth/Lenk/Scheller/Woisin 2013 (Fn. 21), 414. Zum Teil wird auch iRd sekundären horizontalen

Finanzausgleichs die Einführung einer bedarfsorientierten Verteilung vorgeschlagen; *R. Wendt* Der Finanzausgleich im föderalen System der Bundesrepublik Deutschland, in: Härtel (Fn. 2), § 41 Rn. 30. Abhängig vom jeweiligen Reformmodell wird überwiegend für eine vollständige Berücksichtigung der kommunalen Finanzkraft plädiert: *Wieland* Neuordnung (Fn. 2), 45; *Lenk/Kuntze* (Fn. 26), 49; *Kitterer/Plachta* (Fn. 8), 176 f.; so auch *S. Korioth* Nachhaltigkeit und Finanzausgleich, in: Kahl (Fn. 2), 188 (206); *ders.* Reform, FS Scholz (Fn. 26), 700; *Deubel* (Fn. 21), 234; *Wiegard* Reform (Fn. 21), 24; so bereits *H.-G. Henneke* Reform der Aufgaben- und Finanzbeziehungen von Bund, Ländern und Kommunen, 1999, 146; dafür, dass ein entsprechendes Reduzierungsgebot auch nicht aus Art. 107 Abs. 2 S. 1 HS. 2 GG folge, s. *Wendt* Finanzausgleich, in: Härtel (Fn. 2), § 41 Rn. 27 ff. Gleiches gilt für die Beibehaltung bzw. Abschaffung der Einwohnerveredlung, für die Beibehaltung etwa *Kitterer/Plachta* (Fn. 8), 177; *Buscher* (Fn. 2), 267; dagegen: *Feld/Kube/Schnellenbach* (Fn. 7), 26; *Henneke* Reform (ebd.); wohl auch *Siekmann* in: Sachs (Fn. 20), Art. 107 Rn. 34 f.; stattdessen für Einführung eines Stadtstaatenfaktors: *J. Wieland* Die Rolle der Stadtstaaten im Föderalismus – Zu den Chancen einer Neuordnung des bundestaatlichen Finanzausgleichs, NordÖR 2001, 45 (49). Auch iRd sekundären vertikalen Finanzausgleichs wird abhängig vom jeweiligen Reformmodell der Fortbestand, der Wegfall oder eine nur vorübergehende Weiterverwendung von Fehlbetrags-Bundesergänzungszuweisungen empfohlen, für einen Fortbestand: *Feld/Kube/Schnellenbach* (Fn. 7), 6; für eine Neubewertung: *Lenk/Kuntze* (Fn. 26), 51; dagegen: *Sarrazin* (Fn. 10), 29; ablehnend bereits *P. M. Huber* Gutachten D zum 65. DJT, in: Verhandlungen des 65. DJT, 2004, D 99 f.; für eine bloß vorübergehende Weiterverwendung zur Abfederung von Reformhärten: *Kitterer/Plachta* (Fn. 8), 178; *Buscher* (Fn. 2), 269. Gleiches gilt für Sonderbedarfs-Bundesergänzungszuweisungen. Für eine Ablösung durch pauschale, für die Dauer von zehn Jahren angelegte Zahlungen, ausschließlich an Länder mit struktureller Wirtschaftsschwäche: *Behnke* (Fn. 10), 36 ff.; für eine Neubewertung: *Lenk/Kuntze* (Fn. 26), 51 ff.; für den Fortbestand: *Fuest/Thöne* (Fn. 8), 97 f.; für eine nur vorübergehende Weiterverwendung zur Abmilderung künftiger Reformhärten: *Feld/Kube/Schnellenbach* (Fn. 7), 6; für eine Abschaffung der Sonderbedarfs-Bundesergänzungszuweisungen für Kosten politischer Führung bereits *Henneke* Reform (ebd.), 147; kritisch insb. *Korioth* Nach der Föderalismusreform (Fn. 21), 62; so bereits *Huber* Gutachten D (ebd.), D 100.

[29] Die fortschreitende Verlagerung von kostenintensiven Aufgaben auf die Landesebene zumindest in der Form neu ausgestaltet werden, dass durch den Bund veranlasste Aufgaben in höherem Maße kompensiert werden: *Korioth* Länderfinanzen (Fn. 3), 77; *Lenk/Kuntze* (Fn. 26), 56 f. Darüber hinaus ließe sich eine Abkehr vom Prinzip der Durchführungskonnexität hin zum Prinzip der Verursachungs- oder Veranlassungskonnexität andenken: etwa *Altmiks* Wettbewerbliche Reform, in: Baus/Scheller/Hrbek (Fn. 21), 211; dazu bereits *F. Schoch/J. Wieland* Finanzierungsverantwortung für gesetzgeberisch veranlaßte kommunale Aufgaben, 1995, 145 ff.; *F. Schoch* Die Reformbedürftigkeit des Art. 104a GG, ZRP 1995, 387; *H.-G. Henneke* Finanzierungsverantwortung im Bundesstaat, DÖV 1996, 713 (716 f.); *F. Kirchhof* Gutachten D zum 61. DJT, in: Verhandlungen des 61. DJT, 1996, D 57; *G. Trapp* Reform der grundgesetzlichen Lastenverteilung durch das Veranlassungsprinzip, ZRP 1996, 339 (341 f.); *ders.* Das Veranlassungsprinzip in der Finanzverfassung der Bundesrepublik Deutschland, 1997; *Kesper* (Fn. 27), 296 ff.; „verhängnisvoller föderaler Aberwitz“, *C. Gröpl* Finanzautonomie und Finanzverflechtung in gestuften Rechtsordnungen, DVBl. 2006, 1079 (1083). Gegen eine grds. Abkehr von der Durchführungskonnexität bereits *P. Selmer* Empfehlen sich Maßnahmen, um in der Finanzverfassung Aufgaben- und Ausgaben-

II. Wissenschaft und Praxis

Diese Vorschläge sind nur ein kleiner Ausschnitt aus einer kaum überschaubaren Vielfalt von differenzierten Angeboten, die der Politik über einen Jahrzehnte spannenden Zeitraum unterbreitet worden sind.[31]

Dem steht eine Staatspraxis gegenüber, die sich nur marginal bewegt.[32] Schon vor fast 20 Jahren wurde diese Diskrepanz zwischen wissenschaftlichem Ideenreichtum und politischem Immobilismus beklagt[33] und festgestellt, dass sich die Reformvorschläge aus aktuellem Anlass stets wiederholen, ohne dass ihre Chancen auf Realisierung stiegen.[34] Das

---

verantwortung von Bund, Ländern und Gemeinden stärker zusammenzuführen?, NJW 1996, 2062 (2065 f.); *Korioth* Nach der Föderalismusreform (Fn. 21), 57; *ders.* Neuordnung (Fn. 21), 10 f.; differenzierend bei reinen Geldleistungsgesetzen bzw. Kosten, die nicht im Ermessenen der Länder stehen, etwa *Tappe* Bundesstaatliche Finanzordnung (Fn. 27), 1081; *Lenk/Kuntze* (Fn. 26), 56 f.; in diese Richtung bereits *Huber* Gutachten D (Fn. 28), D 96; *Korioth* Referat (Fn. 8), P 102; stattdessen für Abweichungsmöglichkeiten der Länder von bundesgesetzlichen Standards: *Buscher* (Fn. 2), 228 ff., 234 f.; stattdessen dafür, zusätzliche Erträge einzelner Steuern den Ländern zuzuweisen: *F. Kirchhof* Aufgabengerechte Finanzausstattung (Fn. 6), 177. Für die Einführung neuer Gemeinschaftsaufgaben: *H. Eichel/P. Fink/H. Tiemann* Vorschlag zur Neuordnung des Finanzausgleichs, WISOdirekt 2013, 1 (4).

30 Am Beispiel BE-BB etwa *J. Michalk/A. Möller* Die Stadtstaatenwertung – ein Hindernis für Länderfusionen?, Wirtschaftsdienst 2005, 653; die Notwendigkeit zur Länderneugliederung bejahen etwa *R. Scholz* Reform, FS Badura (Fn. 21), 493; *E. Schmidt-Jortzig* Neugliederung des Bundesgebietes. Verfassungsreformanstrengungen und die Mitwirkung des Jubilars dabei, FS Scholz (Fn. 26), 729 (742 ff.); „Vorbedingung für eine Neuordnung der Finanzverfassung", *H.-J. Papier* Reformstau durch Föderalismus?, in: Merten (Fn. 6), 123 (134 f.); *A. Mathes* Neugliederung des Bundesgebiets auf Basis von Kreisdaten, 2007, 377 ff.; *W. Erbguth* Die Neugliederung des Bundesgebiets: eine Standortbestimmung, JZ 2011, 433 (438); zum Finanzausgleich als „Katalysator der Neugliederung" *Schwarz* Länderneugliederungen (Fn. 21), § 47 Rn. 25 ff.; ablehnend *Huber* Gutachten D (Fn. 28), D 125 ff.; *J. Wieland* Modernisierung der Bund-Länder-Finanzbeziehungen, KritV 91 (2008), 117 (119); *Osterloh* Föderalismusreform (Fn. 27), 392; *Berthold/Fricke* Standortwettbewerb, in: Härtel (Fn. 27), § 30 Rn. 19 ff.

31 Mir erscheinen sie als beeindruckendes Beispiel dessen, was Wissenschaft praktisch leisten kann. Anders *Korioth* Neuordnung (Fn. 21), 2, der einen Mangel an theoretischer Folgerichtigkeit erkennt.

32 In Bezug auf die Veränderungen der Finanzbeziehungen durch die Föderalismusreform I und II „muss man wohl von einer Pleite sprechen", *Osterloh* Föderalismusreform (Fn. 27), 388; dazu auch etwa *J. Wieland* Deutschlands Zukunft als Bundesstaat, in: Enders/Masing (Hrsg.) Freiheit des Subjekts und Organisation von Herrschaft, Der Staat, Beiheft 17 (2006), 79 (80).

33 *G. F. Schuppert* Der bundesstaatliche Finanzausgleich: Status-quo-Denken oder Reformprojekt?, StWStP 6 (1995), 675 (677). Vgl. auch *R. Peffekoven* Reform des Finanzausgleichs – eine vertane Chance, FA N.F. 51 (1994), 281.

34 *H.-G. Henneke* Finanzrecht in der Reform, in: Henneke/Pünder/Waldhoff (Hrsg.) Recht der Kommunalfinanzen, 2006, § 4 Rn. 1; *Wieland* Zukunft (Fn. 32), 79 ff.

Gespräch zwischen Wissenschaft und Politik erscheint einseitig und kaum ertragreich.[35] Wenig spricht dafür, dass sich dies nun ändern könnte.[36] Daraus ergibt sich eine ganz eigene Faszination. Sie entlädt sich aber weniger in dem Verlangen, den Ozean der Angebote mit einem eigenen Kübelchen zu vermehren,[37] als in dem Wunsch zu verstehen, was aus dem Querstand zu lernen ist.

Dementsprechend liegt mein Akzent auch nicht auf dem sozialtechnischen und institutionellen Zugang zum Finanzföderalismus, der die rechts- und politikwissenschaftliche Reformliteratur typischerweise prägt.[38] Das

---

[35] Angesichts der Qualität und Quantität der wissenschaftlichen Entwürfe ist unwahrscheinlich, dass die Schuld für die fehlende Responsivität der Politik bei der Wissenschaft liegt (so auch *M. Junkernheinrich* Lösung des staatlichen Schuldenproblems als Aufgabe der Föderalismusreform: Wider die Politik einfacher Wege, Wirtschaftsdienst 2008, 563 (563); ähnlich *C. Waldhoff* Nachhaltige Finanzverfassung und Kompetenzverteilung, in: Kahl (Fn. 2), 167 (186)); sie wird eher im Widerständigen der politischen Eigenlogik zu suchen sein.

[36] *C. Waldhoff* Reformperspektiven im Finanzrecht – Ein Überblick, Die Verwaltung 39 (2006), 155 (159), etwa prognostiziert, dass sich die Schere zwischen Reformkonzepten und politischen Verwirklichungschancen weiter öffnen wird; s. auch *S. Korioth* „Ist wo ein Reich, das nicht am Abgrund kreist" – Formeln, Verfallserzählungen und Interessen in der Wissenschaft und Praxis zur Finanzreform –, in: Junkernheinrich/Scheller/Woisin (Fn. 25), 9 (14 ff.).

[37] Die Entscheidungen, die für das Jahr 2020 fallen, werden wohl nicht durch die Wissenschaft, auch nicht durch die Veröffentlichungen der Staatsrechtslehrervereinigung, vorgegeben oder auch nur vorstrukturiert, sondern in kompliziertesten Verhandlungen gefällt werden, in denen der Taschenrechner eine große Rolle spielen wird (ähnlich *U. Häde* Zur Föderalismusreform in Deutschland, JZ 2006, 930 (939)). Dies ist auch der Ansatz bei *Schuppert* Finanzausgleich (Fn. 33), 675, der wenig Sinn darin erblickt, ein neues, wissenschaftlich fundiertes Länderfinanzausgleichsmodell vorzustellen, und dies unter Bezug auf *Scharpf* damit begründet, das „die Wissenschaft so gut wie nicht gefragt" wird.

[38] Es fällt auf, dass die wissenschaftlichen Energien durch die Abarbeitung verfassungsdogmatischer, praxisorientierter Lösungen gebunden werden. Dabei handelt es sich um durchaus kontextsensible Beiträge, deren Hauptaugenmerk auf der angemessenen körperschaftlichen Verteilung und der Durchrechnung von Gewinnern und Verlierern möglicher Neuregulierungen liegt, um ein Maximum an Umsetzungswahrscheinlichkeit sicherzustellen und die institutionelle Politikverflechtungsfalle aufzubrechen. Überdogmatische Anknüpfungen bestehen daher hauptsächlich im Hinblick auf ökonomische und institutionelle Argumente. Beide sind nicht unproblematisch. Die Wirtschaftswissenschaft erhebt den wohl unzutreffenden Anspruch einer rationalen, objektiven und in Teilen der Präskription mächtigen hegemonialen Sozialwissenschaft; sie zielt außerdem auf die optimale Allokation von Ressourcen und ist ganz unbeeindruckt von territorialen Grenzen und den dort wirksamen Imaginationen. Die institutionelle Fokussierung lässt der Literatur gleichfalls einen technischen und leicht hermetischen Einschlag zukommen: Institutionalistische Argumente können nur institutionelle Arrangements erklären, müssen deren Logik – hier die Zentralität von Verhandlungs-

Institutionenargument lotet selten das ganze Problem aus. Oft gibt es tiefere inhaltliche Gründe für institutionelle Schieflagen; erstere erklären letztere, nicht umgekehrt. Föderale Organisationsprobleme können nur in enger Zusammenschau mit föderalen gesellschaftlichen Einstellungen bewältigt werden.[39] Wenn über Jahrzehnte eine Rechtslage besteht, die sich gegenüber wissenschaftlicher Kritik und kohärenter Reform weitgehend immun erweist, scheint im Status quo etwas zu stecken, das im größeren Kontext Sinn ergibt. Dieser Sinn wird verunklart, wenn die Finanzverfassung als „dienende" oder „Folgeverfassung" konzipiert wird[40] – das Politische wird so in einen technisch-instrumentellen Raum verwiesen, der erst in einer ganz anderen Diskussion, nämlich derjenigen über die Staatsaufgaben, wieder inhaltlich angereichert wird.[41] Dabei ist offenkundig, dass das Verhältnis von Aufgabe und Finanzierung keine Einbahnstraße ist.[42]

---

prozessen politischer Exekutiven – aber als zentral akzeptieren: *R. Sturm* Föderalismusreform: Kein Erkenntnisproblem, warum aber ein Gestaltungs- und Entscheidungsproblem?, PVS 46 (2005), 195 (197). Hierdurch entsteht ein instrumentalistischer und „sozialtechnologischer Zugang zum Föderalismus" (ebd.).

[39] Demgegenüber kann eine verfassungsjuristische Analyse nicht mehr als verfassungsjuristische Antworten geben. Vgl. *W.S. Livingston* Federalism and Constitutional Change (1956), 1974, 1 f.: "Nearly every discussion of federal government and its problems has begun with the assumption that the problem here concerned is one of legal formalism and formal jurisprudence. The analysis is usually a legal analysis and political questions are usually subordinated to the principles of constitutional law. This is assuredly a convenient method of approaching the problem … But it is not the only one. … Legal answers are of value only in the solution of legal problems. And federalism is concerned with many other problems than those of a legal nature. The essential nature of federalism is to be sought for, not in the shadings of legal and constitutional terminology, but in the forces – economic, social, political, cultural – that have made the outward forms of federalism necessary." Natürlich darf man das nicht so missverstehen, als seien Institutionen nichts anderes als ein Spiegel der Gesellschaft (daher kritisch auch *C. Leuprecht* „Föderalismuskultur-Banausen": Wie ist es um die föderale Kultur in Deutschland bestellt?, in: Vorstand des Europäischen Zentrums für Föderalismus-Forschung Tübingen (Hrsg.) Jahrbuch des Föderalismus 2008, 269 (etwa 271)); die Beziehungen zwischen Institutionen und Gesellschaft sind keine Einbahnstraße.

[40] *F. Kirchhof* Grundsätze der Finanzverfassung des vereinten Deutschlands, VVDStRL 52 (1993), 71 (80); so auch *Korioth* Finanzausgleich (Fn. 11), 88 f. Auf die Prägung des bundesstaatlichen Bildes durch die Finanzverfassung hinweisend: *P. Selmer* Zur Zukunft der bundesstaatlichen Finanzverfassung – Überlegungen vor dem Hintergrund der Föderalismusreform sowie der Judikatur des Bundesverfassungsgerichts, in: Baus/Eppler/Wintermann (Fn. 10), 30 (30 f.).

[41] *Waldhoff* Finanzautonomie (Fn. 8), 246 ff., dort auch Kritik. Weitere Kritik *ders.* Reformperspektiven (Fn. 36), 155 f. Ausführlich auch *Korioth* Finanzausgleich (Fn. 11), 85 ff.

[42] Der Satz, dass es beim horizontalen Finanzausgleich darum gehe, Bund und Ländern „eine angemessene Finanzausstattung" zu verschaffen, um sie „in die Lage zu ver-

Ich möchte daher einen Schritt zurücktreten und mich auf die Suche nach dem in der Verflechtungsfalle eingekapselten Sinn begeben.

III. Staat, Verfassung, Individuum

Meine These lautet, dass die schwierigen finanzverfassungsrechtlichen Verteilungsfragen vor dem Hintergrund einer gesellschaftlichen Kultur diskutiert werden, der es an Verständnis für die Logik der Verteilungslinien mangelt. Die föderale Aufgaben- und Kompetenzverteilung liegt quer zu einer sozialen Imagination des Staates, die ganz andere Prioritäten als föderale Verteilungsgerechtigkeit hat. Dadurch nimmt erstens die Finanzordnungsdiskussion den Charakter einer auf fast gespenstische Weise unberührt und ungerührt neben der sozialen Imagination des Politischen herlaufenden akademischen Übung an, die zweitens kaum eine Chance auf Strukturierung der politischen Entscheidung besitzt. Dies ist, so werde ich argumentieren, die Folge einer Verschlingung zweier Entwicklungsstränge in der Bundesrepublik, die aus ganz unterschiedlichen Richtungen kommen – nämlich einem Staats- und einem Individualisierungsbezug –, die zu einer großen sozialstaatlichen Unitarisierung geführt haben und die sich dem Sinn bundesstaatlicher Differenzierung verweigern. Nur aus der ersten Sicht handelt es sich um eine dysfunktionale Finanzordnung; aus der zweiten Sicht dient sie trotz ihrer Probleme angemessen ihrem Zweck.

1. Staats- und Verfassungsorientierung

Auf der einen Seite ist die deutsche Ordnung durch eine Kontinuität geprägt, die den Staat im Zentrum sah und das Politische um staatliche Existenz herum ordnete. Die Wurzeln reichen mindestens bis zu *Bismarck*

setzen, die ihnen verfassungsrechtlich zukommenden Aufgaben auch wahrzunehmen" (BVerfGE 72, 330 (383)), verschleiert diesen Zusammenhang eher, denn es gibt kaum sicher zu identifizierende notwendige Aufgaben; die Notwendigkeit einer Aufgabe ist nicht unabhängig von der Möglichkeit ihrer Finanzierung und damit eine Frage der politischen Entscheidung, die auch auf die Finanzen blickt (*Waldhoff* Finanzautonomie (Fn. 8), 246 f.; *S. Oeter* Integration und Subsidiarität im deutschen Bundesstaatsrecht, 1998, 514 mwN auf Kommentarliteratur mit Versuchen der normativen Konkretisierung). *Waldhoff* (ebd.) meinte zu Recht, dass die Beweglichkeit des Föderalismus auch an der Beweglichkeit dieses verschlungenen Verhältnisses von Aufgabe und Geld hängt. Auch die institutionenfixierte Analyse der politikwissenschaftlichen Verflechtungsfalle blendet lediglich die politischen Kompetenzwettkämpfe ein, ohne die materiellen Aufgaben in den Blick zu nehmen, und bleibt damit seltsam formal.

zurück und speisten ein sowohl wohlfahrtsstaatliches als auch unitarisches Moment in die Staatlichkeit ein, das neben vielen anderen Zwecken auch der „inneren Reichsgründung" und damit der politischen Einheit diente.[43] Dieses Element politischer Einheit trat in der Bundesrepublik zunehmend in den Hintergrund. Übrig geblieben ist allein das wohlfahrtsstaatliche Moment, das dem Staat Ziel, Ausrichtung und Legitimation verschafft.

Die Orientierung der finanzordnungsrechtlichen Diskussion am Bezugspunkt „Staat" – und weniger am Bezugspunkt „Demokratie" – ist keine Überraschung. Die Finanzordnung organisiert die Ausstattung des Staates mit Geld, verteilt dieses unter den verschiedenen Gebietskörperschaften und soll so eine angemessene Erfüllung staatlicher Aufgaben ermöglichen. Der zehnte Abschnitt des Grundgesetzes erscheint in seiner detailreichen Auflistung technisch formulierter Organisations- und Verfahrensregeln als Verteilungsmechanismus, der wie eine Art Innenrecht die Räder der Finanzausstattung des Staates antreibt.

Das Bild der formalisierten Berechnungs- und Verteilungsmechanik im Innern des staatlichen Motors ist freilich unvollständig, denn die Kontrolle und Verteilung der Finanzen ist nicht einfach irgendeines von vielen Organisationswerkzeugen des Staates. Die „power of the purse" tritt schon in der alten und ältesten Staatstheorie gleichwertig neben die „power of the sword". Heute erinnern Bezeichnungen wie „nervus rerum des Föderalismus"[44], „sensibelste Materie des bundesstaatlichen Verfassungsrechts"[45] und die Metapher, nach der sich die Staatsordnung in der Finanzordnung spiegelt,[46] daran, dass das Einsammeln von Geld durch

---

[43] Die immer dichter gewordenen Beschreibungen erleichtern die Deutung noch nicht, denn viel hängt davon ab, mit welchem Vorverständnis man sich diesen Fragen nähert: Handelte es sich bei der Bismarckschen Sozialgesetzgebung um ein „raffiniertes politisches Manöver gegen die sozialrevolutionäre Arbeiterbewegung oder [um den] Ausdruck wohlfahrtsstaatlichen, christlichen Paternalismus"? Betrachtet man sie in erster Linie als Element innerer Reichsgründung oder als „einen historisch ‚notwendigen' Übergang zum ‚organisierten Kapitalismus'" und sieht damit „eine gegenseitige Stützungsaktion von Kapitalismus und konstitutioneller Monarchie"? Vgl. dazu statt vieler *M. Stolleis* Historische Grundlagen Sozialpolitik in Deutschland bis 1945, in: Bundesministerium für Arbeit und Sozialordnung und Bundesarchiv (Hrsg.) Geschichte der Sozialpolitik in Deutschland seit 1945, Bd. I, 2001, 199 (233 ff.).

[44] *J. Isensee* Idee und Gestalt des Föderalismus im Grundgesetz, in: Isensee/Kirchhof (Hrsg.) HStR VI, 3. Aufl. 2008, § 126 Rn. 213.

[45] *P. Lerche* Föderalismus als nationales Ordnungsprinzip, VVDStRL 21 (1964), 66 (97).

[46] *J. Popitz* Das Finanzausgleichsproblem in der deutschen Finanzwissenschaft der Vorkriegszeit, FA N.F. 1 (1933), 395 (395); „Schwurpunkt des ganzen Verfassungswerkes"; *K.-M. Hettlage* Die Finanzverfassung im Rahmen der Staatsverfassung, VVDStRL 14 (1956), 2 (6).

Abgaben und Steuern und das anschließende Verteilen zu den vornehmsten und wichtigsten Privilegien dessen gehören, was noch heute mit staatlicher Macht und Gewalt – mit dem alten, in Misskredit geratenen Begriff der Souveränität – verknüpft ist. Es hat lange gedauert, die Macht des Schwertes rechtlich einzuhegen; ganz ist es bis heute nicht gelungen. Die Macht des Portemonnaies steht dem in nichts nach; auch hier dauert der Versuch der rechtlichen Bändigung an und will nicht durchgehend gelingen, wie man etwa aus der kaum mit der Verfassung in Einklang zu bringenden Verschuldungsproblematik oder den kaum sanktionierten Verstößen gegen die Maastricht-Kriterien weiß.[47] Diese innerhalb des Staatsbezugs existierende Reibung zwischen räderwerkartiger Technizität und Machtinsignium, zwischen Organisation und Gewalt[48] ist im weiteren Sinne ein Echo der Unterscheidung zwischen Verfassung und Staat als Orientierungsmarken der Wissenschaft des öffentlichen Rechts.[49]

---

[47] Beide Machtbefugnisse – die über das Schwert und die über das Portemonnaie – sind inter- und supranationalrechtlich nur in Ansätzen überwölbt und verbleiben im Grundsatz nationalstaatlich geordnet. Die politische Verfügung über Gewalt und diejenige über Geld erscheinen als gleichberechtigte Insignien souveräner Macht und hängen insofern eng zusammen. So schreibt schon der Richter am US-Supreme Court, *John Marshall*, in der grundlegenden Entscheidung seines Gerichts in *McCulloch v. Maryland* aus dem Jahr 1819 (17 U.S. (4 Wheat.) 316): „... the power to tax involves the power to destroy." (431).

[48] Dies ist für die Finanzverfassung zwar in besonderem Maße feststellbar, jedoch kein Alleinstellungsmerkmal. Der inzwischen weithin überwundene Begriff der Organisationsgewalt ist das Zeichen einer allgemeineren Konstellation, in der „Organisationsrecht ... stets besonders dicht an der politischen Legitimationsstruktur der handelnden Körperschaft [operiert]" und „besonders verfassungsnah" ist, so *C. Möllers* Materielles Recht – Verfahrensrecht – Organisationsrecht, in: Trute/Groß/Röhl/Möllers (Hrsg.) Allgemeines Verwaltungsrecht – zur Tragfähigkeit eines Konzepts, 2008, 489 (499).

[49] Der Staatsbegriff diente, wie *O. Lepsius* (Rechtswissenschaft in der Demokratie, Der Staat 52 (2013), 157 (162)) ausführt, als wissenschaftliches Vehikel zur „konservierenden Strukturbewahrung, zur präskriptiven Deduktionsreserve sowie zur disziplinübergreifenden Selbstbelehrung" . Er trägt noch am ehesten die Überbleibsel des Denkens von Macht und Souveränität in sich, die sich im Verfassungsdenken, das seit der Weimarer Republik und vollends in der Bundesrepublik den Staatsbegriff überholt hat, in der Analyse von institutionellen Kompetenzen aufgelöst haben. Dass die staatliche Finanzordnung heute im Wesentlichen als Finanzverfassungsexperten zugängliche Spezialmaterie erscheint, deren rechtstechnische Probleme die Energien der Disziplin binden, dürfte eine Spur dieser Entwicklung sein, die die verstörende, aber fortexistierende Diffusität von Macht in der Konkretion des stotternden Regelräderwerks und Vorschlägen zur Optimierung kleinarbeitet, ohne dabei den Widerständen und Verlockungen der souveränen Genealogie ganz ausweichen zu können.

2. *Individualorientierung*

Auf der anderen Seite ist die deutsche Rechtsordnung durch einen Diskurs geprägt, der in mancherlei Hinsicht genau das Gegenteil tut: Die politische Imagination erwehrt sich jeder Kontinuität, wendet sich ab von Konzepten und Metaphern kollektiver Körperlichkeit und damit vom Staat als primärem Bezugspunkt. Beglaubigt durch den Menschenwürdesatz an der Spitze der Verfassung besetzt nun das Individuum die Zentralstelle des Politischen. Der eher zufällig im Gemeinwesen organisierte Einzelne, nicht das Gemeinwesen als verorganschaftlichtes Kollektiv, und schon gar nicht das Gemeinwesen als solches, ist der Bezugspunkt der Ordnung. Hierin besteht die säkulare Wahrheit der deutschen Demokratie: Wert und Würde des Menschen sind der Zweck unserer Ordnung.

Selbstverständlich ist das nicht, wie der Vergleich mit anderen demokratischen Staaten zeigt, etwa den USA. Während sich dort eine – natürlich individual- und freiheitsrechtlich abgestützte – nationale Imagination auf die Einswerdung mit dem Kollektiv bezieht, läuft sie in Deutschland über eine Einswerdung mit sich selbst. Während jene Vorstellung den Einzelnen dienend mit der Nation in Verbindung setzt, damit der Staat historische Präsenz genießt, setzt die deutsche Vorstellung den Staat dienend mit dem Einzelnen in Verbindung, damit das Individuum seine Würde voll entfaltet erleben kann. Während in vielen anderen Vorstellungen der Staat seine Bedeutung dem Einzelnen noch auf den Körper zeichnet, lässt sich hier der Einzelne seine individuelle Bedeutung körperlich vom Staat versichern. Andere Imaginationen besitzen dadurch einen relativ leichten Zugang zur Rhetorik des Opfers, denn dort kommen Sinn und Sein zusammen; unsere Imagination besitzt einen leichten Zugang zur Rhetorik der Wohlfahrt, denn Sinn ist privat.[50] Anders gewendet lässt sich in Deutschland eine Weiterwanderung des Souveränitätsbegriffs beobachten; er ist nicht nur von Gott zum Monarchen und von dort zum Volk gewandert, sondern weiter zum Individuum migriert.[51] Man kann dies im Lichte der furchtbaren deutschen Erfahrungen mit Kollektivität mit guten Gründen als Fortschritt werten; die Konsequenz jedenfalls ist auf lange Sicht die vollständige Individualisierung der Zwecke politischer Ordnung.

Dieser Vorstellung des Politischen erschließt sich die Welt souveräner Macht im und durch das Kollektiv natürlich nicht länger; das gilt auch für die Finanzverfassung. Aber auch zu ihrer verfassungsrechtlichen

---

[50] *U. Haltern* Obamas politischer Körper, 2009, 145.

[51] *Ders.* Was bedeutet Souveränität?, 2007; *ders.* Unsere protestantische Menschenwürde, in: Bahr/Heinig (Hrsg.) Menschenwürde in der säkularen Verfassungsordnung, 2006, 93.

Kleinarbeitung liegt sie quer. Insbesondere die Vorstellung eines organisatorischen Innenrechts, die ihr implizit zugrunde liegt, verschließt die Finanzverfassung einer individuell einsehbaren, demokratisch durchsichtigen Transparenz und Kontrolle. Man kann ohne größere Übertreibung formulieren, dass sowohl rechtsstaatliche Formalisierung als auch demokratische Sichtbarmachung im Finanzordnungsrecht gründlich misslungen sind.

3. *Schnittmenge*

So unterschiedlich diese Linien sind, so wirkungsmächtig kommen sie zusammen im Ziel der Wohlfahrt des Individuums. Die Konsequenzen bestehen u.a. darin, dass dem finanzordnungsrechtlichen Verteilungsdiskurs, der sich an regionalen Differenzen und Grenzziehungen orientiert, kaum gesellschaftliche Plausibilität zukommt. Dies hat Rückwirkungen auf Themen wie Rechtsstaatlichkeit, Demokratie und Integration.

IV. Rechtsstaatliche Probleme

Innerhalb der Staats- und Verfassungsorientierung ergeben sich erste Querstände bei der Rechtsstaatlichkeit, insbesondere bei der Verrechtlichung. Hier waren von vornherein Probleme zu erwarten, denn sie ist einerseits das demokratisch legitimierte Steuerungsinstrument, bindet andererseits aber auch staatliche Gewalt und ist daher ein Schritt in Richtung Entpolitisierung. Finanzverfassungsrechtlich schlägt sich dies in Sonderrechts- und Minderrechtsthesen sowie in einer Staatspraxis neben der Verfassung nieder.

1. *Sonder- und Minderrecht, Praxis neben der Verfassung*

Ein früher Hinweis war die Zögerlichkeit, mit der sich das Finanzverfassungsrecht in die Verfassung eingliederte. Vor dieser Vereinigung wurde zunächst die Anfangsthese vertreten, die Finanzverfassung sei ein „Ausnahmerecht von der allgemeinen Verfassungsregel“, das „nicht selten autoritäre Abweichungen von den demokratischen Verfassungsgrundsätzen“ erfordere;[52] es bedurfte einer Weile, um die grundrechtliche Konturierung der Abgabenerhebung, die bundesstaatliche Disziplinierung des Finanzausgleichs und die demokratische und rechtsstaatliche Rolle des

[52] *Hettlage* Finanzverfassung (Fn. 46), 8.

Haushaltsrechts zu erkennen.[53] In diesen Zusammenhang gehört auch die gar nicht so kurz währende Diskussion über die Justiziabilität der Finanzverfassung,[54] in der die These vertreten wurde, beim Finanzausgleich handele es sich um normativ hinkendes *soft law*.[55]

Diese Diskussion kam nicht von ungefähr. Zum einen ließen die grundgesetzlichen Vorschriften zunächst durchaus Zweifel an ihrer normativen Härte zu.[56] Zum anderen entwickelte sich angesichts der Tat-

---

[53] *S. Korioth* Finanzverfassung – Ausdruck separierter „Finanzfunktion", Rahmenordnung der zentralen staatlichen Steuerungsressource oder Sammlung politischer Kompromisse?, in: Vesting/Korioth (Hrsg.) Der Eigenwert des Verfassungsrechts, 2011, 207 (212 ff.).

[54] *F. Ossenbühl* Zur Justiziabilität der Finanzverfassung, FS Carstens, Bd. II, 1984, 743; *ders.* Verfassungsrechtliche Grundfragen des Länderfinanzausgleichs gem. Art. 107 II GG, 1984, 92 ff.; *G.F. Schuppert/F. Dahrendorf* Verfassungsrechtliche und finanzwissenschaftliche Aspekte des Länderfinanzausgleichs, 1985, 20 ff.; *F. Klein* Die Finanzverfassung als Gegenstand gerichtlicher Auseinandersetzungen insbesondere zwischen Bund und Ländern, FS Döllerer, 1988, 285 (286 f.); anders *K. Vogel/C. Waldhoff* in: Dolzer/Vogel/Graßhof (Hrsg.) Bonner Kommentar GG, 1997, Vorb. z. Art. 104a–115 Rn. 626, 640.

[55] Art. 107 Abs. 2 GG gebe keine Maßstäbe vor, sondern deute nur Zielrichtung und Tendenzen an: *Ossenbühl* Justiziabilität (Fn. 54), 753; *ders.* Verfassungsrechtliche Grundfragen (Fn. 54), 62. Es bedurfte bundesverfassungsgerichtlicher Intervention, um die normative Ordnungsfunktion der Finanzverfassung festzustellen und die Annahme zurückzuweisen, es handele sich um „Recht minderer Geltungskraft" (BVerfGE 72, 330 (388 f.)); dem vorhergehend bereits *P. Selmer* Finanzordnung und Grundgesetz, AöR 101 (1976), 238 (240). Danach waren die theoretischen Immunisierungs- und Separierungsbestrebungen beendet, so dass das BVerfG in den 1980er Jahren von einer in sich „geschlossenen Rahmen- und Verfahrensordnung" des Grundgesetzes sprechen konnte, die dem politischen Prozess „nur innerhalb dieses Rahmens" die Freiheit ließ, sich „nach seinen eigenen Regeln und Bedingungen zu entfalten", BVerfGE 67, 256 (288 f.). Freilich handelte es sich um eine Intervention, deren Effektivität nach wie vor umstritten ist. Dass auch das Bundesverfassungsgericht nicht jedes Problem der Verfassungspraxis zu beseitigen vermag, kann man noch 1992 lesen: „Der X. Abschnitt des Grundgesetzes ‚Das Finanzwesen' ist dichter und differenzierter gefasst, genauer und technischer als irgendein anderer seiner Abschnitte. Er folgt nicht der den Verfassungstexten sonst eigenen Neigung zu plakativer Kürze und zu lapidarer Vieldeutigkeit. Dennoch leidet gerade dieser Abschnitt in der Staatspraxis an Geltungsschwäche. Die Finanzverfassung, die im Jahre 1969 nach langer Erfahrung und sorgfältiger Vorbereitung von Grund auf neu gestaltet wurde, hat nicht annähernd jene normative Kraft entwickelt, wie sie den Grundrechten, den rechtsstaatlichen und demokratischen Verfassungselementen zugewachsen ist." *J. Isensee* Finanzverfassung und Sozialrecht, in: Sozialfinanzverfassung, 5. Soziallehrertagung, 6.–8. März 1991 in Göttingen, 1992, 7 (7 f.).

[56] Zwar war es mit Art. 106 GG idF des Finanzverfassungsgesetzes 1955 gelungen, das finanzpolitische Verteilungsproblem in ein finanzverfassungsrechtliches Verteilungsproblem zu verwandeln; doch die Begriffe (von „billiger Ausgleich" bis „erheblicher Fehlbetrag") waren zu unbestimmt, um scharfe Maßstäbe vermitteln zu können, und

sache, dass die zentralen Verteilungsfragen 1955 offengelassen wurden, eine politische Praxis, die den verfassungsrechtlich gesteckten Rahmen verließ – teils neben ihm, teils gegen ihn. Die Länder koordinierten ihr Finanzverhalten, v.a. durch gemeinsame Finanzierung von Einrichtungen. Der Bund bildete eine Fondswirtschaft heran und beeinflusste zudem die Länderausgaben durch Absprachen, Verzahnungen und Überlagerungen von Zuständigkeiten, Verwaltungsabkommen und Unterrichtungen.[57] Auch nach der rechts- und verfassungsförmigen Absicherung der Praxis durch die Große Finanzreform 1969 blieb das Verhältnis von Recht und Politik prekär. Mit der deutschen Wiedervereinigung schlug die Stunde der Nebenhaushalte,[58] die eine haushaltsflüchtige Schuldenbelastung beachtlichen Umfangs schuf[59] und die normative Verbindlichkeit der Finanzverfassung schwächte.[60]

Das Politische, macht die staatliche Perspektive deutlich, lässt sich nicht einfach bändigen. Es dürfte eine spezifisch deutsche Vorstellung sein, dass Souveränität in Rechtsstaatlichkeit aufgeht und kein durch das Recht unregulierter Raum für das Politische mehr besteht.[61]

---

warfen damit „juristisch kaum lösbare Fragen auf". Vgl. *Vogel/Waldhoff* (Fn. 54), Rn. 205, mit Verweis auf *H. Mayer* Das Beteiligungsverhältnis an der Einkommensteuer und an der Körperschaftsteuer (Art. 106 Abs. 3 GG), DÖV 1964, 397.

57 Ebd., Rn. 210. Hintergrund war – neben dem allgemein gewachsenen Bewusstsein von der Notwendigkeit länderübergreifender Lösungen für länderübergreifende Probleme – vor allem die Forderung nach einer einheitlichen Fiskal-Konjunkturpolitik, die auf einen einheitlichen gesamtwirtschaftlichen Effekt der gleichgerichteten fiskalpolitischen Tätigkeiten der Länder setzte und sich in Konzepte wie jenes der Globalsteuerung einfügte.

58 *Vogel/Waldhoff* (Fn. 54) Rn. 258, mit Verweis auf *M. Kilian* Nebenhaushalte des Bundes, 1993, 909.

59 Zwar trifft zu, dass die bundesstaatliche Finanzordnung gerade in Krisenzeiten ein besonders prekäres Verhältnis zum Politischen aufweist. Dies ist nicht erst seit neuester Zeit so, in der das Wort vom „befristete[n] Ausnahmezustand" umgeht (*Woisin* Umsatzsteuerverteilung (Fn. 6), 449): Beispielsweise lässt sich während der großen Weltwirtschaftskrisen 1923/24 und 1929 bis 1932 beobachten, wie die finanzrechtlichen Beziehungen zwischen Reich und Ländern in der Weimarer Republik unter ständigen Änderungsdruck gerieten; kaum ein anderes Finanz- und Steuergesetz wurde so häufig geändert wie das Finanzausgleichsgesetz (*Vogel/Waldhoff* (Fn. 54), Rn. 144, mit Verweis auf *H. Pagenkopf* Der Finanzausgleich im Bundesstaat, 1981, 117 ff.). Doch legt die Krise, die die Rahmenbedingungen ändert, offenbar nur eine ohnehin heikle Beziehung zwischen Recht und Politik offen.

60 *F. Kirchhof* Grundsätze (Fn. 40), 103 ff. Auch etwa *P. Selmer* Art. 115 II GG – eine offene Flanke der Staatsverschuldung?, FS Stern, 1997, 567 (571 ff.); *Vogel/Waldhoff* (Fn. 54), Rn. 258.

61 Die Gründe hierfür sind vielfältig. Einer dürfte mit der deutschen Vergangenheit rechtloser Souveränitätsausübung und ihren physisch und moralisch katastrophalen

2. *Verfassungsebene*

Potenziert wird dieses Problem durch die Hochzonung der rechtlichen Mechanik auf die Verfassungsebene. Vorschriften wie Art. 106, 107, 109 und 115 GG sind derart detailreich, dass sie sich mitunter lesen wie Verwaltungsvorschriften.[62] Die Logik dieser Art der Verfassungsverderbung ist der bekannten Falle verflochtener deutscher Politik und ihrer Vetospieler geschuldet, die sich in engster, wenn auch nicht immer freudvoller Umarmung gegenseitig die Luft nehmen, Handlungsräume verstellen und dadurch den Status quo zementieren. Dies gilt zum einen institutionell aufgrund der stark ausgeweiteten Mitwirkungsrechte des Bundesrates, die den politischen Aushandlungsprozess zu einer Art Gemeinschaftswerk im Stile einer Großen Koalition werden lassen.[63] Ein ehemaliger Berliner Finanzsenator meinte gar, die Zustimmungspflichtigkeit von Steuergesetzen führe dazu, dass nicht einmal mehr das Falsche richtig durchgeführt werde.[64] Zum anderen bestehen seit der Perfektionierung des kooperativen Föderalismus mit der Finanzverfassungsreform von 1969 auch materiell überall erhöhte Konsensanforderungen, unter deren Druck sowohl Bund als auch Länder ihre Freiheit zu autonomen finanzwirtschaftlichen und

---

Folgen zusammenhängen. Ein anderer liegt weiter zurück und hängt damit zusammen, dass die deutsche Verfassungstradition durch die Verrechtlichung bereits bestehender Herrschaft – und nicht durch die demokratische Politisierung der Rechtserzeugung in Gestalt der Begründung einer neuen Herrschaftsordnung wie in Frankreich oder den USA – gekennzeichnet ist (diese Typisierung bei *H. Brunkhorst* Solidarität, 2002, 84 ff.; dazu auch *U. K. Preuß* Zum Begriff der Verfassung, 1994, 9, 11 ff.; *C. Möllers* Verfassungsgebende Gewalt – Verfassung – Konstitutionalisierung, in: v. Bogdandy/Bast (Hrsg.) Europäisches Verfassungsrecht, 2009, 227 (229 ff.)). So verwundert es nicht, dass die Finanzordnung in den USA nur rudimentär rechtlich geregelt ist: Die US-Verfassung zeichnet sich im Bereich der finanzverfassungsrechtlichen Vorschriften durch eine „extreme Kargheit" aus (*W. Heun* Der Föderalismus in den USA, in: Härtel (Hrsg.) Handbuch Föderalismus – Föderalismus als demokratische Rechtsordnung und Rechtskultur in Deutschland, Europa und der Welt, Bd. IV, 2012, § 96 Rn. 14). Die Finanzordnung kommt als politischer Aushandlungsprozess daher und heißt auch nicht „Finanzverfassung", sondern „*intergovernmental fiscal relations*" (*ders.* Die bundesstaatliche Finanzverfassung der USA – Die Finanzbeziehungen zwischen Bund und Gliedstaaten in den Vereinigten Staaten von Amerika, StWStP 5 (1994), 97 (97)).

[62] *Korioth* Finanzverfassung (Fn. 53), 218; kritisch in diese Richtung bereits etwa *P. Selmer/L. Hummel* Vertrauenschaffende Funktion der Finanzverfassung?, in: Junkernheinrich/Korioth/Lenk/Scheller/Woisin 2009 (Fn. 2), 477 (495 f.); s. bereits *Vogel/Waldhoff* (Fn. 54), Rn. 247 Fn. 535: Den Verfassungsänderungen gelingt es nicht, im Hinblick auf Stil und Verallgemeinerungskraft das bisherige Niveau zu halten.

[63] *D. Grimm* Die Verfassung und die Politik, 2001, 144; *ders.* Subsidiarität und Föderalismus, FS Papier, 2013, 49 (53 ff.).

[64] Schon aus diesem Grund solle der Bund im Bereich des Steuerrechts die ausschließliche Gesetzgebungskompetenz erhalten: *Sarrazin* (Fn. 10), 24, 28.

steuerpolitischen Entscheidungen weitgehend aufgegeben haben.[65] Der Preis für diese Verfassungsüberfrachtung besteht in einem immer enger werdenden Raum für Mehrheitsentscheidungen,[66] der zu einem Teufelskreis führt: Scheitert man an den hohen formellen Hürden, bleibt entweder der Reformverzicht, der zu weiteren Blockaden führt, oder die politische Praxis neben der oder gegen die Verfassung.[67] Auf dem Spiel steht also entweder Handlungsfähigkeit oder Normativität.

---

[65] *F. W. Scharpf* Föderalismusreform, 2009, 139. Nicht nur scheiterte sogleich die ursprünglich gewollte antizyklische Finanzpolitik, sondern, nach deren Aufgabe, in der Folge auch die Reaktionsfähigkeit auf veränderte wirtschaftliche oder politische Bedingungen. Aus der Perspektive der souveränitätsangelagerten Macht ist die Ebene des Verfassungsrechts die richtige, denn sie steuert im Kern das staatliche Verhalten und sichert die prekären Verhandlungslösungen. Auch die im Detaildschungel entstehenden Freiräume für eine neben der Verfassung bestehende Praxis erschließen sich so, denn die Symbolik gleichzeitiger Verfassungseinkapselung und lediglich symbolischer Regulierung, die man aus anderen Gefällelagen des Föderalismus kennt, sind Teil des zugleich machtbewussten und pragmatischen Umgangs mit staatlicher Gewalt. Aus der Perspektive nicht der staatsrechtlichen Prämissen, sondern der verfassungsrechtlichen Kleinarbeitung ist die Detailfreude nichts ganz Außergewöhnliches, sondern liegt in seiner an Verhältnismäßigkeit und praktischer Konkordanz sowie an politischen, ökonomischen und kompetenziellen Kompromissen ausgerichteten Notation im Zug der Zeit.

[66] So auch *Selmer/Hummel* Vertrauensschaffende Funktion (Fn. 62), 498. Die Verfassung soll die Politik nicht voll verrechtlichen, sondern sie nur von der immer neuen Thematisierung von Grundentscheidungen entlasten. Werden auch die Konkretisierungen verfassungsrechtlich geregelt, müssen dann, wenn Details geändert werden sollen, auch die Prämissen der Entscheidung mitdiskutiert werden. Dadurch werden die Verhandlungen grundsätzlicher, schwieriger und konfliktreicher (*Grimm* Verfassung (Fn. 63)). Darauf, dass dies auch für die Finanzverfassung gilt, weist erneut *Osterloh* Föderalismusreform (Fn. 27), 392, hin. Die Politik büßt so die Fähigkeit zu schneller Reaktion und zur Entwicklung von Alternativen ein.

[67] Zu dieser problematischen Praxis in der Haushaltspolitik s. *S. Korioth* Neue und einheitliche Schuldenbegrenzungsregeln für Bund und Länder?, KritV 91 (2008), 187 (189 ff.), der darauf hinweist, dass eine Reform der Verschuldungsregeln nicht notwendigerweise zu einer geringeren Schuldenaufnahme führt, sondern dass die Erfahrung lehrt, dass dies allein durch einen „finanz- und haushaltspolitischen Mentalitätswechsel" zu erreichen ist (191); *ders.* Schuldenbegrenzungsregeln (Fn. 2), 283 f.; in diese Richtung auch das Sondervotum der Richter *Di Fabio* und *Mellinghoff* zur Vereinbarkeit des Haushaltsgesetzes 2004 mit dem Grundgesetz: „Eine unkontrollierte Talfahrt öffentlicher Finanz- und Haushaltswirtschaft kann nicht so sehr durch rechtspolitische Forderungen nach besseren Bremsen verlangsamt werden, sondern zuallererst durch die Betätigung der bereits vorhandenen Bremsen" (BVerfGE 119, 96 (155)); zustimmend *I. Härtel* Grenzen der Illusion: Schuldenbremse als Regulativ staatlichen Handelns, ZG 2007, 399 (405 ff.); ähnlich bereits *G.F. Schuppert* Die Steuerung des Verwaltungshandelns durch Haushaltsrecht und Haushaltskontrolle, VVDStRL 42 (1984), 216 (246 f.). Zur „faktisch eingeschränkten Justiziabilität" von Verschuldungsregeln: *Wieland* Modernisierung (Fn. 30), 126; *ders.* Staatsverschuldung: Sind Stabilitätspakt und Schul-

Dies sind keine theoretischen Gefahren, sondern solche, die sich im Zustand der bundesstaatlichen Finanzordnung auch niederschlagen. Die Normativität der Verfassung leidet hier nicht nur an ihrer ständigen Disponibilität, die die Stabilisierungs- und Leitbildfunktion einer Verfassung beschädigt,[68] sondern auch an der Reduktion aufs Symbolische oder gar Scheinbare, die Anspruch und Wirklichkeit auseinanderklaffen lässt und Zweifel an der Ordnungsfunktion einer Verfassung nährt.[69] Beispiele sind die eher rhetorischen und symbolischen Versuche der Entflechtung, Dezentralisierung und Mischfinanzierungsbegrenzung der Föderalismusreform I.[70]

3. *Scheitern der Rationalisierung*

Diese Defizite lassen sich auch nicht durch rationalisierende höchstgerichtliche Intervention überwinden. Zwar scheint sich die Rationalität, die mit rechtsdogmatisch ordnender und systematisierender Arbeit assoziiert ist, dem Bild der Dysfunktionalität und Irrationalität,[71] das die Kommentierungen der geltenden Finanzordnung zeichnen, entgegenzustemmen. Doch das Bundesverfassungsgericht ist bei diesem Versuch spektakulär

---

denbremse nur Makulatur?, in: v. Arnim (Hrsg.) Systemmängel in Demokratie und Marktwirtschaft, 2011, 9 (17); *Korioth* Schuldenbegrenzungsregeln (Fn. 2), 276; zur extensiven Auslegung der Grundsätze des Maßstäbegesetzes: *Margedant* Länderfinanzausgleich 2020 (Fn. 6), § 46 Rn. 25.

[68] Dazu *A. Voßkuhle* Verfassungsstil und Verfassungsfunktion, AöR 119 (1994), 35 (52 ff.).

[69] Am Beispiel des grundgesetzlichen Neuverschuldungsverbots *Korioth* Finanzverfassung (Fn. 53), 218; *ders.* Schuldenbegrenzungsregeln (Fn. 2), 271, 283 sowie *Selmer/Hummel* Vertrauensschaffende Funktion (Fn. 62), 504 f.

[70] Wenn eine Verfassungsänderung Entflechtung und Dezentralisierung als Stärkung von Unabhängigkeit und Selbständigkeit der Länder behauptet, wie die Föderalismusreform I, tatsächlich aber Elemente der exekutivischen Kooperation unter zentraler Steuerung stärkt, setzt sie sich dem Vorwurf der reinen Rhetorik aus. Wenn eine eher halbherzig geratene Regelung der Mischfinanzierungen eine Begrenzung will, zur gleichen Zeit aber mit der Finanzierung der Grundsicherung für Arbeitsuchende die bedeutendste Mischfinanzierung in der Geschichte der Bundesrepublik entsteht, die die Gesamtsumme aller bisherigen Mischfinanzierungen um das Sechsfache übersteigt (*Korioth* Neuordnung (Fn. 21), 6; allgemeiner hierzu etwa *P. Selmer* Die Föderalismusreform II – Ein verfassungsrechtliches monstrum simile, NVwZ 2009, 1255 (1259); *Korioth* Schuldenbegrenzungsregeln (Fn. 2), 275; *ders.* Finanzverfassung (Fn. 53), 219), geht mit dem Glauben an die Reformfähigkeit der Finanzordnung zugleich das Vertrauen in die Ernsthaftigkeit des Versuchs und die damit zusammenhängende Rolle des Verfassungsrechts verloren.

[71] So sprechen etwa *Feld/Kube/Schnellenbach* (Fn. 7), 5, von „einige[n] willkürliche[n], nicht begründbare[n] Elementen".

gescheitert,[72] als es dem Gesetzgeber den Auftrag zur systembildenden Maßstabsetzung erteilte.[73] Das Maßstäbegesetz sollte eine Kontinuitätsreserve zwischen der Verfassung und dem Finanzausgleichsgesetz bilden und institutionell wohl auch die Blockade einer Verfassungsreform umgehen. Die Politik hat sich dem durch eine nur formale Umsetzung durch den Erlass eines Gesetzes entzogen, das sich in offenen Kompromiss- und Leerformeln erschöpft und für die reale Gestaltung des Finanzausgleichs weitgehend bedeutungslos ist.[74] Dies mag einerseits an der nicht zur Zufriedenheit aller hergeleiteten dritten Normebene zwischen Verfassungsrecht und einfachem Recht liegen;[75] einen rechtlich belastbaren Ableitungszusammenhang und eine zeitliche Kontinuitätsschiene kann man wohl nur durch Normenhierarchie und erschwerte Abänderbarkeit absichern. Andererseits zeigt sich hier die Schwäche eines rationalisierenden verfassungsrechtlichen Diskurses, der seltsam dünn zwischen Staatsbezug und Demokratiebezug eingeklemmt ist und weder das Politische noch das Demokratische in den Griff bekommt.[76] Anders als sonst im Staatsorga-

---

[72] *Waldhoff* Finanzverfassung und Kompetenzverteilung (Fn. 35), 178, sowie die Nachweise in Fn. 74.

[73] BVerfGE 101, 158 (214 ff.).

[74] *S. Korioth* Maßstabgesetzgebung im bundesstaatlichen Finanzausgleich – Abschied von der „rein interessenbestimmten Verständigung über Geldsummen"?, ZG 2002, 335 (346 ff.); *ders.* Sonderbedarfe und ihre Berücksichtigung im bundesstaatlichen Finanzausgleich, in: Junkernheinrich (Hrsg.) Sonderbedarfe im bundesstaatlichen Finanzausgleich, 2005, 13 (24 f.); *ders.* Finanzverfassung (Fn. 53), 217; *ders.* Nachhaltigkeit (Fn. 28), 205; dazu auch *A. Jung* Maßstäbegerechtigkeit im Länderfinanzausgleich, 2008, 191 ff., 229 f.; *P. Kirchhof* Deutschland im Schuldensog, 2012, 29 f.; *J. W. Hidien* Maßstäbegesetz, 2012, Einleitung Rn. 7; *L. Osterloh* Die Einheitlichkeit der Lebensverhältnisse als offene Frage der Finanzverfassung, GS Trzaskalik, 2005, 181 (189).

[75] Dazu etwa *U. Berlit/I. Kesper* Ein Eingriff in die demokratische Gestaltungsverantwortung, KJ 33 (2000), 607 (608 ff.); *P. Helbig* Maßstäbe als Grundsätze, KJ 33 (2000), 433 (436 ff.); *J. Linck* Das „Maßstäbegesetz" zur Finanzverfassung – ein dogmatischer und politischer Irrweg, DÖV 2000, 325 (326 ff.); *F. Ossenbühl* Das Maßstäbegesetz – dritter Weg oder Holzweg des Finanzausgleich?, FS Vogel, 2000, 227 (230 ff.); *B. Pieroth* Die Missachtung gesetzter Maßstäbe durch das Maßstäbegesetz, NJW 2000, 1086 (1086 f.); *K. Schmalenbach* Die Selbstbindung des Gesetzgebers im Finanzausgleich, FS Schiedermair, 2001, 247 (249 ff.); *Schneider* Bundesstaatliche Finanzbeziehungen (Fn. 21), 296 ff.; *H.-P. Schneider/U. Berlit* Die bundesstaatliche Finanzverteilung zwischen Rationalität, Transparenz und Politik – Das Urteil des BVerfG zum Länderfinanzausgleich, NVwZ 2000, 841 (843 f.); aktueller: *Korioth* Nachhaltigkeit (Fn. 28), 204; *W. Heun* in: Dreier (Hrsg.) Grundgesetz Kommentar, 2. Aufl. 2008, Art. 107 Rn. 11; positiver *Waldhoff* Bundesstaatliche Finanzverfassung (Fn. 8), 207 ff., sowie *Jung* Maßstäbegerechtigkeit (Fn. 74), 167 ff.

[76] Der Gesetzgeber ist eben direkt demokratisch legitimiert und keine Behörde. Man könnte überdies formulieren, dass es naiv ist zu denken, Ministerpräsidenten würden

nisationsrecht, aber wie im Grundrechtsbereich, tritt das Bundesverfassungsgericht als verhalten maßstabsetzende Gewalt auf, die die Eigenlogik der Politik ignoriert und auch keine eigene theoretische Grundlage entfalten kann.[77] Es versagt hier als Instanz, die es besser weiß als der Gesetzgeber: Politik lässt sich nicht in Vernunft auflösen und wird weder hinter dem Schleier des Nichtwissens noch als herrschaftsfreier Diskurs betrieben.[78]

V. Demokratieprobleme

Schwenkt man von der Orientierung an Staat und Verfassung auf die Orientierung am Bürger um, stößt man auf handfeste Demokratieprobleme. Durch die Komplexität und Kompliziertheit der Finanzordnung ist längst ein Zustand der Unleserlichkeit eingetreten,[79] der vor der Aufgabe der Herstellung von Verantwortungsklarheit und demokratischer Rückkoppelung kapituliert.[80] Auch mangels Spürbarkeit der Ergebnisse der Länderfinanzpolitik[81] fällt eine informierte Entscheidung, die sich im Wahlakt niederschlagen könnte, aus. Angesichts der Tatsache, dass ein guter Teil der Wahlentscheidungen durch Fragen des Einsammelns, Verteilens und Ausgebens von Geld geprägt sind, ist dies kein kleiner Mangel,

---

sich zu Lasten der Bürger, die sie gewählt und legitimiert haben und denen gegenüber sie verpflichtet sind, in den Dienst eines rational und als Gesamtheit begriffenen Gemeinwohls stellen. In einer solchen Formulierung schwänge freilich eine Verlustgeschichte mit einem subtilen normativen Einschlag zugunsten philosophenkönigähnlicher Entscheidungsfindung mit. Treffender mag es daher sein zu formulieren, dass das Gericht sich an der Reibung und Widersprüchlichkeit, an der Interessengeleitetheit, dem nicht immer Vernünftigen, aber auch irgendwie Aufregenden der Demokratie stößt, das man auch aushalten können muss.

[77] Ausf. *O. Lepsius* Die maßstabsetzende Gewalt, in: Jestaedt/Lepsius/Möllers/Schönberger, Das entgrenzte Gericht, 2011, 159 (219 ff.).

[78] Vgl. auch schon *Schneider/Berlit* Bundesstaatliche Finanzverteilung (Fn. 75), 841 ff.

[79] § 1 FAG beispielsweise ist unlesbar, dazu *Woisin* Umsatzsteuerverteilung (Fn. 6), 446: „Die aktuelle Fassung des Paragrafen passt mittlerweile auf keine Druckseite mehr und hat einen Zustand der Unlesbarkeit erreicht, der längst den Normenkontrollrat hätte auf den Plan rufen müssen." So auch *Meyer* (Fn. 6), 135.

[80] *R. S. Taft* Tax Reform Act: Beware of „Death Trap", New York Law Journal, 30.12.1976, 1: "When a law becomes so impossible to understand that the ordinary citizen must look to the 'super expert', the law becomes a trap and not a viable guideline." Bereits *Adam Smith* stellte klar, wie Finanzrecht sein sollte: „certain and not arbitrary ... clear and plain to the contributor, and to every other person." *A. Smith* The Wealth of Nations, Bd. II (hrsg. v. Cannan), 1961 (Nachdruck 6. Aufl. 1950), 350.

[81] *Oeter* (Fn. 42), 521.

der trotz der Ergebnisse unserer Rostocker Tagung 2006 noch nicht überall ernst genommen wird.[82] Im Begleitheft der DVBl. zu unserer Tagung heißt es, ein Finanzausgleichssystem müsse nicht schön sein, da es als Innenrecht ja nur von wenigen verstanden und angewandt werden müsse. Die Forderung nach Transparenz und Vereinfachung sei zu relativieren, Hauptsache es funktioniere und halte verfassungsgerichtlicher Überprüfung stand.[83] Diese demokratische Skepsis ist ein Fenster auf die finanzverfassungsrechtliche Diskussion: Trotz der stetigen Tendenz zur weiteren Verfassungsänderung, die ja immer auch eine Tendenz zur Thematisierung der Grundlagen des Staates ist, zeigt sie sich jedenfalls im Grundsatz wenig beeindruckt von dem Gedanken, dass eine föderale Ordnung und eine föderale Gesellschaft untrennbar miteinander verknüpft sind.[84]

---

[82] *Waldhoff* Finanzautonomie (Fn. 8), 250 f. Dort ging es um die demokratische Rückkoppelung der Finanzierung, die nur dann funktionieren könne, wenn Verantwortung sichtbar und damit demokratisch zurechenbar sei. Anders als im Topos der „Gleichwertigkeit der Lebensverhältnisse“, dessen Individualbezug in der Weimarer Tradition und der Nachfolge der Staatenbildung und Stabilität des Reiches stehe und primär ergebnisorientiert-technokratisch am *output* orientiert sei, gehe es um einen Individualbezug, der freiheitlich-offen am *input* orientiert sei. Gleichwohl ist die individualrechtliche Reformulierung des Finanzverfassungsrechts begrenzt. *Waldhoff* selbst verwirft die Berufung auf „Erwartungen und Trends“ in der Bevölkerung als weder relevant noch empirisch abgestützt: „In der Literatur werden dann noch gewisse ‚Erwartungshaltungen‘ der Bürger fast schon gebetsmühlenartig artikuliert: staatliche Leistungs- und Belastungsunterschiede würden von der Bevölkerung nicht (mehr) hingenommen oder wie *Peter Lerche* es formulierte: ‚Der Trend wird als Faktum genommen, dem sich die Rechtswelt zu fügen habe.‘ … Die formelhaften Übernahmen und Wiederholungen und die regelmäßig fehlende empirische Absicherung derartiger Feststellungen lassen bereits vermuten, dass hier ein bestimmtes Föderalismusverständnis durch eine ‚Berufung auf die Volksmeinung‘ abgestützt werden soll. Zumindest kann an dieser Stelle bereits der Verdacht einer gewissen Überbetonung der entsprechenden Erwartungshaltung weiter Bevölkerungskreise angesprochen werden.“ (*Waldhoff* Verfassungsrechtliche Vorgaben (Fn. 8), 85 f.). „Daraus ergibt sich, dass … [diese Autoren] letztlich überwiegend mit nicht normativen Kategorien arbeiten und aus ihnen einen Verfassungsrechtssatz zu bilden versuchen. ‚Erwartungen‘ und ‚Trends‘ werden gegen normative Teilgehalte des Bundesstaatsprinzips ausgespielt. Dass die von diesen Autoren angestellten Erwägungen großes Gewicht im politischen Prozess haben mögen, mag sein; verfassungsrechtlich dürfen aus ihnen jedoch keine Schlussfolgerungen gezogen werden.“ (*Vogel/Waldhoff* (Fn. 54), Rn. 87). Zumeist finden sich solche Passagen im Zusammenhang der rechtlichen Argumentation, die den Topos der „Einheitlichkeit“ oder „Gleichwertigkeit der Lebensverhältnisse“ aus Art. 72 Abs. 2 und 106 Abs. 3 S. 4 Nr. 2 GG relativiert oder marginalisiert.

[83] *Tappe* Bundesstaatliche Finanzordnung (Fn. 27), 1081.

[84] *Livingston* (Fn. 39), 2, schreibt: “Every society, every nation if you will, is more or less closely integrated in accordance with its own peculiar historical, cultural, economic, political, and other determinants. Each is composed of elements that feel themselves to

Dass die Vetospieler keine Abhilfe schaffen, liegt nahe; weniger nahe liegt, dass es trotz einer sonst lebendigen Kritikkultur nicht zu vernehm-

be different from the other elements in varying degrees and that demand in varying degrees a means of self-expression. These diversities may turn on all sorts of questions – economic, religious, racial, historical, for example; any of these can produce in a group within the population a demand for such self-expression. Furthermore the diversities may be distributed through the members of the society in such a way that certain attitudes are found in particular territorial areas, or they may be scattered widely throughout the whole of the society. If they are grouped territorially, i.e. geographically, then the result may be a society that is federal. If they are not grouped territorially, then the society cannot be said to be federal. In either case coherence in the society may depend on the devolution upon these groups of the exercise of functions appropriate to the diversities that they represent." Durch die Strapazierung der Verfassungsebene wachsen die Demokratiekosten weiter. Der Wähler entscheidet über konkurrierende Gemeinwohlkonzepte; die Frage, was wie von wem finanziert wird, gehört zu den grundlegenden Entscheidungen, die den öffentlichen Raum prägen. Was aber verfassungsrechtlich geregelt ist, entzieht sich der wiederkehrenden Wählerentscheidung; Mehrheitswechsel werden bedeutungslos. Nicht nur die Normativität der Verfassung, sondern auch das demokratische Leben an sich wird in Mitleidenschaft gezogen. Vgl. nur *Grimm* Verfassung (Fn. 63), 126 ff., und oben IV. 2. Der Effekt ist deshalb besonders stark, weil es sich um eine Rechtsmaterie handelt, in der es ausschließlich um Mechanismen der Verteilung von Geld zwischen Gebietskörperschaften geht. In ihrer prozeduralen Mechanik bezieht sie sich nur indirekt, über die Steuer, auf den mediatisierten Bürger. An dieser eigenartigen Mischung aus Organisation, Verfahren und Verteilung brechen jedenfalls zunächst die offenkundigen demokratischen Anknüpfungen. Der gute Vorschlag von *Lepsius* (Fn. 49), den Demokratiebezug wissenschaftlich zentral zu setzen, um über das Majoritätsprinzip zu Kompromiss, Politisierung und Diskursen in Gegenöffentlichkeiten zurückkehren zu können, erschließt sich daher für die Finanzverfassung nur wenig. Diese ist aufgrund des komplexen Verhandlungsspiels ohnehin durch einen schon überbordenden Kompromisscharakter gekennzeichnet; letzte Wahrheiten und individuelle Identitätsbildungen, Letztbegründungen und Richtigkeit sind nicht ihr Thema, sondern das Austarieren der Interessen von Bund, Ländern und Gemeinden. Auch das Ziel der Politisierung in der durch politische Parteien institutionalisierten rechts/links-Unterscheidung läuft praktisch leer: Die Verhandlungen sind durch eine Große Koalition geprägt, in der widerstreitende Ideologien zu einem pragmatischen Ausgleich gebracht werden müssen; zudem gibt es im Hinblick auf die Sozialausgaben, die einen Gutteil der zu finanzierenden Aufgaben ausmachen, zwischen den Parteien kaum Dissens. (Freilich zeigt sich die SPD etwas zentralistischer als die CDU, was sich wohl seit jeher mit ihrer Priorität für wohlfahrtsstaatliche Einheitlichkeit begründen lässt. Vgl. *P. Manow* Germany: Co-operative Federalism and the Overgrazing of the Fiscal Commons, in: Obinger/Leibfried/Castles (Hrsg.) Federalism and the Welfare State, 2005, 222 (246), zur unmittelbaren Nachkriegssituation. Politikwissenschaftlich spricht man von einer Parteiendifferenztheorie, die in Deutschland aufgrund der Konkurrenz zweier Sozialstaatsparteien besonders günstige Bedingungen für den Sozialstaat herstellt. Natürlich existieren unterschiedliche Vorstellungen von der besten Sozialpolitik: Die Unionsparteien zogen den Wiederaufbau und Ausbau des Sozialversicherungsstaates einem egalitären Wohlfahrtsstaat vor, während die Sozialdemokraten baren gesellschaftlichen Reaktionen oder Bestrafungen der Parteien gekommen ist. Dies deutet darauf hin, dass Individualisierung nicht gleichbedeutend mit Demokratisierung ist, sondern sich ihre Prioritäten an anderer Stelle als demokratischer Transparenz, Verantwortungsnachvollzug und Kontrolle sucht. Es gibt einen Überschuss im Individualisierungsdiskurs, der die demokratischen Probleme der Finanzordnung hinnimmt, jedenfalls leichter gewichtet als die Vorteile. Wo diese liegen, ist nicht schwer zu ermitteln. Die Verteilung von Geld entlang gesellschaftlich wenig beachteter körperschaftlicher Linien dient vorrangig der Sicherstellung materieller Voraussetzungen für die Entfaltung individueller Würde und damit der Wohlfahrt des Einzelnen.

Hier öffnen sich die Türen für eine tiefere Kontextualisierung des Politischen im Spiegel der Finanzordnung. Das Politische nämlich definiert einen Vorstellungsraum, in dem es nicht nur um das geht, was eine rationale und ausgewogene Problemlösung ausmacht, sondern auch um das, was „uns" ausmacht. Er lässt sich vom konkreten Sinn politischer Vergemeinschaftung nicht abkoppeln; von Herkunft und Zukunft und dem, was man in diesem Trajektor für wichtig und sinnvoll erachtet. Weder die

---

in Programmatik und Praxis stärker an umfassender Staatsbürgerversorgung und Beschäftigungssicherheit orientiert waren. Die Unterschiede sind nicht unbeachtlich, aber deutlich kleiner als in der historischen oder internationalen Gesamtbetrachtung. Statt vieler *M.G. Schmidt/T. Ostheim* Sozialpolitik in Deutschland – ein Fazit aus Sicht der Theorien der vergleichenden Wohlfahrtsstaatsforschung, in: Schmidt/Ostheim/Siegel/Zohlnhöfer (Hrsg.) Der Wohlfahrtsstaat, 2007, 210 (212).) Es handelt sich beim Finanzverfassungsrecht um eine Art Governance durch Organisation – ein Verteilungsverfahren, dem jegliche Aspekte der dynamischen Einbeziehung Dritter, die heute Verfahren prägen, fehlen. Demokratisierend könnte die Aufgabenbezogenheit der Verteilung wirken; doch spiegelt sich diese im Normenkörper praktisch nicht wider, und die Reformdiskussion hält sich von einer Debatte über die Revision der Staatsaufgaben noch weitgehend fern, freilich mit Ausnahmen, etwa *Korioth* Neuordnung (Fn. 21), 21: „In der deutschen bundesstaatlichen Kultur gelten Vereinheitlichung und Einheit als sinnvoll und erstrebenswert, Dezentralisierung ist dagegen mit dem Makel der Kleinstaaterei behaftet. Jede Finanzreform muss diesen festen Bestandteil unseres bundesstaatlichen Denkens beachten, der auch in der Verfassungsrechtsordnung Niederschlag gefunden hat. Geschieht dies nicht, sucht sich die Politik praeter- und extrakonstitutionelle Wege der Koordinierung und Vereinheitlichung. Schließlich wäre es eine gefährliche Selbsttäuschung, vielleicht sogar eine ganz neue ‚Föderalismusfalle', wenn die Hoffnung erweckt würde, eine Veränderung der bundesstaatlichen Finanzordnung könne das Hauptproblem des Finanzstaats, die ausufernde Staatsverschuldung, lösen. Wer den öffentlichen Haushalten und der Politik Handlungsspielräume zurückgewinnen will, hat den Bestand der Staatsaufgaben einer kritischen Revision zu unterziehen. Das muss einer vertikalen Neuverteilung der Finanzkompetenzen vorgelagert sein, die nur in sehr begrenztem Umfang Effizienzreserven und Einsparmöglichkeiten zu mobilisieren vermag." In diese Richtung auch *Osterloh* Föderalismusreform (Fn. 27), 392.

staatlich-föderale noch die demokratische Ordnung können diesen Raum ausloten. Eine auf sie beschränkte Finanzordnungsdiskussion wird immer eine solche bleiben, die zwar im Zentrum des demokratischen Staates angesiedelt ist, aber zugleich seltsam unberührt von den sonstigen Vorstellungen von Vergemeinschaftung bleibt. Sie wird in einer Nische geführt, in der einerseits das Einsammeln und Verteilen der Steuern als „Lebensblut des Staates“[85] apostrophiert wird, die Abwicklung aber andererseits seltsam blutleer bleibt; in der wir einerseits in einem stark staatlich geprägten Diskurs stehenbleiben und nur schüchterne Versuche einer demokratischen Referenzierung machen und andererseits von einer Demokratisierung nichts erwarten und erschöpft in eine verfassungsrechtliche Kleinarbeitung zurückfallen, in der es uns genügt, dass es irgendwie funktioniert und hoffentlich nicht vom Bundesverfassungsgericht aufgehoben wird. Aus der Erfahrung der Europäischen Union wissen wir, dass man sich zwar eine Weile der Illusion hingeben kann, Verteilungsfragen technokratisch beantworten zu können, dann aber zur Kenntnis nehmen muss, dass man solche Diskurse nicht ohne Anbindung an grundlegende Fragen der dahinterstehenden Finalität führen kann.

VI. Finanzordnung und Sozialstaat

Der Ansatz, den Blick vom Staat und der Verfassung zu nehmen, auf die Individualisierung zu richten und zugleich den dortigen Überschuss gegenüber dem Demokratischen zu beobachten, führt in eine Finalität, die die dienende Funktion der Finanzordnung mit den Zwecken des Sozialstaates zusammenliest. Er führt weg von der hochauflösenden und informativen Perspektive der Institutionenmechanik, in der immer das Ziel der optimierenden Reform am Ende steht, und hin zu einer vielleicht grobkörnigeren, aber gleichfalls informativen Perspektive der politischen Imagination, in der es eher um Beobachtung geht, die die Reibungen und Unvollkommenheiten zunächst einmal stehen lässt, statt neue Vorschläge zu einer neuen Reform zu machen, die sogleich wieder zu reformieren sein wird. In der Zusammenschau von Finanzverfassung und wohlfahrtstaatlicher Aufgabe, von dienendem Geld und bedienter Sorge für den Bürger

---

[85] Etwa US Supreme Court, *Bull v. United States*, 295 U.S. 247 (259) (1935): "... taxes are the life-blood of government ..." Zur großen Geschichte dieser Metapher *P. Rauscher/A. Serles/T. Winkelbauer* (Hrsg.) Das „Blut des Staatskörpers“: Forschungen zur Finanzgeschichte der Frühen Neuzeit, Historische Zeitschrift, Beiheft 56, 2012. Vgl. zu ähnlichen Metaphern bereits III. 1. bei Fn. 44–46.

liegt die Chance herauszufinden, wo Sinn und Prioritäten dieses Staates, seiner Institutionen, seiner Bürger und der von ihnen gewählten Repräsentanten sind.

1. Finanzielle Dimension

Eine Verbindung von Finanz- und Wohlfahrtsstaat liegt bereits zahlenmäßig auf der Hand.[86] Die Sozialpolitik ist nicht nur eine besonders wichtige Staatsaufgabe, sondern, an den Staatsfinanzen gemessen, wichtiger als alle anderen Politikbereiche. Ein beträchtlicher Teil, nämlich knapp ein Drittel des Bruttoinlandsprodukts[87] und rund die Hälfte der Ausgaben des Bundes, werden für Sozialleistungen verwendet.[88] Allein der Bundeszuschuss zur Rentenversicherung beträgt mit rund 81 Mrd. Euro mehr als ein Viertel des Bundeshaushalts 2012 (311 Mrd. Euro).[89] Auch

---

86 Dagegen lässt sich auch nicht einwenden, dass sich ein Vergleich von Finanzverfassungsrecht und sozialstaatlicher Ordnung schon deshalb verbiete, weil die Finanzverfassung ausschließlich einnahme-, nicht aber ausgabenorientiert ist (*Korioth* Länderfinanzen (Fn. 3), 77: Dies ergibt sich bereits daraus, dass beim Ausgleich mithilfe der Ausgleichsmesszahl – vereinfacht gesagt also den durchschnittlichen Pro-Kopf-Einnahmen aller Länder – lediglich die durchschnittlichen Steuereinnahmen der Länder aneinander angeglichen, aber keine Ausgaben berücksichtigt werden), da unter der Oberfläche der rechtlichen Ausgestaltung ein Denken in abstrakten Finanzbedarfen mitläuft (*Feld/Kube/Schnellenbach* (Fn. 7), 17 f.: „Dahinter steht die Vorstellung, dass es für jeden Bürger einen festen Bedarf an öffentlichen Leistungen gibt, die von den Landesregierungen bereitzustellen sind"), das zum Ziel hat, im Bedarfsfalle die materiellen Bedürfnisse der Bürger aller Länder auf ähnliche Weise abzusichern.

87 Im Jahr 1991 betrugen die Sozialleistungen mit 397,3 Mrd. Euro rund ein Viertel des BIP iHv 1534,6 Mrd. Euro; im Jahr 2012 lag mit einem Betrag von 782,4 Mrd. Euro bei den Sozialleistungen und einem BIP iHv 2643,9 Mrd. Euro ein Verhältnis von knapp einem Drittel vor; Schätzungen für 2013 kommen zu einer ähnlichen Quote; zu beachten ist allerdings, dass ein Vergleich der Leistungssumme vor 2009 mit den Werten danach schon deshalb schwierig ist, weil ab 2009 die Grundleistungen der privaten Krankenversicherung berücksichtigt werden (nach *Bundesministerium für Arbeit und Soziales* Sozialbericht 2013, 170 f.).

88 Je nach Aufschlüsselung und Rundung beträgt der Sozialetat des Bundes zwischen 154 Mrd. Euro (*Bundesministerium der Finanzen* Finanzplan des Bundes 2013 bis 2017, 15) und 155 Mrd. Euro (*L. Schipper* Rentenzuschuss treibt Staatsausgaben, FAZ v. 04.09.2013). Nimmt man die Beträge hinzu, die der Bund in seiner Rolle als Arbeitgeber an Arbeitgeberbeiträgen für die öffentlichen Bediensteten zahlt, finanziert der Bund die Sozialleistungen sogar mit 191,5 Mrd. Euro (*Bundesministerium für Arbeit und Soziales* (Fn. 87), 224).

89 *Bundesministerium der Finanzen* (ebd.); *Schipper* (ebd.). Insgesamt betragen allein die Zuschüsse des Bundes zu Renten-, allgemeiner Arbeitslosen- und gesetzlicher Krankenversicherung mehr als 100 Mrd. Euro. Im Bereich der allgemeinen Arbeitslosenversicherung schießt der Bund 7,2 Mrd. Euro zu – gegenüber 27,2 Mrd. Euro Beitragsein-

wahlpolitisch ist die Sozialpolitik aufgrund der Größe der Sozialstaatsklientel ein erstrangiger Machtfaktor; auf dem Wählerstimmenmarkt gibt es keinen größeren Machtblock.[90]

Diese Zahlen benennen nur die Leistungen, die aus allgemeinen Haushalts-, also Steuermitteln erbracht werden – eben dies ist der Bereich, der von der Finanzverfassung erfasst wird. Daneben tritt aber die grundsätzlich beitragsfinanzierte Sozialversicherung, die nur juristisch unverbunden ist,[91] sich praktisch jedoch längst zu einem Verschiebebahnhof entwickelt hat,[92] in dem die Defizite zunächst zwischen Bundeshaushalt und Sozial-

---

nahmen und einer Gesamtfinanzierung von 34,9 Mrd. Euro (*Bundesministerium für Arbeit und Soziales* (Fn. 87), 191); im Bereich der gesetzlichen Krankenversicherung liegt der Zuschuss, je nach Berechnungsweise und Zusammensetzung, bei 14 Mrd. (*Bundesministerium der Finanzen* (Fn. 88), 15, sowie *Sachverständigenrat* Jahresgutachten 2012/13, 352) bzw. 15,4 Mrd. Euro, letzteres gegenüber 176,3 Mrd. Euro an Beiträgen sowie einer Gesamtfinanzierung von 192,5 Mrd. Euro (*Bundesministerium für Arbeit und Soziales* (Fn. 87), 184).

[90] *M. G. Schmidt* Sozialpolitik in Deutschland, 3. Aufl. 2005, 11 f.

[91] Die Sozialversicherung, in der nicht der Steuerstaat mit einer einzigen Finanzbehörde, sondern viele Versicherungsgemeinschaften in ganz unterschiedlicher Struktur und mit eigenen Finanzierungsinstrumenten agieren (im Gegensatz dazu wird das Steuerrecht als im Grundsatz kristallklar, mitunter „idyllisch" beschrieben: vgl. *F. Kirchhof* Finanzierungsinstrumente des Sozialstaats, in: Mellinghoff (Hrsg.) Steuern im Sozialstaat, 2006, 39 (39)), ist von den Vorschriften zur Finanzverfassung des Grundgesetzes unabhängig und durchbricht auch den in Art. 104a Abs. 1 GG niedergelegten Grundsatz gesonderter Lastentragung. Die Art. 74 Abs. 1 Nr. 12, 87 Abs. 2 und 120 Abs. 1 S. 4 GG bilden ein „in sich geschlossenes Regelungssystem für die Sozialversicherung und deren Finanzierung" (BVerfGE 113, 167 (200)). Diese Unverbundenheit der Systeme ist juristisch durch die strenge verfassungsrechtliche Zweckbindung der Sozialversicherungsbeiträge vorgegeben und schließt den „Einsatz der Sozialversicherungsbeiträge zur Befriedigung des allgemeinen Finanzbedarfs aus" (BVerfGE 75, 108 (148)).

[92] Der Gesetzgeber ist nicht nur einmal der Versuchung erlegen, den Sozialversicherungsträgern fremde Lasten aufzubürden (*F. Kirchhof* Sozialversicherungsbeitrag und Finanzverfassung, NZS 1999, 161 (163); ausf. *H. Butzer* Fremdlasten in der Sozialversicherung, 2001). Tatsächlich hat sich das komplexe Zusammenwirken von Sozialversicherungsbudgets, Bundes-, Landes- und Kommunalhaushalten zu dem entwickelt, was die Politikwissenschaften einen Verschiebebahnhof nennen. Vgl. etwa *A. Hassel/C. Schiller* Der Fall Hartz IV, 2010, 70 ff. Die Existenz unterschiedlicher Sozialversicherungskassen bietet Anreize für eine Kostenverschiebungspolitik zur Entlastung des Bundeshaushalts oder zwischen den jeweiligen Versicherungskassen, die keineswegs nur über Art. 120 Abs. 1 S. 4 GG läuft. Über die Veränderung von Beitragshöhen und Beitragszeiten und über Verschiebungen von einer Versicherungskasse zur anderen können Budgets ausgeglichen werden und dadurch negative Auswirkungen etwa des Arbeitsmarktes auf Haushalt und die Kassen abgemildert werden. Ein Beispiel ist die Arbeitsmarktpolitik (ausf. *A. Hassel/C. Schiller* Sozialpolitik im Finanzföderalismus – Hartz IV als Antwort auf die Krise der Kommunalfinanzen, PVS 51 (2010), 95). Als etwa Anfang der 1980er Jahre aufgrund der rasant steigenden Arbeitslosigkeit der

versicherung ausgeglichen und dann, sobald dieser Weg verstellt ist, vom Bundeshaushalt auf die Kommunalhaushalte abgewälzt werden.[93]

Haushalt der Bundesanstalt für Arbeit (BA) aus dem Ruder lief, wurde an zwei Stellschrauben gedreht: Die Höhe der Sozialversicherungsbeiträge stieg an und die Leistungen wurden eingeschränkt. Verantwortlich hierfür war auch der Verschiebebahnhof: Leistungsrechtliche Übertragungen zwischen den Sozialversicherungsträgern – etwa der Beschluss im RentenanpassungsG 1977, dass die BA für die Empfänger von Arbeitslosengeld und Arbeitslosenhilfe Beiträge zur Rentenversicherung zu zahlen und Maßnahmen zur beruflichen Rehabilitation durchzuführen habe – führten zu einem hohen Zuschussbedarf der BA durch den Bund; außerdem war die Anschlussarbeitslosenhilfe, die von 1967 bis 1980 von der BA finanziert wurde, auf den Bundeshaushalt rückübertragen worden. Durch die verschärfte Langzeitarbeitslosigkeit stiegen nun die Kosten für die Arbeitslosenhilfe und damit die Belastungen des Bundeshaushalts und die Sozialhilfekosten der Kommunen. Zur gleichen Zeit aber wies der Haushalt der BA wegen des vermehrten Übergangs vom beitragsfinanzierten Arbeitslosengeld zur steuerfinanzierten Arbeitslosenhilfe und aufgrund der erheblich gestiegenen Beiträge einen Überschuss auf, so dass es in der Folge zu einem erheblichen leistungsrechtlichen Ausbau des Arbeitslosengeldes kam, etwa bei der Leistungsdauer (von max. 12 auf 32 Monate zwischen 1984 und 1987) und beim Vorruhestandgeld (*Hassel/Schiller* Sozialpolitik (ebd.), 102 f.). Nach der Wiedervereinigung wurden arbeitsmarktpolitische Maßnahmen Anfang der 1990er Jahre zunächst ausgeweitet, doch setzte die schwere Rezession 1992/93 dem ein Ende; der Bundeszuschuss zur BA stieg zwischen 1992 und 1993 fast um das Dreifache. Erste Reaktion war wiederum die Absenkung der Lohnersatzleistungen; zudem wurde die Arbeitslosenhilfe auf ein Jahr begrenzt. Beides setzte die Kommunen durch die steigende Zahl der Sozialhilfeempfänger stark unter Druck. Vgl. *Hassel/Schiller* Sozialpolitik (ebd.), 103 f.

[93] Ebd., 104 f. Der Verschiebebahnhof zu Lasten der Kommunen ist längst an seine Grenzen gestoßen; auch hierfür ist die Arbeitsmarktpolitik ein gutes Beispiel. Die Kommunen gerieten in eine Sozialhilfefalle: Hohe Arbeitslosigkeit führt zu hohen Sozialausgaben und niedrigen Steuereinnahmen, also zu erheblichen Engpässen in den kommunalen Haushalten; diese schränken ihre Investitionsausgaben ein (da diese die am leichtesten zu variierenden Haushaltsposten sind); dies behindert die regionale Beschäftigungsentwicklung und führt zu noch höherer regionaler Arbeitslosigkeit – ein Phänomen, das v.a. Städte trifft (*B. Reissert* Arbeitslosigkeit, Arbeitslosenversicherung und Sozialhilfebelastung der Kommunen, in: Mäding/Voigt (Hrsg.) Kommunalfinanzen im Umbruch, 1998, 201 (204)). Die Kommunen versuchten, dieser Falle durch die Gründung von Beschäftigungsgesellschaften und der Verschiebung der Kosten in die zentral finanzierte Arbeitslosenunterstützung zu entkommen. Dies scheiterte aber durch Sparentscheidungen auf der Landes- und Bundesebene sowie der BA. Die Entlastung der Kommunen durch die Einführung der sozialen Pflegeversicherung im Jahr 1995 wurde wieder aufgezehrt durch Belastungen aus dem Rechtsanspruch auf einen Kindergartenplatz für alle 3–6 Jährigen, so dass die Gemeinden in einem Finanzierungsdefizit feststeckten; die Höhe der Kassenkredite, die eigentlich zur Überbrückung kurzfristiger Liquiditätsengpässe gedacht sind, beläuft sich auf abenteuerliche Summen. Die Gewerbesteuer, die ursprünglich kalkulierbar und krisenfest war und für die den Gemeinden ein Hebesatzrecht zusteht, war keine Lösung, denn sie wurde im Laufe der Zeit durch die Abschaffung der Lohnsummensteuer und der Gewerbekapitalsteuer auf ertragsab-

Nimmt man also die Sozialversicherung mit in den Blick, entsteht bereits quantitativ ein erweiterter Kontext der Diskussion über die Finanzordnung. Sie ergreift nur den geringeren Teil der Finanzierung des Sozialstaates.[94] Der größere Teil ist als Parafiscus aus dem allgemeinen Staatshaushalt ausgegliedert. 2012 war der beitragsfinanzierte Anteil der Sozialversicherungen mit weit über einer halben Billion Euro fast doppelt so groß wie der Bundeshaushalt.[95]

2. *Föderale Dimension*

a) Unitarisierung

Die Sorge des Staates ist nicht nur teuer, sondern greift auch in das föderale Gefüge der staatlichen Institutionen ein. Dass die Finanzverfassung zu einer strukturellen Übermacht des Bundes geführt hat, der sich in einer fast völligen Konzentration von Gestaltungsmacht über Einnahmen und Ausgaben zeigt, ist keine Neuigkeit.[96]

Diese ohnehin zentripetale Neigung des Sozialstaates wird durch den Parafiscus deutlich verstärkt, denn die Sozialversicherung ist alles andere als bundesstaatlich geprägt. Dies ist auch nach seiner historischen Entwicklung nicht zu erwarten: Das Reich konnte das Feld der Sozialpolitik rasch und umfassend besetzen;[97] die Weimarer Republik konservierte und

hängige Komponenten der Gewerbeertragssteuer verengt, was eine Konjunkturabhängigkeit und damit einen Einbruch zur Folge hatte; zudem gab es großzügige Freibetragsregelungen und Messbetragsstaffelungen sowie mittlerweile wieder rückgängig gemachte Probleme aus dem Steuersenkungsgesetz vom Juli 2000 (*Hassel/Schiller* Sozialpolitik (Fn. 92), 110). Die massive Krise der Kommunalfinanzen, die regional höchst unterschiedlich verteilt waren, vor dem Kollaps standen und den Verschiebebahnhof zwischen BA und Kommunen – und damit auch die Verschiebungen von Sozialversicherungsbeiträgen aus haushaltspolitischen Gründen – verunmöglichten, führte letztlich nicht nur zu einer Reform der Gemeindesteuern, sondern auch zu Hartz IV, wodurch der übergroße Teil der Sozialhilfebezieher in die Finanzverantwortung des Bundes überführt wurde (*Hassel/Schiller* Sozialpolitik (ebd.), 112 f.).

[94] Vgl. *Bundesministerium für Arbeit und Soziales* (Fn. 87), 221.

[95] Ebd.

[96] *Oeter* (Fn. 42), 528 ff.; vgl. zu dieser seit dem 19. Jahrhundert fortschreitenden zentripetalen Entwicklung *Waldhoff* Verfassungsrechtliche Vorgaben (Fn. 8), 41 ff.; *R. Hendler* Finanzverfassungsreform und Steuergesetzgebungshoheit der Länder, DÖV 1993, 292 (292); alle mwN.

[97] Die Erklärungen sind bekannt: Zu ihnen gehört in erster Linie die in massiven Legitimationsnöten begründete „Sozialpolitik von oben" der konservativen autokratischen Eliten. Sie wurzelte in den christlichen Wertvorstellungen der konservativen Eliten sowie einer (wiederum im aufgeklärten Absolutismus verankerten) spezifischen politischen Kultur des sorgenden Staates. Zudem spielten in Deutschland (und auch in

verstärkte die vorgefundene sozialpolitische Vorherrschaft des Bundes[98] und die Bundesrepublik knüpfte daran an.[99] Das war nicht selbstverständlich, doch protestierten die Länder nicht einmal – ein Zeichen für den flächendeckenden Konsens aller politischen Lager,[100] der gemeinsam mit dem Steuerverbundsystem keinen regionalen Wettbewerb zuließ. Dementsprechend ist das Bild heute geprägt.[101] Es ist keine Übertreibung

---

Österreich) Überlegungen zu nationaler Einheit, state- und nation-building eine große Rolle. Der eingeschlagene Pfad der Einrichtung der Beitragsfinanzierung dürfte in Deutschland ein eigentlich aus der Not geborener Finanzierungsmodus gewesen sein – genauer: aus der Not der fiskalischen Semisouveränität des Reiches, das ein Kostgänger der Länder war, da Bismarcks ursprünglicher Plan einer steuerbasierten Programmfinanzierung sowohl im Reichstag als auch im Bundesrat auf großen Widerstand gestoßen war. Durch den Modus der Beitragsfinanzierung wurde es möglich, institutionelle Blockaden in der Steuerpolitik zu umschiffen und die sozialpolitischen Finanzierungslasten auf Arbeitnehmer und Arbeitgeber zu externalisieren. Hierdurch wurden die Weichen zugleich auf sozialpolitische Expansion gestellt. Vgl. *Manow* (Fn. 84), 226 ff.

[98] Die Weimarer Republik überantwortete dem Bund zudem die sozialpolitische Abfederung der Kriegsfolgelasten und stärkte das Reich finanzpolitisch, indem es die alte Finanzverfassung auf den Kopf stellte. Die Länder wurden nun zu Kostgängern des Reiches. Permissive Rahmenbedingungen, ein riesiger Bedarf nach sozialer Sicherung nach Kriegsende und die Regierungsbeteiligung von Sozialdemokraten und Zentrum führten zu einem kräftigen Ausbau des Sozialstaates. In den späten 1920er Jahren waren alle klassischen Risiken und Lebenslagen auf nationaler Ebene abgedeckt – in eklatantem Unterschied zu den alten Demokratien, wo keine (USA und Kanada) oder nur vereinzelte (Schweiz) nationale Sozialprogramme etabliert waren und erst die Weltwirtschaftskrise als exogener Schock die sozialpolitische Wende brachte. Weitere massive Zentralisierungsschübe kamen mit dem Zweiten Weltkrieg, der nicht nur fiskalpolitischen Bedarf zur Finanzierung des Kriegs erzeugte, sondern auch eine riesige sozialpolitische Auf- und Ausgabenlast (Demobilisierung, Kriegsopferversorgung, Massenarbeitslosigkeit, Flüchtlingsströme) erwarten ließ. Vgl. etwa *F. G. Castles/H. Obinger/S. Leibfried* Bremst der Föderalismus den Leviathan? – Bundesstaat und Sozialstaat im Vergleich, 1880–2005, PVS 46 (2005), 215 (225).

[99] Manchen erschien diese Anknüpfung als Anachronismus, denn das System war byzantinisch, besaß eine quasi-feudale Komponente durch die Unterscheidung von Arbeitern und Angestellten im Bereich der Altersvorsorge und der Krankenversicherung und ließ einen bürokratischen Overkill befürchten. Vgl. etwa *Manow* (Fn. 84), 249.

[100] Ebd., 244.

[101] Der Bund besitzt gemäß Art. 74 Abs. 1 Nr. 12 GG die konkurrierende Gesetzgebungskompetenz, die Voraussetzungen des Art. 72 Abs. 2 GG sind dabei beständig erfüllt; der Bund hat von seiner Kompetenz dann auch umfassend Gebrauch gemacht. Erstreckt sich der Zuständigkeitsbereich eines Sozialversicherungsträgers über das Gebiet eines Landes hinaus, wird es gemäß Art. 87 Abs. 2 S. 1 GG grundsätzlich als bundesunmittelbare Körperschaft geführt; auch dort, wo noch Landes-Träger vorhanden sind, existiert ein ungebrochener Trend zur Zentralisierung, vgl. *O. Seewald* Föderalismus und Sozialrecht in der Bundesrepublik Deutschland, in: Härtel (Hrsg.) Hand-

zu formulieren, dass die zersplitterte Organisation des Sozialstaates einer prinzipiellen Unitarisierung nicht im Wege gestanden[102] und die föderativen Differenzierungen überrollt[103] hat.

Der deutsche Parafiscus ist also eine Bypass-Strategie, um sozialpolitische Kosten auf Arbeitgeber und Arbeitnehmer zu externalisieren und föderale Hemmnisse zu umgehen.[104] Dieser Befund wird von der vergleichenden Verfassungs- und Regierungslehre bestätigt, die zeigt, dass dann, wenn der Zentralstaat einmal die sozialpolitische Bühne betreten hat, föderale Hemmnisse überwunden werden und der Föderalismus viel von seiner Bremskraft verliert.

b) Juristische und politische Reaktionen

Die juristische Reaktion hatte weniger den finanz- und sozialpolitischen Verschiebebahnhof mit seiner Unitarisierung als die föderale Staatsorganisation mit ihren Wettbewerbsmöglichkeiten im Blick. Sie arbeitete sich an den Begriffen der „Gleichwertigkeit" bzw. „Einheitlichkeit der Lebensverhältnisse" aus Art. 72 Abs. 2 und 106 Abs. 3 S. 4 Nr. 2 GG, des „bundesstaatlichen Gedankens der Solidargemeinschaft"[105] und

---

buch Föderalismus – Föderalismus als demokratische Rechtsordnung und Rechtskultur in Deutschland, Europa und der Welt, Bd. III, 2012, § 73 Rn. 179. Der Beitrag wird meist bundeseinheitlich tarifiert; nur in der gesetzlichen Krankenversicherung und in der Unfallversicherung bestehen unterschiedliche Sätze (*F. Kirchhof* Finanzierungsinstrumente (Fn. 91), 44). Da der Sozialversicherungsbeitrag als Sonderlast den zweiten Zugriff auf bereits nach Leistungsfähigkeit belastete Steuerbürger erlaubt, steht das Sozialversicherungsrecht unter dem Rechtfertigungsdruck des Grundsatzes der Belastungsgleichheit; das Sozialfinanzverfassungsrecht ist daher in besonderer Weise durch Art. 3 GG geprägt (ebd., 45). Art. 120 Abs. 1 S. 4 GG begründet schließlich eine umfassende Finanzverantwortung des Bundes für die Sozialversicherung, auch wenn diese in Landesträgerschaft geführt wird (*Vogel/Waldhoff* (Fn. 54), Rn. 18). Landeszuschüsse sind daher verfassungswidrig.

[102] *Vogel/Waldhoff* (ebd.); *F. Kirchhof* Finanzierung der Sozialversicherung, in: Isensee/Kirchhof (Fn. 8), § 125 Rn. 9.

[103] *Isensee* Idee (Fn. 44), § 126 Rn. 271.

[104] Zu diesen Umgehungsstrategien gehört natürlich die förmliche Verfassungsänderung (hierzu auch *Livingston* (Fn. 39), 13) etwa in der österreichischen Erfahrung, in der die Große Koalition über Jahrzehnte hinweg die Verfassung ändern und nebenbei auch noch den Verfassungsgerichtshof als potentiellen Vetospieler neutralisieren konnte. Dieser Weg stand weder der Schweiz noch Deutschland offen. Die Schweiz wählte den Weg der Verpflichtung privater Akteure zur Bereitstellung von Sozialleistungen, nämlich im Rentenbereich durch die obligatorische Betriebsrente (*Castles/Obinger/Leibfried* Föderalismus (Fn. 98), 229). Deutschland und in Grenzen auch Österreich hingegen wandten sich dem Parafiscus zu.

[105] BVerfGE 72, 330 (386).

des „bündischen Prinzips des Einstehens füreinander“[106] ab und widerlegte deren normative Stoßkraft.[107] Da diese Begriffe eine Chiffre für Unitarisierung und Verflechtung sind, war angesichts der historisch eingebetteten und institutionell eingekapselten Praxis nicht zu erwarten, dass ein – wenn auch überzeugendes – verfassungsdogmatisches Argument zu einer Umkehr führen würde. Entsprechend vorsichtige Modifikationen sind auch in der Rechtsprechung des Bundesverfassungsgerichts feststellbar, das lediglich einige Stellschrauben – etwa das meritokratische Ultima-Ratio-Prinzip bei Sanierungszuweisungen in der Berlin-Entscheidung[108] – ein wenig mehr in Richtung Wettbewerb justierte.[109] Auch die Politik reagierte zurückhaltend. Die Reform 2006 stand unter dem Vorzeichen eines stärker kompetitiven Föderalismusdenkens,[110] doch wurden die ohnehin eher bescheidenen Ergebnisse in der Reform 2009 bereits wieder in Richtung eines kooperativen Föderalismus korrigiert.[111] Ein ähnliches Bild sehen wir mit Blick auf die den Länderfinanzausgleich ieS betreffenden Normenkontrollanträge von Ländern, die dem Gesetz, von dessen Verfassungswidrigkeit sie nun überzeugt sind, zunächst uneingeschränkt zugestimmt hatten.[112]

---

[106] Ebd.

[107] Etwa *Korioth* Finanzausgleich (Fn. 11), 179 mwN, 181; *Oeter* (Fn. 42) 532 ff. mwN; *Waldhoff* Verfassungsrechtliche Vorgaben (Fn. 8), 86 ff.; *ders.* Reformperspektiven (Fn. 36), 167 ff.; *Korioth* Nachhaltigkeit (Fn. 28), 181 f. Zu den dahinterstehenden Föderalismusleitbildern *V. Mehde* Föderalismusbilder im Wandel, dms 5 (2012), 443.

[108] BVerfGE 116, 327 (390), dazu etwa *Mehde* Föderalismusbilder (ebd.), 452 f.

[109] Nachweise bei *V. Mehde* Wettbewerb zwischen Staaten, 2005, 176 ff.

[110] Der Gesetzentwurf spricht von einer „Entflechtung von Zuständigkeiten“ und dem Ziel, „die Handlungs- und Entscheidungsfähigkeit von Bund und Ländern zu verbessern, die politischen Verantwortlichkeiten deutlicher zuzuordnen sowie die Zweckmäßigkeit und Effizienz der Aufgabenerfüllung zu steigern“. Gesetzentwurf der Fraktionen von CDU/CSU und SPD vom 7.3.2006, BT-Drs. 16/813, 1. Dies sollte durch den Abbau der Gemeinschaftsaufgaben und Mischfinanzierungen wie durch die Reduzierung der Zahl zustimmungsbedürftiger Gesetze geschehen; zugleich sollte der Exekutivföderalismus durch die Stärkung der Landtage zurückgenommen werden. Sichtbarstes Beispiel war wohl die Aufhebung des Art. 74a GG, die die bundeseinheitliche Regelung der Besoldung und Versorgung der Beamten beendete. Zusammenfassend etwa *Mehde* Föderalismusbilder (Fn. 107), 448.

[111] Die Finanz- und Wirtschaftskrise hatte inzwischen Kooperationsbedarf zwischen Bund und Ländern deutlich gemacht. Vgl. wiederum *Mehde* (ebd.), 448 f.

[112] Im Hinblick auf BVerfGE 101, 158 (213): *Mehde* (ebd.), 447, mit Verweis auf *R. Peffekoven* Reform des Länderfinanzausgleichs tut not, Wirtschaftsdienst 1998, 80 (82).

c) *Sozialstaat und Unitarisierung im Individualisierungs-Diskurs*

Schiebt man Finanz- und Sozialordnung ineinander, erscheinen die Probleme der Finanzverfassung – die zögerliche demokratische Einpassung, die Unitarisierung, die nur schüchterne Wettbewerbsleitbildlogik und die politische Irresponsivität – nicht nur als unglückliche Folgen einer in die Falle geratenen Institutionenkonstellation, sondern als Preis dessen, was als Sinn politischer Vergemeinschaftung begriffen wird. Die Ablösung der gesellschaftlichen Imagination vom Vorstellungsraum staatlicher Kollektivität und ihre Hinwendung zum würdegeprägten Individualisierungsdenken konstituiert politische Zwecke, denen auch eine Finanzordnung angemessen dient, die vor dem Hintergrund föderaler Staatsorganisation dysfunktional erscheint.

(aa) Einheitsdenken

Kollektive Souveränität vermag unter den Bedingungen der Individualisierung nur noch als virtuelle, aber kaum hilfreiche Zurechnungsebene der Volkssouveränität Sinn ergeben. Ein „Kampf der Souveräne", den das Finanzverfassungsrecht – verfassungsrechtlich kleingearbeitet – vorsieht, erschließt sich dann nicht länger. Wenn nicht kollektive Identität auf dem Spiel steht, ist es gleichgültig, welche Ebene staatlicher Governance die notwendig erscheinenden Aufgaben vollzieht. Wichtig ist allein, dass die Würde des Einzelnen zur freien Entfaltung kommt und dieser zu diesem Zweck mit den hierfür erforderlichen Voraussetzungen ausgestattet wird.[113] Der Bruch politischer Imagination – weg von kollektiven Vor-

---

[113] „Wer Finanzmittel empfängt, rechtet nicht darüber, ob sie auch aus den kompetenzrechtlich richtigen Leitungen fließen." *Isensee* Finanzverfassung (Fn. 55), 8. Hier ist – anders als in der staatlichen Lesart – nicht der Bürger finanzordnungsrechtlich mediatisiert, sondern der Staat. Man kann von einem „normativen Individualismus" sprechen, der den Staatsbegriff „auf den Kopf stellt" (*C. Möllers* Staat als Argument, 2. Aufl. 2011, XLVII). Wichtig ist also allein, dass der Sozialstaat funktioniert und die materiellen Bedürfnisse wohlfahrtsstaatlich absichert (in diese Richtung auch *A. W. Heinemann* Finanzströme im Bundesstaat – Grundlagen für eine Föderalismusreform III in Deutschland, ifo Dresden berichtet 3/2013, 14 (19)). Die Erfüllung dieser Aufgabe operiert imaginativ unabhängig von der im Einzelnen einschlägigen Verbandskompetenz und lässt kaum eine nach Gebietskörperschaften gegliederte regionale Differenzierung zu. Die Universalität der Würde vermählt sich hier mit der Gleichheit von Chancenentfaltung und hat unmittelbar unitarisierende Wirkung. Denn es ist nicht begründbar – weder rechtlich noch moralisch –, warum der Würdeanspruch an Schlagbäumen halt machen müsste und hier eine groß und breit, dort eine klein und schmal angelegte Würdekonzeption Sinn ergäbe. Das Wohl des Einzelnen, insbesondere als Würdeanspruch formuliert, kann nach unserer Vorstellung nicht Gegenstand eines regulativen Wettbewerbs sein. Dem entspricht eine Marginalisierung föderaler Unter-

stellungsräumen und hin zur Individualisierung – führt zu einer steigenden Implausibilität föderalen Wettbewerbs und damit zu einer kuriosen Kontinuität eines Einheitsdenkens, das in der Geschichte des deutschen Staates im Wesentlichen zu politischer Einheitsbildung genutzt wurde.

Was ideengeschichtlich begründbar ist, lässt sich auch demoskopisch durch mittlerweile belastbare repräsentative Umfragen belegen. Deutschlandweit ziehen neun von zehn Befragten die Solidarität zwischen den Bundesländern dem Wettbewerbsgedanken vor. Selbst in Bayern stimmen mehr als vier von fünf dieser Aussage zu. Bundesweit sprechen sich drei Viertel der Befragten für die Beibehaltung des Länderfinanzausgleichs aus. Neun von zehn wollen bundesweit vergleichbare Standards in Kindergärten, Schulen und Universitäten. Weit mehr als vier von fünf Bürgern stimmen über alle Parteien hinweg für bundesweit einheitliche Steuersätze.[114] Die große Mehrheit der Bevölkerung möchte so wenig wie möglich unterschiedlich regeln.[115] Das überwältigend mehrheitlich genannte Argument ist dasjenige der Einheitlichkeit der Lebensverhältnisse. Obwohl die Mobilität zwischen den Bundesländern relativ gering ist, ist die Länderebene keine relevante Identifikationsebene.[116]

---

schiedlichkeit. Diese beschränkt sich nicht etwa auf den Schutzbereich des grundgesetzlichen Menschenwürdesatzes. Der Begriff der Würde hat, ebenso wie derjenige des Menschenrechts, die Tendenz, an den Rändern auszufransen und in die Breite zu zerfließen. Daher wächst die föderale Argumentationslast zur Rechtfertigung von Differenzen in praktisch allen Bereichen.

[114] Darüber hinaus identifizieren sich die Bundesbürger zuerst mit der Stadt oder Gemeinde, in der sie wohnen; danach folgen Bundes- und EU-Ebene; die Länderebene wird in mehr als der Hälfte der Bundesländer am wenigsten genannt. Zwei Drittel der Befragten wünschen sich, dass EU, Bund oder Kommune in Zukunft eine stärkere Rolle spielen soll; dieser Wunsch wird im Hinblick auf die Länderebene am wenigsten genannt. Vgl. *O. Wintermann/T. Petersen* Bürger und Föderalismus, 2008, www.bertelsmann-stiftung.de/bst/de/media/xcms_bst_dms_23798_23799_2.pdf; diese Umfrageergebnisse werden auch durch Umfragen des Allensbacher Instituts bestätigt: *R. Köcher* Föderalismus im Spiegel der Demoskopie, in: Härtel (Fn. 101), § 76 Rn. 1 ff.

[115] Selbst diejenige Minderheit, die eigentlich eine größere Autonomie der Länder befürwortet, möchte im konkreten Fall das meiste bundeseinheitlich geregelt wissen. Das gilt sowohl für Aufgaben in der Bundes- als auch für solche in der Landeskompetenz: Die Debatte bezüglich unterschiedlicher Nichtraucherschutzgesetze in den vergangenen Jahren oder der jüngste Vorschlag der Bundesfamilienministerin, einheitliche Standards für die Betreuung in Kindertagesstätten festzulegen, scheint dies zu bestätigen (etwa *N. Lenz* Kita ist nicht gleich Kita, FAZ v. 12.08.2013).

[116] *Köcher* (Fn. 114), § 76 Rn. 15 ff. Dies wird auch von denjenigen zugestanden, die Ansätze für eine Art Föderalbürgerschaft festzustellen meinen: *J. Oberhofer/J. Stehlin/R. Sturm* Citizenship im unitarischen Bundesstaat, PVS 52 (2011), 163 (181).

(bb) Sozialstaatswachstum

Die Individualisierung des politischen Denkens hat daneben zur Konsequenz, dass es nicht nur auf Einheitlichkeit, sondern auch auf Ausbau der Sozialleistungen ankommt. Wenn es um die Entfaltung einer materiell abgestützten und abgesicherten Wohlfahrt des Einzelnen geht, ist einsichtig, dass man angesichts steigender Preise, Risiken und Rentnerzahlen immer mehr absichern kann. Dem Ideal der auf das Individuum bezogenen materiellen Gerechtigkeit kann man sich immer stärker anzunähern versuchen; man ist nie da, es ist nie genug.[117] Es ist nicht verwegen zu vermuten, dass der Ausbau der Sozialsysteme, der bereits heute beeindruckende Ausmaße angenommen hat,[118] kaum gestoppt oder gar rückgebaut werden kann.[119]

Auch hier lässt sich die Beobachtung durch die Umfrageergebnisse belegen. Auf die Frage etwa, ob Ausgabensenkungen im Bereich „Soziales" zum Schuldenabbau akzeptabel sind, antwortet der Großteil der Bevölkerung flächendeckend mit „Nein".[120]

VII. Konsequenzen

1. *Politischer Immobilismus*

Damit eröffnet sich ein inhaltlicher, nicht nur institutioneller Erklärungsansatz für die mangelnde Responsivität des politischen Systems auf

---

[117] Deshalb wird „heute, da das gesamte politische System seine Legitimation aus der Funktionsfähigkeit des Leistungsstaats gewinnt" (*M. Stolleis* Konstitution und Intervention, 2001, 250), ein Maß von auf Dauer ausreichenden Steuern nie erreicht werden (*P. Selmer/L. Hummel* Der Solidaritätszuschlag – eine unendliche Geschichte? in: Junkernheinrich/Korioth/Lenk/Scheller/Woisin 2013 (Fn. 21), 365 (376)).

[118] Vgl. bereits oben bei Fn. 87, 88.

[119] Dies mag auch die institutionelle Konsequenz der Konsenszwänge und Vetospieler sein: Die politisch-institutionellen Rahmenbedingungen erschweren nicht nur eine Reform, sondern auch eine elastische Anpassung der Sozialpolitik nach unten an veränderte Rahmenbedingungen. Doch belehren uns die Politikwissenschaften über eine wichtige Einschränkung: Institutionen sind zwar wirkungsmächtig, aber sie determinieren nicht die Wahl von Handlungsalternativen (*Schmidt/Ostheim* (Fn. 84), 214). Dass die Alternativen jedoch kaum gewählt werden (eine Ausnahme ist die Reform der Arbeitsmarktpolitik und der Alterssicherungspolitik im Zuge der Hartz-Gesetze durch die rot-grüne Regierung unter Kanzler *Schröder*; zu den Ursachen vgl. oben bei Fn. 92 und 93), liegt auch an der Individualisierung des politischen Denkens. Reformvorschläge dahingehend, das System zu vertikalisieren und anhand soziokultureller Indikatoren stärker bedarfsorientiert zu verteilen (etwa *Behnke* (Fn. 10), 29 f., 32 ff.), passen sich in dieses Bild ein.

[120] *Wintermann/Petersen* (Fn. 114), 31.

unsere Reformeingaben und für die nur zögerliche Demokratierückbindung eines Kernbestandes staatlicher Vergemeinschaftung durch uns selbst. Der politische Vorstellungsraum, in dem wir uns bewegen, ist nicht in erster Linie durch föderale Strukturen geprägt.[121] Föderalismus setzt die demokratische Existenz lebendiger Gegenöffentlichkeiten voraus, zwischen denen Meinungen, Ideen und Konzepte vorgetragen, multipel geprüft und einem Wettstreit ausgesetzt werden. Erfolg bemisst sich auch am Maßstab der Unterschiede zwischen regional gegliederten Einheiten, deren Identitäten nicht statisch, aber immerhin bedeutungsreich sind. Dieser Maßstab muss verfehlt werden in einem Finanzausgleichssystem, das auf weitgehende Nivellierung hinausläuft.[122] Die Vorschläge der Wissenschaft zur Einführung stärkerer Wettbewerbselemente, etwa durch das Zugestehen eigener Hebe- oder Zuschlagsrechte für die Länder,[123] decken sich nicht mit dem politischen Vorstellungsraum.[124]

Der Vorstellungsraum schlägt unmittelbar auf das politische System durch, denn er beeinflusst die Wahlentscheidung. Wenn die große Mehrheit der Bürger länderunabhängig der individuellen Gerechtigkeit und Wohlfahrt den Vorrang einräumt, wird die Politik keine ernsthaften wettbewerbsföderalen Reformen unternehmen, da sie sich bei Wahlen keine politischen Gewinne aus ihrer Arbeit versprechen kann.[125] Als Verfas-

---

[121] *Leuprecht* (Fn. 39), 269; anders *P.H. Carstensen* Zwischen Eigenverantwortung und Solidarität – Plädoyer für eine neue Balance im föderalistischen System, in: Baus/Eppler/Wintermann (Fn. 10), 195 (195): „Der Föderalismus hat Deutschland zu einem Erfolgsmodell gemacht.".

[122] Entgegen einer sehr deutschen Auffassung, nach der es nur Wettbewerbsgewinner gibt, ist Wettbewerb auch ein Akt „schöpferischer Zerstörung" (*J. Schumpeter* Kapitalismus, Sozialismus und Demokratie, 2. Aufl. 1950, 134 ff.), wobei die Zerstörung auch Verlierer hinterlässt. Anders als in den USA, wo sowohl Individuen als auch ganze Städte, zuletzt Detroit, dem Verlieren anheim gegeben werden, lässt die deutsche Orientierung am Vorrang von Wohlfahrt, Gleichheit und Gerechtigkeit keine Verlierer zu. Inzwischen erhalten bereits zehn Bundesländer Sonderbedarfs-Bundesergänzungszuweisungen aufgrund überdurchschnittlich hoher Kosten politischer Führung (*Feld/Kube/Schnellenbach* (Fn. 7), 15).

[123] Dazu ausf. Fn. 27.

[124] Schon *Höpker-Aschoff* Finanz- und Steuersystem (Fn. 27), 319 f.

[125] Daher gibt es Anlass, an der Ernsthaftigkeit auch der wettbewerbsföderalen Vorschläge der Geberländer zu zweifeln. Ein Beispiel für die bundeseinheitlich zu beobachtende Weichheit der Wettbewerbsvorstellungen ist die Zurückverlagerung von Kompetenzen an die Länder in der Föderalismusreform I, die sich auf solche Bereiche beschränkte, die verfassungsgerichtlich und damit unitarisch überlagert sind: Versammlungsrecht und Beamtenrecht. Immerhin ist das Beamtenrecht durch die unterschiedliche Besoldung wieder eine Waffe im föderalen Wettbewerb, aber auch hier haben sich die norddeutschen Länder auf ein gemeinsames Modell verständigt (*Mehde* Föderalismusbilder (Fn. 107), 448 f.). Nur wenn in der Öffentlichkeit eine Föderalismusreform

sungsjurist mag man, informiert durch Art. 20 Abs. 1 und 79 Abs. 3 GG, die Priorität anders sehen. Doch kann die Schere zwischen einem größer werdenden Meer an Reformvorschlägen für eine bundesstaatlich angemessene Finanzordnung einerseits und einer wenig angemessen reagierenden Politik andererseits nicht länger verwundern.

2. *Demokratieprobleme*

Auch die Schwierigkeiten demokratischer Rückbindung lassen sich schärfer konturieren. Demokratie verspricht gleiche Freiheit als Voraussetzung einer selbstbestimmten Gemeinschaft; sie verspricht nicht ein gutes Leben.[126] Nach dem guten Leben, sagte *Benjamin Franklin*, muss man selbstverantwortlich streben. Dass ein solches gleichwohl erwartet wird, kann man als Kategorieverwechselung deuten und daraus die Erklärung für manche Unzufriedenheit mit der Demokratie herleiten.[127] Man kann diese Erwartung aber auch als politische Priorität lesen und anerkennen, dass sie sich, als gesellschaftlicher Vorstellungsraum und gespiegelt im Konsens der politischen Parteien, auf ihre Weise demokratisch manifestiert. Die mangelnde Transparenz der bundesstaatlichen Finanzordnung, die Verantwortungszusammenhänge verschleiert statt verdeutlicht, und der daraus folgende Verzicht auf eine wahrhaft demokratische Auseinandersetzung über einen Kernbereich des demokratischen Lebens wird dann zum Preis, der für das Funktionieren des Systems, für die Erfüllung der prioritären Erwartung, zu zahlen ist.

3. *Integration und politische Imagination*

Wenn die demokratische, den Bürger und seine Wahlentscheidung einbeziehende Steuerung nicht das prioritär verbindende Band ist, das das Gemeinwesen zusammenhält, stellt sich die Frage nach Fähigkeit und Form der Integration. Individualisierung ist natürlich nicht gleichbedeutend mit Desintegration; doch ändert sich der Integrationsmodus. Es erscheint selbstverständlich, dass die gerechte individuelle Wohlfahrt das

als wichtige und unabdingbare Reform gesehen wird, sind günstigere Bedingungen gegeben. Das untergräbt die Politik aber selbst, wenn sie die Reformanstrengungen zu einer Insider-Veranstaltung macht und einen Konsens dahingehend entwickelt, dass es in erster Linie darum gehe, Entscheidungsprozesse zu optimieren, statt darum, die demokratische Responsivität des Föderalismus zu verbessern (*Sturm* Föderalismusreform (Fn. 38), 202 f.).

126 *C. Möllers* Demokratie – Zumutungen und Versprechen, 2009, 22.

127 Ebd.

letzte Ziel ist, dem die Vergemeinschaftung dient. Selbstverständlich ist dies freilich nur in dem politischen Vorstellungsraum, in dem wir uns bewegen. Schon in der Familie, über die wir morgen früh sprechen werden, sind Gerechtigkeit und individuelles Wohlergehen nur Werte unter vielen. Auch Nationalstaaten haben sich lange Zeit nicht in erster Linie durch individuelles Wohlergehen, sondern durch das Gegenteil, durch Narrationen der von Menschen oder der Natur verursachten Katastrophen, denen man gemeinsam getrotzt hat, und durch Rituale der Erinnerung daran integriert.[128] Materielle Wohlfahrt hingegen beruht in erster Linie auf der Verfügbarkeit von Geld – unserem Thema der Finanzverfassung. Geld ist gedächtnislos – es speichert Zukunft, nivelliert aber Vergangenheit – und gleichgültig – es ignoriert Identitäten und historische Erzählungen. In seiner Abstraktion ist es außerdem zivilisierend: Was früher die Wunder und Schrecken der Souveränität waren, sind heute Wirtschaftswunder und Wirtschaftskrisen.[129] Der politische Zustand der finanzverfassungsrechtlichen Diskussion deutet darauf hin, dass Integration im nach Konsens strebenden und teilweise zu ihm gezwungenen Deutschland nicht als demokratischer Marktplatz funktioniert, auf dem sich das bessere Argument durchsetzt, sondern als monetärer Verschiebebahnhof, der individuelle Wohlfahrt absichert. Dass sich unser politischer Vorstellungsraum heute vorwiegend mit Geld verbindet, ist vor dem Hintergrund der deutschen Geschichte keineswegs von vornherein problematisch, auch wenn man dafür den Preis der Verunsicherung über den Inhalt kollektiver Identität zahlt. Problematisch wird es allerdings dann, wenn das indifferente, aber zivilisierende Band des Geldes knapp wird und sich

---

[128] Ideengeschichtlich dürfte die Umstellung auf Individualisierung auf die Linie politischer Theorie zurückgehen, die Hobbes in Gang gesetzt hat. Vgl. etwa *P. W. Kahn* Putting Liberalism In Its Place, 2005, 63 f.; *ders.* Out of Eden, 2007, 190 ff.

[129] Die Herrschaft, die das Geld über die allgemeine Denkart gewonnen hat, meinte *Georg Simmel*, verändert den Zuschnitt des Politischen. Nichts ist gedächtnisloser als Geld: Es speichert die Zukunft als Option, nivelliert aber die Vergangenheit. In der Abstraktion der Codierung von Zahlung/Nicht-Zahlung gehen Vorgeschichten verloren, und im Markt zählt das Selbst nur als Vektor. Diese Indifferenz des Geldes ignoriert Identitäten und historische Erzählungen nicht weniger als Erfahrungen und Praktiken und verarbeitet gewachsene in artifizielle Differenzen (etwa *N. Luhmann* Die Wirtschaft der Gesellschaft, 1988, Kap. 1). Hierdurch, so die Kulturtheorie, entstehen zugleich Mobilität und Entwurzelung, Flexibilität und Verflüssigung, die Identitäten infizieren. *Simmel* schrieb, der indizierte Partner für das Geldgeschäft sei „die uns innerlich völlig indifferente, weder für noch gegen uns engagierte Persönlichkeit" (Philosophie des Geldes (1900), 1989, 290 f.). In seiner Abstraktion und Analogisierungsfähigkeit wirkt es dadurch zivilisierend, dass es Unterschiede aller Art umarbeitet und dadurch die Extremkategorien des Politischen unbrauchbar werden lässt. Ausf. *U. Haltern* Geld und Recht, FS Schmidt, 2006, 693; *ders.* Europarecht und das Politische, 2005, 263 ff., beide mwN.

die Frage nach weniger indifferenten, vielleicht weniger zivilisierenden Alternativen stellt.

Knapper wird das Geld längst. Selbst 2012, in Zeiten konjunktureller Erholung, sind die Schulden von Bund und Ländern in abenteuerliche Höhe gestiegen.[130] Schon allein die Zinslasten sind enorm: Bremen muss bereits jeden dritten Euro, den es durch Steuern einnimmt, nur für die Zinsen auf die Schulden ausgeben; Saarland jeden vierten und Berlin jeden fünften.[131] Alternativen zu einer geldfernen Integration sind gleichwohl entweder nicht in Sicht oder nicht diskutabel. Die verfassungsrechtliche Reaktion der Schuldenbremse hat stattdessen eine auch von dieser Vereinigung aufgenommene Diskussion über die bundesstaatliche Finanzordnung in Gang gesetzt, die in die Schieflage eines Ersatzdiskurses gerät. Ein reformierter Finanzausgleich ist keine Sanierungsmaßnahme.[132]

So gesehen ist die deutsche Politikverflechtungsfalle auch eine Falle der politischen Imagination oder, allgemeiner, des Politischen. Der Blick auf die bundesstaatliche Finanzordnung ist auch der Blick durch ein Fenster, das sich auf die großen Themen der politischen Identität öffnet und neben der Frage, was wir tun sollen, auch die Frage aufwirft, wer wir sind. Beantworten lässt sie sich nur durch demokratische Verfahren. Und so geht es auch bei einem scheinbar technischen, mechanischen Innen- und Organisationsrecht um das Ganze. Das ist in einer Zeit, in der wir auch im Kontext dieser Vereinigung das Öffentliche Recht vor der Frage nach seiner Identität diskutieren[133] und die Staatsrechtslehre als Mikrokosmos die Grundlagenfächer stärken will,[134] doch eigentlich eine gute Nachricht.

---

[130] Für Jahre hoher Einnahmezuwächse ist der Konsolidierungsfortschritt unzureichend, s. *Sachverständigenrat* (Fn. 89), 212 f.; *Statistisches Bundesamt* Pressemitteilung v. 22.03.2013 – 112/13.

[131] Hohe Zinsausgaben belasten Bundesländer, FAZ v. 17.09.2013. Auch die Konsequenzen des hohen gesamtstaatlichen Schuldenstandes sind dramatisch: Müsste die Bundesrepublik, deren Schuldenstand 2012 bei ca. 80 % des BIPs lag, tatsächlich, wie im Fiskalpakt (Art. 4) unter der Voraussetzung einer vorherigen Feststellung eines übermäßigen Defizits vorgeschrieben, ihren gesamtstaatlichen Schuldenstand um jährlich im Schnitt ein Zwanzigstel verringern, müssten pro Jahr ca. 102 Mrd. Euro zurückgezahlt werden, dies entspricht etwa einem Drittel des gegenwärtigen jährlichen Bundeshaushalts (s. *C. Gröpl* Schritte zur Europäisierung des Haushaltsrechts, Der Staat 52 (2013), 1 (23)).

[132] *Korioth* Länderfinanzen (Fn. 3), 76 ff. In den Worten des US-Supreme Court: „Not even the power of this Court can make income of outgo." US Supreme Court, *Harvester Co. v. Dept. of Taxation*, 322 U.S. 435 (448) (1944).

[133] Dies war das Thema des ersten Arbeitskreises Grundlagen: *D. Grimm* Das Öffentliche Recht vor der Frage nach seiner Identität, 2012.

[134] Vgl. *Wissenschaftsrat* Perspektiven der Rechtswissenschaft in Deutschland, 2012, Drs. 2558-12; *H. Schulze-Fielitz* Staatsrechtslehre als Mikrokosmos, 2013, etwa 19, 32 ff.

Leitsätze des 1. Referenten über:

Die künftige Ausgestaltung der bundesstaatlichen Finanzordnung

I. Probleme der Finanzordnung

(1) Die geltende bundesstaatliche Finanzordnung muss mit Blick auf das Auslaufen des Solidarpakts II und des Länderfinanzausgleichs sowie das ab 2020 gänzlich wirkende Verbot der strukturellen Neuverschuldung der Länder reformiert werden.

(2) Der Reformdruck wird durch manifeste Probleme verstärkt. Es fehlen echte Ländersteuern mit relevantem Ertrag, die eine eigenständige Einkommenspolitik der Länder ermöglichen. Es mangelt an Systematik und Transparenz. Föderale Präferenzunterschiede werden negiert. Es werden falsche oder negative Anreize gesetzt. Lösungsvorschläge setzen auf allen vier Stufen der Finanzordnung an und reichen von Vertikalisierung über Steuertrennsystem bis zu Länderneugliederung.

II. Wissenschaft und Praxis

(3) Den Vorschlägen aus der Wissenschaft steht eine sich nur marginal bewegende Praxis gegenüber; Chancen auf Realisierung grundlegender Reformvorschläge existieren kaum. Als Erklärung hierfür findet sich überwiegend das technisch-institutionell geprägte Argument der Politikverflechtung.

(4) Institutionenargumente loten selten das ganze Problem aus; im eingekapselten Status quo scheint etwas zu stecken, das im größeren Kontext Sinn ergibt. Diesem Sinn gilt es auf die Spur zu kommen.

III. Staat, Verfassung, Individuum

(5) Die finanzverfassungsrechtlichen Verteilungsfragen werden vor dem Hintergrund einer gesellschaftlichen Kultur diskutiert, der es an Verständnis für die Logik der Verteilungslinien mangelt. Die staats- und verfassungs-

rechtliche föderale Aufgaben- und Kompetenzverteilung liegt quer zu einer individualisierenden sozialen Imagination des Staates, die andere Prioritäten als föderale Verteilungsgerechtigkeit hat. Hier sind zwei Diskurse verschlungen, die unterschiedliche Orientierungen besitzen (Staat/Individuum) und sich in sozialstaatlicher Unitarisierung schneiden.

1. Staats- und Verfassungsorientierung

(6) Der Finanzordnungsdiskurs ist in seiner Staats- und Verfassungsorientierung durch große Kontinuität geprägt, die sowohl wohlfahrtsstaatlich als auch unitarisierend wirkte. Die verfassungsrechtliche Kleinarbeitung führte zum Verständnis einer innenrechtlich ablaufenden Berechnungs- und Verteilungsmechanik. Dagegen reibt sich der ältere, staatsrechtliche Souveränitätsdiskurs, der die Unterscheidung Verfassung/Staat als Organisation/Gewalt spiegelt.

2. Individualorientierung

(7) Dem entgegengesetzt ist eine Kontinuitäten durchbrechende politische Imagination, die, beglaubigt durch den Menschenwürdesatz, die Zentralstelle des Politischen durch den Einzelnen besetzt: Wert und Würde des Menschen sind Zweck der Ordnung. Dieser Vorstellung erschließt sich weder der am Staat noch der an der Verfassung orientierte innenrechtliche Finanzverteilungsdiskurs.

3. Schnittmenge

(8) So unterschiedlich diese Linien sind, so wirkungsmächtig kommen sie zusammen in der Wohlfahrt des Individuums.

IV. Rechtsstaatliche Probleme

(9) Die innerhalb der Staats- und Verfassungsorientierung existierende Reibung führt zu Verrechtlichungsproblemen, die sich zunächst in Sonder- und Minderrechtsthesen sowie in einer Staatspraxis neben der und gegen die Verfassung niederschlagen. Potenziert werden diese Probleme durch die Strapazierung der Verfassungsebene, wodurch Handlungsfähigkeit und Normativität aufs Spiel gesetzt werden.

(10) Der Versuch einer Rationalisierung durch einen Auftrag an den Gesetzgeber zur systembildenden Maßstabsetzung seitens des Bundesverfassungsgerichts ist gescheitert. Die Eigenlogik der Politik lässt sich weder leicht rechtlich bändigen noch in Vernunft auflösen.

V. Demokratieprobleme

(11) Innerhalb der Individualorientierung stößt man auf handfeste Demokratieprobleme: Die Finanzordnung ist längst in einen Zustand der Unleserlichkeit eingetreten, der vor der Aufgabe der Herstellung von Verantwortungsklarheit und demokratischer Rückkoppelung kapituliert. Insbesondere die Politik hat sich dieses Problems nicht ausreichend angenommen.

(12) Es ist aber auch nicht zu vernehmbaren gesellschaftlichen Reaktionen gekommen. Dies deutet darauf hin, dass Individualisierung nicht gleichbedeutend mit Demokratisierung ist, sondern einen Überschuss aufweist und ihre Prioritäten an anderer Stelle als demokratischer Transparenz, Verantwortungsnachvollzug und Kontrolle findet.

(13) Die Suche nach diesen Prioritäten führt weg von den gesellschaftlich wenig beachteten körperschaftlichen Verteilungslinien und hin zur Sicherstellung der materiellen Voraussetzungen für die Entfaltung individueller Würde und Wohlfahrt. Hier öffnet sich der Blick für eine Kontextualisierung der Finanzordnung innerhalb eines gesellschaftlichen Vorstellungsraumes von Sinn und Finalität politischer Vergemeinschaftung.

VI. Finanzordnung und Sozialstaat

(14) Der Zusammenhang von dienendem Geld und bedienter Sorge für den Bürger liest den Finanzstaat zusammen mit dem Sozialstaat und verdeutlicht die finanzielle und die föderale Dimension. In finanzieller Hinsicht sind bereits die steuerfinanzierten Sozialleistungen gewaltig; nimmt man die – von der Finanzordnung nicht erfasste – beitragsfinanzierte Sozialversicherung mit in den Blick, entsteht ein erweiterter Kontext für die Finanzordnung. In föderaler Hinsicht hat bereits die Finanzverfassung zu einer strukturellen Übermacht des Bundes geführt; der sozialversicherungsrechtliche Parafiscus verstärkt diese zentripetale Neigung noch beträchtlich.

(15) Die juristische Reaktion war eine normative Kritik der Begriffe der „Gleichwertigkeit" bzw. „Einheitlichkeit der Lebensverhältnisse" aus Art. 72 Abs. 2 und 106 Abs. 3 Satz 4 Nr. 2 GG sowie der bundesverfassungsgerichtlichen Begriffe des „bundesstaatlichen Gedankens der Solidargemeinschaft" und des „bündischen Prinzips des Einstehens füreinander". Da es sich dabei um eine Chiffre für die historisch eingebettete und institutionell verkapselte Unitarisierung handelt, konnte die verfassungsdogmatische Gegenwehr nicht zum Erfolg führen. Auch das Bundesverfassungsgericht und die Politik beließen es bei vorsichtigen Modifikationen.

(16) Die Probleme der Finanzverfassung – die zögerliche demokratische Einpassung, die Unitarisierung, die nur schüchterne Wettbewerbsleitbild-

logik und die politische Irresponsivität – erscheinen vor diesem Hintergrund nicht nur als unglückliche Folgen einer in die Verflechtungsfalle geratenen Institutionenkonstellation, sondern als Preis dessen, was als Sinn politischer Vergemeinschaftung begriffen wird. Zum einen gilt dies für das Einheitsdenken, dem die gebietskörperschaftlichen Verteilungsauseinandersetzungen gleichgültig sind, zum anderen für den kontinuierlichen Ausbau der Sozialleistungen.

VII. Konsequenzen

1. Politischer Immobilismus

(17) Die inhaltliche, nicht nur institutionelle Erklärung für die mangelnde Responsivität der Politik liegt in der sozialen Imagination, die nicht durch föderale Strukturen geprägt ist. Föderalismus, auch finanzieller, setzt die demokratische Existenz lebendiger Gegenöffentlichkeiten voraus, zwischen denen Meinungen, Ideen und Konzepte vorgetragen, multipel geprüft und einem Wettstreit ausgesetzt werden. Erfolg bemisst sich auch am Maßstab der Unterschiede regional gegliederter Einheiten mit bedeutungsreichen Identitäten; dieser Maßstab muss verfehlt werden. Die Politik wird keine wettbewerbsföderalen Anstrengungen unternehmen, wenn sie sich daraus keinen nachhaltigen Wahlerfolg versprechen kann.

2. Demokratieprobleme

(18) Auch die Schwierigkeiten demokratischer Rückbindung sind inhaltlich erklärbar. Demokratie verspricht nicht ein gutes Leben. Dass ein solches gleichwohl erwartet wird, ist nicht notwendig eine Kategorieverwechselung, sondern deutet auf eine Priorität der Wohlfahrt gegenüber der Demokratie hin, wenn auf eine wahrhaft demokratische Auseinandersetzung über einen Kernbereich des politischen Lebens verzichtet wird.

3. Integration und politische Imagination

(19) Wenn die demokratische, den Bürger und seine Wahlentscheidung einbeziehende Steuerung nicht das vorrangig verbindende Band ist, das das Gemeinwesen zusammenhält, stellt sich die Frage nach Form und Fähigkeit gesellschaftlicher Integration. Wie man an anderen Gemeinschaften studieren kann, ist das Letztziel gerechter individueller Wohlfahrt keine Selbstverständlichkeit. Seine Erreichung beruht auf der Verfügbarkeit von Geld. Geld ist gedächtnislos, gleichgültig und auch zivilisierend. Geldbasierte Integration ist nicht von vornherein problematisch, auch wenn man dafür den Preis

der Verunsicherung über den Inhalt kollektiver Identität zahlt. Sie hängt freilich davon ab, dass genug Geld vorhanden ist; die Aussichten hierfür sind nicht gut. So gesehen ist die deutsche Politikverflechtungsfalle auch eine Falle des politischen Vorstellungsraumes.

Zweiter Beratungsgegenstand:

Die künftige Ausgestaltung der bundesstaatlichen Finanzordnung

2. Referat von Professor Dr. *Ekkehart Reimer*, Heidelberg

Inhalt

I. Die Finanzverfassung als Labor des Föderalismus

Das öffentliche Finanzwesen zeigt, in welchem Zustand ein gestuftes und gegliedertes Gemeinwesen ist.[1] Finanzkompetenzen und Finanzverantwortung des Zentralstaats, der Gliedstaaten und ihrer Untergliederungen bieten ideale Laborbedingungen für rechtswissenschaftliches Beobachten. Die Kommensurabilität von Geldbeträgen lässt Normgehalt und Normwirkungen hier deutlicher hervortreten als in anderen Rechtsgebieten.[2] Geldbeträge geben Aufschluss über Legitimation, Zuschnitt, Interaktion und Wirkung von Normen.

Maßstäbe für die rechtliche Bewertung des Beobachteten sind zunächst die Normen des jeweils vorrangigen Rechts. Die internationale, die historische und die vertikale Rechtsvergleichung schärfen den Blick und helfen, Regelungslücken aufzudecken. Namentlich die Europäische Krise der öffentlichen Finanzen erlaubt und gebietet eine neue Sicht auf die innerstaatlichen Finanzordnungen der Mitgliedstaaten. Sie lenkt den Blick des Betrachters auf bislang wenig justiziable, in der Rechtspraxis erstaunlich unsichtbar gebliebene Fragen: Gibt es neben Neuverschuldungsgrenzen auch rechtliche Grenzen der Gesamtverschuldung? Wie denkt die Verfassung den Krisenfall, wie bewältigt die Zahlungsunfähigkeit einzelner Gebietskörperschaften? Welche Rückwirkungen haben die materiellrechtlichen Rahmenregeln auf das Haushaltsrecht und das Informationshandeln des demokratischen Staates?

Das Recht der öffentlichen Finanzen ist aber nicht nur Beobachtungszone, sondern auch Experimentierfeld: Uns geht es gerade um Reformen

---

[1] *K. Vogel* Grundzüge des Finanzrechts des Grundgesetzes, HStR IV, 2. Aufl. 1999, § 87 Rn. 1.

[2] Bereits *A. H. Birch* Federalism, Finance and Social Legislation in Canada, Australia, and the United States, 1955, xi: „The problem of finance is the fundamental problem of federalism"; aufgegriffen von *P. Lerche* Föderalismus als nationales Ordnungsprinzip, VVDStRL 21 (1962), 66 (97).

des Rechts. In dieser Gestaltungsdimension erscheint das Recht der öffentlichen Finanzen vordergründig als Teil einer sehr anwendungsorientierten, allzu politiknahen Forschung. Das ist nicht falsch, greift aber zu kurz. Unvermeidlich ist nur der Hinweis auf die Interdisziplinarität des Themas: Maßstäbe für Reformen der bundesstaatlichen Finanzordnung können auch die Politikwissenschaft und die Institutionenökonomik bereitstellen. Sie liefern Erkenntnissen zu den vielen Gegensätzen, um die es geht: Wettbewerb und Ausgleich, Reiz und Reaktion, Investition und Konsum, nachhaltige Haushaltswirtschaft und Externalisierung von Chancen und Risiken. Alle diese Phänomene sind auch (erwünschte oder unerwünschte) Folgen rechtlicher Ordnungen.

II. Die multiplen Erkrankungen des deutschen Finanzföderalismus

In der staatsrechtlichen Bewertung verdient die bundesstaatliche Finanzverfassung Deutschlands ihren Namen kaum. Der übermäßige, in seinen Regelungen demokratisch und ökonomisch kaum noch kontrollierbare Austausch liquider Mittel vernebelt die Verantwortung der einzelnen Gebietskörperschaften. Die verschiedenen Ausgleichssysteme verwischen in finanzieller Hinsicht die Gliederung des Bundes in Länder. Das Adjektiv „bundesstaatlich" gebührt allenfalls noch den Regelungen über die Vollzugskompetenzen; der Rest der Steuerverfassung ist unitarisch: In Fragen der Steuergesetzgebung, der Kompetenz zur Regelung der Ertragszuweisung, aber auch bei der Kreditaufnahme, der Ausgabenverantwortung und damit letztlich der Haushaltswirtschaft insgesamt ist die Prädominanz der Zentralebene so groß, dass es leicht wäre, den Ländern – gestützt auf das Kriterium der Finanzgewalt – die eigene Staatlichkeit abzusprechen.[3]

Den Bestimmungen der Art. 104a bis 115 GG fehlen zudem zwei zentrale Charakteristika typischen Verfassungsrechts: Allgemeinheit und Vollständigkeit. Vieles, was diese Bestimmungen regeln, ist für eine Ver-

---

[3] In diese Richtung *B. Fassbender* Eigenstaatlichkeit und Verschuldungsfähigkeit der Länder. Verfassungsrechtliche Grenzen der Einführung einer „Schuldenbremse" für die Länder, NVwZ 2009, 737; *A. Thiele* Die Verfassungsmäßigkeit der „Schuldenbremse" nach Art. 109 Abs. 3 S. 5 GG, NdsVBl. 2010, 89; und die – unzulässigen – Anträge des Landtags und des Landtagspräsidenten von Schleswig-Holstein in dem Verfahren BVerfGE 129, 108. Hierzu auch *M. Sachs* Verfassungsprozessrecht: Bund-Länder-Streit, JuS 2012, 274; und die Anm. von *C. Hillgruber* JA 2011, 955.

fassung zu kleinteilig,[4] Wichtiges fehlt.[5] So schweigt die Finanzverfassung zu den Fragen von extremen Haushaltsnotlagen,[6] von wechselseitiger Außenhaftung und Einstandspflicht[7] und zu der Möglichkeit einer Insolvenz von Gebietskörperschaften.[8] Materielle und demokratische Defizite treten hinzu. Bei allen Unterschieden in den Einzelheiten zeigen sich derartige Defizite gleichermaßen auf Ebene des Bundes, der Länder und der Kommunen.

1. Diffusion demokratischer Verantwortung auf Bundesebene

Für die Ebene der *Bundesgesetzgebung* verhindert die Dominanz der Zustimmungserfordernisse[9] Innovationen der Steuerpolitik, aber auch flexible Anpassungen der Steuersätze an die eigenen Bedürfnisse des Bundes. Der Einfluss des Bundesrates ist so hoch, dass Bundestagswahlen selbst nach einem ausgesprochenen Steuerwahlkampf in vielen Fällen für sich genommen nicht dazu führen können, dass sich die Finanzausstat-

---

[4] Einführen lässt sich hier der – nicht notwendig maßstabsarme – Topos eines negativen Verfassungsvorbehalts. Vgl. *D. Grimm* Verfassungsfunktion und Grundgesetzreform, AöR 97 (1972), 489; *R. Wahl* Der Vorrang der Verfassung und die Selbständigkeit des Gesetzesrechts, NVwZ 1984, 401; *K. Stern* Staatsrecht I, 2. Aufl. 1984, § 3 III 5; und *A. von Arnauld* Normtypen in Spiel und Recht, in: ders. (Hrsg.) Recht und Spielregeln, 2003, 315 ff. (320).

[5] Zu Konzept und Maßstäben von Verfassungs(funktions)voraussetzungen statt aller *H. Krüger* Verfassungsvoraussetzungen und Verfassungserwartungen, FS Scheuner, 1973, 285; *C. Möllers* Religiöse Freiheit als Gefahr, VVDStRL 68 (2009), 47 (49 f.); und zahlreiche Beiträge bei *M. Anderheiden/R. Keil/S. Kirste/J. P. Schaefer* (Hrsg.) Verfassungsvoraussetzungen, GS Brugger, 2013.

[6] Zur Staatspraxis, insbesondere der Rechtsprechung des BVerfG *K. Knop* Verschuldung im Mehrebenensystem, 2008, 287 ff.

[7] Vgl. die Hinweise bei *J. Hey* Finanzautonomie und Finanzverflechtung in gestuften Rechtsordnungen, VVDStRL 66 (2007), 277 (307).

[8] Analysen bei *E. Petzold* Die internationalen Gläubiger-Schuldner-Beziehungen im Recht der Staatsinsolvenz, 1986; *K. Berensmann/A. Herzberg* Insolvenzrecht für Staaten: Ein Vergleich von ausgewählten Vorschlägen, 2007; *K. von Lewinski* Öffentlichrechtliche Insolvenz und Staatsbankrott, 2011; *ders.* (Hrsg.) Staatsbankrott als Rechtsfrage, 2011; *C. Paulus* Staateninsolvenz – ein Tabu? Rechtspolitische Optionen für verschuldete Staaten, in: E. Pache/K.-A. Schwarz (Hrsg.) Grundlagen, aktuelle Entwicklungen und Perspektiven der Europäischen Währungsunion, 2012, 98 ff.; *ders.* Ein Insolvenzrecht für Staaten?, in: S. Kadelbach (Hrsg.) Nach der Finanzkrise. Rechtliche Rahmenbedingungen einer neuen Ordnung, 2012, 105; *P. Kirchhof* Die Resolvenz des Staates, in: M. Blatz/W. Ebke/C. Seagon (Hrsg.) Solvenz – Insolvenz – Resolvenz, 2013, 49.

[9] Namentlich des Art. 105 Abs. 3 GG.

tung des Bundes und die Belastung der Bürger ändern. Im OECD-Vergleich ist dieses Vetopotenzial einzigartig.[10]

Hierzulande rücken selbst die *kommunalen* Amtsträger und die kommunalen Spitzenverbände in vielen Fragen in steuerpolitische Vetopositionen ein. Das mag wiederum der starken Stellung des Bundesrates, aber auch dem Bundestagswahlrecht und den Garantien des Art. 21 GG geschuldet sein. Dem zweigliedrigen Staatsaufbau mit der an sich nur funktionalen Garantie des Art. 28 Abs. 2 Satz 3 GG entspricht es aber nicht.

Die Verflechtungen von Entscheidungskompetenzen führen zu einer übermäßigen Verdünnung von Entscheidungsverantwortung. Zugleich sind gravierende Informationsdefizite zu beklagen. Weder die bundesstaatlichen Finanzströme oder die Finanzausstattung der Kommunen noch die ihnen zugrunde liegenden Regeln können seriös zu Gegenständen demokratischer Auseinandersetzung werden. Unplausible Ertragszuweisungen (Art. 106, Art. 70 ff. GG) wirken zudem komplexitätserhöhend; das zeigt sich etwa in der Abgrenzung zwischen Steuern und Sonderabgaben.

2. *Geringe Gestaltungsmöglichkeiten der Länder*

Den Ländern fehlen steuerrechtliche und finanzwirtschaftliche Gestaltungsmöglichkeiten.[11] Dieser Mangel trifft auf strukturelle Haushaltsdefizite in der Mehrzahl der Bundesländer. Im Zusammenspiel mit der Defizitbegrenzung aus Art. 109 Abs. 3 GG („Schuldenbremse"[12]) und der

---

[10] Vgl. OECD, Taxing power of sub-central governments 2008, Internet: http://www.oecd.org/ctp/federalism/50247929.xls (28.9.2013).

[11] Problemanalysen bei *P. Lerche* Finanzausgleich und Einheitlichkeit der Lebensverhältnisse, FS Berber, 1972, 299 ff.; *P. Kirchhof* Der Verfassungsauftrag zum Länderfinanzausgleich als Ergänzung fehlender und Garant vorhandener Finanzautonomie, 1982 (2., unveränd. Aufl. 1999); *P. Selmer* Grundsätze der Finanzverfassung des vereinten Deutschlands, VVDStRL 52 (1993), 10 (19 ff.); *S. Korioth* Der Finanzausgleich zwischen Bund und Ländern, 1997; *H. Kube* Finanzgewalt in der Kompetenzordnung, 2004.

[12] Zu den Neuregelungen der Föderalismusreform II (BGBl. I 2009, 2284) statt aller *P. Selmer* Die Föderalismusreform II – Ein verfassungsrechtliches monstrum simile, NVwZ 2009, 1255; *C. Seiler* Konsolidierung der Staatsfinanzen mithilfe der neuen Schuldenregel, JZ 2009, 721 ff.; *H. Neidhardt* Staatsverschuldung und Verfassung. Geltungsanspruch, Kontrolle und Reform staatlicher Verschuldungsgrenzen, 2010; *M. Thye* Die neue „Schuldenbremse" im Grundgesetz. Zur neuen Gestalt der Finanzverfassung nach der Föderalismusreform II, 2010; *M. Koemm* Eine Bremse für die Staatsverschuldung? Verfassungsmäßigkeit und Justitiabilität des neuen Staatsschuldenrechts, 2011; *C. Ryczewski* Die Schuldenbremse im Grundgesetz. Untersuchung zur nachhaltigen Begrenzung der Staatsverschuldung unter polit-ökonomischen und bundesstaatlichen Gesichtspunkten, 2011; *L. Osterloh* Fünf Jahre Föderalismusreform – Fortschritte für

Dominanz bundesrechtlich vorgegebener Ausgaben geht der haushaltswirtschaftliche Bewegungsspielraum der meisten Länder gegen null.[13] Hier ist auch der Hinweis auf den Vollzugsföderalismus wohlfeil. Gerade die Steuergesetze lassen der Verwaltung aus gutem Grund nahezu keine Beurteilungs- und Ermessensspielräume; das Grundgesetz verlangt die Gleichmäßigkeit des Vollzugs von Bundesrecht.[14] So miserabel die Anreizstrukturen gegenwärtig auch sind: Von Rechts wegen dürfen die Akteure ihnen nicht nachgeben; weder Geber- noch gar Nehmerländer können auch nur den bösen Schein eines gelockerten Vollzugs erwecken – etwa durch eine zu geringe Zahl an Betriebsprüfern und Veranlagungsbeamten.[15] Die Verwaltungskompetenzen der Länder sind deshalb kein geeignetes Ventil zum Ausgleich des kompetenziellen Unterdrucks.

Die verschiedenen Stufen des bundesstaatlichen Finanzausgleichs greifen aber auch im Übrigen unabgestimmt ineinander.[16] An vielen Stellen lässt sich rechnerisch und empirisch nachweisen, dass Ländern, die einen zusätzlichen Euro im Bereich der großen Gemeinschaftssteuern eintreiben, nach dem Finanzausgleich mehr als ein Euro im Landeshaushalt fehlt. Auch bei den reinen Ländersteuern gehen die Anreizwirkungen v.a. bei den extremen Nehmerländern gegen null. Das zeigt das Beispiel der Erbschaftsteuer. Wenn Rheinland-Pfalz hier einen Euro zusätzlich eintreibt, bleiben davon nur 5,5 Cent im Land; 94,5 Prozent werden abgeschöpft. In Thüringen beträgt die Abschöpfungsquote 96,8 Prozent, im Saarland sogar 98,4 Prozent. Für die drei Geberländer liegt sie ebenfalls noch über 60 Prozent.

Selbst bei der einzigen Steuer, für die die Länder derzeit nicht nur die Ertragshoheit, sondern auch die Kompetenz zur Festsetzung des Steuersatzes haben – der Grunderwerbsteuer –, vereitelt der Länderfinanzausgleich die Konsolidierungsanreize. Indem § 7 Abs. 1 Sätze 2 und 3 FAG die Steuerkraftzahl der Grunderwerbsteuer als fiktive (Ist-)Einnahme behandelt, die Steuerkraftzahl dann aber am realen (Ist-)Steueraufkommen aus allen 16 Ländern orientiert, läuft er dem Einbeziehungsgebot aus

---

Aufgaben- und Ausgabenverantwortung von Bund und Ländern?, NDV 2011, 388; und die Nachweise unten Fn. 72 ff.

13 Ökonomische Analyse bei *R. Brügelmann/T. Schäfer* Die Schuldenbremse in den Bundesländern, 2012.

14 Vgl. bereits BVerfG, Urt. v. 20.02.1952 – 1 BvF 2/51 –, BVerfGE 1, 117 (132 f.).

15 Zu Vor- und Nachteilen einer Bundessteuerverwaltung *Hey* Finanzautonomie und Finanzverflechtung (Fn. 7), 314 f.; zurückhaltend *E. Reimer* Föderale Finanzverwaltung und Europäisches Steuerrecht, FR 2008, 302.

16 Über die oben (Fn. 11) genannten Analysen hinaus: *F. Ossenbühl* Verfassungsrechtliche Grundfragen des Länderfinanzausgleichs gem. Art. 107 II GG, 1984; *A. Jung* Maßstäbegerechtigkeit im Länderfinanzausgleich. Die Länderfinanzen zwischen Autonomie und Nivellierung, 2008.

Art. 107 Abs. 1 Satz 4 a.E. zuwider. Aus § 7 Abs. 1 ergeben sich dadurch weithin unbekannte, die Finanzverantwortung jedes einzelnen Landes in erheblichem Maße verkürzende Gefahren: Wenn auch nur ein Land seinen Steuersatz erhöht, müssen alle anderen nachziehen, um sich nicht zu verschlechtern. Anders gewendet: Wenn ein Land seinen Grunderwerbsteuersatz erhöht und sich nicht alle anderen Ländern zu parallelen Erhöhungen entschließen, wird diesem ersten Land nicht nur das selbstverantwortete Mehraufkommen unmittelbar aus der Steuersatzerhöhung zufließen. Vielmehr wird es im Länderfinanzausgleich nachfolgend durch steigende Zuweisungen (Nehmerländer) oder sinkende Beiträge (Geberländer) ein zweites Mal belohnt. Mit diesem zweiten Effekt setzt das FAG einen Anreiz für ein *race to the top* und für eine stetig steigende Staatsquote.[17]

Nimmt man alle diese Beobachtungen zusammen, zeigt sich, dass im Bereich der Finanzen der Länder das Anliegen einer Wahrung einheitlicher Lebensverhältnisse[18] irrational übersteigert ist; andere zentrale Verfassungsgüter werden geopfert: Der Finanzausgleich kappt demokratische Verantwortungszusammenhänge, wirkt bestehenden Vollzugsdefiziten nicht entgegen und fördert den *moral hazard.*

3. *Parallelprobleme auf kommunaler Ebene*

Auch auf kommunaler Ebene fehlen – von der Grundsteuer abgesehen – Instrumente zu eigenverantwortlicher und nachhaltiger Steuerung der Einnahmen.[19] Die Gewerbesteuer ist zwar ertragsstark, hat aber erhebliche andere fiskalische Nachteile. Sie betrifft Steuerpflichtige, die oft besonders mobil sind – die Gewerbebetriebe. Das Steuersubstrat lässt sich leicht von Hoch- in Niedrigsteuergemeinden verlagern: von Berlin nach Schönefeld, von Köln nach Monheim, von Frankfurt nach Eschborn, von München nach Grünwald. Das Gewerbesteueraufkommen ist geographisch höchst ungleichmäßig verteilt. Übergroß ist die Zahl der Gemeinden, die praktisch kein Gewerbesteueraufkommen haben. Zudem ist die Gewerbesteuer wegen ihrer Volatilität ineffizient. Andere kommunale Steuern, namentlich die örtlichen Verbrauch- und Aufwandsteuern (Art. 105 Abs. 2a GG), können diese Defizite nicht ausgleichen.

---

[17] Diesen Hinweis verdanke ich Herrn akad. Mitarbeiter *Sebastian Heinrichs*, Heidelberg. Überraschend *H. Tappe* Die künftige Ausgestaltung der bundesstaatlichen Finanzordnung, DVBl. 2013, 1079 (1082) mwN, der davon ausgeht, dass sich auf dem Feld der Grunderwerbsteuer zurzeit bereits ein Steuerwettbewerb zeige.

[18] Vgl. Art. 106 Abs. 3 S. 4 Nr. 2 GG.

[19] Darstellender Überblick bei *H.-G. Henneke* Die Kommunen in der Finanzverfassung des Bundes und der Länder, 5. Aufl. 2012.

Wie für die Länder gilt auch für die Kommunen, dass der Mangel an Steuerautonomie umso problematischer ist, je geringer – richtigerweise – ihr Spielraum für die Aufnahme neuer Kredite ist.[20] Auch hier zeigen sich allerdings Missstände. Die kommunalrechtlichen Verschuldungsverbote[21] haben sich vielerorts als wenig wirksam erwiesen.[22] Der signifikante Anstieg der Handlungsform Kassenkredit offenbart Missstand und Missbrauch.[23] Darin liegt nicht nur eine politische Herausforderung. In Regionen mit hoher Kommunalverschuldung, namentlich in einigen westdeutschen Flächenstaaten wie Nordrhein-Westfalen, Rheinland-Pfalz und dem Saarland, lässt die Haushaltsnotlage der Kommunen inzwischen auch die verfassungsrechtlichen Gewährleistungen des Art. 28 Abs. 2 GG und die parallele Gewährleistung der Europäischen Charta der kommunalen Selbstverwaltung[24] zur Illusion werden.[25] Mit Haushaltssicherungskonzepten[26] und Haushaltssanierungsplänen[27] setzen viele Kommunen

---

[20] Dazu *K. Groh* Schuldenbremse und kommunale Selbstverwaltungsgarantie, LKV 2010, 1.

[21] Exemplarisch § 87 GemO BW, Art. 146 iVm Art. 131a Satz 2 der Bremischen Verf, § 86 Abs. 1 GemO NW, § 52 Abs. 1 und 5 KVerf MV und § 103 Abs. 1 GemO RP. Gute Aufbereitung bei *Knop* Verschuldung im Mehrebenensystem (Fn. 6), 181 ff.

[22] Mittelt man dagegen die Neuverschuldung aller deutschen Kommunen über die Jahre 1991–2011, ergibt sich ein anderes Bild. Im Unterschied zu Bund (Durchschnittsdefizit 1,84 Prozent/BIP) und Ländern (Durchschnittsdefizit 0,86 Prozent/BIP) kommt die Gesamtheit der Kommunen ohne Neuverschuldung aus. Ein qualitativ entsprechendes Bild ergibt sich für Österreich (Bund: Durchschnittsdefizit 2,85 Prozent/BIP, Länder: Durchschnittsdefizit 0,07 Prozent/BIP, Gemeinden: Durchschnittsüberschuss 0,03 Prozent/BIP): OECD, Balances and debt of state and local government; Tab. 18 Net lending/net borrowing as percentage of GDP, Internet: http://www.oecd.org/ctp/federalism/oecdfiscaldecentralisationdatabase.htm (1.10.2013); eigene Berechnungen.

[23] *C. Gröpl/F. Heinemann/L. P. Feld/B. Geys/S. Hauptmeier/A. Kalb* Der kommunale Kassenkredit zwischen Liquiditätssicherung und Missbrauchsgefahr, ZEW Wirtschaftsanalysen/Schriftenreihe des ZEW, Bd. 93, 2009; Sachverständigenrat zur Begutachtung der gesamtwirtschaftlichen Entwicklung, Verantwortung für Europa wahrnehmen. Jahresgutachten 2011/12, 2011, Ziff. 317.

[24] Art. 9 der vom Europarat aufgelegten Europäischen Charta der kommunalen Selbstverwaltung v. 15.10.1985, BGBl. 1987 II 65; vgl. auch BbgVerfG, Urt. v. 16.09. 1999 – 28/98 –, NVwZ-RR 2000, 129; und *G. Bizioli/C. Sacchetto* Analysis of Fiscal Federalism from a Comparative Tax Law Perspective, in: dies. (Hrsg.) Tax Aspects of Fiscal Federalism. A Comparative Analysis, 2011, 1 (15).

[25] Aktueller Einblick: Bertelsmann-Stiftung (Hrsg.) Städte in Not. Wege aus der Schuldenfalle?, 2013.

[26] Z.B. § 76 Abs. 2 GO NW. Nach dieser Vorschrift haben Gemeinden ein Haushaltssicherungskonzept zu beschließen, wenn die allgemeine Rücklage besonders schnell sinkt oder wenn ihre Aufzehrung droht.

[27] Z.B. nach den Vorschriften des Stärkungspaktgesetzes NW.

kommunikative Zeichen, die die Probleme sichtbar machen, aber immer Gefahr laufen, krisenverschärfend zu wirken. Vielerorts greifen inzwischen sogar die Vorschriften über die vorläufige Haushaltsführung ein.[28]

III. Reformtheorie

Die Reflexion der bisherigen Reformen der bundesstaatlichen Finanzverfassung und die Entwicklung einer künftigen Finanzordnung sind methodisch in mehrfacher Hinsicht anspruchsvoll. Reformen der deutschen Finanzverfassung und der auf ihr aufbauenden weiteren Rechtsnormen bedürfen einer Prinzipienorientierung. Sie müssen den Vorgaben des Art. 79 Abs. 3 GG entsprechen, sich in die allgemeine grundgesetzliche Ausformung des Bundesstaatsprinzips einfügen und sollten finanzwissenschaftlichen und institutionenökonomischen Rationalitäten nicht zuwider laufen.

1. Kausaler Zuschnitt des deutschen Föderalismus

Aber woher gewinnen diese Prinzipien Richtung und Inhalt? Finanzverfassungen – und alle hierarchischen Stufungen von Herrschaft – können ihren Sinn kausal oder final begründen. Die *kausale* Rechtfertigung des Bundesstaatsprinzips geht vom autonomen Subjekt, seinen örtlichen Bedürfnissen und landsmannschaftlichen Zugehörigkeiten aus.[29] Sie betont Eigenständigkeit und Eigenstaatlichkeit der unteren Verbände und schreibt diesen die Verwirklichung politischer Freiheit, der Zentralebene dagegen eher die Verteidigung äußerer Sicherheit zu. Je mehr sich der Föderalismus dagegen final definiert, also aus Zweckmäßigkeitserwägungen speist, desto eher erscheinen die unteren Verbände als Glieder, die einer – umfassend definierten – Effizienz des Gesamtstaats dienen.[30] Diesem finalen Denken folgt etwa das Konzept der *devolution.* Wer prinzipiengeleitete Reformen der bundesstaatlichen Finanzverfassung anstrebt, kann der Diskussion mit dieser Unterscheidung von kausalem und finalem Föderalismus Ziel und Richtung geben.

Das Bundesstaatsprinzip des Grundgesetzes speichert historische Zugehörigkeitsbedürfnisse, stärkt die demokratische Partizipation der Ge-

---

[28] Z.B. nach § 83 GemO BW, § 82 GO NW.

[29] Vgl. *J. Isensee* Der Föderalismus und der Verfassungsstaat der Gegenwart, AöR 115 (1990), 248 (262 ff.); *S. Kadelbach* Autonomie und Bindung der Rechtsetzung in gestuften Rechtsordnungen, VVDStRL 66 (2007), 7 (9 f.).

[30] Analytische Zuspitzung in den Diskussionsbeiträgen von *H. Krüger, G. Dürig* und *U. Scheuner* VVDStRL 21 (1962), 114 f., 122.

genwart und setzt einer Verzweckung der Bundesstaatlichkeit Grenzen. Der Föderalismus des Grundgesetzes findet seine Rechtfertigung nicht primär in praktischen Erwägungen. Bestand und Fortbestand der Gliedstaaten erscheint nicht nur historisch, sondern auch normativ als Bedingung der gesamtstaatlichen Integration. Die Gliederung des Bundes in Länder und die Mitwirkung der Länder an der Gesetzgebung genießen im geltenden Recht den höchsten normhierarchisch verfügbaren Rang. In dem Bekenntnis des Grundgesetzes zum Bundesstaat lag und liegt kein kontrafaktisches Sich-Aufbäumen einzelner Mitglieder des Parlamentarischen Rats gegen das von Anfang an hohe Maß an Unitarismus, sondern das über die Zeit notwendige Gegenlager zu der Eigendynamik, die jeder funktionierende Gesamtstaat entfaltet. Natürlich strebt auch das Grundgesetz in seiner Auslegungs- und Änderungsgeschichte über die Jahre zu mehr Zentralität. Die Akkumulation von Kompetenzen beim Bund findet aber weiterhin ihr Gegengewicht in einer nicht rein konsequentialistisch, sondern in einer kausalen und sogar konditionalen Legitimierung des föderalen Prinzips. Wäre die Bundesstaatlichkeit nur praktisch, könnte Art. 79 Abs. 3 GG viel kürzer sein. Vieles spricht für die Richtigkeit der These, dass der bundesstaatliche Staatsaufbau und – *mutatis mutandis* – auch die Garantie der kommunalen Selbstverwaltung Ausfluss eines von unten, d.h. vom Einzelnen und aus dem „deutschen Volk in den Ländern" kommenden Identitätsreservoirs sind. Der Bundesstaat existiert nicht um der Länder willen, die Selbstverwaltungsgarantie nicht um der Gemeinden willen. Vielmehr existieren Länder und auch Gemeinden um der angemessenen, multiplen und pluralen Repräsentation des Einzelnen und der kleinen Gruppen willen.

Diesem Identitätsmanagement ist auch die föderale Finanzordnung verpflichtet. Mit der gesamten Ausgestaltung des Bund-Länder-Verhältnisses muss sie sich daran messen lassen, ob sie der Repräsentation des Einzelnen in und durch die Staatsorgane zuträglich ist. Das schließt Lenkungs- und Anreizelemente nicht aus, steht aber einem Verständnis der Finanzverfassung als einer reinen Wettbewerbsordnung entgegen.

Die kausale Ableitung der Bundesstaatlichkeit hat auch Konsequenzen für das Staat-Bürger-Verhältnis. Die Bürger sollen auf allen staatlichen Ebenen über Art und Umfang der Staatsaufgaben entscheiden, und auch die Finanzgewalt geht vom Volke aus. Deshalb bedarf es einer demokratischen Verkopplung der Staatsausgaben mit den Staatseinnahmen.[31] Das Abgabeniveau markiert den allgemeinen Preis für die Gesamtheit staat-

[31] Zu diesem Zusammenhang als Merkmal von Finanzautonomie statt aller *C. Waldhoff* Finanzautonomie und Finanzverflechtung in gestuften Rechtsordnungen, VVDStRL 66 (2007), 216 ff. (v.a. 240 ff.).

licher Leistungen und Gewährleistungen in den Segmenten von Raum und Zeit. Wenn man die Rücknahme der grundrechtlichen Kontrolldichte in Steuerfragen überhaupt hinnehmen kann, dann nur Zug um Zug gegen eine zielgenauere demokratische Legitimation des Grundrechtseingriffs und seine Hinordnung auf die Staatsausgaben.[32] In gegliederten Gemeinwesen muss jede Ebene grundsätzlich eigenständig über ihr Leistungs- und Abgabeniveau entscheiden können. Finanzzuweisungen, Matrikularbeiträge und Umlagen bedürfen schon in dieser bundesstaatlichen Perspektive besonderer Rechtfertigung. Dieser Rechtfertigungsbedarf gewinnt unter dem Einfluss des Beihilfenrechts noch klarere Konturen; darauf hat *Christian Waldhoff* auf der Rostocker Tagung 2006 hingewiesen.[33]

2. *Kompatibilität und Kohärenz der Regelungsmuster über die Ebenen hinweg*

Unbeschadet begrifflicher und kategorialer Unterschiede zwischen den Ebenen gleichen sich die finanzordnungsrechtlichen Bedürfnisse und Probleme aller innerstaatlichen Ebenen. Das Phänomen eines Steuersenkungswettbewerbs (des *race to the bottom*) ist nicht nur in der EU, sondern auch interkommunal virulent. Die Anreize zum *moral hazard*, die im Euro-Raum von der erstaunlichen Konvergenz der Zinsen mitgliedstaatlicher Kredite ausgingen, machen auch im Bundesstaat nachdenklich. Hohe Haushaltsdefizite und überbordende Schuldenstände sind ebenfalls ein Problem aller Ebenen. Auf den ersten Blick legt das die Verwendung konzeptionell gleicher, jedenfalls kompatibler Regelungsstrukturen für alle Ebenen nahe, die dann bundesverfassungsrechtlich vorgezeichnet sein müssten. Ein derartiger Strukturzentralismus wirkt stabilisierend; er erleichtert das *benchmarking* und dämpft mit Blick auf die Schulden- und Defizitbegrenzungen die Gefahr, dass die unteren Ebenen in ihren Konsolidierungsbemühungen nachlassen. Soweit sich diese Gefahr allerdings durch wirksame Haftungs- und Einstandsbegrenzungen bannen lässt, haben dezentrale Lösungen indes durchaus Vorteile. Namentlich im Bereich des Steuer- und Haushaltsrechts sind die unteren Ebenen als Experimentallabor für die übergeordneten Ebenen theoretisch und praktisch von hohem Wert.

Alle Fragen, die grenzüberschreitende Fälle und damit mehr als ein Gebiet betreffen, bedürfen dagegen normativer Lösungen auf der über-

---

[32] Vgl. *Waldhoff* Finanzautonomie und Finanzverflechtung (Fn. 31), 232 f.

[33] *Waldhoff* Finanzautonomie und Finanzverflechtung (Fn. 31), 227 f.

geordneten Ebene. Das gilt einnahmenseitig für die Doppelbesteuerung und die „weißen Einkünfte“. Es gilt für den Informationsaustausch über die Grenze. Es gilt aber auch – ausgabenseitig – für die Finanzierung gebietsübergreifender Infrastrukturprojekte. Hier muss das föderale Finanzrecht Probleme bewältigen, wie sie sonst im Völkerrecht und im Unionsrecht vorkommen. Die dortige Erfahrung lehrt, dass eine nur negative Integration auf Basis von Grundrechten oder Grundfreiheiten nicht ausreicht.[34] Erforderlich sind mindestens koordinierende Regelungen – so gab es etwa im Deutschen Bund und im Kaiserreich eigene Doppelbesteuerungsgesetze. Regelungstechnisch und vollzugspraktisch einfacher sind allerdings zentrale Vollregelungen, die einheitlich für alle Ebenen den Steuerpflichtigen, den Steuergegenstand und die Bemessungsgrundlage definieren. Ihre quantitativen Wirkungen können dagegen die unteren Ebenen über vordefinierte Stellschrauben steuern – namentlich über den Steuersatz oder den Steuertarif. Als Zwischenform verdient die Handlungsform des Mustergesetzes Aufmerksamkeit.

3. *Die Finanzverfassung als Verantwortungsverfassung*

Materiell können Reformen der Finanzverfassung der Klärung, d.h. der Stärkung und Sichtbarkeit der Finanzverantwortung aller staatlichen Ebenen dienen.[35] Als bidirektionales Phänomen zielt die Zuordnung von Verantwortung auf Legitimation und kongruente Kontrolle, auf Rechte und Pflichten ab. Fächert man feiner auf, ergibt sich ein viergliedriger Verantwortungsbegriff.

a. *Kompetenzielle Verantwortung*

Verantwortung ist Kompetenz, und Kompetenz ist Verantwortung:[36] das Ergebnis einer Zuordnung rechtlicher Freiräume und Gestaltungsaufträge zu einem Kompetenzträger, der dadurch positive Rechtsmacht erlangt oder behält.[37] Im gestuften Gemeinwesen ist die kompetenzielle Verantwortung zwischen den Verbänden und Gebietskörperschaften geteilt;

---

[34] Statt aller die Beiträge bei A. Rust (Hrsg.) Double Taxation within the European Union, 2011.

[35] *Waldhoff* Finanzautonomie und Finanzverflechtung (Fn. 31), 238 ff.; *ders.* § 137. Finanzverantwortung, in: H. Kube/R. Mellinghoff/G. Morgenthaler/U. Palm/T. Puhl/C. Seiler (Hrsg.) Leitgedanken des Rechts, FS Kirchhof, Bd. 2: Staat und Bürger, 2013, 1491. Zu den Konturen eines juristischen Verantwortungsbegriffs *J. H. Klement* Verantwortung: Funktion und Legitimation eines Begriffs im Öffentlichen Recht, 2006.

[36] Vgl. *Lerche* Föderalismus (Fn. 1), 77 f.

[37] Vgl. *Klement* (Fn. 35), 263 (338 ff.).

sie reflektiert die Mehrheit der Entscheidungszentren.[38] In der Sache erstreckt sie sich auf die Eingangs- und auf die Ausgangsseite des jeweiligen Haushalts. Sie entfaltet sich in Regelungskompetenz, Vollzugskompetenz und Ertrags- bzw. Verausgabungskompetenz. Als Regelungskompetenz drängt sie auf eine freie Verrechenbarkeit unterschiedlicher Einnahmearten und Verwendungszwecke; in seiner Reinform ist dieses Desiderat im haushaltsverfassungsrechtlichen Gesamtdeckungsprinzip verwirklicht.[39] Die kompetenzielle Verantwortung umfasst aber auch die überperiodische Speicherung aktiver und passiver öffentlicher Mittel.

b. *Konsequenzielle Verantwortung*

Verantwortung verwirklicht sich im Einstehen für die eigenen Entscheidungen. Diese konsequenzielle Dimension begründet einen Tun-Ergehen-Zusammenhang, der im Finanzrecht nicht erst durch eine externe (demokratische, aufsichtsrechtliche oder gar strafrichterliche) Kontrolle hergestellt wird, sondern primär systemimmanent (fiskalisch) wirken muss. In ihrer Reinform ist das Desiderat der konsequenziellen Verantwortung verwirklicht, wenn Entscheidungen einer Gebietskörperschaft keine Überwirkungen auf andere Gebietskörperschaften haben – also einnahmenseitig bei einer Kongruenz von Regelungs-, Vollzugs- und Ertragskompetenz, ausgabenseitig bei Kongruenz von Regelungskompetenz, Vollzugs- und Kostentragungspflicht.

c. *Konsekutive Verantwortung*

Die konsequenzielle Verantwortung hat nicht allein innerperiodische Bedeutung. In periodenübergreifender Streckung wird sie zu einer konsekutiven Verantwortung und verlangt die Speicherung der Auswirkungen finanzieller Entscheidungen der Vergangenheit. Sie belässt jeder Gebietskörperschaft die Früchte früherer Sparsamkeit (wirkt also dem „Dezemberfieber“ entgegen) und drängt darauf, dass Reformen möglichst keine unerwünschten Ankündigungs- und Torschlusseffekte auslösen sollen.[40] Vor allem aber macht die konsekutive Verantwortung den *bail-out* auch innerstaatlich zur ultima ratio.

---

[38] *Scheuner* (Fn. 30), 123.

[39] Vgl. § 7 S. 1 HGrG, § 8 BHO. Zum Gesamtdeckungsprinzip (Prinzip der Non-Affektation) s. auch *L. Hummel* Verfassungsrechtsfragen der Verwendung staatlicher Einnahmen, 2008; *R. F. Heller* Haushaltsgrundsätze für Bund, Länder und Gemeinden, 2. Aufl. 2010, Rn. 741 ff. und *C. Gröpl* in: ders. (Hrsg.) BHO/LHO, 2011, § 8 Rn. 6 f.

[40] Zu der Speicherfunktion des Staatsvermögensrechts *C. Waldhoff* Versilbern und Verschulden – Staatssanierung auf Kosten der vorangegangenen und der kommenden Generation, in: von Lewinsky (Hrsg.) Staatsbankrott als Rechtsfrage (Fn. 8), 77.

d. Kommutative Verantwortung

Gänzlich anders strukturiert und konditioniert ist die Pflicht zu bündischer Solidarität auf der Grundlage potenzieller Gegenseitigkeit. Sind die ersten drei Verantwortungsdimensionen auf eine Trennung der Ebenen und Gebietskörperschaften angelegt, die Überwirkungen vermeidet und mit einer Renaissance äquivalenztheoretischer Steuerrechtfertigung einhergeht,[41] gebietet die kommutative Verantwortung vertikale und horizontale Verflechtungen und wechselseitige Versicherungen. Die bündische Solidarität ist als Herzstück jeder gesamtstaatlichen und jeder interkommunalen Ordnung unaufgebbar.[42] Sie darf aber keine der drei vorgenannten Verantwortungsdimensionen substanziell verkürzen, sondern ist mit diesen in schonenden Ausgleich zu bringen.

4. Bedarfsorientierungen

Jede Reform bundesstaatlicher Ausgleichsordnungen muss die Vorfrage klären, inwieweit Raum für Bedarfsorientierungen gelassen oder geschaffen werden muss. Hier liegt ein Schwerpunkt der Debatte um Wert und Schwächen des geltenden Finanzausgleichsrechts. Dass eine Finanzverfassung danach fragt, was das einzelne Gemeinwesen braucht und was ggf. Maßstab dieses Brauchens ist, ist historisch nicht selbstverständlich. Solange Steuereinnahmen nach Grund (Rechtfertigung) und Höhe dem Finanzbedarf des Staates folgten und deshalb nur anlassbezogen und subsidiär erhoben wurden, war ihre Bedarfsorientierung evident. Im haushaltsrechtlichen Paradigmenwechsel kehrt sich indes im 19. Jahrhundert die Vorherigkeit um: Die Steuern werden verstetigt und verlieren ihren Anlassbezug.[43] Heute geht die Haushaltsplanung i.d.R. von der Höhe der

---

41 Zuletzt *C. Waldhoff* Nachhaltige Finanzverfassung und Kompetenzverteilung, in: W. Kahl (Hrsg.) Nachhaltige Finanzstrukturen im Bundesstaat, 2011, 167 (183). Kritik bei *L. Osterloh* Geben und Nehmen im Bundesstaat – Von den Schwierigkeiten einer Neuordnung der Finanzverfassung, Schleswig-Holsteinische Anzeigen (JMBl. S-H) 2013, 224 (226).

42 Maßstabgebend BVerfGE 1, 117 (131) mit der Abgrenzung zu Art. 37 HChE.

43 *A. Schwennicke* „Ohne Steuer kein Staat". Zur Entwicklung und politischen Funktion des Steuerrechts in den Territorien des Heiligen Römischen Reichs (1500–1800), 1996; *H.-P. Ullmann* Der deutsche Steuerstaat. Geschichte der öffentlichen Finanzen, 2005, 19 f., 30 f.; *E. Reimer* Das Steuerrecht als Staatsspiegel, in: C. Baldus/H. Kronke/U. Mager (Hrsg.) Heidelberger Thesen zu Recht und Gerechtigkeit, 2013, 54 f. Speziell zur Finanzverfassung der Paulskirche S. Kempny (Hrsg.) Die finanz- und steuerverfassungsrechtlichen Vorschriften der Paulskirchenverfassung. Eine Quellenausgabe, 2010; *ders.* Die Staatsfinanzierung nach der Paulskirchenverfassung. Eine Untersuchung des Finanz- und Steuerverfassungsrechts der Verfassung des deutschen Reiches vom 28. März 1849, 2011.

Einnahmen aus; diese markieren die ausgabenseitige Verteilungsmasse. Der empirische Drang des Gesetzgebers zur Ausschöpfung eines kontinuierlichen Steueraufkommens und die normativen Defizitbegrenzungen prägen auch die Regeln des primären Finanzausgleichs. Unbeschadet erster Aufweichungen im Bereich der Verteilung der Umsatzsteuer[44] kann man für den primären Finanzausgleich (Art. 106, Art. 107 Abs. 1 GG) von einer überwiegenden Einnahmenorientierung sprechen.[45] Hier folgt die bundesstaatliche Finanzverfassung bewusst[46] einer kausalen Logik.

Dagegen ist der sekundäre Finanzausgleich bedarfsorientiert ausgestaltet (Art 107 Abs. 2 GG). Auf seiner horizontalen Stufe soll er die zentrifugale Wirkung der unterschiedlichen Finanzkraft der Länder und derjenigen Unterschiede ihrer Ausgaben dämpfen, die geographisch vorgegeben sind (Agglomerationen, Häfen). Auf seiner vertikalen Stufe trägt er Strukturproblemen einzelner Länder Rechnung, die das Grundgesetz als gesamtstaatliche Herausforderung begreift (Art. 107 Abs. 2 Satz 3 GG).

5. *Ökonomische Kontrolle*

Schon geringe Änderungen der Rechtsregeln können sich ökonomisch wie binäre Statuswechsel auswirken und weitreichende Folgen haben: Der kleine Impuls bringt die Wippe zum Kippen. Zweitrundeneffekte von Steuerreformen sind extrem schwer prognostizierbar. Gleiches gilt für den Finanzausgleich. Übermäßige Nivellierungen schwächen die Finanzverantwortung jedes einzelnen Akteurs; v.a. mit Blick auf teure Großprojekte sind sie nicht minder gefährlich als zentrifugale Effekte eines unkontrollierten Steuerwettbewerbs.

Zusätzliche Gefahren drohen in Übergangszeiten. Ankündigungseffekte treiben die Reformkosten. Historische Erfahrungen zeigen aber auch, dass politische Akzeptanz und parlamentarische Mehrheiten für rationale Neuregelungen oft nur durch die Hinausverlagerung des Anwendungsbeginns des neuen Rechts zu erlangen sind.[47] Hier bietet v.a. Art. 143d GG das positive Beispiel eines intelligenten Reformpfades. Die Regelung zeigt, dass der Gesetzgeber dieses Dilemma bewältigen kann.

---

[44] Art. 106 Abs. 3 S. 4 Nr. 1 GG („Anspruch auf Deckung ihrer notwendigen Ausgaben").

[45] Statt aller *Osterloh* Geben und Nehmen im Bundesstaat (Fn. 41), 227.

[46] Gegen ein 1969 vorgebrachtes Ansinnen Niedersachsens in den Beratungen zur Reform der Finanzverfassung, die Steuererträge ausschließlich bedarfsorientiert zuzuweisen. Hierzu mwN *Selmer* Grundsätze der Finanzverfassung (Fn. 11), 25.

[47] Zu Art. 143c GG und dem Entflechtungsgesetz *H. H. von Arnim* Finanzzuständigkeit, in: HStR VI, 3. Aufl. 2008, § 138 Rn. 82 ff.

Reformen der bundesstaatlichen Finanzordnung bedürfen daher sorgfältiger ökonometrischer Vorbereitung und begleitender Beobachtung. Inkrementelle Reformen sind abrupten Systemwechseln vorzuziehen. Je gefährlicher die Reform ist, desto leichter muss sie korrigiert, notfalls revidiert werden können.

6. *Handlungsformen*

Qualität und Erfolg künftiger Reformen hängen aber auch von den Handlungsformen ab, derer sich der Gesetzgeber bedient. Während die Normgebung auf dem Gebiet des Steuerrechts ihre Handlungsformen in den überkommenen parlamentarischen Gesetzen, den sie konkretisierenden Verordnungen und Verwaltungsanweisungen sowie den Doppelbesteuerungsabkommen findet, weist die Rechtsetzung auf den Gebieten des Haushaltsrechts, des Staatsschuldenrechts und des Finanzausgleichs bereits gegenwärtig Auffächerungen und Stufungen auf. In Aufnahme dieser Varietäten empfiehlt sich für die Zukunft eine behutsame Erweiterung des Arsenals der Handlungsformen um Grundlagengesetze, Folgengesetze und vertragsähnliche Elemente.

a. *Grundlagengesetze und Folgengesetze*

Das deutsche Grundgesetz und die Staatspraxis haben innerhalb der Handlungsform Bundesgesetz einen (spezifisch finanzverfassungsrechtlichen?[48]) Bedarf nach Regelwerken unterschiedlichen Ranges ausgelöst und aufgedeckt:[49] Das Haushaltsgrundsätzegesetz und die Bundeshaushaltsordnung kanalisieren und begrenzen das Haushaltsgesetz, in einem weiteren Sinne auch alle ausgabenwirksamen Sachgesetze. Das Maßstäbegesetz soll das Finanzausgleichsgesetz vorprägen.[50] Die Tilgungsregelun-

---

[48] Zum Haushaltsgesetz als „Gesetz wie jedes andere“ *R. Mußgnug* Der Haushaltsplan als Gesetz, 1976, 350 f.

[49] Zu dieser Beobachtung v.a. *M. Kloepfer* Zur Bindung von Gesetzen an Gesetze, GS Brandner, 2011, 93 (96 ff.); und die Nachw. unten Fn. 51.

[50] BVerfGE 101, 158 (218 f.); zur Diskussion um Überzeugungskraft und Erfolg der Entscheidung *F. Ossenbühl* Das Maßstäbegesetz – dritter Weg oder Holzweg des Finanzausgleichs?, FS Vogel, 2000, 227; *J. Wieland* FS 50 Jahre Bundesverfassungsgericht, Bd. 2, 2001, 771 (795 f.); *H. Kube* Der bundesstaatliche Finanzausgleich, 2011, 34; *Jung* Maßstäbegerechtigkeit (Fn. 16), 167 ff.; *R. Wernsmann* in: R. Dolzer/W. Kahl/Ch. Waldhoff (Hrsg.) BK GG, Art. 107 Rn. 86; *Waldhoff* Nachhaltige Finanzverfassung und Kompetenzverteilung (Fn. 41), 178; *J. W. Hidien* Maßstäbegesetz, 2012; *B. Grzeszick* Rationalitätsanforderungen an die parlamentarische Rechtsetzung im demokratischen Rechtstaat, VVDStRL 71 (2012), 49 (73); *Osterloh* Geben und Nehmen im Bundesstaat (Fn. 41), 225; *Tappe* (Fn. 17), 1079 (1083).

gen bei der konjunktur- oder katastrophenbedingten Kreditaufnahme (Art. 109 Abs. 3 Satz 5, 115 Abs. 2 Satz 5 GG) müssen den späteren Haushaltsgesetzgeber binden.[51]

Bei aller Unterschiedlichkeit in Herkunft und Konzeption schlägt sich in diesen Phänomenen ein gemeinsamer Kern nieder:[52] der Bedarf nach Einziehung normativer Zwischenebenen zur Erhöhung materieller Rationalität, Verlässlichkeit und zeitlicher Stabilität. Dass Gesetzgebung dadurch partiell zugleich Gesetzesvollzug sein kann, ist weder politisch noch staatsrechtlich ein Novum. Der Gesetzgeber steht täglich vor der Notwendigkeit, aktuelle Entwürfe auf den Normenbestand abzustimmen und in vorgefundene Systeme einzufügen.

Für diese Ausdifferenzierung und Dynamisierung der normhierarchischen Ebenen empfiehlt sich aber eine ausdrückliche und allgemeine Verankerung im Verfassungstext. Der verfassungsändernde Gesetzgeber kann dabei für Grundlagengesetze andere Zuständigkeits- und Verfahrensregeln treffen als für Folgegesetze. Grundlagengesetze könnten unter Referendumsvorbehalt gestellt, von besonderen Mehrheiten abhängig gemacht oder an bestimmte Quoren geknüpft werden. Im Sinne der Entscheidung des Bundesverfassungsgerichts zum Maßstäbegesetz[53] kann der verfassungsändernde Gesetzgeber auch prüfen, inwieweit diese Grundlagengesetze ihrem Inhalt nach, insbesondere durch Verzögerungen ihres Anwendungsbeginns Distanz zwischen Akteur und Gegenstand schaffen können.

b. *Vertragsähnliche Elemente*

Ein dem bundesstaatlichen Subsidiaritätsprinzip verpflichteter Zuschnitt der Finanzordnung spricht aber auch für die Stärkung[54] vertragsförmiger Elemente in den horizontalen Ausgleichssystemen aller Ebenen.[55] Führt der verfassungsändernde Gesetzgeber die Handlungsform

---

[51] *H. Kube* in: Maunz/Dürig (Begr.) GG, Art. 109 Rn. 209 f.; *E. Reimer* in: V. Epping/Ch. Hillgruber (Hrsg.) GG, 2. Aufl. 2013, Art. 109 Rn. 76 und Art. 115 Rn. 49.

[52] Auch *H. Kube* Finanzgewalt in der Kompetenzordnung, 2004, 200.

[53] BVerfGE 101, 158 (217 f.).

[54] Schon das geltende Recht ist für *L. Osterloh* „fast wie ein kleines Stück Völkerrecht innerhalb des Grundgesetzes: voll von Kompromissen, von – gewollt oder zufällig – vagen, unklaren und unbestimmten, insgesamt ‚offenen' Normen" (Geben und Nehmen im Bundesstaat (Fn. 41), 225). Dagegen de constitutione lata BVerfGE 101, 158 (218 f.).

[55] Zu Berechtigung und Konturen dieser Zwischenform bundesstaatlicher Rechtsetzung *H. Schneider* Staatsverträge und Verwaltungsabkommen zwischen deutschen Bundesländern, DÖV 1957, 644; mit wertvoller Bestandsaufnahme für das Finanzwesen *ders.* Verträge zwischen Gliedstaaten im Bundesstaat, VVDStRL 19 (1961), 1 (52 ff.);

des Grundlagengesetzes ein und erkennt er vertragsähnliche Elemente an, schafft er Freiräume für Reformen der bundesstaatlichen Finanzverfassung. Eine erneuerte Finanzverfassung wird weitgehend auf unmittelbar finanzwirksame Regelungen verzichten und sich auf Metaregeln konzentrieren können.[56] Zu ihnen gehören neben den formellen Vorgaben (Zuständigkeit, Verfahren, Handlungsformen) auch abstrakte Vorgaben für den Regelungsinhalt – etwa das Gebot der Wahrung der Reihenfolge der Finanzkraft.[57]

IV. Reformoptionen

Entsprechend dem oben Gesagten müssen Reformoptionen von dem zentralen, vierschichtig vorgestellten Anliegen einer Stärkung der Finanzverantwortung ausgehen.[58]

1. *Besteuerung und Ertragszuweisung*

Für die Zuordnung der Steuerkompetenzen drängen sie auf mehr Eigenständigkeit jeder Ebene. Das gilt wiederum für die Normsetzung, den Normvollzug und die primäre Ertragszuständigkeit, also auf den Ebenen der Art. 105,[59] 106 und 107 Abs. 1 GG. Die unterschiedlichen Ebenen sollen dabei je für sich auf dieselbe wirtschaftliche Leistungs-

---

aus Schweizer Perspektive *W. Schaumann* ebd., 86 ff.; später die Diskussionsbeiträge von *O. Bachof* und *H. Zacher* VVDStRL 21 (1962), 118 f., 130 f.; *G. H. Grassl* Staatsverträge und Verwaltungsabkommen zwischen den Ländern der BRD, 1969; *G. Heiden* Öffentlich-rechtliche Verträge zwischen Bund und Ländern in der Bundesrepublik Deutschland, 1969; *E. Bauer* Die Bestandskraft von Verträgen zwischen Bund und Ländern, 1971; *C. Vedder* Intraföderale Staatsverträge – Instrumente der Rechtsetzung im Bundesstaat, 1996; *W. Rudolf* Kooperation im Bundesstaat, in: HStR VI, 3. Aufl. 2008, § 141 Rn. 54; unergiebig für unsere Untersuchung *M. Niedobitek* Das Recht der grenzüberschreitenden Verträge. Bund, Länder und Gemeinden als Träger grenzüberschreitender Zusammenarbeit, 2001. Zur Verwendung der Handlungsform de constitutione ferenda unten IV.4.c.

[56] Für die Rückbesinnung auf die Funktion der Finanzverfassung als bloße Rahmenordnung auch *Osterloh* Fünf Jahre Föderalismusreform (Fn. 12), 392.

[57] § 9 Satz 4 MaßstG, der aus der st. Rspr. des BVerfG entwickelt worden ist: BVerfGE 72, 330 (418 f.); BVerfGE 86, 148 (250); BVerfGE 101, 158 (222); BVerfGE 116, 327 (380); aus der Literatur statt aller *M. Heintzen* in: I. von Münch/Ph. Kunig (Hrsg.) GG, Bd. 2, 6. Aufl. 2012, Art. 107 Rn. 20; *Wernsmann* (Fn. 50), Art. 107 Rn. 61; *H. Kube* in: Epping/Hillgruber (Hrsg.) (Fn. 51), Art. 107 Rn. 13; jeweils mwN.

[58] Oben III.3.

[59] Unter Einschluss der Kompetenz zur Nachverdichtung durch Rechtsverordnungen und Richtlinien (Art. 108 Abs. 7 GG).

fähigkeit zugreifen können. Das spricht gegen die Fortführung der Gleichartigkeitsverbote im Bereich der direkten Steuern, wie sie implizit in Art. 105 Abs. 2[60] und explizit in Art. 105 Abs. 2a GG enthalten sind. Interessant sind die in anderen Staaten – namentlich der Schweiz, aber auch in Schweden und den USA – anzutreffenden Schichtenmodelle mit einheitlicher Steuerbemessungsgrundlage, auf die dann je eigenständige Steuersätze der unterschiedlichen Ebenen angewandt werden.

a. Steuerkompetenzen der Gemeinden und Gemeindeverbände

Im Staatsaufbau „von unten nach oben" ergeben sich daraus zunächst Konsequenzen für den kommunalen Bereich. Die volatile Gewerbesteuer steht wegen des zu engen Kreises betroffener Steuerpflichtiger im Kernschatten demokratischer Aufmerksamkeit. Die finanzielle Eigenverantwortung der Kommunen und die Garantie des gemeindlichen Hebesatzrechts (Art. 28 Abs. 2 Satz 3 GG) lassen sich besser dadurch wahren, dass die eigenständige Gewerbesteuer in Kommunalzuschläge auf die Stammsteuern (Einkommensteuer, Körperschaftsteuer) überführt wird.[61] Sie können ihre verfassungsrechtliche Grundlage in einem erneuerten Art. 106 Abs. 5 GG finden.

Jede kommunale Ebene kann dabei einen eigenen Kommunalzuschlag erhalten. Im Interesse breiter Reformakzeptanz wird seine Höhe zunächst bundesgesetzlich festgelegt. Durch Satzung können Gemeinden und Kreise ihren Zuschlag sodann erhöhen oder verringern. Mit einem bundesrechtlich vorgegebenen Standardzuschlag kann sich der Reformgesetzgeber den sog. *endowment effect* zu Nutze machen,[62] wonach der Steuerwiderstand geringer ist, wenn der Fiskus (hier: die Kommune) auf eine Reduktion verzichtet, statt von einem sehr niedrigen Niveau auszugehen und einen Zuschlag zu beanspruchen.

Die Bemessungsgrundlage für die Kommunalzuschläge zur Einkommen- und Körperschaftsteuer ist zwischen Quellen- und Wohnsitzgemeinde(n) zu zerlegen. Ein bundesgesetzlicher Zerlegungsmaßstab kann – wie bereits heute bei der Gewerbesteuer[63] – durch interkommunale Verein-

---

[60] Zu diesem ungeschriebenen Gleichartigkeitsverbot *K. Vogel/H. Walter* in: Dolzer/Kahl/Waldhoff (Hrsg.) BK GG, Art. 105 (Drittbearbeitung 2004), Rn. 86 ff. Zu neueren Fragen der Dogmatik des Art. 105 Abs. 2 GG insgesamt *R. Hartmann* Ein neuer Blick auf die Steuergesetzgebungskompetenzen des Grundgesetzes, DStZ 2012, 205.

[61] Statt Vieler *R. Wendt* Finanzhoheit und Finanzausgleich, HStR VI, 3. Aufl. 2008, § 139 Rn. 85.

[62] Vgl. zu weiterer finanzverfassungsrechtlicher Direktivkraft dieser Figur *Tappe* (Fn. 17), 1082 mit Fn. 50.

[63] § 33 Abs. 2 GewStG. Diese Regelung dient v.a. der Vereinfachung in Fällen, in denen die Anwendung der materiellen gesetzlichen Zerlegungsmaßstäbe unklar oder

barungen überschrieben werden. Der bisher feste, aber gespaltene Voraus der Gemeinden am Einkommensteueraufkommen (Art. 106 Abs. 5 GG) entfällt.

b. Steuerkompetenzen der Länder und Organkompetenzen des Bundesrates

Parallel zu den Kommunalzuschlägen kann auch der bislang fixe Länderanteil an der Einkommen- und Körperschaftsteuer[64] durch einen Landeszuschlag ersetzt werden,[65] der bundesgesetzlich vorjustiert, aber durch landesgesetzlich festzulegende Zu- oder Abschläge modifiziert wird. Für alle bundesgesetzlichen Regelungen – also namentlich für die Festlegung von Steuergegenstand, Bemessungsgrundlage und den Bundestarif – sollte der Bundesrat künftig nur noch ein Einspruchsrecht haben; das bisherige Zustimmungserfordernis aus Art. 105 Abs. 3 GG muss sich künftig auf die Umsatzsteuer beschränken.

Der primäre horizontale Länderfinanzausgleich (Aufteilung zwischen den Ländern) leidet gegenwärtig an der deutschlandweiten Sozialisierung des Sonderbedarfs derjenigen Großstädte, die Stadtstaaten sind („Einwohnerveredlung"). Sinnvoll ist eine allgemeine Lösung der Stadt-Umland-Problematik in den Regeln über den primären horizontalen Finanzausgleich. Sie kann dem bundesgesetzlichen Standard für die interkommunale Aufteilung entsprechen, aber durch Staatsverträge überschrieben werden.

Die Modifizierungen von Art. 72 Abs. 2 GG in den Verfassungsreformen der Jahre 1994 und 2006[66] bleiben für die Anwendung von Art. 105 Abs. 2 GG nicht folgenlos.[67] Dem Bundesgesetzgeber sind namentlich

---

volatil ist. Außer zur Streitbeilegung kann sie aber auch Teil größerer interkommunaler oder föderaler Vereinbarungen sein, wie sie namentlich im Vorfeld von großen Infrastrukturprojekten mit überregionaler Bedeutung (Häfen, Flughäfen, Bahnhöfen, Kraftwerken etc.) in Trägerschaft unterschiedlicher Gebietskörperschaften vorkommen. Näherer, u.U. auch experimenteller Untersuchung bedürfte die Frage, ob Zerlegungsvereinbarungen – wie bei § 33 Abs. 2 GewStG – der Zustimmung des Steuerpflichtigen bedürfen müssen.

[64] Art. 106 Abs. 3 Satz 2 GG.

[65] Ebenso mwN bereits *Waldhoff* Finanzautonomie und Finanzverflechtung (Fn. 31), 262.

[66] Zu den Maßstäben v.a. BVerfG, Urt. v. 24.10.2002 – 2 BvF 1/01 –, BVerfGE 106, 62 = NJW 2003, 41 ff. – *Altenpflegegesetz.*

[67] Vgl. insbesondere BVerfG, Urt. v. 27.1.2010 – 2 BvR 2185/04 –, BVerfGE 125, 141 – *Mindesthebesatz Gewerbesteuer*; *A. Korte* Die konkurrierende Steuergesetzgebungskompetenz des Bundes im Bereich der Finanzverfassung, 2008, m. Rez. *H. Kube* AöR 134 (2009), 291; und *Wendt* Finanzhoheit und Finanzausgleich (Fn. 61), Rn. 142.

grundlegende Neuregelungen der Grundsteuer[68] und der Grunderwerbsteuer versagt.[69] Im Bereich der Erbschaft- und Schenkungsteuer und der Vermögensteuer muss der Bund den Ländern mindestens die Tarifgestaltung (einschließlich der Festlegung auf einen „Nullsatz") überlassen.[70]

Gegen diese Sicht ist vorgebracht worden, dass Art. 105 Abs. 2 Halbs. 2 GG lediglich eine Rechtsfolgenverweisung enthalte.[71] Dagegen spricht aber schon die Verwendung des Ausdrucks „Voraussetzungen", der die Norm zwingend als Rechtsgrundverweisung erscheinen lässt. Auch ein Umkehrschluss aus Art. 105 Abs. 2a Satz 2 GG verbietet sich. Richtigerweise ist diese Regelung für den Fall einer grundlegenden Neuregelung als rein deklaratorisch anzusehen. Dogmatisch hat sie nur die Funktion, das Erfordernis einer bundesgesetzlichen Freigabe im Sinne des Art. 125a Abs. 2 Satz 2 GG entbehrlich zu machen. Art. 105 Abs. 2a Satz 2 GG schließt aber eine Verneinung der Voraussetzungen des Art. 72 Abs. 2 GG in anderen, aber ähnlich gelagerten Fällen keineswegs aus.

2. *Kreditaufnahme*

Dagegen ist der Reformbedarf im Bereich der Kreditaufnahme geringer. Bemerkenswert ist insbesondere, dass der Kompetenzordnung des Staatsschuldenrechts – im Unterschied zum Steuerverfassungsrecht – jede Binnendifferenzierung zwischen Rechtssetzung, Vollzug und Ertragszuweisung fremd ist. Der Verband, der eine Kreditaufnahme beschließt, vollzieht sie auch und vereinnahmt die Darlehensmittel. Es gibt natur-

---

68 Zurückhaltender *J. Becker* Die Reform der Grundsteuer – wem obliegt die Gesetzgebungskompetenz?, BB 2013, 861 ff.

69 *Hey* Finanzautonomie und Finanzverflechtung (Fn. 7), 310 f.

70 *R. Wernsmann*/*V. Spernath* Erbschaftsteuerreform: keine Gesetzgebungskompetenz des Bundes, FR 2007, 829 (837); zurückhaltender noch *L. Osterloh* Die Einheitlichkeit der Lebensverhältnisse als offene Frage der Finanzverfassung, GS Trzaskalik, 2005, 181 (190); *Waldhoff* Finanzautonomie und Finanzverflechtung (Fn. 31), 260 f. mwN; *P. Selmer* Zur Reform der bundesstaatlichen Finanzverfassung. Fragestellungen nach Föderalismusreform und Berlin-Urteil des BVerfG, NVwZ 2007, 872 (876); *E. Reimer* Mängel bei der Abstimmung zwischen Erbschaftsteuer und Ertragsteuern, in: A. Oestreicher (Hrsg.) Unternehmensbesteuerung 2008: Neue Wege gehen, 2008, 145 (146 f. mit Fn. 1); die AdV-Beschlüsse des FG Köln v. 13.10.2010 – 9 V 2648/10 und 9 V 2566/10 –, DWW 2011, 73 bzw. EFG 2011, 261 (juris); und *P. Selmer* Erhöhen und Erheben: Staatssanierung durch Abgabenerhöhung, in: von Lewinsky (Hrsg.) Staatsbankrott als Rechtsfrage (Fn. 8), 141 (148 f.). Für eine Bundeskompetenz dagegen die Begründung der Bundesregierung zum Entwurf eines Gesetzes zur Reform des Erbschaftsteuer- und Bewertungsrechts, BT-Drs. 16/7918, 25; vgl. auch *R. Seer* in: K. Tipke/J. Lang (Hrsg.) Steuerrecht, 21. Aufl. 2012, § 2 Rn. 42.

71 So wohl *H. Siekmann* in: M. Sachs (Hrsg.) GG, 6. Aufl. 2011, Art. 105 Rn. 23.

gemäß keine Gleichartigkeitsverbote. In seiner klaren föderalen Schichtung mag das Staatsschuldenrecht insofern fast ein Vorbild für das Steuerrecht sein.

In der Sache haben sich die Defizitbegrenzungen der Art. 109 Abs. 3 und 115 Abs. 2 GG haushaltswirtschaftlich und integrationspolitisch bei Konkretisierungsbedarf in Einzelfragen[72] bislang insgesamt bewährt.[73] Die Kriterien, mit denen der Stabilitätsrat (Art. 109a GG) als Nachfolgeeinrichtung des alten Finanzplanungsrates die Haushaltswirtschaft des Bundes und der Länder (einschließlich der Gemeinden) überwacht, erscheinen als sachgerecht.[74] Landesrechtliche Abmilderungen durch Strukturanpassungsklauseln[75] stoßen an enge bundesverfassungsrechtliche Grenzen.[76] Das föderale Prinzip des Grundgesetzes drängt auf Lösungen auf der Primärebene: auf den Vorrang und die Stärkung von Abwehransprüchen der Länder gegen eine bundesgesetzliche Auferlegung kostenträchtiger Aufgaben.[77]

Mittelfristig empfiehlt sich eine Einbeziehung der stillen, bislang jedenfalls in der Kameralistik nicht ausgewiesenen Zukunftslasten, namentlich der langfristigen Pensionslasten und des Finanzbedarfs der öffentlichen Hand für Unterhalt und Erneuerung der Infrastruktur, v.a. der Gebäude und der Netze.[78] Österreich und die Schweiz sind hier positive Vorbilder.

---

[72] Instruktiv *Sachverständigenrat zur Begutachtung der gesamtwirtschaftlichen Entwicklung* Chancen für einen stabilen Aufschwung. Jahresgutachten 2010/11, 2010, Ziff. 346 ff.; *ders.* Verantwortung für Europa (Fn. 23), Ziff. 304 ff.; und *E. Baumann* Erste Erfahrungen mit der neuen Schuldenbremse, in: M. Junkernheinrich u.a. (Hrsg.) Jahrbuch für öffentliche Finanzen 2012, 2012, 347.

[73] *Seiler* (Fn. 12); Kritik bei *S. Korioth* Das neue Staatsschuldenrecht – zur zweiten Stufe der Föderalismusreform, JZ 2009, 729 ff.; und *dems.* in: M. Junkernheinrich u.a. (Hrsg.) Jahrbuch für öffentliche Finanzen 2009, 389.

[74] Zu diesen Kriterien zählen gegenwärtig der strukturelle Finanzierungssaldo, die Kreditfinanzierungsquote, der Schuldenstand und die Zins-Steuer-Quote der betroffenen Gebietskörperschaften. Zu diesen Kriterien aus ökonomischer Sicht *Brügelmann/Schäfer* Schuldenbremse (Fn. 13), 10 ff.

[75] Namentlich Art. 117 Abs. 1 Nr. 2 lit. b Verf Rh.-Pf.; hierzu etwa *U. Steinbach/M. Rönicke* Umsetzung der Schuldenbremse in Rheinland-Pfalz – Vorreiter und Vorbild?, in: M. Junkernheinrich u.a. (Hrsg.) Jahrbuch für öffentliche Finanzen 2013, 339; allgemein auch *D. Buscher/J. Fries* Gestaltungsmöglichkeiten der Bundesländer bei der Schuldenbremse, in: M. Junkernheinrich u.a. (Hrsg.) Jahrbuch für öffentliche Finanzen 2012, 367.

[76] *C. Gröpl* Die „Schuldenbremse" in Hessen, Rheinland-Pfalz und im Saarland, LKRZ 2010, 401 (404, 406).

[77] Dazu unten IV.5.

[78] Ökonomische Perspektiven: *L. J. Kotlikoff/S. Burns* The Clash of Generations, 2012; *U. Wagschal* Bedingungen erfolgreicher Konsolidierung, in: Bertelsmann-Stiftung (Fn. 25), 351 (355); jeweils mwN.

Die Schweiz hat auf Bundesebene bereits 2007 die Rechnungslegung nach den *International Public Sector Accounting Standards* eingeführt. Demgegenüber ist die Doppik in Deutschland nicht einmal auf kommunaler Ebene durchgehend etabliert; auf Landesebene ist bislang erst Brandenburg, Bremen, Hamburg und Hessen der Einstieg gelungen.

3. *Haftung und Insolvenz*

Ungleich drängender ist freilich der Reformbedarf in Fragen von Haftung und Insolvenz der Gebietskörperschaften. Ein prägendes Merkmal des Bundesstaats ist das grundsätzliche Einstehen der Gebietskörperschaften füreinander.[79] Begründung und Ausgestaltung rechtlicher Einstandspflichten stehen nicht nur unter dem Vorbehalt des Gesetzes, sondern bedürfen inzwischen verfassungsrechtlicher Vorprägung. Die Trennlinie zwischen Eigenverantwortung und Fremdverantwortung, konsekutiver und kommutativer Verantwortung, muss das Grundgesetz selber ziehen. Der geltende Art. 107 Abs. 2 GG erfüllt diese Erwartung nicht. Daher muss der verfassungsändernde Gesetzgeber, jedenfalls aber der einfache (Bundes-)Gesetzgeber Regelungen darüber treffen, wie die Einstandspflicht zwischen Bund und Ländern oder zwischen den Ländern ausgestaltet sein soll. Insbesondere bedürfte jede Drittwirkung dieser Einstandspflichten – z.B. Refinanzierungs- oder gar Regressansprüche der privaten Gläubiger eines zahlungsunfähigen Landes gegen den Bund – einer gesetzlichen Grundlage. Solange eine derartige Regelung fehlt, stehen private Gläubiger dem Zahlungsausfall einer Gebietskörperschaft machtlos gegenüber, wenn sie sich keine Sicherheiten haben einräumen lassen.

Dem steht nicht entgegen, dass nach geltendem Recht über das Vermögen des Bundes und der Länder ein Insolvenzverfahren nicht stattfindet (§ 12 Abs. 1 Nr. 1 InsO). Diese Regelung ist nicht mehr als ein Ausdruck der grundsätzlichen verfassungsrechtlichen Bestandsgarantie für jedes einzelne Land. Zur Stärkung der konsequenziellen Verantwortung der einzelnen Akteure könnte der verfassungsändernde Gesetzgeber aber eine begrenzte Insolvenzfähigkeit der Länder vorsehen.[80]

Dagegen ist der landesgesetzlich angeordnete Ausschluss der Insolvenzfähigkeit der Gemeinden und Gemeindeverbände verfassungsrechtlich nicht geboten. Er schwächt deren Finanzverantwortung. Zur Effek-

---

[79] Oben III.3.d.

[80] Zur Frage, inwieweit die Garantien der EMRK öffentlich-rechtlich verankerten Vollstreckungshindernissen entgegenstehen, s. EGMR, Urt. vom 24.09.2013, Rs. 43870/04 – *De Luca/Italien*.

tuierung autonomer Maßnahmen der Haushaltssicherung empfehlen sich eine bundesgesetzliche Freigabe des Rechts der Kommunalinsolvenz und die Aufnahme insolvenzrechtlicher Regelungen in die Gemeinde- und Landkreisordnungen. Diese Regelungen können den Vorschriften der InsO über die Verbraucherinsolvenz nachgebildet sein: Sie zielen nicht auf Liquidation, sondern auf Schuldenbereinigung und schließen die Möglichkeit einer Restschuldbefreiung bei mehrjährigem Wohlverhalten ein.[81]

4. *Finanzausgleich*

a. *Neugliederung der Länder?*

Die Ausgestaltung der föderalen Finanzordnung muss dem Zuschnitt und Bestand der Länder folgen, nicht umgekehrt.[82] Eine haushaltswirtschaftlich motivierte Neugliederung der Länder widerspräche dem historisch-kausalen Verständnis des Bundesstaatsprinzips. In dieser Sicht darf es der Finanzverfassung nicht darum gehen, wettbewerbsfähige Einheiten zu schaffen, sondern die bestehenden Einheiten wettbewerbsfähig zu machen.[83]

Nach diesem Maßstab bleibt es richtig, dass die Kosten politischer Führung im Finanzausgleich angemessen berücksichtigt werden. Hier liegt ein wichtiges Ventil zum Ausgleich der kulturell bedingten, verfassungsrechtlich anzuerkennenden Größenunterschiede. Dabei würde übrigens selbst ein Vollausgleich auf Soll-Basis nicht zum *moral hazard* führen. Denn die bündische Kostenteilung folgt nicht der Idee „angestrichenen Geldes", sondern macht die Kosten politischer Führung lediglich zur Rechengröße in einem umfassenden großvolumigen Ausgleichssystem. Sie sichert die Neutralität der Finanzverfassung in der politischen Frage einer Neugliederung der Länder.

b. *Primärer Finanzausgleich*

Der primäre vertikale Finanzausgleich – die Aufteilung der Steuereinnahmen zwischen dem Bund, der Ländergesamtheit und den Kommu-

---

81 In diese Richtung, aber für eine bundesgesetzliche Regelung: *F. Hornfischer* Die Insolvenzfähigkeit von Kommunen, 2010, 249 ff., 263 ff.; ferner *F. Engelsing* Zahlungsunfähigkeit von Kommunen und anderen juristischen Personen des öffentlichen Rechts, 1999; *S. N. Frielinghaus* Die kommunale Insolvenz als Sanierungsansatz für die öffentlichen Finanzen, 2007; *ders.* Das Tabu der kommunalen Insolvenz, DÖV 2008, 991.

82 Überzeugend *Selmer* Grundsätze der Finanzverfassung (Fn. 11), 61; *ders.* Zur Reform der bundesstaatlichen Finanzverfassung (Fn. 70), 880.

83 Offen für eine Neugliederung *Hey* Finanzautonomie und Finanzverflechtung (Fn. 7), 317 f. mwN, auch zur Gegenansicht.

nen – hat sich insgesamt bewährt. Im Interesse der Regelungsklarheit sollte er aber um bedarfsbezogene Elemente bereinigt[84] und an die oben skizzierte Steuersatzautonomie der Länder angepasst werden.[85] Damit entfällt der bisherige feste Anteil der Ländergesamtheit an der Einkommen- und Körperschaftsteuer. Die Regelung des Art. 106b GG (Ausgleich für die Übertragung der Kraftfahrzeugsteuer auf den Bund) sollte in die einfachgesetzliche Aufteilung des Umsatzsteueraufkommens integriert werden.

Auf Ebene des primären horizontalen Finanzausgleichs bedarf es im Bereich der direkten Gemeinschaftssteuern (namentlich der Einkommen- und der Körperschaftsteuer) der oben skizzierten Änderung.

c. *Sekundärer Finanzausgleich*

Für den sekundären Finanzausgleich sind in den letzten Jahren zahlreiche überzeugende Reformvorschläge unterbreitet worden. Exemplarisch ist dabei vor allem das Desiderat einer vollen Einbeziehung der Finanzkraft der Kommunen in die Ermittlung der Finanzkraft eines Landes zu nennen.[86] Für die Reform des sekundären Finanzausgleichs empfiehlt sich aber ein neuer verfassungsrechtlicher Rahmen. Art. 107 Abs. 2 GG könnte dem Maßstäbegesetz und den Folgegesetzen den oben[87] skizzierten vertragsähnlichen Charakter geben. Dazu könnte das Zustandekommen an das Erfordernis einer doppelten Mehrheit im Bundesrat – nämlich unter den gegenwärtigen Geber- und unter den gegenwärtigen Nehmerländern – geknüpft werden. Jede Seite sollte das Gesetz kündigen können. Für den Länderfinanzausgleich (den sekundären horizontalen Finanzausgleich) genügen diese beiden Kündigungsrechte. Soweit dagegen ein sekundärer vertikaler Finanzausgleich fortgeführt wird[88] und der Bund deshalb mitbetroffen ist, muss zusätzlich der Deutsche Bundestag die Gesetze kündigen können.

---

[84] Vgl. bereits oben III.4. Näher zu diesem systematischen Anliegen *Waldhoff* (Fn. 31), 230; in Gegenrichtung *Osterloh* Fünf Jahre Föderalismusreform (Fn. 12), 393.

[85] Oben IV.1.b.

[86] Für viele *R. Wendt/M. Elicker* Für die volle Einbeziehung der kommunalen Finanzkraft in den Länderfinanzausgleich, DÖV 2001, 762 ff. Gegenwärtig wird die kommunale Finanzkraft – wenig folgerichtig – zunächst um 64 Prozent gekürzt (§ 8 Abs. 3 FAG), bevor sie Eingang in die Berechnung des sekundären horizontalen Finanzausgleichs findet. Vgl. die Maßstäbe in BVerfGE 86, 148 (232) und die sehr zurückhaltende Analyse bei *Tappe* (Fn. 17), 1085.

[87] Oben III.6.b.

[88] Mit guten Gründen zurückhaltend *U. Häde* Finanzausgleich – Die Verteilung der Aufgaben, Ausgaben und Einnahmen im Recht der Bundesrepublik Deutschland und der Europäischen Union, 1996, 78, 298; *Tappe* (Fn. 17), 1084 f.

Für den Kündigungsfall müssen das Maßstäbegesetz oder sogar das Grundgesetz selber eine Auffangregelung vorsehen, die allen Beteiligten wirksame Anreize zu Neuverhandlungen gibt. Denkbar ist z.B. eine materiellrechtliche Regelung, nach der der Finanzausgleich so ausgestaltet sein muss, dass mindestens die Hälfte der Länder Geberländer ist. Dieser Auffangstandard könnte durchaus ein tragfähiger Ausgangspunkt für Neuverhandlungen des Finanzausgleichs sein.

In der Ausgestaltung dieser Auffangregelung liegt gleichwohl eine kritische Herausforderung: Einerseits muss sie – analog zu den Konditionalitäten europäischer oder internationaler Hilfsprogramme – die Empfänger zu einer Konsolidierung zwingen, die die Konsolidierung im Fall der prospektiven Einigung an Schärfe übertrifft.[89] Andererseits muss sie auch für die Geber hinreichend unattraktiv sein. Allerdings scheiden Beugezahlungen an die Empfängerländer von vornherein aus. Denn wegen der Eindimensionalität der Größe „öffentliche Finanzen" wäre die Auffangregelung dann für eine der beiden Seiten *ceteris paribus* stets vorteilhafter als eine Einigung, die von der Auffangregelung abweicht. In Betracht kommen deshalb allein ein einseitiger Entzug von Mitteln im Sinne einer Tilgung der Bundesschulden oder sogar einer Geldverbrennung, aber auch das Setzen von Einigungsanreizen durch negative externe Effekte. Zu diesen externen Effekten muss vor allem die Information der demokratischen Öffentlichkeit gehören.[90] Hinzu treten könnten Unannehmlichkeiten für die Entscheidungsträger auf beiden Seiten, die allerdings in schonenden Ausgleich zum freien Mandat, zur Neutralität der Amtsführung und zur Sicherung der Unabhängigkeit des Amtes zu bringen sind.

5. *Ausgabenverantwortung*

Jede vertikale Ausgleichsordnung verliert normativ ihren Genauigkeitsanspruch und letztlich ihren Sinn, wenn sie – wie gegenwärtig – dadurch

[89] Zu denken ist insoweit an Regelungen nach Art der US-amerikanischen *fiscal cliff* und des *government shut-down* auf Bundesebene (*Antideficiency Act*, 31 U.S.C. Sec. 1341). Neben diesen harten (absoluten) Ausgabenverbote sind für die Gliedstaaten (Länder) und die Kommunen relative Ausgabenverbote denkbar, die alle diejenigen staatlichen Leistungen und Aufwendungen betreffen könnten, die nicht bundesrechtlich geboten sind und die nach ihrer Art oder ihrer (individuellen, d.h. empfängerseitigen) Höhe auch in (der Mehrheit der) gleichgeordneten Gebietskörperschaften nicht vorkommen. Jedenfalls in diesem Fall ist kein Raum mehr für die Anwendung des sog. Deckungsquotenverfahrens, das den Finanzausgleich (auch) von den Ist-Einnahmen und den Ist-Ausgaben der einzelnen Gebietskörperschaften abhängig macht: *P. Kirchhof* Deutschland im Schuldensog, 2012, 135 f.

[90] Überzeugend *Osterloh* Geben und Nehmen im Bundesstaat (Fn. 41), 227.

unterlaufen werden kann, dass die höhere Ebene der unteren Kosten auferlegt, indem sie ihr kompensationslos neue Aufgaben zuweist.

In Ergänzung[91] des bisher nur (aber immerhin) als Aufgaben-Ausgaben-Konnexität ausgestalteten Verantwortungszusammenhangs nach Art. 104a Abs. 1 GG[92] empfiehlt sich die Einführung einer Konnexität der Ausgabenverantwortung mit der Regelungshoheit auf Sachebene.[93] Fast alle Landesverfassungen oder Gemeindeordnungen sind diesen Schritt für die Finanzbeziehungen zwischen Land und Kommunen längst gegangen.[94] Im bundesstaatlichen Verhältnis fehlte dazu aber bislang die Kraft.[95] Der Rechtsgedanke einer Gesetzeskausalität[96] ist im Grundgesetz bislang nur fragmentarisch verwirklicht. Im Sinne des Lernens von unten nach oben sollten die Vorschriften des Art. 104a Abs. 2 bis 4 GG und des Art. 106 Abs. 8 GG in einer neuen Föderalismusreform durch die Anordnung ersetzt werden, dass der Bund die (Grenz-)Kosten der Ausführung der Bundesgesetze durch die Länder trägt. Diese Regel sollte in einem neuen Art. 104a Abs. 2 GG verankert werden. Mit ihr ließe sich zugleich der Streit um die Zulässigkeit von Strukturanpassungsklauseln in Landesverfassungen[97] entschärfen.

---

[91] Soweit Gesetzgebungs- und Vollzugskompetenz im Exekutivföderalismus divergieren, stehen – bezogen auf einen konkreten Kostenposten – die beiden Konnexitäten zwar in einem logischen Alternativverhältnis (dies betonend *Osterloh* Geben und Nehmen im Bundesstaat (Fn. 41), 226). Das Nebeneinander beider Konnexitäten i.S. wechselseitiger Ergänzung wird aber bei den – besonders kostenträchtigen – Geld- und Sachleistungsgesetzen relevant (zutreffend *Selmer* Zur Reform der bundesstaatlichen Finanzverfassung (Fn. 70), 874).

[92] Sog. „Durchführungskonnexität“: *Tappe* (Fn. 17), 1079 (1080). Zu den Schwierigkeiten in der Anwendung der bisherigen Regelung *J. Waiblinger* Die „Aufgabe“ im Finanzverfassungsrecht des Grundgesetzes, 2000.

[93] Als „Veranlassungskonnexität“: *Tappe* (Fn. 17), 1080 f. mwN. Zu entsprechenden Überlegungen in der Vorbereitung der Reformen von 1969 *K. Vogel/C. Waldhoff* in: Dolzer/Kahl/Waldhoff (Hrsg.) BK GG, Vorbem. Art. 104a-115 Rn. 265 = *dies.* Grundlagen des Finanzverfassungsrechts, 1999, Rn. 265. Aus neuerer Zeit *F. Kirchhof* Gutachten zum 61. DJT, Bd. 1, 1996, D 66 (73); *P. M. Huber* Klarere Verantwortungsteilung von Bund, Ländern und Kommunen. Gutachten zum 65. DJT, Bd. 1, 2004, D 92 ff.; *C. Gröpl* Finanzautonomie und Finanzverflechtung in gestuften Rechtsordnungen, DVBl. 2006, 1079 (1083).

[94] Statt aller: Art. 71 Abs. 3 S. 3 LV BW. Zu diesen Regelungen *S. Mückl* Konnexitätsprinzip in der Verfassungsordnung von Bund und Ländern, in: H.-J. Henneke/H. Pünder/Ch. Waldhoff (Hrsg.) Recht der Kommunalfinanzen, 2006, 33 ff.; und *K. Engelken* Das Konnexitätsprinzip im Landesverfassungsrecht, 2009.

[95] Vgl. bereits *R. Wendt* Finanzierungsverantwortung für gesetzgeberisch veranlaßte kommunale Aufgaben, FS Stern, 1997, 60 ff.

[96] *F. Kirchhof* Gutachten zum 61. DJT (Fn. 93), D 73; mwN auch *Tappe* (Fn. 17), 1081.

[97] Oben IV.2. mit Fn. 75.

V. Fazit

1992 hatte die Wiedergewinnung der staatlichen Einheit *Peter Selmer* zu der überzeugenden These gebracht, für eine Entflechtung des föderalen Finanzwesens und eine Stärkung der Finanzautonomie der Länder sei es zu spät und zu früh zugleich; die Forderung solle erst nach einer etwa zehnjährigen Übergangsfrist aufgegriffen werden.[98] *Christian Waldhoff* und *Johanna Hey* haben das 2006 getan. Heute erkennen wir – durch den hohen ökonomischen Druck der Europäischen Krise der öffentlichen Finanzen seit 2009 als Juristen ernüchtert, als Wissenschaftler bereichert – noch deutlicher als zuvor die Unvollständigkeit und Verletzlichkeit auch des föderalen Finanzrechts.

Im Ruf nach Stabilität liegt der Ruf nach mehr Verantwortung: nach mehr Bürgerlichkeit, mehr Bundesstaatlichkeit und mehr Konnexität. Die hier vorgestellten – und weitere – Reformoptionen versprechen positive externe Effekte. Ökonomisch winken Wohlfahrtsgewinne; politisch rüstet sich das bundesstaatliche Gemeinwesen für die Debatte um Fiskalunion und Finanzausgleich auf der – hier ausgeblendeten – unionalen Ebene. Wo, wenn nicht im Bundesstaat, kann das öffentliche Recht Modelle für den Rechtsexport erproben, optimieren und notfalls verwerfen?[99] Die multiplen Erkrankungen der föderalen Finanzordnung Deutschlands lassen sich heilen durch eine Trennung, Klärung und Schärfung von Finanzverantwortung der einzelnen Ebenen.

---

98 *Selmer* Grundsätze der Finanzverfassung (Fn. 11), 39 f.

99 Instruktiv *Bizioli/Sacchetto* Analysis of Fiscal Federalism (Fn. 24), 1; und die Nationalberichte ebd.

Leitsätze des 2. Referenten über:

Die künftige Ausgestaltung der bundesstaatlichen Finanzordnung

I. Die Finanzverfassung als Labor des Föderalismus

(1) Das öffentliche Finanzwesen zeigt, in welchem Zustand ein gestuftes und gegliedertes Gemeinwesen ist. Entsprechendes gilt für das öffentliche Finanzrecht: Finanzkompetenzen und Finanzverantwortung des Zentralstaats, der Gliedstaaten und ihrer Untergliederungen bieten ideale Laborbedingungen für rechtswissenschaftliches Beobachten und Experimentieren.

II. Die multiplen Erkrankungen des deutschen Finanzföderalismus

(2) Die bundesstaatliche Finanzverfassung Deutschlands verdient ihren Namen kaum. Der übermäßige, in seinen Regelungen demokratisch und ökonomisch kaum noch kontrollierbare Austausch liquider Mittel zwischen den Gebietskörperschaften verwischt die Gliederung des Bundes in Länder. Den Regelungen fehlen zudem zwei Merkmale typischen Verfassungsrechts: Allgemeinheit und Vollständigkeit. Eine teils übermäßige Detailfülle trifft auf Lücken in entscheidenden Fragen, namentlich den extremen Haushaltsnotlagen, der wechselseitigen Haftung und der Möglichkeit einer Insolvenz von Gebietskörperschaften.

1. Diffusion demokratischer Verantwortung auf Bundesebene

(3) Für die Ebene der Bundesgesetzgebung verhindert die Dominanz der Zustimmungserfordernisse Innovationen der Steuerpolitik, aber auch flexible Anpassungen der Steuersätze an die eigenen Bedürfnisse des Bundes.

2. Geringe Gestaltungsmöglichkeiten der Länder

(4) Im Zusammenspiel mit der Defizitbegrenzung aus Art. 109 Abs. 3 GG („Schuldenbremse“) und der Dominanz gebundener Ausgaben sinkt der haushaltswirtschaftliche Bewegungsspielraum der meisten Länder auf ein

Niveau, das ihre Eigenstaatlichkeit gefährdet. Die Steuervollzugskompetenzen sind kein geeignetes Ventil zum Ausgleich des kompetenziellen Unterdrucks.

(5) Die verschiedenen Stufen des bundesstaatlichen Finanzausgleichs greifen unabgestimmt ineinander. Der Wahrung einheitlicher Lebensverhältnisse werden zentrale Verfassungsgüter geopfert. Der Finanzausgleich kappt demokratische Verantwortungszusammenhänge, wirkt bestehenden Vollzugsdefiziten nicht entgegen und fördert den moral hazard.

3. Parallelprobleme auf kommunaler Ebene

(6) Den Gemeinden und Gemeindeverbänden fehlen – von der Grundsteuer abgesehen – effiziente Instrumente zu eigenverantwortlicher Steuerung der Einnahmen. Die Gewerbesteuer ist dysfunktional. In Regionen mit hoher Kommunalverschuldung ist die Selbstverwaltung in Gefahr.

III. Reformtheorie

(7) Reformen der deutschen Finanzverfassung bedürfen einer Prinzipienorientierung. Sie müssen sich in die grundgesetzliche Ausformung des Bundesstaatsprinzips einfügen und dürfen finanzwissenschaftlichen und institutionenökonomischen Rationalitäten nicht zuwider laufen.

1. Kausaler Zuschnitt des deutschen Föderalismus

(8) Der Sinn einer Finanzverfassung – und jeder hierarchischen Stufung von Herrschaft – lässt sich mit der Unterscheidung zwischen kausaler und finaler Legitimierung der Bundesstaatlichkeit beschreiben. Das Bundesstaatsprinzip des Grundgesetzes geht vom autonomen Subjekt aus, betont Eigenständigkeit und Eigenstaatlichkeit der unteren Verbände und setzt einer Verzweckung des Föderalismus Grenzen. Das schließt Lenkungs- und Anreizelemente nicht aus, steht aber einem Verständnis der Finanzverfassung als einer reinen Wettbewerbsordnung entgegen.

(9) Erforderlich ist eine demokratische Verkopplung der Staatsausgaben mit den Staatseinnahmen. Das Abgabeniveau markiert den allgemeinen Preis für die Gesamtheit staatlicher Leistungen und Gewährleistungen in den Segmenten von Raum und Zeit. Daher muss jede unmittelbar demokratisch legitimierte Ebene eigenständig über ihr Leistungs- und Abgabeniveau entscheiden können. Zuweisungen, Matrikularbeiträge und Umlagen bedürfen besonderer Rechtfertigung.

2. *Kompatibilität und Kohärenz der Regelungsmuster über die Ebenen hinweg*

(10) Unbeschadet begrifflicher und kategorialer Unterschiede zwischen den Ebenen gleichen sich die finanzordnungsrechtlichen Bedürfnisse aller innerstaatlichen Ebenen. Konzeptionell empfehlen sich daher strukturgleiche Regelwerke. Sie sollten von unten wachsen; die unteren Ebenen sind als Experimentallabor für die übergeordneten Ebenen von hohem Wert.

(11) Allerdings bedürfen gebietsübergreifende Probleme gebietsübergreifender Lösungen. Erforderlich sind mindestens koordinierende Regelungen der nächsthöheren Ebene. Sie sind regelungstechnisch und vollzugspraktisch aber anspruchsvoller als Vollregelungen, deren quantitative Wirkungen die unteren Ebenen über vordefinierte Stellschrauben steuern können.

3. *Die Finanzverfassung als Verantwortungsverfassung*

(12) Materiell müssen Reformen der Finanzverfassung der Klärung, d.h. der Stärkung und Sichtbarkeit der Finanzverantwortung aller staatlichen Ebenen dienen. Zu unterscheiden sind vier Ausprägungen: kompetenzielle, konsequenzielle, konsekutive und kommutative Finanzverantwortung.

4. *Bedarfsorientierungen*

(13) Der empirische Drang des Gesetzgebers zur Ausschöpfung eines kontinuierlichen Steueraufkommens und die normativen Defizitbegrenzungen prägen den primären Finanzausgleich. Er sollte einer kausalen Logik folgen. Dagegen bleibt der sekundäre Finanzausgleich bedarfsorientiert.

5. *Ökonomische Kontrolle*

(14) Geringe Änderungen der Rechtsregeln können weitreichende Folgen haben. Übermäßige Nivellierungen sind nicht minder gefährlich als ein unkontrollierbarer Steuerwettbewerb.

(15) Zusätzliche Gefahren drohen in Übergangszeiten. Ankündigungseffekte treiben die Reformkosten. Historische Erfahrungen zeigen aber auch, dass politische Akzeptanz und parlamentarische Mehrheiten für rationale Neuregelungen oft nur durch die Hinausverlagerung des Anwendungsbeginns des neuen Rechts zu erlangen sind. Dieses Dilemma muss der Gesetzgeber bewältigen.

6. *Handlungsformen*

(16) Grundgesetz und Staatspraxis haben innerhalb der Handlungsform Bundesgesetz einen (spezifisch finanzverfassungsrechtlichen?) Bedarf nach normhierarchischer Ausdifferenzierung ausgelöst und aufgedeckt. Er betrifft z.B. das Haushaltsgrundsätzegesetz, die Bundeshaushaltsordnung, das Maßstäbegesetz und die Tilgungsregelungen i.R.d. Art. 109 Abs. 3 GG. Diese Ausdifferenzierung zielt auf materielle Rationalität, Verlässlichkeit und zeitliche Stabilität, bedarf aber einer ausdrücklichen Verankerung im Verfassungstext.

(17) Führt der verfassungsändernde Gesetzgeber die Handlungsform des Grundlagengesetzes ein und übernimmt er für Ausgleichsregelungen vertragsähnliche Elemente, schafft er Freiräume für Reformen der bundesstaatlichen Finanzverfassung. Sie können sich auf Metaregeln konzentrieren.

IV. *Reformoptionen*

1. *Besteuerung und Ertragszuweisung*

(18) Die Stärkung der vierfachen Finanzverantwortung (These 12) drängt auf mehr Eigenständigkeit jeder Ebene bei der Zuordnung von Steuerkompetenzen.

(19) Die Gewährleistungen des Art. 28 Abs. 2 Satz 3 GG sind gewahrt, wenn man die eigenständige Gewerbesteuer in Kommunalzuschläge auf die Stammsteuern (Einkommensteuer, Körperschaftsteuer) überführt. Jede kommunale Ebene erhält einen eigenen Kommunalzuschlag. Seine Höhe wird zunächst bundesgesetzlich festgelegt. Durch Satzung kann jede Kommune ihren Zuschlag aber erhöhen oder verringern.

(20) Die Bemessungsgrundlage für die Kommunalzuschläge zur Einkommen- und Körperschaftsteuer ist zwischen Quellen- und Wohnsitzgemeinde(n) zu zerlegen. Ein bundesgesetzlicher Zerlegungsmaßstab kann durch interkommunale Vereinbarungen überschrieben werden.

(21) Parallel zu den Kommunalzuschlägen kann auch der bislang fixe Länderanteil an der Einkommen- und Körperschaftsteuer durch einen Landeszuschlag ersetzt werden, der bundesgesetzlich vorjustiert, aber durch landesgesetzlich festzulegende Zu- oder Abschläge modifiziert wird.

(22) Im primären horizontalen Länderfinanzausgleich ist die Einwohnerveredlung durch eine allgemeine Lösung der Stadt-Umland-Problematik zu ersetzen. Sie kann strukturell den Regeln über die interkommunale Aufteilung (These 20) entsprechen.

(23) Die Modifizierungen von Art. 72 Abs. 2 GG in den Verfassungsreformen der Jahre 1994 und 2006 bleiben für die Anwendung von Art. 105

Abs. 2 GG nicht folgenlos. Dem Bundesgesetzgeber sind grundlegende Neuregelungen der Grundsteuer und der Grunderwerbsteuer versagt. Im Bereich der Erbschaft- und Schenkungsteuer und der Vermögensteuer muss der Bund den Ländern mindestens die Tarifgestaltung überlassen und ihnen auch einen „Nullsatz" gestatten.

2. Kreditaufnahme

(24) Die Defizitbegrenzungen der Art. 109 Abs. 3 und 115 Abs. 2 GG haben sich bewährt. Landesrechtliche Abmilderungen durch Strukturanpassungsklauseln stoßen an enge bundesverfassungsrechtliche Grenzen. Das föderale Prinzip des Grundgesetzes drängt auf Lösungen auf der Primärebene: auf den Vorrang und die Stärkung von Abwehransprüchen der Länder gegen eine bundesgesetzliche Auferlegung kostenträchtiger Aufgaben.

3. Haftung und Insolvenz

(25) Ein prägendes Merkmal des Bundesstaats ist das grundsätzliche Einstehen der Gebietskörperschaften füreinander (These 12). Begründung und Ausgestaltung rechtlicher Einstandspflichten bedürfen aber verfassungsrechtlicher Vorprägung. Art. 107 Abs. 2 GG erfüllt diese Erwartung nicht.

(26) Dass über das Vermögen des Bundes und der Länder ein Insolvenzverfahren nicht stattfindet (§ 12 Abs. 1 Nr. 1 InsO), ist Ausdruck der grundsätzlichen verfassungsrechtlichen Bestandsgarantie für jedes einzelne Land. Der verfassungsändernde Gesetzgeber könnte aber eine begrenzte Insolvenzfähigkeit der Länder vorsehen.

(27) Dagegen ist der landesgesetzlich angeordnete Ausschluss der Insolvenzfähigkeit der Gemeinden und Gemeindeverbände verfassungsrechtlich nicht geboten. Er schwächt deren Finanzverantwortung. Zur Effektuierung autonomer Maßnahmen der Haushaltssicherung empfehlen sich eine bundesgesetzliche Freigabe des Rechts der Kommunalinsolvenz und die Aufnahme insolvenzrechtlicher Regelungen in die Kommunalgesetze. Diese Regelungen können den Vorschriften der InsO über die Verbraucherinsolvenz nachgebildet sein: Sie zielen nicht auf Liquidation, sondern auf Schuldenbereinigung und schließen die Möglichkeit einer Restschuldbefreiung bei mehrjährigem Wohlverhalten ein.

4. Finanzausgleich

(28) Die Ausgestaltung der föderalen Finanzordnung muss dem Zuschnitt und Bestand der Länder folgen, nicht umgekehrt. Eine haushaltswirt-

schaftlich motivierte Neugliederung der Länder widerspräche dem kausalen Verständnis des Bundesstaatsprinzips (These 8).

(29) Für den sekundären Finanzausgleich empfiehlt sich ein neuer verfassungsrechtlicher Rahmen. Art. 107 Abs. 2 GG könnte dem Maßstäbegesetz und den Folgegesetzen vertragsähnlichen Charakter geben. Dazu könnte das Zustandekommen an das Erfordernis einer doppelten Mehrheit (bei den gegenwärtigen Geber- und den gegenwärtigen Nehmerländern) geknüpft werden. Jede Seite sollte das Gesetz kündigen können. Für den sekundären vertikalen Finanzausgleich muss zusätzlich der Bundestag ein Kündigungsrecht erhalten.

(30) Für den Kündigungsfall müssen das Maßstäbegesetz oder sogar das Grundgesetz selber eine Auffangregelung vorsehen, die allen Beteiligten wirksame Anreize zu Neuverhandlungen gibt. Denkbar ist z.B. eine materiellrechtliche Regelung, nach der der Finanzausgleich so ausgestaltet sein muss, dass mindestens die Hälfte der Länder Geberländer ist.

(31) Darin liegt eine kritische Herausforderung: Wegen der Eindimensionalität der Größe „öffentliche Finanzen" ist die Auffangregelung für eine Seite ceteris paribus stets vorteilhafter als eine Einigung. Funktionieren kann sie daher nur, wenn sie negative externe Effekte herbeiführt. Zentrale Bedeutung kommt dabei der Information der demokratischen Öffentlichkeit zu.

5. Ausgabenverantwortung

(32) In Ergänzung der Aufgaben-Ausgaben-Konnexität (Art. 104a Abs. 1 GG) empfiehlt sich die Einführung einer Regelungs-Ausgaben-Konnexität in das Grundgesetz. In einer neuen Föderalismusreform sollten die Vorschriften des Art. 104a Abs. 2 bis 4 GG und des Art. 106 Abs. 8 GG durch die Anordnung ersetzt werden, dass der Bund die (Grenz-)Kosten der Ausführung der Bundesgesetze durch die Länder trägt.

3. Aussprache und Schlussworte

Die künftige Ausgestaltung der bundesstaatlichen Finanzordnung

Ruffert: Meine sehr verehrten Kolleginnen und Kollegen, ich habe versucht, die Diskussion in drei Abschnitte zu gliedern. Es kommt zunächst ein Abschnitt zu Grundfragen wie Finanzverfassung und Individuum, Rolle der Finanzverfassung, dann ein ebenfalls nicht ganz „ungrundsätzlicher" Abschnitt zur Bundesstaats- und Finanzverfassungsreform sowie ein letzter Abschnitt, in dem einzelne Reformfragen der Untersuchung unterzogen werden.

Peters: Beide Referate waren sehr gut und haben sich sehr gut ergänzt. Meine Bemerkung bezieht sich auf den Vortrag von Ulrich Haltern. Ulrich, du hast in deinem Vortrag einen Gegensatz aufgebaut zwischen Individuum und Kollektiv als Fluchtpunkt der Finanzordnung, aber auch allgemein der Rechtsordnung (so habe ich es jedenfalls verstanden). Hierzu möchte ich drei Anmerkungen machen. Rechtstatsächlich, analytisch und normativ bin ich mit dir in einigen Punkten nicht einverstanden, wobei ich nicht ganz sicher war, wozu du überhaupt neigst. Du hast diesen Gegensatz aufgestellt und gesagt, dass aus der historischen Erfahrung heraus in Deutschland das Individuum im Vordergrund stehe, in anderen Ordnungen aber nicht. Auf internationaler Ebene sind jedoch auch Menschenrechte – die subjektiven Rechte par excellence – der „Goldstandard" von Governance. Das wird in fast allen Staaten der Welt zumindest als Lippenbekenntnis propagiert, und damit müssen sich die Staaten auch darauf behaften lassen. Zum Beispiel unterzieht sich China gerade dem Universal Periodic Review. Deshalb würde ich in rechtstatsächlicher Hinsicht sagen, dass das Individuum weltweit sozusagen als A und O der Rechtsordnung angesehen wird. Konzeptionell sehe ich auch keine Alternative dazu. Kollektive, wie die Nation, ein Stamm der Bayern oder ähnliches, die keine juristischen Personen sind, sind weder als Zurechnungssubjekt noch als Haftungssubjekt fassbar. Letztlich funktionieren Rechtsbeziehungen ohne das Individuum als rechtliche Einheit nicht. Auch in normativer Hinsicht sehe ich keine tragfähige Alternative. Der Grund sind die von dir genannten Missbrauchsgefahren, die sich realisiert haben und auf der Welt auch laufend realisieren. Dann hast du aber, dies ist mein dritter und letzter Punkt, das Individuum mit „Körperlichkeit“ gleichgesetzt (so habe ich das jedenfalls verstanden). Es geht um Wohlergehen, es geht um Geld, es geht ums Materielle ... Dies ist jedoch nur eine Facette dieses normativen Individualismus. Betrachten wir die gegenwärtigen Konflikte, zum Beispiel den Arabischen Frühling. Hier ging es um Brotpreise, aber es ging auch um Freiheit. Die gesellschaftlichen Konflikte, die wir auf der Welt beobachten, die sind im Wesentlichen ideell und ideologisch motiviert (z.B. in Syrien und in sonstigen arabischen Ländern). Die Wohlfahrtssteigerungen ziehen auch den Wunsch nach Freiheit nach sich. Das ist in China und Singapur jetzt wahrscheinlich auch so.

Waldhoff: Die beiden Referate haben sich durchaus gut ergänzt, obwohl man das vielleicht gar nicht zwingend erwarten durfte – wohl unabgesprochen ergänzt. Ich möchte das am Beispiel des von Ulrich Haltern zu Recht so in den Vordergrund gestellten Gegensatzes von Individualbezug und Kollektivbezug bei der staatlichen Finanzarchitektur etwas zu verdeutlichen versuchen und vielleicht noch zwei Stichworte einfügen. Der Individualbezug in der Finanzarchitektur ist nicht völlig identisch mit dem Demokratiebezug. Das hat Ulrich Haltern auch gesagt. Das hängt unter anderem mit der Anknüpfung der Besteuerung an der Ansässigkeit, nicht jedoch an der Staatsangehörigkeit, aber auch mit anderen Punkten zusammen. Was sind die zwei oder drei großen Gegenlager, die die Ausprägung des Individual- oder Demokratiebezugs bei Ausprägung und Analyse dieser staatlichen Finanzarchitektur behindern, relativieren oder stören? Das erste, das haben beide Referenten ausgeführt: die Verwischung der (demokratischen) Verantwortlichkeiten in der Mehrebenenstruktur. Man könnte auch sagen: der alte Grundsatz „no taxation without representation“ ist niemals an die Mehrebenenstruktur, an die Bundesstaatlichkeit, heute unter Einschluss der EU-Ebene, angepasst worden, weil die Einnahmen und Ausgaben quer „zerschnitten“ und damit viele Verantwortungsstränge verloren gegangen oder entscheidend geschwächt sind. Der andere Punkt, und der kam in den Referaten nicht vor, ist das haushaltsrechtliche Gesamtdeckungsprinzip, das sog. Non-Affektationsprinzip. Es bedeutet: Alle Einnahmen decken alle Ausgaben, alles fließt in einen großen „Topf“. Alle Ausgaben, die die Politik verursacht, werden aus diesem großen „Topf“, nämlich dem Haushalt der jeweiligen Ebene, bezahlt. Das hat Ulrich Haltern mit dem Stichwort der übergroßen Abstraktion von Geld vielleicht eingefangen. Aber dieses Non-Affektationsprinzip ist – und das ist ein Unterschied zur Verwischung der Verantwortungszusammenhänge – notwendig in einer demokratischen Finanzarchitektur. Die parlamentarische Demokratie muss eine freie Finanzmasse haben, um Sachpolitik gestalten und bezahlen zu können. Das führt zu der Folgerung, dass die Reformüberlegungen beider Referenten sich völlig zu Recht auf die Stärkung der Verantwortungszusammenhänge bezogen und beschränkt und nicht etwa eine Aufweichung des Non-Affektationsprinzips, des haushaltsrechtlichen Gesamtdeckungsprinzips, propagiert haben, wie man das teilweise in der Literatur empfohlen findet. Der dritte Punkt, welchen Ulrich Haltern explizit und Ekkehart Reimer implizit angesprochen haben, ist eine terminologische Frage. Terminologische Fragen sind meistens Zweckmäßigkeitsfragen, aber es steckt immer auch etwas Inhaltliches dahinter – hier die völlig berechtigte Zurückweisung der Redeweise von der „Finanzverfassung als Folgeverfassung". Diese Sichtweise impliziert, dass politisch und rechtlich Ausgaben bestimmt werden und die Finanzverfassung dann anschließend das Geld, welches diese politischen Programme hervorrufen, zur Verfügung stellen muss. Ulrich Haltern hat überzeugend ausgeführt, dass auch eine Wechselbeziehung zwischen Ausgaben und Aufgaben besteht, dass auch das Einnahmevolumen die politische Gestaltung der Ausgaben mitbestimmt. Anders ausgedrückt: Es handelt sich nicht um eine Einbahnstraße. Die dienende Funktion der Finanzverfassung sollte nicht überbetont werden, sonst werden die Finanzverantwortungszusammenhänge beschädigt. Wenn man dies ins Allgemeine zieht bedeutet das: Finanzpolitik ist immer Sachpolitik, Sachpolitik ist immer zugleich Finanzpolitik. Wenn wir es auf unsere Disziplin beziehen, würde ich die Schlussfolgerung ziehen: Finanzverfassungsrecht ist allgemeines Verfassungsrecht, allgemeines Verfassungsrecht ist immer auch ein Stück Finanzverfassungsrecht. Man muss sich auch hier gegen Separierungen, gegen Sonderdogmatiken, gegen Sub-Verfassungen und gegen andere derartige Abspaltungen wehren!

Grimm: Ich lasse die Frage offen, ob bzw. inwieweit die Referate sich ergänzt haben. Jedenfalls haben sie gleichmäßig begonnen, nämlich mit den Defiziten der gegenwärtigen föderalen Finanzverfassung. Aber von da ab sind beide doch ziemlich getrennte Wege gegangen. Herr Haltern fragt, ob es in dem bestehenden System überhaupt Chancen für eine Reform gibt. Herr Reimer macht dagegen einleuchtende Vorschläge, wie eine solche Reform aussehen könnte. Herr Haltern hat freilich darauf schon antizipierend gesagt, dass es ja an Vorschlägen nicht fehlt, aber alle unbeachtet geblieben sind. Diese Feststellung wurde dann jedoch nicht in die übliche Politikkritik gewendet. Vielmehr wurde gefragt: Steckt dahinter vielleicht ein geheimer Sinn, den wir alle noch nicht erkannt haben? Und den hat er dann natürlich auch zuverlässig entdeckt. Der Sinn ist, dass die Defizite oder gar die Unreformierbarkeit der Finanzverfassung den Preis für eine spezifisch bundesrepublikanische Vergemeinschaftung bilden, nämlich individuelle Wohlfahrt als eine Art geheimer Staatsräson der Bundesrepublik Deutschland. Diese würde dann möglicherweise von einer durchgreifenden Reform der Finanzverfassung gestört. Wenn das so sein sollte, wie Herr Haltern es beschreibt, dann bleibt natürlich nur die Frage übrig: Ist die Sache diesen Preis wert? Herr Haltern antwortet darauf, es sei eben so gewollt. Er bezeichnet das sogar als ein Stück der Identität unserer Vergemeinschaftung und insofern als demokratisch. Jetzt würde ich die beiden Referate am Ende gerne wieder zusammenführen, indem ich zwei Fragen stelle. Eine Frage an Herrn Reimer: Lohnt es eigentlich den Aufwand, den Sie eindrucksvoll getrieben haben, falls Herr Haltern recht hat? Und an Herrn Haltern die Frage: Was könnte denn diesen Circulus durchbrechen, der es verunmöglicht, dass Vorschläge, wie Herr Reimer sie machte, die Chance einer Ausführung bekommen? Kann es vielleicht sogar das Haltern'sche Referat sein? Es zieht ja von einem bisher verdeckt gebliebenen tieferen Sinn den Schleier weg und setzt uns damit vielleicht erstmals in den Stand zu fragen: Wollen wir das denn wirklich oder ist uns etwas anderes lieber?

Kämmerer: Die heutigen Themen und die Referate könnte man vielleicht auch mit der Gesamtüberschrift „Föderalismus als Chance und Ärgernis" versehen. Aber unser Thema, das der gesamten Tagung, lautet zu Recht „Zukunftsgestaltung durch öffentliches Recht". Diese Frage haben Sie nicht ausdrücklich gestellt, wenngleich sie in Ihren Referaten im Grunde mitschwang, doch will ich sie nun doch noch einmal explizit aufgreifen: Dient die Finanzverfassung denn der Zukunftsgestaltung? Ist sie zur Zukunftsgestaltung überhaupt fähig? Und wenn sie das ist, wie lange währt diese Zukunft? Bislang war solche Zukunft, wie die ständigen Änderungen der Finanzverfassung zeigen, ja doch eher kurz und die Halbwertzeit der getroffenen Regelungen gering. Eine erste Frage betrifft also die Fähigkeit der Finanzverfassung zur Zukunftsgestaltung. Herr Haltern, wenn ich Sie richtig verstanden habe, ist Ihre Sicht auf diesen spezifischen Kodex von Normen eher von Skepsis geprägt. Zweitens fragt sich, inwieweit die Finanzverfassung hierbei den Erwartungen an Systemkohärenz, Leistungsfähigkeit und Herstellung einheitlicher Lebensverhältnisse, die angesprochen worden sind, gerecht werden kann. Wenn man der Finanzverfassung eine gewisse Zukunftsfähigkeit attestiert, ist die dritte Frage die nach den Mechanismen. Sie, Herr Reimer, haben ja viele Vorschläge gemacht, die vor allem auf die Maßstäbe abzielen. Wenn ich Sie recht verstehe, verstehen Sie Zukunftsgestaltung als einen überschießenden Effekt, der bei Umsetzung der Mechanismen entsteht. Vielleicht gelangt man auch zu dem Schluss, dass die Finanzverfassung für Zukunftsgestaltung gar nicht geeignet ist, weil sich die Koordinaten in diesem Bereich zu schnell ändern. Soweit man aber Zukunftsgestaltungsfähigkeit annimmt, möchte ich fragen, ob es nicht dennoch sinnvoll sein könnte, über bloße Maßstäbe oder Mechanismen hinaus in diese Finanzverfassung auch spezielle Zielvorstellungen einzubauen. Herr Haltern hat den Begriff der Finalität aufgegriffen – das heißt: spezielle Zwecke, nicht nur Maßstäbe, sondern Finalismen mit Verfassungsrang. Und vielleicht: Wäre nicht, auch wenn die Finanzverfassung historisch gewachsen ist, das Zerschlagen des gordischen Knotens in manchen Bereichen doch sinnvoll? Ich denke hier vor allem an den horizontalen Finanzausgleich, welcher die hauptsächliche Ursache des Ärgernisses und der inversen Effekte ist. Wenn man ins Ausland schaut, ist der horizontale Finanzausgleich in den meisten föderalen Systemen keineswegs besonders ausgeprägt, sondern die vertikalen und teilweise auch informellen Vereinbarungen sind oft viel stärker. Die Frage lautet also, ob man nicht aus dem Finanzausgleich jenen Teil, der die Verteilungsgerechtigkeit besonders unterminiert, herausnehmen sollte.

Schorkopf: Ich sehe zwei Parallelen in den Vorträgen. Beide Referenten haben zu Beginn Ihres Referats darauf hingewiesen, dass die bundesstaatliche Finanzordnung kontraintuitive Ergebnisse produziert, und wir wissen seit den Entscheidungen des Zweiten Senats zum Wahlrecht, dass negative Ausgleichseffekte etwas sehr Problematisches sind. Die zweite Parallele ist die, so könnte ich mir vorstellen, dass wenn die von Ulrich Haltern skizzierte fiskalische Stunde Null da sein wird, wir Ekkehart Reimer beauftragen, eine neue Finanzordnung zu entwerfen, von der wir heute schon eine sehr interessante Skizze erhalten haben. Bei dem Referat von Ulrich Haltern habe ich daran gedacht, dass wir im Grunde genommen in einer Prosperitätsdemokratie leben. Sie funktioniert, weil Geld – das Argument taucht auch in den Thesen auf – als ausreichende Ressource da ist. Das große Fragezeichen ist: Was passiert, wenn das nicht mehr der Fall sein wird? Es ist auch schmerzhaft, die Thesen zu hören, weil viele von uns – ich selber jedenfalls – den Gedanken, dass das Grundgesetz vom Menschen denkt, verinnerlicht haben. Und nun stellen wir fest – sicherlich für viele Menschenrechtler ebenfalls schmerzhaft –, dass wir nur einer anderen Erscheinung von Souveränität aufsitzen, denn letztendlich sei die Souveränität weiter gegangen von Gott zum Individuum. Darüber sollte man in der Tat nachdenken. Ich habe aber auch eine Frage: Um die These zu testen, sollte kurz an der Entwicklung auf der Ebene der Europäischen Union gespiegelt werden. Denn dort haben wir noch ein weiteres Subjekt: die Mitgliedstaaten, und es gibt den Unionsbürger. Auch dort haben wir den Individualansatz. Wie geht das weiter? Noch ist auf europäischer Ebene genug Geld vorhanden, doch wir haben eine

Krise dieser Ressource. Was wird passieren auf der europäischen Ebene? Sind wir vielleicht gerade an dem Punkt, wo wir entscheiden, ob wir jetzt in Europa ganz auf den Menschen setzen, d.h. denselben Weg beschreiten, auf dem wir im westlichen modernen Verfassungsstaat schon weiter sind? Oder ist die Lehre daraus zu ziehen, das Gemeinschaftselement – hier verkörpert in den Mitgliedsstaaten – bei der Suche nach einer Antwort auf die Frage zu stärken, was uns eigentlich zusammenhält.

Ruffert: Nun eine zweite Gruppe von Fragen zusammengefasst unter der Überschrift Bundesstaatsreform und Reform der Finanzverfassung.

Michael: Der unitarische Bundesstaat ist in eine Sackgasse geraten. Das Finanzverfassungsrecht, darin waren sich beide Referenten und auch schon der Vorstand ausweislich seiner Themenstellung einig, bedarf einer grundlegenden Reform. Die Struktur unseres unitarischen Bundesstaates verhindert es, diese Reform gelingen zu lassen. Das hat mit Veto-Positionen zu tun. Beide Referenten haben von diesen Veto-Positionen des Bundesrates gesprochen, die ja noch verschärft werden durch Art. 79 Abs. 2 GG, wenn es um Verfassungsreformen geht. Wahlakte (die ebenfalls von beiden Referenten angesprochen wurden) schlagen sich nicht in der Lösung bundesstaatlicher Strukturprobleme wieder, wenn das Verfahren der Reform einen 2/3-Konsens der großen Parteien sowie der Institutionen sowohl des Bundestages als auch des Bundesrates voraussetzt. Deshalb scheint es mir, dass hier ein Problem nicht nur für die Demokratie, sondern noch grundsätzlicher, für die Volkssouveränität und die Verfassungssouveränität des Volkes besteht. Gibt es eine Möglichkeit diesen Circulus, wie Herr Grimm gesagt hat, zu durchbrechen, oder, wie Herr Kämmerer gesagt hat, den gordischen Knoten zu durchschlagen? Meines Erachtens bräuchten wir dafür ein wirklich die Volkssouveränität verwirklichendes Verfassungsreformrecht. Sieyès, Jefferson und Condorcet haben 1789 übereinstimmend postuliert, die Herrschaft der Toten über die Lebenden sei nicht legitim. Eine solche entsteht durch Mechanismen wie Art. 79 Abs. 2 und 3 GG, wenn Art. 79 GG das einzige Verfahren der Verfassungsreform darstellt. Dass eine Herrschaft der Toten gegen die Volkssouveränität verstößt, ist vergessen sowie immer wieder verdrängt worden zugunsten einer Sakralisierung der Verfassungsgebung und einer Sakralisierung der Verfassung. Meines Erachtens gibt es eine Lösung, die sogar einen Anknüpfungspunkt im Grundgesetz fände. Wir haben nämlich nicht nur Art. 79 GG, sondern auch einen Art. 146 GG als Verfahren der Verfassungsrevision. Es wäre an der Zeit, diesen – losgelöst von seinem historischen Ursprung in der Teilung Deutschlands und der Wiedervereinigung – neu zu interpretieren als eine Alternative des Verfassungsreformrechts, als eine Alternative im Sinne der Verwirklichung der Verfassungssouveränität des Volkes. Wir bräuchten also einen Wahlakt, der sich in einer Verfassungsreform niederschlägt. Das wäre ein Wahlakt, der sich auf eine verfassungsablösende Versammlung bezieht. Was könnte dagegen sprechen? Einerseits vielleicht das Bundesstaatsprinzip, wenn wir es kausal verstehen, wie Herr Reimer; dann gäbe es Bedenken. Ich hätte aber die Gegenthese, dass wir es im Grundgesetz final verstehen müssten – anders als etwa die Konstruktion des Schweizer Bundesstaats. Art. 146 GG sagt es ausdrücklich: Das deutsche Volk – nicht wie in der Schweiz das Volk und die Kantone – hat die verfassungsablösende Gewalt. Auch ein zweiter Einwand ließe sich entkräften. Keine Angst vor einer solchen Totalrevision. Wir haben in den Kantonsverfassungen und in den Gebietsstaatsverfassungen von Amerika in den letzten 200 Jahren hunderte von Beispielen für Totalrevisionen. Im Durchschnitt wurden alle 50 Jahre diese Verfassungen abgelöst durch entsprechende Wahlakte zu verfassungsablösenden Versammlungen, und das wäre meines Erachtens das einzig mögliche Modell, diesen gordischen Knoten zu zerschlagen.

Ohler: Ich entschuldige mich, dass ich mich dazwischendränge. Aber ich versuche Sie dadurch zu entschädigen, dass ich genau das Gegenteil vom dem sage, was alle meine Vorredner bisher gesagt haben. Das bietet die Chance, dass eine lebhafte Diskussion entsteht. Meine Damen und Herren, vielleicht ist alles gar nicht so schlimm, wie wir es heute gehört haben. Erstens: Der Vorwurf mangelnder Rechtsstaatlichkeit und Vereinbarkeit mit dem Demokratieprinzip betrifft nur die Einnahmenseite von Bund und Ländern, nicht dagegen die Ausgabenseite. Bundestag und Landtage sind vollständig autonom, was die Ausgaben der im Rahmen des Finanzausgleichs erzielten Mittel angeht. Die interessante Frage, die Herr Haltern aufgeworfen hat, ist diejenige: Warum ist der Bereich der Einnahmenverwaltung- und Einnahmenverteilung so intransparent, und warum widerstrebt er Vorstößen des Bundesverfassungsgerichts in Gestalt des Maßstäbegesetzes so nachhaltig? Darum kreisen ja auch die Überlegungen, die Herr Reimer vorgetragen, welche strukturellen Änderungen erforderlich sind. Herr Michael hat das noch einmal bekräftigt. Vielleicht sind Reformen auf der Einnahmenseite einfach deshalb so schwierig, weil die Beteiligten nicht so denken, wie wir hier denken. Alle Reformen werden nämlich auf der politischen Ebene berechnet, und ich meine das im wortwörtlichen Sinne. Jeder Reformvorschlag wird darauf durchgerechnet, welche Konsequenzen er auf die Einnahmensituation von Bund und Ländern hat. Man kann sagen, das ist ja die schlimmste Form von kaufmännischem Denken, die mit Rechtsstaatlichkeit und Demokratie wirklich nichts zu tun hat. Überhaupt nichts! Sämtliche hehren Prinzipien scheitern doch bei einem solchen Rechenpfennigdenken. Aber vielleicht steht dahinter ein wichtiger verfassungsrechtlicher Grundsatz. Meine Damen und Herren, stellen Sie sich eine grundlegende Reform der Finanzverfassung vor, die zur Folge hat, dass im Bundesland A, welches dieses Jahr noch über 9 Milliarden Euro Einnahmen verfügt, im nächsten Jahr nur noch 7 Milliarden Euro an Einnahmen zur Verfügung stehen. Können Sie es sich vorstellen, dass das Land A in der Lage wäre, diesen Einbruch bei den Einnahmen in irgendeiner Weise zu verarbeiten? Mit Sicherheit nicht. Insofern ist es der Grundsatz der Haushaltskontinuität, der verhindert, dass große Reformen durchgeführt werden. Alle Akteure sind nur zu solchen Reformen bereit, die sicherstellen, dass auch nach dem Inkrafttreten der Reform eine geordnete Fortführung der Haushalte möglich ist. Und vielleicht sollten auch wir das im Blick haben. Zweitens ein Wort zum Thema haushalterische Insolvenz von Kommunen. In der Praxis herrscht durchweg Angst vor der offenen Insolvenz öffentlicher Körperschaften, und deshalb ist auch der Vorschlag, ein Insolvenzrecht für die Kommunen einzuführen, überhaupt nicht hilfreich. Die Lösung müsste zu einem früheren Zeitpunkt ansetzen. Die Kommunen in Nordrhein-Westfalen sind auch deshalb nahe der Insolvenz, weil die Kommunalaufsicht in Nordrhein-Westfalen versagt hat und nicht frühzeitig begonnen hat, mit strukturellen Maßnahmen gegen die Haushaltsfinanzierung durch Kassenverstärkungskredite vorzugehen. Übrigens liegt darin eine erschreckende Parallele zur Defizitüberwachung durch die Europäische Kommission gegenüber südeuropäischen Mitgliedsstaaten. Insofern sollten wir aber auch vorsichtig sein, wenn wir auf die Südeuropäer Steine werfen; wir sitzen an dieser Stelle im Glashaus. Was das Insolvenzrecht generell angeht: Wir sehen über Jahrzehnte, sogar über Jahrhunderte, dass es das Ziel staatlicher Akteure ist, die offene Insolvenz gerade zu vermeiden. Das gilt übrigens auch in Nordrhein-Westfalen auf kommunaler Ebene. Vielleicht sollten wir von dieser Warte aus über Reformen nachdenken, die die Sache ein bisschen tragfähiger machen. Danke schön.

Gröpl: Vielen Dank. Ohne dass wir uns abgesprochen haben, knüpft mein Beitrag an den von *Christoph Ohler* an: Tatsächlich wollte ich etwas zur These 10 von *Ekkehart Reimer* sagen. Er hat ein faszinierendes „Experimentallabor“ aufgemacht, mit einer Reformrichtung von unten nach oben: Die unteren Ebenen sollen einmal versuchen, wie es denn gehen könnte, damit die oberen Ebenen daraus vielleicht lernen können. Versuch und Irrtum sind natürlich auch im Recht prinzipiell notwendig, jedenfalls wohl nicht zu vermeiden. Meine Frage aber: Brauchen wir da nicht Sicherungsmechanismen? Würde da wirklich – insofern der Bezug auf *Chri-*

stoph Ohler – eine Insolvenzfähigkeit ausreichen? Denn unsere Kommunen nehmen, und da knüpfe ich an Herrn *Haltern* an, im weiten Umfang Wohlfahrtsaufgaben wahr. Was wäre denn, wenn wir ein „Experimentallabor" einrichteten und eine Kommune oder ein paar Kommunen von heute auf morgen oder innerhalb weniger Monate „pleite gingen", also die Insolvenz anmeldeten? Die Pflichtaufgaben, insbesondere die sozialstaatlichen Aufgaben, wären nach wie vor zu erfüllen. Wer spränge ein? Wenn das jeweilige Land oder – ggf. nach einer Verfassungsänderung – sogar der Bund herhalten müssten, würde das nicht vielleicht manche lokalen Akteure vor Ort dazu ermuntern, eine Insolvenz in Kauf zu nehmen, ganz nach dem Motto: „Schau'n mer mal"? Ich denke, wir brauchen Sicherungsmechanismen.

Abgesehen davon: Käme es in einem „Experimentallabor" nicht zu einer Komplexitätssteigerung, etwa durch eine Vielfalt unterschiedlicher kommunaler oder landesbezogener (Steuer-)Hebesätze oder (Steuer-)Zuschläge, durch einen entsprechenden (Steuer-)Zerlegungsbedarf und vielleicht sogar durch einen Bedarf an Gesetzen oder Verträgen zur Vermeidung innerstaatlicher Doppelbesteuerung? Würde das unser Finanz- und Steuerrecht nicht noch komplizierter und komplexer machen, als es heute schon ist?

Zweite Bemerkung zu These 18 von *Ekkehart Reimer*: Du hast eine Länderneugliederung abgelehnt, was mich als „zugereisten Saarländer" mit Wohlbehagen erfüllt. Stattdessen bietest du eine Lösung per latinisierendem Stabreim an: kompetenzielle, konsequentielle, konsekutive und kommutative Finanzverantwortung. In der Theorie stimme ich dem in Inhalt und Reihenfolge vollkommen zu. Allein: Würde sich der politische Streit in der Praxis nicht auf die Interpretation und Subsumtion dieser Adjektive verlagern? Etwa indem eine *kommutative* Finanzverantwortung (im Sinne des bündischen Einstehens füreinander) angelehnt wird, weil ein Land die *Kompetenz* hat und die *Konsequenzen* tragen muss? Oder auf gut deutsch: Das „arme" Saarland ist selbst an seiner Finanznot schuld, weil es zu viel ausgibt. Wäre das – selbst wenn es stimmen sollte – umsetzungsfähig, gerade im föderativen Wohlfahrtsstaat mit dem Anspruch zumindest gleichwertiger Lebensverhältnisse? Würden finanzschwache Länder nicht überfordert, wenn man „Konsequenz" und „Konsekution" eins zu eins durchsetzen würde? Nehmen wir als Beispiel etwaige Zuschläge zur Einkommen- oder Körperschaftsteuer: Hier sehe ich voraus, dass Bayern und vielleicht auch Sachsen keinerlei Zuschläge zu erheben bräuchten. Andere Länder wie Bremen, Berlin, das Saarland, vielleicht auch Sachsen-Anhalt müssten sehr hohe Zuschläge von den bei ihnen ansässigen Einwohnern und Unternehmen fordern. Daraus erwüchse dann wohl die Konsequenz einer spürbaren Abwanderung leistungsfähiger Personen hin in die Länder, in denen keine Zuschläge zu zahlen sind, womit ein Teufelskreis beginnen würde. Vielen Dank.

Weiß, Norman: Mir ist ein gewisser Widerspruch aufgefallen zwischen den beiden Referaten, und ich wollte gerne fragen, wie Sie den gegenseitig einschätzen. Herr Haltern, Sie haben gesagt, dass die soziale Imagination in These 17 nicht durch föderale Strukturen geprägt ist, weil lebendige Gegenöffentlichkeiten fehlen. Herr Reimer hat davon gesprochen, dass die Länder Identitätsmanagement betreiben. Meines Erachtens ist dies die Form von Gegenöffentlichkeit wäre, die diesen Streit ermöglichen kann. Das bringt mich dann zu einem Punkt, den Herr Schorkopf angesprochen hat. Auf der europäischen Ebene steht uns ein solcher Streit offenbar nicht bevor. Dort geht es natürlich in erster Linie darum, dass Geld verfügbar ist, damit in Griechenland entsprechende Standards aufrechterhalten werden können oder eben nicht. Aber es geht doch auch um Selbstbestimmung; dass es eben nicht die Troika ist, die darüber entscheidet, wofür Geld ausgegeben wird. Also ich glaube, es gibt schon Raum für diesen Streit, und deswegen teile ich den angeklungenen Abgesang auf die Demokratie nicht ganz. Ein letzter Punkt knüpft an das an, was Herr Ohler spontan gesagt hat: Schützt Haushaltskontinuität tatsächlich vor der Notwendigkeit, Ausgaben zu überdenken und Schwerpunkte neu zu setzen? Da würde ich doch ein Fragezeichen setzen wollen. Danke schön.

Mehde: Vielen Dank. Ich möchte zwei Fragen stellen. Die erste Frage: Überfordern wir nicht die Finanzverfassung, wenn wir tatsächlich all das verwirklichen wollen, was insbesondere Sie, Herr Reimer, angesprochen haben in Ihrem Referat und natürlich im Einzelnen sehr zu Recht angesprochen haben? Und als zweites: Haben wir überhaupt den Mut und auch die rechtlichen Möglichkeiten zu einem so konsequenten Verhalten? Zum ersten Punkt: Wir wollen ein System, das die richtigen Anreize setzt. Die richtigen Anreize für die jeweiligen Länder. Wir wollen möglichst auch noch, dass das individuell bis zur einzelnen Wählerin und zum einzelnen Wähler herunter gebrochen wird. Da spielen dann Begriffe wie meritocracy, finanzielle Äquivalenz, Demokratie, Bundesstaatlichkeit eine Rolle – vieles von dem, was gefordert wird, wird unmittelbar aus dem Bundesstaatsprinzip hergeleitet, aus dem Gedanken des Föderalismus (wie man so sagen könnte). Alltagssprachlich zusammengefasst: Wir wollen, dass alle bekommen, was sie verdient haben in einem bestimmten Land; wir wollen, dass alle Wählerinnen und Wähler die Konsequenzen ihrer Wahlentscheidung spüren; wir wollen, dass alle bezahlen, was sie bekommen. Das ist alles für sich uneingeschränkt begrüßenswert, und wir würden uns wahrscheinlich, wenn wir uns über alles einzeln unterhalten würden, auch sehr schnell einig werden können. Die Frage ist: Ist das wirklich alles in ein kohärentes System einzubinden? Ist es wirklich widerspruchsfrei zu regeln? Und da komme ich dann zu meinem zweiten Punkt, der damit, glaube ich, sehr eng zusammenhängt, nämlich zur Frage: Sind wir wirklich konsequent genug und haben wir überhaupt rechtlich die Möglichkeiten, konsequent genug zu sein, um ein solches System wirklich bis zum Letzten durchzudeklinieren? Herr Reimer, Sie haben völlig zu Recht gesagt: Letztlich geht es um die Frage der Insolvenz. Sind wir denn in der Tat bereit zu sagen: Dann müssen eben die Länder oder die Kommunen, die in dem Insolvenzverfahren sind, nicht mehr die Bundesgesetze anwenden? Sind also mit anderen Worten die Art. 83 ff. GG für diese Länder und für diese Kommunen nicht mehr anwendbar? Sind diese Länder und diese Kommunen nicht mehr an Art. 33 Abs. 5 GG gebunden? Sind also deren Beamte nicht mehr auf Lebenszeit angestellt? Haben deren Beamte nicht mehr den Anspruch auf amtsangemessene Besoldung? Haben deren Kommunen nicht mehr den Anspruch auf finanzielle Mindestausstattung (der ist zugegebenermaßen nicht vom Bundesverfassungsgericht, sondern von den Landesverfassungsgerichten entwickelt worden)? Haben wir mit anderen Worten in einem System, in dem das Bundesverfassungsgericht den Ländern Vorgaben macht bis hin zu den Anforderungen an die Sicherheitsverwahrung, haben wir in einem solchen System in der Tat die Konsequenz zu sagen: Das gilt für die Länder im Insolvenzverfahren dann nicht mehr, weil wir die Finanzverfassung konsequent durchdekliniert haben wollen. Ich habe da, das sage ich ganz offen, meine Zweifel. Vielen Dank.

Sacksofsky: Beide Referate haben eine Vielzahl von Defiziten der derzeitigen Finanzverfassung bzw. der Finanzordnung benannt. Insoweit kann ich Ihnen auch in fast allem zustimmen. Trotzdem frage ich mich zum einen, und ich kann dabei an meinen Vorredner anknüpfen, ob die Forderung nach klarer Verantwortung für Aufgaben, Ausgaben und Einnahmen, die man an die Finanzordnung stellt, in einem Mehrebenensystem wirklich funktionieren kann. Es ist ja nicht nur ein finanzverfassungsrechtliches Problem, ein Problem, das sich mit einfachen Aussagen, wie etwa, wer die Ausgaben veranlasst, zahlt sie auch, lösen ließe. Wo die politische Verantwortung genau anzusiedeln ist, ist im Mehrebenensystem immer ein Problem. Die Intensität der Kritik nun gerade an der Finanzordnung blendet aus, dass es sich hier um ein generelles Problem des Mehrebenensystems handelt. Zum Zweiten würde ich gerne etwas zur Verteidigung des horizontalen Länderfinanzausgleichs sagen. Dazu drei Punkte. Erstens: Die Finanzverteilung – oder das, was wir den einzelnen

Ländern an Finanzausstattung in der Ausgangslage zuschreiben – beruht auf politischen Entscheidungen, ist in diesem Sinne also künstlich und nicht etwa „natürlich“ vorgegeben. Es ist daher deutlich zu einfach, wenn Behauptungen wie Übernivellierung usw. einfach so in den Raum gestellt werden. Eine der Thesen von Herrn Reimer, die ich voll und ganz unterstütze, ist daher die Forderung nach einem Zerlegungsgesetz. Es ist äußerst problematisch, dass wir so tun, als ob Einkommen ausschließlich in der Wohnsitzgemeinde erzielt würde. Wir rechnen der Wohnsitzkommune und damit dem Land, in dem der Wohnsitz liegt, das gesamte Einkommen zu und tun dann so, als ob dort auch die Wertschöpfung entstanden wäre. Das ist nur ein Beispiel, um zu zeigen, weshalb die Finanzausstattung, die als Ausgangslage den Berechnungen zugrunde gelegt wird, die Wirtschaftsleistung der einzelnen Bundesländer nicht notwendigerweise zutreffend wiedergibt. Wir müssen also genauer nachdenken, von welchem Ausgangspunkt aus, wir über Angleichung der Finanzausstattung reden. Das zweite, was wir berücksichtigen sollten, ist die Geschichte. Die geschichtliche Entwicklung des Länderfinanzausgleichs ist in den Referaten nicht vorgekommen, sie ist ja auch ein sehr weites Feld. Um aber beim horizontalen Finanzausgleich und den Beispielen zu bleiben: Bayern ist über Jahrzehnte vom Bund bevorzugt worden – ungerechtfertigt, verfassungswidrig –, indem es zusätzliche Bundesergänzungszuweisungen bekommen hat. Wenn sich Bayern jetzt beschwert, dass sie als Geberland auftreten müssen, dann sollte man sich daran erinnern, dass sie diese Ausgangsposition nur durch langjährige, ungerechtfertigte Förderung durch den Bund erreicht haben. Damit komme ich zu meinem dritten Punkt: Den Solidaritätsgedanken, der im horizontalen Finanzausgleich steckt, dieses gemeinsame Tragen der Lasten durch die Glieder eines Bundes, statt nur im Verhältnis zwischen einzelnen Gliedern und der Zentral-Ebene lohnt es zu verteidigen; wir sollten den Finanzausgleich nicht allein auf die vertikale Ebene (Bund-Land) verlagern. Abschließend noch zwei Fragen zu einzelnen Thesen von Ihnen, Herr Reimer. Ob die vertragsähnliche Gestaltung der Finanzbeziehungen wirklich als Verbesserung anzusehen wäre, erscheint mir zweifelhaft, weil wir wieder auf das vorhin erwähnte Problem treffen, die Ausgangslage – das haben Sie auch selbst gesagt – definieren zu müssen. Woher sollte der Anreiz zum Vertragsabschluss kommen? Mir ist nicht klar, welche Verbesserung Sie sich davon genau erhoffen. Der letzte Punkt ganz kurz zur These 2. Ich war überrascht zu lesen, dass Sie Vollständigkeit für ein typisches Merkmal des Verfassungsrechts halten. Von einem meiner akademischen Lehrer, Ernst-Wolfgang Böckenförde, geprägt, würde ich dagegenhalten: Typisch für eine Verfassung ist gerade das Fragmentarische. Vielen Dank.

Leisner-Egensperger: Ich hätte eine kurze kritische Nachfrage, lieber Ekkehart, zu deinen Thesen 29 und 30. Zwar gebe ich dir im Grundsatz vollkommen Recht, dass es natürlich besser wäre, wenn initial das Parlament entscheidet – noch dazu im Rahmen einer vertragsähnlichen Lösung – als wenn wieder einmal, nach bereits vier doch deutlichen Entscheidungen, das Bundesverfassungsgericht auf den Plan gerufen wird. Ich frage mich nur, in Anknüpfung auch an das, was meine Vorrednerin gesagt hat, wie das praktisch-politisch funktionieren soll. Denn es ist ja zu einem Normenkontrollantrag der in der deutlichen Minderheit befindlichen Geberländer vor allem auch deshalb gekommen, weil sich diese keine Chancen ausrechnen, im Laufe eines parlamentarischen Gesetzgebungsverfahrens ihre Interessen durchzusetzen. Der jetzige Finanzausgleich wird in ein paar Jahren auslaufen, und deswegen sahen sie sich, so ihre Argumentation, quasi gezwungen, das Bundesverfassungsgericht anzurufen. So frage ich mich: Wie soll es dann dazu kommen, dass es eine Mehrheit bei den Geber- und auch bei den Nehmerländern gibt? Und wie soll dann erst recht der Fall eintreten, dass mindestens die Hälfte der Länder (das ist ja deine These 30) dann im Kündigungsfall Geberländer wird, wenn man sich die Probleme der Neuen Länder anschaut oder auch insbesondere die Besonderheiten der Stadtstaaten. Deshalb bleibt meines Erachtens doch wohl nur ein Stehenbleiben in materieller Hinsicht. In verfahrensrechtlicher Hinsicht magst Du recht haben, da ist einiges zu ändern. Zu den Kriterien, die das Bundesverfassungsgericht aufgestellt hat: Das Nivellierungsverbot wird nicht viel bringen, aber wirksam ist insbesondere die Änderung der Finanzkraftreihenfolge. Darauf bezieht sich auch meine Frage: Stünde diese nach Deinem vertragsähnlichen Gesetz dann auch zur Disposition oder wäre sie ein fester Pflock? Danke.

Englisch: In beiden Referaten ist das Spannungsfeld zum Ausdruck gekommen zwischen den Unitarisierungstendenzen, die wir sicherlich beobachten können in unserer Finanzordnung, einerseits, und dem Bestreben, gerade in der Wissenschaft, nach einer Stärkung von Eigenverantwortung andererseits, mit daran anknüpfenden Konsequenzen auch in der Gestalt föderaler Ungleichheiten. Mir schien, dass dann beide Referate etwas unterschiedliche Akzente gesetzt haben. Ulrich Haltern hat stärker hervorgehoben, dass die gegenwärtigen Unitarisierungstendenzen in einer Zentrierung auf das Individuum begründet sind, und dass das möglicherweise im Sinne einer demokratischen Legitimierung des status quo auch hinzunehmen sei. Ekkehart Reimer schien sich meines Erachtens mehr dafür auszusprechen, Reformoptionen zu diskutieren, die auf eine Stärkung der Eigenverantwortung hinlaufen. Er hat aber – darauf zielt meine Anmerkung im Wesentlichen ab – auch aufgezeigt, dass diesbezüglich seiner Ansicht nach Grenzen bestehen sollen. Insbesondere hat er hervorgehoben, dass diese Stärkung der Eigenverantwortung nicht zu einem unkontrollierbaren Steuerwettbewerb zwischen den Bundesstaaten führen soll. Dafür, meine ich, kann man auch gute Gründe anführen. Es gibt dazu reichhaltiges finanzwissenschaftliches Schrifttum. Dieses zeigt auf der einen Seite auf, dass Steuerwettbewerb zwischen föderalen Einheiten eine disziplinierende und damit positive Wirkung haben kann im Sinne der finanzwissenschaftlichen Public Choice-Theorie. Das heißt, der Wettbewerb wirkt einer übermäßigen Bereitstellung öffentlicher Güter und in diesem Sinne einer Verschwendung von Steuermitteln entgegen. Auf der anderen Seite ist aber auch zu beobachten, dass ein unkontrollierter Wettbewerb zu einem so genannten *race to the bottom* führen kann, mit der Folge, dass dann öffentliche Güter suboptimal zur Verfügung gestellt werden und außerdem die redistributive Wirkung, die ein Steuersystem im modernen Wohlfahrtsstaat ebenfalls haben kann, unterminiert wird. Wenn ich mir dann diese Feststellung anschaue und die konkreten Reformvorschläge, die Ekkehart Reimer präsentiert hat, daraufhin abgleiche, so stelle ich eine gewisse Diskrepanz fest. Denn in seinem Referat hat Ekkehart Reimer ja dafür plädiert, auf ein System von Zuschlägen umzustellen, welches die Bundesländer auf die Einkommenssteuer und insbesondre auch auf die Körperschaftssteuer erheben könnten, und er hat ferner dafür plädiert, den Ländern die Steuersätze bei der Erbschaftssteuer und bei einer eventuellen Vermögenssteuer auch von Verfassungs wegen anheim zu stellen mit Blick auf die Erforderlichkeitsklausel des Art. 72 GG. Hier stellt sich mir doch die Frage, ob wir dann, wenn wir solche weitreichenden Vorschläge machen, tatsächlich die Frage der Finanzierung, das heißt der Steuerverfassung auf der einen Seite, entkoppeln können von der Aufgabenzuweisung an die jeweiligen staatlichen Einheiten auf der anderen Seite. Denn diese Vorschläge machen meines Erachtens nur dann guten Sinn, wenn man davon ausgeht, dass dann auf der unteren staatlichen Ebene, das heißt auf der Länderebene, tatsächlich gewährleistet ist, dass im Wesentlichen solche Aufgaben dort angesiedelt sind, die eine Globaläquivalenz erlauben zwischen der Finanzierung einerseits, die ja dann je Bundesland unterschiedlich ausfallen würde (unterschiedliche Steuer- oder Hebesätze), und den bereitgestellten Gütern auf der anderen Seite. Das heißt, ein *voting by the feet*, das insbesondere mobile Steuerquellen beträfe (wie Betriebsvermögen), würde tatsächlich zu einem angemessenen Ausgleich zwischen steuerlicher Belastung und den erhaltenen Gütern führen. Die Frage, die ich nun stellen möchte: Wenn es als unrealistisch erscheint, dass wir zu einer Umstrukturierung auch auf der Aufgabenseite kommen – muss das nicht möglicherweise zu einer etwas anderen Bewertung von Reformvorschlägen sowie zu einer etwas weniger strengen Interpretation der Erforderlichkeitsklausel führen? Vielen Dank.

Ruffert: Nun gehen wir über zum letzten Themenkomplex, also Einzelfragen der Reformen.

Rodi: Die Referenten waren sich – wenig überraschend – einig, ein kritisches Licht auf die Finanzverfassung zu werfen. Ebenso wenig überrascht die Gemeinsamkeit, die Tendenz hin zum Unitarismus zu kritisieren. Aufgefallen ist mir noch eine Übereinstimmung, die sich in Form einer Lücke in den Referaten darstellt. Finanzen können bekanntlich auch im interföderalen Verhältnis sehr stark steuern, lenken und beeinflussen, sei es einnahmeseitig oder ausgabenseitig. Das war in den ersten Jahrzehnten der Geltung des Grundgesetzes Gegenstand einer zentralen finanzverfassungsrechtlichen und -politischen Kontroverse. Nun deute ich die Übereinstimmung der Referate, diesen Problemkreis nicht zu adressieren, dahingehend, dass Sie diesen Streit als im positiven Sinne befriedet ansehen. Das finanzstaatliche Ausgreifen des Bundes ist ja in der Tat zunehmend eingehegt worden. Vielleicht ist man hier aber punktuell über das Ziel hinausgeschossen. In meiner täglichen Arbeit im Bereich des Klimaschutzes und der Energiewende stoße ich zunehmend auf Themen, die mich nunmehr in der Tat für mehr Unitarismus plädieren lassen. Völker- und europarechtlich trägt der Bund im Außenverhältnis die Verantwortung, dass Deutschland seine verbindlich zugesagten Klimaschutzbeiträge leistet. Die innerstaatliche Umsetzung entsprechender Verpflichtungen hat jedoch im Rahmen der bundesstaatlichen Kompetenzverteilung zu erfolgen. Hier erleben wir im Moment ein nur bedingt geordnetes Zusammenspiel zwischen dem Bund auf der einen Seite und den Ländern auf der anderen Seite mit unterschiedlichen Klimaschutzmaßnahmen und nunmehr auf Länderebene – auch ersten Klimaschutzgesetzen. Noch deutlich disparater stellt sich die Lage auf kommunaler Ebene dar. Die stattlichen und wohlhabenden „Münchens" und „Hamburgs" leisten sich den „Luxus" schicker Klimaschutzkonzepte; die kleinen und strukturschwachen Städte und Kreise können sich das so nicht leisten. Es läge daher nahe, dass der für den Klimaschutz im Außenverhältnis verantwortliche Bund an dieser Stelle hilft Potenziale für den Klimaschutz zu heben. Dem steht aber möglicherweise die kommunalpolitische Kompetenz der Länder im Wege. Aus rechtlicher Sicht wäre zu überlegen, inwieweit hier Landesgesetzgebungskompetenzen durch eine Bundesklimaschutzkompetenz überlagert sind und sich so Handlungsspielräume des Bundes ergeben; die Regelung des § 16 EEWärmeG zum Anschluss- und Benutzungszwang zugunsten des Klima- und Ressourcenschutzes könnte insoweit Pate stehen. Das wird aber als Steuerungsmöglichkeit noch nicht ausreichen. Als weitere Schranke für kommunenorientierte Klimaschutzaktivitäten des Bundes lässt sich Art. 84 Absatz 1 Satz 7 GG identifizieren, wonach durch Bundesgesetz den Kommunen keine Aufgaben übertragen werden dürfen – auch hier ist der Verfassungsgeber möglicherweise bei seinem Bestreben Unitarisierungstendenzen einzugrenzen einen Schritt zu weit gegangen. Weiter ist es zu bedauern, dass sich der Klimaschutz nicht im Bereich der Gemeinschaftsaufgaben wiederfindet; er wäre dort möglicherweise gut aufgehoben. Entsprechendes gilt für Art. 104b GG, der die Finanzhilfen des Bundes einhegt. Es ist zu fragen, ob Voraussetzungen wie „Abwehr einer Störung des gesamtwirtschaftlichen Gleichgewichts" oder „Förderung wirtschaftlichen Wachstums" noch zeitgemäß sind und nicht heute drängendere Fragen wie der Klimaschutz Berücksichtigung finden sollten. Wären hier nicht „goldene Zügel" sinnvoll, um die Außen- und Innenverantwortung für den Klimaschutz im Wege von Anreizen in Einklang zu bringen? Ich möchte die Referenten fragen, ob sie diese „Lücke" auch sehen und noch schließen wollen. Vielen Dank.

von Lewinski: Zu Herrn Reimer: Sie haben ja, um es einem zukünftigen Reformgesetzgeber leicht zu machen, eine Vielzahl von Vorschlägen gemacht. Zu den Vorschlägen gehört auch, für die Insolvenz von Ländern und Kommunen Anleihen bei der Insolvenzordnung, insbesondre bei der Verbraucherinsolvenz zu machen. Das wäre ein Danaergeschenk. Das, was nach Arbeitserleichterung aussieht, würde ein solches Verfahren deutlich erschweren. Denn man wäre in Kategorien des privatrechtlichen Insolvenzrechts gefangen, aus denen man sich nur ganz schwer lösen kann, weil sie auf den Gegenstand nicht passen. Bei einer öffentlich-rechtlichen Insolvenz ist der Zeitpunkt der Insolvenz oder auch nur der der Illiquidität viel schwerer festzustellen als bei einer privaten (wo es auch schon nicht leicht ist). Öffentlich-rechtliche Schuldner haben gegenüber privatrechtlichen Schuldnern auch die Besonderheit, dass sie über die Ansprüche und Pflichten zum Teil selber disponieren können. Die Kommunen weniger als die Länder, die Länder weniger als der Bund, aber man kann Ansprüche beseitigen und vor allem seine Pflichten selber justieren. Zwangsverwaltung, die man aus dem Insolvenzrecht kennt, steht in einem wahrscheinlich unauflösbaren Spannungsverhältnis zum Demokratieprinzip; auch das müsste adressiert werden. Hierzu gibt es in der Insolvenzordnung nichts, woran wir uns orientieren könnten; Herr Mehde hatte das auch schon angesprochen. Die Insolvenzordnung lebt als praktikables Instrumentarium davon, dass sie mit relativ einfachen Kriterien – eben alle Forderungen werden gleichbehandelt – arbeitet. Das ist in den öffentlichen Bereich nicht zu übertragen. Sie können nicht einen

Anleihegläubiger, einen Besoldungsempfänger, einen Sozialhilfeempfänger und einen Lieferanten gleichbehandeln. Und selbst dort, wo sie es scheinbar können (bei den Anleihegläubigern), steht einmal eine Investmentbank dahinter und das andere Mal jemand, der „riestert", also mit einer ganz anderen sozialen Bedürftigkeit. Schließlich, sozusagen um noch ein Argument ad absurdum zu geben: Wenn man die Anleihen beim Insolvenzrecht auf die Spitze treiben wollte, dann würde das bedeuten, dass man auf den Wegzug der Besteuerungsobjekte – Privatpersonen und Unternehmen, also des Wirtschaftssubstrats von Gebiets- und Realkörperschaften – die insolvenzrechtlichen Anfechtungsregeln anwenden müsste, dass man also den Wegzug verhindern müsste, dass also eine solche Insolvenzregel – in der Analogie – im Spannungsverhältnis zur Freizügigkeit steht. Ich habe überspitzt, es soll aber insgesamt eine deutliche Warnung davor sein, sich zu sehr bei der privatrechtlichen Insolvenzordnung für diesen Komplex zu bedienen. Vielen Dank.

Meyer, Hans: Ich möchte etwas zur Verschuldung sagen, weil ich nicht gehört habe, dass die beiden Referate darauf eingegangen sind. Ich nehme an, man hat angenommen, dass die Verschuldungsfrage durch Art. 109 GG gelöst ist. Das ist aber meines Erachtens nicht der Fall. Der Bund hat von 2009 bis 2013 den Haushaltsausgleich nicht geschafft. Er hat weiter Schulden aufgenommen, also den Schuldenberg weiter erhöht. 2015 ist damit Schluss. Jetzt ist die Frage: Wie verhalten sich die Referenten zur Revolvierung von Schulden, die der Bund jährlich betreibt. Das ist keine Quantité négligeable. Es handelt sich um 240 bis 300 Milliarden jährlich, welche revolviert werden. Das heißt, der Bund tilgt nicht, sondern nimmt in derselben Höhe Schulden auf – unter Umständen zu neuen Konditionen. Das ist in meinen Augen eine Verschuldung. Die Staatspraxis nimmt es aber nicht als Verschuldung wahr. Wenn es Verschuldung wäre, wäre es ausgeschlossen, dass der Bund im Jahr 2015 die Verpflichtungen aus der Verfassung erfüllen könnte. Aber selbst wenn es keine Verschuldung wäre (ich nehme an, dass die Praxis darauf hinausläuft, so zu argumentieren), dann stellt sich doch die Frage: Was ist denn, wenn die Zinslast für die Kredite von 1,5 auf 3 Prozent steigt. Das wäre ja nichts Besonderes. Dann wird auf einmal auf den Bundeshaushalt eine solche Kredittilgungslast zukommen, die den Haushaltsausgleich, jedenfalls im Jahre 2015, unmöglich macht. Die Sonderkonditionen, die der Art. 109 Abs. 2 GG kennt, treffen für diesen Fall keine Vorsorge. Der zweite Punkt ist: Wie gut kann man eine Reform machen? Ich darf etwas schelmisch sagen, Herr Haltern: Wenn die Politiker ihr Referat gehört hätten, hätten sie nach kurzer Zeit die Ohren umgelegt. Herrn Reimer würde ich sagen: Sie hätten des Gesicht verzogen. Das besagt beides nichts über die Qualität der Referate.

Aber es sagt etwas darüber, mit wem sie rechnen müssen, wenn sie eine Reform machen. Es gibt aber erstaunlicherweise in Deutschland das Beispiel einer guten Reform. Das ist die große Finanzverfassungsreform 1967–69. Da war die Politik so klug, ausschließlich fünf Leute zu benennen. Der erste war ein ehemaliger Landesfinanzminister, der zweite war ein ehemaliger Staatssekretär aus dem Bundesfinanzministerium, der dritte war der Nestor der Volkswirtschaftslehre, die beiden anderen habe ich leider vergessen. Aber es waren nur fünf, und sie waren außerhalb des politischen Geschäfts. Das war der entscheidende Punkt. Die Politik hat es diesen fünf Leuten überlassen, welche Sachverständigen sie anhören wollen und welche nicht. Sie haben einen Kompromiss vorgelegt, der von der Politik zu etwa 95 Prozent angenommen worden ist. Das heißt also, dass zwischen dem ersten Schritt einer Reform und dem Beschluss eine neutrale Institution eingefügt worden ist. Das war außerordentlich hilfreich. Es ist eine Ironie der Geschichte, dass der Punkt, in dem die Politik den Vorschlag der Fünfer-Kommission verändert hat, die Verschuldung betraf – nämlich die Verschuldung zu erleichtern. Der hohe Schuldenstand, den wir heute haben, beruht auf der Tatsache, dass damals die fünf Weisen sich nicht durchgesetzt haben, sondern die Politik sich durchgesetzt hat.

Lang: Danke schön, Herr Vorsitzender. Meine Frage bezieht sich auf das Referat von Herrn Haltern. Lieber Ulrich, ich war sehr beeindruck über die wort- und bildreiche Sprache, die du gewählt hast und stimme Dir in vielem zu. Du hast aber auch etwas gesagt, was den Sozialrechtler in mir ein wenig herausgefordert hat. Das betrifft die Ausführungen zur Sozialversicherung als Verschiebebahnhof. Dazu wollte ich gerne etwas fragen. Zunächst, was ist ein Verschiebebahnhof? Darunter verstehe ich, dass eine nicht sozialversicherungsrechtliche Leistung in die Sozialversicherung verschoben wird (aus allgemeinstaatlichem oder sozialstaatlichem Interesse) und zwar, ohne dass die Bundeszuschüsse nach Art. 120 GG dies hinreichend kompensieren. Die Sozialversicherung selber ist – von ihrer Idee her – in erster Linie ein System zum Schutz der Schwachen. Ausdruck jener Schutzfunktion ist die sog. Pflichtversicherungsgrenze; jeder Arbeitnehmer, dessen Einkommen über der damit bezeichneten Grenze liegt, gilt per Gesetz nicht als schwach und muss an dem innerhalb der Sozialversicherung bewirkten Solidarausgleich nicht teilnehmen. Die Sozialversicherung selber ist ein gigantisches Umverteilungssystem. Da wird umverteilt, beispielsweise zwischen den kinderlosen und den kinderreichen Versicherten, in der Krankenversicherung etwa zwischen denjenigen, die besonders viel verdienen, und denen, die wenig verdienen, oder, weil sich der Beitrag am Einkommen und nicht am versicherten

Risiko orientiert, von den Gesunden hin zu den Kranken. Das alles ist ein, wenn man so will, alter Hut. Die Situation hat sich aber etwas verschärft, weil die Arbeitgeber nach den letzten Reformen von der Beitragssteigerung abgekoppelt sind. Künftige Umverteilungen werden also nur noch bei den tendenziell Schwächeren durchgeführt. Wenn man jetzt sieht, dass über Verschiebebahnhöfe zusätzliche Aufgaben in die Sozialversicherung verschoben werden, und dort von den tendenziell Schwächsten finanziert werden müssen, hat sich mir die Frage gestellt, ob es dafür eigentlich irgendwelche Grenzen geben könnte. Ich komme auch deshalb drauf, weil mein verehrter Kollege Lege bei seinem Referat vor zwei Jahren gesagt hat, dass die Sozialversicherung in aller erster Linie ein Haufen Geld sei. Und im Moment ist in diesem System besonders viel Geld. Das heißt, die Tendenz zu Verschiebebahnhöfen wird wahrscheinlich zunehmen. Meine Frage also: Könntest Du Dir vorstellen, dass es aus legitimatorischer oder grundrechtlicher Sicht irgendeine Grenze dagegen gibt, immer mehr Aufgaben in die Sozialversicherung abzuschieben und da von den Schwächsten finanzieren zu lassen. Vielen Dank.

Ruffert: Wir kommen nun zu den Schlussworten der beiden Referenten, in umgekehrter Reihenfolge der Referate. Ich darf zunächst Ekkehart Reimer um sein Schlusswort bitten.

Reimer, Ekkehart: Pecunia nervus rerum. Das Geld ist nicht etwa der Nerv von Politik und Sachfragen, sondern das Gefäß, die Blutbahn, über die verschiedene Akte verbunden sind. Es ist die Potenz, die dem Staat und den Akteuren im Staat die Möglichkeit gibt, Sachaufgaben zu bewältigen, Prioritäten zu setzen und diese Möglichkeiten über die Zeit zu speichern. Die vielen Grundfragen, die in der Diskussion angeklungen sind, betreffen teilweise sehr grundsätzliche, teilweise eher reformtheoretische Fragen, teilweise die Reformpfade und teilweise sehr konkrete Inhalte, insbesondere soweit mein Referat angesprochen war.

Die am weitesten reichende Grundfrage war sicherlich die Frage nach Art. 146 GG, die Lothar Michael gestellt hat. Ich meine nicht, dass Reformen der Finanzverfassung so bedeutend und so wichtig sind, dass das Instrument des Art. 146 GG der einzige Weg wäre, um sie ins Werk zu setzen. Lohnend ist aber eine nähere Prüfung der Frage, inwieweit die Handlungsform, die Art. 146 GG verwendet – das Referendum – geeignet ist, innerhalb eines kontingenten Systems – hier: der Finanzverfassung – hilfreiche Dienste zu leisten. Ich habe das im Vortrag nur angedeutet, als es um die Grundlagengesetze ging. Es erschien mir aber nach einigen der Wortmeldungen doch angezeigt, dass wir darüber noch einmal gemeinsam nachdenken. Referenden bieten die Möglichkeit, externe Akteure in die Entscheidungsverantwortung einzubeziehen. Wenn wir Auffangordnungen brauchen, um etwa Einigungsanreize zu bieten, dann können Zuständigkeitsverlagerungen die Direktivkraft dieser Auffangordnungen stärken. Daneben kommen Referenden umso eher in Betracht, je weiter die Wirkung der zu treffenden Entscheidung über das Ende der Legislaturperiode hinausreicht. So könnten etwa die Aufnahme von Krediten oder die Veräußerung von Staatsvermögen oberhalb bestimmter Schwellenwerte unter den Referendumsvorbehalt gestellt werden; entsprechendes ließe sich für Schuldenschnitte erwägen.

Ich meine aber auch, dass in der Zielperspektive von finanzausgleichsrechtlichen Regelungen in der Zukunft der Schwerpunkt überhaupt auf den formellen Regelungen liegen sollte. Sicher ist es richtig – darauf wurde ja auch in der Diskussion hingewiesen –, dass wir materielle Maßstäbe brauchen. Sie finden sich teilweise bereits im Grundgesetz, teilweise ließen sie sich neu aufnehmen. Das gilt de constitutione lata etwa für das Verbot einer Veränderung der Finanzkraftreihenfolge, de lege constitutione ferenda für die absolute Begrenzung von Zahl und Stärke von Geberländern und Nehmerländern. Man könnte – in Strukturparallele zum Staat-Bürger-Verhältnis – auch an Belastungsobergrenzen denken. Umgekehrt wäre zu fragen, inwiefern etwa bestimmte Minima staatlichen Tätigwerdens auch dort zu sichern sind, wo es zu einer Insolvenz von Gebietskörperschaften kommt. Natürlich müssen alle derartigen Insolvenzverfahren vom Zivilrecht abweichen; das ist evident. Wegen der Anreizstrukturen, die gewollt sind, können sie aber durchaus ähnliche Aufgaben erfüllen wie die Verbraucherinsolvenz.

Christoph Ohler hat zu Recht darauf hingewiesen, dass es historisch immer schon das Ziel staatlicher Akteure war, die Insolvenz ihres Gemeinwesens zu vermeiden. Aus dieser deskriptiv richtigen Aussage können wir normativ und rechtspolitisch nur dann Nutzen schöpfen, wenn es eine Insolvenz jedenfalls als gedankliche Möglichkeit gibt. Historisch ist das Phänomen ohnehin gängig. Im Grunde erleben wir gegenwärtig, dass man Auffangordnungen schafft (aber jetzt on-the-fly), um Anreizstrukturen und Effekte herbeizuführen, wie sie strukturell auch unter Privaten vorkommen.

Zur Entwicklung geeigneter formeller Vorgaben und Begleitmaßnahmen von Reformen gehört es auch, dass das öffentliche Recht einen Blick in prozedurale Erfahrungsreservoirs anderer Teile der Rechtsordnung wirft. Um ein Beispiel zu nennen: Es gibt im Bereich der Schiedsgerichtsbarkeit eine ganze Reihe unkonventioneller Methoden zur Schlichtung horizontaler Meinungsverschiedenheiten. Zu ihnen zählt die sogenannte *final-offer*-Methode. Dabei darf jede der beiden Seiten eine Option abschließend skizzieren. Im Anschluss daran trifft eine übergeordnete Entscheidungsinstanz – dort etwa ein Schiedsrichter, bei uns auch der Souverän – die binäre Entscheidung zwischen diesen beiden Möglichkeiten, die zur Abstimmung stehen.

Mit Blick auf die Reformpfade, die vielfach angesprochen worden sind – ich nenne stellvertretend Herrn Meyer, der diese Frage zuletzt gestellt hat –, möchte ich ebenfalls zwischen formellen und materiellen Aspekten unterscheiden. Zu den formellen gehört die Frage nach der Einschaltung von unabhängigen Kommissionen, mit denen wir natürlich demokratische Probleme verbinden. Es gehört dazu die Frage der Verzögerung zwischen Entscheidung und Anwendungsbeginn. Das Bundesverfassungsgericht hat mit dieser Idee im Finanzausgleichs-Urteil von 1999 Kritik auf sich gezogen; der verfassungsändernde Gesetzgeber hat genau diese Verzögerung 2009 aber in sehr gelungener Weise in Art. 143d GG niedergelegt. Die Vorschrift zeigt zugleich – nun in materieller Hinsicht –, dass die Aussicht auf das Gelingen von Reformen erfahrungsgemäß steigt, wenn eine Seite in guten Zeiten Einmalleistungen erbringt. Gerade in der Frage der Altschulden einiger Länder und Kommunen könnte diese Erfahrung auch künftig wieder wertvoll sein.

In der Summe meine ich, dass die Gedanken, die wir heute Nachmittag gemeinsam diskutiert haben, in einer ganz idealen Weise angeknüpft haben an den Vormittag. Die Finanzverfassung beweist die föderale *complexité de l'amour*, und im Umgang mit ihr pflegen wir – wie wir heute Morgen von Herrn Ehrenzeller gehört haben – *l'amour de la complexité*. Und doch glaube ich, dass die gestalterischen Optionen, über die wir diskutiert haben, am Ende einfach sein können. Hohe Bedeutung kommt dabei allerdings einem Gut zu, über das wir wenig gesprochen haben – die demokratische Information. Natürlich kanalisiert die Finanzverfassung in der Hauptsache Geld. Aber zugleich muss sie demokratische Information kanalisieren und managen, um die erforderlichen Rückkoppelungen zwischen den Akteuren im Staat einerseits und in der Gesellschaft andererseits zu erreichen. Zu den gesellschaftlichen Akteuren zählen dabei nicht nur die Bürger, sondern auch diejenigen, die als Nicht-Bürger am Wirtschaftsleben teilnehmen. Hier liegen die zentralen Herausforderungen für die Zukunft – Herausforderungen, die das Finanzrecht am Ende mit den anderen Teilgebieten des öffentlichen Rechts verbinden.

Vielen Dank.

Haltern: Liebe Kolleginnen und Kollegen, ich danke Ihnen zunächst für die Zustimmung und auch für die kritischen Anmerkungen. Ich bin durch die Bank beglückt, denn Sie zeigen, dass es trotz des ja nicht ganz unproblematischen Diskussionsformates in dieser Runde möglich ist, eine offene und wahrhaft wissenschaftliche Diskussion zu führen.

Ich möchte beginnen mit dem technischsten Teil der Fragen, die an mich gerichtet waren. Wie kann man den Verschiebebahnhof Sozialversicherung eindämmen? Nun, juristisch sind die Finanzverfassung und die Sozialversicherung ja getrennt. Das Bundesverfassungsgericht spricht in ständiger Rechtsprechung davon, dass es sich bei Art. 74 Abs. 1 Nr. 12 GG, Art. 87 Abs. 2 GG und Art. 120 Abs. 1 Satz 4 GG um ein in sich geschlossenes Regelungssystem handelt, und diese Unverbundenheit wird juristisch durch strenge verfassungsrechtliche Zweckbindung der Sozialversicherungsbeiträge gesichert. An wem liegt es, diese Zweckbindung zu sichern? Ich denke am Bundesverfassungsgericht, das sich etwa in der Entscheidung zum Risikostrukturausgleich im 113. Band allerdings nicht besonders offen für diese Aufgabe gezeigt hat. Ich glaube, dass da größere Stringenz möglich gewesen wäre und damit ein Verschiebebahnhof hätte eingedämmt werden können. Ob das realistisch ist, mag man bezweifeln, zumal ein solcher Verschiebebahnhof die große Möglichkeit ist, die Finanzierung der sozialstaatlichen Aufgabe sicherzustellen.

Ein großer Teil Ihrer Bemerkungen betraf den von Herrn Reimer benannten Insolvenzpunkt. Es wurde gefragt, was denn eigentlich mit den Wettbewerbsverlierern geschieht? Das Thema Wettbewerb zeichnet sich in Deutschland dadurch aus, dass wir viel von den kreativen Überschüssen und den Gewinnen, die freigesetzt werden, und weniger von möglichen Verlierern sprechen. Jeder von uns kennt das aus den Exzellenzinitiativen und dem Wettbewerb um die besten Köpfe. Wettbewerb ist aber etwas, das auch Verlierer hervorbringt. Um mit Schumpeter zu sprechen: Wettbewerb ist ein „kreativer Zerstörungsakt", und Zerstörung bringt eben auch Verlierer hervor. Man kann das in den USA beobachten, die ein anderes Verhältnis zum Wettbewerbsgedanken haben. Dort werden sowohl Individuen als auch ganze Kommunen, wie man zuletzt am Beispiel Detroit studieren konnte, dem Verlieren anheim gegeben. Das sind die Wettbewerbsverlierer, und selbst die Finanzhilfen Washingtons, die am Wochenende angekündigt wurden, sind nur ein Tropfen auf den heißen Stein. Das ist hier anders. Wir haben einen würdegeprägten Individualisierungsdiskurs, und der lässt nicht zu, dass wir Menschen oder ganze Körperschaften offenen Auges ins Verlieren laufen lassen. Die Formulierung von Herrn Gröpl spricht Bände: „Was wäre dann?", haben Sie gefragt, „wer springt ein?" Wir denken von Sicherheits- oder Sicherungsmechanismen aus. Wir retten, wir fangen auf und wir gleichen aus. Wenn die deutsche Orientierung an Wohlfahrt und Würde keine Verlierer zulässt, dann ist ein Diskurs, der den Begriff des „Wettbewerbs" ins Zentrum stellt, keine rundum ehrliche Option.

Frau Peters hat den Begriff der Menschenrechte und die Völkerrechtsordnung ins Spiel gebracht und gefragt, ob es Alternativen zur Individualisierungsorientierung gibt. Das ist gar nicht meine Frage, weil bei mir die Individualisierungsorientierung als soziale Imagination daherkommt. Ich beobachte die Tatsache, dass es eine solche Imagination gibt, die eigentlich keine Alternative zulässt und auch keine Alternative braucht. Gleichwohl ist es beredt, dass der Begriff der Menschenrechte reinkommt, denn er zerfranst ähnlich wie der Würdebegriff. Er zerfließt in die Breite. Wenn er in die Breite zerfließt, dann gibt es immer etwas auszugleichen, zu schützen und zu retten, und das muss auch staatlicherseits unterstützt und abgesichert werden. Gerade dadurch setzt ja der Unitarisierungseffekt ein, denn es ist weder rechtlich noch moralisch begründbar, warum der Würdeanspruch an Schlagbäumen Halt machen sollte. Würde soll in dieser Vorstellung gerade kein Gegenstand eines Standortwettbewerbs sein. Dem entspricht dann die Marginalisierung föderaler Unterschiedlichkeit im Bundesstaat und parallel dazu in den großen Konstitutionalisierungsbemühungen im internationalen Recht.

Herr Grimm hat schließlich gefragt: Was machen wir denn nun? Wie durchbrechen wir den Zirkel? Ich lese diese Frage als eine, die viele von Ihnen – und natürlich auch mich – umtreibt. Es ist mir von vornherein bewusst gewesen, dass es nicht einfach ist, in einem Raum voller Juristen bei Beschreibungen, die man anbietet, stehenzubleiben, ohne gleichzeitig einen Lösungsvorschlag zu machen. Aber auch das kann man wieder wissenschaftlich wenden. Denn das stellt die Frage danach, was wir als Wissenschaftler des öffentlichen Rechts eigentlich als unsere Aufgabe ansehen. Wir sind grundsätzlich geneigt, schnell in die Normativität einzutreten. Derjenige, der das Recht als Objekt studiert, ist dann im selben Universum wie derjenige, der das Recht praktiziert. Das sind Universen, die plötzlich zusammenfallen. Rechtswissenschaft als Reflexionswissenschaft geht in Rechtspraxis auf. Wir wechseln auch unsere Karrieren ohne größere Brüche, weil wir das gleiche Universum wie Anwälte, Richter oder Politiker bewohnen. Der kritische Raum, der Wissenschaft von Praxis trennt, wird dadurch natürlich kleiner. Alle wollen sagen, was das Recht ist, indem sie sagen, was das Recht sein soll. Das gilt natürlich auch für das Recht der Finanzverfassung.

Ich glaube, es ist schon eine Menge gewonnen, wenn man sieht, dass Wettbewerbsföderalismus zwar eine gute verfassungsdogmatische Option ist, dass er aber in der gesellschaftlichen Vorstellung, und damit auch im gesellschaftlichen politischen Prozess, wenig Rückhalt genießt. Wenn meine Behauptung tatsächlich zutrifft, dass wir keine besonders brillanten Demokraten sind, weil wir uns für ein zentrales politisches Thema nicht auf demokratische Weise interessieren (was vielleicht durch den Einwurf von Herrn Meyer, eine Fünfer-Weisen-Kommission habe alles gut geregelt, bestätigt wird); und dass wir außerdem auch keine guten Rechtsstaatler sind, weil wir den unverrechtlichten Raum nicht wirklich in den Griff bekommen; sondern dass wir stattdessen das Wohlfahrtsstaatliche privilegieren und damit weder auf Politik noch auf Recht, sondern auf Geld setzen – dann liegt darin ein Erkenntnisgewinn, der vielleicht nicht in jeder Hinsicht beglückend, aber doch immerhin informativ ist. Vielleicht kann die Wissenschaft des öffentlichen Rechts sich einen Raum der kritischen Freiheit nehmen und diesen Erkenntnisgewinn wiederum verarbeiten. Vielleicht ist das auch sinnvoller, als immer wieder vor die Wand der Politik zu laufen. Vielleicht kann die Politik dann davon tatsächlich mehr lernen als von rationalisierenden Belehrungen. Vielen Dank.

Dritter Beratungsgegenstand:

Dynamische Grundrechtsdogmatik von Ehe und Familie?

1. Referat von Professorin Dr. *Monika Böhm*, Marburg

Inhalt

I. Einleitung

Grundrechtsdogmatik befasst sich mit der Definition von Schutzgütern und Eingriffen, mit Grundrechtsfunktionen und Grundrechtskonkurrenzen.[1] Sie systematisiert und gibt Handlungsanleitungen für die Praxis vor. Maßgebliche Akteure bei ihrer Entwicklung sind Wissenschaft und Rechtsprechung, aber auch der Gesetzgeber und die Verwaltung.

Legt man dieses Verständnis zugrunde, können jedenfalls neuere Entwicklungen der Dogmatik von Ehe und Familie nur als dynamisch bezeichnet werden. In seiner Entscheidung zur Sukzessivadoption hat das Bundesverfassungsgericht im Februar dieses Jahres gleichgeschlechtliche Lebenspartnerschaften mit Kindern als Familie in den Schutzbereich von Art. 6 Abs. 1 GG einbezogen.[2] Ihr Ausschluss vom Ehegattensplitting wurde im Mai als Verstoß gegen den Gleichheitssatz gewertet.[3] 1957 dagegen urteilte das Gericht: Männliche Homosexualität „verstößt eindeutig gegen das Sittengesetz".[4] Ihre Strafbarkeit verstieß folglich nicht gegen das Grundgesetz.[5] Erst 1994 hob der Gesetzgeber § 175 StGB vollständig auf.[6]

Nicht ganz so lange dauerte es, bis die sog. nichtehelichen Lebensgemeinschaften mit Kindern[7] als Einheit dem Schutzbereich des Art. 6 Abs. 1 GG unterstellt wurden.[8] Noch in den 1980er Jahren jedoch galten

---

[1] S. etwa *M. Jestaedt* Die Verfassung hinter der Verfassung, 2009, 31. Zum Begriff vgl. auch die einzelnen Beiträge in: *Kirchhof/Magen/Schneider* (Hrsg.) Was weiß Dogmatik?, 2012, jeweils mwN; *H. D. Jarass* AöR 120 (1995), 345 ff. Den dogmatischen Grundsätzen wird normativer Gehalt zuerkannt. Vgl. dazu *A. Voßkuhle* ebd., 111 ff. mwN.

[2] Einem eingetragenen Lebenspartner muss nun die Adoption eines angenommenen Kindes seines Partners ermöglicht werden. BVerfG, Urt. v. 19.02.2013, 1 BvL 1/11 und 1 BvR 3247/09, NJW 2013, 847 ff. Möglich war zuvor schon die sog. Stiefkindadoption, also die Adoption eines eigenen Kindes des Lebenspartners.

[3] BVerfG, Beschl. v. 07.05.2013, 2 BvR 909/06 u.a., NJW 2013, 2257 ff. Die Entscheidung wurde umgesetzt durch das Gesetz zur Änderung des Einkommensteuergesetzes v. 15.07.2013 (BGBl. I 2397), in Kraft seit 19.07.2013.

[4] BVerfGE 6, 389 (434), die frühere Strafbarkeit spricht auch das BVerfG im Urt. v. 19.02.2013, 1 BvL 1/11 und 1 BvR 3247/09, Rn. 56, NJW 2013, 847 (849) an, ohne allerdings die frühere Entscheidung ausdrücklich zu nennen.

[5] BVerfGE 6, 389 (432 ff.).

[6] Durch das 29. Gesetz zur Änderung des Strafgesetzbuches v. 21.05.1994 (BGBl. I 1168).

[7] S. dazu die rechtsvergleichenden Beiträge in: *Scherpe/Yasari* (Hrsg.) Die Rechtsstellung nichtehelicher Lebensgemeinschaften, 2005.

[8] Im Übrigen unterfallen nichteheliche Lebensgemeinschaften zwar nicht dem Schutz des Art. 6 Abs. 1 GG, dafür aber immerhin dem des Art. 2 Abs. 1 GG, *M. Kotzur* in: K. Stern/F. Becker (Hrsg.) Grundrechte – Kommentar, Köln 2010, Art. 6 Rn. 29.

unverheiratet zusammenlebende Eltern mit Kind als zwei Familien, verbunden durch das gemeinsame Kind als „Scharnier".[9]

Wie im Einzelnen nachgezeichnet wird, handelt es sich bei diesen Beispielen nicht um Ausnahmen. Gewandelt haben sich nicht nur die gesellschaftlichen Rahmenbedingungen, die Einstellungen und die Lebenswirklichkeit von Ehe und Familie. Gewandelt hat sich auch die Dogmatik des Grundrechts aus Art. 6 Abs. 1 GG.[10] Das Grundgerüst ist zwar weitgehend gleich geblieben. In seinem Rahmen aber hat eine dynamische Entwicklung stattgefunden, externe Faktoren haben dabei eine wichtige Rolle gespielt.

Nachfolgend wird zunächst kurz auf die soziale Entwicklung eingegangen (II.). Im Anschluss daran wird das Dynamisierungspotential des Grundgesetzes herausgearbeitet (III.) und aufgezeigt, wie es sich bei der Grundrechtsdogmatik von Ehe und Familie verwirklicht hat (IV.). Von außen eingewirkt haben rechtsvergleichende Impulse sowie das Recht der Europäischen Union (EU) und der Europäischen Menschenrechtskonvention (EMRK) (V.). Am Ende steht ein kurzes Fazit (VI.).

II. Ehe und Familie im Wandel

Lange Zeit wurde die Ehe als grundsätzlich lebenslange Verbindung von Mann und Frau, die Familie als ihre quasi natürliche Folge angesehen.[11] Vorherrschend war eine klare Rollenverteilung.

---

[9] Die nichteheliche Mutter wie der nichteheliche Vater, die mit ihrem Kind zusammen leben, bildeten mithin jeweils eine Familie, s. BVerfGE 24, 119 (135); 45, 104 (123); 56, 363 (382). Vgl. *W. Zeidler* Handbuch des Verfassungsrechts der Bundesrepublik Deutschland, Band 1, 1983, 555 (584). Als „seltsames Ergebnis" sah dies schon *T. Maunz* in: ders./G. Dürig (Hrsg.) GG, Band 1, 6. Aufl. 1983, Art. 6 Rn. 16a an. Vgl. nunmehr BVerfGE 106, 166 (176); 108, 82 (112); BVerfG im Urt. v. 19.02.2013, 1 BvL 1/11 und 1 BvR 3247/09, NJW 2013, 847 ff.

[10] *R. Wahl* FS Frank, 2008, 31 (32).

[11] Schon das germanische Recht kannte verschiedene Formen des Zusammenlebens, die allerdings vor allem als soziale Lebensformen angesehen wurden und rechtlich nur zum Teil eingebunden waren. Erst durch den Einfluss der christlichen Kirchen entwickelte sich ein Verständnis der Ehe als eine – grundsätzlich unauflösbare – Verbindung von Mann und Frau. Die Familie wurde lange Zeit als eher weite Haus- und Erwerbsgemeinschaft angesehen, zu der nicht nur Eheleute und Kinder, sondern auch Verwandte und Bedienstete gerechnet wurden. S. etwa *F. Brosius-Gersdorf* in: H. Dreier (Hrsg.) GG, Band 1, 2013, Art. 6 Rn. 1 ff. mwN. Zu den Erscheinungsformen der Familie in der Geschichte vgl. *V. Schmid* Die Familie in Art. 6 des Grundgesetzes, 1989, insbes. 120 ff.; zum Ganzen *D. Schwab* Wertewandel und Familienrecht, 1993; zu den Veränderungen der gesellschaftlichen Verhältnisse und Vorstellungen, die Art. 6 GG zugrunde liegen, s.a. *M. Burgi* in: K. H. Friauf/W. Höfling (Hrsg.) Berliner Kommentar

Tatsächlich nahm die Zahl der Eheschließungen in den vergangenen Jahrzehnten ab.[12] Bei den Scheidungen ist der Trend steigend.[13] Mit einem Anteil von 71 % ist die Ehe mit Kindern noch immer die meistgelebte Familienform. 9 % der Familien leben ohne Trauschein zusammen und weitere 20 % sind alleinerziehend.[14] Der Anteil gleichgeschlechtlicher Lebensgemeinschaften mit minderjährigen Kindern liegt seit ca. 15 Jahren unverändert bei 0,05 %.[15]

In den meisten Familien ist zwar noch immer der Mann der Hauptenährer, Anzahl und Alter der Kinder wirken sich kaum auf seine Berufstätigkeit aus.[16] Gleichwohl ist seine Rolle innerhalb der Familie facettenreicher geworden. Nach Angaben des Bundesfamilienministeriums nehmen mittlerweile fast 30 % der Väter Elterngeld in Anspruch und bleiben durchschnittlich etwas länger als drei Monate zu Hause.[17]

---

zum GG, Band 1, 4. Erg.-Lfg. 2002, Art. 6 Rn. 13 ff. Außerdem *K. Stern* Staatsrecht, Band IV/1, 2006, 330 ff., insbes. 340 ff. Zum Wandel der Produktions- und Konsumgemeinschaft zur bloßen Konsumgemeinschaft *J. Gernhuber/D. Coester-Waltjen* Familienrecht, 6. Aufl. 2010, § 1 Rn. 8.

[12] Aktuell ist allerdings wieder ein leichter Anstieg zu verzeichnen, s. https://www-genesis.destatis.de/genesis/online/link/tabelleErgebnis/12611-0001 (zuletzt abgerufen am 17.09.2013).

[13] Die Scheidungszahlen unterliegen jedoch starken Schwankungen. Aber seit 1981 liegen sie kontinuierlich über 100.000 und seit Mitte der 90er Jahren über 175.000, s. https://www-genesis.destatis.de/genesis/online;jsessionid=96F486FE4515E3F4F2C00BEFA2C7B238.tomcat_GO_1_2?operation=previous&levelindex=2&levelid=1378126750942&step=2 (zuletzt abgerufen am 17.09.2013).

[14] *Bundesministerium für Familie, Senioren, Frauen und Jugend* Familienreport 2012. Leistungen, Wirkungen, Trend, 2012, 14. Noch 1996 lebten 81,4 % der Familien mit Kind(ern) in einer Ehe, lediglich 4,8 % lebten in einer nichtehelichen Lebensgemeinschaft und 13,8 % alleinerziehend. In den vergangenen Jahren stieg die Zahl der nichtehelichen Lebensgemeinschaften und Alleinerziehenden kontinuierlich, s. https://www.destatis.de/DE/ZahlenFakten/GesellschaftStaat/Bevoelkerung/HaushalteFamilien/Tabellen/Familienformen.html (zuletzt abgerufen am 17.09.2013). Patchwork- oder Stieffamilien machen 10–14 % der Familien mit Kind(ern) aus; drei Viertel von ihnen sind verheiratet, ebd., 20. 2011 lag die Geburtenrate bei 1,36 Kindern je Frau im Alter von 15 bis 49 Jahren, ebd., 23. Der Anteil kinderloser Ehen betrug 2011 41,9 %, *Bundeszentrale für politische Bildung* Paare ohne Kinder und Familien, 2012, http://www.bpb.de/nachschlagen/zahlen-und-fakten/soziale-situation-in-deutschland/61575/paare-und-familien (zuletzt abgerufen am 17.09.2013). Oft entscheiden sich Ehepaare aber nicht freiwillig gegen Kinder, *M. Rupp* ZfF 2005, 21 ff.

[15] In Zahlen ausgedrückt sind dies 4.000, *Bundesministerium für Familie, Senioren, Frauen und Jugend* Politischer Bericht zur Gesamtevaluation der ehe- und familienbezogene Leistungen, 2013, 2.

[16] *Bundesministerium für Familie, Senioren, Frauen und Jugend* Familienreport 2012 (Fn. 14), 71.

[17] S. http://www.bmfsfj.de/BMFSFJ/familie,did=200170.html (zuletzt abgerufen am 17.09.2013). Zum Wandel der Vaterrolle s.a. *Bundesministerium für Familie, Senioren,*

Die Erwerbstätigkeit von Frauen ist in den letzten 50 Jahren kontinuierlich von 47,2 % im Jahr 1960 auf 65 % im Jahr 2009 gestiegen.[18] Davon arbeiten 35 % in Vollzeit.[19] Bei Müttern nahm die Teilzeitbeschäftigung in den vergangenen 20 Jahren jedoch zu.[20] Viele Frauen würden gern auch in der Familienphase mehr berufstätig sein.[21]

III. Entwicklungsoffenheit des Grundgesetzes

1. Ehe und Familie in der deutschen Verfassungsentwicklung

a. Entwicklungslinien vor Verabschiedung des Grundgesetzes

In der Verfassungsentwicklung tauchen Regelungen zum Schutz von Ehe und Familie erst spät auf, nämlich im Jahre 1919 in Art. 119 der Weimarer Reichsverfassung (WRV).[22] Zuvor hatte es lediglich Regelungen zur Säkularisierung der Ehe durch Einführung der obligatorischen Zivilehe gegeben, etwa in der Paulskirchenverfassung von 1849 und in der Preußi-

---

Frauen und Jugend (Hrsg.) Facetten der Vaterschaft. Perspektiven einer innovativen Väterpolitik, 2006. S. außerdem *Väter gGmbH* Trendstudie „Moderne Väter". Wie die neue Vätergeneration Familie, Gesellschaft und Wirtschaft verändert, 2012, insbes. 20 ff., die Studie ist abrufbar unter http://vaeter-ggmbh.de/wp-content/uploads/2012/12/Trendstudie_Vaeter_gGmbH_Download.pdf (zuletzt abgerufen am 17.09.2013).

[18] *Bundeszentrale für politische Bildung* Erwerbstätigkeit, 2010, www.bpb.de/system/files/pdf/O4NQPA.pdf_ (zuletzt abgerufen am 17.09.2013). Die Berufstätigkeit von Müttern mit minderjährigen Kindern lag 2010 indes lediglich bei 60 %, *Bundesministerium für Familie, Senioren, Frauen und Jugend*, Familienreport 2012 (Fn. 14), 71. Zum Einfluss der Familienform auf die Erwerbstätigkeit von Müttern s. *Bundesministerium für Familien, Senioren, Frauen und Jugend* Ausgeübte Erwerbstätigkeit von Müttern. Erwerbstätigkeit, Erwerbsumfang und Erwerbsvolumen 2010, 2012, 32 ff.

[19] *Bundeszentrale für politische Bildung*, Erwerbstätigkeit, (Fn. 18).

[20] Während die Teilzeitquote von Müttern 1996 bei nur 51 % lag, stieg sie auf 70 % im Jahre 2010 an, *Bundesministerium für Familie, Senioren, Frauen und Jugend* Gesamtevaluation der ehe- und familienbezogene Leistungen (Fn. 15), 71.

[21] *Bundesministerium für Arbeit und Soziales* Lebenslagen in Deutschland. Der Vierte Armuts- und Reichtumsbericht der Bundesregierung, 2013, XXVIII. Die Vereinbarkeit von Kindererziehung und Arbeit ist gerade für Alleinerziehende eine große Herausforderung. Viele von ihnen sind auf staatliche Förderung angewiesen, ebd., XXIX ff., 126 ff.

[22] Zur Entstehungsgeschichte des Art. 119 WRV *A. Wieruszowski* in: H. C. Nipperdey, Die Grundrechte und Grundpflichten der Reichsverfassung, Band 2, 1930, Art. 119 WRV, 72 (72 f.); siehe außerdem Art. 120 Abs. 1 WRV: „Die Erziehung des Nachwuchses zur leiblichen, seelischen und gesellschaftlichen Tüchtigkeit ist oberste Pflicht und natürliches Recht der Eltern, über deren Betätigung die staatliche Gemeinschaft wacht." sowie Art. 121 Abs. 1 WRV: „Den unehelichen Kindern sind durch die Gesetzgebung die gleichen Bedingungen für ihre leibliche, seelische und gesellschaftliche Entwicklung zu schaffen wie den ehelichen Kindern." Dazu nur *Schmid* Die Familie in Art. 6 des Grundgesetzes (Fn. 11), 244 ff.

schen Verfassung von 1850.[23] Die Weimarer Reichsverfassung enthielt zumindest einen Programmsatz zum Schutz von Ehe und Familie.[24] Als Ehe wurde dabei ausdrücklich die Verbindung von Mann und Frau, wörtlich „der beiden Geschlechter", bezeichnet. Sie wurde als Grundlage der Familie hervorgehoben und sollte der Erhaltung und Vermehrung der Nation dienen.[25]

b. *Vorstellung bei Schaffung des Grundgesetzes*

Bei den Verhandlungen zum Grundgesetz kamen Regelungen zu Ehe und Familie spät zur Sprache.[26] Verabschiedet wurde im Hauptausschuss schließlich eine Fassung, in der in Anknüpfung an die Weimarer Reichsverfassung die Ehe ausdrücklich als fortdauernde Lebensgemeinschaft von Mann und Frau und die mit ihr gegebene Familie unter den besonderen Schutz der Verfassung gestellt wurden. Mit der Norm sollte über einen bloßen Programmsatz hinaus unmittelbar geltendes Recht geschaffen werden.[27]

---

[23] Vgl. *G. Robbers* in: H. v. Mangoldt/F. Klein/Ch. Starck (Hrsg.) GG, Band 1, 6. Aufl. 2010, Art. 6 Rn. 2; *Brosius-Gersdorf* in: Dreier (Fn. 11), Art. 6 Rn. 1; *Kotzur* in: Stern/Becker (Fn. 8), Art. 6 Rn. 4; *J. Ipsen* HStR VII, 2009, § 154 Rn. 1; *Burgi* in: Friauf/Höfling (Fn. 11), Art. 6 Rn. 5.

[24] Zur Qualifizierung als Programmsatz *G. Anschütz* Die Verfassung des Deutschen Reiches, 14. Aufl. 1933, Art. 119 WRV, 559 (560), welcher Art. 119 WRV insoweit als bloßes „Zukunftsrecht" bezeichnet; *Wieruszowski* in: Nipperdey (Fn. 22), Art. 119 WRV, 72 ff.; vgl. auch *P. Badura* in: Maunz/Dürig, GG, 68. Erg-Lfg. 2013, Art. 6 Rn. 15; *Ipsen* HStR (Fn. 23), § 154 Rn. 1; *Schmid* Die Familie in Art. 6 des Grundgesetzes, (Fn. 11), 260 f.; *Kotzur* in: Stern/Becker (Fn. 8), Art. 6 Rn. 4; *Burgi* in: Friauf/Höfling (Fn. 11), Art. 6 Rn. 6. Anders *E. R. Huber* Deutsche Verfassungsgeschichte seit 1789, Band 4, 1989, 107 f.

[25] Der vollständige Art. 119 WRV lautet:

„(1) Die Ehe steht als Grundlage des Familienlebens und der Erhaltung und Vermehrung der Nation unter dem besonderen Schutz der Verfassung. Sie beruht auf der Gleichberechtigung der beiden Geschlechter.

(2) Die Reinerhaltung, Gesundung und soziale Förderung der Familie ist Aufgabe des Staats und der Gemeinden. Kinderreiche Familien haben Anspruch auf ausgleichende Fürsorge.

(3) Die Mutterschaft hat Anspruch auf den Schutz und die Fürsorge des Staats."

Im Schutz von Ehe und Familie wurde eine Entscheidung gegen die Gleichstellung von ehelichem und nichtehelichem Zusammenleben gesehen. Anderseits sah Art. 121 WRV die prinzipielle Gleichstellung unehelicher Kinder vor, dazu *C. Gusy* Die Weimarer Reichsverfassung, 1997, 300.

[26] Erst in der 24. Sitzung des Grundsatzausschusses wurde die Frage erörtert, ob und in welcher Form Grundsätze über ihren Schutz aufzunehmen seien. Zur Entstehungsgeschichte s. Jahrbuch des öffentlichen Rechts der Gegenwart (JöR), Band 1, 1951, 92 ff.

[27] Der Herrenchiemseer Konvent sah entsprechende Bestimmungen noch nicht vor. JöR (Fn. 26), 92 ff.; Ungenauigkeiten in der dortigen Darstellung bezüglich über pro-

Im Wesentlichen aus Gründen der sprachlichen Vereinfachung[28] verkürzte der allgemeine Redaktionsausschuss auf:

> „Ehe und Familie stehen unter dem besonderen Schutze der staatlichen Ordnung."

In der letztlich verabschiedeten Fassung wurden Gegengeschlechtlichkeit und die enge Verbindung von Ehe und Familie nicht erwähnt. Auch wenn die Väter und Mütter des Grundgesetzes an ein traditionelles Bild von Ehe und Familie anknüpften: Der Wortlaut eröffnet Auslegungspotentiale. Auch Dynamisierungsfaktoren, die später eine wichtige Rolle spielen sollten, scheinen in den Verhandlungen schon auf: Die Gleichberechtigung der Frau[29] und die Orientierung an internationalen Regelwerken und damit perspektivisch auch an der EMRK.[30]

Die Verfassungen der Bundesländer enthalten teilweise weitergehende Bestimmungen,[31] etwa zum Schutz kinderreicher Familien,[32] Alleinerzie-

grammatische hinausgehende Wirkungen weist BVerfGE 6, 55 (73 ff.) nach; zur Entstehungsgeschichte s.a. *D. Pirson* in: Bonner Kommentar GG, 77. Erg.-Lfg. 1996, Art. 6 Rn. 2a f.

[28] Zur Begründung wurde dabei darauf abgestellt, dass durch den Schutz der staatlichen Ordnung zugleich die genannten Rechte unter Schutz gestellt würden. Ebenso sei der Hinweis auf die rechtmäßige Form der fortdauernden Lebensgemeinschaft überflüssig, wenn die Ehe als solche geschützt werde. Siehe JöR (Fn. 26), 97 f.

[29] Obwohl die Bedeutung der Gleichberechtigung der Frau allgemein bejaht wurde, konnte die Forderung einer ausdrücklichen Regelung zur Gleichstellung der Geschlechter im Familienrecht nicht realisiert werden. Zur Debatte zur Forderung der Abgeordnete Nadig (SPD), s. JöR (Fn. 26), 93 f. Verabschiedet wurde aber auf Vorschlag von *Elisabeth Selbert* und nach einer für die damalige Zeit außergewöhnlichen außerparlamentarischen Initiative Art. 3 Abs. 2 GG, siehe *B. Böttger* Das Recht auf Gleichheit und Differenz, 1990, 191 ff. Zur Person s. etwa *Selbert* Internationales Biographisches Archiv 31/2011 vom 2. August 2011 und *R. Ley* NJW 1986, 2301. Art. 3 Abs. 2 GG wurde zudem ergänzt durch Art. 117 GG, wonach Art. 3 Abs. 2 GG entgegenstehendes Recht spätestens zum 31. März 1953 außer Kraft treten sollte. Vgl. dazu nur JöR (Fn. 26), 67 ff. und 827 ff.; gleichwohl wurde etwa dem Vater noch 1957 mit Änderung des § 1628 BGB a.F. der Stichentscheid bei der Ausübung des Sorgerechts zuerkannt. Begründet wurde dies mit einem Verweis auf natürliche und christliche Ordnungsbegriffe, BT-Drs. 1/3802, 74. 1959 erklärte das BVerfG die Regelung dann für verfassungswidrig, BVerfGE 10, 59 ff. Hierzu *R. Frank* FamRZ 2004, 841 (841).

[30] In den Verhandlungen wurde ausdrücklich auf die im Entwurf vorliegende Menschenrechtskonvention der Vereinten Nationen verwiesen, s. JÖR (Fn. 26), 93 Fn. 2, die im Dezember 1948 verkündet wurde und heute meist als Allgemeine Erklärung der Menschenrechte bezeichnet wird. Die EMRK wurde im November 1950 unterzeichnet.

[31] Überblick bei *Brosius-Gersdorf* in: Dreier (Fn. 11), Art. 6 Rn. 36 ff.

[32] Zum einen Art. 125 Abs. 3 BayVerf., wonach kinderreiche Familien einen Anspruch auf angemessene Fürsorge haben, insbes. auf gesunde Wohnungen. Dieser

hender[33] und von nichtehelichen Lebensgemeinschaften.[34] Auf die Auslegung des Grundgesetzes hat sich dies jedoch nicht ausgewirkt.

---

kollidiert mit keiner Grundgesetzbestimmung und gilt daher weiter; vgl. *H. A. Wolff* in: J. F. Lindner/M. Möstl/H. A. Wolff (Hrsg.) Verfassung des Freistaats Bayern, 2009, Art. 125 Rn. 4. Unterschiedliche Auffassungen werden jedoch zu dessen Normcharakter vertreten; z.T. wird unter engen Voraussetzungen ein subjektiver Anspruch aus der Norm hergeleitet, so ebd., Art. 125 Rn. 13. Dagegen wird jedoch insbes. vom BayVerfGH vertreten, die Norm erteile dem Staat lediglich den Auftrag, bei seinen Maßnahmen den Bedarf kinderreicher Familien zu bedenken, so BayVerfGH, BayVBl 2005, 140 f.; das VG Augsburg spricht insoweit von einem der Norm allein zu entnehmenden Programmsatz, VG Augsburg, Urt. v. 31.05.2005, Au 3 K 05.94, Rn. 21. So auch *H. Nawiasky/C. Leusser* Die Verfassung des Freistaates Bayern, 1948, 206. Ähnlich *T. Meder* Die Verfassung des Freistaates Bayern, 4. Aufl. 1992, Art. 125 Rn. 3: „Richtlinie". Ferner formuliert auch Art. 5 Abs. 1 S. 3 NRW Verf. einen Fürsorgeanspruch kinderreicher Familien. Der Normcharakter wird ebenso unterschiedlich beurteilt. Teilweise wird wiederum ein Programmsatz angenommen; so bspw. *H. Peters* DVBl. 1950, 449 (450) und *H.-J. Fleck* in: G. Geller/K. Kleinrahm/H.-J. Fleck (Hrsg.) Verfassung des Landes Nordrhein-Westfalen, 2. Aufl. 1963, Art. 5 Rn. 3. Demgegenüber messen *M. Kamp* in: A. Heusch/K. Schönenbroicher (Hrsg.) Landesverfassung Nordrhein-Westfalen, 2010, Art. 5 Rn. 8 sowie *R. Müller-Terpitz* in: W. Löwer/P. J. Tettinger (Hrsg.) Verfassung des Landes Nordrhein-Westfalen, Art. 5 Rn. 27, Art. 5 Abs. 1 S. 3 NRW Verf. (auch) Grundrechtscharakter zu.

[33] So Art. 12 Abs. 7 S. 2 Berliner Verf., nach dem alleinerziehende Frauen und Männer einen Anspruch auf besonderen Schutz im Arbeitsverhältnis haben. Diesem wird ein Grundrecht im Sinne eines Diskriminierungsverbotes sowie ein an den Gesetzgeber gerichteter objektiv-rechtlicher Auftrag entnommen wird, s. *K.-J. Stöhr* in: G. Pfennig/M. J. Neumann (Hrsg.) Verfassung von Berlin, 3. Aufl. 2000, Art. 12 Rn. 35 f. sowie *H.-J. Driehaus* in: ders., Verfassung von Berlin, 2. Aufl. 2005, Art. 12 Rn. 16. Ähnlich Art. 26 Abs. 1 S. 2 und Art. 48 Abs. 4 Brandenburgische Verf. Dazu *S. J. Iwers* in: H. Lieber/S. J. Iwers/M. Ernst (Hrsg.) Verfassung des Landes Brandenburg, 2012, Art. 26, 230. Ebenso wird nach Art. 23 Abs. 2 Rheinland-Pfälzische Verf. Alleinerziehenden besondere Fürsorge zuteil. Dazu *M. Jutzi* in: Ch. Grimm/P. Caesar (Hrsg.) Verfassung für Rheinland-Pfalz, 2001, Art. 23 Rn. 11 ff.

[34] So Art. 26 Abs. 2 Brandenburgische Verf. wonach auch andere, auf Dauer angelegte Lebensgemeinschaften als schutzbedürftig anerkannt werden. Art. 26 Abs. 2 Brandenburgische Verf. billigt diesen einen besonderen Schutz vor Diskriminierungen zu und strebt(e) ausweislich seiner Entstehungsgeschichte keine Gleichstellung der nichtehelichen Lebensgemeinschaft mit Ehe und Familie an, so *Iwers* in: Lieber/Iwers/Ernst (Fn. 33), Art. 26, 231. Ebenso gibt die Verfassung Berlins anderen auf Dauer angelegten Lebensgemeinschaften Anspruch auf Schutz vor Diskriminierung, s. Art. 12 Abs. 2 Berliner Verf. Dazu *Stöhr* in: Pfennig/Neumann (Fn. 33), Art. 12 Rn. 10 ff. Die Bestimmungen stehen mit Art. 6 Abs. 1 GG im Einklang. Zur Verfassungskonformität von Art. 26 Abs. 2 Brandenburgische Verf. auch schon *U. Sacksofsky* NVwZ 1993, 235 (237).

2. *Statische oder dynamische Verfassungsauslegung?*

a. *Grundstrukturen der Grundrechtsdogmatik*

Ob und wie wandlungsfähig das Grundgesetz ist und wo Grenzen der Auslegung bestehen, sind Grundsatzfragen, die die Staatsrechtswissenschaft schon lange beschäftigen.[35] Dass der Verfassungsauslegung zwischen normativem Anspruch und politischer Wirklichkeit eine gewisse Dynamik innewohnt, hat insbesondere 2007 die Freiburger Staatsrechtslehrertagung aufgegriffen.[36] Bezogen auf Ehe und Familie war das Verhältnis von Verfassungsgarantie und sozialem Wandel bereits 1986 Thema in München.[37]

Wie immer man dies rechtstheoretisch bewerten mag: Unter dem Grundgesetz nahm die Grundrechtsdogmatik Fahrt auf. Neue Grundrechtsfunktionen entstanden im „Dialog“[38] von Bundesverfassungsgericht und Staatsrechtslehre, manche sprechen auch von deren „Erfindung“.[39]

Zwar konnte bei der Deutung der Grundrechte als subjektive Freiheitsrechte und bei den institutionellen Garantien an Vorbilder angeknüpft werden.[40] Schon früh wurden aber auch neue Weichen gestellt. Dies gilt

---

[35] Grundlegend *F. Müller* Normstruktur und Normaktivität, 1966, 13 ff.; *P. Häberle* Verfassung als öffentlicher Prozeß, 3. Aufl. 1998; *M. Jestaedt* Grundrechtsentfaltung im Gesetz, 1999, 72 ff., 262 ff.; s.a. *W. Leisner* Von der Verfassungsmäßigkeit der Gesetze zur Gesetzmäßigkeit der Verfassung, 1964.

[36] S. dazu die Referate von *C. Hillgruber* Verfassungsrecht zwischen normativem Anspruch und politischer Wirklichkeit, VVDStRL 67 (2008), 7 ff. und *U. Volkmann* ebd., 57 ff.

[37] *A. v. Campenhausen* Verfassungsgarantie und sozialer Wandel – Das Beispiel von Ehe und Familie, VVDStRL 45 (1987), 7 ff. und *H. Steiger* ebd., 55 ff.

[38] *M. Stolleis* Geschichte des öffentlichen Rechts in Deutschland, Band 4, 2012, 241 ff. mwN; s.a. *B.-O. Bryde* Verfassungsentwicklung, 1982, insbes. 206 ff.

[39] *R. Wahl* JZ 2013, 369 (371); *O. Lepsius* in: H. Schulze-Fielitz (Hrsg.) Staatsrechtslehre als Wissenschaft, DV, Beiheft 7, 2007, 319 (337 ff.), hat aber auch kritisch beschrieben, dass die deutsche Staatsrechtslehre sich jedenfalls z.T. dadurch auszeichnet, dass die materielle Rechtsordnung generell-abstrakt und damit in erster Linie statisch gedacht wird. Zum Systemdenken der deutschen Verfassungsrechtswissenschaft *F. Schoch* ebd., 177 (192) mwN; zu Eigenheiten der Schweizer Verfassungsentwicklung *G. Biaggini* ebd., 267 (270 ff.). Idealtypischerweise gibt es für so manchen auf jede offene (Grund-)Rechtsfrage nur eine einzige richtige Antwort. Kritisch hierzu *R. Poscher* JZ 2013, 1 ff. Auch andere haben eine allzu statische Rechtsdeutung kritisiert, s. nur *M. Jestaedt* Das mag in der Theorie richtig sein ..., 2006, 55 ff.; *A. v. Arnauld* Rechtstheorie 32 (2001), 465 ff.; *S. Kirste* Die Zeitlichkeit des positiven Rechts und die Geschichtlichkeit des Rechtsbewußtseins, 1998, 386 ff.; vgl. außerdem *W. Brohm* FS Maurer, 2001, 1079, insbes. 1085 ff.

[40] Zu den institutionellen Garantien grundlegend *C. Schmitt* in: ders. (Hrsg.) Verfassungsrechtliche Aufsätze aus den Jahren 1924–1954, 1958, 140 ff.; s.a. *M. Cornils* Die

insbesondere für die Figur der objektiven Dimension der Grundrechte,[41] die auch als Ausdruck einer in der Nachkriegszeit vorhandenen Empfänglich- oder sogar Bedürftigkeit für die Etablierung einer objektiven Wertordnung gelesen wird.[42]

Genannt werden kann daneben die Etablierung von Art. 2 Abs. 1 GG als Auffanggrundrecht,[43] später die Entwicklung staatlicher Schutzpflichten[44] und des prozeduralen Grundrechtsschutzes.[45]

Auch bei Art. 6 Abs. 1 GG lässt sich diese dogmatische Entwicklung nachzeichnen. Vielfach hat dabei das Bundesverfassungsgericht als Motor gewirkt. Grundlegend ist insbesondere die Entscheidung vom 17.01.1957, mit der die Zusammenveranlagung von Ehegatten als verfassungswidrig verworfen wurde.[46] Hervorgehoben wurde zunächst die in der Norm enthaltene Instituts- bzw. Einrichtungsgarantie.[47] Bei der Zuerkennung eines subjektiven Freiheitsrechts konnte zwar an die klassische Eingriffsabwehrfunktion von Grundrechten angeknüpft werden. Bezogen auf Ehe und Familie zeigt sich hier aber die Abkehr vom bloßen Programmcharakter des Art. 119 WRV. Die Norm wurde dabei als Reaktion auf die „Allstaatlichkeit des Nationalsozialismus" verstanden.[48]

Darüber hinaus wurde die Figur der objektiven Wertordnung für Art. 6 Abs. 1 GG fruchtbar gemacht. Die Norm wurde als verbindliche Wertentscheidung für den gesamten Bereich des Ehe und Familie betreffenden privaten und öffentlichen Rechts angesehen.[49] Ihr besonderer Schutzcha-

---

Ausgestaltung der Grundrechte, 2005, 339 ff. mwN; s.a. BVerfGE 6, 55 (72); 24, 119 (135); 24, 367 (389); 26, 215 (222).

[41] BVerfGE 7, 198 (205); dazu nur *M. Herdegen* in: Maunz/Dürig, GG, 67. Erg.-Lfg., 2013, Art. 1 Abs. 3 Rn. 52.

[42] *R. Wahl* JZ 2013, 369 (372, 375 ff.) mwN.

[43] Grundlegend BVerfGE 6, 32 (37) (sog. Elfes-Urteil) dazu nur *H. Lang* in: V. Epping/Ch. Hillgruber (Hrsg.) GG, 2009, Art. 2 Rn. 9. sowie *U. Di Fabio* in: Maunz/Dürig, GG, 67. Erg.-Lfg., 2013, Art. 2 Rn. 21. Kritisch *H. Ehmke* Prinzipien der Verfassungsinterpretation, VVDStRL 20 (1963), 82 ff.

[44] Grundlegend BVerfGE 39, 1 (41 ff.) zu § 218 StGB. Dazu *Di Fabio* in: Maunz/Dürig (Fn. 43), Art. 2 Rn. 61 mwN.

[45] Grundlegend BVerfGE 53, 30 ff.

[46] BVerfGE 6, 55 (insbes. 71 ff.). In der Schlechterstellung von Ehegatten durch die Zusammenveranlagung wurde ein Verstoß gegen Art. 6 Abs. 1 GG in seiner Wirkung als Schutznorm gesehen, BVerfGE 6, 55 (77).

[47] BVerfGE 6, 55 (72).

[48] BVerfGE 6, 55 (71).

[49] Vgl. auch BVerfGE 6, 386 (388). Ein bloßer Programmsatzcharakter wurde als nicht der Entstehungsgeschichte entsprechend abgelehnt. S. BVerfGE 6, 55 (73 ff.); unzutreffend insoweit JöR (Fn. 26), 97. In der Konsequenz dieser Entwicklung hat sich das BVerfG eine im internationalen Vergleich einzigartige umfassende Prüfungskompetenz und -intensität sowie eine herausragende Stellung gegenüber Fachgerichten und

rakter kam darin zum Ausdruck, dass sie sich nicht negativ auf die Abwehr von Eingriffen beschränkt, sondern dem Staat auch eine positive Förderaufgabe auferlegt. Die Wertungen des Art. 3 Abs. 2 GG wurden einbezogen. Damit erfuhr die Ausgestaltungsbefugnis des Gesetzgebers eine umfassende Einbindung.

b. Dynamisierungsfaktoren

Dass die Auslegung von Verfassungsbestimmungen sich ändern kann, zeigt sich schon daran, dass die Verfassungsmäßigkeit einer gesetzlichen Regelung auch dann und damit nochmals überprüft werden kann, wenn eine Entscheidung des Bundesverfassungsgerichts bereits vorliegt.[50] Dies gilt insbesondere dann, wenn sich soziale Umstände und Einstellungen ändern.

Das Bundesverfassungsgericht hat schon 1953 ausdrücklich angesprochen, dass soziale Entwicklungen die Auslegung des Grundgesetzes beeinflussen können.[51] In anderen Entscheidungen griff es auf einen Wandel der gesellschaftlichen Anschauungen zurück, etwa auf die allgemein herr-

---

Gesetzgeber verschafft. Instruktiv dazu *R. Wahl* JZ 2013, 369 (371 ff.); *M. Jestaedt* in: ders./O. Lepsius/Ch. Möllers/Ch. Schönberger (Hrsg.) Das entgrenzte Gericht. Eine kritische Bilanz nach sechzig Jahren BVerfG, 2011, 77 (insbes. 96 ff.); s.a. die einzelnen Beiträge in: *Stolleis* (Hrsg.) Herzkammer der Republik, 2011; *O. Lepsius* in: Jestaedt/Lepsius/Möllers/Schönberger, ebd., 159 (209 ff.). *Schulze-Fielitz* spricht insoweit auch von einer Verrechtlichung der politischen Gestaltungskraft, die zu Lasten der demokratischen Elemente des GG geht und attestiert Deutschland dabei einen Sonderweg in Europa ohne unmittelbar sichtbaren Gerechtigkeitsgewinn. *H. Schulze-Fielitz* in: D. Grimm/F. Longato/C. Mongardini/G. Vogt-Spira (Hrsg.) Verfassung in Vergangenheit und Zukunft: Sechs Jahrzehnte Erfahrung in Deutschland und Italien, 2011, 89 ff., zur wissenschaftsdominierenden Bedeutung des BVerfG, *ders.* in: ders. (Fn. 39), 11 (28 ff.).

[50] So BVerfGE 33, 199 (204); 39, 169 ff.; 70, 242 ff.; 94, 315 (323). Voraussetzung ist, dass sich die tatsächlichen Verhältnisse, die Verfassungswirklichkeit oder die allgemeine Rechtsauffassung zu der zu überprüfenden Norm so geändert haben, dass ein veränderter Verfassungsinhalt oder ein anderer Norminhalt der neuen verfassungsrechtlichen Prüfung zugrunde gelegt werden muss. Zu den Anforderungen an die Vorlage vgl. BVerfGE 65, 179 (181). Dazu auch *G. Ulsamer* in: T. Maunz/B. Schmidt-Bleibtreu/F. Klein/H. Bethge (Hrsg.) BVerfGG, 40. Erg.-Lfg. 2013, § 80 Rn. 68 b. sowie *G. Morgenthaler* in: Epping/Hillgruber (Fn. 43), Art. 100 Rn. 16. Kritisch zur faktischen Bindungswirkung *O. Lepsius* in: R. Scholz/D. Lorenz/Ch. Pestalozza/M. Kloepfer/H. D. Jarass/Ch. Degenhart/O. Lepsius (Hrsg.) Realitätsprägung durch Verfassungsrecht, 2008, 104 (insbes. 111 ff.) mwN.

[51] „... wenn in ihrem Bereich neue, nicht vorausgesehene Tatbestände auftauchen oder bekannte Tatbestände durch ihre Einordnung in den Gesamtablauf einer Entwicklung in neuer Beziehung oder Bedeutung erscheinen." So BVerfGE 2, 380 (401) zur Eigentumsgarantie im Rahmen der Verfassungsmäßigkeit des Gesetzes über das Beanstandungsrecht in Haftentschädigungssachen.

schenden gesellschaftlichen Auffassungen,[52] den Wandel der Verhältnisse und Anschauungen,[53] oder auf die Volksanschauung.[54] Auch in der Literatur ist anerkannt, dass soziale und wirtschaftliche Veränderungen, aber auch der Wertewandel in der Gesellschaft die Auslegung von Grundrechten und damit auch ihre Dogmatik beeinflussen.[55] Besonders offen sind insoweit die Grundrechte, die schon von ihrer Struktur her auf eine Ausgestaltung durch den Gesetzgeber angelegt sind. Dies ist bei Art. 6 Abs. 1 GG der Fall, ebenso bei Art. 14 Abs. 1 GG. Bei anderen Grundrechten ist der Spielraum enger.[56]

Damit ist allerdings noch nicht gesagt, welche dogmatischen Stellschrauben hierbei im Einzelnen zum Einsatz kommen. Bezogen auf die Grundrechtsdogmatik von Ehe und Familie ergibt sich insoweit ein differenziertes Bild.

IV. Grundrechtsdogmatik von Ehe und Familie im Wandel

1. *Grundlinien*

Bis heute halten Rechtsprechung und in weiten Teilen auch die Literatur zwar im Wesentlichen an den in den fünfziger Jahren des letzten Jahrhunderts entwickelten Grundstrukturen fest.[57] Art. 6 Abs. 1 GG beinhal-

---

[52] BVerfGE 1, 264 (277 f.) zu Art. 14 GG im Rahmen der Verfassungsbeschwerden, die sich unmittelbar gegen das Bundesgesetz zur Ordnung des Schornsteinfegerwesens richteten.

[53] BVerfGE 10, 354 (368 f.) zur Pflichtmitgliedschaft der in Bayern tätigen Ärzte bei der Bayerischen Ärzteversorgung.

[54] BVerfGE 18, 112 (118), wonach allerdings gerade keine einheitliche Anschauung zur Todesstrafe festgestellt werden könnte.

[55] *C. Degenhart* in: Scholz/Lorenz/Pestalozza/Kloepfer/Jarass/Degenhart/Lepsius (Fn. 50), 89 (99 ff.), zu Art. 6 Abs. 1 GG. Ob das BVerfG sich bei seinen Entscheidungen auf empirisch belegte soziale Entwicklungen bezieht oder aber auf allgemeine Gerechtigkeitsvorstellungen zurückgreift, wird nicht immer ganz klar. *T. Würtenberger* Zeitgeist und Recht, 1987, 193; vgl. auch die Kritik von *Landau* und *Kessal-Wulf* in ihrer abweichenden Meinung zum Beschl. des 2. Senats vom 07.05.2013, 2 BvR 909/06 u.a. (Ehegattensplitting), Rn. 116 ff. (insbes. 145 ff.); zur Berücksichtigung statistischer Erkenntnisse *G. Britz* Einzelfallgerechtigkeit versus Generalisierung, 2008, insbes. 29 ff.; vgl. außerdem *A. v. Arnauld* in: A. Funke/J. Lüdemann (Hrsg.) Öffentliches Recht und Wissenschaftstheorie, 2009, 65 ff.

[56] Vgl. dazu die Einzeluntersuchungen von *Cornils* Die Ausgestaltung der Grundrechte (Fn. 40), 54 ff.; zu den Grenzen der Auslegungsbefugnis auch des BVerfG s. nur das Sondervotum des Richters *Gaier* zur Plenarentscheidung des BVerfG zum Einsatz der Bundeswehr im Inland, Beschl. v. 03.07.2012, 2 PBvU 1/11, juris-Rn. 60 ff. zu Vorlagefrage 2 juris-Rn. 23 ff.

[57] Hierzu *D. Grimm* Die Zukunft der Verfassung, 1991, 221 ff.

tet auch weiterhin ein Freiheitsrecht, eine institutionelle Garantie und ist wertentscheidende Grundsatznorm. Die sich dahinter im Einzelnen verbergenden Inhalte haben sich jedoch gewandelt.[58] Deutlich stärker geworden ist der Einfluss des Art. 3 GG und dies nicht nur bezüglich der Gleichberechtigung der Frau.

Art. 6 Abs. 1 GG ist auch deshalb auf eine dynamische Auslegung hin angelegt, weil das Schutzgebot der Verfassung die Institutionen der Ehe und Familie nicht abstrakt umfasst, sondern in ihrer Ausgestaltung durch den Gesetzgeber.[59] Damit beeinflusst die soziale Realität die Auslegung der Verfassung stärker als dies bei anderen Grundrechten der Fall ist. Das Familienrecht, vielfach geprägt durch politische Kompromisse, bringt neue Inhalte in die Verfassung ein, ist aber selbst wiederum gebunden durch die Verfassung.[60]

Besonders deutlich wird die Entwicklungsoffenheit von Art. 6 GG in den Fällen, in denen gesetzliche Regelungen erst als verfassungswidrig, später dann als verfassungsgemäß angesehen wurden.

Ausdrücklich angesprochen wird ein Wertewandel vom Bundesverfassungsgericht u.a. in den Entscheidungen zu Witwerrenten.[61]

Im Jahr 1963 wurde es beispielsweise noch als mit Art. 6 GG vereinbar angesehen, dass ein Witwer nach dem Tode seiner versicherten Frau nur dann eine Rente erhielt, wenn diese den Unterhalt der Familie überwiegend bestritten hatte. Zwölf Jahre später wurde dagegen die veränderte Rollenverteilung in der Ehe hervorgehoben und dem Gesetzgeber aufgegeben, für die Zukunft einen Verstoß gegen Art. 3 Abs. 2 und 3 GG auszuschließen. Als Beispiele für einen Wandel kann auch auf die Rechtsprechung zum Ehenamen[62] sowie zum Sorgerecht nicht miteinander verheirateter Eltern verwiesen werden.[63]

---

58 Kritisch zur Entwicklung des Instituts der Ehe die Minderheitsvoten von *Papier* und *Haas* BVerfGE 105, 313 (357 ff.). Zum Kern der Institutsgarantie des Art. 6 GG s. insbes. BVerfGE 80, 80 (92).

59 BVerfGE 31, 58 (82 f.); s.a. BVerfGE 105, 313 (345).

60 Ausführlich dazu *Cornils* Die Ausgestaltung der Grundrechte (Fn. 40), 338 ff.; zum besonderen Schutz von Ehe und Familie im Privatrecht *M. Ruffert* Vorrang der Verfassung und Eigenständigkeit des Privatrechts, 2001, 398 ff.

61 BVerfGE 17, 1 (12 f.); ferner auch BVerfGE 39, 148 (155).

62 Es wurden zum einen Reformen zu Liberalisierung des Namensrechts angestoßen, aber auch eher konservativere gesetzliche Entscheidungen verfassungsrechtlich gebilligt, *U. Sacksofsky* FPR 2010, 15 (19) beschreibt die Linie der Rechtsprechung des BVerfG insoweit als „Zickzackkurs". Einen Überblick zum deutschen Namensrecht gibt *N. Spiegelhalder* FPR 2010, 1 ff. Bis 1976 galt die Regelung, dass bei der Eheschließung der Mannesname gemeinsamer Familienname wird. Das BVerfG deutete zwar im Jahr 1963 Zweifel an der Vereinbarkeit mit Art. 3 Abs. 2 GG an, beschränkte die zu entscheidende Frage jedoch auf das abstrakte Gebot eines einheitlichen Ehe- und Familiennamens

Als Reformbremse wird dagegen von vielen Erb- und Familienrechtlern eine Grundsatzentscheidung des Bundesverfassungsgerichts aus dem Jahre 2005 angesehen, wonach das Pflichtteilsrecht der Kinder von Art. 14 Abs. 1 S. 1 GG iVm Art. 6 Abs. 1 GG garantiert sein soll.[64]

---

und sah dieses als verfassungsgemäß an, BVerfGE 17, 168 (171 f.). Erst im Jahr 1978 erklärte das BVerfG die Regelung – allein mit Konsequenzen für Altehen – für verfassungswidrig, BVerfGE 48, 327 ff. Vgl. dazu auch *R. Frank* in: 40 Jahre Grundgesetz, Ringvorlesung der Rechtswissenschaftlichen Fakultät Freiburg, 1990, 113, (119) mwN. Durch Änderung des Namensrechts im Jahr 1976 wurde sodann nur noch subsidiär an den Vorrang des Mannesnamens angeknüpft, soweit keine Bestimmung des Ehenamens durch die Eheleute erfolgte. Im Jahr 1988 sah das BVerfG den Zwang zum einheitlichen Ehenamen als verfassungsrechtlich unbedenklich, jedoch nicht zwingend geboten an, äußerte in einem obiter dictum allerdings Zweifel am subsidiären Vorrang des Mannesnamens, vgl. BVerfGE 78, 38 (49 ff.). Erst im Jahr 1991 wurde die subsidiäre Anknüpfung an den Mannesnamen für verfassungswidrig erklärt, BVerfGE 84, 9 (17). Das gesetzliche Verbot, einen früheren Ehenamen auch zum Ehenamen einer neuen Ehe zu bestimmen wurde 2004 für verfassungswidrig erklärt. S. BVerfGE 109, 256 ff., dazu *U. Sacksofsky* FPR 2004, 371 ff. Der Ausschluss des Doppelnamens für Ehegatten und Kinder sowie das Verbot von drei- oder mehrgliedrigen Namen wurden dahingegen im Jahr 2002 und 2009 verfassungsrechtlich gebilligt, BVerfGE 104, 373 ff. und BVerfGE 123, 90 ff.

[63] Nachdem der EGMR, Urt. v. 03.12.2009 – 22028/04, Zaunegger/Deutschland, NJW 2010, 501 ff., die in § 1626a BGB a.F. liegende Zurücksetzung des Kindesvaters gegenüber der Kindesmutter und ehelichen Vätern für unvereinbar mit Art. 8 und Art. 14 EMRK erklärt hat – dazu nur *M. Coester* NJW 2010, 482 ff., im Einzelnen weiter unten –, hat auch das BVerfG seine Haltung revidiert. Anders als noch in seinem Urt. v. 29.01.2003, BVerfGE 107, 105 ff. – kritisch dazu etwa schon *K. Muscheler* FS Frank (Fn. 10), 463 ff.; ferner auch *S. Willutzki* FPR 2013, 236 ff., der die Entscheidung des BVerfG insoweit als „weltfremd" bezeichnet – hat es mit Beschl. v. 21.07.2010, 1 BvR 420/09, NJW 2010, 3008 ff. das bis dahin geltende Reglungskonzept zum Sorgerecht für Kinder nicht miteinander verheirateter Eltern als verfassungswidrig erklärt. Dem Vater muss nach der Entscheidung auch gegen den Willen der Mutter die Möglichkeit des Zugangs zur gemeinsamen elterlichen Sorge eröffnet werden. Dieser muss überprüfen lassen können, ob ihm (zum Teil) die alleinige elterliche Sorge zu übertragen ist. Nach Geltung der Übergangsregelung des BVerfG, ist zum 19.05.2013 § 1626a BGB n.F. in Kraft getreten. Zur Reform siehe nur *S. Heilmann* NJW 2013, 1473 ff. und *C. Bruns* FamFR 2013, 217 ff. Zur gesamten Entwicklung mit zahlreichen weiteren Nachweisen *B. Veit* in: H. G. Bamberger/H. Roth (Hrsg.) BeckOK BGB, Stand 01.11.2011, § 1626a Rn. 18 ff.

[64] BVerfGE 112, 332 (348 ff.); kritisch dazu *T. Helms* in: R. Zimmermann (Hrsg.) Freedom of Testation/Testierfreiheit, 2012, 1 (11 ff.) mwN; außerdem *S. Stüber* NJW 2005, 2122 ff. und *D. Leipold* JZ 2010, 802 (805 f.); dem BVerfG zustimmend dagegen *G. Otte* JZ 2005, 1001 (1007 ff.). In der Entscheidung wird das grundrechtliche Spannungsverhältnis zwischen Testierfreiheit des Erblassers und Pflichtteilsrecht der Kinder als Ausdruck der Solidarität zwischen den Generationen zwar thematisiert, letztlich aber einseitig zugunsten des letzteren entschieden. Das Pflichtteilsrecht der Abkömmlinge in seiner herkömmlichen Gestalt soll demnach als grundsätzlich unentziehbare

Die Beispiele zeigen: Lebenswirklichkeit und veränderte Auffassungen haben (oft) Dynamik in die Verfassungsinterpretation gebracht.[65] Ein Blick auf die Entwicklung der Auslegung der Schutzgüter des Art. 6 Abs. 1 GG liefert weitere Belege.[66]

2. *Schutzgut Ehe*

Ausdrücklich definiert wird der Begriff der Ehe im Grundgesetz nicht. In Anknüpfung an die Entstehungsgeschichte wird darunter grundsätzlich die auf Dauer angelegte Lebensgemeinschaft von Mann und Frau angesehen, die auf freiem Entschluss und der Gleichberechtigung der Partner beruht und unter staatlicher Mitwirkung geschlossen wird.[67] Was unter den einzelnen Merkmalen verstanden wird, hat sich allerdings gewandelt.[68]

Ursprünglich wurde die Ehe auch unter dem Grundgesetz als grundsätzlich unauflösliche Lebensgemeinschaft angesehen,[69] mittlerweile dagegen als „auf Dauer angelegt".[70] Stark gewandelt hat sich das Rollenbild der Eheleute. Im Juli 1959 sah das Bundesverfassungsgericht keinen

---

und bedarfsunabhängige wirtschaftliche Mindestbeteiligung am Nachlass anzusehen sein, BVerfGE 112, 349 ff. Die vom BVerfG daneben in Anspruch genommene Berufung auf die Rechtslage in anderen europäischen Staaten wird von *Helms* ebd., 1 (12 f.) durch Beispiele aus ebendiesen Rechtsordnungen in Frage gestellt.

[65] *Frank* in: 40 Jahre Grundgesetz (Fn. 62), 113 (120).

[66] Die Grundrechtsgewährleistungen von Ehe und Familie sind rechtlich voneinander unabhängig. Grundlegend *R. Gröschner* in: H. Dreier (Hrsg.) GG, 2. Aufl. 2004, Art. 6 Rn. 69 ff.; *U. Steiner* Handbuch der Grundrechte IV, 2011, § 108 Rn. 7; aA *A. Uhle* in Epping/Hillgruber (Fn. 43), Art. 6 Rn. 17. Ihr Schutz ist aber grundsätzlich gleichrangig. S. nur *Brosius-Gersdorf* in: Dreier (Fn. 11), Art. 6 Rn. 43, 46 jew. mwN; ausführlich *dies.* Demografischer Wandel und Familienförderung, 2011, insbes. 203; zum Ehe- und Familienleitbild in der DDR vgl. Erster Gleichstellungsbericht, BT-Drs. 17/6240, 62 f. mwN.

[67] BVerfGE 105, 313 (345); s.a. BVerfGE 10, 59 (66); 29, 166 (176); 37, 217 (248 ff.); 39, 169 (183); 48, 327 (338); 62, 323 (330); 66, 84 (94); 103, 89 (101); *Badura* in: Maunz/Dürig (Fn. 24), Art. 6 Rn. 42; s.a. *Brosius-Gersdorf* in: Dreier (Fn. 11), Art. 6 Rn. 49 mwN.

[68] Zur Wandlungsfähigkeit etwa BVerfGE 105, 313 (350) unter Verweis auf BVerfGE 31, 58 (82 f.) zur Verfassungsmäßigkeit des Lebenspartnerschaftsgesetzes; zu den gewandelten Ehebildern des BVerfG s.a. Erster Gleichstellungsbericht (Fn. 66), 63 f.

[69] BVerfGE 10, 59 (66).

[70] BVerfGE 105, 313 (344). Diese auf den anfänglichen Willen der Eheschließenden abstellende Sichtweise erscheint realitätsnäher, zumal die Möglichkeit der Scheidung seit der Bismarckzeit anerkannt ist. *Badura* in: Maunz/Dürig (Fn. 24), Art. 6 Rn. 4; *C. D. Classen* DVBl 2013, 1086 (1087) mwN; zum Recht auf Scheidung s.a. *Ruffert* Vorrang der Verfassung und Eigenständigkeit des Privatrechts (Fn. 60), 401 ff.; *F. Hufen* Staatsrecht II, 2007, § 16 Rn. 5; *Robbers* in: v. Mangoldt/Klein/Starck (Fn. 23), Art. 6 Abs. 1 Rn. 62.

Verfassungsverstoß darin, dass nach dem familienrechtlichen Leitbild die Frau ihre familiären Unterhaltsverpflichtungen in der Regel durch die Führung des Haushalts, der Mann die seinigen dagegen durch Erwerbstätigkeit erfüllt.[71] Ein gutes Jahrzehnt später wird hervorgehoben, dass die Aufteilung alleinige Angelegenheit der Ehepartner sei.[72]

Wie weit der Interpretationsspielraum reicht, zeigt sich bei der Diskussion um das Geschlecht der Eheleute. Das Bundesverfassungsgericht hält zwar in seinen neueren Entscheidungen daran fest, dass die Ehe allein der Verbindung zwischen Mann und Frau vorbehalten ist.[73] Immer mehr Stimmen in der Literatur gehen aber mittlerweile davon aus, dass unter Art. 6 Abs. 1 GG auch gleichgeschlechtliche Partnerschaften in der Form der Ehe geführt werden können.[74] Andere lehnen dies ab[75] bzw. halten es nur nach einer Änderung des Grundgesetzes für möglich.[76]

---

[71] BVerfGE 10, 59 (75).

[72] BVerfGE 37, 217 (251); s. außerdem BVerfGE 53, 224 (246 ff.); 105, 1 (10 f.)

[73] BVerfG, Urt. v. 07.05.2013, 2 BvR 909/06 u.a., insbes. Rn. 81, NJW 2013, 2257 (2258); s.a. BVerfGE 10, 59 (66); 105, 313 (345). In der Transsexuellen-Entscheidung vom Januar 2011 hat das BVerfG festgestellt, dass Voraussetzung einer Eheschließung die Verschiedengeschlechtlichkeit der Ehegatten ist, während die Eingehung einer Lebenspartnerschaft nur zwischen gleichgeschlechtlichen Personen möglich ist, BVerfG, Beschl. v. 11.01.2011, 1 BvR 3295/07, Rn. 58, NJW 2011, 909 (909). In der Entscheidung wurde zwar eine Anknüpfung an das personenstandsrechtliche Geschlecht als zulässig angesehen, als Verstoß gegen das allgemeine Persönlichkeitsrecht wurde es aber qualifiziert, dass Transsexuelle mit gleichgeschlechtlicher Orientierung zur rechtlichen Absicherung ihrer Partnerschaft entweder die Ehe eingehen oder sich geschlechtsändernden operativen Eingriffen aussetzen mussten, um personenstandsrechtlich im empfundenen Geschlecht anerkannt zu werden und damit eine eingetragene Lebenspartnerschaft begründen zu können, die ihrer als gleichgeschlechtlich empfundenen Partnerbeziehung Rechnung trägt. Kritisch zur „Gegengeschlechtlichkeit" *S. Baer* in: A. Röthel/B. Heiderhoff (Hrsg.) Regelungsaufgabe Paarbeziehung: Was kann, was darf, was will der Staat?, 2012, 35 (39 f.); zu Entwicklungen in Europa, Amerika und Australien vgl. *Basedow/Scherpe* (Hrsg.) Transsexualität, Staatsangehörigkeit und internationales Privatrecht, 2004.

[74] S. etwa *Brosius-Gersdorf* in: Dreier (Fn. 11), Art. 6 Rn. 79 ff., die auch die Vielehe als von Art. 6 umfasst ansieht, einschränkend aber auf Art. 3 Abs. 2 Satz 1 GG verweist; aA *H. Hofmann* in: B. Schmidt-Bleibtreu/H. Hofmann/A. Hopfauf (Hrsg.) GG, 12. Aufl. 2011, Art. 6 Rn. 6 ff. Die Evangelische Kirche in Hessen und Nassau hat die Segnung homosexueller Paare weitgehend mit der Trauung gleichgestellt, vgl. Ordnung des kirchlichen Lebens in der EKHN vom 15. Juni 2013 (ABl. 2013 Nr. 8) Abschnitt 5, 2.3, 2.4, Rn. 255 ff. Im August 2013 wurde erstmals eine Ehezeremonie bei Lebenspartnern vollzogen, vgl. www. eknh.de (zuletzt abgerufen am 17.09.2013); *A. Sanders* NJW 2013, 2236 (2238 f.).

[75] Bezogen auf das Institut der Ehe hält etwa *Würtenberger* trotz Zunahme alternativer Formen des Zusammenlebens eine Neuinterpretation von Art. 6 Abs. 1 GG nicht für angebracht. Ein Wandel in den Wertvorstellungen und Verhaltensweisen könne hier

Ehe und Familie sind grundsätzlich als gleichrangige Schutzgüter anzusehen. In der Praxis lässt sich aber vielfach eine Verschiebung des Schutzes von der Ehe hin zur Familie beobachten.[77]

3. *Schutzgut Familie*

Deutlich wird dies insbesondere im Sozialrecht. Früher knüpften beispielsweise die Rentenansprüche an den Ehestatus an. Gewährt wurden eine Witwen- bzw. eine Witwerrente. Mittlerweile wird dagegen unmittelbar auf die Betreuung von Kindern abgestellt und deshalb von der sog. Erziehungsrente gesprochen.[78]

Stark gewandelt hat sich der Begriff der Familie. Soziale Entwicklungen und veränderte Werte haben als Dynamisierungsfaktoren seine Auslegung beeinflusst. Die Familie muss nicht mehr aus der Ehe hervorgehen, um dem Schutz des Art. 6 Abs. 1 GG zu unterfallen. Das Bestehen einer tatsächlichen Lebens- und Erziehungsgemeinschaft von Eltern und Kindern genügt.[79] Auf die biologische Herkunft kommt es nicht an. Vom

---

keine normative Kraft entfalten, weil Ehe und Familie als Keimzelle, als natürliche und sittliche Grundlage jeder menschlichen Gemeinschaft ohne Alternative seien, *Würtenberger*, Zeitgeist und Recht (Fn. 55), 228 mwN. Vgl. auch *V. Epping* Grundrechte, 5. Aufl. 2012, Kap. 10 Rn. 509; *W. Frenz* NVwZ 2013, 1200 (1201); *M. Kloepfer* Handbuch der Grundrechte II, 2006, § 43 Rn. 68; *B. Klein* Das neue Eheverbot der bestehenden eingetragenen Lebenspartnerschaft, 2008, 18 ff.; s.a. EuGH, Urt. v. 31.05.2001 – C-122/99 P und C.125/99 PD, Königreich Schweden/Rat, DVBl. 2001, 1199 (1200). Zum Merkmal der Verschiedengeschlechtlichkeit auch *B. Pieroth* in: H. D. Jarass/B. Pieroth (Hrsg.) GG, 11. Aufl. 2011, Art. 6 Rn. 2; *C. v. Coelln* in: M. Sachs (Hrsg.) Grundgesetz Kommentar, 6. Aufl. 2011, Art. 6 Rn. 6; *Robbers* in: v. Mangoldt/Klein/Starck (Fn. 23), Art. 6 Rn. 45.

[76] *D. Coester-Waltjen* in: I. v. Münch/P. Kunig (Hrsg.) GG, 6. Aufl. 2012, Art. 6 Rn. 9; *P. Berens* Der Grundrechtsschutz der Familie unter besonderer Berücksichtigung der kinderreichen Familie, 2004, 89.

[77] Vgl. dazu *N. Dethloff* in: B. Zypries (Hrsg.) Verfassung der Zukunft, 2009, 132 ff.; der Erste Gleichstellungsbericht (Fn. 66), 68 f. weist aber auch darauf hin, dass dem Arbeits- und Sozialrecht vielfach noch traditionelle Rollenbilder zu Grunde liegen.

[78] § 47 SGB VI, zu den Auswirkungen und der Ausgestaltung des Sozialrechts vgl. den Ersten Gleichstellungsbericht (Fn. 66), 69, 76 und 202 ff., auf Seite 58 wird allerdings auch darauf hingewiesen, dass trotz rechtlicher Gleichstellung von Witwen und Witwern die Hinterbliebenensicherung bis heute dem rechtlichen Bild der nicht oder wenig erwerbstätigen Frau folgt.

[79] Grundlegend BVerfGE 10, 59 (66); kinderlose Ehen werden nicht unter den Familienbegriff gefasst, s. *Brosius-Gersdorf* in: Dreier (Fn. 11), Art. 6 Rn. 110 und *M. Pechstein*, Familiengerechtigkeit als Gestaltungsgebot für die staatliche Ordnung, 1994, 100; aA *D. Pirson* in: Bonner Kommentar GG, 36. Erg.-Lfg. 1976, Art. 6 Rn. 22.

Schutz des Familiengrundrechts erfasst wird die „soziale Familie“, die unabhängig ist vom Bestehen rechtlicher Elternschaft.[80] Dazu gehören auch nichteheliche Familien[81] sowie Pflege- und Stieffamilien,[82] ggfs. weitere Personen wie z.B. die Großeltern.[83]

Das durch Art. 6 Abs. 2 S. 1 GG geschützte Elternrecht schützt auch zwei Elternteile gleichen Geschlechts. Eingetragene Lebenspartnerschaften mit Kindern sind Familie iSd Art. 6 Abs. 1 GG.[84] In seiner Entscheidung zur Sukzessivadoption ging das Bundesverfassungsgericht davon aus, dass die abweichende historische Vorstellung dieser Auslegung nicht entgegensteht. Maßgeblich ist vielmehr die veränderte rechtliche Einordnung der Homosexualität und der Einstellungswandel der Gesellschaft.[85] Familie ist damit letztlich überall dort, wo Kinder sind.[86] Auch eine Volladoption durch Lebenspartner muss konsequenterweise nun eingeführt werden.[87]

Die Zulassung der Sukzessivadoption und die Einbeziehung von Lebenspartnerschaften mit Kindern in den Schutzbereich von Art. 6 Abs. 1 GG ist folgerichtig. Grundrechtsdogmatisch ist aber auffällig, dass die Entscheidung, und dies trotz umfangreicher Ausführungen zum Schutzbereich des Art. 6 Abs. 1 GG, letztlich nicht auf diese Norm gestützt wurde, sondern auf einen Verstoß gegen Art. 3 GG. Wegen der

80 BVerfG, Urt. v. 19.02.2013, 1 BvL 1/11 und 1 BvR 3247/09, Rn. 62, NJW 2013, 847 (850); vgl. nur BVerfGE 68, 176 (187); 79, 51 (59); 80, 81 (90).

81 BVerfG, Urt. v. 19.02.2013, 1 BvL 1/11 und 1 BvR 3247/09, Rn. 64, NJW 2013, 847 (851) unter Verweis u.a. auf BVerfGE 10, 59 (66); 18, 97 (105 f.); 79, 256 (267) und 108, 82 (112).

82 BVerfG, Urt. v. 19.02.2013, 1 BvL 1/11 und 1 BvR 3247/09, Rn. 62, NJW 2013, 847 (850) unter Verweis auf BVerfGE 68, 176 (187) und 79, 51 (59) zur Pflegefamilie und BVerfGE 18, 97 (105 f.); 79, 256 (267) zur Stieffamilie. Auch auf die Ehefähigkeit kommt es danach nicht an; aA *Uhle* in: Epping/Hillgruber (Fn. 66), Art. 6 Rn. 18.

83 Zur Großfamilie als Pflege- und Erziehungs- sowie als Beistands- und Verantwortungsgemeinschaft *Brosius-Gersdorf* in: Dreier (Fn. 11), Art. 6 Rn. 112 mwN; aA *G. Kirchhof* AöR 129 (2004), 542 (550 f.).

84 BVerfG, Urt. v. 19.02.2013, 1 BvL 1/11 und 1 BvR 3247/09, Rn. 47, zum Begriff der Familie Rn. 60 ff., NJW 2013, 847 (849 f.).

85 Ein Anspruch auf Ermöglichung der Sukzessivadoption kann danach auch nicht aus Art. 6 Abs. 2 GG abgeleitet werden, weil das Elternrecht voraussetzt, dass ein durch Abstammung oder einfachgesetzlich begründetes Elternverhältnis zum Kind besteht, woran es jedoch in dem zu entscheidenden Fall fehlte. BVerfG, Urt. v. 19.02.2013, 1 BvL 1/11 und 1 BvR 3247/09, Rn. 58, NJW 2013, 847 (850) mwN aus der Rspr. des Gerichts.

86 Auch die Forderung nach einem Wahlrecht für Familien kann als Ausdruck des besonderen Stellenwerts von Kindern gesehen werden. Ausführlich zur Thematik, *S. Müller-Franken* Familienwahlrecht und Verfassung, 2013, mwN.

87 So auch *C. D. Classen* DVBl. 2013 1086 (1091).

Zulässigkeit der Sukzessivadoption bei Eheleuten und der Stiefkindadoption auch bei gleichgeschlechtlichen Paaren wurde ein Verstoß gegen das Gleichheitsrecht des Kindes festgestellt. Bezüglich des adoptionswilligen Lebenspartners findet sich dann nur noch ein Satz zur Übertragung des Ergebnisses auch auf ihn.[88]

4. *Gleichheitsrechte*

Der Bedeutungszuwachs der in Art. 3 GG verankerten Gleichheitsrechte für den Anwendungsbereich des Art. 6 GG ist bemerkenswert. Er hat dogmatisch weitreichende Auswirkungen.[89]

Der dynamisierende Einfluss des Art. 3 Abs. 2 GG auf die Auslegung des Art. 6 Abs. 1 GG wurde schon früh deutlich, etwa als das Bundesverfassungsgericht die Zusammenveranlagung von Ehegatten im Jahr 1957 verwarf. Der Versuch, die Norm damit zu begründen, dass es notwendig sei, „die Ehefrau ins Haus zurückzuführen", wurde als weder mit Art. 6 Abs. 1 GG noch mit Art. 3 Abs. 2 GG vereinbar angesehen.[90] Es widerspreche nicht nur dem Grundsatz, sondern auch dem Wortlaut des Art. 3 Abs. 2 GG, die erwerbswirtschaftliche Tätigkeit von Frauen „von vornherein als ehezerstörend zu werten". Die Zweckrichtung des Gesetzes, die Ehefrau von marktwirtschaftlicher Tätigkeit zurückzuhalten, sei ungeeignet, die Zusammenveranlagung zu rechtfertigen.[91]

---

[88] BVerfG, Urt. v. 19.02.2013, 1 BvL 1/11 und 1 BvR 3247/09, Rn. 71 ff., NJW 2013, 847 (851 ff.). Der Gesetzgeber wurde als jedenfalls nicht ohne Weiteres verpflichtet angesehen, bei der Ausgestaltung der Familie im rechtlichen Sinne tatsächlich vorgefundene familiäre Gemeinschaften genau nachzuzeichnen. Die Ehe unterscheide sich nicht in einer Weise von der eingetragenen Lebenspartnerschaft, dass der generelle Ausschluss der Sukzessivadoption gerechtfertigt werden könnte. Das Kindeswohl stehe dem nicht entgegen, sondern spreche im Gegenteil dafür. BVerfG, Urt. v. 19.02.2013, 1 BvL 1/11 und 1 BvR 3247/09, Rn. 78, NJW 2013, 847 (852). Zur Bedeutung des Kindeswohls vgl. auch *K. Tillmanns* FS Frank (Fn. 10), 271 ff.

[89] Zur Wertungsoffenheit des Art. 3 Abs. 1 GG *J. Kokott* FS 50 Jahre BVerfG, 2001, 127 (129 ff.).

[90] BVerfGE 6, 55 (79 ff.).

[91] BVerfGE 6, 55 (82); zu den Auswirkungen des Art. 3 Abs. 2 GG auf das Familienrecht in den Anfangsjahren der Bundesrepublik Deutschland *H. Dölle* Familienrecht, 1964, insbes. 15 ff., 26 ff.; zur Gleichstellung von Mann und Frau zwischen deutschem und europäischem Recht *J. Kokott* NJW 1995, 1049 ff. Zum Gleichheitsgrundsatz im Zusammenhang mit dem Schutz von Ehe und Familie in Österreich, wo eine verfassungsrechtliche Regelung zum Schutz dieser beiden Güter fehlt, *W. Berka* Verfassungsgarantie und sozialer Wandel – Das Beispiel von Ehe von Familie, VVDStRL 45, (1987), 94 (95).

Mittlerweile sieht das Gericht es als Aufgabe des Staates an, der Wahlfreiheit der Familien insbesondere bezüglich der Vereinbarkeit von Familie und Beruf Rechnung zu tragen.[92] Darauf wird noch zurückzukommen sein.

Viele andere ehe- und/oder familienbezogenen Entscheidungen wurden nicht oder jedenfalls nicht allein auf Art. 6 Abs. 1 GG gestützt, sondern maßgeblich auf Art. 3 Abs. 1 GG.[93] Dies gilt namentlich für das Sozialrecht, bei dem das Bundesverfassungsgericht es wiederholt ausdrücklich abgelehnt hat, konkrete Bindungen aus Art. 6 Abs. 1 GG herzuleiten.[94]

Grundsätzlich könnte man dies als richterliche Zurückhaltung gegenüber der Ausgestaltung des Grundrechts deuten. Im Ergebnis allerdings wurde der Gesetzgeber über den Hebel des Gleichheitssatzes wiederholt[95] zur Korrektur bzw. nachhaltigen Umgestaltung gewachsener Strukturen u.a. im Sozialversicherungsrecht verpflichtet.[96] Je höher die Regelungsdichte einer bestimmten Rechtsmaterie ist, desto differenzierter prüft das Bundesverfassungsgericht.[97] Insbesondere die Einführung der Lebenspartnerschaft[98] belegt, wie im Wechselspiel von innovativem Gesetzgeber

---

[92] BVerfGE 99, 216 (234); s.a. *Brosius-Gersdorf* Demografischer Wandel und Familienförderung (Fn. 66), insbes. 365 ff.

[93] Der in Art. 3 Abs. 1 GG festgeschriebene allgemeine Gleichheitssatz wurde ursprünglich meist als Willkürverbot umschrieben. Wesentlich Gleiches durfte danach nicht ohne sachlichen Grund willkürlich ungleich, wesentlich Ungleiches nicht gleich behandelt werden. Mittlerweile wird Art. 3 Abs. 1 GG in der Rspr. des BVerfG schon dann als verletzt angesehen, wenn Gruppen von Normadressaten unterschiedlich behandelt werden, obwohl zwischen beiden keine Unterschiede von solcher Art und solchem Gewicht bestehen, die die ungleiche Behandlung rechtfertigen könnten. S. etwa BVerfGE 55, 72 (88); 71, 146 (154 f.); 95, 267 (317).

[94] BVerfGE 82, 60 (80); 87, 1 (35); 103, 242 (257 ff.); 103, 271 (291 ff.); s.a. *Ruffert* Vorrang der Verfassung und Eigenständigkeit des Privatrechts (Fn. 60), 414 f.

[95] Und dies mit „wesentlich größerer Wirkkraft" meint *H.-J. Papier* in: B. v. Maydell/F. Ruland/U. Becker (Hrsg.) Sozialrechtshandbuch, 5. Aufl. 2012, § 3 Rn. 120; kritisch zur dogmatischen Entwicklung *G. Krings* NVwZ 2011, 26 f.; *J. Benedict* JZ 2013, 477 (486); *D. Gade/C. Thiele* DÖV 2013, 142 (151); *C. Hillgruber* JZ 2010, 41 ff.

[96] *Papier* in: v. Maydell/Ruland/Becker (Fn. 95), § 3 Rn. 100 ff.

[97] Willkürliche Inkonsequenz ist dem Gesetzgeber verboten, *Papier* in: v. Maydell/Ruland/Becker (Fn. 95), § 3 Rn. 96. Als Indiz für einen Gleichheitsverstoß wird die Verletzung einer vom Gesetz selbst gewählten Sachgesetzlichkeit angesehen. So schon BVerfGE 34, 103 (115); grundlegend *F.-J. Peine* Systemgerechtigkeit, 1985, 24 ff. Der Gleichheitssatz bezieht sich dabei aber nicht auf unterschiedliche Regelungsbereiche: „ähnliche Sachverhalte in verschiedenen Ordnungsbereichen mit anderen systematischen und sozialgeschichtlichen Zusammenhängen" müssen deshalb nicht gleich geregelt werden. BVerfGE 43, 13 (21); s.a. BVerfGE 40, 121 (139 f.) mwN.

[98] Die Gleichstellung begann mit dem Gesetz zur Beendigung der Diskriminierung gleichgeschlechtlicher Gemeinschaften: Lebenspartnerschaftsgesetz vom 16.02.2001

und verfassungsrechtlicher Interpretation neue Justierungen erfolgten. Dass dabei externe Faktoren (Rechtsvergleich, EU-Recht und EMRK) eine nicht unerhebliche Rolle spielten, wird noch aufzuzeigen sein.[99]

Bei Lebenspartnerschaften kann Art. 6 Abs. 1 GG nicht mehr als Differenzierungskriterium im Rahmen von Art. 3 Abs. 1 GG herangezogen werden. Ein Abstandsgebot besteht insoweit nicht (mehr). Aus dem Förderauftrag des Art. 6 Abs. 1 GG kann kein Gebot hergeleitet werden, die Ehe gegenüber anderen Lebensformen zu bevorzugen, wenn diese nach dem geregelten Lebenssachverhalt und den verfolgten Zielen der Ehe vergleichbar sind.[100]

Schon im Jahr 2002 begründete das Bundesverfassungsgericht die Vereinbarkeit des LPartG mit Art. 6 Abs. 1 GG damit, dass der Gesetzgeber auch Rechte und Pflichten für eingetragene Lebenspartnerschaften festlegen darf, die denen der Ehe „gleich oder nahe" kommen.[101] Die eingetragene Lebenspartnerschaft wurde als aliud zur Ehe angesehen, das Institut der Ehe und die in ihm enthaltenen Strukturprinzipien waren demnach nicht betroffen.[102] Lebenspartnerschaft war nicht Ehe „unter

---

(BGBl. I 266), in Kraft seit 01.08.2001 und dem Gesetz zur Überarbeitung des Lebenspartnerschaftsrechts vom 15.12.2004 (BGBl. I 3396), in Kraft seit 01.01.2005. Vgl. dazu schon BVerfGE 105, 313 (342 ff.) und BVerfGE 124, 199 (217 ff.).

[99] Zum Spannungsfeld von Konstanz und Entwicklung im Verfassungsrecht und im Zusammenspiel mit dem EGMR s.a. *A. Nußberger* RS 2012, 197 (198 f.).

[100] BVerfGE 124, 199 ff. In zwei Kammerentscheidungen des zweiten Senats war dies zuvor anders gesehen worden. Danach war die Versagung des Verheiratetenzuschlags bei eingetragenen Lebenspartnerschaften verfassungsrechtlich nicht zu beanstanden. BVerfG, Beschl. v. 20.09.2007, 2 BvR 855/06 und v. 06.05.2008, 2 BvR 1830/06. Mittlerweile hat sich aber der 2. Senat der Rspr. des 1. Senats angeschlossen. BVerfG, Beschl. v. 19.06.2012, 2 BvR 1397/09, NVwZ 2012, 1304 ff.; zustimmend *N. Dethloff* NJW Editorial, Heft 37, 2012; vgl. auch *R. Bömelburg* NJW 2012, 2753 (2758); kritisch *G. Krings* NVwZ 2011, 26 f.

[101] BVerfGE 105, 313 ff. Kritisch zur Ablehnung des Betroffenseins der Institutsgarantie die abweichenden Voten des Richters *Papier* und der Richterin *Haas*, BVerfGE 105, 313 (357 ff.). Dies wurde so gedeutet, dass damit die Existenz eines Abstandsgebots abgelehnt wurde, s. etwa *G. D. Gade/Ch. Thiele* DÖV 2013, 142 (149); BVerfGE 124, 199 (226). Zum Abstandsgebot siehe nur *Stern* Staatsrecht (Fn. 11), 488 ff. und *Ipsen* HStR (Fn. 23), § 154 Rn. 55.

[102] BVerfGE 105, 313 (350 f.). Die Förderpflicht des Staates hat sich danach am Schutzzweck des Art. 6 Abs. 1 GG auszurichten. Trüge der Gesetzgeber selbst durch Normsetzung dazu bei, dass die Ehe ihre Funktion einbüßte, würde er das Fördergebot aus Art. 6 Abs. 1 GG verletzen. Eine solche Gefahr könnte bestehen, wenn der Gesetzgeber in Konkurrenz zur Ehe ein anderes Institut mit derselben Funktion schüfe und es etwa mit gleichen Rechten und geringeren Pflichten versähe, so dass beide Institute austauschbar wären. Eine derartige Austauschbarkeit ist mit der Schaffung der eingetragenen Lebenspartnerschaft jedoch nicht verbunden. Sie kann mit der Ehe schon des-

falschem Etikett“, die Auseinandersetzung wurde auf diese Weise entemotionalisiert.[103]

In der Sache aber war vorgezeichnet, dass der bloße Verweis auf die Ehe die Benachteiligung der Lebenspartnerschaft nicht rechtfertigen kann.[104] Auch in der Entscheidung des Bundesverfassungsgerichts zur Hinterbliebenenrente wurde festgestellt, dass Ungleichbehandlungen von Ehe und eingetragener Lebenspartnerschaft am Maßstab des Art. 3 Abs. 1 GG zu messen sind.[105] Differenzierungen sind nur unter strengen Voraussetzungen zulässig. Werden gleichgeschlechtliche Lebenspartner gegenüber Ehegatten benachteiligt, ist von einer Ungleichbehandlung auf Grund der sexuellen Orientierung auszugehen. Wegen der besonderen Nähe zu Art. 3 Abs. 3 GG ist bei der Prüfung ein besonders enger Maßstab anzuwenden.[106] Ebenso wurde, wie bereits erwähnt, bei der Sukzessivadoption entschieden und auch in der jüngsten Entscheidung des Bundesverfassungsgerichts zum Ehegattensplitting.[107]

Den Ausschluss von nichtehelichen Lebensgemeinschaften bei der Kostenübernahme für künstliche Befruchtungen sah das Bundesverfassungs-

---

halb nicht in Konkurrenz treten, weil der Adressatenkreis, an den sich das Institut richtet, nicht den der Ehe berührt. Die eingetragene Lebenspartnerschaft ist wegen dieses Unterschieds auch keine Ehe mit falschem Etikett, wie dies in beiden Minderheitenvoten angenommen wird, sondern ein aliud zur Ehe.

103 *Wahl* FS Frank (Fn. 10), 31 (50).

104 BVerfG, Urt. v. 07.05.2013, 2 BvR 909/06 u.a., insbes. Rn. 84 ff., NJW 2013, 2257 (2259 ff.) mwN. Von der Senatsmehrheit gilt dies bereits seit ihrer Einführung 2001, s. insbes. Rn. 91 ff. Die damals noch bestehenden Unterschiede wurden als unerheblich angesehen. Wenn der Gesetzgeber Lebenspartnerschaft und Ehe in vergleichbarer Weise als umfassende institutionalisierte Verantwortungsgemeinschaft verbindlich gefasst habe, müsse er sich daran auch festhalten lassen. Das Splittingverfahren mit seinem Grundgedanken der Ehe als Gemeinschaft des Erwerbs und Verbrauchs müsse deshalb auch für Lebenspartnerschaften gelten und dies auch rückwirkend. In einer kritischen abweichenden Meinung des Richters *Landau* und der Richterin *Kessal-Wulf* wurden die Voraussetzungen erst mit der Reform im Jahr 2005 als erfüllt angesehen, eine Rückwirkung des Urteils wurde abgelehnt, s. insbes. Rn. 116 ff.

105 BVerfGE 124, 199 (218); hierzu auch *W. Frenz* NVwZ 2013, 1200 (1201 f.).

106 BVerfGE 124, 199 (220 f.); s. ebenso BVerfGE 126, 400 (419); vgl. auch BVerfG, Urt. v. 19.02.2013, 1 BvL 1/11 und 1 BvR 3247/09, Rn. 104 f., NJW 2013, 847 (855), mwN aus der Rspr. des BVerfG, s.a. BVerfGE 105, 313 (345 f. und 351 ff.); 107, 205, (215 ff.). *Brosius-Gersdorf* spricht insoweit von einem interinstitutionellen Diskriminierungsverbot, *Brosius-Gersdorf* Demografischer Wandel und Familienförderung (Fn. 66), 216 ff. mwN.

107 BVerfG, Urt. v. 07.05.2013, 2 BvR 909/06 u.a., insbes. Rn. 72 ff., Rn. 78 ff., NJW 2013, 2257 (2258); das BVerfG ging dabei davon aus, dass jedenfalls mittelbar an die sexuelle Orientierung angeknüpft werde, weil der Splittingtarif an den Familienstand anknüpfe.

gericht unter Bezugnahme auf die besondere rechtliche Verfasstheit der Ehe dagegen als sachlich gerechtfertigt an.[108]

5. *Wahlfreiheit*

a. *Eingriffsabwehr und Fördergebot*

Das Ehe- und Familiengrundrecht beinhaltet sowohl die Gründungs- als auch die Gestaltungsfreiheit.[109] Umfasst ist davon der Schutz vor Eingriffen durch den Staat.[110] Abgeleitet wird aus Art. 6 Abs. 1 GG sowie dem Sozialstaatsprinzip aber auch ein Fördergebot des Staates.[111] Von Bedeutung ist dies insbesondere im Hinblick auf die Vereinbarkeit von Familie und Beruf.[112] Förderung der Wahlfreiheit in diesem Sinne ist in

---

108 BVerfGE 117, 316 (325 ff.).

109 Dazu nur *Brosius-Gersdorf* in: Dreier (Fn. 11), Art. 6 Rn. 115 ff. mwN.

110 S. etwa BVerfGE 6, 55 (71); 80, 81 (92); 103, 242 (257); 107, 27 (53). Gewährt wird aber auch der Schutz vor Eingriffen Privater. Die Eheschließungsfreiheit darf nicht unzulässig durch Verträge eingeschränkt werden. Vgl. BVerfGE 15, 328 (335) und BVerfG, Beschl. v. 22.03.2004, 1 BvR 2248/01, Rn. 39 ff., NJW 2004, 2008 (2010 f.) zum Erbverlust wegen Ebenbürtigkeitsklausel. S.a. BVerfGE 103, 89 (101 ff.). Vgl. außerdem *A. Röthel* in: dies./Heiderhoff (Fn. 73), 17 (32) mwN und *Baer* ebd., 35 (42 f.). Eine Zwangsverheiratung ist unzulässig, *F. Edinger* StAZ 2012, 194 ff.

111 Vgl. BVerfGE 82, 60 (85 ff.); 99, 216 (233); 107, 205 (213); aus der Lit. *Badura* in: Maunz/Dürig (Fn. 24), Art. 6 Rn. 62; *Brosius-Gersdorf* in: Dreier (Fn. 11), Art. 6 Rn. 129. *Steiger* hat dies in seinem Referat Verfassungsgarantie und sozialer Wandel – Das Beispiel Ehe und Familie, kritisch hinterfragt, VVDStRL 45 (1987), 55 (84 ff.); zum Fördergebot s.a. *Kokott* FS 50 Jahre BVerfG (Fn. 89), 127 (137 f.); *Ipsen* HStR (Fn. 23), § 154 Rn. 86, 109 f.

112 Eltern muss es danach gleichermaßen möglich sein, „teilweise und zeitweise auf eine eigene Erwerbstätigkeit zugunsten der persönlichen Betreuung ihrer Kinder zu verzichten wie auch Familientätigkeit und Erwerbstätigkeit miteinander zu verbinden. Der Staat muss die Voraussetzungen dafür schaffen, dass die Wahrnehmung der familiären Erziehungsaufgabe nicht zu beruflichen Nachteilen führt, dass eine Rückkehr in eine Berufstätigkeit ebenso wie ein Nebeneinander von Erziehung und Erwerbstätigkeit für beide Elternteile einschließlich eines beruflichen Aufstiegs während und nach Zeiten der Kindererziehung ermöglicht und dass die Angebote der institutionellen Kinderbetreuung verbessert werden", BVerfGE 99, 216 (234). Zur Wahlfreiheit vgl. auch den Ersten Gleichstellungsbericht (Fn. 66), 76 ff.; *Badura* in: Maunz/Dürig (Fn. 24), Art. 6 Rn. 85; *Brosius-Gersdorf* in: Dreier (Fn. 11), Art. 6 Rn. 137 ff.; aus der Rspr. des BVerfG s. etwa BVerfGE 97, 332 (340 ff.); 99, 216 (230 ff.); BVerfG Nichtannahmebeschl. v. 09.11.2011, 1 BvR 1853/11, Rn. 7 ff., NJW 2012, 214 (214 ff.); BVerfG, Nichtannahmebeschl. v. 26.10.2011, 1 BvR 2075/11, Rn 4 ff., NJW 2012, 216 (216 f.). Zur Notwendigkeit eines familienfreundlichen Arbeitsrechts s. *M. Roth* RdA 2012, 1 (13) und *ders.* zur Drittwirkung der Grundrechte im Arbeitsrecht, in: A. Baumbach/K. J. Hopt (Hrsg.) Handelsgesetzbuch, 35. Aufl. 2012, § 59 Rn. 3.

weiten Teilen monetäre Förderung durch direkte und indirekte finanzielle Zuwendungen oder Erleichterungen. Daneben ist damit aber auch die strukturelle Förderung etwa durch Kinderbetreuungseinrichtungen angesprochen.

Das Bundesfamilienministerium hat in einer Bestandsaufnahme der staatlichen ehe- und familienbezogenen Leistungen 148 familienbezogene Maßnahmen mit einem finanziellen Gesamtvolumen von 125,5 Mrd. Euro aufgelistet.[113] Werden die ehebezogenen Maßnahmen dazugerechnet, wurden 2010 über 200 Mrd. Euro für diesen Bereich eingesetzt. Darunter fallen u.a. auch Kinder- und Elterngeld, der Familienlastenausgleich, Kinderfreibeträge, die Steuerfreistellung des Existenzminimums von Kindern sowie Beiträge des Bundes für Kindererziehungszeiten an die gesetzliche Rentenversicherung.[114] Ein erheblicher Teil dieser Posten mit einem Gesamtvolumen von fast 60 Mrd. Euro ist allerdings verfassungsrechtlich zwingend geboten.[115] Er sollte deshalb nicht als Leistung, sondern als Ausgleich bezeichnet werden.

Die einzelnen Instrumente stellen kein in sich geschlossenes System dar. Die Förderziele sind vielgestaltig, die Fördereignung ist in weiten Teilen umstritten. Dies haben gerade auch die die Veröffentlichung des Berichts begleitenden Diskussionen gezeigt.[116]

b. Verfassungsrechtliche Vorgaben für finanzielle staatliche Leistungen

Grundsätzlich kommt dem Staat eine weite Gestaltungsfreiheit sowohl bei der Schaffung von Ausgleichsregelungen von kindbezogenen Lasten (Familienlastenausgleich) als auch bei der Förderung von Familienleistungen (Familienleistungsausgleich) zu.[117] Grenze ist Art. 3 GG,[118] der Vorgaben für Typisierungsmaßstäbe setzt.[119]

---

[113] *Bundesministerium für Familie, Senioren, Frauen und Jugend* Gesamtevaluation der ehe- und familienbezogene Leistungen (Fn. 15), 4.

[114] Dazu kommen Fördermaßnahmen der Länder, z.B. nach dem BayLandeserziehungsgeldgesetz, s. dazu BVerfGE 130 (240 ff.).

[115] S. insbes. BVerfGE 82, 60 ff.; 87, 153 ff.; 99, 246 ff.

[116] Hierzu s. nur *Zukunftsforum Familie e.V.* Sonder-Info zur Gesamtevaluation ehe- und familienbezogener Leistungen 21.06.2013, http://zukunftsforum-familie.de/_data/Sonder-Info_Gesamtevaluation.pdf (zuletzt abgerufen am 17.09.2013).

[117] *Brosius-Gersdorf* in: Dreier (Fn. 11), Art. 6 Rn. 130 mwN; ein Vergleich zum Familienlastenausgleich in Frankreich findet sich bei *J. Borchert* Sozialstaatsdämmerung, 2013, 107 ff.

[118] *Brosius-Gersdorf* unterscheidet insoweit zwischen einem interinstitutionellen und einem intrainstitutionellem Diskriminierungsverbot, *Brosius-Gersdorf* in: Dreier (Fn. 11), Art. 6 Rn. 133 f., ausführlich *dies.* Demografischer Wandel und Familienförderung (Fn. 66), 216 ff. und 220 ff. Da die Gewährung des Steuersplittings nicht an

Aus dem Willkürverbot wird außerdem der Grundsatz der Folgerichtigkeit gesetzlicher Regelungen abgeleitet.[120] Dies heißt aber nicht, dass alle Ehe und Familie betreffenden Regelungen ein einheitliches Konzept verfolgen müssen. Insbesondere ein in sich konsistentes Ehe- und Familiensteuerrecht zu schaffen, wäre keine ganz einfache Aufgabe, vor allem wenn man auch das Ehegatten- und Unterhaltsrecht einbeziehen würde.[121]

Fraglich erscheint aber, ob der Staat tatsächlich jegliche selbstgewählte Form der Ausgestaltung von Ehe und Familie nicht nur zu respektieren, sondern auch finanziell zu unterstützen hat. Im Jahre 1998 ist das Bundesverfassungsgericht noch davon ausgegangen, dass sich die Förderpflicht jedenfalls auf jede von den Eltern gewählte Form der Kinderbetreuung bezieht und damit grundsätzlich auch die rein häusliche Kinderbetreuung bei Verzicht auf die Berufstätigkeit eines Ehepartners einschließt.[122] Aus der Perspektive des Art. 3 Abs. 2 GG wird es dagegen mehr und mehr als bedenklich angesehen, wenn der Staat Anreize gegen eine gleichzeitige Berufstätigkeit beider Ehepartner setzt. Das kürzlich eingeführte Betreuungsgeld steht insoweit in der Kritik.[123] Auch gibt es

---

einen kindbedingten Bedarf von Ehepaaren anknüpft, wurde die Ungleichbehandlung von Ehen und eingetragenen Lebenspartnerschaften vom BVerfG in seiner Entscheidung zum Ehegattensplitting nicht als durch familienpolitische Intentionen rechtfertigbar angesehen. Das Splittingverfahren sollte zwar ursprünglich eine „besondere Anerkennung der Aufgabe der Ehefrau als Hausfrau und Mutter" bezwecken. Der Gedanke der Familienförderung rechtfertige aber keine Schlechterstellung von eingetragenen Lebenspartnerschaften im Vergleich zu Ehen. BVerfG, Urt. v. 07.05.2013, 2 BvR 909/0 u.a., insbes. Rn.100, NJW 2013, 2257 (2262) unter ausdrücklicher Bezugnahme auf BVerfG, Urt. v. 19.02.2013, 1 BvL 1/11 und 1 BvR 3247/09, Rn. 80, NJW 2013, 847 (852 f.).

[119] BVerfG, Urt. v. 19.02.2013, 1 BvL 1/11 und 1 BvR 3247/09, Rn.101 ff., NJW 2013, 847 (855) zu den Maßstäben der Typisierung. Die Privilegierung der Ehe lässt sich danach nicht mit der grundsätzlichen Typisierungsbefugnis des Gesetzgebers im Steuerrecht begründen.

[120] S. nur BVerfGE 122, 210 ff. zur Pendlerpauschale; vgl. auch *A. Leisner* Kontinuität als Verfassungsprinzip, 2005, insbes. 233 f.

[121] Ausführlich dazu *N. Dethloff* Unterhalt, Zugewinn, Versorgungsausgleich – Sind unsere familienrechtlichen Ausgleichssysteme noch zeitgemäß?, Gutachten zum 67. Deutschen Juristentag, 2008, insbes. 46 ff.

[122] BVerfGE 99, 216 (231 und 234).

[123] *J. Wieland* Verfassungsfragen des Betreuungsgeldes, Rechtsgutachten für die Fraktion der SPD im Deutschen Bundestag, August 2012; *F. Brosius-Gersdorf* NJW 2013, 2316 ff., *dies.* sieht auch die beitragsfreie Mitversicherung von Ehegatten in der gesetzlichen Kranken- und Pflegeversicherung als verfassungswidrig an, im Jahr 2009 umfassten diese ein Gesamtvolumen von elf Milliarden Euro, vgl. *Brosius-Gersdorf* in: Dreier (Fn. 11), Art. 6 Rn. 96 mwN, und ausführlich zum verfassungsrechtlichen Reformbedarf bei der Familienförderung *dies.* Demografischer Wandel und Familienförderung

Stimmen, die von einem Verstoß des Ehegattensplittings gegen Art. 3 Abs. 2 GG ausgehen.[124] Das Bundesverfassungsgericht hat dies bislang nicht aufgegriffen, aber – und dies zu Recht – jedenfalls den Ausschluss eingetragener Lebenspartnerschaften vom Ehegattensplittung als verfassungswidrig angesehen.[125] Verfassungsrechtlich geboten ist die derzeitige Ausgestaltung des Splittings damit aber nicht, zumindest Modifizierungen sind möglich.[126]

Rechtspolitisch ist das derzeitige Modell stark umstritten. Im Bericht des Familienministeriums wird positiv hervorgehoben, dass das Ehegattensplitting und die beitragsfreie Mitversicherung für Ehepartner in der gesetzlichen Krankenversicherung den finanziellen Druck zur Arbeitsaufnahme reduzieren.[127] Nicht nur, aber gerade auch die Neuregelung des nachehelichen Unterhalts mit einer faktisch weitgehenden Verpflichtung zur eigenverantwortlichen Unterhaltssicherung lassen derartige Anreize angesichts der Höhe der Scheidungsquote allerdings als äußerst risikoreich erscheinen.[128] Betroffen davon sind auch weiterhin vor allem Ehefrauen, die ihren Schwerpunkt in der Familie sehen und zumindest vorübergehend lediglich in Teilzeit oder gar nicht berufstätig sind.[129] Das Ehegattensplitting wird von vielen als Karrierebremse für Frauen angese-

---

(Fn. 66), 513 ff.; zum Betreuungsgeld außerdem *M. Schuler-Harms* „Verfassungsrechtlich prekär“: Expertise zur Einführung eines Betreuungsgeldes, 2010, http://library.fes.de/pdf-files/do/07492.pdf (zuletzt abgerufen am 17.09.2013); zum Elterngeld s. *C. Fuchsloch* FS Pfarr, 2010, 378 ff.

124 *U. Sacksofsky* NJW 2000, 1896 ff.; s.a. *dies.* in: B. Seel (Hrsg.) Ehegattensplitting und Familienpolitik, 2007, 333 ff.; verfassungsrechtliche Bedenken äußert auch *Dethloff* in: Zypries (Fn. 77), 132 (139 f.); s.a. *M. Jachmann* Der Betrieb 5/2010, 1.

125 BVerfG, Beschl. v. 07.05.2013, 2 BvR 909/06 u.a. insbes. Rn. 82, NJW 2013, 2257 (2259). Auch die „Alleinverdienerehe“ ist danach unter den Schutz des Art. 6 Abs. 1 GG gestellt.

126 *Dethloff* in: Zypries (Fn. 77), 132 (138 f.); *M. Schuler-Harms* FPR 2012, 297 (299); aA *P. Kirchhof* NJW 2000, 2792 (2793 f.), der ein Familiensplitting nur als zusätzliche Option ansieht; s.a. *ders.* ZRP 2003, 73 ff.; kritisch *C. Hillgruber* JZ 2013, 843 ff.

127 *Bundesministerium für Familie, Senioren, Frauen und Jugend* Gesamtevaluation der ehe- und familienbezogene Leistungen (Fn. 15), 10.

128 Durch die Reform des Unterhaltsrechts zum 01.01.2008, BGBl. 2007 I 3189, wurde insbes. der Grundsatz der wirtschaftlichen Eigenverantwortung der Ehegatten nach der Scheidung gestärkt, die Voraussetzungen für einen Unterhaltsanspruch wegen Bedürftigkeit wurden verschärft, zur Reform *W. Born* NJW 2008, 1 ff.; s.a. *C. D. Classen* DVBl. 2013, 1086 (1087 f.); kritisch dazu auch der Erste Gleichstellungsbericht (Fn. 66), 75 ff. mwN. Kritisch zur Neuregelung *B. Heiderhoff* in: Röthel/Heiderhoff (Fn. 73), 9 ff., 14.

129 S. nur *C. D. Classen* DVBl. 2013, 1086 (1088).

hen.[130] Schwerer wiegt allerdings schlicht das Armutsrisiko nach dem Scheitern einer Ehe und dies durchaus für beide Ehepartner.[131]

Bei der Ausgestaltung finanzieller staatlicher Leistungen ist stärker auf den Kernbereich des Schutzes des Art. 6 Abs. 1 GG abzustellen. Der private Rückzugsbereich, den Ehe und Familie darstellen, ist vor allem vor Eingriffen zu schützen. Bei der finanziellen Förderung spielt er dagegen keine vergleichbare Rolle. Hervor zu heben ist dagegen die Reproduktionsfunktion.

Auf dieser Grundlage spricht vieles für eine stärkere Orientierung der Besteuerung an den vorhandenen Kindern.[132] Steuerlich freigestellt werden muss zumindest das Existenzminimum des Kindesbedarfs.[133] Zu Recht wird aber vor dem Hintergrund des Art. 6 Abs. 1 GG gefordert, weitere unvermeidbare wirtschaftliche Belastungen steuerlich zu berücksichtigen.[134] Gesellschafts- und gleichstellungspolitisch bedenklich erscheint es, dass Fahrtkosten[135] in größerem Umfang als Betreuungsaufwendungen[136] steuerlich absetzbar sind.

---

130 *C. D. Classen* DVBl. 2013, 1086 (1088 f.). Zum Neutralitätsgebot aus Art. 6 GG *Brosius-Gersdorf* in: Dreier (Fn. 11), Art. 6 Rn. 137 mwN; vgl. außerdem *S. Huster* Die ethische Neutralität des Staates, 2002, 533; umfassend zur Thematik *C. Maurer* Verfassungsrechtliche Anforderungen an die Besteuerung von Ehegatten und Familien: eine Prüfung der Familienförderungsgesetzgebung und ihrer Konsequenzen, 2004.

131 *Bundesministerium für Arbeit und Soziales* Lebenslagen in Deutschland (Fn. 21), XXIX.

132 Für die Einführung eines Familienrealsplittings *Dethloff* in: Zypries (Fn. 77), 132 (138 ff.), s.a. *dies.* NJW 37/2012 Editorial; kritisch zu Familienreal- und -divisorensplitting *M. Jachmann/K. Liebl* DStR 2010, 2009 (2012); *M. Schuler-Harms* FPR 2012, 297 (300 f.); aus der älteren Lit. s. *K. Vogel* StuW 1999, 201 ff. und *H. Söhn* FS Vogel, 2000, 639 ff.

133 S. insbes. BVerfGE 82, 60 ff.; 87, 153 ff.; 99, 246 ff.

134 *Dethloff* in: Zypries (Fn. 77), 132 (138). Vgl. außerdem *J. Wieland* Verfassungsfragen der steuerrechtlichen Behandlung von Kindesexistenzminimum und Betreuungs-, Erziehungs- und Ausbildungsbedarf, 2011. Für eine Berücksichtigung jedenfalls des erwerbsbedingten Betreuungsaufwands sprechen sich u.a. *Jachmann/Liebl* DStR 2010, 2009 (2011) aus; s.a. *U. Sacksofsky* FR 2010, 119 (122); außerdem *Schuler-Harms* FPR 2012, 297 (299 f.); *Sanders* NJW 2013, 2236 (2238).

135 S. nur BVerfGE 122, 210 ff. zur Pendlerpauschale.

136 Nach BVerfGE 47, 1 ff. haben berufstätige Ehegatten jedenfalls keinen verfassungsrechtlichen Anspruch darauf, dass Betreuungsaufwendungen durch Hausgehilfen Betriebsausgaben oder Werbungskosten gleichgestellt werden, dagegen schon das Sondervotum des Verfassungsrichters *Simon*, BVerfGE 47, 1 (34 ff., insbes. 45 f.). Ob in der Praxis tatsächlich die Wahlfreiheit angemessen unterstützt wird, erscheint fraglich. Eine auch monetär ausgeglichene Aufgabenverteilung stellt insbes. die Eltern kleiner Kinder vor Herausforderungen. Eine qualitativ hochwertige Kinderbetreuung ist teuer, wenn sie denn überhaupt verfügbar ist. Realitätsgerechte steuerliche Absatzmöglichkeiten

Auch ohne Kinder umfasst die Ehe allerdings die gegenseitige Sorge und Solidarität der Ehepartner.[137] Der Staat macht sich dies zu Nutze, indem er entsprechende Unterhaltspflichten festschreibt.[138] Die Ehe ist nicht nur Erwerbs-, sondern gerade auch Unterhaltsgemeinschaft. Dies ist im Rahmen des Steuerrechts zu berücksichtigen. Ob sich bei Abschaffung des Ehegattensplittings finanziell im Ergebnis große Änderungen ergeben würden, ist deshalb zweifelhaft.[139] Außerdem sollte darüber nachgedacht werden, nichteheliche Lebensgemeinschaften im Gegenzug zu ihrer Heranziehung im Sozialrecht auch in das Splitting aufzunehmen.[140]

6. *Zwischenfazit*

Bislang wurde die Grundrechtsdogmatik im Wesentlichen aus nationaler Sicht behandelt. Als roter Faden hat sich dabei herauskristallisiert, dass sich die Grundstrukturen der Dogmatik von Art. 6 GG bereits in den Anfangsjahren der Bundesrepublik Deutschland herausgebildet haben. Sie sind bis heute relativ stabil. Innerhalb dieses Rahmens aber hat eine erhebliche Entwicklung stattgefunden. Externe Dynamisierungsfaktoren haben dabei eine wichtige Rolle gespielt.

---

bestehen nur in begrenztem Rahmen. Von der Politik wird zwar der Eindruck erweckt, dass hier immer mehr getan wird. Halbwegs realistische Absetzoptionen wurden allerdings um die Jahrtausendwende abgeschafft. Verkauft wurde dies unter dem Ressentiments schürenden Begriff des „Dienstmädchenprivilegs", s. *D. Felix* NJW 2001, 3073 (3074); *C. Hölzer* NJW 2008, 2145 (2149). Betroffen waren allerdings weniger hochherrschaftliche Haushalte als vielmehr die breite Masse berufstätiger Eltern. Für die Absetzbarkeit auch *Dethloff* in: Zypries (Fn. 77), 132 (138); s.a. Erster Gleichstellungsbericht (Fn. 66), 81; *R. Ahmann* NJW 2002, 633 ff.; *J. Hey* NJW 2006, 2001 ff.; *Hölzer* NJW 2008, 2145 ff.; *M. Jachmann/K. Liebl* DStR 2010, 2009 (2011); *U. Sacksofsky* FS Pfarr (Fn. 123), 363 ff.

137 S. nur BVerfGE 117, 316 (327).

138 Dazu auch BVerfG, Urt. v. 07.05.2013, 2 BvR 909/0 u.a., Rn. 83, NJW 2013, 2257 (2259).

139 Vgl. dazu *Söhn* FS Vogel (Fn. 132), 639 ff.; *K. Vogel* StuW 1999, 201 ff.

140 Ein sozialrechtlicher Rückgriff wird jedenfalls als zulässig angesehen, vgl. nur BVerfG, Beschl. v. 21.06.2013, 1 BvR 1083/09, nach dem eine Verfassungsbeschwerde gegen Einkommensanrechnung des „unechten Stiefvaters" bei „Hartz IV-Leistungen" nicht zur Entscheidung angenommen wurde. Im Gegensatz zu vielen anderen Staaten in Europa und weltweit fehlt es in Deutschland bislang an gesetzlichen Regelungen bei nicht formalisierten Lebensgemeinschaften, vgl. dazu nur *N. Dethloff* FS Frank (Fn. 10), 81 ff. und zu Defiziten des geltenden Rechts *dies.*, Unterhalt, Zugewinn, Versorgungsausgleich (Fn. 121), 131 ff.

V. Externe Dynamisierungsfaktoren

1. *Rechtsvergleich*

Nicht überall auf der Welt oder auch nur in Europa sind Ehe und Familie unter den Schutz der Verfassung gestellt.[141] Aus der Sicht der Rechtsvergleichung sind gleichwohl die großen Entwicklungslinien im deutschen, europäischen und nordamerikanischen Familienrecht in weiten Teilen homogen verlaufen.[142]

Als Beispiel wird das eheliche Güterrecht genannt, das sich von der Gütertrennung zu verschiedenen Formen der Errungenschaftsgemeinschaft verschoben hat.[143] Im Scheidungsrecht ist das Verschuldensprinzip

---

[141] Vorschriften zum Schutz der Ehe und Familie finden sich außer in Art. 6 GG auch in den Verfassungen anderer Staaten, so etwa in Art. 21 Abs. 1 Verf. Griechenland, Art. 29 ff. Verf. Italien, Art. 41 f. Verf. Irland, Art. 67 f. Verf. Portugal und Art. 39 Verf. Spanien; in der Schweizer Verfassung findet sich eine Regelung insbes. in Art. 41. Über die Auslegung der Bundesverfassung und ihr Verhältnis zur EMRK *G. Biaggini* ZBl 114/2013, 316 ff. Keine Regelungen finden sich in Staaten wie Dänemark, Frankreich und den Niederlanden. Ausführlich zum verfassungsrechtlichen Schutz von Ehe und Familie insbes. in Europa, *G. Bouverat* Ehe und Familie in den Verfassungen Europas, 1989; s.a. *Badura* in: Maunz-Dürig (Fn. 24), Art. 6 Rn. 21; *Brosius-Gersdorf* in: Dreier (Fn. 11), Art. 6 Rn. 33; *P. Häberle* Verfassungsschutz der Familie – Familienpolitik im Verfassungsstaat, 1984, 19 ff.; speziell zum Elternrecht *M. Jestaedt* in: Bonner Kommentar GG, 75. Erg.-Lfg. Dezember 1995, Art. 6 Abs. 2 und 3 Rn. 384 ff. Ein Überblick über die Entwicklungen in Österreich und der Schweiz bis 1986 findet sich bei *W. Berka* und *D. Thürer* Verfassungsgarantie und sozialer Wandel (Fn. 91), 94 ff. und 100 ff.

[142] *Frank* in: 40 Jahre Grundgesetz (Fn. 62), 113 (114 ff.); differenzierter *M. V. Antokolskaia* in: dies. (Hrsg.) Convergence and Divergence of Family Law in Europe, 2007, 11 ff.; s.a. *Berka* Verfassungsgarantie und sozialer Wandel (Fn. 91), 94 (95); allgemein zur Rechtsvergleichung *K.-P. Sommermann* Handbuch der Grundrechte I, 2004, § 16; zur Rechtsvergleichung im Familienrecht *Gernhuber/Coester-Waltjen* Familienrecht (Fn. 11), § 2 I.

[143] Ein Überblick über die Entwicklung des Güterrechts findet sich bei *P. Mankowski* in: J. v. Staudinger (Hrsg.) BGB, Internationales Eherecht, 2011, Art. 15 EGBGB Rn. 236 ff.; zum Güterrecht in europäischen Staaten s.a. *B. Braat* in: Antokolskaia (Fn. 142), 145 ff.; *Süß/Ring* (Hrsg.) Eherecht in Europa, 2006; s.a. die Beiträge bei *Heinrich/Schwab* (Hrsg.) Eheliche Gütergemeinschaft, Partnerschaft und Vermögen im europäischen Vergleich. Beiträge zum europäischen Familienrecht, 1999. Zur Familienrechtsreform in Frankreich *C. Steindorff-Classen* FuR 2010, 319 ff.; zum Güterrecht im sozialistischen System *A. Wirsing* Das eheliche Güterrecht der DDR – Teil einer sozialistischen Gesetzgebung, 1973; zur Regelung der Paarbeziehungen im neuen spanischen Familienrecht, *C. G. Beifuss* in: Röthel/Heiderhoff (Fn. 73), 89 ff.; für die ältere Entwicklung in Italien s. *G. Gabrielli* ZfRV 1979, 172 ff. Als singulär ist dagegen der bis 1953 in Deutschland geltende, dann gleichberechtigungswidrige gesetzliche Güterstand der Nutzverwaltung des Mannes am Vermögen seiner Frau anzusehen, *Frank* in:

international durch das Zerrüttungsprinzip abgelöst worden.[144] Beobachten ließ sich außerdem eine Entwicklung von der elterlichen Gewalt zur elterlichen Sorge.[145] Parallelen gab es beim Nichtehelichenrecht.[146] In vielen Teilen der Welt wuchs die Bedeutung der Gleichberechtigung von Mann und Frau.[147]

Signifikant ist die Verschiebung des Fokus von der Ehe zur Familie, bei der wiederum mehr und mehr auf das Kriterium des tatsächlichen Zu-

---

40 Jahre Grundgesetz (Fn. 62), 113 (114 f.). Kritisch zum deutschen Zugewinnausgleich *M. Wellenhofer* in: Röthel/Heiderhoff (Fn. 73), 47 (59 ff.). Zur Arbeitsweise der Commission on European Family Law, *K. Boele-Weolki* in: Röthel/Heiderhoff (Fn. 73), 67 ff.

144 Hierzu *D. Henrich* FS Ferid, 1978, 525 ff.; nur das Zerrüttungsprinzip für grundgesetzkonform hielt *T. Ramm* Grundgesetz und Eherecht, 1972, 22. Das BVerfG sah den Übergang vom Verschuldens- zum Zerrüttungsprinzip sowie Änderungen des Scheidungsfolgenrechts als verfassungsgemäß an. Ebenso den zur Überprüfung stehenden § 1568 Abs. 2 BGB (zeitliche Begrenzung der Härtefallklausel), wenn auch in einer 4 zu 4-Entscheidung, s. BVerfGE 53, 224 ff. *Frank* in: 40 Jahre Grundgesetz (Fn. 62), 113 (115), verweist insbes. auf das spanische Recht, nach dem die Ehescheidung erst wieder seit 1981 möglich war. Obwohl es dem traditionellen Denken dieser romanischen Rechtsordnung eher entsprochen hätte, auf das Schuldprinzip abzustellen, wurde dort unmittelbar das Zerrüttungsprinzip eingeführt. Ausführlich zur Entwicklung in Spanien *D. Langner* Eheschließung und Ehescheidung nach spanischem Recht, 1984, insbes. 111 ff. Zum Scheidungsrecht in europäischen Staaten s.a. *Süß/Ring* Eherecht in Europa (Fn. 143).

145 So wurde auch in Großbritannien aus der *parental power* erst die *parental authority* und letztlich die *parental responsibility*. In Frankreich heißt es heute nicht mehr *puissance paternelle*, sondern *autorité parentale*. Hierzu *R. Frank* FamRZ 2004, 841 (846); ein umfassender Überblick über die Entwicklung in den europäischen Staaten findet sich bei *Boele-Woelki/Braat/Curry-Summer* (Hrsg.) European Family Law in Action, Vol. III, Parental Responsibilities, 2005, 77 ff.

146 *Frank* in: 40 Jahre Grundgesetz (Fn. 62), 113 (116 ff.) mwN, der dies u.a. am Bsp. der grundlegenden Reformen des Nichtehelichenrechts in den Jahren 1968–1975 sowohl in Westeuropa als auch in den USA belegt. In Deutschland wurde mit dem Nichtehelichengesetz von 1969 insbes. § 1589 BGB a.F., wonach ein uneheliches Kind und dessen Vater als nicht verwandt galten, abgeschafft. Zurück ging diese Gesetzesänderung auf eine Entscheidung des BVerfG, das mit Blick auf den Gleichstellungsauftrag des Art. 6 Abs. 5 GG die Legislative aufforderte, nichtehelichen Kindern die gleichen Entwicklungsbedingungen zu schaffen wie ehelichen Kindern, BVerfGE 25, 167 ff. Zur Entwicklung der Stellung nichtehelicher Kinder in europäischen Staaten *Antokolskaia* in: dies. (Fn. 142), 11 (19).

147 *Frank* in: 40 Jahre Grundgesetz (Fn. 62), 113 (118 ff.), der auch belegt, wie wechselvoll diese Entwicklung zuweilen verlief. Vgl. dazu Art. 23 GR-Charta und die Präambel der Allgemeinen Erklärungen der Menschenrechte sowie die Diskriminierungsverbote in Art. 23 GR-Charta, Art. 14 EMRK und Art. 2 Allgemeinen Erklärungen der Menschenrechte.

sammenlebens abgestellt wird.[148] Die Anerkennung eheähnlicher Lebensgemeinschaften kann insoweit als Beispiel genannt werden.[149]

Rechtsvergleichende Einflüsse lassen sich auch in der Rechtsprechung des Bundesverfassungsgerichts nachweisen. In seiner Entscheidung zur Sukzessivadoption etwa hat das Gericht darauf verwiesen, dass auch die Gesetzgebung in anderen europäischen Staaten, insbesondere in den Mitgliedstaaten der EU, zu einer Gleichbehandlung verschieden- und gleichgeschlechtlicher Paare tendiere.[150]

Mittlerweile können homosexuelle Paare in einigen Staaten sogar eine Ehe eingehen.[151] Etwa in den Niederlanden, Belgien und einigen US-Bun-

---

[148] Aber nur wenige Rechtsordnungen räumen dem biologischen Vater eines in eine Ehe hineingeborenen Kindes ein Anfechtungsrecht ein, *R. Frank* FamRZ 2004, 841 (841 und 844). In Deutschland sprach das BVerfG dem leiblichen Vater ein solches Recht mit Verweis auf sein natürliches Elternrecht, Art. 6 Abs. 2 S. 1 GG, zu, sofern dem nicht der Schutz der familiären Beziehung zwischen dem Kind und seinen rechtlichen Eltern entgegen steht. Außerdem bilde auch der leibliche Vater mit seinem Kind eine von Art. 6 Abs. 1 GG geschützte Familie, wenn zwischen ihnen eine soziale Beziehung derart besteht, dass der biologische Vater zumindest zeitweise tatsächlich Verantwortung für das Kind trug, BVerfG 108, 82 ff.; hierzu *Badura* in: Maunz-Dürig (Fn. 24), Art. 6 Rn. 61 und 101.

[149] *Antokolskaia* in: dies. (Fn. 142), 11 (17); *Frank* in: 40 Jahre Grundgesetz (Fn. 62), 113, 115 mwN; zu heutigen Lebensgemeinschaften s.a. *Gernhuber/Coester-Waltjen* Familienrecht (Fn. 11), § 41–§ 44.

[150] BVerfG, Urt. v. 19.02.2013, 1 BvL 1/11 und 1 BvR 3247/09, Rn. 56, NJW 2013, 847 (850). So seien etwa gemeinsame Adoptionen durch gleichgeschlechtliche Paare wie auch die Sukzessivadoption derzeit in Belgien, Dänemark, Island, den Niederlanden, Norwegen, Schweden, Spanien und dem Vereinigten Königreich zulässig. Zu den Adoptionsmöglichkeiten homosexueller Paare in europäischen Staaten s.a. *I. Schwenzer* in: Antokolskaia (Fn. 142), 145 (150 ff.). Ausführliche Länderberichte finden sich bei *Basedow/Hopt/Kötz/Dopffel* (Hrsg.) Die Rechtsstellung gleichgeschlechtlicher Lebensgemeinschaften, 2000.

[151] Ein Schaubild über die rechtliche Anerkennung gleichgeschlechtlicher Paare weltweit findet sich in Forced Migration Review 42/2013, 32 f.; s.a. die Übersicht bei *Mankowski* in: Staudinger (Fn. 143), Art. 17b EGBGB Rn. 9 ff.; s. außerdem *Badura* in: Maunz/Dürig (Fn. 24), Art. 6 Rn. 57; *Brosius-Gersdorf* in: Dreier (Fn. 11), Art. 6, Rn. 81; *E. M. Hohnerlein* RdJB 2011, 450 (453 f.); *Schwenzer* in: Antokolskaia (Fn. 150), 145 ff. In anderen Ländern, wie in Deutschland, Österreich und der Schweiz mit dem Institut der eingetragenen Lebenspartnerschaft, stehen gleichgeschlechtlichen Paaren eheähnliche Rechtsinstrumente zur Verfügung. Zur eingetragenen Lebenspartnerschaft etwa *D. Schwab* Familienrecht, 20. Aufl. 2012, 459 ff. Rn. 999 ff.; kritisch zur Angleichung von Ehe und eingetragener Lebenspartnerschaft *v. Coelln* in: Sachs (Fn. 75), Art. 6 Rn. 48 ff.; zum Eingetragene Partnerschaft-Gesetz in Österreich *J. Scherpe* FPR 2010, 211 ff. In Russland trat dagegen am 30.06.2013 ein Gesetz gegen „Propaganda nicht-traditioneller sexueller Beziehungen" in Kraft. Dies hat insbes. im Zusammenhang mit in Russland stattfindenden internationalen Sportwettkämpfen weltweit zu Diskussionen geführt.

desstaaten[152] ist dies schon länger der Fall. In Frankreich trat im Mai ein entsprechendes Gesetz in Kraft, abgesegnet durch eine Entscheidung des Conseil Constitutionnel.[153] Schon im letzten Jahr bestätigte das spanische Verfassungsgericht ein Gesetz über die gleichgeschlechtliche Ehe.[154] Rechtsvergleichend gesehen zeichnet sich damit auch beim Begriff der Ehe ein Auffassungswandel ab.

Die deutsche Verfassungsdogmatik wird außerdem vom EU-Recht und der EMRK beeinflusst.[155]

2. *Recht der Europäischen Union*

Unmittelbare Kompetenzen der EU für das Ehe- und Familienrecht bestehen nicht.[156] Ehe- und familienbezogene Regelungen gibt es aber zur Bewältigung der Freizügigkeit.[157] Jedenfalls bei der Ausführung von EU-

---

[152] In den USA ist die rechtliche Anerkennung homosexueller Paare vor allem auf Bundesstaatenebene geregelt. Aber jüngst erklärte das oberste US-amerikanische Gericht, der Supreme Court, den Defense of Marriage Act (kurz DOMA), der die Ehe als Bund zwischen Mann und Frau definierte und in der Folge gleichgeschlechtlichen Ehepartnern mit der traditionellen Hetero-Ehe einhergehende juristische, finanzielle und soziale Vorteile verweigerte, für unvereinbar mit dem Gleichheitsgebot des Fifth Amendment to the United States Constitution und damit verfassungswidrig, Supreme Court, United States v. Windsor, executor of the Estate of Spyer, et al., 12-307, June 26, 2013. Am selben Tag kippte der Supreme Court eine kalifornische Norm, welche die Ehe zwischen gleichgeschlechtlichen Partnern verbot, Supreme Court, Hollingsworth et al. v. Perry et al., 12-144, June 26, 2013.

[153] Siehe LOI n° 2013-404 du 17 mai 2013 ouvrant le mariage aux couples de personnes de même sexe und die Entscheidung des Conseil Constitutionnel 2013-699 DC vom 17.05.2013. Eine deutsche Übersetzung des Urteils ist abrufbar unter http://www.conseil-constitutionnel.fr/conseil-constitutionnel/deutsch/entscheidungen/entscheidung-nr-2013-669-dc-vom-17-mai-2013.137559.html.

[154] Am 05.11.2012 erklärte das spanische Verfassungsgericht ein 2005 von der sozialistischen Regierung eingeführtes Gesetz, das die Ehe zwischen Homosexuellen gestattete, für verfassungsgemäß. Eine englische Übersetzung des Urteils ist abrufbar unter http://www.tribunalconstitucional.es/es/jurisprudencia/restrad/Paginas/JCC1982012en.aspx; s. hierzu auch *S. Rixen* JZ 2013, 871 ff.

[155] S. außerdem auf globaler Ebene Art. 23 Abs. 1 und 2 Internationaler Pakt über bürgerliche und politische Rechte und Art. 10 Abs. 1 Internationaler Pakt über wirtschaftliche, soziale und kulturelle Rechte.

[156] Gleichwohl ist ein erheblicher Einfluss festzustellen. Vgl. etwa zur Europäisierung des Namensrechts *F. Lipp* FS Frank (Fn. 10), 393 ff.; s.a. *N. Lowe* FS Frank (Fn. 10), 513 ff.; zur richterlichen Grundrechtsverantwortung in Europa s. *U. Steiner* FS Maurer (Fn. 39), 1005 ff.; s.a. *J. Kokott*/*T. Henze* FS Spindler, 2011, 279 ff.

[157] Als relativ weitreichend sei hier nur auf die Rspr. des EuGH verwiesen, wonach einer Drittstaatenangehörigen gestützt auf die Dienstleistungsfreiheit iVm Art. 8 EMRK ein Aufenthaltsrecht wegen Achtung des Familienlebens zuerkannt wurde, das

Recht ist außerdem die EU-Grundrechte-Charta (GR-Charta) zu beachten.[158] Deren Beeinflussung durch die EMRK wird sich durch den bevorstehenden Beitritt der EU weiter steigern.[159]

Regelungen finden sich bei den Freiheitsrechten. Art. 7 GR-Charta statuiert ein Recht auf Achtung des Familienlebens. In Art. 9 GR-Charta wird das Recht, eine Ehe einzugehen und eine Familie zu gründen, geschützt. Daneben wird unter dem Abschnitt Solidarität in den Art. 33 und 34 GR-Charta der rechtliche, wirtschaftliche und soziale Schutz der Familie gewährleistet. Die Vereinbarkeit von Familien- und Berufsleben wird ausdrücklich erwähnt. Da durch die Charta die Kompetenzen der EU nicht erweitert werden dürfen,[160] ist bei der Anwendung der Bestim-

---

das nationale Recht ihr verwehrt hatte. S. RL 73/148/EWG v. 21.05.1973, L 172/14 und das dazu ergangene Urteil des EuGH, Urt. v. 11.07.2002 – C-60/00, Mary Carpenter/Secretary of State for the Home Department, Slg. 2002, I-6279. Auch aus Art. 6 Abs. 1 GG hätte ein entsprechender Anspruch nicht abgeleitet werden können, BVerfGE 76, 1 ff.; aus der Lit. nur *Pieroth* in: Jarass/Pieroth (Fn. 75), Art. 6 Rn. 11. S.a. die Freizügigkeitsrichtlinie RL 2004/38/EG v. 29.04.2004, L 158/77, und einige hierzu ergangene Urteile EuGH, Urt. v. 25.07.2008 – C-127/08, Blaise Baheten Metock u.a./Minister for Justice, Equality and Law Reform, Slg. 2008, I-6241; EuGH, Urt. v. 05.09.2012 – C-83/11, Secretary of State for the Home Department/Rahman, NVwZ 2012, 1532 ff.; EuGH, Urt. v. 08.11.2012 – C-40/11, Yoshikazu Iida/Stadt Ulm, NVwZ 2013, 357 ff. Zur Familienzusammenführung s. außerdem RL 2003/86 v. 22.09.2003, L 251/15. Zur Problematik unterschiedlicher nationaler Grundrechtsstandards bei der Vollstreckung von Gerichtsentscheidungen in Familiensachen im Rahmen der justiziellen Zusammenarbeit *G. Britz* JZ 2013, 105 ff. Zum europäischen Kinderrechtsschutz nach dem EU-Reformvertrag von Lissabon *C. Steindorff-Classen* Europarecht 2013, 19 ff. Kritisch zur Rolle der nationalen Verfassungsgerichte in der europäischen Demokratie insbes. auf der Ebene der Ausübung von EU-Kompetenzen und der Rechtsanwendung *D. Grimm* Die Zukunft der Verfassung II, 2012, 131 ff.

[158] Die GR-Charta bindet nach ihrem Art. 51 die Organe der Union. Ob die Spielräume der Mitgliedstaaten gewahrt werden, hängt dabei vor allem von der Rspr. des EuGH ab. S. hierzu jüngst die Entscheidung des BVerfG zur Antiterrordatei, BVerfG, Urt. v. 24.04.2013, 1 BvR 1215/07, NJW 2013, 1499 ff.; hierzu *P. Kasiske* NJW 2013, 312 f.; und die Entscheidung des EuGH zum Verbot der Doppelbestrafung, EuGH, Urt. v. 11.12.2008 – C-297/07, Klaus Bourquain, Slg. 2008, I-9425; grundlegend zum Kooperationsverhältnis zwischen BVerfG und EuGH, BVerfGE 126, 286 ff.; hierzu auch *P. M. Huber* in: R. Streinz (Hrsg.) EUV/AEUV, 2. Aufl. 2012, Art. 19 EUV Rn. 50 ff.; *M. Polzin* JuS 2012, 1 ff.

[159] Die Begriffe in Art. 7 und 9 GR-Charta knüpfen ohnehin an Art. 8 und 12 EMKR und damit auch die Rspr. des EGMR an, *L. Jarass* Charta der Grundrechte der Europäischen Union, Kommentar, 2. Aufl. 2013, Art. 7 Rn. 2, Art. 9 Rn. 1. S.a. Art. 52 Abs. 3 GR-Charta.

[160] So ausdrücklich auch Art. 51 Abs. 2 GR-Charta. Zum Anwendungsbereich *T. v. Danwitz* FS Stern, 2012, 669 (676 ff.).

mungen den Kompetenzen und Gestaltungsspielräumen der Mitgliedstaaten Rechnung zu tragen.

Über einen Umweg hat das EU-Sekundärrecht in Form der europäischen Gleichstellungsrichtlinien die Auslegung von Art. 6 GG stark beeinflusst. Und dies, obwohl Ehe und Familie insoweit an sich gar nicht erfasst werden.[161] Gestützt auf das Verbot der Diskriminierung wegen der sexuellen Orientierung in Beschäftigung und Beruf[162] verlangte der Europäische Gerichtshof (EuGH) die Gleichstellung gleichgeschlechtlicher Lebenspartnerschaften bei der Hinterbliebenenversorgung,[163] rügte die diskriminierende Berechnungsmethode für Zusatzversorgungsbezüge[164] und den Ausschluss der Beihilfe für eingetragene Lebenspartner.[165] Die tatsächliche Wirkung der Entscheidungen weist weit über diese Bereiche hinaus.

Über den allgemeinen Gleichheitssatz wurden ihre Inhalte in das deutsche Recht integriert. Besonders gut beobachten lässt sich dies an der Entscheidung zur Sukzessivadoption, in der ausdrücklich auf die Rechtsprechung des EuGH zur Hinterbliebenenversorgung Bezug genommen wurde.[166]

---

[161] Zur Dynamik des Europarechts *I. Pernice* DV Beiheft (Fn. 39), 225 (236) mwN, der dabei insbes. das Abstellen des EuGH auf den gegenwärtigen Stand des Gemeinschaftsrechts sowie Besonderheiten bestimmter Sachgebiete hervorhebt. S.a. *M. Ruffert* DV Beiheft (Fn. 39), 253 ff.

[162] S. insbes. Art. 4 der RL 2004/113/EG v. 13.12.2004, L 373/37, sog. Gleichstellungsrichtlinie. Die Richtlinie dient der Verwirklichung des Grundsatzes der Gleichbehandlung von Männern und Frauen beim Zugang zu und bei der Versorgung mit Gütern und Dienstleistungen.

[163] EuGH, Urt. v. 01.04.2008 – C-267/06, Tadao Maruko/Versorgungsanstalt der deutschen Bühnen, Slg. 2008, I-1757. Die erste Entscheidung bezog sich noch auf eine mittelbare Diskriminierung von Frauen beim Ruhegehalt. EuGH, Urt. v. 23.10.2003 – C-4/02 und C-5/02, Hilde Schönheit/Stadt Frankfurt am Main, und Silvia Becker/Land Hessen, Slg. 2003, I-12575.

[164] EuGH, Urt. v. 10.05.2011 – C-147/08, Jürgen Römer/Freie und Hansestadt Hamburg, Slg. 2011, I-359.

[165] EuGH, Urt. v. 06.12.2012 – C-124/11, C-125/11, C-143/11, *R. Dittrich u.a.*, NVwZ 2013, 132 ff. Ein von der EU-Kommission 2007 in Gang gesetztes Vertragsverletzungsverfahren wegen unzureichender Umsetzung der Richtlinie wurde eingestellt.

[166] BVerfG, Urt. v. 19.02.2013, 1 BvL 1/11 und 1 BvR 3247/09, Rn. 56, NJW 2013, 847 (850) verweist auf EuGH, Urt. v. 01.04.2008 – C-267/06, Tadao Maruko/Versorgungsanstalt der deutschen Bühnen, Slg. 2008, I-1757. S.a. BVerfGE 124, 199 (222). In dem Beschluss aus dem Jahre 2009 entschied der erste Senat, dass es der allgemeine Gleichheitssatz aus Art. 3 Abs. 1 GG gebiete, Ehe und eingetragene Lebenspartnerschaft bei der betrieblichen Hinterbliebenenrente gleich zu behandeln.

3. *Europäische Menschenrechtskonvention*

In ebendieser Entscheidung wurde außerdem der Europäische Gerichtshof für Menschenrechte (EGMR) zitiert, und dies sogar mehrfach. Zunächst mit einem Hinweis auf die Rechtsprechung des Gerichts zur Adoption durch Homosexuelle, wonach ein genereller Ausschluss homosexueller Menschen von der Einzeladoption gegen die EMRK verstößt.[167] Dann aber auch auf die Rechtsprechung bezüglich der Einbeziehung gleichgeschlechtlicher Elternpaare in den Familienschutz.[168]

Im Vorgehen der beiden Gerichte lassen sich Parallelen feststellen. Grundsätzlich stellt der EGMR wie das Bundesverfassungsgericht häufig nicht nur auf das Grundrecht auf Ehe und Familie, sondern auch auf den Gleichheitssatz und damit auf Art. 8 und Art. 14 EMRK ab.[169] Verän-

---

[167] BVerfG, Urt. v. 19.02.2013, 1 BvL 1/11 und 1 BvR 3247/09, Rn. 56, 66, 81, NJW 2013, 847 (850 f., 853) unter Hinweis auf EGMR, Urt. v. 26.02.2002 – 35615/97, Fretté/Frankreich, FamRZ 2003, 149 ff.; EGMR, Urt. v. 22.01.2008 – 43546/02, E. B./Frankreich, NJW 2009, 3637 ff.; und EGMR, Urt. v. 24.06.2010 – 30141/04, Schalk u. Kopf/Österreich, NJW 2011, 1421 ff.

[168] Nach dem EGMR ist der Familienbegriff heute nicht mehr auf eheliche Beziehungen beschränkt, sondern kann auch andere tatsächliche Verbindungen, bei denen die Beteiligten zusammenleben, umfassen. So schon EGMR Urt. v. 13.06.1979 – 6833/74, Marckx/Belgien, EGMR-E 1, 396 (398); EGMR, Urt. v. 18.12.1986 – 9697/82, Johnston u.a./Irland, EuGRZ 1987, 313 (317); seitdem st. Rspr., s. etwa EGMR, Urt. v. 26.05.1994 – 16/1993/411/490, Keegan/Irland, NJW 1995, 2153 (2153); EGMR, Urt. v. 03.12.2009 – 22028/04, Zaunegger/Deutschland, NJW 2010, 501 (502); EGMR, Urt. v. 24.06.2010 – 30141/04, Schalk u. Kopf/Österreich, NJW 2011, 1421 (1424). Gleiches gelte für gleichgeschlechtliche Paare (auf Kinder wird hier nicht eingegangen!). EGMR, Urt. v. 24.06.2010 – 30141/04, Schalk u. Kopf/Österreich, NJW 2011, 1421 (1425); EGMR, Urt. v. 19.02.2013 – 19010/07, X. u.a./Österreich, NJW 2013, 2173 (2175); EGMR, Urt. v. 15.03.2012 – 25951/07, Gas und Dubois/Frankreich, NJW 2013, 2171 (2171). Außerdem könne schon das nur beabsichtigte Familienleben unter Art. 8 EMRK fallen, insbes. wenn der biologische Vater nicht dafür verantwortlich sei, dass sich bisher noch keine tatsächliche sozial-familiäre Beziehung entwickeln konnte. S. etwa EGMR Urt. v. 21.12.2010 – 20578/07, Anayo/Deutschland, NJW 2010, 3565 (3566); EGMR Urt. v. 15.09.2011 – 17080/07, Schneider/Deutschland, NJW 2012, 2781 (2784). S. zu diesen beiden Entscheidungen *L. M. Peschel-Gutzeit* NJW 2013, 2465 ff. Jedenfalls fallen enge Beziehungen, bei denen es sich nicht um Familien iSd Art. 8 EMRK handelt, unter den Schutz des ebenfalls von Art. 8 EMRK umfassten Privatlebens, EGMR, Urt. v. 02.06.2005 – 77785/01, Znamenskaya/Russland; EGMR Urt. v. 21.12.2010 – 20578/07, Anayo/Deutschland, NJW 2010, 3565 (3566); EGMR Urt. v. 15.09.2011 – 17080/07, Schneider/Deutschland, NJW 2012, 2781 (2784).

[169] S. etwa EGMR, Urt. v. 21.12.1999 – 33290/96, Salgueiro da Silva Mouta/Portugal, Slg. 1999-IX; EGMR, Urt. v. 26.02.2002 – 35615/97, Fretté/Frankreich, FamRZ 2003, 149 ff.; EGMR, Urt. v. 24.10.2003 – 40016/98, Karner/Österreich; EGMR, Urt. v. 22.01.2008 – 43546/02, E. B./Frankreich, NJW 2009, 3637 ff.; EGMR, Urt. v. 24.06.

derte gesellschaftliche Rahmenbedingungen und Einstellungen waren Motor auch für die Rechtsprechung des EGMR zu Ehe und Familie.[170] Die EMRK wird von ihm ausdrücklich als „Living Instrument“ bezeichnet.[171] Entwicklungen in den Konventionsstaaten finden so Eingang in die Rechtsprechung des EGMR.[172]

2010 – 30141/04, Schalk u. Kopf/Österreich, NJW 2011, 1421 ff.; EGMR, Urt. v. 19.02. 2013 – 19010/07, X. u.a./Österreich, NJW 2013, 2173 ff.; EGMR, Urt. v. 15.03.2012 – 25951/07, Gas und Dubois/Frankreich, NJW 2013, 2171 ff. Andere Fälle zur Diskriminierung aufgrund der sexuellen Orientierung stützte der EGMR nur auf Art. 8 EMRK: s. etwa EGMR, Urt. v. 22.10.1981 – 7525/76, Dudgeon/United Kingdom, EuGRZ 1983, 488 ff.; EGMR Urt. v. 26.10.1988 – 10581/83, Norris/Irland, in: EGMR-E 4, 156 ff.; EGMR, Urt. v. 22.04.1993 – 15070/89, Modinos/Zypern; EGMR, Urt. v. 27.09.1999 – 33985/96 und 33986/96, Smith und Grady/Vereinigtes Königreich, NJW 2000, 2089 ff.; EGMR Urt. v. 09.01.2003 – 39392/98 und 39829/9, L. u. V./Österreich. Verboten sind hiernach insbes. Diskriminierungen aufgrund der sexuellen Orientierung und ehelichen oder nichtehelichen Geburt. Dies gilt sowohl für das nichteheliche Kind als auch seinen Vater. Zur Diskriminierung des nichtehelichen Kindes im Erbrecht EGMR Urt. v. 13.06.1979 – 6833/74, Marckx/Belgien, EGMR-E 1, 396 ff.; jüngere Entscheidungen des EGMR stellen insofern nur auf eine Verletzung von Art. 14 EMRK iVm Art. 1 1. Zusatzprotokoll zur EMRK ab, EGMR, Urt. v. 01.02.2000 – 34406/07, Mazurek/ Frankreich, NJOZ 2005, 1048 ff., EGMR Urt. v. 07.02.2013 – 16574/08, Fabris/Frankreich. Zur Diskriminierung des nichtehelichen Vaters s. etwa EGMR, Urt. v. 11.10.2001 – 34045/96, Hoffmann/Deutschland; EGMR, Urt. v. 08.07.2003 – 31871/96, Sommerfeld/Deutschland; EGMR, Urt. v. 03.12.2009 – 22028/04, Zaunegger/Deutschland, NJW 2010, 501 ff.; EGMR, Urt. v. 03.02.2011 – 35637/03, Sporer/Österreich. Andere Fälle zur Diskriminierung nichtehelicher Väter stützte der EGMR allein auf Art. 8 EMRK: s. etwa EGMR Urt. v. 21.12.2010 – 20578/07, Anayo/Deutschland, NJW 2011, 3565 ff.; EGMR Urt. v. 15.09.2011 – 17080/07, Schneider/Deutschland, NJW 2012, 2781 ff.

[170] *T. Helms* in: M. Löhnig/D. Schwab/D. Heinrich/P. Gottwald (Hrsg.) Kindesrecht und Elternkonflikt, 2013, 53 (62). Die Lebenswirklichkeit wird dabei einbezogen, s. etwa EGMR, Urt. v. 03.12.2009 – 22028/04, Zaunegger/Deutschland, NJW 2010, 501 (503 f.), zur Diskriminierung des leiblichen Vaters eines nichtehelichen Kindes beim Sorgerecht; EGMR, Urt. v. 24.06.2010 – 30141/04, Schalk u. Kopf/Österreich, NJW 2011, 1421 (1423 ff.), zur Einbeziehung gleichgeschlechtlicher Paare in das Recht auf Eheeingehung, Art. 12 EMRK, und homosexueller Elternpaare in den Schutz der Familie, Art. 8 EMRK.

[171] S. etwa zu Art. 12 EMRK EGMR, Urt. v. EGMR, Urt. v. 24.06.2010 – 30141/04, Schalk u. Kopf/Österreich, NJW 2011, 1421 (1423); und zu Art. 14 EMRK iVm Art. 8 EMRK EGMR, Urt. v. 22.01.2008 – 43546/02, E. B./Frankreich, NJW 2009, 3637 (3641); s.a. Präambel EMRK.

[172] Als zentrale Argumentationsgrundlagen wird zum einen ein etwaiger Konsens der Konventionsstaaten, zum anderen der Ermessensspielraum der von der Klage betroffenen Staaten berücksichtigt. Dazu *A. Nußberger* RW 2012, 197 (200 ff.); zu Innovationsgrenzen *dies.* FS Stern (Fn. 160), 117 (124 ff.). Zur Rolle des EGMR s. *J. A. Frowein* in: ders./W. Peukert, Europäische Menschenrechtskonvention, 3. Aufl. 2009, Einl. Rn. 12; s. außerdem *Helms* in: Löhnig/Schwab/Heinrich/Gottwald (Fn. 170), 53 (54).

Da der EGMR die durch die EMRK geschützten Rechtsgüter autonom definiert, kommt es allerdings auch zu Konflikten.[173] Dies umso mehr, als der EGMR zuweilen auf Grund eines eher kursorischen Rechtsvergleichs entscheidet und den Mitgliedstaaten bei Abweichungen eine strenge Rechtfertigungslast aufbürdet.[174] Um übermäßige Eingriffe in die nationale Rechtsordnung zu vermeiden, wird deshalb gefordert, dass der EGMR seine eigene Rechtsprechung zurückstellt, solange die nationale Verfassungsgerichtsbarkeit in dem betroffenen Bereich ein der Konvention vergleichbares Schutzniveau bietet.[175]

Gegenüber der Bundesrepublik Deutschland wird der Gerichtshof dieser Forderung im Wesentlichen gerecht, auch wenn einige seiner Entscheidungen zu Recht kritisch rezipiert werden. Die Sicherungsverwahrung[176] mag als Beispiel genügen. Insgesamt aber sind deutsche Verurteilungen relativ selten.[177] In den langen Jahren seit Bestehen der Konvention wurde die Bundesrepublik Deutschland erst in 19 Fällen wegen Verletzung des

---

[173] *H. Landau*/*M. Trésoret* DVBl. 2012, 1329 (1332), zu den dadurch bei der Sicherheitsverwahrung entstehenden Problemen.

[174] Instruktiv dazu *A. Nußberger* RW 2012, 197 (206 ff.).

[175] Im Verhältnis zum EuGH ist der Gerichtshof entsprechend verfahren. Der Grundrechtsschutz der EU wird dabei als der EMRK grundsätzlich gleichwertig anerkannt, die Einzelfallprüfung deshalb auf Fälle offensichtlich unzureichenden Menschenrechtsschutzes beschränkt. S. EGMR, Urt. v. 30.06.2005 – 45036/98, Bosphorus Hava Yollari Turizm ve Ticaret Anonim Sirketi/Irland, NJW 2006, 197 (202), dazu aus der Lit. *O. Klein* NVwZ 2010, 221 (224); *M. Kloth* EuR-Beiheft 2012, 155 (insbes. 158 f.); s.a. *W. Weiß* EuZW 2013, 287 ff.

[176] Zum Verhältnis von BVerfG und EGMR s. *O. Klein* NVwZ 2010, 221 ff.; *H. Landau*/*M. Trésoret* DVBl. 2012, 1329 (1331 ff.). In der Konsequenz änderte das BVerfG seine Rspr. zur Sicherungsverwahrung. Ursprünglich sah das BVerfG zumindest die verlängerte Sicherungsverwahrung als verfassungsrechtlich unbedenklich an, BVerGE 109, 133 (166); unter Berücksichtigung des Urteils EGMR, Urt. v. 17.12.2009 – 19359/04, M./Deutschland, NJW 2010, 2495 ff., und einer Reihe darauf folgender Entscheidungen des EGMR erklärte das BVerfG dann die nachträgliche Verlängerung der Sicherungsverwahrung über die frühere Zehnjahreshöchstgrenze und die nachträgliche Anordnung der Sicherungsverwahrung für verfassungswidrig, BVerfGE 128, 326 (365 ff.); s. dazu *U. Volkmann* JZ 2011, 835 ff.

[177] Der größte Teil der eingelegten Beschwerden gegen Deutschland wird vom EGMR auf Grund der von den Beschwerdeführern vorgelegten Unterlagen schon als unzulässig angesehen. Nur etwa 2 % der eingehenden Verfahren werden dem für die Vertretung der Bundesrepublik zuständigen Justizministerium zur Stellungnahme übersandt. Im Jahr 2012 waren dies ganze 22 Fälle. Erfahrungsgemäß führt wiederum nur ein Teil dieser Fälle zu einer Verurteilung. Ausgewählte Entscheidungen des EGMR und Rechtsprechungsberichte finden sich unter http://www.bmj.de/DE/Recht/OeffentlichesRecht/Menschenrechte/AusgewaehlteEntscheidungendesEGMRundRechtsprechungsberichte/_node.html.

Art. 8 EMRK vom EGMR verurteilt, im Zentrum standen dabei kindschaftsrechtliche Fragestellungen.[178]

Der Grund für die auch in anderen Bereichen geringe Zahl deutscher Verurteilungen dürfte in der für den Gerichtsraum der EMRK vermutlich singulären Überprüfungsdichte von Grundrechtsverletzungen durch das Bundesverfassungsgericht liegen.[179] Regelmäßig kann der EGMR erst nach dessen Entscheidungen angerufen werden.[180]

Auch wenn die Verurteilungen sich zahlenmäßig in Grenzen halten, dürfen ihre Auswirkungen nicht nur für die Einzelfälle, sondern für die Auslegung des Grundgesetzes insgesamt aber nicht unterschätzt werden. Die deutsche Grundrechtsdogmatik wurde mittlerweile gegenüber europäischen Einflüssen weit geöffnet.[181] Das Bundesverfassungsgericht hat

---

[178] *Helms* in: Löhnig/Schwab/Heinrich/Gottwald (Fn. 170), 53 (54, 61); s.a. Violations by Article and by respondent State (1959–2012), http://www.echr.coe.int/Documents/Stats_violation_1959_2012_ENG.pdf (zuletzt abgerufen am 17.09.2013). S. insbes. zum Umgangs- und Sorgerecht: EGMR Urt. v. 13.07.2000 – 25735/94, Elsholz/Deutschland, NJW 2001, 2315 ff.; EGMR, Urt. v. 11.10.2001 – 34045/96, Hoffmann/Deutschland; EGMR, Urt. v. 26.02.2002 – 46544/99, Kutzner/Deutschland; EGMR, Urt. v. 26.02.2004 – 74969/01, Görgülü/Deutschland, NJW 2004, 3397 ff.; EGMR, Urt. v. 08.05.2004 – 11057/02, Haase/Deutschland, NJW 2004, 3401 ff.; EGMR Urt. v. 10.11.2005 – 40324/98, Süss/Deutschland, NJW 2006, 2241 ff.; EGMR, Urt. v. 03.12.2009 – 22028/04, Zaunegger/Deutschland, NJW 2010, 501 ff.; EGMR Urt. v. 21.12.2010 – 20578/07, Anayo/Deutschland, NJW 2011, 3565 ff.; EGMR Urt. v. 15.09.2011 – 17080/07, Schneider/Deutschland, NJW 2012, 2781 ff.; EGMR, Urt. v. 22.03.2012 – 23338/09, Kautzor/Deutschland, NJW 2013, 1937 ff.; s. zu Verfahren, insbes. der überlangen Verfahrensdauer, Art. 6 Abs. 1 EMRK, in Familiensachen: EGMR, Urt. v. 24.02.2005 – 60534/00, Wimmer/Deutschland; EGMR, Urt. v. 04.12.2008 – 44036, Adam/Deutschland; EGMR, Urt. v. 09.04.2009 – 1182/05, Hub/Deutschland; EGMR, Urt. v. 21.01.2010 – 42402/05 und 42423/05, Wildgruber/Deutschland; EGMR, Urt. v. 24.06.2010 – 39444/08, Afflerbach/Deutschland; EGMR, Urt. v. 20.01.2011 – 21980/06, 26944/07, 3694/08, Kuhlen-Rafsandjani/Deutschland, FamRZ 2011, 533 ff.; EGMR, Urt. v. 10.02.2011 – 1521/06, Tsikakis/Deutschland, FamRZ 2011, 1125 ff.; EGMR Urt. v. 21.04.2011 – 41599/09, Kuppinger/Deutschland, FamRZ 2011, 1283 ff.; s.a. EGMR, Urt. v. 08.07.2003 – 31871/96, Sommerfeld/Deutschland, FamRZ 2004, 337 ff.; EGMR, Urt. v. 08.07.2003 – 30943/96, Sahin/Deutschland, FamRZ 2004, 337 ff.; zu den EGMR-Entscheidungen s.a. *P.-C. Kunkel* FPR 2012, 358 ff. Bislang gibt es – soweit ersichtlich – aber noch keine Verurteilung wegen Verletzung der Ehefreiheit nach Art. 12 EMRK.

[179] *A. Weber* Europäische Verfassungsvergleichung, 2010, 333 Rn. 57; vgl. auch *U. Volkmann* JZ 2011, 835 (841 f.).

[180] Gem. Art. 35 Abs. 1 EMRK kann sich der EGMR erst nach Erschöpfung aller innerstaatlichen Rechtsbehelfe mit einer Angelegenheit befassen. In Deutschland gehört hierzu insbes. die Verfassungsbeschwerde, *J. Meyer-Ladewig* in: ders. (Hrsg.) Europäische Menschenrechtskonvention, Handkommentar, 3. Aufl. 2011, Art. 35 Rn. 19.

[181] *H. Landau/M. Trésoret* DVBl. 2012, 1329 (1332); s.a. *U. Volkmann* JZ 2011, 835 ff.

2004 im sog. Görgülü-Beschluss, und damit gerade im Rahmen einer familienrechtlichen Streitigkeit, deutlich gemacht, dass deutsche Behörden und Gerichte Entscheidungen des EGMR in derselben Sache bei ihrer Entscheidungsfindung zu berücksichtigen, sich mit ihnen auseinanderzusetzen und ein etwaiges Abweichen gegebenenfalls nachvollziehbar zu begründen haben.[182] Obwohl die EMRK nur auf der Stufe eines einfachen Bundesgesetzes steht,[183] beeinflusst – oder sollte man besser sagen bestimmt – sie damit auch die Auslegung der Grundrechte und der rechtsstaatlichen Grundsätze des Grundgesetzes.[184] Die Entscheidungen des EGMR wirken zweifach als Dynamisierungsfaktoren: Zum einen bei Verurteilungen, zum anderen als Erkenntnisquelle für Rechtsvergleiche, die beim Grundrecht auf Ehe und Familie wiederum vor allem bei der Anwendung des Gleichheitssatzes wirksam werden.

VI. Schlussfolgerungen

Die Grundpfeiler der Grundrechtsdogmatik von Ehe und Familie wurden schon früh, nämlich in den fünfziger Jahren des letzten Jahrhunderts gelegt: Freiheitsfunktion, Institutsgarantie, objektive Wertordnung und die Verknüpfung mit Art. 3 GG.

Auch wenn der Einfluss des Gleichheitssatzes stark zugenommen hat, sind die Pfeiler an sich im Wesentlichen über die Jahre stabil geblieben. Sie haben sich allerdings als offen für die Aufnahme neuer Inhalte erwiesen. Insofern war und ist die Grundrechtsdogmatik von Ehe und Familie dynamisch.

Inhaltliche Änderungen haben insbesondere die Schutzgüter Ehe und Familie und auch ihr Verhältnis zueinander erfahren. Die soziale Entwicklung wurde dabei ebenso aufgenommen und integriert wie ein Wandel der gesellschaftlichen Einstellungen. Als Beschleuniger hat wiederholt

---

182 BVerfGE 111, 307 (324).

183 St. Rspr. des BVerfG, s. etwa BVerfGE 74, 358 (370); 111, 307 (316 f.); 128, 326 (366 f.); zur EMRK als Auslegungshilfe für das GG etwa BVerfGE 74, 358 (370); 82, 106 (120); 111, 307 (317); 128, 326 (367 ff.).

184 BVerfGE 128, 326 (367 ff.). Das Gericht erreicht dieses Ergebnis, indem es die in den Art. 1 sowie 23 bis 25 GG zum Ausdruck kommende Völkerrechtsfreundlichkeit der deutschen Verfassungsordnung betont. Aufgezeigt wurden aber auch die Grenzen der Völkerrechtsfreundlichkeit. Die konventionskonforme Interpretation darf nicht zu einer Verkürzung des Grundrechtsschutzes führen. Bei mehrpoligen Grundrechtsverhältnissen sind die Grundrechte aller Betroffenen zu beachten. Außerdem darf der in der Lissabon-Entscheidung des Gerichts herausgearbeitete Kerngehalt der Verfassungsidentität nicht berührt werden.

Art. 3 GG gewirkt, wobei rechtsvergleichende Erkenntnisse eingingen und europäische Vorgaben sowie die Rechtsprechung des EuGH und des EGMR integriert wurden.[185]

Um am Gesamtthema der Tagung anzuknüpfen: Was Ehe und Familie angeht, ist das öffentliche Recht damit sicher zukunftsfähig. Über die Grenzen einer dynamischen Grundrechtsdogmatik aber wird weiter gestritten werden müssen.

---

185 Dass eine national introvertierte Norm- und Rechtsprechungsexegese überholt ist, hat der Präsident des BVerfG *Andreas Voßkuhle* schon 2002 beschrieben, s. *A. Voßkuhle* FS Schmidt, 2002, 171 (insbes. 177 ff.); *ders.* JuS 2004, 1 ff.

Leitsätze der 1. Referentin über:

Dynamische Grundrechtsdogmatik von Ehe und Familie?

I. Einleitung

(1) Grundrechtsdogmatik befasst sich mit der Definition von Schutzgütern und Eingriffen, mit Grundrechtsfunktionen und Grundrechtskonkurrenzen. Legt man dieses Verständnis zugrunde, können jedenfalls neuere Entwicklungen der Dogmatik von Ehe und Familie nur als dynamisch bezeichnet werden.

II. Ehe und Familie im Wandel

(2) Lange Zeit wurde die Ehe als lebenslange Verbindung von Mann und Frau, die Familie als ihre quasi natürliche Folge angesehen. Vorherrschend war eine klare Rollenverteilung. Tatsächlich nahm die Zahl der Eheschließungen in den vergangenen Jahrzehnten ab. Bei den Scheidungen ist der Trend steigend. Mit einem Anteil von 71 % ist die Ehe mit Kind(ern) noch immer die meistgelebte Familienform. 9 % der Familien leben ohne Trauschein zusammen und weitere 20 % sind alleinerziehend.

(3) In den meisten Familien ist zwar noch immer der Mann der Hauptернährer. Die Erwerbstätigkeit von Frauen ist in den letzten 50 Jahren aber kontinuierlich von 47,2 % im Jahr 1960 auf 65 % im Jahr 2009 gestiegen. Davon arbeiten 35 % in Vollzeit. Viele Frauen würden gern auch in der Familienphase mehr berufstätig sein.

III. Entwicklungsoffenheit des Grundgesetzes

1. Ehe und Familie in der deutschen Verfassungsentwicklung

(4) Die Weimarer Reichsverfassung enthielt zumindest einen Programmsatz zum Schutz von Ehe und Familie. Als Ehe wurde dabei ausdrücklich die Verbindung von Mann und Frau bezeichnet. Sie wurde als Grundlage der Familie hervorgehoben und sollte der Erhaltung und Vermehrung der Nation dienen.

(5) Bei den Verhandlungen zum Grundgesetz kamen Regelungen zu Ehe und Familie spät zur Sprache. Auch wenn die Väter und Mütter des Grundgesetzes an einem traditionellen Bild von Ehe und Familie anknüpften, wurden Gegengeschlechtlichkeit und die enge Verbindung von Ehe und Familie in der letztlich verabschiedeten Fassung nicht erwähnt. Der Wortlaut eröffnet damit Auslegungspotentiale. Dynamisierungsfaktoren, die später eine wichtige Rolle spielen sollten, scheinen in den Verhandlungen schon auf: die Gleichberechtigung der Frau und die Anbindung an die EMRK.

2. Statische oder dynamische Verfassungsauslegung?

(6) Unter dem Grundgesetz nahm die Grundrechtsdogmatik Fahrt auf. Zwar konnte bei der Deutung der Grundrechte als subjektive Freiheitsrechte und bei den institutionellen Garantien an Vorbilder angeknüpft werden. Schon früh wurden aber auch neue Weichen gestellt. Dies gilt insbesondere für die Figur der objektiven Dimension der Grundrechte. Auch bei Art. 6 Abs. 1 GG lässt sich diese dogmatische Entwicklung nachzeichnen.

IV. Grundrechtsdogmatik von Ehe und Familie im Wandel

1. Grundlinien

(7) Bis heute halten Rechtsprechung und in weiten Teilen auch die Literatur zwar im Wesentlichen an den in den fünfziger Jahren des letzten Jahrhunderts entwickelten Grundstrukturen fest. Die sich dahinter im Einzelnen verbergenden Inhalte haben sich jedoch gewandelt. Deutlich stärker geworden ist der Einfluss des Art. 3 GG und dies nicht nur bezüglich der Gleichberechtigung der Frau.

(8) Art. 6 Abs. 1 GG ist auf eine dynamische Auslegung hin angelegt, weil das Schutzgebot der Verfassung die Institutionen der Ehe und Familie nicht abstrakt umfasst, sondern in ihrer Ausgestaltung durch den Gesetzgeber. Damit beeinflusst die soziale Realität die Auslegung der Verfassung stärker als dies bei anderen Grundrechten der Fall ist.

2. Schutzgut Ehe

(9) Ausdrücklich definiert wird der Begriff der Ehe in Art. 6 Abs. 1 GG nicht. Ursprünglich wurde sie als grundsätzlich unauflösliche Lebensgemeinschaft angesehen, mittlerweile dagegen als „auf Dauer angelegt". Stark gewandelt hat sich das Rollenbild der Eheleute. Wie weit der Interpretationsspielraum reicht, zeigt sich bei der Diskussion um das Geschlecht der Eheleute.

(10) Ehe und Familie sind grundsätzlich als gleichrangige Schutzgüter anzusehen. In der Praxis lässt sich aber vielfach eine Verschiebung des Schutzes von der Ehe hin zur Familie beobachten.

3. Schutzgut Familie

(11) Stark gewandelt hat sich auch der Begriff der Familie. Soziale Entwicklungen und veränderte Werte haben als Dynamisierungsfaktoren seine Auslegung beeinflusst. Die Familie muss nicht mehr aus der Ehe hervorgehen, um dem Schutz des Art. 6 Abs. 1 GG zu unterfallen. Das Bestehen einer tatsächlichen Lebens- und Erziehungsgemeinschaft von Eltern und Kindern genügt. Auf die biologische Herkunft kommt es nicht an.

(12) Das durch Art. 6 Abs. 2 Satz 1 GG geschützte Elternrecht schützt auch zwei Elternteile gleichen Geschlechts. Eingetragene Lebenspartnerschaften mit Kindern sind Familie i.S.d. Art. 6 Abs. 1 GG.

4. Gleichheitsrechte

(13) Der dynamisierende Einfluss des Art. 3 Abs. 2 GG auf die Auslegung des Art. 6 Abs. 1 GG wurde schon früh deutlich. Viele ehe- und/oder familienbezogene Entscheidungen des Bundesverfassungsgerichts wurden zudem nicht oder jedenfalls nicht allein auf Art. 6 GG gestützt, sondern maßgeblich auf Art. 3 Abs. 1 GG. Der Gesetzgeber wurde über den Hebel des Gleichheitssatzes wiederholt zur Korrektur bzw. nachhaltigen Umgestaltung gewachsener Strukturen u.a. im Sozialversicherungsrecht verpflichtet.

(14) Bei Lebenspartnerschaften kann Art. 6 Abs. 1 GG nicht mehr als Differenzierungskriterium im Rahmen von Art. 3 Abs. 1 GG herangezogen werden. Ein Abstandsgebot besteht insoweit nicht (mehr). Differenzierungen sind nur unter strengen Voraussetzungen zulässig.

5. Wahlfreiheit

(15) Das Ehe- und Familiengrundrecht beinhaltet sowohl die Gründungs- als auch die Gestaltungsfreiheit. Umfasst ist davon der Schutz vor Eingriffen durch den Staat. Abgeleitet wird daneben aus Art. 6 Abs. 1 GG sowie dem Sozialstaatsprinzip ein Fördergebot des Staates.

(16) Grundsätzlich kommt dem Staat eine weite Gestaltungsfreiheit sowohl bei der Schaffung von Ausgleichsregelungen von kindbezogenen Lasten (Familienlastenausgleich) als auch bei der Förderung von Familienleistungen (Familienleistungsausgleich) zu. Grenze ist Art. 3 Abs. 1 GG, der Vorgaben für Typisierungsmaßstäbe setzt. Aus dem Willkürverbot wird außerdem der Grundsatz der Folgerichtigkeit gesetzlicher Regelungen abgeleitet.

Dies heißt aber nicht, dass alle Ehe und Familie betreffenden Regelungen ein einheitliches Konzept verfolgen müssen.

(17) Bei der Ausgestaltung finanzieller staatlicher Leistungen ist stärker auf den Kernbereich des Schutzes des Art. 6 Abs. 1 GG abzustellen. Der private Rückzugsbereich, den Ehe und Familie darstellen, ist vor allem vor Eingriffen zu schützen. Bei der finanziellen Förderung spielt er keine vergleichbare Rolle. Hervorzuheben ist dagegen die Reproduktionsfunktion. Auf dieser Grundlage spricht vieles für eine stärkere Orientierung der Besteuerung an den vorhandenen Kindern.

(18) Auch ohne Kinder umfasst die Ehe die gegenseitige Sorge und Solidarität der Ehepartner. Der Staat macht sich dies zu Nutze, indem er entsprechende Unterhaltspflichten festschreibt. Dies ist auch im Rahmen des Steuerrechts zu berücksichtigen.

V. Externe Dynamisierungsfaktoren

1. Rechtsvergleich

(19) Nicht überall auf der Welt oder auch nur in Europa sind Ehe und Familie unter den Schutz der Verfassung gestellt. Aus der Sicht der Rechtsvergleichung sind gleichwohl die großen Entwicklungslinien im deutschen, europäischen und nordamerikanischen Familienrecht in weiten Teilen homogen verlaufen.

(20) Rechtsvergleichende Einflüsse lassen sich in der Rechtsprechung des Bundesverfassungsgerichts zu Ehe und Familie nachweisen. Die deutsche Verfassungsdogmatik wird außerdem vom Recht der Europäischen Union und der EMRK beeinflusst.

2. Recht der Europäischen Union

(21) Unmittelbare Kompetenzen der Europäischen Union für das Ehe- und Familienrecht bestehen nicht. Ehe- und familienbezogene Regelungen gibt es aber zur Bewältigung der Freizügigkeit. Jedenfalls bei der Ausführung von EU-Recht ist außerdem die Grundrechte-Charta zu beachten.

(22) Über einen Umweg hat das EU-Sekundärrecht in Form der europäischen Gleichstellungsrichtlinien die Auslegung von Art. 6 GG stark beeinflusst. Und dies, obwohl Ehe und Familie insoweit an sich gar nicht erfasst werden. Über den allgemeinen Gleichheitssatz wurden ihre Inhalte in das deutsche Recht integriert.

3. Europäische Menschenrechtskonvention

(23) Veränderte gesellschaftliche Rahmenbedingungen und Einstellungen waren Motor auch für die Rechtsprechung des EGMR zu Ehe und Familie. Die EMRK wird von ihm ausdrücklich als „Living Instrument" bezeichnet. Entwicklungen in den Konventionsstaaten finden so Eingang in die Rechtsprechung des EGMR. Die deutsche Grundrechtsdogmatik wurde mittlerweile gegenüber europäischen Einflüssen weit geöffnet.

(24) Die Entscheidungen des EGMR wirken zweifach als Dynamisierungsfaktoren: zum einen bei Verurteilungen, zum anderen als Erkenntnisquelle für Rechtsvergleiche, die bezüglich Ehe und Familie wiederum vor allem bei der Anwendung des Gleichheitssatzes wirksam werden.

VI. Schlussfolgerungen

(25) Die Grundpfeiler der Grundrechtsdogmatik von Ehe und Familie wurden schon früh, nämlich in den fünfziger Jahren des letzten Jahrhunderts gelegt: Freiheitsfunktion, Institutsgarantie, objektive Wertordnung und die Verknüpfung mit Art. 3 GG.

(26) Auch wenn der Einfluss des Gleichheitssatzes stark zugenommen hat, sind die Pfeiler im Wesentlichen über die Jahre stabil geblieben. Sie haben sich allerdings als offen für die Aufnahme neuer Inhalte erwiesen. Insofern war und ist die Grundrechtsdogmatik von Ehe und Familie dynamisch.

(27) Inhaltliche Änderungen haben insbesondere die Schutzgüter Ehe und Familie und auch ihr Verhältnis zueinander erfahren. Als Beschleuniger hat wiederholt Art. 3 GG gewirkt, wobei rechtsvergleichende Erkenntnisse eingingen und europäische Vorgaben sowie die Rechtsprechung des EuGH und des EGMR integriert wurden.

(28) Was Ehe und Familie angeht, ist das öffentliche Recht damit sicher zukunftsfähig. Über die Grenzen einer dynamischen Grundrechtsdogmatik aber wird weiter gestritten werden müssen.

Dritter Beratungsgegenstand:

Dynamische Grundrechtsdogmatik von Ehe und Familie?

2. Referat von Professor Dr. *Michael Germann*, Halle/Saale

Inhalt

I. Vom „sozialen Wandel" zur „dynamischen Grundrechtsdogmatik" von Ehe und Familie

Dynamik macht sich im Recht von Ehe und Familie dort besonders bemerkbar, wo sie die Grenzen der ihm zugrundeliegenden Vorstellungen übersteigt. Nur ein Schlaglicht auf solche Dynamik wirft die Begründung des Bundesverfassungsgerichts für die im Februar 2013 getroffene Entscheidung, daß die seit Menschengedenken kulturell verwurzelte und rechtlich geltende Verteilung der Elterneigenschaft auf einen Vater und eine Mutter ab sofort für das Elternrecht im Sinne des Art. 6 Abs. 2 GG nicht mehr von Bedeutung ist: „Zwar ist [...] davon auszugehen", so das Bundesverfassungsgericht, „dass bei Abfassung von Art. 6 Abs. 2 GG ausschließlich an verschiedengeschlechtliche Eltern gedacht war. In der Norm liegt deshalb aber nicht eine bewusste Entgegensetzung zur Anerkennung gleichgeschlechtlicher Eltern; vielmehr lag diese schlicht außerhalb des damaligen Vorstellungshorizonts. [...] Die Grenzen der damaligen Vorstellungswelt und des dabei unterlegten historischen Begriffsverständnisses sind indessen mit der Veränderung der rechtlichen Einordnung von Homosexualität nach und nach entfallen."[1] Diese Veränderung ist nur ein paradigmatischer Ausschnitt aus der Dynamik im Recht von Ehe und Familie. Wie sich zu solcher Dynamik die Grundrechtsdogmatik des Art. 6 GG verhält, ob und inwiefern sie sich etwa ihrerseits als dynamisch erweist, und welchen Beitrag sie dabei zur Zukunftsgestaltung durch öffentliches Recht leistet, ist die diesem Referat gestellte Frage.

Es geht dabei wieder um das Verhältnis zwischen Verfassungsgarantie und sozialem Wandel am Beispiel von Ehe und Familie, Gegenstand der Staatsrechtslehrertagung 1986 in München mit Vorträgen von Herrn *von Campenhausen* und Herrn *Steiger*.[2] Viele Fragen von damals sind auch die von heute; der seinerzeit diagnostizierte soziale Wandel hat sich seitdem fortgesetzt, verstärkt und beschleunigt.[3] Zur rechtlichen Gleichstellung gleichgeschlechtlicher Partnerschaften mit der Ehe findet sich in den Vorträgen der Staatsrechtslehrertagung von 1986 ein einziger Satz, nämlich von Herrn *Steiger*: „Für Gleichstellungen homosexueller Verbindungen

---

[1] BVerfG, U. vom 19.2.2013 – 1 BvL 1/11 – [Sukzessivadoption], Abs. 55.

[2] *A. Frhr. v. Campenhausen* und *H. Steiger* Verfassungsgarantie und sozialer Wandel – Das Beispiel von Ehe und Familie, VVDStRL 45 (1987), 7–54 bzw. 55–93.

[3] Vgl. mit den bei *v. Campenhausen* Verfassungsgarantie und sozialer Wandel (Fn. 2), 8–10, wiedergegebenen Zahlen die aus dem Statistischen Jahrbuch 2012, hrsg. vom Statistischen Bundesamt, abrufbar unter <http://www.destatis.de/jahrbuch>, Kapitel 2.6 („Familien, Kinder und Lebensformen", 51–64). Zusammenfassend etwa *F. Gräfin Nesselrode* Das Spannungsverhältnis zwischen Ehe und Familie in Artikel 6 des Grundgesetzes, 2007, 27–61; *K. Stern* Der Schutz von Ehe, Familie und Eltern/Kind-Beziehung (§ 100), in: ders./M. Sachs/J. Dietlein, Das Staatsrecht der Bundesrepublik Deutschland, Bd. IV/1, 2006, 315–649 (330 f.). Mit kulturkritischem Akzent *P. J. Tettinger* Der grundgesetzlich gewährleistete besondere Schutz von Ehe und Familie, in: H. Marré/D. Schümmelfeder/B. Kämper (Hrsg.) Ehe und Familie unter veränderten gesellschaftlichen Rahmenbedingungen, Essener Gespräche zum Thema Staat und Kirche, Bd. 35, 2001, 117–157 (117–126).

sehe ich weder Notwendigkeit noch Raum."[4] Das dürfte einem breiten gesellschaftlichen, politischen und rechtswissenschaftlichen Konsens entsprochen haben. Die heute insoweit völlig veränderte Lage ist gekennzeichnet durch die Einführung der eingetragenen Lebenspartnerschaft als familienrechtliches Institut neben der Ehe durch das Lebenspartnerschaftsgesetz von 2001,[5] dessen verfassungsgerichtliche Bestätigung durch die Entscheidung des Bundesverfassungsgerichts vom 17. Juli 2002,[6] die nachfolgende Übertragung fast aller Rechtsfolgen der Ehe auf die eingetragene Lebenspartnerschaft teils durch den Gesetzgeber,[7] teils durch das Bundesverfassungsgericht, bis hin zu den beiden wichtigen Entscheidungen zur Adoption und zum einkommensteuerrechtlichen Splittingverfahren aus diesem Jahr 2013,[8] und eine diesen Rechtsänderungen teils voraus-, teils nachlaufende breite politische, gesellschaftliche und rechtswissenschaftliche[9] Akzeptanz. Selbstverständlich gibt es noch etliche

---

[4] *Steiger* Verfassungsgarantie und sozialer Wandel (Fn. 2), 79. In der Aussprache dazu nur *R. Steinberg*, 139.

[5] Gesetz über die Eingetragene Lebenspartnerschaft (Lebenspartnerschaftsgesetz – LPartG), erlassen als Art. 1 des Gesetzes zur Beendigung der Diskriminierung gleichgeschlechtlicher Gemeinschaften: Lebenspartnerschaften vom 16.2.2001 (BGBl. I 266).

[6] BVerfGE 105, 313–357, mit abweichenden Meinungen *Papier*, 357–359; *Haas*, 359–365.

[7] Gesetz zur Überarbeitung des Lebenspartnerschaftsrechts vom 15.12.2004 (BGBl. I 3396).

[8] BVerfG, B. vom 7.7.2009 – 1 BvR 1164/07 – [Hinterbliebenenversorgung] = E 124, 199–235; B. vom 21.7.2010 – 1 BvR 611/071, 2464/07 – [Erbschafts- und Schenkungssteuer] = E 126, 400–433; B. vom 19.6.2012 – 2 BvR 1397/09 – [Familienzuschlag] = E 131, 239–267; B. vom 18.7.2012 – 1 BvL 16/11 – [Grunderwerbsteuerbefreiung] = E 132, 179–194; U. vom 19.2.2013 – 1 BvL 1/11 – [Sukzessivadoption]; B. vom 7.5.2013 – 2 BvR 909/06, 1981/06, 288/07 – [Lebenspartner-Splitting].

[9] Repräsentativ *C. D. Classen* Dynamische Grundrechtsdogmatik von Ehe und Familie?, DVBl. 2013, 1086–1093 (1089). Zur Erinnerung seien hier aber noch einige kritischen Stimmen aufgeführt: *J. Benedict* Die Ehe unter dem besonderen Schutz der Verfassung – Ein vorläufiges Fazit, JZ 2013, 477–487; *G. D. Gade/C. Thiele* Ehe und eingetragene Lebenspartnerschaft: Zwei namensverschiedene Rechtsinstitute gleichen Inhalts? – 10 Jahre Rechtsprechung des Bundesverfassungsgerichts zur eingetragenen Lebenspartnerschaft, DÖV 2013, 142–151; *K. F. Gärditz* Gemeinsames Adoptionsrecht Eingetragener Lebenspartner als Verfassungsgebot?, JZ 2011, 930–939; *C. Hillgruber* Anmerkung [zu BVerfG, B. vom 7.7.2009 – 1 BvR 1164/07 – Hinterbliebenenversorgung], JZ 2010, 41–44; *R. Scholz/A. Uhle* „Eingetragene Lebenspartnerschaft" und Grundgesetz, NJW 2001, 393–400; *U. Steiner* Schutz von Ehe und Familie (§ 108), in: D. Merten/H.-J. Papier (Hrsg.) Handbuch der Grundrechte in Deutschland und Europa, Bd. IV, 2011, 1249–1278 (Rn. 32–39); *Stern* (Fn. 3), 486–490; *P. J. Tettinger* Kein Ruhmesblatt für „Hüter der Verfassung", JZ 2002, 1146–1152; *A. Uhle* in: V. Epping/C. Hillgruber (Hrsg.) Grundgesetz. Kommentar, 2. Aufl. 2013, auch als: Beck'scher Online-Kommentar, Edition 18 (Stand 15.5.2013), Art. 6 Rn. 36–38.

andere Bewegungen im Recht von Ehe und Familie als diese;[10] aber wenn wir nach Dynamik suchen, finden wir sie hier in exemplarischer Prägnanz.

Das Grundgesetz rechnet mit Veränderungen des gesellschaftlichen Konsenses. Es organisiert dessen Dynamik in der Macht der parlamentarischen Mehrheit, durch Gesetzgebung die Zukunft zu gestalten. Der Wandel des gesellschaftlichen Konsenses erreicht die Entscheidungen der Verfassung selbst unter der Bedingung, daß er in den qualifizierten Mehrheiten des Art. 79 Abs. 2 GG signifikant wird.

Wo die politische Dynamik für eine Änderung der Verfassung zu schwach ist, sucht sie Eingang in die Auslegung der Verfassung. Sie kleidet sich in die These, daß der gleichbleibende Sinn der Verfassung ihr schon immer entsprochen habe oder ihr jedenfalls jetzt entspreche. Soweit sie damit keinen Erfolg hat, wird sie als verfassungswidrig zurückgewiesen. Soweit sie sich durchsetzt, gilt ihr Erfolg als Verfassungswandel.[11]

---

[10] Konzis und zugleich material- wie gedankenreich erörtert von *Classen* (Fn. 9) – mit dem Gesamtergebnis: Im Hinblick auf die „Funktionen, die die Garantien von Ehe und Familie nach Art. 6 Abs. 1 GG erfüllen sollen", sei „keine ‚besondere' Dynamik zu verzeichnen" (1093).

[11] Hierzu allgemein *P. Badura* Verfassungsänderung, Verfassungswandel, Verfassungsgewohnheitsrecht (§ 160), in: J. Isensee/P. Kirchhof (Hrsg.) Handbuch des Staatsrechts der Bundesrepublik Deutschland (HStR), 1. Aufl., Bd. VII, 1992, 57–77 (Rn. 13–15); *B.-O. Bryde* Verfassungsentwicklung. Stabilität und Dynamik im Verfassungsrecht der Bundesrepublik Deutschland, 1982; *W. Fiedler* Sozialer Wandel, Verfassungswandel, Rechtsprechung, 1972; *K. Hesse* Grenzen der Verfassungswandlung, FS Scheuner, 1973, 123–141; *P. Lerche* Stiller Verfassungswandel als aktuelles Politikum, FS Maunz, 1971, 285–300; *J. Masing* Zwischen Kontinuität und Diskontinuität: Die Verfassungsänderung, in: R. Wahl (Hrsg.) Verfassungsänderung, Verfassungswandel, Verfassungsinterpretation, 2008, 131–146 (142–146); *H. Schulze-Fielitz* Verfassung als Prozeß von Verfassungsänderungen ohne Verfassungstextänderungen, ebd., 219–232 (223 f., 227 f., 229–232); *C. Walter* Hüter oder Wandler der Verfassung? Zur Rolle des Bundesverfassungsgerichts im Prozeß des Verfassungswandels, AöR 125 (2000), 517–550; kritisch *E.-W. Böckenförde* Anmerkungen zum Begriff Verfassungswandel, FS Lerche, 1993, 3–14; *C. Hillgruber* Verfassungsrecht zwischen normativem Anspruch und politischer Wirklichkeit, VVDStRL 67 (2008), 7–56 (8–20, 45–51); *M. Jestaedt* Verfassungsgerichtspositivismus. Die Ohnmacht des Verfassungsgesetzgebers im verfassungsgerichtlichen Jurisdiktionsstaat, FS Isensee, 2002, 185–228 (188–203); *A. Voßkuhle* Gibt es und wozu nutzt eine Lehre vom Verfassungswandel?, in: Wahl (Hrsg.) a.a.O., 201–216. – Allgemein mit Blick auf Art. 6 GG kritisch *M. Burgi* in: K. H. Friauf/W. Höfling (Hrsg.) Berliner Kommentar zum Grundgesetz, Losebl., 2000 ff. (Stand: 42. Lieferung, 2013), Art. 6 GG (Stand: 2002–2007), Rn. 15; *C. von Coelln* in: M. Sachs (Hrsg.) Grundgesetz. Kommentar, 6. Aufl. 2011, Art. 6 Rn. 3; *H. Lecheler* Verfassungsgarantie und sozialer Wandel. Das Beispiel von Ehe und Familie, DVBl. 1986, 905–911; eingehend *C. Rijsbergen* Der besondere Schutz von Ehe und Familie. Die verfassungsrechtliche Einordnung nichtehelicher Lebensgemeinschaften und Lebenspartnerschaften

Ausweis ihres Erfolgs ist eine ausreichend stabile Bestätigung durch das Verfassungsgericht und deren bleibender Eindruck auf die Verfassungsrechtswissenschaft. Wessen Vorstellungshorizont das etwa überschreiten sollte, der darf sich – passend zum Richard-Wagner-Jahr – in eine Szene aus der „Walküre" einfühlen, wo – passend zu unserem Thema – ein saftiger Ehekrach zwischen Fricka und Wotan tobt, in dessen Verlauf Fricka, die Hüterin von Ehe und Familie, sich über den ehebrecherischen Inzest der Wälsungenzwillinge, ihrerseits übrigens Resultat einer außerehelichen Eskapade Wotans, beschwert und ihn anschreit: „Mir schaudert das Herz, es schwindelt mein Hirn: bräutlich umfing die Schwester der Bruder! Wann – ward es erlebt, dass leiblich Geschwister sich liebten?", worauf sie die trockene Antwort erhält: „Heut' – hast du's erlebt: erfahre so[,] was von selbst sich fügt, sei zuvor auch nie es gescheh'n."[12]

Die Inanspruchnahme eines Verfassungswandels als verfassungsrechtliches Argument ist prekär. Insbesondere das Bundesverfassungsgericht, von dem viele erwarten, daß es sich bei seinen Beiträgen zur Zukunftsgestaltung an die Verfassung hält, statt sie zu wandeln, muß alle Dynamik im Verfassungsrecht als durch die Verfassung determiniert vorstellen. Hierfür kommt es auf die Grundrechtsdogmatik an. Grundrechtsdogmatik kann „dynamisch" heißen, wenn sie die Reichweite und die Wirkungen des Grundrechts an dynamische Veränderungen seines Gegenstands anzu-

---

unter dem Blickwinkel des Verfassungswandels, 2005. Besonders mit Blick auf den jüngeren Verständniswandel zu Art. 6 Abs. 1 GG kritisch *Steiner* (Fn. 9), Rn. 3; mit besonderem Verweis auf die demokratische Funktion des Verfahrens zur Verfassungsänderung nach Art. 79 Abs. 1 und 2 GG zum Beispiel *Benedict* (Fn. 9), 481–487; *Gade/Thiele* (Fn. 9), 144 f., 151; *Gärditz* (Fn. 9), 934, 938. Für ein Verständnis des Art. 6 Abs. 1 GG als Ermächtigung des einfachen Gesetzgebers zur „Verfassungsentwicklung" *S. Rixen* Das Ende der Ehe? – Neukonturierung der Bereichsdogmatik von Art. 6 Abs. 1 GG: ein Signal des spanischen Verfassungsgerichts, JZ 2013, 864–873 (872 f.); ähnlich schon *W. Höfling* Offene Grundrechtsinterpretation. Grundrechtsauslegung zwischen amtlichem Interpretationsmonopol und privater Konkretisierungskompetenz, 1987, 194 f. Für eine Befugnis des Bundesverfassungsgerichts, „die Grenzen des Verfassungswandels" im Sinne „einer sehr europarechtsfreundlichen dynamischen Auslegung des nationalen Verfassungsrechts" hinter sich zu lassen, um „europäische Tendenzen" vorwegnehmend mitzugestalten, wozu ein „Grundrechtswandel kraft europäischer Integration [...] als eigenständige Kategorie der Verfassungsinterpretation begriffen werden" solle, *L. Michael* Lebenspartnerschaften unter dem besonderen Schutze einer (über-)staatlichen Ordnung. Legitimation und Grenzen eines Grundrechtswandels kraft europäischer Integration, NJW 2010, 3537–3542 (zit.: 3539, 3540).

[12] *R. Wagner* Die Walküre. Erster Tag aus der Trilogie: Der Ring des Nibelungen, Zweiter Aufzug, zitiert nach der Ausgabe: R. Wagner, Der Ring des Nibelungen. Vollständiger Text mit Notentafeln der Leitmotive, hrsg. von J. Burghold, 1913 (Nachdruck 1981, 6. Aufl. 1994), 107.

passen fähig ist. In einem gesteigerten Sinn kann sie „dynamisch" heißen, wenn sie darüber ihre eigene Gestalt verändert.

Durch die vielfältigen Aspekte des Themas kann ich nur eine schmale Spur legen. Ich konzentriere mich darauf, die Grundrechtsdogmatik zu Art. 6 Abs. 1 und 2 GG erstens als Gegenstand der Dynamik in den Blick zu nehmen (II.), zweitens an ausgewählten Punkten auf Wirksamkeit der Dynamik zu untersuchen (III.) und schließlich mit einem Vorschlag für die Zukunft der Dynamik auszustatten (IV.).

II. Gegenstand der Dynamik: Grundrechtsdogmatik von Ehe und Familie

1. Die dynamische und die antidynamische Intention der Grundrechtsdogmatik

Grundrechtsdogmatik[13] erschließt der Auslegung und Anwendung von Grundrechtsnormen in der Darstellung von Tatbestand und Rechtsfolge, Ratio und Systematik Formen der Verallgemeinerung. Damit wirkt Grundrechtsdogmatik auf die Auslegung und Anwendung der Grundrechte stabilisierend, vermittelt sie mit der Allgemeinheit der Norm, weist ihre Rationalität, Konsistenz und Kontinuität aus. Soweit sie sich entwickeln, verändern und anpassen muß, um ihre Funktion dauerhaft zu erfüllen,[14] hat sie eine dynamische Intention. Doch gegenüber der Dynamik politischer Ansprüche auf Zukunftsgestaltung wirkt Grundrechtsdogmatik widerständig, dämpfend und bremsend.[15] Insofern sperrt sich Grundrechtsdogmatik dagegen, dynamisch zu sein.

So lassen denn auch die Elemente der Grundrechtsdogmatik zu Art. 6 GG in Rechtsprechung und Literatur äußerlich wenig Dynamik erkennen. Sie sind zwar selbst Produkt einer dynamischen Aufbauarbeit vor

---

[13] Als eine jüngere Reflexion über die Aufgaben, Leistungen und Versuchungen der Rechtsdogmatik siehe nur *G. Kirchhof/S. Magen/K. Schneider* (Hrsg.) Was weiß Dogmatik? Was leistet und wie steuert die Dogmatik des Öffentlichen Rechts?, 2012.

[14] Mit Blick auf Art. 6 GG: *G. Robbers* in: H. von Mangoldt (Begr.)/F. Klein/C. Starck (Hrsg.) Kommentar zum Grundgesetz, Bd. 1, 6. Aufl. 2010, Art. 6 Rn. 32; *Steiger* Verfassungsgarantie und sozialer Wandel (Fn. 2), 77; *R. Zippelius* Verfassungsgarantie und sozialer Wandel – Das Beispiel von Ehe und Familie, DÖV 1986, 805–810 (806–808).

[15] Entsprechend zur „Funktion der Verfassungsgarantie des Gegebenen" gegenüber dem sozialen Wandel mit Verweis auf die „Erfahrung der bewährten Vernünftigkeit des Gegebenen als Gewordenem" *Steiger* Verfassungsgarantie und sozialer Wandel (Fn. 2), 74 f. Siehe auch *Lerche* (Fn. 11), 292 f., der eine Begrenzung zulässigen Verfassungswandels im „Zeitfaktor" sucht, da ein „Neuverständnis der Verfassung" nicht aufgehalten, sondern nur „verlangsamt" werden könne.

allem in den ersten Jahren der Auslegung des Grundgesetzes.[16] Doch jeder Aufbau und Ausbau der Grundrechtsdogmatik verengt nach und nach die Räume für weitere dynamische Entwicklungen. Die Mittel zum Verständnis davon, was die Verfassung determiniert, werden mit ihrem Gebrauch selbst zu Determinanten des Verständnisses. Eine festgefügte Grundrechtsdogmatik erhöht die Determinierungsdichte der Verfassungsnorm. Will ihr gegenüber neue Dynamik Platz greifen, muß sie kräftig genug sein, um den Altbestand mit Umbau, Abbau oder auch Teilabriß zu überwinden. Mit dem dafür jeweils erforderlichen Veränderungsaufwand steigen die argumentativen Kosten.

2. *Elemente der Grundrechtsdogmatik von Ehe und Familie*

Entsprechend stabil sind die Definitionen, die die Tatbestände des Art. 6 Abs. 1 und 2 GG beschreiben. „Ehe" ist „die Vereinigung eines Mannes mit einer Frau zu einer auf Dauer angelegten Lebensgemeinschaft [...], begründet auf freiem Entschluss unter Mitwirkung des Staates".[17]

---

[16] Zur Abgrenzung von einem Verständnis des Art. 6 GG als unverbindliche Programmnorm, gegen das die Kategorie der „wertentscheidenden Grundsatznorm" überhaupt erst ausgeprägt wurde, siehe die Leitentscheidung BVerfGE 6, 55 (71–77); entsprechend gewürdigt bei *Stern* (Fn. 3), 406. Zum vorausgehenden Stand der Grundrechtsdogmatik des Art. 6 GG siehe *H. von Mangoldt* Das Bonner Grundgesetz, 1953, Anm. 2, 4; *T. Maunz* Deutsches Staatsrecht, 6. Aufl. 1957, 112; *K.-G. Wernicke* in: Bonner Kommentar zum Grundgesetz, Art. 6 (Erstbearbeitung 1950), Erl. vor 1. – Zur Abgrenzung gegen Versuche, den vorkonstitutionell überkommenen Vorrang des Ehemannes und Vaters auch nach Ablauf des Moratoriums gemäß Art. 117 Abs. 1 GG über Art. 6 GG gegen die Gleichberechtigung von Männern und Frauen nach Art. 3 Abs. 2 GG auszuspielen, siehe BVerfGE 3, 225 (241 f.). Für die gesetzgeberische Nacharbeit am vorkonstitutionellen Recht stehen das Gesetz über die Gleichberechtigung von Mann und Frau auf dem Gebiete des bürgerlichen Rechts (Gleichberechtigungsgesetz) vom 18.7.1957 (BGBl. I 609), das Erste Gesetz zur Reform des Ehe- und Familienrechts vom 14.6.1976 (BGBl. I 1421), das Gesetz zur Neuregelung des Rechts der elterlichen Sorge vom 18.7.1979 (BGBl. I 1061) und das Zweite Gleichberechtigungsgesetz vom 24.6.1994 (BGBl. I 1406). Zusammenfassend *C. Franzius* Bonner Grundgesetz und Familienrecht. Die Diskussion um die Gleichberechtigung von Mann und Frau in der westdeutschen Zivilrechtslehre der Nachkriegszeit (1945–1957), 2005; *Stern* (Fn. 3), 379–383. – Zur Teilnahme der Auslegung des Art. 6 GG an der dynamischen Entwicklung der freiheitsrechtlichen Schutzbereichs-, Eingriffs- und Schrankendogmatik sowie der Schutzpflichtendogmatik siehe zusammenfassend *P. Häberle* Verfassungsschutz der Familie – Familienpolitik im Verfassungsstaat, 1984, 28 f.

[17] BVerfGE 105, 313–357 (345) [Lebenspartnerschaftsgesetz], insoweit mit Verweisen auf BVerfGE 10, 59 (66); 29, 166 (176); 62, 323 (330). Näher *Robbers* (Fn. 14), Rn. 38; *Stern* (Fn. 3), 370–372, jeweils mit weiteren Nachweisen – Anderer Ansicht *F. Brosius-Gersdorf* in: H. Dreier (Hrsg.) Grundgesetz – Kommentar, Bd. I, 3. Aufl. 2013, Art. 6 Rn. 49 f.

„Familie" ist die „Gemeinschaft von Eltern und Kindern".[18] „Eltern" eines Kindes sind die Personen, von denen das Kind unmittelbar abstammt oder die das Gesetz ihm als Eltern zuordnet.[19]

Ebenso stabil ist die grundrechtsdogmatische Darstellung der Rechtsfolgen des Art. 6 Abs. 1 GG. Der „besondere Schutz" von Ehe und Familie bindet die staatliche Gewalt als subjektives Abwehrrecht, als Institutsgarantie und als „wertentscheidende Grundsatznorm".[20] Das subjektive Abwehrrecht verbietet dem Staat nichtgerechtfertigte Eingriffe in die Schutzbereiche von Ehe und Familie.[21] Die Institutsgarantie gebietet es dem Gesetzgeber, das Ehe- und Familienrecht so zu gestalten und in seinem „Normenkern"[22] zu erhalten, daß Ehe und Familie im Sinne der Verfassung rechtlich wirksam werden können. Die Qualifikation des Art. 6 Abs. 1 GG als „wertentscheidende Grundsatznorm" verallgemeinert das Gebot des „besonderen Schutzes" zu einer „verbindliche[n] Wertentscheidung für den gesamten Bereich des Ehe und Familie betreffenden privaten und öffentlichen Rechts".[23]

Die Ratio des besonderen Schutzes von Ehe und Familie in Art. 6 Abs. 1 GG umfaßt zum einen, gemäß der Ratio aller Freiheitsrechte, die privaten Interessen der Grundrechtsträger an ihrer Freiheitsentfaltung in Ehe und Familie.[24] Zum anderen umfaßt sie zugleich ein öffentliches

---

[18] BVerfGE 10, 59 (66); 48, 327 (339); 79, 256 (267); 80, 81 (90); 108, 82 (112); 127, 263 (287); BVerfG, U. vom 19.2.2013 – 1 BvL 1/11 – [Sukzessivadoption], Abs. 62; *Robbers* (Fn. 14), Rn. 81; *Stern* (Fn. 3), 395 f. mit umfassenden Nachweisen.

[19] BVerfG, U. vom 19.2.2013 – 1 BvL 1/11 – [Sukzessivadoption], Abs. 58, im Anschluß an die differenzierten Ausführungen über das Verhältnis zwischen leiblicher Elternschaft und Elternrecht bei BVerfGE 108, 82 (99–104). Für die Elternschaft aufgrund Abstammung siehe BVerfGE 24, 119 (135) – Eltern des ehelichen und Mutter des nichtehelichen Kindes; BVerfGE 92, 158 (176–179) – nichtehelicher Vater; für das Elternrecht kraft Adoption BVerfGE 24, 119 (150).

[20] Vom Bundesverfassungsgericht im Anschluß an die entsprechende Auslegung des Schutzgebots in BVerfGE 6, 55 (71–77) so aufgezählt seit BVerfGE 24, 119 (135); siehe etwa BVerfGE 31, 58 (67); 62, 323 (329); 76, 1 (49); 80, 81 (92 f.); zugrundegelegt auch in BVerfGE 105, 313 (342, 344 f., 346) [Lebenspartnerschaftsgesetz].

[21] *Burgi* (Fn. 11), Rn. 24–28; *Nesselrode* (Fn. 3), 132–138; *Robbers* (Fn. 14), Rn. 8; *Stern* (Fn. 3), 407.

[22] BVerfGE 6, 55 (72); bzw. „Strukturprinzipien": BVerfGE 10, 59 (66); 31, 58 (69); 36, 146 (162); 53, 224 (245); 105, 313 (345, 348).

[23] BVerfGE 6, 55 (72); zuletzt wiederholt in BVerfG, B. vom 7.5.2013 – 2 BvR 909/06, 1981/06, 288/07 – [Lebenspartner-Splitting], Abs. 81 mwN; jeweils wortgleich zum Beispiel BVerfG, B. vom 21.7.2010 – 1 BvR 611/071, 2464/07 – [Erbschafts- und Schenkungssteuer], Abs. 90 = E 126, 400 (420); B. vom 19.6.2012 – 2 BvR 1397/09 – [Familienzuschlag], Abs. 65 = E 131, 239 (259); B. vom 18.7.2012 – 1 BvL 16/11 – [Grunderwerbsteuerbefreiung], Abs. 48 = E 132, 179 (191: Rn. 39).

[24] *D. Pirson* in: W. Kahl/C. Waldhoff/C. Walter (Hrsg.) Bonner Kommentar zum Grundgesetz, Losebl., 1950 ff. (Stand: 162. Aktualisierung, Juli 2013), Art. 6 Abs. 1

Interesse an Ehe und Familie als elementaren Sozialstrukturen, auf deren regenerative, soziale und kulturelle[25] Leistungen Staat und Gesellschaft für ihr physisches Fortbestehen,[26] ihre ethische Substanz[27] und ihre volkswirtschaftliche Wohlfahrt angewiesen sind.[28] Das öffentliche Interesse

---

(Zweitbearbeitung, Stand: 36.–77. Lieferung, 1976–1996), Rn. 27, 51 f.; *Robbers* (Fn. 14), Rn. 11, 33, 34; *Steiger* Verfassungsgarantie und sozialer Wandel (Fn. 2), 56–70, 76 f.; *Stern* (Fn. 3), 408; kritisch *P. Badura* in: T. Maunz/G. Dürig (Begr.) Grundgesetz – Kommentar, Losebl., Art. 6 (Stand: 69. Lieferung, Mai 2013), Rn. 38; anders (hinsichtlich der Eheschließungsfreiheit) auch *R. Gröschner* in: H. Dreier (Hrsg.) Grundgesetz – Kommentar, Bd. I, 2. Aufl. 2004, Art. 6 Rn. 53. – Die Familie ist geschützt als eine anthropologische Konstante, „eine Gemeinschaft, die der auf Dialog angelegten geistigen Natur des Menschen entspricht"; so BVerfGE 80, 81 (91), im Anschluß an BVerfGE 76, 1 (51); dazu *Robbers* (Fn. 14), Rn. 83 f. Insoweit geht es um den „Schutz der spezifisch psychologischen und sozialen Funktion familiärer Bindungen"; BVerfG, U. vom 19.2.2013 – 1 BvL 1/11 – [Sukzessivadoption], Abs. 62.

25 *Häberle* (Fn. 16), 7, 14 f., 30–32, 55.

26 *Robbers* (Fn. 14), Rn. 46. Für die Ehe hervorgehoben in der abweichenden Meinung *Landau/Kessal-Wulf* zu BVerfG, B. vom 7.5.2013 – 2 BvR 909/06, 1981/06, 288/07 – [Lebenspartner-Splitting], Abs. 118. Ähnlich *J. Ipsen* Ehe und Familie, in: HStR (Fn. 11), 3. Aufl., Bd. VII, 2009, 431–476, Rn. 14–17; *Scholz/Uhle* (Fn. 9), 393 f. Auf die Familie beschränkt und zu einer „staatlichen Pflichtaufgabe" „Reproduktion der Bevölkerung" gesteigert bei *F. Brosius-Gersdorf* Demografischer Wandel und Familienförderung, 2011, 181–191, 247–254; moderater erkennt *W. Kluth* Demografischer Wandel und Generationengerechtigkeit, VVDStRL 68 (2009), 246–289 (279), Art. 6 Abs. 1 GG als „in die Zukunft gerichtet" und „eine ausreichende Grundlage für alle staatlichen Maßnahmen der Familienförderung". Einschränkend *Burgi* (Fn. 11), Rn. 38.

27 *H. Lecheler* Schutz von Ehe und Familie (§ 133), in: HStR (Fn. 11), 1./2. Aufl., Bd. VI, 1989/2001, 211–264, Rn. 14: Ehe und Familie berühren die „sittlichen Fundamente eines Staates und eines Volkes"; dem folgend *Stern* (Fn. 3), 405; siehe als einen Brückenschlag von einer individualethischen zu einer sozialethischen Bestimmung der Ehe *P. Mikat*, Ethische Strukturen der Ehe in unserer Zeit – Zur Normierungsfrage im Kontext des abendländischen Eheverständnisses, in: H. Marré/J. Stüting (Hrsg.) Der Schutz von Ehe und Familie, Essener Gespräche zum Thema Staat und Kirche, Bd. 21, 1986, 9–49.

28 Im Parlamentarischen Rat wurde resümiert, „daß in den Debatten eine Meinungsverschiedenheit darüber, daß Ehe und Familie die wichtigste Grundlage des Staates sind [...], eigentlich nicht bestand"; Abg. *Weber*, Dritte Lesung am 8.5.1949, in: Der Parlamentarische Rat, 1948–1949. Akten und Protokolle, hrsg. vom Deutschen Bundestag und vom Bundesarchiv, Bd. 9: Plenum, 1996, 578 f.; in diesem Sinne etwa Abg. *Wessel* (Z), ebd., 556. – Die vom Bundesverfassungsgericht hierzu anfangs aufgenommene Kennzeichnung von „Ehe und Familie als die Keimzelle jeder menschlichen Gemeinschaft, deren Bedeutung mit keiner anderen menschlichen Bindung verglichen werden kann" – BVerfGE 6, 55 (71); wiederholt in BVerfGE 24, 119 (149) – benutzt mit der „Keimzelle" zwar ein vielleicht etwas derbes biologisches Bild, das inzwischen aus der Mode gekommen ist, gehört aber der Sache nach durchgängig zur Beschreibung der Ratio des Art. 6 Abs. 1 GG, etwa über die „Gemeinschaftsfunktion" von Ehe und

erkennt in diesen Leistungen von Ehe und Familie Verfassungsvoraussetzungen[29] und verbindet mit dem Schutz der Freiheitsentfaltung in Ehe und Familie entsprechende Verfassungserwartungen.[30] So betrachtet, zielt die Ratio von Art. 6 GG auf Zukunftsgestaltung durch öffentliches Recht.

3. *Der Schutzbereich von Institutsgarantie und Wertentscheidung: Ansätze einer Leitbildgarantie*

Die antidynamische Intention des grundrechtsdogmatischen Gebäudes von Art. 6 GG hat in den Wirkungen des Ehe- und Familienschutzes als Institutsgarantie und wertentscheidende Grundsatznorm eine spezifische Gestalt.

Die Institutsgarantie[31] sichert den Vorrang der Verfassungsnorm vor einer Dynamik, welche über das einfache Gesetzesrecht die auf normative Ausformung angewiesenen Schutzgegenstände des Art. 6 GG in ihrem „Ordnungskern“[32] umzuformen unternähme. Die Strukturmerkmale des

---

Familie bei *Robbers* (Fn. 14), Rn. 35, 85; sozialphilosophisch ausgeleuchtet von *U. Di Fabio* Der Schutz von Ehe und Familie: Verfassungsentscheidung für die vitale Gesellschaft, NJW 2003, 993–998; aufgeschlüsselt bei *Nesselrode* (Fn. 3), 100–111; *Pirson* (Fn. 24), Rn. 26–30. Anders, nämlich die Funktion dem „Wesen“ von Ehe und Familie unterordnend, *Badura* (Fn. 24), Rn. 38. Zum Zusammenhang mit dem Subsidiaritätsprinzip *S. Westermeyer* Die Herausbildung des Subsidiaritätsverhältnisses zwischen Familie und Staat und seine heutige Bedeutung im Grundgesetz, 2010.

[29] Dagegen *S. Baer* Demografischer Wandel und Generationengerechtigkeit, VVDStRL 68 (2009), 290–354 (300–307), mit zutreffenden Vorbehalten gegenüber weltanschaulichen Fixierungen, aber auch mit Verweis auf die Rolle des Gesetzgebers (der sich vielleicht auch für den besonderen Schutz von Ehe und Familie entscheiden könnte) und auf die „produktivere“ „Frage nach den Wirksamkeitsbedingungen von Verfassungsstaatlichkeit“ (zu denen vielleicht auch das Heranwachsen der jeweils nächsten Generation und die Erziehung von Kindern gehört). An die Stelle von Ehe- und Familienschutz setzt sie eine „systematische Orientierung auf individuelle reproduktive Rechte“ (315–327).

[30] Zu dieser Kategorie mit allen nötigen Abgrenzungen gegen eine Vereinnahmung der Freiheit *J. Isensee* Grundrechtsvoraussetzungen und Verfassungserwartungen an die Grundrechtsausübung (§ 190), in: HStR (Fn. 11), 3. Aufl., Band IX, 2011, 265–411, Rn. 204–321, speziell zum Schutz der Ehe und des Elternrechts: Rn. 219, 230.

[31] Grundlegend aufgearbeitet und in einen dogmatischen Zusammenhang gebracht von *U. Mager* Einrichtungsgarantien. Entstehung, Wurzeln, Wandlungen und grundgesetzgemäße Neubestimmung einer dogmatischen Figur des Verfassungsrechts, 2003, 195–223, 421–425, 451–458.

[32] Mit einem „Ordnungskern“ oder „Normenkern“ des Ehe- und Familienrechts (siehe oben Fn. 22) formuliert die Grundrechtsdogmatik zu Art. 6 Abs. 1 GG die Grenze zwischen verfassungsgemäßer Ausgestaltung und verfassungswidriger Umgestaltung. – Der Einsicht, daß das Institut jenseits dieser Strukturmerkmale der einfach-

garantierten Instituts berühren sich weitgehend mit den Schutzbereichsmerkmalen des Freiheitsrechts, sind aber systematisch davon zu unterscheiden und nicht deckungsgleich. Zum Beispiel gehört zu den Strukturmerkmalen der Ehe die Monogamie;[33] die Institutsgarantie verpflichtet insoweit den Gesetzgeber, eine Eheschließung bei bereits bestehender Ehe zu versagen (§ 1306 BGB). Die Festlegung der Institutsgarantie auf die Einehe hindert aber nicht daran, eine nach ausländischem Recht gültig geschlossene Mehrehe unter den Schutzbereich des Abwehrrechts aus Art. 6 Abs. 1 GG zu subsumieren.[34] Der Gegenstand der Institutsgarantie hat also gegenüber dem des Abwehrrechts einen Überschuß an Merkmalen.

Als wertentscheidende Grundsatznorm soll Art. 6 Abs. 1 GG über die Rechtsgestalt der Institute hinaus den ‚Wert' von Ehe und Familie im „gesamten Bereich des Ehe und Familie betreffenden privaten und öffentlichen Rechts"[35] der gesellschaftspolitischen Wertedynamik entziehen und

---

gesetzlichen Regelung bedarf, gilt der Verweis auf die „Ausgestaltung, wie sie den herrschenden, in der gesetzlichen Regelung maßgebend zum Ausdruck gelangten Anschauungen entspricht"; BVerfGE 31, 58 (82 f.); 53, 224 (245); kritisch dazu *Lecheler* Schutz von Ehe und Familie (Fn. 27), Rn. 15 f.; *Mager* (Fn. 31), 204 f.; ähnlich in Unterscheidung von einem nur überkommenen, aber nicht mehr herrschenden „Vorstellungsbild" von der Ehe BVerfGE 36, 146 (163 f.); weiter gelockert durch einen Verweis auf die „jeweils herrschenden Anschauungen" in BVerfGE 105, 313 (345) [Lebenspartnerschaftsgesetz]; kritisch dazu die abweichende Meinung *Papier*, 357–359; *Stern* (Fn. 3), 369. – Die Garantie in Art. 6 GG soll zugleich offen für den Wandel gesellschaftlicher Anschauungen und unwandelbar in ihrem Ordnungskern sein; *K. H. Friauf* Verfassungsgarantie und sozialer Wandel – das Beispiel von Ehe und Familie, NJW 1986, 2595–2602 (2596, 2599 f.); *F. Gräfin Nesselrode* Ehe und Familie, FS Kirchhof, 2013, 609–619, Rn. 6. – Restriktiv hinsichtlich der „bewahrenden" Tendenz der Institutsgarantie *M. Zuleeg* Verfassungsgarantie und sozialer Wandel – das Beispiel von Ehe und Familie, NVwZ 1986, 800–807 (801). – Gegenläufig der Hinweis von *D. Coester-Waltjen* in: I. v. Münch (Begr.)/P. Kunig (Hrsg.) Grundgesetz-Kommentar, Bd. 1, 6. Aufl. 2012, Art. 6 Rn. 3 aE: „die Lösung von festen Strukturen in Ehe und Familie weicht den Schutzschild des Abwehrrechts auf".

[33] BVerfGE 29, 166 (176); 31, 58 (69); 62, 323 (330); 105, 313 (343: „personelle Exklusivität"); *Robbers* (Fn. 14), Rn. 42; *Stern* (Fn. 3), 389.

[34] Subsumtion unter „Ehe": *Burgi* (Fn. 11), Rn. 19; *Coester-Waltjen* (Fn. 32), Rn. 8, 35; *Robbers* (Fn. 14), Rn. 42; *Zuleeg* (Fn. 32), 802; jedenfalls für polygame Verbindungen, die „nach ihrer Ausgestaltung und Führung einer echten Lebensgemeinschaft entsprechen", *Stern* (Fn. 3), 389; offengelassen in BVerfGE 76, 1 (41 f.). Subsumtion unter „Familie" über die Gemeinschaft mit Kindern: BVerwGE 71, 228 (231); *Uhle* (Fn. 9), Rn. 3. – Entsprechend verpflichtet Art. 6 Abs. 1 GG dazu, eine nach ausländischem Recht wirksam vor einem Geistlichen, nach deutschem Recht formunwirksam geschlossene, „hinkende" Ehe anzuerkennen, obwohl nach deutschem Recht die Mitwirkung eines Standesbeamten „als Ordnungselement wesentliche Bedeutung" hat; BVerfGE 62, 323 (329–333).

[35] Siehe oben Fn. 23.

dieser den Schutz und die Förderung von Ehe und Familie voranstellen.[36] Soweit diese Wirkungsdimension des Art. 6 Abs. 1 GG nicht mit denen als subjektives Abwehrrecht, als objektive Schutzpflicht,[37] als besonderes Diskriminierungsverbot[38] und als Institutsgarantie verschwimmen soll,[39] bedarf sie einer Übersetzung des für sich genommen nichtssagenden,[40] schillernden, für beliebige Inbesitznahme anfälligen „Wertes" in normative Merkmale dessen, was die wertentscheidende Grundsatznorm besonders geschützt und gefördert haben will. Diese Merkmale können wiederum anspruchsvoller sein als die Merkmale des abwehrrechtlichen Schutzbereiches und die der garantierten Institute. Sie umschreiben dann Ehe und Familie als ein verfassungsrechtliches Leitbild, ein Modell, eine Normalität, deren Verwirklichung die staatliche Ordnung den Menschen ermöglichen und erleichtern soll.

Spätestens hier scheiden sich die Geister in ihrer Meinung über Art. 6 Abs. 1 GG. Hier löst sich aus dem Wertenebel die – je nach Vorverständnis – Ikone oder Schreckensgestalt von „Mutter, Vater, Kind". Die Protokolle des Deutschen Bundestages notieren an entsprechender Stelle jeweils den Zwischenruf: „Quatsch!"[41] Die rechtswissenschaftliche Literatur scheint etwas aufgeschlossener für den Gedanken zu sein, daß in der Wertentscheidung des Art. 6 Abs. 1 GG für Ehe und Familie so etwas wie

---

[36] Aufgeschlüsselt unter anderem in ein „Abbildungsgebot" von *M. Schüffner* Eheschutz und Lebenspartnerschaft. Eine verfassungsrechtliche Untersuchung des Lebenspartnerschaftsrechts im Lichte des Art. 6 GG, 2007, 317–325; im Anschluß an *M. Burgi* Schützt das Grundgesetz die Ehe vor der Konkurrenz anderer Lebensgemeinschaften?, Der Staat 39 (2000), 487–508 (501–508).

[37] BVerfGE 6, 55 (76); *Nesselrode* (Fn. 3), 149–151.

[38] BVerfGE 6, 55 (76); 18, 97 (105); 28, 324 (346 f.); 82, 60 (78, 80); ebenso, allerdings unter dem Maßstab des Art. 3 Abs. 1 GG „in Verbindung mit" Art. 6 Abs. 1 GG: BVerfGE 18, 257 (269); 67, 186 (195 f.); 75, 382 (393); 87, 234 (255 f.); *Coester-Waltjen* (Fn. 32), Rn. 37 f.; *Robbers* (Fn. 14), Rn. 9, 50; *Steiner* (Fn. 9), Rn. 17.

[39] *Ipsen* (Fn. 26), Rn. 7: keine höhere Schutzintensität, aber Anerkennung eines „Wertes".

[40] Ablehnend daher *H. Goerlich* Wertordnung und Grundgesetz. Kritik einer Argumentationsfigur des Bundesverfassungsgerichts, 1973, 113–116.

[41] Deutscher Bundestag, 14. Wahlperiode, Stenographischer Bericht der 115. Sitzung am 7.7.2000, Erste Beratung des Entwurfs eines Gesetzes zur Beendigung der Diskriminierung gleichgeschlechtlicher Gemeinschaften: Lebenspartnerschaften (Lebenspartnerschaftsgesetz – LPartG), 10962 (A): „Sabine Jünger [PDS]: Quatsch!" – 17. Wahlperiode, Stenographischer Bericht der 228. Sitzung am 14.3.2013, Erste Beratung des Entwurfs für ein „Gesetz zur Einführung des Rechts auf Eheschließung für Personen gleichen Geschlechts", 28489 (D): „Britta Haßelmann [BÜNDNIS 90/DIE GRÜNEN]: Ist doch Quatsch, Herr Geis!"

ein Leitbild verfassungsrechtlich wirksam werden soll,[42] wenngleich ohne eine Leitbildgarantie zum kanonisierten grundrechtsdogmatischen Inventar zu zählen.

Das Bundesverfassungsgericht ist, während es sich fortwährend zur Bedeutung des Art. 6 Abs. 1 GG als wertentscheidende Grundsatznorm bekennt, zurückhaltend damit, sie zu einer Leitbildgarantie von Ehe und Familie zu konkretisieren. Erst recht sind sie übersteigende Aussagen wie die von 1969, „daß nach den in Art. 6 Abs. 1 GG verfassungsrechtlich garantierten Wertvorstellungen die Ehe die einzige legitime Form umfassender Lebensgemeinschaft zwischen Mann und Frau ist und die gesunde körperliche und seelische Entwicklung des Kindes grundsätzlich das Geborgensein in der nur in der Ehe verwirklichten vollständigen Familiengemeinschaft mit Vater und Mutter voraussetzt",[43] sporadisch geblieben. Ansätze zur Orientierung an einem Leitbild läßt es immerhin dort erkennen, wo es einzelnen Merkmalen der Ehe eine über die Bestimmung des abwehrrechtlichen Schutzbereichs hinausgehende Wertung zuerkennt, etwa die Mehrehe als „der Vorstellung des Grundgesetzes von Ehe und Familie fremd" bezeichnet[44] oder wie in der Entscheidung von 2002

---

[42] In unterschiedlicher Akzentuierung: *v. Campenhausen* Verfassungsgarantie und sozialer Wandel (Fn. 2), 15, 22; *Classen* (Fn. 9), 1087, 1089; *Gärditz* (Fn. 9), 931, 935, 937; *Di Fabio* (Fn. 28); *Gröschner* (Fn. 24), Rn. 13, 44, 68, 75, 97; *Häberle* (Fn. 16), 5–9, 24; *M. Jestaedt* in: Bonner Kommentar (Fn. 24), Art. 6 Abs. 2 und 3 (Stand: 74.–75. Lieferung, 1995), Rn. 53, 66, 256; *B. Klein* Das neue Eheverbot der bestehenden Eingetragenen Lebenspartnerschaft gemäß § 1306 BGB am Maßstab des Art. 6 Abs. 1 GG. Unter besonderer Berücksichtigung der Stellung der Ehe und der Eingetragenen Lebenspartnerschaft im Gefüge des Grundgesetzes, 2008, 106 f.; *Lecheler* Schutz von Ehe und Familie (Fn. 27), Rn. 42–47; *Nesselrode* (Fn. 3), 63, 100 f., 104, 123, 172–177; *Rijsbergen* (Fn. 11), 133 f., 225 f.; *Robbers* (Fn. 14), Rn. 17, 163, 165; *M. Ruffert* Vorrang der Verfassung und Eigenständigkeit des Privatrechts. Eine verfassungsrechtliche Untersuchung zur Privatrechtswirkung des Grundgesetzes, 2001, 404, 414; *V. Schmid* Die Familie in Artikel 6 des Grundgesetzes, 1989; *Schüffner* (Fn. 36), 369 f.; *C. Seiler* Grundzüge eines öffentlichen Familienrechts, 2008, 36 f.; *Stern* (Fn. 3), 333, 402; *Steiner* (Fn. 9), Rn. 7, 38; *Uhle* (Fn. 9), Rn. 14, 17 f.

[43] BVerfGE 25, 167 (196). Im Anschluß daran noch 1987: „Die Ehe [...] ist alleinige Grundlage einer vollständigen Familiengemeinschaft und als solche Voraussetzung für die bestmögliche körperliche, geistige und seelische Entwicklung von Kindern"; BVerfGE 76, 1 (52). Weitere Nachweise bei *Mager* (Fn. 31), 208 f.

[44] BVerfGE 76, 1 (41 f.). In derselben Entscheidung erstreckt es die Institutsgarantie bemerkenswerterweise über „die den Kern des Ehe- und Familienrechts bildenden Vorschriften" hinaus auf „bestimmende Merkmale des Bildes von Ehe und Familie, das der Verfassung zugrunde liegt" (49). Diese Formulierung ist noch einmal aufgegriffen worden in BVerfGE 80, 81 (92). Von einem „Leitbild des Grundgesetzes von der Ehe und ihrer Bedeutung" spricht ferner BVerfGE 53, 224 (250), im Hinblick darauf, „daß zu ihrem Wesen die gelebte Verwirklichung der ehelichen Gemeinschaft gehört".

über das Lebenspartnerschaftsgesetz die „personelle Exklusivität" ein „Wesensmerkmal" der Ehe nennt, dessen Schutz ein Alternativverhältnis zwischen Ehe und Lebenspartnerschaft gebiete.[45]

4. *Intentionen einer Leitbildgarantie*

Die grundrechtsdogmatische Konstruktion einer Leitbildgarantie entnimmt der verfassungsrechtlichen Wertentscheidung eine differenzierte Bewertung des Freiheitsgebrauchs jenseits der Anerkennung des privaten Freiheitsinteresses. Maßstab der differenzierten Bewertung ist die Ratio[46] der Verfassungsnorm, soweit sie den privaten Freiheitsgebrauch in ein besonderes öffentliches Interesse einbezieht.

So umfaßt der freiheitsrechtliche Schutz des Art. 6 Abs. 1 GG die negative[47] wie die positive[48] Eheschließungsfreiheit, doch die darüber hinausgehende Wertentscheidung verbindet nur mit dem Gebrauch der positiven Eheschließungsfreiheit das besondere öffentliche Interesse an den gesellschaftlichen Wirkungen der Ehe: Die Entscheidung für ein Single-Leben genießt individualrechtlichen Schutz, aber kein öffentliches Interesse. Der freiheitsrechtliche Schutz des Art. 6 Abs. 1 GG und das öffentliche Interesse an Ehe und Familie umfassen kinderlose[49] wie kinderreiche Ehen, die Pflege und Erziehung von Kindern durch Alleinerziehende[50] wie durch Paare, durch unverheiratete[51] wie durch verheiratete

---

[45] BVerfGE 105, 313 (343).

[46] BVerfGE 36, 146 (163), zu den Anforderungen an die Begründung eines Eheverbots: Es muß sich „aus dem Bild der heutigen verweltlichten Ehe" begründen, wozu nicht eine „uralte kultische Regel" genügt, sondern „sachliche, verstandesmäßig faßbare Gründe" nötig sind. – *S. Huster* Die ethische Neutralität des Staates. Eine liberale Interpretation der Verfassung, 2002, 500–505, verfeinert diese Forderung in eine Unterscheidung zwischen „ethisch-substantiellen" und „politisch-funktionalen Begründungsansätzen".

[47] *Robbers* (Fn. 14), Rn. 57; *Uhle* (Fn. 9), Rn. 22; hingegen dem Art. 2 Abs. 1 GG zugerechnet von BVerfGE 56, 363 (384); *Gröschner* (Fn. 24), Rn. 53. *Ipsen* (Fn. 26), Rn. 62, wendet ein, daß die Ehelosigkeit nicht Gegenstand der Institutsgarantie sein kann; das ist richtig, begründet aber nicht die Auslagerung der negativen Freiheitsdimension aus Art. 6 Abs. 1 GG, sondern die hier unternommene Differenzierung der Schutzbereiche von Freiheitsrecht und Institutsgarantie innerhalb des Art. 6 Abs. 1 GG.

[48] *Robbers* (Fn. 14), Rn. 51; *Stern* (Fn. 3), 413 f., jeweils mit weiteren Nachweisen.

[49] *Ipsen* (Fn. 26), Rn. 16 f.

[50] BVerfGE 18, 97 (105 f.); *Robbers* (Fn. 14), Rn. 77, 90.

[51] BVerfG, U. vom 19.2.2013 – 1 BvL 1/11 – [Sukzessivadoption], Abs. 64, 99; implizit bereits BVerfGE 10, 59 (66); ferner BVerfGE 79, 256 (267); 106, 166 (176); 108, 82 (112); *Stern* (Fn. 3), 400. – Ebenso für den Tatbestand des Art. 8 EMRK: EGMR, U. (K) vom 26.5.1994 – 16969/90 – Keegan gegen Irland, Abs. 44 f. – Anders zum

Paare, die Wahrnehmung von Elternverantwortung gegenüber leiblichen wie gegenüber adoptierten Kindern;[52] doch das öffentliche Interesse ist gegenüber diesen Möglichkeiten der Freiheitsausübung nicht neutral: Das öffentliche Interesse richtet sich jeweils darauf, daß Paare Verantwortung füreinander übernehmen, daß sie Verantwortung für Kinder übernehmen, daß sie Kinder zur Welt bringen, daß Kinder in möglichst kindeswohlgemäßen, möglichst stabilen, möglichst rechtlich gesicherten Verhältnissen aufwachsen können.

Die Wertentscheidung der Verfassung begründet eine Präferenz für Bedingungen, in denen die gesellschaftspolitische Ratio der Verfassungsnorm gut und besser verwirklicht wird. Sie bewertet sie als „gut so!" und ist für Steigerungen zu einem „besser so!" offen. Die je für sich eigenständigen Wertentscheidungen zugunsten der Ehe und zugunsten der Familie summieren sich zugunsten der auf Familie gerichteten Ehe und der auf Ehe gegründeten Familie.[53]

Eine auf die Auslegung des Art. 6 Abs. 1 GG als wertentscheidende Grundsatznorm gegründete Leitbildgarantie ist ein Mittel der Zukunftsgestaltung durch öffentliches Recht. Sie wirkt über den Gesetzgeber, dessen Ermessen an eine Intention gebunden wird und der in dieser Intention Sachgründe für differenzierte Rechtsgestaltungen vorgegeben bekommt. Über eine Staatszielbestimmung geht die wertentscheidende Grundsatznorm insofern hinaus, als sie nicht allein die Intention vorgibt, sondern sie an die Institute von Ehe und Familie und deren leitbildprägende Merkmale bindet.[54] Um der Funktionen von Ehe und Familie in ihrer Gesamtheit willen[55] schützt sie Ehe und Familie als Form.[56] Mit dieser

---

Begriff der Familie nach Art. 6 Abs. 1 GG noch *v. Campenhausen* Verfassungsgarantie und sozialer Wandel (Fn. 2), 21–25.

[52] Allgemein: *Robbers* (Fn. 14), Rn. 19, 90: „Nicht nur leitbildkonforme Familien"; ebenso *Stern* (Fn. 3), 399; anderer Ansicht, soweit der Familienbegriff grundsätzlich an „zumindest prinzipiell ehefähige Partnerschaften" gebunden sein soll, *Uhle* (Fn. 9), Rn. 18; deutlich enger noch *Lecheler* Schutz von Ehe und Familie (Fn. 27), Rn. 42–47.

[53] *Nesselrode* (Fn. 3), 164–169, 172–177.

[54] In diesem Sinne für die Ehe als Optimum für die Gründung einer Familie und das Aufwachsen von Kindern: *Robbers* (Fn. 14), Rn. 17 f. Dabei geht es durchaus „nicht um die Zementierung bloßer Formen", sondern „um die Bewahrung des verfassungsrechtlichen Kerngehaltes"; siehe wiederum *Robbers* (Fn. 14), Rn. 48.

[55] *Robbers* (Fn. 14), Rn. 31; *Steiger* Verfassungsgarantie und sozialer Wandel (Fn. 2), 77. Ebenso *Burgi* (Fn. 11), Rn. 38, verbunden mit einer Abgrenzung von einer „Funktionalisierung des Grundrechtsschutzes auf der [...] Tatbestandsebene" (Rn. 17). – Eine Gegenposition ist die vollständige funktionale Entkoppelung von Ehe und Familie, die die Ehe ausschließlich in ihrer Funktion als „Beistands- und Verantwortungsgemeinschaft, durch die sie den Staat entlastet", geschützt sieht, die Familie hingegen ausschließlich in ihrer „reproduktiven Funktion", in der „Eltern mit der Geburt sowie

Anbindung des Funktionsschutzes an die Form begegnet sie gesellschaftspolitischen Gegenmodellen und entsprechenden Dynamiken gesellschaftlicher Praxis, welche die Tauglichkeit des Leitbilds in Frage stellen und andere Modelle als ebenso zweckmäßig verfechten mögen, als eine auf keine weitere Rechtfertigung angewiesene verfassungsrechtliche Dezision.

Als ein Mittel zur Zukunftsgestaltung wirkt eine Leitbildgarantie auch über die öffentliche Affirmation des öffentlichen Interesses an Ehe und Familie. Daß das Eherecht die bürgerliche Ehe als öffentliches Institut ausformt und die Eheschließung als Staatsakt vor dem Standesbeamten inszeniert,[57] erklärt sich als Kommunikation des öffentlichen Interesses an der Ehe. Gegenüber religiösen Auffassungen vom „Wesen" der Ehe beschränkt sich die staatliche Ordnung um ihrer religiösen und weltanschaulichen Neutralität willen auf ein „Bild der ‚verweltlichten' bürgerlichrechtlichen Ehe"[58]. Das öffentliche Interesse an der Ehe deckt eben nicht den zivilreligiösen Übereifer leitbildseliger Standesbeamter, die die Nupturienten von Staats wegen über die Liebe belehren und ähnliches. Unbeschadet dessen macht ein verfassungsrechtliches Leitbild von Ehe und Familie den Grundrechtsträgern ein (implizites) Identifikationsangebot[59] für ihre allfälligen religiösen Selbstverständnisse von ihrer Ehe[60] und ihren Familienverhältnissen. Seine Funktion ist aber die Affirmation des säkularen öffentlichen Interesses.[61]

---

der Pflege und Erziehung von Kindern reproduktive und den Staat entlastende Aufgaben erfüllen": *Brosius-Gersdorf* (Fn. 17), Rn. 43.

56 *W. Pauly* Sperrwirkungen des verfassungsrechtlichen Ehebegriffs, NJW 1997, 1955–1957 (1955): „Das vom Verfassungsgeber normierte Rechtsinstitut ‚Ehe' transzendiert die konkrete Funktionalität der je einzelnen Ehe, ohne dadurch seine Finalität und Grundstruktur zu verlieren."

57 Zur Geschichte der Zivilehe *Stern* (Fn. 3), 342–344.

58 BVerfGE 31, 58 (83); 53, 224 (245).

59 Mit Identifikationsangeboten integriert der Staat religiöse und weltanschauliche Selbstverständnisse, ohne selbst das Verbot religiöser oder weltanschaulicher Identifikation zu übertreten; *M. Germann* in: Epping/Hillgruber (Fn. 9), Art. 4, Rn. 82.

60 Wobei die jüngeren Entwicklungen den Abstand zu kirchlichen Verständnissen vergrößern; siehe *H. M. Heinig* Neuere Entwicklungen im Eherecht an der Schnittfläche von staatlicher und kirchlicher Rechtsordnung, ZevKR 55 (2010), 20–45 (23–27). – Zum ambivalenten Rückzug der staatlichen Aufmerksamkeit von den „religiösen Feierlichkeiten einer Eheschließung" in § 67 PStG in der alten Fassung der Bekanntmachung vom 8.8.1957 (BGBl. I 1125), mit Wirkung zum 1.1.2009 aufgehoben durch Gesetz vom 19.2.2007 (BGBl. I 122), siehe *H. Schüller* Die verblüffende Aufhebung des Voraustrauungsverbots und ihre Auswirkungen, NJW 2008, 2745–2749.

61 Damit ist nicht gesagt, daß diese Affirmation notwendig an die standesamtliche Form gebunden ist; zur Diskussion über eine mögliche Öffnung zur fakultativen Zivilehe siehe einerseits – contra – *Gröschner* (Fn. 24), Rn. 41; *Stern* (Fn. 3), 387 f. mwN;

Die Schwierigkeiten einer Leitbildgarantie liegen auf der Hand. Sie zieht die allgemeinen Bedenken dagegen auf sich, die Grundrechtsnormen des Grundgesetzes über den Freiheitsschutz hinaus mit einer „Werteordnung“ aufzuladen.[62] Dem im Grundgesetz angelegten liberalen Staatsverständnis macht sie sich dahin verdächtig, Freiheit zur „dienenden Freiheit“ umzufunktionieren, die private Lebens- und Zukunftsgestaltung für die gesellschaftliche Zukunftsgestaltung in den Dienst zu nehmen und ihr unterzuordnen.[63] Sie scheint diskriminierenden Affekten Deckung zu geben. Sie ist anfällig für Rollenstereotypen, die sie jenseits der strukturbildenden, freiheitsverträglichen und damit rollenneutralen Merkmale von Ehe und Familie *als* Leitbild für ein partikulares, paternalistisches, rollenverhaftetes Leitbild *für* Ehe[64] und Familie in Anspruch zu nehmen trachten können. Sie scheint sich dazu anzubieten, mit ihrem antidynamischen Moment die dynamischen Momente des Grundrechts zu hemmen. Das sind einsichtige Gründe dafür, mit der Auslegung des Art. 6 Abs. 1 GG im Sinne einer Leitbildgarantie zurückhaltend zu sein.

In dem Maß aber, in dem das Gebot zum Schützen und Fördern von Ehe und Familie von leitbildprägenden Merkmalen abstrahiert wird, wird die grundrechtsdogmatisch kanonisierte Wirkung des Art. 6 Abs. 1 GG als wertentscheidende Grundsatznorm zum Passepartout. Das hat Folgen.

---

andererseits – pro – *Heinig* (Fn. 60), 41–45; *W. Waldstein* Zum Problem der obligatorischen Zivilehe, FS Link, 2003, 529–543; für einen bloß einfachgesetzlichen Status der obligatorischen Zivilehe überzeugend *Pirson* (Fn. 24), Rn. 18, 98; *Robbers* (Fn. 14), Rn. 39.

[62] *E.-W. Böckenförde* Grundrechte als Grundsatznormen, Der Staat 29 (1990), 1–31; auch in: *ders.* Staat, Verfassung, Demokratie. Studien zur Verfassungstheorie und zum Verfassungsrecht, 2. Aufl. 1992, 159–199 (185–199); *Goerlich* (Fn. 40); *Steiger* Verfassungsgarantie und sozialer Wandel (Fn. 2), 66 mwN. Vor einem umso größeren „Änderungsbedarf im Verständnis der Norm [...], je stärker bestimmte Leitbilder bei ihrer Interpretation berücksichtigt werden“, und einer Tendenz zur Moralisierung des Rechts warnt *Classen* (Fn. 9), 1093. – Siehe auch den Hinweis auf die Nähe der Auslegung des Art. 6 GG als „Wertentscheidung“ zur Staatslehre *Rudolf Smends* und anderer bei *Stern* (Fn. 3), 427 f.

[63] Das ist die Sorge von *Zuleeg* (Fn. 32).

[64] Hiergegen treffend *Steiger* Verfassungsgarantie und sozialer Wandel (Fn. 2), 59. – Einen Überblick über die Lösung des bürgerlichen Eherechts vom Leitbild der „Hausfrauenehe“ nach 1949 gibt *Stern* (Fn. 3), 356 f. – Zur Ehegestaltungsfreiheit in der Aufgabenverteilung zwischen den Ehegatten zuletzt BVerfG, B. vom 7.5.2013 – 2 BvR 909/06, 1981/06, 288/07 – [Lebenspartner-Splitting], Abs. 82; ferner BVerfGE 87, 234 (258 f.); *Robbers* (Fn. 14), Rn. 75 mwN; *Steiner* (Fn. 9), Rn. 11–16.

III. Wirksamkeit der Dynamik: Grundrechtsdogmatik von Ehe und Familie unter Spannung

1. *Dynamik im Schutzbereich von Familien- und Elternrecht*

Der verfassungsrechtliche Begriff der „Familie“ ist in seiner Definition als „Gemeinschaft von Eltern und Kindern“[65] von vornherein offen für eine dynamische Veränderung seiner Reichweite.[66] Mit dem Merkmal „Gemeinschaft“ verweist er auf die soziale Wirklichkeit, in der Kinder mit Eltern leben, Pflege und Erziehung erfahren und selbständig werden.[67] Mit dem Merkmal „Eltern“ verweist er auf eine Beziehung, die in ihrer Kasuistik meist mit dem Elternrecht nach Art. 6 Abs. 2 S. 1 GG übereinstimmt, sich in ihren grundrechtsdogmatischen Bestimmungskriterien jedoch davon unterscheidet. In ihnen dominiert die soziale Beziehung zum Kind.[68] Die Entscheidung des Bundesverfassungsgerichts vom 19. Februar 2013 zur Sukzessivadoption hat das – im Vorbeigehen, aber emphatisch – für die „sozial-familiäre Gemeinschaft“ eines Kindes mit dem eingetragenen Lebenspartner seines Vaters oder seiner Mutter nur bestätigt.[69]

---

[65] Siehe oben Fn. 18.

[66] *Stern* (Fn. 3), 394 f. Die grundrechtsdogmatische Kontur des Begriffs versteckt sich bisher hinter einer Kasuistik von Familientypen.

[67] Von der „Lebens- und Erziehungsgemeinschaft“ über die „Hausgemeinschaft“ bis zur „Begegnungsgemeinschaft“: BVerfGE 80, 81 (90 f.); *Robbers* (Fn. 14), Rn. 82; *Stern* (Fn. 3), 395. Dieser Ansatz läßt Raum für eine „Vermutung zugunsten der ehelichen Familie in Art. 6 Abs. 1 GG“, entwickelt bei *Schmid* (Fn. 42), 390–395.

[68] Auf Abstammung und rechtliche Elternstellung kommt es nicht an. Das setzte schon die notorische, vom Bundesverfassungsgericht bereits 1964 ohne Nachweise als „allgemein anerkannt“ bezeichnete Aufzählung der Stief- und der Pflegefamilie unter die von Art. 6 Abs. 1 GG geschützten Familientypen voraus; siehe BVerfGE 18, 97 (105 f.). Für die Beziehung zwischen dem Kind und dem mit der Mutter verheirateten Stiefvater siehe BVerfGE 79, 256 (267); für die Pflegefamilie siehe BVerfGE 68, 176 (187); 79, 51 (59). – Auch für die Subsumtion der Beziehung zwischen einem Kind und seinem nichtehelichen Vater unter „Familie“ kommt es auf die tatsächlichen Beziehungen an; siehe BVerfGE 108, 82 (107, 112, 116); *Nesselrode* (Fn. 3), 262–264; *Steiner* (Fn. 9), Rn. 43; anders: die leibliche Verwandtschaft allein genügt nach *Robbers* (Fn. 14), Rn. 90; Abstammung und Unterhaltspflicht genügen nach *Burgi* (Fn. 11), Rn. 21.

[69] BVerfG, U. vom 19.2.2013 – 1 BvL 1/11 – [Sukzessivadoption], Ls. 3, Abs. 60–65 mwN; im Ergebnis zustimmend *Classen* (Fn. 9), 1091; *P. Reimer/M. Jestaedt* Anmerkung, JZ 2013, 468–472 (470); siehe auch *A. Sickert* Die lebenspartnerschaftliche Familie. Das Lebenspartnerschaftsgesetz und Art. 6 Abs. 1 GG, 2005; anders noch *Gärditz* (Fn. 9), 932. – Die Orientierung des Familienbegriffs an den sozialen Beziehungen zum Kind unterstützt die Forderung aus der Rechtswissenschaft, die Familie nicht auf die Kleinfamilie mit Eltern und Kindern zu beschränken, sondern auch Großeltern und andere nahe Verwandte einzuschließen, sofern eben die tatsächliche Beziehung zwischen dem Kind und diesen weiteren Personen der sozialen Elternrolle entspricht; siehe *Rob-*

Die dynamische Öffnung des Familienbegriffs für die tatsächliche Vielfalt sozialer Nähebeziehungen ist in seinen Merkmalen seit jeher angelegt. Dadurch ist er zugleich aufnahmefähig für Wertungen, mit denen das europäische und internationale Recht mit seinen hauptsächlich familienbezogenen Bestimmungen in das Verfassungsrecht hineinwirkt (was hier nur erwähnt, nicht ausgeführt werden kann).[70] In seiner Anwendungsflexibilität bringt der Familienbegriff das dynamische Moment der Grundrechtsdogmatik zum Tragen, ohne seine eigene dogmatische Gestalt zu ändern.

Das Elternrecht nach Art. 6 Abs. 2 S. 1 GG bestimmt sich dagegen primär nach der einfachgesetzlichen Zuordnung, die ihrerseits die leibliche Elternschaft rechtlich anzuerkennen oder an eine soziale Beziehung anzuknüpfen hat.

Leibliche Eltern haben kein verfassungsunmittelbares Elternrecht, sind aber in einem dem Elternrecht vorausliegenden verfassungsrechtlichen Grundstatus der Elternschaft in den persönlichen Schutzbereich des Art. 6 Abs. 2 S. 1 GG einbezogen.[71] Dieser schützt ihren Zugang zum Eltern-

bers (Fn. 14), Rn. 86–89 mwN; *Steiger* Verfassungsgarantie und sozialer Wandel (Fn. 2), 79 f.; *Tettinger* (Fn. 3), 136 f.; offengelassen in BVerfGE 39, 316 (326). Eine folgerichtige Orientierung an den sozialen Beziehungen ist weitergehend darauf angelegt, die dabei noch mitgeführten, durch den Zweck des Familienschutzes nicht begründeten Begrenzungen zu überwinden: auf Verwandte – siehe zum Beispiel *Stern* (Fn. 3), 398 f. – oder auf „personenstandsrechtlich verbundene Paare" – siehe *Classen* (Fn. 9), 1091; gegenüber dieser Beschränkung muß folgerichtig die (tatbestandliche) „Entkoppelung" der Familie von der Ehe auch bei eingetragenen Lebenspartnerschaften ihre Entsprechung finden; im Ergebnis dem entsprechend *Stern* (Fn. 3), 402 f. (403: „gleichgeschlechtliche Gemeinschaften mit Kindern"). Zur „Entkoppelung" der Familie von der Ehe siehe nur *Gröschner* (Fn. 24), Rn. 69 f.

[70] Zu den Vorgaben aus dem Recht der Europäischen Union: *Nesselrode* (Fn. 3), 226–230. Zu den Vorgaben aus der Europäischen Menschenrechtskonvention: *I. Fahrenhorst* Familienrecht und Europäische Menschenrechtskonvention. Das Ehe- und Familienrecht der Bundesrepublik Deutschland und seine Vereinbarkeit mit der Europäischen Konvention zum Schutz der Menschenrechte und Grundfreiheiten, 1994; *Nesselrode* (Fn. 3), 213–221. Zu den Vorgaben aus dem weiteren Völkerrecht: *M. Palm-Risse* Der völkerrechtliche Schutz von Ehe und Familie, 1990; relativierend BVerfG, U. vom 19.2.2013 – 1 BvL 1/11 – [Sukzessivadoption], Abs. 101. Zu faktischen Wirkungen der internationalen und ausländischen Rechtsentwicklung auf die gesellschaftlichen Normen ebd., Abs. 56.

[71] BVerfGE 108, 82 (99, 101). – BVerfGE 84, 168 (179), hatte noch offengelassen, ob die verfassungsrechtliche Elternstellung des nichtehelichen Vaters von der weiteren Voraussetzung abhängig ist, daß „er mit dem Kind und der Mutter zusammenlebt und damit die Voraussetzungen für die Wahrnehmung seiner elterlichen Verantwortung erfüllt". Jedenfalls unter dieser Voraussetzung könne ihm die Elternstellung nicht abgesprochen werden. – Die Unterscheidung zwischen Elternschaft und Elternrecht deckt

recht in unterschiedlichem Maß: Die Mutter, die das Kind geboren hat, hat einen unbedingten verfassungsrechtlichen Anspruch auf rechtliche Anerkennung als Mutter. Die verfassungsrechtliche Stellung des Vaters, von dem das Kind genetisch abstammt, muß im Regelfall auch sein Elternrecht nach sich ziehen;[72] das steht aber unter dem Vorbehalt der Konkurrenz zu einem anderen Vaterschaftsprätendenten, worüber der Gesetzgeber gegebenenfalls nach dem Kindeswohl[73] und damit nach den sozialen Beziehungen des Kindes[74] zu entscheiden hat. Das gleiche muß für die genetische Mutter gelten, wenn sie – rechtswidrig, aber möglich – von der biologischen Mutter („Leihmutter") verschieden ist.[75] Dieser verfassungsrechtliche Grundstatus der leiblichen Elternschaft ist nicht identisch mit dem Elternrecht, sondern nur eine Vorstufe[76] davon. Eine soziale Beziehung zum Kind allein begründet keine verfassungsrechtliche Elternschaft in diesem Sinn,[77] also auch keinen Schutz des Interesses an der Übernahme des Elternrechts.[78] Erst die bürgerlich-rechtliche Zuordnung versieht diese soziale Beziehung mit dem Elternrecht.

Im personellen Schutzbereich des Art. 6 Abs. 2 S. 1 GG sind demnach für ein Kind bis zu fünf Menschen: die genetische Mutter, die biologische

sich insofern nicht mit der zwischen persönlichem und sachlichem Schutzbereich – so aber *Burgi* (Fn. 11), Rn. 78; *Jestaedt* (Fn. 42), Rn. 73 –, als auch die einfachgesetzliche Übertragung des Elternrechts auf andere als die leiblichen Eltern den Zugang zum persönlichen Schutzbereich vermittelt.

72 BVerfGE 79, 256 (267); 108, 82 (100, 104); siehe auch *Gärditz* (Fn. 9), 931; *Robbers* (Fn. 14), Rn. 166, 183. – Eine eheliche Verbundenheit der Eltern spielt hierbei keine Rolle mehr; dazu kritisch *H. D. Horn* Die Einheit von Ehe und Familie – Ende einer normativen Idealität. – Anmerkung zum Beschluß des BVerfG vom 7. Mai 1991 –, DÖV 1991, 830–834.

73 BVerfGE 92, 158 (178 f.); *Robbers* (Fn. 14), Rn. 169 f.

74 Hier ist die gesetzliche Vermutung einzuordnen, daß das Kind vom Ehemann der Mutter abstammt; verfassungsrechtlich gefordert nach BVerfGE 79, 256 (267). Näher *Nesselrode* (Fn. 3), 263–265.

75 *Jestaedt* (Fn. 42), Rn. 79; *Robbers* (Fn. 14), Rn. 175. Unentschieden geblieben im Fall einer unzulässigen Verfassungsbeschwerde gegen die Weigerung der Personenstandsbehörde, ein durch eine Leihmutter in Kalifornien geborenes Kind als Kind der genetischen Eltern ins Personenstandsregister einzutragen: BVerfG, B. (K) vom 22.8. 2012 – 1 BvR 573/12 –.

76 Spiegelbildlich fallen nach einer Übertragung des Elternrechts durch Adoption die leiblichen Eltern in diesen Grundstatus zurück; siehe BVerfGE 24, 119 (137 f.); *Robbers* (Fn. 14), Rn. 176.

77 *Jestaedt* (Fn. 42), Rn. 59 f.

78 BVerfG, U. vom 19.2.2013 – 1 BvL 1/11 – [Sukzessivadoption], Ls. 2, Abs. 57, 59; anderer Ansicht *C. Grehl* Das Adoptionsrecht gleichgeschlechtlicher Paare unter verfassungsrechtlichen Gesichtspunkten, 2008, 148–155, die wohl so etwas wie ein allgemeines Freiheitsrecht zur Adoption unterstellt.

Mutter und der genetische Vater im Grundstatus der Elternschaft, sowie im Status des Elternrechts das bürgerlich-rechtlich anerkannte Elternpaar als Mutter und Vater, beziehungsweise nach Adoption durch zwei eingetragene Lebenspartner als Mütterpaar oder Väterpaar.[79] Das Elternrecht selbst ist nach gegenwärtiger Rechtslage auf ein Elternpaar als Mutter und Vater[80] oder als Mütterpaar oder Väterpaar beschränkt.[81] Die Grundrechtsdogmatik könnte künftige Entwicklungen der Fortpflanzungsmedizin dahin aufnehmen, daß die genetisch begründete Elternschaft für ein geklontes Kind[82] in einer Person zusammenfällt oder sich auf zwei Männer oder zwei Frauen als Erbgutspender verteilt. – Die Grundrechtsdogmatik zu Art. 6 Abs. 2 S. 1 GG ist aber auch dynamisch genug, um mit der Situation zurechtzukommen, daß ein Kind leiblich und rechtlich genau eine Mutter und einen Vater hat.

Alle teleologischen Kriterien für die dynamische Bestimmung des Schutzbereichs von Familien- und Elternrecht bündeln sich im Kindeswohl. In der Maßgeblichkeit des Kindeswohls sind auch alle öffentlichen Interessen an den kulturellen und sozialen Leistungen der Familie aufgefangen. Die offene Flanke in der Maßgeblichkeit des Kindeswohls ist das ihr vorausliegende Urteil darüber, welche Familien- und Elternbeziehungen dem Kindeswohl am besten dienen. Die vom Bundesverfassungsgericht dem Art. 6 Abs. 2 S. 1 GG unterstellte Dezision, daß das Elternrecht primär den leiblichen Eltern und stets nicht mehr als einem Elternpaar[83]

---

[79] BVerfG, U. vom 19.2.2013 – 1 BvL 1/11 – [Sukzessivadoption], Ls. 2, Abs. 48, 99; in dieselbe Richtung deutete bereits die Zurückweisung einer konkreten Normenkontrolle gegen § 9 Abs. 7 S. 2 LPartG durch BVerfG, B. (K) vom 10.8.2009 – 1 BvL 15/09 –, Abs. 15 (abgesehen von formalen Gründen). – Nicht durchgesetzt hat sich damit das von *Gärditz* (Fn. 9), 931, überzeugend dargelegte Verständnis, daß ein in Art. 6 Abs. 2 S. 1 GG gesetztes „verfassungsrechtliches Leitbild familienrechtlicher Konstruktion" das Elternrecht an die Dualität von Mutter und Vater bindet; so auch noch *Burgi* (Fn. 11), Rn. 85; *Jestaedt* (Fn. 42), Rn. 67; zögernd *Coester-Waltjen* (Fn. 32), Rn. 76. – Die verschiedenen Wege gleichgeschlechtlicher Paare zur leiblichen und rechtlichen Elternschaft sind eingehend beschrieben und diskutiert bei *M. Dittberner* Lebenspartnerschaft und Kindschaftsrecht. Die rechtliche Situation gleichgeschlechtlicher Paare unter besonderer Berücksichtigung kindschaftsrechtlicher Regelungen, 2004, 33–42, 106–109, 141 f., 170–173, 182–205. – Seit der Unanwendbarkeit des § 8 Abs. 1 Nr. 3 Transsexuellengesetz gemäß BVerfG, B. vom 11.1.2011 – 1 BvR 3295/07 –, E 128, 109–137, ist es außerdem möglich, daß sich eine transsexuelle Person unter Beibehaltung ihrer Fortpflanzungsfähigkeit personenstandsrechtlich einem anderen Geschlecht zuordnen läßt, so daß eine Frau Vater und ein Mann Mutter werden kann.

[80] BVerfGE 108, 82 (101, 103); anderer Ansicht *Brosius-Gersdorf* (Fn. 17), Rn. 150; *W. Höfling* Elternrecht (§ 155), in: HStR, 3. Aufl., Bd. VII (Fn. 26), 477–520, Rn. 75.

[81] BVerfG, U. vom 19.2.2013 – 1 BvL 1/11 – [Sukzessivadoption], Abs. 52.

[82] *Robbers* (Fn. 14), Rn. 181.

[83] Siehe eben Fn. 72, 80 und 81.

zuzuordnen ist, verschließt sich dem dynamischen Wettstreit der Kindeswohlexpertisen.[84] Gerade dadurch – aber auch nur insoweit – beugt sie der Gefahr vor, daß das Kindeswohl als Projektionsfläche für die Interessen von Erwachsenen in Beschlag genommen wird.

2. *Dynamik in den Maßstäben der Familiengerechtigkeit*

Der Schutz von Ehe und Familie steht naturgemäß unter dem Druck gesellschaftspolitischer, volkswirtschaftlicher, fiskalischer und anderer Interessen daran, den Freiheitsgebrauch in Ehe und Familie einzuschränken oder in bestimmte Bahnen zu lenken, die Institute von Ehe und Familie sich gefügig zu machen, die Wertentscheidung für Ehe und Familie aufzuwiegen. Die normative Wirkung des Art. 6 Abs. 1 GG bemißt sich daran, wie weit seine spezifischen Maßstäbe als Abwehrrecht, als Institutsgarantie und als wertentscheidende Grundsatznorm die Reichweite der in und mit dem Ehe- und Familienschutz konkurrierenden Interessen determinieren; wie weit sich also die „Familiengerechtigkeit“[85] im Familienrecht, Steuerrecht, Sozialrecht, Sozialversicherungsrecht, Ausländer-

---

[84] Anders aber hinsichtlich der Dualität von Mutter- und Vaterrolle BVerfG, U. vom 19.2.2013 – 1 BvL 1/11 – [Sukzessivadoption], Abs. 79 f. Überzeugender *Gärditz* (Fn. 9), 931 f., 936 f., der die Rechtfertigungslast nicht aufseiten des (eingriffslosen) Ausschlusses von Adoptionen, sondern aufseiten der Verfügung über den Status des Kindes sieht.

[85] Umfassend *M. Pechstein* Familiengerechtigkeit als Gestaltungsgebot für die staatliche Ordnung. Zur Abgrenzung von Eingriff und Leistung bei Maßnahmen des sog. Familienlastenausgleichs, 1994; *Seiler* (Fn. 42); *ders.* Familiengerechtigkeit, in: W. Kluth (Hrsg.) Facetten der Gerechtigkeit, 2010, 40–67. Fragen der Familiengerechtigkeit bildeten einen Schwerpunkt im Staatsrechtslehrervortrag von *v. Campenhausen* Verfassungsgarantie und sozialer Wandel (Fn. 2), 29–50; siehe außerdem etwa *T. Aubel* Der verfassungsrechtliche Mutterschutz. Ein Beitrag zur Dogmatik der Leistungsgrundrechte am Beispiel des Art. 6 Abs. 4 GG, 2003; *Brosius-Gersdorf* Demografischer Wandel und Familienförderung (Fn. 26); *G. Kirchhof* Der besondere Schutz der Familie in Art. 6 Abs. 1 des Grundgesetzes. Abwehrrecht, Einrichtungsgarantie, Benachteiligungsverbot, staatliche Schutz- und Förderpflicht, AöR 129 (2004), 542–583 (572–581); *P. Kirchhof* Ehe und Familie im staatlichen und kirchlichen Steuerrecht, in: Essener Gespräche 21 (Fn. 27), 117–153; *A. Leisner-Egensperger* Besteuerung von Ehe und Familie, FS Kirchhof (Fn. 32), 1903–1911; *C. Maurer* Verfassungsrechtliche Anforderungen an die Besteuerung von Ehegatten und Familien. Eine Prüfung der Familienförderungsgesetzgebung und ihrer Konsequenzen, 2004; *Nesselrode* (Fn. 3), 62–94, 235–268; *dies.* (Fn. 32), Rn. 12–19; *Steiner* (Fn. 9), Rn. 47–58; *Tettinger* (Fn. 3), 143–145, 150–152; *M. Tünnemann* Der verfassungsrechtliche Schutz der Familie und die Förderung der Kindererziehung im Rahmen des staatlichen Kinderleistungsausgleichs, 2002; *M. Wangen* Der Familienlastenausgleich im Spannungsfeld von sozialstaatlicher Sicherheit und rechtsstaatlicher Freiheit. Familienlastenausgleich oder familiengerechte Ausgestaltung der Alterssicherung und der Einkommensbesteuerung, 2003.

recht, Arbeits- und Dienstrecht et cetera gerade in spezifischen Grundrechtsfolgen des Art. 6 Abs. 1 GG darstellt.

Dabei hängt die Leistungsfähigkeit der abwehrrechtlichen Dimension des Ehe- und Familienschutzes an ihrer Spezialisierung auf staatliche Eingriffe. Die Reichweite der Institutsgarantie beschränkt sich auf die Gestaltung des bürgerlichen Ehe- und Familienrechts selbst.[86] Alle hingegen weder von Abwehrrecht und Institutsgarantie noch von entsprechend eng zugeschnittenen Schutz- und Leistungspflichttatbeständen erfaßten Aspekte der „Familiengerechtigkeit“ fallen in die Netze der Gleichheitsrechtsdogmatik. In ihr schaffen die allgemeinen und besonderen Gleichheitsregeln des Art. 3 GG ein mehrdimensionales Gelände aus gesetzgeberischen Ermessensräumen und richterlichen Kontrollmaßstäben. Staatliche Steuerung durch Wohltat statt durch Eingriff läßt die Maßstäbe der Abwehrrechtsdogmatik rosten und versetzt die dynamischen Maßstäbe der Gleichheitsrechtsdogmatik in Schwung.

Das ist nichts neues und nichts für Art. 6 GG besonderes. Aktuellen Anschauungsstoff bietet immerhin das Bundeselterngeld- und Elternzeitgesetz mit „Partnermonaten“ und Betreuungsgeld.[87]

---

[86] BVerfG, U. vom 19.2.2013 – 1 BvL 1/11 – [Sukzessivadoption], Abs. 97; B. vom 19.6.2012 – 2 BvR 1397/09 – [Familienzuschlag], Abs. 67 = E 131, 239 (260 f.). Anders noch BVerfGE 76, 1 (49); 80, 81 (92); siehe oben in Fn. 44.

[87] § 4 Abs. 1–3, §§ 4a–4d Gesetz zum Elterngeld und zur Elternzeit (Bundeselterngeld- und Elternzeitgesetz – BEEG) vom 5.12.2006 (BGBl. I 2748), zuletzt geändert am 15.2.2013 (BGBl. I 254). Beide Regelungen knüpfen an eine bestimmte Entscheidung über die Kinderbetreuung die Zuerkennung einer staatlichen Leistung. Eine entsprechende Belastung griffe in das Ehe- und Familiengestaltungsrecht aus Art. 6 Abs. 1 GG ein; das Vorenthalten der staatlichen Leistung hingegen ist, abwehrrechtsdogmatisch betrachtet, eingriffslos; siehe *R. Müller-Terpitz* Vätermonate und Kindergartenpflicht – wie viel Staat verträgt die Familie?, JZ 2006, 991–997 (994); *C. Seiler* Das Elterngeld im Lichte des Grundgesetzes, NVwZ 2007, 129–134 (132 f.); anders *F. Brosius-Gersdorf* Das Elterngeld als Einkommensersatzleistung des Staates – Progressive Staffelung bei der Familienförderung und demografischer Wandel in Deutschland, NJW 2007, 177–182 (179); *dies.* Vätermonate – Staatliche Familienförderung zwischen Neutralitätspflicht und Durchsetzung der Gleichberechtigung der Geschlechter –, VSSR 2008, 299–326 (302–316); *J. Wieland* Verfassungsfragen des Betreuungsgeldes. Rechtsgutachten für die Fraktion der SPD im Deutschen Bundestag, 2012, abrufbar unter <http://www.spdfraktion.de/sites/default/files/gutachten_wieland_verfassungsfragen_des_betreuungsgeldes_august_2012-1.pdf>, 6. – Gleichheitsrechtsdogmatisch läßt sich das *Betreuungsgeld* wie eine allgemeine Familienförderleistung betrachten, die für eine etwas weniger subventionierte und etwas mehr kostendeckende Gebühr öffentlich geförderter Kinderbetreuung oder eben nach freier Wahl für anderen Familienaufwand ausgegeben werden könnte; gegen *F. Brosius-Gersdorf* Die Rolle des Staates in der Kinderbetreuung: Betreuungsgeld oder Förderung der Kinderbetreuung in Tageseinrichtungen und Tagespflege?, RdJB 2011, 440–450; *dies.* Das neue Betreuungsgeldgesetz – Familienförderung wider das Grundgesetz, NJW 2013, 2316–2321 (2319 f.); *Wieland* a. a. O., 8,

3. Dynamik im systematischen Verhältnis des Ehe- und Familienschutzes zum allgemeinen Gleichbehandlungsgebot

Aus der weiterreichenden Wirkung des Gleichheitsrechts rührt die zur Zeit mächtigste Dynamik in der grundrechtsdogmatischen Aufstellung von Ehe und Familie her: die Unterwerfung des besonderen Schutzes von Ehe und Familie unter die Maßstäbe des allgemeinen Gleichbehandlungsgebots.

Im systematischen Verhältnis des Art. 6 Abs. 1 GG zu Art. 3 Abs. 1 GG kommt es darauf an, ob der besondere Schutz von Ehe und Familie eine fördernde Ungleichbehandlung als verfassungsunmittelbarer Differenzierungsgrund[88] zu rechtfertigen vermag.[89] Diese Wirkung hängt davon

---

10; im Ergebnis für Verfassungsmäßigkeit unter Hinweis auf den „gesetzgeberischen Gestaltungsspielraum" *Uhle* (Fn. 9), Rn. 35. – Die *„Partnermonate"* lassen sich gleichheitsrechtsdogmatisch als unmittelbare Diskriminierung einzeln oder beiderseits erwerbstätiger Eltern erkennen, welche sich nicht für zwei Monate in der Kinderbetreuung abwechseln möchten. Für eine Rechtfertigung über das Gleichstellungsprogramm aus Art. 3 Abs. 2 S. 2 GG (das insofern als Leitbild einer bestimmten Verteilung von Familienaufgaben gerade diejenige Rechtfertigungskraft erhält, die in anderen Gleichheitsprüfungen dem Schutz von Ehe und Familie versagt bleiben soll) *Brosius-Gersdorf* Vätermonate, a.a.O., 325 f.; dem implizit zuneigend BVerfG, B. (K) vom 19.8.2011 – 1 BvL 15/11 –, Abs. 15–22 (Abweisung einer konkreten Normenkontrolle mangels Auseinandersetzung der Begründung mit einer Rechtfertigung des Eingriffs in Art. 6 Abs. 1 GG über Art. 3 Abs. 2 GG).

[88] BVerfG, B. vom 4.10.1993 – 1 BvR 640/93 –, NJW 1993, 3058 f. (3058); *von Coelln* (Fn. 11), Rn. 50; *Ipsen* (Fn. 26), Rn. 58; *M. Sachs* Rechtsförmliche Lebenspartnerschaften für Menschen gleichen Geschlechts – Verfassungsgebot oder Verfassungsverstoß?, JR 2001, 45–50 (46 f.); *Schüffner* (Fn. 36), 412–414; *Seiler* (Fn. 42), 46; *Uhle* (Fn. 9), Rn. 36.2 mwN; siehe auch *B. Pieroth/T. Kingreen* Funktionen des Ehegrundrechts am Beispiel des Lebenspartnerschaftsgesetzes, KritV 85 (2002), 219–241 (236, 241: „Differenzierungsermächtigung"); ebenso *C. Freytag* Lebenspartnerschaftsgesetz, Eheschutzgebot und Differenzierungsverbot – Eine verfassungsrechtliche Untersuchung unter Berücksichtigung der neuesten Entscheidungen des Bundesverfassungsgerichts in dieser Sache –, DÖV 2002, 445–455 (453).

[89] Die Entwicklung der Gleichheitsrechtsdogmatik zu einem Instrument, das gesteigerte Anforderungen an eine Ungleichbehandlung nach ihren Wirkungen und Zwecken differenziert, hat die Kontrolle am Maßstab des Gleichheitssatzes dynamisiert; siehe zu der seit BVerfGE 55, 72 (88), etablierten, immer noch so genannten „Neuen Formel" und ihrer seit BVerfGE 88, 87 (96 f.), weiter elaborierten Fassung nur *U. Kischel* in: Epping/Hillgruber (Fn. 9), Art. 3, Rn. 28 f. Dieser Maßstab wird gegen Art. 6 Abs. 1 GG in Stellung gebracht von BVerfG, B. vom 7.7.2009 – 1 BvR 1164/07 – [Hinterbliebenenversorgung], Abs. 85–87 = E 124, 199 (219 f.); B. vom 21.7.2010 – 1 BvR 611/071, 2464/07 – [Erbschafts- und Schenkungssteuer], Abs. 80 = E 126, 400 (416); B. vom 19.6.2012 – 2 BvR 1397/09 – [Familienzuschlag], Abs. 54–57 = E 131, 239 (255 f.); B. vom 18.7.2012 – 1 BvL 16/11 – [Grunderwerbsteuerbefreiung], Abs. 39 f. = E 132, 179 (188 f.: Rn. 30 f.); U. vom 19.2.2013 – 1 BvL 1/11 – [Sukzessivadoption], Abs. 72; B. vom 7.5.2013 – 2 BvR 909/06, 1981/06, 288/07 – [Lebenspartner-Splitting], Abs. 74–77.

ab, wie die Funktionen von Ehe und Familie zu ihrer Form ins Verhältnis gesetzt gesehen werden: Gibt Art. 6 Abs. 1 GG dem Gesetzgeber mit Ehe und Familie nicht nur ihre Funktionen, sondern auch ihre Form zu schützen und zu fördern auf, dann wirken Schutz und Förderung der Form von Ehe und Familie als ein verfassungsrechtlich vorgegebener, in der Verfassungsanwendung nicht weiter rechtfertigungsbedürftiger Zweck.[90] Sieht man in Art. 6 Abs. 1 GG dagegen mit der Form von Ehe und Familie nur ihre einzelnen Funktionen geschützt, dann steht die Rechtfertigung einer Begünstigung von Ehe[91] und Familie unter der Bedingung ihrer weiteren Rechtfertigung durch eine ihrer Funktionen: Dann nimmt die Gleichheitsprüfung Durchgriff hinter die Form auf die einzelne Funktion von Ehe und Familie. In diesem Durchgriff sind Ehe und Familie von funktionalen Äquivalenten nicht unterscheidbar. Dabei bestimmt sich die funktionale Äquivalenz nicht nach dem Gesamtpotential von Ehe und Familie, sondern nur nach der Teilfunktion, in welcher der rechtfertigende Grund für die Ungleichbehandlung gesucht wird.[92]

---

90 So etwa *Gärditz* (Fn. 9), 933.

91 Die Begünstigung der Ehe zieht dann als solche schon den Vorwurf einer mittelbaren Diskriminierung wegen der sexuellen Orientierung auf sich: BVerfG, B. vom 7.7.2009 – 1 BvR 1164/07 – [Hinterbliebenenversorgung], Abs. 89–93 = E 124, 199 (221 f.); B. vom 19.6.2012 – 2 BvR 1397/09 – [Familienzuschlag], Ls. 1, Abs. 62 f. = E 131, 239 (258 f.); B. vom 18.7.2012 – 1 BvL 16/11 – [Grunderwerbsteuerbefreiung], Abs. 43 f. = E 132, 179 (190: Rn. 34 f.); U. vom 19.2.2013 – 1 BvL 1/11 – [Sukzessivadoption], Abs. 104; B. vom 7.5.2013 – 2 BvR 909/06, 1981/06, 288/07 – [Lebenspartner-Splitting], Abs. 78 f., 103. BVerfG, B. vom 18.7.2012 – 1 BvL 16/11 – [Grunderwerbsteuerbefreiung], Abs. 44 = E 132, 179 (190: Rn. 35), spricht sogar von „Anknüpfung an die sexuelle Orientierung".

92 Wie die Leistung für das Aufwachsen von Kindern in „behüteten" Verhältnissen: BVerfG, B. vom 19.6.2012 – 2 BvR 1397/09 – [Familienzuschlag], Abs. 76 = E 131, 239 (264). Ebenso für die verbindliche Gestaltung der Lebenspartnerschaft wie der Ehe „als umfassende institutionalisierte Verantwortungsgemeinschaft" und „Gemeinschaft des Erwerbs und Verbrauchs" sowie für die Eignung dazu, „Voraussetzung für die Begründung von Elternschaft zu sein", BVerfG, B. vom 7.5.2013 – 2 BvR 909/06, 1981/06, 288/07 – [Lebenspartner-Splitting], Abs. 91, 94 f., 102. Zu den Rückwirkungen einer solchen Gleichstellung auf das übrige Familienrecht, wo in Sorgerechts- und Umgangsrechtsstreitigkeiten der Bezug zum andersgeschlechtlichen Elternteil als ein Kindeswohlargument gilt, *Gade/Thiele* (Fn. 9), 147. – Vom Gesetzeszweck her entsprechend im Hinblick auf vermögensrechtliche Regelungsbedürfnisse BVerfG, B. vom 18.7.2012 – 1 BvL 16/11 – [Grunderwerbsteuerbefreiung], Abs. 46, 51, 52 = E 132, 179 (190 f., 192 f.: Rn. 37, 42, 43); im Hinblick auf den Ausgleich von Mehrbedarf BVerfG, B. vom 19.6.2012 – 2 BvR 1397/09 – [Familienzuschlag], Abs. 72–75 = E 131, 239 (262–264). – BVerfG, U. vom 19.2.2013 – 1 BvL 1/11 – [Sukzessivadoption], Abs. 44, deutet mit dem Unbehagen daran, daß ein Kind nach Einzeladoption „abweichend vom in Art. 6 Abs. 2 Satz 1 GG unterstellten Fall, nicht mehrere ‚Eltern', sondern lediglich einen Elternteil" hat, ein Leitbild des möglichst von zwei Menschen adoptierten Kindes an,

Diesen Durchgriff hinter die Form auf die Teilfunktionen der Ehe faßt das Bundesverfassungsgericht[93] in die paradoxe[94] Formel, der Gesetzgeber dürfe die Ehe begünstigen, aber nicht andere Lebensformen benachteiligen: Danach „rechtfertigt der bloße Verweis auf das Schutzgebot der Ehe eine solche Differenzierung nicht"; vielmehr „bedarf es jenseits der bloßen Berufung auf Art. 6 Abs. 1 GG eines hinreichend gewichtigen Sachgrundes, der gemessen am jeweiligen Regelungsgegenstand und -ziel die Benachteiligung anderer Lebensformen rechtfertigt."[95]

---

für dessen Interessen an der Adoption (Abs. 82–90) es auf die Verbindung seiner Adoptiveltern in Ehe oder eingetragener Lebenspartnerschaft nicht mehr ankommt. Gegenläufig wirkt der Vorbehalt für eine verfassungsmäßige generelle Einschränkung der Adoption (Abs. 73, 106). – Das Funktionsargument wendet sich gegen die Kommensurabilität von gleichgeschlechtlichen Partnerschaften mit der Ehe in dem Einwand, daß sich die Ehe durch ihre Finalität als potentielle Vorstufe einer aus ihr hervorgehenden Familie von der gleichgeschlechtlichen Partnerschaft wesentlich unterscheidet; so zum Beispiel *von Coelln* (Fn. 11), Rn. 50; *Ipsen* (Fn. 26), Rn. 21 f.; mit einer gründlichen Durchführung nach sämtlichen Rechtsfolgen *Schüffner* (Fn. 36), 371 f., 453–732; ebenso mit der überspitzten Reduktion dahin, daß die Ehe „nicht wegen der mit ihr verbundenen gegenseitigen Verantwortungsübernahme der Ehepartner", „sondern wegen der aus ihr potentiell hervorgehenden Familie" geschützt sei, *Uhle* (Fn. 9), Rn. 4, 36.3.

93 BVerfG, B. vom 7.7.2009 – 1 BvR 1164/07 – [Hinterbliebenenversorgung], Abs. 102, 105 = E 124, 199 (225 f.); im Anschluß daran BVerfG, B. vom 21.7.2010 – 1 BvR 611/071, 2464/07 – [Erbschafts- und Schenkungssteuer], Abs. 91 = E 126, 400 (420); B. vom 19.6.2012 – 2 BvR 1397/09 – [Familienzuschlag], Abs. 66 f. = E 131, 239 (259–261); B. vom 18.7.2012 – 1 BvL 16/11 – [Grunderwerbsteuerbefreiung], Abs. 48 = E 132, 179 (191 f.: Rn. 39); U. vom 19.2.2013 – 1 BvL 1/11 – [Sukzessivadoption], Abs. 98; B. vom 7.5.2013 – 2 BvR 909/06, 1981/06, 288/07 – [Lebenspartner-Splitting], Abs. 83 f. – Anders hingegen noch BVerfG, B. (K) vom 20.9.2007 – 2 BvR 855/06 –, Abs. 15–23; B. (K) vom 6.5.2008 – 2 BvR 1830/06 –, Abs. 9, 13, 17.

94 Nur scheinbar ist die Paradoxie aufgelöst durch eine Unterscheidung der Lebensformen danach, ob sie „nach dem geregelten Lebenssachverhalt und den mit der Normierung verfolgten Zielen der Ehe vergleichbar sind" (so daß das Recht zum Privilegieren gegenüber „nicht vergleichbaren" Lebensformen unberührt bliebe); siehe BVerfG, B. vom 7.7.2009 – 1 BvR 1164/07 – [Hinterbliebenenversorgung], Abs. 105 = E 124, 199 (226). Die Rechtfertigung einer Ungleichbehandlung „nicht vergleichbarer" Lebensformen ergibt sich schon aus dem allgemeinen Gleichheitssatz; auf Art. 6 Abs. 1 GG kommt es dafür nicht an. „Wegen des verfassungsrechtlichen Schutzes der Ehe", wie es der Vordersatz ausdrücklich formuliert – BVerfG, B. vom 7.7.2009 – 1 BvR 1164/07 – [Hinterbliebenenversorgung], Abs. 102 = E 124, 199 (225) – dem Gesetzgeber ihre Privilegierung zuzugestehen, ergäbe nur ohne Durchgriff auf funktionale Äquivalenzen einen Sinn; doch auf genau diesen stellt der im Text gleich zitierte Nachsatz ab. Die als Ausgangspunkt mitzitierte Entscheidung BVerfGE 105, 313 (348) [Lebenspartnerschaftsgesetz], läßt diese Paradoxie noch nicht erkennen, da sie nur im Vordersatz mit jener Formel übereinstimmt.

95 BVerfG, B. vom 7.7.2009 – 1 BvR 1164/07 – [Hinterbliebenenversorgung], Abs. 105 = E 124, 199 (226); kritisch *Hillgruber* (Fn. 9); dagegen *C. D. Classen* Der

Im Ergebnis dementiert der Durchgriff auf die Funktionen von Ehe und Familie eine eigenständige Wirkung des Schutzes von Ehe und Familie in Art. 6 Abs. 1 GG.[96] Die grundrechtsdogmatische Stellung des Art. 6 Abs. 1 GG in seinem systematischen Verhältnis zu Art. 3 Abs. 1 GG ist dahin entschieden, daß die „wertentscheidende Grundsatznorm" des Schutzes von Ehe und Familie dem Gleichheitssatz nichts hinzuzufügen hat.

---

besondere Schutz der Ehe – aufgehoben durch das BVerfG?, JZ 2010, 411 f.; kritisch auch *Gärditz* (Fn. 9), 933 f. – Anders noch BVerfGE 105, 313 (343) [Lebenspartnerschaftsgesetz], wo es eine Asymmetrie der wechselseitigen Exklusivität von Ehe und eingetragener Lebenspartnerschaft zulasten der zweitgenannten als „angesichts der Gewährleistung des Art. 6 Abs. 1 GG noch hinnehmbar" bewertet (bei erkennbarer Sympathie für die symmetrische Lösung durch ein Ehehindernis, wie es der Gesetzgeber später in § 1306 BGB nachgetragen hat).

[96] Nebenher ist aus der Absage an ein Abstands*ge*bot ein Abstands*ver*bot geworden. Zur Auslegung des „besonderen Schutzes" als Abstandsgebot siehe *Scholz/Uhle* (Fn. 9), 397 f.; ebenso *Ipsen* (Fn. 26), Rn. 55–57; *G. Krings* Die „eingetragene Lebenspartnerschaft" für gleichgeschlechtliche Paare. Der Gesetzgeber zwischen Schutzabstandsgebot und Gleichheitssatz, ZRP 2000, 409–415; *D. C. Umbach* in: ders./T. Clemens (Hrsg.) Grundgesetz. Mitarbeiterkommentar und Handbuch, 2002, Art. 6 Rn. 57b, 62 f., 66–68; ähnlich *Burgi* (Fn. 36), 501–508; *ders.* (Fn. 11), Rn. 47 („Abbildungsgebot", bezogen auf die Wertentscheidung zugunsten der Ehe); *Pauly* (Fn. 56), 1956 („Öffnungs-, Abbildungs- und Bezeichnungsverbot", bezogen auf die Übertragung der Strukturmerkmale des Instituts auf andere Lebensgemeinschaften); *G. Robbers* Eingetragene Lebenspartnerschaften. Verfassungsrechtliche Überlegungen, JZ 2001, 779–786 (783 f.); *Tettinger* (Fn. 3), 140 („Differenzierungsgebot"); zurückgewiesen von BVerfGE 105, 313 (348–350) [Lebenspartnerschaftsgesetz]; hiergegen noch *G. Kirchhof* (Fn. 85), 562 f.; *Nesselrode* (Fn. 3), 157 f., 198; *Steiner* (Fn. 9), Rn. 38; *Uhle* (Fn. 9), Rn. 36, 38; dem Bundesverfassungsgericht beipflichtend *Classen* (Fn. 9), 1089; *Coester-Waltjen* (Fn. 32), Rn. 16, 50; *Gröschner* (Fn. 24), Rn. 49; ebenso *Freytag* (Fn. 88), 448–451; *Pieroth/Kingreen* (Fn. 88), 233–241; *J. Wasmuth* Zur Verfassungsmäßigkeit der eingetragenen Lebenspartnerschaft, Der Staat 41 (2002), 47–71 (56–59, 65). Aus der Kritik am Abstands*ver*bot siehe *von Coelln* (Fn. 11), Rn. 18, 49 f.; *Gade/Thiele* (Fn. 9), 149–151; *G. Krings* Vom Differenzierungsgebot zum Differenzierungsverbot – Hinterbliebenenversorgung eingetragener Lebenspartnerschaften, NVwZ 2011, 26 f.; *Uhle* (Fn. 9), Rn. 36.2–36.3. – Der EGMR hat am Maßstab des Art. 14 in Verbindung mit Art. 8 EMRK Ungleichbehandlungen zwischen der Ehe, die nach Art. 12 EMRK zulässig den Verbindungen von Frau und Mann vorbehalten bleiben dürfe, und einer für gleichgeschlechtliche Paare eröffneten anderen Form rechtlicher Anerkennung ausdrücklich dem Beurteilungsspielraum der Konventionsstaaten überlassen: EGMR, U. vom 24.6. 2010 – 30141/04 – Schalk und Kopf gegen Österreich –, Abs. 54–64 (zu Art. 12 EMRK), 101, 108 f. (zu Art. 14 EMRK).

4. *Dynamik im Begriff der Ehe*

In der Folge ist der Verfassungsbegriff „Ehe" ein Anschauungsstück für eine Dynamik, welche die Grundrechtsdogmatik vom einfachen Gesetzesrecht her unter Spannung setzt. Betroffen ist das Strukturmerkmal der Verschiedengeschlechtlichkeit, das durch die einfachgesetzliche Gleichstellung gleichgeschlechtlicher Verbindungen mit der Ehe in Frage gestellt ist.

Dieser Befund mag irritieren, weil die Definition des Begriffs „Ehe" äußerlich nicht verändert worden ist; im Gegenteil haben sowohl der Gesetzgeber als auch das Bundesverfassungsgericht die eingetragene Lebenspartnerschaft als ein „aliud" zur Ehe konstruiert und gerade damit die Vereinbarkeit mit Art. 6 Abs. 1 GG begründet.[97] So gilt der verfassungsrechtliche Begriff der „Ehe" als unverändert auf die Verbindung einer Frau mit einem Mann beschränkt. Eine grundrechtsdogmatische Erweiterung auf gleichgeschlechtliche Verbindungen[98] lehnt das Bundesverfassungsgericht in fast einhelliger Übereinstimmung mit der Rechtswissenschaft ab.[99]

---

[97] BVerfGE 105, 313 (351); ebenso noch *Gröschner* (Fn. 24), Rn. 47, 50; *Robbers* Eingetragene Lebenspartnerschaften (Fn. 96), 783 f.; *Sickert* (Fn. 69), 178, 185 f.; in zweiter Linie damit argumentierend auch *V. Beck* Die verfassungsrechtliche Begründung der Eingetragenen Lebenspartnerschaft, NJW 2001, 1894–1901 (1898, 1900).

[98] AG Frankfurt a. M., B. vom 21.12.1992 – 40 UR III E 166/92 –, NJW 1993, 940 f.; *K. Möller* Der Ehebegriff des Grundgesetzes und die gleichgeschlechtliche Ehe, DÖV 2005, 64–71; wohl unter dem Vorbehalt einfachgesetzlicher Anerkennung *S. Ott* Nichteheliche Lebensgemeinschaften und Grundgesetz, Vorgänge 140 (1997), 52–59 (54–56); *ders.* Die Begriffe „Ehe und Familie" in Art. 6 I GG, NJW 1998, 117–119 (118); ähnlich *Brosius-Gersdorf* (Fn. 17), Rn. 83; weitere Nachweise bei *Stern* (Fn. 3), 374 f., Fn. 167.

[99] BVerfG, B. vom 4.10.1993 – 1 BvR 640/93 –, NJW 1993, 3058 f. (3058), mit Verweis auf BVerfGE 49, 286 (300); bestätigt in BVerfGE 105, 313 (345) [Lebenspartnerschaftsgesetz]; BVerfG, B. vom 19.6.2012 – 2 BvR 1397/09 – [Familienzuschlag], Abs. 65 = E 131, 239 (259); B. vom 7.5.2013 – 2 BvR 909/06, 1981/06, 288/07 – [Lebenspartner-Splitting], Abs. 81; siehe auch BVerwG, NVwZ 1997, 189 (190). Aus der Literatur: besonders gründlich *Schüffner* (Fn. 36), 127–202; außerdem etwa *Classen* (Fn. 9), 1087; *von Coelln* (Fn. 11), Rn. 6; *Coester-Waltjen* (Fn. 32), Rn. 9; *Gröschner* (Fn. 24), Rn. 44; *Ipsen* (Fn. 26), Rn. 9; *Mager* (Fn. 31), 452; *Nesselrode* (Fn. 3), 115 f.; *Robbers* (Fn. 14), Rn. 45; *Sachs* (Fn. 88), 45; *Stern* (Fn. 3), 373 f. mwN; *Uhle* (Fn. 9), Rn. 4; *Umbach* (Fn. 96), Rn. 57, 58–62. Siehe auch *Friauf* (Fn. 32), 2601: „Die konstitutiven Elemente des Verfassungsrechtsbegriffs ‚Ehe' [einschließlich der Geschlechtsverschiedenheit der Partner] sind, da normativ vorgegeben, gegenüber gesellschaftlichem Wertewandel ‚resistent'." – Die Relativierung in BVerfGE 121, 175 (189–204), wonach eine bestehende Ehe auch nach Geschlechtsumwandlung eines Ehegatten bestehen bleiben können muß, erweitert nicht das Institut der Ehe (193, 195 f., 201, 202 f.), sondern paßt den abwehrrechtlichen Schutzbereich einer Ausnahmekonstellation an; *Uhle* (Fn. 9), Rn. 5.

Doch ungeachtet dieser begrifflichen Unterscheidung der Ehe von der eingetragenen Lebenspartnerschaft bestehen in den Rechtsfolgen beider Institute unter der Herrschaft des Gleichbehandlungsgebots keine signifikanten Unterschiede mehr.[100] Reste der Unterscheidung sind brüchig wie die auf Ehepaare beschränkte Möglichkeit der gemeinschaftlichen Adoption (§ 1741 Abs. 2 BGB), deren Wirkung eingetragene Lebenspartner vorerst nur durch Sukzessivadoption herstellen können;[101] oder sie sind

Sie wird aber auch als ein Anzeichen dafür gelesen, daß das „Ehekonstitutivum der Verschiedengeschlechtlichkeit" „verblasst"; so etwa *Heinig* (Fn. 60), 27; schärfer *Benedict* (Fn. 9), 485.

[100] Ausdrücklich hervorgehoben in BVerfG, B. vom 19.6.2012 – 2 BvR 1397/09 – [Familienzuschlag], Abs. 69 f. = E 131, 239 (261); B. vom 18.7.2012 – 1 BvL 16/11 – [Grunderwerbsteuerbefreiung], Abs. 18 = E 132, 179 (183: Rn. 9); B. vom 7.5.2013 – 2 BvR 909/06, 1981/06, 288/07 – [Lebenspartner-Splitting], Abs. 90 f. Es ist beim Bundesverfassungsgericht denn auch schon davon die Rede, daß Ehe und eingetragene Lebenspartnerschaft „im Wesentlichen gleichartig" seien: B. vom 19.6.2012 – 2 BvR 1397/09 – [Familienzuschlag], Abs. 67 = E 131, 239 (261); B. vom 7.5.2013 – 2 BvR 909/06, 1981/06, 288/07 – [Lebenspartner-Splitting], Abs. 85. Das spiegelt sich in einer der Ehe parallelen Definition der eingetragenen Lebenspartnerschaft als „familienrechtliches Institut" und der Zusammenfassung unter einem gemeinsamen Oberbegriff „einer auf Dauer angelegten, rechtlich verfestigten Partnerschaft": B. vom 18.7.2012 – 1 BvL 16/11 – [Grunderwerbsteuerbefreiung], Abs. 18, 44 = E 132, 179 (183, 190: Rn. 9, 35). – Weit zurück liegen die 2001 noch aus begründeter „Angst vor Art. 6 Abs. 1 GG" unternommenen „Verrenkungen [...], die der Gesetzgeber macht, um die gleichgeschlechtliche Lebenspartnerschaft auf Abstand zur bürgerlich-rechtlichen Ehe zu halten"; *D. Kaiser* Das Lebenspartnerschaftsgesetz. Zur Gleichstellung homosexueller Partnerschaften aus familienrechtlicher Sicht, JZ 2001, 617–625 (625). – Die Entwicklung zusammenfassend *Steiner* (Fn. 9), Rn. 33–39; *Uhle* (Fn. 9), Rn. 36.2–36.4. – Damit sind die Voraussetzungen für eine entsprechende Verfassungsänderung überspielt worden; siehe *Hillgruber* (Fn. 9); *Robbers* (Fn. 14), Rn. 47. – Vor einem „strategischen" Überspielen der Institutsgarantie durch „Aushöhlungsprozesse" warnte bereits *E. Schmidt-Jortzig* in: VVDStRL 45 (1987), 129; entwarnend dagegen mit Hinweis auf die vermeintliche Unfähigkeit des Gesetzgebers zu „langfristiger Konzeption" *H. Steiger* ebd., 144 (jeweils in der Aussprache). Zur entsprechenden Methode des Bundesverfassungsgerichts *Rixen* (Fn. 11), 871.

[101] Die Verfassungsmäßigkeit dieser letzten Beschränkung wird andeutungsvoll offengelassen durch BVerfG, U. vom 19.2.2013 – 1 BvL 1/11 – [Sukzessivadoption], Abs. 93; verneint von *Brosius-Gersdorf* (Fn. 17), Rn. 84, 120; *Classen* (Fn. 9), 1091 mwN; *Grehl* (Fn. 78), 148–174, 176–180; bejaht von *Gärditz* (Fn. 9). – Brüchig ist auch die Rechtfertigung dafür, daß § 27a Abs. 1 Nr. 3 SGB V die Ehe bei der sozialrechtlichen Finanzierung einer künstlichen Befruchtung bevorzugt; die Gründe für die Rechtfertigung des Ausschlusses nichtehelicher Lebensgemeinschaften gemäß BVerfG, U. vom 28.2.2007 – 1 BvL 5/03 –, E 117, 316 (327–329), sind nicht auf den Ausschluß eingetragener Lebenspartnerschaften übertragbar. Dessen Haltbarkeit gegenüber der Rechtsprechung zur Gleichstellung eingetragener Lebenspartnerschaften dürfte nur noch davon abhängen, ob sich ihnen gegenüber der Ausschluß heterologer Inseminationen gemäß § 27a Abs. 1 Nr. 4 SGB V rechtfertigen läßt.

der gesetzesredaktionellen Aufräumarbeit überlassen wie § 12 Abs. 1 S. 1 des Sprengstoffgesetzes[102], der die Rechtsnachfolge in die Erlaubnis zum Umgang mit explosionsgefährlichen Stoffen dem hinterbliebenen Lebenspartner vorzuenthalten scheint. Auch der verfassungsrechtliche Schutz eingetragener Lebenspartner über Art. 2 Abs. 1 und Art. 3 Abs. 1 GG bleibt auf dem erreichten Stand der Auslegung dieser Vorschriften im Ergebnis in nichts hinter der formal verschlossenen Berufung auf den Eheschutz aus Art. 6 Abs. 1 GG zurück.

Ehe und eingetragene Lebenspartnerschaft sind also zwei in den wesentlichen Voraussetzungen und Rechtsfolgen restlos gleichgestaltete Institute geworden, die sich allein in ihrem Namen unterscheiden – abgesehen von der exakt komplementären Voraussetzung der Verschiedengeschlechtlichkeit einerseits, der Gleichgeschlechtlichkeit andererseits. Das verfassungsrechtliche Begriffsmerkmal der Verschiedengeschlechtlichkeit der Ehe, so obstinat es von allen Seiten beschworen wird, hat rechtlich jede Unterscheidungskraft verloren, es ist hinfällig.[103] Damit hat der Begriff der „Ehe" selbst als grundrechtsdogmatisches Element des Art. 6 Abs. 1 GG eine dynamische Umgestaltung erfahren.

All das ist folgerichtig für ein Verständnis der wertentscheidenden Grundsatznorm, welches sich davor hütet, die ihrer Ratio entsprechenden Strukturmerkmale von Ehe und Familie zu einem über Programmsätze hinausgehenden, verfassungsrechtlich potenten, aber auch sorgfältig in freiheitskompatiblen Bahnen zu haltenden Leitbild (s. o. II. 4.) zu entwickeln.

---

102 Gesetz über explosionsgefährliche Stoffe (Sprengstoffgesetz – SprengG) in der Fassung der Bekanntmachung vom 10.9.2002 (BGBl. I 3518), zuletzt geändert am 7.8.2013 (BGBl. I 3154). – Siehe dazu die Antwort der Bundesregierung auf eine Große Anfrage zur „Verfassungsmäßigkeit der bestehenden Ungleichbehandlung eingetragener Lebenspartnerschaften gegenüber Ehen", BT-Drs. 17/8248, 9 (sub 14.). Ähnliches gilt für die meisten dort aufgeführten Vorschriften, soweit sie nicht inzwischen bereits geändert sind.

103 Vorläufig prominenteste Spitze dieser Dynamik, wenn auch vom Wahlkampf gezeichnet: Gesetzentwurf der Fraktionen SPD und BÜNDNIS 90/DIE GRÜNEN: Entwurf eines Gesetzes zur Einführung des Rechts auf Eheschließung für Personen gleichen Geschlechts, 12.3.2013, BT-Drs. 17/12677; übereinstimmend: Gesetzentwurf des Bundesrates: Entwurf eines Gesetzes zur Einführung des Rechts auf Eheschließung für Personen gleichen Geschlechts, 22.3.2013, BR-Drs. 196/13. – Für die Vereinbarkeit einer einfachgesetzlichen Erstreckung des Instituts der Ehe auf gleichgeschlechtliche Verbindungen mit Art. 6 Abs. 1 GG *Brosius-Gersdorf* (Fn. 17), Rn. 21, 81; *Classen* (Fn. 9), 1090; *Ott* Nichteheliche Lebensgemeinschaften (Fn. 98), 54–56; *ders.* Ehe und Familie (Fn. 98), 118; wohl auch *Rixen* (Fn. 11), 872 f.; dagegen *Mager* (Fn. 31), 453; *Ruffert* (Fn. 42), 400; *Scholz/Uhle* (Fn. 9), 397; *Schüffner* (Fn. 36), 125–127; *Uhle* (Fn. 9), Rn. 5.

IV. Zukunft der Dynamik: Grundrechtsdogmatik von Ehe und Familie in der Karawane des Verfassungswandels

Soweit die dynamischen Entwicklungen der Grundrechtsdogmatik von Ehe und Familie daher rühren, daß sie hinter ein verfassungsrechtliches Leitbild auf die Teilfunktionen von Ehe und Familie durchgreifen, müssen sie alle grundrechtsdogmatischen Merkmale von Ehe und Familie erfassen, welche nicht in einer bestimmten Funktion aufgehen.

Für die Merkmale der Ehe im Sinne des Art. 6 Abs. 1 GG betrifft das nach der Verschiedengeschlechtlichkeit etwa die Beschränkung auf die Einehe[104] und den Ausschluß von Verwandten, insbesondere Geschwistern, von Ehe und Lebenspartnerschaft.[105] Für das Elternrecht gibt es keinen funktionalen Grund dafür, an die Möglichkeit der biologischen Abstammung anzuknüpfen, wie es der Ausschluß eingetragener Lebenspartner von einer Elternschaftsfiktion entsprechend der Vaterschaftsvermutung des § 1592 Nr. 1 BGB[106] und der Ausschluß von Frauen von

[104] Welcher sachliche, funktionale Grund sollte nämlich den Ausschluß von Mehrehen rechtfertigen? Die Antwort liegt nur scheinbar auf der Hand, wenn sie sich nicht auf Vorurteile über die Möglichkeiten einer funktionalen Äquivalenz von dauerhaften, verantwortungs- und hingebungsvollen Lebensgemeinschaften zwischen mehr als zwei Menschen mit einer solchen zwischen zwei Menschen verschiedenen oder gleichen Geschlechts stützen soll. Vgl. damit das Argument bei *Robbers* (Fn. 14), Rn. 42: „abendländische Rechtstradition". Folgerichtig für die Freiheit des Gesetzgebers, die Beschränkung auf die Einehe aufzuheben, *Brosius-Gersdorf* (Fn. 17), Rn. 50, 63, 79.

[105] Wo ist nämlich das funktionale Defizit, das eine zu gleicher Verbindlichkeit wie in der Ehe gesteigerte Lebensgemeinschaft zwischen erwachsenen Verwandten von gleichen Rechten fernhält? Selbst wenn man das strafrechtliche Inzestverbot als gerechtfertigt unterstellt, obwohl BVerfGE 120, 224 (243–249), es dafür bei allem Bemühen um funktionale Gründe dem Gesetzgeber zugesteht, auch die „gesellschaftliche Tabuisierung des Inzests" als beachtliche Gestalt „einer kulturhistorisch begründeten, nach wie vor wirkkräftigen gesellschaftlichen Überzeugung" (248) in Anspruch zu nehmen, fehlt es jedenfalls an einer funktionalen Begründung dafür, warum Ehe und Lebenspartnerschaft auf Sexualgemeinschaft fixiert sein sollen.

[106] Für Lebenspartnerschaften zweier Männer stellt sich die Frage nur deshalb nicht, weil nach gegenwärtigem Stand der Technik keiner von ihnen selbst ein Kind zur Welt bringen kann; es ist aber selbst insoweit mit Ausnahmen zu rechnen, seit eine Änderung der personenstandsrechtlichen Geschlechtszuordnung nicht mehr die Aufgabe der Fortpflanzungsfähigkeit voraussetzt; siehe oben in Fn. 79. In Lebenspartnerschaften zweier Frauen ist die Geburt von Kindern unter so oder so zu bewerkstelligender Beteiligung eines genetischen Vaters selbstverständlich möglich. Dem Bundesverfassungsgericht zufolge muß der Gesetzgeber für die Elternschaft regelmäßig an die biologische Abstammung anknüpfen; siehe oben Fn. 72. Der Ausschluß der eingetragenen Lebenspartnerin von der Vermutung des § 1592 Nr. 1 BGB sei deshalb „keine Ungleichbehandlung": BVerfG, B. vom 2.7.2010 – 1 BvR 666/10 –, Abs. 30 (allerdings ging es

einem einvernehmlichen Erwerb des Elternrechts durch Erklärung entsprechend der Vaterschaftsanerkennung in § 1592 Nr. 2 BGB[107] wie selbstverständlich voraussetzen. Zumindest widerlegbar ist der funktionale Grund dafür, daß das Elternrecht nicht mehr als zwei Elternteilen – also mehr als einem Vater und einer Mutter oder, auf Geheiß des Bundesverfassungsgerichts, zwei Müttern oder zwei Vätern – zugeordnet werden können soll.[108]

Insbesondere die Unterordnung der Grundrechtsdogmatik von Ehe und Familie unter den Gleichheitssatz hat gesellschaftspolitische Wirkungen, die sich kraft verfassungsgerichtlicher Autorität von gesellschaftspolitischen Entscheidungen des Gesetzgebers unabhängig machen und so eine Eigendynamik entwickeln. Eine konsistente Grundrechtsdogmatik könnte ihr Rechnung tragen, indem sie sich aus den bisher noch gehaltenen rhetorischen Stellungen zurückzöge: Die Rede vom Charakter des Art. 6 Abs. 1 GG als wertentscheidende Grundsatznorm wäre aufzugeben. Der Weg wäre dann frei dafür, die eingetragene Lebenspartnerschaft und andere Lebensgemeinschaften in das Institut der Ehe zu integrieren, die Ehe für die Mehrehe zu öffnen, den Staat aus dem öffentlichen Institut der obligatorischen Zivilehe zurückzuziehen, die Ehe somit an die Gesellschaft, an die Pluralität ihrer Eheverständnisse und an ihre Dynamik zurückzugeben, hierzu vielleicht alle Schutzwirkungen des Art. 6 Abs. 1 GG nach dem Vorbild des Art. 8 EMRK[109] im abwehrrechtlichen

---

hier nicht um die rechtlichen Folgen der Elternschaft, sondern nur um den Nachweis der Abstammung in der Geburtsurkunde, also eine sekundäre Rechtsfolge). Das entspricht den biologischen Gegebenheiten – aber ein funktionaler Grund dafür ist nicht ersichtlich. Bei einem in einer Ehe geborenen Kind gibt das Gesetz, wenn kein Beteiligter widerspricht, der sozialen Beziehung den Vorrang vor der biologischen. Unter gleichen Bedingungen müßte es das auch bei einem in einer eingetragenen Lebenspartnerschaft geborenen Kind tun, indem es die Vaterschaftsvermutung zu einer entsprechend bedingten Elternschaftsfiktion erweitert.

[107] Die Vaterschaftsanerkennung in § 1592 Nr. 2 BGB ist bisher naturgemäß auf Männer beschränkt, läßt aber bei allseitigem Einvernehmen die biologischen Tatsachen dahinstehen und ermöglicht im Ergebnis eine gewillkürte Vaterschaft; siehe *T. Rauscher* in: J. von Staudingers Kommentar zum Bürgerlichen Gesetzbuch, Buch 4: Familienrecht, §§ 1589–1600d (Abstammung), Neubearb. 2011, § 1592, Rn. 51, 53; *J. Gernhuber/D. Coester-Waltjen* Familienrecht, 6. Aufl. 2010, § 52 Rn. 3, 42 f.; kritisch *H. F. Gaul* Die Neuregelung des Abstammungsrechts durch das Kindschaftsrechtsreformgesetz, FamRZ 1997, 1441–1466 (1449–1451, 1454–1456). Der entsprechenden Priorität folgt auch § 1600 Abs. 5 BGB mit dem Ausschluß der Vaterschaftsanfechtung nach einvernehmlicher heterologer Insemination.

[108] BVerfG, U. vom 19.2.2013 – 1 BvL 1/11 – [Sukzessivadoption], Abs. 52: „Vermeidung von Verantwortungsunklarheit und Kompetenzkonflikten“.

[109] EGMR, U. vom 13.6.1979 – 6833/74 – Marckx gegen Belgien; *Nesselrode* (Fn. 3), 218–221.

Schutz der erweiterten Familie als Varietät privater, auf Dauer und Verantwortung gerichteter Nahbeziehungen zu vereinigen. Die Grundrechtsdogmatik von Ehe und Familie in Art. 6 Abs. 1 GG könnte in dieser Dynamik zu einem pointiert liberalen Konzept umschwenken – beziehungsweise sich zurücksinken lassen in die grundrechtsdogmatische Ursuppe von 1949, in der von einer wertentscheidenden Grundsatznorm mit juristischer Direktivkraft noch nicht die Rede war.

Das wäre eine in sich schlüssige Lesart des Art. 6 Abs. 1 GG. Sie bräche aber tief in die Prämissen des grundrechtsdogmatischen Diskurses über diese Norm ein.[110] Wer sich dagegen nicht von der Überzeugung abkoppeln will, daß es der Verfassung beim besonderen Schutz von Ehe und Familie auch um Zukunftsgestaltung geht, wird einen neuen Anschluß an ihr Verständnis als wertentscheidende Grundsatznorm suchen müssen.

Hierzu kann ihre Auslegung im Sinne einer Leitbildgarantie beitragen, die den Durchgriff auf die Teilfunktionen von Ehe und Familie auffängt. Das gewährleistete Leitbild wird das Merkmal der Verschiedengeschlechtlichkeit, die einst als günstige Bedingung für das Zeugen von Kindern galt,[111] nicht mehr umfassen können. Insoweit hat die rechtliche Gleichstellung gleichgeschlechtlicher Partnerschaften eine praktisch unumkehrbare neue Rechtslage geschaffen und dabei verfassungsrechtliche Unterscheidungen derogiert. Mit den Augen der Methode, von denen je nach Standpunkt eines oder zwei zugedrückt werden müssen, ist dieser Vorgang als Verfassungswandel zu notieren, der durch die Gesetzgebung und die sie bestätigende und forcierende Verfassungsrechtsprechung je nach Standpunkt entweder aufgenommen oder bewirkt worden ist.[112] Andere Merkmale eines Leitbilds sind in der Rechtsprechung des Bundesverfassungsgerichts noch angelegt. So rechtfertigt es das Inzestverbot damit, daß die mit dem Inzest verbundenen „Rollenüberschneidungen [...] nicht dem Bild der Familie [entsprechen], das Art. 6 Abs. 1 GG zugrunde liegt".[113] Die Beschreibungen von Ehe und Lebenspartnerschaft lassen erkennen, daß das Bundesverfassungsgericht sie auf eine Verbindung von genau zwei Menschen beschränkt sieht.[114] Das Elternrecht als „natürliches Recht" gemäß Art. 6 Abs. 2 S. 1 GG möchte es primär an den

---

110 Die Gegenthese vertritt *Classen* (Fn. 9), 1093.

111 *Robbers* (Fn. 14), Rn. 46; weitergehend noch Rn. 47: „Art. 6 Abs. 1 hat im Sinne der Bewahrung des Herkömmlichen auch die gelebte Sexualität zum Schutzinhalt, insoweit zeichnet die Norm auch ein verfassungsrechtlich umhegtes Bild der Sexualität".

112 Anderer Ansicht *Uhle* (Fn. 9), Rn. 37.

113 BVerfGE 120, 224 (245).

114 Siehe oben Fn. 45.

Abstammungsverhältnissen ausgerichtet wissen,[115] was der an die biologischen Möglichkeiten gebundenen Vaterschaftsvermutung einen Vorrang vor gewillkürter Elternschaft gibt. Auch die Beschränkung des Elternrechts auf ein Elternpaar[116] hat die Qualität eines leitbildprägenden Merkmals.[117]

Die Rekonstruktion einer Leitbildgarantie effektiviert den Art. 6 GG als wertentscheidende Grundsatznorm. Sie gibt der dynamischen Intention der Grundrechtsdogmatik von Ehe und Familie einen Maßstab. Gegenüber dem allgemeinen Gleichheitssatz in Art. 3 Abs. 1 GG verwirklicht sie die verfassungsrechtliche Wertentscheidung als verfassungsunmittelbaren Sachgrund für die Rechtfertigung von Ungleichbehandlungen nach den leitbildprägenden Merkmalen, die den Durchgriff auf Teilfunktionen auffangen. Gegenüber der Dynamik gesellschaftlicher Anschauungen darüber, welche leitbildprägenden Merkmale für das öffentliche Interesse signifikant sind, stützt sie künftig die formellen Voraussetzungen einer Verfassungsänderung.[118]

Angesichts der Dynamik, die sich der grundrechtsdogmatischen Gestalt des Schutzes von Ehe und Familie vermittelt, mag jeder Versuch, auf dem jeweils gerade erreichten Status Quo des Verfassungswandels für die weitere Entwicklung die antidynamische Intention dieses Schutzes grundrechtsdogmatisch in Stellung zu bringen, einen unbeholfenen Eindruck machen, rückständig wirken im doppelten Sinn des Rückstands als ‚Verspätung‘ und ‚Rest‘. Aber ohne Bemühungen um Konsistenz und Konti-

---

[115] Siehe oben Fn. 72 sowie BVerfGE 108, 82 (104): Art. 6 Abs. 2 S. 1 GG gebiete, „möglichst eine Übereinstimmung von leiblicher und rechtlicher Elternschaft zu erreichen".

[116] Siehe oben Fn. 80 und 81. Nach BVerfGE 108, 82 (101), „lässt schon der Umstand, dass ein Kind nur von einem Elternpaar abstammen kann, darauf schließen". Daraus begründet sich die „Vorstellung von elterlicher Verantwortung, die Art. 6 Abs. 2 Satz 1 GG zugrunde liegt" (102, Abs. 62).

[117] Ein weiterer Anknüpfungspunkt ist die Bezeichnung der Familiengemeinschaft des Kindes mit seinen durch die Ehe verbundenen Eltern als „Regelfall"; siehe BVerfGE 31, 194 (205); 56, 363 (382); 61, 358 (372); 84, 168 (179); 92, 158 (176 f.). – Für eine Stärkung der verbleibenden Strukturmerkmale von Ehe und Familie gegen Art. 3 Abs. 1 und 3 GG wohl auch *Rixen* (Fn. 11), 873.

[118] Gegenüber verfassungsexternen Antidiskriminierungsprogrammen aus dem Völker- und Europarecht füllt sie die dort vorbehaltenen Regelungsspielräume des staatlichen Rechts; siehe nur (bezogen auf den Zugang gleichgeschlechtlicher Paare zur Ehe) EGMR, U. vom 24.6.2010 – 30141/04 – Schalk und Kopf gegen Österreich –, Abs. 54–64, 101, 108 f. Dem Vorbehalt, den BVerfG, U. vom 30.6.2009 – 2 BvE 2, 5/08, 2 BvR 1010, 1022, 1259/08, 182/09 – [Vertrag von Lissabon], Abs. 249, 252, 260 = E 123, 267 (358, 359, 363), gegenüber der europäischen Integration zugunsten bedeutsamer Entscheidungen über das Familienrecht aufrichtet, gibt sie eine Kontur.

nuität der Grundrechtsdogmatik bliebe der künftige Verfassungswandel hinter den darin formulierten Rationalitätsanforderungen zurück.

Verfassungswandel – als Phänomen – ist eine Resultante aus divergenten Kräften: Politischer Veränderungsdruck, solange er für eine formelle Verfassungsänderung zu schwach ist, strapaziert die Verfassungsauslegung über die Grenzen des bestehenden Konsenses hinaus; der Gesetzgeber widersteht ihm oder gibt ihm nach; das Verfassungsgericht kassiert oder billigt seine Überschreitungen, wenn es sie nicht vorwegnimmt. Die Verfassungsrechtswissenschaft hat in diesem Kräftespiel die Aufgabe der Kritik, die das gegenüber dynamischen Ansprüchen auf Zukunftsgestaltung widerständige, dämpfende und bremsende Moment der Grundrechtsdogmatik zur Wirkung zu bringen hat. Alle Akteure in diesem Kräftespiel verhandeln dabei jeweils grundrechtsdogmatische Überzeugungen, die unter den Bedingungen der Sozialisation im jeweils gegenwärtigen Verfassungskonsens gebildet werden. Die Zeitdimension des Verfassungswandels bildet sich daher auch im Wechsel der Generationen ab.

In anderen Kräftespielen können die Rollen anders verteilt sein, so daß etwa gegenüber einem lethargischen Verharren der Praxis in verfassungswidrigen Gewohnheiten die verfassungsrechtswissenschaftliche Kritik auf Veränderung drängen muß. Geht es aber um politisch induzierten Verfassungswandel, ist es Aufgabe der Verfassungsrechtswissenschaft, gegenüber der Veränderungsdynamik den verfassungsrechtsmethodischen Preis der Veränderung hochzuhalten. Wo Veränderungsinteressen den Gesetzgeber und seine verfassungsgerichtliche Kontrolle zu neuen Ufern treiben, muß die Verfassungsrechtswissenschaft zu einer disziplinierten Gangart rufen. So zieht die Karawane des Verfassungswandels generationsweise weiter Richtung Zukunft.

Leitsätze des 2. Referenten über:

Dynamische Grundrechtsdogmatik von Ehe und Familie?

I. Vom „sozialen Wandel" zur „dynamischen Grundrechtsdogmatik" von Ehe und Familie

(1) Das Grundgesetz organisiert die Dynamik gesellschaftlicher Anschauungen von Ehe und Familie in der Macht der parlamentarischen Mehrheit, durch Gesetzgebung die Zukunft zu gestalten. Darin ist die Verfassungsänderung eingeschlossen – unter den Bedingungen des Art. 79 GG.

(2) Verfassungswandel ist kein verfassungsrechtsdogmatisches Argument, sondern ein Phänomen der Sozialisation verfassungsrechtsdogmatischer Argumentation – und als solches auch im Ehe- und Familienverfassungsrecht wirksam.

(3) Grundrechtsdogmatik kann „dynamisch" heißen, wenn sie die Reichweite und die Wirkungen des Grundrechts an dynamische Veränderungen seines Gegenstands anzupassen fähig ist.

(4) In einem gesteigerten Sinn kann sie „dynamisch" heißen, wenn sie darüber ihre eigene Gestalt verändert.

II. Gegenstand der Dynamik: Grundrechtsdogmatik von Ehe und Familie

1. Die dynamische und die antidynamische Intention der Grundrechtsdogmatik

(5) Grundrechtsdogmatik dient der Rationalität der Grundrechtsauslegung und -anwendung.

(6) Um dieser Funktion willen muß sie sich „dynamisch" entwickeln können.

(7) Doch im Verhältnis zur Dynamik politischer Ansprüche auf Zukunftsgestaltung sperrt sie sich gegen „dynamische" Anpassung.

2. Elemente der Grundrechtsdogmatik von Ehe und Familie

(8) Gegenstand der Tatbestände und Rechtsfolgen, der Ratio und Systematik des Art. 6 Abs. 1 GG sind sowohl private als auch öffentliche Interessen.

(9) Das öffentliche Interesse an den Leistungen von Ehe und Familie richtet die Ratio von Art. 6 GG auf Verfassungsvoraussetzungen und insofern auf Zukunftsgestaltung durch öffentliches Recht.

3. Der Schutzbereich von Institutsgarantie und Wertentscheidung: Ansätze einer Leitbildgarantie

(10) Die Merkmale, welche die in Art. 6 GG garantierten Institute und die Gegenstände der ihm abgelesenen Wertentscheidung kennzeichnen, können anspruchsvoller sein als die Merkmale des abwehrrechtlichen Schutzbereichs.

(11) Insofern profilieren sie Ehe und Familie als verfassungsrechtliches Leitbild.

4. Intentionen einer Leitbildgarantie

(12) Eine auf die Auslegung des Art. 6 Abs. 1 GG als wertentscheidende Grundsatznorm gegründete Leitbildgarantie ist ein Mittel der Zukunftsgestaltung durch öffentliches Recht.

(13) Sie schützt Ehe und Familie um der Gesamtheit ihrer Funktionen willen als Form.

(14) Sie wirkt auch über die öffentliche Affirmation des öffentlichen Interesses an Ehe und Familie.

(15) Sie zielt auf Ehe und Familie als Leitbild, nicht aber auf ein Leitbild für Ehe und Familie.

(16) In dem Maß, in dem das Gebot zum Schützen und Fördern von Ehe und Familie von leitbildprägenden Merkmalen abstrahiert wird, wird die grundrechtsdogmatisch kanonisierte Wirkung des Art. 6 Abs. 1 GG als wertentscheidende Grundsatznorm zum Passepartout.

III. Wirksamkeit der Dynamik: Grundrechtsdogmatik von Ehe und Familie unter Spannung

1. Dynamik im Schutzbereich von Familien- und Elternrecht

(17) Der Verfassungsbegriff der „Familie" ist von vornherein offen für die dynamische Vielfalt sozialer Nähebeziehungen.

(18) Die im Verfassungsbegriff der „Eltern" (noch) einem Leitbild des „Natürlichen" folgenden und so von dynamischen Kindeswohl-Kalkülen unbedingten Dezisionen vermögen der Gefahr vorzubeugen, daß das teleologisch maßgebliche Kindeswohl als Projektionsfläche für die Interessen von Erwachsenen in Beschlag genommen wird.

2. Dynamik in den Maßstäben der Familiengerechtigkeit

(19) Die normative Wirkung des Art. 6 Abs. 1 GG bemißt sich daran, wie weit sich die „Familiengerechtigkeit" gerade in spezifischen Grundrechtsfolgen des Art. 6 Abs. 1 GG darstellt.

(20) Staatliche Steuerung durch Wohltat statt durch Eingriff verlagert (auch) den Schutz von Ehe und Familie aus den Maßstäben der Abwehrrechtsdogmatik in die dynamischen Maßstäbe der Gleichheitsrechtsdogmatik.

3. Dynamik im systematischen Verhältnis des Ehe- und Familienschutzes zum allgemeinen Gleichbehandlungsgebot

(21) Der gleichheitsrechtsdogmatische Durchgriff hinter die Form auf die Einzelfunktionen von Ehe und Familie dementiert eine eigenständige Wirkung ihres Schutzes aus Art. 6 Abs. 1 GG als wertentscheidende Grundsatznorm.

4. Dynamik im Begriff der Ehe

(22) Die praktisch restlose Gleichstellung der eingetragenen Lebenspartnerschaft mit der Ehe hat der Verschiedengeschlechtlichkeit der Ehe jede rechtliche Unterscheidungskraft genommen und damit den Begriff der Ehe in der Gestalt, in der er über die herrschende Verfassungsauslegung jenseits formelhafter Beschwörung wirksam wird, „dynamisch" umgestaltet.

IV. Zukunft der Dynamik: Grundrechtsdogmatik von Ehe und Familie in der Karawane des Verfassungswandels

(23) Der gleichheitsrechtsdogmatische Durchgriff auf die Einzelfunktionen von Ehe und Familie hat die Tendenz zu einer Eigendynamik, die weitere Strukturmerkmale in den Schutzbereichen des Art. 6 Abs. 1 und 2 GG in Frage stellt.

(24) Ein Rückzug des öffentlichen Interesses aus der Ratio des Ehe- und Familienschutzes und eine Aufgabe seiner Deutung als wertentscheidende Grundsatznorm wäre als liberales Konzept in sich schlüssig, bräche aber tief in die Prämissen des grundrechtsdogmatischen Diskurses über Art. 6 GG ein.

(25) Die Rekonstruktion einer Leitbildgarantie kann den Art. 6 GG als wertentscheidende Grundsatznorm effektivieren. Elemente davon sind auch in der Rechtsprechung des Bundesverfassungsgerichts noch angelegt (zum Beispiel im Prinzip der Einehe).

(26) Im Kräftespiel des Verfassungswandels hat die Verfassungsrechtswissenschaft die Aufgabe der Kritik, die das gegenüber politischen Ansprüchen auf dynamische Zukunftsgestaltung widerständige, dämpfende und bremsende Moment der Grundrechtsdogmatik zur Wirkung zu bringen hat.

Dynamische Grundrechtsdogmatik von Ehe und Familie?

Ruffert: Liebe Kolleginnen und Kollegen, ich habe den Versuch unternommen, genauso wie am gestrigen Nachmittag, die Diskussion zu gliedern, zunächst einen Problemkomplex, der sich mit methodischen Fragen (Verfassungswandel, Verfassungsauslegung, Verfassungsänderung) befasst; sodann eine Gruppe von Fragenden, die sich mit den Begriffen von Ehe und Familie auseinandersetzen, und am Schluss einige Fragen zu Konsequenzen der Ergebnisse, zu den man aus den ersten beiden Frageblöcken kommt.

Steiger: Ganz herzlichen Dank für beide Referate. Ich habe den Eindruck, das hat sich in den beiden Referaten auf so unterschiedliche Weise gezeigt, es handelt sich wohl um den schwierigsten Grundrechtskomplex bzw. um den schwierigsten Komplex einer Norm aus dem Grundrechtsteil des Grundgesetzes, den wir im Augenblick in der gesellschaftlichen Diskussion, aber auch im Verfassungsrecht überhaupt haben. Denn hier geht es offenbar um einen grundlegenden Wandel in der Gesellschaft. Insofern stimme ich Ihnen, Frau Böhm, in der Darstellung dieses sozialen Wandels völlig zu. Dieser Wandel ist unbestreitbar und in den vergangenen 27 Jahren – wie Herr Germann deutlich gemacht hat – ein ganzes Stück weiter gegangen. Es ist vor allen Dingen nicht nur ein sozialer Wandel, sondern ein Wandel, der mit nachdrücklicher Beihilfe des Bundesverfassungsgerichts – vielleicht sogar mit starker Initiative des Bundesverfassungsgerichts – in die Verfassungsordnung und damit natürlich auch in die allgemeine Rechtsordnung eingegangen ist. Insofern sind die Schritte in diesen 27 Jahren wesentlich intensiver geworden. Hier stimme ich Ihnen völlig zu. Aber gerade deswegen, Frau Böhm, frage ich mich, und vielleicht bin ich da Herrn Germann näher als Ihnen, ob diese drei Pfeiler wirklich noch stabil sind. Was heißt stabil? Ich stimme Ihnen zu, dass das Freiheitsrecht die Wandlung im sozialen Kontext, also in der Gesellschaft, herbeigeführt hat. Gerade der Freiheitsaspekt der Gestaltung von Ehe und Familie des Einzelnen oder der Einzelnen hat sich seit 1986 noch stärker dynamisch ausgewirkt. Das ist völlig richtig. Infolgedessen ist es für mich eigentlich konsequent, dass auch der Gleichheitsgesichtspunkt entsprechend voran gegangen ist. Denn das muss ja austariert werden.

Aber gilt das wirklich noch für die Stabilität der Institutsgarantie? Da habe ich große Zweifel. Vor allen Dingen frage ich mich: Ist es wirklich sicher, Herr Germann, dass die Monogamie in Zukunft noch draußen bleibt? Da bin ich sehr unsicher. Gibt es aber auch gerade und vor allen Dingen für die objektive Wertordnung noch Stabilität? Nun habe ich sowieso immer große Vorbehalte gegen diesen Begriff gehabt, und hier scheint es mir ganz deutlich zu werden. Was ist eigentlich mit einer Familie, wenn die Erziehung weitestgehend ausgelagert wird? Gestern Abend war von 95 Prozent die Rede, bei denen die Kinderbetreuung außerhalb der Familie erfolgt. Da frage ich mich doch sehr, ob diese beiden Pfeiler, Institutsgarantie und Wertordnung, noch wirklich stabil sind, oder ob sie sich nicht fundamental geändert haben. Das gilt dann aber auch, Herr Germann, für das Leitbild. Infolgedessen weiß ich nicht, ob Ihre Hoffnung, die sie am Schluss geäußert haben – dass die Verfassungswissenschaftler noch eine gewisse Bremse sein können – berechtigt ist. Nein, ich glaube, das kann nur kommen durch einen erneuten sozialen Wandel, wie wir ihn im Übrigen im 19. Jahrhundert auch gehabt haben, der dann zu dieser institutionellen Auffassung von Ehe und Familie geführt hat. Ob das wieder so kommt, weiß ich nicht. Aber ich glaube, die eigentlichen Entwicklungen liegen im sozialen Bereich. Danke schön.

Hillgruber: Ich bin auch dankbar für beide Referate, habe aber noch Nachfragen, Nachfragen, die sich selbstverständlich auf dynamische Verfassungsinterpretation, Auslegungsgrenzen und Verfassungsänderung beziehen. Dass hier Dynamik am Werke ist, gesellschaftlicher Wandel, aber auch von den verschiedensten Akteuren betriebener Verfassungswandel, dies lässt sich schlechterdings nicht bestreiten. Aber mir geht es um die verfassungsrechtliche Bewertung. Frau Böhm, Sie haben in Ihrem Referat gesagt, um ein Beispiel herauszugreifen, dass die Verschiedengeschlechtlichkeit als Merkmal der Ehe nicht im Wortlaut der Verfassung angelegt sei. Gleiches hat das Verfassungsgericht bezogen auf Vater und Mutter hinsichtlich des Elternrechts gesagt. Das ist natürlich richtig. Aber, meine Damen und Herren, das löst doch erst den Interpretationsbedarf aus und beantwortet doch noch nicht die Frage in dem Sinne, wie sie vom Bundesverfassungsgericht beim Elternbegriff entschieden worden ist. Wenn das Verfassungsgericht beim Begriff der Eltern die Formulierung wählt, gleichgeschlechtliche Eltern hätten außerhalb des Vorstellungshorizonts des Verfassungsgebers gelegen, dann ist auch das eine merkwürdig diffuse Formulierung. Sie erweckt den Eindruck, als ob hier sozusagen ein neues soziales Phänomen aufgetreten war. Aber gleichgeschlechtliche Gemeinschaften und selbst Kinder in gleichgeschlechtlichen Gemeinschaften hat es natürlich auch schon vor 1949 gegeben. Nein, es geht nicht um ein neues soziales Phänomen, auf das mit „ergänzender" Verfassungsinterpretation reagiert werden soll, sondern es geht um eine Neubewertung eines Phänomens. Damit sind wir beim entscheidenden Punkt – Stichwort Wertentscheidung. Ich denke, die vom Verfassunggeber getroffene Wertentscheidung muss man selbstverständlich nicht teilen. Man kann rechtspolitisch auf ihre Änderung hinwirken. Die Frage ist nur, ob man sie noch im Wege der Verfassungsinterpretation bewerkstelligen kann. Und da taucht dann diese schillernde Formel vom Verfassungswandel auf, der Sie, lieber Herr Germann, sich auch sehr intensiv angenommen haben. Ich habe dazu noch eine Nachfrage: Sie selber sagen am Ende: Die Karawane zieht weiter. Selbstverständlich zieht die Karawane weiter. Aber juristisch würde ich es doch gerne noch etwas genauer wissen. Wozu führt denn nun ein vom Verfassungsgericht dekretierter Verfassungswandel? Stellt dies nicht, um es deutlich zu formulieren, eine „kalte" Verfassungsänderung außerhalb des, wie ich annehmen würde, doch eigentlich exklusiven Verfahrens des Art. 79 GG dar? Begründet dies neues Verfassungsrecht? Oder gilt für solchen verfassungsgerichtlich dekretierten Verfassungswandel letztlich dasselbe wie für alle Entscheidungen des Bundesverfassungsgerichts? Sie haben jene Wirkungen, die ihnen § 31 BVerfGG zuschreibt. Ich glaube, das ist eine jedenfalls verfassungsrechtlich nicht ganz unwichtige Frage, auch wenn der Gesetzgeber im Augenblick natürlich überhaupt keine Anstrengungen unternimmt, hier möglicherweise eine Korrektur vorzunehmen. Aber pro futuro scheint mir das doch eine wichtige, klärungsbedürftige Frage. Vielen Dank.

Volkmann: Ich finde auch, dass sich die beiden Referate hervorragend ergänzt haben. Wir haben einen Bericht von Monika Böhm über die tatsächliche Entwicklung der Grundrechtsdogmatik – mit vorsichtiger Sympathie für diese Entwicklung –, während Herr Germann die Rolle des Bremsers übernommen hat. Das ist sehr verdienstvoll; da aber auch Herr Hillgruber im Saal ist und sich schon zu Wort gemeldet hat, hatte ich ohnehin keine Sorgen, dass diese Rolle heute vakant bleiben würde. Die Frage ist allerdings, ob die dogmatischen Instrumente, die Sie dazu benutzt haben, die ihnen zugedachte Last auch tragen. Sie haben mit zwei Figuren argumentiert, zum einen mit der Deutung von Art. 6 GG als wertentscheidender Grundsatznorm oder Wertentscheidung, zum anderen mit der Deutung als verfassungsrechtliches Leitbild. Über Wesen und Wirkung solcher Leitbilder habe ich selber mal versucht, mir Gedanken zu machen. Deshalb war ich nachgerade ein bisschen erschüttert zu sehen, was hier daraus geworden ist. Der Sinn beider Figuren, meine ich, ist grundlegend verkannt, wenn man sie benutzt, um das Verfassungsrecht von gesellschaftlicher Dynamik abzuschotten. Es geht ganz im Gegenteil bei diesen Figuren wesentlich darum, die Verfassung für gesellschaftliche Dynamik zu öffnen sowie sie zur Verarbeitung dieser Dynamik zu befähigen. Das lässt sich bereits bei der Deutung einer Norm als wertentscheidende Grundsatznorm ablesen. Das ist ja nichts, was von sich aus in der Verfassung enthalten ist. Es ist das Resultat einer nachträglichen Zuschreibung, über die deshalb in den 50er Jahren erbittert gestritten worden ist; Ernst Forsthoff hat das Ganze einmal als Umbildung des Verfassungsgesetzes bezeichnet. Diese Zuschreibung ist also in einer bestimmten gesellschaftlichen Situation von einer bestimmten Rechts- und Verfassungsgemeinschaft vorgenommen worden. Jede Rechts- und Verfassungsgemeinschaft wird aber das als Wert auszeichnen, was ihr selbst wichtig erscheint. Es ist dann notwendig, dass sich diese Auszeichnung auch für den Wandel dieser Bewertungen und damit auch für den Einfluss der Tageswertungen öffnet, wie das in der Kritik der Wertejudikatur bei Böckenförde und anderen immer noch sehr scharfsinnig nachzulesen ist. Dasselbe gilt auch für die Deutung von Verfassungsnormen als Leitbilder. Wenn wir von solchen Leitbildern ausgehen, dann fließen nach der Verabschiedung der historisch-genetischen Interpretationen als vorherrschender Methode der Verfassungsauslegung notwendig die je vorhandenen gesellschaftlichen Wertüberzeugungen in ihre Formulierung mit ein. Beide Instrumente – sowohl die Deutung als wertentscheidende Grundsatznorm als auch die Figur der Leitbilder – dienen also gerade dazu, Verfassungen für Veränderungen in den Stand zu setzen und zu flexibilisieren. Sie haben natürlich recht, wenn Sie nun gerade Ehe und Familie als einen besonders neuralgischen Punkt dieser Flexibilisierung ansehen. Denn wenn wir uns anschauen, was sich da eigentlich im Laufe der Zeit gewandelt hat, wie wir Ehe und Familie damals interpretiert haben und wie wir sie heute oder künftig interpretieren, dann können wir uns ja schon die Frage stellen: Wenn die Verfassung nicht einmal an diesem vermeintlich klaren Punkt hält und trägt – wo hält und trägt sie eigentlich dann noch?

Michael: Michael Germann hat zugespitzt, ob das Gesamtthema unserer Tagung „Zukunftsgestaltung durch öffentliches Recht" ein rechtliches Thema ist oder ob es das Thema des verfassungsändernden Gesetzgebers ist. Wenn die Verfassungsdogmatik primär die Funktion haben soll, einen Wandel zu begrenzen bzw. seine Grenzen aufzuzeigen, dann müssen wir die Frage, ob Zukunftsgestaltung oder an ihrer Gestaltung durch Interpretation mitzuwirken unsere Aufgabe ist, letztlich verneinen. Das hängt meines Erachtens von einem Verständnis des Verfassungsänderungsrechts, vor allen Dingen von Art. 79 Abs. 2 GG, ab. Ist Art. 79 Abs. 2 GG das Maß aller Dinge für die Änderung von Verfassungsinhalten, wenn gesellschaftlicher Wandel eine solche Änderung nahelegen mag? Ist es also dem verfassungsändernden Gesetzgeber vorbehalten, das zu tun, was andernfalls durch Interpretation und dann eben auch durch das Bundesverfassungsgericht durch einen Verfassungswandel – wie dann behauptet wird – vorweg genommen wird. Meines Erachtens ist es gerade umgekehrt. Art. 79 Abs. 2 GG ist nur auf den Gesetzgeber bezogen. Die Änderung des Verfassungsgesetzes durch den Gesetzgeber soll nicht an bloße einfache Mehrheiten gekoppelt sein. Den Gesetzgeber an Zweidrittelmehrheiten zu binden, wenn er schon die Verfassung soll ändern können, ist plausibel. Aber wir müssen diese Norm, damit sie nicht zu einer Herrschaft der Toten über die Lebenden führt, relativieren. Und zwar nicht nur durch Art. 146 GG (der zu operationalisieren ist), sondern auch durch das viel näherliegende und bei uns sehr verbreitete Instrument des Verfassungswandels durch das Bundesverfassungsgericht. Hierzu lässt sich vor allem Art. 3 Abs. 1 GG instrumentalisieren. Ich meine, dieser ist deshalb ein legitimes Instrument, weil er doch wenigstens an gesetzgeberische Maßnahmen anknüpft, weil damit verhindert wird, dass das Bundesverfassungsgericht ganz ohne den Gesetzgeber einen Wandel vorantreibt. Es wäre z. B. zu weit gehend, eine gleichgeschlechtliche Lebenspartnerschaft als Ehe i. S. d. Art. 6 Abs. 1 GG zu begreifen, ohne dass die gesetzliche Anerkennung von nichtehelichen Lebenspartnerschaften überhaupt je geschehen wäre. Das scheint mir der Unterschied zu sein. Wenn der Gesetzgeber wie in Deutschland geschehen nichteheliche Lebensgemeinschaften grundsätzlich anerkannt hat, dann mag der Unterschied zwischen den über Art. 3 Abs. 1 GG oder Art. 6 Abs. 1 GG konstruierten Geboten einer Gleichbehandlung nicht mehr offenbar sein. Aber wenn wir uns zurückversetzen etwa in ein Land wie Polen, wo das nicht geschehen ist und diskutiert wo noch über die grundsätzliche Anerkennung eines rechtlichen Status gleichgeschlechtlicher Partnerschaften gestritten wird, käme es darauf an. Über den allgemeinen Gleichheitssatz könnte man in Polen nicht argumentieren. Über eine weite Auslegung des Ehebegriffs, die sich in Deutschland inzwischen aufdrängt (und die wegen der Legaldefinition der Ehe in der polnischen Verfassung explizit ausgeschlossen wäre), sollte ein Verfassungsgericht nicht dem Gesetzgeber völlig enteilen. Ich meine, das wäre sonst ein problematischer Verfassungswandel, anders als der schrittweise Wandel im Wechselspiel des Gesetzgebers und des Verfassungsgerichts, der über den Gleichheitssatz vermittelt wird. Danke.

Grimm: Die Vorentscheidung für Dynamik in der Grundrechtsinterpretation ist durch die methodologische Maxime des Bundesverfassungsgerichts gefallen, dem Ziel eines Grundrechts oder der Funktion eines Grundrechts – vielleicht können wir nach Herrn Germann auch noch hinzufügen: der Leitentscheidung eines Grundrechts – zu optimaler Wirksamkeit unter den jeweils gegebenen Umständen zu verhelfen. „Unter den jeweils gegebenen Umständen“: diese Anforderung lässt sich nur verwirklichen durch dynamische Grundrechtsinterpretation. Sie öffnet die Interpretation für sozialen Wandel. Nun kommt sozialer Wandel nach meiner Auffassung in zwei Grundformen vor. Er kommt erstens vor als Umständewandel. Das ist in der ganz überwiegenden Zahl der Fälle ein Wandel, der durch wissenschaftlich-technischen Fortschritt induziert wird und sich dann auf vielen Ebenen äußern mag. Er kommt zweitens vor als Wertewandel. Für die erste Form (Umständewandel) hat sich in der Verfassungsrechtsprechung ein gar nicht so häufig bemerktes, aber völlig stereotyp angewandtes Muster herausgebildet: Es wird die bisherige Interpretation des Grundrechts referiert; es wird dann gefragt, ob im Regelungsbereich des Grundrechts ein Wandel eingetreten ist; es wird weiter gefragt, ob sich dieser Wandel, falls man bei der ursprünglichen Interpretation bleibt, nachteilig auf das Ziel des Grundrechts auswirkt. Wenn die Antwort Ja ist, wird eine neue (oft erweiternde) Interpretation gesucht, die dem Ziel wieder zur Verwirklichung verhilft. Wir haben es also mit einer Interpretation zu tun, in der eine Konstante vorhanden ist, nämlich das Ziel oder die Funktion oder das Leitbild. Ein Beispiel dafür ist der Wandel im Bereich der Deutung von Familie in Art. 6 GG. Deswegen ist auch die ausweitende Deutung von Familie relativ umstandslos akzeptiert worden. Beim Wertewandel ist das anders. Der Unterschied zwischen dem Umständewandel und dem Wertewandel scheint mir darin zu liegen, dass der Wertewandel das Ziel oder das Leitbild oder die Funktion selber betrifft. Das bedeutet, dass hier das konstante Element im Wandel entfällt. Wenn auch das Ziel fungibel wird, tritt die Gefahr eines „anything goes“ durch Interpretation ein. Dann kommt es nur noch auf die Erfolgsaussichten der neuen Interpretation an. Das ist der Fall der Ehe. Dies wirft nach meiner Auffassung die von den Vorrednern schon mehrfach gestellte Frage auf, wo die Grenze zu ziehen ist zwischen dem, was der Verfassungsinterpret darf, und dem, was dem verfassungsändernden Gesetzgeber vorbehalten ist. Also konkret gesagt: Durfte das Bundesverfassungsgericht im Bereich der Familie dynamisch interpretieren, weil es da um Umständewandel geht? Darf es das auch im Bereich der Ehe, obwohl es da um Wertewandel geht? Ich selber habe keine abgeschlossene Antwort auf die Frage. Aber dass sie gerade bei diesem Thema gestellt werden muss, das scheint mir eindeutig zu sein.

Püttner: Ich möchte in die gleiche Kerbe hauen. Ich halte diese jetzt vorgeführte Auslegung von Art. 6 Abs. 1 GG für glatt verfassungswidrig. Damit ist eben im Grunde die Verfassung geändert worden. Darauf stelle ich die Frage: Warum geht man denn nicht den klar vorgezeichneten Weg der Verfassungsänderung nach Art. 79 GG? Wenn sich die gesellschaftlichen Auffassungen wirklich so gewandelt haben sollen, dann muss es doch auch möglich sein, dem mit Hilfe eines verfassungsändernden Gesetzes Rechnung zu tragen. Die Änderung sollte nicht durch Auslegung erfolgen, die im Grunde genommen die Verfassung entwertet, weil sie sie dem Zeitgeist unterwirft. Denken Sie bitte daran, dass die Verfassung manchmal auch ungeliebte Minderheiten schützen will. Wenn diese Minderheiten ihr Recht geltend machen und ihnen dann gesagt wird: Ja, der Zeitgeist ist aber anders, wir müssen das jetzt anders interpretieren. Dann heißt das doch, dass man im Grunde genommen keinen Schutz mehr nach der Verfassung bekommt. Das sollte nicht sein. Deshalb plädiere ich leidenschaftlich dafür, dass in solchen Fällen der Weg der Verfassungsänderung über Art. 79 GG gegangen wird und nicht diese totale Auslegung uns beherrscht. Sie können auch nachlesen, wie es sich damit verhält. Die Vertreter der Freirechtslehre haben das alles schon vor gut 100 Jahren genauer dargelegt. Dort finden Sie das und können, glaube ich, erkennen, wie gefährlich der Weg einer solch weiten Auslegung ist.

Mager: In der Tat war die Herausforderung des Themas eine methodische: Wie verhalten sich Geschichte und Genese dieser Norm (Art. 6 GG) zu sozialem Wandel? Wie verhalten sich Rechtsinstitutsgarantie, Abwehrrecht und Leistungsdimension zueinander? Ganz besonders auch: Wie verhält sich Art. 6 GG eigentlich zu Art. 3 GG? Insofern haben Sie, Frau Böhm, am Ende die Frage aufgeworfen: Wo sind die Grenzen der dynamischen Grundrechtsauslegung? Das ist eigentlich auch meine Frage an Sie, weil ich insoweit von Ihnen nicht viel gehört habe, außer dass der soziale Wandel den Gesetzgeber beeinflusst und der einfache Gesetzgeber dann wieder die Verfassungsinterpretation beeinflusst. Da bleibt von der Rechtsinstitutsgarantie als Ausgestaltungsvorgabe für den einfachen Gesetzgeber eigentlich nichts mehr über. Ähnlich wie Herr Püttner fühle ich mich ein bisschen an die unbegrenzte Auslegung erinnert. Ich frage mich, wo das dem Recht eigene Kontrafaktische bleibt.

Herrn Germann hat eine starke Analyse und auch Differenzierung zwischen den einzelnen Gehalten von Art. 6 GG vorgetragen. Anders als Herr Volkmann fand ich die Interpretation als Leitbild sehr gut, insbesondere auch die Betonung einer verfassungsrechtlichen Sicherung als Leitbild im Gegensatz zu einer verfassungsrechtlichen Garantie für ein Leitbild. Diese Unterscheidung dient gerade der Freiheitssicherung. Art. 6 GG schützt Ehe und Familie als Leitbild und schreibt sie nicht als Lebensform vor. Das scheint mir im Übrigen auch der allergrößte gesellschaftliche Wandel zu sein, dass eine Art kämpferische Alleinstellung von Ehe und Familie im alten bürgerlichen Sinne aufgegeben wurde. Insoweit besteht, denke ich, wirklich Konsens. Im Übrigen hat uns Frau Böhm ja gesagt, dass statistisch 70 Prozent der Kinder in Familien mit verheiratetem Paar leben. Das scheint mir doch empirisch gesehen durchaus nach wie vor als Leitbild zu taugen.

Was mich jetzt aber interessiert, nachdem ich sehr beeindruckt Ihren Analysen gelauscht habe, Herr Germann, warum Sie ausgerechnet die Gegengeschlechtlichkeit als Merkmal der Ehe aufgeben? Diese Frage stellt sich mir im Hinblick darauf, dass sie ja völlig zu Recht die natürliche Elternschaft als Leitbild des Art. 6 Abs. 2 GG hervorheben, die natürliche Elternschaft, die deshalb freiheitssichernd ist, weil sie verhindert, dass der Staat den allerersten Zugriff auf Zuschreibungen von Elternschaft bekommt oder dass Kinder gar zur Ware werden, die auf irgendeinem Markt erworben werden kann. Darin liegt ein großes Freiheitspotential. Gerade im Blick darauf, dass die Gegengeschlechtlichkeit notwendige – nicht hinreichende, das ist uns allen klar – Voraussetzung für die Elternschaft ist, stellt sich mir deshalb die Frage, warum Sie ausgerechnet dieses Merkmal aufgeben? Vielen Dank.

Lege: Vieles ist vorweggenommen worden. Von mir daher nur zwei kurze Fragen an Frau Böhm. Sie haben in Ihrer These 8 formuliert: „Art. 6 Abs. 1 GG ist auf eine dynamische Auslegung hin angelegt, weil das Schutzgebot der Verfassung die Institutionen der Ehe und Familie nicht abstrakt umfasst (…).“ Bei diesem Weil-Satz gehe ich sehr mit Ihnen mit. Ehe und Familie sind sicherlich vom Verfassunggeber konkret gemeint, und zwar im Rahmen des damaligen Gesetzgebungshorizonts. Sie fahren dann aber fort: „(…) sondern in ihrer Ausgestaltung durch den Gesetzgeber.“ Ich glaube, das ist etwas überinterpretiert, wenn man Art. 6 GG mit einer anderen Verfassungsnorm, zugleich einer anderen Institutsgarantie, vergleicht, nämlich mit Art. 14 Abs. 1 GG. Dort heißt es ausdrücklich: „Inhalt und Schranken werden durch die Gesetze bestimmt.“ Das heißt es in Art. 6 GG nun gerade nicht. Deshalb darf man wohl schlussfolgern, dass mit Ehe und Familie etwas Konkreteres gemeint ist als im Eigentumsgrundrecht, nämlich das, was nach der Vorstellung des damaligen Verfassunggebers damit gemeint war – und nicht das, was außerhalb seines Horizontes lag. – Damit kommen wir zu Ihrer letzten These, auf die schon Frau Mager hingewiesen hat. Die letzte These sagt – ein wenig unentschieden, wie ich finde –: Was Ehe und Familie angeht, da ist das öffentliche Recht „sicher zukunftsfähig“. Mit anderen Worten: Wir müssen uns keine Sorgen machen. Dann aber heißt es weiter: „Über die Grenzen einer dynamischen Grundrechtsdogmatik (…) wird weiter gestritten werden müssen.“ In der Tat, und hier hatte ich die gleiche Assoziation wie Frau Mager: Bernd Rüthers hat ein berühmtes Buch über die unbegrenzte

Auslegung geschrieben. Gut, es ging damals um die Auslegung des Zivilrechts in der Zeit des Nationalsozialismus. Und es bestehen heute sicherlich Unterschiede zur damaligen Zeit. Trotzdem muss man fragen: Wie weit sind „Grenzverschiebungen“ hinzunehmen, und wo nicht mehr? Wenn man betrachtet, was Sie entwickelt haben, scheint die Lösung zu sein: Eine schleichende Entgrenzung geht, und die Nationalsozialisten waren lediglich brutaler. Dazu fällt mir allerdings ein weiteres Zitat aus der damaligen Zeit ein, ein Zitat von Carl Schmitt (der kurz auch einmal in Greifswald war): „Wir sind auf der Seite der kommenden Dinge“. – Sehr schön fand ich bei Michael Germann die Beobachtung, dass es keinen Unterschied mehr gibt zwischen einem Begriff und seinem funktionalen Äquivalent. Besser kann man die Dinge nicht auf den Punkt bringen (und außerdem ist es ein kleiner Rückblick auf unsere Grundlagenveranstaltung am Mittwoch zur Soziologie der Verfassung). Vielen Dank.

Hufen: Ein kurzer Einwurf: Es ist jetzt zum dritten Mal das Buch von Herrn Rüthers über die unbegrenzte Auslegung erwähnt worden. Es war sogar von „totaler Auslegung“ die Rede. Da ist es nicht weit zu totalitärer Auslegung. Demgegenüber möchte ich doch feststellen: Das Buch von Herrn Rüthers handelt über die völlig entgrenzten Richter im Nationalsozialismus. Und das hat mit unserer Problematik historisch und methodisch überhaupt nichts zu tun. Danke.

Ruffert: Damit endet der methodische Themenkomplex. Wir kommen nun zu Fragen der Begriffe, Bilder im Bereich Ehe und Familie.

Brosius-Gersdorf: Liebe Frau Böhm, lieber Herr Germann, zunächst meinen ganz herzlichen Dank an beide Referenten. Sie haben das große Glück, dass Sie vom Vorstand ein ebenso spannendes wie explosives Thema zuerkannt bekommen haben. Wir haben das große Glück, dass wir zwei großartige Referenten und zwei sehr spannende Referate gehört haben. Gleichwohl meine ich, Herr Germann, dass Ihr Referat doch einige Fragen aufwirft. Dies betrifft vor allem die Thesen 10 folgende. Damit knüpfe ich auch an das an, was schon Herr Volkmann und Herr Grimm gesagt haben. Sie sprechen von Leitbildern im Bereich des Ehe- und Familiengrundrechts. Ich meine, wir sollten, statt von Leitbildern zu sprechen, uns zunächst einmal klar werden über den Gehalt des Verfassungsbegriffs der Ehe und das, was durch die Institutsgarantie des Ehegrundrechts wirklich verfassungsfest gesichert ist. Vorweg eine grundsätzliche Bemerkung zum Verhältnis der Institute Ehe und Familie. Das ist eine grundlegende Frage, die sich auswirkt auf die gesamte Grundrechtsdogmatik im Bereich der beiden Grundrechte. Ehe und Familie sind durch das Grundgesetz, Frau Böhm hat das hervorragend dargelegt, als rechtlich voneinander unabhängige, entkoppelte Institute gewährleistet. Die Familie folgt nicht mehr zwingend aus der Ehe, wie das noch in der Weimarer Reichsverfassung war. Sie können tatsächlich Hand in Hand gehen, aber das ist nicht zwingend erforderlich und, wie wir alle wissen, heute auch nicht mehr durchgehend der Fall. Woraus folgt das? Frau Böhm hat wesentliche Argumente genannt: die Fassung der Norm sowie das systematische Verhältnis zur Weimarer Reichsverfassung. Vor allem aber folgt diese rechtliche Entkoppelung aus den unterschiedlichen Schutzzwecken des Ehe- und des Familiengrundrechts. Das ist eine ganz wichtige Grundlegung. Das Ehegrundrecht schützt eheliche Gemeinschaften wegen ihrer partnerschaftlichen Beistands- und Verantwortungsleistungen. Das Familiengrundrecht knüpft an die Elternverantwortung an, die Menschen für Kinder wahrnehmen. Daraus leiten sich natürlich vielfältige Anforderungen an den staatlichen Umgang mit Ehen und Familien ab. Jetzt zum entscheidenden Punkt, an dem sich diese Entkoppelung der Institute Ehe und Familie unmittelbar auswirkt. Was sichert das Ehegrundrecht des Art. 6 GG wirklich als verfassungsfesten Kern der Ehe? Der Begriff der Ehe ist damit angesprochen. Grundsätzlich – das ist nun wirklich keine neue grundrechtsdogmatische Entwicklung – ist Art. 6 GG natürlich gerade im Bereich des Ehegrundrechts (weniger im Bereich des Familiengrundrechts) ein sehr stark normgeprägtes Grundrecht. Das heißt, der Begriff der Ehe ist in weitem Maße der Ausgestaltung des Gesetzgebers überlassen. Einzige Schranke: die Institutsgarantie. Deshalb die Kernfrage: Welche Elemente der Ehe sind durch die Institutsgarantie gegenüber Zugriffen des Gesetzgebers wirklich verfassungsfest garantiert? Frau Böhm hat einige Elemente genannt, über die wir uns, glaube ich, alle schnell verständigen können. Aber hier ist die Kernfrage: Ist es wirklich auch die Verschiedengeschlechtlichkeit der Partner? Ich meine, die Antwort ist ein klares Nein. Denn durch die Institutsgarantie des Ehegrundrechts sind nur die Strukturmerkmale als verfassungsfest gesichert, die für die Verwirklichung der Funktion der Ehe als partnerschaftliche Beistands- und Verantwortungsgemeinschaft notwendig sind. Die Fortpflanzungsfähigkeit der Ehe – sei es tatsächlich, sei es potentiell – ist kein Merkmal der Ehe. Diese Offenheit der Verfassung für den Begriff der Ehe sowie die weitgehende Überantwortung der Ausgestaltung des Ehebegriffs an den Gesetzgeber sind ein ganz großes Verdienst des Grundgesetzes, das wir nicht unnötig klein reden sollten. Denn es erlaubt dem Gesetzgeber, die Veränderungen, die sich im Bereich der Ehe unübersehbar vollzogen haben, aufzunehmen. Daraus ergeben sich vielfältige Ableitungen, zum einen: Der Gesetzgeber darf das Institut der Ehe für gleichgeschlechtliche Paare öffnen. Zum anderen: Ehen und Lebenspartnerschaften sind im

Kontext des Eherechts gleich zu behandeln. Letzteres ist heute weitgehend der Fall. Vielen Dank.

Huster: Ich fand es sehr auffällig, dass beide Referate im Grunde genommen die Entwicklung der Dogmatik des Art. 6 GG und insbesondere der Rechtsprechung doch sehr übereinstimmend beschrieben haben. Und zwar in dem Sinne, dass in dieser Rechtsprechung Art. 6 GG das, was Herr Germann sehr schön als Leitbildfunktion oder Leitbildgarantie beschrieben hat, in dem jedenfalls von ihm gemeinten Sinne doch weitgehend verloren hat. Die interessante Frage ist jetzt, und dazu möchte ich einige Überlegungen vortragen: Warum ist das eigentlich so gekommen? Warum hat man von dieser Leitbildfunktion in der Rechtsprechung Abstand genommen? Warum interessiert die eigentlich niemanden mehr? Jetzt kann man natürlich sagen, dass dies der Zeitgeist ist, dass dies gesellschaftliche Verfallserscheinungen sind, die jetzt eben beim Bundesverfassungsgericht angekommen sind. Aber ich glaube, dass es auch einige strukturelle Gründe dafür gibt, die mit der spezifischen Aufgabe von Verfassungsrecht und auch Verfassungsrechtsprechung zu tun haben. Der erste Grund scheint mir folgender zu sein: Herr Germann hat darauf hingewiesen, dass in seiner Konstruktion die Leitbildfunktion bzw. die Leitbildgarantie einen sozusagen überschießenden Gehalt gegenüber dem individuellen Grundrechtsschutz hat. Ich glaube, dass das das Verfassungsrecht in eine schwierige Situation bringt, weil man jetzt unterschiedliche und vielleicht sogar widerstrebende Gehalte in die gleiche Norm hineinliest. Ein ganz triviales Beispiel: Der Staat unterstützt die besonders Bedürftigen, zum Beispiel die alleinerziehende Mutter. Ist das nicht schon etwas, was er eigentlich gar nicht tun dürfte, wenn er das Leitbild der auf die Ehe gegründeten vollständigen Familie unterstützen soll? Solche Fragen stellen sich dann innerhalb der Interpretation des Art. 6 GG. Ich glaube, wir sollten es eher vermeiden, widerstrebende Postulate in diese Norm hineinzulesen. Noch wichtiger erscheint mir mein zweiter Punkt. Herr Germann hat sehr stark auf das öffentliche Interesse an der Form von Ehe und Familie abgestellt. Ich glaube, die Verfolgung von öffentlichen Interessen – selbst wenn man das mal so anerkennt – ist doch etwas, das wir typischerweise eher der Politik zuschreiben – nicht dem Verfassungsrecht und einem Verfassungsgericht. Dafür gibt es zwei Gründe. Erstens ist die Verfolgung von öffentlichen Interessen immer ganz stark empirie- und situationsabhängig. Und hier ist die Politik bei der Frage, wie man am besten Familien unterstützt, in einer besseren Ausgangsposition als ein Verfassungsgericht. Der zweite, noch grundsätzlichere Punkt ist, dass in einer pluralistischen Gesellschaft das Verfassungsrecht grundsätzlich in eine schwierige Situation gerät, wenn es sich sozusagen als Bremser oder als Widerstand gegen gesellschaftliche Entwicklungen versteht. Das Verfassungsrecht gerät dann in so eine Art Wagenburg-Mentalität: Es beobachtet sehr kritisch die Entwicklung da draußen. Das ist doch eher etwas, was mit Erziehung, fast mit Bevormundung der Bevölkerung durch das Verfassungsrecht und durch das Verfassungsgericht zu tun hat. Dies kann tendenziell das Verfassungsrecht auch delegitimieren. Insoweit darf ich im Anschluss an das, was im letzten Bundestagswahlkampf passiert ist, vielleicht sagen: Die Leitbildfunktion des Art. 6 GG ist sozusagen der Veggieday des Verfassungsrechts. Danke.

Schuler-Harms: Meine Damen und Herren, ich kann nach dieser langen Diskussion quer einsteigen und mich sofort der Institutsgarantie zuwenden, die auch ich für einen sehr spannenden Punkt in diesem Thema zur Dynamik der Grundrechtsdogmatik halte. In der Tat ist es aus meiner Sicht der rechtliche Wandel – nicht allein und vielleicht zum wenigsten der soziale – den es noch näher zu betrachten gilt. Das Grundrecht der Ehe als Institutsgarantie hat in seiner Geschichte – das hat uns Frau Böhm sehr schön dargestellt – einen deutlichen Wandel erlebt. Vielleicht hätte man noch etwas deutlicher machen können, wie stark dieser Wandel auch rechtliche Züge trägt, angefangen von der Reform durch das Gleichberechtigungsgesetz von 1953 (Frau Böhm, Sie haben es angesprochen); in der Scheidungsreform von 1976, als die Unauflöslichkeit der Ehe als ein Merkmal des Wesens der Ehe im Grunde gefallen ist; in der Unterhaltsreform von 2008, in der diese Unauflöslichkeit auch im Hinblick auf die Scheidungsfolgen gefallen ist; und in der Kindschaftsrechtsreform von 1998, in der die nichteheliche Elternschaft in Bezug auf das Sorge- und Unterhaltsrecht bereits an die eheliche annähert wurde. Das sind eminente, bahnbrechende Entwicklungen mit Auswirkungen auf die Institutsgarantie, lange bevor wir über die Frage der Verschiedengeschlechtlichkeit als Merkmal der Ehe sprechen. Die Institutsgarantie muss diesen Wandel verarbeiten. Meine Frage an die Referenten ist: Welches sind eigentlich die Maßstäbe für die Veränderlichkeit einer Institutsgarantie? Wie soll dort ein Wandel verfassungsrechtsdogmatisch verarbeitet werden? Ich würde in der Frage der Verschiedengeschlechtlichkeit übrigens der von Frau Brosius-Gersdorf vertretenen Position eine andere entgegensetzen. Intuitiv würde ich Verschiedengeschlechtlichkeit zum Wesen der Ehe zählen und die Gleichstellung von gleichgeschlechtlicher Partnerschaft einerseits und Ehe als verschiedengeschlechtlicher Partnerschaft andererseits nur aus Art. 3 Abs. 1 ableiten. Meinen zweiten Punkt will ich kürzer machen. Ein dynamisches Element der Grundrechtsinterpretation in der Rechtsprechung des Bundesverfassungsgerichts zur Ehe sind Bilder. Das Bundesverfassungsgericht hat eine geraume Zeit mit Ehebildern gearbeitet – mit dem Bild der Hausfrauenehe, der Versorgerehe, der Berufstätigenehe. Diese Bilder hat es schließlich aufgelöst. Welche Funktion hat diese Figur in der Rechtsprechung des Bundesverfassungsgerichts für die Dogmatik von Art. 6 GG nach Meinung der Referentin und des Referenten? Das würde mich interessieren. Letzter Punkt: Konsistenz. Konsistenz haben Sie angesprochen, Frau Böhm, und völlig zu Recht dargelegt, dass es sich vermutlich um ein sehr stark rechtspolitisch geprägtes Prinzip handelt, mit dem die Politik auf Wirksamkeit der Familienförderung abstellt und mit dem sie auch auf Ressourcenschonung abstellen kann. Dennoch gibt es Elemente der Konsistenz, die in der Grundrechtsdogmatik des Art. 6 GG Dynamik befördern können. Ein solches Element ist die wertentscheidende Grundsatznorm, die Fragen der Ausgestaltung in die Schutz- und Fördergarantie hinein transportieren muss. Denn in Bezug auf Ausgestaltung einerseits und auf Schutz und Förderung andererseits darf es nicht zu Widersprüchen kommen. Insofern auch hier noch einmal die Frage an die Referenten: Was wird eigentlich aus der Schutzverantwortung, die in Art. 6 GG festgeschrieben ist, wenn wir von einer so weitreichenden Veränderung der Institutsgarantie und auch der rechtlichen Ausgestaltung der Ehe ausgehen müssen? Danke.

Paulus: Zu zwei Punkten wollte ich kurz Stellung nehmen, die das Thema und auch unsere Diskussion sehr grundlegend bestimmen. Zunächst einmal zum Verhältnis von Art. 6 Abs. 1 GG und Art. 3 Abs. 1 GG. Das Bundesverfassungsgericht hat Art. 6 Abs. 1 GG in Bezug auf die Ehe überhaupt nicht neu interpretiert, sondern allenfalls in Bezug auf den Familienbegriff. Die Voraussetzungen, die Herr Grimm gerade dargestellt hat, sind bei dieser Reinterpretation relativ einfach zu erfüllen. Bei einer Reinterpretation der Ehe wäre das schwieriger, aber die hat das Bundesverfassungsgericht gerade nicht vorgenommen. Das Bundesverfassungsgericht hat auch Art. 6 Abs. 1 GG nicht funktional getrennt. Der besondere Schutz von Ehe und auch Familie rechtfertigt sich selbst – dies hat Herr Germann mit Recht gesagt – vollständig. Er muss sich nicht funktional und einzeln rechtfertigen. Das Bundesverfassungsgericht hat vielmehr Art. 3 Abs. 1 GG angewendet und jeweils für die einzelnen Funktionen gefragt, ob dieser Schutz auszuweiten ist auf eine sehr kleine Gruppe. Frau Böhm hat dankenswerterweise darauf hingewiesen, dass es sich um 0.05 Prozent der Ehen handelt. Warum ist das wichtig? Die Kritik an dieser Ausweitung und die Beschwörung der Gefährdung von Art. 6 Abs. 1 GG wäre eindrucksvoller, wenn am Ende, einfach ausgedrückt, faktisch nicht mehr genug Geld da wäre, um die Ehe und Familie im klassischen Sinne zu schützen. Es könnte in der Tat zu teuer werden, wenn man den Schutz uferlos ausweitet. Aber es gibt eben keine uferlose Ausweitung, sondern eine auf eine kleine Minderheit begrenzte Ausweitung. Der Minderheitenschutz, da sind wir uns sicher alle einig, ist eine der vornehmsten Grundrechtsaufgaben des Bundesverfassungsgerichts. Das wäre im Übrigen deutlicher geworden, Herr Germann, wenn Sie aus dem 124. Band und auch aus der Entscheidung zur Sukzessivadoption vollständig zitiert hätten. Das darf ich jetzt nachholen. Der Satz heißt vollständig: „Geht die Privilegierung der Ehe mit einer Benachteiligung anderer Lebensformen einher", und jetzt kommt es, „obgleich diese nach dem geregelten Lebenssachverhalt und den mit der Normierung verfolgten Zielen der Ehe vergleichbar sind, rechtfertigt der bloße Verweis auf das Schutzgebot der Ehe" die Benachteiligung der Lebenspartnerschaft jedoch nicht. Das situiert sich in Art. 3 GG und nicht in Art. 6 GG. Deswegen stellt diese Argumentation auch keine Beeinträchtigung des besonderen Schutzes der staatlichen Ordnung aus Art. 6 Abs. 1 GG dar. Im Übrigen spricht dieser nicht von einem „Abstandsgebot" sondern von besonderem Schutz. Das ist etwas anderes, und die Förderung wird von der Verfassungsrechtsprechung nicht beeinträchtigt, im Gegenteil. Nun zu einem zweiten Thema. Hier kann ich mich jetzt kurz halten, weil das eben schon angesprochen wurde. Die Rolle des Gesetzgebers. Da hätte ich gerne von beiden Referenten noch etwas mehr gehört, denn das betrifft im Wesentlichen, wie von Frau Brosius-Gersdorf angesprochen, unsere Zukunftsaufgabe. Es geht dabei nämlich nicht so sehr um einen vom Verfassungsgericht betriebenen Wandel, sondern erst mal um einen vom Gesetzgeber betriebenen Wandel. Das Verfassungsgericht hat auch nicht vor, sondern nach dem Gesetzgeber die Frage des Art. 3 Abs. 1 GG und der Ausweitung des Schutzes in bestimmten Einzelfunktionen auf die eingetragene Lebenspartnerschaft problematisiert – und dann dessen Vorgehen auch gebilligt. Es ist also der Gesetzgeber, der das erste Wort gesprochen hat. Jetzt komme ich zurück zu Art. 6 Abs. 1 GG. Da sind die spannenden Fragen, die sich in der Zukunft stellen könnten. Was machen wir bzw. wie ist die Verfassungslage, wenn der Gesetzgeber die Institutsgarantie der Ehe zum Beispiel neu interpretiert? Wo liegen die Schranken für den Gesetzgeber? Das sind, glaube ich, Herausforderungen, denen wir uns in der Zukunft stellen müssen. Deswegen hätte ich darüber gerne noch etwas von beiden Referenten gehört. Vielen Dank.

Lepsius: Auf der Seite des Gesetzgebers zu stehen, findet meine Zustimmung. Nur ist der Gesetzgeber natürlich auch politischem Wandel unterworfen und die bei Art. 3 GG anzusetzende Frage lautet dann: Wie verhält sich das Gericht gegenüber dem politischen Wandel in der Gesetzgebung? Wie verfährt es, wenn ein rot-grüner Gesetzgeber eine Entwicklung einführt, die ein schwarz-gelber Gesetzgeber nicht fortführen will?

Hier kann man sich nicht einfach auf „den" Gesetzgeber beziehen, wenn in der Zwischenzeit ein politischer Wechsel eingetreten ist. Sonst würde der politische Prozess im Grunde genommen vom Bundesverfassungsgericht instrumentalisiert werden. Das kann nicht im Sinne der prinzipiell begrüßenswerten Präeminenz des Gesetzgebers sein.

Gallwas: Herr Germann, ich möchte mich zunächst an Sie wenden. Sie haben in der Tat einen sehr interessanten Vortrag gehalten, einen Vortrag, der durchaus unter dem Motto „suaviter in modo, fortiter in re" stehen könnte. Ein Beispiel für das „suaviter": In Ihrem Leitsatz 21 steht ein Wort, bei dem ich mir nicht sicher bin, ob Ihnen nicht ein E statt einem O untergekommen ist. Sie schreiben, dass eine eigenständige Wirkung des Schutzes des Art. 6 Abs. 1 GG „dementiert" werde. Nach dem Gesamtinhalt Ihres Vortrags müsste es hier wohl „demontiert" heißen. Damit bin ich bei meinem eigentlichen Anliegen. In Ihrem Leitsatz 4 schreiben Sie: In einem gesteigerten Sinn kann sie, gemeint ist die Grundrechtsdogmatik, »dynamisch« heißen, wenn sie ihre eigene Gestalt verändert. Dazu sind ein paar Worte zu sagen. Man muss verstehen, was Grundrechtsdogmatik für eine Funktion hat. Man darf aus meiner Sicht hierbei nicht außer Acht lassen, dass sie die Bindungswirkung, die in Art. 1 Abs. 3 GG festgelegt ist, konkretisiert. Es geht also nicht nur um einzelne dogmatische Aspekte oder Verhältnisse der Grundrechte, sondern in erster Linie um Ausformung und Stabilisierung dessen, was Art. 1 Abs. 3 GG gebietet. In dem Moment, in dem ich mit einer „dynamischen Grundrechtsdogmatik" hantiere, demontiere ich diese zentrale Funktion aller Grundrechtsdogmatik. Das ist, nach meinem Dafürhalten, in Ihrem Leitsatz 4 zu vorsichtig angesprochen. Um dies noch zu verdeutlichen darf ich auf die These 13 von Frau Böhm hinweisen. Da heißt es: Über den „Hebel des Gleichheitssatzes" sei man wiederholt „zur Korrektur bzw. nachhaltigen Umgestaltung gewachsener Strukturen" unter anderem im Sozialversicherungsrecht verpflichtet. Eben darum geht es auch bei der grundrechtsdogmatischen Frage des Verhältnisses zwischen Art. 6 Abs. 1 GG und Art. 3 Abs. 1 GG. Hier ist die Frage zu stellen, ob und inwieweit Art. 6 Abs. 1 GG sich für gleichheitsdogmatische Argumentationsfiguren öffnet – nämlich ob es nicht doch ein auf das Institut „Ehe" bezogenes Differenzierungsgebot festlegt. Ich bin der Meinung, dass Art. 6 Abs. 1 GG sowohl ein solches Differenzierungsgebot, aber auch Differenzierungsverbote und Differenzierungsbefugnisse enthält. Vor diesem Hintergrund muss man, glaube ich, Ihre These von dem „Hebel des Gleichheitssatzes" doch ein wenig differenzierter sehen.

Schmid, Viola: Nomen est Omen. In der „Zukunftsgestaltung“ (Titel der Tagung) gilt das Motto: „The best way to predict the future is to invent it.“ Deswegen befasse ich mich mit informationstechnologischem Wandel und richte meine Frage an Herrn Germann, der zum technologischem Wandel bei der Begründung der Familie, dem „Ob“, mit der PID (Präimplantationsdiagnostik) mir vielleicht einen Ansatzpunkt liefert. Ich will mich – weitergehend – mit dem „Wie“ der Familie in der Informationsgesellschaft in meinem ergänzenden Beitrag befassen. Erlauben Sie mir, nach dem Motto „Wer keine Vergangenheit hat, hat keine Zukunft“ einen Rückblick auf römisches Familienstaatsrecht und hier das ius vitae ac necis. Ein römischer Sohn hat im Krieg einen militärischen Oberbefehl nicht befolgt und so eine Schlacht gewonnen. Der Vater und römische Würdenträger sah sich gezwungen, das Todesurteil über den Sohn selbst auszusprechen, weil der Sohn befehlswidrig gehandelt hatte. Zugestandenermaßen ist vor zwei Jahrtausenden ein völlig anderes Bild von familiärer Autorität auf der einen und familiärer Kompetenz auf der anderen Seite zu konstatieren. Die Autorität zur Verhängung der Todesstrafe gibt es in der BRD etwa außer im Wortlaut der hessischen Verfassung nicht. Der römische Fall spitzt aber nicht nur die Autoritätsfrage zu, sondern stellt auch die Kompetenzfrage. Sind die Eltern vom Recht bzw. vom Verfassungsrecht vorausgesetzt kompetenter als die Kinder? Diese Annahme steckt doch hinter der Autorität des ius vitae ac necis und der Notwendigkeit der emancipatio von der patria potestas! Ich meine, dass die von mir so genannte „Überlegenheits-Ratio“ und der technologische Wandel zu Beginn des dritten Jahrtausends hier für die Funktionalität der elterlichen Sorge eine neue Analyse verlangen. Uncharmant wie ich bin, deute ich an, dass ich glaube, dass in einer nicht unbeträchtlichen Anzahl von Fällen cum grano salis unsere Nachkommen, die sogenannten „Digital Natives“, technisch cyberkompetenter sind als wir, die „Digital Immigrants“. Konsequenterweise stellen sich für mich in einem proaktiven und reaktiven Szenario folgende Fragen. Proaktiv: Wie oft müssen etwa die Computer der Nachkommen kontrolliert werden? Welche Dokumentationspflichten gibt es für elterliche Belehrungen, damit Cybermobbing oder urheberrechtswidriger Download unterbleibt? Reaktiv: In wie weit haften Eltern für das Handeln ihrer Kinder auch im Cyberspace und in wie weit ist angesichts des technologischen Wandels hier eine verfassungsrechtliche Neuorientierung für die elterliche Sorge im Cyberspace notwendig? Die Frage der „Morpheus“-Entscheidung des BGH kennen Sie vielleicht: Mehrere Tausend Euro Haftung für das Verhalten eines, „13-jährigen ohne Verhaltensauffälligkeiten“? Schluss um, lassen Sie mich mit Ulpian fragen: „Impossibilium nulla obligatio est“ für manche Eltern? Oder aber ein neues Verständnis von elterlicher Sorge im Cyberspace? Danke.

Ruffert: In der letzten Fragendengruppe sind Beiträge zusammengeführt, die sich mit Konsequenzen, die sich aus unseren Erkenntnissen oder Fragestellungen ergeben können, in einzelnen Rechtsgebieten befassen. Wahrscheinlich zu Ihrer aller Bedauern ist das Sprengstoffrecht leider nicht dabei, auf das Herr Germann Bezug genommen hat.

Kirchhof, Gregor: Ich habe zunächst eine methodische Bemerkung und anschließend eine kleine Bemerkung zum Ehegatten-Splitting. Erst mal methodisch: Herr Grimm hat danach unterschieden, wie sich die Wirklichkeit ändert. Ich glaube, ich habe bei Herrn Germann noch eine Differenzierung festgestellt, wie dann diese Veränderungen im Recht aufgenommen werden. Wir müssen unterscheiden, ob eine Änderung in der Wirklichkeit auch zu einer Änderung der Grundrechtsdogmatik führt. Das gab es am Anfang der Bundesrepublik etwas vermehrt. Jetzt findet das weniger statt, weil sich die Grundrechtsdogmatik stark verdichtet hat. Aber gleichwohl haben wir hier eine Änderung – das hat auch Herr Gallwas betont – im Verhältnis von Art. 3 GG zu Art. 6 Abs. 1 GG. Hier haben Sie, Herr Germann, das fand ich sehr interessant, mögliche Folgen dargestellt und aufgezeigt, wohin diese Änderung führen kann. Zu Ihrer Analyse kann man Sie beglückwünschen – sie war sehr nachdenklich. Die Ergebnisse der Rechtsdeutung ändern sich zudem, wenn wir die bestehende Grundrechtsdogmatik anwenden und dann zu Ergebnissen gelangen, die wir vor 10 Jahren nicht geahnt hätten. Vor allem das erleben wir gerade bei Art. 6 GG. Und in der Tat – da gebe ich Herrn Paulus Recht – hat sich insofern Art. 6 GG isoliert betrachtet grundrechtsdogmatisch nicht stark gewandelt. In beiden Fällen haben wir eine Grenze in der Frage, welche Änderungen dem verfassungsändernde Gesetzgeber vorbehalten sind. Hinzu tritt ein weiterer Gedanke. Welche Bindungen folgen daraus, dass der Gesetzgeber die Verfassung konkretisiert – aber auch das hat Herr Paulus bereits angesprochen. Den Auftrag der Verfassungskonkretisierung hat der Gesetzgeber in den letzten Jahren im Bereich des Art. 6 GG kaum erfüllt. Das ist die methodische Bemerkung. Zum Ehegatten-Splitting möchte ich kurz Folgendes sagen: Frau Böhm, bei Ihnen habe ich ein bekanntes Argument vermisst. Wenn wir Personengesellschaften – also Menschen, die sich aus rein wirtschaftlichen Gründen zusammentun – besteuern, bekommen sie eine Art Ehegatten-Splitting, weil wir das Einkommen selbstverständlich steuerlich teilen. Keiner würde daran denken, das als Vorteil oder als Begünstigung darzustellen. Wenn jetzt Menschen heiraten, dann bilden sie nicht nur eine Wirtschaftsgemeinschaft, sondern zudem – in den nüchternen Worten des Rechts – eine Erwerbs-, Verbrauchs- und Verantwortungsgemeinschaft, die grundsätzlich auf Dauer angelegt ist. Ja, dann müssen doch diese Menschen erst recht diese Besteuerung bekommen. Deshalb kann das Ehegatten-Splitting nicht so einfach abgeschafft werden. Das war dann noch die Bemerkung zum Ehegatten-Splitting. Ich danke.

Gallwas: Direkt dazu: Wir dürfen hier nicht nur auf den Art. 6 Abs. 1 GG schauen. Vielmehr ist zu bedenken, dass – wenn sich andere Lebensformen entwickeln – das Grundgesetz, mindestens nach der Rechtsprechung des Bundesverfassungsgerichts, eine grundrechtliche Auffangfunktion bereitgestellt. Warum sollten Leute, die in anderer Weise lebenslang zusammenleben wollen, nicht durch Art. 2 Abs. 1 GG geschützt werden, nachdem wir heute das Sittengesetz anders interpretieren, als es das Bundesverfassungsgericht früher mit Rücksicht auf die Großkirchen getan hat. Das heißt, wenn wir aus Art. 6 Abs. 1 GG herausfallen, dann werden wir immerhin durch Art. 2 Abs. 1 GG aufgefangen. Und da Grundrechte nicht nur eine Abwehrfunktion, sondern auch eine Schutzfunktion haben, kann der Gesetzgeber – insoweit hat er einen erheblichen Gestaltungsspielraum – entsprechende Gleichstellungen herbeiführen. Dazu brauchen wir den Art. 6 Abs. 1 GG nicht.

Wallrabenstein: Ich möchte einen konstanten Punkt in der Dynamik oder dem Wandel des Schutzes von Ehe und Familie aufgreifen – ganz im Sinne von Herrn Grimm: Die partnerschaftliche – ich würde sagen – Fairness in einer Ehe ist nach der Rechtsprechung des Bundesverfassungsgerichts konstant über den Wandel hinweg zu schützen. Ich will aufzeigen, welche Folgerungen sich ergeben, wenn man dieses Gebot des Schutzes von Ehe und Familie auf die Rechtsordnung in anderen Bereichen überträgt – in diesem Fall auf die Sozialsysteme, insbesondere die Alterssicherung. Denn da wirkt es sich besonders aus. Und diese Auswirkungen nehmen im großen Maßstab eines Alterssicherungssystems ein viel größeres Ausmaß an als im kleinen Maßstab einer individuellen Paarbeziehung. Man könnte von einer „Hebelwirkung" für Fairness in Ehe und Familie sprechen. Ich beobachte eine in den letzten 20 Jahren negative Entwicklung dessen, was Fairness – verstanden als Schutz von Partnern in einer Ehe – in ihrer Auswirkung auf das gesetzliche Rentenversicherungssystem bedeutet. Wenn man von den Vorgaben des Bundesverfassungsgerichts, die Witwerrente zu ändern, ausgeht und dann anschaut, was der Gesetzgeber daraus gemacht hat (die Einführung der Kindererziehungszeiten), dann ist mit diesem Wandel im einfachen Recht ein Verlust, glaube ich, an Wertschätzung oder fairer Behandlung von Frauen in der Alterssicherung einhergegangen. Das ist der Hebel, auf den ich hinweisen möchte. Die Berücksichtigung von Kindererziehungszeiten als Quasi-Ersatz für eine zurückgenommene Witwenrente nach altem Recht stellt in vielen Fällen Frauen weniger gut, als das alte Recht bei dem unterstellten alten Familienbild sich das vorgestellt hat – nämlich als Ehefrauen. Dieses Defizit ist etwas, was politisch heute als Defizit in der Alterssicherung von Frauen diskutiert wird und nicht hinreichend aufgefangen ist. Das gilt besonders in der nach unserm heutigen Rentensystem gedachten zweiten und dritten Säule der Alterssicherung, das ist die betriebliche Altersvorsorge und dann noch die private Altersvorsorge (die sogenannte Riesterrente). Bei der Riesterrente gewährt der Staat starke kompensatorische Zuschüsse, um dieses Defizit an fairer Behandlung aufzufangen. Aber nicht bei der betrieblichen Alterssicherung, die immer noch den „gap“ in den Altersbezügen zwischen Männern und Frauen nicht auffängt und damit im großen Maßstab das alte Thema der Fairness nicht sinnvoll in die heutigen Bedingungen übersetzt. Darauf wollte ich hinweisen. Danke.

von Coelln: Als erste von zwei kurzen Bemerkungen zu Ihrem Beitrag, Frau Böhm, noch eine Anknüpfung an die Frage, ob die Einbeziehung auch gleichgeschlechtlicher Partnerschaften in den Ehebegriff nicht doch eines Verfassungsänderungsverfahrens nach Art. 79 GG bedürfte. Dies würde auch ich für vorzugswürdig halten. Vielleicht noch ein ergänzendes Argument: Sie haben ja selbst darauf hingewiesen, dass in einzelnen Landesverfassungen der Schutz auch bereits auf nichteheliche Partnerschaften etc. ausgeweitet worden sei. Ist das – unter Anwendung der ganz klassischen Methodenlehre – nicht eher Anlass für ein argumentum e contrario des Inhalts: Wenn es der Landesverfassungsgesetzgeber bereits gemacht hat, aber auf Bundesebene die verfassungsändernden Mehrheiten noch nicht zustande gekommen sind, dann ist der Begriff eben so zu verstehen, wie er bisher zu verstehen war. Wer ihn ändern will, soll sich die verfassungsändernden Mehrheiten suchen, deren Erreichen heute bei weitem nicht mehr ausgeschlossen scheint. Das ist doch der Weg, den das Grundgesetz vorgibt. Zum zweiten Punkt. Sie haben diverse Sozialleistungen mit dem Argument kritisiert, dass sie den Anreiz auf Frauen, berufstätig zu werden, reduzieren oder den Druck abbauen würden, berufstätig zu sein. Mit Verlaub, es ist sicherlich nicht Aufgabe des Staates, Anreize dafür zu schaffen, dass verheiratete Frauen oder Männer berufstätig sein sollen. Genauso wenig wie es Aufgabe des Staates ist, dafür zu sorgen, dass sie das nicht sein sollen. Das ist der Inhalt des Freiheitsgebots: Es ist Aufgabe des Staates, dafür zu sorgen, dass die Wahlfreiheit besteht, entweder berufstätig zu sein, auch in einer Ehe und womöglich mit Kindern, oder eben dies gerade nicht zu sein. Sie haben dann sogar das Argument herangezogen, dass es wegen der hohen Scheidungsraten riskant sei, zuhause zu bleiben, nicht berufstätig zu sein. Erst einmal ist die Inanspruchnahme von Freiheit immer riskant. Aber ganz sicher kann es nicht Aufgabe des Staates sein, fürsorglich oder paternalistisch (wie man es ausdrücken will) die Frauen zur Berufstätigkeit zu zwingen, um sie schon mal auf die vermeintlich ohnehin anstehende Scheidung vorzubereiten.

Ruffert: Vielen Dank. Wir kommen nun zu den Schlussworten der Referenten. Das Wort hat zunächst Michael Germann.

Germann: Zu Beginn möchte ich ganz herzlich danken, dass ich hier die Gelegenheit bekommen habe, mich mit diesem interessanten Thema auseinanderzusetzen. Ich glaube, der Vorstand hat ein Thema ausgesucht, das uns hier auch gerade zur richtigen Zeit beschäftigt. Ich danke ebenso für die Diskussionsbeiträge, die mir viele Anregungen geben und Schwierigkeiten bereiten, angemessen darauf zu antworten.

Während der Vorbereitung des Referats war ich mehrmals nahe dran, den Knoten einfach durchzuhauen. Man möchte den Aporien, die sich da stellen, gerne entfliehen. Wie leicht und verlockend ist es, einfach zu sagen: Fangen wir doch von vorne an. Wir nehmen den Wortlaut, wie er ist, und interpretieren ihn als Freiheitsrecht; wir interpretieren ihn so, wie Art. 8 der Europäischen Menschenrechtskonvention, lassen den ganzen Überbau mit Grundsatznorm, Wertentscheidung, vielleicht auch die Institutsgarantie in einer irgendwie aufgefüllten Form, hinter uns und fangen noch einmal von vorne an. Wir könnten uns einfügen in die allgemeine Entwicklung, international, auch gesellschaftlich, und hätten diese Probleme nicht mehr. Die Schwierigkeit dabei ist, dass wir solche Bewegungen nur schwer in Einklang bringen können mit dem Vorrang der Verfassung in der Gestalt, die sie gewonnen hat. Methodisch ist es sicherlich ein Ausweg, hier in irgendeiner Weise mit dem Verfassungswandel zu operieren. Aber die Widerstände, die dabei zu überwinden sind, die holen uns spätestens bei Art. 1 Abs. 3 GG wieder ein. Der Gesetzgeber muss beteiligt sein, und wir verstehen den Gesetzgeber eben doch als einen, der an die Verfassung gebunden ist. Das Bundesverfassungsgericht kontrolliert den Gesetzgeber und hat die Aufgabe, genau diese Bindung zu verwirklichen. Hiermit eine Bewegung weg von der verfassungsdogmatischen Gestalt dieser Bindung in Einklang zu bringen, ist nicht so einfach. Auf der anderen Seite könnte man daraus den Schluss ziehen: Dann geht eben gar nichts im Sinne einer Bewegung. Dann bedarf es immer einer Verfassungsänderung, wenn sich an der gefundenen Gestalt der Verfassung in der Grundrechtsdogmatik etwas bewegen soll. Auch das lässt sich argumentativ durchhalten, wenn man alle Ideen des Verfassungswandels mit dem Hinweis auf Art. 79 GG zurückweist. Dann allerdings hat man es damit zu tun, dass alle anderen – insbesondere das Bundesverfassungsgericht – weiterziehen. So klinkt man sich aus der Diskussion aus. Diese beiden Anforderungen an den Umgang mit dem Thema in Übereinstimmung zu bringen, ist das Problem, weswegen es, glaube ich, nicht ohne Schwierigkeiten und nicht ohne Widerspruch behandelt werden kann.

Ein methodischer und auch inhaltlicher Einwand, der von mehreren Diskussionsrednern hier aufgebracht worden ist, bezieht sich auf die Leistung oder Funktion jener Figur der wertentscheidenden Grundsatznorm. Diese Figur habe ich zum Glück nicht erfunden, sondern aufgegriffen aus dem fast unbestrittenen Standardrepertoire für die Auslegung des Art. 6 Abs. 1 GG. Herr Volkmann hat ein anderes Modell für den Umgang mit dieser Standardfigur vorgestellt, ein Modell, das auch aus dem Umgang mit der Institutsgarantie schon bekannt ist, nämlich zu sagen: Was hier als wertentscheidende Grundsatznorm vorgestellt wird, sei keine Bindung des Gesetzgebers, nicht etwas, was den Gesetzgeber in irgendeiner Weise beschränkt, sondern eine Formel, um dem Gesetzgeber Spielraum zu geben. Das kann man sicherlich so konstruieren, eine solche Figur kann man sich ausdenken. Ich will nur darauf hinweisen, dass das eine andere Figur wäre als diejenige, die in den Standards der Grundrechtsdogmatik als wertentscheidende Grundsatznorm verhandelt wird. Darin wird der Charakter als „Entscheidung" durchaus ernst genommen. Diese Entscheidung hat Verfassungsrang und kann eben nicht durch Wandel – sozialer, gesellschaftlicher oder auch gesetzgeberischer Art – umgedreht und anders ausgefüllt werden. Als Verweis auf die Dynamik des sozialen Wandels oder des politischen Willens bekommt die wertentscheidende Grundsatznorm einen ganz anderen Charakter als den, den sie in der Bundesverfassungsgerichtsrechtsprechung bisher hatte. Sie bekommt dann den Charakter eines Passepartout. Dann ist sie eine Formel, in die man alles hineinfüllen kann, wofür man keine verfassungsändernden Mehrheiten zusammenbekommt. Das scheint mir mit dem Vorrang der Verfassung, dem diese Formel dienen soll, nicht gut in Übereinstimmung zu bringen zu sein.

Das beantwortet auch die Einwände etwa von Lothar Michael, der hier (gestern auch im Verhältnis zu Art. 79 Abs. 3 GG) gefragt hat: Soll das denn das Maß aller Dinge sein, was da an Bindungen des Gesetzgebers vorgestellt ist? Er hat so argumentiert, als ob die Verfassung nur den Gesetzgeber bände, aber nicht das Bundesverfassungsgericht – so wäre es fast zu verstehen gewesen. Das unterschätzt, meine ich, den Vorrang der Verfassung. Ähnliches sage ich zu der Idee von Herrn Huster, wonach die Definition von öffentlichen Interessen nicht Sache der Verfassung, sondern der Politik sei. Wenn man der Verfassung zugesteht, dass sie auch politische Entscheidungen enthalten kann, dann bekommen diese Entscheidungen Verfassungsrang und sind nur in einer qualifizierten Form Gegenstand der Politik. Dann sieht nämlich das Grundgesetz in Art. 79

GG ein bestimmtes Verfahren sowie bestimmte Anforderungen vor, um eine Änderung dieser politischen Entscheidungen auch verfassungswirksam zu machen. Den Preis der Bindung an die Verfassung muss man eben zahlen. Ich bin jedenfalls nicht bereit, diesen Preis in der Verfassungsdogmatik zu zahlen. Wem das als „Bevormundung der Bevölkerung" durch Verfassungsrecht erscheint, dem möchte ich sagen, dass das die ernstgenommene Bindung an die Verfassung ist. Die Bevölkerung ist nicht bevormundet, sondern aufgerufen, ihren politischen Willen entsprechend signifikant zu bilden und zu artikulieren. Hierbei ist es durchaus sinnvoll, dass eine Veränderung der Entscheidung mit Verfassungsrang qualifizierten Anforderungen an die Willensbildung unterliegt. Und diesen Weg gibt es. Ein Umweg darum ist immer problematisch. Herr Püttner hat gefragt, warum denn das verfassungspolitische Problem nicht einfach über Art. 79 Abs. 2 GG gelöst wird? Es war eine rhetorische Frage, auf die es eine einfache Antwort gibt: weil die Mehrheiten bis jetzt nicht zustande gekommen sind. Das sollte jeden demokratisch veranlagten Verfassungsrechtler nachdenklich machen.

Einige Einwände bezogen sich auf die Figur des Leitbilds. Mir ist durchaus bewusst (ich habe das auch zum Ausdruck gebracht), dass diese Figur und vor allem auch das Wort „Leitbild" schwierig ist. Es ist belastet und missverständlich, und man muss sehr sorgfältig damit umgehen, wenn man damit etwas anfangen möchte. Die erste zu treffende Entscheidung ist: Leitbild für wen? Wer ist der Adressat dieses Leitbilds? Das ist eine wichtige Abgrenzung. Wenn es ein Leitbild für die Grundrechtssubjekte wäre, dann hätte diese Form des Leitbilds alle schädlichen Wirkungen, die mit der Ablösung von Leitbildern für Ehe und Familie überwunden worden sind. Wenn im Bundestag „Quatsch" dazwischengerufen wird und dieser Zwischenruf anschließend etwas ausgeführt wird, dann ist deutlich zu spüren, dass viele die Wertentscheidung eines Leitbilds als eigene Bewertung erfahren und also zum Beispiel einwenden: „Ich bin nicht mit Vater und Mutter aufgewachsen, sondern von meiner alleinerziehenden Mutter großgezogen worden. Soll das weniger wert sein? Soll ich damit weniger wert sein?" Das wäre ein sehr dramatisches Missverständnis einer vernünftig begriffenen Leitbildfunktion. Die Frage müsste so zu wenden sein: Soll es dem Staat egal sein, ob Kinder mit Vater und Mutter oder allein mit der Mutter oder allein mit dem Vater aufwachsen? Soll es *dem Staat* egal sein? Er, der Staat, ist der Adressat eines Leitbilds. An ihn adressiert sich die Wertentscheidung, dass er bei allem, was er tun kann mit seinen beschränkten Mitteln, im Blick behalten soll, dass sich Kinder vielleicht Vater und Mutter wünschen können. Nur das ist die Funktion, nicht etwa eine Bewertung von Lebensformen, die diesem Leitbild „nicht gerecht" würden. Das ist eine wichtige Unterscheidung.

Herr Paulus hat gesagt: Es hat sich doch gar nichts geändert. Auch andere Diskussionsredner haben die Rechtsprechung des Bundesverfassungsgerichts gegen die Diagnose einer Sinnänderung des Art. 6 GG verteidigt. Ich nehme es den Mitgliedern des Bundesverfassungsgerichts durchaus ab, dass sie Art. 6 GG unangetastet lassen wollten. Das kommt auch in der Gleichheitsformel, die Art. 6 GG mit Art. 3 GG konfrontiert, mit einem Nachsatz durchaus zum Ausdruck. Scheinbar ist die Paradoxie, auf die ich aufmerksam gemacht habe, aufgelöst durch eine Unterscheidung der Lebensformen danach, ob sie – und das ist jetzt der zweite Teil des Zitats, in der schriftlichen Fassung meines Referats in einer Fußnote nachzulesen – „nach dem geregelten Lebenssachverhalt und den mit der Normierung verfolgten Zielen der Ehe vergleichbar sind", so dass das Recht zum Privilegieren, das das Bundesverfassungsgericht hervorhebt, gegenüber nicht „vergleichbaren" Lebensformen unberührt bliebe. Die Rechtfertigung einer Ungleichbehandlung nicht „vergleichbarer" Lebensformen ergibt sich aber schon aus Art. 3 GG. Dazu brauche ich Art. 6 GG nicht. Nachdem es im Vordersatz dieser paradoxen Formel heißt, dass eine Privilegierung „wegen des Schutzes der Ehe" erlaubt sei, wird dieser Differenzierungsgrund „wegen des Schutzes der Ehe" aufgehoben durch die nachfolgende Konditionierung über die Funktion. Das ist die Paradoxie. Wenn jetzt Herr Paulus sagt, dass es doch erst schwierig wird, wenn der Gesetzgeber auf die Idee kommt, die einfachgesetzliche Struktur der Ehe zu öffnen für gleichgeschlechtliche Partnerschaften, so muss ich sagen: Dann kann das Bundesverfassungsgericht vielleicht erleben, dass ihm diese Paradoxie wieder auf die Füße fällt. Das kann durchaus passieren.

Alles Weitere lasse ich jetzt leider unbeantwortet. Ich bedanke mich nochmals herzlich und denke, dass die Diskussion weitergehen wird.

Böhm: Vielen Dank an den Vorstand, dass er mich zu dem Thema eingeladen und mir damit die Möglichkeit gegeben hat, mich über den Zeitraum der letzten Monate und damit gerade in einem Zeitraum, in dem zum Thema unglaublich viel passiert ist, mit diesen aktuellen Fragen beschäftigen zu können. Vielen Dank auch an das Auditorium für die Nachfragen, für die Anregungen und natürlich auch für die Ergänzungen.

Als ich das Thema bekommen habe, habe ich darüber nachgedacht, wie ich es verstehen soll. „Dynamische Grundrechtsdogmatik von Ehe und Familie" und dann kommt auch noch ein Fragezeichen. Was ist eigentlich meine Aufgabe? Ich habe mich entschieden, es als meine Aufgabe anzusehen, nachzuzeichnen, wie sich die Dogmatik bei Ehe und Familie entwickelt hat. Es lag natürlich nahe, mit dem Zeitpunkt, in dem Art. 6 GG geschaffen wurde, anzufangen. Für mich war es eine Erlebnisreise, dann festzustellen, wie vieles stabil geblieben ist und wie vieles sich geändert hat.

Ich knüpfe zunächst an Herrn Steiger an: Ich habe natürlich Ihren Beitrag auf der Münchener Tagung gelesen und auch die gesamte Diskussion, die in München geführt worden ist. Sie fragen jetzt, ob die Pfeiler der Grundrechtsdogmatik noch stabil sind. So ganz einfach fällt mir die Antwort nicht. Ich habe ehrlich gesagt das Gefühl, dass die Grundpfeiler stabil sind. Sie sind Veränderungen nicht entzogen, aber sie sind relativ stabil. Aber um sie herum hat sich vieles geändert. Die Frage ist, wie man das bewertet. Ist es gut, dass es diese Dynamik gibt? Oder ist es schlecht? Man ist dann ganz schnell bei der Frage, die hier auch aufgeworfen worden ist: Was ist eigentlich Aufgabe von Dogmatik? Verschiedentlich ist das Wort gefallen: Dogmatik bremst, bremst den Gesetzgeber und weist ihn in die Schranken. Ich überzeichne vielleicht ein bisschen, aber das sind Tendenzen, die angesprochen worden sind. Mein Verständnis von Dogmatik ist ein anderes. Dogmatik ist nicht Bremse, Dogmatik ist Hilfsmittel. Dogmatik ist Hilfsmittel, um Entscheidungen abzuleiten, Entwicklungen zu begleiten und bei neuen Sachverhalten angemessene Lösungen zu finden auf dem Hintergrund, den uns das Grundrecht in all seinen Auslegungsfacetten bietet. Das ist eine andere Blickrichtung: Dogmatik als Hilfe, um zu Ergebnissen zu kommen.

Ich will einräumen, dass ich das Ganze, und insofern auch meinen Vortrag, als Gratwanderung angesehen habe. Ich habe die Entwicklung nachgezeichnet und war immer wieder versucht, auch Entscheidungen zu treffen und alle möglichen Streitfragen zu lösen. Wie ist es jetzt mit der Ehe? Und wie soll es eigentlich im Steuerrecht gemacht werden? Ich habe es so empfunden, dass hinter diesen Fragen jeweils eine ganze Reihe von Einzelproblemen steckt und habe es als sachlich nicht angemessen angesehen, zu jedem Punkt auch eine Antwort zu geben. Ich will nachher bei einzelnen Fragen noch einmal darauf zurückkommen. Aber insofern war für mich die Aufgabenstellung eine andere. Natürlich wird zu Recht die Frage nach den Maßstäben der Veränderung gestellt. Insofern kann ich die Frage, wo denn eigentlich die Grenzen der Dogmatik liegen, gut verstehen. Ich glaube, Herr Grimm hat schon eine ganze Menge dazu gesagt, wo hier Grenzen zu setzen sind, welche Fragen man sich stellen muss, um es im Einzelfall zu beurteilen.

Es hat mich ein bisschen gewundert, dass eine Sache nicht weiter aufgegriffen worden ist: das ist der Blick nach außen, also der Rechtsvergleich und die Frage, was der Europäische Gerichtshof und der Europäische Gerichtshof für Menschenrechte für eine Rolle spielen. Ich glaube, das sind Bereiche, in denen es sich lohnt, immer wieder hinzuschauen. Nicht um das zu machen, was dort gemacht wird, sondern um miteinzubeziehen, was dort passiert. Das hat in der Praxis, in der Dogmatik und in der Rechtsprechung Auswirkungen darauf, wie die Schutzgüter Ehe und Familie ausgelegt werden. Der Begriff der Familie ist sicherlich offener angelegt. Wir haben gesehen, wie weit die Entwicklung hier geht. Natürlich konzentriert sich jetzt die Diskussion auf die Frage, was eigentlich in Zukunft noch Ehe ist. Ich würde es gerne dem Nachdenken noch offen halten wollen, auch für mich selber. Ich war erstaunt, dass es beispielsweise in Spanien ein Gerichtsurteil gab, das eindeutig die gleichgeschlechtliche Ehe als verfassungsgemäß angesehen hat und welches sich im Übrigen ganz stark auch mit der deutschen Dogmatik auseinandergesetzt hat. Da hineinzuschauen ist sicherlich lohnenswert.

Zu den Schutzgütern bzw. zum Inhalt von Art. 6 GG: Ich verstehe es auch so, dass Art. 6 GG durch die Entwicklung nicht beschnitten worden ist, sondern dass er neue Facetten hinzugewonnen hat und dass der Schutz ausgeweitet worden ist über Art. 3 GG. Man muss dann ganz genau hinsehen, in welchen Fällen hier eigentlich die Weiterentwicklung stattgefunden hat. Es war kein Beschneiden des Schutzes der Ehe, sondern es war eine Ausweitung des Schutzes auf weitere Formen von Lebensgemeinschaften, und zwar – worauf hier zu Recht noch einmal hingewiesen wurde – von Lebensgemeinschaften, die durch gegenseitige Verantwortungsübernahme genauso verfasst sind wie die Ehe. Das finde ich an der Stelle noch einmal ganz wichtig zu betonen. Die Ausweitung ist aber nicht beliebig. Von daher bleibt Art. 2 GG als Auffanggrundrecht erhalten für alle weiteren Formen. Auch die nichteheliche Lebensgemeinschaft würde man unter diesen Schutzbereich fassen.

Es bleibt die Frage, was vom Differenzierungsgebot bleibt? Nicht mehr viel. Im Jahr 2006 erging eine Entscheidung zur Frage, ob die Kosten für eine künstliche Befruchtung durch die Krankenkasse zu übernehmen sind. Für die Ehe hat das Bundesverfassungsgericht dies bejaht, für alle anderen Formen nicht. Man kann sich hier für die Zukunft interessante Fragen vorstellen. Es sind dazu schon verschiedene Konstellationen angesprochen worden. Aber ansonsten kann ich nur sagen, dass sich offenbar das Differenzierungsgebot – soweit es als Abstandsgebot jemals bestanden hat – über das letzte Jahrzehnt hin aufgelöst hat.

Zu den Konsequenzen, auch was die steuerlichen Fragen angeht: Ich finde sie ausgesprochen spannend. Ich habe mich auch hier zurückgehalten und nur ein paar Maßstäbe aufgezeigt. Das Zitat, welches Sie, Herr Kirchhof, mir zugeschrieben haben, war vom Bundesfamilienministerium. Ich selber fand die Überlegung, das Ganze noch stärker an die Kinder anzuknüpfen, sehr bedenkenswert. Wenn es einfach um eine Ehe geht, dann reicht vielleicht wirklich die Abwehrkomponente. Aber wie weit berücksichtigt das Steuerrecht tatsächlich die Kinder? Das scheint mir doch der Punkt zu sein, über den wir nachdenken sollten. Ich habe als zweiten Teil aber auch gesagt: Wenn wir nur die Ehe betrachten und sehen, dass der Gesetzgeber den Ehegatten auch gegenseitige Verpflichtungen auferlegt, kann man auch die „Nur-Ehe“ ohne Kinder nicht alleine lassen und sollte sie beim Steuerrecht bedenken. Ich glaube, dieser Debatte – wie allen Debatten – würde es ganz gut tun, zu prüfen, wie groß die Auswirkungen verschiedener Modelle sind. Wenn man Berechnungen glauben darf, dann würde unter dem Strich der Unterschied nicht so groß sein. Das sollte man im Hinterkopf haben, wenn man bedenkt, welche Lösung präferiert wird.

Im Ergebnis bleibe ich dabei. Es gibt die dogmatischen Pfeiler, die sich nur wenig verändert haben. Darum herum war und ist Bewegung in der Dogmatik. Und ich bleibe bei meiner letzten These: Es gibt viele Einzelbereiche, die wir noch abzuarbeiten haben werden. Vielen Dank.

Vierter Beratungsgegenstand:

Die Anforderungen an ein zukunftsfähiges Infrastrukturrecht

1. Referat von Professor Dr. *Oliver Dörr*, LL.M., Osnabrück*

Inhalt

I. Einleitung

Liegt es nicht auf der Hand, was die A1, der Elbdeich bei Magdeburg, die Breitbandnetze der Telekom, Windkraftanlagen im Emsland, ein Klärwerk in Sachsen, das Ratsgymnasium in Osnabrück, der städtische

---

* Für hilfreiche Anmerkungen und Kritik danke ich *Pascale Cancik*, *Thomas Groß*, *Jens-Peter Schneider* und *Indra Spiecker* gen. *Döhmann*.

Friedhof in Köln-Dünnwald und der Hauptbahnhof in Berlin gemeinsam haben? Und was sie mit der Stadtmauer Jerichos, den Aquädukten Roms und den mittelalterlichen Stromregalien[1] verbindet?

Sie alle sind mit einem „Megawort" der modernen Industriegesellschaft in Bezug genommen, über das der Historiker *Dirk van Laak* notierte: „Infrastruktur gehört zu jenen ‚Plastikwörtern' der wissenschaftlich-technischen Zivilisation, mit denen wir heute soziale Sicherheit, staatliche Verantwortung und wirtschaftliche Prosperität konnotieren".[2] „Infrastruktur" ist ständig und überall, es ist ein allgegenwärtiger Begriff der Alltags-, Politik-, Verwaltungs- und Rechtssprache, es ist Gegenstand von Forschung und Lehre[3] – und wird dabei regelmäßig mehr assoziativ als mit einem klaren Begriffsinhalt verwendet. Ohne präzise Definition durchzieht der Begriff das deutsche Gesetzesrecht ebenso wie das europäische Unionsrecht, gerne auch adjektivisch als „infrastrukturell"[4] oder „infrastrukturbasiert" (§ 2 Abs. 3 Nr. 3 TKG), als Plural: die „Infrastrukturen"[5], mit adjektivischen Zusätzen, wie z.B. „ländliche" oder „frühkindliche Infrastruktur" (§ 3 Abs. 1 ZuInvG) oder „kritische Infrastrukturen" (§ 2 Abs. 2 Nr. 3 Satz 4 ROG).

Die Allgegenwart von Infrastruktur, wie auch ihr existentieller Charakter ermöglichen aus rechtswissenschaftlicher Perspektive eine Vielzahl von

---

1 Zu diesen z.B. *S. Reinheimer* Das Verbindungskonzept der Bundeswasserstraßenverwaltung, 2008, 35–39; *Chr. Gröpl* in: Maunz/Dürig, GG, Art. 89 Rn. 3 (2007).

2 *D. van Laak* Infra-Strukturgeschichte, Geschichte und Gesellschaft 27 (2001), 367.

3 Etwa in Gestalt von Lehrstühlen und Instituten für Infrastruktur und Infrastrukturrecht, wie z.B. dem Lehrstuhl für Öffentliches Recht, Europäisches Informations- und Infrastrukturrecht an der Albert-Ludwigs-Universität in Freiburg i.Br. (*Schneider*), dem Lehrstuhl für Öffentliches Recht, Immobilienrecht, Infrastrukturrecht und Informationsrecht an der Universität Regensburg (*Kühling*), der Professur Verwaltungsrecht, insbes. Regulierungs- und Infrastrukturrecht an der Universität Potsdam (ausgeschrieben im September 2013), dem Lehrstuhl für Verkehrs- und Infrastrukturplanung an der TU Dresden (*Ahrens*), dem Ostseeinstitut für Seerecht, Umweltrecht und Infrastrukturrecht der Universität Rostock, dem Institut für Infrastruktur und Ressourcenmanagement an der Universität Leipzig, dem Institut für Infrastruktur an der Universität Innsbruck oder dem Fachgebiet Wirtschafts- und Infrastrukturpolitik an der TU Berlin (Fakultät Wirtschaft und Management). Als Gegenstand des juristischen Studiums z.B. im Schwerpunktbereich „Öffentliches Wirtschafts- und Infrastrukturrecht" an der LMU München; bis 2012 im Schwerpunkt „Wirtschaftsverwaltungsrecht und Infrastrukturrecht" an der Leibniz Universität Hannover.

4 Vgl. z.B. in § 2 Abs. 2 Nr. 1 ROG („infrastrukturelle Verhältnisse"), § 136 Abs. 3 Nr. 2c BauGB („infrastrukturelle Erschließung"), Anlage 1 Nr. 13.12 UVPG („infrastrukturelle Hafenanlage"). Im Schrifttum z.B. *P. Lerche* Infrastrukturelle Verfassungsaufträge, FS Friauf, 1996, 251.

5 Wie z.B. in § 2 Abs. 2 Nr. 3 ROG, § 1 Abs. 1 AEG, § 28a EnWG, §§ 1, 15a Abs. 2 und in den Überschriften zu §§ 77a, 77b TKG.

Zugriffen auf das mir gestellte Thema. Da kommt es sehr gelegen, dass Teilaspekte bereits Gegenstand vergangener Tagungen waren: vor allem auf der Hallenser Tagung 1994 zur Privatisierung von Verwaltungsaufgaben[6], in St. Gallen 2002 zur Öffentlichen Gemeinwohlverantwortung[7], aber auch in Berlin 2010 (Verbraucherschutz durch Regulierungsrecht)[8] und letztes Jahr in Kiel zu den Herausforderungen durch Großvorhaben[9].

Ich muss mich hier – auch in Absprache mit Herrn *Wißmann* – im wesentlichen auf zwei Aspekte beschränken: die besondere Rolle des Staates in Bezug auf die Infrastrukturversorgung (III.) und die überstaatliche Einbindung dieser Rolle (IV.). Zuvor aber soll das Proprium der Rechtswissenschaft, die Suche nach präzisen Begriffen und Begriffsinhalten, zu seinem Recht kommen (II.). Aus der sachlichen Erörterung müssen sich dabei die Aspekte der „Zukunftsfähigkeit" ergeben, da dieser eine eigenständige rechtliche Bedeutung wohl nur schwer beizulegen ist.[10]

II. Begriff und Konzept

Zu den Anforderungen an ein „zukunftsfähiges Infrastrukturrecht" gehört, dass Gesetzgebung und Rechtswissenschaft ein möglichst präzises Verständnis von seinem Gegenstand entwickeln. Bislang ist weder dieser Gegenstand hinreichend klar abgegrenzt, noch das Infrastrukturrecht selbst als ein eigenständiges, geschweige denn kohärentes Rechtsgebiet konturiert.

Über die Wissenschaftsdisziplinen hinweg besteht seit vielen Jahrzehnten Einigkeit, dass es eine allgemein akzeptierte Definition des Begriffes „Infrastruktur" nicht gibt.[11] Der Schweizer Ökonom *René L. Frey* schrieb

---

[6] *J. Hengstschläger*, *L. Osterloh*, *H. Bauer* und *T. Jaag* Privatisierung von Verwaltungsaufgaben, VVDStRL 54 (1995), 166, 204, 243 bzw. 287.

[7] *M. Heintzen* und *A. Voßkuhle* Beteiligung Privater an der Wahrnehmung öffentlicher Aufgaben und staatliche Verantwortung, VVDStRL 62 (2003), 220 bzw. 266.

[8] *J. Hellermann* und *W. Durner* Schutz der Verbraucher durch Regulierungsrecht, VVDStRL 70 (2011), 366 bzw. 398.

[9] *K. Waechter* und *Th. Mann* Großvorhaben als Herausforderung für den demokratischen Rechtsstaat, VVDStRL 72 (2013), 499 bzw. 544.

[10] Vgl. *G. Beaucamp* Das Konzept der zukunftsfähigen Entwicklung im Recht, 2002.

[11] Vgl. z.B. *R. L. Frey* Infrastruktur, in: Handwörterbuch der Wirtschaftswissenschaft, Bd. 4, 1978, 200 (201); *U. E. Simonis* Zur inhaltlich-systematischen Deutung des Begriffes „Infrastruktur", Zeitschrift für Ganzheitsforschung 27 (1983), 119 (120); *K.-W. Schatz* Zur Entwicklung des Begriffs Infrastruktur, in: H. Berger (Hrsg.) Wettbewerb und Infrastruktur in Post- und Telekommunikationsmärkten, ZögU 1996, Beiheft 19, 122 (125); *G. Hermes* Staatliche Infrastrukturverantwortung, 1998, 168; *R. Stober*

bereits 1970, dass unter „Infrastruktur" alles Denkbare, nur selten etwas Präzises verstanden werde,[12] und die mehr als vierzig Jahre, die seit diesem Diktum vergangen sind, haben an der Richtigkeit dieser Beobachtung kaum etwas geändert.

1. Zur Begriffsgeschichte

Wie *van Laak* herausgearbeitet hat, ist der Begriff „Infrastruktur" als neulateinischer Neologismus um 1875 im französischen Sprachraum entstanden.[13] „Infrastructure" bezeichnete anlässlich der Überprüfung eines Eisenbahnprojekts den bodenverhafteten Unterbau von Eisenbahn-Konstruktionen, dem die „superstructure", also die darüber errichteten Vorrichtungen (Signale, Oberleitungen, Bahnhöfe etc.) gegenübergestellt wurden. Noch in der ersten Hälfte des 20. Jahrhunderts wurde der Begriff vor allem für ortsfeste Anlagen im Dienste der Mobilität verwendet, während er ab den frühen 1950er Jahren in die Planungssprache der NATO einging und hier eine erste Ausweitung auf militärische Anlagen erfuhr. 1954 erschien der Begriff im deutschen „Brockhaus" und erlangte damit als deutsches Lehnwort lexikalischen Rang.[14] Auf internationaler Ebene fand er in den 1950er Jahren außerdem Eingang in die Sprache der frühen Entwicklungshilfepolitik und hier in einem deutlich weiteren Sinne Verwendung: Umfasst waren etwa auch staatliche Maßnahmen der Sozial-, Bildungs-, Gesundheitspolitik und der Stadtplanung.

Zu Beginn der 1960er Jahre entdeckte die deutschsprachige Wissenschaft den Begriff „Infrastruktur", zunächst wohl vor allem die Sozial- und Wirtschaftswissenschaften, die den Begriff in ihre disziplinäre Terminologie aufnahmen.[15] Beschrieben wurde damit eine der Basisfunktionen

---

in: Wolff/Bachof/Stober/Kluth, Verwaltungsrecht I, 12. Aufl. 2007, § 4 Rn. 17; *A. Glöckner* Kommunale Infrastrukturverantwortung und Konzessionsmodelle, 2009, 6. Vgl. auch *G. Hünnekens* Rechtsfragen der wirtschaftlichen Infrastruktur, 1995, 7: „ein offener und nahezu beliebig dehnbarer Begriff".

[12] *R. L. Frey* Infrastruktur. Grundlagen der Planung öffentlicher Investitionen, 1970, im Vorwort.

[13] Zum folgenden *D. van Laak* Der Begriff „Infrastruktur" und was er vor seiner Erfindung besagte, Archiv für Begriffsgeschichte 41 (1999), 280 (280–290).

[14] *Van Laak* (Fn. 13), 282 zitiert hierfür aus Der große Brockhaus, Bd. 5 (1954).

[15] *R. Jochimsen* definierte Infrastruktur sehr weit als die Gesamtheit aller materiellen, institutionellen und personellen Anlagen, Einrichtungen und Gegebenheiten, die der arbeitsteiligen Wirtschaft zur Verfügung stehen und dazu beitragen, die Entgelte für gleiche Leistungen der Produktivkräfte auszugleichen und zugleich die größte Zuwachsrate der Gesamtwirtschaft herbeizuführen, vgl. Theorie der Infrastruktur, 1966, 100 und 145.

einer Volkswirtschaft, die den Integrationsgrad und das Niveau der Wirtschaftstätigkeit bestimmen: Infrastrukturen besitzen hier eine Vorleistungsfunktion, ihr Nutzen geht über die bloße Inanspruchnahme hinaus. In der Soziologie erlaubte die Entlehnung des französischen Begriffs „infrastructure" Theoriebildungen zum „Unter- und Oberbau" einer Gesellschaft, Infrastruktur erhielt hier damit einen nicht anlagen- oder gegenstandsbezogenen Begriffsinhalt.[16]

In verschiedenen Wissenschaftsdisziplinen, auch im Recht, wird der Begriff Infrastruktur praktisch immer zur Bezeichnung bekannter Anwendungsbeispiele verwendet, nicht aber als Ergebnis einer wirklichen (erschöpfenden) Definition oder einer normativen Ableitung.[17] Der Begriffsinhalt ist also vor allem assoziativ oder empirisch angereichert, nicht normativ konturiert. Klassisch bezieht sich Infrastruktur auf die sächlichen Grundlagen von Verkehr und Kommunikation, Energie- und Wasserversorgung sowie Entsorgung – man mag hierin den interdisziplinären Begriffskern erkennen. Üblicherweise ausgeklammert werden Sicherheitseinrichtungen, die Justiz und die öffentliche Verwaltung.[18] Darüber hinaus finden sich weitergehende Begriffskontexte, wie z.B. „personelle Infrastruktur"[19], „soziale Infrastruktur"[20], „technische Infrastruktur"[21], „Informationsinfrastruktur"[22], „Telematikinfrastruktur"[23], „organisatorische Infrastruktur" (§ 128 Abs. 5 S. 2 SGB XII); „kulturelle Infrastruktur"[24], „geistige Infrastruktur"[25], Gesundheitsinfrastruktur[26], Bildungs-

[16] Vgl. *van Laak* (Fn. 13), 288.

[17] So z.B. auch in BVerfGE 38, 258 (270 f.) mit dem Zusatz „Infrastruktur im weiteren Sinne". In BVerfGE 97, 332 (343) wird ein städtischer Kindergarten als „Infrastruktureinrichtung" bezeichnet. Auch Bildungs- und Pflegeeinrichtungen fasst das BVerfG unter den Begriff, vgl. die Nachweise bei *Glöckner* Infrastrukturverantwortung (Fn. 11), 12.

[18] Vgl. *Frey* (Fn. 12), 2; *Frey* (Fn. 11), 202.

[19] Vgl. z.B. *Jochimsen* (Fn. 15), 133; *Simonis* (Fn. 11), 122; *Schatz* (Fn. 11), 134; *Glöckner* Infrastrukturverantwortung (Fn. 11), 6.

[20] Vgl. z.B. *K. Stern* Staatsrecht I, 1984, § 21 II.2; *Glöckner* Infrastrukturverantwortung (Fn. 11), 7 und 13; *M. Schuler-Harms* und *A. Hense* in: Fehling/Ruffert (Hrsg.) Regulierungsrecht, 2009, § 15 und § 16. Rechtsverbindlich in § 2 Abs. 2 Nr. 3 S. 2 ROG.

[21] § 291a Abs. 5a S. 5 SGB V, § 128 Abs. 5 S. 2 SGB XII.

[22] *F. Schoch* Öffentlich-rechtliche Rahmenbedingungen einer Informationsordnung, VVDStRL 57 (1998), 158 (198).

[23] §§ 87 Abs. 1 S. 6, 291a, 291b SGB V.

[24] Vgl. z.B. *Frey* (Fn. 11), 202; *Schatz* (Fn. 11), 134 unten; *van Laak* (Fn. 2), 376 unten. Mit Rechtsverbindlichkeit in Art. 35 Abs. 7 des deutsch-deutschen Einigungsvertrages 1990.

[25] *Chr. Gramm* Privatisierung und notwendige Staatsaufgaben, 2001, 334.

[26] *Stober* in: Wolff/Bachof/Stober/Kluth, Verwaltungsrecht I (Fn. 11), § 4 Rn. 23.

infrastruktur[27], „normative Infrastruktur“[28] oder „Vertrauensinfrastruktur“[29]. Sogar die Umwelt kommt als „natürliche oder gewachsene Infrastruktur“ vor[30].

2. *„Infrastruktur“ als Rechtsbegriff*

Angesichts dieser terminologischen Weite und empirisch radizierten Beliebigkeit mag man fragen, ob „Infrastruktur“ überhaupt zum Rechtsbegriff taugt. Sein assoziativer Charakter ist nur dort von vornherein unschädlich, wo der Begriff lediglich in Überschriften zur schlagwortartigen Kennzeichnung des Gemeinten verwendet wird[31], nicht aber als ein Gesetzesbegriff, unter den die Subsumtion eröffnet ist. Nichtsdestotrotz ist „Infrastruktur“ heute ein geläufiger Terminus der Gesetzgebung, und zwar sowohl im europäischen Unionsrecht als auch in deutschen Gesetzen. Zuerst verwendet wurde er in Deutschland wohl in § 1 Abs. 1 Nr. 2 des GRW-Gesetzes von 1969[32]. Dann fand er sich wieder im Zusammenhang mit der Zeitenwende von 1989/90, z.B. in § 4 PostStruktG 1989 und im Einigungsvertrag von 1990[33]. Heute taucht er im Gesetz vor allem im Zusammenhang mit regulierten Wirtschaftssektoren auf, über welche die Einwirkung des Unionsrechts hinweggebraust ist (AEG, EnWG, LuftVG, TKG), außerdem im Planungsrecht (§ 2 Abs. 2 Nr. 2–4, § 8 Abs. 5 Nr. 3 ROG) sowie vereinzelt im Sozial- und Wettbewerbsrecht[34]. Das Grundgesetz kennt den Begriff „Infrastruktur“ nach wie vor nicht.

---

[27] § 3 Abs. 1 Nr. 1 des Gesetzes zur Umsetzung von Zukunftsinvestitionen der Kommunen und Länder (ZuInvG) v. 2.3.2009 (BGBl. I 416, 428); *R. Herzog* in: Maunz/Dürig, GG, Art. 20, VIII Rn. 13 (1980).

[28] Z.B. *U. Tranow* Das Konzept der Solidarität. Handlungstheoretische Fundierung eines soziologischen Schlüsselbegriffs, 2012, 111; *M. Kotzur* Daseinsvorsorge als Unionsaufgabe, JöR n.F. 61 (2013), 195 (210).

[29] *C. Franzius* Gewährleistung im Recht, 2009, 650.

[30] Bei *Frey* (Fn. 11), 202.

[31] Wie z.B. im Titel des „Gesetzes zur Beschleunigung von Planungsverfahren für Infrastrukturvorhaben“ v. 9.12.2006 (BGBl. I 2833) und in den Überschriften zu §§ 77a, 77b TKG.

[32] Gesetz über die Gemeinschaftsaufgabe „Verbesserung der regionalen Wirtschaftsstruktur“ (GRW-Gesetz) v. 6.10.1969 (BGBl. I 1861). Darin ging es um die „Förderung des Ausbaus der Infrastruktur“, soweit es für die Entwicklung der gewerblichen Wirtschaft erforderlich ist. In der heute geltenden Fassung der Norm ist die Rede von der „Förderung der wirtschaftsnahen Infrastruktur“.

[33] Art. 28 Abs. 2, 2. Spiegelstrich nannte die „wirtschaftsnahe Infrastruktur“, Art. 35 Abs. 7 die „kulturelle Infrastruktur“.

[34] Vgl. z.B. §§ 291a, 291b SGB V („technische Infrastruktur“, „Telematikinfrastruktur“); § 19 Abs. 2 Nr. 4 und Anlage zu § 98 Nr. 4, Nr. 4 GWB.

Eine Begriffsklärung erleichtert die ökonomische Theorie: Diese charakterisiert Infrastruktur meist anhand verschiedener typischer Merkmale, und zwar solcher technischer, ökonomischer und institutioneller Art: Technisch geht es regelmäßig um immobile, unteilbare Anlagen mit einer langen Lebensdauer und eine standortgebundene Nutzung; ökonomisch sind wesentlich eine Kostendegression durch *economies of scale*, ausgeprägte externe Effekte, ein hoher Fix- und Gemeinkostenanteil, ein großer Investitionsumfang und hohes Investitionsrisiko; institutionell zeichnet sich die Infrastruktur dadurch aus, dass die Betriebsführung regelmäßig defizitär ist, keine Marktpreise zur Anwendung kommen, die Planung, Herstellung und Betriebsführung zentral organisiert sind.[35]

Begriffsprägend sind also zunächst vor allem zwei Elemente: die unmittelbare Allgemeinnützigkeit und der Versorgungszweck. Infrastruktur bezeichnet ein öffentliches Gut, das Gegenstand einer öffentlichen Investition bzw. dessen Betrieb öffentlich verantwortet ist. Es ist im Rahmen seiner Funktionsbestimmung grundsätzlich für jedermann zugänglich. Sein Funktionszweck ist gerichtet auf die Versorgung der Allgemeinheit und schafft sächliche Voraussetzungen für die Erfüllung ihrer Grundbedürfnisse. Es handelt sich m.a.W. um ein „kollektives Medium der Subsistenz".[36] Hinzu kommt als drittes Merkmal die Ortsgebunden-

[35] Vgl. grundlegend *J. Stohler* Zur rationalen Planung der Infrastruktur, Konjunkturpolitik 11 (1965), 279 (281); daran anschließend z.B *Frey* (Fn. 12), 1 und *ders.* (Fn. 11), 201; *Simonis* (Fn. 11), 120; *Schatz* (Fn. 11), 128 f.

[36] *Van Laak* (Fn. 13), 290; *ders.* (Fn. 2), 371. Es ist das begriffsimmanente Element der öffentlichen Versorgung, das Infrastruktur und Infrastrukturrecht besonders anfällig macht für emotionalisierte öffentliche Debatten, deren Verlauf und Auswirkungen ihren sachlichen Anlass oft weit hinter sich lassen: Die öffentliche Aufregung über den Umbau des Stuttgarter Hauptbahnhofs, dem ein abgeschlossenes Planungsverfahren zugrunde lag, führte 2010/11 zu grundsätzlichen Debatten über die Gestaltung solcher Verfahren, ja über den Zustand des demokratischen Gemeinwesens sowie die soziologischen Besonderheiten von Teilen der Bevölkerung Baden-Württembergs (vgl. z.B. *Th. Groß* Stuttgart 21: Folgerungen für Demokratie und Verwaltungsverfahren, DÖV 2011, 510; *W. Leisner* Stuttgart 21. „Wir sind das Volk!" – Wer?, NJW 2011, 33; *F. Walter* Alt, stur, egoistisch, Spiegel online v. 8.9.2011). Die augenscheinlich gesteuerte Aufregung über einen Richtlinienentwurf der Europäischen Kommission zur transparenten Vergabe öffentlicher Konzessionen mündete in eine europäische Bürgerinitiative zum Menschenrecht auf Wasser („Right2Water") und brachte den Entwurf, der im Kern schlicht eine Angleichung der Konzessions- an die Auftragsvergabe bezweckt hatte, politisch zu Fall (dazu z.B. *H. Kafsack* Angst ums Wasserglas, FAZ v. 8.3.2013, 11; *M. K. Wagner* Verwässert, F.A.S. v. 28.4.2013, 8; *H. Kafsack* Die Geschichte eines Missverständnisses, FAZ v. 26.6.2013, 10). Die aktuellen Debatten über eine Rekommunalisierung der kommunalen Energieversorgung (z.B. in Hamburg und Berlin) scheinen – neben der plebiszitären Steuerung – sehr stark vom Wunsch nach einer am Gemeinwohl orientierten Versorgung getrieben, übersehen dabei aber die Eigenrationalitäten des gel-

heit, welche die Verlagerung oder den Import von Infrastruktur verhindert und ihre wirtschaftliche Nutzung und Wirkungsweise maßgeblich beeinflusst: Infrastruktur ist immer raumwirksam und betrifft immer die Nutzung von Boden und Grundeigentum.

Wir bezeichnen mit „Infrastruktur" also ortsfeste Anlagen und Einrichtungen, welche der Versorgung der Bevölkerung mit lebensnotwendigen Gütern und Dienstleistungen dienen (z.B. mit Wasser, Energie, Mobilität, Kommunikation, Bildung, Gesundheits- und Sozialdiensten, wohl auch mit Bargeld und Finanzdienstleistungen), im Prinzip jedermann zugänglich sind und deren Betrieb von der öffentlichen Hand verantwortet wird.

Schon in der volkswirtschaftlichen Theorie ist allerdings nicht ganz klar, ob der Infrastrukturbegriff auf die „Hardware" der öffentlichen Versorgung beschränkt ist oder ob die Leistungen (Dienste), die mit Hilfe dieser Anlagen erbracht werden, ebenfalls davon umfasst sind. Gelegentlich unterscheidet die Ökonomie hier das Infrastruktursachkapital, also die Anlagen und Einrichtungen, als Infrastruktur im engeren Sinne vom *output* dieser Subsektoren als Infrastruktur im weiteren Sinne.[37] Auch in der Polit- und Alltagssprache sowie im rechtswissenschaftlichen Schrifttum[38] findet sich dieser weitergehende Infrastrukturbegriff.

Die deutsche Gesetzessprache hingegen ist in *dieser* Hinsicht wenigstens klar, sie verwendet einen rein anlagenbezogenen Infrastrukturbegriff. Das AEG stellt dem „Erbringen von Eisenbahnverkehrsleistungen" ausdrücklich den „Betrieb von Eisenbahninfrastrukturen" gegenüber (§§ 1 Abs. 1 und 2 Abs. 1) und definiert die Eisenbahninfrastruktur als die Betriebsanlagen der Eisenbahnen (§ 2 Abs. 3). Auch § 19b Abs. 3 Buchst. a) LuftVG und § 2 Abs. 2 Nr. 3 ROG unterscheiden ausdrücklich zwischen „Dienstleistungen und Infrastrukturen". § 28a Abs. 1 Nr. 3 EnWG geht davon aus, dass „die Infrastruktur" Eigentum einer natürlichen oder juristischen Person sein kann. Das TKG bezieht in § 77a die „gemeinsame Nutzung von Infrastrukturen" ausdrücklich auf Verkabelungen und Kabelkanäle, in § 77b sind mit „alternativen Infrastrukturen" ausschließ-

---

tenden energierechtlichen Ordnungsrahmens, vgl. resümierend *J. H. Klement* Die Städte, der Strom und das Gemeinwohl, FAZ v. 30.8. 2013, 12.

37 So z.B. bei *Frey* (Fn. 12), 20.

38 *Hermes* Infrastrukturverantwortung (Fn. 11), 172: sowohl die „Wegenetze", als auch die mit ihrer Hilfe erbrachten „Dienste". Für die Einbeziehung staatlicher Maßnahmen neben Einrichtungen *Hünnekens* (Fn. 11), 15 f., im Anschluß an *K. Stern* Staatsrecht I, 1984, § 21 II.2 und *R. Stober* Handbuch des Wirtschaftsverwaltungs- und Umweltrechts, 1989, § 47 I.

lich „Einrichtungen“ gemeint[39]. Auch die EU-Richtlinien, die auf eine Liberalisierung mitgliedstaatlicher Infrastrukturdienste zielen und zum großen Teil den genannten deutschen Regelungen zugrunde liegen, verwenden einen anlagenbezogenen Infrastrukturbegriff.[40] Der in Art. 170 Abs. 1 AEUV verwendete Infrastrukturbegriff ist sprachlich offen, wird in Praxis und Literatur allerdings nur auf die relevanten Einrichtungen bezogen, also ebenfalls anlagenbezogen verstanden.[41]

Anknüpfend an diese gesetzliche Vorformung liegt es nahe, den Rechtsbegriff „Infrastruktur“ nur auf die ortsfesten Anlagen und Einrichtungen zu beziehen, die der Versorgung der Allgemeinheit mit essentiellen Gütern oder Leistungen dienen. Die allgemeinnützigen Dienstleistungen, die mit Hilfe dieser Anlagen erbracht werden, sind dann Infrastrukturleistungen oder -dienste.

Charakteristikum vieler Infrastrukturen ist ihre Netzgebundenheit, die, wie z.B. *Georg Hermes* und *Jürgen Kühling* gezeigt haben, besondere Anforderungen an die rechtliche Analyse und Konstruktion stellt. Angesichts seiner weiterreichenden Funktion scheint es mir allerdings zu eng, den Rechtsbegriff der Infrastruktur von vornherein darauf zu beschränken[42]: Auch Einrichtungen der punktförmigen Infrastruktur ohne Netzanbindung (Schulen, Bibliotheken, Krankenhäuser, Altenheime, Friedhöfe) bilden eine immobile sächliche Grundlage staatlich verantworteter Versorgung und verlangen daher nach einer entsprechenden rechtlichen „Bearbeitung“.

---

[39] In begrifflicher Hinsicht verwirrend redundant dann allerdings die Formel von der „physischen Infrastruktur“ in § 3 Nr. 32 Buchst. b, Nr. 33b TKG.

[40] Vgl. z.B. Art. 3 und 6 RL 91/440/EWG zur Entwicklung der Eisenbahnunternehmen der Gemeinschaft; Art. 2 RL 2001/14/EG über die Zuweisung von Fahrwegkapazität der Eisenbahn und die Erhebung von Entgelten für die Nutzung von Eisenbahninfrastruktur; Art. 3 Nr. 3 RL 2012/34/EU zur Schaffung eines einheitlichen europäischen Eisenbahnraums (ABlEU 2012 L 343/32); Art. 36 Abs. 1 RL 2009/73/EG über gemeinsame Vorschriften für den Erdgasbinnenmarkt; Art. 2 Nr. 1 VO (EU) Nr. 347/2013 zu Leitlinien für die transeuropäische Energieinfrastruktur (ABlEU 2013 L 115/39).

[41] Vgl. z.B. *H. Lecheler* in: Grabitz/Hilf/Nettesheim, Recht der EU, Art. 170 AEUV Rn. 12–17; *Chr. Calliess* in: Calliess/Ruffert, EUV/AEUV, Art. 170 AEUV Rn. 7; *Voet van Vormizeele* in: Schwarze (Hrsg.) EU-Kommentar, Art. 170 AEUV Rn. 9–12; *J. Kühling* Sektorspezifische Regulierung in den Netzwirtschaften, 2004, 529. Ebenso Art. 2 Nr. 1 der auf Art. 172 AEUV gestützten VO (EU) Nr. 347/2013 zu Leitlinien für die transeuropäische Energieinfrastruktur (ABl. 2013 L 115/39): „Energieinfrastruktur“ bezeichnet jede materielle Ausrüstung oder Anlage, die …“.

[42] So aber *Hermes* Infrastrukturverantwortung (Fn. 11), 329: alle Mittel, die der Überwindung von Entfernung dienen und dadurch die Integration eines Raumes bewirken. Gegen diese begriffliche Beschränkung auch *Kühling* Regulierung (Fn. 41), 45; *ders.* Anforderungen an ein zukunftsfähiges Infrastrukturrecht, DVBl 2013, 1093 (1094).

„Infrastrukturrecht" beschreibt dann die Regeln über die Planung, Errichtung, den Unterhalt und den Betrieb von Infrastruktur. Es handelt sich auch nach Jahren des juristischen – vor allem regulierungsrechtlichen – Diskurses nicht um ein eigenständiges, klar abgrenzbares Rechtsgebiet. Zwar finden sich wegen der ihnen gemeinsamen Vorformung durch das Unionsrecht in einigen Umsetzungsgesetzen ähnliche Regelungsmuster, zum Teil gleichlautende Begrifflichkeiten. Eine dogmatisch stringente Durchformung, die trotz unterschiedlicher Gegenstände auf gemeinsame und doch spezielle Rechtsgrundsätze hinwiese und das „Infrastrukturrecht" von anderen Bereichen des Verwaltungsrechts abhöbe, ist hingegen nicht erkennbar.[43] Statt dessen handelt es sich um eine deskriptive Sammelbezeichnung für eine Teilmenge des Rechts der Daseinsvorsorge, deren Regeln verschiedenen, überwiegend spezialgesetzlich kodifizierten Teilrechtsgebieten[44] entstammen. Infrastrukturrecht ist eine verkürzende Chiffre für jene – disparaten – Teile der Rechtsordnung, die sich auf ortsfeste Anlagen mit einem staatlich verantworteten Versorgungszweck beziehen.

3. *Infrastruktur und Daseinsvorsorge*

Der Begriff der Infrastruktur hat im deutschen Rechtsdiskurs unweigerlich einen anderen terminologischen Klassiker im Schlepptau, die „Daseinsvorsorge". Diesen als Begriff und Konzept darzustellen, gar auszuleuchten, verbietet sich in diesem Kreis, zu oft beschrieben und erörtert ist die *Forsthoff*'sche Wortschöpfung[45], die sich seit dieser Grundlegung

---

[43] Für ein „Querschnittsrechtsgebiet im Werden" hingegen *Kühling* (Fn. 42), DVBl 2013, 1093 (1094). Die von *Heiko Faber* eingeführte Kategorisierung der „Infrastrukturverwaltung" als eigenständigen Bereich des Verwaltungshandelns (Verwaltungsrecht, 4. Aufl.1995, § 5 II und §§ 31, 32) hat sich nicht durchgesetzt.

[44] Wie z.B. dem Abfallrecht, Bau- und Planungsrecht, Eisenbahnrecht, Energierecht, Kommunalrecht, Luftverkehrsrecht, Personenbeförderungsrecht, Postrecht, Schul- und Hochschulrecht, Sozialrecht, Straßen- und Wasserstraßenrecht, Subventionsrecht, Wasserrecht, Telekommunikationsrecht, Vergaberecht.

[45] Grundlegend *E. Forsthoff* Die Verwaltung als Leistungsträger, 1938; *ders.*, Rechtsfragen der leistenden Verwaltung, 1959. Zusammenfassungen z.B. bei *W. Löwer* Energieversorgung zwischen Staat, Gemeinde und Wirtschaft, 1989, 110–117; *Hermes* Infrastrukturverantwortung (Fn. 11), 94–100; *M. Knauff* Der Gewährleistungsstaat: Reform der Daseinsvorsorge, 2004, 38–43; *M. Krajewski* Grundstrukturen des Rechts öffentlicher Dienstleistungen, 2011, 15–26. Zum geistigen Umfeld z.B. *M. Stolleis* Geschichte des öffentlichen Rechts in Deutschland, Bd. III, 1999, 366–368 und Bd. IV, 2012, 262–265; *J. Kersten* Die Entwicklung des Konzepts der Daseinsvorsorge im Werk von Ernst Forsthoff, Der Staat 44 (2005), 543 (544–554).

bekanntlich fortentwickelt hat[46] und dabei nicht nur dem demokratischen Ordnungsrahmen des Grundgesetzes angepasst wurde. Die Debatte um Privatisierung und Privatisierungsfolgenrecht der 1990er Jahre bewirkte (nicht zuletzt unter dem Einfluss des europäischen Binnenmarktrechts) weitere entscheidende Verschiebungen: Implizierte noch bei *Forsthoff* das klassische Konzept der Daseinsvorsorge die Selbstvornahme des Staates und schloss jede private Leistungserbringung, erst recht privaten Wettbewerb aus[47], so ist die Beteiligung Privater an der staatlichen Daseinsvorsorge heute tatsächlich Allgemeingut und rechtsdogmatisch vielfach dargestellt und erörtert.[48] Auch wenn die Daseinsvorsorge – als Begriff wie als Konzept – schon häufig für überholt erklärt wurde, und zwar gerade im Hinblick auf eine liberalisierte Versorgungswirtschaft mit staatlicher Residualverantwortung,[49] so haben doch Begriffsvarianten, wie z.B. „öffentliche Versorgung"[50] oder „öffentliche Dienstleistungen"[51], bislang den *Forsthoff*'schen Begriff nicht verdrängen können. Dieser hat sich vielleicht auch deshalb als so wirkmächtig erwiesen, weil darin sowohl das wohlfahrtsstaatliche als auch das existentielle Element sprachlich prägnant zum Ausdruck kommen. Ich meine, auch in der modernen, von Verantwortungstypologien geprägten Rechtsdogmatik hat die Daseinsvorsorge daher ihren Platz.[52]

---

[46] Hierzu z.B. *Kersten* (Fn. 45) Staat 44 (2005), 543 (555–564); *Krajewski* Grundstrukturen (Fn. 45), 21–26.

[47] Vgl. *Forsthoff* Rechtsfragen (Fn. 45), 11; ebenso z.B. *H. H. Klein* Die Teilnahme des Staates am wirtschaftlichen Wettbewerb (1968), 18. Daher sei alle Daseinsvorsorge öffentliche Verwaltung, vgl. *Forsthoff* Verwaltungsrecht I, 10. Aufl. 1973, 370. Allerdings konnte *Forsthoff* sich vorstellen, dass sich der Staat in der Daseinsvorsorge aus der Leistungserbringung zugunsten „unterstaatlicher, gemeinschaftsförmiger Leistungsträger" (gemeint waren vor allem die Gemeinden) zurückzieht und sich auf eine „Oberaufsicht" über diese beschränkt, vgl. Verwaltung (Fn. 45), 49 f.

[48] Vgl. statt aller *R. Schmidt* Die Liberalisierung der Daseinsvorsorge, Der Staat 42 (2003), 225 (242 f.); *M. Ronellenfitsch* in: Magiera/Sommermann (Hrsg.) Daseinsvorsorge und Infrastrukturgewährleistung, 2009, 27 (32 f.).

[49] So z.B. *Glöckner* Infrastrukturverantwortung (Fn. 11), 22–24; *S. Boysen/M. Neukirchen* Europäisches Beihilferecht und mitgliedstaatliche Daseinsvorsorge, 2007, 23.

[50] *J.-Chr. Pielow* Grundstrukturen öffentlicher Versorgung, 2001, 10–18; *H. Butzer* Sicherstellungsauftrag, in: Isensee/Kirchof (Hrsg.) HStR IV, 3. Aufl. 2006, § 74 Rn. 24–29.

[51] Statt aller *Krajewski* Grundstrukturen (Fn. 45), 3–14. Austauschbar mit Daseinsvorsorge offensichtlich in § 2 Abs. 1 Nr. 2 UIG verwendet. Aus dem Unionsbereich z.B. die Kommissionsmitteilungen zu Ausgleichsleistungen für die „Erbringung öffentlicher Dienstleistungen" in ABlEU 2005 C 297/4 und ABlEU 2012 C 8/15.

[52] Zur Vereinbarkeit der Konzepte Daseinsvorsorge und Gewährleistungsverantwortung z.B. *P. Badura* Wirtschaftliche Betätigung der öffentlichen Hand zur Gewährleistung von Daseinsvorsorge, in: J. Schwarze (Hrsg.) Daseinsvorsorge im Lichte des

Als rechtstatsächliche Beschreibung geläufig, als deskriptiver Rechts- und Gesetzesbegriff in Verwendung[53], ist die Vokabel „Daseinsvorsorge" also mit gutem Grund fester Bestandteil jedes – juristischen oder anderen – Diskurses über öffentliche Aufgaben und ihre Wahrnehmung. Er bezeichnet die grundlegende Aufgabe des sozialen Rechtsstaates, für die Versorgung der Bevölkerung mit den im modernen Alltag unverzichtbaren Gütern und Dienstleistungen zu sorgen. Zur Kennzeichnung von Reichweite und Intensität dieser Aufgabe spricht das BVerfG von Leistungen, derer der Bürger „zur Sicherung einer menschenwürdigen Existenz unumgänglich bedarf"[54], § 2 Abs. 2 Nr. 3 ROG von der „Grundversorgung für alle Bevölkerungsgruppen". Im Übrigen beschreibt der deutsche Gesetzgeber die Schwelle der staatlichen Verantwortung für die Daseinsvorsorge mit dem Instrument des Universaldienstes in regulierten Leistungsbereichen: Dabei handelt es sich um solche „Dienstleistungen, die allgemein als unabdingbar angesehen werden" (§ 11 Abs. 1 S. 3 PostG) bzw. „deren Erbringung für die Öffentlichkeit als Grundversorgung unabdingbar geworden ist" (§ 78 Abs. 1 TKG). Diese Formulierungen belegen schon, dass der Aufgabenbereich der Daseinsvorsorge nicht dauerhaft fixiert oder durch einen abschließenden Katalog zu bestimmen, sondern notwendigerweise entwicklungsoffen ist:[55] Vor allem ist er von der sozialen und

---

Wettbewerbsrechts, 2001, 25 (27); *M. Möstl* Renaissance und Rekonstruktion des Daseinsvorsorgebegriffs unter dem Europarecht, FS Badura, 2004, 951 (959 f.); *Knauff* Gewährleistungsstaat (Fn. 45), 91; *R. Uerpmann-Wittzack* Verkehr, in: HStR IV (Fn. 50), § 89 Rn. 1; *Kotzur* (Fn. 28), JöR n.F. 61 (2013), 195 (200 f.). Für eine „Daseinsvorsorgeverantwortung" z.B. *M. Möstl* in: Maunz/Dürig, GG, Art. 87e Rn. 138 f. (2006).

[53] Vgl. z.B. § 4 Abs. 1 S. 3, § 25 Abs. 2 PostVerfG 1989 (BGBl. I 1026); § 8 Abs. 1 G über die Regulierung der Telekommunikation und des Postwesens 1994 (BGBl. I 2371); § 1 Abs. 1 Gesetz zur Regionalisierung des ÖPNV (RegG); § 2 Abs. 2 Nr. 1 und 3 ROG; § 2 Abs. 1 Nr. 2 UIG; § 50 Abs. 1 WHG; weitere Nachw. bei *Krajewski* Grundstrukturen (Fn. 45), 40–42. Aus dem Landesrecht z.B. § 78c S. 2 Nr. 2 BayVwVfG. Aus der Rspr. statt aller BVerfGE 22, 28 (38); 66, 248 (258); 75, 192 (197–200); 107, 59 (93); 128, 226 (250); 130, 76 (115); BVerfG NJW 1990, 1783; als „Daseinssorge" (sic !) in BVerfGE 38, 258 (270). Gegen „Daseinsvorsorge" als Rechtsbegriff z.B. *Schmidt* (Fn. 48), Der Staat 42 (2003), 225 (229 f. und 247); skeptisch *M. Krajewski* Rechtsbegriff Daseinsvorsorge?, VerwArch 99 (2008), 174.

[54] BVerfGE 66, 248 (258). *Forsthoff* hatte ganz in diesem Sinne zunächst auf die „lebenswichtige Angewiesenheit" des Einzelnen, seine „Vorsorgebedürftigkeit" abgestellt, vgl. Verwaltung (Fn. 45), 42: Bäder und Heilbäder sollten umfasst sein, Theater und „Lichtspiele" hingegen nicht; deutlich weiter dann schon *Forsthoff* Rechtsfragen (Fn. 45), 12, wo alle für die Allgemeinheit erbrachten und grundsätzlich zugänglichen Verwaltungsleistungen erfasst sein sollten.

[55] Ebenso schon *Forsthoff* Rechtsfragen (Fn. 45), 12. Vgl. auch § 11 Abs. 2 S. 2 PostG, wonach die als „unabdingbar" geltenden Leistungen der Universaldienstver-

technischen Entwicklung abhängig, unter deren Einfluss sich die Grund- und Versorgungsbedürfnisse der Allgemeinheit sowie die technischen Möglichkeiten ihrer Befriedigung permanent verändern. Das überkommene Konzept der Daseinsvorsorge ist in seiner modernen Gestalt grundsätzlich flexibel genug, um diese Änderungen zu verarbeiten.

Aus alldem ergibt sich ein modales Verhältnis von Infrastruktur zur Daseinsvorsorge: Letztere bezeichnet die öffentliche Aufgabe und die zu ihrer Erfüllung ins Werk gesetzte Tätigkeit, „Infrastruktur" hingegen einen Gegenstand und ein wesentliches Instrument zur Erfüllung dieser Aufgabe, nämlich ihre immobilen sächlichen Grundlagen. Infrastruktur ist ein unabdingbares Mittel, um die Aufgabe der Daseinsvorsorge zu erfüllen;[56] dementsprechend gibt es, wie § 2 Abs. 2 Nr. 3 ROG formuliert, „Infrastrukturen der Daseinsvorsorge". Wie das Konzept der Daseinsvorsorge, ist auch der Infrastrukturbegriff grundsätzlich entwicklungsoffen: Ändern sich die Grund- und Versorgungsbedürfnisse der Allgemeinheit und die technische Möglichkeiten ihrer Befriedigung, so kann sich auch die Palette der „Hardware" ändern, die hierfür gebraucht wird.

„Infrastrukturrecht" besitzt dementsprechend im Kern einen instrumentellen Charakter, es ist stets auf die Erfüllung der durch Verfassung oder Gesetz determinierten Versorgungszwecke bezogen und in der Regel beschränkt.[57] Gleichzeitig ergibt sich, dass „Infrastrukturrecht" nicht vom Recht der Daseinsvorsorge getrennt werden kann, Debatten über dieses betreffen fast zwingend stets auch das Recht der Infrastruktur.

4. *Europäische Konzepte*

Im europäischen Unionsrecht findet die Daseinsvorsorge[58] eine Entsprechung in einem etwas umständlichen Begriffspaar, den „Diensten von

---

pflichtung „der technischen und gesellschaftlichen Entwicklung nachfragegerecht anzupassen" sind.

[56] Dies wird auch im Wortlaut der ersten deutschen Gesetze deutlich, die beide Begriffe zugleich verwendeten, vgl. z.B. § 4 Abs. 1 S. 3 PostVerfG 1989 (BGBl. I 1026): Infrastrukturdienste und notwendige Infrastruktur „sind im Sinne der öffentlichen Aufgabenstellung, insbes. der Daseinsvorsorge, … zu sichern und der Entwicklung anzupassen"; nach Art. 25 Abs. 2 PostVerfG war die Bundesregierung ermächtigt, durch Rechtsverordnung „diejenigen Infrastrukturleistungen zu bestimmen, die die Unternehmen im besonderen öffentlichen Interesse, vor allem aus Gründen der Daseinsvorsorge erbringen müssen"; ebenso in § 8 Abs. 1 G über die Regulierung der Telekommunikation und des Postwesens 1994 (BGBl. I 2371).

[57] Erweiterungen der Zweckrichtung ergeben sich allerdings durch den Liberalisierungs- und Wettbewerbsimpuls des EU-Rechts, dazu unten III.4.

[58] Dieser Begriff selbst fand in den deutschen Fassungen einiger Mitteilungen der Kommission ausdrückliche Verwendung, vgl. nur ABlEG 1996 C 281/3; ABlEG 2001 C 17/4.

allgemeinem wirtschaftlichen Interesse" (DAWIs) und den „Diensten von allgemeinem Interesse".[59] Dabei handelt es sich um markt- bzw. nicht marktbezogene Tätigkeiten, die im Interesse der Allgemeinheit erbracht und daher von den Behörden mit spezifischen Gemeinwohlverpflichtungen verknüpft werden.[60] Sie werden in Art. 14 AEUV[61] der gemeinsamen Sorge von Union und Mitgliedstaaten überantwortet. Gleichzeitig verspricht Art. 106 Abs. 2 AEUV Unternehmen, die mit der Erbringung derartiger Dienste betraut sind, unter bestimmten Voraussetzungen Abweichungen vom Wettbewerbsrecht des europäischen Binnenmarktes. Leistungen der Daseinsvorsorge erscheinen im Unionsrecht also einerseits in der Rolle der rechtfertigungsbedürftigen Wettbewerbseinschränkung, andererseits aber als ein eigenständiger, positiver Rechtswert, dessen Bedeutung für den „sozialen und territorialen Zusammenhalt" Art. 14 AEUV ausdrücklich betont.[62] Die Werthaftigkeit der DAWIs unterstreicht seit dem Vertrag von Lissabon zusätzlich ein separates Protokoll[63], dessen Art. 1 nicht nur die Autonomie der staatlichen Behörden und die notwendige Vielfalt der erfassten Leistungen unterstreicht, sondern auch bestimmte Erbringungsparameter formuliert[64]. Diese unions-

---

[59] Vgl. für das Nebeneinander beider Begriffe nur Art. 1 und 2 des „Protokolls über Dienste von allgemeinem Interesse", ABlEU 2012 C 326/308. Zur Begriffsdoppelung grundlegend die Mitteilung der Kommission über „die Leistungen der Daseinsvorsorge in Europa" (ABlEG 2001 C 17 Rn. 27–30); näher *Krajewski* Grundstrukturen (Fn. 45), 77–115. Die terminologische Vielfalt des Unionsrechts ist damit allerdings noch nicht erschöpft, denn Art. 93 AEUV, der bestimmte Verkehrsbeihilfen vom Beihilfeverbot ausnimmt, bezieht sich hierfür auf „mit dem Begriff des öffentlichen Dienstes zusammenhängende Leistungen"; konkretisiert wird diese Regelung durch die VO 1370/2007 über öffentliche Personenverkehrsdienste auf Schiene und Straße, deren Art. 1 Abs. 1 wiederum von „Dienstleistungen von allgemeinem Interesse" spricht.

[60] Vgl. z.B. die Kommissionsmitteilungen „Leistungen der Daseinsvorsorge in Europa" (Fn. 58) sowie das Grünbuch der Kommission zu Dienstleistungen von allgemeinem Interesse v. 21.5.2003, KOM(2003) 270 endg, Tz. 16–17. Zum Konzept statt vieler *Th. v. Danwitz* Dienste von allgemeinem wirtschaftlichen Interesse in der europäischen Wettbewerbsordnung, in: Krautscheid (Hrsg.) Die Daseinsvorsorge im Spannungsfeld von europäischem Wettbewerb und Gemeinwohl, 2009, 103 (113–117).

[61] Dessen Regelungsgegenstand in BVerfGE 123, 267 (294) umstandslos mit „Daseinsvorsorge" bezeichnet wird.

[62] Für ein „Unionsstrukturprinzip" *Kotzur* (Fn. 28), JöR n.F. 61 (2013), 195 (205). In Art. 36 EU-Grundrechtecharta wird dies wiederholt und nur scheinbar ergänzt um eine subjektiv-rechtliche Komponente: Die Union „anerkennt und achtet" danach den Zugang zu DAWIs nach Maßgabe einzelstaatlicher Regelungen.

[63] S. in Fn. 59.

[64] Wie Qualität, Sicherheit, Bezahlbarkeit, Gleichbehandlung, universeller Zugang und Nutzerrechte. Zur prinzipienbildenden Rolle dieser Anforderungen z.B. *M. Krajewski* Dienstleistungen von allgemeinem Interesse als Element europäischer Sozialstaat-

rechtliche Verankerung der Daseinsvorsorge schließt als deren wesentliches Instrument die Infrastruktur mit ein.

III. Die Infrastrukturverantwortung des Staates

Zu den Anforderungen an ein „zukunftsfähiges Infrastrukturrecht" gehört, dass seine Ausgestaltung es dem Staat ermöglicht, seine ihm durch die Verfassung aufgegebene Verantwortung für Errichtung, Erhalt und Funktionsfähigkeit der für die Grundversorgung notwendigen Infrastruktur wahrzunehmen. Hierfür bedarf es geeigneter Regelungs- und Organisationsstrukturen für die Infrastruktur selbst sowie eines angemessenen rechtlichen Ordnungsrahmens für die Erbringung von Infrastrukturleistungen. „Infrastrukturrecht" muss nicht nur einen verlässlichen Rahmen für die Erbringung dieser Leistungen bieten, sondern gleichzeitig – und vielleicht vorrangig – die Erfüllung des infrastrukturbasierten Daseinsvorsorgeauftrags des Staates gewährleisten.

1. Verfassungsrechtliche Grundlagen

Von *Herbert Krüger* wissen wir, dass ein öffentliches Straßen- und Wegenetz eine notwendige Voraussetzung staatlicher Existenz ist.[65] Die Erschließung des Staatsgebiets gehört daher wie die Bereitstellung einer Rechtsordnung zu den notwendigen Staatsaufgaben.[66] Von dort ist es nur ein kleiner Schritt, um zu erkennen, dass Infrastruktur, bezogen auf ein Mindestmaß an Versorgung, Mobilität und Kommunikation, eine Grundbedingung für die politische Integration jedes Gemeinwesens, zumal des Staates ist.[67] Gerade in Zeiten einer schrumpfenden Bevölkerung[68] sichern

---

lichkeit, in: J. Bast/F. Rödl (Hrsg.) Wohlfahrtsstaatlichkeit und soziale Demokratie in der Europäischen Union, EuR Beiheft 1/2013, 109 (117–120).

[65] *H. Krüger* Gegen eine Entstaatlichung der öffentlichen Wege, 1954, 36–38; *ders.* Marktwirtschaftliche Ordnung und öffentliche Vorhaltung der Verkehrswege, 1969, 4–8.

[66] *J. Isensee* Staatsaufgaben, in: HStR IV (Fn. 50), § 73 Rn. 30; *U. Mager* in: Säcker (Hrsg.) TKG. Kommentar, 3. Aufl. 2013, vor § 78 Rn. 2.

[67] Im Anschluss an *Krüger* z.B. *M. Fehling* Mitbenutzungsrechte Dritter bei Schienenwegen, Energieversorgungs- und Telekommunikationsleitungen vor dem Hintergrund staatlicher Infrastrukturverantwortung, AöR 121 (1996), 59 (80 f.); *Hermes* Infrastrukturverantwortung (Fn. 11), 324–327; *Schoch* (Fn. 22), 198, in Fn. 192.

[68] Zu diesem Aspekt im vorliegenden Zusammenhang insbes. *J. Kersten* Universaldienste in einer schrumpfenden Gesellschaft, DVBl 2006, 942; *ders.* Mindestgewährleistungen im Infrastrukturrecht, IzR 2008, 1 (2–3); *F. Brosius-Gersdorf* Demografischer Wandel und Daseinsvorsorge, VerwArch 98 (2007), 317 (319–324).

vernetzte Infrastrukturen den sozialen Zusammenhalt von Staat und Gesellschaft. Diese Integrationsfunktion kann in Letztverantwortung nur der Verfassungsstaat erfüllen, sie obliegt ihm daher kraft seiner Existenz. Die Sicherstellung der für das Gemeinwesen notwendigen Infrastruktur ist somit eine immanente Kernfunktion des Staates und von Verfassungs wegen wesentlicher Gegenstand seiner Steuerungsverantwortung.[69]

In der geschriebenen Verfassung finden sich vor allem zwei Anknüpfungspunkte für einen umfassenden Infrastrukturauftrag des Staates. Zum einen ist er im Sinne einer Grundversorgung mit elementaren Gütern aus dem Sozialstaatsprinzip abzuleiten, verpflichtet dieses doch den Staat des Grundgesetzes dazu, für die Mindestvoraussetzungen eines menschenwürdigen Lebens seiner Bevölkerung zu sorgen.[70] Dies schließt die Sicherung zeitgemäßer sozialer Existenzbedingungen ein.[71] Vorbehaltlich eines großen Ausgestaltungsspielraums ist der Sozialstaat also verpflichtet, grundsätzlich für eine dauerhafte, flächendeckende und sozialverträgliche Grundversorgung mit Infrastruktur und Infrastrukturleistungen zu sorgen.[72] Im Lichte des Sozialstaatsprinzips umfasst die Aufgabe

---

[69] Statt vieler *Osterloh* Privatisierung (Fn. 6), 208 und 229; *Hermes* Infrastrukturverantwortung (Fn. 11), 147, 152–156. Für die Daseinsvorsorge ähnlich *W. Rüfner* Daseinsvorsorge und soziale Sicherheit, in: HStR IV (Fn. 50), § 96 Rn. 1 und 21; *H.-P. Bull* Daseinsvorsorge im Wandel der Staatsformen, Der Staat 47 (2008), 1 (9); als „essentielle Staatsfunktion" bezeichnet von *Lübbe-Wolff* in abw. Meinung, BVerfGE 118, 124 (151). Auch der Ahnherr der Wirtschaftstheorie, *Adam Smith*, zählte die Errichtung und den Unterhalt nützlicher „öffentlicher Anlagen und Einrichtungen" zu den drei Kernaufgaben des Staates, vgl. An Inquiry into the Nature and Causes of the Wealth of Nations (1776), Book V, Chapter I, Part III, zitiert nach der Ausgabe The Modern Library, New York, 1937. Die Untiefen einer Staatsaufgabenlehre betonen im vorliegenden Zusammenhang z.B. *Hermes* Infrastrukturverantwortung (Fn. 11), 135–139; *J. A. Kämmerer* Privatisierung, 2001, 157–163; *Kühling* Regulierung (Fn. 41), 446–450; *O. Lepsius* in: Fehling/Ruffert (Fn. 20), § 4 Rn. 101–103; allgemein auch *Isensee* (Fn. 66), § 73 Rn. 1 („Entwicklungsland der deutschen Staatsrechtslehre").

[70] StRspr., z.B. BVerfGE 40, 121 (133); 82, 60 (80, 85); 110, 412 (445 f.); ebenso z.B. *I. Spiecker gen. Döhmann* Verfassungstheorie des Sozialstaates, in: Depenheuer/Grabenwarter (Hrsg.) Verfassungstheorie, 2010, § 23 Rn. 47 f. Für die Ausrichtung von Daseinsvorsorge und Infrastruktur auf die Gewährleistung sozialer Gleichheit hingegen *H. F. Zacher* Das soziale Staatsziel, in: Isensee/Kirchhof (Hrsg.) HStR II, 3. Aufl. 2004, § 28 Rn. 36.

[71] *R. Gröschner* in: Dreier, GG, 2. Aufl. 2006, Art. 20 Rn. 55; *Kämmerer* Privatisierung (Fn. 69), 430.

[72] *Bauer* Privatisierung (Fn. 6), 269 mwN; *Osterloh* Privatisierung (Fn. 6), 208; *Fehling* (Fn. 67), AöR 121 (1996), 59 (81 f.); *Kämmerer* Privatisierung (Fn. 69), 430; *Hünnekens* (Fn. 11), 116–123; *Butzer* (Fn. 50), § 74 Rn. 44; *Glöckner* Infrastrukturverantwortung (Fn. 11), 63 mwN; *J. Brehme* Privatisierung und Regulierung der öffentlichen Wasserversorgung, 2010, 328–330. Ebenso für die Daseinsvorsorge statt aller *Zacher*

der Daseinsvorsorge dabei nicht nur die Versorgungssicherheit, sondern auch die tatsächliche Erreichbarkeit der essentiellen Güter: Die Versorgungsleistungen, für die der Staat verantwortlich ist, müssen für die Allgemeinheit erschwinglich[73], die Einrichtungen, in denen die Leistungen erbracht werden, jedenfalls grundsätzlich allgemein zugänglich sein.

Mit dem sozialstaatlichen Gestaltungsauftrag verbunden sind die grundrechtlichen Schutzpflichten für Menschenwürde, Leben und Gesundheit, die sich zu einem Verfassungsauftrag für Infrastrukturvorsorge verdichten[74]. Auch andere Grundrechte sind auf infrastrukturelle Voraussetzungen angewiesen: Ohne Teilhabe des Bürgers an Netzen und Leistungen der Infrastruktur ist seine gesellschaftliche Integration und die Verwirklichung seiner verfassungsrechtlich garantierten Freiheiten von Meinungsäußerung, Information, Versammlung, Fortbewegung, Beruf etc. praktisch nicht denkbar. Die staatliche Aufgabe des „Grundrechtsvoraussetzungsschutzes"[75] verpflichtet den Staat daher zu aktiver Infrastrukturpolitik. Ähnlich folgt aus Art. 7 Abs. 1 GG die staatliche Verpflichtung, ein leistungsfähiges Schulsystem zu gewährleisten.[76]

Ist die prinzipielle verfassungsrechtliche Verankerung auch wenig bestritten, so ist die Direktionskraft des Sozialstaatsprinzips und der Grundrechte in diesem Zusammenhang doch begrenzt: Beide verpflichten nicht zu bestimmten sozialen Leistungen oder Maßnahmen[77], sie enthalten keine Aussagen zum Versorgungs- und Vorsorgeumfang oder zum Versorgungsmodus. Der weite Gestaltungsspielraum des Staates ist prägend für beide Ansatzpunkte der verfassungsrechtlichen Infrastruktur-

---

(Fn. 70), § 28 Rn. 64–67; *Knauff* Gewährleistungsstaat (Fn. 45), 192–195; *Lepsius* (Fn. 69), § 4 Rn. 97.

[73] *Kämmerer* Privatisierung (Fn. 69), 430; *Ronellenfitsch* (Fn. 48), 34; *H.-G. Henneke* Die Daseinsvorsorge in Deutschland – Begriff, historische Entwicklung, rechtliche Grundlagen und Organisation, in: Krautscheid, Daseinsvorsorge (Fn. 60), 17 (19).

[74] Zur Relevanz der Grundrechte für die Gewährleistung der Grundbedingungen menschlicher Existenz z.B. *Bauer* Privatisierung (Fn. 6), 269; *Kämmerer* Privatisierung (Fn. 69), 449–459; *Knauff* Gewährleistungsstaat (Fn. 45), 188–192; *Schoch*, NVwZ 2008, 242 (244); *Kersten* (Fn. 68), IzR 2008, 1 (11); *Glöckner* Infrastrukturverantwortung (Fn. 11), 66 f.

[75] *Schoch* (Fn. 22), 187 f.; ausführlich *W. Weiß* Privatisierung und Staatsaufgaben, 2002, 147–205.

[76] *Kersten* (Fn. 68), IzR 2008, 1 (10); *J. Ennuschat* Organisation der öffentlichen Schule, Verw. 45 (2012), 331 (336 f.); *Chr. Langenfeld* in: Dörr/Grote/Marauhn (Hrsg.) Konkordanzkommentar EMRK/GG, 2. Aufl. 2013, Kap. 23 Rn. 10.

[77] Für das Sozialstaatsprinzip statt aller BVerfGE 82, 60 (80); 94, 241 (263); 110, 412 (445). Für die grundrechtlichen Schutzpflichten z.B. BVerfGE 77, 170 (214 f.); 79, 174 (202); 115, 25 (43–45); *B. Wollenschläger* Effektive staatliche Rückholoptionen bei gesellschaftlicher Schlechterfüllung, 2006, 83–94.

pflicht.[78] Griffiger sind da schon die konkreten sozialstaatlichen Ausprägungen im Verfassungstext, wie vor allem die expliziten Gewährleistungsaufträge in Art. 87e Abs. 4 und 87f Abs. 1 GG für die Verkehrsbedürfnisse der Allgemeinheit im Eisenbahnverkehr bzw. für „flächendeckend angemessene und ausreichende Dienstleistungen" im Bereich Post und Telekommunikation.[79]

Auf unionsrechtlicher Ebene besteht ein Pendant in Art. 14 AEUV, der als Funktionsgarantie mit Schutzpflichtcharakter zu verstehen ist und damit einen Auftrag an Union und Mitgliedstaaten enthält, für das Funktionieren der innerstaatlichen Daseinsvorsorge zu sorgen.[80] Dies umfasst die Verantwortung für das Vorhandensein und die Funktionsfähigkeit der notwendigen Infrastruktur. Die unionsrechtliche Grundsatznorm verstärkt damit nicht nur den verfassungsstaatlichen Auftrag und fügt ihm einen äußeren Impuls hinzu, sie formuliert – erst recht in Verbindung mit dem dazu angenommenen Protokoll[81] – den öffentlichen Versorgungsauftrag sehr viel klarer und differenzierter als das Grundgesetz.

2. *Infrastruktur als Gegenstand von Gewährleistungsverantwortung*

Der infrastrukturbezogene Verfassungsauftrag des Staates ruft die verschiedenen Wahrnehmungsmodi staatlichen Handelns auf, die durch jenen nicht notwendigerweise determiniert sind. Sie reichen von der traditionellen staatlichen Leistungsgewährung als Selbstvornahme über die Indienstnahme oder Beleihung Privater, die vertragliche Kooperation mit

---

[78] Vgl. nur *Voßkuhle* Beteiligung Privater (Fn. 7), 297 f.; *Hellermann* Schutz (Fn. 8), 375.

[79] Zur sozialstaatlichen Grundierung dieser Vorschriften z.B. *M. Cornils* Staatliche Infrastrukturverantwortung und kontingente Marktvoraussetzungen, AöR 131 (2006), 378 (385); *Knauff* Gewährleistungsstaat (Fn. 45), 247; *Möstl* in: Maunz/Dürig, GG, Art. 87f Rn. 71 (2010). Interessanterweise ist im Verfassungstext der Gewährleistungsauftrag für Eisenbahnen auf Schienennetz und Verkehrsangebot gleichermaßen bezogen, schließt die Infrastruktur selbst also ein, während der Auftrag für Post und Telekommunikation nur die zu erbringenden Dienstleistungen nennt. Nach ganz h.M. aber ist die Sorge um das Netz, also um die Infrastruktur im eigentlichen Sinne, von letzterem mit umfasst, vgl. nur *Fehling* (Fn. 67), AöR 1996, 59 (78 f.); *Hermes* Infrastrukturverantwortung (Fn. 11), 239; *Schoch* (Fn. 22), 198, in Fn. 195; *Möstl* in: Maunz/Dürig, GG, Art. 87f Rn. 33 (2010).

[80] Vgl. *St. Wernicke* in: Grabitz/Hilf/Nettesheim, Recht der EU, Art. 14 EUV Rn. 39–49 („Funktionsgarantie und Optimierungsgebot"); *Chr. Jung* in: Calliess/Ruffert, EUV/AEUV, 4. Aufl. 2011, Art. 14 AEUV Rn. 22 („Funktionsgewährleistungspflicht"); *Schmidt* (Fn. 48), Staat 42 (2003), 225 (239: „Bestandsgarantie"); *v. Danwitz* Dienste (Fn. 60), 118 f.

[81] Dazu oben bei Fn. 63–64.

ihnen bis zur bloßen Rahmensetzung.[82] Die Tatsache, dass grundsätzlich verschiedene solcher Modi zur Verfügung stehen, bestimmt die insoweit dem Staat von Verfassungs wegen zukommende Rolle, die seit geraumer Zeit mit verschiedenen Verantwortungsschichten und -konzepten[83] beschrieben wird.

Für die Wahrnehmung der Daseinsvorsorge haben sich seit Mitte der 1990er Jahre Begriff und Konzept der „Gewährleistungsverantwortung" etabliert[84], wofür man begrifflich an entsprechende Formulierungen im Grundgesetz (Art. 87e Abs. 4, Art. 87f Abs. 1) anknüpfen konnte. Danach muss der Staat die ihm von Verfassungs wegen zufallende Aufgabe nicht mehr selbst erfüllen, er muss für ihre Erfüllung einstehen. Soweit

---

[82] Hierzu umfassend *H. Schulze-Fielitz* Grundmodi der Aufgabenwahrnehmung, in: Hoffmann-Riem/Schmidt-Aßmann/Voßkuhle (Hrsg.) GVwR, Bd. I, 2. Aufl. 2012, § 12.

[83] Zum schillernden Begriff der Verantwortung die Hinweise bei *Voßkuhle* Beteiligung Privater (Fn. 7), 270, in Fn. 9 und 10; *Franzius* Gewährleistung (Fn. 29), 96–102 sowie umfassend *J. H. Klement* Verantwortung, 2006. Zu den verschiedenen Verantwortungstypologien z.B. *Voßkuhle* Beteiligung Privater (Fn. 7), in Fn. 65; *Bauer* Privatisierung (Fn. 6), 278–280; *Butzer* (Fn. 50), § 74 Rn. 12; *Brehme* Privatisierung (Fn. 72), 46–53; grundlegend *E. Schmidt-Aßmann* in: Hoffmann-Riem/Schmidt-Aßmann/Schuppert (Hrsg.) Reform des Allgemeinen Verwaltungsrechts – Grundfragen, 1993, 11 (43 f.).

[84] Grundlegend wohl *G.F. Schuppert* Rückzug des Staates?, DÖV 1995, 761 (768); *ders.* Vom produzierenden zum gewährleistenden Staat: Privatisierung als Veränderung staatlicher Handlungsformen, in: König/Benz (Hrsg.) Privatisierung und staatliche Regulierung, 1997, 539 (550 f.); *W. Hoffmann-Riem* Verfahrensprivatisierung als Modernisierung, in: Hoffmann-Riem/Schneider (Hrsg.) Verfahrensprivatisierung im Umweltrecht (1996), 9 (24); *ders.* Tendenzen der Verwaltungsrechtsentwicklung, DÖV 1997, 433 (441 f.). Im Anschluss z.B. *Schoch* (Fn. 22), 204, 212; *M. Ruffert* Regulierung im System des Verwaltungsrechts, AöR 124 (1999), 237 (247); *J.-P. Schneider* Liberalisierung der Stromwirtschaft durch regulative Marktorganisation, 1999, 123–125; *Weiß* Privatisierung (Fn. 75), 291–347; *R. Ruge*, Die Gewährleistungsverantwortung des Staates und der Regulatory State, 2004, insbes. 172–188; *G. Britz* „Kommunale Gewährleistungsverantwortung" – Ein allgemeines Element des Regulierungsrechts in Europa?, Verw. 37 (2004), 145 (148 f.); *Kühling* Regulierung (Fn. 41), 557–562; *ders.* (Fn. 42), DVBl 2013, 1093 (1095 und 1101); *M. Burgi* Privatisierung, in: HStR IV (Fn. 50), § 75 Rn. 3; *Brosius-Gersdorf* (Fn. 68), VerwArch 98 (2007), 317 (325, 340); *W. Kahl* Die Privatisierung der Wasserversorgung, GewArch 2007, 441 (442 f.); *Franzius* Gewährleistung (Fn. 29), 121–134; *Brehme* Privatisierung (Fn. 72), 51; *Schulze-Fielitz* (Fn. 82), § 12 Rn. 158–165; *Krajewski* Grundstrukturen (Fn. 45), 281–290; *M. Schiller* Staatliche Gewährleistungsverantwortung und die Sicherstellung von Anschluss und Versorgung im Bereich der Energiewirtschaft, 2012. Als „Gewährleistungspflicht für die Erfüllung von Verwaltungsaufgaben" bei *Bauer* Privatisierung (Fn. 6), 268; ähnlich *Kämmerer* Privatisierung (Fn. 69), 474–479; als „Sicherstellungsauftrag" bei *Butzer* (Fn. 50), § 74 Rn. 1–3. Früher schon als „Garantenstellung" des Staates bei *Gallwas* VVDStRL 29 (1971), 211 (226–232).

Private in die Aufgabenerfüllung eingeschaltet sind bzw. ihnen die Erbringung von Daseinsvorsorgeleistungen überlassen ist, muss er ihre Tätigkeit überwachen und auf die Erfüllung des Versorgungsauftrags achten. Der Staat kann sich m.a.W. im Rahmen der Verfassung aus der „Erfüllungsverantwortung" zurückziehen, solange er einen rechtlichen Ordnungsrahmen bereitstellt und sich durch rechtliche Instrumente einen hinreichenden Einfluss sichert, der die Gewährleistung der Versorgung verspricht. Verallgemeinernd mündet dieser Ansatz in die Rede vom „Gewährleistungsstaat"[85], dessen Aufgaben von einer „Gewährleistungsverwaltung"[86] und durch „Gewährleistungskommunen"[87] wahrgenommen werden und der mit den Instanzen der EU in einem „Gewährleistungsverbund" zusammengespannt ist[88]. Diese Terminologie hat sich heute weitgehend

[85] Statt aller *M. Eifert* Grundversorgung mit Telekommunikationsleistungen im Gewährleistungsstaat, 1998, 18–22; *G. F. Schuppert* Der moderne Staat als Gewährleistungsstaat, in: Schröter (Hrsg.) Empirische Policy- und Verwaltungsforschung, FS Wollmann, 2001, 399; *W. Hoffmann-Riem* Modernisierung von Recht und Justiz. Eine Herausforderung des Gewährleistungsstaates, 2001; *C. Franzius* Der „Gewährleistungsstaat" – Ein neues Leitbild für den sich wandelnden Staat?, Der Staat 42 (2003), 493; *ders.* Gewährleistung (Fn. 29), 77–121; *ders.* Der Gewährleistungsstaat, VerwArch 99 (2008), 351; *Knauff* Gewährleistungsstaat (Fn. 45), insbes. 59–91; *ders.* Gewährleistungsstaatlichkeit in Krisenzeiten: Der Gewährleistungsstaat in der Krise, DÖV 2009, 581; div. Beiträge in Schuppert (Hrsg.) Der Gewährleistungsstaat – Ein Leitbild auf dem Prüfstand, 2005; *K. Waechter* Verwaltungsrecht im Gewährleistungsstaat, 2008; *Isensee* (Fn. 66), § 73 Rn. 72; *M. Ruffert* Begriff, in: Fehling/Ruffert (Fn. 20), § 7 Rn. 31; *Hellermann* Schutz (Fn. 8), 389 f.; *D. Krausnick* Staat und Hochschule im Gewährleistungsstaat, 2010; *Krajewski* Grundstrukturen (Fn. 45), 549–563; *H. Wißmann* in: Hoffmann-Riem/Schmidt-Aßmann/Voßkuhle (Hrsg.) GVwR, Bd. I, 2. Aufl. 2012, § 15 Rn. 14 und 63.

[86] Statt vieler *Kämmerer* Privatisierung (Fn. 69), 478; *H. Lackner* Gewährleistungsverwaltung und Verkehrsverwaltung, 2004; *E. Schmidt-Aßmann* Das Allgemeine Verwaltungsrecht als Ordnungsidee, 2. Aufl. 2004, 3. Kap, Rn. 116; *F. Schoch* Gewährleistungsverwaltung – Stärkung der Privatrechtsgesellschaft?, NVwZ 2008, 241; *Franzius* Gewährleistung (Fn. 29), 134–145: *Schulze-Fielitz* (Fn. 82), § 12 Rn. 51–63; *M. Pechstein* Umbau der Wasser- und Schifffahrtsverwaltung von einer Ausführungsverwaltung zu einer Gewährleistungsverwaltung?, DÖV 2013, 85. Für ein „Gewährleistungsverwaltungsrecht" grundlegend *Voßkuhle* Beteiligung Privater (Fn. 7), 304–306; daran anschließend z.B. *Wollenschläger* Rückholoptionen (Fn. 77), 25–34; *M. Burgi* Rechtsregime, in: GVwR, Bd. I, 2. Aufl. 2012, § 19 Rn. 79 f.

[87] Vgl. *J. Libbe/J.H. Trapp/St. Tomerius* Gemeinwohlsicherung als Herausforderung – umweltpolitisches Handeln in der Gewährleistungskommune, 2004; *Knauff* Gewährleistungsstaat (Fn. 45), 203.

[88] *Franzius* Gewährleistung (Fn. 29), 151; *Krajewski* Grundstrukturen (Fn. 45), 576–587, der diesen Verbund allerdings noch unvollendet bzw. *in statu nascendi* sieht. Für die EG als „Gewährleistungsgemeinschaft" *W. Hoffmann-Riem*, Telekommunikationsrecht als europäisiertes Verwaltungsrecht, DVBl 1999, 125; *Schoch* (Fn. 86), NVwZ 2008, 241 (243).

durchgesetzt, zumal sie ja in der Verfassung für Eisenbahnen, Post und Telekommunikation konkrete sprachliche Anknüpfungspunkte findet. Für die Infrastruktur als Gegenstand staatlicher Gewährleistung ergibt sich dann die Bezeichnung als „Infrastrukturverantwortung".[89]

Seinen Infrastrukturauftrag kann der Staat – gleichsam als Gewährleistungsstaat, der sich zur Erfüllungsverantwortung aufschwingt – selbst erfüllen durch öffentliche Einrichtungen oder Unternehmen, wie sie traditionell z.B. in der kommunalen Wasserversorgung[90] und Abwasserbeseitigung[91] oder in Gestalt von öffentlichen Schulen, Bibliotheken und Friedhöfen anzutreffen sind. Ebenso begründet die Überlassungspflicht nach § 17 Abs. 1 KrWG zunächst ein Entsorgungsmonopol der durch sie berechtigten öffentlich-rechtlichen Entsorgungsträger.[92] Bau und Unterhaltung von Straßen und Wasserstraßen obliegt in Deutschland traditionell den öffentlichen Straßenbaulastträgern (stellvertretend § 3 FStrG, § 7 Abs. 1 WaStrG) und ist damit grundsätzlich als staatliche Aufgabe ausgestaltet.

Alternativ kann der Gewährleistungsstaat die Infrastruktur im Rahmen der Verfassung für private Trägerschaft und private Leistungserbringung öffnen. Die Beteiligung Privater an der Erfüllung öffentlicher Auf-

---

[89] *Fehling* (Fn. 67), AöR 121 (1996), 59 (insbes. 81); *Hermes* Infrastrukturverantwortung (Fn. 11), 337–340; *Schoch* (Fn. 22), 198; *Eifert* Grundversorgung (Fn. 85), 175; *Cornils* (Fn. 79), 378; *V. Mehde* Staatliche Infrastrukturverantwortung im Praxistest – Lehren aus der Entprivatisierung des britischen Schienennetzbetreibers Railtrack, ZögU 25 (2002), 421; *Glöckner* Infrastrukturverantwortung (Fn. 11); *Remmert* in: Epping/Hillgruber (Hrsg.) GG, 2. Aufl. 2013, Art. 89 Rn. 14 und Art. 90 Rn. 14; *Kotzur* (Fn. 28), JöR n.F. 61 (2013), 195 (201). Zum Begriff s. auch schon die Gegenäußerung der Bundesregierung in BT-Drucks. 12/5015 (1993), 16, zu Nr. 7.

[90] Zur Marktstruktur in der Wasserversorgung vgl. z.B. die Angaben bei *Brehme* Privatisierung (Fn. 72), 64–75, die von 96 % öffentlichen Versorgungsunternehmen ausgeht; ebenso *W. Kahl* Wasser, in: Fehling/Ruffert (Fn. 20), § 14 Rn. 1; *St. Keller* Wasserversorgung, in: Krautscheid, Daseinsvorsorge (Fn. 60), 179 (180–182). S. auch z.B. *J. Hellermann* Wasserversorgung als Gegenstand kommunaler Daseinsvorsorge, in: Ipsen (Hrsg.) Wasserversorgung zwischen kommunaler Daseinsvorsorge und marktwirtschaftlichem Wettbewerb, 2003, 38; *W. Frenz* Liberalisierung und Privatisierung der Wasserwirtschaft, ZHR 166 (2002), 307.

[91] § 56 WHG schreibt die Abwasserbeseitigungspflicht für juristische Personen des öffentlichen Rechts fest, die sich hierzu allerdings Dritter bedienen können. Zu den sich daraus ergebenden Optionen z.B. *H. Bauer* Privatisierungsimpulse und Privatisierungspraxis in der Abwasserentsorgung, VerwArch 90 (1999), 561; *D. Zacharias* Privatisierung der Abwasserbeseitigung, DÖV 2001, 454.

[92] Vgl. *W. Kahl* Abfall, in: Fehling/Ruffert (Fn. 20), § 13 Rn. 7 f. Zur Beauftragung Dritter vgl. § 22 KrWG; zum Ganzen *M. Gädeke* Öffentliche und private Entsorgungsverantwortung, 2002.

gaben stellt nicht nur, wie *Voßkuhle* zu Beginn seines Staatsrechtslehrerreferats hervorgehoben hat[93], in freiheitlichen Ordnungen eine Alltäglichkeit dar, sie ist in Bezug auf Infrastruktur und Infrastrukturdienste auch keine Errungenschaft des späten 20. Jhdts. Bereits die erste Welle des Infrastrukturausbaus in Deutschland in den Jahren nach 1850 war gekennzeichnet durch das Engagement von Privatunternehmen, die mit dem Staat durch spezifische Verträge verbunden waren, welche ihnen das Monopol z.B. für die Gas- oder Wasserversorgung bestimmter Städte oder Stadtteile zuwiesen.[94] Und auch das Preußische Eisenbahngesetz von 1838 hatte bereits zur Konzessionierung von konkurrierenden Bahnen auf fremden Strecken ermächtigt.[95]

Für diese private Bereitstellung von Infrastruktur und Infrastrukturdiensten stehen grundsätzlich drei Wettbewerbsmodelle zur Verfügung, die in ihrer praktischen Anwendung zum Teil auch kombiniert werden[96]: Wettbewerb in der Infrastruktur, um die Infrastruktur oder zwischen Infrastrukturen.

– Es kann Wettbewerb „in der Infrastruktur" geben, wenn mehrere Leistungsanbieter gleichzeitig eine einzige Infrastruktur nutzen, um ihre Leistungen zu erbringen. Ausdruck dieses Modells ist regelmäßig die gesetzliche Eröffnung diskriminierungsfreien Zugangs von Anbietern zur Infrastruktur, wie ihn das Gesetz z.B. für Eisenbahnleistungen (§ 14 AEG[97]), die Festnetztelefonie (§§ 21–23 TKG), die Strom- und Gasversorgung (§ 20, §§ 26–28 EnWG) oder die Bodenabfertigungsdienste auf

[93] *Voßkuhle* Beteiligung Privater (Fn. 7), 268.

[94] Dazu *L. Jellinghaus* Zwischen Daseinsvorsorge und Infrastruktur. Zum Funktionswandel von Verwaltungswissenschaften und Verwaltungsrecht in der zweiten Hälfte des 19. Jahrhunderts, 2006, 214–220; s. auch *Schneider* Liberalisierung (Fn. 84), 60–62; *Ruge* (Fn. 84), 190–192; *Brehme* Privatisierung (Fn. 72), 111–114. Zur Frühgeschichte des ÖPNV *Knauff* Gewährleistungsstaat (Fn. 45), 321–334.

[95] Vgl. *Fehling* (Fn. 67), AöR 121 (1996), 59 (68); *F. Schorkopf* Regulierung nach den Grundsätzen des Rechtsstaates, JZ 2008, 20 (27), der hierin ein frühes Regulierungsgesetz sieht. Zum rechtshistorischen Kontext *R. Michalczyk* Europäische Ursprünge der Regulierung im Wettbewerb, 2010, 125–175; *P. Cancik* Verwaltung und Öffentlichkeit in Preußen, 2007, 348–354.

[96] Zum folgenden z.B. *Chr. Theobald* Aktuelle Entwicklungen des Infrastrukturrechts, NJW 2003, 324 (325–328).

[97] In Verbindung mit der Verordnung über den diskriminierungsfreien Zugang zur Eisenbahninfrastruktur und über die Grundsätze zur Erhebung von Entgelt für die Benutzung der Eisenbahninfrastruktur (EIBV) v. 3.6.2005 (BGBl. I 1566). Zum unionsrechtlichen Hintergrund vgl. Art. 10–13 RL 2012/34/EU zur Schaffung eines einheitlichen europäischen Eisenbahnraums (ABlEU 2012 L 343/32).

Verkehrsflughäfen (§ 19c LuftVG[98]) gewährleistet.[99] Für einige Verkehrsmedien ist der Zugang zur Infrastruktur heute abschließend unionsrechtlich geregelt, wie z.B. die Verteilung von Start- und Landezeiten (*slots*) im Rahmen der Flughafenkoordinierung (§ 27a LuftVG)[100], für andere steht eine unionsrechtliche Regelung noch bevor.[101]

– Wettbewerb „um die Infrastruktur" gibt es, wenn eine Infrastruktureinrichtung im Ergebnis nur einem Unternehmen zur Verfügung steht, um seine Leistungen anzubieten. Dies ist z.B. der Fall bei der Vergabe gemeinwirtschaftlicher Linienverkehrsdienste im ÖPNV, die gem. § 8a PBefG und der EU-VO 1370/2007[102] grundsätzlich in einem wettbewerblichen Verfahren zu erfolgen hat. Für die Nutzung öffentlicher Verkehrswege zum Betrieb von Energieversorgungsleitungen gewährleistet § 46 EnWG den diskriminierungsfreien Abschluss von Wegenutzungsverträgen mit den Gemeinden. Die kommunale Wasserversorgung und Abwasserbeseitigung werden häufig in Gestalt von Betreiber- oder Konzessionsmodellen für geschlossene Versorgungsgebiete an private Versorger vergeben, die für die Laufzeit des entsprechenden Ver-

[98] In Verbindung mit der Verordnung über Bodenabfertigungsdienste auf Flugplätzen (BADV) v. 10.12.1997 (BGBl. I. 2885). Zu den dabei zu treffenden Auswahlentscheidungen und ihre gerichtliche Überprüfung z.B. BVerwG NVwZ 2013, 507.

[99] Zu den Zugangsrechten als Kernstück der Infrastrukturregulierung z.B. *Fehling* Der finanzielle Ausgleich für die Mitbenutzung fremder Infrastruktur bei Schienenwegen, Energieversorgungs- und Telekommunikationsleitungen, VerwArch 86 (1995), 600; *ders.* (Fn. 67), AöR 121 (1996), 59.

[100] Die Flughafenkoordinierung, welche die transparente und diskriminierungsfreie Zuweisung von Zeitnischen zum Starten und Landen auf koordinierten Flughäfen einschließt, erfolgt gem. § 27a Abs. 1 LuftVG nach Maßgabe des europäischen Unionsrechts. *Sedes materiae* ist insoweit die VO (EWG) Nr. 95/93, zuständig für die deutschen Verkehrsflughäfen (benannt in § 1 der entsprechenden Durchführungsverordnung, FHKV) ist der Flughafenkoordinator der Bundesrepublik Deutschland, eine nachgeordnete Behörde des Bundesministeriums für Verkehr, Bau und Stadtentwicklung in Frankfurt/Main. Als Behörde in diesem Sinne ist durch die Verordnung zur Beauftragung des Flughafenkoordinators (BGBl. 1992 I 2072, geänd. BGBl. 2011 I 1526) eine natürliche Person berufen.

[101] Wie z.B. für die Erbringung von Hafendiensten in den Seehäfen der EU, vgl. den Kommissionsentwurf v. 23.5.2013 für eine Verordnung des EP und des Rates zur Schaffung eines Rahmens für den Zugang zum Markt für Hafendienste und für die finanzielle Transparenz der Häfen, KOM(2013) 296 endg.

[102] Zu deren Regime statt aller *B. Linke* Die Gewährleistung des Daseinsvorsorgeauftrags im öffentlichen Personennahverkehr, 2010, 147–288; *A. Heiß* Die neue EG-Verordnung für den öffentlichen Personenverkehr – ein Überblick unter der Berücksichtigung der Situation in Deutschland, VerwArch 1000 (2009), 113; *M. Nettesheim* Das neue Dienstleistungsrecht des ÖPNV – die Verordnung (EG) Nr. 1370/2007, NVwZ 2009, 1449.

trages eine abgesicherte Monopolstellung erhalten.[103] Die Sicherung von Wettbewerb und Allgemeinwohl muss hier vorrangig durch ein faires und rechtsstaatlich unterfangenes Vergabeverfahren erfolgen, es handelt sich um ein infrastrukturbezogenes Hauptanwendungsfeld des Vergaberechts.

- Schließlich können Anbieter in einen Wettbewerb „zwischen Infrastrukturen" treten, wenn sie für dasselbe Versorgungsgebiet jeweils eine Infrastruktureinrichtung desselben Typs vorhalten, die substituierbare Leistungen anbieten. Das Standardbeispiel bildet der Mobilfunk, wo ersichtlich ein Wettbewerb der Netze besteht, der durch die gesetzlichen Vorschriften über Frequenzzuteilung gesteuert wird (§§ 55–65 TKG)[104]. Seit dem 1.1.2008 mag man als Beispiel auch die Postdienste nehmen, da hier nach dem Auslaufen der „Exklusivlizenz" der Deutschen Post AG (§ 51 PostG) verschiedene Anbieter mit ihren Sammel- und Verteilsystemen miteinander konkurrieren.[105] Seit der Änderung des PBefG zum 1.1.2013[106] stehen zudem die Straßen- und die Schienenbeförderung im Personenfernverkehr im echten Wettbewerb miteinander, da nun § 13 Abs. 2 S. 2 PBefG die Streckengenehmigung nicht mehr an eine Bedürfnisprüfung knüpft.

Eine in diesem Sinne wettbewerblich organisierte Daseinsvorsorge, deren sozialstaatlicher Grundimpuls durch den Einfluss des EU-Binnenmarktrechts und dessen Liberalisierungsimpuls überlagert wird, wirft recht bald die Frage nach den Grenzen von Wettbewerblichkeit im sozialen Rechtsstaat auf.[107] Unabdingbarer Bestandteil von Infrastrukturverantwortung im Mehrebenensystem ist daher die Aufgabe, beide Impulse in einen sozialverträglichen Ausgleich miteinander zu bringen – eine Auf-

---

[103] Zu diesen Modellen z.B. *Wollenschläger* Rückholoptionen (Fn. 77), 48–58; *Brehme* Privatisierung (Fn. 72), 198–212; *Kahl* (Fn. 90), § 14 Rn. 9–11.

[104] Zu verfassungs- und verwaltungsrechtlichen Fragen der Frequenzordnung z.B. *Ruffert* (Fn. 84), AöR 124 (1999), 237 (252–265).

[105] Zwar müssen Unternehmen, die gewerbsmäßig Briefsendungen befördern wollen, hierfür eine Lizenz beantragen und in dem Antrag auch das geplante Tätigkeitsgebiet bezeichnen (§ 6 Abs. 1 PostG), doch ergibt sich hieraus nicht, dass die Lizenzerteilung durch die Bundenetzagentur geschlossene Versorgungsgebiete zuweist und dadurch einen Wettbewerb „zwischen Infrastrukturen" praktisch verhindert. Für einen „Wettbewerb der Netze" im Bereich der Post schon *J. Masing* Grundstrukturen eines Regulierungsverwaltungsrechts, Verw. 36 (2003), 1 (17).

[106] Vgl. das Gesetz zur Änderung personenbeförderungsrechtlicher Vorschriften v. 14.12.2012 (BGBl. I 2598).

[107] Dazu allg. *Franzius* Gewährleistung (Fn. 29), 56–70 und die Beiträge von *M. Potacs* und *J. Kersten* Herstellung von Wettbewerb als Verwaltungsaufgabe, in VVDStRL 69 (2010), 254 bzw. 288.

gabe, deren Erfüllung heute regelmäßig in staatlicher Regulierung und entsprechendem Regulierungsrecht zum Ausdruck kommt.[108] Dabei kann die staatliche Letztverantwortung für die Infrastrukturversorgung nicht in Frage stehen, sie resultiert vor allem aus der besonderen Legitimation[109] und der verfassungsrechtlichen Gebundenheit des demokratischen Rechtsstaates. Diese Letztverantwortung kann der europäisch integrierte Verfassungsstaat nur bedingt in den überstaatlichen Verbund einbringen, die Verfassungsgrenzen, welche der europäischen Integration gesetzt sind, gelten auch für die Infrastrukturverantwortung.

3. Verfassungsrechtliche Ausgestaltungsdeterminanten

Unter dem Grundgesetz ist der Gestaltungsspielraum des Staates für die Organisation der Infrastrukturversorgung – jenseits von Grundrechten und Sozialstaatsprinzip – durch verfassungsrechtliche Determinanten eingeschränkt. Jenseits des Funktionsvorbehalts in Art. 33 Abs. 4 GG, der für den Wahrnehmungsmodus staatlichen Handelns nur eine geringe Steuerungswirkung entfaltet[110], ergeben sich spezifische Vorgaben für die Infrastrukturverwaltung vor allem aus den Art. 87d bis 90 GG. Art. 87d Abs. 1 schreibt die Luftverkehrsverwaltung (Luftaufsicht, Flugplankoordinierung, Flugsicherung) als staatliche Aufgabe des Bundes fest, die allerdings nicht mehr in bundeseigener, sondern nur noch „in Bundesverwaltung" erfüllt werden muss.[111] Die Flugsicherung, die materiell-recht-

[108] Zum – immer noch schillernden – Regulierungsbegriff in diesem Sinne z.B. *Ruffert* (Fn. 84), AöR 124 (1999), 237 (241–244); *ders.* Begriff, in: Fehling/Ruffert (Fn. 20), § 7 Rn. 58; *Schneider* Liberalisierung (Fn. 84), 37; *Masing* (Fn. 105), Verw. 36 (2003), 1 (29); *ders.* Soll das Recht der Regulierungsverwaltung übergreifend geregelt werden?, Gutachten D für den 66. Deutschen Juristentag, in: Verhandlungen des 66. DJT (2006), D 5 (D 14); *Britz* (Fn. 84), Verw. 37 (2004), 145; *Kersten* (Fn. 107), 316–319.

[109] So allgemein schon *Schuppert* (Fn. 84), DÖV 1995, 761 (769).

[110] Denn er gilt nur für die „Ausübung hoheitsrechtlicher Befugnisse", also die Ausübung imperativer Staatsgewalt, schreibt aber keine Aufgaben als immerwährend staatliche und schon gar nicht den hoheitlichen Wahrnehmungsmodus fest. Die Verfassungsnorm enthält damit kein Privatisierungsverbot, vgl. *U. Di Fabio* Privatisierung und Staatsvorbehalt, JZ 1999, 585 (591 f.); *Voßkuhle* Beteiligung Privater (Fn. 7), 293 mwN; *Hünnekens* (Fn. 11), 241–243; *Masing* in: Dreier, GG, Art. 33 Rn. 62. Die hoheitliche Aufgabenerfüllung, wie sie im Zusammenhang mit Infrastruktur z.B. in Art. 87e Abs. 1 S. 1 und Art. 87f Abs. 2 S. 2 GG ausdrücklich festgeschrieben ist, liegt dem Funktionsvorbehalt also voraus und bringt ihn zur Anwendung.

[111] Zur Erfassung privatrechtlicher Organisationsformen durch die neue Fassung der Norm z.B. *Remmert* in: Epping/Hillgruber (Fn. 89), Art. 87d Rn. 6; *Schwarz* in: Maunz/Dürig, GG, Art. 87d Rn. 10–12 (2011); *Windthorst* in: Sachs, GG, 6. Aufl. 2011, Art. 87d Rn. 12.

lich ohnehin durch vorrangiges Unionsrecht determiniert ist[112], kann auf unionsrechtlich zertifizierte Organisationen übertragen werden. Für Fernverkehrsleistungen auf der Schiene muss der Bund gem. Art. 87e Abs. 4 GG eine Grundversorgung sicherstellen; hingegen ist in bezug auf die eigentliche Eisenbahninfrastruktur die Eigentümerstellung des Bundes verfassungsrechtlich festgeschrieben (sog. Schienenwegevorbehalt in Art. 87e Abs. 3 S. 2 und 3 GG), lediglich für regional beschränkte Teilmärkte lässt Art. 87e Abs. 5 S. 2 GG eine „Übertragung von Schienenwegen an Dritte" aufgrund Gesetzes zu. Für Post- und Telekommunikationsdienste enthält Art. 87f Abs. 2 S. 1 GG ein Gebot der materiellen Privatisierung[113], kombiniert mit einem Gewährleistungsauftrag des Bundes und einem Reservat hoheitlicher bundeseigener Verwaltung (Art. 87f Abs. 2 S. 2 GG).

Für die Bundeswasserstraßen schreibt Art. 89 GG die bundeseigene Verwaltung vor. Es handelt sich um eine obligatorische Aufgabenzuweisung an den Bund, die für den Betrieb der Infrastruktur als eine prinzipielle Privatisierungssperre wirkt.[114] Für die öffentlichen Straßen des Bundes schreibt Art. 90 GG die staatliche Verwaltung durch Bund oder Länder fest. Die staatliche Erfüllungsverantwortung für den Infrastrukturbetrieb ist damit auch hier grundsätzlich von Verfassungs wegen vorgegeben.[115]

---

[112] Vgl. VO 550/2004 über die Erbringung von Flugsicherungsdiensten im einheitlichen europäischen Luftraum (ABlEU L 96/10).

[113] Was eine hoheitlich organisierte Leistungserbringung grundsätzlich ausschließt, vgl. BVerfGE 108, 169 (183); *Kühling* Regulierung (Fn. 41), 570; *Windthorst* in: Sachs, GG, Art. 87f Rn. 22; *Möstl* in: Maunz/Dürig, GG, Art. 87f Rn. 36–40 (2010). Dadurch ergibt sich eine außergewöhnlich weitgehende Garantenstellung des Staates, denn er unterliegt einer vorbehaltslosen Erfolgshaftung („Gewährleistung flächendeckend angemessener und ausreichender Dienstleistungen"), darf aber wegen des Verbots der Eigenerfüllung den Erfolg notfalls nicht selbst herbeiführen, vgl. *Cornils* (Fn. 79), AöR 131 (2006), 378 (382).

[114] Die Erfüllungsverantwortung muss insoweit beim Bund oder den betroffenen Ländern bleiben, vgl. *M. Pechstein* Umbau der Wasser- und Schiffahrtsverwaltung von einer Ausführungsverwaltung zu einer Gewährleistungsverwaltung?, DÖV 2013, 85 (86 f.) mwN; *Gröpl* in: Maunz/Dürig, GG, Art. 89 Rn. 90 (2007); *Hermes* in: Dreier, GG, Art. 89 Rn. 21. Für die Möglichkeit einer Wahrnehmung in Gewährleistungsverantwortung hingegen z.B. *B. Remmert* in: Epping/Hillgruber (Fn. 89), Art. 89 Rn. 15. Nach §§ 7 Abs. 2 und 12 Abs. 5 WaStrG sollen die hoheitlichen Aufgaben der Unterhaltung, des Aus- oder Neubaus „Dritten zur Ausführung übertragen" werden können.

[115] *Kühling* Regulierung (Fn. 41), 544 f.; *Gröpl* in: Maunz/Dürig, GG, Art. 90 Rn. 77 (2007). Zu den Möglichkeiten einer funktionalen Privatisierung z.B. *Gröpl* ebd., Rn. 79–86a; *Uerpmann-Wittzack* (Fn. 52), Rn. 35–37. Nach dem BFStrPrivFinG 1994 (neugef. in BGBl. 2006 I 49) kann Privaten der Bau, die Erhaltung, der Betrieb und die Finanzierung von Bundesfernstraßen zur Ausführung übertragen werden.

Unter dem Strich enthält die Verfassung nur für einzelne Infrastrukturen überhaupt Vorgaben, und diese sind schon im grundsätzlichen Zugriff sehr heterogen. Immerhin ergibt sich, dass das GG für die geregelten Infrastrukturen ersichtlich von einer fortbestehenden Verantwortung des Staates ausgeht und eine völlige Freigabe für privatwirtschaftlichen Wettbewerb nicht zulässt: Der soziale Rechtsstaat muss die fraglichen Infrastrukturleistungen gewährleisten und darf den Betrieb bzw. die Verwaltung der Infrastruktur selbst nur in sehr engen Grenzen aus den Händen geben.

4. *Fragen des Verantwortungsinhalts*

Der Inhalt der staatlichen Infrastrukturverantwortung wird sowohl durch ihre rechts- und sozialstaatliche Grundierung als auch durch ihre unionsrechtliche Überlagerung bestimmt. Der verfassungsstaatliche Impuls erzwingt vor allem die Sicherung der Funktionsfähigkeit, Vorkehrungen für eine gleichmäßige, sozialverträgliche Versorgung, die Sicherung wesentlicher öffentlicher Interessen (z.B. Umweltschutz, Raumordnung, Städtebau) sowie den Ausgleich mit Rechten und Interessen Dritter in bezug auf die Nutzung der Infrastruktur. Die unionsrechtliche Überlagerung streitet – vor allem bei den durch Unionssekundärrecht liberalisierten Infrastrukturleistungen (Luftverkehr, Telekommunikation, Post, Energieversorgung, Eisenbahn, ÖPNV) – für die Ermöglichung privaten Wettbewerbs, so dass Wettbewerbsschutz und die subjektiven Interessen der Wettbewerber Teil der (europäisch determinierten) Infrastrukturverantwortung des Staates sind[116]. Äußerlicher Ausweis dieser gleichsam „doppelten“ Verantwortung ist, dass in den regulierten Wirtschaftsbereichen die Gesetzeszwecke Versorgungssicherheit und Wettbewerbsförderung durch Netzregulierung ausdrücklich nebeneinander stehen (z.B. in § 1 TKG, § 1 I, II EnWG, § 1 I AEG, § 1 PostG).

Soweit der Staat – unter dem Druck des Unionsrechts oder ohne diesen – den Infrastrukturbetrieb oder Infrastrukturleistungen Privaten überlässt, ist er aus Gründen der demokratischen Legitimation und zur Sicherstellung seines verfassungsrechtlichen Infrastrukturauftrags verpflichtet, einen hinreichenden Einfluss auf die Leistungserbringung

[116] Ebenso für das Regulierungsverwaltungsrecht *Masing* DJT-Gutachten (Fn. 108), D 14, D 60 f. Der Mißbrauchstatbestand in § 19 Abs. 2 Nr. 4 GWB ist übergreifender Ausdruck dieses erweiterten Schutzauftrags und verankert ihn im einfachen Gesetz.

sicherzustellen.[117] Daraus ergeben sich für ein wettbewerbsorientiertes „Infrastrukturrecht" bestimmte Grundanforderungen:[118]

(1) Der Staat muss die Leistungsstandards der Grundversorgung im Rahmen der verfassungs- und unionsrechtlichen Determinierung verbindlich festlegen. Für die Bereiche Post und Telekommunikation findet sich diese Festlegung in der Verfassung selbst, wenn Art. 87f Abs. 1 GG zur Gewährleistung „flächendeckend angemessener und ausreichender Dienstleistungen" verpflichtet. Dieser abstrakte Standard wird durch das gesetzlich fixierte Konzept der Universaldienste konkretisiert.[119] Für die Energieversorgung bestehen Grundpflichten der Netzbetreiber (§§ 11–16a EnWG) und eine Grundversorgungspflicht (§ 36 EnWG[120]). Für den ÖPNV ergeben sich die Anforderungen an Umfang und Qualität des Verkehrsangebotes aus den Nahverkehrsplänen gem. § 8 III PBefG. Im Eisenbahnrecht wirken als Funktionsäquivalente der Personen- und Gepäckbeförderungsanspruch (§ 10 AEG) sowie die Genehmigungspflichtigkeit der Streckenstillegung (§ 11 AEG).[121] Im Rahmen vertraglicher Kooperationsverhältnisse ist der Versorgungsstandard in entsprechenden Leistungsvereinbarungen festzuschreiben.[122]

Inhaltlich kommt dem Staat hier ein erheblicher politischer Gestaltungsspielraum zu, der rechtlich nur durch das sozialstaatliche Minimum sowie durch seine verfassungsrechtliche Integrationsaufgabe begrenzt ist. Letztere ist dabei vor allem für die Infrastrukturversorgung in der Fläche auch an dem sozialen Faktum einer „schrumpfenden Gesellschaft"[123] aus-

---

[117] Vgl. *Voßkuhle* Beteiligung Privater (Fn. 7), 296: verfassungsrechtliche Pflicht, den Mangel an tatsächlicher Entscheidungsbeherrschung durch entsprechende Sicherungsvorkehrungen adäquat auszugleichen. Zum kommunalen Handeln in Kooperationsverhältnissen entsprechend *Brehme* Privatisierung (Fn. 72), 307–315.

[118] Vgl. die „Grundbausteine des Gewährleistungsverwaltungsrechts" bei *Voßkuhle* Beteiligung Privater (Fn. 7), 310 f.; daran anschließend z.B. *Wollenschläger* Rückholoptionen (Fn. 77), 27–32; sehr ähnlich *Butzer* (Fn. 50), § 74 Rn. 51–54.

[119] Vgl. §§ 78, 79 TKG, § 11 PostG iVm Post-UniversaldienstleistungsVO (PUDLV). Grundlegend zum Konzept und seiner verfassungsrechtlichen Verankerung z.B. *K. Windthorst* Der Universaldienst im Bereich der Telekommunikation, 2000, 112–387.

[120] Konkretisiert in der Verordnung über Allgemeine Bedingungen für die Grundversorgung von Haushaltskunden und die Ersatzversorgung mit Elektrizität aus dem Niederspannungsnetz (StromGVV) und die Verordnung über Allgemeine Bedingungen für die Grundversorgung von Haushaltskunden und die Ersatzversorgung mit Gas aus dem Niederdrucknetz (GasGVV), beide v. 26.10.2006.

[121] *Kühling* Regulierung (Fn. 41), 156.

[122] Vorgesehen z.B. für die Kinder- und Jugendhilfe in § 78c Abs. 1 SGB VIII, für die Rehabilitation und Teilhabe Behinderter in § 21 Abs. 1 SGB IX; für die integrierte Arztversorgung in § 140b Abs. 2 SGB V.

[123] *F.-X. Kaufmann* Schrumpfende Gesellschaft. Vom Bevölkerungsrückgang und seinen Folgen, 2005.

zurichten: Das Leitbild der „gleichwertigen Lebensverhältnisse", auf das Art. 72 Abs. 2 GG das föderale System noch immer festzulegen scheint und das z.B. in § 2 Abs. 2 Nr. 1 ROG in „ausgeglichene infrastrukturelle Verhältnisse" übersetzt ist, wird daher im Sinne eines Mindestmaßes an sozialem Zusammenhalt zu verstehen sein, das eine differenzierte Entwicklung der Infrastruktur durchaus zulässt.[124] Die begriffsimmanente Entwicklungsoffenheit der Daseinsvorsorge bildet das Einfallstor, um Herausforderungen wie die demografische Entwicklung oder die Überschuldung der öffentlichen Haushalte zu verarbeiten.

(2) Der Staat muss die Auswahl des privaten Leistungserbringers gesetzlich in einer Weise regeln, dass sie nach objektiven, sachorientierten Gesichtspunkten erfolgt und dass dabei durch den Versorgungsauftrag bestimmte Qualitäts- und Leistungsanforderungen beachtet werden. Beim Wettbewerb um die Infrastruktur muss regelmäßig ein diskriminierungsfreies und rechtsschutzbewehrtes Vergabeverfahren stattfinden, das sich entweder nach speziellen gesetzlichen Bestimmungen richtet[125] oder jedenfalls durch Art. 3 Abs. 1 GG determiniert ist[126]. Besteht potentiell eine grenzüberschreitende Relevanz der in Frage stehenden Beauftragung, so ist zudem das Vergabeprimärrecht der EU-Grundfreiheiten zu beachten.[127] Beim Wettbewerb in der Infrastruktur wird die Auswahlentschei-

---

[124] *Kersten* (Fn. 68), DVBl 2006, 942 (945–949) bzw. IzR 2008, 1 (3–6); ebenso für die kommunale Daseinsvorsorge *Brosius-Gersdorf* (Fn. 68), VerwArch 98 (2007), 317 (333–339). Vgl. auch *R. Winkel* Öffentliche Infrastrukturversorgung im Planungsparadigmenwandel, IzR 2008, 41. Ganz in diesem Sinne beschreibt das BVerfG in seiner Rechtsprechung zur Gesetzgebungskompetenz des Bundes die „Gleichwertigkeit der Lebensverhältnisse" nur noch als unterste Schwelle des sozialen Zusammenhalts, vgl. BVerfGE 106, 62 (144); 111, 226 (253); 112, 226 (244).

[125] Wie z.B. in den §§ 97 ff. GWB (Kartellvergaberecht), konkretisiert z.B. durch die Verordnung über die Vergabe von Aufträgen im Bereich des Verkehrs, der Trinkwasserversorgung und der Energieversorgung (Sektorenverordnung – SektVO), oder nach 8b PersBefG iVm Art. 5 Abs. 3 VO (EG) Nr. 1370/2007; für Bodenabfertigungsdienste auf Flugplätzen vgl. § 19c LuftVG iVm § 7 BADV. Allgemein für die Wasserversorgung: *Brehme* Privatisierung (Fn. 72), 430–440.

[126] Zur verfahrenssteuernden Wirkung des allgemeinen Gleichheitssatzes bei staatlichen Verteilungsverfahren z.B. BVerfGE 116, 135 (153 f.); *Th. Puhl* Der Staat als Wirtschaftssubjekt und Auftraggeber, VVDStRL 60 (2001), 456 (478–480); *H. Pünder* Zu den Vorgaben des grundgesetzlichen Gleichheitssatzes für die Vergabe öffentlicher Aufträge, VerwArch 95 (2004), 38 (42–53); *F. Wollenschläger* Verteilungsverfahren, 2010, 203 f.; *O. Dörr* Vergaberecht in Deutschland: Das Recht der öffentlichen Auftragsvergabe im Stufenbau der Rechtsordnung, in: Dreher/Motzke (Hrsg.) Beck'scher Vergaberechtskommentar, 2. Aufl. 2013, Einleitung, Rn. 75.

[127] Zu diesem z.B. *F. Wollenschläger* Das EU-Vergaberegime für Aufträge unterhalb der Schwellenwerte, NVwZ 2007, 388; *J. Kühling/F. Huerkamp* in: Montag/Säcker (Hrsg.) Münchener Kommentar zum Europäischen und Deutschen Wettbewerbsrecht

dung ersetzt durch das gesetzlich garantierte Marktzutrittsrecht aller Wettbewerber (diskriminierungsfreier Netzzugang), dem Herzstück der unionsrechtlich vorgeformten Regulierung.[128] Qualifikationsanforderungen ergeben sich hier mitunter daraus, dass die Leistungserbringung als solche kraft Gesetzes genehmigungspflichtig ist.[129]

Zu den Leistungsanforderungen, ob gesetzlicher oder vertraglicher Provenienz, muss angesichts des Versorgungscharakters der Infrastruktur stets ihre allgemeine Zugänglichkeit und die diskriminierungsfreie Erbringung der Infrastrukturleistungen für den Endnutzer gehören. Bei Einrichtungen der kommunalen Daseinsvorsorge erfüllt diese Funktion der allgemeine kommunalrechtliche Zugangsanspruch[130], der ggf. in Gestalt eines Kontrahierungszwangs auf einen privaten Betreiber überzuleiten ist.[131]

(3) Über die Leistungserbringung muss der Staat eine geeignete „Gewährleistungsaufsicht"[132] ausüben, die sich neben der Erfüllung des festgelegten Leistungsstandards und der allgemeinen Zugänglichkeit sowohl auf den Wettbewerbs- als auch auf den Kunden- und Verbraucherschutz beziehen muss.[133]

(4) Eine Kernaufgabe des Staates in den regulierten Netzwirtschaften ist die Entgeltregulierung[134]. In ihr kommt die dichotome staatliche Ver-

---

(Kartellrecht), Bd. 3: Beihilfen- und Vergaberecht, 2011, vor §§ 97 ff. GWB Rn. 6–144; *Dörr* (Fn. 126), Rn. 142–170.

128 Vgl. § 19 TKG, § 20 EnWG, § 14 AEG; ähnlich § 29 PostG; für den Luftverkehr § 15 Abs. 1 VO (EG) Nr. 1008/2008. Zur Typologie und den Grundstrukturen der Netzzugangsansprüche *Kühling* Regulierung (Fn. 41), 182–284.

129 Vgl. z.B. §§ 6–8 AEG, §§ 2, 9–27 PBefG, § 4 EnWG, für lizenzpflichtige Postdienstleistungen §§ 5–9 PostG.

130 Im vorliegenden Zusammenhang z.B. *Brehme* Privatisierung (Fn. 72), 161 f. Allgemein statt aller *M. Geis* Kommunalrecht, 2. Aufl. 2011, § 10 Rn. 11–52; *M. Burgi* Kommunalrecht, 4. Aufl. 2012, § 16 Rn. 15–19.

131 Vgl. z.B. *Brehme* Privatisierung (Fn. 72), 215 f.; *M. Fehling* Instrumente und Verfahren, in: Fehling/Ruffert (Fn. 20), § 20 Rn. 48–52. Diese sowohl wettbewerblich wie sozialstaatlich radizierte Zugangsverantwortung des Staates kommt z.B. auch zum Ausdruck in den Regeln zur Sicherstellung der sog. Netzneutralität im Telekommunikationsrecht (§ 41a TKG): zur aktuellen Debatte um eine geplante VO zur Netzneutralität z.B. *Fetzer* FAZ v. 21.8.2013, 19; allg. die Beiträge in Spiecker gen. Döhmann/Krämer (Hrsg.) Network Neutrality and Open Acess, 2011; *N. Wimmer* Netzneutralität – eine Bestandsaufnahme, ZUM 2013, 641.

132 Zum Begriff *Voßkuhle* Beteiligung Privater (Fn. 7), 321; *Wollenschläger* Rückholoptionen (Fn. 77), 121–139.

133 Zu letzterem im Regulierungsrecht vgl. *Hellermann* und *Durner* Schutz (jeweils Fn. 8), 377–380 bzw. 412–423.

134 Vgl. *Masing* DJT-Gutachten (Fn. 108), D 65 und D 118; *Kühling* Regulierung (Fn. 41), 83 und ausf. 284–337; als „Herzstück" der Regulierung bei *Schorkopf* (Fn. 95), JZ 2008, 20 (22). Zu Aufgaben und Grenzen der Preisregulierung *Masing* DJT-Gutachten (Fn. 108), D 117–132.

antwortung in bezug auf die Nutzung der Infrastruktur prägnant zum Ausdruck: die wettbewerbliche Verantwortung in bezug auf Nutzungsentgelte für konkurrierende Leistungsanbieter (Vorleistungsentgelte als Teil der Netzzugangsregulierung), die sozialstaatliche Verantwortung in bezug auf die Preise für Endkunden und Verbraucher. Beide Bindungen liegen der gesetzlich begründeten Genehmigungspflicht bzw. Regulierungsaufsicht[135] zugrunde.

(5) Schließlich muß der Gewährleistungsstaat für den Fall mangelhafter Leistungserbringung Vorsorge treffen und Nachsteuerungs- oder Rückholoptionen für ein Wiederaufleben der staatlichen „Erfüllungsverantwortung" bereithalten.[136] Als gesetzliche Instrumente der Erfüllungsvorsorge stehen vor allem die Auferlegung von Universaldienstverpflichtung[137] bzw. gemeinwirtschaftlichen Leistungen[138] zur Verfügung. Vertragliche Kooperationsverhältnisse mit privaten Leistungserbringern sind entsprechend auszugestalten, so dass Staat oder Kommune ihrer verfassungsrechtlichen „Ergebnisverantwortung" für eine hinreichende Versorgung mit Infrastruktur und Infrastrukturleistungen gerecht werden können.[139] Für die Wahrnehmung dieser unabdingbaren Reservefunktion des Gewährleistungsstaates kommen neben der Verstaatlichung der Infrastruktur und Selbsterbringung der Leistungen grundsätzlich auch andere, weniger invasive Instrumente in Betracht, wie z.B. der Erwerb staatlicher Unternehmensanteile oder der Einkauf der Grundversorgung durch Auftragsvergabe.[140]

---

[135] Vgl. für Nutzungsentgelte z.B. § 14 Abs, 4–5 AEG iVm §§ 21–24 EIBV, §§ 21, 21a, 23a EnWG iVm GasNEV, StromNEV und ARegV, § 19b LuftVG, §§ 27–38 TKG; für Endkundenpreise z.B. § 12 AEG, §§ 39, 40 EnWG, § 39 PBefG; §§ 19–27 PostG; § 39 TKG.

[136] Vgl. *Voßkuhle* Beteiligung Privater (Fn. 7), 326; *Schulze-Fielitz* (Fn. 82), § 12 Rn. 166; *Butzer* (Fn. 50), § 74 Rn. 44, 54; *Brehme* Privatisierung (Fn. 72), 52 f.; ausführlich *Wollenschläger* Rückholoptionen (Fn. 77), 64–98. Als staatliche „Auffangverantwortung" z.B. bei *Weiß* Privatisierung (Fn. 75), 336–339; *Schoch* (Fn. 86), NVwZ 2008, 241 (247). Das Privatisierungsgebot für Post und Telekommunikation in Art. 87f Abs. 2 GG ist in diesem Sinne sozialstaatlich zu arrondieren, vgl. *Cornils* (Fn. 79), AöR 131 (2006), 378 (383 und 405–408); in diesem Sinne auch BVerfGE 108, 370 (393 f.).

[137] Vgl. z.B. §§ 80–87 TKG, §§ 13–17 PostG.

[138] Vgl. z.B. § 8a PBefG und § 15 AEG, jeweils iVm VO (EG) Nr. 1370/2007; für den Luftverkehr Art. 16–18 VO (EG) Nr. 1008/2008.

[139] Zu entsprechenden Gestaltungen z.B. *Bauer* Privatisierung (Fn. 6), 276; *Wollenschläger* Rückholoptionen (Fn. 77), 183–190, 200–208; *Brehme* Privatisierung (Fn. 72), 440–455.

[140] *Cornils* (Fn. 79), AöR 131 (2006), 378 (411–419). Zum Subsidiaritätsgebot bei gewährleistungsstaatlichen Notmaßnahmen *Knauff* (Fn. 85), DÖV 2009, 581 (584).

IV. Der überstaatliche Rahmen

Integrierte Verfassungsstaaten[141] erfüllen die ihnen obliegenden Aufgaben im Rahmen einer gestuften Rechtsordnung, die von einer sachbereichsabhängigen Gemengelage von staatlichem und überstaatlichem Recht mit vielfältigen gegenseitigen Einwirkungen geprägt ist. Das gilt erst recht für die Infrastrukturversorgung als einer Querschnittsmaterie, die etliche verschiedene Lebens- und Rechtsbereiche betrifft und daher unweigerlich mit dem Stufenbau des kompetenzgeteilten Mehrebenensystems in Berührung kommt.

Konkret entstehen infrastrukturbezogene Einwirkungen aus dem materiellen Unionsrecht, die sich ihrerseits wieder in verschiedene Bausteine unterteilen, und – in deutlich geringerem Maße – aus völkerrechtlichen Abreden.

1. *Infrastrukturverantwortung und Unionsrecht*

Die Wahrnehmung der Infrastrukturverantwortung durch den europäischen Verfassungsstaat wird durch den materiell-rechtlichen Rahmen des Unionsrechts nicht nur begrenzt, sie erhält aus diesem auch eigene Impulse. Zu den Anforderungen an ein „zukunftsfähiges Infrastrukturrecht" gehört es, diese – vor allem: wettbewerbsorientierten – Impulse aufzunehmen und in den nationalen Ordnungsrahmen zu übertragen, ohne dabei den sozialstaatlichen Versorgungsauftrag aus den Augen zu verlieren. Bei letzterem hilft die Erkenntnis, dass der Versorgungsauftrag, wie gesehen, durch eine europäische Funktionsgarantie verstärkt wird.

Die infrastrukturrelevanten Vorgaben des Unionsrechts bestehen *grosso modo* aus drei Elementen: der EU-Infrastrukturpolitik, dem Wirtschaftsrecht des Binnenmarktes sowie den besonderen Schutzregeln für Dienstleistungen der Daseinsvorsorge.

a) *EU-Infrastrukturpolitik*

Die spezifische Infrastrukturpolitik der Union entfaltet aufgrund ihres begrenzten Anwendungsbereichs und ihrer dünnen Kompetenzausstattung nur eine schwache Determinierungswirkung: Die einschlägigen

---

[141] Zum Begriff *R. Grawert* Der integrierte Verfassungsstaat, in: Lhotta/Oebbecke/Reh (Hrsg.) Deutsche und europäische Verfassungsgeschichte: sozial- und rechtswissenschaftliche Zugänge, 1997, 133; *H. Hofmann* Von der Staatssoziologie zu einer Soziologie der Verfassung, JZ 1999, 1065 (1067); ähnlich *M. Kaufmann* Integrierte Staatlichkeit als Verfassungsprinzip, JZ 1999, 814.

Art. 170–172 AEUV ermächtigen die Union zwar zur autonomen Förderung grenzüberschreitender Infrastruktur, beziehen sich aber nur auf transeuropäische Netze in den Bereichen Verkehr, Telekommunikation und Energie. Zudem bleibt die Union auf Leitlinien, Aktionen im Bereich der technischen Normung und Unterstützungsmaßnahmen beschränkt[142] – eine Kompetenz für eine eigenständig gestaltete Infrastrukturpolitik der Union ergibt sich hieraus nicht, vielmehr geht es um die begleitende Steuerung mitgliedstaatlicher Politik.[143]

Immerhin macht aber Art. 170 Abs. 1 AEUV mit seinem ausdrücklichen Verweis auf die Ziele der EU-Kohärenzpolitik deutlich, dass die Basisfunktion der Infrastruktur für die politische, wirtschaftliche und soziale Integration eines Gemeinwesens auch für die Union von verfassungsrechtlicher Bedeutung ist. Außerdem verweist Art. 170 AEUV auf das Binnenmarktziel und unterstreicht damit die Funktion einer Netzinfrastruktur als wesentliche Voraussetzung für grenzüberschreitenden Handel und Freizügigkeit. Für die Union ist Infrastrukturpolitik nicht zuletzt Binnenmarktpolitik.

b) EU-Binnenmarktrecht

Es verwundert daher nicht, dass die wesentlichen europäischen Impulse für das Infrastrukturrecht aus dem EU-Binnenmarktrecht kommen: Wie in anderen Lebens- und Rechtsbereichen auch (z.B. Sport, Kultur, Bildung, Verteidigung, Steuern, Sozialleistungen), entfaltet sich die innerstaatliche Einwirkungsmacht des Unionsrechts auf das Recht der Infrastrukturen vor allem als eine Funktion der Binnenmarktgestaltung. Das betrifft insbesondere die Netzwirtschaften, die seit den 1990er Jahren auf der Grundlage von Unionssekundärrecht liberalisiert und dadurch zu regulierten Wirtschaftssektoren wurden.[144]

Für die nicht harmonisierten Infrastrukturbereiche ergibt sich ein ähnlicher, wenngleich legislativ ungesteuerter Liberalisierungseffekt aus der unmittelbaren Wirkung der EU-Grundfreiheiten: Da Errichtung und

---

142 Vgl. z.B. die VO (EU) Nr. 347/2013 zu Leitlinien für die transeuropäische Energieinfrastruktur v. 17.4.2013 (ABl. L 115/39) und dazu z.B. *L. Giesberts/A. Tiedge* NVwZ 2013, 836; *T. Strobel* ZEuS 2013, 167; zum Entwurf schon *M. Nettesheim* Transeuropäische Energieinfrastruktur und EU-Binnenmarkt – Die Neuregelung der TEN-E, in: Giegerich (Hrsg.) Herausforderungen und Perspektiven der EU, 2012, 87.

143 *Nettesheim* (Fn. 142), 98. Ähnlich *P. Schäfer/M. Schröder* in: Streinz, EUV/AEUV, Art. 170 AEUV Rn. 2 und 29.

144 Zusammenfassend z.B. *Weiß* Privatisierung (Fn. 75), 390–403; *Voßkuhle* Beteiligung Privater (Fn. 7), 286–288; *Kühling* Regulierung (Fn. 41), 65–160, für den ÖPNV *Knauff* Gewährleistungsstaat (Fn. 45), 364–389.

Betrieb von Infrastruktur Ausweis einer Niederlassung (Art. 49 AEUV), vor allem aber Infrastrukturleistungen regelmäßig Dienstleistungen (Art. 56 AEUV) sind, kommen sowohl der kommerzielle Leistungsanbieter als auch der Endverbraucher als Leistungsempfänger in den Genuss der entsprechenden Diskriminierungs- und Beschränkungsverbote. Hinzu kommt das allgemeine Teilhaberecht für Unionsbürger, das der EuGH aus Art. 18 iVm Art. 21 AEUV ableitet[145] und das angesichts seines bislang nicht begrenzten Anwendungsbereichs auch ein Recht auf gleichberechtigten Zugang zur Infrastruktur anderer Mitgliedstaaten umfasst. Mag auch wegen des allfälligen Rechtfertigungspotentials der Gemeinwohlaufgabe Infrastruktur die infrastrukturelle Steuerungswirkung der Grundfreiheiten im praktischen Ergebnis nicht sehr weit tragen[146], so unterstellt deren grundsätzliche Anwendbarkeit doch Betrieb und Nutzung der nationalen Infrastruktur – einschließlich ihrer rechtlichen Grundlagen – der Aufsicht von Kommission und EuGH. Und die wäre übrigens auch dann herausgefordert, wenn ein EU-Mitgliedstaat die Benutzung seiner öffentlichen Straßen nur für Ausländer entgeltpflichtig machte …

Die Aufsichtsfunktion der EU-Organe greift erst recht im weiteren Baustein des EU-Binnenmarktrechts, den Regeln über staatliche Beihilfen

---

[145] Vgl. z.B. EuGH Rs. C-184/99, Slg. 2001, I-6193 Rn. 30–37 – *Grzelczyk*; Rs. C-209/03, Slg. 2005, I-2119 Rn. 31–42 – *Bidar*; Rs. C-158/07, Slg. 2008, I-8507 Rn. 35–43 – *Förster*; Rs. C-524/06, Slg. 2008, I-9705 Rn. 69–71 – *Huber*, Rs. C-103/08, Slg. 2009, I-9117 Rn. 23–28 – *Gottwald*; Rs. C-73/08, Slg. 2010, I-2735 Rn. 31–33 – *Bressol u.a.*; Rs. C-75/11, Urt. v. 4.10.2012, Rn. 38–51 – *Kommission/Österreich*; zusammenfassend z.B. *Th. Giegerich* Unionsbürgerrechte, in: Schulze/Zuleeg/Kadelbach (Hrsg.) Europarecht, 2. Aufl. 2010, § 9 Rn. 56–59.

[146] Der Versorgungscharakter der Infrastruktur, ihr notwendiger Raum- und Sozialbezug sowie die Angewiesenheit Dritter auf die damit verbundenen Leistungen begründen regelmäßig ein derart hohes Abwägungspotential zugunsten der öffentlichen Aufgabe, dass sich die staatliche Gestaltungsmacht insoweit häufig durchsetzen wird. Der EuGH erkennt insoweit grundsätzlich hinreichende Allgemeininteressen zur verhältnismäßigen Beschränkung der Binnenmarktrechte einzelner an, vgl. z.B. für den ordnungsgemäßen Betrieb des öffentlichen Fernsprechnetzes z.B. EuGH Rs. C-18/88, Slg. 1991, I-5941 Rn. 31 – RTT/GB-Inno-BM; verb. Rs. C-388/00, C-429/00, Slg. 2002, I-5845 Rn. 44 – Radiosistemi; für die Gewährleistung des postalischen Universaldienstes EuGH verb. Rs. C-282/04, C-283/04, Slg. 2006, I-9141 Rn. 38 – Kommission/Niederlande; für die Sicherstellung der Energieversorgung z.B. EuGH Rs. C-483/99, Slg. 2002, I-4781 Rn. 47 – Kommission/Frankreich; Rs. C-543/08, Slg. 2010, I-11241 Rn. 84 – Kommission/Portugal; für eine funktionsfähige öffentliche Gesundheitsversorgung und die Finanzierbarkeit der sozialen Sicherungssysteme z.B. EuGH Rs. C-158/96, Slg. 1998, I-1931 Rn. 41, 50 f. – Kohll; Rs. C-385/99, Slg. 2003, I-4509 Rn. 67, 73 – Müller-Fauré und van Riet; Rs. C-372/04, Slg. 2006, I-4325 Rn. 103–105 – Watts; Rs. C-512/08, Slg. 2010, I-8833 Rn. 33–42 – Kommission/Frankreich.

(Art. 107–109 AEUV), die als „zusätzliche Rationalitätskontrolle“[147] auch auf die Finanzierung von Infrastruktur Anwendung finden. Deren Besonderheiten können bereits die Frage nach der Erfüllung des Beihilfe*tatbestands* aufwerfen, wie etwa nach dem „staatlichen“ Ursprung der Begünstigung bei gesetzlichen Umlageregimen im Bereich der Energieversorgung[148] oder nach der „Selektivität“ der Begünstigung bei allgemeinnützigen Infrastrukturmaßnahmen[149]. Vor allem kann es bereits an einer beihilferelevanten Begünstigung fehlen, wenn die staatliche Finanzierung nur in transparenten und objektiv erforderlichen Ausgleichsleistungen für die effiziente Erbringung öffentlicher Dienstleistungen besteht: Die Voraussetzungen für eine derartige Tatbestandsreduzierung zugunsten der öffentlichen Versorgung hat der EuGH in seinem mittlerweile berühmten Urteil *Altmark Trans* aufgestellt[150]; sie sind seitdem Gegenstand zahlreicher konkretisierender Mitteilungen der Kommission[151], an denen sich die Finanzierungspraxis der Mitgliedstaaten orientiert.

---

[147] *Kühling* Regulierung (Fn. 41), 17.

[148] Zur Befreiung stromintensiver Großabnehmer von den Netzentgelten gem. § 19 Abs. 2 S. 2 StromNEV z.B. *Koenig*, FAZ v. 24.10.2012, 21; offen gelassen von OLG Düsseldorf, Beschl. v. 14.11.2012 (VI-3 Kart 65/12), BeckRS 2012, 23298, unter II.2.1; Beschl. v. 6.3.2013 (VI-3 Kart 65/12), BeckRS 2013, 6830, unter II vor 1. Zuvor zum Regime des damaligen Stromeinspeisungsgesetzes EuGH Rs. C-379/98, Slg. 2001, I-2099 Rn. 57–66 – *PreussenElektra*.

[149] Dazu z.B. *A. Bartosch* EU-Beihilfenrecht, 2009, Art. 87 Abs. 1 EGV Rn. 108–110. Allgemein zum Selektivitätsmerkmal z.B. *Boysen/Neukirchen* (Fn. 49), 130–136; *Lübbig/Martín-Ehlers* Beihilfenrecht der EU, 2. Aufl. 2009, Rn. 232–234.

[150] EuGH Rs. C-280/00, Slg. 2003, I-7747 Rn. 88–93; mittlerweile stRspr., vgl. z.B. EuGH Rs. C-451/03, Slg. 2006, I-2941 Rn. 60 ff. – Servizi Ausiliari; Rs. C-140/09, Slg. 2010, I-5243 Rn. 35 ff. – Fallimento Traghetti del Mediterraneo; Rs. C-399/08 P, Slg. 2010, I-7831, Rn. 41 ff. – Kommission/Deutsche Post; EuG Rs. T-274/01, Slg. 2004, II-3145 Rn. 130 f. – Valmont Nederland/Kommission; Rs. T-289/03, Slg. 2008, II-81 Rn. 160 ff. – BUPA u.a.; Rs. T-354/05, Slg. 2009, II-471 Rn. 124 ff. – TF1/Kommission; Rs. T-231/06 und T-237/06, Slg. 2010, II-5993, Rn. 125–158 – Niederlande und NOS/ Kommission Zu den Folgen statt aller *Boysen/Neukirchen* (Fn. 49), 145–165; *J. A. Kämmerer* Strategien zur Daseinsvorsorge – Dienste im allgemeinen Interesse nach der „Altmark“-Entscheidung des EuGH, NVwZ 2004, 28; *O. Dörr* Infrastrukturförderung (nur) nach Ausschreibung?, NZBau 2005, 617; *Chr. Arhold* in: Münchener Kommentar (Fn. 127), Art. 107 AEUV Rn. 222–238.

[151] Vgl. z.B. allgemein die Mitteilung über die Anwendung der Beihilfevorschriften der EU auf Ausgleichsleistungen für die Erbringung von Dienstleistungen von allgemeinem wirtschaftlichen Interesse, ABlEU 2012 C 8/4, Tz. 42–77; insgesamt zum „DAWI-Paket“ der Kommission *M. Knauff* Die mitgliedstaatliche Finanzierung der Daseinsvorsorge im Dickicht des europäischen Regelungsgeflechts, ZG 28 (2013), 139. Für einzelne Infrastrukturen hat die Kommission zudem spezielle Leitlinien veröffentlicht, in denen der Begünstigungsausschluss „nach *Altmark Trans*“ stets mitbehandelt ist, vgl. z.B. in ABlEU 2005 C 312/1, Tz. 34–37 (Flughäfen); ABlEU 2009 C 257/1, Tz. 23 f. (Rund-

c) *Daseinsvorsorge als Verfassungswert der Union*

Soweit die staatliche Finanzierung von Infrastruktur jedoch den Beihilfetatbestand erfüllt und nicht durch anderweitige Ausnahmen freigestellt ist[152], kommt das dritte Element des EU-Infrastrukturrechts zum Tragen: die Anerkennung der Daseinsvorsorge als eigenständiger Verfassungswert, die in Art. 14 AEUV verankert und im entsprechenden Protokoll[153] mit einer wohlfahrtsstaatlichen Grundierung versehen ist. Gemäß Art. 106 Abs. 2 AEUV kann dieses Verfassungsrechtsgut eine Abweichung von den Wettbewerbsregeln des Vertrages rechtfertigen: Auch für die Infrastrukturversorgung in den Mitgliedstaaten wird hier die Marktorientierung des Unionsrechts zugunsten der öffentlichen Gemeinwohlaufgabe relativiert, sofern diese Aufgabe offiziell und transparent übertragen wurde und die Finanzierung nur dazu dient, die Nettokosten der Versorgungsleistung zu decken.[154]

Unter dem Strich ergibt sich also, dass sich auch jenseits spezifischer Liberalisierungsmaßnahmen der Einwirkungsanspruch des europäischen Unionsrechts auf die Infrastrukturversorgung in den Mitgliedstaaten erstreckt und diese somit der Aufsicht von Kommission und Gerichtshof unterstellt. Dabei erkennt das Unionsrecht grundsätzlich den infrastrukturpolitischen Autonomieanspruch der Mitgliedstaaten an und räumt diesen insoweit einen erheblichen Gestaltungsspielraum ein. Die Infrastrukturverantwortung, einschließlich aller in Betracht kommenden Wahrnehmungsmodi, bleibt also grundsätzlich eine mitgliedstaatliche; die materiell-rechtliche Steuerungswirkung des Unionsrechts ist trotz seines

---

funk); ABlEU 2013 C 25/1, Tz. 18–27 (Breitbandausbau). Für die Beihilfepraxis zur Infrastrukturförderung s. auch die *Infrastructure Analytical Grids* der Kommission v. 1.8.2012, die spezielle Leitlinien für die Beurteilung der Finanzierung von Flughafen-, Breitband-, Kultur- und Hafeninfrastrukturen sowie für die der Wasserversorgung enthalten.

[152] Zu den zahlreichen Ausnahme- und Freistellungstatbeständen des EU-Beihilferechts vgl. z.B. die nach verschiedenen Sektoren untergliederte Darstellung versch. Autoren im Münchener Kommentar (Fn. 127), Teil 2 unter F. Einen deutlichen „Infrastrukturanteil“ hat auch die kürzlich betriebene Änderung der Ermächtigungsverordnung zur Freistellung horizontaler Beihilfen (VO 994/98), vgl. den Kommissionsvorschlag v. 5.12.2012 in COM(2012) 730 final.

[153] Oben bei Fn. 59.

[154] Zum Prüfprogramm nach Art. 106 Abs. 2 AEUV vgl. die Kommissionsmitteilung zum Rahmen der EU für staatliche Beihilfen in Form von Ausgleichsleistungen für die Erbringung öffentlicher Dienstleistungen (ABlEU 2012, C 8/15) und den Kommissionsbeschluss v. 20.12.2011 über die Anwendung von Art. 106 Abs. 2 AEUV auf staatliche Beihilfen in Form von Ausgleichsleistungen zugunsten bestimmter Unternehmen, die mit der Erbringung von Dienstleistungen von allgemeinem wirtschaftlichen Interesse betraut sind (ABlEU 2012 L 7/3).

umfassenden Einwirkungsanspruchs begrenzt. Dies ändert aber nichts daran, dass auch die Infrastrukturversorgung heute europäisch determiniert ist, dass ein „Infrastrukturrecht" also nur dann „zukunftsfähig" ist, wenn es dieser Determinierung Rechnung trägt.

2. *Infrastruktur im Völkerrecht*

Im Vergleich dazu ist die Einwirkungsintensität des Völkerrechts auf die Errichtung und den Betrieb von Infrastruktur recht gering, dennoch möchte ich als Völkerrechtler diesen Punkt wenigstens kurz erwähnen. Infrastruktur ist ortsgebunden, also dem Staatsgebiet verhaftet und unterliegt damit den allgemeinen Regeln über dessen Nutzung. Es greift daher die Begrenzung des souveränen Staates auf sein eigenes Staatsgebiet, und es greifen die Regeln über die ausnahmsweise Zulässigkeit extraterritorialer Staatsgewalt.[155] Die „virtuelle Infrastruktur" Internet[156] unterfällt diesen Regeln zum einen durch ihre weiterhin vorhandene territoriale Verankerung in Gestalt von physischen Servern sowie – mit naturgemäß ausdehnender Tendenz – über das sog. Auswirkungsprinzip („effects doctrine").

Von der staatlichen Gebietshoheit ausgehend kommen Infrastrukturregeln vor allem als Gegenstand völkerrechtlicher Verträge in Betracht. So gibt es denn auch etliche Abkommen über Regime grenzüberschreitender Infrastruktur: Bekannt ist dies etwa für Schiffahrtswege, wie z.B. den Panama-Kanal, Suezkanal, den Rhein, die Donau oder früher den Nord-Ostsee-Kanal; man mag in einem weiteren Sinne auch die Vereinbarung über die Europäischen Schulen[157] hierzu rechnen. Daneben stehen Abkommen über die Koordinierung der grenzüberschreitenden Nutzung nationaler Infrastrukturen (Telekommunikation, Post-, Eisenbahn-, Straßen- und Luftverkehr). In eine dieser beiden Kategorien gehörten auch mögliche völkerrechtliche Absprachen über die internationale Kontrolle des Internet, die allerdings im Rahmen der *International Telecommunication Union* vorerst politisch gescheitert sind.[158] Nur mittelbar infrastruk-

---

[155] Zu diesen z.B. *R. Wolfrum* in: Dahm/Delbrück/Wolfrum, Völkerrecht, Bd. I/1, 2. Aufl. 1989, 320–328; *Stein/v. Buttlar* Völkerrecht, 13. Aufl. 2012, Rn. 601–627.

[156] Aus jüngerer Zeit z.B. *S. E. Schulz/J. Tischer* Das Internet als kritische Infrastruktur, ZG 28 (2013), 339.

[157] Vereinbarung über die Satzung der Europäischen Schulen zwischen den Europäischen Gemeinschaften und ihren Mitgliedstaaten v. 21.6.1994, ABlEU 1994 L 212/3 (BGBl. 1996 II 2559).

[158] Aus Anlass der ITU-Staatenkonferenz zur Überarbeitung der *International Telecommunication Regulations* im Dezember 2012, vgl. den Konferenzbericht in Vereinte Nationen 2013, 130 f. und *D.P. Fidler* Internet Governance and International Law. The

turbezogen sind Vertragsregime, die den grenzüberschreitenden Handel mit Infrastrukturleistungen betreffen, wie z.B. die Dienstleistungsregeln der WTO im *General Agreement on Trade in Services* (GATS)[159] oder der Energiecharta-Vertrag[160].

Darüber hinaus zeigen Fälle wie die Entscheidung des Internationalen Gerichtshofs zum Donaukraftwerk von *Gabčíkovo-Nagymaros* (1997), dass gelegentlich auch staatliche Infrastruktureinrichtungen zur Debatte stehen, wenn um allgemeine Regeln des Völkerrechts gestritten wird. Nur ist die völkerrechtliche Erfassung der staatlichen Infrastruktur in diesen Fällen eher punktuell und ebenso zufällig, wie wenn die Regeln der UNESCO zum Schutz des Weltkulturerbes anlässlich eines Brückenbaus in Dresden relevant werden.[161] Dass auch das Internet, die Basisinfrastruktur der modernen Kommunikationsgesellschaft, gegenwärtig vor allem aus der Warte der allgemeinen völkerrechtlichen Regeln gesehen wird, belegen die aktuellen Debatten zum sog. Cyberkonflikt[162] und den *cyber security incidents*[163].

Controversy concerning Revision of the International Telecommunication Regulations, ASIL insights vol. 17, issue 6 (7.2.2013); die offiziellen Konferenzdokumente sind erhältlich unter www.itu.int.

159 Zu ihnen z.B. *F. Weiss* Internationaler Dienstleistungshandel, in: Tietje (Hrsg.) Internationales Wirtschaftsrecht, 2009, § 4; *M. Michaelis* Dienstleistungshandel (GATS), in: Hilf/Oeter (Hrsg.) WTO-Recht, 2. Aufl. 2010, § 20. Speziell zu öffentlichen Dienstleistungen *S. Simon* Liberalisierung von Dienstleistungen der Daseinsvorsorge im WTO- und EU-Recht, 2009, 58–179 sowie der kurze Aufriss bei *Krajewski* Grundstrukturen (Fn. 45), 117–123.

160 Vertrag über die Energiecharta v. 17.12.1994 (BGBl. 1997 II 5); dazu allg. *J. Gundel* Regionales Wirtschaftsvölkerrecht in der Entwicklung: Das Beispiel des Energiecharta-Vertrages, AVR 42 (2004), 157.

161 Zum Fall der Dresdner Elbschlösschenbrücke z.B. BVerfG 2 BvR 695/07, NVwZ 2007, 1176; *U. Fastenrath* Der Schutz des Weltkulturerbes in Deutschland, DÖV 2006, 1017; *A. v. Bogdandy/D. Zacharias* Zum Status der Weltkulturerbekonvention im deutschen Rechtsraum – Ein Beitrag zum internationalen Verwaltungsrecht, NVwZ 2007, 527; *M. Kilian* Die Brücke über die Elbe – völkerrechtliche Wirkungen des Welterbe-Übereinkommens der UNESCO, LKV 2008, 248; *H. Krieger* Die Herrschaft des Fremden – zur demokratietheoretischen Kritik des Völkerrechts, AöR 133 (2008), 315 (338–341).

162 Statt vieler *M. N. Schmitt* Computer Network Attack and the Use of Force in International Law: Thoughts on a Normative Framework, Columbia JTL 37 (1999), 885; *M.C. Waxman* Cyber-Attacks and the Use of Force: Back to the Future of Article 2 (4), Yale JIL 36 (2011), 421; *T. O. Keber/P.N. Roguski* Ius ad bellum electronicum?, AVR 49 (2011), 399.

163 Zu diesen vgl. z.B. die Beiträge auf der *International Berlin Cyber Conference* “Securing the Freedom and Stability of Cyberspace: The Role and Relevance of International Law” am 28.6.2013, Tagungsband i.E.

V. Schluss

Infrastruktur ist die Lebensader jedes Gemeinwesens, da die soziale und politische Gemeinschaft von Menschen eines Mindestmaßes an Versorgung, Mobilität und Kommunikation bedarf. Dies gilt erst recht für moderne Gesellschaften, zu deren Lebensbedingungen die allgegenwärtige Entgrenzung gehört und die weite Teile ihres politischen und sozialen Alltags der technikgestützten Kommunikation anvertraut haben. Für die infrastrukturelle Grundausstattung zu sorgen, ist notwendige Aufgabe des sozialen Rechtsstaates, denn seine Legitimität beruht nicht nur auf dem Schutz vor äußerer Bedrohung und der Sicherstellung inneren Friedens, sondern auch auf der Gewährleistung einer gleichmäßigen und im Prinzip flächendeckenden Versorgung mit den Grundbedürfnissen der modernen Existenz. Dementsprechend ist der Zustand der Infrastruktur und Infrastrukturdienste ein wesentliches Indiz für den Zustand eines politischen Gemeinwesens, seiner Volkswirtschaft und seiner Verfassungskultur.

„Infrastrukturrecht" dient der rechtlichen Gründung und Flankierung der infrastrukturellen Versorgung. Es handelt sich nicht um ein kohärentes Teilrechtsgebiet, sondern um eine deskriptive Sammelbezeichnung aus dem Bereich der Daseinsvorsorge. Deren sozialstaatlich radizierten Verfassungsauftrag können Staat und Kommunen auch in Bezug auf den Betrieb und die Nutzung der Infrastruktur in verschiedenen Modi wahrnehmen, solange die Letztverantwortung bei der verfassungsrechtlich gebundenen öffentlichen Gewalt liegt. Diese durch die Verfassung gebotene Residualverantwortung setzt auch der unionsrechtlich indizierten Liberalisierung von Netzbetrieb und Leistungserbringung eine letzte Grenze. Das Unionsprimärrecht selbst weist diese Grenze und damit das „europäische Modell der Infrastrukturversorgung" als ein sozialstaatlich unterfangenes aus, das den Modus der wettbewerblichen Versorgung nur für den Regelfall vorsieht.

Der allgemeine Ordnungsrahmen von Verfassungs- und Unionsrecht läßt dem Staat weite Spielräume, um das Gestaltungs- und Steuerungspotential der Infrastrukturversorgung zu nutzen. Diese Potentiale werden auch dazu dienen müssen, die wesentlichen Zukunftsfragen der infrastrukturellen Versorgung zu beantworten, wie z.B. die Folgen der demografischen Entwicklung, der Überschuldung öffentlicher Haushalte oder das Bedürfnis nach demokratischer Partizipation. Ihren rechtlichen Spielraum beschränken die Staaten vor allem durch die überstaatliche Verabredung infrastrukturbezogenen Handelns, sei es in Europa oder darüber hinaus. Angesichts der allgegenwärtigen Entgrenzung politischer Gemeinschaft liegt die Prognose nahe, dass die „Zukunftsfähigkeit" des Rechts *netzgebundener* Infrastrukturen vor allem durch internationale Lösungen sicherzustellen ist, während die Regeln über *punktförmige* Infrastrukturen ihre „Zukunftsfähigkeit“ durchaus auch im örtlichen Rahmen unter Beweis stellen können.

Leitsätze des 1. Referenten über:

Die Anforderungen an ein zukunftsfähiges Infrastrukturrecht

I. Einleitung

1) „Infrastruktur" ist ständig und überall. Es handelt sich um einen allgegenwärtigen Begriff der Alltags-, Politik-, Verwaltungs- und Rechtssprache, dessen Inhalt vor allem assoziativ oder empirisch angereichert, nicht normativ konturiert ist.

II. Begriff und Konzept

1. Zur Begriffsgeschichte

2) Der Begriff ist um 1875 als neulateinischer Neologismus im französischen Sprachraum entstanden und erreichte in den 1960er Jahren die deutsche Wissenschaftssprache. Die ökonomische Theorie bezeichnet hiermit eine der Basisfunktionen einer Volkswirtschaft.

2. „Infrastruktur" als Rechtsbegriff

3) Seit 1969 wird „Infrastruktur" in deutschen Gesetzen als Rechtsbegriff verwendet, seit den 1990er Jahren vor allem in den unter Einwirkung des Europarechts regulierten Wirtschaftssektoren.

4) Begriffsprägend sind vor allem drei Elemente: die unmittelbare Allgemeinnützigkeit, der Versorgungszweck sowie die Ortsgebundenheit. Es geht also um ortsfeste Anlagen und Einrichtungen, die der Versorgung der Bevölkerung mit notwendigen Gütern und Dienstleistungen dienen, im Prinzip jedermann zugänglich sind und deren Betrieb von der öffentlichen Hand verantwortet wird. Neben die netzgebundene tritt die punktförmige Infrastruktur, deren Versorgungsleistung vor Ort wirksam wird.

5) „Infrastrukturrecht" beschreibt die Regeln über die Planung, Errichtung, den Unterhalt und den Betrieb von Infrastruktur. Es handelt es sich nicht um ein kohärentes Teilrechtsgebiet, sondern um eine deskriptive Sam-

melbezeichnung für eine Teilmenge des Rechts der Daseinsvorsorge, nämlich diejenigen Regeln, die sich auf die Errichtung, Unterhaltung und Nutzung ortsfester Anlagen mit einem staatlich verantworteten Versorgungszweck beziehen.

3. *Infrastruktur und Daseinsvorsorge*

6) Auch in der modernen, von Verantwortungstypologien geprägten Rechtsdogmatik hat die Daseinsvorsorge als Gegenstand staatlicher „Verantwortung" ihren Platz.

7) Infrastruktur ist Gegenstand und Instrument der Daseinsvorsorge, steht zu dieser also in einem modalen Verhältnis. „Infrastrukturrecht" besitzt dementsprechend im Kern einen instrumentellen Charakter, es ist auf die Erfüllung der durch Verfassung oder Gesetz determinierten Versorgungszwecke bezogen und in der Regel beschränkt.

4. *Europäische Konzepte*

III. *Die Infrastrukturverantwortung des Staates*

1. *Verfassungsrechtliche Grundlagen*

8) Infrastruktur ist eine Grundbedingung für die politische Integration jedes Gemeinwesens sowie – gerade in Zeiten einer schrumpfenden Bevölkerung – für den sozialen Zusammenhalt einer Gesellschaft. Die Sicherstellung der zur Erfüllung dieser Integrationsfunktion notwendigen Infrastruktur zählt zu den immanenten Kernfunktionen des Staates und liegt daher von Verfassungs wegen in seiner Letztverantwortung.

9) In der geschriebenen Verfassung des Grundgesetzes ergibt sich ein Verfassungsauftrag zur Infrastrukturvorsorge aus dem Sozialstaatsprinzip sowie aus den grundrechtlichen Schutzpflichten des Staates. Vor allem letztere begründen die staatliche Aufgabe des infrastrukturellen „Grundrechtsvoraussetzungsschutzes". Die Direktionskraft dieser verfassungsrechtlichen Grundlagen ist angesichts weiter Gestaltungsspielräume des Gesetzgebers allerdings begrenzt.

10) Art. 14 AEUV enthält eine Funktionsgarantie für die mitgliedstaatliche Daseinsvorsorge und die dafür notwendige Infrastruktur. Die Norm verstärkt nicht nur den verfassungsstaatlichen Auftrag, sondern formuliert – erst recht in Verbindung mit dem DAI-Protokoll – den öffentlichen Versorgungsauftrag sehr viel klarer und differenzierter als das Grundgesetz.

2. *Infrastruktur als Gegenstand von Gewährleistungsverantwortung*

11) Die Gewährleistungsverantwortung des Staates für die Daseinsvorsorge impliziert seine prinzipielle Infrastrukturverantwortung, die er sowohl durch Eigenleistung als auch durch die Regulierung privater Leistungserbringung wahrnehmen kann. Für letzteres stehen als Grundmodelle der Wettbewerb in der Infrastruktur, um die Infrastruktur und zwischen Infrastrukturen zur Verfügung.

12) Staatliche Infrastrukturverantwortung im europäischen Mehrebenensystem bedingt die Aufgabe, den sozialstaatlichen Grundimpuls der Daseinsvorsorge und den Liberalisierungsimpuls des EU-Binnenmarktrechts in einen sozialverträglichen Ausgleich zu bringen. Die Verantwortung für diesen Ausgleich kann der integrierte Verfassungsstaat nur vorbehaltlich der allgemeinen Grenzen, die der europäischen Integration von Verfassungs wegen gesetzt sind, in den überstaatlichen Verband verlagern.

3. *Verfassungsrechtliche Ausgestaltungsdeterminanten*

13) Für die Ausgestaltung der Infrastrukturverantwortung enthält die Verfassung in den Art. 87d–90 GG nur für einzelne Infrastrukturen überhaupt Vorgaben, und diese sind schon im grundsätzlichen Zugriff sehr heterogen. Immerhin ergibt sich aus ihnen für die betroffenen Infrastrukturen eine fortbestehende staatliche Verantwortung, die eine völlige Freigabe für privatwirtschaftlichen Wettbewerb nicht zulässt. Vor allem darf der soziale Rechtsstaat den Betrieb und die Verwaltung der Infrastruktur selbst nur in sehr engen Grenzen aus den Händen geben.

4. *Fragen des Verantwortungsinhalts*

14) Solange die Infrastrukturverantwortung auf staatlicher Ebene wahrgenommen wird, muss der Verfassungsstaat sowohl dem Versorgungsauftrag als auch dem – vornehmlich unionsrechtlich radizierten – Wettbewerbsauftrag Rechnung tragen. Dazu und aus Gründen der demokratischen Legitimation muss er einen hinreichenden Einfluss auf die private Erbringung von Infrastrukturleistungen sicherstellen.

15) Dies impliziert jedenfalls staatliche Regeln über die Leistungsstandards der Grundversorgung, über die Auswahl des Leistungserbringers, eine Entgeltregulierung für Netzzugang und Endkundenversorgung sowie geeignete Nachsteuerungs- und Rückholoptionen für ein ggf. notwendiges Aufleben der staatlichen „Erfüllungsverantwortung".

16) Der dem Staat hierbei zukommende politische Gestaltungsspielraum erlaubt es, das Leitbild der „gleichwertigen Lebensverhältnisse" (Art. 72 Abs. 2 GG) für die Infrastrukturversorgung in der Fläche durch ein Min-

destmaß sozialen, wirtschaftlichen und politischen Zusammenhalts zu ersetzen und so der Herausforderung einer „schrumpfenden Gesellschaft“ mit einer differenzierten Infrastrukturentwicklung zu begegnen.

IV. Der überstaatliche Rahmen

1. Infrastrukturverantwortung und Unionsrecht

17) Die Einwirkung des Unionsrechts auf die Infrastrukturversorgung in den Mitgliedstaaten ist auch jenseits spezifischer Liberalisierungsmaßnahmen zwar in der Breite umfassend, aber materiell-rechtlich nur von begrenzter Steuerungskraft: Eine Kompetenz für eine eigenständige EU-Infrastrukturpolitik besteht nicht, die – grundsätzlich raumgreifende – Wirkungsmacht der EU-Grundfreiheiten trägt angesichts des allfälligen Rechtfertigungspotentials der Gemeinwohlaufgabe Infrastruktur nicht sehr weit, und diejenige des EU-Beihilferechts ist durch eine relativierende Praxis von Gerichtshof und Kommission kupiert. In dieser Begrenzung kommt nicht nur der infrastrukturpolitische Autonomieanspruch der Mitgliedstaaten zum Ausdruck, sondern auch die Anerkennung der Daseinsvorsorge als eigenständiger Verfassungswert der Union.

18) Die infrastrukturrelevante Determinierungswirkung des Unionsrechts ergibt sich daher vor allem daraus, dass sein prinzipieller Anwendungsanspruch die Wahrnehmung der Infrastrukturverantwortung, die grundsätzliche Sache der Mitgliedstaaten bleibt, der Aufsicht von Kommission und Gerichtshof unterstellt.

2. Infrastruktur im Völkerrecht

19) Da Infrastruktur ortsgebunden ist, unterliegt ihre Errichtung und Nutzung grundsätzlich den allgemeinen Regeln des Völkerrechts über die Nutzung von Staatsgebiet und die Zulässigkeit extraterritorialer Staatsgewalt.

20) Als Gegenstand völkerrechtlicher Verträge finden sich sowohl der gemeinsame Betrieb von Infrastruktur und Infrastrukturregime, als auch die Koordinierung der grenzüberschreitenden Nutzung nationaler Infrastrukturen.

21) Auch das Internet als Basisinfrastruktur der modernen Kommunikationsgesellschaft wird gegenwärtig vor allem aus der Warte der allgemeinen völkerrechtlichen Regeln gesehen und mit ihnen „bearbeitet“.

V. Schluss

22) Der Zustand der Infrastruktur und Infrastrukturdienste ist ein wesentliches Indiz für den Zustand eines politischen Gemeinwesens, seiner Volkswirtschaft und seiner Verfassungskultur.

23) Angesichts der allgegenwärtigen Entgrenzung politischer Gemeinschaft wird die „Zukunftsfähigkeit" des Rechts netzgebundener Infrastrukturen vor allem durch internationale Lösungen sicherzustellen sein, während die Regeln über punktförmige Infrastrukturen ihre „Zukunftsfähigkeit" auch im örtlichen Rahmen unter Beweis stellen können.

Vierter Beratungsgegenstand:

Die Anforderungen an ein zukunftsfähiges Infrastrukturrecht

2. Referat von Professor Dr. *Hinnerk Wißmann*, Münster*

Inhalt

* Ich danke meinen Mitarbeitern in Bayreuth und Münster, namentlich Dr. *Boas Kümper*, für die treue Unterstützung in der Vorbereitung. Einer frühen Diskussion des Konzepts in einem Kreis von Kolleginnen und Kollegen verdanke ich viel. *Christian Bumke* und *Andreas Voßkuhle* haben am Ende durch Kritik und Zuspruch die Fertigstellung des Textes unterstützt.

I. Einführung

1. Ausgangspunkt: Infrastruktur als Herausforderung des Öffentlichen Rechts

Im Großbegriff Infrastruktur sind Mut und Hybris, Weitsicht und Eigennutz, Innovationskraft und Selbstüberschätzung eng verflochten. Geradezu als ein Signum der Moderne steht „Infrastruktur“ für die *Grundvoraussetzungen* wie für die *Gefährdungen* einer Gesellschaft, die sich auf Mobilität, Kommunikation und stetige Erneuerung gründet.[1]

Und so ist das Recht der Infrastrukturen – wie zu zeigen sein wird – nicht sektorales Technikrecht oder Modethema, sondern in doppeltem

---

[1] *S. Zweig* hat die Verlegung des ersten Unterseetelegraphenkabels über den Atlantik 1858 als „Das erste Wort über den Ozean“ in seine „Sternstunden der Menschheit“ aufgenommen – und zugleich vom schnellen Wechsel zwischen Anerkennung und Verwerfung des Projekts berichtet, Ausgabe von 1964/1989, 154 ff. Vgl. noch unten bei Fn. 29 f.

Sinn eine Herausforderung unseres Fachs mitten im Zentrum des Staats- und Verwaltungsrechts: Funktionierende Infrastrukturen sind – zum einen – eine Vorbedingung ersten Ranges, soll individuelle Freiheit real und nicht nur als atavistische Phrase möglich sein. Wenn Infrastrukturen gegenwärtig in vielfacher Weise fragil werden, ist deshalb tatsächlich über die Architektonik der Bürgergesellschaft im Verfassungsstaat zu verhandeln.[2] Dabei stoßen nun – zum anderen – die einschlägigen Ordnungsmodelle, mit denen komplexe Vorhaben in technischer, finanzieller und politischer Hinsicht gesteuert werden sollen, zunehmend an Grenzen:[3] Seit Stuttgart 21 ist allseits bekannt, dass bei der Entscheidung über Großvorhaben selbst aufwendigste Verwaltungs- und Gerichtsverfahren vielfach weder verbindliche noch befriedende Funktion haben;[4] das Vergaberecht steht geradezu absurden Unzulänglichkeiten scheinbar hilflos gegenüber, wenn Infrastrukturen durch private Unternehmen bereitgestellt werden sollen (nichts anderes gilt freilich für das eigenhändige staatliche Management von Großvorhaben);[5] schließlich weisen die Überflutung von Bahnstrecken oder durch Hitze aufgerissene Autobahnen augenfällig darauf

---

[2] Zu Integration als Partnerbegriff der Infrastruktur *D. van Laak* Archiv für Begriffsgeschichte, Band 41 (1999), 280 (290 ff.).

[3] Zur Verbindung von Wandel der Staatlichkeit und verwaltungsrechtswissenschaftlicher Binnenmodernisierung stellvertretend *A. Voßkuhle* Beteiligung Privater an der Wahrnehmung öffentlicher Aufgaben und staatliche Verantwortung, VVDStRL 62 (2003), 266 (286 ff., 307 ff.); *E. Schmidt-Aßmann* Das allgemeine Verwaltungsrecht als Ordnungsidee, 2. Aufl. 2006, Rn. 1/50 ff.; *C. Franzius* Gewährleistung im Recht, 2009, 134 ff., 566 ff.; *R. Pitschas* in: Ziekow (Hrsg.) Wandel der Staatlichkeit und wieder zurück, 2011, 255 (256 ff.); aus staatsrechtlicher Perspektive zuletzt *O. Lepsius* Funktion und Wandel von Staatsverständnissen, Staat Beiheft 21 (2013), 37 (50 ff.).

[4] Übergreifend zuletzt *J. Saurer* DVBl. 2012, 1082 (1086 ff.); *K. Waechter/Th. Mann* Großvorhaben als Herausforderung für den demokratischen Rechtsstaat, VVDStRL 72 (2013), 499 ff., 544 ff.; breite Darstellung der Rechtslage bei *J. Ziekow* Neue Formen der Bürgerbeteiligung? Planung und Zulassung von Projekten in der parlamentarischen Demokratie, Gutachten D zum 69. DJT, 2012, D 26 ff., zusammenfassende Defizitanalyse D 61 ff. Vgl. zur aktuellen Diskussion weiter bei Fn. 88, 91. Man wird daran erinnern dürfen, dass in den 1980er Jahren z.B. die Genehmigung von atomaren Endlagern und Flughafenerweiterungen ebenfalls nicht friedensstiftend durch Genehmigungen abgeschlossen wurde, vgl. insoweit für die atomaren Endlager *J. Listl* DVBl. 1978, 10 ff.; für Flughäfen *V. Henle* UPR 1982, 215 ff., 253 ff.

[5] Vgl. *W. Durner* in: Sommermann/Magiera (Hrsg.) Daseinsvorsorge und Infrastrukturgewährleistung, 2009, 73 (81 f.). Kritisch zur Entwicklung des Vergaberechts *S. Broß* VergabeR 2011, 797 (801 f.). Zu den Kostenexplosionen bei Großprojekten der öffentlichen Hand vor dem Hintergrund z.B. der Elbphilharmonie Hamburg oder des BER Flughafen Berlin-Brandenburg etwa *Th. Thierau* BauR 2013, 673 ff.; *K.-R. Wagner* BauR 2013, 1596 ff.; vgl. weiter bei Fn. 107.

hin, dass das begleitende (Ordnungs-)Recht die Pflege bestehender Infrastrukturen – eine Megaaufgabe der unmittelbaren Zukunft – nicht verlässlich bewältigt.[6]

In all diesem bestimmen fein ausgearbeitete Fachdiskussionen das Feld, die in den unterschiedlichen Sektoren mit immer höherem Tempo eigenen Pfaden folgen; die Ungleichzeitigkeit der europarechtlichen Integration steigert die Unübersichtlichkeit nochmals in immenser Weise. Verfassungsrechtliche Vorgaben und verwaltungsrechtliche Systembildung erscheinen insgesamt als Getriebene statt als Taktgeber des Geschehens.

2. *Begriff – Gang der Untersuchung – Ziel*

Zu fragen ist angesichts dieser ersten Problembeschreibung zunächst, ob sich überhaupt ein abgegrenzter Bereich „Infrastruktur" identifizieren lässt, der für gleiche Fragen gleiche Antworten ermöglicht, die sich von denen anderer Rechtsgebiete unterscheiden. Infrastruktur ist ein vergleichsweise junger *Begriff*, der Anleihen aus der Ingenieurstechnik, der Ökonomie wie der Soziologie und der (militärischen) Bedarfsplanung nimmt.[7] Von der wortwörtlichen Verwendung im Eisenbahnbau des

---

[6] Vgl. zuletzt Gesetzesantrag der Bundesländer Sachsen und Bayern zum „Entwurf eines Gesetzes zur Beschleunigung von Hochwasserschutzmaßnahmen (Hochwasserschutzbeschleunigungsgesetz – HWSBG)", BRat-Drs. 568/13. Vor allem in diesem Feld ist die Finanzierung der Infrastrukturen zuletzt als dringliches Problem erkannt worden, vgl. den Bericht der von *K.-H. Daehre* geleiteten Kommission „Zukunft der Infrastrukturfinanzierung", 2012, 17 f., 38–40, 46, 105 ff., abzurufen unter http://www.bundesrat.de/DE/gremien-konf/fachministerkonf/vmk, sowie der von *K. Bodewig* geleiteten Kommission „Nachhaltige Verkehrsinfrastrukturfinanzierung", 2013, abzurufen unter http://www.bundesrat.de/cln_350/nn_8794/DE/gremien-konf/fachministerkonf/vmk, 9–12, 25, 29 ff.

[7] Aufbereitung der Begriffsgeschichte bei *D. van Laak* Archiv für Begriffsgeschichte, Band 41 (1999), 280 ff., mwN; ausführlich *ders.* Imperiale Infrastruktur, 2004, 17 ff.; vgl. auch *K.-W. Schatz* Zur Entwicklung des Begriffs Infrastruktur, in: Berger (Hrsg.) Wettbewerb und Infrastruktur in Post- und Telekommunikationsmärkten, 1996, 122 (124 ff.). Wichtig für die allgemeine Debatte war vor allem die wirtschaftswissenschaftliche Aufarbeitung und Theoriebildung, in Deutschland angestoßen maßgeblich von *R. Jochimsen* Über „Infrastrukturen" als Voraussetzungen einer funktionsfähigen Volkswirtschaft, in: Kindermann (Hrsg.) Kulturen im Umbruch, 1962, 29 ff. Vgl. zur ökonomischen Perspektive *G. Aberle* Art. Infrastruktur, Staatslexikon, 1987, Sp. 78 ff.; *Th. Schulze* Infrastruktur als politische Aufgabe, 1993, 40 ff.; zuletzt im Überblick *U. Baßeler/J. Heinrich/B. Utecht* Grundlagen und Probleme der Volkswirtschaft, 19. Auflage 2010, 848; *P. Samuelson/W. Nordhaus* Volkswirtschaftslehre, 4. Auflage 2010, 747; für den internationalen Zugriff *T. Henckel/W. McKibbin* The economics of infrastructure in a globalized world: issues, lessons and future challenges, 2010, insb. 3 ff.

19. Jahrhunderts über die allgemeine planerische Nutzung hat er eine stramme Entwicklung hin zu einem viel genutzten Leitbegriff durchlaufen, der am Ende neben dem Bereich der physischen Einrichtungen – Straße, Schiene, Kanal – zu allen Dingen gehört, weil alles und jedes seinen „Unterbau", seine Voraussetzungen benötigt.[8]

Für das *Recht* ist zu verzeichnen, dass es an dieser allgemeinen Begriffsgeschichte eher passiv beteiligt war und sich so bis in die Gegenwart keine klare Vorstellung vom Inhalt des Begriffs durchgesetzt hat. Erste Verwendungen im europäischen, transatlantischen und deutschen Rechtskreis nach dem 2. Weltkrieg blieben zunächst noch blass und zufällig.[9] Vor allem durch die Karriere der Planungsidee wurde der Begriff dann mobilisiert[10] und ab 1969 zunehmend allgemein genutzt.[11] Verfas-

---

[8] Zur „ganzheitlichen" Dimension des Begriffs, der neben quantitativen auch qualitative Aspekte einbezieht und damit insbesondere auch in den Umweltwissenschaften Beachtung gefunden hat, *U. E. Simonis* Zur inhaltlich-systematischen Deutung des Begriffs Infrastruktur, Zeitschrift für Ganzheitsforschung, N. F. 27 (1983), 119 ff. Vgl. beispielsweise zur Vielschichtigkeit der „Kommunikationsinfrastruktur" *K.-H. Ladeur* Die Kommunikationsinfrastruktur der Verwaltung, in: Hoffmann-Riem/Schmidt-Aßmann/Voßkuhle (Hrsg.) Grundlagen des Verwaltungsrechts, Band II, 2. Aufl. 2012, § 21, insb. Rn. 86 f.; zur „komplexen Infrastruktur kollektiver Ordnungsbildung" *ders.* Staat 48 (2009), 163 (169).

[9] Auf Bundesebene erstmals in Titel 601 des Kapitels 1402 des Bundeshaushaltsplan für das Rechnungsjahr 1957, Einzelplan 14 für den Geschäftsbereich des Bundesministers für Verteidigung, 2161.

[10] Vgl. zeittypisch *H. Filbinger* Probleme der Infrastruktur in der Raumordnung, Staatsanzeiger für Baden-Württemberg, 9.10.1965, 1 f.; *E. Egner* Art. Raumwirtschaftspolitik, in: Handwörterbuch der Sozialwissenschaften, Band 8, 1964, 694 (698).

[11] Erste normative Verwendung im Bundesrecht in § 1 Abs. 1 des Gesetzes über die Gemeinschaftsaufgabe „Verbesserung der regionalen Wirtschaftsstruktur" vom 6.10. 1969, BGBl. I 1861 („Förderung des Ausbaus der Infrastruktur", § 1 Abs. 1 Nr. 2; „Infrastrukturmaßnahmen", § 1 Abs. 3); dann § 5 Abs. 3, Abs. 6 f. des Durchführungsgesetzes zum Gesetz über einen Ausgleich für Folgen der Aufwertung der Deutschen Mark auf dem Gebiet der Landwirtschaft („Agrar- und Infrastruktur", in diesem Doppelsinn auch bereits 1968 in BT-Drs. V/2672 (Entwurf eines Agrarstrukturgesetzes)), BGBl. I 1970, 676 ff. (677 f.); § 3 Abs. 3 Nr. 2 c) Städtebauförderungsgesetz („infrastrukturelle Erschließung"), BGBl. I 1971, 1125 ff. (1128) (mit allgemeiner Verwendung des Begriffs in BT-Drs. VI/510, 25 f.), gleichlautend noch heute in § 136 Abs. 3 Nr. 2c) BauGB; Art. 19 und 28 des Gesetzes zum Assoziierungsabkommen der EWG mit Madagaskar („Infrastruktur", „wirtschaftliche und soziale Infrastrukturanlagen"), BGBl. II 1970, 521 ff. (542, 548). Vgl. für die Rechtsprechung 1974 BVerfGE 38, 258 (270 f.) – Magistratsverfassung: „Einrichtungen der Energie- und Wasserversorgung, des Nahverkehrs, der Abfallbeseitigung, der Krankenhäuser, Altenheime und Kindergärten wie für sonstige Maßnahmen zum Ausbau der örtlichen ‚Infrastruktur'".

sungsrechtlich ist er zwar nicht in das Grundgesetz promoviert worden, wohl aber im AEUV zu finden.[12]

Im geltenden Gesetzesrecht wird der Terminus „Infrastruktur" prominent vor allem im Recht der Raumordnung verwandt, schon dort allerdings mit einer beachtenswerten Weite, wenn etwa von bestimmten „Infrastrukturen der Daseinsvorsorge" gesprochen wird, aber eben auch in allgemeiner Weise von „sozialer", von „kritischer" oder „wirtschaftsnaher" Infrastruktur, die zu gewährleisten, zu bündeln, zu entwickeln, zu schützen ist.[13] Zahlreiche Fachgesetze – von TKG, EnWG und GWB über das SGB bis hin zum Wertpapierhandelsgesetz – nutzen den Terminus gleichfalls in durchaus unterschiedlicher Weise.[14] Zugleich findet er sich in

---

[12] V. a. Art. 170, nachrangig 171, 177 AEUV, eingeführt 1993 durch den Vertrag von Maastricht, vgl. zur Entwicklung *Ch. Calliess* in ders./M. Ruffert (Hrsg.) EUV/AEUV, 4. Aufl. 2011, Art. 170 Rn. 1.

[13] Alles in § 2 Abs. 2 Nr. 3 f. ROG (Grundsätze der Raumordnung). Infrastruktur wird maW sowohl als Teil bestimmter Sachgebiete („Soziale Infrastruktur", § 2 Abs. 2 Nr. 3 ROG) als auch als eigenständige Materie verstanden, vgl. § 2 Abs. 2 Nr. 1 ROG, wonach im gesamten Bundesgebiet „ausgeglichene soziale, infrastrukturelle, wirtschaftliche, ökologische und kulturelle Verhältnisse" anzustreben sind. Ähnlicher Selbststand des Begriffs in § 8 Abs. 5 Nr. 3 ROG, wo Infrastruktur als Verkehrs- und Versorgungs-/Entsorgungsinfrastruktur verstanden wird. Es ist darauf hinzuweisen, dass das ROG in seiner Ursprungsfassung 1965 den Begriff (ebenso wie die ökologischen Verhältnisse) noch nicht kannte (BGBl. I 1965, 306), sondern er erst 1989 (§ 1 Abs. 1, BGBl. 1989, 1461 (Neubekanntmachung), vgl. zur Begründung BT-Drs. 11/3916, 9 ff.) bzw. 1998 (§ 2 Abs. 2, § 7 Abs. 2, BGBl. 1997, 2081) Eingang in das Gesetz gefunden hat.

[14] Eher *gegenständliche Verwendung* in § 19 Abs. 2 Nr. 3 GWB („Zugang zu eigenen Netzen oder anderen Infrastruktureinrichtungen"), § 3 Nr. 9b) TKG („Netzinfrastruktur"), § 3 Nr. 32b) TKG („Zugang zu physischen Infrastrukturen wie Gebäuden, Leitungsrohren und Masten"), § 77a TKG („Gemeinsame Nutzung von Infrastrukturen durch Betreiber öffentlicher Telekommunikationsnetze: (1) Die Bundesnetzagentur kann die gemeinsame Nutzung von Verkabelungen oder Kabelkanälen (…) anordnen"), § 13a Abs. 2 Nr. 3 BauGB („Verwirklichung von Infrastrukturvorhaben"), ähnlich § 136 Abs. 3 BauGB, § 11 Abs. 3 BauNVO, § 11 Abs. 1 AEG („Abgabe und Stilllegung von Eisenbahninfrastruktureinrichtungen: (1) Beabsichtigt ein öffentliches Eisenbahninfrastrukturunternehmen die dauernde Einstellung des Betriebes einer Strecke, eines (…) Bahnhofs oder die mehr als geringfügige Verringerung der Kapazität einer Strecke, (…)"); als *allgemein-offene Sammelbezeichnung* in § 128 SGB XI („Aufbau der technischen und organisatorischen Infrastruktur"), § 2 Abs. 3 Nr. 4 TKG („Investitionen und Innovationen im Bereich neuer und verbesserter Infrastrukturen"), § 21 Abs. 1 Nr. 4 TKG („Investitionen in Infrastruktureinrichtungen"), § 40 Abs. 2 Nr. 2 TKG („Wettbewerb im Bereich Infrastruktur"); § 77 b) („Alternative Infrastrukturen: (…) Einrichtungen, die zum Auf- und Ausbau von Netzen der nächsten Generation genutzt werden können"), § 3 Nr. 5a BImSchG („Anlagen einschließlich gemeinsamer oder verbundener Infrastrukturen"); *spezifische Verwendung* dagegen etwa in § 291a SGB V („Telematikinfrastruktur" als Zusammenfassung von „Informations-, Kommunikations- und

Gesetzen überhaupt nicht, die wir intuitiv dem Sachbereich der Infrastruktur zuordnen (wie etwa dem NABEG[15]).

Es ist nun allerdings kein Zufall oder bloße Nachlässigkeit, warum ein präziser Rechtsbegriff der Infrastruktur offensichtlich nur schwer gebildet werden kann. Denn er bezieht sich nach dem hier vertretenen Verständnis nicht auf einen bestimmten, festliegenden Gegenstand, sondern auf eine spezifische Fragestellung. Dem Recht der öffentlichen Infrastrukturen geht es um die *Planung (d.h. Konzeption und Entscheidung), Bereitstellung und Pflege von Einrichtungen, die unmittelbar von der Allgemeinheit genutzt werden können oder für weitere Dienste zur Verfügung stehen, die sich grundsätzlich an die Allgemeinheit richten.* Infrastruktur kann damit Straße und Schiene umfassen, die Netze der Telekommunikation, der Energie- wie Wasserversorgung, ebenso wie „stationäre" Einrichtungen – Flughäfen, Krankenhäuser und Schulen.[16] Und während bei der Straße das „Netz" selbst bereits Infrastruktur ist, ergibt sich etwa schon bei

---

Sicherheitsinfrastruktur" in Bezug auf die elektronische Gesundheitskarte), in § 1 Kreditwesengesetz („Nutzung von Infrastrukturen, die darauf abzielen, Latenzzeiten zu minimieren" als Beispiel für Finanzdienstleistungen), ähnlich § 2 Wertpapierhandelsgesetz, § 3 Abs. 3 Nr. 3 TKG („infrastrukturbasierter Wettbewerb"), § 90a Investmentgesetz („Infrastruktur-Sondervermögen"), in den landesrechtlichen Geodateninfrastrukturgesetzen, die den Begriff als „Infrastruktur aus Geodaten, Metadaten und Geodatendiensten" usw. definieren (z.B. Art. 3 Abs. 6 BayGDIG). Durchaus heterogen auch die Verwendung durch das Bundesverfassungsgericht, vgl. etwa BVerfGE 38, 258 (270) – Magistratsverfassung (offene Formel zu kommunalen Infrastrukturen, s.o. Fn. 11); 110, 177 (192 f.) – Freizügigkeit („infrastrukturelle Folgelasten": u.a. Herstellung von Einrichtungen der Kinderbetreuung, der öffentlichen Versorgung und Entsorgung); 120, 1 (39) – Gewerbesteuer Freiberufler (Infrastrukturlasten bei Ansiedlung von Gewerbebetrieben); 125, 39 (86) – Adventssonntage (Infrastruktur: Energieversorgung und Sicherung der Mobilität); 125, 260 (314) – Telekommunikationsverkehrsdaten (Telekommunikationsinfrastruktur); referierend 127, 165 (168 f.) – Informationsbeschaffung (u.a. „Bildungsinfrastruktur" sowie Krankenhäuser, „ländliche Infrastruktur", „sonstige Infrastrukturinvestitionen").

[15] Gleiches gilt für das Planvereinheitlichungsgesetz vom Juni 2013, BGBl. I 1388, mit der Einführung der „frühen Öffentlichkeitsbeteiligung" nach § 25 Abs. 3 VwVfG.

[16] Vgl. für einen offenen Begriff BVerfGE 38, 258 (270 f.) – Magistratsverfassung, s.o. Fn. 11, vgl. auch BVerfGE 127, 165 (168 f.) – Informationsbeschaffung. Differenzierend unter Abgrenzung vom Begriff der öffentlichen Versorgung *J.-C. Pielow* Grundstrukturen öffentlicher Versorgung, 2001, 21 ff. Weit unter Einschluss etwa von Schul- und Universitätsgebäuden zuletzt auch *J. Kühling* DVBl. 2013, 1093 (1094 f.); entsprechend für die Schweiz *M. Lendi* UPR 2011, 422 (422); enger etwa *W. Erbguth* DVBl. 2009, 265 (265 f.). Nicht erfasst sind alle nur faktisch der Öffentlichkeit zugänglichen Einrichtungen, wie etwa die von privaten Betrieben geprägten „zentralen Versorgungsbereiche", vgl. dazu zuletzt *H.-J. Koch* Die Verwaltung 45 (2012), 233 (234); *U. Battis* DVBl. 2011, 196 ff.

Schiene, Energie und Telekommunikation erst durch eine *integrierte Betrachtung,* die die *Kopplung der Einrichtung mit den Diensten* einbezieht, eine sinnvolle Perspektive.[17] Freilich gehören die Einzelheiten von Zugang und Entgelt, Versorgungssicherheit und Datenschutz zu einem „Infrastrukturrecht II", das an die hier zu behandelnden Fragen erst anschließt.[18]

Insgesamt ist also der *Sachbereich* der Infrastruktur begrifflich per se *nicht abschließend bestimmt,* weder in Hinblick auf Aufgaben, Akteure noch Ordnungsmodelle: Der Bestand und die Form allgemein zugänglicher Einrichtungen sind offen und grundsätzlich gestaltbar.[19] Anders gewendet: Für die rechtliche Debatte ist Abstand zu halten von sektoralen Begriffsverengungen („Infrastruktur als Teil des Rechts der Netze") ebenso wie von voreiligen ökonomischen Normativismen, öffentliche Infrastrukturen seien Voraussetzung und zugleich Ausnahme eines Markt- oder Wettbewerbsgeschehens.[20]

Die sachnotwendig bestehende Vielschichtigkeit des Begriffs zeigt an – so ein erstes Zwischenergebnis –, dass es *ein* Infrastrukturrecht (samt einheitlicher Erwartungen daran) kaum geben kann. Die Rede vom Recht der öffentlichen Infrastrukturen ist vielmehr eine Chiffre, unter der allerdings grundlegende Herausforderungen des Verwaltungsrechts für unsere Zeit verhandelt werden können: Mit dieser Gesamtperspektive möchte ich zunächst darlegen, dass Infrastrukturen und ihre Regelungsmodelle in

---

17 Die Verbindung beider Bereiche prägt auch die neueren Begriffsbildungen in der Rechtswissenschaft, vgl. insbesondere *G. Hermes* Staatliche Infrastrukturverantwortung, 1998, insb. 330 ff.; zuletzt entsprechend *W. Hoffmann-Riem* Rechtsformen, Handlungsformen, Bewirkungsformen, in: ders./Schmidt-Aßmann/Voßkuhle (Hrsg.) Grundlagen des Verwaltungsrechts, Band II, 2. Aufl. 2012, § 33 Rn. 94 („Infrastrukturregulierung"); für eine Verbindung von Einrichtung und Dienst grundsätzlich auch *W. G. Leisner* WiVerw 2011/2, 55 (70 f.). Tendenziell enger unter Ausschluss der Nutzung ist der europarechtliche Begriff der Infrastruktur, vgl. *Ch. Calliess* in: ders./Ruffert (Hrsg.) EUV/AEUV, 4. Aufl. 2011, Art. 170 Rn. 7; vgl. auch die Beiträge des Abschnitts „Infrastrukturrecht" zu Telekommunikation, Energie und „Transportrecht" von *J. Kühling*, *M. Ludwigs* und *M. Knauff* in Ruffert (Hrsg.) Europäisches sektorales Wirtschaftsrecht (EnzEur Band 5), 2013.

18 Vergleiche zu Schnittstellen unten bei Fn. 112, 113 ff., 125 ff.

19 Ebenso *J. Kühling* DVBl. 2013, 1093 (1094); vgl. zur Bandbreite der Ausgestaltung bereits *Hermes* Infrastrukturverantwortung (Fn. 17), 342 ff., 390 ff. Entsprechend *Pielow* Grundstrukturen (Fn. 16), 311, der für das Kriterium der Öffentlichkeit auf den allgemeinen Adressatenkreis abstellt.

20 Klassisch für eine sektorale Verwendung: Infrastruktur als Begriff der militärischen Bedarfsplanung, so etwa heute noch im „Bundesamt für Infrastruktur, Umweltschutz und Dienstleistungen der Bundeswehr (BAIUDBw)"; zur ökonomischen Sichtweise etwa *Schatz* (Fn. 7), passim.

signifikanter Weise mit der Entwicklung des modernen Staats verbunden sind. Die dabei entstandenen Infrastrukturteilrechtsordnungen sind bis heute deutlich unterscheidbar, und geben so Zeugnis von den regulativen *Wellenbewegungen*, in die ausdifferenzierte Zielvorgaben ebenso integriert wurden wie die Fortschreibung des verwaltungsrechtlichen Instrumentariums (II.). Im Anschluss soll gezeigt werden, dass sich das Infrastrukturrecht in den *Phasen von Planung, Bereitstellung sowie Nutzung und Pflege* von Infrastruktur modellieren lässt und diese Phasen in stärkerer Weise als bisher geschehen *als* auf Dauer angelegtes *Verbundsystem* aufeinander bezogen werden müssen (III.). Durch den *notwendig politischen Charakter von Infrastrukturentscheidungen* ergeben sich abschließend Folgerungen für das *Verhältnis von Verwaltungsverfahren und Parlamentsgesetz* (IV.)

II. Entwicklungslinien und Ordnungsmodelle des Infrastrukturrechts

1. Infrastrukturen als Signum moderner Staatlichkeit

Infrastrukturen und Infrastrukturrecht bilden ein spezifisches Strukturmerkmal moderner Staatlichkeit. Zu beobachten ist eine historisch gewachsene *Schichtung verschiedener regulativer Grundannahmen und Leitmodelle*, die sich nebeneinander bis in die Gegenwart erhalten haben.

Ein Fehlschluss wäre demgegenüber die Annahme, erst die Gegenwart hätte mit dem Begriff auch den Gegenstand oder die Rechtsprobleme der Infrastruktur erfunden. Selbstverständlich war es gerade ein Kennzeichen schon des frühneuzeitlichen Staates, dass er Infrastruktur schaffte oder schaffen ließ: Durch die technisch-kartographische Erfassung des Herrschaftsgebiets, den Bau von Kanälen, Straßen, aber etwa auch die Einrichtung von Schulen wird Stück für Stück die mittelalterliche „Herrschaft vom Sattel aus" überwunden.[21] Die abstrakten Herrschaftsgebiete wurden mit anderen Worten nicht allein durch Reglement und Gesetz, sondern erst durch die konkrete, planmäßig voranschreitende Erschließung des Territoriums, eben durch Infrastruktur, Staaten in unserem Sinn.[22]

---

[21] Zur Lage im Mittelalter *G. Althoff* Die Ottonen. Königsherrschaft ohne Staat, 2. Aufl. 2005, insb. 230 ff., 243 ff.; vgl. begriffsprägend *O. Brunner* Land und Herrschaft, 4. Aufl. 1959, 180 ff. Zur Rolle der Städte für die Entwicklung von Infrastruktur *M. Stolleis* Geschichte des Sozialrechts, 2003, 13 ff., in Bezug auf Armenversorgung und Krankenwesen.

[22] Vgl. dazu umfassend *D. Blackbourn* Die Eroberung der Natur, 2006, vor allem zum Bereich von Flüssen, Kanälen und Entwässerung; insbesondere zur Entwicklung der Mobilität *C. Merki* Verkehrsgeschichte und Mobilität, 2008, vor allem 76 ff.; zur all-

In diesem langgestreckten Prozess bildet das 19. Jahrhundert einen entscheidenden, auf die Gegenwart weisenden Einschnitt. Rechtsstaatliche Sicherungen,[23] Gewerbefreiheit[24] und Schutz des geistigen Eigentums[25] schufen einen neuen Rahmen für technische Entwicklungen, die sich nun in neuer Dynamik entfalteten.[26] Neben der linearen Zunahme von Geschwindigkeit und Produktivität, für die die Eisenbahn steht,[27] führte vor allem der Siegeszug der Elektrizität zu einem grundlegenden Wandel:[28] Seit den 1830er Jahren sind die Städte und seit den 1860er Jahren die Kontinente durch die Telegraphie verbunden und damit in einen gemeinsamen, auf Gleichzeitigkeit basierenden Erfahrungsraum gesetzt worden.[29] Die verlässliche *Vernetzung ganzer Territorien*, ja im Grunde schon damals der ganzen bekannten Welt, ist seitdem ein typisches Kennzeichen

---

mählichen Entwicklung des allgemeinen Schulwesens im Flächenstaat *H. Wißmann* in: Reimer (Hrsg.) Homeschooling – Bewährung oder Bedrohung des freiheitlichen Rechtsstaats?, 2012, 17 (20 ff., 31 ff.). Aus wirtschaftswissenschaftshistorischer Sicht *Schulze* Infrastruktur (Fn. 7), 71 ff.

[23] Zur begriffsgeschichtlichen Entwicklung *E.-W. Böckenförde* FS Arndt, 1969, 53 ff.; *H. Hofmann* Der Staat 34 (1995), 1 ff. Exemplarisch zur praktischen Entwicklung *E.-R. Huber* Deutsche Verfassungsgeschichte seit 1789, Band I, 2. Aufl. 1967, 617; Band II, 2. Aufl. 1968, 835 f.; Band III, 2. Aufl. 1970, 111 f., 1071 ff. Zur allmählichen Durchsetzung der Gesetzesbindung und der rechtswissenschaftlichen Formierung des Verwaltungsrechts im Überblick *H. Wißmann* Generalklauseln, 2008, 56 ff.

[24] Zur Entwicklung *B. Vogel* Allgemeine Gewerbefreiheit, 1983, insb. 165 ff.; *J. Ziekow* Freiheit und Bindung des Gewerbes, 1992, 327 ff.

[25] *E. Wadle* Geistiges Eigentum, Band II, 2003, 3 ff.; insbesondere auch zum Schutz des Persönlichkeitsrechts *D. Klippel* ZNR 4 (1982), 132 ff.; weiter speziell *L. Gieseke* Vom Privileg zum Urheberrecht, Die Entwicklung des Urheberrechts in Deutschland bis 1845, 1995; *L. Pahlow* Lizenz und Lizenzvertrag im Recht des Geistigen Eigentums, 2006, 18 ff.; *A. K. Schmidt* Erfinderprinzip und Erfinderpersönlichkeitsrecht im deutschen Patentrecht von 1877 bis 1936, 9 ff.

[26] Zum Zusammenhang der Faktoren *L. Jellinghaus* Zwischen Daseinsvorsorge und Infrastruktur, 2006, insb. 14.

[27] Zu den ersten, in der Regel auf private Unternehmen bezogenen Regelungen vgl. das preußische „Gesetz über die Eisenbahn-Unternehmungen" vom 3.11.1838, GS 305, sowie das preußische Enteignungsgesetz von 1874, GS 221, dazu *G. Püttner* FS Blümel, 1999, 467 ff.; *S. Stamm* Eisenbahnverfassung und Bahnprivatisierung, 2010, 29 ff.; vgl. auch *K. Bracht* Der Bau der ersten Eisenbahnen in Preußen, 1998, 14 ff. Zur späteren Verstaatlichung unten bei Fn. 40 ff.

[28] Knapper Überblick über die frühe Entwicklung der Energieversorgung in Deutschland bei *Hermes* Infrastrukturverantwortung (Fn. 17), 285 ff. Vgl. weiter Fn. 40.

[29] Vgl. *T. Standage* The Victorian Internet, 1998/2007; skeptisch zu dieser Deutung angesichts der großen technischen Schwierigkeiten in Bezug auf die Verlegung des transatlantischen Telegrafenkabels *C. Holtorf* Der erste Draht zur neuen Welt, 2013; vgl. aber auch nochmals *Zweig* Sternstunden (Fn. 1).

von Infrastruktur,[30] das neben die *Versorgung „vor Ort"* tritt – beides bildet schon früh eine reguläre Aufgabe des Infrastrukturrechts.[31]

2. *Ausdifferenzierung der Zielvorgaben und Regelungsmodelle*

Das Infrastrukturrecht muss dabei seit jeher ganz *gegenläufige Zielvorgaben* bewältigen. Um die wichtigsten Etappen zu nennen: Bereits im frühen Rechtsstaat wurden die Fragen von allgemeinem Bedarf, konkretem unternehmerischem Verwirklichungsinteresse und eventuell notwendiger Enteignung mit dem Ziel allseitiger *Rechtssicherheit* miteinander verknüpft.[32] Mit dem Stichwort der räumlichen *Gesamtplanung*[33] traten

---

[30] Auf diese Dimension weist *Standage* (Fn. 29) mit seinem auf den Telegraphen bezogenen Titel hin, vgl. auch 1 („Mother of all networks").

[31] Zur Entwicklung des Verhältnisses von „Democracy & Public Space" vgl. am Beispiel von New York und London *L. Keller* Triumph of Order, 2009. Vgl. zur gegenwärtigen Entwicklung sektorenübergreifend stellvertretend *A. Voßkuhle* Der Wandel von Verwaltungsrecht und Verwaltungsprozeßrecht in der Informationsgesellschaft, in: Hoffmann-Riem/Schmidt-Aßmann (Hrsg.) Verwaltungsrecht in der Informationsgesellschaft, 2000, 349 (351 ff.); *J. Masing* FS Wahl, 2011, 147 (156 ff.). Zur Bedeutung von Mobilität insbesondere für die europäische Integration *M. Knauff* Transportrecht, in: Ruffert (Hrsg.) Europäisches sektorales Wirtschaftsrecht (EnzEur Band 5), 2013, § 6 Rn. 3 ff.; allgemein zum supranationalen und internationalen Kontext *J. Saurer* DVBl. 2012, 1082 (1084 f.). Als ein Zielpunkt vgl. das europarechtliche Ziel des „Auf- und Ausbaus transeuropäischer Netze" Art. 170 Abs. 1 AEUV, bezogen auf die Bereiche von „Verkehrs-, Telekommunikations- und Energieinfrastruktur".

[32] Prototypisch die Formulierung des Aufopferungsanspruchs in der Einleitung des Allgemeinen Landrechts für die Preußischen Staaten (1794): *„§. 74. Einzelne Rechte und Vortheile der Mitglieder des Staats müssen den Rechten und Pflichten zur Beförderung des gemeinschaftlichen Wohls, wenn zwischen beyden ein wirklicher Widerspruch (Collision) eintritt, nachstehn. §. 75. Dagegen ist der Staat denjenigen, welcher seine besondern Rechte und Vortheile dem Wohle des gemeinen Wesens aufzuopfern genöthigt wird, zu entschädigen gehalten."* Zur historischen Entwicklung des Instituts der Planfeststellung, ausgehend von § 4 des preußischen „Gesetzes über die Eisenbahn-Unternehmungen" vom 3.11.1838, GS 305, grundlegend *W. Blümel* Die Bauplanfeststellung I, 1961; vgl. ferner unter Berücksichtigung weiterer Forschungsergebnisse *ders.* FS Hoppe, 2000, 3 ff. Konkreter (Primär-) Rechtsschutz entwickelte sich erst langsam in einzelnen Ländern, siehe *D. Grimm* in: Coing/Wilhelm (Hrsg.) Wissenschaft und Kodifikation des Privatrechts im 19. Jahrhundert, Band IV, 121 (132 f.). Zum Aspekt der Rechtssicherheit in der gegenwärtigen Lage *A. v. Arnauld* Rechtssicherheit, 2006, speziell zum Planungsrecht 318 ff.; *J. Saurer* DVBl. 2012, 1082 (1085 f.), dort auch zum historischen Antagonismus zwischen rechtsstaatlicher und demokratischer Steuerung.

[33] Zur Entwicklung der allgemeinen Raumordnung *W. Ernst* in: Kaiser (Hrsg.) Planung III, 1968, 129 ff.; *U. Battis* JA 1981, 313 ff.; *W. Appold* FS Hoppe, 2000, 21 ff. Zur vorgängigen Entstehung des Stadtplanungsrechts und der ersten übergemeindlichen Planungsverbände vgl. etwa *R. Breuer* Die Verwaltung 19 (1986), 305 ff. Vgl. für die aktuelle Lage *W. Durner* NuR 2009, 373 ff., s. weiter Fn. 41, 51, 83.

später die Annäherung der Lebensverhältnisse[34] sowie dann die Einbeziehung der *Umweltwirkungen*[35] von Infrastrukturen hinzu. Gerade hier entwickelte sich die Frage nach angemessenen Beteiligungs- und Entscheidungsformen bei Großvorhaben.[36] Schließlich war und ist parallel stets die Frage nach der *technischen Offenheit des Infrastrukturrechts* immer wieder neu zu stellen.[37]

---

[34] *J. Kersten* DVBl. 2006, 942 (943 ff.). Das ROG hat immer ambitionierter die Angleichung der Lebensverhältnisse als Ziel formuliert (mit dem Höhepunkt § 1 Abs. 2 Nr. 6 ROG (1998): Bei der Aufgabenerfüllung der Raumplanung sind „gleichwertige Lebensverhältnisse in allen Teilräumen herzustellen." Vgl. auch § 2 Abs. 2 Nr. 4 ROG (1998)). Das ROG 2009 hat die Verschiedenheit der Situation stärker in den Blick genommen und damit Flexibilisierungen verbunden, vgl. § 2 Abs. 2 Nr. 2 f. ROG (2009); kritisch zur Abschmelzung *J. Kersten* UPR 2006, 245 ff.

[35] Zur Beziehung von Umweltschutz und Planungsrecht allgemein *W. Erbguth* Rechtssystematische Grundfragen des Umweltrechts, 1987, 146 ff.; *E. Schmidt-Aßmann* DÖV 1990, 169 ff.; *R. Bartlsperger* FS Hoppe, 2000, 127 ff.; zur Beziehung von Umweltschutz und Fachplanung *S. Paetow/R. Wahl* in: Hansmann/Sellner (Hrsg.) Grundzüge des Umweltrechts, 4. Aufl. 2012, Kap. 4 Rn. 1 ff.; zu Umweltschutzbelangen in der Raumordnung *A. Scheidler* NVwZ 2010, 19 ff.; *O. Rojahn* NVwZ 2011, 654 ff. Speziell dann zur strategischen Umweltprüfung *R. Hendler* (Hrsg.) Die strategische Umweltprüfung (sog. Plan-UVP) als neues Instrument des Umweltrechts, 2004; *W. Erbguth* (Hrsg.) Strategische Umweltprüfung (SUP) – Stand, Rechtsfragen, Perspektiven –, 2006. Zum Stand des Abfallrechts anhand des KrWG (2012) *M. Beckmann* AbfallR 2012, 142 ff.; *J. Klement* VerwArchiv 103 (2012), 218, insb. 221 ff. zur „Publifizierung"; zur Entwicklung *M. Kloepfer* AbfallR 2012, 261 (262 ff.).

[36] Vgl. zu Frühformen der diesbezüglichen Kommunikation der Verwaltung im 19. Jahrhundert *P. Cancik* Verwaltung und Öffentlichkeit in Preußen, 2007, 9 ff.; zum Topos der Partizipation *A.-B. Kaiser* Die Kommunikation der Verwaltung, 2009, 136 ff. Umfassende Problemanalysen für die Gegenwart bei *K. Waechter* Großvorhaben (Fn. 4), 501 ff.; *Th. Mann* Großvorhaben (Fn. 4), 546 ff.; *J. Ziekow* Gutachten D zum 69. DJT, 2012; *J. Saurer* DVBl. 2012, 1082 (1086 ff.). Zur Diskussion im Einzelnen noch bei Fn. 88, 91.

[37] Stellvertretend zum Problem der Standardsetzung im Recht am Beispiel der Telekommunikation *K.-H. Ladeur* Der Staat 48 (2009), 163 (172 ff.); s. auch *I. Appel* Methodik des Umgangs mit Ungewissheit, in: Schmidt-Aßmann/Hoffmann-Riem (Hrsg.) Methoden der Verwaltungsrechtswissenschaft, 2004, 327 (342 ff.). Zum zugrundeliegenden Dualismus der Zielstellungen *W. Hoffmann-Riem* Recht als Instrument der Innovationsoffenheit und Innovationsverantwortung, in: Hof/Wengenroth (Hrsg.) Innovationsforschung, 2007, 387 (397 ff.); vgl. dann *M. Eifert/W. Hoffmann-Riem* (Hrsg.) Innovationsfördernde Regulierung, 2009, sowie *M. Eifert/W. Hoffmann-Riem* (Hrsg.) Innovationsverantwortung, 2011. Zu den Grundkategorien *O. Lepsius* Risikosteuerung durch Verwaltungsrecht: Ermöglichung oder Begrenzung von Innovationen?, VVDStRL 63 (2004), 264 (278 ff.). In Bezug auf die Konvergenz der Märkte zwischen Kabel/Telefon/Internet und Kabel/Fernsehen vgl. zuletzt Beschluss des OLG Düsseldorf vom 14.8. 2013, Az. VI – Kart 1/12 (V) zur Fusion im Kabelfernsehen; vgl. dazu allgemeiner *T. Fetzer* WiVerw 2010, 145 ff. Zum Topos der Netzneutralität *C. Franzius* N&R 2012,

Die angesprochene historische Schichtung der Aufgaben hat das Infrastrukturrecht in *regulativen Wellenbewegungen* verarbeitet.[38] In einer stark vergröbernden Gesamtschau folgte in Deutschland und Kontinentaleuropa nach privatwirtschaftlichen Anfängen[39] eine lange Phase überwiegend staatlicher bzw. kommunaler Eigentätigkeit[40] und Planung.[41] Nach

126 (133 ff.) sowie unten Fn. 112; zu Synergievorgaben im Bereich des Breitbandausbaus *B. Kind/M. Schramm* N&R 2012, 140 ff. Zur Konvergenz zwischen Straßenverkehr und Energieversorgung am Beispiel *S. Michaels/Ch. De Wyl/ R. Ringwald* DÖV 2011, 831 ff.

[38] Vgl. zum systemtheoretisch angeleiteten Ansatz der reflexiven Modernisierung als Endlosprozess *R. Pitschas* Wandel (Fn. 3), 257 mwN. Überblick über die wissenschaftliche Begleitung der im folgenden geschilderten Entwicklung bei *M. Stolleis* Entwicklungsstufen der Verwaltungsrechtswissenschaft, in: Hoffmann-Riem/Schmidt-Aßmann/ Voßkuhle (Hrsg.) Grundlagen des Verwaltungsrechts, Band I, 2. Aufl. 2012, § 2, insb. Rn. 26 ff., 90 ff., 106 ff.

[39] Siehe oben bei Fn. 23 ff.

[40] Insbesondere wurden bereits früh vormals private Unternehmen in Post, Eisenbahn und Elektrizität durch den Staat bzw. die Kommunen übernommen. Dieses formal-etatistische Regulierungsmodell bildete zugleich die Konkurrenzsituation der jungen Nationalstaaten ab. Siehe zum *Post- und Telekommunikationswesen J. Masing* Post und Telekommunikation, in: Isensee/Kirchhof (Hrsg.) Handbuch des Staatsrechts, Band 4, 3. Aufl. 2006, § 90 Rn. 2 ff.; *E. Schilly* in: Jeserich/Pohl/v. Unruh (Hrsg.) Deutsche Verwaltungsgeschichte, Band I, 1983, 448 (451 ff.) sowie ders. in: Jeserich/Pohl/ v. Unruh (Hrsg.) Deutsche Verwaltungsgeschichte, Band III, 1984, 385 ff. Zur *Eisenbahn Stamm* Eisenbahnverfassung (Fn. 27), 32 ff.; *G. Hermes* in: Ehlers/Fehling/Pünder (Hrsg.) Besonderes Verwaltungsrecht, Band I, 3. Aufl. 2012, § 25 Rn. 3 ff.; *H. Seidenfus* in: Jeserich/Pohl/v. Unruh (Hrsg.) Deutsche Verwaltungsgeschichte, Band III, 1984, 358 ff. Für die *Energieversorgung* unter Berücksichtigung des EnWG 1935 *Hermes* Infrastrukturverantwortung (Fn. 17), 288 ff. Zur Verstaatlichung des *Fernstraßenwesens* siehe *R. Bartlsperger* Das Fernstraßenwesen in seiner verfassungsrechtlichen Konstituierung, 2006, 85 ff. Neben den überregionalen Vernetzungen, die oftmals in die Hand der Gesamtstaaten gelangten, standen die örtlichen Infrastruktureinrichtungen wie etwa die Wasser- und Abwasserversorgung, vgl. *J. Hellermann* Örtliche Daseinsvorsorge und gemeindliche Selbstverwaltung, 2000, 16 ff.; zur kommunalen Gasversorgung siehe *W. Hofmann* in: Jeserich/Pohl/v. Unruh (Hrsg.) Deutsche Verwaltungsgeschichte, Band III, 1984, 578 ff.; weiterhin empirisch *H.-D. Brunckhorst* Kommunalisierung im 19. Jahrhundert, 1978, 25 ff. Zur Leistung des öffentlichen Sachenrechts für die Bewältigung dieser Aufgaben vgl. bereits *O. Mayer* Verwaltungsrecht, Band II, 3. Aufl. 1924, 72 ff., wonach die Einführung von Jedermannsrechten als wesentlicher Anschluss an das allgemeine rechtsstaatliche Verwaltungsrecht gelten kann. Gegen die Polemik vom rechtstatsächlich blinden rechtsstaatlichen Verwaltungsrecht (*E. Forsthoff* Verwaltungsrecht I, 10. Aufl. 1973, 52 ff., der das Anstaltsrecht verkürzend als „große Lücke im System der rechtsstaatlichen Verwaltung" (53) kennzeichnet) überzeugend *Jellinghaus* (Fn. 26), 16 ff., mit umfassenden Nachweisen aus der zeitgenössischen Literatur. In den USA hat sich dagegen als Regelfall ein Modell des Zusammenwirken privilegierter Privatunternehmen mit staatlichen Behörden, die Monopol-Konzessionen erteilten, Zuschüsse

einer kurzen, europarechtlich flankierten Privatisierungseuphorie[42] sind seit einiger Zeit hybride Konzepte der Regulierung[43] in den Vordergrund

---

zahlten und Leistungen abnahmen, immer weiter verfeinert, das dann für das gegenwärtig auch in Europa verfolgte Regulierungskonzept ieS (s. unten bei Fn. 43 f.) Pate stand, vgl. *J. Masing* AöR 128 (2003), 558 (568 ff.); *O. Lepsius* Regulierungsrecht in den USA: Vorläufer und Modell, in: Fehling/Ruffert (Hrsg.) Regulierungsrecht, 2010, § 1 Rn. 11–34.

[41] Vgl. bereits Fn. 33. Zur allmählichen Verortung des Planungsgedankens im rechtsstaatlichen Gesamtgefüge des Grundgesetzes zunächst *M. Imboden* Der Plan als verwaltungsrechtliches Institut, VVDStRL 18 (1960), 113 ff.; *E. Forsthoff* in: Kaiser (Hrsg.) Planung III, 1968, 21 (22 ff.); *Th. Ellwein* Politik und Planung, 1968, 58 f.; insb. für die Raumordnung *P. Oberndorfer* DV 5 (1972), 257 (258); *F. Ossenbühl* Welche normativen Anforderungen stellt der Verfassungsgrundsatz des demokratischen Rechtsstaats an die planende staatliche Tätigkeit, dargestellt am Beispiel der Entwicklungsplanung, Gutachten B zum 50. Deutschen Juristentag, 1974, insb. B 150 ff., 160 ff.; *E. Schmidt-Aßmann* DÖV 1974, 541 (542 ff.); *W. Hoppe* DVBl. 1974, 641 ff.; *E.-W. Böckenförde* Der Staat 11 (1972), 429 (429 ff.).

[42] Aktueller Überblick über das Spektrum bei *A. Voßkuhle* Neue Verwaltungsrechtswissenschaft, in: Hoffmann-Riem/Schmidt-Aßmann/Voßkuhle (Hrsg.) Grundlagen des Verwaltungsrechts, Band I, 2. Aufl. 2012, § 1 Rn. 58 ff. Zum Leitmodell der materiellen Privatisierung insbesondere im kommunalen Bereich der Versorgung *P. Badura* FS Starck, 2007, 153 (158 ff.); als Beispiel für den Bereich des ÖPNV *M. Fehling/K. Niehus* DÖV 2008, 662 ff. Zur Privatisierung als juristischer Herausforderung *M. Burgi* Funktionale Privatisierung, 1999, 1 ff., vgl. zu den verfassungsrechtlichen Vorgaben 175 ff.; s.a. *J. A. Kämmerer* Privatisierung, 2001, 426 ff.; *Ch. Gramm* Privatisierung und notwendige Staatsaufgaben, 2001, 340 ff.; *W. Weiss* Privatisierung und Staatsaufgaben, 2002, 125. Vgl. zum Konzept des *public-private-partnership* für den Straßenbereich *E. Gawel* IR 2011, 4 ff., 29 ff.; *S. Weisheit* Privatisierung von Bundesautobahnen, 2011, insb. 129 ff.; zum Bereich der Städtebauförderung *U. Battis/J. Kersten* LKV 2006, 442 (mit Typologie 443 ff.); Überblick bei *Th. Mann* FS Püttner, 2006, 109 (113 ff.); umfassend *F. Siebler* Privilegierung von Public-Private-Partnerships im europäischen Vergaberecht, 2013, 67 ff. Kritische Bilanz zuletzt bei *M. Hochhuth* (Hrsg.) Rückzug des Staates und Freiheit des Einzelnen – Die Privatisierung existenzieller Infrastrukturen, 2013. Affirmativ dagegen *G. Ambrosius* ZöG 34 (2011), 214 (215 f.).

[43] Grundlegend für die Netzstrukturen *Hermes* Infrastrukturverantwortung (Fn. 17), 356 ff.; *M. Ruffert* AöR 124 (1999), 327 ff. Konzeptionell dann insb. *J. Masing* Die Verwaltung 36 (2003), 1 ff.; *M. Fehling* Regulierung als Staatsaufgabe im Gewährleistungsstaat Deutschland, in: Hill (Hrsg.) Die Zukunft des öffentlichen Sektors, 2006, 91 (92 ff.); zur Einordnung in die Wirtschaftsverfassung *O. Lepsius* Verfassungsrechtlicher Rahmen der Regulierung, in: Fehling/Ruffert (Hrsg.) Regulierungsrecht, 2010, § 4 Rn. 1 ff.; zu den „versorgungssichernden Instrumenten" der Regulierung *M. Fehling* Instrumente und Verfahren, ebd., § 20 Rn. 44 ff. Zum Begriff der „Infrastrukturregulierung" *W. Hoffmann-Riem* Rechtsformen, Handlungsformen, Bewirkungsformen, in: Hoffmann-Riem/Schmidt-Aßmann/Voßkuhle (Hrsg.) Grundlagen des Verwaltungsrechts, Band II, 2. Aufl. 2012, § 33 Rn. 94 ff. Zur Entwicklung jeweils mit Überblick über die europarechtliche Rechtslage zuletzt die Beiträge in: Ruffert (Hrsg.) Europäisches sektorales Wirtschaftsrecht (EnzEur Band 5), 2013: *J. Kühling* Telekom-

getreten, die ein neues Bild des Gewährleistungsstaats etabliert haben.[44] Vor allem ist aber zu betonen, dass bestimmte Sektoren sich der jeweiligen Gesamttendenz widersetzten[45] und immer wieder auch Gegenentwicklungen zu beobachten waren, wie zuletzt etwa unter dem Stichwort der „Rekommunalisierung".[46]

Im Ergebnis ist bis in die Gegenwart eine vielgestaltige Rechtslage vorzufinden: Unter Bezeichnungen wie Energierecht, Straßenrecht, Eisenbahnrecht, Telekommunikationsrecht usw. sind in unterschiedlichen Kombinationen Anteile des „klassischen" privatnützigen Genehmigungsrechts,[47] des spezifischen Ordnungsrechts,[48] des Rechts der öffentlichen

---

munikationsrecht, § 4 Rn. 14 ff.; *M. Ludwigs* Energierecht, § 5 Rn. 36 ff., 260 ff.; für das Eisenbahnrecht *M. Knauff* Transportrecht, § 6 Rn. 120 ff. Stellvertretend zur Kritik des Modells *K. F. Gärditz* AöR 135 (2010), 251 ff.

[44] Grundlegend *E. Schmidt-Aßmann* in: Hoffmann-Riem/Schmidt-Aßmann/Schuppert (Hrsg.) Reform des Allgemeinen Verwaltungsrechts. Grundfragen, 1993, 11 (43 f.); *W. Hoffmann-Riem* Tendenzen in der Verwaltungsrechtsentwicklung, DÖV 1997, 433 (441 f.); *M. Eifert* Grundversorgung mit Telekommunikationsleistungen im Gewährleistungsstaat, 1998; *G.F. Schuppert* Verwaltungswissenschaft, 2000, 404 ff., 898 ff.; *Voßkuhle* (Fn. 3), 285 ff., 310 ff. Zur Kanonisierung *Franzius* Gewährleistung (Fn. 3), insb. 549 ff., 630 ff.; zur kritischen Reflexion etwa *R. Wahl* Herausforderungen und Antworten: Das Öffentliche Recht der letzten fünf Jahrzehnte, 2006, 83 ff.; *K.-H. Ladeur* Der Staat 48 (2009), 163 ff. Zum Zusammenhang von Regulierung und Gewährleistungskonzept *H. Wißmann* Art. Regulierung, Ev. Staatslexikon, 2006, Sp. 1978 (1981 ff.).

[45] Prototypisch zum Recht der Wasserversorgung *J. Masing* VerwArchiv 95 (2004), 151 (160 ff.); *A. Glöckner* Kommunale Infrastrukturverantwortung und Konzessionsmodelle, 2009, 165 ff.; *J. Brehme* Privatisierung und Regulierung der öffentlichen Wasserversorgung, 2010, 154 ff.; *J. Kühling* DVBl. 2010, 205 ff.; *M. Hellriegel/Th. Schmitt* IR 2011, 294 ff.; vgl. zum aktuellen Stand unten Fn. 119.

[46] Für den historischen Gesamtkontext *P. Collin* JZ 2011, 274 ff. Zum Stichwort der „Rekommunalisierung" *H. Bauer* DÖV 2012, 329 ff. Zum Beispiel der Berliner Wasserbetriebe mit Rückblick auf die zugrundeliegende Privatisierungskonzeption *K. Lederer* IR 2012, 302 ff.; zuletzt zum Rückkauf der Leitungsnetze durch die Freie und Hansestadt Hamburg nach Volksentscheid FAZ vom 20.9.2013, 14. Zur Kategorie des schlichten Verwaltungshandelns in Bezug auf nach wie vor öffentlich-rechtlich erbrachte Infrastrukturdienste *G. Hermes* Schlichtes Verwaltungshandeln, in: Hoffmann-Riem/Schmidt-Aßmann/Voßkuhle (Hrsg.) Grundlagen des Verwaltungsrechts, Band II, 2. Aufl. 2012, § 39 Rn. 44 ff. Fragend zum „Gewährleistungsstaat in der Krise" bereits *M. Knauff* DÖV 2009, 581 ff.

[47] Zu dessen Funktion und Ausdifferenzierung *J. Masing* Der Rechtsstatus des Einzelnen im Verwaltungsrecht, in: Hoffmann-Riem/Schmidt-Aßmann/Voßkuhle (Hrsg.) Grundlagen des Verwaltungsrechts, Band I, 2. Aufl. 2012, § 7 Rn. 165 ff.

[48] Zur Rolle des Ordnungsrechts im Öffentlichen Wirtschaftsrecht *D. Ehlers* in: ders./Fehling/Pünder (Hrsg.) Besonderes Verwaltungsrecht, Band I, 3. Aufl. 2012, § 1 Rn. 22; Vgl. auch *J. Ziekow* Öffentliches Wirtschaftsrecht, 2. Aufl. 2010, § 10 Rn. 28; a.a.O. § 3 Rn. 3; konzeptionell *P. M. Huber* Überwachung, in: Hoffmann-Riem/

Sachen und des Anstaltsrechts,[49] des kommunalen Wirtschaftsrechts,[50] des Planungsrechts,[51] des Vergabe- und Kartellrechts[52] sowie des Regulie-

---

Schmidt-Aßmann/Voßkuhle (Hrsg.) Grundlagen des Verwaltungsrechts, Band III, 2. Aufl. 2013, § 45, insb. Rn. 7 f., 28 f.; grundlegend *R. Gröschner* Überwachungsrechtsverhältnis, 1992, insb. 119 ff.

[49] Siehe bereits oben Fn. 40. Aktuelle Gesamtdarstellungen bei *H. J. Wolff/ O. Bachof/R. Stober* Verwaltungsrecht II, 7. Aufl. 2010, §§ 74 ff.; *H.-J. Papier* in: Erichsen/Ehlers (Hrsg.) Allgemeines Verwaltungsrecht, 14. Aufl. 2010, §§ 38 ff. Zu den Schwierigkeiten, „die Identität" des seinerseits vielgestaltigen Rechts der öffentlichen Sachen „als Rechtsgebiet" zu bestimmen, vor allem *P. Axer* Die Widmung als Schlüsselbegriff des Rechts der öffentlichen Sachen, 1992, insb. 23 ff., 218 ff.; sowie jüngst am Beispiel öffentlicher Friedhöfe *ders.* DÖV 2013, 165 ff. Von einem weiten, u.a. das Anstaltsrecht sowie verschiedene planungsrechtliche Aspekte berührenden Begriff des öffentlichen Sachenrechts gehen etwa auch die Berichte von *F.-J. Peine* JZ 1996, 350 ff., 398 ff.; sowie *dems.* JZ 2006, 593 ff., aus. Überblick über aktuelle Fragen des straßenrechtlichen Nutzungsregimes bei *T. Siegel* NVwZ 2013, 479 ff.

[50] Vgl. für den einschlägigen Gesamtüberblick *D. Ehlers* DVBl. 1998, 497 ff.; *M. Ruffert* VerwArch 92 (2001), 27 ff.; *A. Katz* Kommunale Wirtschaft, 2004; zuletzt *J. Peters* Dogmatik der Kommunalwirtschaft, 2012; zu kommunalen Unternehmen *J. Suerbaum* in: Ehlers/Fehling/Pünder (Hrsg.) Besonderes Verwaltungsrecht, Band I, 3. Aufl. 2012, § 13; umfassend *W. Hoppe/M. Uechtritz/H.-J. Reck* (Hrsg.) Handbuch Kommunale Unternehmen, 3. Aufl. 2012. Zur Beziehung zwischen kommunaler Wirtschaftstätigkeit und Daseinsvorsorge vor allem *J. Hellermann* Örtliche Daseinsvorsorge und gemeindliche Selbstverwaltung, 2000; *K. Rennert* Die Verwaltung 35 (2002), 319 ff.; *G. Britz* Die Verwaltung 37 (2004), 145 ff.

[51] Siehe bereits oben bei Fn. 33, 41. *W. Köck* Planung als eigenständige Handlungsform, in: Hoffmann-Riem/Schmidt-Aßmann/Voßkuhle (Hrsg.) Grundlagen des Verwaltungsrechts, Band II, 2. Aufl. 2012, § 37, insb. Rn. 20 f.; *Wahl* Herausforderungen (Fn. 44), 47 ff.; *M. Beckmann* in: Erbguth/Kluth (Hrsg.) Planungsrecht in der gerichtlichen Kontrolle, 2011, 123 ff. Das Planungsrecht spielt als zentrale Handlungsplattform für die Entscheidung über Infrastrukturen eine entscheidende Rolle, siehe dazu weiter III. 1., IV. 2.

[52] Insbesondere *M. Bungenberg* Vergaberecht im Wettbewerb der Systeme, 2007, 133 ff. Allgemeiner Überblick zur Situation des Vergaberechts bei *S. Hertwig* Praxis der öffentlichen Auftragsvergabe, 4. Aufl. 2009; *J. Ziekow* Öffentliches Wirtschaftsrecht, 2. Aufl. 2010, § 9; *S. Storr* in: Ruthig/ders., Öffentliches Wirtschaftsrecht, 3. Aufl. 2011, § 10; *H. Pünder* in: Ehlers/Fehling/ders. (Hrsg.) Besonderes Verwaltungsrecht, Band I, 3. Aufl. 2012, § 17, dort Rn. 17 zur Bindung Privater im Sektorenvergaberecht nach § 98 Nr. 4 GWB; zur Europäisierung bereits *O. Dörr* JZ 2004, 703 ff.; *M. Bungenberg/ P. M. Huber/R. Streinz* (Hrsg.) Daseinsvorsorge und öffentliches Beschaffungswesen nach dem Lissabonner Vertrag, 2011; zuletzt *A. Gyulai-Schmidt* VergabeR 2012, 809 ff. Siehe weiter *M. Fehling* in: Pünder/Schellenberg (Hrsg.) Vergaberecht, 2011, § 97 Rn. 7 ff.; siehe auch *J. Ziekow* in: ders./Völlink (Hrsg.) Vergaberecht, 2011, 1 ff.; *A. Schwab* in: Heuvels/Höß/Kuß/Wagner (Hrsg.) Vergaberecht, 2013, 1 ff.

rungsrechts[53] zu jeweils eigengearteten *Infrastrukturteilrechtsordnungen* verbunden.[54]

Vom frühen Enteignungsrecht bis zum europäischen Regulierungsverwaltungsrecht der Gegenwart lässt sich so eine erste Grundlinie nachzeichnen: Durchgesetzt hat sich die Einsicht, dass die Frage des Umfangs, der Qualität und des Zugangs zu Infrastrukturen allgemeinverbindlich geklärt werden muss, weil hier über *Vorbedingungen von Freiheit* entschieden wird, neben denen individuelle Entscheidungen der Eingriffs- und Leistungsverwaltung geradezu als Randfunktion erscheinen.[55] Bei der konkreten Entscheidung über öffentliche Infrastrukturen und ihre Durchführung wirken private Interessen und Gegeninteressen und die Vertreter der Allgemeinheit dann regelmäßig zusammen.[56] Die Festlegung auf bestimmte Akteure, sei es im etatistischen Ansatz der Daseinsvorsorge,[57] sei

---

[53] Vgl. bereits oben bei Fn. 43. Im Zusammenhang *J. Masing* Soll das Recht der Regulierungsverwaltung übergreifend geregelt werden, Gutachten D zum 66. DJT, 2006, insb. D 18 ff. Vergleichsweise klar ist zu erkennen, dass die Vorstellung der Regulierung als zeitlich begrenztem Privatisierungsfolgenrecht, das letztlich im Kartellrecht aufgehen könne, die Eigenart der regulierten Strukturen verkennt. Für den Übergang von einem sektoral begrenzten zu einem allgemeinen Regelungskonzept vgl. die Breite der Beiträge in *Fehling/Ruffert* (Hrsg.) Regulierungsrecht, 2010.

[54] Vgl. zur Vielfalt der Regelungsmodelle bereits *R. Schmidt* Der Staat 42 (2003), 225 (242 ff.). Zum Konzept der „säulenübergreifenden" Sektoralität *M. Ruffert* Sektorales Wirtschaftsrecht als Teil des europäischen Wirtschaftsrechts, in: ders. (Hrsg.) Europäisches sektorales Wirtschaftsrecht (EnzEur Band 5), 2013, § 1 Rn. 9 ff., 37 f.; für die sektorenübergreifende Rückbindung *J. Kühling* Sektorenspezifische Regulierung, 2004, 444 ff. Zur verwaltungsrechtswissenschaftlichen Analyse der unterschiedlichen Regulierungsstrategien typisierend *M. Eifert* Regulierungsstrategien, in: Hoffmann-Riem/Schmidt-Aßmann/Voßkuhle (Hrsg.) Grundlagen des Verwaltungsrechts, Band I, 2. Aufl. 2012, § 19 Rn. 23 ff.

[55] Diese zentrale Einsicht bei H. *Faber* Verwaltungsrecht, 4. Aufl. 1996, 170. Beispielhaft lässt sich dieser Zusammenhang zwischen der Ausgestaltung der Infrastruktur des Internets und den Kommunikationsfreiheiten zeigen, vgl. zur notwendigen Leistungsfähigkeit *H. Greve* KuR 2013, 87 ff.; zum grundrechtlich gebotenen Datenschutz andererseits *G. Schulz* DUD 2012, 395 ff.; vgl. auch *J. Masing* FS Wahl, 2011, 147 (156 ff.); *B. Holznagel* Erosion demokratischer Öffentlichkeit?, VVDStRL 68 (2009), 381 (391 ff.). Zu den verschiedenen Perspektiven auf die staatliche Infrastrukturverantwortung *M. Cornils* AöR 131 (2006), 378 (384 ff.). Zum globalen Maßstab *D. Acemoglu/J. A. Robinson* Why Nations fail, 2013, 70 ff., 368 ff.

[56] Zum Konzept des Gewährleistungsrechts bereits Fn. 44. Vgl. zu den vielfältigen Erscheinungsformen der Erfüllung öffentlicher Aufgaben durch Private den aktuellen Überblick bei *H. Schulze-Fielitz* Grundmodi der Aufgabenwahrnehmung, in: Hoffmann-Riem/Schmidt-Aßmann/Voßkuhle (Hrsg.) Grundlagen des Verwaltungsrechts, Band I, 2. Aufl. 2012, § 12 Rn. 91 ff. Vgl. weiter unten bei Fn. 60.

[57] Vgl. kennzeichnend für die totalitäre Perspektive auf die staatliche Massenverwaltung jenseits subjektiver Rechte *E. Forsthoff* Die Verwaltung als Leistungsträger, 1938,

es in der ideologischen Überhöhung vollständiger Privatisierung,[58] ist demgegenüber Ausnahme geblieben. Deshalb ist die *Mischung von Regulierungsansätzen*, sowohl zwischen unterschiedlichen Infrastrukturbereichen wie auch innerhalb eines Sektors, der typische Befund in Geschichte und Gegenwart. Das Infrastrukturrecht steht so – gegen die Bestrebung abschließender Kodifikation und Vertypung – in besonderer Weise für den beweglichen, reaktiven Charakter des Verwaltungsrechts.[59]

Eine solche Beobachtung weist freilich auf Folgefragen: Handelt es sich um eine bloße Unfertigkeit, die sich nicht aus der Sache, sondern aus der unterschiedlichen Abwehrkraft der betroffenen Fachbruderschaften gegenüber neuen Einsichten speist, also mit wissenschaftlichem Optimismus als temporäres Problem zu beurteilen ist? Oder wirken die Ordnungsideen des Allgemeinen Verwaltungsrechts im Infrastrukturrecht in dialektischer Wendung gerade dadurch, dass Alternativen bereitgestellt werden und Verschiedenheit so nicht nur ertragen, sondern als Gestaltungsinstru-

---

19 ff., insb. 21. Zur Spannung zwischen Fortführung der Begrifflichkeit und gewandelter Konzeption unter dem Grundgesetz *Jellinghaus* (Fn. 26), 15 f. Vgl. zur Debatte *H. P. Bull* Der Staat 47 (2008), 1 (2 ff.); *M. Ronellenfitsch*, in: Blümel (Hrsg.) Kolloquium aus Anlass des 100. Geburtstags von Prof. Dr. Dr. h.c. E. Forsthoff, 2003, 53 (63 ff.); kämpferisch *ders.* DVBl. 2008, 201 (201 mit Fn. 2); differenzierend *J. Kersten/S.-C. Lenski* Die Verwaltung 42 (2009), 501 (505 f.); *R. Ringwald* Daseinsvorsorge als Rechtsbegriff, 2008, 71 ff.; insbesondere zur europarechtlichen Nutzung *M. Möstl* FS Badura 2004, 951 ff.; zum Rechtsvergleich mit dem service public *Pielow* Grundstrukturen (Fn. 16), 392 ff. Insgesamt kritisch *R. Schmidt* Der Staat 42 (2003), 225 (247); *H. Butzer* Sicherstellungsauftrag, in: Isensee/Kirchhof (Hrsg.) Handbuch des Staatsrechts, Band 4, 3. Aufl. 2006, § 74 Rn. 7 mit Fußnote 18; *M. Krajewski* VerwArchiv 99 (2008), 174 (178 ff.); *O. Lepsius* Verfassungsrechtlicher Rahmen der Regulierung, in: Fehling/Ruffert (Hrsg.) Regulierungsrecht, 2010, § 4 Rn. 86 ff.; stellvertretend für die weitere Nutzung des Begriffs zuletzt *W. G. Leisner* WiVerw 2011/2, 55 (65 f.); *St. Schmahl* WiVerw 2011/2, 96 ff.

[58] Einschlägig etwa *W. Möschel* JZ 1988, 885 ff.; *ders.* FS Gernhuber, 1993, 905 ff.; *Ch. Koenig* FS Isensee, 2007, 375 ff.; konzeptionelle Abgrenzung bei *U. Di Fabio* JZ 1999, 585 ff. Zu den Wellenbewegungen politischer Strömungen und Moden hinsichtlich der Privatisierung mwN *J. A. Kämmerer* in: Ehlers/Fehling/Pünder (Hrsg.) Besonderes Verwaltungsrecht, Band 1, 3. Aufl. 2012, § 14 Rn. 32 ff.

[59] Gesamtüberblick über die Entwicklung bei *R. Wahl* Herausforderungen (Fn. 44), 76 ff. Anders gewendet spiegelt sich hier die Spannung zwischen „öffentlichen" und „staatlichen" Aufgaben, vgl. dazu breit *Pielow* Grundstrukturen (Fn. 16), 302 ff. Zur Kodifikationsidee einschlägig *W. Kahl* in: Hoffmann-Riem/Schmidt-Aßmann (Hrsg.) Verwaltungsverfahren und Verwaltungsverfahrensgesetz, 2002, 67 ff. (insb. 89 ff.); *ders.* Die Europäisierung des Verwaltungsrechts als Herausforderung an Systembildung und Kodifikationsidee, Die Verwaltung Beiheft 10 (2010), 39 (55 ff.); vgl. weiter *H. Schulze-Fielitz* FS Schmidt-Aßmann, 2008, 135 ff. Zur Mischung von Regulierungsansätzen *M. Burgi* Funktionale Privatisierung, 1999, insb. 100 ff., 145 ff.

ment wahrgenommen werden kann? Dafür ist nach Gemeinsamkeiten und Unterschieden zu fragen, die sich in den typischen Phasen der Planung, Bereitstellung und Pflege von Infrastrukturen ergeben.

III. Der Verbund von Phasen im Infrastrukturrecht

1. Planung: Konzeption und Entscheidung

a) Infrastrukturinitiative – Infrastrukturschaffungspflichten

aa) Ausgangslage und Bestand rechtlicher Regelungen

Ob öffentliche Infrastrukturen geschaffen werden, wird in der Regel in einem komplexen Prozess konkret-politisch entschieden.[60] Die *Initiative* zu einer solchen Entscheidung kann von verschiedenen Akteuren ausgehen: Neben gesamtstaatlichen bzw. gemeineuropäischen Strukturvorgaben, die parlamentarisch und gouvernemental vereinbart werden, agieren – oft damit vernetzt[61] – privatwirtschaftliche Konzerne, aber auch Vertreter der Bürgergesellschaft oder auch speziell eingesetzte sachverständige Gremien.[62] Gleiches wiederholt sich auf den verschiedenen Ebenen bis in den lokalen Bereich.[63]

Dabei bestehen *typischerweise keine ausdrücklichen verfassungsrechtlichen Vorgaben*, „ob" öffentliche Infrastrukturen zu schaffen sind. Die bekanntesten Ausnahmen von dieser Regel sind Art. 87e und Art. 87f GG, durch die den Bund die Verpflichtung trifft, bei Bahn, Post und Tele-

---

[60] Vgl. für eine Teilung in vier Unterphasen *K. Waechter* Großvorhaben (Fn. 4), 501 f.

[61] Aktuelle Diagnose zum Modell des Public-Private-Partnership *J. Ziekow* in: ders. (Hrsg.) Wandel der Staatlichkeit und wieder zurück?, 2011, 43 ff.; siehe auch *H.J. Wolff/O. Bachof/R. Stober/W. Kluth*, Verwaltungsrecht II, 7. Aufl. 2010, § 93. Rechtsvergleichend *M. Kment* VerwArchiv 103 (2012), 63 (mit Typenbildung 67 ff.).

[62] Zur sogenannten „Endlagerkommission" §§ 3 ff. Standortauswahlgesetz (StandAG) vom 23.7.2013, BGBl. I 2553.; ob damit allerdings eine Neutralität der entsprechenden Grundentscheidungen verbunden ist, bleibt zweifelhaft. Zur Neutralität im Planfeststellungsverfahren *K. Waechter* Großvorhaben (Fn. 4), 503 ff., 508 ff., 511 ff.; zur Einbeziehung von Sachverstand umfassend *A. Voßkuhle* HbdStR III, 3. Aufl. 2005, § 43, insb. Rn. 58 ff., der auf das Erfordernis politisch-demokratischer Legitimation hinweist.

[63] Öffentliche Infrastrukturen und die Ansiedlung von Industrie oder auch neuer Bevölkerung sind dabei über wechselseitige Anreizsysteme eng und in empfindlicher Weise miteinander verbunden, so dass sich die ursprüngliche Initiative oftmals nicht klar ermitteln lässt, sondern sich die Akteursbeziehungen prozesshaft entwickeln. Vgl. weiter bereits bei Fn. 32 ff.

kommunikation „flächendeckend angemessene und ausreichende Dienstleistungen" zu gewährleisten.[64] Hinzuweisen ist weiter darauf, dass das Landesverfassungsrecht aus konkreten historischen Gründen umfängliche Festlegungen zur Einrichtung und zum Betrieb öffentlicher Schulen enthält.[65]

Abgesehen von solchen Sonderlagen übernimmt das einfache Gesetz die Aufgabe, Infrastrukturschaffungspflichten zu kreieren. Inhaltlich kann es um den Gesamtausbau wie um den Zugang des Einzelnen gehen, z.B. im Bereich Straßenbau, der Wasser- und Abwasserversorgung, Einrichtungen des Gesundheits- und des Bildungswesens.[66] Von solchen Vorgaben sind in gewährleistungsrechtlich regulierten Bereichen auch private Unternehmen betroffen, etwa in den Bereichen Telekommunikation,

---

[64] Art. 87f Abs. 1 GG; gleichsinnig Art. 87e Abs. 4 GG. Vgl. BVerfGE 108, 169 (182 f.) – Telekommunikationsgesetz. Zu verstehen ist diese Gewährleistungsverantwortung als politischer Großkompromiss nur als Ausgleichsgröße der Umstellung auf eine privatwirtschaftliche Erfüllung dieser Aufgaben, vgl. Art. 87e Abs. 3, Art. 87f Abs. 2 1 GG. Im europäischen Primärecht finden sich dagegen mit den Bestimmungen zu den transeuropäischen Netzen und zur Energiepolitik nur vorerst offene Zielbestimmungen, vgl. Art. 170 f. AEUV, vgl. dazu *Ch. Calliess* in: ders./Ruffert (Hrsg.) EUV/AEUV, 4. Aufl. 2011, Art. 170, insb. Rn. 3, sowie Art. 194 Abs. 2 UA 2 AEUV, dazu knapp *Ch. Calliess* in: ders./Ruffert (Hrsg.) EUV/AEUV, 4. Aufl. 2011, Art. 194 Rn. 28; *M. Ludwigs* Energierecht, in: Ruffert (Hrsg.) Europäisches sektorales Wirtschaftsrecht (EnzEur Band 5), 2013, § 5 Rn. 56 ff.; vgl. auch *J. Gundel* Europäisches Energieverwaltungsrecht, in: Terhechte (Hrsg.) Verwaltungsrecht der Europäischen Union, 2011, § 23 Rn. 14 ff. Die knappe Benennung von Infrastrukturfragen im AEUV wird durch eine Masse sekundärrechtlicher Vorgaben überlagert; ungeachtet ihres Anwendungsvorrangs sind diese funktional jedoch nicht als verfassungsrechtliche Vorgaben anzusprechen, weil sie als konkrete politische Einigung zustandekommen.

[65] *H. Wißmann* Verfassungsrechtliche Vorgaben der Verwaltungsorganisation, in: Hoffmann-Riem/Schmidt-Aßmann/Voßkuhle (Hrsg.) Grundlagen des Verwaltungsrechts, Band I, 2. Aufl. 2012, § 15 Rn. 12 mit Fn. 59. Zur Genese *ders.* Homeschooling (Fn. 22), 26 ff.

[66] Vgl. zur vom Bundesrechnungshof betriebenen Debatte um den Umfang der Bundesfernstraßen *M. Sauthoff* DÖV 2009, 974 ff.; *B. Witting* DVBl. 2010, 408 ff. Parallel zB §§ 1 ff. LStrAusbauG NRW (Bedarfsplan per Gesetz, dann Ausbauplan); zur Rolle privater Akteure bei Fn. 106 ff. Pflicht zur Sicherstellung der öffentlichen Wasserversorgung durch Gemeinden zB nach § 47a LWG NRW auf Grundlage des Wasserversorgungsberichts, § 50a LWG NRW; Abwasserableitung durch Gemeinden, § 53 Abs. 1 LWG NRW. Für *Krankenhäuser* in NRW §§ 12 ff. KHGG NRW (ministerieller Krankenhausplan, Rahmenvorgaben und regionale Planungskonzepte). Für eine Infrastrukturpflicht ohne (notwendige) physische Einrichtung in den Rettungsdienstgesetzen vgl. die Verpflichtung der Kreise und kreisfreien Städte zur Sicherstellung einer bedarfsgerechten Versorgung, zB § 6 RettungsdienstG NRW, Grundlage bildet ein Bedarfsplan, § 12. Allgemeine Übersicht für die kommunalen Pflichten bei *Glöckner* Infrastrukturverantwortung (Fn. 45), 71 ff.

Eisenbahn und Energie, hier in der Regel angeleitet durch europäisches Sekundärrecht.[67] Die zum Einsatz kommenden Instrumente, die von prozedural entwickelten *Szenarioplanungen* und *Netzentwicklungsplänen* bis zu gesetzlich beschlossenen *Bedarfsplänen* reichen, spiegeln auch insoweit die unterschiedlichen Verläufe und Grundbedingungen der Sektoren wider.[68] Eine wichtige Rolle spielen selbstverständlich neben den gesetz-

---

[67] Im Regelungsbereich des *TKG* ist auf die Realisierung der Anschlussverpflichtung als Teil der Universaldienstpflichten hinzuweisen, insb. § 78 Abs. 2 Nr. 1 iVm § 84 I TKG, vgl. *M. Cornils* in: Geppert/Schütz (Hrsg.) Beck'scher TKG-Kommentar, 4. Aufl. 2013, § 78 Rn. 32 ff.; zur europarechtlichen Lage *J. Kühling* Telekommunikationsrecht, in: Ruffert (Hrsg.) Europäisches sektorales Wirtschaftsrecht (EnzEur Band 5), 2013, § 4 Rn. 136 ff., insb. Rn. 139 zum dynamischen Begriff des „funktionalen Internetzugangs", für den allerdings ein nationaler Gestaltungsspielraum anerkannt ist. Insb. zur Frage des Breitbandausbaus proaktiv *B. Holznagel/S. Deckers* DVBl. 2009, 482 (488 f.); *dies/M. Schramm* NVwZ 2010, 1059 ff., sowie kritisch *J. Kühling/M. Biendl* DÖV 2012, 409 ff. Zu den entsprechenden Duldungspflichten von Grundstückseigentümern bzw. der öffentlichen Hand *M. Freund/T.-L. Bary* NVwZ 2012, 1504 ff. („Ausstich"); *U. Rathgeb* NVwZ 2012, 270 ff. (Wegenutzung); vgl. umfassend zu den einschlägigen Neuregelungen des TKG 2012 *B. Kind/M. Schramm* N&R 2012, 140 ff. Zu den entsprechenden (Ausbau-)Pflichten nach dem EnWG und EEG in Bezug auf Übertragungs- und Verteilernetze (aktuell: §§ 11, 12, 12a–12e, 17, 17a–17d, 18, 36 EnWG; §§ 5, 9 EEG; § 6 NABEG) unter dem Stichwort der Versorgungssicherheit allgemein *K. Bourwieg* in: Britz/Hellermann/Hermes (Hrsg.) EnWG, 2. Aufl. 2010, § 11 Rn. 31 ff.; insb. zu den kommunalen Verteilernetzbetreibern *K. Rauch* IR 2008, 218 ff.; zur Beschleunigung des Netzausbaus nach EnWG und NABEG *M. Appel* UPR 2011, 406 ff.; vgl. *M. Rodi* IR 2012, 242 (246 f.); konzeptionell mit Vergleich zur Investionsplanung im Verkehrssektor *J. P. Schneider* Infrastrukturausbau als Aufgabe des Regulierungsrechts, in: Fehling/Grewlich (Hrsg.) Struktur und Wandel des Verwaltungsrechts, 2011, 69 (75 ff.); kritisch zur Netzausbauverpflichtung unter Berücksichtigung der Elektrizitätsbinnenmarktrichtlinie *A. Glaser* DVBl. 2012, 1283 (1286 f.). Zum europarechtlichen Rahmen *M. Ludwigs* Energierecht, in: Ruffert (Hrsg.) Europäisches sektorales Wirtschaftsrecht (EnzEur Band 5), 2013, § 5 Rn. 36 ff. (Energieversorgungssicherheit als dritte Säule der europäischen Energiepolitik neben Binnenmarkt und Umweltschutz). Für die Entwicklung des Schienennetzes gilt das Bundesschienenwegeausbaugesetz und der damit verbundene Bedarfsplan (BGBl. I 2004, 2322 f.); zur Überprüfung nach § 4 vgl. Bericht des Bundesministeriums für Verkehr, Bau und Stadtentwicklung vom 11.11.2010; zum Gesetzentwurf 2013 vgl. unten Fn. 121. Insgesamt sind Regulierungsverfügungen trotz gewisser struktureller Parallelität nicht klassische Planungsverfügungen, sondern pflichtengenerierende Ordnungsverfügungen, vgl. dazu *Ch. Bumke* in: Hoffmann-Riem/Schmidt-Aßmann/Voßkuhle (Hrsg.) Grundlagen des Verwaltungsrechts, Band II, 2. Aufl. 2012, § 35 Rn. 102 mit Fn. 354. Zum Zusammenhang zwischen Eigentumsfreiheit und „Systemrelevanz" *M. Droege* DVBl. 2009, 1415 (1419 ff.).

[68] Vgl. bereits Fn. 67. Zum Bundesverkehrswegeplan *Th. Groß* VerwArchiv 104 (2013), 1 (2. ff.). Aktuell zur Infrastrukturentwicklung durch Leitstrategie und Geschäftsplan im europäischen Eisenbahnrecht *Ch. Lerche* N&R 2013, 27 (29 f.). Siehe

lich angeordneten nach wie vor die insbesondere auf kommunaler Ebene freiwillig erbrachten Leistungen und ihre Infrastruktur.[69]

bb) Keine allgemein-ungeschriebenen Infrastrukturschaffungspflichten

Eine allgemeine, etwa grundrechtlich in der Berufsfreiheit wurzelnde Infrastrukturschaffungspflicht überall dort, wo der Wettbewerb solche Strukturen braucht und selber nicht bewältigen kann, ist dagegen abzulehnen.[70] Weder das Grundgesetz noch das europäische Recht liefern den Staat in solcher Weise an den Markt aus. Eine andere Betrachtung verwechselte die Legitimationsebenen von Wettbewerbsfreiheit und politischer Gesamtordnung.[71] Gleiches gilt dem Grunde nach auch für individuelle Versorgungsansprüche; nur ganz ausnahmsweise kann anderes für

---

W. Köck in: Hoffmann-Riem/Schmidt-Aßmann/Voßkuhle (Hrsg.) Grundlagen des Verwaltungsrechts, Band II, 2. Aufl. 2012, § 37 Rn. 87 ff. am Beispiel des Krankenhausplans. Neben den Netzausbau kann auch das Netzmanagement treten, vgl. dazu *M. Martini* VerwArchiv 102 (2011), 315 (317 f.). Vgl. auch *Schmidt-Aßmann* Ordnungsidee (Fn. 3), Rn. 6/98 f.

[69] Vgl. dazu etwa *U. Berlit* NDV 2012, 419 ff., 479 ff., insb. unter dem Aspekt der Finanzierung der entsprechenden Infrastruktur. Zur kommunalen Aufgabenlehre siehe *H. C. Röhl* in: Schoch (Hrsg.) Besonderes Verwaltungsrecht, 15. Aufl. 2013, 9 Rn. 60 ff.; *R. Stober* Kommunalrecht in der Bundesrepublik Deutschland, 3. Aufl. 1996, 32 ff.; *A. Gern* Deutsches Kommunalrecht, 3. Aufl. 2003, Rn. 227 ff.; *M.-E. Geis* Kommunalrecht, 2. Aufl. 2011, 50 ff.; *T. I. Schmidt* Kommunalrecht, 2011, Rn. 226 ff.

[70] In diese Richtung *Gramm* Privatisierung (Fn. 42), 285 f., 321 ff. Entsprechende Argumente gehen in der Regel von volkswirtschaftlichen Modellen aus, dass bestimmte Infrastrukturen im vernünftigen Wettbewerb nicht bereitgestellt werden, und schließen daraus, dass hier dann eine staatliche Pflicht eintritt; dagegen bereits *M. Knauff* Der Gewährleistungsstaat: Reform der Daseinsvorsorge, 2004, 273; *Franzius* Gewährleistung (Fn. 3), 390 f. mit Fn. 125. Zum folgenden mwN *H. Wißmann* Verfassungsrechtliche Vorgaben der Verwaltungsorganisation, in: Hoffmann-Riem/Schmidt-Aßmann/Voßkuhle (Hrsg.) Grundlagen des Verwaltungsrechts, Band I, 2. Aufl. 2012, § 15 Rn. 10 ff. Vgl. rechtsvergleichend *Pielow* Grundstrukturen (Fn. 16), 115 ff., 288 ff.

[71] Die staatliche „Funktionsgewährleistungspflicht" des Art. 14 AEUV bezieht sich deshalb nur auf zuvor definierte Dienste von allgemeinem öffentlichen Interesse, vgl. *Ch. Jung* in: Calliess/Ruffert (Hrsg.) EUV/AEUV, 4. Aufl. 2011, Art. 14 Rn. 22 in Verbindung mit 9, 12 f.; Zum Gestaltungsspielraum der Nationalstaaten vgl. auch EuG, Rs. T-289/03, Slg. 2008, II-00 081,00081 Rn. 166–169, 172 (BUPA/Kommission); Europäische Kommission, Leistungen der Daseinsvorsorge in Europa, 20.9.2000, KOM (2000) 580 endg., Rn. 22. Auch die Abgrenzung von Tätigkeitsfeldern zwischen Europäischer Union und Nationalstaaten in BVerfGE 123, 267 (369 ff., 381 ff., 406 ff.) – Lissabon-Vertrag, kann unter dem Aspekt der politischen Entscheidbarkeit über bestimmte Dienstleistungen rekonstruiert werden. Umgekehrt kann auch eine Begrenzung öffentlicher Infrastrukturen nicht aus dem Marktprinzip folgen.

existentielle Güter dargelegt werden.[72] Es wäre eine Fehldeutung, in jedem Fall eine Überforderung der Konzeption staatlicher Gewährleistungs- oder Auffangverantwortung[73] (ja der Verfassung überhaupt), wenn mit ihr eine materielle Staatsaufgabenlehre verbunden würde: Richtigerweise setzt sie den andernorts bestimmten Umfang staatlicher Aufgaben bereits voraus.[74] Gleiches gilt auch für die Kompetenzordnung, insbesondere für

[72] Vgl. BVerfGE 66, 248 (258) – EnWG-Enteignung; 82, 60 (79 f.) – Steuerfreies Existenzminimum; 125, 175 (222 ff.) – Regelleistung. Überblick mwN bei *M. Ruffert* Vorrang der Verfassung und Eigenständigkeit des Privatrechts, 2001, 256 ff.; *H. Wißmann* Verfassungsrechtliche Vorgaben der Verwaltungsorganisation, in: Hoffmann-Riem/Schmidt-Aßmann/Voßkuhle (Hrsg.) Grundlagen des Verwaltungsrechts, Band I, 2. Aufl. 2012, § 15 Rn. 12a ff. Im Einzelnen zu Ableitungen aus Sozialstaatsprinzip und Grundrechten in Bezug auf (kommunale) Infrastrukturschaffungspflichten *F. Brosius-Gersdorf* VerwArchiv 98 (2007), 317 (328 ff.); vgl. in Bezug auf Lebensmittelversorgung zweifelhaft *H. Butzer* Sicherstellungsauftrag, in: Isensee/Kirchhof (Hrsg.) Handbuch des Staatsrechts, Band 4, 3. Aufl. 2006, § 74 Rn. 24; sehr weitgehender Ansatz bei *W. Weiss* Privatisierung und Staatsaufgaben, 2002, 149 ff.; skeptisch *J. Hellermann* Schutz der Verbraucher durch Regulierungsrecht, VVDStRL 70 (2011), 366 (375 f.). Umfassend *W. G. Leisner* Existenzsicherung im Öffentlichen Recht, 2007, 98 ff. Zur begrenzten Rolle der Grundrechte für die Fundierung des individuellen Rechtsstatus *J. Masing* Der Rechtsstatus des Einzelnen im Verwaltungsrecht, in: Hoffmann-Riem/Schmidt-Aßmann/Voßkuhle (Hrsg.) Grundlagen des Verwaltungsrechts, Band I, 2. Aufl. 2012, § 7, zusammenfassend Rn. 61 ff. Auch aus Art. 36 Grundrechtecharta ergeben sich nach überwiegender Auffassung keine subjektiven Leistungsansprüche im Sinn von Infrastrukturschaffungs- oder -zugangsrechten, vgl. *H. D. Jarass* GRCh, 2. Aufl. 2013, Art. 36 Rn. 3, 14; *J.-C. Pielow* in: Tettinger/Stern (Hrsg.) Kölner Gemeinschaftskommentar zur Europäischen Grundrechte-Charta, 2006, Art. 36 Rn. 19; *E. Riedel* in: Meyer (Hrsg.) Charta der Grundrechte der Europäischen Union, 3. Aufl. 2011, Art. 36 Rn. 2; weiteres Verständnis bei *Th. Mann* Zugang zu Dienstleistungen von allgemeinem wirtschaftlichem Interesse, in: Heselhaus/Nowak (Hrsg.) Handbuch der Europäischen Grundrechte, 2006, § 34 Rn. 28.

[73] Vgl. Fn. 44.

[74] Vgl. bereits *M. Fehling* Regulierung als Staatsaufgabe im Gewährleistungsstaat Deutschland, in: Hill (Hrsg.) Die Zukunft des öffentlichen Sektors, 2006, 91 (107 ff. mwN in Fn. 108). Anderer Ansicht *Gramm* Privatisierung (Fn. 42), 190 ff., mit der Kategorie des öffentlichen Gutes; vgl. auch *St. Storr* Der Staat als Unternehmer, 2001, 103 ff. Siehe wie hier *Franzius* Gewährleistung (Fn. 3), 78, unter Verweis auf *G. F. Schuppert* Staatswissenschaft, 2003, 289, 333; vgl. *H. Butzer* Sicherstellungsauftrag, in: Isensee/Kirchhof (Hrsg.) Handbuch des Staatsrechts, Band 4, 3. Aufl. 2006, § 74 Rn. 7, siehe allerdings auch Rn. 39 ff. So auch die Rechtslage in Bezug auf Art. 14 AEUV, vgl. *Ch. Jung* in: Calliess/Ruffert (Hrsg.) EUV/AEUV, 4. Aufl. 2011, Art. 14 Rn. 23, dort auch zur politischen Debatte im Vorfeld des Lissabon-Vertrags; *St. Wernicke* in: Grabitz/Hilf/Nettesheim (Hrsg.) Das Recht der Europäischen Union (Stand 50. Ergänzungslieferung 2013), Art. 14 Rn. 50. Zur entsprechenden Debatte in Bezug auf Art. 33 Abs. 4 GG *J. Masing* in: Dreier (Hrsg.) GG- Kommentar, Band I, 2. Aufl. 2006, Art. 33 Rn. 62.

Art. 72 Abs. 2 GG.[75] Bei vorhandenen Infrastrukturen kann hingegen der Gleichheitssatz verfassungsgestützte Leistungspflichten erzeugen.[76]

Im Umkehrschluss ist auch daran festzuhalten, dass eine einmal formulierte Infrastrukturschaffungspflicht des einfachen Gesetzes *keinen Infrastrukturbestandsschutz* auslöst, sondern grundsätzlich revisibel im Sinn einer politischen Entscheidbarkeit bleibt: Nachfolgende Generationen haben weder die Pflicht noch das Recht, vorgefundene Infrastrukturen als gegeben zu nehmen;[77] insoweit kann die Debatte um die Energiewende als allgemeines Beispiel herangezogen werden.[78] Eine interessante Mischform bildet die prozedurale Rückbindung entsprechender Entscheidungen an Volksentscheide, wie sie seit kurzem das Bremer Landesverfassungsrecht kennt.[79] Im Übrigen ist auch der geänderte verfassungsrechtliche Finanzierungsrahmen, der Infrastrukturen nicht mehr unbesehen als

---

[75] So in aller Klarheit auch *J. Isensee* Staatsaufgaben, in: Isensee/Kirchhof (Hrsg.) Handbuch des Staatsrechts, Band 4, 3. Aufl. 2006, § 73 Rn. 19. Offen dagegen *W. Rüfner* Daseinsvorsorge und soziale Sicherheit, in: Isensee/Kirchhof (Hrsg.) Handbuch des Staatsrechts, Band 4, 3. Aufl. 2006, § 96 Rn. 16 ff. Zum Verhältnis der Kompetenznorm zu den Vorgaben der sozialpolitischen Raumstruktur *J. Kersten* DVBl. 2006, 942 (944).

[76] Vgl. *P. Kirchhof* in: Isensee/Kirchhof (Hrsg.) Handbuch des Staatsrechts, Band 8, 3. Aufl. 2010, § 181 Rn. 72, 238; *W. Heun* in: Dreier (Hrsg.) GG- Kommentar, Band I, 3. Aufl. 2013, Art. 3 Rn. 82; *U. Kischel* in: Epping/Hillgruber (Hrsg.) GG-Kommentar 2009, Art. 3 Rn. 80 ff. Die Zuweisung von Infrastruktur kann entsprechend auch als Beispiel für Verteilungsverfahren dargestellt werden, vgl. zur grundrechtlichen Verortung *F. Wollenschläger* Verteilungsverfahren, 2010, insb. 34 ff.; knapp *H. C. Röhl* Ausgewählte Verwaltungsverfahren, in: Hoffmann-Riem/Schmidt-Aßmann/Voßkuhle (Hrsg.) Grundlagen des Verwaltungsrechts, Band II, 2. Aufl. 2012, § 30 Rn. 15; allgemein zur Organisation von Verteilungsmodi *A. Voßkuhle* Die Verwaltung 32 (1999), 21 (29 f.). Auch für die Ausgestaltung der Infrastrukturen können die Grundrechte selbstverständlich relevant werden, vgl. zum Aspekt des „Grundrechts auf Gewährleistung der Vertraulichkeit und Integrität informationstechnischer Systeme“ *G. Schulz* DUD 2012, 395 ff.; zum Problem der Immissionen durch Infrastruktur am Beispiel des Mobilfunks *A. Schmehl/V. Ludewig* Jura 2011, 669 (674 ff.).

[77] Vgl. fehlgehend BVerwG DVBl. 2009, 1382 ff. – Weihnachtsmarkt. Zur Kritik *D. Ehlers* DVBl. 2009, 1456 (1456 f.); *F. Schoch* DVBl. 2009, 1533 (1535 ff.); *H. Wißmann* Verfassungsrechtliche Vorgaben der Verwaltungsorganisation, in: Hoffmann-Riem/Schmidt-Aßmann/Voßkuhle (Hrsg.) Grundlagen des Verwaltungsrechts, Band 1, 2. Auflage 2012, § 15 Rn. 13; vgl. aber auch *A. Katz* NVwZ 2012, 405 (408 ff.). Als Ausnahme § 11 AEG, vgl. dazu noch Fn. 121.

[78] Zu den Verwerfungen bei der Umstellung energiepolitischer Gesamtziele vgl. *H. Wißmann* Kohlendioxidspeicherung als „Klimaretter für die Kohle“?, in: Gundel/Lange (Hrsg.) Klimaschutz nach Kopenhagen, 2011, 57 (72 ff.).

[79] Vgl. Art. 42 IV iVm Art. 70 Landesverfassung Bremen, Änderung vom 3.9.2013, GBl. 480 f. (in Bezug auf staatlich beherrschte Unternehmen mit näher spezifiziertem allgemeinem Versorgungsauftrag).

Quelle neuer Verschuldungsmöglichkeiten ansieht,[80] ein starkes Indiz gegen festgelegte Infrastrukturschaffungspflichten.[81]

b) Planung und Entscheidungsverfahren

aa) Die Rolle des Planungsrechts

Bei der Verwirklichung von Infrastrukturvorhaben sind in der Regel vorgängige allgemeine Planung und eigentliches Genehmigungsverfahren zu unterscheiden.[82] Die große Chance des Planungsrechts[83] ist die langfristige, übergreifende Entwicklung von Gesamträumen und Gesamtkontexten jenseits von Einzelprojekten, die vor allem auch „schwachen“

---

[80] Vgl. zu Art. 115 GG für den vorliegenden Zusammenhang *J. Kühling* DVBl. 2013, 1093 (1100). Näher *Ch. Ohler* DVBl. 2009, 1265 (1271 f.).

[81] Entsprechend zur Forderung nach einem geschlossenen „Finanzierungskreislauf Straße“ stellvertretend *W. Kugele* N&R 2010, 91 (93 ff.).

[82] Das entwicklungsgeschichtliche Auseinanderfallen von Raumplanung und Planfeststellung (s. o. bei Fn. 32 f.) wird relativiert, wenn man beide als Erscheinungsformen der Außenplanung begreift (im Unterschied zur Binnenplanung als rein staatsinternem Vorgang), so die Begriffsbildung von *G. Roellecke* DÖV 1994, 1024 (1026 ff.). Zur neueren Entwicklung der sog. projektorientierten Raumordnung, die über eine bloße Koordinierung anderer Planungen zu einer unmittelbaren Einwirkung auf die Vorhabenzulassung übergeht, grundlegend *R. Wahl* FS Sellner 2010, 155 ff. (insb. 159 ff.); ferner *M. Wetzel* Rechtsfragen einer projektorientierten Raumordnung, 2011, insb. 55 ff., 65 ff. *O. Rojahn* NVwZ 2011, 654 ff.; vgl. *R. Steinberg* DVBl. 2010, 137 ff.

[83] Vgl. bereits oben Fn. 33, 41, 51. Neben der allgemeinen Raumordnung und der Fachplanung im technischen Sinn ist Planung insbesondere auch im Bereich staatlicher Binnentätigkeit eine näher zu betrachtende Handlungsdimension: Die Landesschulgesetze sehen die Aufstellung von *Schulentwicklungsplänen* vor, in denen die Schulträger für ihr Gebiet den gegenwärtigen und künftigen Schulbedarf feststellen bzw. prognostizieren sowie Schulstandorte festlegen, vgl. im Überblick *A. Leppin* NordÖR 1999, 90 ff.; *E. Roßner* RdJB 1999, 452 ff.; *H. Budde/K.-D. Janßen* RdJB 2005, 11 ff.; *M. Winkler* DÖV 2011, 686 ff. Die Schulentwicklungsplanung muss als raumrelevante Planung (insb. Schulstandorte) die Erfordernisse der Raumordnung beachten (vgl. etwa die ausdrückliche Raumordnungsklausel in § 145 Abs. 4 Satz 2 HessSchG; iÜ gilt davon unabhängig § 4 Abs. 1 ROG). Die Planung und Zulassung von *Krankenhäusern* nach dem Krankenhausfinanzierungsgesetz (KHG) des Bundes und den Krankenhausgesetzen der Länder gehört zur raumbezogenen Fachplanung insoweit, als es um den auf einen Planungsraum bezogenen Einsatz von Ressourcen geht, vgl. *W. Köck* in: Hoffmann-Riem/Schmidt-Aßmann/Voßkuhle (Hrsg.) Grundlagen des Verwaltungsrechts, Band II, 2. Aufl. 2012, § 37 Rn. 40, 43, 87 ff.; *F. Stollmann* in: Huster/Kaltenborn (Hrsg.) Krankenhausrecht, 2010, § 4; *H. Thomae* Krankenhausplanungsrecht, 2006; *M. Quaas/R. Zuck* Medizinrecht, 2. Aufl. 2008, Rn. 320 ff.; *U. Steiner* NVwZ 2009, 486 ff.; *K. Rennert* DVBl 2010, 936 ff.; *M. Burgi* NVwZ 2010, 601 ff.; zur prozessualen Seite vgl. *Ch. Seiler/Th. Vollmöller* DVBl. 2003, 235 ff.

Interessen (namentlich dem Umweltschutz[84]) wie überhaupt der Frage nach dem Bedarf[85] zu einer besseren Position verhelfen kann.[86] Die offensichtliche Gefahr liegt darin, dass in technokratischem Modus scheinbar entpolitisiert Zwangsläufigkeiten produziert werden, die dann durch konkrete Entscheidungen nur noch nachvollzogen werden können[87] – als

[84] Zur Rolle des Umweltschutzes in der raumordnerischen Standortplanung von Infrastrukturvorhaben siehe bereits Fn. 35. Die Belange des Umweltschutzes werden flankiert durch altruistische Klagerechte der Umweltverbände; dazu vor allem *J. Masing* Die Mobilisierung des Bürgers für die Durchsetzung des Rechts, 1997; *S. Schlacke* Überindividueller Rechtsschutz, 2008; aktuelle Übersichten bei *M.-J. Seibert* NVwZ 2013, 1040 ff.; *W. Porsch* NVwZ 2013, 1062 ff.; zu den strukturellen Veränderungen des deutschen Prozessrechts *J. Berkemann* DVBl. 2011, 1253 ff.; *ders.* DVBl. 2013, 1137 ff.; *M. Hong* JZ 2012, 380; *K. F. Gärditz* Die Verwaltung 46 (2013), 257 ff.

[85] Vom Umweltrecht ausgehende allgemeine Aufbereitung bei *I. Appel* Staatliche Zukunfts- und Entwicklungsvorsorge, 2005, 58 ff. Für den Bereich der Planfeststellung kritisch *Th. Groß* VerwArchiv 104 (2013), 1 (15 ff.), der für eine Fortentwicklung zur positiven Nutzenfeststellung als planungsrechtlicher Voraussetzung plädiert. Zum Konzept eines Bedarfserörterungsverfahrens *M. Burgi* NVwZ 2012, 277 (278 ff.); vgl. zur Koordinierung von Planungsmaßnahmen auch *St. Trülzsch/T. Schmidt* IR 2012, 325 (326 f.). Zur Bedarfsplanung im Gesundheitsrecht *C. Franzius* VSSR 2012, 49 (50 ff.). Insbesondere zum Faktor der demographischen Entwicklung vgl. *M. Arndt/A. Brauckmann/F. Schwabedal* IR 2010, 310 (zu Instrumenten der Nachhaltigkeitsprüfung 311 ff.); *F. Brosius-Gersdorf* VerwArchiv 98 (2007), 317 ff.; vgl. auch *J. Kersten* DVBl. 2006, 942 (946 ff.); umfassend *ders.* Die Verwaltung 40 (2007), 309 (332 ff.); allg. rechtspolitisch *W. Kahl* DÖV 2009, 2 (9). Gesamtaufbereitung bei *W. Kluth* und *S. Baer* Demographischer Wandel und Generationengerechtigkeit, VVDStRL 68 (2009), 246 ff. (einschlägig 275 ff.), 290 ff.

[86] Zur Unterscheidung von indikativer, influenzierender und imperativer Planung vgl. *W. Köck* in: Hoffmann-Riem/Schmidt-Aßmann/Voßkuhle (Hrsg.) Grundlagen des Verwaltungsrechts, Band II, 2. Aufl. 2012, § 37 Rn. 45 ff. mwN. Zur Orientierung der „traditionellen“ Raumordnung auf den „Binnenraum der Verwaltung“ *R. Wahl* FS Sellner 2010, 155 (155 f.). Konzeptionell zur Gestaltungsaufgabe *M. Fehling* Verwaltung zwischen Unparteilichkeit und Gestaltungsaufgabe, 2001, insb. 124 ff., 150 ff., 169 ff. mit den Kategorien „politische Gestaltung“, „sachverständige Problemlösung“ und „effizienzorientierte Dienstleistung“. Zur Ergänzung herkömmlicher Planungsvorgänge durch Konzeptpflichten *Schmidt-Aßmann* Ordnungsidee (Fn. 3), Rn. 6/98 f. Zu den Entwicklungsmöglichkeiten der europäischen Raumentwicklung *J. Kersten* UPR 2010, 201 ff. Für die technische Seite der geplanten Infrastrukturen ist zu beachten, dass hier die transnationale Dimension des Infrastrukturrechts inzwischen auch rechtlich verbindlich ist, wie sich insbesondere in den europäischen Synchronisierungskompetenzen hinsichtlich *Interoperabilität* und *Konnektivität* zeigen lässt, vgl. Art. 170 Abs. 2, 194 AEUV. Zum Zusammenhang zwischen Energieplanung und Systemoptimierung *H. Krawinkel* ZNER 2012, 461 (462).

[87] Allgemein berichtend *W. Erbguth* DÖV 2012, 821 (822, 825); *M. Burgi* NVwZ 2012, 277 (277); pointiert *K. Waechter* Diskussionsbemerkung VVDStRL 70 (2011), 342 f. Zum Verständnis von „Planung als Regulierung“ *C. Franzius* VSSR 2012, 49

Konsequenz wird gerade in letzter Zeit eine stärkere Beteiligung der Öffentlichkeit bereits in diesem frühen Stadium gefordert.[88]

bb) Entscheidungsverfahren: Planfeststellung

Typischerweise von der allgemeinen Planungsphase getrennt ist die Entscheidung über das konkrete Projekt, für das in Bezug auf Infrastrukturen das Planfeststellungsverfahren zentrale Bedeutung hat.[89] Die Grund-

(61 ff.). Zum besonderen Fall des Bundesverkehrswegeplans *Th. Groß* VerwArchiv 104 (2013), 1 ff., mit Vorschlägen zu einer koordinierenden Neuregelung für die Bundesebene 14 ff. Zu den (als Förderungsvoraussetzung fungierenden) „Leitlinien" für transeuropäische Netze nach Art. 171 AEUV *W. Frenz/Ch. Ehlenz* IR 2010, 173 ff. Zur Entwicklung der Raumordnungsziele als Hauptinstrument raumordnerischer Steuerung auch *M. Ronellenfitsch* FS Hoppe, 2000, 355 ff.; *S. Paetow* in: Erbguth/Kluth (Hrsg.) Planungsrecht in der gerichtlichen Kontrolle, 2011, 179 ff.; *ders.* FS Wahl, 2011, 511 ff. Zur Beteiligung Privater umfassend *B. Remmert* Private Dienstleistungen in staatlichen Verwaltungsverfahren, 2003, 30 ff.

88 Konzeptionell zuletzt *J. Ziekow* Gutachten D zum 69. DJT, 2012, D 80 ff. Dezidiert für eine Stärkung der Öffentlichkeitsbeteiligung bereits in der Raumordnung etwa *W. Erbguth* DÖV 2012, 821 (822 ff.). Zu entsprechenden Änderungsvorschlägen jenseits des neuen § 25 Abs. 3 VwVfG („frühe Öffentlichkeitsbeteiligung") *M. Burgi* NVwZ 2012, 277 ff.; vgl. auch bereits *A. Schink* DVBl. 2011, 1377 ff. Gesamtdarstellung der Rechtslage bei *M. Fehling* BLJ 2012, 92 (93 ff.); zu Strategien der Akzeptanzverbesserung *C. Franzius* GewArchiv 2012, 225 (228 ff.); insb. zur neuen Rechtslage in Bezug auf den Bundesverkehrswegeplan nach §§ 19b, 14i UVPG *R. Wulfhorst* DVBl. 2012, 466 ff. Zu Forderungen der Praxis *B. Stuer* DVBl. 2012, 885 ff. Als Beispiel für die direkte gesetzliche Entscheidung über die Planerforderlichkeit (hier gemäß § 43 EnWG) vgl. das Energieleitungsausbaugesetz (EnLAG) von 2009, BGBl. I 2870; zum „Bundesbedarfsplan" § 12e EnWG. Zu entsprechenden „Planungskaskaden" unter dem Aspekt der Öffentlichkeitsbeteiligung *E. Hofmann* JZ 2012, 701 (706 ff.). Die Debatte um das NABEG ist dabei teilweise von einer geradezu erstaunlichen Systemtreue geprägt; vgl. *W. Erbguth* DVBl. 2012, 325 ff.; *ders.* NVwZ 2012, 326 (328); sowie *ders.* DVBl. 2013, 274 (276); ähnlich R. *Steinberg/M. Wickel/H. Müller* Fachplanung, 4. Aufl. 2012, § 7 Rn. 129. Gesamtüberblick bei *W. Durner* DVBl. 2011, 853 ff.; *ders.* NuR 2012, 369 ff.; *M. Appel* UPR 2011, 406 ff.; *Ch. Calliess/M. Dross* JZ 2012, 1002 ff.; *J. Gundel/K. W. Lange* (Hrsg.) Der Umbau der Energienetze als Herausforderung für das Planungsrecht, 2012. Zum Einfluss des NABEG auf die Weiterentwicklung der transeuropäischen Energieinfrastruktur, insbesondere auf den im Oktober 2011 vorgelegten Entwurf einer Verordnung zu Leitlinien für die transeuropäische Energieinfrastruktur *H. Schmitz/Ph. Jornitz* NVwZ 2012, 332 ff.; inzwischen ist die Verordnung (EU) Nr. 347/2013 des Europäischen Parlaments und des Rates vom 17. April 2013 zu Leitlinien für die transeuropäische Energieinfrastruktur und zur Aufhebung der Entscheidung Nr. 1364/2006/EG und zur Änderung der Verordnungen (EG) Nr. 713/2009, (EG) Nr. 714/2009 und (EG) Nr. 715/2009, Amtsblatt L 115/39, in Kraft getreten.

89 § 72 I 1 VwVfG iVm §§ 17 ff. FStrG; §§ 18 ff. AEG; §§ 8 ff. LuftVG; §§ 14 ff. WaStrG; §§ 9a Abs. 3 1, 9b Abs. 1 1 AtG; § 28 Abs. 1 1, § 41 Abs. 1 PBefG; §§ 1 ff. MBPlG; § 68 Abs. 1 WHG; § 41 Abs. 3 FlurbG; § 35 Abs. 2 1 KrW-/AbfG; § 52 Abs. 2a

idee der Planfeststellung – nämlich die förmliche Ordnung mehrseitiger Rechtsverhältnisse durch ein besonderes Verwaltungsverfahren mit dem Abschluss durch eine umfassende Genehmigung – ist dabei wie bereits angedeutet einer der Urtypen des frühmodernen Verwaltungsrechts.[90]

Die weitere Entwicklung und der heutige Stand des Planfeststellungsverfahrens sind dadurch geprägt, dass einerseits das Potential des Verfahrens, das gerade für eine demokratische, grundrechtlich geprägte Rechtsordnung besteht, weiter entfaltet wurde.[91] Andererseits bestehen durch die

1 BBergG. Grundlegend zum Planungscharakter der Planfeststellung *R. Wahl* DVBl. 1982, 51 ff.; vgl. ferner mwN *W. Durner* Konflikte räumlicher Planungen, 2005, 58 ff.; *R. Steinberg/M. Wickel/H. Müller* Fachplanungsrecht, 3. Aufl. 2012, § 1 Rn. 8 ff.; *R. Wahl/S. Paetow* in: Hansmann/Sellner (Hrsg.) Grundzüge des Umweltrechts, 4. Aufl. 2012, Kap. 4 Rn. 18 ff. Für ein Verständnis als reine Zulassungsentscheidung (Kontrollerlaubnis) *W. Löwer* DVBl. 1981, 528 (529); *G. Gaentzsch* FS Schlichter, 517 ff. (insb. 525); *H. D. Jarass* DVBl. 1998, 1202 (1203 f.). Umfassende Aufbereitung der Diskussion bei *H. Schoen* Die Planfeststellung zwischen Kontrollerlaubnis und Planungsentscheidung, 2003. Für stationäre Infrastrukturen sind teilweise gewachsene Bereichsausnahmen zu verzeichnen: Das Krankenhausrecht trifft keine Sonderregeln zur baurechtlichen Zulassung, insb. fehlt die Konzentrationswirkung einer Planfeststellung. Daher wird die baurechtliche Zulassung regelmäßig über die Bauleitplanung (zB Festsetzung eines sonstigen Sondergebiets gem. § 11 Abs. 2 Satz 2 BauNVO; dazu mwN *W. Söfker* in: Ernst/Zinkahn/Bielenberg/Krautzberger (Hrsg.) BauGB-Kommentar (2013), § 11 BauNVO Rn. 36) und über das baurechtliche Genehmigungsverfahren bewerkstelligt. Auch Schulgebäude werden nicht durch Planfeststellung zugelassen, so dass die Baugenehmigungspflicht nicht aufgrund einer Konzentrationswirkung des Planfeststellungsbeschlusses entfällt. Für die Lage bei Mobilfunkstationen *A. Schmehl/V. Ludewig* Jura 2011, 669 ff.

[90] Vgl. Fn. 32. Allgemein *H. Pünder* Verwaltungsverfahren, in: Erichsen/Ehlers (Hrsg.) Allgemeines Verwaltungsrecht, 14. Aufl. 2010, § 13 Rn. 2; plastisch *Faber* Verwaltungsrecht (Fn. 55), 354 f. unter Rückgriff auf *Blümel* Die Bauplanfeststellung (Fn. 32). Zuletzt hat *M. Fehling* BLJ 2012, 92 (92), in der Debatte um Bürgerbeteiligung im Planfeststellungsverfahren daran erinnert, dass das Planfeststellungsverfahren primär dazu dient(e), der Verwaltung Informationen über abwägungsrelevante Informationen zu liefern, dort 94 ff. Darstellung der bisherigen zweistufigen Öffentlichkeitsbeteiligung im Planfeststellungsverfahren; vgl. auch *Schmidt-Aßmann* Ordnungsidee (Fn. 3), Rn. 6/98 f.

[91] Vgl. bereits Fn. 41. Zur verfassungsrechtlichen Verortung des planerischen Abwägungsgebots grundlegend *W. Hoppe* DVBl. 1964, 165 ff.; vgl. ferner mwN *Durner* Konflikte (Fn. 89), 301 ff.; *W. Erbguth* in: ders./Kluth (Hrsg.) Planungsrecht in der gerichtlichen Kontrolle, 2011, 103 ff.; *R. Bach* Die Abwägung gemäß § 1 Abs. 7 BauGB nach Erlass des EAG Bau, 2011, 38 ff.; *M. Merkel* Die Gerichtskontrolle der Abwägung im Bauplanungsrecht, 2012, 122 f.; aus der Rechtsprechung insofern richtungsweisend BVerwGE 41, 67 (69); BVerwGE 48, 56 (63); BVerwGE 56, 110 (123). Zur Kritik *K.-H. Ladeur* Der Staat 48 (2009), 163 (169 ff.). Zu verfassungsrechtlich und europarechtlich vorgegebenen Verfahrensrechten Überblick bei *H. Pünder* Verwaltungsverfahren, in: Erichsen/Ehlers (Hrsg.) Allgemeines Verwaltungsrecht, 14. Aufl. 2010, § 13 Rn. 7 f.,

Konzentrationswirkung der Genehmigungsverfahren[92] und die enteignungsrechtliche Vorwirkung[93] nach wie vor erhebliche Anreize zur Nutzung dieses Instrumentariums.[94] Infrastrukturvorhaben werden in diesem

---

12 f. Zur Entwicklung der Erörterung im Planfeststellungsverfahren *P. Cancik* DÖV 2007, 107 (111 ff.). Insbesondere ist auch die Beteiligung der betroffenen Bürger an der Entscheidungsfindung immer weiter verfeinert worden, ohne damit freilich durchweg friedensstiftende Ergebnisse erzielen zu können. Zum Phänomen „Not in my backyard (NIMBY-Güter)" *U. Scheele* IR 2012, 247 (248 ff.). Insbesondere für die rechtsstaatliche Dimension einer Integration des Bürgerparadigmas in das europäisierte und internationalisierte Verwaltungsrecht *A. v. Arnauld* JöR 59 (2011), 497 (510 ff.). Weiter aus der überbordenden aktuellen Diskussion mit übersichtlicher Darstellung der Reformvorschläge bereits *R. Wulfhorst* DÖV 2011, 581 (583 ff.); vgl. *W. Erbguth* DÖV 2012, 821 ff.; *F. Wittreck* ZG 2011, 209 (211 ff.); *R. Steinberg* ZUR 2011, 340 (341 ff.); *M. Fehling* BLJ 2012, 92 ff.; skeptisch *K. F. Gärditz* GewArch 2011, 273 (279); *H.-G. Henneke* DVBl. 2012, 1072 ff. Zum Beispiel Stuttgart 21 stellvertretend *Th. Groß* DÖV 2011, 510 (512 ff.); *A. Schmehl* FS Bull, 2011, 347 (348 ff.); *C. Franzius* GewArchiv 2012, 225 ff.; für die Debatte zum Netzausbau *E. Hofmann* JZ 2012, 701 (706 ff.).

92 Zur (formellen) Konzentrationswirkung der Planfeststellung *H. W. Laubinger* VerwArch 77 (1986), 77 ff.; *R. Wahl/S. Paetow* in: Hansmann/Sellner (Hrsg.) Grundzüge des Umweltrechts, 4. Aufl. 2012, Kap. 4 Rn. 27 ff. Zur Konzentrationswirkung allgemein *K. Odendahl* VerwArch 94 (2003), 222 ff.; *F. Wittreck* VerwArch 100 (2009), 71 (81 ff., 86 ff.). Vgl. zu umweltrechtlichen Konzentrationswirkungen außerhalb des Planfeststellungsrechts *K. Schonenbroicher* in: Burgi/ders. (Hrsg.) Die Zukunft des Verwaltungsverfahrensrechts, 2010, 82 (84 ff.). Zum umweltrechtlich diskutierten Konzept der integrierten Vorhabengenehmigung *W. Kahl/L. Diederichsen* NVwZ 2006, 1107 ff.; *M. Martini* VerwArchiv 100 (2009), 40 (45 ff.); ausführlich zu den europarechtlichen Vorgaben *B. Welke* Die integrierte Vorhabengenehmigung, 2010, 26 ff., 36 ff., dort 72 ff. auch zum Scheitern des Entwurfs von 2008. Zum Zusammenhang zwischen Planfeststellung und Anlagengenehmigung nach § 13 BImSchG *M. Fehling* Zulassung von Erzeugungsanlagen, in: Schneider/Theobald (Hrsg.) Handbuch zum Recht der Energiewirtschaft, 2003, § 7 Rn. 5 ff., 30 ff.

93 *J. Kühling/N. Herrmann* Fachplanungsrecht, 2. Aufl. 2000, Rn. 470 ff.; *H. D. Jarass* DVBl. 2006, 1329 ff. Zur Problematik des vorzeitigen Enteignungsverfahrens nach § 45b Satz 1 EnWG und § 27 Abs. 2 Satz 1 NABEG *Ch. Moench/M. Ruttloff* NVwZ 2013, 463 ff.

94 Zur Diskussion, inwieweit privatnützige Planfeststellungen besonderen Voraussetzungen unterliegen *J. Kühling/N. Herrmann* Fachplanungsrecht, 2. Aufl. 2000, Rn. 285 ff.; *H. D. Jarass* Die Planfeststellung privater Vorhaben, 2003; *R. Steinberg/M. Wickel/H. Müller* Fachplanungsrecht, 3. Aufl. 2012, § 1 Rn. 22 ff. Die Rechtsprechung hat die Unterscheidung zwischen öffentlichen und privatrechtlichen Nutzungen erheblich relativiert; vgl. insb. BVerwGE 128, 358 ff. – Mühlenberger Loch; vgl. bereits *R. Wahl/J. Dreier* NVwZ 1999, 606 (609 f.). Zum Themenkreis Enteignung zugunsten Privater allgemein weiter *O. Depenheuer* in: v. Mangoldt/Klein/Starck (Hrsg.) Kommentar zum Grundgesetz, 6. Aufl. 2010, Art. 14 Rn. 428 ff.; *H. D. Jarass*, in: ders./Pieroth, GG, 12. Aufl. 2012, Art. 14 Rn. 80a; *J. Wieland* in: Dreier (Hrsg.) GG, 3. Aufl. 2013, Art. 14 Rn. 120; *W. Leisner* Eigentum, in: Isensee/Kirchhof (Hrsg.) Handbuch des Staatsrechts, Band 8, 3. Aufl. 2010, § 173 Rn. 221; speziell zur Energiewirtschaft

Zusammenhang zu Recht als übergreifende, multipolare Entscheidungen begriffen, die nicht adäquat durch adressatenbezogene Einzelgenehmigungen erfasst werden könnten.[95] Andererseits stellt sich das Planfeststellungsrecht durch seine Orientierung am Verwaltungsakt als im Grundzug konservativer, auf statische Verbindlichkeit gerichteter Entwurf dar.[96]

cc) Insbesondere: Modifizierungen für öffentliche Infrastrukturen

Es kennzeichnet die Überlastung des Planfeststellungsverfahrens, dass insbesondere für Infrastrukturprojekte mit dem Instrument der *Plangenehmigung* eine aus Effizienzgründen verschlankte Fassung geschaffen wurde.[97] Damit ist gerade dort, wo die multipolare Lage und die Vielzahl der Abwägungsfaktoren den Aufwand des Verfahrens begründen würden, der legitimationsstiftende Teil weitgehend weggekürzt. Mit Abweichungen im Detail gilt dies etwa für das Eisenbahn-, Fernstraßen- und Wasserstraßenrecht, aber auch für das Energierecht.[98]

BVerwGE 116, 365; allgemeiner BVerwGE 71, 108 (124 f.); 87, 241 (247 f.). Zu weiteren Fallkonstellationen *St. Muckel* BayVBl. 2011, 225 ff. Siehe ferner *W. Schmidbauer* Enteignung zugunsten Privater, 1989; *S. Pommer* Bahnreform und Enteignung, 2002; *A. Jagst* Enteignung zugunsten privatisierter Flughäfen, 2012. Zur Duldungspflicht von Grundstückseigentümern nach dem TKG 2012 („Hausstich") *M. Freund/T.-L. Bary* NVwZ 2012, 1504 ff.; *B. Kind/M. Schramm* N&R 2012, 140 (147 f.).

95 Ausführliche Übersicht über die Abschnitte des Verfahrens unter besonderer Betonung des Infrastrukturcharakters *H. Pünder* Planfeststellungsverfahren, in: Erichsen/Ehlers (Hrsg.) Allgemeines Verwaltungsrecht, 14. Aufl. 2010, § 15 Rn. 4 ff.

96 Zur Verortung im System der Verwaltungsakte *Ch. Bumke* in: Hoffmann-Riem/Schmidt-Aßmann/Voßkuhle (Hrsg.) Grundlagen des Verwaltungsrechts, Band II, 2. Aufl. 2012, § 35 Rn. 103. Zur Verfahrensdimension zuletzt eingehend *M. Fehling* BLJ 2012, 92 (95 ff.) Anderes gilt freilich für die Entwicklung der gerichtlichen Kontrollmaßstäbe, vgl. unten Fn. 102.

97 Die Plangenehmigung wurde zunächst im Fachplanungsrecht vorgesehen (WHG, WaStrG, FlurbG). Das Verkehrswegeplanungsbeschleunigungsgesetz vom 16. Dezember 1991 (BGBl. I 2174) weitete ihren Anwendungsbereich im Straßenrecht aus; das Planvereinfachungsgesetz vom 26. Juni 1993 (BGBl. I 2123) erstreckte sie auf weitere Fachplanungsgesetze (zB LuftVG, PBefG). Das Genehmigungsbeschleunigungsgesetz vom 12. Dezember 1996 (BGBl. I 1354) hat die Plangenehmigung mit der in § 74 Abs. 6 VwVfG getroffenen Regelung dann in das allgemeine Planfeststellungsrecht eingeführt. Vgl. dazu *H. D. Jarass* DVBl. 1997, 795 (796 ff.); zur Entwicklung auch *H. J. Bonk/W. Neumann* in: Stelkens/Bonk/Sachs (Hrsg.) VwVfG-Kommentar, 7. Aufl. 2008, § 74 Rn. 222; kritisch insb. *W. Erbguth* DÖV 2009, 921 ff.; vgl. zu den raumordnungsrechtlichen Sonderregeln *R. Wahl* FS Sellner 2010, 155 (159 ff.).

98 Grundsätzlich entfällt die enteignungsrechtliche Vorwirkung bei der Plangenehmigung, vgl. ausdrücklich § 74 VI 2 VwVfG. Intrikaterweise wird dann allerdings gerade für die hier relevanten öffentlichen Infrastrukturen die Plangenehmigung der Planfeststellung gleichgestellt, so etwa in § 22 Abs. 2 AEG, § 19 Abs. 2 FStrG, § 30 PBefG,

dd) Strukturelle Überlastung

Gerade durch diese Modifizierung tritt die *strukturelle Schwäche des Planfeststellungsverfahrens* besonders klar hervor: Es überschätzt letztlich den abschließenden Charakters rechtlicher Entscheidungen und konzentriert sich also ganz auf diesen einen Moment mit der Folge völliger Überlastung, was zu entsprechenden Ausweichbewegungen führt. Insbesondere sind die notwendig folgenden Abschnitte bis zur Realisierung eines Vorhabens (durch den Grundsatz der umfassenden Konfliktbewältigung[99] und das Recht der Nebenbestimmungen) nicht ausreichend begleitet.[100] Das berücksichtigt nicht ausreichend, dass das Risiko des Scheiterns nicht allein bei einem privaten Vorhabensträger liegt, sondern auch die Allgemeinheit trifft. Und dass gerade hier Verfahrensfehler weitgehend als irrelevant eingestuft werden, ist ein besonders trauriges Beispiel für ein gegenseitiges *downsizing* von allgemeinem und besonderem Verwaltungsrecht.[101] Gleiches gilt für die Verkürzung des Rechtsschutzes, bei

---

§ 28 Abs. 2 LuftVG, § 45 Abs. 2 EnWG. Das NABEG wählt einen anderen Weg, indem es in § 18 allein die Planfeststellung, nicht aber die Plangenehmigung vorsieht, dafür aber die enteignungsrechtliche Vorwirkung vorverlegt; zur umstrittenen Frage der Verordnungsermächtigung des Bundes zur Beauftragung der BNA zur Durchführung von Planfeststellungsverfahren nach § 2 II *M. Appell/A. Erding* NVwZ 2012, 343 (346 f.).

[99] Zum Bereich der Straßenplanung BVerwGE 57, 297 (301 f.); 102, 331 (346).

[100] *H. Pünder* Planfeststellungsverfahren, in: Erichsen/Ehlers (Hrsg.) Allgemeines Verwaltungsrecht, 14. Aufl. 2010, § 15 Rn. 23 f.

[101] Abwägend *Ch. Bumke* Relative Rechtswidrigkeit, 2004, 208 ff.; *F. Schoch* Gerichtliche Verwaltungskontrollen, in: Hoffmann-Riem/Schmidt-Aßmann/Voßkuhle (Hrsg.) Grundlagen des Verwaltungsrechts, Band III, 2. Aufl. 2013, § 50 Rn. 306; vgl. zur allgemeinen Lage im Rechtsvergleich *M. Fehling* Eigenwert des Verfahrens im Verwaltungsrecht, VVDStRL 70 (2011), 278 (292 ff.). Gegen das „Planerhaltungsrecht" zuletzt *W. Erbguth* DÖV 2012, 821 (824 f.); insbesondere in Bezug auf die Sicherung der Öffentlichkeitsbeteiligung *E. Hofmann* JZ 2012, 701 (709 f.). Umfassende Darstellung der frühen Entwicklung bei *R. Käß* Inhalt und Grenzen des Grundsatzes der Planerhaltung, 2002, 59 ff. Vgl. auch *H. D. Jarass* DVBl. 1997, 795 (800 ff.); *G. Gaentzsch* DVBl. 2000, 741 ff.; *ders.* UPR 2001, 201 ff.; zum Bauplanungsrecht *W. Hoppe* DVBl. 1996, 12 ff.; *H. Sendler* DVBl. 2005, 659 ff.; *U. Stelkens* UPR 2005, 81 ff. Zur Planerhaltung im Raumordnungsrecht *Ch. Wiggers* Planerhaltung im Recht der Raumordnung, 2003. Zu den Anforderungen des Unionsrechts an Planerhaltungsvorschriften *M. Kment* DÖV 2006, 462 ff.; *ders.* DVBl. 2007, 1275 ff. Kritisch gegen einfach-rechtliche Planerhaltungsnormen mit Blick auf die „grundrechtssichernde Funktion" der Verfahrensvorschriften im Planungsrecht *W. Köck* in: Hoffmann-Riem/Schmidt-Aßmann/Voßkuhle (Hrsg.) Grundlagen des Verwaltungsrechts, Band II, 2. Aufl. 2012, § 37 Rn. 116. Siehe zu diesem Komplex auch *E. Schmidt-Aßmann* in: Hoffmann-Riem/ders./Voßkuhle (Hrsg.) Grundlagen des Verwaltungsrechts, Band II, 2. Aufl. 2012, § 27 Rn. 105 ff.; ferner *F. Hufen/T. Siegel* Fehler im Verwaltungsverfahren, 5. Aufl. 2013, Rn. 911 ff. Zur parallelen Diskussion zu §§ 214, 215 BauGB siehe die Nachweise bei *U. Battis* in: ders./Krautzberger/Löhr (Hrsg.) BauBG, 11. Aufl. 2009, Vorb §§ 214–216 Rn. 12.

der sich die eingeschränkte materielle Kontrolle inzwischen mit einer erst- und letztinstanzlichen Zuständigkeit des BVerwG verbindet.[102]

Insgesamt bleibt so der politisch-gestaltende Charakter von Infrastrukturentscheidungen hinter der Fassade von Planfeststellungsverfahren eher verborgen. Damit wird aber nicht nur Scheinrationalität, sondern auch Scheinlegitimation erzeugt. Darauf wird unter dem Stichwort des politischen Charakters von Infrastrukturvorhaben zurückzukommen sein.

2. *Bereitstellung*

a) Grundsatz der Typenwahlfreiheit – Herausforderung Vertragsgestaltung

Bei der Bereitstellung von Infrastrukturen, die der Entscheidung über das „ob" nachfolgt, bildet die physische Herstellung regelmäßig die nächste Etappe, etwa durch den Bau von Straßen, Leitungen oder bestimmten Gebäuden.[103] Soweit es dabei um Einrichtungen geht, die dann ohne weiteres der Allgemeinheit als Gemeingebrauch[104] zur Verfügung stehen, kann festgehalten werden, dass Träger einer solchen Herstellung sowohl die öffentliche Hand sein kann (wie bei Straßen oder Schulen) wie auch Einrichtungen des Dritten Sektors oder private Unternehmen sein können.

Typischerweise beauftragt der Träger private oder gemischt-wirtschaftliche Unternehmen mit bestimmten Herstellungsleistungen.[105] Die Ent-

---

[102] § 50 I Nr. 6 VwGO, zur Ausweitung nach dem Infrastrukturplanfeststellungsbeschleunigungsgesetz kritisch *H. Pünder* Planfeststellungsverfahren, in: Erichsen/Ehlers (Hrsg.) Allgemeines Verwaltungsrecht, 14. Aufl. 2010, § 15 Rn. 27. Zum Instanzenzug einschlägig *F. Schoch* Gerichtliche Verwaltungskontrollen, in: Hoffmann-Riem/Schmidt-Aßmann/Voßkuhle (Hrsg.) Grundlagen des Verwaltungsrechts, Band III, 2. Aufl. 2013, § 50 Rn. 330 ff., insb. Rn. 336 f. mit Hinweis auf fehlende „Lernprozesse". Allgemein zum Kontrollstandard im Planungsrecht *W. Hoppe* FG 25 Jahre BVerwG, 1978, 295 ff.; *ders.* FS Menger, 1985, 747 ff.; *W. Blümel* Planung und Verwaltungsgerichtsbarkeit, 1997, insb. 13 ff.; *M. Ronellenfitsch* FS Blümel, 1999, 497 ff.; *H. Schulze-Fielitz* FS Hoppe, 2000, 997 ff.; *W. Erbguth* in: ders./Kluth (Hrsg.) Planungsrecht in der gerichtlichen Kontrolle, 2012, 103 ff.; aus verfassungsgerichtlicher Perspektive *W. Hoppe* FG 25 Jahre BVerfG, 1976, 663 ff.; *M. Bertrams* FS Hoppe, 2000, 975 ff.

[103] Freilich gibt es insoweit Ausnahmen: Eine neue Einrichtung kann auch bestehende Infrastrukturen nutzen, so der Rettungsdienst das allgemeine Straßennetz und in der Regel die Anbindung an vorhandene Krankenhäuser. Vgl. zum Rettungsdienst als Infrastruktur Fn. 66.

[104] § 7 FStrG; § 6 WaStrG iVm Rechtsverordnung; § 59 Abs. 1 BNatSchG; § 14 BWaldG. Vgl. *U. Mager/L. Sokol* Jura 2012, 913 ff. Weiter zur Verknüpfung mit Infrastrukturdiensten bei Fn. 109 ff.

[105] Zu Gestaltungsmöglichkeiten der Kommunen siehe *J. Hellermann* in: Hoppe/Uechtritz/Reck (Hrsg.) Handbuch kommunale Unternehmen, 3. Aufl. 2012, § 7, insb. Rn. 10 ff.

scheidung für Infrastruktur ist in dieser Phase in erster Linie eine Entscheidung zur Förderung der betreffenden (Bau-) Dienstleister.[106] Daraus folgt als Hauptaufgabe des *Vergaberechts*, die Zuteilung öffentlicher Mittel fair zu gestalten.[107] Dabei sind Vertragsgestaltung und -abwicklung für die spezifischen Anforderungen des Infrastrukturrechts bisher nicht genügend ausgearbeitet, weil sie zu stark auf punktuelle Vereinbarungen statt auf moderierte Dauerbeziehungen setzen. Zu zielen wäre hier in intradisziplinärer Offenheit auf neue Mischmodelle, die den multipolaren Zielcharakter solcher Vereinbarungen stärker gewichten und präziser erfassen, namentlich die berechtigten Interessen der infrastrukturabhängigen Allgemeinheit, sei es durch Vertragsstrafen, sei es durch Kündigung.[108]

---

[106] Knapp *H. Schulze-Fielitz* Grundmodi der Aufgabenwahrnehmung, in: Hoffmann-Riem/Schmidt-Aßmann/Voßkuhle (Hrsg.) Grundlagen des Verwaltungsrechts, Band I, 2. Aufl. 2012, § 12 Rn. 139 f. Nach Evaluation des Bundesrechnungshofs wird bei 85% der durch Bundesministerien bzw. nachgeordnete Behörden durchgeführten Maßnahmen auf eine Wirtschaftlichkeitsprüfung verzichtet, *Präsident des Bundesrechnungshofes als Bundesbeauftragter für die Wirtschaftlichkeit in der Verwaltung*, Anforderungen an Wirtschaftlichkeitsuntersuchungen finanzwirksamer Maßnahmen nach § 7 Bundeshaushaltsordnung, 2013, 5.

[107] Zum Doppelauftrag des Vergaberechts *J. Ziekow* Öffentliches Wirtschaftsrecht, 2. Aufl. 2010, § 9 Rn. 1; *S. Storr* in: Ruthig/ders. Öffentliches Wirtschaftsrecht, 3. Aufl. 2011, § 10 Rn. 1024 ff.; *H. Pünder* in: Ehlers/Fehling/ders. (Hrsg.) Besonderes Verwaltungsrecht, Band I, 3. Aufl. 2012, § 17 Rn. 1 ff.; *P. M. Huber* in: Schoch (Hrsg.) Besonderes Verwaltungsrecht, 15. Aufl. 2013, Rn. 278 f. Umfassend auch zum folgenden *P. F. Bultmann* Beihilfenrecht und Vergaberecht, 2004, insb. 93 ff. Zu den Transparenzanforderungen vor dem Maßstab des IFG *M. Rossi*/*M. Vogt* Jahrbuch Informationsfreiheit und Informationsrecht, 2011, 61 ff. Vgl. weiter *H. Schulze-Fielitz* Grundmodi der Aufgabenwahrnehmung, in: Hoffmann-Riem/Schmidt-Aßmann/Voßkuhle (Hrsg.) Grundlagen des Verwaltungsrechts, Band I, 2. Aufl. 2012, § 12 Rn. 142 ff. Insbesondere zu den europarechtlichen Vorgaben im Vergaberecht *J. Ziekow* Öffentliches Wirtschaftsrecht, 2. Aufl. 2010, § 9 Rn. 2 ff.; ferner *S. Hertwig* Praxis der öffentlichen Auftragsvergabe, 4. Aufl. 2009, Rn. 26 ff.; zur Verzahnung mit dem kommunalen Wirtschaftsrecht *Th. Mann* NVwZ 2010, 857 ff.; vgl. umfassend zuletzt *Siebler* Privilegierung (Fn. 42), 179 ff.

[108] Zu mehrseitigen (Verwaltungs-)Verträgen grundlegend *F. Reimer* VerwArchiv 94 (2003), 543, insb. 562 ff.; zu Umgehungsmöglichkeiten vergaberechtlicher Anforderungen durch Vertragsgestaltung *V. Poschmann* Vertragsänderungen unter dem Blickwinkel des Vergaberechts, 2010. Allgemein zur intradisziplinären Herausforderung *D. Ehlers* Die Verwaltung 20 (1987), 373 (378 ff.); *Ch. Kirchner, H. Trute, W. Hoffmann-Riem*, alle in: Hoffmann-Riem/Schmidt-Aßmann (Hrsg.) Öffentliches Recht und Privatrecht als wechselseitige Auffangordnungen, 1996, 63 ff., 167 ff., 261 ff.; *H. Wißmann* FS Berg, 2011, 556 (561 ff.); zum Verbund zwischen Zivilrecht und Öffentlichem Recht insbesondere *M. Burgi* Rechtsregime, in: Hoffmann-Riem/Schmidt-Aßmann/Voßkuhle (Hrsg.) Grundlagen des Verwaltungsrechts, Band I, 2. Aufl. 2012, § 18 Rn. 34 ff.; weiter *Hellermann Schutz der Verbraucher* (Fn. 72), 372 ff. Die institutionelle Aufstellung der Vergabekammern wäre ein Ansatzpunkt für eine reflektierte Zusammenarbeit zwischen

b) *Insbesondere: Private Bereitstellung von Infrastruktur als Vorleistung privilegierter Nutzung – Das Problem von Dienst und Netz*

aa) *Anreize für private Investitionen in öffentliche Infrastrukturen*

Wenn öffentliche Infrastrukturen von privaten Investoren eingerichtet werden sollen, müssen hinreichend sichere Anreize für die Investition entweder durch *Zuschüsse,* Umlagen oder durch sichere Abnahme der entsprechenden Dienstleistungen geschaffen werden.[109] Das *Beihilfenrecht* muss hier den Wettbewerbsschutz sichern, dabei aber auch den Unterschied zu allgemeinen Industriehilfen berücksichtigen.[110] Insbesondere

---

öffentlichem und privatem Recht, vgl. zuletzt *C. F. Germelmann* DÖV 2013, 50 (54 ff.). Vgl. zum Eigenkapitalbeitrag bei der Gründung von Projektgesellschaften *Ch. Koenig/M. Hellstern* IR 2010, 345 ff. Vgl. aber auch zur Verteilung realer Handlungsmacht vor Ort *H. Treiber* FS Faber, 2007, 281 (292 ff.).

[109] Ausgehend vom Medienrecht *M. Droege* Steuerung durch finanzielle Anreize, finanzieller Ausgleich für regulatorische Markteingriffe, BLM Schriftenreihe Band 99, 2011, 97 ff. Einschlägig zu den „Leitlinien" für transeuropäische Netze als Zuschussvoraussetzungen nach Art. 171 AEUV *W. Frenz/Ch. Ehlenz* IR 2010, 173 ff. Effizienz- und Wirtschaftlichkeitsregeln setzen hier bei der Kostenermittlung die einschlägigen Grenzen; aktueller Überblick bei *J. Kühling* DVBl. 2013, 1093 (1100 f.), insbesondere mit Blick auf die TKG-Novelle 2012; vgl. auch *T. Fetzer* WiVerw 2010, 145 (147 ff.); zum Energierecht *A. Glaser* DVBl. 2012, 1283 (1287 ff.); zum Wahlrecht „Gebühr/Entgelt" im Privat-Straßenbaurecht *E. Gawel* IR 2011, 29 (30 ff.). Bei Abnahmepflichten für die auf der Infrastruktur erzeugten Dienstleistungen entstehen (mindestens) Dreieckskonstellationen, was nach aller Erfahrung zu dauernder Nachsteuerung bei der Entgeltregulierung führt, vgl. zu der entsprechenden Debatte *A. Baer* Abnahmepflichten und Vergütungspflichten in der Energiewirtschaft, 2010, 34 ff., 42 ff.; zur aktuellen Judikatur *W.-A. Achilles* REE 2012, 138 ff. Allgemein zur Refinanzierung von Infrastrukturinvestitionen aus regulierten Entgelten typologisierend *M. Schäfer/P. Reimer* VerwArchiv 102 (2001), 431 ff.; zur Unterscheidung von Sachverantwortung und Finanzierungslast bei öffentlichen Aufgaben in privater Hand *H. Kube* Die Verwaltung 41 (2008), 1 (26 ff.). Auch das Instrument der bewussten Regulierungsfreistellung kann Anreiz sein, vgl. *M. Wegner* Regulierungsfreistellungen für neue Elektrizitäts- und Erdgasinfrastrukturen, 2010, insb. zu „access holidays" 68 ff.; zur „nicht-fiskalischen Infrastrukturfinanzierung" am Beispiel des ÖPNV *O. Mietzsch* IR 2010, 270 ff.; zur Kofinanzierung von Eisenbahninfrastrukturprojekten *H. Gersdorf* ZG 2011, 248 ff.

[110] Vgl. allgemein *Bultmann* Beihilfenrecht (Fn. 107), 21 ff., zum Zusammenhang mit dem Vergaberecht 139 ff. Zum Problem der Direkthilfen bei Dienstleistungen von allgemeinem wirtschaftlichem Interesse *G. Britz* ZHR 169 (2005), 370 ff. In Bezug auf Infrastrukturen zuletzt am Beispiel der Seehäfen *C. Jennert/S. Eitner* EuZW 2013, 414. Zur „Flughafeninfrastrukturfinanzierung" *A. Seidenspinner* ZLW 60 (2011), 569 ff. Überblick über die ältere Praxis der EU-Kommission *U. Karpenstein/G. Schiller* ZHR 172 (2008), 81 (86 ff.); zur Überschneidung von Kartell- und Beihilfenrecht *A. Martin-Ehlers* EuZW 2010, 287 ff. Für die Lage der Kommunen grundlegend *O. Dörr/D. Heinemann* KommJur 2006, 41 ff., 89 ff.; dazu zuletzt *W. Pauly/N. Jedlitschka* DVBl. 2012, 1269 ff.

können *Konzessionen* ein naheliegender Weg sein, entsprechende Anreize zu schaffen[111] – womit zugleich die Gewährleistung eines angemessenen allgemeinen Zugangs und also die Entgeltregulierung sowie die Durchsetzung der „Netzneutralität" als unabweisbare Folgefragen verbunden sind.[112]

bb) Verpflichtung zur Öffnung der Infrastruktur für Wettbewerber

Ausnahmsweise können Eigentümer von Infrastrukturen gesetzlich verpflichtet sein, diese für andere, insbesondere für Wettbewerber zu öffnen. Das gilt namentlich dort, wo sogenannte „natürliche Monopole" herrschen.[113] Hier entstehen eigentumsrechtlich bedingte *Ausgleichspflichten*, um die Investitionskosten in diesem Fall nicht von Nutzern, sondern von Wettbewerbern zu erlösen.[114] Ein zukunftsfähiges Infrastrukturrecht

---

[111] Hier bleibt das Betriebsrisiko beim Unternehmer, die Konsequenz ist in der Regel die Vorverlagerung des Wettbewerbs auf die Vergabe dieser Konzession, vgl. zum „Wettbewerb um den Markt" *Franzius* Gewährleistung (Fn. 3), 493 ff. Eine Herausforderung bildet (vergaberechtlich) insbesondere das Recht der Dienstleistungskonzessionen, vgl. *M. Nettesheim* EWS 2007, 145 ff.; *Glöckner* Infrastrukturverantwortung (Fn. 45), 95 ff.; zur Abgrenzung zwischen Dienstleistungskonzession und Dienstleistungsauftrag EuGH, Urteil vom 10.9.2009, Rs. C-206/08 – Eurawasser; aus der Lit. etwa *M. Sitsen* IR 2009, 223 ff.; zuletzt insb. zu den europarechtlichen Implikationen *P. F. Bultmann* NVwZ 2011, 72 ff.; *Ch. Braun* EuZW 2012, 451 ff. Vgl. allgemein mit Beispielen *R. Stober* in: Wolff/Bachof/ders./Kluth, Verwaltungsrecht II, 7. Aufl. 2010, § 93 Rn. 27.

[112] Zur Netzneutralität im Sinne eines gleichberechtigten Zugangs zu Monopolnetzen siehe allgemein *M. Fehling* in: ders./Ruffert (Hrsg.) Regulierungsrecht, 2010, § 20 Rn. 5 ff.; *M. Martini* VerwArchiv 102 (2011), 315 ff.; ferner *J. Ruthig* in: ders./Storr, Öffentliches Wirtschaftsrecht, 3. Aufl. 2011, § 6 Rn. 585 ff. Grundlegend bereits *J. Kühling* Sektorspezifische Regulierung in den Netzwirtschaften, 2004, 182 ff. Siehe aktuell den Verordnungsentwurf der Europäischen Kommission vom 11.09.2013, dort insb. Art. 23, online abrufbar unter http://ec.europa.eu/transparency/regdoc/rep/1/2013/DE/1-2013-627-DE-F1-1.Pdf#page=58 (zuletzt abgerufen am 19.09.2013).

[113] Kartellrechtliche Begründung bei *V. Emmerich* FS Söllner, 2000, 273 ff.; vgl. auch *ders.* Kartellrecht, 12. Aufl. 2012, § 27 Rn. 102 ff. mwN; zur Problematik des Begriffs *M. Leschke* in: Fehling/Ruffert (Hrsg.) Regulierungsrecht, 2010, § 6 Rn. 54 ff. mwN. Vgl. etwa für den Zugang zu Gasspeichern *S. Fischerauer* Regulierung des Zugangs zu Speicheranlagen, 2010, insb. 85 ff.

[114] Für eine eigentumsrechtliche Entschädigungspflicht im Falle der strukturell vergleichbaren Inpflichtnahme privater Unternehmer zur Wahrnehmung öffentlicher Aufgaben *H.-J. Papier* in: Maunz/Dürig (Hrsg.) GG-Kommentar, Loseblatt, 68. Lfg. 2013, Art. 14 Rn. 378i f.; *M. Fehling* in: ders./Ruffert (Hrsg.) Regulierungsrecht, 2010, § 20 Rn. 10 ff. Gleiches gilt dem Grunde nach auch dort, wo die öffentliche Hand Infrastrukturen geschaffen hat und diese nun außerhalb des Gemeingebrauchs für Dienstleistungen „auf dem Netz" zur Verfügung stellt.

muss dabei Investitionszeiträume absichern – darüber hinaus freilich ist „unumkehrbare“ Planungssicherheit eine Chimäre.[115]

Intrikat wird die Zugangsverpflichtung, wo die Eigentümer selbst ebenfalls das Netz nutzen, um Dienste anzubieten, weil über feinste *Justierungen des Entgelts* die Position der einen oder der anderen Seite verzerrt werden kann. Das Regulierungsverwaltungsrecht, das sich mit diesen Mischkonstellationen zu beschäftigen hat, soll den Grundsatz des diskriminierungsfreien Wettbewerbs durch Zugangsregulierung und Preisregulierung durchsetzen und hat sich dabei für betriebswirtschaftlich angeleitete Modelle der *Marktsimulation* entschieden, was bei realistischer Betrachtung nicht über den normativen Gehalt auch solcher Regulierungsentscheidungen hinwegtäuschen kann.[116]

Als rechtliche Grundfrage bleibt, ob es ein Regelmodell gibt, nach dem *Dienst und Netz* grundsätzlich zu trennen sind. Ordnungspolitisch mag eine solche Trennung vielfach Sinn machen, weil sie die angesprochenen Zugangsprobleme entschärft; auch dürfen Einheitsmodelle nicht als quasi unabänderliches Erbe staatlicher Versorgungsstrukturen betrachtet werden. Ein verfassungsrechtlicher oder primärrechtlicher Grundsatz der institutionellen Entflechtung ist aber abzulehnen:[117] Zunächst einmal ist schon nicht richtig, dass Dienste auf der Infrastruktur stets durch Private oder überhaupt marktförmig zu erbringen sind.[118] Und auch soweit

---

[115] Allgemein zu diesem Problem *O. Lepsius* Nachhaltigkeit und Parlament, in: Kahl (Hrsg.) Nachhaltigkeit als Verbundbegriff, 2008, 326 (333 ff.). Abgrenzung des Regelungsstands zwischen Telekommunikationsrecht und Energierecht bei *J. Kühling* DVBl. 2013, 1093 (1100 f.). Zu Mehrjahresverträgen im Bereich der Bundesfernstraßeninfrastruktur *W. Kugele* N&R 2010, 91 ff.; zur Lage im Bereich der Bahn vgl. die Leistungs- und Finanzierungsvereinbarung zwischen Bundesregierung und Deutscher Bahn, abrufbar online beim Eisenbahn-Bundesamt http://www.eba.bund.de. Zur Verlängerung siehe Pressemitteilung des BMVBS vom 06.09.2013, Lfd. Nr. 201/2013. Zum aktuellen europarechtlichen Hintergrund *Ch. Lerche* N&R 2013, 27 (30). Vgl. im Überblick *H. Gersdorf* ZG 2011, 248 ff.; zur Unterscheidung der Lage zwischen Fernverkehr und Nahverkehr *ders.* DVBl. 2010, 746 ff. Vgl. ansonsten zur Finanzierung von Infrastrukturen durch Zuschüsse bereits Fn. 109 ff.

[116] *J. Masing/H. Wißmann* in: Wilms/Masing/Jochum (Hrsg.) TKG, 2006, § 30 Rn. 29 ff. Die Legitimation der Ergebnisse soll institutionell durch die Unabhängigkeit der Bundesnetzagentur erhöht werden. Vgl. zu dieser Debatte allgemein Fn. 152.

[117] Vgl. bereits *R. Scholz* Entflechtung und Verfassung, 1982, insb. 19 ff., 83 ff. Ebenso *Ch. Möllers/C. Schäfer* Verfassungs- und bilanzrechtliche Prüfung des Gesetzentwurfs „Kapitalprivatisierung Deutsche Bahn AG“ des Bundesministeriums für Verkehr, Bau und Stadtentwicklung, 2007, 9 f.

[118] Allgemein zu den unterschiedlichen Erscheinungsformen von Wettbewerb typologisierend *J. Kersten* Herstellung von Wettbewerb als Verwaltungsaufgabe, VVDStRL 69 (2010), 288 (290 ff.). Umfassend *Storr* Staat (Fn. 74), 152 ff. Vgl. für den kommunalen Bereich im Einzelnen *Glöckner* Infrastrukturverantwortung (Fn. 45), 92 ff.; *W. Kluth*

Markt und Wettbewerb vorgegeben sind, folgt daraus keine allgemeine Vorgabe, passgenaue Teilnehmer von Teilmärkten „um" und „im" Wettbewerb zu konfigurieren.[119] Anderes gilt nur als konkrete sekundärrechtliche bzw. gesetzliche Anordnung des „Unbundling".[120]

3. *Pflege der Infrastruktur*

Ein auf die Zukunft ausgerichtetes Infrastrukturrecht muss schließlich die Pflege, also die *Erhaltung und die nachlaufende Ertüchtigung bestehen-*

Kommunalwirtschaftliche Aktivitäten als Dienste von allgemeinem wirtschaftlichem Interesse, in: Mann/Püttner (Hrsg.) Handbuch der kommunalen Wissenschaft und Praxis, Band 2, 3. Aufl. 2011, § 39 Rn. 7 ff.; näher für das offene Arrangement des Art. 106 Abs. 2 AEUV am Beispiel des Abfallrechts *M. Reese/H.-J. Koch* DVBl. 2010, 1393 (1396 ff.). Selbst eine so straffe Vorgabe wie die des Art. 170 Abs. 2 AEUV, wonach der Beitrag der EU zum Auf- und Ausbau transeuropäischer Netze „im Rahmen eines Systems offener und wettbewerbsorientierter Märkte" erfolgt, führt nicht zu einem Zwang zu Liberalisierung und Privatisierung, vgl. *Ch. Calliess* in: ders./Ruffert (Hrsg.) EUV/AEUV, 4. Aufl. 2011, Art. 170 Rn. 25. Zur Voraussetzung marktbezogener Tätigkeiten *St. Wernicke* in: Grabitz/Hilf/Nettesheim (Hrsg.) Das Recht der Europäischen Union (Stand 50. Ergänzungslieferung 2013), Art. 14 Rn. 26 f., weiter mit Nachweisen zur Genese der Terminologie des „gemeinwirtschaftlichen Dienstes"; *A. Gyulai-Schmidt* VergabeR 2012, 809 (810 f.). Zur Bedeutung des Protokolls Nr. 26, ABl. 2008 C 115/308 vgl. *Ch. Jung* in: Calliess/Ruffert (Hrsg.) EUV/AEUV, 4. Aufl. 2011, Art. 14 Rn. 14 ff.

[119] *Franzius* Gewährleistung (Fn. 3), 414 ff., zum „Wettbewerb im Markt"; vgl. zu den Kategorien mit Gegenübersetzung von Vergaberecht und Netzregulierung am Beispiel der Wasserversorgung *J. Masing* VerwArchiv 95 (2004), 151 (156 ff.). Die Anerkennung der Dienste von allgemeinem wirtschaftlichem Interesse (Art. 14, 106 Abs. 2 AEUV) steht sinnbildlich dafür, dass Marktgeschehen Vorleistungen erfordert, die von der öffentlichen Hand, eigenen Netzunternehmen oder eben auch von Wettbewerbern der Dienstebene erbracht werden können. Beispielhaft zeigte zuletzt die Debatte um die Wasserversorgung, dass prinzipielle Ableitungen aus den europäischen Rechtsvorgaben den Filter des politischen Kompromisses durchlaufen, vgl. dazu Achtes Gesetz zur Änderung des Gesetzes gegen Wettbewerbsbeschränkungen vom 26. Juni 2013, BGBl. I 1738 Art. 1 Nr. 12 (§§ 31–31b), vgl. Kommission: Vorschlag für Richtlinie des Europäischen Parlaments und des Rates über die Konzessionsvergabe (sog. Konzessionsrichtlinie) vom 20.12.2011, KOM (2011), 897 endg.

[120] Auf der Ebene des sekundären Unionsrecht werden weitreichende Entflechtungsziele insbesondere im Energiebereich verfolgt: vgl. die Richtlinie 2009/72/EG des Europäischen Parlaments und des Rates vom 13. Juli 2009, ABl. L 211/55. Aus dem jüngeren Schrifttum *A.-B. Kaiser/Th. Wischmeyer* VerwArch 101 (2010), 34 ff.; für einen frühen Überblick über die Sektoren *E. Staebe* IR 2006, 204 ff., 222 ff.; *J. Masing* Soll das Recht der Regulierungsverwaltung übergreifend geregelt werden?, Gutachten D zum 66. DJT, 2006, D 114 ff. Zur aktuellen Lage im Eisenbahnrecht *U. Ehricke* N&R 2012, 222 (223 f.); zu den europarechtlichen Vorgaben *Ch. Lerche* N&R 2013, 27 (29); umfassend *P. Hafner* Entflechtung und Wettbewerb im Eisenbahnwesen, 2011, insb. 53 ff.

der Infrastrukturen, stärker in den Blick nehmen. Zerfaserte Straßenbeläge, gesperrte Bahntrassen und Autobahnbrücken, das Problem des Rückbaus vor allem im Atomrecht, aber auch die bessere Nutzung der Windenergieanlagen und die Aufwertung von Telekommunikationsleitungen stehen in gewisser Weise für die doppelte Dimension des Themas Infrastruktur überhaupt: Der erreichte Standard ist bereits hochkomplex, wartungsintensiv und im Zeitablauf störanfällig; und darüber hinaus ist eine stetige Verbesserung der Nutzung technologisch, ökonomisch wie ökologisch reizvoll, ja oftmals geboten.

Das Recht widmet sich der Pflege der Infrastruktur nur ausschnittsweise und vor allem ungleichmäßig.[121] Diese Unterbelichtung lässt sich in erster Linie als Folgefehler der Ausrichtung auf abschließende Entscheidungen erklären. In der durchscheinenden Logik des Gewerberechts[122] ist die spätere Behandlung der Einrichtung Sache und Risiko des Eigentümers.[123] Damit wird aber die Vielschichtigkeit öffentlicher Infrastrukturen

---

121 Zum Gesamtrahmen im Bereich der *Eisenbahn M. Fehling* Das Recht der Eisenbahnregulierung, in: Lüdemann (Hrsg.) Telekommunikation, Energie, Eisenbahn, 2008, 118 (122 ff.), vgl. insb. §§ 4 Abs. 3, 4a, 11 AEG. Zur Neufassung der Eisenbahnregulierung BT-Drs. 17/12726 von 2013, vgl. dazu Stellungnahme *T. Beckers*, der für eine „effiziente Erhaltungsstrategie" plädiert, da bisher „auf Verschleiß" gefahren werde, zu finden, Drs. 17/15563 (Stellungnahmen), 59 ff.; zum Hintergrund *U. Ehricke* N&R 2012, 222 (225 ff.). Für den *Hochwasserschutz* wurde mit der Begründung der Gefahrenabwehr zuletzt eine Verkürzung der üblichen Genehmigungsanforderungen gefordert, vgl. bereits Fn. 6. Dagegen konzentrieren sich die neuartigen Regulierungsgebiete eher auf Gewährleistungspflichten in Bezug auf die Dienste, bei denen die Vorhaltung der Infrastruktur selbst nur als Reflex beachtet wird. Vgl. zu den entsprechenden Pflichten der Betreiber von *Übertragungsnetzen K. Bourwieg* in: Britz/Hellermann/Hermes (Hrsg.) EnWG, 2. Aufl. 2010, § 12 Rn. 6 ff.; vgl. als Beispiel für gesetzgeberische Detailregelung den neuen § 12 Abs. 3a EnWG. Anders gefasst ist die Pflege etwa Teil der „nachhaltigen" Energieversorgung, dazu i E *J. Gundel* Nachhaltigkeit und Energieversorgung, in: Kahl (Hrsg.) Nachhaltigkeit als Verbundbegriff, 2008, 443 (445 für eine engere, nämlich umweltbezogene Begriffsverwendung). Für den Bereich der Wasserkraftnutzung in Bezug auf vorhandene Anlagen nach § 35 WHG *M. Reinhardt* NVwZ 2011, 1089 (1092 f.). Für die Rechtslage im *Telekommunikationsrecht* 2012 *C. Franzius* N&R 2012, 126 (136 ff.). Eine echte „Investitionsregulierung" findet insgesamt nicht statt, zu dieser Formel *J. Kühling* DVBl. 2013, 1093 (1100). Zum Ansatz einer „reflexiven Steuerung durch Investitionsplanungspflichten" *J. P. Schneider* Infrastrukturausbau als Aufgabe des Regulierungsrechts, in: Fehling/Grewlich (Hrsg.) Struktur und Wandel des Verwaltungsrechts, 2011, 69 (79 ff.).

122 Vgl. *Mann* Großvorhaben (Fn. 4), 556 ff.; in der Grundanschauung wohl auch *Waechter* Großvorhaben (Fn. 4), 518 f.

123 Der Gesetzgeber und das Bundesverwaltungsgericht mit seiner Rechtsprechung zur Einschränkung späterer Auflagen haben bisher das ihre dazu getan, dass das statische Modell der Anlagengenehmigung den besonderen Charakter der öffentlichen Infrastrukturen vernachlässigt, vgl. BVerwGE 112, 221 (224 ff.). Zur grundrechtlichen

in gemischten Realisierungsmodellen verfehlt.[124] Ansatzpunkt für eine angemessene Weiterentwicklung können hier die Modelle liefern, die in der Zugangs- und Preisregulierung oder auch im Anlagenzulassungsrecht entwickelt worden sind: Denn hier ist der Dauercharakter der entsprechenden Verwaltungsaufgabe bereits früh erkannt worden.[125] Wenn Genehmigungen nicht als Abschluss eines Verwaltungsverfahrens, sondern als Etappe der Dauerverwaltung Infrastruktur begriffen werden, ist auch die nachlaufende Aktualisierung der entsprechenden Rechtsverhältnisse verbessert möglich.[126]

Lage *P. M. Huber* Überwachung, in: Hoffmann-Riem/Schmidt-Aßmann/Voßkuhle (Hrsg.) Grundlagen des Verwaltungsrechts, Band III, 2. Aufl. 2013, § 45, insb. Rn. 7 f. Vgl. zum Instrument des Heimfalls am Beispiel des Wasserrechts *R. Breuer* Probleme des wasserrechtlichen Heimfalls, 2009, insb. 47 ff.

[124] So ist etwa die Schließung öffentlicher Einrichtungen „vor Ort" von vornherein eine durchgängig (kommunal-) politisch verantwortete Angelegenheit.

[125] Vgl. für den „traditionellen Zukunftsbezug des Verwaltungsrechts" allgemein *Appel* Staatliche Vorsorge (Fn. 85), 129, zu den Instrumenten insb. 134 ff. Die begleitende Sorge ist insbesondere im Umweltrecht entwickelt worden und hat sich in § 5 BImSchG manifestiert.

[126] Zum Topos der Marktbegleitung *M. Eifert* Regulierungsstrategien, in: Hoffmann-Riem/Schmidt-Aßmann/Voßkuhle (Hrsg.) Grundlagen des Verwaltungsrechts, Band I, 2. Aufl. 2012, § 19 Rn. 127. Ein wichtiges Element der (weiteren) Begleitung privater Akteure ist die Wissensgenerierung, zu den entsprechenden regulierungsrechtlichen Instrumenten vgl. kritisch *K. F. Gärditz* DVBl. 2009, 69 ff. Das allgemeine Verwaltungsverfahrensrecht sowie die Fachgesetze kennen selbstverständlich Reaktionsmöglichkeiten auf nachträgliche Veränderungen. Auflagenvorbehalte, Erweiterungsgenehmigungen oder nachträgliche Anordnungen (zB § 17 BImSchG) sind jedoch nicht im Sinne der Dauerverwaltung auf das Ziel der qualitätsbezogenen Pflege und Erhaltung von Infrastrukturen ausgerichtet, sondern bezwecken die Vermeidung bzw. den Ausgleich von Nachteilen Dritter (Nachbarn etc.) und die Einhaltung ordnungsrechtlicher Pflichten. Das Planfeststellungsrecht ermöglicht es, im Planfeststellungsbeschluss neben Schutzauflagen zugunsten betroffener Dritter in gewissem Umfang auch Vorkehrungen „zum Wohl der Allgemeinheit" aufzuerlegen (vgl. § 74 Abs. 2 S. 2 VwVfG). Darunter werden allerdings vorrangig Aspekte der Verkehrssicherheit verstanden. Inwiefern Betriebsregelungen Gegenstand der Planfeststellung sein können, wird in den einzelnen Fachgesetzen unterschiedlich geregelt und ist im Einzelnen umstritten; vgl. dazu *W. Blümel* VerwArch 83 (1992), 146 ff. Gem. § 9 Abs. 2 LuftVG sind im Planfeststellungsbeschluss dem Unternehmer die Errichtung und Unterhaltung der Anlagen aufzuerlegen, die für das öffentliche Wohl oder zur Sicherung der Benutzung der benachbarten Grundstücke gegen Gefahren oder Nachteile notwendig sind. Zur Ökonomisierung rechtlicher Technikanforderungen am Beispiel des Wasserrechts *E. Gawel* DÖV 2012, 298 (300 ff.). Zu den erweiterten Regelungen des TKG 2012 *B. Kind/M. Schramm* N&R 2012, 140 (141 ff.); *M. Freund/T.-L. Bary* NVwZ 2012, 1504 ff.; vgl. zur Inanspruchnahme öffentlicher Wege *U. Rathgeb* NVwZ 2012, 270 (271 ff.). Zur Methodik der rechtsaktbezogenen Arbeitsweise *I. Appel* und *M. Eifert* Das Verwaltungsrecht zwischen klassischem dogmatischen Verständnis und steuerungswissen-

4. *Zusammenfassung: Infrastrukturrecht als Verbundrecht – Infrastrukturverwaltung als Dauerverwaltung*

Zusammenfassend lässt sich erkennen, dass ein zukunftsfähiges Recht der öffentlichen Infrastrukturen die geschilderten *Phasen als Verbund* begreifen muss. Der teilweise anzutreffende Abbruch rechtlicher Betreuung wird der Rolle der öffentlichen Infrastruktur nicht gerecht. Soweit private Akteure beteiligt werden, verbindet sich mit der weitgehenden Offenheit für solche Kooperationen die klare Auskunft, dass die Beteiligung an öffentlichen Aufgaben ggfs. besondere Rechte, in jedem Fall aber erhöhte Pflichtenbindungen mit sich bringt. Freiheitssicherung kann dort angesichts der multipolaren Rechtsverhältnisse nicht durch möglichst weitgehende unternehmerische Privatautonomie realisiert werden, sie benötigt vielmehr invers ausgerichtete Sicherungen, die sich als Verfahrens-, Beteiligungs- und Gestaltungsansprüche beschreiben lassen.[127] Hier werden zukünftig weiter zunehmend komplexe Grundrechtslagen entstehen, bei denen sich Berechtigung und gesetzlich geregelte Verpflichtung der beteiligten Unternehmen verbinden.[128]

Gegen die vielfach vertretene Ansicht, die in den Netzwirtschaften etablierten neuen Arrangements hätten sich zu einem Normalfall des Infra-

---

schaftlichem Anspruch, VVDStRL 67 (2008), 226 (252 ff.) bzw. 286 (289 ff.). Zu Kategorien eines pflegenden Gewährleistungsverwaltungsrechts bereits *Voßkuhle* (Fn. 3), 310 ff.

[127] Zur Spannung von individueller und kollektiver Freiheitsentfaltung für diesen Zusammenhang mit individuellrechtlichem Akzent *J. Kersten* Teilverfasste Wirtschaft, in: Vesting/Korioth (Hrsg.) Der Eigenwert des Verfassungsrechts, 2011, 135 (145 ff.); zurückhaltender *O. Lepsius* Der Eigenwert der Verfassung im Wirtschaftsrecht, ebd., 149 (167 ff.).

[128] Das gilt zunächst für vom Staat beherrschte gemischtwirtschaftliche Unternehmen, vgl. BVerfGE 128, 226 – Fraport, dort nochmals erweiternd 249 f. als *obiter dictum* auch für materiell private Unternehmen. Umfassende Aufbereitung bei *J. P. Schaefer* Der Staat 51 (2012), 250 ff.; vgl. für die Etappen der Debatte *Storr* Staat (Fn. 74) 187 ff.; *U. Battis*/*J. Kersten* WuV 2005, 493 (495 ff.); *C. Bumke* Die Verwaltung 41 (2008), 227 (238); *J. Wieland* Die Verwaltung 43 (2010), 83 (88); *Hellermann* Schutz der Verbraucher (Fn. 72), 389 f.; *H. Wißmann* Verfassungsrechtliche Vorgaben der Verwaltungsorganisation, in: Hoffmann-Riem/Schmidt-Aßmann/Voßkuhle (Hrsg.) Grundlagen des Verwaltungsrechts, Band I, 2. Aufl. 2012, § 15 Rn. 4a; kritisch *P. M. Huber* FS Stober, 2008, 547 (551 ff.); *F. Schorkopf* JZ 2008, 20 (23 f.). Zur Analyse der „Kommune als Konzern" *J. Oebbecke* VBlBW 2010, 1 ff. Wichtig ist die grundgesetzlich gebotene Unterscheidung, dass die Grundrechtsverpflichtung materiell privater Akteure nach wie vor nur als gesetzliche Pflicht in Betracht kommt, sich also an dem formalen Modell des rechtsstaatlichen Verteilungsprinzips nichts ändert, vgl. *J. Masing* Der Rechtsstatus des Einzelnen im Verwaltungsrecht, in: Hoffmann-Riem/Schmidt-Aßmann/Voßkuhle (Hrsg.) Grundlagen des Verwaltungsrechts, Band I, 2. Aufl. 2012, § 7 Rn. 142 ff.

strukturrechts entwickelt, der als abstrakter Maßstab jede Abweichung rechtfertigungsbedürftig stellt,[129] ist allerdings daran festzuhalten, dass das Infrastrukturrecht *typischerweise gemischte Regelungsmodelle* etabliert, die in jedem Sektor einem spezifischen, nicht zuletzt entwicklungsgeschichtlich geprägten Pfad folgen. Es gibt insoweit keinen prinzipiellen infrastrukturrechtlichen Maßstab.[130]

Für die öffentliche Hand gilt, dass öffentliche Infrastrukturen gerade für den Fall einer Einbeziehung privater Akteure einen *Regelfall der „vorgängig"-begleitenden Dauerverwaltung* bilden.[131] Das hergebrachte Verständnis des Verwaltungsakts oder des Verwaltungsvertrags setzt Annahmen hinsichtlich Personal, Institutionen, ja insgesamt rechtskultureller Grundregeln voraus, die in vielen Bereichen des Infrastrukturrechts planmäßig aufgelöst worden sind.[132] In der Konsequenz folgt daraus,[133] dass Handlungsformen und umgebendes „setting" im Verwaltungsrecht neu zugeordnet werden müssen.[134] Aufgabe des allgemeinen Verwaltungs-

---

129 So in der Gegenübersetzung von TKG und Energierecht zuletzt *J. Kühling* DVBl. 2013, 1093 (1101), mit klarem Votum für die stärker marktwirtschaftliche Ausrichtung des TKG und kritisch zur Verdrängung der „Kraft des Wettbewerbs"; gegenläufig in Bezug auf das TKG *C. Franzius* N&R 2012, 126 (132).

130 Zum Verhältnis unterschiedlicher Regulierungsstrategien *M. Eifert* Regulierungsstrategien, in: Hoffmann-Riem/Schmidt-Aßmann/Voßkuhle (Hrsg.) Grundlagen des Verwaltungsrechts, Band I, 2. Aufl. 2012, § 19, insb. Rn. 153 ff. Zu den Möglichkeiten und Grenzen von Folgerichtigkeit und Konsistenz allgemein konzeptionell zusammenführend *L. Michael* Formen- und Instrumentenmix, in: Hoffmann-Riem/Schmidt-Aßmann/Voßkuhle (Hrsg.) Grundlagen des Verwaltungsrechts, Band II, 2. Aufl. 2012, § 41, insb. 77 ff. Die institutionelle Teilzusammenfassung im Infrastrukturbereich hat an diesem Befund nichts geändert: Schon unter dem Dach der Bundesnetzagentur, die „für Elektrizität, Gas, Telekommunikation, Post und Eisenbahnen" zuständig ist (Gesetz über die Bundesnetzagentur für Elektrizität, Gas, Telekommunikation, Post und Eisenbahnen (BEGTPG) v. 07.07.2005, BGBl. I 1970) werden bekanntlich weiterhin durchaus verschiedene Regelungsmodelle zur Anwendung gebracht.

131 Zum Topos der „vorgängigen Verhandlung" im Königreich Hannover als Gegenmodell zur preußischen Vollzugsverwaltung und die damit verbundenen verfahrensrechtlichen Implikationen *H. Faber* DVBl. 1985, 715 (719).

132 Treffend insoweit der Hinweis von *R. Wulfhorst* DÖV 2011, 581 (586), auch nach geltendem Recht wäre niemand gehindert, eine vorbildliche Bürgerbeteiligung durchzuführen.

133 *R. Wahl* Die Aufgabenabhängigkeit von Verwaltung und Verwaltungsrecht, in: Hoffmann-Riem/Schmidt-Aßmann/Schuppert (Hrsg.) Reform des Allgemeinen Verwaltungsrechts, 1993, 177 (213); *Schmidt-Aßmann* Ordnungsidee (Fn. 3), Rn. 1/9 ff., insb. 16.

134 Zur Betrachtung aus „mittlerer Abstraktionshöhe" vgl. etwa *F. Schoch* Der Verwaltungsakt zwischen Stabilität und Flexibilität, in: Hoffmann-Riem/Schmidt-Aßmann (Hrsg.) Innovation und Flexibilität des Verwaltungshandelns, 1994, 199 (insb. 212 f.). Zu Handlungsformen als Ordnungsmustern des Verwaltungsrechts *H. Wißmann*/

rechts ist es hier insbesondere, das begrenzte Wirkungsfeld der rechtsformorientierten Vorgehensweise im Bereich der öffentlichen Infrastrukturen aufzunehmen und zu ergänzen:[135] Dort, wo an die Grundentscheidung für eine öffentliche Infrastruktur eine nicht öffentlich-rechtliche Handlungslogik anschließt (also bei der Einbeziehung privater Akteure), muss die weitere *Begleitung* solcher Projekte *als reguläre Aufgabe* angenommen werden, die sich typischerweise nicht an den pathologieorientierten Grundmustern des Ordnungsrechts orientieren kann.[136]

P. Lange Handlungsformen im europäischen Verwaltungsrecht, in: Leible/Terhechte (Hrsg.) Rechtsschutz und Verfahrensrecht (EnzEur Band 3), i. E., § 31 Rn. 7 ff.; *C. Franzius* Entwicklungsstufen der Verwaltungsrechtswissenschaft, in: Hoffmann-Riem/Schmidt-Aßmann/Voßkuhle (Hrsg.) Grundlagen des Verwaltungsrechts, Band I, 2. Aufl. 2012, § 4, insb. Rn. 37 ff. Zur wechselseitigen Beeinflussung allgemeiner Handlungsformen und spezifischer Lagen im Infrastrukturrecht *J. Saurer* DVBl. 2012, 1082 (1082 f.). Stellvertretend für die Skeptiker zuletzt *K. F. Gärditz* Die Rolle des parlamentarischen Gesetzgebers im Regulierungsrecht – ein Werkstattbericht, in: Kurth/Schmoeckel (Hrsg.) Regulierung im Telekommunikationssektor, 2012, 67 („Entformalisierung von Herrschaft" durch „Entparlamentarisierung" und „administrative Komplexitätssteigerung"). Das Recht der Infrastrukturen wird mit anderen Worten zugleich überschätzt und unterschätzt, wenn es neben dem Recht der Eingriffs- und Leistungsverwaltung als eigenständiger Typus eingeordnet wird, der durch bestimmte Handlungsformen gekennzeichnet ist, so namentlich *Faber* Verwaltungsrecht (Fn. 55), 347 ff., der (zu Recht) die Multilateralität und (zu Unrecht) den Ausschluss konkreter rechtlicher Entscheidungen als Merkmal der Infrastrukturverwaltung ansieht (348).

[135] Entsprechend zum Verhältnis von Allgemeinem Verwaltungsrecht und Fachverwaltungsrecht *Schmidt-Aßmann* Ordnungsidee (Fn. 3), Rn. 1/9 ff., 3/1 ff.; zuletzt in der Übersicht *M. Burgi* Rechtsregime, in: Hoffmann-Riem/Schmidt-Aßmann/Voßkuhle (Hrsg.) Grundlagen des Verwaltungsrechts, Band I, 2. Aufl. 2012, § 18 Rn. 96 ff.

[136] Vgl. zur „Veränderung in der Zeit" grundlegend *Ch. Bumke* Relative Rechtswidrigkeit, 2004, 163 ff., insb. zum Verwaltungsakt 172 ff. Andeutungsweise aus Sicht der Technik zur „integrativen Planung von Infrastrukturmaßnahmen" *St. Trülzsch/T. Schmidt* IR 2012, 325 (326). Zur „Überwachung als Daueraufgabe" *P. M. Huber* Überwachung, in: Hoffmann-Riem/Schmidt-Aßmann/Voßkuhle (Hrsg.) Grundlagen des Verwaltungsrechts, Band III, 2. Aufl. 2013, § 45 Rn. 109 ff., vgl. auch Rn. 39 ff. Zum Aspekt der Verwaltungslegitimation durch und in Kooperation mit Privaten *H.-H. Trute* Die demokratische Legitimation der Verwaltung, in: Hoffmann-Riem/Schmidt-Aßmann/Voßkuhle (Hrsg.) Grundlagen des Verwaltungsrechts, Band I, 2. Aufl. 2012, § 6 Rn. 97 ff.; zur Kooperation als „Grundmodus der Aufgabenwahrnehmung" *H. Schulze-Fielitz* Grundmodi der Aufgabenwahrnehmung, in: Hoffmann-Riem/Schmidt-Aßmann/Voßkuhle (Hrsg.) Grundlagen des Verwaltungsrechts, Band I, 2. Aufl. 2012, § 12 Rn. 64 ff., insb. 73 ff.

IV. Insbesondere: Das Verhältnis von Verwaltungsarbeit und Gesetz im Infrastrukturrecht

1. *Infrastrukturrecht als Recht politischer Gestaltung*

Die Formel von der Infrastrukturverwaltung als Daueraufgabe hat institutionelle, verfahrensmäßige und materielle Auswirkungen. Eine besondere Herausforderung, die abschließend näher betrachtet werden soll, stellt die Einsicht in den notwendig politischen Gehalt von Infrastrukturentscheidungen dar. Wenn über öffentliche Infrastrukturen im Regelfall weder im „ob" noch im „wie" verbindliche Vorfestlegungen getroffen sind, endet freilich nicht im Anschützschen Sinn die Aufgabe des Öffentlichen Rechts: Ganz im Gegenteil soll es nach der *Anschlussfähigkeit* sektoraler Teillösungen fragen (und der Behauptung sachlicher Besonderheit einen Grundzweifel entgegensetzen), auf die *innere Konsistenz* im Sinn einer relativen Pfadabhängigkeit bestehen (man kann nicht privatisieren und dann wie im Anstaltsbetrieb führen wollen), die *verfassungsrechtliche Gesamtsaldierung* von Regelungen thematisieren (also bei prozeduralen Entscheidungsabläufen die Banalisierung von Verfahrensfehlern skandalisieren), insgesamt also auf Klugheits- wie auf Richtigkeitsentscheidungen drängen.[137]

Als konkrete rechtsdogmatische Weiterentwicklung ist die bisherige Abfolge von Verwaltungsarbeit und Gesetz zu überprüfen. Die hier entfaltete Dauerperspektive wird anders gesagt unterschätzt, wenn nur auf Verwaltungsabläufe geblickt wird. Ein leistungsfähiges Infrastrukturrecht kann und sollte – so die abschließende Perspektive – die *gesetzliche Entscheidung über konkrete Infrastrukturvorhaben als Instrument* in neuer Weise für sich (wieder-[138]) entdecken und damit besser abgeschichtete und legitimierte Infrastrukturentscheidungen möglich machen.

---

[137] Vgl. *A. Voßkuhle* Die Verwaltung 32 (1999), 545 ff. Für den Wandel der Herausforderungen in Bezug auf die Verwaltung *S. Baer* Verwaltungsaufgaben, in: Hoffmann-Riem/Schmidt-Aßmann/Voßkuhle (Hrsg.) Grundlagen des Verwaltungsrechts, Band I, 2. Aufl. 2012, § 11 Rn. 15 ff., 23 ff.; *H. Kube* Die Verwaltung 41 (2008), 1 (26: „Verfassungsrechtliche Begleitung formeninnovativer Aufgabenerfüllung"). In diesem Sinn ist auch die bei *W. Erbguth* DÖV 2012, 821 (825 ff.) geforderte „Neutralitätssicherung" der staatlichen Raumordnung zu unterstützen.

[138] (Überwiegend kritische) Überlegungen zum Einzelfallgesetz insbesondere für Großvorhaben bereits bei *V. Henle* UPR 1982, 215 ff., 253 ff.; *P. Badura* FS H. Huber, 1981, 15 (23 f.); *M. Ronellenfitsch* DÖV 1991, 771 (776 ff.); *P. Kunig* Jura 1993, 308 ff.; *F. Ossenbühl* FS Hoppe, 2000, 183 ff.; vorsichtig positiv zuletzt *Th. Groß* DÖV 2011, 510 (514). Beispiele für vor- und nachkonstitutionelle Investitionsmaßnahmengesetze bei *Ch. Schneller* Objektbezogene Legalplanung, 1999, 24 ff.

2. *Infrastrukturentscheidungen in der verfassungsrechtlichen Funktionengliederung*

a) *Gewaltenteilung und Einzelfallgesetz*

Freilich stehen einem solchen Ansatz scheinbar das spezielle Verbot des Einzelfallgesetzes wie der allgemeine Gedanke der Gewaltenteilung entgegen. Insbesondere das imperfekte Verbot des Art. 19 Abs. 1 Satz 1 GG zeugt von der Skepsis, dass ein staatlicher Machtblock „durchentscheidet" und die verfassungsstaatliche Mäßigung außer Kraft setzt, die durch die Trennung von Gesetzgebung und Gesetzesanwendung gesichert werden soll.[139]

Dennoch weist bereits die fehlende Wirkungsgeschichte der Vorschrift[140] darauf hin, dass es sich bei ihr um eine konstitutionalistische

---

[139] Vgl. allgemein BVerfGE 22, 106 (111) – Steuerausschüsse; allgemeiner BVerfGE 3, 225 (247) – Gleichberechtigung; 95, 1 (15) – Südumfahrung Stendal. In verfassungsrechtlichen Grundkategorien: „Rechtsstaat und Demokratie sind, soweit sie praktisch werden wollen, auf Gewaltenteilung verwiesen." - *R. Poscher* Funktionenordnung des Grundgesetzes, in: Hoffmann-Riem/Schmidt-Aßmann/Voßkuhle (Hrsg.) Grundlagen des Verwaltungsrechts, Band I, 2. Aufl. 2012, § 8 Rn. 19; vgl. weiter *Ch. Möllers* AöR 132 (2007), 493 (496 f.); *M. Cornils* Gewaltenteilung, in: Depenheuer/Grabenwarter (Hrsg.) Verfassungstheorie, 2010, § 20 Rn. 8 ff., 27 ff. Zu beachten ist, dass das Gesetzgebungsverfahren auch isoliert ein spezifisches Rationalitätsprogramm enthält, vgl. dazu *F. Reimer* Parlamentsgesetz, in: Hoffmann-Riem/Schmidt-Aßmann/Voßkuhle (Hrsg.) Grundlagen des Verwaltungsrechts, Band I, 2. Aufl. 2012, § 9 Rn. 5 ff.

[140] Bekanntlich hat das BVerfG auch in mehr oder weniger offensichtlichen Fällen Parlamentsgesetze in keinem Fall an Art. 19 Abs. 1 S. 1 GG scheitern lassen, vgl. einschlägig vor allem BVerfGE 7, 129 (151 ff.) – lex Schörner (Anlassgesetzgebung); 10, 234 (244 f.) – „Platow-Komplex" (verdecktes Individualgesetz); 13, 225 (228 f.) – Bahnhofsapotheke (faktisches Einzelfallgesetz); 24, 367 (395 ff.) – Hamburger Deichordnung (Ausschluss für Art. 14 GG); 25, 371 – Montanmitbestimmung I (LS 1 f.: „1. Der Begriff des Maßnahmegesetzes ist verfassungsrechtlich irrelevant. 2. Einzelfallgesetze sind als solche nach dem Grundgesetz nicht schlechthin unzulässig. (…)"), insb. 398 f. („Auch die gesetzliche Regelung eines einzelnen Falls kann erforderlich sein. Dies gilt vor allem im Bereich der Wirtschafts- und Sozialordnung"), hier 399 auch besonders deutlich die dogmatische Argumentation zu den „speziellen" Vorbehalten; 85, 360 (374) – Akademie der Wissenschaften der DDR (Regelung eines singulären Sachverhalts); 95, 1 (15 ff.) – Südumfahrung Stendal (gesetzliche Einzelentscheidung bei „guten Gründen"); vgl. zuletzt 99, 367 (400 f.) – Montanmitbestimmung II; 121, 30 (49) – Parteirundfunk. In der Literatur sind als Hauptfragen die Verwirklichung der Gewaltenteilung, v.a. aber der qualifizierte Gleichheitsschutz identifiziert worden, vgl. dazu differenziert *A. von Arnauld* Die Freiheitsrechte und ihre Schranken, 1999, 179 ff.; übersichtliche Darstellung bei *P. M. Huber* in: v. Mangoldt/Klein/Starck (Hrsg.) Kommentar zum Grundgesetz, 6. Aufl. 2010, Art. 19 Rn. 11 ff.; ausführlich *J. Lege* Verbot des Einzelfallgesetzes, in: Merten/Papier (Hrsg.) Handbuch der Grundrechte, Band 3, 2009, § 66 Rn. 17 ff., 31 ff. Zur Entstehung der Vorschrift *G. Kirchhof* Die Allgemeinheit des

Verspätung handelt, die die tieferliegende Struktur des Grundgesetzes verfehlt:[141] Das Verbot des Einzelfallgesetzes geht gedanklich davon aus, dass Parlament und Regierung Gegenspieler sind, und dass ihre „Einigung" durch Gesetz und Verwaltungsakt alle Legitimationsbedürfnisse hinreichend befriedigt und zugleich den grundrechtlichen Schutz des Einzelnen absichert; das ist nun aber erkennbar in der parlamentarischen Regierungsform nicht sicher gegeben.[142]

Gesetzes, 2009, 196 ff., mit Forderungen zur weiteren Entfaltung 207 ff. Knapper rechtsvergleichender Überblick bei *H. Dreier* in: ders. (Hrsg.) GG-Kommentar, 3. Aufl. 2013, Art. 19 Abs. 1 Rn. 8. Vgl. zur Praxis in der Schweiz Fn. 148.

[141] Dem liegt eine übersteigerte und letztlich zugleich geringschätzende Einordnung des allgemeinen Gesetzes zugrunde, dem die Kraft der „Maßnahme" abgesprochen wird. Diese funktionelle Scheinidealisierung angeblicher Rechtsstaatsprinzipien findet sich pointiert bei *C. Schmitt* Verfassungslehre, 1928, 138 ff. (142: der generelle Charakter einer Rechtsnorm als „der letzte Rest der ideellen Grundlage des bürgerlichen Rechtsstaats überhaupt"), sowie dann (programmatisch aufgenommen und zugleich als Teil einer Verfallsgeschichte praktisch relativiert) bei *E. Forsthoff* GS W. Jellinek, 1955, 221 (221 f., 229); sehr allgemein auch *Ch. Möllers* Gewaltengliederung, 2006, 105 ff.; dagegen schon *P. Laband* Deutsches Reichsstaatsrecht I, 1907, 106 f. (Allgemeinheit als „Naturale, nicht ein Essentiale des Gesetzesbegriffs"); *H. Heller* Der Begriff des Gesetzes in der Reichsverfassung, VVDStRL 4 (1927), 98 (107 ff., 121); zur Einordnung *O. Lepsius* Der Hüter der Verfassung – demokratietheoretisch betrachtet, in: Beaud/Pasquino (Hrsg.) La controverse sur „le gardien de la Constitution" et la justice constitutionnelle / Der Weimarer Streit um den Hüter der Verfassung und die Verfassungsgerichtsbarkeit, 2007, 103 (110 ff.). Vgl. zur Debatte unter dem Grundgesetz vor allem *K. Zeidler* Maßnahmegesetz und „klassisches" Gesetz, 1961, insb. 143 f.; *U. Scheuner* FS H. Huber, 1981, 127 (132); zusammenfassend *Schneller* Legalplanung (Fn. 138), 26, 54 ff.; für die Gegenwart *W. Krebs* in: v. Münch/Kunig (Hrsg.) GG, 6. Aufl. 2012, Art. 19 Rn. 6 ff. Einschlägiger Überblick zur Debatte bei *J. Bücker* Die Zulässigkeit von Individualgesetzen nach dem Grundgesetz, 1966, 8 ff. Die gelegentlich behauptete Abwehr eines Parlamentsabsolutismus angesichts der Erfahrungen des Nationalsozialismus lässt sich rechtsempirisch kaum halten, vgl. *H. Dreier* in: ders. (Hrsg.) GG-Kommentar, Band 1, 3. Aufl. 2013, Art. 19 Abs. 1 Rn. 13 ff. Vgl. gegen die These von „Degenerationsentscheidungen" auch *M. Cornils* Gewaltenteilung, in: Depenheuer/Grabenwarter (Hrsg.) Verfassungstheorie, 2010, § 20 Rn. 33 ff., s. a. Rn. 43 zur Kritik des legitimationstheoretisch-materiellen Ansatzes von *Möllers*.

[142] Vgl. zur präkonstitutionellen Idee der Machtteilhabe durch Gewaltenteilung bei Montesquieu *M. Cornils* Gewaltenteilung, in: Depenheuer/Grabenwarter (Hrsg.) Verfassungstheorie, 2010, § 20 Rn. 9. Zur Rezeption der Gewaltenteilung im Frühkonstitutionalismus *St. Korioth* Der Staat 37 (1998), 27 (38 ff.); *M. Racky* Die Diskussion über Gewaltenteilung und Gewaltentrennung im Vormärz, 2005, insb. 55 ff., 119 ff. In der Situation der „Parlamentsregierung" kann typischerweise eine Einigung zwischen Parlamentsmehrheit und gubernativ geführter Verwaltung vorausgesetzt werden – und daher versagt dieses Legitimationsarrangement (zumindest jenseits der hier typischerweise auch nicht angeführten vertikalen Gewaltenteilung gemäß Art. 83 GG). Zu dieser Einsicht im Überblick referierend *U. Di Fabio* Gewaltenteilung, in: Isensee/Kirchhof

Der eigentliche Kern der Funktionenordnung des Grundgesetzes wie des europäischen Rechts setzt deswegen abstrakter an:[143] Das Verfassungsrecht macht sich die Mäßigung der Staatsgewalt und die Verbindung möglichst hoher Sachkunde mit möglichst breiter Legitimation zum Programm – eine zwingende Abfolge von allgemeinem Gesetz und konkreter Verwaltungsentscheidung ist aber nicht das Synonym dieser Vorgabe, sondern nur eine mögliche Ausprägung;[144] hieraus erklärt sich, warum die hermetische Formel des Art. 19 Abs. 1 S. 1 GG wirkungslos geblieben ist.[145]

(Hrsg.) Handbuch des Staatsrechts, Band 2, 3. Aufl. 2004, § 27 Rn. 53; *R. Poscher* Funktionenordnung des Grundgesetzes, Grundlagen des Verwaltungsrechts, Band I, 2. Aufl. 2012, § 8 Rn. 11 ff. Das Bundesverfassungsgericht hat deshalb zuletzt für möglich gehalten, dass außerparlamentarische Beteiligte in einem Gesetzgebungsverfahren zum Beispiel ein Anhörungsrecht haben können, vgl. BVerfG 1 BvR 1501/13 vom 27.6.2013 am Beispiel der Zusammenlegung von Universitäten in Bezug auf betroffene Fakultäten; allgemein *F. Reimer* Parlamentsgesetz, in: Hoffmann-Riem/Schmidt-Aßmann/Voßkuhle (Hrsg.) Grundlagen des Verwaltungsrechts, Band I, 2. Aufl. 2012, § 9 Rn. 5 mit Fußnote 21. Vgl. im übrigen BVerfGE 95, 1 (17) – Südumfahrung Stendal: *„Dem Grundgesetz kann nicht entnommen werden, daß es von einem Gesetzesbegriff ausgeht, der nur generelle Regelungen zuläßt. Dies bestätigen sowohl Art. 19 Abs. 1 Satz 1 GG, der Einzelfallgesetze nicht generell, sondern nur in seinem Gewährleistungsbereich ausschließt, als auch Art. 14 Abs. 3 Satz 2 GG, der dem Gesetzgeber ausdrücklich die Möglichkeit der Enteignung durch Gesetz eröffnet. Mit der Planung eines einzelnen Vorhabens greift der Gesetzgeber mithin nicht notwendig in die Funktion ein, die die Verfassung der vollziehenden Gewalt oder der Rechtsprechung vorbehalten hat (vgl. BVerfGE 25, 371 [398]).“*

[143] So dezidiert BVerfGE 95, 1 (15) – Südumfahrung Stendal, unter Zusammenschau von BVerfGE 3, 325 (347) – Gleichberechtigung, und 68, 1 (86) – Atomwaffenstationierung. Für eine funktionale Rekonstruktion der Gewaltenteilung rechtsvergleichend auch *Möllers* Gewaltengliederung (Fn. 141), 81 ff.; vgl. *U. Di Fabio* Gewaltenteilung, in: Isensee/Kirchhof (Hrsg.) Handbuch des Staatsrechts, Band 2, 3. Aufl. 2004, § 27 Rn. 50 ff. Zur europäischen Funktionenordnung grundlegend EuGH, Rs. 138/79, Slg. 1980, I-3333; vgl. *H. Wißmann/P. Lange* Handlungsformen im europäischen Verwaltungsrecht, in: Leible/Terhechte (Hrsg.) Rechtsschutz und Verfahrensrecht (EnzEur Band 3), i. E., § 31 Rn. 4 ff. Vgl. zum klassischen Konzept der Gewaltenteilung zuletzt *M. Cornils* Gewaltenteilung, in: Depenheuer/Grabenwarter (Hrsg.) Verfassungstheorie, 2010, § 20, bereits Rn. 1 zur Spannung zwischen „Idee“ und Verfassungslage; zur entsprechenden Debatte zum Rechtsstaatsprinzip *A. v. Arnauld* Rechtsstaat, in: Depenheuer/Grabenwarter (Hrsg.) Verfassungstheorie, 2010, § 21 Rn. 1 ff., zur Verschränkung mit dem Demokratieprinzip Rn. 44 ff.

[144] Zur dreifachen Begründung der Gewaltengliederung näher *Möllers* Gewaltengliederung (Fn. 141), 68 ff. sowie 88 ff.; kritisch zur materiellen Zuschreibung von Funktionen an bestimmte Organe *M. Cornils* Gewaltenteilung, in: Depenheuer/Grabenwarter (Hrsg.) Verfassungstheorie, 2010, § 20 Rn. 32 ff.

[145] Daher ist verfassungsrechtlich bei der Zuordnung von Staatsfunktionen und Handlungsformen eine summative Betrachtung, die konkrete Festlegungen freilich integriert, einem abstrakten Regel-Ausnahme-Verhältnis vorzuziehen, vgl. dazu im Über-

b) *Vom Einzelfallgesetz zum integrierten Entscheidungsverbund*

Wenn das verfassungsrechtliche Grundszenario also (pragmatisch wie theoretisch begründet) offen ist, sollten die angesprochenen Unfertigkeiten durch einen konsequenten Schritt überwunden werden. Das Ziel wäre ein Entscheidungsverbund, in dem *Verwaltungsarbeit und gesetzgeberische Entscheidung funktional adäquat eingesetzt* werden: Für öffentliche Infrastrukturen bedeutet dies, dass in einem vorgängigen Verwaltungsverfahren – grundsätzlich nach dem Muster des bisherigen Planfeststellungsverfahrens[146] – die Materie aufbereitet werden und eine Entscheidung vorbereitet werden kann.[147] Die Entscheidung selbst wird dann zur Sache des

---

blick *R. Poscher* Funktionenordnung des Grundgesetzes, in: Hoffmann-Riem/Schmidt-Aßmann/Voßkuhle (Hrsg.) Grundlagen des Verwaltungsrechts, Band I, 2. Aufl. 2012, § 8 Rn. 31 ff. Zur entsprechenden Diskussion um die Allgemeinheit des Gesetzes *H. Hofmann* Das Postulat der Allgemeinheit des Gesetzes, in: Starck (Hrsg.) Die Allgemeinheit des Gesetzes, 1987, 9 (46 ff.). Übersicht zum doppelten Gesetzesbegriff *F. Ossenbühl* Gesetz und Recht, in: Isensee/Kirchhof (Hrsg.) Handbuch des Staatsrechts, Band 5, 3. Aufl. 2007, § 100 Rn. 5 ff, insb. 9 f. Bei aller Kritik am handwerklichen Standard der Rechtsprechung zu Art. 19 Abs. 1 Satz 1 GG überwiegt das Verständnis für eine „teleologische Reduktion" (*Huber*, *Hillgruber*) der Vorschrift in Bezug auf die hier betroffene Diskussion um Einzelfallgesetze für jeweils singuläre Sachverhalte (in Abgrenzung zu Einzelpersonengesetzen), vgl. insb. *H. Dreier* in: ders. (Hrsg.) GG-Kommentar, 3. Aufl. 2013, Art. 19 Abs. 1 Rn. 13 ff.; *U. Hufeld* in: Kahl/Waldhoff/Walter (Hrsg.) Bonner Kommentar zum Grundgesetz (Neubearbeitung 2012), zusammenfassend Art. 19 Abs. 1 Rn. 176 ff.; *B. Remmert* in: Maunz/Dürig (Hrsg.) GG-Kommentar (2008), Art. 19 Abs. 1 Rn. 36; *Ch. Hillgruber* Grundrechtsschranken, in: Isensee/Kirchhof (Hrsg.) Handbuch des Staatsrechts, Band 9, 3. Aufl. 2011, § 201 Rn. 42; *F. Ossenbühl* FS Hoppe, 2000, 183 (193 f.); strenger *P. M. Huber* in: v. Mangoldt/Klein/Starck (Hrsg.) Kommentar zum Grundgesetz, 6. Aufl. 2010, Art. 19, insb. Rn. 22, 49 ff., 59 ff.; *J. Lege* Verbot des Einzelfallgesetzes, in: Merten/Papier (Hrsg.) Handbuch der Grundrechte, Band 3, 2009, § 66, zusammenfassend Rn. 102 ff.; frühe Kritik v.a. bei *H. Krüger* DVBl. 1955, 758 ff., 791 ff.; vgl. auch *D. Volkmar* Allgemeiner Rechtssatz und Einzelakt, Berlin 1962, 212 ff.; *Bücker* Zulässigkeit von Individualgesetzen (Fn. 141), insb. 41 ff., 61 ff.

[146] Ein entsprechendes Verfahren müsste insbesondere die geeignete Einbeziehung der Öffentlichkeit und der Betroffenen (weiter) sichern. Zugleich wäre es wegen seiner Einbindung in einen nachfolgenden Legitimationszusammenhang nicht gezwungen, die immer weiter aufgetürmten Kaskaden von (Schein-) Beteiligungsritualen fortzuführen, auf die sich die Vorschläge zur „Demokratisierung" der Planungsentscheidungen konzentrieren, vgl. dazu bereits Fn. 88, 91.

[147] Gesetzesvorbereitende Arbeit ist als Aufgabe der Ministerialbürokratie eine gewohnte Aufgabe der Exekutive, vgl. insbesondere auch zur Einbeziehung „ausführender" Behörden *E. Schmidt-Jortzig*/*M. Schürmann* in: Kahl/Waldhoff/Walter (Hrsg.) Bonner Kommentar zum Grundgesetz (1996), Art. 76 Rn. 213 f.; *J. Hesse*/*T. Ellwein* Das Regierungssystem der Bundesrepublik Deutschland, 10. Aufl. 2012, 408 ff.; kritisch *R. Stettner* in: Dreier (Hrsg.) GG-Kommentar, Band II, 2. Aufl. 2006, Art. 76 Rn. 20 f.

Gesetzgebers.[148] Die Gewichtung der Abwägungsbelange wäre in dieser Perspektive Aufgabe der Verwaltung,[149] während der parlamentarische Gesetzgeber ähnlich wie bei Referenden am Ende die Entscheidung über feststehende Alternativen zu treffen hat.[150] Die nachlaufende Verwirklichung des Vorhabens fiele dann wieder an die Infrastrukturverwaltung zurück, wodurch auch der Verbund zu den anschließenden Phasen des Infrastrukturrechts sichergestellt wäre.

Einem solchen Vorschlag stehen von Verfassungswegen weder ein „Verwaltungsvorbehalt"[151] (auch nicht in der modernen Gestalt des Bundes-

---

Zur externen Wissensgenerierung *A. Voßkuhle* Sachverständige Beratung des Staates, in: Isensee/Kirchhof (Hrsg.) Handbuch des Staates, Band 3, 3. Aufl. 2005, § 43 Rn. 6 ff.; zur europäischen Dimension der „Lernprozesse in gestuften Verbundverfahren" *M. Fehling* Eigenwert des Verfahrens (Fn. 101), 313 f.

[148] Dezidiert anderer Auffassung *Waechter* Großvorhaben (Fn. 4), 526 ff., der die entsprechende Praxis in der Schweiz kritisiert. *Waechter* sieht in klassischer Manier die Hauptaufgabe des Parlaments in der abstrakten Festsetzung von Genehmigungsvoraussetzungen, 529; im Ergebnis ähnlich ablehnend *K. F. Gärditz* GewArch 2011, 273 (278), *R. Wulfhorst* DÖV 2011, 581 (585 f.) jeweils in Bezug auf Volksentscheide. Zuzustimmen ist der Aussage bei *F. Ossenbühl* FS Hoppe, 2000, 183 (186), dass es sich bei solchen Gesetzen „funktionenrechtlich (um) einen Exekutivakt" handelt. Dennoch ist mit *M. Cornils* Gewaltenteilung, in: Depenheuer/Grabenwarter (Hrsg.) Verfassungstheorie, 2010, § 20 Rn. 63 ff., darauf abzustellen, dass die formale Handlungsform des Verwaltungsakts dem Parlament nicht zukommt, und gerade aus dieser Erkennbarkeit Rationalität folgen kann.

[149] Zu den entsprechenden Anforderungen als „Muster" allgemeiner Überlegungen *W. Hoffmann-Riem* Eigenständigkeit der Verwaltung, in: Hoffmann-Riem/Schmidt-Aßmann/Voßkuhle (Hrsg.) Grundlagen des Verwaltungsrechts, Band I, 2. Aufl. 2012, § 10 Rn. 96 ff.

[150] Eine solche Aufteilung berücksichtigt vor allem die quantitativ unterschiedliche Problemlösungskraft. Zieht der Gesetzgeber dagegen Verwaltungsbefugnisse an sich, muss er ggfs. die entsprechenden Verfahrenserfordernisse beachten, vgl. dazu zuletzt in Bezug auf Anhörungsrechte BVerfG 1 BvR 1501/13 vom 27.6.2013. Vgl. für eine Verrechtlichung der Nutzenfeststellung durch das Parlament in Bezug auf den Verkehrswegeplan bereits *Th. Groß* VerwArchiv 104 (2013), 1 (17).

[151] *H. Krüger* DVBl. 1955, 791 (791) (Verwaltungsakt als „‚Hausgut' der Exekutive"), dagegen zuletzt mit der ganz überwiegenden Meinung *J. Lege* Verbot des Einzelfallgesetzes, in: Merten/Papier (Hrsg.) Handbuch der Grundrechte, Band 3, 2009, § 66 Rn. 17; differenzierend *F. Ossenbühl* FS Hoppe, 2000, 183 (188), der eine „Normalität" der Funktionenordnung ausmacht, die nur im Ausnahmefall durchbrochen werden dürfe; für den vorliegenden Zusammenhang *Schneller* Legalplanung (Fn. 138), 86 ff.; auch die Formel vom „besonderen Sachverstand und der größeren Problemnähe" der Verwaltung, so statt vieler einschlägig zusammenfassend *Schneller* Legalplanung (Fn. 138), 213, ist kein materiellrechtlicher Satz. Zur Frage der Einzelfallentscheidungskompetenz des Parlaments *Möllers* Gewaltengliederung (Fn. 141), 105 ff., 178 ff.; s.a. *R. Poscher* Funktionenordnung des Grundgesetzes, in: Hoffmann-Riem/Schmidt-Aßmann/Voßkuhle (Hrsg.) Grundlagen des Verwaltungsrechts, Band I, 2. Aufl. 2012,

netzagenturvorbehalts[152]) noch am anderen Ende der Skala eine verabsolutierte Entscheidungsfreiheit des Parlaments[153] entgegen. Gegenüber solchen parakonstitutionellen Leitmotiven[154] gibt eine ausgestaltete Verfassung wie das supranational vernetzte Grundgesetz typischerweise andersgeartete Begrenzungen vor. Mit ihnen werden horizontale und vertikale *Beteiligung der Staatsfunktionen* wie insbesondere der notwendige *Rechtsschutz* jeweils *in einem konkreten Arrangement* ausgelotet und definiert.[155] Richtigerweise streitet die hervorgehobene Legitimation des Par-

---

§ 8 Rn. 48 f. Tendenziell für ein unbeschränktes Zugriffsrecht auf der Grundlage der Wesentlichkeitslehre einschlägig BVerfGE 95, 1 (16) – Südumfahrung Stendal; *G. Zimmer* Funktion – Kompetenz – Legitimation, 1979, 263 ff.; kritisch zum Topos *F. Reimer* Parlamentsgesetz, in: Hoffmann-Riem/Schmidt-Aßmann/Voßkuhle (Hrsg.) Grundlagen des Verwaltungsrechts, Band I, 2. Aufl. 2012, § 9 Rn. 47 f. Allgemein zur Rechtsfigur *H. Maurer* Der Verwaltungsvorbehalt, VVDStRL 43 (1985), 135 ff.; *F. Schnapp* ebd., 179 ff.

152 Für den vorliegenden Zusammenhang zum Agenturmodell *M. Cornils* Gewaltenteilung, in: Depenheuer/Grabenwarter (Hrsg.) Verfassungstheorie, 2010, § 20 Rn. 56. Aus der Flut der Veröffentlichungen *J. Masing*/*G. Marcou* (Hrsg.) Unabhängige Regulierungsbehörden, 2010; *M. Eifert* ZHR 174 (2010), 449 (461 ff.); *M. Ludwigs* DVBl. 2011, 61 (68 f.); *M. Ruffert* FS Scheuing, 2011, 399 (410 ff.); *C. D. Classen* FS Scheuing, 2011, 293 (297 f., 300 ff.); vgl. allgemeiner in Bezug auf europarechtliche Vorgaben *E. Frenzel* DÖV 2010, 925 ff. Zur Kritik ausführlich *K. F. Gärditz* AöR 135 (2010), 251 (275 ff.); für die gesamteuropäische Entwicklung, insbesondere die Verschiebungen durch das dritte Legislativpaket im Energiesektor (Amtsbl. L 211 vom 14.8.2009) sowie die Telekommunikationsrahmenrichtlinie (Amtsbl. L 337 vom 18.12.2009) knapp *M. Ruffert* Sektorales Wirtschaftsrecht als Teil des europäischen Wirtschaftsrechts, in: ders. (Hrsg.) Europäisches sektorales Wirtschaftsrecht (EnzEur Band 5), 2013, § 1 Rn. 61 ff. Die Rolle des Gesetzgebers wird insbesondere vom EuGH pragmatisch beurteilt, vgl. Urteil vom 6.10.2010, C 389/08 – BASE, Rn. 21 ff., wonach nicht grundsätzlich untersagt sein soll, dass „der nationale Gesetzgeber als nationale Regulierungsbehörde im Sinne der Rahmenrichtlinie“ tätig wird, wenn die spezifischen Anforderungen an diese Regulierungsbehörde erfüllt sind.

153 Anders gewendet ist die Festlegung des Gesetzgebers auf abstrakte Rechtsregeln, denen dann eine gesetzesanwendende Verwaltung nachfolgt, für die hier besprochenen Konstellationen ebenfalls eine Scheinlösung; dafür aber *K. F. Gärditz* Die Rolle des parlamentarischen Gesetzgebers im Regulierungsrecht – ein Werkstattbericht, in: Kurth/Schmoeckel (Hrsg.) Regulierung im Telekommunikationssektor, 2012, 67 (insb. 75 ff.).

154 Ihre praktische Funktion war in einer Verfassungsordnung ohne Verfassungsgerichtsbarkeit ungleich größer, weil sich der politische Prozess an abstrakten Maßstäben orientieren musste.

155 Für die europäische Ebene gilt für die flexible Zuordnung von Herrschaftsfunktionen nämliches mit dem Grundsatz des „institutionellen Gleichgewichts“, vgl. EuGH, Slg. 1990, I-2067 ff. (Rs. C-70-88), Leitsatz 1; Slg. 2008, I-3189 (Rs. C-133/06), Leitsatz 2; auch bei den Handlungsformen ergibt sich eine größere Bandbreite, vgl. *H. Wißmann*/*P. Lange* Handlungsformen im europäischen Verwaltungsrecht, in: Leible/Terhechte (Hrsg.) Rechtsschutz und Verfahrensrecht (EnzEur Band 3), i. E., § 31 Rn. 4 ff.;

laments gegen einen Totalausschluss für bestimmte Entscheidungen, und zugleich ist seine politische Gestaltungshoheit seit jeher vielfältig begrenzt, von der völkerrechtlichen Zustimmungsgesetzgebung[156] bis zu den europarechtlichen Umsetzungspflichten.[157] Im Übrigen kann die parlamentarische Gesetzgebungslehre auch von der (hier auch ebenfalls in Betracht kommenden) Volksgesetzgebung lernen, die seit jeher die binäre Entscheidung kennt.[158] Der entscheidende Maßstab sind so wechselseitige Kontrolle, Formgebung und funktionsadäquate Aufgabenwahrnehmung[159] – und nach der hier vorgetragenen Überlegung werden diese in der neu gestalteten Abfolge verbessert, nicht verhindert. Damit ist auch klar, dass der Vorschlag nicht einer naiven Vorstellung anhängt, parlamentarische Gesetzgebung wäre per Diskurs schon sachrational;[160] noch

H. Hill/*M. Martini* Exekutivische Normsetzung, in: Hoffmann-Riem/Schmidt-Aßmann/Voßkuhle (Hrsg.) Grundlagen des Verwaltungsrechts, Band II, 2. Aufl. 2012, § 34 Rn. 76 ff.

156 Art. 59 Abs. 2 S. 1 GG.

157 Vgl. *M. Ruffert* in: Callies/Ruffert (Hrsg.) EUV/AEUV, 4. Auflage 2011, Art. 288 Rn. 26 ff.; *W. Schroeder* in: Streinz (Hrsg.) EUV/AEUV, 2. Auflage 2012, Art. 288 Rn. 76 f.; *B. Biervert* in: Schwarze (Hrsg.) EU-Kommentar, 3. Auflage 2012, Art. 288 Rn. 23 ff.; EuGH Sammlung der Rechtsprechung des Gerichtshofes 1973, I-161 ff. (Rs. 30/72), Rn. 11.

158 Vgl. dazu zuletzt *M. Möstl*/*M. Schuler-Harms* Elemente direkter Demokratie als Entwicklungsperspektive, VVDStRL 72 (2013), 355 ff., 417 ff. Zur Entwicklung der Bürgerbeteiligung auf kommunaler Ebene *F.-L. Knemeyer* BayVBl. 2011, 681 ff. S. a. *J. Saurer* DVBl. 2012, 1082 (1088 f.); zum Einsatz im vorliegenden Zusammenhang bei *J. Ziekow* Neue Formen der Bürgerbeteiligung? Planung und Zulassung von Projekten in der parlamentarischen Demokratie, Gutachten D zum 69. DJT, 2012, D 111 ff.; *J. Rux* Direkte Demokratie in Deutschland, 2008, 68 ff.; *P. Neumann* Sachunmittelbare Demokratie, 2009, 812 ff.

159 So die Rationalitätskriterien bei *R. Poscher* Funktionenordnung des Grundgesetzes, in: Hoffmann-Riem/Schmidt-Aßmann/Voßkuhle (Hrsg.) Grundlagen des Verwaltungsrechts, Band I, 2. Aufl. 2012, § 8 Rn. 23 ff.; skeptisch zur Operationalisierbarkeit *M. Cornils* Gewaltenteilung, in: Depenheuer/Grabenwarter (Hrsg.) Verfassungstheorie, 2010, § 20 Rn. 36 ff.

160 Zu diesem Problemkreis *O. Lepsius* Die erkenntnistheoretische Notwendigkeit des Parlamentarismus, in: Bertschi u. a. (Hrsg.) Demokratie und Freiheit (AssÖR 39), 1999, 123 (131 ff.); *M. Cornils* DVBl. 2011, 1053 ff.; zu rechtsstaatlichen und demokratischen Aspekten *B. Grzeszick* Rationalitätsanforderungen an die parlamentarische Rechtssetzung im demokratischen Rechtsstaat, VVDStRL 71 (2012), 49 (55 ff.). Wenn der Gesetzgeber die Sache voll an sich zieht und auch in der Sache per Dezision entscheiden will, muss er dagegen die Anforderungen, die sonst im Verwaltungsverfahren realisiert werden, im Gesetzgebungsverfahren mit abdecken, vgl. bereits Fn. 142. In dieser Perspektive führt der hier unterbreitete Vorschlag letztlich zu einer Limitierung der Idee vom Einzelfallgesetz als Ausnahmeinstrument. In der einschlägigen Leitentscheidung des BVerfG war die Konstellation insofern anders, als dort zunächst ein reguläres

viel weniger rekurriert er auf die Idee der ungebundenen Ausnahmegesetzgebung. Ganz im Gegenteil wäre durch die gesetzesgebundene Vorbefassung der Verwaltung konkret gesichert, dass das Einzelfallgesetz nicht zur Abweichung von allgemeinen gesetzlichen Regeln missbraucht werden kann;[161] der *Entlastungseffekt* des Verfahrens entstünde (funktional wie rechtsstaatlich angemessen) durch die Verlagerung der Entscheidungsverantwortung auf den Gesetzgeber, was bestimmte Ersatzhandlungen auf Verfahrensebene erübrigte, die im Moment in wenig befriedigender Weise das Feld prägen.

Mit dieser Perspektive liegen die tatsächlichen Probleme des hier formulierten Vorschlags auf den Gebieten von *Zuständigkeit und Rechtsschutz*. Komplexer ist dabei die Frage der vertikalen Kompetenzverteilung im Mehrebenensystem: Nach der Binnenlogik muss eine funktional begründete Gesetzgebungskompetenz, die auf eine Einzelfallentscheidung

---

Planfeststellungsverfahren begonnen worden war; kritisiert wurde in der abstrakten Normenkontrolle insoweit zu Recht vor allem der „Formenwechsel" zur Vermeidung von verwaltungsgerichtlichem Rechtsschutz, vgl. BVerfGE 95, 1 (8 f., 12) – Südumfahrung Stendal. Als warnendes Beispiel BT-Drucksache 12/3477, 1 f. (Südumfahrung Stendal): „*Der wirtschaftsfördernde Effekt des Vorhabens kann nur erreicht werden, wenn die erforderlichen Maßnahmen so schnell wie möglich verwirklicht werden. Um das zu erreichen, muß für jeden Streckenabschnitt gesondert festgestellt werden, wie die Planung auf dem schnellsten Weg abgeschlossen werden kann. Insbesondere wegen des Verlassens der Trasse der Stammstrecke Berlin-Lehrte werden auf dem Streckenabschnitt ‚Südumfahrung Stendal' in besonders starkem Maße öffentliche und private Belange mit der Folge berührt, daß ein entsprechend höherer Zeitbedarf für die Durchführung eines Planfeststellungsverfahrens mit Sicherheit zu erwarten ist. Die hierdurch eintretende Verzögerung von mindestens einem Jahr mit der Folge einer prognostizierten Dauer bis zum Vorliegen des Planfeststellungsbeschlusses für die ‚Südumfahrung Stendal' von insgesamt drei Jahren gilt es zu vermeiden.*"

161 Dieses Problem zeigte sich etwa in der Hamburger „lex airbus" von 2002, vgl. insoweit zu Recht kritisch *H. P. Bull* NordÖR 2002, 439 ff.; zuletzt *J. Lege* Verbot des Einzelfallgesetzes, in: Merten/Papier (Hrsg.) Handbuch der Grundrechte, Band 3, 2009, § 66 Rn. 94 ff. Zur Bindung des Einzelfallgesetzgebers an allgemeine Gesetze bereits *H. Heller* Der Begriff des Gesetzes in der Reichsverfassung, VVDStRL 4 (1927), 98 (121). Eine entsprechende Abwehr des öfter befürchteten gesetzgeberischen Missbrauchs ist der Kern der Systematisierung bei *U. Hufeld* in: Kahl/Waldhoff/Walter (Hrsg.) Bonner Kommentar zum Grundgesetz (Neubearbeitung 2012), Art. 19 Abs. 1, insb. Rn. 20 ff., 78 ff., 154 ff., der zwischen Sondergesetzen und Singulargesetzen unterscheidet und Konsequenz bzw. Folgerichtigkeit als entscheidenden Maßstab für grundsätzlich zulässige Singulargesetze bezeichnet. Im Bereich eines harmonisierten Rechtsrahmens kann sich die Beschränkung des intervenierenden Gesetzgebers schon institutionell ergeben, vgl. einschlägig vor allem EuGH, Urteil vom 3.12.2009, Rs. 424/07 – Zugangsrichtlinie, Rn. 65 ff.; eine überschießende Absage an das Gesetz als Handlungsform im Infrastrukturrecht ist damit nicht verbunden.

zielt, der Verwaltungskompetenz nachfolgen.[162] Der Rechtsschutz fiele bei Bundesgesetzen zunächst unmittelbar in die Zuständigkeit des Bundesverfassungsgerichts. Insofern ist darauf hinzuweisen, dass schon jetzt in etlichen Infrastrukturprojekten das Bundesverwaltungsgericht zuständig ist und also eine Qualitätssicherung qua Instanzenzug nicht stattfindet, so dass hier institutionell betrachtet kein Verlust einträte.[163] Und bekanntlich gibt es auch kein verfassungsrechtliches Gebot der Vorbefassung der Fachgerichte.[164] Daher lässt sich ohne weiteres von den Kontrollmöglichkeiten der Gesetzesverfassungsbeschwerde und der abstrakten Normenkontrolle ausgehen,[165] und ggfs. wäre abzuwarten, ob und wie das Bundesverfassungsgericht wie schon in anderen Fällen Möglichkeiten einer fachgerichtlichen (Vor-) Kontrolle entdeckt, etwa in Bezug auf bestimmte Verfahrensschritte und -rechte.[166]

[162] Es ist darauf hinzuweisen, dass in vielen Fällen Gesetzgebungs- und Verwaltungskompetenz im Bereich der Infrastrukturen ohnehin zusammenfallen, so auch in BVerfGE 95, 1 (22 f.) – Südumfahrung Stendal, weshalb dort der Frage nicht weiter nachgegangen wurde.

[163] Vgl. zur Absage an einen zwingende Instanzenzug BVerfGE 4, 74 (LS 6) – Ärztliches Berufsgericht; 11, 232 (233) – Normenkontrollverfahren; 96, 27 (39) – Durchsuchungsanordnung I. Vgl. *H. Schulze-Fielitz* in: Dreier (Hrsg.) GG-Kommentar, Band 1, 3. Aufl. 2013, Art. 19 Abs. 4 Rn. 94; s. bereits Fn. 102.

[164] Statt aller *A. Voßkuhle* in: v. Mangoldt/Klein/Starck (Hrsg.) Kommentar zum Grundgesetz, 6. Aufl. 2010, Art. 93 Rn. 175.

[165] Zur Erweiterung des verfassungsgerichtlichen Prüfungsumfangs als „Rechtsschutzausgleich“ bereits *F. Ossenbühl* FS Hoppe, 2000, 183 (193); vgl. auch *Schneller* Legalplanung (Fn. 138), 179; diese Option übersieht *Möllers* Gewaltengliederung (Fn. 141), 111, bei seiner grundrechtlich begründeten Ablehnung des Einzelfallgesetzes. Schon *Forsthoff* hat für „Maßnahmegesetze“ eine Vollkontrolle durch das BVerfG gefordert, vgl. GS W. Jellinek, 1955, 221 (235 f.). Die scharfe Absage in BVerfGE 25, 371 – lex Rheinstahl (LS 1: „Der Begriff des Maßnahmegesetzes ist verfassungsrechtlich irrelevant“), v.a. 396 mwN, ist insoweit zu spezifizieren: Soweit wie hier vorgeschlagen die Einbeziehung verwaltungsmäßiger Vorentscheidungen ansteht, sind diese nicht von der Einschätzungsprärogative der Legislative gedeckt. Zum Hintergrund *J. Lege* Verbot des Einzelfallgesetzes, in: Merten/Papier (Hrsg.) Handbuch der Grundrechte, Band 3, 2009, § 66 Rn. 23.

[166] Vgl. für die Erweiterung der Feststellungsklage nach entsprechenden Hinweisen in Bezug auf untergesetzliche Normenkontrollen BVerwG NJW 2000, 3584 – Flugrouten; BVerfGE 115, 81 (91 ff.) – Feststellungsklage; siehe auch BVerfGE 70, 35 (57 ff.) – Satzungsvertretendes Gesetz. Vgl. *H. Goerlich* DÖV 1985, 945; *M. Möstl* in: Posser/Wolff (Hrsg.) VwGO, 2008, § 43 Rn. 29 ff.; einschlägig zuletzt *Th. Groß* VerwArchiv 104 (2013), 1 (21 f.). Zur Perspektive des Rechtsschutzes gegenüber den neuen Handlungsformen des europäischen Verwaltungsverbunds allgemein *A. v. Arnauld* JöR 59 (2011), 497 (514 ff.).

Zusammengefasst scheint der integrierte Entscheidungsverbund eine Perspektive, im besonderen, aber regulären Fall der Infrastrukturprojekte zu einem verfassungsrechtlich und funktional adäquaten Vorgehen zu kommen, dass mit besserem Recht Sachrationalität und Legitimation zusammenführt – gerade weil es den politischen Charakter solcher Entscheidungen erkennt und verfassungsrechtlich rückbindet. Hierüber wird – so hoffe ich – zu streiten sein.

V. Schluss

Ich komme zum Schluss: Im Recht der Infrastrukturen geht es um existentielle Voraussetzungen einer freiheitlichen Ordnung – und zugleich ist richtig, dass über Umfang und konkrete Regelung der Infrastrukturen politisch zu entscheiden ist. Die entsprechende Unterscheidung durchzuhalten, ist hier erste Aufgabe des öffentlichen Rechts. Will das Infrastrukturrecht dann konkret nicht mit großflächigen Ausblendungen arbeiten, muss es sich des Dauercharakters seiner Aufgabe annehmen; will es Rationalität und Legitimation in angemessener Weise sichern, sollte es Verwaltungsarbeit und Gesetzgebung neu verbinden. So kann das Recht der öffentlichen Infrastrukturen auf seine Weise zur Zukunftsgestaltung durch Öffentliches Recht beitragen.

Leitsätze des 2. Referenten über:

Die Anforderungen an ein zukunftsfähiges Infrastrukturrecht

I. Einführung

(1) Das Recht der öffentlichen Infrastrukturen verweist auf grundlegende Herausforderungen des Staats- und Verwaltungsrechts: Funktionierende Infrastrukturen sind Vorbedingung ersten Ranges für eine freiheitliche Bürgergesellschaft im Verfassungsstaat. Die einschlägigen Ordnungsmodelle werden durch fein ausgearbeitete Fachdiskussionen bestimmt, stoßen jedoch zunehmend an Grenzen. Verfassungsrechtliche Vorgaben und verwaltungsrechtliche Systembildung erscheinen als Getriebene statt als Taktgeber des Geschehens.

(2) Der Begriff der Infrastruktur wird im Recht vielfältig, aber letztlich unscharf verwendet. Zutreffend aufgefasst geht es dem Infrastrukturrecht nicht um einen bestimmten, festliegenden Gegenstand, sondern um eine spezifische Fragestellung, nämlich um die Planung (d. h. Konzeption und Entscheidung), Bereitstellung und Pflege von Einrichtungen, die unmittelbar von der Allgemeinheit genutzt werden können oder für weitere Dienste zur Verfügung stehen, die sich an die Allgemeinheit richten. Je nach Eigenart der Infrastruktur ist eine integrierte Betrachtung notwendig, die die Kopplung der Einrichtung mit den Diensten einbezieht.

(3) Insgesamt ist der Sachbereich in Hinblick auf Aufgaben, Akteure und Ordnungsmodelle grundsätzlich offen und politisch gestaltbar. Aus dieser Ausgangslage ergibt sich die Perspektive der Untersuchung: Infrastrukturen und ihre Regelungsmodelle sind in signifikanter Weise mit der Entwicklung des modernen Staates verbunden (II.). Das Infrastrukturrecht lässt sich als dreiphasiges Modell entfalten, wobei die einzelnen Phasen in stärkerer Weise als bisher geschehen in einem Verbundsystem aufeinander bezogen werden müssen (III.). Durch den notwendig politischen Charakter von Infrastrukturentscheidungen ergeben sich abschließend Folgerungen für das Verhältnis von Verwaltungsverfahren und Parlamentsgesetz (IV.)

II. Entwicklungslinien und Ordnungsmodelle des Infrastrukturrechts

(4) Die Entwicklung von Infrastrukturen und Infrastrukturrecht ist durch eine historisch gewachsene Schichtung verschiedener regulativer Grundannahmen und Leitmodelle gekennzeichnet, die sich nebeneinander bis in die Gegenwart erhalten haben.

(5) In einem langgestreckten Prozess entstehen Staaten in unserem Sinn nicht allein durch Reglement und Gesetz, sondern vor allem auch durch die planmäßig voranschreitende Erschließung des Territoriums. Schon in der frühen Moderne sind dann Versorgung und Kommunikation sowohl „vor Ort" wie über nationale Grenzen hinweg als typische Kennzeichen von Infrastruktur aufzuweisen. Das Infrastrukturrecht muss dabei seit jeher gegenläufige Zielvorgaben bewältigen, die allgemeinen Bedarf, unternehmerische und technologische Interessen sowie Auswirkungen auf sonstige Rechtsgüter, namentlich die Umwelt, in ein Verhältnis setzen müssen.

(6) Die regulativen Wellenbewegungen haben in den einzelnen Sektoren zu jeweils eigengearteten Infrastrukturteilrechtsordnungen geführt. Die Mischung von Regulierungsansätzen, sowohl zwischen unterschiedlichen Infrastrukturbereichen wie auch innerhalb eines Sektors, ist dabei der typische Befund in Geschichte und Gegenwart. Das Infrastrukturrecht steht so in besonderer Weise für den beweglichen, reaktiven Charakter des Verwaltungsrechts.

III. Der Verbund von Phasen im Infrastrukturrecht

1. Planung: Konzeption und Entscheidung

(7) Es bestehen typischerweise keine ausdrücklichen verfassungsrechtlichen Vorgaben, „ob" öffentliche Infrastrukturen zu schaffen sind. Abgesehen von bestimmten Sonderlagen übernimmt das einfache Gesetz die Aufgabe, solche Pflichten zu kreieren. Von solchen Regelungen sind in gewährleistungsrechtlich regulierten Bereichen auch private Unternehmen betroffen, hier oftmals angeleitet durch europäisches Sekundärrecht. Zu beobachten ist vielfach eine verfahrensorientierte Konkretisierung entsprechender Verpflichtungen.

(8) Abzulehnen ist eine umfassend-allgemeine staatliche Infrastrukturschaffungspflicht. Eine andere Betrachtung verwechselte insbesondere die Legitimationsebenen von Wettbewerbsfreiheit und politischer Gesamtordnung. Es wäre eine Fehldeutung der Konzeption staatlicher Gewährleistungsverantwortung, wenn sie mit einer materiellen Staatsaufgabenlehre verwechselt würde. Ebenso ist daran festzuhalten, dass eine Infrastrukturschaffungspflicht, die durch einfaches Gesetz eingerichtet wurde, keinen unabänder-

lichen Infrastrukturbestandsschutz auslöst. Nachfolgende Generationen haben weder die Pflicht noch das Recht, vorgefundene Infrastrukturen als gegeben zu nehmen.

(9) Bei der Verwirklichung von Infrastrukturvorhaben sind vorgängige allgemeine Planung und eigentliches Entscheidungsverfahren zu unterscheiden. Das Planungsrecht zielt auf die langfristige, übergreifende Entwicklung von Gesamträumen und Gesamtkontexten; seine Gefährdung besteht darin, in technokratischem Modus scheinbar entpolitisiert vorgebliche Zwangsläufigkeiten zu produzieren.

(10) Für das Entscheidungsverfahren bildet die Planfeststellung einen zentralen Grundtypus. Das Potential der überkommenen Grundidee – förmliche Ordnung mehrseitiger Rechtsverhältnisse durch ein besonderes Verwaltungsverfahren mit dem Abschluss durch eine umfassende Genehmigung – konnte in einer demokratischen, grundrechtlich geprägten Rechtsordnung weiter entfaltet werden. Die zwischenzeitlich zu beobachtende Überlastung des Verfahrens mit vielfältigen Erwartungen tritt mit dem Instrument der Plangenehmigung für öffentliche Infrastrukturen besonders klar hervor: Gerade dort, wo die multipolare Lage und die Vielzahl der Abwägungsfaktoren den Aufwand des Verfahrens begründen würden, ist der legitimationsstiftende Teil weitgehend weggekürzt. Dahinter verbergen sich strukturelle Schwächen, die zusammengefasst eine bedenkliche Scheinrationalität und Scheinlegitimation erzeugen.

2. *Bereitstellung*

(11) Bei der physischen Herstellung ist durch das Vergaberecht die Zuteilung öffentlicher Mittel fair zu gestalten. Dabei sind Vertragsgestaltung und -abwicklung bisher rechtlich unterbelichtet geblieben, weil sie zu stark auf punktuelle Vereinbarungen statt auf moderierte Dauerbeziehungen setzen. Zu zielen wäre hier in intradisziplinärer Offenheit auf neue Mischmodelle, die den multipolaren Charakter solcher Vereinbarungen stärker gewichten und präziser erfassen, namentlich die berechtigten Interessen der infrastrukturabhängigen Allgemeinheit.

(12) Für die Bereitstellung von Infrastrukturen durch private Investoren müssen hinreichend sichere Anreize durch Zuschüsse, Umlagen oder durch Abnahme der entsprechenden Dienstleistungen geschaffen werden. Die entsprechenden Regelungsmodelle, insbesondere das Beihilfenrecht, müssen die Gewährleistung eines angemessenen Zugangs wie auch von Qualitätsstandards berücksichtigen können.

(13) Wenn private Eigentümer von Infrastrukturen gesetzlich verpflichtet werden, diese für andere, insbesondere für Wettbewerber, zu öffnen, entstehen eigentumsrechtlich bedingte Ausgleichspflichten; dies zielt jedoch auf

Investitionszeiträume, nicht auf „unumkehrbare" Planungssicherheit. Wenn Eigentümer selbst das Netz nutzen, um Dienste anzubieten, muss der diskriminierungsfreie Wettbewerb mit anspruchsvollen Modellen insbesondere der Preisregulierung durchgesetzt werden; die hier eingesetzte Marktsimulation kann über den normativen Gehalt solcher Regulierungsentscheidungen nicht hinwegtäuschen.

(14) Ein verfassungsrechtlicher oder primärrechtlicher Grundsatz der institutionellen Entflechtung ist abzulehnen: Soweit Markt und Wettbewerb vorgegeben sind, folgt daraus keine Vorgabe, passgenaue Teilnehmer von Teilmärkten „um" und „im" Wettbewerb zu konfigurieren. Anderes gilt nur als konkrete, sekundärrechtliche bzw. gesetzliche Anordnung des „Unbundling".

3. Pflege der Infrastruktur

(15) Die Erhaltung und nachlaufende Ertüchtigung bestehender Infrastrukturen muss rechtlich präziser erfasst werden. Die hier zu beobachtende Unschärfe lässt sich in erster Linie als Folgefehler der Ausrichtung auf die Logik privatnütziger Genehmigungen erklären, die für öffentliche Infrastrukturen nicht hinreicht.

(16) Einen Ansatzpunkt für eine angemessene Weiterentwicklung können hier die Modelle bilden, die den Dauercharakter der entsprechenden Verwaltungsaufgabe erkannt haben, etwa in der Zugangs- und Preisregulierung, aber auch im Anlagenzulassungsrecht. Von hier aus ist eine nachlaufende Aktualisierung der entsprechenden Rechtsverhältnisse möglich.

4. Zusammenfassung: Infrastrukturrecht als Verbundrecht – Infrastrukturverwaltung als Dauerverwaltung

(17) Das Infrastrukturrecht ist offen für gemischte Arrangements öffentlicher und privater Aufgabenerfüllung. Die Beteiligung an öffentlichen Aufgaben geht jedoch mit erhöhten Pflichtenbindungen einher. Die Sicherung unternehmerischer Freiheit erfolgt hier in erster Linie durch Verfahrens-, Beteiligungs- und Gestaltungsrechte. Insbesondere werden in diesem Feld zukünftig weiter zunehmend komplexe Grundrechtslagen entstehen.

(18) Festzuhalten ist, dass das Infrastrukturrecht als Mehrphasenrecht typischerweise gemischte Regulierungsmodelle etabliert, die in jedem Sektor einem spezifischen Pfad folgen. Es gibt insoweit keinen prinzipiellen infrastrukturrechtlichen Maßstab.

(19) Die öffentliche Hand muss Infrastrukturen im Modus der Dauerverwaltung begleiten. Aufgabe des allgemeinen Verwaltungsrechts ist es hier insbesondere, das begrenzte Wirkungsfeld der rechtsformorientierten Vorge-

hensweise zu ergänzen: Dort, wo an die Grundentscheidung für eine öffentliche Infrastruktur eine andere Handlungslogik anschließt (also bei der Einbeziehung privater Akteure), muss die weitere Begleitung solcher Projekte als reguläre Aufgabe angenommen werden, die sich typischerweise nicht an den pathologieorientierten Grundmustern des Ordnungsrechts ausrichten kann.

IV. Insbesondere: Das Verhältnis von Verwaltungsarbeit und Gesetz im Infrastrukturrecht

(20) Wenn über öffentliche Infrastrukturen im Regelfall politisch zu entscheiden ist, ist das Öffentliche Recht in vielfacher Weise gefordert: Ihm obliegt, nach der Anschlussfähigkeit sektoraler Teillösungen zu fragen, auf die innere Konsistenz im Sinn einer relativen Pfadabhängigkeit zu bestehen und die verfassungsrechtliche Gesamtsaldierung von Regelungen zu thematisieren, insgesamt also auf Klugheits- wie auf Richtigkeitsentscheidungen zu drängen.

(21) Darüber hinaus sollte das Zusammenspiel von Verwaltungsarbeit und Gesetz verändert und in einen integrierten Entscheidungsverbund überführt werden. Die gesetzliche Entscheidung über konkrete Infrastrukturvorhaben ermöglicht besser abgeschichtete und legitimierte Entscheidungen als das traditionelle Arrangement.

(22) Das Verbot des Einzelfallgesetzes steht einem solchen Ansatz nicht entgegen. Das damit verbundene Schutzkonzept verfehlt die Struktur des parlamentarischen Regierungssystems. Das Grundgesetz macht sich demgegenüber im Grundsatz der Gewaltengliederung in allgemeinerer Weise die Mäßigung der Staatsgewalt und die Verbindung möglichst hoher Sachkunde mit möglichst breiter Legitimation zum Programm – eine zwingende Abfolge von allgemeinem Gesetz und konkreter Verwaltungsentscheidung ist aber nicht das Synonym dieser Vorgabe, sondern nur eine mögliche Ausprägung.

(23) Wenn Verwaltungsarbeit und gesetzgeberische Entscheidung funktional adäquat eingesetzt werden, kann in einem vorgängigen Verwaltungsverfahren die Materie aufbereitet und eine Entscheidung vorbereitet werden. Diese wird dann zur Sache des Gesetzgebers, der über feststehende Alternativen zu befinden hat. Die nachlaufende Verwirklichung des Vorhabens fiele wieder an die Infrastrukturverwaltung zurück, wodurch auch die Verbindung zu den anschließenden Phasen des Infrastrukturrechts sichergestellt wäre.

(24) Dem stehen weder ein „Verwaltungsvorbehalt" noch eine verabsolutierte Entscheidungsfreiheit des Parlaments entgegen. Beide topoi sind parakonstitutionelle Leitmotive, die in einer ausgestalteten Verfassung durch andersgeartete Begrenzungen ersetzt werden. Der entscheidende Maßstab

sind wechselseitige Kontrolle, Formgebung und funktionsadäquate Aufgabenwahrnehmung, die sich durch einen neuen Entscheidungsverbund verbessern und mit klaren Entlastungseffekten verbinden lassen. Gelöst werden müssen vor allem die Probleme der Zuständigkeit im Mehrebenensystem und des Rechtsschutzes; für beides lassen sich einleuchtende Regularien finden.

Die Anforderungen an ein zukunftsfähiges Infrastrukturrecht

Biaggini: Liebe Kolleginnen, liebe Kollegen, es sind erfreulich viele Wortmeldungen eingegangen. Inwieweit spontane Wortmeldungen möglich sind, hängt vom Fortgang der jetzigen Diskussion ab.

Groß: Meine Frage bezieht sich auf beide Referate. Ich denke, dass mittelfristig die Herausforderung weniger der Neubau oder die Planung von Infrastrukturen sein wird, sondern die Frage der Aufrechterhaltung und möglicherweise auch des geordneten Rückbaus jedenfalls gewisser Infrastrukturen. Ich habe den Eindruck, dass unsere Rechtsordnung darauf kaum irgendwelche dem Nachhaltigkeitsgebot entsprechende Instrumente hat, sondern dass das weitgehend entweder ad-hoc oder allenfalls punktuell im Rahmen mittelfristiger Finanzplanungen erfasst wird. Aber gerade wenn die These, dass es sozialstaatliche Mindeststandards gibt, richtig ist, muss man sich überlegen, wie man das konkretisieren kann, insbesondere angesichts voraussichtlich schrumpfender finanzieller Spielräume der öffentlichen Hand, vor allen Dingen auf Landes- und auf kommunaler Ebene. Man beginnt ja erst jetzt, die ganzen Investitionserfordernisse für die Erhaltung der Autobahnen, der Bahnstrecken, der Abwassernetze usw. zu ermitteln. Die Frage ist: Wer könnte in welchem Verfahren halbwegs rational definieren, was Mindeststandards sind? Im öffentlichen Personennahverkehr gibt es zum Beispiel die Regel, dass etwa 300 Leute in einem Ort leben müssen, damit er noch mindestens einmal pro Tag vom Bus angefahren wird. Müsste man solche Regeln nicht verallgemeinern? Kann man das flächendeckend tun? Und auf welcher Ebene müsste das getan werden?

Hellermann: Oliver Dörr hat von der starken Residualverantwortung gesprochen, Herr Wißmann hat eher die Notwendigkeit politischer Entscheidung betont. Zur Klärung würde ich gerne vor allem an Oliver Dörr die Frage richten, wie groß eigentlich der inhaltliche Unterschied zwischen diesen beiden Äußerungen ist.

Soweit über Infrastruktur zu entscheiden ist, ist nach meiner Wahrnehmung in den Referaten zunächst vor allem darüber gesprochen worden, inwieweit von politischen und inwieweit von privaten Akteuren zu entscheiden ist, sodann, gegen Ende des Referats von Herrn Wißmann darüber, inwieweit von der Gesetzgebung und inwieweit von der Verwaltung zu entscheiden ist. Die Erörterung der hierzu formulierten These – da bin ich ganz sicher – werden andere noch übernehmen. Sie scheint einerseits von der aktuellen Planung für den Stromnetzausbau inspiriert zu sein und andererseits von Stuttgart 21. Vielleicht mögen auch Verfassungsrichter sich dazu äußern, wie sie sich als künftige Planfeststellungsrichter empfinden. Dazu will ich mich gar nicht weiter äußern. Aber die erwähnte These berührt einen Punkt, auf den ich hinweisen möchte, nämlich den Aspekt der Kompetenzverteilung innerhalb der politischen Ebenen und der politischen Akteure. Hier scheinen mir Fragen von großer Bedeutung zu liegen. Zum einen in der Abgrenzung zwischen Europäischer Union und Nationalstaaten. Was ist wirtschaftliche, was ist nichtwirtschaftliche Tätigkeit im Bereich von Infrastruktur? Wie weit reicht die Privilegierung mitgliedstaatlicher Entscheidungsbefugnisse über Art. 86 Abs. 2 AEUV? Dann im Verhältnis von Bund und Ländern. Das berührt etwa die von Herrn Wißmann angesprochene verfassungsrechtliche Frage nach der Reichweite der Planungsbefugnis des Bundes oder das Verhältnis von Staatsgewalt und Gemeinden (Art. 28 Abs. 2 GG), zum Beispiel bei der Frage der Entscheidung über die Vergabe von Konzessionsverträgen. Die Kompetenzabgrenzungsfrage betrifft dabei sowohl die Frage der Sachentscheidung wie auch vor allem die Frage der Finanzierungszuständigkeit für Infrastrukturmaßnahmen. Vielen Dank.

Burgi: Zunächst hat es mich sehr gefreut, dass beide Referenten nicht der Versuchung erlegen sind, das gegenwärtige Modethema Energieleitungen in den Mittelpunkt zu stellen, sondern auch Infrastrukturen beleuchtet worden sind, die doch ein eher bescheidenes Dasein in der literarischen Behandlung fristen. Während wir etwa alle über Energieleitungsnetze schreiben, verrotten unter unseren Füssen die Abwasserkanäle, die wissenschaftlich bisher nicht Gegenstand näherer Betrachtung gewesen sind. Auch das Straßenrecht ist ein darbendes Rechtsgebiet, dessen sich seit Jahren nur wenige Kolleginnen und Kollegen angenommen haben. Ich sage das auch an die Adresse jüngerer Mitglieder, sich möglicherweise solchen Gebieten verstärkt zuzuwenden. Ergänzen möchte ich noch, dass es beim Bau moderner Infrastruktur natürlich nicht nur um Sozialstaats- und Verbraucherinteressen geht, sondern auch um Wirtschaftsförderung und Wohlstandsgrundlage. Ich hätte dann zwei Bemerkungen, die in erster Linie Herrn Wißmann betreffen. Sie haben sich dafür ausgesprochen, das Infrastrukturrecht als Verbundrecht zu begreifen – über Phasen hinweg und auch jenseits der Träger, Staat einerseits – Private andererseits. Das ist sehr begrüßenswert. Sie dürfen dabei aber dann nicht stehen bleiben. Sie müssten, wenn Sie sowieso damit anfangen einen Verbund zu entwickeln, von vornherein auch das Infrastrukturfinanzierungsrecht einbeziehen. Denn das größte Problem, das wir in den kommenden Jahren haben werden (jetzt schon sichtbar), ist nicht so sehr, dass wir keine Handlungsformen (Vertrags- und sonstige Instrumente) hätten, sondern dass es an allen Ecken und Enden am Geld mangelt. Sie haben am Anfang gesagt, das sei eine Art Infrastrukturrecht II, das sie zeitlich heute nicht behandeln konnten. Trotzdem würde mich interessieren, ob Sie in dieser Richtung auch schon erste Erkenntnisse haben. Ich will zwei, drei Überlegungen dazu anstellen. Finanzierung durch Nutzer – Stichwort: Gebühren und Beiträge. Das ist ein Rechtsgebiet, das auch eher unterentwickelt erscheint. Es gibt Verwaltungsrichter, die sich damit beschäftigen, aber wissenschaftlich findet dies wenig Interesse, obwohl wir im Gebührenrecht momentan erleben, dass – in Umkehrung des alten Satzes – eine Flucht in das Öffentliche Recht stattfindet, weil man mit dessen Hilfe gewissermaßen die Bürger stärker zur Kasse bitten kann, indem man der Kartellrechtskontrolle entgeht. Oder auch das Thema Unterhaltung. Es ist klar, dass die Unterhaltung maroder Straßen, Kanäle usw. letztlich auch über eine Heranziehung von uns allen als Grundstückseigentümer, Mieter usw. über Beiträge erfolgen wird. Auch damit wird man sich politisch und rechtlich befassen müssen. Ganz abgesehen von neuen Finanzierungsformen wie LKW-Maut oder PKW-Maut, über die ich übrigens nicht mit gleicher Eindeutigkeit wie Herr Dörr sofort den europarechtlichen Stab brechen würde. Finanzierung durch Nutzer ist der eine Punkt, der zweite Punkt betrifft die Finanzierung durch neue Trägermodelle. Wir leben in einer Zeit, in der die öffentliche Hand hochverschuldet ist. In der gleichen Zeit ist privates Kapital weltweit auf der Suche nach Anlageorten mit halbwegs attraktiver Verzinsung. Eigentlich wäre dies der ideale Moment, um diese zwei Entwicklungsstränge ein Stück zusammenzuführen. Dazu müsste man Anlagenträgermodelle entwerfen und das wäre etwas für die Bereitstellungsfunktion von Recht. Nun noch zu ihrem Vorschlag zur Handlungsform des Gesetzes. Er ist mir grundsätzlich sympathisch, nicht nur weil ich Gelegenheit hatte, bei der Endlagerstandortsuche daran mitzuwirken, dass die Entscheidung über das abschließende Endlager durch ein Standortplanfeststellungsgesetz getroffen werden soll. Hiergegen brachten die Umweltverbände Art. 19 Abs. 4 GG ins Spiel, mit der Begründung, dass dadurch der Rechtsschutz eben auf die Ebene des Bundesverfassungsgerichts beschränkt werde. Sie haben insoweit weitere Gestaltungsmöglichkeiten angedeutet, mich würde interessieren welche. Mein letzter Punkt betrifft die Übertragbarkeit der Plangesetzgebung auf weniger extraordinäre Fälle, da man nun nicht den Plan für jede Brücke durch Gesetz wird feststellen können. Gibt es materielle Kriterien, an denen die diesbezügliche Eignung festgemacht werden kann?

Schoch: Ich möchte mich zunächst bei den Referenten für sachorientierte Vorträge bedanken. Die Referate sind gewissen Modeerscheinungen nicht erlegen, waren informativ und zum Teil – was Herrn Wißmann betrifft – auch etwas mutig. Möglicherweise hatten die beiden Referenten die schwierigsten Themen dieser Tagung vom Vorstand erhalten: Es geht um ein „zukunftsfähiges Infrastrukturrecht", und wir wissen nicht einmal, ob es ein „Infrastrukturrecht" überhaupt gibt; dann ist die Frage der „Zukunftsfähigkeit" schon eine gewisse Herausforderung.

Meine erste Bemerkung zur Sache bezieht sich auf die „Dramaturgie" unserer Tagung. Es wäre, wie sich gezeigt hat, zweckmäßig gewesen, dieses heutige Thema zu behandeln, bevor über Finanzverfassungsrecht und Reformen dazu gesprochen wird. Der ganze Komplex „Aufgaben" kam gestern bei der bundesstaatlichen Finanzordnung überhaupt nicht vor, stattdessen aber die Idee, die Finanzverfassung als Labor für Experimente zu begreifen. Soll etwa bei finanziellen Engpässen in Kauf genommen werden, beispielsweise zwischendurch die Wasserversorgung einzustellen? Wäre der Komplex „Aufgaben" zum Ausgangspunkt genommen worden, hätte das „Finanzthema" eine andere Behandlung erfahren können.

Mit der zweiten Bemerkung bitte ich Herrn Dörr um Aufklärung darüber, warum er, wenn ich ihn richtig verstanden habe, den Entsorgungsbereich ausgeklammert hat. Im Thesenpapier liest man immer wieder „Versorgung". Doch denken Sie bitte auch an die Abwasserbeseitigung, Abfallentsorgung, Entsorgung abgebrannter Kernbrennstäbe etc.; warum die Engführung auf „Versorgung"?

Mit einer kurzen dritten Bemerkung will ich auf die Sicherheit von Infrastrukturen hinweisen. Es geht um die Abwehr von außen kommender Angriffe; das Stichwort ist „Terrorattacken". Dieser Aspekt kam in den Referaten nicht vor. Gehört diese Thematik nicht auch zu einem Infrastrukturrecht?

Mein Hauptpunkt betrifft, in Übereinstimmung mit Herrn Groß, die Pflege der Infrastrukturen. Über Planung, allgemeine Zielvorgaben und die Errichtung von Infrastrukturanlagen haben wir etwas gehört, kaum jedoch zu deren Pflege. Herr Dörr hat davon gesprochen, dass die Infrastrukturen so etwas wie „Lebensadern" seien. Zustimmung! Lebensadern müssen jede Sekunde funktionieren, können „Blackouts" schlecht verkraften. Herr Wißmann hat in dem Zusammenhang von Daueraufgabe, Dauercharakter und Dauerverwaltung gesprochen. Das heißt, wir haben es mit einer permanenten Herausforderung zu tun. Kann das Recht, um an Herrn Burgi anzuknüpfen, vor der Regelung von Finanzierungfragen einen Beitrag zur Pflege von Infrastruktureinrichtungen leisten? Worin liegt der Beitrag des Rechts? Wenn ich es recht verstanden habe, haben Sie auf Politik und Klugheit verwiesen. Das heißt doch aber, dass das Recht in diesem Punkt keinen Beitrag zu leisten vermag. Ich will drei Vorschläge unterbreiten und die Referenten fragen, ob dies Ansatzpunkte für eine rechtliche Strukturierung sein könnten. Das Stichwort ist die zunehmende Verrottung von Brücken und Straßen; die Beispiele sind beliebig austauschbar. Vorgestern hat die sog. Bodewig-Kommission erklärt, dass jedes Jahr in Deutschland etwa 7,3 bis 7,5 Mrd. Euro investiert werden müssen, um den Zustand jener Infrastrukturen zu erhalten; ungefähr die Hälfte der Infrastrukturen sei mehr oder weniger ein Sanierungsfall. Was kann das Recht zum Erhalt der Infrastrukturen beitragen? Eine erste Überlegung, die mir während der Vorträge kam: Schaffung von Transparenzpflichten. Wir haben in allen möglichen Bereichen Berichtspflichten, um Transparenz herzustellen und um Diskussionen in Gang zu setzen. Wäre das auch hier ein tragfähiger Gesichtspunkt? Eine zweite Anregung ist die Setzung von Standards; Standardsetzung haben wir in vielen Bereichen, z.B. beim Einsatz der Feuerwehr, bei Notfallplänen, im Umweltbereich, im Lebensmittelbereich bis hin zu Schnellwarnsystemen. Wäre es denkbar, dass das Recht auch zu den Infrastrukturen gewisse Standards setzt und diese mit der Anregung zum ersten Punkt, Transparenz verknüpft? Wenn das Recht, dritte Überlegung, Infrastrukturen nur schwach „zukunftsfähig" steuern kann, könnte dann nicht ein anderer Weg beschritten werden? Plakativ: Könnte bei der anstehenden Regierungsneubildung nicht ein Infrastrukturministerium geschaffen werden? Es ginge um die Bündelung von Kompetenzen in einer bestimmten Organisation, um die Pflege der Infrastrukturen auf administrativem Wege zu initiieren und um von hier an die Finanzierung „anzudocken". Da ich in der Pflege der Infrastrukturen die eigentliche Herausforderung sehe, wäre mir sehr daran gelegen, wenn Sie dazu etwas sagen könnten.

Engel: Die beiden Referenten haben sich an Ihrem Thema gerieben. Herr Dörr war noch etwas vorsichtiger und hat gesagt, dass Infrastrukturrecht eine deskriptive Sammelbezeichnung ist. Herr Wißmann hat noch klarere Worte gesprochen und gesagt: das ist bloß eine Chiffre. Ich frage mich, ob nicht doch mehr dahinter steckt. Ob es also nicht so etwas geben könnte wie ein normatives Proprium, das es rechtfertigen würde zu sagen: das ist tatsächlich ein eigenes Rechtsgebiet.

Wenn das so wäre, dann müssten wir Konflikte finden, die gerade für dieses Rechtsgebiet spezifisch sind. Ich räume Ihnen gern ein, dass viele der Abgrenzungskriterien, die Sie erwogen haben, zu weit und eines vielleicht auch zu eng sind. Zur Angewiesenheit: Auf den Bäcker sind wir auch angewiesen. Allgemeine Nutzung ist bei den Tankstellen auch richtig. Komplementarität der Güter ist ebenfalls bei den Tankstellen richtig. Ortsgebundenheit ist beim Friseur richtig. Das sind alles Kriterien, bei denen wir sagen würden: Das kann es nicht sein. Natürliches Monopol – daran haben die Volkswirte lang gearbeitet – ist im Zweifel wohl zu eng. Denn das würde heißen, dass es einer billiger kann als mehrere, dass also die Größenvorteile ein extremes Maß erreichen. Das gilt bestenfalls für so etwas wie die letzte Meile in der Telekommunikation. Ich mache es kurz bei dem, was mein halbes berufliches Leben ausmacht – die öffentlichen Güter. Das wäre eine Möglichkeit, aber das ist im Zweifel auch viel zu weit. Da hätten wir die ganze Umwelt oder alle Institutionen auch mit im Spiel.

Aber ich glaube, etwas, das beide von Ihnen erwähnt haben, könnte funktionieren. Nämlich Netze, und zwar Netze im Sinne von Netzexternalitäten. Also je mehr Nutzung für ein Gut ich generiere, umso wertvoller wird das Gut für alle. Das könnte den spezifischen Kern des Infrastrukturrechts ausmachen. Allerdings ist das wohl immer noch zu weit. Denn die Definition der Netzwerkgüter passt auch auf Facebook, Windows und die Sprache. Wir müssen deshalb noch eine weitere, einengende Bedingung finden. Diese zweite Bedingung könnte Ortsgebundenheit sein. Warum Ortsgebundenheit? Warum nicht Sprache, Facebook, Windows? Weil die deutsche Rechtsordnung sich total verheben würde bei dem Versuch, das zu regeln. Und warum geht es bei physischen Netzen, aber nicht nur da? Weil sie ortsgebunden sind, das heißt, weil das Güter sind, bei denen eine Nation sich anmaßen kann zu sagen: Wir machen es in einer bestimmten Weise, und es ist uns unbenommen, dass andere Nationen es vollkommen anders machen. Ein Beispiel aus einem Bereich, den Sie beide im Blick hatten, nämlich dem Verkehr: Wir finden, dass überörtlicher Personentransport über Schienen eine gute Idee ist. Die Amerikaner finden, dass das eine absurde Idee ist und man lieber Flughäfen bauen soll. Das ist eine historisch kontingente Entscheidung jedes Landes, eine Entscheidung, die ein Land deswegen autonom treffen und durch Planung vollziehen kann, weil die Frage, wie die Amerikaner ihren überörtlichen Verkehr organisieren, mit der Frage, wie wir den überörtlichen Verkehr organisieren, nicht furchtbar viel zu tun hat. Ich glaube, hier gäbe es eine Möglichkeit zu sagen, dass wir ein spezifisches Rechtsgebiet haben, und von da ausgehend könnte man dann versuchen, die spezifischen, durch das Recht zu bearbeitenden Konflikte darauf zu untersuchen, wie weit Vergleichbarkeit besteht. Als Folge wären allerdings bestimmte Gegenstände ausgeschlossen, die Sie auch im Blick hatten. Die Schule ist sicherlich kein Netzwerkgut. Der Rückbau eines Atomkraftwerks auch nicht. Der Begriff des Infrastrukturrechts würde das tun, was Begriffe tun sollen: er würde diskriminieren.

Püttner: Ich möchte ein Wort sagen zum Prinzip der Gleichwertigkeit der Lebensverhältnisse. Herr Dörr, Sie haben es gerade mal so gestreift und eher behauptet, dass es nicht mehr maßgebend sein könne. Ich behaupte das Gegenteil. Ich meine, dass auch heute aufgrund des allgemeinen Gleichheitssatzes die Bürger doch wohl beanspruchen können, überall einigermaßen gleichmäßig mit Infrastruktur ausgestattet zu sein. Das ist, glaube ich, doch sehr wichtig. Im Westen hört man ja manchmal Klagen, dass in den letzten Jahrzehnten die Infrastruktur immer nur im Osten ausgebaut worden sei und im Westen nicht. Egal, ob das nun stimmt, aber es geht doch auf die Vorstellung zurück, dass man grundsätzlich einen gleichen Standard haben möchte. Das wird im Einzelnen – ich denke jetzt an Herrn Burgis Äußerungen – schwierig, wenn wir vor der Tatsache stehen, dass in gewissen Landesteilen die Bevölkerung sich sehr ausdünnt. Frage: Muss dann die Infrastruktur trotzdem auf dem bisherigen Stand gehalten werden oder nicht? Und wenn das in der einen oder anderen Weise geschieht, kann es sein, dass die Bürger in solchen Gegenden, wo – wie zum Beispiel in Schwedt an der Oder – die Bevölkerung um ein Drittel geschrumpft ist, erheblich höhere Abwasser- und Wassergebühren zahlen müssen als in andern Gebieten, weil nämlich die Infrastruktur dort für größeren Bedarf ausgelegt war. Frage: Muss da der Bund ausgleichen und helfen, damit die Bürger in solchen Gebieten nicht benachteiligt werden. Also hier gibt es auch neuere Fragestellungen, die wir, glaube ich, nicht ganz vernachlässigen dürfen. In einem Beitrag war von einem Verbot des Einzelfallgesetzes die Rede. Das hat mich sehr verwundert. Ich weiß, dass es für Grundrechtseinschränkungen in Art. 19 GG so ein Prinzip gibt. Aber in Organisationsbereichen können wir doch nur mit Einzelfallgesetzen arbeiten. Wie wollen Sie denn das Gesetz über die Deutsche Bundesbank so verallgemeinern, dass das kein Einzelfallgesetz mehr ist? Das frage ich Sie also im Ernst.

Meyer, Hans: Ich möchte Herrn Püttner entgegenhalten: es ist vielleicht gar nicht so einfach, eine Autobahn auf eine Spur zurück zu bauen. Ich wollte aber zu Finanzierungsfragen sprechen. Darauf hat Herr Schoch zu Recht hingewiesen. Das hat auch mit der Finanzverfassung zu tun und mit dem, was wir vorher behandelt haben. Ich meine jetzt nicht die Maut, also die Benutzungsfinanzierung, sondern die Finanzierung der Einrichtung selbst und der Unterhaltung durch den Staat. In Deutschland sind alle wichtigen Verkehrswege Bundesangelegenheiten. Das gilt für die Wasserstraßen, die Bundesstraßen wie auch die Bundeseisenbahnen. Nach Art. 104a GG hat der Bund seine Aufgaben zu finanzieren und die Länder ihre Aufgaben. Die Wirklichkeit ist eine andere. Ich nehme an (da bin ich nicht sicher, weil ich nicht nachgeforscht habe), dass beim Rhein-

Main-Donaukanal – nicht gerade ein vordringlicher Verkehrsweg – die Bayern durchaus mitfinanziert haben. Weil sie damit eine sehr hohe Investitionssumme vom Bund in das Land gelockt haben. Bei Autobahnbauten hört man öfters, dass dieses und jenes Land zugezahlt hat, damit die Autobahn schneller oder gerade in ihrem Land ausgebaut wird. Bei der Eisenbahn haben wir ja den berühmten Fall von Stuttgart 21. Hier hat das Land Baden-Württemberg allein für die Strecke von Wendlingen nach Ulm fast eine Milliarde der Bahn zu zahlen versprochen, obwohl dafür überhaupt kein auch nur fadenscheiniger Gesichtspunkt vorhanden war. Für Stuttgart – Wendlingen 1,5 Millionen – ich bitte Sie, mich jetzt nicht auf eine Million festzulegen, aber das ist so meine Erinnerung. Solche Mitfinanzierung bedeutet natürlich, und das weist auf die Schwäche der Legitimationsfunktion von Parlamentsgesetzen hin, dass diese Legitimation außerordentlich gering ist. Die Eisenbahnstrecken werden nach dem Ausbaugesetz gebaut. Das Ausbaugesetz sieht aber so viele Strecken vor und zudem keine Streckenführungen, sondern nur Anfangs- und Endpunkte einer Strecke, dass die nicht alle in diesem Jahr und auch nicht in den nächsten 5 Jahren gebaut werden können. Das heißt, die Bahn hat freie Entscheidung, welche Strecke sie zuerst baut. Das ist natürlich anders, wenn die Länder ihrerseits Finanzierungen anbieten. Dies ist im Stuttgarter Fall geschehen. Die legitimatorische Wirkung von Parlamentsgesetzen können Sie an diesem Ausbaugesetz auch sehen. Es wird überhaupt keine Streckenführung durch das Parlament beschlossen; es wird nicht beschlossen, wann gebaut wird; es wird nicht darüber debattiert, wie lange gebaut wird und wie teuer es ist; es wird auch nicht darüber debattiert, wie groß eigentlich der Verkehrsbedarf ist, der wird praktisch von der Bahn vorgegeben. Das heißt also, wenn das Bundesparlament darüber behandelt, behandelt es sehr viele wichtige Sachen überhaupt nicht, sondern vertraut dem Bundesverkehrsminister, dass er richtig gerechnet hat.

Möstl: Wir haben heute, was bei dem Thema Infrastruktur auch nicht überraschen kann, von Planung und von Regulierung gehört. Ich möchte diese beiden Punkte Planung und Regulierung nun zusammenführen, indem ich die Frage stelle: Sollten wir Infrastrukturplanung – damit meine ich jetzt Infrastrukturbedarfsplanung, vielleicht auch Fachplanung – in regulierten Sektoren nicht eigentlich als Teil der staatlichen Regulierungsaufgabe begreifen? Ich stelle diese Frage aus vier Gründen. Erstens: Wir haben in der jüngeren Rechtsentwicklung in der Tat Tendenzen in diese Richtung. Das hängt mit dem schon genannten Modethema Energienetzausbau zusammen. Dort hat die Netzagentur mittlerweile ja tatsächlich Fachplanungsaufgaben erhalten und auch Aufgaben im Rahmen der Bedarfsplanung. Jedenfalls zeigt sich eine Tendenz, Bedarfsplanung, Fachplanung und Regulierung stärker als Einheit zu sehen und vielleicht entspricht das der Idee von Herrn Wißmann, das Infrastrukturrecht als Verbundrecht zu begreifen. Zweiter Grund: Es scheint mir, dass das Regulierungsrecht, so wie es sich entwickelt hat, in der Tat bezüglich Infrastrukturplanung eine gewisse offene Flanke hat. Regulierungsrecht ist konzipiert für die Öffnung vorhandener Infrastrukturen für den Wettbewerb. Aber es ist etwas hilflos, wenn es um die Frage geht: Wie gewährleistet man eigentlich, dass neue Infrastrukturen entstehen? Im Telekommunikationsbereich ist der Breitbandausbau, der sich ja weitgehend außerhalb des Regulierungsrechts abspielt, ein Beispiel dafür. Auch das Fachplanungsrecht – und das ist der dritte Punkt – gibt keine richtige Antwort, weil es nicht immer ein kohärentes System der Bedarfsfeststellung etabliert. Wichtiger noch, das hat ja auch Herr Wißmann erwähnt: Es bietet vor allem keinen rechten Ort für die politische Entscheidung, ob ein Vorhaben wegen seines Bedarfs wirklich politisch gewollt ist oder nicht. Deshalb haben wir auch die Akzeptanzprobleme mit dem Fachplanungsrecht. Deswegen, vierter Punkt, hat Herr Wißmann vorgeschlagen, den Gesetzgeber stärker miteinzubinden für diese politische Entscheidung. Das möchte ich im Grundsatz unterstützen. Ich meine allerdings, dass der Ort, an dem der Gesetzgeber ins Spiel kommen sollte, vor allem die vorgelagerte Frage der verbindlichen Bedarfsfeststellung ist, d.h. die Entscheidung darüber, ob ein Vorhaben wegen des Bedarfs politisch gewollt ist. Die nachgelagerte Frage, ob das politisch gewollte Vorhaben angesichts entgegenstehender Belange und Rechte auch rechtlich zulässig ist, sollte meiner Meinung nach dann allerdings doch eine Frage sein, deren Prüfung der Verwaltung überlassen bleibt. Sodass ich im Vergleich zu dem Vorschlag von Herrn Wißmann also quasi für eine umgekehrte Reihenfolge plädieren würde, was Gesetzgeber und Verwaltung anbelangt. Danke.

Masing: Mir scheint es sehr anregend und auch überzeugend, den Gesetzgeber in die Planung einzuschalten – in der Tat: zur Stärkung der Legitimation – und dann aber auch das Verwaltungsverfahren mit dem Gesetzgebungsverfahren zu verschränken. Ich habe aber noch nicht ganz verstanden, wieweit damit wirklich eine Legitimationsverschiebung gewollt ist, und möchte hier noch einmal nachfragen: Ein Gesetz enthält ein stärkeres dezisionistisches Element als eine Verwaltungsentscheidung. Ist das gewollt? Und in welchem Umfang soll gegenüber dem bisherigen Verfahren auch das Element der Dezision ermöglicht werden? Ist also auch materiell eine Verschiebung gewollt, oder soll der Gesetzgeber eigentlich nur die Abschlussentscheidung treffen, die bisher die Verwaltung getroffen hat?

Dasselbe Problem spiegelt sich auf der Ebene des Rechtsschutzes. Es wurde ja schon mehrfach angesprochen: Die Idee, dass die Prüfung eines solchen Beschlusses in erster Instanz und vielleicht alleine beim Bundesverfassungsgericht liegt, lässt auch mir nicht ganz wohl sein. Sie sagten, dass den Gerichten vielleicht etwas einfallen wird, um insoweit zunächst andere Verfahren vorzuschalten. Ich frage mich, ob das dem Gericht einfallen soll oder ob das nicht eine Frage ist, über die schon der Gesetzgeber nachdenken sollte. Dies führt zugleich zurück zu der Frage, inwieweit das dezisionistische Element durch Ihr Konzept gestärkt werden soll. Denn das Verfassungsgericht hat andere Maßstäbe als ein Fachgericht – und soll diese haben; im Ergebnis würde dies also zu einem geringeren Rechtsschutz führen. Vielleicht aber muss man die Verfahrensfragen auch abtrennen. Kann und soll das Verfassungsgericht tatsächlich alle Verfahrensschritte in den Details prüfen – möglicherweise auf der gedanklichen Grundlage, dass diese die inzidenten Rechtmäßigkeitsvoraussetzungen eines Eingriffs in Art. 14 GG (oder in welches Grundrecht auch immer) sind? Dass die Pläne rechtzeitig ausgelegt wurden, dass die Fristen beachtet wurden, dass jeder gehört wurde usw.? Ich glaube, dazu wäre das Gericht seiner ganzen Struktur nach nicht die richtige Instanz. Und wenn sie dafür auf die guten Erfahrungen mit dem Bundesverwaltungsgericht verweisen, muss ich sagen, dass ich dieser Verlagerung des erstinstanzlichen Rechtsschutzes auf ein als Revisionsinstanz konzipiertes Gericht seit jeher kritisch gegenüberstand und nicht glaube, dass hierdurch Rechtsschutz adäquat institutionell eingebunden wird.

Als Schlussperspektive frage ich deshalb, ob es vielleicht nicht angemessener wäre, zwei Gesetzesbeschlüsse zu fordern: Einen ersten Gesetzesbeschluss, der das Verfahren und den Rechtsschutz regelt sowie die Grundstruktur der Planung durch Gesetz vorgibt, und einen zweiten abschließenden Gesetzesbeschluss, der die Entscheidung trifft. Man sieht natürlich, dass auch ein solches Konzept kompliziert und anspruchsvoll ist, und man könnte hier noch weiter überlegen: Sollte auf der ersten Regelungsstufe ein allgemeines Gesetz geschaffen werden, also ein Gesetz, das noch nicht auf ein jeweils konkretes Verfahren zugeschnitten ist? Oder müsste auch das jeweils ein Einzelfallgesetz sein? Das führt zum allerletzten Punkt: Wie weit soll der Anwendungsbereich solcher Entscheidung über Infrastrukturvorhaben durch die einzelfallbezogene Einbeziehung des Gesetzgebers sein und wo endet er? Unendlich weit kann ein solches Modell sicher nicht reichen. All das stellt aber nicht in Frage: Der Grundansatz einer Planung durch das Gesetz hat große Überzeugungskraft!

Spiecker genannt Döhmann: Wir haben zwei ganz ausgezeichnete Referate gehört, die sich mit dem Lebenszyklus von Infrastrukturleistungen befasst haben, wohlgemerkt der zu Grunde liegenden Infrastrukturleistungen und nicht der Dienste, die darauf aufsetzen. Darin liegt ein ganz entscheidender Unterschied, der meines Erachtens bei Herrn Engels Überlegungen nicht ganz ausreichend beachtet worden ist.

Ich würde mich gerne mit drei Aspekten ein bisschen näher befassen. Zum einen: Bei Oliver Dörr ist sie als Nachsteuerungsrückholoption angeklungen, bei Hinnerk Wißmann ein Stück weit im Pflegekontext untergekommen – immer wieder die große Frage: Wie sichern wir eigentlich, dass der Staat tatsächlich das, was er tun soll, aber eben nicht vollständig alleine bewerkstelligt, wirklich erledigt – über seine Kontrollmaßnahmen, über seine Begleitmaßnahmen, unter Einsatz welcher Instrumente, die er zur Verfügung hat? Wir haben das unter dem Stichwort des Gewährleistungsrechts in ganz erheblicher Weise schon kennen gelernt. Das verweist darauf, dass wir im Infrastrukturbereich mit Sicherheit die gleichen Nichtwissensprobleme haben und haben werden, die wir in anderen Bereichen der Gewährleistungsverantwortung jetzt schon nicht in den Griff bekommen. Hinnerk Wißmann hat den Versuch gemacht, ob mittels eines stärkeren Zusammenspiels von Gesetzgeber und Verwaltung die Möglichkeit bestehen könnte, zumindest die Startleistung der Infrastruktur diesbezüglich ein bisschen besser zu organisieren. Ich hätte da meine Zweifel. Es müsste eigentlich erfolgversprechender sein, ein ganz anderes Staat-Privater-Modell zu finden. Das Bespiel Straßenbau zeigt, dass und wie man Infrastrukturleistungen in erheblicher Weise bereits jetzt von Privaten erbringen lässt – Herr Burgi hat darauf hingewiesen, dass diese neuen Modelle aber rechtlich bisher überhaupt nicht bearbeitet sind. Dann brauchen wir aber auch eine stärkere staatliche Inklusion im Privaten, um das grundlegende Wissensdefizit in den Griff zu bekommen, um tatsächlich eine kontinuierliche und konsequente Steuerungsleistung vollbringen zu können.

Das bringt mich zu meinem zweiten Punkt. Hinnerk Wißmann hat gesagt, es gäbe keinen Bestandsschutz und kein Bestandsrecht für bestehende Infrastrukturen. Das ist natürlich heikel, wenn ich einen Privaten involviert habe. Denn was mache ich, wenn dieser seinen rechtlichen Pflichten nicht nachkommt? Stichwort: Rückholoption. Enteigne ich? Das preußische Eisenbahnrecht hat seinerzeit eine durchaus kreative Lösung gekannt. Dort war eine Rückholoption von Anfang an vorgesehen: Wenn nicht anständig erfüllt wurde – und zur Beurteilung ließ man bis zu 30 Jahre vergehen –, konnte der Staat von einer Art Verstaatlichungsbefugnis Gebrauch machen, aber ohne anhängende Entschädigungspflichten. Genau das ist auch passiert. Wenn ich das Problem tatsächlich über eine Enteignung regele, ist darin eine Aufforderung an den Privaten enthalten, die Infrastrukturleistung zunächst zu erbringen und sie sich hinterher teuer abkaufen zu lassen. Das ist sicherlich nicht im Sinne des Erfinders.

Kurz mein letzter Punkt. Sehr deutlich angeklungen ist bei beiden Referenten die Abhängigkeit *von* einer Infrastruktur. Ich glaube aber, ein ganz erheblicher zweiter Punkt ist die Abhängigkeit *in* einer Infrastruktur, nämlich die Pfadabhängigkeit, die technisch/rechtlich/politisch dadurch entsteht, dass der Staat sich auf ein bestimmtes infrastrukturelles Design einlässt. Meines Erachtens geht die Infrastrukturzukunftsgestaltung so weit, dass der Staat in ganz erheblicher Weise diese Pfadabhängigkeit mit in den Blick nehmen und möglicherweise auch ein alternatives Konzept bereit halten muss, auf das dann weitere andere Dienste aufsetzen können. Vielen Dank.

Knauff: Ich kann an meine Vorredner anknüpfen. Beide Referenten haben die Existenz eines Infrastrukturrechts als Rechtsgebiet abgelehnt. Das ist nachvollziehbar. Insoweit stellen sich die Probleme meiner Meinung nach ähnlich wie auch im Regulierungsrecht, wo wir eine vergleichbare Diskussion – ob es das als eigenes Rechtsgebiet überhaupt gibt – auch schon hatten. Allerdings haben wir auch, das hat Herr Engel vorhin schon gesagt, im Bereich der Infrastrukturen durchaus vergleichbare Fragestellungen, die letztlich auch den Gesetzgeber zwingen, sich jedenfalls zu den gleichen Problemen normativ zu äußern. Genau da sehe ich jetzt allerdings auch ein Problem, denn Infrastrukturen sind, wenn man sie sich im Einzelnen anschaut, immer etwas ganz Konkretes. Das heißt, die gesetzliche Regelung muss einen Rahmen für ganz konkrete Situationen darstellen, die sich auch nicht unbedingt mehrfach wiederholen, wie das in anderen Rechtsgebieten häufig der Fall ist. Da möchte ich ansetzen und anknüpfend an einige Thesen nachfragen: Herr Dörr hat in These 10 etwa auf Art. 14 des AEU-Vertrages Bezug genommen, der eine Funktionsgarantie für die mitgliedstaatliche Daseinsvorsorge und eben auch für die dafür notwendige Infrastruktur enthalte. So sympathisch mir das ist, möchte ich doch noch mal nachfragen: Was ist denn der Maßstab für diese notwendige Infrastruktur? Denn bis jetzt, meine ich, ist man zu Art. 14 AEUV mehr oder weniger der Auffassung, dass es letztlich in weitem Umfang den Mitgliedsstaaten obliegt, festzulegen, was sie für notwendig halten. Dann ist die verstärkende Wirkung natürlich nicht besonders ausgeprägt. Zum anderen, ich knüpfe wieder an Herrn Dörr an, These 15: Die Nachsteuerungs- und Rückholoptionen – das hat Frau Spiecker schon angesprochen – stellen sich natürlich nur dann, wenn Private in die Leistungserbringung einbezogen werden. Allerdings hat dies dann auch gleich besonders schwierige Probleme zur Folge. Als erstes muss sich nämlich der Gesetzgeber die Frage stellen, wie eine entsprechende Regelung aussehen soll, damit die Beteiligung für den Privaten hinreichend attraktiv ist und zugleich die Funktionen sicher erfüllt werden können. Herr Wißmann hat dann in These 16 eine nachlaufende Aktualisierung der entsprechenden Rechtsverhältnisse angesprochen. Auch wenn ich jetzt Ihre Thesen vermische, wäre es schön, wenn Sie sich dazu äußern könnten, ob man vielleicht versuchen könnte, einen derartigen Ansatz in eine gesetzliche Regelung – wie auch immer – einzubeziehen. Problem zwei: Die Einbeziehung Privater erfolgt natürlich häufig auch in Vertragsform, sodass wir dann vielfach auf das Zivilrecht verwiesen werden. Auch da wieder der Verweis auf Herrn Wißmann und seine These 11: Sie sprechen dort von moderierten Dauerbeziehungen. Diese lassen sich vielleicht vertraglich durchaus gestalten. Aber dafür müsste man wahrscheinlich eine ausgesprochen anspruchsvolle gesetzliche Grundlage schaffen, denn ansonsten wird der Private sich möglicherweise gegen den Vertragsschluss entscheiden. Dann gibt es keine Dauerbeziehung, die zu moderieren wäre. Schließlich stellt sich natürlich – das kennen wir auch schon aus der Diskussion um den Gewährleistungsstaat generell – die Frage: Wie soll eigentlich die Verwaltung tätig werden? Natürlich haben wir es mit einer Daueraufgabe für die Verwaltung zu tun. Nur, leider – jedenfalls wenn Private in die Leistungserbringung einbezogen sind – verfügt die Verwaltung nicht stets über das Wissen und über alle erforderlichen Informationen. Dann stellt sich die Frage: Wie soll die Verwaltung ihre Aufgaben eigentlich erfüllen und die rechtlichen Vorgaben durchsetzen? Vielen Dank.

Hofmann, Ekkehard: Vielen Dank. Meine Frage bezieht sich auf das Referat von Hinnerk Wißmann, der ja den Mut hatte, tatsächlich auf der Basis einer Defizitanalyse einen Vorschlag zu machen, der durchaus zu Kritik Anlass gibt. Ich möchte in der Defizitanalyse eine kleine Kritik anbringen und beim Lösungsvorschlag eine große. Die Defizitanalyse hat mir zunächst einmal sehr gut gefallen, die Banalisierung von Verwaltungsverfahrensfehlern ist etwas, das viele zu Recht beklagen. Was die Leistungsfähigkeit des Planfeststellungsrechtes angeht, habe ich mir bisher allerdings immer vorgestellt, dass da durchaus noch Potential drin ist, wenn etwa sichergestellt würde, dass eine ordentliche Anhörung durchgeführt wird, in der die Leute Gelegenheit kriegen, ernst genommen zu werden, in der rechtzeitig informiert wird, in der transparent kommuniziert wird, in der am Ende des Verwaltungsverfahrens eine Begründung erfolgt, mit der dann auch alle Betroffenen leben können. Das alles geht bei Hinnerk Wißmann ein bisschen unter oder ein in die Behauptung, das sei scheinrational und scheinlegitim. Da ist mir noch nicht so ganz klar, ob die Scheinrationalität in den Verfahren, in dem Ergebnis der Verfahren oder in der Begründung des Ergebnisses liegt. Denn letztlich läuft sein Vorschlag ja darauf hinaus, die aufklärerische rationale Begründung eines Planfeststellungsbeschlusses zu ersetzen durch eine dezisionistische politische Entscheidung. Da wäre ich mir nicht so sicher, dass dieser Wechsel – so sympathisch er einem als Demokrat sein kann – eine wirklich überzeugende Lösung wäre. Ich bin mir nämlich nicht sicher, dass da tatsächlich Legitimitätsgewinne zu verzeichnen wären, dass das Finanzierungsproblem (dies ist ja schon angesprochen worden) dadurch gelöst würde oder dass die Scheinrationalität dadurch abgestellt würde. Der Dezisionismus ersetzt dann eben die Rationalität. Das kann eigentlich nicht die Lösung sein. Dann haben mir ein paar Differenzierungen gefehlt. Was eigentlich soll denn nun politisch entschieden werden? Das „Ob"? Welcher Teil des „Wies"? usw. Das ist sicherlich nur der Rücksicht auf die Länge des Vortrags und der vorgerückten Zeit an diesem Nachmittag geschuldet, aber hier würde ich noch gerne ein paar weitere Bemerkungen hören. Vielen Dank.

Dietz: Ich möchte auf Herrn Wißmanns Vorschlag einer gesetzlichen Entscheidung eingehen. Ich denke, das Problem ist nicht die Qualität der Entscheidung. Planfeststellungsbeschlüsse sind sehr ausführlich, sehr ausgewogen und in der Regel auch weitgehend richtig. Das Problem ist doch die Akzeptanz in der Bevölkerung vor Ort, dort wo die Menschen betroffen sind. Ich möchte dazu zwei Aspekte aufzeigen, die jetzt in der Praxis des Senats, dem ich am BayVGH angehöre, auftauchen: Das eine ist die Bestandeskraft der Planfeststellungsbeschlüsse. Aus Sicht des Vorhabensträgers ist die Bestandeskraft ein enormer Gewinn. Denn er kann darauf vertrauen, dass, wenn der Planfeststellungsbeschluss existiert, er auch umgesetzt werden kann. Was wäre hingegen mit einem Gesetz des Landes oder Bundes, wenn beispielsweise nach einer entsprechenden Landtags- oder Bundestagswahl die Mehrheit wechselt und das alte Gesetz plötzlich aufgehoben werden soll? Ich erinnere nur an die Problematik der Laufzeiten der Atomkraftwerke und die Schadensersatzfragen, die sich dort stellen. Ich werde einen etwas anderen Vorschlag mit Blick auf ein Problem der Praxis unterbreiten: Es häufen sich bei uns die Klagen von Kommunen, die vor Ort Belegenheitsgemeinden sind, wo also die Stromtrassen durchlaufen und die vorher im Einwendungsverfahren entweder auf Einwendungen verzichtet oder ausdrücklich sogar die Zustimmung zum Verfahren erklärt haben. Dann gehen einige Jahre ins Land. Sorgfältig prüft die Behörde im stillen Kämmerchen, was alles an Einwendungen kam. Dann ergeht der Planfeststellungsbeschluss und alle sind überrascht: „Ach, da war ja was!" Wenn dann die Mehrheit im Gemeinderat gewechselt hat, kommt die Idee, doch Klage zu erheben. Diese Klagen werden tatsächlich erhoben, einfach als Ventil für den Unmut der Bevölkerung vor Ort. Ich möchte daher auf die Vorredner eingehen, die meinen, wir könnten das Planfeststellungsverfahren ertüchtigen. Wie wäre es denn damit, dass zum Beispiel Zwischenergebnisse verpflichtend veröffentlicht werden? Dass zum Beispiel Einwendungen institutioneller Einwender – also nur von öffentlichen Rechtsträgern oder zum Beispiel von Umweltverbänden – publiziert werden, zum Beispiel in den örtlichen Amtsblättern? Damit die Bevölkerung auf dem Laufenden ist, sieht, was derzeit diskutiert ist, und dann quasi kontinuierlich der Faden des Planfeststellungsverfahrens bis zum Planfeststellungsbeschluss fortgeführt wird. Auf diese Weise könnte man vielleicht die Akzeptanz erhöhen und gleichzeitig das Bundesverfassungsgericht vor weiterer Belastung schützen. Vielen Dank.

Wallrabenstein: Vielen Dank für die beiden sehr anregenden Referate. Gerade Hinnerk Wißmanns Fragestellung nach einem zukunftsfähigen Infrastrukturrecht habe ich so verstanden, dass sie danach sucht, was man aus den im Einzelnen beleuchteten Feldern für andere Bereiche des Verwaltungsrechts oder für das allgemeine Verwaltungsrecht ableiten kann. In dem Sinne ist meine Frage gedacht: Was lässt sich beispielsweise im Sektor „Planung“ für andere Regelungsbereiche ableiten, wenn man sich einen bestimmten Bereich anschaut: Nimmt man etwa die Versorgungsplanung im Gesundheitswesen oder die Pflegeplanung, dann besteht dort eine recht intensive Debatte darüber, wie der Bedarf, der beplant werden soll, festgestellt wird. Diese Bedarfsfeststellung erfolgt nicht durch den Gesetzgeber. Vielmehr ist vorgesehen, dass der Bedarf von Fachinstituten, von Interessenverbänden, von Körperschaften festgestellt wird. Wer dabei welche Kompetenzen haben soll, ist letztlich die große Frage. Und natürlich die Frage, wie gut die Bedarfsfeststellung funktioniert. Lässt sich aus so einer Debatte etwas ableiten für andere Bereiche? Hat diese Herangehensweise Erkenntniswert? Weil Hinnerk Wißmann das auch angesprochen hat und ich gestern schon die Gelegenheit hatte, zum Schulbereich Überlegungen anzustellen: Welchen Erkenntniswert hat es für das weitere Verwaltungsrecht, wenn wir sagen, dass es so etwas wie eine Schulnetzplanung geben soll, aber der Bau von Schulen in kommunaler Hand und der Betrieb (die Lehrerstellen) in Landeshand liegt, so dass letztlich das Land entscheiden kann, welche Schulen es gibt, weil es entscheidet, welche Lehrerstellen bewilligt werden, was eine bestimmte Zahl an Schülern voraussetzt (wir hatten gestern das Beispiel). Was kann man aus dieser Interessen- und Zuständigkeitslage ableiten für andere Bereiche? Kann sie ein Beispiel sein, wie Planung gut oder eben schlecht funktioniert? Diese Art von Fragen kann man etwa für den Bereich Pflege der Infrastruktureinrichtungen, der im Referat und in der Diskussion bereits mehrfach angesprochen wurde, erwägen: Was ist der Wert, wenn man die konkreten Dauerpflegeregelungen, die es gibt, so gut oder schlecht wie sie sind, anschaut? Kann man daraus etwas für andere Bereiche ableiten? Da scheint mir auch der angesprochene Vergleich zwischen privatbetriebenen und öffentlich betriebenen Infrastruktureinrichtungen interessant zu sein. Beispielsweise kann man im Atomrecht schauen, wie dort die Nachführungs- und Instandhaltungsregime der privaten Atomkraftwerkbetreiber geregelt sind. Wie funktionieren sie? Was ist daran gut oder schlecht? Kann man daraus etwas ableiten für öffentlich geführte Unternehmen? Sollten sie auch Betreiberpflichten haben oder nicht? Reicht da die Baulast oder muss es präziser sein? Das wären einige mögliche Fragen. Ich würde mich freuen, wenn jemand aus dem einen oder anderen Bereich solche Ableitungen treffen könnte.

Fehling: Ich möchte noch einmal bei der Frage anknüpfen, welche rechtlichen Instrumente wir entwickeln können, um einem schleichenden Verfall vorhandener Infrastruktur entgegenzuwirken oder auch neue Infrastruktur (bei Pflege, bei Kitas) bedarfsgerecht auszubauen. Mir leuchtet es sehr ein, dass es, wie Hinnerk Wißmann betont hat, einen direkten Anspruch des Einzelnen auf Schaffung von Infrastruktur wohl kaum geben kann. Doch habe ich den Eindruck, dass individuelle Rechte doch eine gewisse Anstoßfunktion entfalten könnten. Art. 36 der Grundrechtecharta scheint, jedenfalls von der Überschrift her, den Zugang zu Diensten von allgemeinem Interesse grundrechtlich zu garantieren. Wenn man die Norm dann weiter liest, klingt es allerdings nicht nach einem Grundrecht auf Schaffung von Infrastruktur. Aber immerhin wird man aus der Norm, wenn man sie wie geboten ernst nimmt, eine Stärkung des Aspekts individuellen Teilhabe herauslesen müssen. Ließe sich dieser europarechtliche Teilhabeansatz vielleicht verknüpfen mit der auf nationaler Ebene bekannten numerus-clausus-Rechtsprechung (natürlich auch mit all den Begrenzungen, die diese Rechtsprechung enthält), um dann – ein Konzept, das wir aus anderen Bereichen des Unionsrechts kennen – den Einzelnen ein Stück weit zu instrumentalisieren für die Durchsetzung der zunächst objektiv-rechtlichen Infrastrukturgewährleistungsverantwortung? Bei manchen Infrastrukturen erschiene mir das gar nicht so schwierig – Stichwort Pflegeplätze oder (je nach Generation: noch näherliegend) Kita-Plätze. Bei anderen Infrastrukturen wird es sicherlich problematischer. Aber denken wir an ein Betreibermodell, wie beispielsweise bei den Berliner Wasserbetrieben. Dort werden die Leistungen immer schlechter, die Infrastruktur verfällt. Gäbe es insoweit für den Einzelnen Klage- oder sonstige Interventionsmöglichkeiten, zwar nicht um direkt konkrete Maßnahmen zu erzwingen, aber doch dafür zu sorgen, dass der Staat die Probleme nicht einfach ignorieren kann? Vielen Dank.

Kugelmann: Vielen Dank. Oliver Dörr hat den Begriff Infrastrukturrecht deskriptiv verstanden. Mit guten Gründen hat er die Infrastrukturverantwortung dann in Zusammenhang mit der Daseinsvorsorge gebracht. Da wollte ich unionsrechtlich nachfragen, weil diese Dienstleistungen von allgemeinem wirtschaftlichem Interesse meines Erachtens vielleicht doch nicht „so" geklärt und „so" weit gehend abgesichert sind, wie das angedeutet wurde. Ich würde mir das wünschen, sehe aber durchaus, dass im Spannungsfeld der Daseinsvorsorge zur Binnenmarktlogik gerade auch im Richtlinienbereich – und vieles oder vielleicht beinahe alles, wovon wir reden, ist auch richtliniengeprägt – die Richtlinien doch erhebliche Auswirkungen haben. Dies betrifft, nicht nur die Dienste, sondern rückwirkend auch die Infrastrukturen, die den Diensten zu Grunde liegen. Deshalb stellt sich die Frage, ob die Daseinsvorsorge wirklich gesichert ist auch in den Bereichen, die stark richtliniengeprägt sind oder ob nicht der Zugang zu den einschlägigen Dienstleistungen verstärkt von der liberalen Logik des Binnenmarkts geprägt ist. Die zweite Anmerkung betrifft Herrn Wißmann. Sie haben das Gesetz als Vorschlag ins Spiel gebracht. Das wird sicherlich nicht alle Fälle betreffen können. Auch wenn man dem Vorschlag folgen möchte, müssen Eingrenzungen angebracht und der Anwendungsbereich sicherlich begrenzt werden. Die Frage ist, ob es – das ist verschiedentlich schon angeklungen – ein aliud durch bessere Partizipation gibt. Nehmen wir einen Bereich, den Sie aus Zeitgründen nicht auch noch behandeln konnten: Informationsmanagement. Wenn man sich ein Infrastrukturrecht als Verbundrecht vorstellen könnte, zumindest in gewissen Bereichen, dann würde ich dem Informationsmanagement gerade unter dem Gesichtspunkt der Akzeptanz, der bereits angesprochen wurde, erhebliche Bedeutung beimessen. Ist dann vielleicht die Verbesserung der Partizipation auch ein aliud? Um es anders zu sagen: In diesem Bereich, in dem es funktionieren kann – zumindest besser funktionieren kann als es bisher funktioniert hat – brauche ich dann den Gesetzgeber gar nicht in die Pflicht zu nehmen? Vielen Dank.

Faßbender, Kurt: Ich habe eine Frage zum Referat von Herrn Dörr und da namentlich zur These 17. Herr Dörr, Sie haben ja dankenswerterweise das Unionsrecht analysiert, was es für unser Thema Infrastrukturrecht hergibt, und sind dann in Ihrer These zum Ergebnis gekommen, dass das Unionsrecht hier materiell-rechtlich eine nur begrenzte Steuerungskraft habe. Vor diesem Hintergrund haben Sie gar von einem „infrastrukturpolitischen Autonomieanspruch der Mitgliedsstaaten" gesprochen. Die

Frage ist, ob das nicht das Unionsrecht allzu sehr in seiner Bedeutung reduziert. Sie haben selbst das Binnenmarktrecht der Union als Einflussfaktor angesprochen. Hier möchte ich besonders den Blick auf die Energiebinnenmarktrichtlinien lenken, wo seit geraumer Zeit im energierechtlichen Schrifttum diskutiert wird, welche Konsequenzen sich daraus mit Blick auf die Netzausbaupflichten ergeben. Dann haben Sie selbst die Kompetenz für die transeuropäischen Netze angesprochen. Da haben wir jetzt seit einigen Wochen eine Verordnung zu Leitlinien für die transeuropäische Energieinfrastruktur. Daraus ergeben sich doch recht weitreichende Vorgaben für unser Planungsrecht in diesem Bereich, zumindest für die dort geregelten Vorhaben von gemeinsamem Interesse. Das geht sogar so weit, dass die Übertragungsnetzbetreiber, wenn sie in dem vorgegebenen Zeitrahmen die Netze nicht gebaut bekommen, akzeptieren müssen, dass dies ausgeschrieben werden kann. Dies sind schon weitreichende Regelungspunkte.

Da möchte ich überleiten zu Ihrer These 23. Die sagt uns mit Blick auf die Zukunft, dass die Anforderungen an ein zukunftsfähiges Infrastrukturrecht durch internationale Lösungen sicherzustellen seien. Wäre da nicht das Unionsrecht der naheliegende Anknüpfungspunkt, gerade mit dieser Kompetenz für die transeuropäischen Netze, wenn es um grenzüberschreitende Infrastrukturnetze geht?

Ein Punkt hat mich schließlich besonders geschmerzt: dass das Umweltrecht so gar nicht zur Sprache kam. Nicht weil es mich besonders interessiert, sondern weil es einen ganz erheblichen Einfluss auf unser Thema hat. Sie haben selbst die Waldschlösschenbrücke in Dresden angesprochen, und zwar wegen des UNESCO-Weltkulturerbes. Da sind die Dresdner ja noch mit zurechtgekommen. Aber woran sie noch heute tragen müssen, ist an der Kleinen Hufeisennase, die dazu führt, dass da nur 30 gefahren werden darf. Das geht ja noch. Aber die dahinter stehenden Vorgaben des europäischen Naturschutzrechts können mitunter Vorhaben der Infrastruktur auch verhindern. Herr Burgi hat die Abwasserbeseitigung angesprochen, da auch Sie den Punkt mit angesprochen haben: Hier haben wir eine Richtlinie über kommunales Abwasser aus dem Jahre 1991, die sehr konkrete Vorgaben enthält, etwa zu konkreten Anschlusspflichten usw. usf. Auch vor dem Hintergrund wollte ich kritisch nachfragen, ob man die These von der geringen Bedeutung des Unionsrechts vielleicht etwas relativieren sollte.

Weiß, Norman: Ich möchte mich dem Dank für zwei sehr interessante Referate anschließen und meine Frage an Oliver Dörr richten. Beide Referenten haben – wie ich finde richtigerweise – von der Raumorientierung gesprochen, um die es hier geht. Oliver Dörr hat dann auch den Schritt ins Völkerrecht gewagt und dort zunächst auch raumorientierte Regime angesprochen – Flussregime beispielsweise – und dann mit These 21 den mutigen Ausblick ins Internet gewagt. Meine Nachfrage bezieht sich genau hierauf. Wäre es sinnvoll, das Internet als weiteren herrschaftsfreien Raum zu betrachten, der dem Zugriff von Territorialstaaten entzogen ist und bleiben soll? Das würde zum Teil an das anknüpfen, was Herr Engel gesagt hat. Kann man das als *global common* definieren, das dem Zugang und der Nutzung aller offen steht und gäbe es da – schwierige Frage, ich weiß – taugliche Regelungsansätze. Und wenn man erfolgreich wäre, das als Anschlussfrage, wäre das ein weiterer Schritt hin zu dem, was gelegentlich unter dem Thema „Weltinnenrecht" thematisiert wird, aber durchaus auch verwaltungsrechtliche Züge hätte und damit wieder gut zu dem anderen passen würde. Vielen Dank.

Nowrot: Herr Dörr hat um Nachsicht dafür gebeten, dass er im Rahmen seines Referates auch auf die völkerrechtlichen Aspekte der Thematik eingegangen ist. Deswegen bitte auch ich zunächst einmal um Nachsicht, dass ich – ebenso wie bereits mein Kollege Weiß – hierzu ebenfalls noch eine Frage habe. Herr Dörr, Ihre diesbezüglichen Ausführungen haben Sie mit der Aussage begonnen, dass die rechtliche Determinierung eines zukunftsfähigen Infrastrukturrechts durch das Völkerrecht doch eher gering sei. Ihre Darstellung hat sich auch im Wesentlichen – wenn ich das richtig verstanden habe – auf die rechtlichen Rahmenbedingungen der Durchführung und Nutzung von Infrastrukturprojekten bezogen. Ich frage mich aber doch, ob sich damit die normative Steuerungswirkung des Völkerrechts in diesem Bereich erschöpft.

Es ist ja anerkanntermaßen so – und Sie haben dies auch ausgeführt –, dass im innerstaatlichen Bereich der Verfassungsauftrag für die Gewährleistung einer funktionsfähigen Infrastruktur und damit auch die Verortung der Letztverantwortung des Staates für die Infrastruktur einerseits auf das Sozialstaatsprinzip sowie andererseits auf die Grundrechte zu stützen ist. Könnte man diese Überlegungen aber dann nicht vielleicht auch auf die völkerrechtliche Ebene und ihre Regelungsstrukturen übertragen und von so etwas wie einer Infrastrukturverantwortung durch Völkerrecht bzw. auf der Grundlage des Völkerrechts sprechen? Ich möchte hier gar nicht auf die gelegentlich bereits diskutierte Frage eingehen, ob das Völkerrecht schon in eine Entwicklungsphase eingetreten ist, in der sich auch auf internationaler Ebene so etwas wie sozialstaatliche Ordnungsideen positivrechtlich nachweisen lassen. In jedem Fall kämen hier aber – im Sinne der zweiten „Säule" im innerstaatlichen Bereich – die Menschenrechte in Betracht. Auch im Völkerrecht ist ja allgemein anerkannt, dass die Menschenrechte nicht nur abwehrrechtlichen Charakter haben, sondern sich aus ihnen auch staatliche Schutzpflichten ableiten lassen. Wenn man dies in Betracht zieht, wäre die entsprechende Regelungsdichte im Völkerrecht doch nicht ganz so gering, sondern würde sich auch auf die Grundlagen eines entsprechenden Sicherungsauftrags des Staates beziehen.

Ganz kurz am Schluss noch zur praktischen Relevanz dieser Überlegung. Zwar müssen rechtswissenschaftliche Überlegungen nicht notwendigerweise auch zu einem praktisch relevanten Ergebnis führen. Aber wenn es ein solches gibt, muss man damit ja auch nicht hinter dem Berg halten. Namentlich im Bereich des internationalen Investitionsrechts, aber auch des Welthandelsrechts, gibt es entsprechende Rechtsvorgaben, die – wenngleich nicht unmittelbar mit dem Unionsrecht vergleichbar – ebenfalls auf entsprechende Liberalisierungsmaßnahmen abzielen, die zur Konsequenz haben können, dass man sich auch auf derselben Rechtsebene fragen muss, in welcher Weise – gleichsam im Sinne eines normativen „Gegengewichts" – auch die staatliche Letztverantwortung für die Infrastruktursicherung positivrechtlich im Völkerrecht abgestützt werden kann. Hier kämen in erster Linie die Menschenrechte in Betracht, sodass man vor diesem Hintergrund zumindest ansatzweise von so etwas wie einer auch völkerrechtlichen Gewährleistungsverantwortung sprechen könnte. Danke schön.

Zacher: Vielen Dank. Ich würde gerne noch ein paar Bemerkungen zur Tagung als Ganzes machen. Ich bin in meinem Urteil sehr gespalten. Ich habe jedes Referat eigentlich genossen: als mehr oder weniger – meistens mehr – perfekte Leistung, als gutes Handwerk und voller guten Ideen. Trotzdem frage ich mich nach der Architektur der Tagung. Kann man so über das Thema „Zukunftsgestaltung durch öffentliches Recht" reden? Denn was wir sagen könnten und was Sie sagen konnten war ja, dass man durch Recht gute Wege bahnen kann, dass einzelne der erörterten Materien eine gute Zukunft haben und die Anliegen, die von ihnen betroffen sind, auf eine gute Bahn gesetzt wurden. Das kann man. Aber was dann noch bleibt ist die Politik. Alle rechtlichen Regelungen sind eingebettet in Wirklichkeiten – schon ehe sie Recht werden und nachdem sie Recht geworden sind. Und eine ganz besondere dieser Wirklichkeiten ist die Politik: Davon war überhaupt nicht die Rede, obwohl auch die Politik in öffentlich-rechtlichen Ordnungen lebt. Ich glaube, dass wir, wenn wir alles durchgehen, relativ wenig wissen, von welcher Zukunft wir in diesen zwei Tagen geredet haben. Dies ist so, weil wir nicht von der Politik selbst geredet haben. Ich muss da auf mein zentrales Lebensfach zurückkommen, auf das Sozialrecht. Da beobachte ich das umso schmerzlicher immer mehr. Von Normen werden Lösungen erwartet. In Wirklichkeit lassen

Normen aber unendlich Raum – sei es in der Normgestaltung, sei es in dem Drumherum der Normverwirklichung. Die Wirklichkeit wuchert immer wieder um die Normen. Sie ist sehr ungehorsam gegenüber den Normen. Damit umgehen muss die Politik. Aber wir wissen viel zu wenig, wie wir zu einer guten Politik kommen. Politik bedeutet ja in diesem Fall nicht nur Politiker, Behörden, Parlamente usw., sondern Politik umfasst natürlich auch den Wähler und die öffentliche Meinung, über dieses ganze Zusammenspiel mitsamt dem Umgang mit der Zukunft. Wenn wir uns jetzt – und damit schließe ich – vor Augen führen, dass Politik immer in der Gegenwart liegt, weil in der Gegenwart gewählt wird, in der Gegenwart geherrscht wird, in der Gegenwart sich aufgebäumt und aufgespielt wird. Alles lebt in der Gegenwart. Eigentlich kümmert man sich um die Gegenwart und nur ganz nebenbei um die Zukunft. Kann das Recht da etwas tun, um der Zukunft mehr Sorge, mehr Geltung sowie mehr Rücksicht zu verschaffen? Es wäre schön gewesen, wenn wir darüber jetzt auch etwas mehr wüssten.

Biaggini: Vielen Dank, Herr Zacher, für diese sehr bedenkenswerten Worte. Die Politik ist in der Tat eine wichtige Dimension, aber auch eine Dimension, die nicht ganz so leicht zu fassen ist. Darüber könnte man natürlich jetzt noch lange diskutieren. Aus Zeitgründen muss ich das Wort jetzt allerdings weitergeben an die beiden Referenten. Es spricht, wie üblich, zuerst Herr Wißmann als unser zweiter Referent.

Wißmann: Ich beginne mit einem doppelten Dank, der sich zunächst an den Vorstand richtet, dass er mir und uns dieses Thema übertragen und damit Gelegenheit zu vertiefter wissenschaftlicher Arbeit inmitten der Alltagsstürme gegeben hat. Der zweite Dank geht an Sie für Kritik und Zuspruch in der Diskussion. Von beidem lebt man ja, als Wissenschaftler wie als Mensch.

Ich möchte versuchen, die Debatte für mich etwas zu sortieren: Ich beginne mit dem Begriff der Infrastruktur und der Rückfrage von Herrn Engel, ob wir nicht doch ein materielles Infrastrukturrecht eingrenzen könnten, wenn wir nur lange genug suchten – nämlich das Recht der Netzexternalitäten, wenn wir es mit der Ortsgebundenheit koppeln. Ich folge dem nicht. Meine Rückfrage wäre, ob nicht mit einer solchen Perspektive vorschnell ein materielles Ordnungsmodell verbunden wird, nämlich das eines bestimmten Wettbewerbskonzepts. Nun ist das aber gerade meine Pointe: Ich glaube, dass es ein vorgeordnetes Grundmodell im Bereich der Infrastruktur nicht gibt. Eine solche Vorstellung verwechselt gerade die Ebenen von verfassungsrechtlicher Gesamtordnung und Wettbewerb. Nur am Rande: In den USA wird eben nicht nur geflogen, sondern die armen

Leute fahren Bus. Wäre das bei Ihnen schon wieder draußen, weil es nicht ortsgebunden ist? Oder würden die Busstationen ausreichen? Ich glaube, da kämen wir vom hundertsten ins tausendste.

Mein zweiter Punkt betrifft die Frage des Themenzuschnitts, also der Konzeption von Phasen und der einzelnen Fragestellungen des Infrastrukturrechts. Das sind zunächst die Beiträge von Herrn Burgi, Herrn Meyer und Frau Spiecker. Ich gebe Ihnen völlig recht: Ich hätte auch eine Dreiviertelstunde ausschließlich über Finanzierung sprechen können. Man kann dieses Thema alleine von dort aus aufbauen, und das sind elementare, gerade auch politische Fragen. Ich würde aber hoffen, dass man diese Fragen mit meinem Konzept eines phasenorientiertes Rechts verbinden kann, das auch diesen Bereich dann ergänzend aufarbeiten muss.

Es hat mich gefreut, dass es dann doch überwiegend auf Zustimmung zu stoßen scheint, dass es sich hier um eine Daueraufgabe handelt und dass wir im Schwerpunkt gar nicht so sehr von neuen Infrastrukturen, sondern von den Infrastrukturen, die wir bereits vorhalten, sprechen müssen. Die Pflege ist ein materiell wichtiger Punkt. Herr Schoch hat das nochmals besonders ins Spiel gebracht, aber auch die Beiträge von Herrn Möstl, Herrn Knauff und Frau Wallrabenstein sind in unterschiedlicher Weise damit umgegangen. Ich kann hier nur in aller Kürze sagen: Natürlich sind Sicherheitsaspekte dabei elementar wichtig. Bloß erschöpft sich der Aspekt der „Pflege" nicht darin. Das ist, glaube ich, der Fehler der alten Ordnungsmodelle, dass sie auch bei öffentlichen Infrastrukturen von einer privatautonomen Nutzung von Genehmigungen ausgehen. Hier würde ich zu einer grundlegenden Veränderung der Perspektiven raten. Standardsetzung in Bezug auf Transparenz wie auch auf Qualität ist hier ein wichtiges Thema – so etwa in der interdisziplinären Zusammenarbeit im Bereich von DIN-Standards. Es wird einem ganz anders, wenn man mit Ingenieuren spricht: Was die meinen, wie verbindlich solche Standards sind und warum. Da hat das deutsche Recht eine nach wie vor große Aufgabe in Aufklärung und Dialog.

Der dritte Punkt ist die Frage: Planfeststellungsverfahren oder Einzelfallgesetz? Zunächst einmal war mein Eindruck, dass viele Staatsrechtler schon ins Wochenende gegangen sind, weil die Kritik eher verhalten war und im verwaltungsrechtlichen Modus erklang. Trotzdem haben Herr Hofmann, Herr Dietz und Herr Kugelmann doch eher die Ertüchtigung des bisherigen Planfeststellungsverfahrens angemahnt. Ich halte das alles für richtig, dass man das schöner machen kann. Bloß glaube ich, der Pfad, auf dem Sie sich bewegen – noch extensiver aufzuarbeiten, noch mehr zu beteiligen – löst das Problem nicht, das dort im Grunde besteht. Ich verweise auf eine Diskussionsbemerkung von Herrn Waechter vor einigen Jahren, der damals sagte, dass bei diesem ganzen Verfahren doch in Wahrheit die Entscheidung immer schon gefallen sei und es nur noch darum ginge, ob noch eine Lärmschutzwand oder ein Kaninchenschutzbunker gebaut wird. Alles andere sei Fassade. Und Herr Waechter ist immerhin auch in einem OVG-Senat tätig. Insofern war mir das eine Ermutigung, mich auf das Einzelfallgesetz als Alternative zu konzentrieren. Einige Beiträge habe ich eher als Bestätigung verstanden – Herrn Meyer, Herrn Möstl, auch Frau Spiecker insoweit. Allerdings, Herr Püttner, geht es da schon um Grundrechtseingriffe. Wenn eine Straße, ein Flughafen oder ein Atomendlager konkret durch ein Gesetz beschlossen wird, dann ist das nicht nur Staatsorganisation, sondern betrifft Anlieger und Nachbarn. Insofern kommt man, glaube ich, so schnell aus der Nummer nicht heraus. Ich halte aber trotzdem Art. 19 Abs. 1 Satz 1 GG nicht für eine sinnvolle Perspektive, damit umzugehen. Herr Burgi hat auf das Problem des Art. 19 Abs. 4 GG in diesem Zusammenhang hingewiesen. Ich glaube, man kann hier die verfassungsrechtlichen Anforderungen gewährleisten. Das wäre unsere Aufgabe. Es geht nicht um eine Entfesselung des Gesetzgebers oder staatlicher Macht, sondern um eine vernünftige Rationalisierung hoheitlicher Entscheidungen. Die Beteiligung der Verwaltung bleibt konstitutiv gesichert. Mir geht es auch nicht – in einem schlanken Sinne – um Beschleunigung, sondern grundsätzlicher ansetzend um die Neujustierung des Verhältnisses von Gesetz und Verwaltung. Herr Masing hat die Kernfrage dieses Bereiches nochmal aufgeworfen: Was soll denn von wem entschieden werden? Ich würde in der Tat meinen, es geht in dieser Verschränkung nicht um eine dezisionistische Freischaltung des Parlaments, vielmehr bleibt die Verwaltung im vollen Ornat in die Sachentscheidung eingebunden. Verbesserte Legitimation und verfahrensmäßige Vereinfachung ließen sich so verbinden – das wäre der Punkt.

Letzter Punkt, damit bin ich ganz am Anfang der Diskussion. Herr Groß, Herr Hellermann, auch Herr Knauff und ganz zum Schluss Herr Fehling haben nach dem verfassungsrechtlich vorgezeichneten Umfang staatlicher Verantwortung in diesem Bereich gefragt. Meine Antwort ist zunächst einmal schlicht: Das regelt nicht die Verfassung. Das ist die Aussage, auf die ich mich mit Ihnen gerne einigen würde. Und was Art. 36 Grundrechte-Charta betrifft: Der Zugang zu bestehenden Infrastrukturen sowie zu bestehenden Diensten sind insofern Rechte zweiter Ordnung, ebenso wie Art. 3 GG. Aus ihnen kann man nicht in einer Übersprungshandlung ableiten, dass die Verfassung entsprechende Infrastrukturen auch herzustellen habe. Das wäre meine Vorstellung von der Verfassung als Rahmenordnung.

Damit bin ich bei meinem Schluss. Im letzten Jahr, seit dem Anruf im Dezember, wurde mir alles, was auf mich einstürzte, irgendwie zu Infrastruktur. Das mag an dem Thema liegen, zeigt aber auch unsere Sozialisation und wie wichtig wir alle dieses Forum nehmen. Chancen, aber auch gewisse Gefahren eines Staatsrechtslehrer-Referats liegen somit eng beieinander. Durch die Diskussion konnte ich nun wieder in Ihren Kreis, in das gemeinsame Gespräch zurückkehren. Dafür herzlichen Dank.

Dörr, Oliver: Schade, dass ich nach diesen Worten überhaupt noch etwas sagen muss, aber so gebieten es wohl die Regeln. Auch ich danke, wie es sich an dieser Stelle gehört, für Zuspruch, vor allem für diesen, der – das mögen jene unter Ihnen, die noch nicht referiert haben, vielleicht nicht so empfinden können – sehr gut tut nach der langen Unsicherheit. Ich danke aber auch für Kritik. Ich habe – wenn ich richtig zugehört habe – vier Gruppen zu bilden: die Themeneingrenzung, die verfassungsrechtlichen Standards, die Instrumente und das Völkerrecht – das Beste sozusagen kommt also zum Schluss.

Zur Themeneingrenzung. Herr Engel, natürlich kann man über diese kategoriale Eingrenzung, die sich nicht aus dem Gesetz ergibt, immer streiten. Mit Herrn Schoch hatte auch ich viele Wochen lang große Zweifel am Thema insgesamt: Ist das in dieser Abgeschlossenheit überhaupt ein Thema für einen Juristen? Infrastrukturrecht, gibt es das überhaupt? Ich habe versucht, das mir Mögliche an begrifflicher Schärfung und Eingrenzung zu leisten. Ich glaube, Ihr Kriterium der Netzverknüpfung oder der Netzexternalitäten ist zu eng. Ich habe das in einem Absatz erwähnt. Infrastruktur ist meines Erachtens mehr als nur das, was als Netz funktioniert oder als Netz verknüpft ist. Bei Schulen mag man heute von Schulnetzwerken sprechen, aber wenigstens ein Friedhof ist nicht vernetzt, dennoch ist er ortsgebundene Grundlage staatlicher Versorgung. Ich würde ihn gerne weiter in der Infrastruktur belassen. Auch was die Ökonomen hier machen – ein bisschen davon habe ich jetzt gelernt –, hat mich, was die Kategorie- und Begriffsbildung angeht, nicht immer überzeugt.

Herr Schoch, natürlich habe ich die Entsorgung nicht ausgeklammert, sie ging vielleicht nur etwas unter. Ich habe von Abwasserentsorgung und von Abfallbeseitigung gesprochen und bezog dies auf Versorgung in einem sehr weiten, funktionalen Sinne. Das schließt natürlich als Versorgungsleistung auch die Dienstleistungen aus dem Entsorgungsbereich ein. Selbstverständlich gehören die ortsgebundenen Anlagen der Entsorgungsdienste zur Infrastruktur und zu den Infrastrukturleistungen, gar keine Frage.

Herr Schoch und Herr Meyer mahnten, glaube ich, an, dass wir die Finanzierung ausgelassen haben. Da würde ich ähnlich wie Herr Wißmann sagen, dass wir irgendetwas ausklammern mussten, damit wir halbwegs durchkommen. Natürlich haben wir auch viele Sachgebiete ausgeklammert: Über Rundfunk und Sozialdienstleistungen im Einzelnen haben wir nicht gesprochen, weil sonst das Ganze doch sehr weit geworden wäre. Herr Faßbender, auch das Umweltrecht fiel diesen themenbezogenen Kürzungen zum Opfer. Ich bitte dafür um Nachsicht.

Zweiter Komplex: die verfassungsrechtlichen Standards deutscher wie europäischer Grundlage. Thomas Groß fragte: Wer konkretisiert die sozialstaatlichen Mindeststandards und wie macht man das? Da würde ich zunächst ganz einfach antworten: der staatliche Gesetzgeber in Bund und Ländern nach Maßgabe der Kompetenzordnung. Sicherlich nicht, wenn das hinter der Frage gestanden haben sollte, die Union, die hierfür keine Kompetenzgrundlage hat. Auch Art. 106 Abs. 2 AEUV, der in der Literatur gerne in diesem Zusammenhang genannt wird, bietet sicherlich keine Grundlage für die unionsautonome Konkretisierung, denn die Norm setzt die Betrauung mit einer bestimmten öffentlichen Versorgungsleistung oder einer Infrastrukturleistung voraus. Ich würde auch bei den verfassungsrechtlichen Standards – das klang mehrfach an – den großen Gestaltungsspielraum vor allem des Gesetzgebers oder – etwas weiter gefasst – des Staates betonen. Herr Zacher wies darauf hin, dass die Einhegung der Politik durch Normen nicht immer gelingt. Ich glaube, das passt sehr gut zu diesem Tenor.

Zu den Standards rügte weiter Herr Püttner auf das Schärfste den Abschied von den gleichwertigen Lebensverhältnissen. Ich stehe trotzdem dazu, obwohl der Gegenwind heftig ist, wenn er von Ihnen kommt. Ich glaube nicht, dass Art. 3 GG, den Sie anführten, in diesem Zusammenhang uns sehr viel hilft. Mir ging es nicht um einen subjektiv einklagbaren Anspruch – ich glaube, auch Ihnen nicht –, sondern um eine konzeptionelle Betrachtung. Ich glaube, das Konzept der gleichwertigen Lebensverhältnisse hat vielleicht für die Kontexte, in denen es in der Verfassung verwendet wird (also für die Gesetzgebungskompetenz des Bundes und für die Finanzierung), noch seine Berechtigung. Für den Versorgungsauftrag des Staates scheint mir dies zunehmend brüchiger zu werden. Ich denke, der Staat ist angesichts der großen Gestaltungsspielräume, die diesem Auftrag immanent sind, berechtigt, hier Konsequenzen zu ziehen. Ich habe am Mittwoch gelernt, dass die Betrachtung des Realbereiches ganz wichtig ist, um Normen zu verstehen. Wenn man die reale soziale Entwicklung ansieht, die schrumpfende Gesellschaft, dann kann der Staat daraus Konsequenzen ziehen – bis zu einem gewissen Minimum, über das wir uns grundrechtlich und sozialstaatlich verständigen können.

Zum Europarecht. Matthias Knauff fragte nach Art. 14 AEUV und der notwendigen Infrastruktur. Natürlich kann ich das nicht exakt bezeichnen und mich stattdessen dahin zurückziehen, dass der Begriff Infrastruktur in der Norm gar nicht vorkommt. Sondern es geht nur um Daseinsvorsorge, nicht mal das wörtlich, sondern natürlich nur übersetzt in den „Eurospeak". Ich wollte nur deutlich machen, dass ich als verfassungsrechtliche Grundaufgabe und als Gestaltungsauftrag Infrastruktur dort mit erfasst sehe. Wenn die Norm von öffentlichen Dienstleistungen von allgemeinem wirtschaftlichem Interesse spricht, dann meint sie auch die Infrastrukturdienstleistungen, die gegen Entgelt – also marktgängig – erbracht werden. Der weite Spielraum der Mitgliedstaaten ist hier sogar in der Norm selbst zu greifen; immerhin aber handelt es sich um ein verfassungsrechtliches Datum, das den deutschen verfassungsrechtlichen Auftrag abrundet und ergänzt – erst recht natürlich im Zusammenhang mit dem Protokoll. Man wird aus der Norm selber nicht einen bestimmten Infrastrukturstandard ableiten können, keine Frage.

Herr Fehling fragte, meine ich, nach Art. 36 Grundrechte-Charta als Ansatzpunkt für Teilhabe, eventuell sogar für Teilhabeansprüche gegen den Staat. Hier würde ich noch weiter gehen als Herr Wißmann und sagen, dass Art. 36 im falschen Text steht: Das ist offensichtlich kein subjektives Recht. Dort heißt es nämlich nur, die Union achtet und anerkennt – in der deutschen Fassung, sprachlich schon ein Graus – den Zugang zu öffentlichen Leistungen. Erstens ist also nur die Union überhaupt Adressat dieser Norm. Man wird auch mit Art. 51 Grundrechte-Charta nicht darüber hinwegkommen, weil in der Norm ausdrücklich der Adressat genannt ist. Zweitens gibt es im Text gerade keinen Ansatzpunkt für ein subjektives Recht in dem Sinne, wie wir es verstehen.

Herr Kugelmann, Herr Faßbender, der Enge der Zeit geschuldet bitte ich Sie um Nachsicht, dass ich Sie zusammenfasse. Sie fragten nach: Sind die DAWIs nicht doch stärker geklärt, vor allem durch die dazu ergangenen Richtlinien? Ich bezog mich allerdings nicht auf die Richtlinien in dem Zusammenhang, sondern auf das nicht liberalisierte Europarecht. Ich meine, dass hier – das war wohl auch Herrn Faßbenders Anliegen – zwar der Einwirkungsanspruch des Europarechts umfassend ist in der Breite, wenn man so will, dass aber in der Tiefe sehr wenig dabei herauskommt, weil man Grundfreiheitsverkürzungen rechtfertigen kann durch das Allgemeininteresse an der Infrastruktur in staatlicher Verantwortung und weil das Beihilferecht mittlerweile von großzügigen Ausnahmen nur so gepflastert ist, dass von einer echten Steuerungswirkung im praktischen Ergebnis wenig bleibt. Ich stimme Herrn Faßbender zu, dass das ein Teil der internationalen Lösung ist, bitte aber zu beachten – Sie haben, glaube ich, auf die Leitlinien für die transeuropäische Energieinfrastruktur hingewiesen –, dass ich das für netzgebundene Infrastrukturen anerkannt habe. Ich meine aber, nicht alle Infrastruktur ist vernetzt, und dementsprechend muss nicht jede Lösung international sein.

Wenn ich noch eine Minute habe, würde ich gerne Norman Weiß und Herrn Nowrot antworten. Zum Völkerrecht bin ich fast versucht mit dem alten Briest zu sagen: „Das ist ein weites Feld, Effi." Norman, ich meine, man kann das regeln als *res communis omnium*, aber dann muss man es regeln. Das Völkerrecht tut es bisher nicht. Allgemeine Pflichten nach Art einer gewohnheitsrechtlichen *res communis* sehe ich nicht. Im Gegenteil: Die Regime „Meeresboden", „Antarktis" und „Hohe See" sind alle vertraglicher Art (jedenfalls zum überwiegenden Teil), was dafür spricht, dass man einen Vertrag schließen muss, um ein solches Regime zu begründen. Und die Erfahrungen in der ITU vor einem Jahr sprechen nicht dafür, dass das recht bald geschieht.

Der Schritt zum „Weltinnenrecht" baut die Brücke zu dem, was Herr Nowrot zu einer eventuellen völkerrechtlichen Gewährleistungsverantwortung sagte. Ich habe gegen das Konzept nichts einzuwenden, weiß ich doch, lieber Herr Nowrot, dass Sie in der Literatur für innovative Lösungen und Konzepte stehen. Ich möchte als Völkerrechtler aber warnen vor einer vorschnellen Parallele zu innerstaatlichen Konzepten, dass man also sehr schnell die Weltverfassung oder das Sozialstaatsprinzip auf völkerrechtlicher Ebene gespiegelt sieht. Ich glaube nicht, dass wir das Völkerrecht besser machen, wenn wir es fortschrittlich ankleiden, als es ist, indem wir staatliche Konzepte schlicht hochzonen und sagen: Das gibt es auch alles auf völkerrechtlicher Ebene. Da bin ich sehr skeptisch. Natürlich, wenn Herr Schoch von Grundrechtsvoraussetzungen spricht, welche durch Infrastruktur geschaffen werden, dann wird man das auch für völkerrechtliche Menschenrechtspflichten – soweit sie verbindlich für den betreffenden Staat gelten – sagen können. Insoweit hat jeder Staat eine Verantwortung, die faktischen Voraussetzungen für die Einlösung derjenigen Menschenrechte herzustellen, an die er gebunden ist. Aber weiter, glaube ich, geht das Völkerrecht an dieser Stelle noch nicht.

Ich bin am Ende, ach, nein, ich habe die Instrumente vergessen. Indra Spiecker zu den Rückholoptionen, darf ich das bitte nachher bilateral machen?

Herr Zacher sprach über Recht und Zukunft. Ich versuche jetzt ein ähnlich schönes Schlusswort zu finden wie Herr Wißmann, ahne jedoch, dass es mir gelingen wird. Ich weiß nicht, ob wir uns nicht überheben, wenn wir Zukunft allein durch Recht gestalten wollen. Vielleicht können wir wenigstens Recht so ausgestalten, dass es der Zukunft nicht im Wege steht. Oder wir könnten mit Dr. Udo Brömme sagen: Zukunft ist gut für alle! Vielen herzlichen Dank.

Verzeichnis der Redner

Verzeichnis der Mitglieder der Vereinigung der Deutschen Staatsrechtslehrer e.V.

(Stand: 10. Januar 2014; ständige Aktualisierung unter www.staatsrechtslehrer.de)

Vorstand

1. Prof. Dr. Martin *Burgi*
   Institut für Politik und Öffentliches Recht der LMU München
   Lehrstuhl für Öffentliches Recht, Wirtschaftsverwaltungsrecht,
   Umwelt- und Sozialrecht
   Prof.-Huber-Platz 2
   80539 München
   Tel.: (0 89) 21 80-62 95
   Fax: (0 89) 21 80-31 99
   E-Mail martin.burgi@jura.uni-muenchen.de

2. Prof. Dr. Uwe *Volkmann*
   Johannes-Gutenberg-Universität Mainz
   FB Rechts- und Wirtschaftswissenschaften
   Lehrstuhl für Rechtsphilosophie und Öffentliches Recht
   55099 Mainz
   Tel.: (06131) 3 9-2 34 53
   Fax: (0 61 31) 3 9-2 30 90
   E-Mail volkmann@uni-mainz.de

3. Prof. Dr. Anne *Peters*, LL.M.
   Direktorin des Max-Planck-Instituts für ausländisches öffentliches Recht
   und Völkerrecht
   Im Neuenheimer Feld 535
   69120 Heidelberg
   Tel.: (0 62 21) 48 23 07
   Fax: (0 62 21) 48 22 88
   E-Mail apeters-office@mpil.de

Mitglieder

Adamovich, Dr. Dr. h.c. mult. Ludwig, o. Univ.-Prof., Präsident des Österreichischen Verfassungsgerichtshofs a.D., Rooseveltplatz 4, A-1090 Wien, (00 43) 66 42 42 75 26; Österreichische Präsidentschaftskanzlei, Hofburg, Ballhausplatz, A-1014 Wien, (00 43) 15 3 42 2-3 00, Fax (00 43) 1 53 42 2-2 48, E-Mail ludwig.adamovich@hofburg.at

Albers, Dr. iur., Dipl. soz. Marion, Professorin, Sulzer Straße 21a, 86159 Augsburg; Universität Hamburg, Fakultät für Rechtswissenschaften, Lehrstuhl für Öffentliches Recht, Informations- und Kommunikationsrecht, Rechtstheorie, Rothenbaumchaussee 33, 20148 Hamburg, (0 40) 4 28 38-57 52, Fax (0 40) 4 28 38-26 35, E-Mail marion.albers@jura.uni-hamburg.de

Alexy, Dr. Dr. h.c. mult. Robert, o. Professor, Klausbrooker Weg 122, 24106 Kiel, (04 31) 54 97 42; Universität Kiel, 24098 Kiel, (04 31) 8 80 35 43, Fax (04 31) 8 80 37 45, E-Mail alexy@law.uni-kiel.de

Alleweldt, Dr. Ralf, LL.M., Privatdozent, Halbe Stadt 12, 15230 Frankfurt (Oder), (03 35) 6 22 47; Europa-Universität Viadrina, Postfach 17 86, 15207 Frankfurt (Oder), (03 35) 55 34 78 75, E-Mail alleweldt@europa-uni.de

Anderheiden, Dr. Michael, Professor, Stephanienstr. 32, 76133 Karlsruhe, (07 21) 4 70 08 17; Fakultät für Rechts- und Staatswissenschaften Andrássy Universität Budapest, Pollack Tér 3, 1088 Budapest / Ungarn, (00 36) 18 15 81 20; In Deutschland erreichbar unter: Ruprecht-Karls-Universität Heidelberg, Juristisches Seminar, Friedrich-Ebert-Anlage 6–10, 69117 Heidelberg, (0 62 21) 54 74 97, E-Mail anderheidenm@jurs.uni-heidelberg.de

Appel, Dr. Ivo, Professor, Eisvogelweg 28, 82140 Olching, (0 81 42) 2 84 23 17; Universität Hamburg, Fakultät für Rechtswissenschaft, Rothenbaumchaussee 33, 20148 Hamburg, (0 40) 4 28 38-54 43, Fax (0 40) 4 28 38-62 80, E-Mail ivo.appel@jura.uni-hamburg.de

Arnauld, Dr. Andreas von, Professor, Lange Reihe 103, 20099 Hamburg, (0 40) 31 81 74 17, E-Mail andreas.arnauld@gmx.de; Universität Münster, Lehrstuhl für Öffentliches Recht, insbesondere Völker- und Europarecht, Bispinghof 24/25, 48143 Münster, (02 51) 8 3-2 20 21, Fax (02 51) 8 3-2 20 43, E-Mail andreas.arnauld@uni-muenster.de

Arnim, Dr. Hans Herbert von, o. Professor, Im Oberkämmerer 26, 67346 Speyer, (0 62 32) 9 81 23; Deutsche Universität für Verwaltungswissenschaften Speyer, 67324 Speyer, (0 62 32) 65 43 43, E-Mail vonarnim@uni-speyer.de

Arnold, Dr. Rainer, o. Professor,
Plattenweg 7, 93055 Regensburg,
(09 41) 7 44 65;
Universität Regensburg,
93053 Regensburg, (09 41) 94 3-2 65 4/5,
E-Mail Rainer.Arnold@jura.
uni-regensburg.de

Aschke, Dr. Manfred, Professor,
Kantstr. 14, 99425 Weimar,
(0 36 43) 40 22 83, Fax (0 36 43) 40 22 84;
E-Mail winckelmann.aschke@t-online.de;
c/o Professur Öffentliches Recht II,
Hein-Heckroth-Str. 5, 35390 Gießen oder
Thüringer Oberverwaltungsgericht
Kaufstr. 2–4, 99423 Weimar,
(0 36 43) 20 6-2 69

Augsberg, Dr. Ino, Privatdozent,
Wissenschaftlicher Mitarbeiter,
Akad. Rat a.Z.,
Ludwig-Maximilians-Universität
München,
Institut für Politik und Öffentliches
Recht,
Lehrstuhl für Öffentliches Recht und
Kirchenrecht (Prof. Dr. Stefan Korioth),
Professor-Huber-Platz 2,
80539 München, (0 89) 21 80-21 19
od. -27 37, Fax (0 89) 21 80-39 90
E-Mail ino.augsberg@jura.
uni-muenchen.de

Augsberg, Dr. Steffen, Professor,
Semperstr. 20, 22303 Hamburg,
(01 78) 8 31 40 00;
Justus-Liebig-Universität, Professur für
Öffentliches Recht,
Hein-Heckroth-Str. 5, 35390 Gießen,
(06 41) 99-2 10 90/91,
Fax (06 41) 9 9-2 10 99,
E-Mail Steffen.Augsberg@recht.
uni-giessen.de

Aulehner, Dr. Josef, Privatdozent,
Hans-Böcker-Str. 8, 80995 München,
(0 89) 1 23 84 02, Fax (0 89) 12 74 96 88;
Ludwig-Maximilians-Universität
München,
Ref. I A 3 – Rechtsabteilung,
Geschwister-Scholl-Platz 1,
80539 München,
(0 89) 21 80-37 30, Fax (0 89) 21 80-29 85,
E-Mail Aulehner@lmu.de

Axer, Dr. Peter, Professor,
Ruprecht-Karls-Universität Heidelberg,
Lehrstuhl für Sozialrecht in Verbindung
mit dem Öffentlichen Recht,
Friedrich-Ebert-Anlage 6–10,
69117 Heidelberg,
(0 62 21) 54-77 68, Fax (0 62 21) 54-77 69,
E-Mail axer@jurs.uni-heidelberg.de

Baade, Dr. Hans W., Professor,
6002 Mountain Climb Drive,
Austin/Texas, USA, 78 731,
(00 1-5 12) 4 52 50 71;
dienstl. (00 1-5 12) 4 71 51 51,
E-Mail hbaade@mail.law.utexas.edu

Badura, Dr. Peter, o. Professor,
Am Rothenberg Süd 4,
82431 Kochel am See, (0 88 51) 52 89;
Universität München,
Professor-Huber-Platz 2,
80539 München, (0 89) 21 80-35 76

Baer, Dr. Susanne, LL.M., Professorin,
Richterin des Bundesverfassungerichts,
Bleibtreustrasse 55, 10623 Berlin;
Humboldt-Universität zu Berlin,
Juristische Fakultät,
Unter den Linden 9, 10099 Berlin,
(0 30) 20 93 34 67, Fax (0 30) 20 93 34 31,
E-Mail sekretariat.baer@rewi.
hu-berlin.de

Baldus, Dr. Manfred, Universitäts-
professor,
Roter Stein 8, 99097 Erfurt,
(03 61) 5 54 70 54;

Lehrstuhl für Öffentliches Recht
und Neuere Rechtsgeschichte,
Staatswissenschaftliche Fakultät,
Universität Erfurt, Nordhäuserstr. 63,
99089 Erfurt, (03 61) 7 37 47 11,
E-Mail manfred.baldus@uni-erfurt.de

Barfuß, Dr. iur. Dr. rer. pol. Walter,
o. Universitätsprofessor,
Tuchlauben 11/31, 1010 Wien;
Präsident des Österreichischen
Normungsinstituts,
Generaldirektor für Wettbewerb a.D.
(Bundeswettbewerbsbehörde),
Heinestraße 38, A-1020 Wien,
(00 43) 1/2 13 00/6 12,
Fax (00 43) 1/2 13 00/6 09,
E-Mail walter.barfuss@as-institute.at

Bartlsperger, Dr. Richard, o. Professor,
Schleifweg 55, 91080 Uttenreuth,
(0 91 31) 5 99 16, Fax (0 91 31) 53
33 04,
E-Mail Bartlsperger.richard@t-online.de

Bast, Dr. Jürgen, Professor,
Justus-Liebig-Universität Gießen,
Professur für Öffentliches Recht,
Hein-Heckroth-Str. 5, 35390 Gießen,
(06 41) 9 9-2 10 61, Fax (06 41) 9 9-2 10 69,
E-Mail jurgen.bast@recht.uni-giessen.de

Battis, Dr. Dr. h.c. Ulrich, Professor,
Bleibtreustr. 5, 10623 Berlin,
(0 30) 6 48 19 47;
Rechtsanwalt Of Counsel in der Kanzlei
Gleiss Lutz,
Friedrichstr. 71, 10117 Berlin,
(0 30) 8 00 97 91 21,
E-Mail: ulrich.battis@gleisslutz.com,
oder sekretariat.battis@rewi.hu-berlin.de

Bauer, Dr. Hartmut, Professor,
Am Hegereiter 13, 01156 Cossebaude,
(03 51) 4 52 16 03;
Lehrstuhl für Europäisches und Deutsches Verfassungsrecht, Verwaltungsrecht, Sozialrecht und Öffentliches
Wirtschaftsrecht, Universität Potsdam,
August-Bebel-Straße 89, 14482 Potsdam,
(03 31) 9 77-32 64, Fax (03 31) 9 77-33 10,
E-Mail hbauer@rz.uni-potsdam.de

Baumeister, Dr. Peter, Professor,
Langebrücker Str. 24, 68809 Neulußheim,
(0 62 05) 39 78 17;
SRH Hochschule Heidelberg,
Ludwig-Guttmann-Str. 6, 69123 Heidelberg, (0 62 21) 88 22 60,
Fax (0 62 21) 88 34 82,
E-Mail peter.baumeister@fh-heidelberg.de;
Schlatter Rechtsanwälte,
Kurfürsten-Anlage 59, 69115 Heidelberg,
(0 62 21) 98 12 17, Fax (0 62 21) 18 24 75,
E-Mail p.baumeister@kanzlei-schlatter.de

Baumgartner, Dr. Gerhard, Univ. Prof.,
Institut für Rechtswissenschaft,
Alpen-Adria-Universität Klagenfurt,
Universitätsstr. 65–67, A-9020 Klagenfurt
am Wörthersee, (00 43) 4 63 27 00 33 11,
Fax (00 43) 4 63 27 00 99 33 11,
E-Mail Gerhard.Baumgartner@aau.at

Bausback, Dr. Winfried, Univ.-Prof. a.D.,
MdL,
Im Neurod 8, 63741 Aschaffenburg,
(0 60 21) 45 66 06, Fax (0 60 21) 45 66 07;
Büro: Roßmarkt 34, 63739 Aschaffenburg, (0 60 21) 44 23 20,
Fax (0 60 21) 44 23 18;
E-Mail info@winfried-bausback.de

Beaucamp, Dr. Guy, Professor,
Leharstr. 7, 22145 Hamburg;
Department Public Management,
Fakultät Wirtschaft und Soziales,
HAW Hamburg,
Berliner Tor 5, 20099 Hamburg,
(0 40) 4 28 75 77 13
E-Mail AnkeBeauc@aol.com

Becker, Dr. Florian, LL.M. (Cambridge), Professor, Universität Kiel, Olshausenstr. 75, Gebäude II, (Postanschrift: Olshausenstr. 40), 24098 Kiel, (04 31) 8 80-53 78 oder (04 31) 8 80-15 04, Fax (04 31) 8 80-53 74, E-Mail f.becker@law.uni-kiel.de

Becker, Dr. Joachim, Privatdozent, Kreuznacher Str. 6, 14197 Berlin, (0 30) 8 22 40 12; Humboldt-Universität zu Berlin, Juristische Fakultät, Unter den Linden 6, 10099 Berlin, (0 30) 20 93 33 83, E-Mail Joachim.Becker@rewi.hu-berlin.de

Becker, Dr. Jürgen, o. Professor, Kellerstr. 7, 81667 München, E-Mail ksjbecker@gmail.com

Becker, Dr. Ulrich, LL.M. (EHI), Professor, Pfarrsiedlungsstr. 9, 93161 Sinzing, (0 94 04) 34 78; Max-Planck-Institut für ausländisches und internationales Sozialrecht, Amalienstr. 33, 80799 München, (0 89) 38 60 2-5 11, Fax (0 89) 38 60 2-5 90, E-Mail Becker@mpisoc.mpg.de

Belser, Dr. Eva Maria, Professorin, Chemin du Riedelet 7, CH-1723 Marly, (00 41) 2 64 36 22 36; Universität Freiburg i. Ue., Lehrstuhl für Staats- und Verwaltungsrecht, Institut für Föderalismus, Route d'Englisberg 7, CH-1763 Granges-Paccot, (00 41) 2 63 00 81 30, E-Mail evamaria.belser@unifr.ch

Berg, Dr. Wilfried, o. Professor, Waldsteinring 25, 95448 Bayreuth, (09 21) 9 90 08 14; Universität Bayreuth, 95440 Bayreuth, (09 21) 55 28 76, Fax (09 21) 55 84 28 75 oder 55 29 85, E-Mail wilfried@cwberg.de

Berka, Dr. Walter, o. Universitätsprofessor, Birkenweg 2, A-5400 Hallein, (00 43) 66 24 57 67 58; Institut für Verfassungs- und Verwaltungsrecht der Universität Salzburg, Kapitelgasse 5–7, A-5020 Salzburg, (00 43) 6 62-80 44 36 21, Fax (00 43) 6 62-80 44 36 29, E-Mail Walter.Berka@sbg.ac.at

Bernhardt, Dr. Dr. h.c. Rudolf, o. Professor, Gustav-Kirchhoff-Str. 2a, 69120 Heidelberg, (0 62 21) 41 36 99; MPI für ausländisches öffentliches Recht und Völkerrecht, Im Neuenheimer Feld 535, 69120 Heidelberg, (0 62 21) 48 22 53, E-Mail rbernhar@mpil.de

Bernstorff, Dr. Jochen von, Professor, Eberhard-Karls-Universität Tübingen, Juristische Fakultät, Lehrstuhl für Staatsrecht, Völkerrecht und Verfassungslehre, Geschwister-Scholl-Platz, 72074 Tübingen, E-Mail vonbernstorff@jura.uni-tuebingen.de

Bethge, Dr. Herbert, o. Professor, Am Seidenhof 8, 94034 Passau, (08 51) 4 16 97, Fax (08 51) 4 90 18 97, E-Mail H.I.Bethge@t-online.de

Beusch, Dr. Michael, Privatdozent, Limmattalstraße 43, CH-8049 Zürich, (00 41) 4 43 41 06 04; Bundesverwaltungsgericht, Kreuzackerstraße 12, Postfach, CH-9023 St. Gallen, (00 41) 5 87 05 25 33, Fax (00 41) 5 87 05 25 59 E-Mail michael.beusch@isistax.com

Beyerlin, Dr. Ulrich, apl. Professor, Luisenstr. 7, 69151 Neckargmünd;

MPI für ausländisches öffentliches Recht und Völkerrecht,
Im Neuenheimer Feld 535,
69120 Heidelberg, (0 62 21) 48 22 30,
E-Mail ubeyerli@mpil.de

Biaggini, Dr. Giovanni, o. Professor,
Kantstraße 12, CH-8044 Zürich,
(00 41) 4 42 51 11 58;
Lehrstuhl für Staats-, Verwaltungs- und Europarecht,
Rechtswissenschaftliches Institut,
Freiestrasse 15, CH-8032 Zürich,
(00 41) 4 46 34-30 11 oder -36 68,
Fax (00 41) 4 46 34-43 89,
E-Mail giovanni.biaggini@rwi.uzh.ch

Bieber, Dr. Uwe Roland, o. Professor,
Mainzer Str. 135, 53179 Bonn,
(02 28) 35 71 89; Université de Lausanne,
Faculté de Droit – CDCE BFSH 1,
CH-1015 Lausanne-Dorigny,
(00 41) 2 1-6 92 27 90,
Fax (00 41) 2 1-6 92 27 85,
E-Mail Roland.Bieber@unil.ch

Bickenbach, Dr. Christian, Privatdozent,
E-Mail Christian.Bickenbach@gmx.de;
Universität Mainz, Fachbereich 03,
c/o Lehrstuhl Professor Cornils,
55099 Mainz, (0 61 31) 3 92 57 59,
Fax (0 61 31) 3 92 30 09,
E-Mail bickenb@uni-mainz.de

Binder, Dr. Bruno, Universitätsprofessor,
Wischerstr. 30, A-4040 Linz,
(00 43) 73 2-7 17 77 2-0,
Fax (00 43) 7 3 2-7 17 77 2-4;
Universität Linz, Altenbergerstr. 69,
A-4020 Linz, (00 43) 73 22 46 80,
Fax (00 43) 7 32 24 68 10,
E-Mail vwrecht@jku.at

Birk, Dr. Dieter, Universitätsprofessor,
Büschingstr. 2, 10249 Berlin,
(0 30) 25 35 32 02;
Direktor des Instituts für Steuerrecht,
Westfälische Wilhelms-Universität Münster, Universitätsstraße 14–16,
48143 Münster, (02 51) 8 32 27 95,
Fax (02 51) 8 32 83 86,
E-Mail birk@uni-muenster.de

Blanke, Dr. Hermann-Josef, Universitätsprofessor,
Lehrstuhl für Öffentliches Recht, Völkerrecht und Europäische Integration,
Universität Erfurt,
Nordhäuser Straße 63, 99089 Erfurt,
(03 61) 7 37-47 51, (03 61) 7 37-47 00
(Sekr.), Fax (03 61) 7 37-47 09,
E-Mail LS_Staatsrecht@uni-erfurt.de

Blankenagel, Dr. Alexander, Professor,
Türksteinstraße 10, 14167 Berlin,
(030) 8 54 95 82;
Humboldt-Universität zu Berlin, Juristische Fakultät, Unter den Linden 6,
10099 Berlin, (030) 20 93-33 81,
Fax (030) 20 93-33 45,
E-Mail blankenagel@rewi.hu-berlin.de

Blümel, Dr. Willi, Universitätsprofessor,
Angelhofweg 65, 69259 Wilhelmsfeld,
(0 62 20) 1 80;
Deutsche Universität für Verwaltungswissenschaften Speyer, 67324 Speyer,
(0 62 32) 65 4-3 62 oder -3 60,
Fax (0 62 32) 91 0-2 08 oder 91 0-2 90

Bock, Dr. Wolfgang, Professor,
Richter am Landgericht Frankfurt am Main, Schalkwiesenweg 44,
60488 Frankfurt am Main,
Privat: (0 69) 76 57 17, (01 63) 6 36 25 52,
Dienstlich: (0 30) 40 04 63 14,
E-Mail wolfgang.bock@baks.bund.de

Böckenförde, Dr. iur. Dr. phil. Dr. h.c. Ernst-Wolfgang, o. Professor,
Türkheimstr. 1, 79280 Au bei Freiburg,
(07 61) 40 56 23;

Albert-Ludwigs-Universität Freiburg,
79098 Freiburg, (07 61) 2 03 22 63
oder -22 62

Bogdandy, Dr. Armin von, M.A.,
Professor,
Mühltalstr. 117, 69121 Heidelberg,
(0 62 21) 58 94 33;
Max-Planck-Institut für ausländisches
öffentliches Recht und Völkerrecht,
Im Neuenheimer Feld 535,
69120 Heidelberg, (0 62 21) 48 26 02,
Fax (0 62 21) 48 26 03,
E-Mail sekreavb@mpil.de

Bogs, Dr. Harald, o. Professor,
Anton-Bartl-Str. 4, 82327 Tutzing,
(0 81 58) 90 65 83

Böhm, Dr. Monika, Professorin,
Lerchenweg 7, 65719 Hofheim/Ts.,
(0 61 92) 2 48 29, Fax (0 61 92) 2 48 14;
Philipps-Universität Marburg,
Institut für Öffentliches Recht,
Savignyhaus, Raum 404, Universitätsstraße 6, 35032 Marburg/Lahn,
(0 64 21) 2 82-38 08,
Fax (0 64 21) 2 82-89 82,
E-Mail monika.boehm@jura.uni-marburg.de

Bohne, Dr. Eberhard, M.A., Professor,
Conrad-Hist-Straße 35, 67346 Speyer,
(0 62 32) 7 37 04, Fax (0 62 32) 6 01 08 71;
Deutsche Universität für Verwaltungswissenschaften Speyer,
Freiherr-vom-Stein-Straße 2,
67346 Speyer, (0 62 32) 65 4-3 26,
Fax (0 62 32) 65 4-4 16,
E-Mail bohne@uni-speyer.de

Borowski, Dr. Martin, Professor,
Im Neuenheimer Feld 371,
69120 Heidelberg; Universität Heidelberg, Institut für Staatsrecht, Verfassungslehre und Rechtsphilosophie,
Friedrich-Ebert-Anlage 6–10,
69117 Heidelberg, (0 62 21) 54-74 62,
E-Mail borowski@jurs.uni-heidelberg.de

Bothe, Dr. Michael, Universitätsprofessor,
Theodor-Heuss-Str. 6, 64625 Bensheim,
(0 62 51) 43 45;
Universität Frankfurt am Main,
Juridicum Zimmer 210, Senckenberganlage 31, 60054 Frankfurt am Main,
(0 69) 79 82 22 64,
E-Mail bothe-bensheim@t-online.de

Brandt, Dr. Edmund, Professor,
Technische Universität Braunschweig,
Carl-Friedrich-Gauß-Fakultät,
Institut für Rechtswissenschaften,
Lehrstuhl für Staats- und Verwaltungsrecht sowie Verwaltungswissenschaften,
Bienroder Weg 87, 38106 Braunschweig,
(05 31) 3 91-24 61, Fax (05 31) 3 91-24 66
E-Mail edmund.brandt@tu-bs.de

Breitenmoser, Dr. Stephan, Professor,
Ordinarius für Europarecht,
Juristische Fakultät der Universität Basel,
Peter Merian-Weg 8, Postfach,
CH-4002 Basel, (00 41) 6 12 67 25 51,
Fax (00 41) 6 12 67 25 79,
E-Mail stephan.breitenmoser@unibas.ch

Brenner, Dr. Michael, Professor,
Drosselweg 8, 73550 Waldstetten,
(0 71 71) 99 67 42, Fax (0 71 71) 99 68 65;
Lehrstuhl für Deutsches und Europäisches Verfassungs- und Verwaltungsrecht, Universität Jena, Carl-Zeiss-Str. 3,
07743 Jena, (0 36 41) 94 22 40 oder -41,
Fax (0 36 41) 94 22 42,
E-Mail prof.brenner@t-online.de

Breuer, Dr. Marten, Professor,
Universität Konstanz, Lehrstuhl für
Öffentliches Recht mit internationaler
Ausrichtung, Universitätsstr. 10,

78464 Konstanz, (0 75 31) 88 24 16,
Fax (0 75 31) 88 30 41,
E-Mail Lehrstuhl.Breuer@
uni-konstanz.de

Breuer, Dr. Rüdiger, Professor,
Buschstr. 56, 53113 Bonn,
(02 28) 21 79 72, Fax (02 28) 22 48 32;
Köhler & Klett Rechtsanwälte, Köln,
(02 21) 4 20 7-2 91,
Fax (02 21) 4 20 7-2 55,
E-Mail breuer.ruediger@arcor.de

Brinktrine, Dr. Ralf, Universitätsprofessor,
Margaretenstr. 31, 97276 Margetshöchheim, (09 31) 30 44 58 84;
Lehrstuhl für Öffentliches Recht, deutsches und europäisches Umweltrecht und Rechtsvergleichung, Juristische Fakultät, Universität Würzburg, Domerschulstraße 16, 97070 Würzburg,
(09 31) 3 18-23 31,
E-Mail Ralf.Brinktrine@jura.
uni-wuerzburg.de

Britz, Dr. Gabriele, Professorin,
Richterin des Bundesverfassungsgerichts,
Justus-Liebig-Universität Gießen,
Professur für Öffentliches Recht
und Europarecht,
Hein-Heckroth-Straße 5, 35390 Gießen,
(06 41) 9 92 10 70,
Fax (06 41) 9 92 10 79,
E-Mail Gabriele.Britz@recht.
uni-giessen.de

Bröhmer, Dr. Jürgen, Professor,
4 Hinton Cove, 6170 Wellard, WA,
(00 61) 8 94 19 59 65;
Dean and Professor of Law,
School of Law, Murdoch University,
Murdoch, WA 6150, Australien,
(00 61) 8 93 60 60 50,
E-Mail j.brohmer@murdoch.edu.au

Brosius-Gersdorf, Dr. Frauke, LL.M.,
Professorin,
Alte Leipziger Str. 10, 10117 Berlin,
(0 30) 20 61 96 59, Fax (0 30) 20 61 96 62;
Gottfried Wilhelm Leibniz Universität Hannover, Lehrstuhl für Öffentliches Recht, insb. Sozialrecht, Öffentliches Wirtschaftsrecht und Verwaltungswissenschaft, Königsworther Platz 1,
30167 Hannover, (05 11) 7 62-82 25,
Mobil (01 73) 6 09 14 54,
Fax (05 11) 7 62-82 28,
E-Mail brosius-gersdorf@jura.
uni-hannover.de

Brühl-Moser, Dr. Denise, Privatdozentin,
EDA Kurier (Taschkent), Freiburgstr. 130,
CH-3003 Bern, (00 41) 99 89 31 82 36 85,
E-Mail d.bruehl-moser@unibas.ch

Brüning, Dr. Christoph, Professor,
Kiebitzredder 12, 24220 Flintbek,
(0 43 47) 7 13 42 95;
Universität Kiel, Olshausenstr. 75,
24118 Kiel, (04 31) 8 80-45 40
oder -15 05,
Fax (04 31) 8 80-45 82,
E-Mail cbruening@law.uni-kiel.de

Brünneck, Dr. Alexander von, Professor,
Blumenhagenstr. 5, 30167 Hannover,
(05 11) 71 69 11;
Europa-Universität Viadrina,
15207 Frankfurt (Oder), Postfach 17 86,
(03 35) 55 34-22 64 oder -22 95,
Fax (03 35) 55 34-24 18,
E-Mail raue@euv-frankfurt-o.de

Bryde, Dr. Brun-Otto, o. Professor,
Richter des Bundesverfassungsgerichts a. D.,
Universität Gießen, Hein-Heckroth-Str. 5,
35390 Gießen, (06 41) 9 92 10 60/61,
Fax (06 41) 9 92 10 69,
E-Mail Brun.O.Bryde@recht.
uni-giessen.de

Bull, Dr. Hans Peter, o. Professor,
Falckweg 16, 22605 Hamburg,
(0 40) 8 80 56 52,
E-Mail HP-Bull@t-online.de

Bullinger, Dr. Dr. h.c. (Université de Dijon), Martin, o. Professor,
Altschlößleweg 4, 79280 Au bei Freiburg,
(07 61) 40 23 89;
Universität Freiburg, 79085 Freiburg,
(07 61) 2 03 22 48 oder -47,
E-Mail martin.bullinger@jura.uni-freiburg.de

Bultmann, Dr. Peter Friedrich, Privatdozent, Am Pankepark 51, 10115 Berlin,
(0 30) 44 05 64 43;
Humboldt-Universität zu Berlin,
Unter den Linden 6, 10099 Berlin,
E-Mail piet.bultmann@rz.hu-berlin.de

Bumke, Dr. Christian, Professor,
Apostel-Paulus-Str. 19, 10825 Berlin,
(0 30) 7 82 67 87;
Bucerius Law School, Jungiusstraße 6,
20355 Hamburg, (0 40) 30 70 6-2 37,
Fax (0 40) 30 70 6-2 59,
E-Mail christian.bumke@law-school.de

Bungenberg, Dr. Marc, LL.M. (Lausanne), Professor,
Pirmasenser Str. 3, 30559 Hannover,
(05 11) 2 19 34 13 oder (01 77) 4 34 97 22;
Universität Siegen, Fachbereich Wirtschaftswissenschaften, Wirtschaftsrecht und Wirtschaftsinformatik, Lehrstuhl für Öffentliches Recht und Europarecht,
Hölderlinstr. 3, 57068 Siegen,
(02 71) 7 40 32 19, Fax (02 71) 7 40 24 77,
E-Mail marc.bungenberg@gmx.de

Burgi, Dr. Martin, Professor,
Institut für Politik und Öffentliches Recht der LMU München,
Lehrstuhl für Öffentliches Recht, Wirtschaftsverwaltungsrecht, Umwelt- und Sozialrecht, Prof.-Huber-Platz 2,
80539 München, (0 89) 21 80-62 95,
Fax (0 89) 21 80-31 99,
E-Mail martin.burgi@jura.uni-muenchen.de

Burkert, Dr. Herbert, Professor,
Uferstr. 31, 50996 Köln-Rodenkirchen,
(00 49) 2 21 39 77 00,
Fax (00 49) 2 21 39 77 11;
MCM-HSG, Universität St. Gallen,
Müller-Friedberg-Str. 8,
CH-9000 St. Gallen, (00 41) 71-2 22 48 75,
Fax (00 41) 71-2 22 48 75,
E-Mail herbert.burkert@unisg.ch

Bußjäger, Dr. Peter, Privatdozent,
Institut für Föderalismus,
Maria-Theresien-Straße 38b,
A-6020 Innsbruck, (00 43) 5 12-57 45 94,
Fax (00 43) 51 2-5 74 59 4-4

Butzer, Dr. iur. Hermann, Professor,
Moltkestr. 4, 30989 Gehrden,
(0 51 08) 8 78 23 23;
Leibniz-Universität Hannover, Lehrstuhl für Öffentliches Recht, insbesondere Recht der staatlichen Transfersysteme,
Königsworther Platz 1, 30167 Hannover,
(05 11) 7 62 81 69, Fax (05 11) 7 62 82 03,
E-Mail butzer@jura.uni-hannover.de

Calliess, Dr. Christian, LL.M. Eur., M.A.E.S. (Brügge), Professor,
(01 75) 2 05 75 22;
Freie Universität Berlin, Lehrstuhl für Öffentliches Recht und Europarecht,
Van't-Hoff-Str. 8, 14195 Berlin,
(0 30) 83 85 14 56, Fax (0 30) 83 85 30 12,
E-Mail europarecht@fu-berlin.de

Cancik, Dr. Pascale, Professorin,
Schreberstraße 19, 49080 Osnabrück,
(05 41) 9 70-19 77,
E-Mail pcancik@uni-osnabrueck.de;
Institut für Kommunalrecht und Verwal-

tungswissenschaft, Fachbereich Rechtswissenschaft, Universität Osnabrück,
Martinistraße 12, 49078 Osnabrück,
(05 41) 9 69-60 99 (Sekr.),
Fax (05 41) 9 69-60 82,
E-Mail instkv@uni-osnabrueck.de

Caspar, Dr. Johannes, Privatdozent,
Tronjeweg 16, 22559 Hamburg,
(0 40) 81 96 11 95, Fax (0 40) 81 96 11 21;
Universität Hamburg, Fachbereich Rechtswissenschaft, Edmund-Siemers-Allee 1, Flügel West, 20146 Hamburg,
(0 40) 4 28 38-57 60,
Fax (0 40) 4 28 38-62 80;
Der Hamburgische Beauftragte für Datenschutz und Informationsfreiheit,
Klosterwall 6 (Block C), 20095 Hamburg,
E-Mail johannes.caspar@datenschutz.hamburg.de

Classen, Dr. Claus Dieter, Professor,
Olchinger Str. 57g, 82178 Puchheim,
(0 89) 89 41 88 00, Fax (0 89) 89 41 88 01;
Ernst-Moritz-Arndt-Universität Greifswald, 17487 Greifswald, (0 38 34) 86 21 21
oder 21 24, Fax (0 38 34) 86 20 02,
E-Mail Classen@uni-greifswald.de

Coelln, Dr. Christian von, Professor,
Prinz-Georg-Str. 104, 40479 Düsseldorf,
(02 11) 99 54 38 38,
E-Mail coelln@web.de;
Universität zu Köln, Institut für Deutsches und Europäisches Wissenschaftsrecht, Albert-Magnus-Platz, 50923 Köln,
(02 21) 4 70-40 66, Fax (02 21) 4 70-16 92,
E-Mail cvcoelln@uni-koeln.de

Collin, Dr. Peter, Privatdozent,
Rykestr. 18, 10405 Berlin;
MPI für europäische Rechtsgeschichte,
Hausener Weg 120, 60489 Frankfurt
am Main, (0 69) 78 97 8-1 61,
(0 30) 40 05 62 92, Fax (0 69) 78 97 8-1 69,
E-Mail collin@mpier.uni-frankfurt.de

Cornils, Dr. Matthias, Professor,
Adelheidstr. 92, 65185 Wiesbaden,
(06 11) 9 71 99 97, (01 78) 4 98 73 11,
E-Mail mcornils@arcor.de;
Johannes Gutenberg-Universität Mainz,
Fachbereich Rechts- und Wirtschaftswissenschaften, Jakob-Welder-Weg 9,
55099 Mainz, (0 61 31) 3 9-2 20 69,
E-Mail cornils@uni-mainz.de

Cremer, Dr. Hans-Joachim, Universitätsprofessor,
Steinritzstr. 21, 60437 Frankfurt
am Main;
Universität Mannheim, Fakultät für Rechtswissenschaft, Schloß, Westflügel,
68131 Mannheim, (06 21) 1 81-14 28,
-14 29 (Sekr.), Fax (06 21) 1 81-14 30,
E-Mail Hjcremer@rumms.uni-mannheim.de

Cremer, Dr. Wolfram, Professor,
Schellstraße 13, 44789 Bochum;
Ruhr-Universität Bochum, Lehrstuhl für Öffentliches Recht und Europarecht,
GC 8/160, 44780 Bochum,
(02 34) 3 2-2 28 18,
Fax (02 34) 32-14 81,
E-Mail wolfram.cremer@rub.de

Czybulka, Dr. Detlef, Universitätsprofessor,
Bergstraße 24–25, 18107 Elmenhorst,
(03 81) 7 95 39 44, Fax (03 81) 7 95 39 45;
Universität Rostock, Lehrstuhl für Staats- und Verwaltungsrecht, Umweltrecht und Öffentliches Wirtschaftsrecht,
Universitätsplatz 1, 18051 Rostock,
(03 81) 4 98-82 50,
Fax (03 81) 4 98-82 52,
E-Mail detlef.czybulka@uni-rostock.de

Dagtoglou, Dr. Prodromos, Professor,
Hippokratous 33, GR-Athen 144,
(00 30) 13 22 11 90;
dienstl.: (00 30) 13 62 90 65

Dann, Dr. Philipp, LL.M., Professor
Privat: Blanchardstr. 18, 60487 Frankfurt, (0 69) 36 70 23 31;
Dienstlich: Licher Str. 64, 35394 Gießen, (06 41) 9 92 11 20,
E-Mail philipp.dann@recht.uni-giessen.de

Danwitz, Dr. Dr. h.c. Thomas von, Professor, Klinkenbergsweg 1, 53332 Bornheim, (0 22 27) 90 91 04, Fax (0 22 27) 90 91 05;
Richter am Gerichtshof der Europäischen Union, L-2925 Luxemburg, (0 03 52) 43 03-22 30, Fax (0 03 52) 43 03-20 71,
E-Mail thomas.vondanwitz@curia.europa.eu

Davy, Dr. Benjamin, Universitätsprofessor,
Korte Geitke 5, 44227 Dortmund, (02 31) 77 99 94;
Technische Universität Dortmund, Fakultät Raumplanung, Lehrstuhl für Bodenpolitik, Bodenmanagement und kommunales Vermessungswesen, August-Schmidt-Str. 10, 44221 Dortmund, (02 31) 7 55 22 28,
Fax (02 31) 7 55 48 86,
E-Mail benjamin.davy@udo.edu

Davy, Dr. Ulrike, Universitätsprofessorin, Korte Geitke 5, 44227 Dortmund, (02 31) 77 99 94 oder 7 94 99 79;
Lehrstuhl für öffentliches Recht, deutsches und internationales Sozialrecht und Rechtsvergleichung, Universität Bielefeld, Postfach 10 01 31, 33501 Bielefeld, (05 21) 1 06 44 00 oder 68 93 (Sekr.),
Fax (05 21) 1 06 80 83,
E-Mail udavy@uni-bielefeld.de

Dederer, Dr. Hans-Georg, Professor, Holländerstr. 13c, 94034 Passau;
Universität Passau, Lehrstuhl für Staats- und Verwaltungsrecht, Völkerrecht, Europäisches und Internationales Wirtschaftsrecht, Innstr. 39, 94032 Passau, (08 51) 5 09-23 40, Fax (08 51) 5 09-23 42,
E-Mail Hans-Georg.Dederer@uni-passau.de

De Wall, Dr. Heinrich, Professor, Schronfeld 108, 91054 Erlangen, (0 91 31) 97 15 45;
Hans-Liermann-Institut für Kirchenrecht der Friedrich-Alexander-Universität Erlangen-Nürnberg, Hindenburgstraße 34, 91054 Erlangen, (0 91 31) 8 5-2 22 42,
Fax (0 91 31) 8 5-2 40 64,
E-Mail hli@jura.uni-erlangen.de

Degenhart, Dr. Christoph, Universitätsprofessor,
Stormstr. 3, 90491 Nürnberg, (09 11) 59 24 62, Fax (09 11) 59 24 62;
Juristenfakultät, Universität Leipzig, Burgstr. 27, 04109 Leipzig, (03 41) 9 7-3 51 91,
Fax (03 41) 9 7-3 51 99,
E-Mail degen@rz.uni-leipzig.de

Delbanco, Dr. Heike, Privatdozentin, Freier Damm 25 c, 28757 Bremen, (04 21) 2 43 63 81, Fax (04 21) 3 30 49 40;
Ärztekammer Bremen, Schwachhauser Heerstraße 30, 28209 Bremen, (04 21) 3 40 4-2 00,
Fax (04 21) 3 40 4-2 09

Delbrück, Dr. Dr. rer.pol.h.c. Jost, LL.D. h.c., Professor em., Schoolredder 20, 24161 Altenholz, (0 41) 32 39 95;
Universität Kiel, 24098 Kiel, (04 31) 8 80 21 88, Fax (04 31) 8 80 16 19,
E-Mail jdelbrueck@web.de

Denninger, Dr. Dr. h.c. Erhard, Professor em.,
Am Wiesenhof 1, 61462 Königstein, (0 61 73) 7 89 88;

Universität Frankfurt, Institut für Öffentliches Recht, Senckenberganlage 31, 60325 Frankfurt am Main, E-Mail Denninger@jur.uni-frankfurt.de

Depenheuer, Dr. Otto, Professor, Joachimstraße 4, 53113 Bonn, (02 28) 92 89 43 63, Fax (02 28) 92 89 43 64; Universität zu Köln, Seminar für Staatsphilosophie und Rechtspolitik, Albertus-Magnus-Platz, 50923 Köln, (02 21) 4 70 22 30, Fax (02 21) 4 70 50 10, E-Mail Depenheuer@uni-koeln.de

Desens, Dr. Marc, Universitätsprofessor, Ferdinand-Lassalle-Str. 2, 04109 Leipzig, (03 41) 35 58 73 65; Universität Leipzig, Juristenfakultät, Lehrstuhl für Öffentliches Recht, insb. Steuerrecht und Öffentliches Wirtschaftsrecht, Burgstr. 21, 04109 Leipzig, (03 41) 9 73 5-2 70, Fax (03 41) 9 73 5-2 79, E-Mail marc.desens@uni-leipzig.de

Determann, Dr. Lothar, Privatdozent, 1275 California Street, USA-San Francisco, CA 94109, E-Mail lothar.determann@bakernet.com; Freie Universität Berlin, Ehrenbergstr. 17, 14195 Berlin

Detterbeck, Dr. Steffen, o. Professor, Stettiner Str. 60, 35274 Kirchhain, (0 64 22) 45 31; Institut für Öffentliches Recht, Universität Marburg, Savignyhaus, Raum 407, Universitätsstr. 6, 35032 Marburg, (0 64 21) 2 82 31 23, Fax (0 64 21) 2 82 32 09, E-Mail brechta@staff.uni-marburg.de

Di Fabio, Dr. Dr. Udo, Professor, Richter des Bundesverfassungsgerichts a. D.; Institut für Öffentliches Recht, Abt. Staatsrecht, Rheinische Friedrich Wilhelms-Universität, Adenauerallee 44, 53113 Bonn, (02 28) 73 55-73, Fax (02 28) 73 79 35, E-Mail difabio@uni-bonn.de

Dietlein, Dr. Johannes, Professor, Heinrich-Heine-Universität, Lehrstuhl für Öffentliches Recht und Verwaltungslehre, Zentrum für Informationsrecht, Universitätsstr. 1, 40225 Düsseldorf, (02 11) 8 1-1 14 20, Fax (02 11) 8 1-1 14 55, E-Mail dietlein@uni-duesseldorf.de

Dietz, Dr. Andreas, Privatdozent, Bayerischer Verwaltungsgerichtshof, Postfach 34 01 48, 80098 München, (0 89) 2 13 0-3 38, E-Mail Andreas.Dietz@vgh.bayern.de

Diggelmann, Dr. Oliver, Professor, Alte Landstrasse 49, 8802 Kilchberg, (00 41) 4 32 44 45 35; Institut für Völkerrecht und ausländisches Verfassungsrecht, Lehrstuhl für Völkerrecht, Europarecht, Öffentliches Recht und Staatsphilosophie, Rämistrasse 74/36, 8001 Zürich, (00 41) 4 46 34-20 54 oder -20 33, Fax (00 41) 4 46 34-53 99, E-Mail oliver.diggelmann@rwi.uzh.ch

Dittmann, Dr. Armin, o. Professor, Karl-Brennenstuhl-Str. 11, 72074 Tübingen, (0 70 71) 8 24 56; Universität Hohenheim – Schloß, Postfach 70 05 62, 70593 Stuttgart, (07 11) 4 59-27 91, Fax (07 11) 4 59-34 82, E-Mail adittman@uni-hohenheim.de

Dolzer, Dr. Dr. Rudolf, Professor, Am Pferchelhang 4/1, 69118 Heidelberg, (0 62 21) 80 33 44;

Rechts- und Staatswissenschaftliche Fakultät, Universität Bonn, Adenauerallee 24–42, 53113 Bonn, (02 28) 73 91 72, Fax (02 28) 73 91 71, E-Mail rdolzer@jura.uni-bonn.de

Dörr, Dr. Dieter, Universitätsprofessor, Am Stadtwald 6, 66123 Saarbrücken; Lehrstuhl für Öffentliches Recht, Völker- und Europarecht, Medienrecht, Johannes-Gutenberg-Universität Mainz, 55099 Mainz, (0 61 31) 3 92 26 81 oder 3 92 30 44, Fax (0 61 31) 3 92 56 97, E-Mail ddoerr@uni-mainz.de; Mainzer Medieninstitut (MMI), Mainzer Medieninstitut e.V., Jakob-Welder-Weg 4, 55128 Mainz, (0 61 31) 1 44 92 50, Fax (0 61 31) 1 44 92 60, E-Mail doerr@mainzer-medieninstitut.de

Dörr, Dr. Oliver, LL.M. (London), Professor, Universität Osnabrück, Fachbereich Rechtswissenschaft, European Legal Studies Institute, 49069 Osnabrück, (05 41) 9 69 60 50 oder -60 51, Fax (05 41) 9 69 60 49, E-Mail odoerr@uos.de

Dreier, Dr. Horst, o. Professor, Bismarckstr. 13, 21465 Reinbek, (0 40) 7 22 58 34; Lehrstuhl für Rechtsphilosophie, Staats- und Verwaltungsrecht, Universität Würzburg, Domerschulstraße 16, 97070 Würzburg, (09 31) 3 1-8 23 21, Fax (09 31) 31-29 11, E-Mail dreier@mail.uni-wuerzburg.de

Dreier, Dr. Ralf, o. Professor, Wilhelm-Weber-Str. 4, 37073 Göttingen, (05 51) 5 91 14; Universität Göttingen, 37073 Göttingen, (05 51) 39 73 84

Droege, Dr. Michael, Universitätsprofessor, Victor-Achard-Str. 14a, 61350 Bad Homburg v. d. H., (0 61 72) 8 56 94 76, Fax (0 32 21) 1 29 56 38; Johannes Gutenberg-Universität Mainz, Fachbereich Rechts- und Wirtschaftswissenschaften, Jakob-Welder-Weg 9, 55128 Mainz, (0 61 31) 3 92 30 45, Fax (0 61 31) 3 92 30 09, E-Mail droege@uni-mainz.de

Drüen, Dr. Klaus-Dieter, Professor, Heinrich-Heine-Universität Düsseldorf, Lehrstuhl für Unternehmenssteuerrecht, Universitätsstraße 1, 40225 Düsseldorf, (02 11) 8 1-1 58 68, Fax (02 1) 8 1-1 58 70, E-Mail klaus-dieter.drueen@uni-duesseldorf.de

Durner, Dr. jur., Dr. phil. Wolfgang, LL.M. (London), Professor, Viktoriaplatz 1, 53173 Bonn-Bad Godesberg; Rheinische Friedrich-Wilhelms-Universität Bonn, Rechts- und Staatswissenschaftliche Fakultät, Adenauerallee 44, 53113 Bonn, (02 28) 73 91 51, Fax (02 28) 73 55 82, E-Mail durner@uni-bonn.de

Eberhard, Dr. Harald, Universitätsprofessor, Troststr. 89/16, A-1100 Wien; Wirtschaftsuniversität Wien, Institut für Österreichisches und Europäisches Öffentliches Recht, Welthandelsplatz 2, A-1020 Wien, (00 43) 13 13 36–50 88, Fax (00 43) 13 13 36-90 50 88, E-Mail harald.eberhard@wu.ac.at

Eberle, Dr. Carl-Eugen, Professor, Kapellenstr. 68a, 65193 Wiesbaden, (06 11) 52 04 68, E-Mail eberle.ce@zdf.de

Ebsen, Dr. Ingwer, Professor,
Alfred-Mumbächer-Str. 19, 55128 Mainz,
(0 61 31) 33 10 20;
FB Rechtswissenschaft, Universität
Frankfurt, Postfach 11 19 32,
60054 Frankfurt am Main,
(0 69) 79 82 27 03,
E-Mail Ebsen@jur.uni-frankfurt.de

Eckhoff, Dr. Rolf, Professor,
Bornwiesweg 37, 65388 Schlangenbad-Georgenborn, (0 61 29) 48 93 70,
Fax (0 61 29) 48 93 72;
Lehrstuhl für Öffentliches Recht, insbesondere Finanz- und Steuerrecht,
Universitätsstr. 31, 93040 Regensburg,
(09 41) 9 43 26 56/57,
Fax (09 41) 9 43 19 74,
E-Mail Rolf.Eckhoff@jura.
uni-regensburg.de

Egli, Dr. Patricia, LL.M. (Yale), Privatdozentin, Lehrbeauftragte an der Universität St. Gallen, Meienbergstr. 65,
CH-8645 Jona, (00 41) 7 97 68 94 65,
E-Mail patricia.egli@unisg.ch

Ehlers, Dr. Dirk, Professor,
Am Mühlenbach 14, 48308 Senden,
(0 25 97) 84 15;
Institut für öffentliches Wirtschaftsrecht,
Westfälische Wilhelms-Universität
Münster, Universitätsstr. 14–16,
48143 Münster, (02 51) 8 3-2 27 01,
Fax (02 51) 8 3-2 83 15,
E-Mail ehlersd@uni-muenster.de

Ehmke, Dr. Horst, o. Professor,
Am Römerlager 4, 53117 Bonn

Ehrenzeller, Dr. Bernhard, o. Professor,
Kirchlistraße 36a, CH-9010 St. Gallen;
Institut für Rechtswissenschaft und
Rechtspraxis (IRP-HSG),
Bodanstr. 4, CH-9000 St. Gallen,
(00 41) 7 1-2 24 24 40 oder -46,
Fax (00 41) 7 1-2 24 24 41,
E-Mail Bernhard.Ehrenzeller@unisg.ch

Eifert, Dr. Martin, LL.M. (Berkeley),
Professor,
Beethovenstr. 57, 53115 Bonn;
Humboldt-Universität zu Berlin,
Lehrstuhl für Öffentliches Recht, insbesondere Verwaltungsrecht, Postanschrift: Unter den Linden 6, 10099 Berlin,
Sitz: Gouverneurshaus, Raum 303,
Unten der Linden 11, Berlin-Mitte,
(0 30) 20 93 36 20, Fax (0 30) 20 93 36 23,
E-Mail martin.eifert@rewi.hu-berlin.de

Eisenmenger, Dr. Sven, Privatdozent,
Hamburg,
E-Mail sven.eisenmenger@gmx.de,
zugehörig Ludwigs-Maximilians-Universität München

Ekardt, Dr. Felix, LL.M., M.A.,
Professor,
Forschungsstelle Nachhaltigkeit und
Klimapolitik, Könneritzstraße 41,
04229 Leipzig,
Tel. + Fax: (03 41) 9 26 08 83;
Ostseeinstitut für Seerecht, Umweltrecht
und Infrastrukturrecht, Juristische Fakultät, Universität Rostock, Richard-Wagner-Straße 31, 18119 Rostock,
Tel. + Fax: (03 41) 9 26 08 83,
E-Mail felix.ekardt@uni-rostock.de

Elicker, Dr. Michael, Professor,
Dunzweiler Straße 6, 66564 Ottweiler,
(0 68 58) 69 98 53,
Fax (0 68 58) 69 98 53;
Universität des Saarlandes, Lehrstuhl
für Staats- und Verwaltungsrecht, Wirtschafts-, Finanz- u. Steuerrecht,
Im Stadtwald, 66123 Saarbrücken,
(06 81) 3 02-21 04,
Fax (06 81) 3 02-47 79,
E-Mail m.elicker@gmx.de

Emmerich-Fritsche, Dr. Angelika, Privatdozentin,
Hornschuchpromenade 17, 90762 Fürth,
(09 11) 70 66 60,
E-Mail info@emmerich-fritsche.de

Enders, Dr. Christoph, Universitätsprofessor,
Prellerstraße 1A, 04155 Leipzig,
(03 41) 5 64 33 71, Fax (03 41) 5 64 33 72;
Universität Leipzig, Juristenfakultät, Lehrstuhl für Öffentliches Recht, Staats- und Verfassungslehre, Burgstr. 21,
04109 Leipzig, (03 41) 9 73 53 50,
Fax (03 41) 9 73 53 59,
E-Mail chenders@rz.uni-leipzig.de

Engel, Dr. Christoph, Professor,
Königsplatz 25, 53173 Bonn,
(02 28) 9 56 34 49, Fax (02 28) 9 56 39 44;
Max-Planck-Institut zur Erforschung von Gemeinschaftsgütern,
Kurt-Schumacher-Straße 10, 53113 Bonn,
(02 28) 9 14 16-10, Fax (02 28) 9 14 16-11,
E-Mail engel@coll.mpg.de

Engels, Dr. Andreas, Privatdozent,
Frangenberg 45, 51789 Lindlar,
E-Mail a.engels@gmx.de;
Universität zu Köln, Institut für Staatsrecht,
Albertus Magnus Platz, 50923 Köln,
(02 21) 4 70-43 59,
Fax (02 21) 4 70-50 75,
E-Mail andreas.engels@uni-koeln.de

Englisch, Dr. Joachim, Professor,
Nettelbeckstr. 11, 40477 Düsseldorf,
(02 11) 41 65 87 35,
E-Mail jo.e@gmx.de;
Westfälische Wilhelms-Universität Münster, Lehrstuhl für Öffentliches Recht und Steuerrecht, Universitätsstr. 14–16,
48143 Münster, (02 51) 8 3-2 27 95,
Fax (02 51) 8 3-2 83 86,
E-Mail jengl_01@uni-muenster.de

Ennuschat, Dr. Jörg, Professor,
Elberfelder Str. 23, 58452 Witten,
(0 23 02) 39 00 28;
FernUniversität Hagen, Universitätsstraße 11, 58097 Hagen,
(0 23 31) 9 87-23 41,
E-Mail Joerg.Ennuschat@FernUni-Hagen.de

Epiney, Dr. Astrid, Professorin,
Avenue du Moléson 18,
CH-1700 Fribourg, (00 41) 2 6-3 23 42 24;
Universität Fribourg i.Ue./CH, Lehrstuhl für Europa-, Völker- und Öffentliches Recht, Av. de Beauregard 11,
CH-1700 Fribourg, (00 41) 2 6-3 00 80 90,
Fax (00 41) 2 6-3 00 97 76,
E-Mail Astrid.Epiney@unifr.ch

Epping, Dr. Volker, Professor,
Neddernwanne 38, 30989 Gehrden,
(0 51 08) 91 26 97;
Leibniz Universität Hannover, Juristische Fakultät, Königsworther Platz 1,
30167 Hannover, (05 11) 7 62 82 48/49,
Fax (05 11) 7 62 82 52,
E-Mail epping@jura.uni-hannover.de

Erbel, Dr. Günter, Professor,
Bornheimer Straße 106, 53111 Bonn

Erbguth, Dr. Wilfried, Professor,
Friedrich-Franz-Str. 38, 18119 Rostock-Warnemünde, (03 81) 5 48 67 09,
Fax (03 81) 5 48 67 15;
Universität Rostock, Juristische Fakultät,
Richard-Wagner-Str. 31 (Haus 1),
18119 Rostock-Warnemünde,
(03 81) 4 98 82 11,
Fax (03 81) 4 98 82 12,
E-Mail Wilfried.Erbguth@jurfak.uni-rostock.de

Erichsen, Dr. Hans-Uwe, o. Professor,
Falkenhorst 17, 48155 Münster,
(02 51) 3 13 12;

Kommunalwissenschaftliches Institut, Universität Münster, Universitätsstr. 14–16, 48143 Münster, (02 51) 83 27 41, E-Mail erichse@uni-muenster.de

Errass, Dr. Christoph, Privatdozent, Lehrbeauftragter an der Universität St. Gallen, Ritterstraße 20R, CH-3047 Bremgarten bei Bern, (00 41) 3 17 41 21 17, E-Mail christoph.errass@bluewin.ch

Faber, Dr. Angela, apl. Professorin, Am Dörnchesweg 42, 50259 Pulheim, (0 22 34) 6 43 70, Fax (0 22 34) 80 29 93, E-Mail mail@angelafaber.de; Hauptreferentin beim Deutschen Städtetag, Gereonshaus, Gereonstraße 18–32, 50670 Köln, (02 21) 3 77 1-0, Fax (02 21) 3 77 1-3 09, E-Mail angela.faber@staedtetag.de

Faber, Dr. Heiko, em. Professor, Universität Hannover, Königsworther Platz 1, 30167 Hannover, (05 11) 7 62-82 06, E-Mail faber@jura.uni-hannover.de

Faßbender, Dr. Bardo, LL.M. (Yale), Universitätsprofessor, Universität St. Gallen, Lehrstuhl für Völkerrecht, Europarecht und Öffentliches Recht, Tigerbergstraße 21, CH-9000 St. Gallen / Schweiz, (00 41) 7 12 24 28 36, Fax (00 41) 7 12 24 21 62, E-Mail bardo.fassbender@unisg.ch

Faßbender, Dr. Kurt, Professor, Pölitzstr. 25, 04155 Leipzig, (03 41) 5 82 01 18; Universität Leipzig, Lehrstuhl für Öffentliches Recht, insb. Umwelt- und Planungsrecht, Otto-Schill-Str. 2, 04109 Leipzig, (03 41) 9 73 5-1 31, Fax (03 41) 9 73 5-1 39, E-Mail fassbender@uni-leipzig.de

Fastenrath, Dr. Ulrich, Professor, Liliensteinstraße 4, 01277 Dresden, (03 51) 2 54 05 36; Juristische Fakultät der TU Dresden, Bergstr. 53, 01069 Dresden, (03 51) 46 33-73 33, Fax (03 51) 46 33-72 13, E-Mail fastenrath@jura.tu-dresden.de

Fechner, Dr. Frank, Professor, Fischersand 57, 99084 Erfurt, (03 61) 6 44 56 96; TU Ilmenau, Institut für Rechtswissenschaft, Postfach 10 05 65, 98684 Ilmenau, (0 36 77) 69-40 22, E-Mail Frank.Fechner@tu-ilmenau.de

Fehling, Dr. Michael, LL.M. (Berkeley), Professor, Farmsener Landstr. 39 B, 22359 Hamburg, (0 40) 60 95 14 65; Bucerius Law School, Hochschule für Rechtswissenschaft, Jungiusstraße 6, 20355 Hamburg, Postfach 30 10 30, (0 40) 30 70 6-2 31, Fax (0 40) 30 70 6-2 35, E-Mail michael.fehling@law-school.de

Feik, Dr. Rudolf, Ao. Univ.-Prof., Hans Sperl Straße 7, A-5020 Salzburg, (00 43) 6 76 73 04 33 74; Universität Salzburg, Fachbereich Öffentliches Recht, Kapitelgasse 5–7, A-5020 Salzburg, (00 43) 6 62 80 44 36 03, Fax (00 43) 6 62 80 44 36 29, E-Mail rudolf.feik@sbg.ac.at

Felix, Dr. Dagmar, Professorin, An den Fischteichen 47, 21227 Bendestorf, (0 41 83) 50 06 67, Fax (0 41 83) 50 07 29; Universität Hamburg, Öffentliches Recht und Sozialrecht, Fakultät für Rechtswissenschaft, Rothenbaumchaussee 33, 20148 Hamburg, (0 40) 4 28 38-26 65, Fax (0 40) 4 28 38-29 30, E-Mail dagmar.felix@jura.uni-hamburg.de

Fetzer, Dr. Thomas, LL.M., Professor, Lehrstuhl für öffentliches Recht und Steuerrecht, Fakultät für Rechtswissenschaft und Volkswirtschaftslehre, Abt. Rechtswissenschaft, Universität Mannheim, 68131 Mannheim, (06 21) 1 81 14 38, E-Mail lsfetzer@mail.uni-mannheim.de

Fiedler, Dr. Wilfried, o. Professor, Am Löbel 2, 66125 Saarbrücken-Dudweiler, (0 68 97) 76 64 01; Forschungsstelle Internationaler Kulturgüterschutz, Universität des Saarlandes, Gebäude 16, Postfach 15 11 50, 66041 Saarbrücken, (06 81) 3 02-32 00, Fax (06 81) 3 02-43 30, E-Mail w.fiedler@mx.uni-saarland.de

Fink, Dr. Udo, Univ.-Professor, Johannes-Gutenberg-Universität Mainz, Fachbereich Rechts- und Wirtschaftswissenschaften, 55099 Mainz, (0 61 31) 3 92 23 84, E-Mail pfink@uni-mainz.de

Fisahn, Dr. Andreas, Professor, Grüner Weg 83, 32130 Enger; Universität Bielefeld, Fakultät für Rechtswissenschaft, Postfach 10 01 31, 33501 Bielefeld, (05 21) 1 06-43 84, E-Mail andreas.fisahn@uni-bielefeld.de

Fischer, Dr. Kristian, Privatdozent, Deidesheimer Str. 52, 68309 Mannheim, (06 21) 73 82 45; Lehrstuhl für Öffentliches Recht und Steuerrecht, Universität Mannheim, Schloss Westflügel, 68131 Mannheim, (06 21) 1 81-14 35, Fax (06 21) 1 81-14 37, E-Mail kfischer@jura.uni-mannheim.de

Fischer-Lescano, Dr. Andreas, LL.M. (EUI, Florenz), Professor, Hobrechtsstr. 48, 12047 Berlin; Zentrum für Europäische Rechtspolitik (ZERP), Universität Bremen, Fachbereich Rechtswissenschaft, Universitätsallee GW 1, 28359 Bremen, (04 21) 21 86 62 22, Fax (04 21) 21 86 62 30, E-Mail fischer-lescano@zerp.uni-bremen.de

Fleiner, Dr. Dr. h.c. Thomas, o. Professor, rte. Beaumont 9, CH-1700 Fribourg, (00 41) 2 6-4 24 66 94, Fax (00 41) 2 6-4 24 66 89; Institut für Föderalismus, Universität Fribourg, Route d' Englisberg 7, CH-1763 Granges-Paccot, (00 41) 2 6-3 00 81 25 oder -28, Fax (00 41) 2 6-3 00 97 24, E-Mail Thomas.Fleiner@unifr.ch

Folz, Dr. Hans-Ernst, Professor, Bispinger Weg 11, 30625 Hannover, (05 11) 57 57 19 oder 56 28 92; Universität Hannover, Lehrstuhl für Öffentliches Recht, Völker- und Europarecht, Königsworther Platz 1, 30167 Hannover, (05 11) 7 62-82 48 oder -82 49, Fax (05 11) 7 62-82 52

Folz, Dr. Hans-Peter, Universitätsprofessor, Klosterwiesgasse 31, A-8010 Graz; Institut für Europarecht/Department of European Law, Karl-Franzens-Universität Graz, RESOWI-Zentrum, Universitätsstr. 15/C 1, A-8010 Graz, (00 43) 31 6-3 80 36 25, Fax (00 43) 31 6-3 80 94 70, E-Mail hans-peter.folz@uni-graz.at

Fraenkel-Haeberle, Dr. Cristina, Privatdozentin, Schießstandweg 28, I-39100 Bozen/Italien, (00 39) 04 71-98 18 18, Fax (00 39) 04 71-30 95 39, Mobil (00 39) 33 5-7 05 50 78;

Senior Researcher, Institut für Föderalismus- und Regionalismusforschung, Europäische Akademie Bozen, Drususallee 1, I-39100 Bozen/Italien, (00 39) 04 71-05 52 00, Fax (00 39) 04 71-05 52 99, E-Mail cristina.fraenkel@eurac.edu

Frank, Dr. Dr. h.c. Götz, Professor, Cäcilienplatz 4, 26122 Oldenburg, (04 41) 7 56 89; Carl von Ossietzky Universität Oldenburg, Juristisches Seminar, Öffentliches Wirtschaftsrecht, 26111 Oldenburg, Paketanschrift: Ammerländer Heerstraße 114–118, 26129 Oldenburg, (04 41) 7 98-41 43, Fax (04 41) 7 98-41 51, E-Mail Goetz.Frank@uni-oldenburg.de

Frankenberg, Dr. Dr. Günter, Professor, Buchrainweg 17, 63069 Offenbach; Institut für Öffentliches Recht, Goethe-Universität Frankfurt, Rechtswissenschaft, Grüneburgplatz 1, 60629 Frankfurt am Main, (0 69) 79 83 4-2 70 oder -2 69, E-Mail Frankenberg@jur.uni-frankfurt.de

Franzius, Dr. Claudio, Privatdozent, Goernestr. 13, 20249 Hamburg, (0 40) 23 80 29 52; Humboldt-Universität Berlin, Juristische Fakultät, Unter den Linden 6, 10099 Berlin, E-Mail claudio.franzius@rz.hu-berlin.de

Frenzel, Dr. Eike M., Privatdozent, Welfenstr. 16, 76137 Karlsruhe; Institut für Öffentliches Recht, Rechtswissenschaftliche Fakultät, Albert-Ludwigs-Universität Freiburg, Postfach, 79085 Freiburg i. Br., (07 61) 2 03-22 52, Fax (07 61) 2 03-22 93, E-Mail eike.frenzel@jura.uni-freiburg.de

Friauf, Dr. Karl Heinrich, o. Professor, Kurallee 18, Apt. 4406, 88709 Meersburg, (0 75 32) 44 26 44 06; Universität Köln, 50923 Köln

Fromont, Dr. Dr. h.c. mult. Michel, Professor, 12, Boulevard de Port Royal, F-75005 Paris, (00 33) 1 45 35 73 71, E-Mail Fromont.michel@wanadoo.fr

Frotscher, Dr. Werner, Professor, Habichtstalgasse 32, 35037 Marburg/Lahn, (0 64 21) 3 29 61; Universität Marburg, Universitätsstr. 6, 35032 Marburg/Lahn, (0 64 21) 2 8-2 31 22/1 26 (Sekr.), Fax (0 64 21) 2 82-38 40, E-Mail w.Frotscher@staff.uni-marburg.de

Frowein, Dr. Dr. h.c. Jochen Abr., o. Professor, Blumenthalstr. 53, 69120 Heidelberg, (0 62 21) 47 46 82, Fax (0 62 21) 41 39 71; MPI für ausländisches öffentliches Recht und Völkerrecht, Im Neuenheimer Feld 535, 69120 Heidelberg, (0 62 21) 48 2-2 58, Fax (0 62 21) 48 2-6 77, E-Mail jfrowein@mpil.de

Frye, Dr. Bernhard, Richter am Finanzgericht, Privatdozent, (03 61) 3 46 21 04; Thüringer Finanzgericht, Bahnhofstr. 3a, 99867 Gotha, (0 36 21) 43 2-2 21, -2 35, Fax (0 36 21) 43 2-1 99, E-Mail b.frye@gmx.de

Führ, Dr. Martin, Professor, Rostockerstr. 17, 63303 Dreieich/Sprendlingen, (0 61 03) 93 66 17, Fax (0 61 03) 93 66 19; Fachhochschule Darmstadt, Haardtring 100, 64295 Darmstadt, E-Mail fuehr@sofia-darmstadt.de

Funk, Dr. Bernd-Christian, o. Professor,
Franz Grassler Gasse 23, A-1230 Wien,
(00 43) 18 89 29 35,
Fax (00 43) 18 89 29 35;
Institut für Staats- und Verwaltungsrecht,
Universität Wien, Juridicum, Schottenbastei 10–16, A-1010 Wien,
E-Mail bernd-christian.funk@univie.ac.at;
Institut für Universitätsrecht und Universitätsmanagement, Johannes Kepler
Universität Linz, Altenbergerstr. 69,
A-4040 Linz, (00 43) 7 32-24 68-93 36,
Fax (00 43) 7 32-24 68 93 99,
E-Mail bernd-christian.funk@jku.at

Funke, Dr. Andreas, Professor,
Kochstraße 21, 91054 Erlangen,
(0 91 31) 8 29 05 97;
Friedrich-Alexander-Universität
Erlangen-Nürnberg, Institut für Staats- und Verwaltungsrecht, Lehrstuhl für
Öffentliches Recht, Schillerstraße 1,
91054 Erlangen, (0 91 31) 8 5-2 28 20,
Fax (0 91 31) 8 5-2 63 81,
E-Mail andreas.funke@fau.de

Gächter, Dr. Thomas, Professor,
Ausserdorferstr. 12g, CH-8052 Zürich,
(00 41) 13 63 37 24;
Universität Zürich, Lehrstuhl für Staats-,
Verwaltungs- und Sozialversicherungsrecht, Rechtswissenschaftliches Institut,
Treichlerstr. 10, CH-8032 Zürich,
(00 41) 4 46 34 30 62,
E-Mail thomas.gaechter@rwi.uzh.ch

Gaitanides, Dr. Charlotte, LL.M.
(Barcelona), Professorin,
22041 Hamburg, (0 40) 68 28 48 77;
Universität Flensburg, Internationales
Institut für Management,
Campusallee 3, 24943 Flensburg,
(04 61) 8 05-27 66, Fax (04 61) 8 05-25 61,
E-Mail charlotte.gaitanides@uni-flensburg.de

Galetta, Dr. Diana-Urania, LL.M.,
Professore Ordinario,
Via Galla Placidia 6, I-20131 Milano;
Diritto Amministrativo e Diritto Amministrativo europeo, Università degli Studi
di Milano, Facoltá di Giurisprudenza,
Dipartimento di diritto pubblico italiano
e sovranazionale, Via Festa del Perdono 7,
I-20122 Milano, (00 39) 02-50 31 25 90,
Fax (00 39) 02-50 31 25 46,
E-Mail diana.galetta@unimi.it

Gallwas, Dr. Hans-Ullrich, Universitätsprofessor,
Hans-Leipelt-Str. 16, 80805 München,
(01 70) 2 16 72 08; Obermaisperg,
84323 Massing, (0 87 24) 13 86,
E-Mail hu-gallwas@t-online.de;
Universität München,
Professor-Huber-Platz 2, 80539 München

Gamper, Dr. Anna, Univ.-Prof.,
Universität Innsbruck, Institut für
Öffentliches Recht, Staats- und Verwaltungslehre, Innrain 52d, A-6020 Innsbruck, (00 43) 51 25 07-82 24,
Fax (00 43) 51 25 07-28 28,
E-Mail Anna.Gamper@uibk.ac.at

Gärditz, Dr. Klaus Ferdinand, Professor,
Kastanienweg 48, 53177 Bonn;
Rheinische Friedrich-Wilhelms-Universität Bonn, Institut für Öffentliches
Recht, Adenauerallee 24–42,
53113 Bonn, (02 28) 73-91 76,
E-Mail gaerditz@jura.uni-bonn.de

Gas, Dr. Tonio, Professor,
Königsworther Str. 17, 30167 Hannover,
E-Mail tgas@uos.de;
Niedersächsisches Studieninstitut für
kommunale Verwaltung e.V.,
Kommunale Hochschule für Verwaltung
in Niedersachsen, Bildungszentrum
Hannover, Wielandstr. 8, 30169 Hannover, (05 11) 1 60 9-4 48,

Fax (05 11) 1 55 37,
E-Mail tonio.gas@nds-sti.de

Gassner, Dr. Ulrich M., Mag.rer.publ., M.Jur. (Oxon), Professor,
Scharnitzer Weg 9, 86163 Augsburg,
(08 21) 6 32 50,
E-Mail ugassner@web.de;
Universität Augsburg, Universitätsstr. 2, 86135 Augsburg, (08 21) 5 98-45 46,
Fax (08 21) 5 98-45 47,
E-Mail Ulrich.Gassner@jura.uni-augsburg.de

Geis, Dr. Max-Emanuel, o. Professor,
Valentin-Rathgeber-Str. 1, 96049 Bamberg, (09 51) 5 19 3-3 05 oder -3 06,
Fax (09 51) 5 19 3-3 08;
Friedrich-Alexander-Universität Erlangen, Institut für Staats- und Verwaltungsrecht, Schillerstr. 1, 91054 Erlangen,
(0 91 31) 8 52 28 18,
Fax (0 91 31) 8 52 63 82,
E-Mail max-emanuel.geis@jura.uni-erlangen.de

Gellermann, Dr. Martin, apl. Professor,
Schlesierstraße 14, 49492 Westerkappeln,
(0 54 04) 20 47, Fax (0 54 04) 91 94 75;
Universität Osnabrück, Fachbereich Rechtswissenschaften, 49069 Osnabrück,
(0 54 04) 91 96 95,
E-Mail M.Gellermann@t-online.de

Germann, Dr. Michael, Professor,
Rathenauplatz 13, 06114 Halle,
(03 45) 5 23 89 32;
Martin-Luther-Universität Halle-Wittenberg, Lehrstuhl für Öffentliches Recht, Staatskirchenrecht und Kirchenrecht,
Universitätsplatz 5, 06108 Halle,
(03 45) 5 5-2 32 20,
Fax (03 45) 5 5-2 76 74,
E-Mail Germann@jura.uni-halle.de

Germelmann, Dr. Claas Friedrich, LL.M. (Cantab.), Privatdozent,
Friedensstr. 4, 95447 Bayreuth; Universität Bayreuth, Rechts- und Wirtschaftswissenschaftliche Fakultät, Universitätsstr. 30, 95447 Bayreuth, (09 21) 55 62 54,
Fax (09 21) 55 62 52,
E-Mail Friedrich.Germelmann@uni-bayreuth.de

Gersdorf, Dr. Hubertus, Professor,
Alte Leipziger Str. 10, 10117 Berlin,
(0 30) 20 61 96 61, Fax (0 30) 20 61 96 62;
Universität Rostock, Juristische Fakultät,
Gerd Bucerius-Stiftungsprofessur,
Richard-Wagner-Straße 7,
18055 Rostock, (03 81) 2 03 60 76,
Fax (03 81) 2 03 60 75,
E-Mail hubertus.gersdorf@uni-rostock.de

Giegerich, Dr. Thomas, LL.M. (Virginia), Professor,
Birkenweg 90, 24211 Preetz;
Lehrstuhl Für Europarecht, Völkerrecht und Öffentliches Recht,
Chair of EU Law, Public International Law and Public Law,
Europa-Institut der Universität des Saarlandes,
Institute of European Studies, Saarland University
Postfach 15 11 50, 66041 Saarbrücken,
(06 81) 3 02 32 80 (od. -36 95 Sekr.),
Fax (06 81) 3 02 48 79,
E-Mail t.giegerich@mx.uni-saarland.de

Glaser, Dr. Andreas, Professor,
Lehrstuhl für Staats-, Verwaltungs- und Europarecht unter besonderer Berücksichtigung von Demokratiefragen,
Universität Zürich, Rechtswissenschaftliches Institut, Treichlerstraße 10,
CH-8032 Zürich, (00 41) 4 46 34 15 51,
E-Mail andreas.glaser@rwi.uzh.ch

Goerlich, Dr. Helmut, Professor,
Universität Leipzig, Institut für Staats- und Verwaltungsrecht, Burgstr. 27,
04109 Leipzig, (03 41) 9 7-3 51 71,
Fax (03 41) 9 7-3 51 79,
E-Mail helmut.goerlich@gmx.de

Gornig, Dr. Dr. h c. mult. Gilbert,
Professor,
Pfarracker 4, 35043 Marburg-Bauerbach,
(0 64 21) 16 35 66, Fax (0 64 21) 16 37 66;
Institut für Öffentliches Recht,
Universität Marburg, Universitätsstr. 6,
35032 Marburg, (0 64 21) 2 82 31 31 oder
28-31 27, Fax (0 64 21) 2 82 38 53,
E-Mail Gornig@voelkerrecht.com

Görisch, Dr. Christoph, Privatdozent,
Martin-Niemöller-Str. 61, 48159 Münster;
Westfälische Wilhelms-Universität, Institut für Öffentliches Recht und Politik,
Wilmergasse 28, 48143 Münster,
(02 51) 8 32 18 61, Fax (02 51) 5 10 49 19,
E-Mail gorisch@uni-muenster.de

Götz, Dr. Volkmar, o. Professor,
Geismarlandstr. 17a, 37083 Göttingen,
(05 51) 4 31 19; Universität Göttingen,
Abt. Europarecht des Instituts für Völkerrecht, Platz der Göttinger Sieben 5,
37073 Göttingen, (05 51) 39-47 61,
Fax (05 51) 39-21 96,
E-Mail europa@uni-goettingen.de

Grabenwarter, Dr. Dr. Christoph, Universitätsprofessor,
Institut für Europarecht und Internationales Recht, Wirtschaftsuniversität Wien,
Welthandelsplatz 1 / Gebäude D3,
A-1020 Wien, (00 43) 13 13 36-44 23,
Fax (00 43) 13 13 36-92 05;
Mitglied des Verfassungsgerichtshofs,
Verfassungsgerichtshof, Freyung 8,
A-1010 Wien, (00 43) 15 31 22-13 94,
E-Mail sekretariat.grabenwarter@wu.ac.at

Gramlich, Dr. Ludwig, Professor,
Justus-Liebig-Str. 38 A, 64839 Münster;
Fakultät für Wirtschaftswissenschaften,
TU Chemnitz-Zwickau, Postfach 9 64,
09009 Chemnitz, (03 71) 5 31 41 64, -65,
Fax (03 71) 5 31 39 61,
E-Mail l.gramlich@wirtschaft.tu-chemnitz.de

Gramm, Dr. habil. Christof, Ministerialdirigent,
Wilhelmstraße 10, 53604 Bad Honnef,
(0 22 24) 48 34;
Bundesministerium der Verteidigung,
Postfach 13 28, 53003 Bonn,
(02 28) 12-91 78,
E-Mail ChristofGramm@bmvg.bund.de

Graser, Dr. Alexander, Professor,
Brennereistraße 66, 85662 Hohenbrunn,
(0 81 02) 77 88 55;
Universität Regensburg, Fakultät für Rechtswissenschaft, Lehrstuhl für Öffentliches Recht und Politik, Universitätsstraße 31, 93053 Regensburg,
(09 41) 9 43-57 60, Fax: (09 41) 9 43-57 71,
E-Mail Alexander.Graser@jura.uni-regensburg.de

Grawert, Dr. Dr. h.c. Rolf, o. Professor,
Aloysiusstrasse 28, 44795 Bochum,
(02 34) 47 36 92, Fax (02 34) 5 16 91 36;
Ruhr-Universität Bochum, Juristische Fakultät, Universitätsstrasse 150,
GC 8/59, 44721 Bochum,
(02 34) 32 22 52 65,
Fax (02 34) 3 21 42 36,
E-Mail Rolf.Grawert@ruhr-uni-bochum.de

Grewe, Dr. Dr. h.c. Constance, Universitätsprofessorin,
4 Rue Louis Apffel – F 67 000 Strasbourg, (00 33) 3 88 37 37 84,
E-Mail Constance.Grewe@orange.fr;
Université de Strasbourg, Faculté de

droit, 1 Place d'Athènes, BP 66,
F-67045 Strasbourg Cedex

Grigoleit, Dr. Klaus Joachim, Universitätsprofessor,
Eisenacher Str. 65, 10823 Berlin;
TU Dortmund, Fakultät Raumplanung, Fachgebiet Raumplanungs- und Umweltrecht, August-Schmidt-Straße 10,
44227 Dortmund, (02 31) 7 55 32 17,
Fax (02 31) 7 55 34 24,
E-Mail klaus.grigoleit@tu-dortmund.de

Griller, Dr. Stefan, Universitätsprofessor,
Hungerbergstr. 11–13, A-1190 Wien,
(00 43) 1 32 24 05;
Europainstitut, Wirtschaftsuniversität Wien, Althanstr. 39–45, A-1090 Wien,
(00 43) 13 13 36-41 35 oder 41 36,
Fax (00 43) 1 31 33 6-7 58,
E-Mail Stefan.Griller@wu-wien.ac.at

Grimm, Dr. Dr. h.c. mult. Dieter, LL.M. (Harvard), o. Professor (em.),
Humboldt-Universität zu Berlin, Juristische Fakultät, Unter den Linden 6,
10099 Berlin, (0 30) 20 93-35 66,
Fax (0 30) 20 93-35 78;
Wissenschaftskolleg zu Berlin, Institute for Advanced Study, Wallotstr. 19,
14193 Berlin, (0 30) 89 00 1-0 (Zentrale),
(0 30) 89 00 1-1 24,
Fax (0 30) 89 00 1-1 00,
E-Mail grimm@wiko-berlin.de

Gröpl, Dr. Christoph, Professor,
Lehrstuhl für Staats- und Verwaltungsrecht, Rechts- und Wirtschaftswissenschaftliche Fakultät, Universität des Saarlandes, Postfach 15 11 50,
66041 Saarbrücken, (06 81) 3 02-32 00,
Fax (06 81) 3 02-43 30,
E-Mail groepl@mx.uni-saarland.de

Gröschner, Dr. Rolf, o. Professor,
Stormstr. 39, 90491 Nürnberg,
(09 11) 59 14 08,
E-Mail rolf.groeschner@t-online.de

Groh, Dr. Kathrin, Universitätsprofessorin,
Arcisstraße 61, 80801 München;
Fakultät für Staats- und Sozialwissenschaften, Institut für öffentliches Recht, Universität der Bundeswehr München,
Werner-Heisenberg-Weg 39,
85577 Neubiberg, (0 89) 60 04 38 64,
E-Mail kathrin.groh@unibw.de

Gromitsaris, Dr. Athanasios, Privatdozent,
E-Mail gromitsaris@hotmail.com;
Friedrich-Schiller-Universität, Rechtswissenschaftliche Fakultät,
Carl-Zeiss-Str. 3, 07737 Jena,
(0 36 41) 94 22 30,
E-Mail R.Ullrich@recht.uni-jena.de

Groß, Dr. Thomas, Professor,
Schreberstr. 19, 49080 Osnabrück;
Universität Osnabrück, European Legal Studies Institute, Süsterstr. 28,
49069 Osnabrück, (05 41) 9 69-45 00,
E-Mail thgross@uni-osnabrueck.de

Grote, Dr. Rainer, LL.M. (Edinburgh), Privatdozent,
Im Sand 3A, 69115 Heidelberg,
(0 62 21) 16 43 46, Fax (0 62 21) 91 47 35;
Max-Planck-Institut für ausländisches öffentliches Recht und Völkerrecht,
Im Neuenheimer Feld 535, 69120 Heidelberg, (0 62 21) 48 22 44,
Fax (0 62 21) 48 22 88,
E-Mail rgrote@mpil.de

Grupp, Dr. Klaus, Universitätsprofessor,
Stephanieufer 5, 68163 Mannheim,
(06 21) 82 21 97, Fax (06 21) 82 21 97

Grzeszick, Dr. Bernd, LL.M. (Cambridge), Professor,

Henkestraße 74–76, 91052 Erlangen,
(0 91 31) 1 23 28 14,
E-Mail Grzeszick@web.de;
Universität Heidelberg, Institut für Öffentliches Recht, Verfassungslehre und Rechtsphilosophie,Friedrich-Ebert-Anlage 6–10, 69117 Heidelberg,
(0 62 21) 54 74 32

Guckelberger, Dr. Annette, Professorin,
Lehrstuhl für Öffentliches Recht, Rechts- und Wirtschaftswissenschaftliche Fakultät, Universität des Saarlandes, Postfach 15 11 50, 66041 Saarbrücken,
(06 81) 30 2-5 74 01,
E-Mail a.guckelberger@mx.uni-saarland.de

Gundel, Dr. Jörg, Professor,
Lehrstuhl für Öffentliches Recht, Völker- und Europarecht, Universität Bayreuth,
95440 Bayreuth, (09 21) 55-29 43,
E-Mail joerg.gundel@uni-bayreuth.de

Gurlit, Dr. Elke, Universitätsprofessorin,
Rüdesheimer Straße 18,
65197 Wiesbaden, (06 11) 1 37 51 25
oder (01 79) 5 92 22 15;
Fachbereich Rechts- und Wirtschaftswissenschaft, Johannes Gutenberg-Universität Mainz, Jakob-Welder-Weg 9,
55099 Mainz, (0 61 31) 3 92 31 14,
Fax (0 61 31) 3 92 40 59,
E-Mail gurlit@uni-mainz.de

Gusy, Dr. Christoph, Professor,
Wendischhof 14, 33619 Bielefeld,
(05 21) 9 67 79 67;
Universität Bielefeld, Fakultät für Rechtswissenschaft, Universitätsstr. 25,
33615 Bielefeld, (05 21) 1 06 43 97,
Fax (05 21) 1 06 80 61,
E-Mail christoph.gusy@uni-bielefeld.de

Haack, Dr. Stefan, Professor,
Rheinische Friedrich-Wilhelms-Universität Bonn, Professur für Öffentliches Recht, Adenauerallee 18–22,
53113 Bonn, (02 28) 7 3-6 24 11,
E-Mail haack@jura.uni-bonn.de
E-Mail StefanHaack@web.de

Häberle, Dr. Dr. h.c. mult. Peter, o. Professor,
Forschungsstelle für Europäisches Verfassungsrecht, Universität Bayreuth, Universitätsstraße 30, Postfach,
95440 Bayreuth, (09 21) 55 70 88,
Fax (09 21) 55 70 99,
E-Mail Peter.Haeberle@uni-bayreuth.de

Häde, Dr. Ulrich, Universitätsprofessor,
Lennéstraße 15, 15234 Frankfurt (Oder),
(03 35) 6 85 74 38;
Europa-Universität Viadrina, Lehrstuhl für Öffentliches Recht, insb. Verwaltungsrecht, Finanzrecht und Währungsrecht,
Postfach 17 86, 15207 Frankfurt/Oder,
Hausanschrift: Große Scharrnstr. 59,
15230 Frankfurt (Oder),
(03 35) 55 34-26 70,
Fax (03 35) 55 34-25 25,
E-Mail haede@europa-uni.de

Haedrich, Dr. Martina, Professorin,
Im Ritzetal 20, 07749 Jena,
(0 36 41) 44 85 25, Fax (0 36 41) 44 44 14;
Rechtswissenschaftliche Fakultät, Friedrich-Schiller-Universität, Carl-Zeiss-Straße 3, 07743 Jena, (0 36 41) 94 22 15,
Fax (0 36 41) 94 20 02,
E-Mail m.haedrich@recht.uni-jena.de

Hafner, Dr. Felix, Professor,
Hirzbrunnenschanze 67, CH-4058 Basel,
(00 41) 6 1-6 91 40 64;
Universität Basel, Lehrstuhl für Öffentliches Recht, Peter Merian-Weg 8, Postfach, 4002 Basel, (00 41) 6 12 67 25 64,
Fax (00 41) 6 12 67 07 95,
E-Mail Felix.Hafner@unibas.ch

Hailbronner, Dr. Kay, o. Professor,
Toggenbühl, CH-8269 Fruthwilen,
(00 41) 7 1-6 64 19 46,
Fax (00 41) 7 1-6 64 16 26;
Universität Konstanz, (0 75 31) 88 22 47,
E-Mail migration@uni-konstanz.de

Hain, Dr. Karl-E., Professor,
Herrenstr. 10, 57627 Hachenburg,
(0 26 62) 94 20 64;
Universität zu Köln, Institut für Medienrecht und Kommunikationsrecht, Lehrstuhl für Öffentliches Recht und Medienrecht, Aachener Str. 197–199,
50931 Köln, (02 21) 28 55 6-1 12,
Fax (02 21) 28 55 6-1 22,
E-Mail haink@uni-koeln.de

Haller, Dr. Herbert, Universitätsprofessor, Felix-Mottl-Str. 48, Haus 2,
A-1190 Wien, (00 43) 13 68 05 68,
E-Mail r.haller@verkehrt.info;
ehemals Wirtschaftsuniversität Wien und Mitglied des österreichischen Verfassungsgerichtshofs

Haller, Dr. Walter, o. Professor,
Burgstrasse 264, CH-8706 Meilen,
(00 41) 4 49 23 10 14;
Forchstr. 59, CH-8032 Zürich,
(00 41) 4 33 43 96 00,
E-Mail w-haller@bluewin.ch

Haltern, Dr. Ulrich, LL.M. (Yale),
Universitätsprofessor,
Bölschestr. 2, 30173 Hannover,
(05 11) 3 57 62 59;
Institut für Öffentliches Recht I,
Albert-Ludwigs-Universität Freiburg,
79085 Freiburg, (07 61) 2 03-22 51,
Fax (07 61) 2 03-22 34,
E-Mail ioeffr1@jura.uni-freiburg.de

Hammer, Dr. Felix, apl. Professor,
Gelber Kreidebusen 33/5,
72108 Rottenburg;
Justitiar und Kanzler der Diözese Rottenburg-Stuttgart, Bischöfliches Ordinariat,
Eugen-Bolz-Platz 1, 72108 Rottenburg,
(0 74 72) 16 93 61
Fax (0 74 72) 16 98 33 61,
E-Mail kanzler@bo.drs.de

Hammer, Dr. Stefan, Univ.-Doz.,
Anton Frank-Gasse 17, A-1180 Wien,
(00 43) 14 70 59 76;
Universität Wien, Institut für Staats- und Verwaltungsrecht, Schottenbastei 10–16,
A-1010 Wien, (00 43) 14 27 7-3 54 65,
Fax (00 43) 14 27 7-3 54 69,
E-Mail stefan.hammer@univie.ac.at

Hänni, Dr. Peter, o. Professor,
Stadtgraben 6, CH-3280 Murten,
(00 41) 2 6-6 70 58 15;
Lehrstuhl für Staats- und Verwaltungsrecht, Universität Fribourg, Les Portes de Fribourg, Route d'Englisberg 7,
CH-1763 Granges-Paccot,
(00 41) 26-3 00 81 29,
Fax (00 41) 2 6-3 00 97 24,
E-Mail Peter.Haenni@unifr.ch

Hanschel, Dr. Dirk, M.C.L., Privatdozent,
Hauptstr. 154, 69117 Heidelberg,
(0 62 21) 16 69 58,
E-Mail hanschel@googlemail.com;
Universität Mannheim, Fakultät für Rechtswissenschaft und Volkswirtschaftslehre, 68131 Mannheim

Haratsch, Dr. Andreas, Universitätsprofessor, Berliner Straße 18c,
58313 Herdecke, (0 23 30) 92 67 13;
Lehrstuhl für Deutsches und Europäisches Verfassungs- und Verwaltungsrecht sowie Völkerrecht, FernUniversität in Hagen, Universitätsstraße 21,
58084 Hagen, (0 23 31) 9 87-28 77
oder -43 89,
Fax (0 23 31) 98 7-3 24,

E-Mail Andreas.Haratsch@
fernuni-hagen.de

Härtel, Dr. Ines, Professorin,
Schinkelstr. 13, 44801 Bochum,
(02 34) 8 90 33 63;
Ruhr-Universität Bochum, Lehrstuhl für Öffentliches Recht, Verwaltungs-, Europa-, Agrar- und Umweltrecht, GC 8/39, Universitätsstr. 150,
44780 Bochum, (02 34) 3 22 22 65,
Mobil (01 79) 6 63 64 22,
E-Mail LS-Haertel@ruhr-uni-bochum.de

Hartmann, Dr. Bernd J., LL.M.(Virginia), Professor,
Max-Planck-Str. 5 B, 45657 Recklinghausen, (0 23 61) 9 37 72 59,
Fax (0 23 61) 4 07 51 86;
Universität Osnabrück, Institut für Kommunalrecht und Verwaltungswissenschaften, Professur für Öffentliches Recht, Wirtschaftsrecht und Verwaltungswissenschaften, Martinistr. 12,
49078 Osnabrück, (05 41) 9 69-60 99,
Fax (05 41) 9 69-60 82,
E-Mail bernd.hartmann@
uni-osnabrueck.de

Hase, Dr. Friedhelm, Professor,
Bandelstraße 10b, 28359 Bremen,
(04 21) 24 27 84 40;
Universität Bremen, Fachbereich 6, Rechtswissenschaft, Universitätsallee,
28359 Bremen, (04 21) 21 8-6 60 10,
Fax (04 21) 21 8-6 60 52,
E-Mail fhase@uni-bremen.de

Hatje, Dr. Armin, Professor,
Universität Hamburg, Fakultät für Rechtswissenschaft, Abt. Europäisches Gemeinschaftsrecht, Schlüterstr. 28,
20146 Hamburg, (0 40) 4 28 38-30 46,
Fax (0 40) 4 28 38-43 67,
E-Mail armin.hatje@jura.
uni-hamburg.de

Hebeler, Dr. Timo, Professor,
Universität Trier, Professur für Öffentliches Recht,
54286 Trier, (06 51) 2 01 25 88,
E-Mail hebeler@uni-trier.de

Heckel, Dr. iur. Dr. theol. h.c. Martin,
o. Universitätsprofessor,
Lieschingstr. 3, 72076 Tübingen,
(0 70 71) 6 14 27

Hecker, Dr. Jan, LL.M. (Cambridge),
apl. Professor,
Richter am Bundesverwaltungsgericht,
Platanenstr. 25, 13156 Berlin,
(01 76) 23 29 28 26;
Bundesverwaltungsgericht, Simsonplatz 1, 04107 Leipzig, (03 41) 20 07-20 65,
E-Mail jan.hecker@bverwg.bund.de

Heckmann, Dr. Dirk, Universitätsprofessor, stv. Mitglied des Bayerischen Verfassungsgerichtshofs,
Schärdinger Straße 11e, 94032 Passau,
(08 51) 75 38 83, Fax (08 51) 4 90 58 20;
Universität Passau, Ordinarius für Internet- und Sicherheitsrecht, Innstraße 40,
94032 Passau, (08 51) 5 09-22 90,
Fax (08 51) 5 09-22 92,
E-Mail Heckmann@uni-passau.de

Heinig, Dr. Hans Michael, Professor,
Rochstr. 17, 10178 Berlin,
(01 71) 6 46 11 21;
Kirchenrechtliches Institut der EKD,
Goßlerstr. 11, 37073 Göttingen,
(05 51) 3 9-1 06 02;
Universität Göttingen, Lehrstuhl für Öffentliches Recht, insb. Kirchen- und Staatskirchenrecht, Goßlerstr. 11,
37073 Göttingen, (05 51) 3 9-1 06 02,
Fax (05 51) 3 9-1 06 07,
E-Mail info@kirchenrechtliches-
institut.de

Heintschel von Heinegg, Dr. Wolff, Professor,
Europa-Universität Viadrina, Frankfurt (Oder), Lehrstuhl für Öffentliches Recht, August-Bebel-Str. 12, 15234 Frankfurt (Oder), (03 35) 55 34-29 16,
Fax (03 35) 55 34-29 15,
E-Mail heinegg@europa-uni.de

Heintzen, Dr. Markus, Professor,
Freie Universität Berlin, Fachbereich Rechtswissenschaft, Van't-Hoff-Str. 8, 14195 Berlin, (0 30) 8 8-5 24 79,
Fax (0 30) 83 8-5 21 05,
E-Mail Heintzen@zedat.fu-berlin.de

Heitsch, Dr. Christian, apl. Professor,
72 Queens Road, Caversham, Reading, Berks., RG4 8DL, U.K.,
(00 44) 11 89 47 49 13,
E-Mail c_heitsch@web.de;
Lecturer in Law, Brunel Law School, Brunel University West London, Kingston Lane, Uxbridge, Middlesex UB8 3PH, United Kingdom,
(00 44) 18 95 26 76 50,
E-Mail christian.heitsch@brunel.ac.uk

Hellermann, Dr. Johannes, Universitätsprofessor,
Hardenbergstr. 12a, 33615 Bielefeld,
(05 21) 16 00 38;
Universität Bielefeld, Fakultät für Rechtswissenschaft, Universitätsstr. 25, 33615 Bielefeld, (05 21) 1 06-44 22,
Fax (05 21) 1 06-60 48,
E-Mail Johannes.Hellermann@uni-bielefeld.de

Hendler, Dr. Reinhard, Universitätsprofessor,
Laurentius-Zeller-Str. 12, 54294 Trier,
(06 51) 9 37 29 44;
Universität Trier, Fachbereich Rechtswissenschaft, Universitätsring 15, 54286 Trier, (06 51) 2 01-25 56 oder 25 58,
Fax (06 51) 2 01-39 03,
E-Mail Hendler@uni-trier.de

Hengstschläger, Dr. Johannes,
o. Universitätsprofessor,
Steinfeldgasse 7, A-1190 Wien,
(00 43) 13 2-8 17 27;
Johannes-Kepler-Universität, Altenbergerstr. 69, A-4040 Linz,
(00 43) 73 2-2 46 8-4 01,
Fax (00 43) 73 2-2 46 43,
E-Mail johannes.hengstschlaeger@jku.at

Hense, Dr. Ansgar, Professor,
Institut für Staatskirchenrecht der Diözesen Deutschlands, Adenauerallee 19, 53111 Bonn, (02 28) 2 67 4-3 62,
E-Mail hense@institut-staatskirchenrecht.de

Herbst, Dr. Tobias, Privatdozent,
Seehofstr. 116, 14167 Berlin,
(0 30) 8 17 11 04;
Humboldt-Universität zu Berlin, Juristische Fakultät, Unter den Linden 6, 10099 Berlin, (0 30) 20 93-34 26 oder -33 81,
Fax (0 30) 20 93-33 45,
E-Mail tobias.herbst@rewi.hu-berlin.de

Herdegen, Dr. Matthias, Professor,
Friedrich-Wilhelm-Str. 35, 53113 Bonn;
Rechts- und Staatswissenschaftliche Fakultät, Universität Bonn, Adenauerallee 44, 53113 Bonn, (02 28) 73 55 70/-80,
Fax (02 28) 73 79 01,
E-Mail Herdegen@uni-bonn.de

Hermes, Dr. Georg, Professor,
Berliner Str. 14a, 61440 Oberursel,
(0 61 71) 5 08 19 91,
Fax (0 61 71) 6 94 75 70;
Universität Frankfurt, Fachbereich Rechtswissenschaft, Campus Westend, Grüneburgplatz 1 (RuW),
Postfach 11 19 31, 60054 Frankfurt am

Main, (0 69) 79 8-3 42 75,
Fax (0 69) 79 8-3 45 12
E-Mail G.Hermes@jur.uni-frankfurt.de

Herrmann, Dr. Christoph, LL.M., Professor,
Florianstr. 18, 94034 Passau,
(08 51) 21 55 33 89, (01 76) 10 49 77 20;
Universität Passau, Lehrstuhl für Staats- und Verwaltungsrecht, Europarecht, Europäisches und Internationales Wirtschaftsrecht, Innstraße 39, 94032 Passau,
(08 51) 5 09-23 30, Fax (08 51) 5 09-23 32,
E-Mail christoph.herrmann@eui.eu

Herrmann, Dr. Günter, Professor, Intendant i.R.,
Wankweg 13, 87642 Buching/Allgäu,
(0 83 68) 16 96,
Fax (0 83 68) 12 97,
E-Mail herrmann.medienrecht@t-online.de

Herzog, Dr. Roman, Professor, Bundespräsident a.D.,
Im Stahlbühl 20,74074 Heilbronn,
(0 71 31) 3 95 21 60,
Fax (0 71 31) 3 95 21 68,
E-Mail buerobprherzog@gmx.de

Heselhaus, Dr. Sebastian, Professor, M.A.,
Kehlhofweg 10, CH-6043 Adligenswil, Schweiz, (00 41) 4 13 70 25 00;
Universität Luzern, Rechtswissenschaftliche Fakultät, Lehrstuhl für Europarecht, Völkerrecht und Öffentliches Recht, Hofstr. 9, Postfach 74 64, CH-6000 Luzern 7, Schweiz,
(00 41) 4 12 28 74 11,
Fax (00 41) 4 12 28 74 31,
E-Mail sebastian.heselhaus@unilu.ch

Heun, Dr. Dr. h.c. Werner, Professor,
Bürgerstraße 5, 37073 Göttingen,
(05 51) 70 62 48;
Universität Göttingen, Institut für Allgemeine Staatslehre und Politische Wissenschaften, Goßlerstraße 11,
37073 Göttingen, (05 51) 39-46 93,
Fax (05 51) 39-22 39,
E-Mail staatsl@gwdg.de

Hey, Dr. Johanna, Professorin,
Wiethasestraße 73, 50933 Köln,
(02 21) 4 91 17 38,
Fax (02 21) 4 91 17 34;
Universität zu Köln, Institut für Steuerrecht, Albertus-Magnus-Platz,
50923 Köln, (02 21) 4 70-22 71,
Fax (02 21) 4 70-50 27,
E-Mail johanna.hey@uni-koeln.de

Heyen, Dr. iur. Lic. phil. Erk Volkmar, Universitätsprofessor,
Arndtstraße 22, 17489 Greifswald,
(0 38 34) 50 27 16;
Ernst Moritz Arndt-Universität,
Domstr. 20, 17489 Greifswald,
E-Mail lsheyen@uni-greifswald.de

Hidien, Dr. Jürgen W., Professor,
Goebenstr. 33, 48151 Münster,
(02 51) 4 78 77

Hilf, Dr. Meinhard, Universitätsprofessor,
Bahnsenallee 71, 21465 Reinbek bei Hamburg, (0 40) 78 10 75 10,
Fax (0 40) 78 10 75 12;
Bucerius Law School, Jungiusstraße 6,
20355 Hamburg, (0 40) 30 70 6-1 58,
Fax (0 40) 30 70 6-2 46,
E-Mail meinhard.hilf@law-school.de

Hill, Dr. Hermann, Professor,
Kilianstraße 5, 67373 Dudenhofen;
Deutsche Universität für Verwaltungswissenschaften Speyer, Postfach 14 09,
67324 Speyer, (0 62 32) 65 4-3 28,
E-Mail hill@uni-speyer.de

Hillgruber, Dr. Christian, Professor,
Zingsheimstr. 25, 53359 Rheinbach;
Institut für Öffentliches Recht, Adenauerallee 24–42, 53113 Bonn, (02 28) 73 79 25,
Fax (02 28) 73 48 69,
E-Mail lshillgruber@jura.uni-bonn.de

Hobe, Dr. Stephan, LL.M., Universitätsprofessor,
In der Asbach 32, 53347 Alfter-Impekoven, (02 28) 9 48 93 00;
Universität zu Köln, Institut für Luft- und Weltraumrecht und Lehrstuhl für Völker- und Europarecht, europäisches und internationales Wirtschaftsrecht,
Albertus-Magnus-Platz, 50923 Köln,
(02 21) 4 70 23 37,
E-Mail Stephan.Hobe@uni-koeln.de

Hochhuth, Dr. Martin, Professor,
Kaiser-Joseph-Straße 268, 79098 Freiburg;
Albert-Ludwigs-Universität Freiburg, Institut für Öffentliches Recht, Abteilung III, Staatsrecht,
Platz der Alten Synagoge 1,
79085 Freiburg, (07 61) 2 03-22 43,
Fax (07 61) 2 03-22 40,
E-Mail hochhuth@jura.uni-freiburg.de

Hoffmann-Riem, Dr. Wolfgang, Professor,
Richter des Bundesverfassungsgerichts a. D.,
Auguststr. 15, 22085 Hamburg,
(0 40) 64 22 58 48,
Fax (0 40) 69 64 58 06,
E-Mail whoffmann-riem@gmx.de;
Universität Hamburg, Rothenbaumchaussee 33, 20148 Hamburg,
(0 40) 4 28 38-30 33,
Fax (0 40) 4 28 38-26 35
E-Mail ceri@jura.uni-hamburg.de

Höfling, Dr. Wolfram, M.A., Professor,
Bruchweg 2, 52441 Linnich,
(0 24 62) 36 16;
Universität zu Köln, Institut für Staatsrecht, Albertus-Magnus-Platz,
50923 Köln, (02 21) 4 70-33 95,
Fax (02 21) 4 70-50 75,
E-Mail Sekretariat@institut-staatsrecht.de

Hofmann, Dr. Ekkehard, Professor,
Koselstr. 51, 60318 Frankfurt am Main,
(0 69) 17 49 89 27;
Julius-Maximilians-Universität Würzburg, Institut für Staats- und Verwaltungsrecht, Rechtsphilosophie,
Domerschulstr. 16, 97070 Würzburg, (09 31) 3 1-8 37 38,
Fax (09 31) 3 1-8 29 88,
E-Mail ekkehard.hofmann@jura.uni-wuerzburg.de

Hofmann, Dr. Dr. h. c. Hasso,
o. Professor,
Christoph-Mayer-Weg 5, 97082 Würzburg, (0 91) 8 73 88, Fax (09 31) 78 32 88,
oder Torstr. 176, 10115 Berlin,
(0 30) 2 81 30 75,
E-Mail hasso-hofmann@gmx.de;
Humboldt-Universität zu Berlin,
Unter den Linden 6, 10099 Berlin,
(0 30) 20 93-35 53

Hofmann, Dr. Dr. Rainer, Universitätsprofessor,
Bergstr. 83, 69121 Heidelberg,
(0 62 21) 40 10 04;
Johann-Wolfgang-Goethe-Universität Frankfurt am Main, Lehrstuhl für Öffentliches Recht, Völkerrecht und Europarecht, Senckenberganlage 31,
60325 Frankfurt am Main,
(0 69) 7 98-2 53 17, Fax (0 69) 79 8-2 53 18,
E-Mail R.Hofmann@jur.uni-frankfurt.de

Hohmann, Dr. Harald, Privatdozent,
Furthwiese 10, 63654 Büdingen,
(0 60 49) 95 29 12,
Fax (0 60 49) 95 29 13;

Hohmann & Partner Rechtsanwälte,
Schloßgasse 2, 63654 Büdingen,
(0 60 42) 9 56 7-0, Fax (0 60 42) 95 67-67,
E-Mail harald.hohmann@hohmann-partner.com

Hollerbach, Dr. Dr. h.c. Alexander,
o. Professor,
Runzstraße 86, 79102 Freiburg i.Br.,
(07 61) 2 17 14 13

Holoubek, Dr. Michael, Universitätsprofessor,
Zehenthofgasse 36/8, A-1190 Wien,
(00 43) 13 17 73 72,
Fax (00 43) 13 17 73 72 18;
Institut für Österreichisches und Europäisches Öffentliches Recht, Wirtschaftsuniversität Wien, Althanstraße 39–45,
A-1090 Wien, (00 43) 13 13 36-46 60,
Fax (00 43) 1 31 33 6-7 13,
E-Mail michael.holoubek@wu.ac.at

Hölscheidt, Dr. Sven, Minsterialrat, apl. Professor,
Westfälische Straße 45, 10711 Berlin;
Deutscher Bundestag, Fachbereich
Verfassung und Verwaltung,
Platz der Republik 1, 11011 Berlin,
(0 30) 22 7-3 24 25/3 23 25,
Fax (00) 2 27-36 47 1/3 62 07,
E-Mail vorzimmer.wd3@bundestag.de

Holzinger, Dr. Gerhart, Professor,
Präsident des Österreichischen Verfassungsgerichtshofs, Judenplatz 11,
A-1010 Wien, (00 43) 1 53 12 24 12,
Fax (00 43) 1 53 12 25 12

Holznagel, Dr. Bernd, LL.M., Professor,
Kronprinzenstraße 105,
44135 Dortmund, (02 31) 5 89 87 06,
Fax (02 31) 5 89 87 09;
WWU Münster, Juristische Fakultät,
ITM, Abt. II, Leonardo-Campus 9,
48149 Münster, (02 51) 8 3-3 86 41,
Fax (02 51) 8 3-3 86 44,
E-Mail holznagel@uni-muenster.de

Horn, Dr. Hans-Detlef, Professor,
Am Heier 22, 35096 Weimar (Lahn)-Roth, (0 64 26) 96 71 41,
Fax (0 64 26) 96 71 44;
Philipps-Universität Marburg, Fachbereich Rechtswissenschaften, Institut für Öffentliches Recht, Universitätsstr. 6,
35032 Marburg, (0 64 21) 2 82 38 10
od. 2 82 31 26,
Fax (0 64 21) 2 82 38 39,
E-Mail Hornh@staff.uni-marburg.de

Hösch, Dr. Ulrich, apl. Professor, RA,
Kirchenstraße 72, 81675 München;
Kanzlei Dr. Gronefeld, Thoma &
Kollegen, Prinzregentenplatz 23,
81675 München, (0 89) 96 07 13 80,
Fax (0 32 12) 8 46 37 24
E-Mail uhoesch@juradvance.de

Huber, Dr. Peter M., o. Professor,
Richter des Bundesverfassungsgerichts,
Josef-Heppner-Str. 2, 82049 Pullach i. I.,
(0 89) 74 42 46 62, Fax (0 89) 74 42 48 52;
Universität München, Lehrstuhl für
Öffentliches Recht und Staatsphilosophie, Professor-Huber-Platz 2,
80539 München, (0 89) 21 80-35 76,
Fax (0 89) 21 80-50 63,
E-Mail peter.m.huber@jura.uni-muenchen.de

Hufeld, Dr. Ulrich, Universitätsprofessor,
Stratenbarg 40a, 22393 Hamburg,
(0 40) 21 00 74 40;
Helmut-Schmidt-Universität/Universität
der Bundeswehr Hamburg, Fakultät für
Wirtschafts- und Sozialwissenschaften,
Professur für Öffentliches Recht und
Steuerrecht, Holstenhofweg 85,
22043 Hamburg, (0 40) 65 41-28 59,
Fax (0 40) 65 41-37 33,
E-Mail Hufeld@hsu-hh.de

Huster, Dr. Stefan, Professor,
Ruhr-Universität Bochum, Lehrstuhl für Öffentliches Recht, Sozial- und Gesundheitsrecht und Rechtsphilosophie,
Universitätsstraße 150, 44780 Bochum,
Gebäude GC 7/135, (02 34) 3 22 22 39,
Fax (02 34) 3 21 42 71,
E-Mail stefan.huster@rub.de

Hufen, Dr. Friedhelm, o. Professor,
Backhaushohl 62, 55128 Mainz,
(0 61 31) 3 44 44,
Fax (0 61 31) 36 14 49;
Johannes-Gutenberg-Universität Mainz,
Fachbereich Rechts- und Wirtschaftswissenschaften, 55099 Mainz,
(0 61 31) 3 9-2 23 54 od. -2 30 45,
Fax (0 61 31) 3 9-2 42 47,
E-Mail hufen@uni-mainz.de

Hummel, Dr. David, Privatdozent,
Kommandant-Prendel-Allee 71,
04299 Leipzig;
Universität Leipzig, Juristenfakultät,
Lehrstuhl für Öffentliches Recht, insbesondere Steuerrecht und Öffentliches Wirtschaftsrecht, Burgstraße 21,
04109 Leipzig, (03 41) 9 73 52 73,
Fax (03 41) 9 73 52 79,
E-Mail dhummel@uni-leipzig.de

Hwang, Dr. Shu-Perng, LL.M. (Columbia), Forschungsprofessorin,
4F., 251 Long-Chiang Road, Taipei 104,
Taiwan, (0 08 86) 2 25 04 72 24,
Fax (0 08 86) 9 38 86 88 71;
Institutum Iurisprudentiae, Academia Sinica, 128 Academia Sinica Road, Sec. 2,
Nankang, Taipei 11529, Taiwan,
(0 08 86) 2 26 52 54 23,
E-Mail sphwang@gate.sinica.edu.tw

Ibler, Dr. Martin, Professor,
Lindauer Straße 3, 78464 Konstanz;
Universität Konstanz, Fachbereich
Rechtswissenschaften, Postfach D 106,
Universitätsstraße 10, 78457 Konstanz,
(0 75 31) 88-24 80/-2 28,
E-Mail Martin.Ibler@uni-konstanz.de

Iliopoulos-Strangas, Dr. Julia,
Professorin,
A. Metaxa 2, GR-10681 Athen,
(00 30) 21 0-3 82 60 83 oder -3 82 33 44,
Fax (00 30) 20-38 05 43,
Mobil (00 30) 69 44 59 52 00;
Universität Athen, Juristische Fakultät,
Ippokratous 33 (5. Stock),
GR-10680 Athen, (00 30) 21 0-3 68 84 22,
E-Mail juliostr@law.uoa.gr

Ipsen, Dr. Jörn, o. Professor,
Präsident des Niedersächsischen Staatsgerichtshofs, Luisenstr. 41,
49565 Bramsche, (0 54 61) 44 96,
Fax (0 54 61) 6 34 62;
Institut für Kommunalrecht, Universität Osnabrück, 49069 Osnabrück,
(05 41) 9 69-61 69 oder -61 58,
Fax (05 41) 9 69-61 70,
E-Mail instkr@uos.de

Ipsen, Dr. Dr. h.c. mult. Knut,
o. Professor,
Nevelstr. 59, 44795 Bochum,
(02 34) 43 12 66;
Deutsches Rotes Kreuz (DRK),
Königswinterer Str. 29, 53227 Bonn

Isensee, Dr. Dr. h.c. Josef, o. Professor,
Meckenheimer Allee 150, 53115 Bonn,
(02 28) 69 34 69;
Universität Bonn, Adenauerallee 24–42,
53113 Bonn, (02 28) 73 58 50,
Fax (02 28) 73 48 69,
E-Mail isensee@uni-bonn.de

Ismer, Dr. Roland, Professor,
Werderstr. 11, 86159 Augsburg;
Lehrstuhl für Steuerrecht und Öffentliches Recht, Friedrich-Alexander-Universität Erlangen-Nürnberg,

Lange Gasse 20, 90403 Nürnberg,
(09 11) 5 30 2-3 53,
Fax (09 11) 5 30 2-1 65,
E-Mail Roland.Ismer@wiso.
uni-erlangen.de

Jaag, Dr. Tobias, o. Professor,
Bahnhofstr. 22, Postfach 29 57,
CH-8022 Zürich, (00 41) 4 42 13 63 63,
Fax (00 41) 4 42 13 63 99,
E-Mail jaag@umbricht.ch

Jachmann, Dr. Monika, Universitäts-
professorin,
Richterin am Bundesfinanzhof,
Am Feldkreuz 2a, 82467 Garmisch-Par-
tenkirchen, (01 72) 7 40 44 48;
E-Mail monika.jachmann@bfh.bund.de,
Bundesfinanzhof München,
Ismaninger Straße 109,
81675 München, (0 89) 9 23 1-0,
Fax (0 89) 9 23 1-2 01

Jaeckel, Dr. Liv, Privatdozentin,
Augustusweg 27, 01445 Radebeul,
(03 51) 5 63 62 86,
Mobil (01 70) 7 06 54 80,
E-Mail jaeckel@rz.uni-leipzig.de

Jahndorf, Dr. Christian, Professor,
Brunnenweg 18, 48153 Münster,
(02 51) 7 61 96 83;
Westfälische Wilhelms-Universität,
Institut für Steuerrecht,
Universitätsstr. 14–16,
48143 Münster, (02 51) 8 32 27 95,
Fax (02 51) 8 32 83 86,
E-Mail jahndorf@uni-muenster.de

Janko, Dr. Andreas, Univ.-Prof.,
Schwindstraße 4, A-4040 Linz/Auhof;
Institut für Staatsrecht und Politische
Wissenschaften, Johannes Kepler Uni-
versität Linz, Altenberger Straße 69,
A-4040 Linz/Auhof,
(00 43) 7 32 24 68 84 56,
Fax (00 43) 7 32 24 68 89 01,
E-Mail andreas.janko@jku.at
oder Elisabeth.Kamptner@jku.at

Janssen, Dr. Albert, apl. Professor,
Landtagsdirektor i.R.,
Langelinienwall 16, 31134 Hildesheim,
(0 51 21) 13 11 12,
E-Mail a.a.janssen@t-online.de

Janz, Dr. Norbert, Privatdozent,
Koch-Gotha-Str. 10, 18055 Rostock,
(03 81) 87 72 93 13;
Landesrechnungshof Brandenburg,
Dortusstr. 30–34, 14467 Potsdam,
(03 31) 8 66-85 35,
Fax (03 31) 8 66-85 18,
E-Mail janz@uni-potsdam.de

Jarass, Dr. Hans D., LL.M. (Harvard),
o. Professor,
Baumhofstr. 37 d, 44799 Bochum,
(02 34) 77 20 25;
ZIR Forschungsinstitut für deutsches
und europäisches öffentliches Recht an
der Universität Münster, Wilmer-
gasse 12–13,
48143 Münster, (02 51) 8 32 97 81,
Fax (02 51) 8 32 97 90,
E-Mail jarass@uni-muenster.de

Jestaedt, Dr. Matthias, Professor,
Marchstraße 34, 79211 Denzlingen;
Albert-Ludwigs-Universität,
Rechtswissenschaftliche Fakultät,
79085 Freiburg i. Br., (07 61) 20 39 78 00,
Fax (07 61) 20 39 78 02,
E-Mail matthias.jestaedt@jura.
uni-freiburg.de

Jouanjan, Dr. Olivier, Professor,
32, rue de Vieux Marché aux Poissons,
F-97000 Strasbourg, (00 33) 6 61 33 25 59;
Université de Strasbourg, Institut de
Recherches Carré de Malberg, 11, rue du
Maréchal Juin B.P. 68, F-67046 Stras-

bourg Cedex, (00 33) 3 88 14 30 34;
Albert-Ludwigs-Universität, Rechtswissenschaftliche Fakultät, Institut für öffentliches Recht (Abt. 2), Platz der Alten Synagoge, 79085 Freiburg i. Br.,
E-Mail olivier.jouanjan@unistra.fr

Jochum, Dr. Georg, Professor,
Oberhofstraße 92, 88045 Friedrichshafen, (0 10) 2 38 67 58;
Zeppelin University, Lehrstuhl für Europarecht & Internationales Recht der Regulierung, Maybachplatz 5,
88045 Friedrichshafen,
(0 75 41) 60 09 14 81,
Fax (0 75 41) 60 09 14 99,
E-Mail Georg.Jochum@zeppelin-university.de

Jochum, Dr. jur. Heike, Mag. rer. publ.,
Professorin,
Buchsweilerstraße 77, 66953 Pirmasens;
Institut für Finanz- und Steuerrecht an der Universität Osnabrück,
Martinistraße 10, 49080 Osnabrück,
(05 41) 9 69-61 68 (Sek.), -61 61 (direkt),
Fax (05 41) 9 69-61 67,
E-Mail Heike.Jochum@gmx.net

Kadelbach, Dr. Stefan, LL.M., Professor,
Goethe-Universität, Institut für Öffentliches Recht, Lehrstuhl für Öffentliches Recht, Europarecht und Völkerrecht,
Grüneburgplatz 1, 60323 Frankfurt am Main, (0 69) 79 83 42 95,
Fax (0 69) 79 83 45 16,
E-Mail s.kadelbach@jur.uni-frankfurt.de

Kägi-Diener, Dr. Regula, Professorin,
Rechtsanwältin,
Marktgasse 14, CH-9004 St. Gallen,
(00 41) 7 1-2 23 81 21,
Fax (00 41) 7 1-2 23 81 28,
E-Mail switzerland@ewla.org oder
regula.kaegi-diener@ewla.org

Kahl, Dr. Arno, Universitätsprofessor,
Lärchenstraße 4a, A-6063 Rum,
(00 43) 5 12-26 55 00;
Universität Innsbruck, Institut für Öffentliches Recht, Finanzrecht und Politikwissenschaft, Innrain 82,
A-6020 Innsbruck, (00 43) 51 25 07 82 04,
Fax (00 43) 51 25 07 28 28,
E-Mail arno.kahl@uibk.ac.at

Kahl, Dr. Wolfgang, M.A., o. Professor,
Albert-Schweitzer-Straße 2,
95447 Bayreuth, (09 21) 1 50 92 87;
Universität Heidelberg, Institut für deutsches und europäisches Verwaltungsrecht,
Friedrich-Ebert-Anlage 6–10,
69117 Heidelberg, (0 62 21) 54 74 28,
Fax (0 62 21) 54 77 43,
E-Mail kahl@jurs.uni-heidelberg.de

Kaltenborn, Dr. Markus, Universitätsprofessor, Neue Tremoniastr. 30,
44137 Dortmund, (02 31) 1 81 59 09;
Ruhr-Universität Bochum, Juristische Fakultät, 44780 Bochum,
(02 34) 3 2-2 52 52 oder -2 52 63,
Fax (02 34) 3 2-1 44 21,
E-Mail markus.kaltenborn@ruhr-uni-bochum.de

Kämmerer, Dr. Jörn Axel, Professor,
Am Kaiserkai 53, 20457 Hamburg,
(0 40) 48 09 22 23;
Bucerius Law School, Hochschule für Rechtswissenschaft, Jungiusstraße 6,
20335 Hamburg, (0 40) 30 70 6-1 90,
Fax (0 40) 30 70 6-1 95,
E-Mail axel.kaemmerer@law-school.de

Karpen, Dr. Ulrich, Professor,
Ringstr. 181, 22145 Hamburg,
(0 40) 6 77 83 98,
E-Mail ulrich.karpen@yahoo.de;
Universität Hamburg, Schlüterstr. 28,
20146 Hamburg, (0 40) 4 28 38-30 23
oder -45 14 od. -45 55

Kästner, Dr. Karl-Hermann, o. Professor, Josefinenstr. 3, 72488 Sigmaringen, (0 75 71) 32 23, Fax (0 75 71) 32 12; Universität Tübingen, Juristische Fakultät, Geschwister-Scholl-Platz, 72074 Tübingen, (0 70 71) 2 97 29 71, Fax (0 70 71) 29 50 96, E-Mail Kaestner@jura.uni-tuebingen.de

Kau, Dr. Marcel, LL.M., Privatdozent, Blarerstraße 8, 78462 Konstanz; Universität Konstanz, Fachbereich Rechtswissenschaft D 110, Universitätsstraße 10, 78457 Konstanz, (0 75 31) 88 36 34, Fax (0 75 31) 88 31 46, E-Mail Marcel.Kau@uni-konstanz.de

Kaufmann, Dr. Christine, Professorin, Lehrstuhl für Staats- und Verwaltungsrecht, Völker- und Europarecht, Universität Zürich, Rämistrasse 74/5, CH-8001 Zürich, (00 41) 4 46 34 48 65, Fax (00 41) 4 46 34 43 78, E-Mail Lst.kaufmann@rwi.uzh.ch

Kaufmann, Dr. Marcel, Privatdozent, Rechtsanwalt, Senefelderstraße 7, 10437 Berlin; Freshfields Bruckhaus Deringer, Environment, Planning and Regulatory (EPR), Potsdamer Platz 1, 10785 Berlin, (0 30) 20 28 3-8 57 (Sekretariat), (0 30) 20 28 3-6 00, Fax (0 30) 20 28 3-7 66, E-Mail marcel.kaufmann@freshfields.com

Keller, Dr. Helen, Professorin, Eigenstraße 16, CH-8008 Zürich, (00 41) 4 44 22 23 20; Universität Zürich, Rechtswissenschaftliches Institut, Rämistraße 74/13, CH-8001 Zürich, (00 41) 4 46 34 36 89, Fax (00 41) 4 46 34 43 39, E-Mail helen.keller@rwi.uzh.ch

Kempen, Dr. Bernhard, o. Professor, Rheinblick 1, 53424 Remagen/Oberwinter, (0 22 28) 91 32 91, Fax (0 22 28) 91 32 93; Institut für Völkerrecht und ausländisches öffentliches Recht, Universität zu Köln, Gottfried-Keller-Straße 2, 50931 Köln, (02 21) 4 70 23 64, Fax (02 21) 4 70 49 92, E-Mail Bernhard.Kempen@uni-koeln.de

Kersten, Dr. Jens, Professor, Hoheneckstr. 28, 81243 München, (0 89) 95 47 93 40; Ludwig-Maximilians-Universität München, Lehrstuhl für Öffentliches Recht und Verwaltungswissenschaften, Professor-Huber-Platz 2, 80539 München, (0 89) 2 18 0-21 13, Fax (0 89) 2 18 0-1 35 15, E-Mail jens.kersten@jura.uni-muenchen.de

Khakzadeh-Leiler, Dr. Lamiss, ao. Univ.-Professorin, Mähderweg 37c, A-6841 Mäder, (00 43) 67 64 33 87 65; Universität Innsbruck, Institut für Öffentliches Recht, Staats- und Verwaltungslehre, Innrain 52d, A-6020 Innsbruck, (00 43) 5 07-82 32, Fax (00 43) 5 07-28 28, E-Mail lamiss.khakzadeh@uibk.ac.at

Khan, Dr. Daniel-Erasmus, Professor, Institut für Öffentliches Recht und Völkerrecht, Universität der Bundeswehr München, Werner-Heisenberg-Weg 39, 85579 Neubiberg, (0 89) 60 04-46 90 oder -42 62 oder -20 48, Fax (0 89) 60 04-46 91, E-Mail Khan@unibw.de

Kielmansegg, Dr. Sebastian Graf,
Professor,
Siegelsmauer 11, 69126 Heidelberg,
(0 62 21) 65 28 68;
EBS Universität für Wirtschaft und Recht,
Heussen-Stiftungslehrstuhl für Öffentliches Recht, Europarecht, Recht der erneuerbaren Energien und Medizinrecht,
Gustav-Stresemann-Ring 3,
65189 Wiesbaden, (06 11) 71 02 22 33,
Fax (06 1) 71 02 10 22 33,
E-Mail sebastian.kielmansegg@ebs.edu

Kilian, Dr. Michael, Professor,
Am Burgwall 15, 06193 Löbejün-Wettin,
OT Brachwitz;
Juristische Fakultät, Universität Halle-Wittenberg, Universitätsplatz 3–5,
Juridicum,
06099 Halle (Saale), (03 45) 5 5-2 31 70,
Fax (03 45) 5 5-2 72 69,
E-Mail michael.kilian@jura.uni-halle.de

Kingreen, Dr. Thorsten, Professor,
Agnes-Miegel-Weg 10, 93055 Regensburg, (09 41) 7 04 02 41;
Lehrstuhl für Öffentliches Recht, Sozialrecht und Gesundheitsrecht, Universität Regensburg, Universitätsstr. 31,
93053 Regensburg, (09 41) 9 43 26 07
od. 26 8,
Fax (09 41) 9 43 36 34,
E-Mail king@jura.uni-regensburg.de

Kirchhof, Dr. Ferdinand, o. Professor,
Bundesverfassungsgericht, Schlossbezirk 3, 76131 Karlsruhe,
(07 21) 9 10 12 18,
Fax (07 21) 9 10 16 70;
Universität Tübingen, Juristische Fakultät, Geschwister-Scholl-Platz,
72074 Tübingen, (0 70 71) 2 97-25 61
oder -81 18,
Fax (0 70 71) 29 43 58,
E-Mail Kirchhof@uni-tuebingen.de

Kirchhof, Dr. Gregor, LL.M.,
Universitätsprofessor,
Fasanenstr. 42a, 85591 Vaterstetten,
(0 81 06) 3 48 09 34;
Universität Augsburg, Lehrstuhl für Öffentliches Recht, Finanzrecht und Steuerrecht, Universitätsstr. 24,
86159 Augsburg, (08 21) 5 98-45 41,
E-Mail mail@gregorkirchhof.de

Kirchhof, Dr. Dres. h.c. Paul, Professor,
Am Pferchelhang 33/1, 69118 Heidelberg,
(0 62 21) 80 14 47;
Universität Heidelberg,
Zeppelinstr. 151, 69121 Heidelberg,
(0 62 21) 54 74 57,
E-Mail paul.kirchhof@paul-kirchhof.de

Kirn, Dr. Michael, o. Professor,
Rummelsburgerstr. 3, 22147 Hamburg,
(0 40) 6 47 38 43;
Universität der Bundeswehr, Institut für Öffentliches Recht, Postfach 70 08 22,
22043 Hamburg, (0 40) 65 41-27 82
oder (0 40) 65 41-25 90

Kirste, Dr. Stephan, Professor,
Am Gutleuthofhang 18, 69118 Heidelberg, (0 62 21) 8 45 03,
Fax (0 62 21) 80 45 03;
Universität Salzburg, Rechts- und Sozialphilosophie, FB Sozial- und Wirtschaftswissenschaften an der Rechtswissenschaftlichen Fakultät, Churfürststraße 1,
A-5010 Salzburg, (0 04 3-6 62) 80 44-35 51,
Fax (0 04 3-6 62) 80 44-74-35 51,
Mobil (0 04 3-6 64) 8 28 9-2 23,
E-Mail kirste.stephan@sbg.ac.at

Kischel, Dr. Uwe, LL.M. (Yale),
Attorney-at-law (New York), o. Professor,
Dorfstraße 34, 17121 Düvier,
(03 99 98) 3 15 46;
Ernst-Moritz-Arndt-Universität Greifswald, Domstr. 20a, 17489 Greifswald,
(0 38 34) 86-21 80,

Fax (0 38 34) 86-21 82,
E-Mail kischel@uni-greifswald.de

Klaushofer, Dr. Reinhard, az. Prof.,
Universität Salzburg,
Kapitelgasse 5–7, 5020 Salzburg,
00 43 (0)6 62 80 44-36 34,
Fax 00 43 (0) 66 28 04 4-3 03,
E-Mail reinhard.klaushofer@sbg.ac.at

Klein, Dr. iur. Eckart, Universitätsprofessor,
Heideweg 45, 14482 Potsdam,
(03 31) 70 58 47,
E-Mail klein@uni-potsdam.de

Klein, Dr. Hans Hugo, Universitätsprofessor,
Heilbrunnstr. 4, 76327 Pfinztal,
(0 72 40) 73 00,
E-Mail hanshklein@web.de

Klement, Dr. Jan Henrik, Universitätsprofessor,
Rathenaustraße 6, 68165 Mannheim,
(06 21) 43 00 51 30,
E-Mail jan.klement@arcor.de;
Lehrstuhl für Staats- und Verwaltungsrecht, Universität des Saarlandes,
Campus, Gebäude B 4.1,
66123 Saarbrücken,
(06 81) 3 02-21 04 (Sekretariat)
oder -31 04,
Fax (06 81) 3 02-47 79,
E-Mail janhenrik.klement@uni-saarland.de

Kley, Dr. Andreas, Professor,
Stallikerstr. 10a, CH-8142 Uitikon Waldegg;
Rechtswissenschaftliches Institut,
Rämistr. 74/34, CH-8001 Zürich,
(00 41) 4 4-6 34 50 20,
Fax (00 41) 4 4-6 34 50 29
E-Mail andreas.kley@rwi.uzh.ch

Kloepfer, Dr. Michael, o. Professor,
Taubertstraße 19, 14193 Berlin,
(0 30) 8 25 24 90, Fax (0 30) 8 25 26 90;
Institut für Öffentliches Recht und Völkerrecht, Humboldt-Universität zu Berlin, Unter den Linden 9–11 (Palais),
10099 Berlin, (0 30) 20 93-33 40
oder -33 31, Fax (0 30) 20 93-34 38,
E-Mail Michael.Kloepfer@rewi.hu-berlin.de

Kluth, Dr. Winfried, Professor,
Eilenburger Straße 12,
06116 Halle (Saale);
Martin-Luther-Universität Halle-Wittenberg, Juristische und Wirtschaftswissenschaftliche Fakultät, Lehrstuhl für Öffentliches Recht, Universitätsplatz 10a,
06099 Halle (Saale), (03 45) 5 52 32 23,
Fax (03 45) 5 52 72 93,
E-Mail winfried.kluth@jura.uni-halle.de

Kment, Dr. Martin, LL.M. (Cambridge), Professor,
Donaustraße 16, 81679 München;
Lehrstuhl für Öffentliches Recht und Europarecht, Umweltrecht und Planungsrecht, Universität Augsburg,
Universitätsstr. 24, 86159 Augsburg,
(08 21) 5 98 45 35,
Fax (08 21) 5 98 45 37,
E-Mail martin.kment@jura.uni-augsburg.de

Knauff, Dr. Matthias, LL.M. Eur., Professor,
von-Salza-Str. 10, 97980 Bad Mergentheim, (0 79 31) 4 81 00 97,
(01 63) 7 29 83 71;
Friedrich-Schiller-Universität Jena
Rechtswissenschaftliche Fakultät,
Lehrstuhl für Öffentliches Recht, insbes. Öffentliches Wirtschaftsrecht, Carl-Zeiß-Str. 3, 07743 Jena, (0 36 41) 94 22 21,
Fax (0 36 41) 94 22 22,
Email matthias.knauff@uni-jena.de

Kneihs, Dr. Benjamin, Univ. Professor, Niederland 73, A-5091 Unken, Österreich;
Universität Salzburg, Fachbereich öffentliches Recht, Kapitelgasse 5–7, A-5020 Salzburg, (00 3) 6 62 80 44-36 11, Fax (00 43) 66 28 04 4-3 03, E-Mail benjamin.kneihs@sbg.ac.at

Knemeyer, Dr. Franz-Ludwig, o. Professor, Unterdürrbacher Str. 353, 97080 Würzburg, (09 31) 9 61 18;
Universität Würzburg, Domerschulerstr. 16, 97070 Würzburg, (09 31) 3 1-8 28 99, Fax (09 31) 31-23 17, E-Mail knemeyer@jura.uni-wuerzburg.de

Knies, Dr. Wolfgang, o. Professor, Am Botanischen Garten 5, 66123 Saarbrücken, (06 81) 39 98 88, Fax (06 81) 39 98 88;
Universität Saarbrücken, Postfach 15 11 50, 66041 Saarbrücken, (06 81) 3 02-31 58, E-Mail w.knies@mx.uni-saarland.de

Koch, Dr. Hans-Joachim, Professor, Wendlohstr. 80, 22459 Hamburg, (0 40) 5 51 88 04, Fax (0 40) 5 51 88 04;
Universität Hamburg, Fakultät für Rechtswissenschaft, Edmund-Siemers-Allee 1, 20146 Hamburg, (0 40) 4 28 38-39 77 oder -54 43, Fax (0 40) 4 28 38-62 80, E-Mail hans-joachim.koch@jura.uni-hamburg.de

Koch, Dr. Thorsten, Privatdozent, Emanuel-Geibel-Str. 4, 49143 Bissendorf-Schledehausen, (0 54 02) 77 74;
Institut für Kommunalrecht Universität Osnabrück, Martinistr. 12, 49069 Osnabrück, (05 41) 9 69-61 69, Fax (05 41) 9 69-61 64, E-Mail tkoch@uos.de

Köck, Dr. Wolfgang, Professor, UFZ-Umweltforschungszentrum Leipzig-Halle GmbH, Permoserstraße 15, 04318 Leipzig;
Universität Leipzig, Lehrstuhl für Umweltrecht, Postfach 10 09 20, 04009 Leipzig, (03 41) 2 35-31 40, Fax (03 41) 2 35-28 25, E-Mail Wolfgang.Koeck@ufz.de

Koenig, Dr. Christian, LL.M. (London), Universitätsprofessor, Zentrum für Europäische Integrationsforschung, Rheinische Friedrich-Wilhelms-Universität, Walter-Flex-Str. 3, 53113 Bonn, (02 28) 73-18-91/-92/-95, Fax (02 28) 73-18 93, E-Mail sekretariat.zeia@uni-bonn.de

Kokott, Dr. Juliane, LL.M. (Am. Un.), S.J.D. (Harvard), Universitätsprofessorin, Generalanwältin, (0 62 21) 45 16-17;
Gerichtshof der Europäischen Gemeinschaften, Th. More 2214, Bd. Konrad Adenauer, L-2925, Luxemburg, (0 03 52) 43 03 22 21, E-Mail juliane.kokott@curia.europa.eu

Kolonovits, Dr. Dieter, Mag., M.C.J., ao. Universitätsprofessor, Berggasse 17/41 A-1090 Wien, (00 43) 6 99 19 20 28 95;
Universität Wien, Institut für Staats- und Verwaltungsrecht, Schottenbastei 10–16, A-1010 Wien (Juridicum), (00 43) 14 27 73 54 16, Fax (00 43) 14 27 73 54 19, E-Mail dieter.kolonovits@univie.ac.at

König, Dr. Doris, Professorin, Bucerius Law School, Hochschule für Rechtswissenschaft, Jungiusstr. 6, 20355 Hamburg, (0 40) 30 70 6-2 01, Fax (0 40) 30 70 6-1 90, E-Mail doris.koenig@law-school.de

König, Dr. Dr. Klaus, Universitätsprofessor,
Albrecht-Dürer-Str. 20, 67346 Speyer,
(0 62 32) 29 02 16;
Deutsche Universität für Verwaltungswissenschaften Speyer, Postfach 14 09,
67324 Speyer, (0 62 32) 65 4-3 69
oder -3 50 oder -3 55,
Fax (0 62 32) 65 4-3 06,
E-Mail k.koenig@uni-speyer.de

Kopetzki, DDr. Christian, Universitätsprofessor,
Institut für Staats- und Verwaltungsrecht,
Medizinrecht, Universität Wien,
Schottenbastei 10–16, A-1010 Wien,
(00 43) 14 27 73 54 11,
Fax (00 43) 14 27 73 54 19,
E-Mail christian.kopetzki@univie.ac.at

Korinek, Dr. Dr. h.c. Karl, o. Professor,
Präsident des Österreichischen
Verfassungsgerichtshofs a. D.,
Auhofstr. 225–227, A-1130 Wien,
(00 43) 18 76 48 76;
Institut für Staats- und Verwaltungsrecht,
Universität Wien, Schottenbastei 10–16,
A-1010 Wien, (00 43) 14 27 7-3 54 42,
Fax (00 43) 14 27 7-3 54 49

Korioth, Dr. Stefan, Professor,
Institut für Politik und Öffentliches Recht
der Universität München,
Professor-Huber-Platz 2/III,
80539 München, (0 89) 21 80-27 37,
Fax (0 89) 21 80-39 90,
E-Mail Korioth@jura.uni-muenchen.de

Korte, Dr. Stefan, Privatdozent,
Freie Universität Berlin, Lehrstuhl für
Öffentliches Recht und Europarecht,
Lehrstuhlinhaber:
Prof. Dr. Christian Calliess, Boltzmannstraße 3, 14195 Berlin, (01 79) 7 31 95 79,
E-Mail skorte@zedat.fu-berlin.de

Kotulla, Dr. Michael, M.A., Professor,
Universität Bielefeld, Fakultät für
Rechtswissenschaft, Postfach 10 01 31,
33501 Bielefeld, (05 21) 1 06-25 00,
Fax (05 21) 1 06-80 91,
E-Mail Michael.Kotulla@uni-bielefeld.de

Kotzur, Dr. Markus, LL.M. (Duke
Univ.), o. Professor,
Am Sandtorkai 64 b, 20457 Hamburg,
(0 40) 41 91-93 44;
Universität Hamburg, Institut für Internationale Angelegenheiten, Fakultät für
Rechtswissenschaft, Rothenbaumchaussee 33, 20148 Hamburg,
(0 40) 4 28 28-46 01,
Fax (0 40) 4 28 38-62 62,
E-Mail markus.kotzur@jura.uni-hamburg.de

Krajewski, Dr. Markus, Professor,
Frommannstr. 19, 90419 Nürnberg;
Friedrich-Alexander-Universität Erlangen-Nürnberg, Fachbereich Rechtswissenschaft, Schillerstr. 1,
91054 Erlangen, (0 91 31) 8 52 22 60,
Fax (0 91 31) 8 52 69 50,
E-Mail markus.krajewski@jura.uni-hamburg.de

Krause, Dr. Peter, o. Professor,
Weinbergstr. 12, 54317 Korlingen,
(0 65 88) 73 33;
Universität Trier, 54286 Trier,
(06 51) 2 01-25 87,
Fax (06 51) 2 01-38 03,
E-Mail Krausepe@uni-trier.de

Krausnick, Dr. Daniel, Privatdozent,
Bubenreutherstr. 19b, 91094 Bräuningshof, (01 60) 92 96 70 79;
Friedrich-Alexander-Universität Erlangen-Nürnberg, Institut für Staats- und
Verwaltungsrecht, Schillerstr. 1,
91054 Erlangen, (0 91 31) 8 52 22 41,

Fax (0 91 31) 8 52 63 82,
E-Mail Daniel.Krausnick@jura.uni-erlangen.de

Krawietz, Dr. Werner, o. Professor,
Nienbergweg 29, 48161 Münster,
(02 51) 86 14 51;
Lehrstuhl für Rechtssoziologie, Universität Münster, Bispinghof 24–25,
48143 Münster, (02 51) 83 25 91,
E-Mail Krawiet@uni-muenster.de

Krebs, Dr. Walter, Professor,
Waldmannstr. 19, 12247 Berlin,
(0 30) 7 71 07 58,
Fax (0 30) 7 71 07 58;
Freie Universität Berlin, Boltzmannstr. 4,
14195 Berlin, (0 30) 8 38-59 21,
Fax (0 30) 8 38-59 22,
E-Mail lehrstuhl-krebs@fu-berlin.de

Kreßel, Dr. Eckhard, Professor,
Körschtalstr. 21, 73760 Ostfildern,
(09 31) 3 13 05;
Juristische Fakultät der Universität Würzburg, Domerschulstr. 16,
97070 Würzburg,
E-Mail eckhard.kressel@daimler.com

Kreuter-Kirchhof, Dr. Charlotte,
Privatdozentin
Kirchgasse 61, 53347 Alfter,
(0 22 22) 99 36 22,
Fax (0 22 22) 99 36 21;
Rheinische Friedrich-Wilhelms-Universität Bonn, Institut für Völkerrecht, Adenauerallee 24–42,
53113 Bonn, (02 28) 73 91 74
E-Mail kreuter-kirchhof@uni-bonn.de

Krieger, Dr. Heike, Professorin,
Freie Universität Berlin, Fachbereich Rechtswissenschaft, Van't-Hoff-Straße 8,
14195 Berlin, (0 30) 83 85 14 53,
E-Mail hkrieger@zedat.fu-berlin.de

Kriele, Dr. Martin, o. Professor,
Dorf 11, A-6900 Möggers,
(00 43) 5 57 3-8 24 96,
Fax (00 43) 5 57 3-8 24 97;
Universität Köln, Albertus-Magnus-Platz 1, 50923 Köln, (02 21) 4 70-22 30,
Fax (02 21) 4 70-50 10

Kröger, Dr. Klaus, Universitätsprofessor,
Hölderlinweg 14, 35396 Gießen,
(06 41) 5 22 40;
Universität Gießen, 35394 Gießen,
(06 41) 9 92 3-1 30,
Fax (06 41) 9 92 3-0 59

Krüper, Dr. Julian, Professor,
Sundernstr. 24, 58452 Witten;
Professur für Öffentliches Recht, Verfassungstheorie und interdisziplinäre Rechtsforschung, Juristische Fakultät der Ruhr-Universität Bochum, Universitätsstraße 150, 44780 Bochum,
(02 34) 3 2-2 99 42,
Fax (02 34) 3 2-1 42 82,
E-Mail julian.krueper@rub.de

Krugmann, Dr. Michael, Privatdozent,
Stellaustieg 3, 22143 Hamburg,
(0 40) 6 77 88 60,
Fax (0 40) 6 77 88 60,
E-Mail dr@michaelkrugmann.de

Kube, Dr. Hanno, LL.M. (Cornell),
Universitätsprofessor,
Am Langenstück 23, 65343 Eltville,
(0 61 23) 7 95 78 48;
Lehrstuhl für Öffentliches Recht und Steuerrecht, Fachbereich Rechts- und Wirtschaftswissenschaften,
Johannes Gutenberg-Universität Mainz,
Jakob Welder-Weg 9, Zimmernr. 03.214,
55099 Mainz,
(0 61 31) 39 22 72 5/3 92 30 43 (Sekr.),
Fax (0 61 31) 3 92 38 26,
E-Mail hkube@uni-mainz.de

Kucsko-Stadlmayer, Dr. Gabriele,
Ao. Universitätsprofessorin,
Rooseveltplatz 4–5, A-1090 Wien,
(00 43) 14 08 38 59;
Universität Wien, Institut für Staats- und Verwaltungsrecht,
Schottenbastei 10–16, A-1010 Wien,
(00 43) 14 27 73 54 18,
Fax (00 43) 1 42 77 93 54,
E-Mail gabriele.kucsko-stadlmayer@univie.ac.at

Kühling, Dr. Jürgen, LL.M. (Brüssel),
Universitätsprofessor,
Kellerweg 12b, 93053 Regensburg,
(09 41) 7 05 60 79;
Universität Regensburg, Lehrstuhl für Öffentliches Recht und Immobilienrecht,
Universitätsstr. 31, 93053 Regensburg,
(09 41) 9 43-60 60, Fax (09 41) 9 43-60 62,
E-Mail juergen.kuehling@jura.uni-regensburg.de

Kühne, Dr. Jörg-Detlef, Professor,
Münchhausenstr. 2, 30625 Hannover,
(05 11) 5 56 63;
Universität Hannover, Königsworther Platz 1, 30167 Hannover,
(05 11) 7 62-81 48, Fax (05 11) 7 62-82 28,
E-Mail Kuehne@oera.uni-hannover.de

Küpper, Dr. Herbert, Professor,
Herrnstr. 15, 80539 München;
Institut für Ostrecht, Landshuter Str. 4,
93047 Regensburg, (09 41) 9 43 54 50,
Fax (09 41) 9 43 54 65,
E-Mail Herbert.Kuepper@ostrecht.de

Kugelmann, Dr. Dieter, Professor,
Am Klosterwald 24, 48165 Münster,
E-Mail DieterKugelmann@web.de;
Deutsche Universität der Polizei,
Zum Roten Berge 18–24, 48165 Münster,
(0 25 01) 80 6-4 37, -2 79 (Sekr.),
-5 25 (Fax),
E-Mail dieter.kugelmann@dhpol.de

Kunig, Dr. Dr. h.c. (Univ. Athen) Dr. h.c. (Univ. Istanbul) Philip, Professor,
Freie Universität Berlin, Institut für Staatslehre, Boltzmannstraße 3,
14195 Berlin, (0 30) 83 85 30-10,
Fax (0 30) 83 85 30-11,
E-Mail Kunig@zedat.fu-berlin.de

Lachmayer, Dr. Konrad, Privatdozent,
Weitlofgasse 12/10, 1180 Wien;
Universität Wien, Rechtswissenschaftliche Fakultät, Institut für Staats- und Verwaltungsrecht, Schottenbastei 10–16,
1010 Wien, (00 43) 14 27 73 54 71,
Fax (00 43) 14 27 73 54 79,
E-Mail konrad.lachmayer@univie.ac.at

Ladeur, Dr. Karl-Heinz, Professor,
Universität Hamburg, Fakultät für Rechtswissenschaft, Schlüterstraße 28,
20146 Hamburg, (0 40) 4 28 38-57 52,
Fax (0 40) 4 28 38-26 35,
E-Mail karl-heinz.ladeur@jura.uni-hamburg.de

Lang, Dr. Heinrich, Professor,
Dipl.-Sozialpädagoge,
Steinstraße 13, 17489 Greifswald;
Ernst-Moritz-Arndt Universität Greifswald, Lehrstuhl für Öffentliches Recht, Sozial- und Gesundheitsrecht,
Domstraße 20, 17489 Greifswald,
(0 38 34) 86-21 74,
Fax (0 38 34) 86-21 13,
E-Mail bribraun@uni-greifswald.de

Lange, Dr. Klaus, Universitätsprofessor,
Lilienweg 22, 35423 Lich, (0 64 04) 56 81;
Universität Gießen, Fachbereich Rechtswissenschaften, Hein-Heckroth-Straße 5,
35390 Gießen, (06 41) 92 11-80 oder -81,
Fax (06 41) 9 92 11-89,
E-Mail Klaus.Lange@recht.uni-giessen.de

Langenfeld, Dr. Christine, Professorin,
Menckestraße 30, 04155 Leipzig,
(03 41) 56 11 49 40,
Fax (03 41) 56 11 49 41,
E-Mail Dr.Langenfeld@t-online.de;
Juristisches Seminar der Georg-August-Universität, Platz der Göttinger Sieben 6,
37073 Göttingen, (05 51) 39-73 84,
Fax (05 51) 3 9-1 23 92,
E-Mail enomiko@gwdg.de

Laskowski, Dr. Silke Ruth, Professorin,
Gertigstraße 13, 22303 Hamburg,
(0 40) 36 66 15, Fax (0 40) 36 66 15,
Mobil (01 79) 2 31 56 63;
Universität Kassel, Institut für Wirtschaftsrecht, FG Öffentliches Recht, Völker- und Europarecht, Schwerpunkt Umweltrecht, Diagonale 12,
34127 Kassel, (05 61) 8 04 32 22,
Fax (05 61) 8 04 28 27,
E-Mail Laskowski@uni-kassel.de

Laubinger, Dr. Hans-Werner, M.C.L., Professor,
Philipp-Wasserburg-Str. 45, 55122 Mainz,
(0 61 31) 4 31 91;
Universität Mainz, 55099 Mainz,
(0 61 31) 39 59 42,
E-Mail Laubinger@mail.jura.uni-mainz.de

Laurer, Dr. Hans René, a.o. Universitätsprofessor,
Scheffergasse 27a, A-2340 Mödling,
(00 43) 2 63 62 04 02;
Wirtschafts-Universität, Augasse 2–6,
A-1190 Wien, (00 43) 13 13 36 oder 46 69 oder 41 58

Lecheler, Dr. Helmut, o. Professor,
Freie Universität Berlin, Fachbereich Rechtswissenschaft, Institut für Völkerrecht, Europarecht und ausländisches öffentliches Recht, Vant'-Hoff-Str. 8,
14195 Berlin, (0 30) 7 73-63 17,
Fax (0 30) 7 73-58 23
E-Mail mail@lecheler.eu

Lege, Dr. Joachim, Professor,
Fischstr. 19, 17489 Greifswald,
(0 38 34) 77 39 41;
Rechts- und Staatswissenschaftliche Fakultät, Ernst-Moritz-Arndt-Universität, Domstr. 20,
17489 Greifswald, (0 38 34) 86-21 50,
Fax (0 38 34) 86-21 56,
E-Mail lege@uni-greifswald.de

Lehner, Dr. Moris, Universitätsprofessor,
Kaiserplatz 7, 80803 München,
(0 89) 34 02 06 46;
Ludwig-Maximilians-Universität, Lehrstuhl für Öffentliches Recht, insbesondere öffentliches Wirtschaftsrecht und Steuerrecht, Ludwigstr. 28 (Rgb.),
80539 München, (0 89) 21 80 27 18,
Fax (0 89) 33 35 66,
E-Mail Moris.Lehner@jura.uni-muenchen.de

Leisner, Dr. mult. Dr. h.c. Walter, o. Professor,
Pienzenauerstr. 99, 81925 München,
(0 89) 98 94 05,
Fax (0 89) 98 29 09 97

Leisner, Dr. Walter Georg, Privatdozent,
Halserspitzstraße 13, 81673 München,
(0 89) 98 94 24;
Universität Hamburg, Fakultät für Rechtswissenschaft,
Schlüterstr. 28, 20146 Hamburg,
E-Mail leisner@lz-legal.de

Leisner-Egensperger, Dr. Anna, Universitätsprofessorin,
Bachmairstrasse 15, 81243 München-Pasing, (0 89) 88 90 93 56,
Mobil (01 73) 3 92 41 45;
Lehrstuhl für Öffentliches Recht und Steuerrecht, Friedrich-Schiller-Uni-

versität Jena, Carl-Zeiss-Straße 3,
07743 Jena, (0 36 41) 94 22 51,
Fax (0 36 41) 94 22 52,
E-Mail A.Leisner@recht.uni-jena.de

Leitl-Staudinger, Dr. Barbara, Universitätsprofessorin,
Hohe Straße 135, A-4040 Linz;
Institut für Fernunterricht in den Rechtswissenschaften, Johannes Kepler Universität Linz, Petrinumstraße 12,
A-4040 Linz, (00 43) 7 32 24 68 19 00,
Fax (00 43) 7 32 24 68 19 10,
E-Mail barbara.leitl-staudinger@jku.at

Lenski, Dr. Sophie-Charlotte, Privatdozentin,
Universität Konstanz, Universitätsstraße 10, 78457 Konstanz,
(0 75 31) 88-36 54,
Fax (0 75 31) 88-21 94,
E-Mail sophie.lenski@uni-konstanz.de

Lenze, Dr. Anne, Privatdozentin,
Sandstraße 19, 64625 Bensheim,
(0 62 51) 58 08 52;
Fachhochschule Darmstadt,
Adelungstraße 51, 64283 Darmstadt,
(0 61 51) 16 89 65,
Fax (0 61 51) 16 89 90,
E-Mail anne.lenze@t-online.de

Lepsius, Dr. Oliver, LL.M. (Chicago), Professor,
Romanstr. 53, 80639 München,
(0 89) 14 33 24 82 und (09 21) 15 08 44 30;
Lehrstuhl für Öffentliches Recht, Allgemeine und Vergleichende Staatslehre, Universität Bayreuth,
Universitätsstr. 30, 95440 Bayreuth,
(09 21) 55-62 61, (09 21) 55-62 62,
E-Mail oliver.lepsius@uni-bayreuth.de

Lerche, Dr. Dr. h. c. Peter, o. Professor,
Junkersstr. 13, 82131 Gauting,
(0 89) 8 50 20 88, Fax (0 89) 8 50 20 88

Lewinski, Dr. Kai von, Privatdozent,
Bismarckstr. 70, 10627 Berlin,
(0 30) 37 30 55 13;
Humboldt-Universität zu Berlin,
Juristische Fakultät, Unter den Linden 9,
10099 Berlin, (0 30) 20 93-33 31,
Fax (0 30) 20 93 20 21 33 41,
E-Mail kai.lewinski@rewi.hu-berlin.de

Lienbacher, Dr. Georg, Universitätsprofessor,
Obere Donaustr. 43/2/44, A-1020 Wien;
Institut für Österreichisches und Europäisches Öffentliches Recht, Wirtschaftsuniversität Wien, Althanstraße 39–45 (UZA 3), A-1090 Wien,
(00 43) 13 13 36-54 02,
Fax (00 43) 13 13 36-92 22,
E-Mail Georg.Lienbacher@wu.ac.at

Lindner, Dr. Josef Franz, Professor,
Großhaderner Straße 14b,
81375 München, (0 89) 70 32 45,
Fax (0 89) 74 00 93 85;
Lehrstuhl für Öffentliches Recht, Universität Augsburg, Eichleitnerstraße 30,
86159 Augsburg, (08 21) 5 98 46 22,
Fax (08 21) 5 98 14 46 22,
E-Mail josef.lindner@jura.uni-augsburg.de

Link, Dr. jur. Dres. theol. h.c. Heinz-Christoph, em. Professor,
Rühlstraße 35, 91054 Erlangen,
(0 91 31) 20 93 35,
Fax (0 91 31) 53 45 66;
Hans-Liermann-Institut für Kirchenrecht, Hindenburgstr. 34, 91054 Erlangen,
(0 91 31) 8 52 28 25,
Fax (0 91 31) 8 52 40 64

Lorenz, Dr. Dieter, o. Professor,
Bohlstr. 21, 78465 Konstanz,
(0 75 33) 68 22;

Universität Konstanz,
Postfach 55 60 D 100,
78434 Konstanz, (0 75 31) 88 25 30,
E-Mail Dieter.Lorenz@uni-konstanz.de

Lorz, Dr. Ralph Alexander, LL.M. (Harvard),
Attorney-at-Law (New York), Universitätsprofessor, Eickelscheidt 8a,
40883 Ratingen, (01 70) 4 12 18 66;
Universität Düsseldorf, Lehrstuhl für deutsches und ausländisches öffentliches Recht, Völker- und Europarecht,
Universitätsstraße 1, 40225 Düsseldorf,
(02 11) 8 11-14 35,
Fax (02 11) 8 11-14 56,
E-Mail Al.Lorz@uni-duesseldorf.de

Losch, Dr. phil. Dr. iur. Bernhard, Professor,
Ulrich-Hofmaier-Str. 45, 86159 Augsburg, (08 29) 66 09 61 64

Löwer, Dr. Wolfgang, Professor,
Hobsweg 15, 53125 Bonn,
(02 28) 25 06 92, Fax (02 28) 25 04 14;
Universität Bonn, Adenauerallee 24–42,
53113 Bonn, (02 28) 73 92 78/73 92 80,
Fax (02 28) 73 39 57,
E-Mail w.loewer@uni-bonn.de

Lübbe-Wolff, Dr. Gertrude, Professorin,
(05 21) 88 26 59;
Universität Bielefeld, Fakultät Rechtswissenschaft, Universitätsstr. 25,
Postfach 10 01 31, 33615 Bielefeld,
(05 21) 1 06-43 86,
Fax (05 21) 1 06-80 85,
E-Mail Gertrude.Luebbe-Wolff@uni-bielefeld.de

Luchterhandt, Dr. Otto, Professor,
Im Wendischen Dorfe 28, 21335 Lüneburg, (0 41 31) 23 29 65,
Fax (0 41 31) 23 29 65;
Universität Hamburg,
Schlüterstr. 28 (Rechtshaus), 20146 Hamburg, (0 40) 4 28 38-45 62,
E-Mail ottolucht@arcor.de

Ludwigs, Dr. Markus, Universitätsprofessor,
Sterntalerweg 116, 97084 Würzburg;
Lehrstuhl für Öffentliches Recht und Europarecht, Universität Würzburg,
Domerschulstraße 16, 97070 Würzburg,
(09 31) 3 1-8 99 79,
E-Mail ludwigs@jura.uni-wuerzburg.de

Lühmann, Dr. Hans, Privatdozent,
Pannebäcker Str. 7a, 40593 Düsseldorf,
(02 11) 2 39 95 34

Luther, Dr. Jörg, Professor
Via Roero di Cortanze 2,
I-10124 Torino, (00 39) 0 11 83 56 07;
Dipartimento POLIS Via Cavour 84,
I-15100 Alessandria,
(00 39) 01 31 28 37 45,
Fax (00 39) 01 31 28 37 04
luther@sp.unipmn.it

Mächler, Dr. iur. August, Professor,
Schindellegistrasse 15,
CH-8808 Pfäffikon, (00 41) 5 54 10 43 20;
Sicherheitsdepartement des Kt. Schwyz,
Postfach 1200, 6431 Schwyz,
(00 41) 4 18 19 20 02,
Fax (00 41) 4 18 19 20 19,
E-Mail august-maechler@swissonline.ch

Magen, Dr. Stefan, M.A., Professor,
Kallenweg 6, 53129 Bonn,
(02 28) 90 91 76 79;
Ruhr-Universität Bochum, Lehrstuhl für Öffentliches Recht, Rechtsphilosophie und Rechtsökonomik,
Universitätsstr. 150, 44780 Bochum,
(02 34) 3 2-2 28 09,
Fax (02 34) 3 2-1 43 27,
E-Mail magen@rub.de

Mager, Dr. Ute, Universitätsprofessorin, Universität Heidelberg, Juristische Fakultät, Friedrich-Ebert-Anlage 6–10, 69117 Heidelberg, (0 62 21) 54 77 37 oder (01 71) 5 54 00 78, E-Mail ute.mager@jurs.uni-heidelberg.de

Magiera, Dr. Siegfried, Universitätsprofessor, Feuerbachstr. 1, 67354 Römerberg, (0 62 32) 8 48 98; Deutsche Universität für Verwaltungswissenschaften Speyer, Freiherr-vom-Stein-Str. 2, 67346 Speyer, (0 62 32) 65 43 48, E-Mail s.magiera@uni-speyer.de

Mahlmann, Dr. Matthias, Professor, Rindermarkt 7, CH-8001 Zürich; Lehrstuhl für Rechtstheorie, Rechtssoziologie und Internationales Öffentliches Recht, Universität Zürich, Treichlerstr. 10, CH-8032 Zürich, (00 41) 4 46 34 15 87, Fax (00 41) 4 46 34 43 91, E-Mail matthias.mahlmann@rwi.uzh.ch

Majer, Dr. jur. utr. Diemut, Rechtsanwältin, Universitätsprofessorin, Universität Bern; Welfenstr. 35, 76137 Karlsruhe, (07 21) 81 66 50 Fax (07 21) 81 76 63, E-Mail majer@kanzlei-karlstr62.de

Mangoldt, Dr. Hans von, Professor, Goetheweg 1, 72147 Nehren, (0 74 73) 79 08; Universität Tübingen, Juristische Fakultät, Geschwister-Scholl-Platz, 72074 Tübingen, (0 70 71) 2 97 33 02

Mann, Dr. Thomas, Professor, Im Torfveen 19, 46147 Oberhausen, (02 08) 67 54 98; Juristisches Seminar der Georg-August-Universität Göttingen, Platz der Göttinger Sieben 6, 37073 Göttingen, (05 51) 39-47 23, Fax (05 51) 39-79 78, E-Mail sekretariatmann@jura.uni-goettingen.de

Manssen, Dr. Gerrit, Universitätsprofessor, Konrad-Adenauer-Allee 15, 93051 Regensburg, (09 41) 9 28 45; Juristische Fakultät, Universität Regensburg, 93040 Regensburg, (09 41) 9 43-32 55, Fax (09 41) 9 43-32 57, E-Mail Gerrit.Manssen@jura.uni-regensburg.de

Mantl, Dr. Dr. h.c. Wolfgang, em. o. Universitätsprofessor, Wiener Str. 256/XI/33, A-8051 Graz, (00 43) 3 16-68 13 06; Institut für Österreichisches, Europäisches und Vergleichendes Öffentliches Recht, Politikwissenschaft und Verwaltungslehre, Karl-Franzens-Universität Graz, Universitätsstr. 15/K3, A-8010 Graz, (00 43) 31 6-3 80 33 70, E-Mail wolfgang.mantl@uni-graz.at

Marauhn, Dr. Thilo, M.Phil., Professor, An der Fels 20, 35435 Wettenberg, (06 41) 8 77 32 75, Fax (06 41) 8 77 32 75, E-Mail thilo.marauhn@recht.uni-giessen.de; Professur für Öffentliches Recht, Völkerrecht und Europarecht, Justus-Liebig-Universität Gießen, Licher Straße 76, 35394 Gießen, (06 41) 9 92 11 50/51, Fax (06 41) 9 92 11 59, E-Mail intlaw@recht.uni-giessen.de

Marko, Dr. Joseph, o. Professor, Kasernstr. 35, A-8010 Graz, (00 43) 3 16-46 22 38;

Institute of Austrian, European and Comparative Public Law and Political Sciences, University of Graz,
Universitätsstraße 15/B4, A-8010 Graz,
(00 43) 31 63 80-33 74,
Fax (00 43) 3 16 38 0-9 42,
E-Mail josef.marko@uni-graz.at

Marti, Dr. Arnold, Titularprofessor der Universität Zürich,
Fernsichtstraße 5, CH-8200 Schaffhausen, (00 41) 5 2-6 24 18 10,
E-Mail a.g.marti@swissonline.ch;
Obergericht des Kantons Schaffhausen,
Frauengasse 17, CH-8200 Schaffhausen,
(00 41) 5 2-6 32 74 24,
Fax (00 41) 52-63 27 86,
E-Mail arnold.marti@ktsh.ch

Martínez Soria, Dr. José, Universitätsprofessor,
Braschzeile 9, 14109 Berlin,
(0 30) 80 58-67 66;
Stiftungsprofessur für Agrarrecht und Öffentl. Recht, Institut für Landwirtschaftsrecht der Universität Göttingen,
Juristische Fakultät,
Platz der Göttinger Sieben 6,
37073 Göttingen, (05 51) 39-74 15,
Fax (05 51) 3 9-9 12 68,
E-Mail jmartin@gwdg.de

Martini, Dr. Mario, Professor,
Adams-Lehmann-Str. 8, 80797 München,
(0 89) 32 00 26 10;
Deutsche Universität für Verwaltungswissenschaften Speyer, Lehrstuhl für Verwaltungswissenschaft, Freiherr-vom-Stein-Straße 2, 67346 Speyer,
(0 62 32) 65 4-3 38,
Fax (0 62 32) 65 4-4 04,
E-Mail martini@uni-speyer.de

März, Dr. Wolfgang, Professor,
Zelckstraße 1, 18055 Rostock,
(03 81) 3 77 92 55, Fax (03 81) 3 77 92 56;
Lehrstuhl für Öffentliches Recht und Verfassungsgeschichte, Universität Rostock,
Möllner Str. 10, 18109 Rostock,
(03 81) 4 98 81 90,
Fax (03 81) 4 98 80 02,
E-Mail wolfgang.maerz@uni-rostock.de

Masing, Dr. Johannes, Professor,
Richter des Bundesverfassungsgerichts,
Schlossbezirk 3, 76131 Karlsruhe;
Albert-Ludwigs-Universität Freiburg,
Platz der Alten Synagoge, 79085 Freiburg,
(07 61) 2 03-22 52,
Fax (07 61) 2 03 22 93,
E-Mail johannes.masing@jura.uni-freiburg.de

Maurer, Dr. Hartmut, o. Professor,
Säntisblick 10, 78465 Konstanz,
(0 75 33) 13 12;
Universität Konstanz, Fachbereich Rechtswissenschaft, Postfach 118,
78457 Konstanz, (0 75 31) 88 36 57,
Fax (0 75 31) 88 31 96,
E-Mail hartmut.maurer@uni-konstanz.de

Mayer, Dr. Franz, LL.M. (Yale), Universitätsprofessor,
Universität Bielefeld, Lehrstuhl für Öffentliches Recht, Europarecht, Völkerrecht, Rechtsvergleichung und Rechtspolitik, Postfach 10 01 31,
33501 Bielefeld, (05 21) 1 06-44 12,
Fax (05 21) 10 6-8 90 16,
E-Mail franz.mayer@uni-bielefeld.de

Mayer-Tasch, Dr. Peter Cornelius, Professor,
Am Seeberg 13, 86938 Schondorf,
(0 81 92) 86 68;
Hochschule für Politik München,
Ludwigstr. 8, 80539 München,
(0 89) 28 80 39 9-0,
Fax (0 89) 2 88 03 99-22

Meessen, Dr. Karl Matthias, Professor, Rotterdamer Straße 45, 40474 Düsseldorf, (02 11) 1 59 42 11, Fax (02 11) 1 59 42 12, E-Mail Karl.Meessen@t-online.de

Mehde, Dr. Veith, Mag.rer.publ., Professor, Lilienstr. 23, 30167 Hannover, (05 11) 98 29 06; Lehrstuhl für Öffentliches Recht, insbesondere Verwaltungsrecht, Leibniz Universität Hannover, Königsworter Platz 1, 30167 Hannover, (05 11) 7 62-82 06, Sekr.: -82 07, Fax (05 11) 76 2-1 91 06, E-Mail mehde@jura.uni-hannover.de

Meng, Dr. Werner, Universitätsprofessor, Im Herrengarten 8, 55263 Wackernheim, (0 61 32) 97 70 65; Europa-Institut, Universität des Saarlandes, Postfach 15 11 50, 66041 Saarbrücken, (06 81) 3 02 66 60, Fax (06 81) 3 02 66 62, E-Mail w.meng@kabelmail.de

Menzel, Dr. Jörg, Privatdozent, The Senate of the Kingdom of Cambodia, Chamcar Morn, State Palace, Norodom Blvd., Phnom Penh, Cambodia, (0 08 55) 12 33 35 28, Fax (0 08 55) 23 21 14 46, E-Mail joergmenzel@gmx.net

Merli, Dr. Franz, Universitätsprofessor, Institut für Österreichisches, Europäisches und Vergleichendes Öffentliches Recht, Politikwissenschaft und Verwaltungslehre, Karl-Franzens-Universität Graz, Universitätsstraße 15, A-8010 Graz, (00 43) 31 63 80-36 02, Fax (00 43) 31 63 80-94 50, E-Mail merli@uni-graz.at

Merten, Dr. Dr. Detlef, o. Professor, Von-Dalberg-Str. 8, 67487 St. Martin, (0 63 23) 18 75; Deutsche Universität für Verwaltungswissenschaften Speyer, Freiherr-vom-Stein-Str. 2–6, 67346 Speyer, (0 62 32) 65 4-3 49 oder -3 30, E-Mail merten@uni-speyer.de

Meßerschmidt, Dr. Klaus, Privatdozent, Hynspergstr. 29, 60322 Frankfurt am Main, (0 69) 55 45 87; University of Latvia, EuroFaculty, Raina bulv. 19, LV-1586 Riga/Lettland, (0 03 71) 7 82 02 78, Fax (0 03 71) 7 82 02 60, E-Mail Messerschmidtkl@aol.com

Meyer, Dr. Dr. h. c. Hans, Professor, Georg-Speyer-Str. 28, 60487 Frankfurt am Main, (0 69) 77 01 29 26, Fax (0 69) 7 01 29 27; Humboldt-Universität zu Berlin, Juristische Fakultät, Unter den Linden 6, 10099 Berlin, (0 30) 20 93-35 28 (Sekr.) oder -33 47, Fax (0 30) 20 93-27 29, E-Mail Hans.Meyer@rewi.hu-berlin.de

Meyer, Dr. Stephan, Privatdozent, Universität Erfurt, Nordhäuser Str. 63, 99089 Erfurt, (03 61) 7 37-47 62, Fax (03 61) 7 37-47 09, E-Mail stephan.meyer@uni-erfurt.de

Meyn, Dr. Karl-Ulrich, Professor, Leyer Str. 36, 49076 Osnabrück, (05 41) 1 64 82; Universität Jena, Schillerhaus, Schillergäschen 2, 07745 Jena, (0 36 41) 93 11 85, Fax (0 36 41) 93 11 87, E-Mail karl-ulrich.meyn@t-online.de

Michael, Dr. Lothar, Professor, Kapellenstraße 51, 40670 Meerbusch;

Professur für Öffentliches Recht,
Universitätsstraße 1, Geb. 24.91,
40225 Düsseldorf, (02 11) 8 11 14 12,
E-Mail Lothar.Michael@
uni-duesseldorf.de

Möllers, Dr. Christoph, LL.M., Professor,
Zehdenicker Str. 14, 10119 Berlin;
Humboldt-Universität zu Berlin, Lehrstuhl für Öffentliches Recht, insbesondere Verfassungsrecht und Rechtsphilosophie,
Unter den Linden 6, 10099 Berlin,
(0 30) 20 93-35 85,
Fax (0 30) 20 93-35 52,
E-Mail sekretariat.moellers@rewi.
hu-berlin.de

Morgenthaler, Dr. Gerd, Professor,
Tilsiter Str. 33, 57250 Netphen;
Universität Siegen, Fachbereich 5,
Hölderlinstr. 3, 57068 Siegen,
(02 71) 7 40 24 02,
E-Mail morgenthaler@recht.wiwi.
uni-siegen.de

Morlok, Dr. Martin, Professor,
Poßbergweg 51, 40629 Düsseldorf,
(02 11) 28 68 68;
Heinrich-Heine-Universität, Juristische Fakultät, Universitätsstr. 1,
Gebäude 24.91, 40225 Düsseldorf,
(02 11) 8 11 53 51,
Fax (02 11) 8 11 14 60,
E-Mail ls.morlok@uni-duesseldorf.de

Morscher, Dr. Siegbert, em. Universitätsprofessor,
Tschiggyfreystr. 11a, A-6020 Innsbruck,
(00 43) 5 12-28 62 10;
Leopold-Franzens-Universität, Institut für Öffentliches Recht, Staats- und Verwaltungslehre, Innrain 52d, A-6020 Innsbruck, (00 43) 51 2-5 07 82 10 od. -11,
Fax (00 43) 51 2-5 07 28 28,
E-Mail siegbert.morscher@uibk.ac.at

Möstl, Dr. Markus, Professor,
Birkenstraße 77, 95447 Bayreuth,
(09 21) 50 71 68,
E-Mail Markus.Moestl@t-online.de;
Rechts- und Wirtschaftswissenschaftliche Fakultät, Universitätsstr. 30, 95440 Bayreuth, (09 21) 55-28 66,
Fax (09 21) 55-20 41,
E-Mail markus.moestl@uni-bayreuth.de

Muckel, Dr. Stefan, Universitätsprofessor,
Ringstraße 122, 42929 Wermelskirchen,
(0 21 93) 53 10 74;
Universität zu Köln, Institut für Kirchenrecht, 50923 Köln, (02 21) 4 70-37 77
oder 4 70-26 79,
E-Mail Kirchenrecht@uni-koeln.de

Mückl, Dr. Stefan, apl. Professor,
Adenauerallee 129, 53115 Bonn;
Albert-Ludwigs-Universität Freiburg i.Br., Institut für Öffentliches
Recht IV, Platz der Universität 3,
79085 Freiburg i.Br., (07 61) 2 03-22 64,
Fax (07 61) 2 03-22 97,
E-Mail s.mueckl@gmx.de

Müller, Dr. Bernhard, Privatdozent,
Lisseeweg 36/2, A-1210 Wien,
(00 43) 67 69 34 93 43,
E-Mail b_mueller@tele2.at;
Dorda Brugger Jordis Rechtsanwälte
GmbH, Dr.-Karl-Lueger-Ring 10,
A-1010 Wien, (00 43) 15 33 47 95 57,
Fax (00 43) 15 33 47 95 50 57,
E-Mail bernhard.mueller@dbj.at

Müller, Dr. Dr. h.c. Georg,
o. Professor em.,
Sugenreben 10, CH-5018 Erlinsbach,
(00 41) 6 28 44 38 73,
E-Mail georg-mueller@sunrise.ch

Müller, Dr. Dr. h.c. Jörg Paul,
o. Professor em., Universität Bern,
Kappelenring 42a, CH-3032 Hinter-

kappelen bei Bern, (00 41) 3 19 01 05 70,
E-Mail jpmueller@bluewin.ch

Müller, Dr. Markus, Professor,
Institut für öffentliches Recht,
Universität Bern, Schanzeneckstraße 1,
CH-3001 Bern, (00 41) 3 16 31 45 94,
E-Mail markus.mueller@oefre.unibe.ch

Müller-Franken, Dr. Sebastian, Professor,
Schützenstr. 1c, 35039 Marburg/Lahn,
(0 64 21) 2 07 03 40 oder Westermühl-
str. 28, 80469 München, (0 89) 20 23 98 28;
Professur für Öffentliches Recht,
Philipps-Universität Marburg, Universi-
tätsstraße 6, 35032 Marburg/Lahn,
(0 64 21) 2 82 31 22,
Fax (0 64 21) 2 82 38 40,
E-Mail mueller-franken@jura.
uni-marburg.de

Müller-Terpitz, Dr. Ralf, Professor,
Albrecht-Dürer-Str. 11, 40489 Düssel-
dorf, (02 03) 7 28 18 97,
Fax (02 03) 7 28 18 98;
Universität Passau, Lehrstuhl für Staats-
und Verwaltungsrecht sowie Wirtschafts-
verwaltungs-, Medien- und Informations-
recht, Innstr. 40 (Nikolakloster),
94032 Passau, (08 51) 5 09 22 20,
Fax (08 51) 5 09 22 22,
E-Mail mueller-terpitz@uni-passau.de

Münch, Dr. Dr. h.c. Ingo von, Professor,
Hochrad 9, 22605 Hamburg,
(0 40) 82 96 24, Fax (0 40) 82 34 49

Murswiek, Dr. Dietrich, o. Professor,
Lindenaustr. 17, 79199 Kirchzarten,
(0 76 61) 9 92 37;
Institut für Öffentliches Recht, Uni-
versität Freiburg, 79085 Freiburg,
(07 61) 2 03-22 37 oder -41,
Fax (07 61) 2 03-22 40,
E-Mail Dietrich.Murswiek@jura.
uni-freiburg.de

Musil, Dr. Andreas, Professor,
Mendelssohn-Bartholdy-Str. 34,
14480 Potsdam, (03 31) 7 45 34 53;
Universität Potsdam, Lehrstuhl für
Öffentliches Recht, insbesondere
Verwaltungs- und Steuerrecht,
August-Bebel-Str. 89, 14482 Potsdam,
(03 31) 9 77 32 33,
E-Mail musil@uni-potsdam.de

Mußgnug, Dr. Reinhard, o. Professor,
Keplerstr. 40, 69120 Heidelberg,
(0 62 21) 43 62 22,
Fax (0 62 21) 40 83 09;
Universität Heidelberg, Institut für
Finanz- und Steuerrecht, Friedrich-Ebert-
Anlage 6–10,
69117 Heidelberg, (0 62 21) 54 74 66,
Fax (0 62 21) 54 76 54,
E-Mail Reinhard.Mussgnug@urz.
uni-heidelberg.de

Mutius, Dr. Albert von, o. Professor,
Hof „Frankenthaler Moor“,
Poseritz-Ausbau Nr. 8, 18574 Poseritz
auf Rügen, (03 83 07) 4 05 99,
Mobil (01 76) 21 82 05 81,
Fax (03 83 07) 4 03 49,
E-Mail avm.law@gmx.de

Nettesheim, Dr. Martin, o. Professor,
Horemer 13, 72076 Tübingen,
(0 70 71) 25 46 04;
Universität Tübingen, Juristische Fakul-
tät, Geschwister-Scholl-Platz,
72074 Tübingen, (0 70 71) 2 97 25 60,
Fax (0 70 71) 29 58 47,
E-Mail Nettesheim@jura.
uni-tuebingen.de

Neumann, Dr. Volker, Professor,
Neckarstaden 10, 69117 Heidelberg,
(0 62 21) 16 12 66;
Humboldt-Universität zu Berlin, Lehr-
stuhl für Öffentliches Recht, Sozialrecht
und Staatstheorie, Unter den Linden 6,

10099 Berlin, (0 30) 20 93 34 60,
Fax (0 30) 20 93 34 52,
E-Mail volker.neumann@rewi.hu-berlin.de

Nicolaysen, Dr. Dr. h. c. Gert, Professor,
Bockhorst 68a, 22589 Hamburg,
(0 40) 70 17 47;
Universität Hamburg, Seminar für Öffentliches Recht und Staatslehre, Abteilung Europarecht,
Schlüterstraße 28, 20146 Hamburg,
E-Mail gert.nicolaysen@jura.uni-hamburg.de

Niedobitek, Dr. Matthias, Universitätsprofessor,
Weststr. 99, 09116 Chemnitz,
(03 71) 27 55 04 18;
Professur für Europäische Integration mit dem Schwerpunkt Europäische Verwaltung, Technische Universität Chemnitz, Thüringer Weg 9,
09126 Chemnitz, (03 71) 53 1-3 49 12,
E-Mail matthias.niedobitek@phil.tu-chemnitz.de

Nierhaus, Dr. Michael, Professor,
Am Moosberg 1c, 50997 Köln,
(0 22 36) 6 36 29,
Fax (0 22 36) 96 37 95,
E-Mail michael@nierhaus.org

Nolte, Dr. Georg, Professor,
Ansbacher Str. 73, 10777 Berlin,
(0 30) 53 67 41 92;
Institut für Völker- und Europarecht, Humboldt-Universität zu Berlin,
Unter den Linden 6, 10099 Berlin,
(0 30) 20 93-33 49,
Fax (0 30) 2 93-33 84,
E-Mail georg.nolte@rewi.hu-berlin.de

Nolte, Dr. Jakob, Privatdozent,
Rue des Pavillons 15, CH-1205 Genf,
(00 41) 2 2-3 20 34 27;
Humboldt-Universität zu Berlin,
Juristische Fakultät, Unter den Linden 6,
10099 Berlin, (0 30) 20 93-34 59,
Fax (0 30) 20 93 33 45,
E-Mail jakob.nolte@rewi.hu-berlin.de

Nolte, Dr. Martin, Professor,
Judenpfad 9, 50996 Köln,
(0 22 36) 8 95 29 84,
(01 51) 54 44 06 06 (Mobil);
Deutsche Sporthochschule Köln,
Professur für Sportrecht,
Am Sportpark Müngersdorf 6,
50933 Köln, (02 21) 49 82 60 88,
Fax (02 21) 49 82 81 45,
E-Mail M.Nolte@dshs-koeln.de

Novak, Dr. Richard, o. Professor,
Thadd. Stammel-Str. 8, A-8020 Graz,
(00 43) 31 6-5 35 16;
Universität (00 43) 31 6-3 80-33 71,
E-Mail richard.novak@uni-graz.at

Nowak, Dr. Carsten, Universitätsprofessor,
Jevenstedter Str. 69g, 22547 Hamburg,
(0 40) 8 80 03 17;
Lehrstuhl für Öffentliches Recht, insb. Europarecht, Europa-Universität Viadrina Frankfurt (Oder),
Große Scharrnstr. 59, 15230 Frankfurt (Oder), (03 35) 55 34-27 10, -27 11,
Fax (03 35) 5 53 4-7 27 11,
E-Mail cnowak@europa-uni.de

Nowrot, Dr. Karsten, LL.M. (Indiana), Professor,
Geiststr. 12, 06108 Halle (Saale),
(03 45) 6 85 78 63;
Universität Hamburg, Fachbereich Sozialökonomie, Von-Melle-Park 9,
20146 Hamburg, (0 40) 4 28 38-32 07,
Fax (0 40) 4 28 38-57 65,
E-Mail Karsten.Nowrot@wiso.uni-hamburg.de

Nußberger, Dr. Angelika, Professorin,
Eichenhainallee 15, 51427 Bergisch Gladbach;
Institut für Ostrecht an der Universität zu Köln, Klosterstr. 79d, 50931 Köln,
(02 21) 4 70 55 83,
Fax (02 21) 4 70 55 82,
E-Mail angelika.nussberger@uni-koeln.de

Odendahl, Dr. Kerstin, Professorin,
Goethestrasse 43, CH-9008 St. Gallen;
Christian-Albrechts-Universität zu Kiel, Walther-Schücking-Institut für Internationales Recht, Westring 400,
24118 Kiel, (04 31) 8 80-21 49,
Fax (04 31) 8 80-16 19,
E-Mail odendahl@internat-recht.uni-kiel.de

Oebbecke, Dr. Janbernd, Universitätsprofessor,
Huberstr. 13a, 48151 Münster,
(02 51) 2 30 51 70;
Kommunalwissenschaftliches Institut, Universität Münster,
Universitätsstr. 14–16, 48143 Münster,
(02 51) 8 3-2 18 06,
Fax (02 51) 8 3-2 18 33,
E-Mail oebbecke@uni-muenster.de

Oesch, Dr. Matthias, Professor,
Universität Zürich, Rechtswissenschaftliches Institut, Lehrstuhl für Öffentliches Recht, Europarecht und Wirtschaftsvölkerrecht, Rämistraße 74/18,
CH-8001 Zürich, (00 41) 4 46 34 59 52,
E-Mail matthias.oesch@rwi.uzh.ch

Oeter, Dr. Stefan, Professor,
Wulfsdorfer Weg 122, 22359 Hamburg,
(0 40) 60 95 19 57;
Universität Hamburg, Institut für Internationale Angelegenheiten, Rothenbaumchaussee 33, 20148 Hamburg,
(0 40) 4 28 38 45 65,
Fax (0 40) 4 28 38 62 62,
E-Mail S-Oeter@jura.uni-hamburg.de

Ogorek, Dr. Markus, LL.M. (Berkeley), Professor,
Brucknerstraße 3, 50931 Köln;
Lehrstuhl für Staats- und Verwaltungsrecht, öffentliches und privates Wirtschaftsrecht, EBS Universität für Wirtschaft und Recht, EBS Law School,
Gustav-Stresemann-Ring 3,
65189 Wiesbaden, (06 11) 71 02 22 37,
Fax (06 11) 71 02 10 22 37,
E-Mail markus.ogorek@ebs.edu

Ohler, Dr. Christoph, LL.M., Professor,
Berghoffsweg 4, 07743 Jena,
(0 36 41) 20 70 81;
Rechtswissenschaftliche Fakultät, Friedrich-Schiller-Universität Jena,
Carl-Zeiß-Str. 3, 07743 Jena
(0 36 41) 94 22 60,
Fax (0 36 41) 94 22 62,
E-Mail christoph.ohler@recht.uni-jena.de

Öhlinger, Dr. Theo, o. Universitätsprofessor,
Tolstojgasse 5/6, A-1130 Wien,
(0 04 3-1) 8 77 12 60;
Universität Wien, Schottenbastei 10–16,
A-1010 Wien,
E-Mail theodor.oehlinger@univie.ac.at

Oldiges, Dr. Martin, Universitätsprofessor,
August-Bebel-Straße 31, 04275 Leipzig,
(03 41) 2 11 92 33,
Fax (03 41) 1 49 68 16,
E-Mail martin@oldiges.de;
Universität Leipzig, Juristenfakultät,
Otto-Schill-Str. 2, 04109 Leipzig,
(03 41) 9 73 51 31,
Fax (03 41) 9 73 51 39

Oppermann, Dr. Dres. h.c. Thomas,
o. Professor,
Burgholzweg 122, 72070 Tübingen,
(0 70 71) 4 95 33, Fax (0 70 71) 4 47 02,
E-Mail oppermannprof@aol.com;
Universität Tübingen, Juristische Fakultät, Geschwister-Scholl-Platz,
72074 Tübingen, (0 70 71) 2 97 25 58,
Fax (0 70 71) 29 58 47,
E-Mail Thomas.Oppermann@uni-tuebingen.de

Ossenbühl, Dr. Fritz, Professor,
Im Wingert 12, 53340 Meckenheim,
(0 22 25) 1 74 82;
Universität Bonn, 53113 Bonn,
(02 28) 73 55-72 oder -73

Osterloh, Dr. Lerke, Professorin,
Richterin des Bundesverfassungsgerichts a. D.,
Dünkelbergsteig 6, 14195 Berlin,
(0 30) 82 00 75 52,
Fax (0 30) 82 00 75 50;
Institut für Öffentliches Recht, Universität Frankfurt, Postfach 11 19 32,
60054 Frankfurt am Main,
(0 69) 79 82 27 11 oder 2 86 11,
Fax (0 69) 79 82 25 62,
E-Mail osterloh@jur.uni-frankfurt.de

Pabel, Dr. Katharina, Professorin,
Ortmayrstraße 9, A-4060 Leonding,
(00 43) 7 32 68 05 50;
Johannes Kepler Universität Linz,
Institut für Verwaltungsrecht und Verwaltungslehre, Altenberger Straße 69,
A-4040 Linz, (00 43) 7 32/24 68-84 90,
Fax (00 43) 7 32/24 68-84 89,
E-Mail katharina.pabel@jku.at

Pabst, Dr. Heinz-Joachim, Privatdozent,
Universität zu Köln, Prüfungsamt der Rechtswissenschaftlichen Fakultät,
Albertus-Magnus-Platz, 50923 Köln,
(02 21) 4 70-57 99,
Fax (02 21) 4 70-67 22,
E-Mail hpabst@uni-koeln.de

Pache, Dr. Eckhard, Professor,
Hauptstraße 82, 97218 Gerbrunn;
Julius-Maximilians-Universität Würzburg, Domerschulstraße 16,
97070 Würzburg, (09 31) 3 1-8 23 09,
Fax (09 31) 31-23 19,
E-Mail pache@jura.uni-wuerzburg.de

Palm, Dr. Ulrich, Professor,
Kastanienweg 5, 67256 Weisenheim am Sand, (0 15 25) 3 78 24 49,
E-Mail ulrich.palm@googlemail.com;
Universität Hohenheim, Lehrstuhl für Öffentliches Recht, Öffentliches Wirtschaftsrecht und Steuerrecht,
Schloss Osthof-Nord, 70559 Stuttgart,
(07 11) 45 9-2 27 91,
Fax (07 11) 45 9-2 34 82,
E-Mail palm@uni-hohenheim.de

Papier, Dr. Dr. h.c. Hans-Jürgen,
em. o. Professor,
Präsident des Bundesverfassungsgerichts a. D., Institut für Politik und Öffentliches Recht, Universität München,
Professor-Huber-Platz 2, 80539 München, (0 89) 21 80-62 94 oder -62 95,
Fax (0 89) 21 80 31 99,
E-Mail hans-juergen@prof-papier.de

Paulus, Dr. Andreas, Professor,
Hermann-Föge-Weg 17,
37073 Göttingen;
Institut für Völkerrecht und Europarecht,
Platz der Göttinger Sieben 5,
37073 Göttingen, (05 51) 39 47 51,
Fax (05 51) 39 47 67,
E-Mail apaulus@jura.uni-goettingen.de

Pauly, Dr. Walter, o. Professor,
Lehrstuhl für Öffentliches Recht,
Rechts- und Verfassungsgeschichte,
Rechtsphilosophie, Universität Jena,

Carl-Zeiss-Str. 3, 07743 Jena,
(0 36 41) 94 22 30 oder -31,
Fax (0 36 41) 94 22 32,
E-Mail W.Pauly@recht.uni-jena.de

Pechstein, Dr. Matthias, Universitätsprofessor,
Lindenallee 40, 14050 Berlin,
(0 30) 3 01 94 17,
Fax (0 30) 3 01 94 17;
Jean-Monnet-Institut für Öffentliches Recht und Europarecht, Europa-Universität Viadrina Frankfurt (Oder),
Große Scharrnstr. 59, 15230 Frankfurt (Oder), (03 35) 55 34-27 61,
Fax (03 35) 55 34-27 69,
E-Mail sekretariat-pechstein@europa-uni.de

Peine, Dr. jur. Dr. h.c. Franz-Joseph, Professor,
Kurpromenade 56, 14089 Berlin-Kladow,
(0 30) 3 65 61 93, Fax (0 30) 3 65 61 93;
Lehrstuhl für Öffentliches Recht, insbesondere Verwaltungsrecht,
Europa-Universität Viadrina Frankfurt (Oder), Große Scharrnstr. 59,
15230 Frankfurt (Oder),
(03 35) 5 54-25 28,
Fax (03 35) 55 34-25 69,
E-Mail fjpeineberlin@t-online.de

Pernice, Dr. Ingolf, Universitätsprofessor,
Laehrstraße 17a, 14165 Berlin,
(0 30) 84 72 36 15,
Fax (0 30) 84 50 91 62;
Lehrstuhl für Öffentliches Recht, Völker- und Europarecht, Humboldt-Universität zu Berlin, Unter den Linden 6,
10099 Berlin, (0 30) 20 93-34 40,
Fax (0 30) 2 93-34 49,
E-Mail ingolf.pernice@rz.hu-berlin.de

Pestalozza, Dr. Christian Graf von, Universitätsprofessor (em.),
Freie Universität Berlin, Institut für Staatslehre, Staats-und Verwaltungsrecht,
Dienstanschrift: Van't-Hoff-Str. 8,
14195 Berlin (Dahlem), Postanschrift:
Bayernallee 12, 14052 Berlin (Westend),
(0 30) 3 04 63 29 od. 83 85 30 14,
Fax (0 30) 30 81 31 04,
E-Mail c.pestalozza@fu-berlin.de

Peters, Dr. Anne, LL.M., Professorin,
Direktorin des Max-Planck-Instituts für ausländisches öffentliches Recht und Völkerrecht, Im Neuenheimer Feld 535, 69120 Heidelberg, (0 62 21) 48 23 07,
Fax (0 62 21) 48 22 88,
E-Mail apeters-office@mpil.de

Pielow, Dr. Johann-Christian, Professor,
Stiepeler Str. 96, 44801 Bochum,
(02 34) 7 46 33;
Ruhr-Universität Bochum, Fakultät für Wirtschafts-wissenschaft – Recht der Wirtschaft –, Universitätsstr. 150,
44780 Bochum, (02 34) 32 25 72 34,
Fax (02 34) 3 21 40 74,
E-Mail christian.pielow@ruhr-uni-bochum.de

Pieper, Dr. Stefan Ulrich, apl. Professor,
Bundespräsidialamt, Spreeweg 1,
10557 Berlin, (0 18 88) 5 00 21 20,
Fax (0 30) 2 00 0-1 99,
E-Mail stefan.pieper@bpra.bund.de

Pieroth, Dr. Bodo, Professor,
Gluckweg 19, 48147 Münster,
(02 51) 23 32 91,
Fax (02 51) 23 32 94;
Universität Münster, Universitätsstr. 14–16, 48143 Münster,
(02 51) 8 32 19 00,
Fax (02 51) 8 32 19 01,
E-Mail pieroth@uni-muenster.de

Pietzcker, Dr. Jost, Professor,
Hausdorffstr. 95, 53129 Bonn,
(02 28) 23 39 54;

Universität Bonn, 53113 Bonn,
(02 28) 73 91 77,
E-Mail Pietzcker@jura.uni-bonn.de

Pirson, Dr. Dr. Dietrich, o. Professor,
Brunnenanger 15, 82418 Seehausen,
(0 88 41) 4 78 68;
Universität München, Professor-Huber-Platz 2, 80539 München,
(0 89) 21 80-27 15,
E-Mail d.pirson@gmx.de

Pitschas, Dr. Dr. h.c. Rainer, o. Universitätsprofessor,
Hermann-Jürgens-Str. 8, 76829 Landau-Godramstein, (0 63 41) 96 93 81,
Fax (0 63 41) 96 93 82;
Deutsche Universität für Verwaltungswissenschaften Speyer, Postfach 14 09,
67324 Speyer, (0 62 32) 65 4-3 45,
Fax (0 62 32) 65 4-3 05,
E-Mail rpitschas@uni-speyer.de

Pöcker, Dr. Markus, Privatdozent,
Zollhofstr. 4, 67061 Ludwigshafen;
Johann-Wolfgang-Goethe-Universität,
Lehrstuhl Prof. Dr. G. Hermes,
Senckenberganlage 31, 60325 Frankfurt am Main, (0 69) 79 82 38 64,
E-Mail poecker@jur.uni-frankfurt.de

Poscher, Dr. Ralf, Universitätsprofessor,
Zasiusstr. 6, 79102 Freiburg,
(07 61) 6 12 41 91;
Albert-Ludwigs-Universität Freiburg,
Institut für Staatswissenschaft und Rechtsphilosophie, Abt. 2: Rechtsphilosophie, Platz der Alten Synagoge 1,
79085 Freiburg, (07 61) 20 39 75 70,
Fax (07 61) 20 39 75 71,
E-Mail rechtsphilosophie@jura.uni-freiburg.de

Pöschl, Dr. Magdalena, Univ.-Prof.,
Klosterwiesgasse 31, A-8010 Graz;
Universität Graz, Institut für Österreichisches, Europäisches und Vergleichendes Öffentliches Recht, Politikwissenschaft und Verwaltungslehre,
Universitätsstr. 15/D3, A-8010 Graz,
(00 43) 3 16 38 0-6 07,
Fax (00 43) 31 63 80-94 50,
E-Mail magdalena.poeschl@uni-graz.at

Potacs, Dr. Michael, Professor,
Hammerschmidtgasse 5/3/2,
A-1190 Wien, (00 43) 13 24 66 23;
Institut für Österreichisches und Europäisches Öffentliches Recht, Wirtschaftsuniversität Wien, Althanstraße 39–45,
A-1090 Wien, (00 43) 13 13 36 46 69,
E-Mail michael.potacs@wu.ac.at

Preuß, Dr. Ulrich K., Professor,
Friedbergstraße 47, 14057 Berlin,
(0 30) 30 81 94 33;
Hertie School of Governance, Schlossplatz 1, 10178 Berlin, (0 30) 2 12 31 23 10,
Fax (0 30) 2 12 31 29 99,
E-Mail ukpreuss@hertie-school.org

Proelß, Dr. Alexander, Professor,
Peter-Thomas-Str. 4, 54296 Trier;
Fachbereich V – Rechtswissenschaft,
Universität Trier, Universitätsring 15,
54296 Trier, (06 51) 2 01 25 87,
Fax (06 51) 2 01 38 03,
E-Mail proelss@uni-trier.de

Puhl, Dr. Thomas, o. Professor,
In der Aue 26a, 69118 Heidelberg,
(0 62 21) 80 36 64,
Fax (0 62 21) 80 36 69;
Universität Mannheim, Fakultät für Rechtswissenschaft, Schloss – Westflügel
(W 226), 68131 Mannheim,
(06 21) 1 81 135 4/-13 55,
Fax (06 21) 1 81 13 61,
E-Mail puhl@staffmail.uni-mannheim.de

Pünder, Dr. Hermann, LL.M (Iowa),
Universitätsprofessor,

Hagedornstraße 25, 20149 Hamburg,
(0 40) 41 46 69 34;
Bucerius Law School, Lehrstuhl für Öffentliches Recht (einschließlich Europarecht), Verwaltungswissenschaft und Rechtsvergleichung, Postfach 30 10 30, 20304 Hamburg, (0 40) 30 70 6-2 60,
Fax (0 40) 30 70 6-2 35,
E-Mail hermann.puender@law-school.de

Puttler, Dr. Adelheid, LL.M. (University of Chicago), diplomée de l'E.N.A., Universitätsprofessorin, Lehrstuhl für Öffentliches Recht, insbesondere Europarecht, Völkerrecht und Internationales Wirtschaftsrecht, Ruhr-Universität Bochum, 44780 Bochum,
(02 34) 3 22 28 20,
Fax (02 34) 3 21 41 39,
E-Mail LS-Puttler@Ruhr-Uni-Bochum.de

Püttner, Dr. Dr. h.c. Günter, o. Professor,
Schwerdstraße 3, 67346 Speyer,
(0 62 32) 7 19 97
Ramsauer, Dr. Ulrich, Professor,
VRiOVG, Wiesenstraße 5,
20255 Hamburg, (0 40) 4 31 81 53;
Universität Hamburg, Fakultät für Rechtswissenschaft, Seminar für Verwaltungslehre, Rothenbaumchaussee 33, 20148 Hamburg, (0 40) 4 28 38-49 65,
Fax (0 40) 4 28 38-56 70,
E-Mail ulrich.ramsauer@uni-hamburg.de

Randelzhofer, Dr. Albrecht, o. Professor,
Wulffstr. 12, 12165 Berlin, (0 30) 7 92 60 85

Raschauer, Dr. Bernhard, o. Universitätsprofessor,
Pfeilgasse 7/2/6, A-1080 Wien,
(00 43) 14 08 33 53;
Universität Wien, Institut für Staats- und Verwaltungsrecht, Abt. Wirtschaftsrecht, Schottenbastei 10–16, A-1010 Wien,
(00 43) 14 27 7-3 53 52,
Fax (00 43) 14 27 7-3 54 59,
E-Mail sekretariat.raschauer.staatsrecht@univie.ac.at

Raschauer, Dr. Nicolas, Universitätsprofessor,
Institut für Staatsrecht – Öffentliches Unternehmensrecht, Institut für Umweltrecht – Allgemeine Umweltrechtsdogmatik und Umwelttechnikrecht, Johannes Kepler Universität Linz, Altenberger Straße 69, A-4040 Linz,
(00 43) 7 32-24 68-84 50 od.
-84 54 (Sekretariat),
Fax (00 43) 73 2-2 46 8-2 84 57,
E-Mail Nicolas.Raschauer@jku.at

Rasenack, Dr. Christian A.L., LL.M.,
Professor,
Taunusstr. 8, 12309 Berlin,
(0 30) 7 45 25 43;
TU Berlin, Fakultät VIII, Institut für Volkswirtschaftslehre und Wirtschaftsrecht, Straße des 17. Juni 135,
10623 Berlin, (0 30) 31 42-58 74,
Fax (0 30) 7 45 25 43,
E-Mail c.rasenack@ww.tu-berlin.de

Rauschning, Dr. Dr. h.c. Dietrich,
o. Professor,
Rodetal 1, 37120 Bovenden,
(0 55 94) 9 31 74,
Fax (0 55 94) 9 31 75;
Institut für Völkerrecht, Universität Göttingen, Platz der Göttinger Sieben 5, 37073 Göttingen, (05 51) 39 47 51,
E-Mail drausch@gwdg.de

Reimer, Dr. Ekkehart, Professor,
Institut für Finanz- und Steuerrecht, Lehrstuhl für Öffentliches Recht und Prinzipien des Europäischen und Internationalen Steuerrechts, Friedrich-Ebert-Anlage 6–10, 69117 Heidelberg,
(0 62 21) 54 74 67, Fax (0 62 21) 54 77 91,
E-Mail Reimer@uni-heidelberg.de

Reimer, Dr. Franz, Professor,
Ebelstr. 37, 35392 Gießen;
Justus-Liebig-Universität Gießen,
Fachbereich 1 (Rechtswissenschaft),
Hein-Heckroth-Str. 5, 35390 Gießen,
E-Mail franz.reimer@recht.uni-giessen.de

Reinhardt, Dr. Michael, LL.M. (Cantab.),
Professor,
Auf dem Stumpelrott 9, 50999 Köln,
(02 21) 35 17 30;
Universität Trier, Fachbereich V,
54286 Trier, (06 51) 2 01-25 78,
Fax (06 51) 2 01 25 80,
E-Mail reinharm@uni-trier.de

Remmert, Dr. Barbara, Universitäts-
professorin,
Bei der Fruchtschranne 4, 72070 Tübin-
gen;
Eberhard Karls Universität Tübingen,
Lehrstuhl für Öffentliches Recht,
Geschwister-Scholl-Platz,
72074 Tübingen,
E-Mail remmert@jura.uni-tuebingen.de

Rengeling, Dr. Hans-Werner, Universi-
tätsprofessor,
Langeworth 143, 48159 Münster,
(02 51) 21 20 38,
Fax (02 51) 21 20 44;
European Legal Studies Institute, Uni-
versität Osnabrück, Martinistr. 10,
49069 Osnabrück, (05 41) 9 69-45 05
oder -45 04, Fax (05 41) 9 69-62 82,
E-Mail H.-W.Rengeling@t-online.de

Rensmann, Dr. Thilo, LL.M. (University
of Virginia), Universitätsprofessor,
Sedanstr. 12, 53173 Bonn, (02 28) 21 44 12;
Technische Universität Dresden, Juris-
tische Fakultät, Lehrstuhl für Völker-
recht, Europarecht und Öffentliches
Recht, 01062 Dresden, (03 51) 46 33 73 66,
Fax (03 51) 46 33 74 65,
E-Mail rensmann@jura.tu-dresden.de

Ress, Dr. iur. Dr. rer. pol. Dr. iur. h.c.
mult. Georg, em. Universitätsprofessor,
Europa-Institut Universität der Saar-
landes, 66041 Saarbrücken,
(06 81) 3 02 25 03 od. 41 14,
Fax (06 81) 3 02 43 69,
Professor an der Jacobs University
Bremen, Richter am EGMR a.D.,
Am Botanischen Garten 6,
Uni-Campus B6.6, 66123 Saarbrücken,
(06 81) 37 25 45 oder (06 81) 3 02 30 55,
E-Mail ress@mx.uni-saarland.de

Rhinow, Dr. René, o. Professor,
em. Ordinarius für öffentliches Recht
an der Universität Basel,
Leisenbergstr. 26, CH-4410 Liestal,
(00 41) 6 19 11 99 35,
E-Mail rene.rhinow@gmail.com

Richter, Dr. Dagmar, apl. Professorin,
Birkenweg 90, 24211 Preetz;
Instytut Nauk Prawnych, Polskiej Aka-
demii Nauk, Nowy Swiat 72,
PL-00-030 Warszawa,
E-Mail d.richter@inp.pan.pl

Riedel, Dr. Eibe H., Universitäts-
professor,
Haagwiesenweg 19, 67434 Neustadt,
(0 63 21) 8 48 19;
Lehrstuhl für Deutsches und Ausländi-
sches Öffentliches Recht, Völkerrecht und
Europarecht, Universität Mannheim,
Schloß/Westflügel, 68131 Mannheim,
(06 21) 1 81-14 17 oder 14 18
oder 14 20-22, Fax (06 21) 1 81-14 19,
E-Mail riedel@uni-mannheim.de

Rill, Dr. Heinz Peter, em. o. Univ.-Prof.,
Peter-Jordan-Str. 145, A-1180 Wien,
(00 43) 14 79-86 74;
Forschungsinstitut für Europafragen,
Wirtschaftsuniversität Wien, Althan-
straße 39–45, A-1090 Wien,
(00 43) 3 13 36 46 65 oder -66

Rinken, Dr. Alfred, Universitätsprofessor,
Präsident des Staatsgerichtshofs der
Freien Hansestadt Bremen,
Treseburger Str. 37, 28205 Bremen,
(04 21) 44 07 62,
E-Mail rinken@uni-bremen.de

Rixen, Dr. Stephan, Universitäts-
professor,
Universität Bayreuth, Rechts- und Wirt-
schaftswissenschaftliche Fakultät,
Lehrstuhl für Öffentliches Recht, Sozial-
wirtschafts- und Gesundheitsrecht,
Universitätsstraße 30, 95447 Bayreuth,
(09 21) 55-60 10,
Fax (09 21) 55-60 12,
E-Mail stephan.rixen@uni-bayreuth.de

Robbers, Dr. Gerhard, Universitäts-
professor,
Dagobertstr. 17, 54292 Trier,
(06 51) 5 37 10;
Universität Trier, Postfach 38 25,
54286 Trier, (06 51) 2 01-25 42,
Fax (06 51) 2 01-39 05,
E-Mail Robbers@uni-trier.de

Röben, Dr. Volker, LL.M., Professor,
School of Law Swansea University,
Singleton Park, Swansea SA2 8PP,
Wales, UK, (00 44) 17 92 60 27 23,
Fax (00 44) 17 92 29 58 55,
E-Mail V.Roeben@swansea.ac.uk

Rodi, Dr. Michael, M.A., Universitäts-
professor,
Richardstr. 82, 12043 Berlin;
Ernst-Moritz-Arndt-Universität Greifs-
wald, Lehrstuhl für Öffentliches Recht,
Finanz- und Steuerrecht,
17487 Greifswald, (0 38 34) 86 21 00,
E-Mail mrodi@uni-greifswald.de

Röger, Dr. Ralf, Professor,
Fachhochschule des Bundes für öffent-
liche Verwaltung, Fachbereich Bundes-
polizei, Ratzeburger Landstraße 4,
23562 Lübeck, (04 51) 2 03-17 36,
Fax (04 51) 2 03-17 09,
E-Mail roeger@roeger.info

Röhl, Dr. Hans Christian, Professor,
Mainaustraße 207a, 78464 Konstanz,
(0 5 31) 8 07 14 46;
Universität Konstanz, Lehrstuhl für
Staats- und Verwaltungsrecht, Europa-
recht und Rechtsvergleichung,
Fach D 115, Universitätsstr. 10,
78457 Konstanz, (0 75 31) 88-23 13,
Fax (0 75 31) 88-25 63,
E-Mail hans.christian.roehl@
uni-konstanz.de

Ronellenfitsch, Dr. Michael, o. Professor,
Augusta-Anlage 15, 68165 Mannheim;
Universität Tübingen, Juristische Fakul-
tät, Geschwister-Scholl-Platz,
72074 Tübingen, (0 70 71) 97 21 09,
Fax (0 70 71) 2 97 49 05,
E-Mail ronellenfitsch@jura.
uni-tuebingen.de

Rossen-Stadtfeld, Dr. Helge, Professor,
Marklandstraße 17, 81549 München,
(0 89) 74 42 79 29;
Universität der Bundeswehr München,
Fakultät für Wirtschafts- und Organisa-
tionswissenschaften,
Werner-Heisenberg-Weg 39,
85577 Neubiberg, (0 89) 60 04-46 04,
Fax (0 89) 60 04-37 00,
E-Mail helge.rossen-stadtfeld@unibw.de

Rossi, Dr. Matthias, Professor,
Universität Augsburg, Juristische
Fakultät, Lehrstuhl für Staats- und Ver-
waltungsrecht, Europarecht sowie Gesetz-
gebungslehre, Universitätsstr. 2,
86135 Augsburg, (08 21) 5 98-45 45,
Sekr. -45 46, Fax (08 21) 5 98-45 47,
E-Mail matthias.rossi@jura.
uni-augsburg.de

Roth, Dr. Wolfgang, LL.M. (Michigan),
apl. Professor,
RAe Redeker Sellner Dahs,
Willy-Brandt-Allee 11, 53113 Bonn,
(02 28) 72 62 5-0,
E-Mail roth@redeker.de

Rozek, Dr. Jochen, Universitätsprofessor,
Pfaffendorfer Str. 1, 04105 Leipzig,
(03 41) 2 25 59 32;
Lehrstuhl für Staats- und Verwaltungsrecht, Verfassungsgeschichte und Staatskirchenrecht, Universität Leipzig,
Burgstr. 27, 04109 Leipzig,
(03 41) 9 73 5-1 71, Sekr. -1 70,
Fax (03 41) 9 73 5-1 79,
E-Mail rozek@uni-leipzig.de

Ruch, Dr. Alexander, o. Professor em.,
ETH Zürich
Gartenstr. 85, CH-4052 Basel,
(00 41) 6 12 72 36 22,
E-Mail ruch@recht.gess.ethz.ch

Rudolf, Dr. Walter, o. Professor,
Rubensallee 55a, 55127 Mainz,
(0 61 31) 7 19 42,
E-Mail inge.rudolf@t-online.de;
FB Rechts- und Wirtschaftswissenschaften, Universität Mainz,
55099 Mainz, (0 61 31) 3 9-2 20 73,
Sekretariat (0 61 31) 3 9-2 30 41

Ruffert, Dr. Matthias, Professor,
Naumannstraße 12, 07743 Jena,
(0 36 41) 20 72 63;
Rechtswissenschaftliche Fakultät,
Friedrich-Schiller-Universität Jena,
Carl-Zeiss-Straße 3, 07743 Jena,
(0 36 41) 94 22 01,
Fax (0 36 41) 94 22 02,
E-Mail m.ruffert@recht.uni-jena.de

Rüfner, Dr. Wolfgang, Professor,
Hagebuttenstr. 26, 53340 Meckenheim,
(0 22 25) 71 07,
E-Mail Ruefner@t-online.de;
zugehörig Universität zu Köln

Rühl, Dr. Ulli F. H., Professor,
Hermann-Allmers-Str. 34, 28209 Bremen,
(04 21) 3 46 74 84;
Universität Bremen, FB 6: Rechtswissenschaft, Universitätsallee, GW 1, Postfach 33 04 40, 28334 Bremen, (04 21) 2 18-46 06,
Sekretariat: (04 21) 2 18-21 27,
E-Mail uruehl@uni-bremen.de

Ruland, Dr. Franz, Professor,
Geschäftsführer des Verbandes Deutscher Rentenversicherungsträger a. D.,
Honorarprofessor an der Johann-Wolfgang-Goethe Universität Frankfurt,
Strasslacher Straße 1B, 81479 München,
(0 89) 72 77 97 92,
Fax (0 89) 74 90 94 82,
E-Mail Ruland.Franz@t-online.de

Rupp, Dr. Hans Heinrich, o. Professor,
Am Marienpfad 29, 55128 Mainz,
(0 61 31) 3 45 88

Ruthig, Dr. Josef, Universitätsprofessor,
Dreiweidenstr. 6, 65195 Wiesbaden;
Johannes-Gutenberg-Universität Mainz,
Fachbereich Rechts- und Wirtschaftswissenschaften, Lehrstuhl für Öffentliches Recht, Europarecht und Rechtsvergleichung,
55099 Mainz, (0 61 31) 3 92 09 64,
Fax (0 61 31) 3 92 40 59,
E-Mail Ruthig@uni-mainz.de

Rütsche, Dr. Bernhard, Professor,
Jubiläumsstr. 87, CH-3005 Bern,
(00 41) 3 13 11 15 84,
E-Mail bernhard.ruetsche@bluewin.ch;
Universität Zürich, Rechtswissenschaftliches Institut, Treichlerstr. 10,
CH-8032 Zürich, (00 41) 4 46 34 61 03,
Fax (00 41) 4 46 34 15 89,
E-Mail bernhard.ruetsche@unilu.ch

Ruppert, Dr. Stefan, Privatdozent,
Jean-Sauer-Weg 1, 61440 Oberursel;
MPI für europäische Rechtsgeschichte,
Hausener Weg 120,
60489 Frankfurt am Main,
E-Mail ruppert@rg.mpg.de;
Mobil (01 70) 8 55 44 77,
E-Mail s.ruppert@outlook.de

Rux, Dr. Johannes, apl. Professor,
Sophienstr. 32, 76133 Karlsruhe,
(07 21) 3 83 12 47,
Fax (07 21) 3 83 12 48;
Nomos Verlagsgesellschaft mbH &
Co. KG, Programmleitung Wissenschaft –
Juristisches Lektorat,
Waldseestr. 3–5, 76530 Baden-Baden
E-Mail rux@nomos.de

Sachs, Dr. Michael, Universitäts-
professor,
Dattenfelder Str. 7, 51109 Köln,
(02 21) 84 46 57,
Fax (02 21) 8 06 70;
Universität zu Köln, Lehrstuhl für Staats-
und Verwaltungsrecht,
Albertus-Magnus-Platz, Bauteil V, 2.OG,
50923 Köln, (02 21) 4 70-58 03,
Fax (02 21) 4 70-51 35,
E-Mail Sachs@uni-koeln.de

Sacksofsky, Dr. Ute, Professorin,
Schönwetterstr. 5, 60320 Frankfurt
am Main, (0 69) 95 62 20 51,
Fax (0 69) 95 62 20 52;
Goethe-Universität, Fachbereich Rechts-
wissenschaft, Institut für öffentliches
Recht, Grüneburgplatz 1, 60323 Frank-
furt am Main, (0 69) 79 83 42 85,
Fax (0 69) 79 83 45 13,
E-Mail Sacksofsky@jur.uni-frankfurt.de

Sarcevic, Dr. Edin, apl. Professor,
Thomasiusstr. 15, 04009 Leipzig,
(03 41) 6 01 73 93;
Juristenfakultät Leipzig,
Postfach 10 09 20, (03 41) 9 73 52 10,
Fax (03 41) 9 73 52 18,
E-Mail edin@rz.uni-leipzig.de

Saurer, Dr. Johannes, LL.M. (Yale),
Professor,
Lehrstuhl für Öffentliches Recht, Fakul-
tät für Rechtswissenschaft, Universität
Bielefeld, Postfach 10 01 31,
33501 Bielefeld,
(05 21) 1 06 68 93 (Sekretariat),
E-Mail johannes.saurer@uni-bielefeld.de

Saxer, Dr. Urs, Titularprofessor, LL.M.,
Kantstrasse 15, CH-8044 Zürich,
(00 41-44) 4 22 40 42;
Steinbrüchel Hüssy Rechtsanwälte,
Grossmünsterplatz 8, CH-8001 Zürich,
(00 41) 44 69 40 00,
Fax (00 41) 2 69 40 01,
E-Mail Saxer@steinlex.ch

Schachtschneider, Dr. Karl Albrecht,
o. Professor,
E-Mail Kaschachtschneider@web.de

Schaefer, Dr. Jan Philipp, Privatdozent,
Brenntenhau 22, 70565 Stuttgart,
(07 11) 2 23 85 20;
Ludwig-Maximilians-Universität Mün-
chen, Juristische Fakultät, Lehrstuhl für
Öffentliches Recht und Staatsphilosophie,
Professor-Huber-Platz 2, 80539 Mün-
chen, (0 89) 21 80 27 46,
Fax (0 89) 21 80 50 63,
E-Mail schaefer@jura.uni-muenchen.de

Schambeck, Dr. Dr. h.c. mult. Herbert,
o. Universitätsprofessor,
Hofzeile 21, A-1190 Wien,
(0 04 3-1) 36 34 94;
Universität Linz, (00 43) 73 22 46 84 24

Schefer, Dr. Markus, Professor,
Gartenstadt 18, CH-4142 München-
stein/BL, (00 41) 6 14 11 36 28;

Universität Basel, Juristische Fakultät, Lehrstuhl für Staats- und Verwaltungsrecht, Maiengasse 51, CH-4056 Basel, (00 41) 6 12 67 25 13, E-Mail markus.schefer@unibas.ch

Schefold, Dr. Dian, Universitätsprofessor, Mathildenstraße 93, 28203 Bremen, (04 21) 7 25 76; FB Rechtswissenschaft der Universität Bremen, Universitätsallee, GW 1, Postfach 33 04 40, 28334 Bremen, (04 21) 21 8-6 60 07, Fax (04 21) 21 8-6 60 30, E-Mail schefold@uni-bremen.de

Schenke, Dr. Ralf P., o. Professor, Hofstattstr. 3, 97209 Veitshöchheim, (09 31) 30 17 11 31; Julius-Maximilians-Universität Würzburg, Lehrstuhl für Öffentliches Recht, Deutsches, Europäisches und Internationales Steuerrecht, Domerschulstr. 16, 97070 Würzburg, (09 31) 3 1-8 23 60, Fax (09 31) 3 1-8 60 70, E-Mail schenke@jura.uni-wuerzburg.de

Schenke, Dr. Wolf-Rüdiger, o. Professor, Beim Hochwald 30, 68305 Mannheim, (06 21) 74 42 00; Universität Mannheim, 68131 Mannheim, (06 21) 1 81 14 10, E-Mail Schenke@jura.uni-mannheim.de

Scherer, Dr. Joachim, LL.M., apl. Professor, Privatweg 9, 64342 Seeheim-Jugenheim, (0 62 57) 90 37 39; RAe Baker & McKenzie, Bethmannstr. 50–54, 60311 Frankfurt am Main, (0 69) 29 90 81 89, Fax (0 69) 29 90 81 08, E-Mail Joachim.Scherer@Bakernet.com

Scherzberg, Dr. Arno, Professor, Wartburgstr. 34, 99094 Erfurt, (03 61) 7 37 47 61; Universität Erfurt, Staatswissenschaftliche Fakultät, Postfach 90 02 21, 99105 Erfurt, (03 61) 7 37-47 61, (03 61) 7 37-47 60 (Sekr.), Fax (03 61) 7 37-47 09, E-Mail Arno.Scherzberg@uni-erfurt.de

Scheuing, Dr. Dieter H., o. Professor, Finkenstr. 17, 97204 Höchberg, (09 31) 4 83 31, Fax (09 31) 40 81 98; Universität Würzburg, 97070 Würzburg, E-Mail Scheuing@jura.uni-wuerzburg.de

Schiedermair, Dr. Hartmut, o. Professor, Wittelsbacher Str. 7, 53173 Bonn-Bad Godesberg; Institut für Völkerrecht und ausländisches öffentliches Recht, Universität Köln, Gottfried-Keller-Str. 2, 50931 Köln, (02 21) 4 70 23 64

Schiedermair, Dr. Stephanie, Privatdozentin, 117er Ehrenhof 3, 55118 Mainz; Johannes Gutenberg-Universität Mainz, Jakob-Welder-Weg 9, 55099 Mainz, (0 61 31) 3 92 55 36, E-Mail schiedermair@uni-mainz.de

Schilling, Dr. Theodor, apl. Professor, Le Mas des Roses, Fontcaudette, F-84220 Gordes; Humboldt-Universität zu Berlin, 10117 Berlin; Gerichtshof der EG, L-2925 Luxemburg, (0 03 52) 43 03-34 13, E-Mail thsch@web.de

Schindler, Dr. Benjamin, MJur (Oxford), o. Professor, Ober Bendlehn 32, CH-9042 Speicher; Universität St. Gallen, Law School, Tigerbergstraße 21, CH-9000 St. Gallen, (00 41) 7 12 24 21 63,

Fax (00 41) 7 12 24 21 62,
E-Mail benjamin.schindler@unisg.ch

Schindler, Dr. Dr. h.c. Dietrich, Professor,
Lenzenwiesstr. 8, CH-8702 Zollikon;
Universität Zürich, (0 04 1-1) 3 91-71 18
oder -41 40, Fax (0 04 1-1) 3 91-71 18

Schlacke, Dr. Sabine, Professorin,
Querstr. 9, 18107 Elmenhorst,
(0381) 5 10 60 82;
Westfälische Wilhelms-Universität,
Institut für Umwelt- und Planungsrecht,
Universitätsstraße 14/16, 48143 Münster,
(02 51) 8 3-2 18 55 od. -2 97 93,
Fax (02 51) 8 3-2 92 97,
E-Mail sabine.schlacke@uni-muenster.de

Schladebach, Dr. Marcus, LL.M.,
Privatdozent,
Düstere Straße 24/25, 37073 Göttingen,
E-Mail schlade@gmx.de;
Institut für Völker- und Europarecht,
Blauer Turm, 13. Etage, Universität Göttingen, Platz der Göttinger Sieben 5,
37073 Göttingen, (05 51) 39 47 62,
Fax (05 51) 39 46 20,
E-Mail marcus.schladebach@jura.uni-goettingen.de

Schlieffen, Dr. Katharina Gräfin von,
Universitätsprofessorin,
FernUniversität Hagen, Fachbereich
Rechtswissenschaft, Universitätsstr. 21,
58084 Hagen, (0 23 31) 9 87-28 78,
Fax (0 23 31) 98 7-3 95,
E-Mail LG.vonSchlieffen@fernuni-hagen.de

Schliesky, Dr. Utz, apl. Professor,
Direktor des Schleswig-Holsteinischen
Landtages, Goosdiek 22,
24229 Dänischenhagen;
Schleswig-Holsteinischer Landtag,
Düsternbrooker Weg 70, 24105 Kiel,
(04 31) 9 88-10 10;
Lorenz-von-Stein-Institut für Verwaltungswissenschaften an der Christian-Albrechts-Universität zu Kiel,
Olshausenstr. 75, 24098 Kiel,
E-Mail Utz.Schliesky@landtag.ltsh.de

Schlink, Dr. Bernhard, Professor,
Viktoria-Luise-Platz 4, 10777 Berlin;
Institut für Öffentliches Recht und Völkerrecht, Humboldt-Universität zu Berlin, Unter den Linden 6, 10099 Berlin,
(0 30) 20 93-34 54 oder -34 72,
Fax (0 30) 20 93-34 52,
E-Mail Schlink@rewi.hu-berlin.de

Schmahl, Dr. Stefanie, LL.M., Professorin,
Wittelsbacherstraße 10 A, 10707 Berlin;
Lehrstuhl für deutsches und ausländisches öffentliches Recht, Völkerrecht und Europarecht, Universität Würzburg,
Domerschulstr. 16, 97070 Würzburg,
(09 31) 3 1-8 23 24,
Fax (0 31) 31-27 92,
E-Mail schmahl@jura.uni-wuerzburg.de

Schmalenbach, Dr. Kirsten, Professorin,
Markus Sittikus-Str. 19/20, A-5020 Salzburg;
Fachbereich Öffentliches Recht/Völkerrecht, Paris Lodron Universität Salzburg,
Churfürststraße 1, A-5020 Salzburg,
(00 43) 6 62 80 44-36 51,
Fax (00 43) 66 28 04 4-1 35,
E-Mail kirsten.schmalenbach@sbg.ac.at

Schmehl, Dr. Arndt, Universitätsprofessor,
Professur für Öffentliches Recht, Finanz- und Steuerrecht, Universität Hamburg,
Schlüterstr. 28 (Rechtshaus), 20146 Hamburg, (0 40) 4 28 38-30 26 (Sekr.)
und -30 25 (direkt),
Fax (0 40) 4 28 38 -30 28,
E-Mail arndt.schmehl@jura.uni-hamburg.de

Schmid, Dr. Gerhard, Professor,
Hochwaldstr. 24, CH-4059 Basel,
(00 41) 6 13 31 84 25;
c/o Wenger Plattner, Aeschenvorstadt 55,
CH-4010 Basel, (00 1) 6 12 79-70 00,
Fax (00 41) 61 27 9-7 01,
E-Mail Gerhard.Schmid@wenger-plattner.ch

Schmid, Dr. Viola, LL.M., Universitätsprofessorin,
Kirchenweg 3, 91126 Schwabach,
(0 91 22) 7 73 82,
Fax (0 91 22) 6 23 45;
Institut für Öffentliches Recht, Technische Universität Darmstadt,
Hochschulstr. 1, 64289 Darmstadt,
(0 61 51) 16 64 64, Fax (0 61 51) 16 39 84,
E-Mail schmid@jus.tu-darmstadt.de

Schmidt, Dr. Reiner, o. Professor,
Bachwiesenstr. 5, 86459 Gessertshausen,
(0 82 38) 41 11, Fax (0 82 38) 6 09 01,
E-Mail Rein.Schmidt@t-online.de;
Lehrstuhl für Öffentliches Recht, Wirtschaftsverwaltungsrecht und Umweltrecht, Universität Augsburg,
Universitätsstr. 24, 86159 Augsburg,
(08 21) 5 98-45 26

Schmidt, Dr. Thorsten Ingo, Universitätsprofessor,
Köhlerstr. 31, 12205 Berlin,
(01 63) 1 35 54 87;
Professur für Öffentliches Recht, insbesondere Staatsrecht, Verwaltungs- und Kommunalrecht, Universität Potsdam,
August-Bebel-Str. 89, 14482 Potsdam,
(03 31) 9 77-32 84,
E-Mail thorsten.ingo.schmidt@uni-potsdam.de

Schmidt, Dr. Walter, Universitätsprofessor,
Brüder-Knauß-Str. 86, 64285 Darmstadt,
(0 61 51) 6 47 10;
Universität Frankfurt, 60054 Frankfurt am Main, (0 69) 79 82 21 89

Schmidt am Busch, Dr. Birgit, LL.M. (Iowa), Privatdozentin,
Schmellerstr. 28, 80337 München,
(0 89) 7 25 74 20,
E-Mail BSaB@aol.com;
Ludwig-Maximilians-Universität München, Ludwigstr. 28, Rgb.,
80539 München, (0 89) 21 80-20 82,
E-Mail Schmidt-am-Busch@jura.uni-muenchen.de

Schmidt-Aßmann, Dr. Dres. h.c. Eberhard, o. Professor,
Höhenstr. 30, 69118 Heidelberg,
(0 62 21) 80 08 03;
Universität Heidelberg, 69117 Heidelberg, (0 62 21) 54 78 07,
E-Mail schmidt-assmann@uni-hd.de

Schmidt-De Caluwe, Reimund, Universitätsprofessor,
Unterer Hardthof 17 B, 35398 Gießen,
(06 41) 3 45 66, Fax (06 41) 60 99 66;
Juristische Fakultät der Martin-Luther-Universität Halle-Wittenberg, Universitätsplatz 3–5, 06099 Halle (Saale),
(03 45) 5 5-2 31 38 oder -39,
E-Mail Schmidtdc@jura.uni-halle.de

Schmidt-Jortzig, Dr. Edzard, o. Professor,
Moltkestraße 88, 24105 Kiel,
(04 31) 8 95 01 95,
Fax (04 31) 80 34 71,
E-Mail esjot@web.de;
Christian-Albrechts-Universität zu Kiel,
Leibnitzstraße 6, 24118 Kiel,
(04 31) 8 80-35 45,
E-Mail eschmidt-jortzig@law.uni-kiel.de

Schmidt-Preuß, Dr. Matthias, o. Professor,
E.-T.-A.-Hoffmann-Straße 12,
53113 Bonn, (02 28) 67 80 91;

Universität Bonn, Rechts- und Staatswissenschaftliche Fakultät, Adenauerallee 24–42, 53113 Bonn, (02 28) 73 65 02, Fax (02 28) 73 65 07, E-Mail schmidt-preuss@jura.uni-bonn.de

Schmidt-Radefeldt, Dr. Roman, Privatdozent,
Schleiermacherstr. 5, 68165 Mannheim, (06 21) 8 20 75 02,
E-Mail romansr69@yahoo.de;
Deutscher Bundestag, Wissenschaftliche Dienste, Fachbereich WD 2 – Auswärtiges, Verteidigung, Völkerrecht, Menschenrechte und humanitäre Hilfe, Platz der Republik 1, 11011 Berlin, (0 30) 22 7-3 86 22,
Fax (0 30) 22 7-3 65 26,
E-Mail Roman.Schmidt-Radefeldt@bundestag.de

Schmitt Glaeser, Dr. Alexander, LL.M. (Yale), Privatdozent,
Kaulbachstraße 64, 80539 München, (0 89) 38 54 79 31,
E-Mail a.schmitt-glaeser@aya.yale.edu

Schmitt Glaeser, Dr. Dr. h. c. Walter, o. Professor,
Rübezahlweg 9 A, 95447 Bayreuth, (09 21) 3 20 70, Fax (09 21) 7 56 38 66

Schmitt-Kammler, Dr. Arnulf, Universitätsprofessor,
Katzenberg 6, 96049 Bamberg;
Universität zu Köln, Rechtswissenschaftliche Fakultät, Albertus-Magnus-Platz, 50923 Köln, (02 21) 4 70-40 66 oder -40 67,
E-Mail schmitt-kammler@gmx.de

Schmitz, Dr. Thomas, Professor, (vormals Universität Lettlands, Riga), Mittelstr. 1, 31535 Neustadt am Rübenberge, (0 15 25) 4 87 95 26,
E-Mail tschmit1@gwdg.de

Schnapp, Dr. Friedrich E., o. Professor,
Efeuweg 22, 44869 Bochum, (0 23 27) 7 42 13;
Universität Bochum, 44780 Bochum, (02 34) 3 2-2 22 39,
Fax (02 34) 3 2-1 42 71,
E-Mail friedrich.e.schnapp@rub.de

Schneider, Dr. Dr. h.c. Hans-Peter, em. Professor,
Deutsches Institut für Föderalismusforschung, Drosselweg 4, 30559 Hannover, (05 11) 51 10 50,
Fax (05 11) 5 44 54 92;
Juristische Fakultät, Leibniz-Universität Hannover, (05 11) 7 62-81 85,
E-Mail hps@dif.uni-hannover.de

Schneider, Dr. Jens-Peter, Professor,
Lorettostr. 36, 79100 Freiburg, (07 61) 29 08 63 00;
Albert-Ludwigs-Universität Freiburg, Rechtswissenschaftliche Fakultät, 79085 Freiburg, (07 61) 20 3-9 77 31,
Fax (07 61) 20 3-9 75 42,
E-Mail jp.schneider@jura.uni-freiburg.de

Schöbener, Dr. Burkhard, Professor,
Am Glösberg 27, 97342 Obernbreit, (0 93 32) 50 00 04;
Professur für Öffentliches Recht, Völkerrecht und Europarecht, Universität zu Köln, Gottfried-Keller-Straße 2, 50931 Köln, (02 21) 4 70-38 34 oder -38 75,
E-Mail burkhard.schoebener@uni-koeln.de

Schönberger, Dr. Christoph, Professor,
Wintererstr. 7, 79104 Freiburg i. Br., (07 61) 3 19 68 72;
Universität Konstanz, Fachbereich Rechtswissenschaft, Postfach D 1 10, Universitätsstr. 10, 78457 Konstanz, (0 75 31) 88 30 04,
Fax (0 75 31) 88 40 08,

E-Mail Christoph.Schoenberger@
uni-konstanz.de

Schoch, Dr. Friedrich, o. Professor,
Kastelbergstr. 19, 79189 Bad Krozingen,
(0 76 33) 94 81 04,
Fax (0 76 33) 94 81 05;
Institut für Öffentliches Recht IV,
Universität Freiburg, Postfach,
79085 Freiburg, (07 61) 2 03-22 57
oder -22 58,
Fax (07 61) 2 03-22 97,
E-Mail oerecht4@jura.uni-freiburg.de

Scholz, Dr. Rupert, o. Professor,
Königsallee 71a, 14193 Berlin;
Universität München, Institut für Politik
und Öffentliches Recht,
Ludwigstr. 28/RG, 80539 München,
(0 89) 21 80-21 13,
E-Mail rupert.scholz@jura.
uni-muenchen.de

Schorkopf, Dr. Frank, Professor,
Schillerstr. 49, 37083 Göttingen;
Georg-August-Universität Göttingen,
Juristische Fakultät, Institut für Völkerrecht und Europarecht, Platz der Göttinger Sieben 5, 37073 Göttingen,
(05 51) 39-46 10,
Fax (05 51) 3 9-2 21 96,
E-Mail Frank.Schorkopf@jura.uni-goettingen.de

Schott, Dr. Markus, Privatdozent,
Rütistr. 38, CH-8032 Zürich,
(00 41) 4 43 63 14 44;
Bär & Karrer AG, Brandschenkestr. 90,
CH-8027 Zürich,
(00 41) 5 82 61 50 00,
Fax (00 41) 5 82 63 54 77,
E-Mail markus.schott@baerkarrer.ch

Schröder, Dr. Meinhard, o. Professor,
Zum Wingert 2, 54318 Mertesdorf,
(06 51) 5 78 87;
Universität Trier, 54286 Trier,
(06 51) 2 01 25 86,
E-Mail schroedm@uni-trier.de

Schröder, Dr. Rainer Johannes, Privatdozent,
Wormser Str. 65, 01309 Dresden,
(03 51) 6 56 97 00;
Technische Universität Dresden,
Juristische Fakultät,
Bergstr. 53, 01069 Dresden,
(03 51) 46 33 73 65,
E-Mail rschroed@jura.tu-dresden.de

Schroeder, Dr. Werner, LL.M., Professor,
Universität Innsbruck, Institut für Völkerrecht, Europarecht und Internationale
Beziehungen,
Innrain 52, A-6020 Innsbruck,
(00 43) 51 2-5 07-83 20,
Fax (00 43) 51 2-5 07-26 51,
E-Mail Werner.Schroeder@uibk.ac.at

Schuler-Harms, Dr. Margarete,
Professorin,
Heidkoppel 19, 22145 Hamburg,
(0 40) 6 78 60 61, Fax (0 40) 6 78 83 73;
Helmut-Schmidt-Universität, Universität
der Bundeswehr, Institut für Öffentliches
Recht, Holstenhofweg 85,
22043 Hamburg, (0 40) 65 41-27 82,
Fax (0 40) 65 41-20 87,
E-Mail Schuler-Harms@hsu-hh.de

Schulev-Steindl, Dr. MMag. Eva, LL.M.
(London), a.o. Universitätsprofessorin,
Auhofstraße 158/20, A-1130 Wien;
Institut für Staats- und Verwaltungsrecht,
Universität Wien, Schottenbastei 10–16,
A-1010 Wien, (0 04 3-1) 4 27 7-3 54 53
oder -51, Fax (0 04 3-1) 4 27 7-3 54 59,
E-Mail eva.schulev-steindl@univie.ac.at

Schulte, Dr. Martin, Professor,
Neuostra 15, 01219 Dresden,
(03 51) 4 72 25 50;

Lehrstuhl für Öffentliches Recht, Umwelt- und Technikrecht, Juristische Fakultät, TU Dresden, von-Gerber-Bau,
Bergstr. 53, 01069 Dresden,
(03 51) 46 33-73 62,
Fax (03 51) 46 33-72 20,
E-Mail schulte@jura.tu-dresden.de

Schulz, Dr. Wolfgang, Professor,
Bismarckstr. 4, 20259 Hamburg,
(0 40) 40 40 75;
Hans-Bredow-Institut für Medienforschung, Heimhuder Str. 21,
20148 Hamburg,
(0 40) 45 02 17 11 (Sekr.),
-34 (Durchwahl), Fax (0 40) 45 02 17 77,
E-Mail w.schulz@hans-bredow-institut.de

Schulze-Fielitz, Dr. Helmuth, Professor,
Klara-Löwe-Str. 5, 97082 Würzburg,
(09 31) 7 84 10 25,
E-Mail Schulze-Fielitz@t-online.de

Schuppert, Dr. Gunnar Folke, Professor,
Kaiserdamm 28, 14057 Berlin,
(0 30) 30 61 21 68;
Wissenschaftszentrum Berlin für Sozialforschung, Forschungsprofessur Neue Formen von Governance,
Reichpietschufer 50, 10785 Berlin,
(0 30) 25 49 1-5 46 oder -2 46,
Fax (0 30) 25 49 1-5 42,
E-Mail schuppert@wzb.eu

Schwabe, Dr. Jürgen, Professor,
Erlenweg 1, 21614 Buxtehude,
(041 61) 8 71 41,
Fax (0 41 61) 72 26 00;
Universität Hamburg, Juristische Fakultät, Schlüterstraße 28, 20146 Hamburg,
E-Mail Juergen_Schwabe@gmx.de

Schwartmann, Dr. Rolf, Professor,
Brucknerstraße 18, 50931 Köln,
(02 21) 4 00 90 94;
Fachhochschule Köln, Fakultät für Wirtschaftswissenschaften, Claudiusstraße 1,
50678 Köln, (02 21) 82 75-34 46,
Fax (02 21) 8 27 5-7 34 46,
E-Mail rolf.schwartmann@fh-koeln.de

Schwarz, Dr. Kyrill-A., Professor,
Dönersberg 13, 91550 Dinkelsbühl,
(01 77) 8 31 07 68;
Universität Würzburg, Juristische Fakultät, Professor für Öffentliches Recht, Domerschulstr. 16, 97070 Würzburg, (09 31) 3 18-23 35,
E-Mail kyrill-alexander.schwarz@uni-wuerzburg.de

Schwarze, Dr. Jürgen, Professor,
Universität Freiburg, Institut für Öffentliches Recht Abt. I,
Platz der Alten Synagoge 1, 79098 Freiburg, (07 61) 2 03-22 38 oder -22 51,
Fax (07 61) 2 03-22 34,
E-Mail juergen.schwarze@jura.uni-freiburg.de

Schwarzer, Dr. Stephan, Mag., Universitätsdozent,
Rodlergasse 7/10, A-1190 Wien,
(0 04 3-1) 3 69 17 46;
Bundeswirtschaftskammer,
Wiedner Hauptstr. 63, A-1045 Wien,
(0 04 3-1) 5 01 05-41 95

Schweitzer, Dr. Michael, Professor,
Göttweiger Str. 135, 94032 Passau,
(08 51) 3 45 33;
Universität Passau, 94032 Passau,
(08 51) 5 09-23 30,
Fax (08 51) 5 09-23 32,
E-Mail Schweitzer@uni-passau.de

Schweizer, Dr. Rainer J., o. Professor,
Kirchgasse 9, CH-9220 Bischofszell,
(00 41) 7 1-2 23 56 24;
Universität St. Gallen, Tigerbergstr. 21,
CH-9000 St. Gallen, Forschungsgemein-

schaft für Rechtswissenschaften,
(00 41) 7 1-2 24 21 61,
Fax (00 41) 7 1-2 24 21 62,
E-Mail Rainer.Schweizer@unisg.ch

Schwerdtfeger, Dr. Gunther, Universitätsprofessor,
Hülsebrinkstr. 23, 30974 Wennigsen/Deister, (0 51 03) 13 11;
Juristische Fakultät, Universität Hannover, Königsworther Platz 1, 30167 Hannover, (05 11) 76 2-8 69

Seer, Dr. Roman, Universitätsprofessor,
In den Birken 156 d, 42113 Wuppertal,
(02 02) 2 72 15 34,
Fax (02 02) 2 72 15 35;
Ruhr-Universität Bochum, Lehrstuhl für Steuerrecht, Gebäude GC 8/137,
Universitätsstr. 150, 44780 Bochum,
(02 34) 3 22 82 69,
Fax (02 34) 3 21 46 14,
E-Mail LS.seer@jura.ruhr-uni-bochum.de

Seewald, Dr. Otfried, o. Professor,
Schärdingerstraße 21 A, 94032 Passau,
(08 51) 3 51 45,
Fax (08 51) 3 51 45,
E-Mail otfried_seewald@gmx.de;
Universität Passau, Innstr. 40,
Postfach 25 40, 94030 Passau,
(08 51) 5 09-23 40 oder -41,
Fax (08 51) 5 09-23 42,
E-Mail otfried.seewald@uni-passau.de

Seibert-Fohr, Dr. Anja, Professorin,
Professur für Öffentliches Recht, Völkerrecht und Menschenrechte, Georg-August-Universität Göttingen,
Institut für Völkerrecht und Europarecht,
Platz der Göttinger Sieben 5,
37073 Göttingen, (05 51) 39-47 62,
(05 51) 39-47 67,
E-Mail sekretariat.prof.seibert-fohr@jura.uni-goettingen.de

Seiler, Dr. Christian, Professor,
Stauffenbergstr. 70/1, 72074 Tübingen,
(0 70 71) 5 49 77 80;
Universität Tübingen, Lehrstuhl für Staats- und Verwaltungsrecht, Finanz- und Steuerrecht, Geschwister-Scholl-Platz, 72074 Tübingen,
(0 70 71) 2 97 29 43,
E-Mail christian.seiler@jura.uni-tuebingen.de

Selmer, Dr. Peter, Professor,
Akazienweg 9, 22587 Hamburg,
(0 40) 86 47 43;
Universität Hamburg, 20146 Hamburg,
(0 40) 4 28 38-45 74 oder -30 26,
Fax (0 40) 4 28 38-30 28,
E-Mail peter.selmer@jura.uni-hamburg.de

Shirvani, Dr. Foroud, Professor,
Yorckstr. 11, 53173 Bonn;
Rheinische Friedrich-Wilhelms-Universität Bonn, Rechts- und Staatswissenschaftliche Fakultät,
Adenauerallee 24–42, 53113 Bonn,
(02 28) 7 36 24 16,
E-Mail shirvani@jura.uni-bonn.de

Sieckmann, Dr. Jan-Reinhard, Professor,
Fachbereich Rechtswissenschaft,
Friedrich-Alexander-Universität Erlangen Nürnberg, Schillerstraße 1,
91054 Erlangen, (0 91 31) 8 52 40 97,
E-Mail Jan-Reinhard.Sieckmann@jura.uni-erlangen.de

Siedentopf, Dr. Dr. h.c. Heinrich,
o. Professor,
Langstr. 1, 76829 Landau,
(0 63 41) 6 07 57;
Deutsche Universität für Verwaltungswissenschaften Speyer, Freiherr-vom-Stein-Str. 2–6, 67324 Speyer,
E-Mail heinrich@siedentopf.net

Siegel, Dr. Thorsten, Professor,
Dr. Semmelweis-Str. 25, 67433 Neustadt/
Weinstraße, (0 63 21) 48 28 51;
Freie Universität Berlin, Fachbereich
Rechtswissenschaft, Professur für Öffentliches Recht, insbesondere Verwaltungsrecht, Boltzmannstr. 3, 14195 Berlin,
(0 30) 83 8-5 59 21,
Fax (0 30) 8 38-45 59 21,
E-Mail sekretariat.siegel@rewiss.fu-berlin.de

Siehr, Dr. Angelika, LL.M. (Yale),
Professorin,
Zickzackredder 9, 24850 Schuby,
(0 46 21) 94 88 88;
Universität Bielefeld, Lehrstuhl für
öffentliches Recht, Völkerrecht, Rechtsphilosophie und Bildungsrecht,
Postfach 10 01 31, 33501 Bielefeld,
(05 21) 1 06-44 30 oder (05 21) 1 06-68 99
(Sekretariat),
E-Mail angelika.siehr@uni-bielefeld.de

Siekmann, Dr. Helmut, Professor,
Johann Wolfgang Goethe-Universität,
Professur für Geld-, Währungs- und
Notenbankrecht, IMFS im House of
Finance, Grüneburgplatz 1, 60323 Frankfurt am Main, (0 69) 79 8-3 40 14

Skouris, Dr. Wassilios, Professor,
Nikolaou Manou 18, GR-54643 Thessaloniki, (00 30-31) 83 14 44;
Gerichtshof der Europäischen Gemeinschaften, Palais de la Cour de Justice,
L-2925 Luxembourg,
(0 03 52) 43 03 22 09,
Fax (0 03 52) 43 03 27 36

Smeddinck, Dr. Ulrich, Privatdozent,
Sommerhuder Str. 35, 22769 Hamburg,
(01 74) 2 48 99 90;
Umweltbundesamt, Wörlitzer Platz 1,
FB III, 06844 Dessau, (03 40) 21 03-20 77,
E-Mail ulrich.smeddinck@uba.de;
Martin-Luther-Universität Halle-Wittenberg, Juristische und Wirtschaftswissenschaftliche Fakultät, Universitätsplatz 10a, 06108 Halle/Saale,
E-Mail Ulrich.Smeddinck@jura.uni-halle.de

Sodan, Dr. Helge, Universitätsprofessor,
Fachbereich Rechtswissenschaft, Lehrstuhl für Staats- und Verwaltungsrecht,
Öffentliches Wirtschaftsrecht, Sozialrecht, Freie Universität Berlin,
Van't-Hoff-Str. 8, 14195 Berlin,
(0 30) 83 8-5 39 72 oder -7 39 73,
Fax (0 30) 83 8-5 44 44;
Präsident des Verfassungsgerichtshofes
des Landes Berlin, Elßholzstr. 30–33,
10781 Berlin, (0 30) 90 15-26 50,
Fax (0 30) 90 15-26 66,
E-Mail sodan@zedat.fu-berlin.de

Söhn, Dr. Hartmut, o. Professor,
Eppanerstr. 9, 94036 Passau,
(08 51) 5 85 20,
E-Mail hsoehndr@web.de;
Universität Passau, Lehrstuhl für Staats- und Verwaltungsrecht, insbesondere
Finanz- und Steuerrecht,
94032 Passau, (08 51) 5 09-23 50,
Fax (08 51) 5 09-23 52

Somek, Dr. Alexander, Professor,
Görgengasse 23a/8, A-1190 Wien;
University of Iowa, College of Law,
Melrose and Byington Iowa City,
Iowa USA 52242, (3 19) 3 35 90 34,
Fax (31 91) 33 59 01 98,
E-Mail alexander-somek@uiowa.edu

Sommermann, Dr. Karl-Peter, Universitätsprofessor,
Lehrstuhl für Öffentliches Recht, Staatslehre und Rechtsvergleichung, Deutsche
Universität für Verwaltungswissenschaften Speyer, Postfach 14 09, 67346 Speyer,
(0 62 32) 65 4-3 44,

Fax (0 62 32) 65 4-4 14,
E-Mail Sommermann@uni-speyer.de

Spannowsky, Dr. Willy, Universitätsprofessor,
Auf dem Kleehügel 17, 67706 Krickenbach, (0 63 07) 99 39 63,
Fax (0 63 07) 99 39 49;
Lehrstuhl für Öffentliches Recht,
Postfach 30 49, 67653 Kaiserslautern,
(06 31) 2 05-39 75,
Fax (06 31) 2 05-39 77,
E-Mail oerecht@rhrk.uni-kl.de

Spiecker genannt Döhmann, Dr. Indra, LL.M. (Georgetown Univ.), Universitätsprofessorin,
Lehrstuhl für Öffentliches Recht, Informationsrecht, Umweltrecht, Verwaltungswissenschaften, Forschungsstelle Datenschutz, Goethe-Universität Frankfurt, Grüneburgplatz 1, 60323 Frankfurt a.M.,
(0 69) 79 8-3 42 68,
Fax (0 69) 79 8-3 45 10,
E-Mail spiecker@jur.uni-frankfurt.de

Spilker, Dr. Bettina, Privatdozentin,
Karlstraße 39, 80333 München;
Institut für Steuerrecht, Westfälische Wilhelms-Universität Münster, Universitätsstr. 14–16, 48143 Münster,
(01 79) 7 84 60 48,
E-Mail bettina.spilker@uni-muenster.de

Spranger, Dr. Dr. Tade Matthias, Privatdozent,
Eichhörnchenweg 10, 53125 Bonn;
c/o Institut für Wissenschaft und Ethik, Bonner Talweg 57, 53113 Bonn,
(02 28) 33 64 19 53,
Fax (02 28) 33 64 19 50,
E-Mail spranger@iwe.uni-bonn.de

Staff, Dr. Ilse, Universitätsprofessorin,
Am Forum 4, 65779 Kelkheim,
(0 61 95) 33 08;
Universität Frankfurt, 60054 Frankfurt am Main

Starck, Dr. Christian, o. Professor,
em. Professor für öffentliches Recht an der Georg-August-Universität Göttingen,
Schlegelweg 10, 37075 Göttingen,
(05 51) 5 54 54,
E-Mail cstarck@gwdg.de

Steiger, Dr. Heinhard, Universitätsprofessor,
Oberhof 16, 35440 Linden,
(06 41) 2 32 52;
Universität Gießen, 35394 Gießen,
(06 41) 9 92 11-50 oder -51,
Fax (06 41) 9 92 11-59

Stein, Dr. Katrin, Professorin,
Reinhold-Tiling-Weg 61, 49088 Osnabrück, (05 41) 9 11 84 51;
Hessische Hochschule für Polizei und Verwaltung, Schönbergstraße 100,
65199 Wiesbaden, (0 61 08) 60 3-5 16,
E-Mail katrin.stein@hfpv-hessen.de

Steinberg, Dr. Rudolf, Universitätsprofessor, Universitätspräsident a.D.,
Wingertstr. 2 A, 65719 Hofheim;
Goethe-Universität Frankfurt am Main,
Grüneburgplatz 1, 60323 Frankfurt,
E-Mail Rudolf-Steinberg@t-online.de

Steinberger, Dr. Helmut, o. Professor,
Saphirweg 13, 69181 Leimen,
(062) 26 99 06 30;
MPI für ausländisches öffentliches Recht und Völkerrecht,
Im Neuenheimer Feld 535,
69120 Heidelberg, (0 62 21) 48 2-2 61,
Fax (0 62 21) 48 2-2 88;
Juristisches Seminar, Universität Heidelberg, Friedrich-Ebert-Anlage 6–10,
69117 Heidelberg, (0 62 21) 54-74 54 oder -74 55, Fax (0 62 21) 54-77 44,
E-Mail hsteinber@mpil.de

Steiner, Dr. Udo, o. Professor, Richter des Bundesverfassungsgerichts a. D.,
Am Katzenbühl 5, 93055 Regensburg,
(09 41) 70 09 13,
Fax (09 41) 76 06 19,
E-Mail udo.steiner@web.de;
Universität Regensburg, 93040 Regensburg, (09 41) 9 43-42 84,
E-Mail udo.steiner@jura.uni-regensburg.de

Stelkens, Dr. Ulrich, Universitätsprofessor,
Webergasse 3a, 67346 Speyer;
Deutsche Universität für Verwaltungswissenschaften Speyer,
Freiherr-vom-Stein-Str. 2, 67346 Speyer,
(0 62 32) 65 4-3 65,
Fax (0 62 32) 65 4-2 45,
E-Mail stelkens@uni-speyer.de

Stelzer, Dr. Manfred, Universitätsprofessor,
Anton-Wildgansgasse 12/4,
A-2380 Perchtoldsdorf,
(00 43) 66 42 12 56 18;
Universität Wien, Schottenbastei 10–16,
A-1010 Wien, (0 04 3-1) 4 27 7-3 54 31 oder -32,
E-Mail Manfred.Stelzer@univie.ac.at

Stender-Vorwachs, Dr. Jutta, LL. M. (USA, UVA), apl. Professorin,
Am Ortfelde 99A,
30916 Isernhagen N.B.,
(05 11) 7 24 08 07,
Fax (05 11) 7 24 08 54,
E-Mail jutta.stender-vorwachs@gmx.de;
Leibniz Universität Hannover, Juristische Fakultät, Königsworter Platz 1,
30167 Hannover, (05 11) 7 62-82 50 oder -82 49,
Fax (05 11) 7 62-82 52,
E-Mail jutta.stender-vorwachs@jura.uni-hannover.de

Stern, Dr. Dr. h.c. mult. Klaus, o. Professor,
Am Stockberger Busch 10, 51515 Kürten,
(0 22 68) 61 67;
Institut für Rundfunkrecht an der Universität zu Köln,
Aachener Straße 197–199, 50931 Köln,
(02 21) 9 41 54 65,
E-Mail klaus.stern@uni-koeln.de

Stettner, Dr. Rupert, Professor,
Alpenstr. 11a, 85221 Dachau,
(0 81 31) 27 89 96,
Fax (0 81 31) 27 89 98;
Institut für Staatswissenschaften, Universität der Bundeswehr München,
Werner-Heisenberg-Weg 39,
85579 Neubiberg, (0 89) 60 04-38 64 oder -37 02 oder -20 43,
Fax (0 89) 60 04-28 41,
E-Mail Rupert.Stettner@unibw-muenchen.de

Stober, Dr. Dr. h.c. mult. Rolf, Universitätsprofessor,
Prins-Claus-Str. 50, 48159 Münster,
(02 51) 1 62 41 62,
Fax (02 51) 1 62 41 63,
E-Mail rolf-stober@gmx.de;
Universität Hamburg;
Deutsche Universität für Weiterbildung,
Pacelliallee 55, 14195 Berlin,
(0 30) 20 00 30 62 53,
Fax (0 30) 20 00 30 62 92,
E-Mail rolf.stober@duw-berlin.de

Stock, Dr. Martin, Professor,
Lina-Oetker-Str. 22, 33615 Bielefeld,
(05 21) 12 19 95;
Fakultät für Rechtswissenschaft, Universität Bielefeld, Postfach 10 01 31,
33501 Bielefeld, (05 21) 1 06 43 90,
Fax (05 21) 1 06 15 43 90,
E-Mail martin.stock@uni-bielefeld.de

Stöger, Dr. Karl, MJur, Universitätsprofessor,
Höhenstr. 24–26, A-3400 Klosterneuburg,
(00 43) 06 99 10 36 77 45;
Karl-Franzens-Universität Graz,
Institut für Österreichisches, Europäisches und Vergleichendes Öffentliches Recht, Politikwissenschaft und Verwaltungslehre, Universitätsstr. 15/C3,
A-8010 Graz, (00 43) 0 31 63 80 33 84,
E-Mail karl.stoeger@uni-graz.at

Stoll, Dr. Peter-Tobias, Professor,
E-Mail ptstoll@web.de;
Institut für Völkerrecht, Abteilung für Internationales Wirtschaftsrecht, Universität Göttingen,
Platz der Göttinger Sieben 5,
37073 Göttingen, (05 51) 39 46 61,
E-Mail pt.stoll@jur.uni-goettingen.de

Stolleis, Dr. Dr. h.c. mult. Michael, Universitätsprofessor,
Waldstr. 15, 61476 Kronberg,
(0 61 73) 6 56 51;
Universität Frankfurt, MPI für europäische Rechtsgeschichte, Hansaalle 41,
60323 Frankfurt am Main,
(0 69) 78 97 8-1 51,
Fax (0 69) 78 97 8-1 69,
E-Mail stolleis@rg.mpg.de

Stolzlechner, Dr. Harald, o. Universitätsprofessor,
Gneiser Straße 57, A-5020 Salzburg,
(00 43) 6 62-82 39 35;
Universität Salzburg,
(00 43) 6 62-80 44 36 01,
E-Mail Harald.Stolzlechner@sbg.ac.at

Storr, Dr. Stefan, Universitätsprofessor,
Klosterwiesgasse 72, A-8010 Graz;
Institut für Österreichisches, Europäisches und Vergleichendes Öffentliches Recht, Politikwissenschaft und Verwaltungslehre, Karl-Franzens-Universität Graz, Universitätsstraße 15 C 3,
A-8010 Graz, (00 43) 31 63 80-66 95,
Fax (00 43) 31 63 80-94 50,
E-Mail stefan.storr@uni-graz.at

Streinz, Dr. Rudolf, o. Professor,
Waldsteinring 26, 95448 Bayreuth,
(09 21) 9 47 30,
E-Mail rudolf.streinz@gmx.de;
Ludwig-Maximilians-Universität München, Lehrstuhl für Öffentliches Recht und Europarecht,
Professor-Huber-Platz 2,
80539 München, (0 89) 21 80-33 35,
Fax (0 89) 21 80-24 40,
E-Mail streinz.pers@jura.uni-muenchen.de

Stumpf, Dr. Dr. Christoph, Privatdozent,
Raupach & Wollert-Elmendorff Rechtsanwaltsgesellschaft mbH Hanse-Forum,
Axel-Springer-Platz 3, 20355 Hamburg,
(0 40) 3 78 53 8-0, (0 40) 37 85 38-11,
E-Mail cstumpf@raupach.de

Suerbaum, Dr. Joachim, o. Professor,
In der Uhlenflucht 3, 44795 Bochum,
(02 34) 47 26 26,
E-Mail Joachim.Suerbaum@t-online.de;
Universität Würzburg,
Domerschulstraße 16, 97070 Würzburg,
(09 31) 3 1-8 28 97 oder 3 1-8 28 99,
E-Mail Suerbaum@jura.uni-wuerzburg.de

Sydow, Dr. Gernot, M.A., apl. Professor,
Schornstr. 13, 65553 Limburg,
(0 64 31) 5 70 95 20;
Justitiar des Bistums Limburg, Bischöfliches Ordinariat, Roßmarkt 4,
65549 Limburg, (0 64 31) 29 52 08,
Fax (0 64 31) 29 55 21,
E-Mail G.Sydow@bistumlimburg.de,
Gernot.Sydow@jura.uni-freiburg.de

Talmon, D. Phil. (Oxon.) Stefan, LL.M. (Cantab.), Universitätsprofessor,
Institut für Völkerrecht,
Adenauerallee 24–42, 53113 Bonn
(02 28) 73 91 72 od. 73 39 32 (Sekr.),
Fax (02 28) 73 91 71,
E-Mail talmon@jura.uni-bonn.de

Tappe, Dr. Henning, Universitätsprofessor,
Hornstraße 4, 48151 Münster,
(02 51) 2 87 03 60,
Fax (02 51) 2 87 03 61;
Universität Osnabrück, Institut für Finanz- Steuerrecht,
Martinstraße 8, 49078 Osnabrück,
(05 41) 9 69-61 68,
Fax (05 41) 9 69-61 67,
E-Mail henning.tappe@uni-osnabrueck.de

Thieme, Dr. Werner, Professor,
Berggartenstraße 14, 29223 Celle,
(0 51 41) 3 73 69,
Fax (0 51 41) 93 13 73;
Universität Hamburg, 20146 Hamburg,
(0 40) 4 28 38-45 69

Thiel, Dr. iur. Dr. rer. publ. Markus, Professor,
Frangenheimstraße 27, 50931 Köln,
(02 21) 40 87 83,
E-Mail markus.thiel@gmx.de;
Fachhochschule für öffentliche Verwaltung Nordrhein-Westfalen, Abt. Köln,
Thürmchenswall 48–54, 50667 Köln,
E-Mail Markus.Thiel@uni-duesseldorf.de

Thiele, Dr. Alexander, Privatdozent,
Kurze-Geismar-Str. 9, 37073 Göttingen,
(01 72) 4 02 59 95;
Georg-August-Universität Göttingen,
Institut für Allgemeine Staatslehre und Politische Wissenschaften,
Nikolausberger Weg 17, 37073 Göttingen,
(05 51) 39 46 90,
E-Mail alexander.thiele@jura.uni-goettingen.de

Thienel, Dr. Rudolf, Universitätsprofessor,
Vizepräsident des Verwaltungsgerichtshofes, Judenplatz 11, A-1010 Wien,
(0 04 3-1) 53 11 1-2 45,
Fax (0 04 3-1) 53 11 1-1 40,
E-Mail rudolf.thienel@vwgh.gv.at

Thürer, Dr. Dr. h.c. Daniel, LL.M. (Cambridge), o. Professor,
Abeggweg 20, CH-8057 Zürich,
(00 41) 4 43 62 65 47 oder -46,
Fax (00 41) 4 43 62 65 46,
E-Mail thuerer@swissonline.ch;
Stiffler & Partner Rechtsanwälte,
Postfach 10 72, CH-8034 Zürich,
E-Mail thuerer@swissonline.ch,
oder: daniel.thuerer@stplaw.ch

Thurnherr, Dr. Daniela, LL.M. (Yale), Professorin,
Juristische Fakultät der Universität Basel,
Peter Merian-Weg 8, Postfach,
CH-4002 Basel, (00 41) 6 12 67 25 66,
E-Mail daniela.thurnherr@unibas.ch

Thym, Dr. Daniel, LL.M. (London), Professor,
Pallasstr. 22, 10781 Berlin,
(01 51) 56 60 69 37;
Universität Konstanz, Lehrstuhl für Öffentliches Recht, Europa- und Völkerrecht, Fach 116, Universitätsstr. 10,
78457 Konstanz,
E-Mail daniel.thym@uni-konstanz.de

Tietje, Dr. Christian, Professor,
Heinrich-Heine-Str. 8, 06114 Halle (Saale),
(03 45) 5 48 39 12 oder (03 45) 5 24 83 12,
Mobil (01 75) 3 73 61 34,
Fax (03 45) 5 17 40 48;
Martin-Luther-Universität Halle-Wittenberg, Juristische Fakultät, Juridicum,

Universitätsplatz 5, 06108 Halle (Saale), (03 45) 5 52-31 80, Fax (03 45) 5 52-72 01, E-Mail tietje@jura.uni-halle.de

Tomuschat, Dr. Christian, Professor, Odilostraße 25a, 13467 Berlin, (0 30) 40 54 14 86, Fax (0 30) 40 54 14 88; Humboldt-Universität zu Berlin, Institut für Völker- und Europarecht, Unter den Linden 6, 10099 Berlin, (0 30) 20 93-33 35 oder -33 05 oder -33 22, Fax (0 30) 20 93-33 65, E-Mail christian.tomuschat@rewi.hu-berlin.de

Traulsen, Dr. Christian, Privatdozent, Stieglitzweg 13, 72108 Rottenburg am Neckar, (0 74 72) 9 89 68 58; Universität Tübingen, Juristische Fakultät, Geschwister-Scholl-Platz, 72074 Tübingen, (0 70 71) 2 97 26 90, Fax (0 70 71) 29 50 96, E-Mail traulsen@jura.uni-tuebingen.de

Trute, Dr. Hans-Heinrich, Universitätsprofessor, Wettinplatz 3, 01896 Pulsnitz, (03 59 55) 4 53 01; Universität Hamburg,Fakultät für Rechtswissenschaft, Schlüterstraße 28, 20146 Hamburg, (0 40) 4 28 38-57 21 oder -56 25, Fax (0 40) 4 28 38-27 00, E-Mail Hans-Heinrich.Trute@jura.uni-hamburg.de

Tschentscher, Dr. Axel, LL.M., Professor, Lehrstuhl für Staatsrecht, Rechtsphilosophie und Verfassungsgeschichte, Universität Bern, Institut für öffentliches Recht, Schanzeneckstraße 1, CH-3001 Bern, (00 41) 3 1-6 31 88 99 (direkt), (00 41) 3 1-6 31 32 36 (Sekretariat), Fax (00 41) 31-6 31 38 83, E-Mail axel.tschentscher@oefre.unibe.ch

Uebersax, Dr. Peter, Professor, Titularprofessor für öffentliches Recht und öffentliches Prozessrecht, Chemin des Grands-Champs 19, CH-1033 Cheseaux, (00 41) 2 17 31 29 41; Schweizerisches Bundesgericht, Av. du Tribunal-fédéderal 29, CH-1000 Lausanne 14, (00 41) 2 13 18 91 11, E-Mail peter.uebersax@unibas.ch

Uerpmann-Wittzack, Dr. Robert, Professor, Universität Regensburg, Juristische Fakultät, 93040 Regensburg, (09 41) 9 43-26 60 oder 26 59, Fax (09 41) 9 43-19 73, E-Mail Robert.Uerpmann@jura.uni-regensburg.de

Uhle, Dr. Arnd, Professor, Stiftungslehrstuhl für Öffentliches Recht, insbesondere für Staatsrecht und Staatswissenschaften, Technische Universität Dresden, 01062 Dresden, (03 51) 46 33 7 14, Fax (03 51) 46 33 72 07, E-Mail uhle@jura.tu-dresden.de

Uhlmann, Dr. Felix, LL.M., Professor, Bruderholzallee, CH 4059 Basel; Rämistrasse 74 / 33, CH 8001 Zürich, (00 41) 4 46 34 42 24, Fax (00 41) 4 46 34 43 68, E-Mail felix.uhlmann@rwi.uzh.ch

Unruh, Dr. Peter, apl. Professor, Hakensoll 8a, 24226 Heikendorf; Nordelbisches Kirchenamt, Dänische Str. 21–35, 24103 Kiel, E-Mail punruh.nka@nordelbien.de

Vallender, Dr. Klaus A., Professor,
Unterbach 4, CH-9043 Trogen,
(00 41 71) 94 27 69;
Law School St. Gallen, IFF,
Varnbüelstrasse 19. 4, CH-9000 St. Gallen, (00 41-71) 2 24 25 19,
Fax (00 41-71) 2 29 29 41,
E-Mail klaus.vallender@unisg.ch

Vedder, Dr. Christoph, Professor,
Sollner Str. 33, 81479 München,
(0 89) 79 10 03 83,
Fax (0 89) 7 10 03 84;
Juristische Fakultät, Universität Augsburg, Postfach, 8 61 35 Augsburg,
(08 21) 5 98-45 70,
Fax (08 21) 5 98-45 72,
E-Mail christoph.vedder@jura.uni-augsburg.de

Vesting, Dr. Thomas, Universitätsprofessor,
Konradstraße 2, 80801 München,
(0 89) 38 87 95 45,
Fax (0 89) 38 87 95 47;
Lehrstuhl für Öffentliches Recht, Recht und Theorie der Medien, Johann Wolfgang Goethe-Universität, Grüneburgplatz 1, RuW 04, 60629 Frankfurt am Main, (0 69) 79 83 42 74,
Fax (0 69) 7 98 76 33 42 73,
E-Mail T.Vesting@jur.uni-frankfurt.de

Vitzthum, Dr. Dr. h.c. Wolfgang Graf, o. Professor,
Im Rotbad 19, 72076 Tübingen,
(0 70 71) 6 38 44,
Fax (0 70 71) 96 84 89;
Universität Tübingen, Juristische Fakultät, Geschwister-Scholl-Platz,
72074 Tübingen, (0 70 71) 2 97 52 66,
Fax (0 70 71) 2 97 50 39,
E-Mail wolfgang-graf.vitzthum@uni-tuebingen.de

Vöneky, Dr. Silja, Professorin,
Am Schmelzofen 20, 79183 Waldkirch,
(0 76 81) 4 92 52 39;
Albert-Ludwigs-Universität Freiburg,
Institut für Öffentliches Recht, Abt. II
Völkerrecht und Rechtsvergleichung,
79085 Freiburg im Breisgau,
(07 61) 2 03 22 07,
Fax (07 61) 2 03 91 93,
E-Mail voelkerrecht@jura.uni-freiburg.de

Vogel, Dr. Stefan, Privatdozent,
Dübendorfstr. 11c, CH-8117 Fällanden,
(00 41) 4 33 55 52 29,
E-Mail stefan_vogel@bluewin.ch

Volkmann, Dr. Uwe, Professor,
Am Bonifatiusbrunnen 231, 60438 Frankfurt am Main, (0 69) 51 86 73;
Johannes-Gutenberg-Universität Mainz,
FB Rechts- und Wirtschaftswissenschaften, Lehrstuhl für Rechtsphilosophie und Öffentliches Recht, 55099 Mainz,
(0 61 31) 3 9-2 34 53,
Fax (0 61 31) 3 9-2 30 90,
E-Mail volkmann@uni-mainz.de

Vosgerau, Dr. Ulrich, Privatdozent,
Bachemer Straße 225, 50935 Köln,
(02 21) 4 06 40 58;
Universität zu Köln, Seminar für Staatsphilosophie und Rechtspolitik,
Albertus-Magnus-Platz, 50923 Köln,
(02 21) 4 70-40 49,
Fax (02 21) 4 70-50 10,
E-Mail ulrich.vosgerau@uni-koeln.de

Voßkuhle, Dr. Andreas, Professor,
Präsident des Bundesverfassungsgerichts,
Schloßbezirk 3, 76131 Karlsruhe,
(07 21) 9 10 1-3 13;
Albert-Ludwigs-Universität Freiburg,
Institut für Staatswissenschaft und Rechtsphilosophie, Postfach,
7 90 85 Freiburg i. Br., (07 61) 2 03-22 09,
Fax (07 61) 2 03-91 93,

E-Mail staatswissenschaft@jura.
uni-freiburg.de

Waechter, Dr. Kay, Professor,
Ceciliengärten 12, 12159 Berlin;
FB Rechtswissenschaft, Universität Hannover, Königsworther Platz 1,
30167 Hannover, (05 11) 7 62-82 27,
E-Mail waechter@jura.uni-hannover.de

Wahl, Dr. Rainer, o. Professor,
Hagenmattenstr. 6, 79117 Freiburg,
(07 61) 6 59 60;
Universität Freiburg, Institut für Öffentliches Recht V, Postfach, 79085 Freiburg,
(07 61) 2 03 89 61,
Fax (07 61) 2 03 22 93,
E-Mail rainer.wahl@jura.uni-freiburg.de

Waldhoff, Dr. Christian, Professor,
Lennéstraße 47, 53113 Bonn,
(02 28) 2 89 10 64;
Humboldt-Universität zu Berlin,
Lehrstuhl für Öffentliches Recht und Finanzrecht, Unter den Linden 6,
10099 Berlin, (0 30) 20 93-35 37,
E-Mail christian.waldhoff@rewi.
hu-berlin.de

Waldmann, Dr. Bernhard, Professor, RA,
Alfons-Aebystrasse 29, CH-3186 Düdingen, (00 41) 2 64 93 57 05;
Universität Freiburg i. Üe.,
Route d' Englisberg 7, CH-1763 Granges-Paccot, (00 41) 2 63 00 81 56,
E-Mail bernhard.waldmann@unifr.ch

Wallerath, Dr. Maximilian, Universitätsprofessor,
Gudenauer Weg 86, 53127 Bonn,
(02 28) 28 32 02,
E-Mail max.wallerath@web.de;
Universität Greifswald, Rechts- und Staatswissenschaftliche Fakultät,
17487 Greifswald, (0 38 34) 86 21 44,
Fax (0 38 34) 8 68 00 77

Wallrabenstein, Dr. Astrid, Professorin,
Prälat-Diehl-Str. 17, 64285 Darmstadt,
(0 61 51) 6 51 09;
Goethe-Universität Frankfurt am Main,
Fachbereich Rechtswissenschaften,
Professur für Öffentliches Recht mit einem Schwerpunkt im Sozialrecht,
Postfach 11 19 32, 60054 Frankfurt am Main, (0 69) 79 8-3 42 88,
Fax (0 69) 79 8-3 45 14,
E-Mail professur-wallrabenstein@jura.
uni-frankfurt.de

Walter, Dr. Christian, Professor,
Friedrich-List-Str. 98, 81377 München,
(0 89) 78 70 77 04;
Ludwig-Maximilians-Universität München, Institut für Internationales Recht,
Lehrstuhl für Öffentliches Recht und Völkerrecht, Prof.-Huber-Platz 2,
80539 München, (0 89) 21 80-27 98,
Fax (0 89) 21 80-38 41,
E-Mail cwalter@jura.uni-muenchen.de

Wapler, Dr. Friederike, Privatdozentin,
Universität Göttingen, Juristische Fakultät, Lehrstuhl für Rechts- und Sozialphilosophie, Platz der Göttinger Sieben 6,
37073 Göttingen, (05 51) 39-46 35,
E-Mail wapler@gmx.de

Weber, Dr. Albrecht, Professor,
Weidenweg 20, 49143 Bissendorf,
(0 54 02) 39 07;
Universität Osnabrück, 49069 Osnabrück, (05 41) 9 69-61 38,
E-Mail aweber@uos.de

Weber, Dr. Karl, o. Universitätsprofessor,
Noldinstr. 14, A-6020 Innsbruck,
(00 43) 0 66 4-1 62 57 39;
Universität Innsbruck, Institut für Öffentliches Recht, Finanzrecht und Politikwissenschaft, Innrain 80, A-6020 Innsbruck, (00 43) 51 2-5 07-82 30,
E-Mail karl.weber@uibk.ac.at

Weber-Dürler, Dr. Beatrice,
o. Professorin,
Ackermannstr. 24, CH-8044 Zürich,
(00 41) 4 42 62 04 20;
E-Mail beatrice.weber-duerler@rwi.uzh.ch

Wegener, Dr. Bernhard W., Professor,
Friedrich-Alexander-Universität, Lehrstuhl für Öffentliches Recht, Schillerstraße 1, 91054 Erlangen,
(0 91 31) 8 52 92 85,
Fax (0 91 31) 8 52 64 39,
E-Mail sekretariat.wegener@jura.uni-erlangen.de

Wehr, Dr. Matthias, Professor,
Alter Kirchweg 24, 28717 Bremen,
(04 21) 69 08 00 25;
Hochschule für Öffentliche Verwaltung Bremen (HfÖV), Doventorscontrescarpe 172 C, 28195 Bremen,
(04 21) 36 11 96 17,
E-Mail matthias.wehr@hfoev.bremen.de

Weiß, Dr. Norman, Privatdozent,
Martin-Luther-Str. 56, 10779 Berlin;
MenschenRechtsZentrum der Universität Potsdam, August-Bebel-Str. 89,
14482 Potsdam, (03 31) 9 77 34 50,
Fax (03 31) 9 77 34 51,
E-Mail weiss@uni-potsdam.de

Weiß, Dr. Wolfgang, Universitätsprofessor,
Deutsche Universität für Verwaltungswissenschaften Speyer, Lehrstuhl für Öffentliches Recht, Völker- und Europarecht,
Freiherr-vom-Stein-Str. 2, 67346 Speyer,
(0 62 32) 65 4-3 31,
Fax (0 62 32) 65 4-1 23,
E-Mail wweiss@brookes.ac.uk

Welti, Dr. Felix, Professor,
Marquardplatz 3, 23554 Lübeck,
(04 51) 8 13 27 42, Fax (04 51) 8 13 27 43;
Universität Kassel, FB 01 Humanwissenschaften, Institut für Sozialwesen, Abteilung Sozialpolitik, Recht und Soziologie,
Arnold-Bode-Str. 10, 34109 Kassel,
(05 61) 8 04 29 70,
E-Mail mail@felix-welti.de

Wendt, Dr. Rudolf, o. Professor,
Schulstr. 45, 66386 St. Ingbert-Hassel,
(0 68 94) 5 32 87, Fax (0 68 94) 5 32 50;
Lehrstuhl für Staats- und Verwaltungsrecht, Wirtschafts-, Finanz- und Steuerrecht, Rechts- und Wirtschaftswissenschaftliche Fakultät,
Universität des Saarlandes,
Postfach 15 11 50, 66041 Saarbrücken,
(06 81) 3 62-21 04 oder -31 04,
Fax (06 81) 3 02-47 79,
E-Mail r.wendt@mx.uni-saarland.de

Wernsmann, Dr. Rainer, Professor,
Johann-Bergler-Straße 8, 94032 Passau;
Universität Passau, Lehrstuhl für Staats- und Verwaltungsrecht, insb. Finanz- und Steuerrecht, Innstr. 40, 94032 Passau,
(08 51) 5 09-23 51,
Fax (08 51) 5 09-23 52,
E-Mail wernsmann@uni-passau.de

Wessely, Dr. Wolfgang, Privatdozent,
Universität Wien, Institut für Staats- und Verwaltungsrecht,
Schottenbastei 10–16, A-1010 Wien,
+ 43 (0) 19 00 51 12 16,
Fax + 43 (0) 19 00 51 12 10,
E-Mail wolfgang.wessely@univie.ac.at

Wiederin, Dr. Ewald, Universitätsprofessor,
Universität Wien, Institut für Staats- und Verwaltungsrecht, Schottenbastei 10–16,
A-1010 Wien, (00 43) 14 27 73 54 82,
Fax (00 43) 14 27 73 54 89,
E-Mail ewald.wiederin@univie.ac.at

Wieland, Dr. Joachim, LL.M., Universitätsprofessor,
Gregor-Mendel-Straße 13, 53115 Bonn,
(02 28) 92 39 93 34,
Fax (02 28) 3 29 48 98;
Lehrstuhl für öffentliches Recht, Finanz- und Steuerrecht, Deutsche Universität für Verwaltungswissenschaften Speyer,
Postfach 14 09, 67324 Speyer,
(0 62 32) 65 43 55,
Fax (0 62 32) 65 41 27,
E-Mail wieland@uni-speyer.de

Wielinger, Dr. Gerhart, Universitätsdozent,
Bergmanngasse 22, A-8010 Graz,
(00 43) 3 16-31 87 14,
dienstl. (00 43) 3 16-70 31 24 28,
E-Mail gerhart.wielinger@uni-graz.at

Wieser, DDr. Bernd, a.o. Universitätsprofessor,
Wittenbauerstr. 76, A-8010 Graz;
Institut für Öffentliches Recht, Politikwissenschaft und Verwaltungslehre,
Karl-Franzens-Universität Graz,
Universitätsstr. 15/C3, A-8010 Graz,
(00 43) 31 6-3 80-33 81 oder -33 83,
Fax (00 43) 31 6-3 80-94 50,
E-Mail bernd.wieser@uni-graz.at

Wildhaber, Dr. Luzius, LL.M., J.S.D., Dres. h.c., LL.D. h.c., o. Professor,
Auf der Wacht 21, CH-4104 Oberwil,
(00 41) 6 14 01 25 21,
E-Mail luzius.wildhaber@unibas.ch

Wilke, Dr. Dieter, Präsident des OVG Berlin a.D., Universitätsprofessor a.D., apl. Professor an der Freien Universität Berlin, Schweinfurthstr.10, 14195 Berlin

Will, Dr. iur. Dr. phil. Martin, M.A., LL.M. (Cambr.), Professor,
Hartmann-Ibach-Straße 105,
60389 Frankfurt;
EBS Universität für Wirtschaft und Recht, Lehrstuhl für Staatsrecht, Verwaltungsrecht, Europarecht, Recht der neuen Technologien und Rechtsgeschichte,
Gustav-Stresemann-Ring 3,
65189 Wiesbaden, (06 11) 71 02 22 32,
Fax (06 11) 71 02 10 22 32,
E-Mail martin.will@ebs.edu

Will, Dr. Rosemarie, Professorin,
Humboldt-Universität zu Berlin, Juristische Fakultät,
Unter den Linden 6, 10099 Berlin,
(0 30) 20 93 33 00-36 82,
Fax (0 30) 20 93 34 53,
E-Mail Rosemarie.Will@rewi.hu-berlin.de

Wimmer, Dr. Norbert, o. Universitätsprofessor,
Heiliggeiststr. 16, A-6020 Innsbruck,
(00 43) 5 12-58 61 44;
Universität Innsbruck, Institut für Öffentliches Recht und Politikwissenschaften, Innrain 80/82, A-6020 Innsbruck, (00) 5 12-82 00 oder -82 01,
E-Mail Veronika.Obojes@uibk.ac.at

Windoffer, Dr. Alexander, Privatdozent,
Deutsches Forschungsinstitut für öffentliche Verwaltung Speyer,
Freiherr-vom-Stein-Str. 2, 67346 Speyer,
(0 62 32) 65 4-3 99,
Fax (0 62 32) 65 4-2 90,
E-Mail windoffer@foev-speyer.de

Windthorst, Dr. Kay, Professor,
Prinzregentenstr. 75, 81675 München,
(01 62) 9 02 00 76;
Professur für Öffentliches Recht, Universität Bayreuth, Rechts- und Wirtschaftswissenschaftliche Fakultät,
Universitätsstr. 30, Gebäude B 9,
95447 Bayreuth, (09 21) 55-35 19,
Fax (09 21) 55-43 31,
E-Mail kwindt@t-online.de

Winkler, Dr. Daniela, Professorin,
Petershauser Str. 36, 78467 Konstanz;
Professur für Verwaltungsrecht, Universität zu Köln, Albertus-Magnus-Platz,
50923 Köln,
E-Mail: daniela.winkler@jura.uni-tuebingen.de

Winkler, Dr. Dr. h.c. Günther, a.o. Universitätsprofessor,
Reisnerstr. 22/5/11, A-1030 Wien,
(00 43) 17 13 44 15;
Universität Wien, Schottenbastei 10–16,
A-1010 Wien, (00 43) 14 01 03-31 31

Winkler, Dr. Markus, Privatdozent;
Johannes-Gutenberg-Universität Mainz,
Fachbereich Rechts- und Wirtschaftswissenschaften, 55099 Mainz,
E-Mail mwinkl@uni-mainz.de;
Hessisches Kultusministerium,
Luisenplatz 10, 65185 Wiesbaden,
(06 11) 3 68 25 17,
E-Mail markus.winkler@hkm.hessen.de

Winkler, Dr. Roland, a.o. Univ.-Prof.,
Borromäumstraße 10/2, A-5020 Salzburg,
(00 43) 6 62 64 12 60 oder
(00 43) 67 69 07 01 71;
Fachbereich Öffentliches Recht,
Universität Salzburg,
Kapitelgasse 5–7, A-5020 Salzburg,
(00 43) 6 62 80 44 36 24,
Fax (00 43) 6 62 80 44 36 29,
E-Mail roland.winkler@sbg.ac.at

Winter, Dr. Dr. h.c. Gerd, Professor,
FB 6: Rechtswissenschaft, Universität Bremen, Postfach 33 04 40, 28334 Bremen, (04 21) 2 18-28 40,
Fax (04 21) 2 18-34 94,
E-Mail gwinter@uni-bremen.de

Winterhoff, Dr. Christian, apl. Professor,
Theodor-Storm-Straße 1, 22869 Schenefeld, (0 40) 85 40 03 76,
Fax (0 40) 85 41 48 80,
E-Mail post@christianwinterhoff.de;
Graf von Westphalen, Große Bleichen 21,
20354 Hamburg, (0 40) 35 92 2-2 64,
Fax (0 40) 35 92 2-2 93,
E-Mail christian.winterhoff@grafvonwestphalen.com

Winzeler, Dr. Christoph, LL. M. (Harv.),
Privatdozent,
St.-Jakobs-Strasse 96, CH-4052 Basel,
(00 41) 6 12 95 93 93 (Büro),
Fax (00 41) 6 12 72 53 82 (Büro),
E-Mail christoph.winzeler@span.ch;
Universität Fribourg, Institut für Religionsrecht, Miséricorde, Büro 4119,
CH-1700 Fribourg, (00 41) 2 63 00 80 23,
Fax (00 41) 2 63 00 96 66,
E-Mail christoph.winzeler@sba.ch

Wißmann, Dr. Hinnerk, Professor,
Lehrstuhl für Öffentliches Recht,
insbesondere Verwaltungswissenschaften,
Kultur- und Religionsverfassungsrecht,
Wilmergasse 28, 48143 Münster,
(02 51) 8 3-2 63 11,
Fax (02 51) 8 3-2 63 19,
E-Mail hinnerk.wissmann@uni-muenster.de

Wittinger, Dr. Michaela, Professorin,
Schauinslandstraße 1, 76199 Karlsruhe,
(07 1) 59 16 81,
E-Mail MichaelaWittinger@web.de;
FH des Bundes für öffentliche Verwaltung, FB Bundeswehrverwaltung, Professur für Öffentliches Recht (insb. Staats- und Europarecht), Seckenheimer Landstraße 10, 68163 Mannheim,
(06 21) 42 95-44 79,
Fax (06 21) 4 29 5-4 22 22

Wittmann, Dr. Heinz, a.o. Universitätsprofessor,
Steinböckengasse 4/14, A-1140 Wien,
(00 43) 19 14 31 75;

Verlag Medien und Recht GmbH,
Danhausergasse 6, A-1040 Wien,
(00 43) 15 05 27 66,
Fax (0 43) 15 05 27 66-15

Wittreck, Dr. Fabian, Professor,
Cheruskerring 51, 48147 Münster,
(02 51) 2 00 62 88;
Westfälische Wilhelms-Universität Münster, Professur für Öffentliches Recht, Bispinghof 25/25, 48143 Münster,
(02 51) 8 32 11 99,
Fax (02 51) 8 32 24 03,
E-Mail fwitt_01@uni-muenster.de

Wolf, Dr. Joachim, Professor,
Von-Velsen-Straße 17, 44625 Herne,
(0 23 23) 45 96 25;
Juristische Fakultät, Ruhr-Universität Bochum, Umweltrecht, Verwaltungsrecht und Verwaltungslehre, Gebäude GC,
Universitätsstr. 150, 44789 Bochum,
(02 34) 3 22-52 52,
Fax (02 34) 3 21 44 21,
E-Mail LS.Wolf@jura.ruhr-uni-bochum.de

Wolff, Dr. Heinrich Amadeus, Professor,
Rudolf-Ditzen-Weg 12, 13156 Berlin,
(0 30) 48 09 79 48;
Lehrstuhl für Öffentliches Recht, insbesondere Staatsrecht und Verfassungsgeschichte, Europa-Universität Viadrina,
Große Scharrnstr. 59, 15230 Frankfurt (Oder), (03 35) 55 34 22 95,
Fax (03 35) 55 34 24 18,
Mobil (01 63) 9 01 24 45,
E-Mail Heinrich.Wolff@euv-frankfurt-o.de

Wolfrum, Dr. Dr. h.c. Rüdiger,
o. Professor,
Mühltalstr. 129b, 69121 Heidelberg,
(0 62 21) 47 52 36;
MPI für ausländisches öffentliches Recht und Völkerrecht, Im Neuenheimer Feld 535, 69120 Heidelberg,
(0 62 21) 48 22-55 oder -56,
Fax (0 62 21) 4 82 88,
E-Mail wolfrum@mpil.de

Wollenschläger, Dr. Ferdinand, Professor,
Max-Planck-Str. 8, 81675 München,
(0 89) 47 02 79 73;
Universität Augsburg, Juristische Fakultät, Lehrstuhl für Öffentliches Recht, Europarecht und Öffentliches Wirtschaftsrecht,
Universitätsstr. 24, 86135 Augsburg,
(08 21) 5 98-45 51,
Fax (08 21) 5 98-45 52,
E-Mail ferdinand.wollenschlaeger@jura.uni-augsburg.de

Würtenberger, Dr. Thomas, o. Professor,
Beethovenstr. 9, 79100 Freiburg,
(07 61) 7 86 23;
Universität Freiburg, Postfach,
79085 Freiburg (07 61) 2 03-22 46
oder -22 49,
E-Mail Thomas.Wuertenberger@jura.uni-freiburg.de

Wyduckel, Dr. Dieter, Professor,
Juristische Fakultät, TU Dresden,
01062 Dresden, (03 51) 46 33-73 22,
Fax (03 51) 46 33-72 09,
E-Mail wyduckel@jura.tu-dresden.de

Wyss, Dr. iur. Martin, Professor,
Höheweg 62, CH-3097 Liebefeld,
(00 41) 3 19 72 99 93,
Fax (00 41) 3 19 72 99 91,
E-Mail mpwyss@bluewin.ch;
Stellvertretender Chef Fachbereich II für Rechtsetzung, Bundesamt für Justiz,
Bundeshaus West, CH-3003 Bern,
(00 41) 3 13 22 75 75,
Fax (00 41) 3 13 22 78 37,
E-Mail martin.wyss@bj.admin.ch

Zacher, Dr. Dr. h.c. mult. Hans F.,
o. Professor,
Starnberger Straße 47, 82343 Pöcking,
(0 81 57) 13 84;
MPI für ausländisches und internationales Sozialrecht, Amalienstr. 33,
80799 München, Postfach 34 01 21,
80098 München, (0 89) 38 60 2-5 02,
Fax (0 89) 38 60 2-5 90

Zeh, Dr. Wolfgang, Professor,
Ministerialdirektor a.D.,
Marktstr. 10, 72359 Dotternhausen,
E-Mail cowo.zeh@gmx.de

Zezschwitz, Dr. Friedrich von,
em. Universitätsprofessor,
Petersweiher 47, 35394 Gießen,
(06 41) 4 51 52;
Universität Gießen, 35390 Gießen,
(06 41) 7 02 50 20

Ziegler, Dr. Andreas R., LL.M.,
Professor,
Gründenstraße 66,
CH-8247 Flurlingen;
Universität Lausanne, Juristische Fakultät, BFSH 1, CH-1015 Lausanne,
E-Mail andreas.ziegler@unil.ch

Ziekow, Dr. Jan, Universitätsprofessor,
Gartenstraße 3, 67361 Freisbach,
(0 63 44) 59 02,
Fax (0 63 44) 59 02;
Deutsche Universität für Verwaltungswissenschaften Speyer,
Postfach 14 09, 67324 Speyer,
(0 62 32) 65 4-0,
E-Mail ziekow@uni-speyer.de

Ziller, Dr. Jacques, Professor,
Università degli Studi di Pavia,
Dipartimento di Economia,
Statistica e Diritto, Via Strada Nuova 65,
I-27100 Pavia, (00 39) (0)3 82-98 44 37,
Fax (00 39) (0)3 82-98 44 35,
E-Mail jacques.ziller@unipv.it

Zimmer, Dr. Gerhard, Professor,
Waldschützpfad 9, 12589 Berlin,
(0 30) 6 48 95 90;

Zimmermann, Dr. Andreas,
LL.M (Harvard), Professor,
Heimat 29, 14165 Berlin,
E-Mail azimmerm@freenet.de;
Universität Potsdam, Lehrstuhl für Öffentliches Recht, insbesondere Staatsrecht, Europa- und Völkerrecht sowie Europäisches Wirtschaftsrecht und Wirtschaftsvölkerrecht,
August-Bebel-Str. 89, 14482 Potsdam,
(03 31) 9 77-16,
Fax (03 31) 9 77-32 24,
E-Mail andreas.zimmermann@uni-potsdam.de

Zippelius, Dr. Dr. h.c. Reinhold,
o. Professor,
Niendorfstr. 5, 91054 Erlangen,
(0 91 31) 5 57 26;
Universität Erlangen-Nürnberg,
91054 Erlangen, (0 91 31) 85 28 20

Zuleeg, Dr. Dr. h.c. Manfred, Professor,
Kaiser-Sigmund-Str. 32,
60320 Frankfurt am Main,
(0 69) 56 43 93,
E-Mail sigrid.zuleeg@gmx.de

Satzung

(Nach den Beschlüssen vom 21. Oktober 1949, 19. Oktober 1951, 14. Oktober 1954, 10. Oktober 1956, 13. Oktober 1960, 5. Oktober 1962, 1. Oktober 1971, 6. Oktober 1976, 3. Oktober 1979, 6. Oktober 1999, 4. Oktober 2006, 3. Oktober 2007 und 29. September 2010)

§ 1

Die Vereinigung der Deutschen Staatsrechtslehrer stellt sich die Aufgabe:

1. wissenschaftliche und Gesetzgebungsfragen aus dem Gebiet des Öffentlichen Rechts durch Aussprache in Versammlungen der Mitglieder zu klären;
2. auf die ausreichende Berücksichtigung des Öffentlichen Rechts im Hochschulunterricht und bei staatlichen und akademischen Prüfungen hinzuwirken;
3. in wichtigen Fällen zu Fragen des Öffentlichen Rechts durch Eingaben an Regierungen oder Volksvertretungen oder durch schriftliche Kundgebungen Stellung zu nehmen.

§ 2

(1) [1]Der Verein führt den Namen „Vereinigung der Deutschen Staatsrechtslehrer“. [2]Er soll in das Vereinsregister eingetragen werden; nach der Eintragung führt er den Zusatz „e. V.“.

(2) Der Verein hat seinen Sitz in Heidelberg.

(3) Das Geschäftsjahr des Vereins ist das Kalenderjahr.

§ 3

(1) Mitglied der Vereinigung kann werden, wer auf dem Gebiet des Staatsrechts und mindestens eines weiteren öffentlich-rechtlichen Fachs

a. seine Befähigung zu Forschung und Lehre durch hervorragende wissenschaftliche Leistung nachgewiesen hat[1] und

---

[1] Mit der oben abgedruckten, am 1.10.1971 in Regensburg beschlossenen Fassung des § 3 hat die Mitgliederversammlung den folgenden erläuternden Zusatz angenommen: „Eine hervorragende wissenschaftliche Leistung im Sinne dieser Vorschrift ist eine den bisher üblichen Anforderungen an die Habilitation entsprechende Leistung.“

b. an einer deutschen oder deutschsprachigen Universität[2] einschließlich der Deutschen Universität für Verwaltungswissenschaften Speyer als Forscher und Lehrer tätig ist oder gewesen ist.

(2) [1]Das Aufnahmeverfahren wird durch schriftlichen Vorschlag von drei Mitgliedern der Vereinigung eingeleitet. [2]Ist der Vorstand einstimmig der Auffassung, dass die Voraussetzungen für den Erwerb der Mitgliedschaft erfüllt sind, so verständigt er in einem Rundschreiben die Mitglieder von seiner Absicht, dem Vorgeschlagenen die Mitgliedschaft anzutragen. [3]Erheben mindestens fünf Mitglieder binnen Monatsfrist gegen die Absicht des Vorstandes Einspruch oder beantragen sie mündliche Erörterung, so beschließt die Mitgliederversammlung über die Aufnahme. [4]Die Mitgliederversammlung beschließt ferner, wenn sich im Vorstand Zweifel erheben, ob die Voraussetzungen der Mitgliedschaft erfüllt sind. [5]Von jeder Neuaufnahme außerhalb einer Mitgliederversammlung sind die Mitglieder zu unterrichten.

§ 4

[1]Abweichend von § 3 kann Mitglied der Vereinigung werden, wer, ohne die Voraussetzungen des § 3 Abs. 1 lit. b) zu erfüllen,

a. eine Professur inne hat, die einer Professur an einer juristischen Fakultät einer deutschen oder deutschsprachigen Universität entspricht,
b. seine Befähigung zu Forschung und Lehre durch hervorragende wissenschaftliche Veröffentlichungen auch in deutscher Sprache zum Öffentlichen Recht Deutschlands, Österreichs oder der Schweiz nachgewiesen und
c. seine Verbundenheit mit der Vereinigung durch mehrmalige Teilnahme als Gast an den Jahrestagungen bekundet hat.

[2]Das Aufnahmeverfahren wird durch schriftlich begründeten Vorschlag von mindestens zehn Mitgliedern der Vereinigung eingeleitet. [3]Für das weitere Verfahren findet § 3 Abs. 2 Sätze 2 bis 5 entsprechende Anwendung.

---

[2] In Berlin hat die Mitgliederversammlung am 3.10.1979 die folgende zusätzliche Erläuterung aufgenommen: „Universität im Sinne dieser Vorschrift ist eine wissenschaftliche Hochschule, die das Habilitationsrecht in den Fächern des Öffentlichen Rechts und die Promotionsbefugnis zum Doctor iuris besitzt und an der Juristen durch einen Lehrkörper herkömmlicher Besetzung ausgebildet werden."

In Berlin hat die Mitgliederversammlung am 29.09.2010 die folgende weitere Erläuterung aufgenommen: „Gleichgestellt sind wissenschaftliche Hochschulen, die das Habilitationsrecht in den Fächern des Öffentlichen Rechts und die Promotionsbefugnis zum Dr. iuris besitzen, wenn an ihnen Staatsrecht und ein weiteres öffentlich-rechtliches Fach von mindestens drei der Vereinigung angehörenden Mitgliedern gelehrt wird."

§ 5

(1) [1]Eine Mitgliederversammlung soll regelmäßig einmal in jedem Jahr an einem vom Vorstand zu bestimmenden Ort stattfinden. [2]In dringenden Fällen können außerordentliche Versammlungen einberufen werden. [3]Die Mitgliederversammlung wird vom Vorstand unter Einhaltung einer Frist von vier Wochen schriftlich oder in elektronischer Form unter Angabe der Tagesordnung einberufen. [4]Auf jeder ordentlichen Mitgliederversammlung muss mindestens ein wissenschaftlicher Vortrag mit anschließender Aussprache gehalten werden.

(2) Eine außerordentliche Mitgliederversammlung wird außer in den nach Absatz 1 Satz 2 vorgesehenen Fällen auch dann einberufen, wenn dies von einem Zehntel der Mitglieder beim Vorstand schriftlich unter Angabe des Zwecks und der Gründe beantragt wird.

(3) [1]Verlauf und Beschlüsse der Mitgliederversammlung werden protokolliert. [2]Der Protokollführer wird vom Versammlungsleiter bestimmt. [3]Das Protokoll ist vom Versammlungsleiter und vom Protokollführer zu unterzeichnen. [4]Es wird mit dem nächsten nach der Mitgliederversammlung erfolgenden Rundschreiben den Mitgliedern übermittelt.

(4) Für Satzungsänderungen, die Änderung des Vereinszwecks und für die Auflösung des Vereins gelten die gesetzlichen Mehrheitserfordernisse (§§ 33, 41 BGB).

§ 6[3]

(1) [1]Der Vorstand der Vereinigung besteht aus einem Vorsitzenden und zwei Stellvertretern. [2]Die Vorstandsmitglieder teilen die Geschäfte untereinander nach eigenem Ermessen. [3]Der Vorstand wird von der Mitgliederversammlung auf zwei Jahre gewählt; er bleibt jedoch bis zur Bestellung eines neuen Vorstandes im Amt. [4]Zur Vorbereitung der Jahrestagung ergänzt sich der Vorstand um ein Mitglied, das kein Stimmrecht hat. [5]Auch ist Selbstergänzung zulässig, wenn ein Mitglied des Vorstandes in der Zeit zwischen zwei Mitgliederversammlungen ausscheidet. [6]Auf der nächsten Mitgliederversammlung findet eine Nachwahl für den Rest der Amtszeit des Ausgeschiedenen statt.

(2) [1]Der Verein wird gerichtlich und außergerichtlich durch ein Mitglied des Vorstandes, in der Regel durch den Vorsitzenden, vertreten. [2]Innerhalb seines ihm nach Absatz 1 Satz 2 zugewiesenen Aufgabenbereichs ist das jeweilige Vorstandsmitglied alleinvertretungsberechtigt; insbesondere ist in allen finanziellen Angelegenheiten dasjenige Vorstands-

---

[3] § 6 Abs. 1 in der Fassung des Beschlusses der Mitgliederversammlung in Heidelberg vom 6.10.1999; in Kraft getreten am 1.10.2001.

mitglied alleinvertretungsberechtigt, dem der Vorstand nach Absatz 1 Satz 2 die Funktion des Schatzmeisters übertragen hat. [3]Das nach Absatz 1 Satz 4 kooptierte Mitglied des Vorstandes ist in allen Angelegenheiten alleinvertretungsberechtigt, die die Vorbereitung und Durchführung der Jahrestagung betreffen. [4]Ist in den Fällen des Satzes 2 oder 3 das vertretungsberechtigte Vorstandsmitglied verhindert, übernimmt der Vorsitzende die Vertretung, im Falle seiner Verhinderung ist eines der gewählten Vorstandsmitglieder alleinvertretungsberechtigt.

§ 7

Zur Vorbereitung ihrer Beratungen kann die Mitgliederversammlung, in eiligen Fällen auch der Vorstand, besondere Ausschüsse bestellen.

§ 8

[1]Über Eingaben in den Fällen des § 1 Ziffer 2 und 3 und über öffentliche Kundgebungen kann nach Vorbereitung durch den Vorstand oder einen Ausschuss im Wege schriftlicher Abstimmung der Mitglieder beschlossen werden. [2]Ein solcher Beschluss bedarf der Zustimmung von zwei Dritteln der Mitgliederzahl; die Namen der Zustimmenden müssen unter das Schriftstück gesetzt werden.

§ 9

[1]Der Mitgliedsbeitrag wird von der Mitgliederversammlung festgesetzt. [2]Der Vorstand kann den Beitrag aus Billigkeitsgründen erlassen.

§ 10

(1) Die Mitgliedschaft endet durch Tod, Austritt aus dem Verein, Streichung von der Mitgliederliste oder Ausschluss aus dem Verein.

(2) [1]Der Austritt erfolgt durch schriftliche Erklärung gegenüber einem Mitglied des Vorstandes. [2]Für die Erklärung ist eine Frist nicht einzuhalten. [3]Der Austritt wird zum Schluss des Kalenderjahres vollzogen.

(3) [1]Ein Mitglied kann durch Beschluss des Vorstandes von der Mitgliederliste gestrichen werden, wenn es trotz zweimaliger schriftlicher Mahnung mit der Beitragszahlung in Rückstand ist. [2]Die Streichung wird erst beschlossen, wenn nach der Absendung der zweiten Mahnung zwei Monate verstrichen sind, in dieser Mahnung die Streichung angedroht wurde und die Beitragsschulden nicht beglichen sind. [3]Die Streichung ist dem Mitglied mitzuteilen.

(4) [1]Ein Mitglied kann durch Beschluss des Vorstandes aus dem Verein ausgeschlossen werden, wenn es in grober Weise gegen die Vereinsinteressen verstoßen hat. [2]Vor der Beschlussfassung ist dem Mitglied unter Ein-

räumung einer angemessenen Frist Gelegenheit zur Stellungnahme zu geben. [3]Der Beschluss über den Ausschluss ist schriftlich zu begründen und dem Mitglied zuzusenden. [4]Gegen den Beschluss des Vorstandes kann das Mitglied innerhalb eines Monats nach Zugang der Entscheidung des Vorstandes die Mitgliederversammlung anrufen. [5]Die Anrufung der Mitgliederversammlung hat bis zu deren abschließender Entscheidung aufschiebende Wirkung.

§ 11

(1) Im Falle der Auflösung des Vereins sind die Mitglieder des Vorstandes gemeinsam vertretungsberechtigte Liquidatoren, falls die Mitgliederversammlung nichts anderes beschließt.

(2) Das nach Beendigung der Liquidation vorhandene Vermögen fällt an die Deutsche Forschungsgemeinschaft, die es unmittelbar und ausschließlich für Zwecke des Fachkollegiums Rechtswissenschaft zu verwenden hat.

Bei Fragen zur Produktsicherheit wenden Sie sich bitte an:
If you have any questions regarding product safety,
please contact:

Walter de Gruyter GmbH
Genthiner Straße 13
10785 Berlin
productsafety@degruyterbrill.com